Herbert Rünzi

Mit Marx über Marx hinaus

Zur Kritik und Korrektur
von Marx' Theorie der bürgerlichen Gesellschaft

© 2019 Herbert Rünzi
1. Auflage 2019
Autor: Herbert Rünzi
Verlag & Druck: tredition GmbH, Halenreie 40-44, 22359 Hamburg
ISBN 978-3-7482-9370-5 (Paperback)
ISBN 978-3-7482-9371-2 (Hardcover)
ISBN 978-3-7482-9372-9 (e-Book)

Bibliografische Information der Deutschen Nationalbibliothek: Die Deutsche Nationalbibliothek verzeichnet diese Publikation in der Deutschen Nationalbibliografie; detaillierte bibliografische Daten sind im Internet über http://dnb.d-nb.de abrufbar.

Inhaltsverzeichnis

Vorwort:

In der vorliegenden Arbeit geht es um Marx' Theorie der bürgerlichen Gesellschaft. Genauer gesprochen ist seine Theorie der kapitalistischen Produktionsweise Thema, die diese Gesellschaft im Kern kennzeichnet. Dabei geht es um Überlegungen, die von Marx insbesondere in den drei Bänden seines Hauptwerks ‚Das Kapital' ausgeführt werden, aber auch in anderen Schriften von ihm vorkommen.

Über 200 Jahre nach der Geburt von Karl Marx und mehr als 150 Jahre nach der Erstveröffentlichung des I. Bandes seines Hauptwerks könnte man meinen, dass in dieser Sache sowohl in affirmativer als auch in kritischer Hinsicht schon längst alles Wesentliche gesagt worden ist. Diese Position, derzufolge nur noch Wiederholungen zu erwarten sind, mag angesichts der verstrichenen Zeit und der Vielzahl der Marx gewidmeten Interpretationen zwar sehr nahe liegen. Nichtsdestoweniger möchte ich mit dem vorliegenden Text beweisen, dass sie trügt. Mit ihm ist nämlich der Anspruch verbunden, Marx' theoretische Ausführungen in einer Weise zu behandeln, die nicht nur neu ist, sondern ihnen auch endlich gerecht wird. Das gilt sowohl in negativer als auch in positiver Hinsicht. Denn der folgende Text ist auf der einen Seite dadurch charakterisiert, dass die einzelnen Schritte der Marxschen Darstellung so eingehend kritisiert werden, wie das bislang nicht der Fall war. Auf der anderen Seite wird aus der Marxschen Darstellung all das herausgeholt, was in ihr an richtigen und wichtigen Inhalten enthalten oder auch nur angedeutet ist.

Die vorliegende Arbeit beinhaltet eine Auseinandersetzung mit Marx' Überlegungen zur bürgerlichen Gesellschaft und ihrer kapitalistischen Produktionsweise, die sich auf alle ihre bedeutsamen Teile und damit auf sie als Ganzes bezieht. Von den mir bekannten anderen Rezeptionen des Marxschen Werks unterscheiden sich meine Bemühungen aber nicht nur durch den Umfang der besprochenen Punkte, sondern auch dadurch, dass die einzelnen Argumentationsschritte von Marx viel präziser untersucht werden, als das gemeinhin der Fall ist. Obwohl es gerade dazu eine riesige Literatur gibt, trifft die über das bislang übliche Maß hinausgehende Genauigkeit meiner Auseinandersetzung mit Marx auch auf den Anfang der Marxschen Theorie und damit die Themen Tauschwert, Wert, Wertform und Geld zu.

Bei meiner Besprechung der Marxschen Theorie folge ich grundsätzlich dem Argumentationsgang, der in den drei Bänden von ‚Das Kapital' zum Ausdruck kommt. Dort, wo dies bei der Besprechung des I. Bandes geboten ist, werden aber auch Stellen zu Rate gezogen, die in Marx' Darstellung später kommen. Bei der Behandlung des III. Bandes kommt es in meinen Ausführungen dagegen zu einer beträchtlichen Umstellung. Denn das zinstragende Kapital, das bei Marx vor der Verwandlung des Surplusprofits in Grundrente kommt, wird von mir deswegen erst danach behandelt, weil die beiden Theorieteile so besser zusammen passen.

Ergebnis meiner Ausführungen ist auf der einen Seite, dass die in den drei Bänden von ‚Das Kapital' vorliegende Theorie in vielfältiger Weise unzulänglich und fehlerhaft ist. Das beginnt schon ganz am Anfang mit der Ware, die als Ausgangspunkt für einen direkten Schluss auf den Wert dient. Dieser Schluss ist nämlich nicht nur logisch in dem Sinne mangelhaft, dass es ihm an Notwendigkeit gebricht. Da der Wert nicht das ist, was die Austauschverhältnisse entweder als abstrakte Identität oder in der Form der Negation der Negation direkt begründet, ist er in diesem Zusammenhang auch empirisch falsch. Das bedeutet jedoch nicht, dass der Wert vollkommen unbrauchbar ist. Es kann sich bei ihm vielmehr immer noch um eine Größe handeln, die als indirekter Grund der Preisverhältnisse fungiert und genau deshalb eine Wesenskategorie darstellt. Voraussetzung dabei ist jedoch, dass er als solcher bestimmt und empirisch gegeben ist. Denn ein Grund, der unbestimmt und/oder inexistent ist, ist auch als Wesensgrund für eine überzeugende Begründung von vornherein vollkommen untauglich.

Auf der anderen Seite läuft das genannte Ergebnis aber nicht darauf hinaus, dass die Marxsche Theorie der kapitalistischen Produktionsweise getrost auf den Müllhaufen der Wissenschaftsgeschichte geworfen werden kann. Denn in seiner aktuellen Darstellung verborgen findet sich zumindest ansatzweise eine andere Theorie, die insofern tragfähiger ist, als auf sie die Kritikpunkte nicht mehr anwendbar sind, die gegen erstere vorgebracht werden können. Diese alternative Darstellung zerfällt in die Bereiche Wesen, Schein und Erscheinungen und hat ein Bewusstsein dafür, dass in diesen drei Bereichen auf je unterschiedliche Art und Weise zu argumentieren ist.

Auf der Ebene des Wesens, das aus dem Heißhunger nach Mehrarbeit zu entwickeln ist, geht es deswegen um eine Argumentation per logischer Geltung, weil es sich bei diesem Heißhunger nicht um einen Zweck handelt, der von Menschen bewusst ausgeführt wird, sondern um einen Begriff, der von ihnen nur bewusstlos verwirklicht wird. Im Rahmen dieser Argumentation wird per Wenn-Dann-Folgerungen auf das geschlossen, was es geben muss, wenn es den Heißhunger nach Mehrarbeit gibt. Sofern in dieser Weise auf Menschen geschlossen wird, die bestimmte Aktivitäten vollziehen, werden diese als Charaktermasken angesprochen. Auf dieser Grundlage ist klar, dass damit nur gezeigt wird, dass es diese Aktivitäten geben muss. Dagegen ist noch nicht geklärt, wie die Menschen als freie Subjekte dazu kommen, diese Aktivitäten im Rahmen ihrer bewussten Handlungen mitzuvollziehen. Das ist vielmehr eine Aufgabe, die auf der Ebene des Wesens offen bleiben muss, weil sie erst auf der Ebene der Erscheinungen ausgeführt werden kann. Hier ist es also um den Unterschied zwischen logischer Geltung oder Existenz und teleologischer Genesis oder Entstehung zu tun. Während die erstere zum Bereich des Wesens gehört, fällt die letztere in die Erscheinungen.

Auf der Ebene des Scheins, der sich aus dem Kapital bzw. aus dem in ihm enthaltenen Anspruch ergibt, sich mit möglichst großer Rate als Wert selbst zu verwerten, ist ebenfalls per logischer Geltung zu argumentieren. Denn bei diesem Anspruch, den es zunächst auf der Ebene des Kapitals im Allgemeinen oder des Gesamtkapitals, dann des Kapitals im Besonderen oder des Branchenkapitals und schließlich des Kapitals im Einzelnen oder des Einzelkapitals gibt, handelt es sich ebenfalls um keinen Zweck, sondern um einen Begriff. Der Unterschied zum Wesen besteht auf dieser Grundlage nur darin, dass nicht auf bestimmte menschliche Aktivitäten geschlossen wird, die von Charaktermasken bewusstlos ausgeführt werden, sondern nur auf bestimmte Bedingungen, in denen die Menschen handeln. Das hat zur Folge, dass die logische Geltung oder Existenz insofern auch schon die empirische Existenz beinhaltet, als nicht erst noch zu erklären ist, wie diese Bedingungen in den Handlungen entstehen, die Menschen als freie Subjekte vollziehen.

Auf der Ebene der Erscheinungen, die vom menschlichen Streben nach Wohl aus zu entwickeln sind, ist dagegen nicht per logischer Geltung zu argumentieren. Stattdessen geht es auf ihrer Grundlage deswegen um die Argumentation per teleologischer Genesis, weil es sich bei diesem Streben um einen Zweck handelt, der bewusst ausgeführt wird. Im Rahmen dieser Argumentation wird nicht nur gezeigt, dass es bestimmte menschliche Handlungen geben muss. Vielmehr wird auch dargelegt, wie es zu diesen Handlungen kommt. Es wird also nicht nur auf ihre Existenz geschlossen. Thema ist vielmehr auch schon ihre Entstehung.

Diese Argumentation per teleologischer Genesis unterscheidet sich vom Heißhunger nach Mehrarbeit und vom Anspruch auf Selbstverwertung des Werts zum einen dadurch, dass sich das ihr zugrunde liegende Wohl nicht positiv durchsetzt, sondern aufgrund der Unsicherheit der Marktverhältnisse in dem Sinne scheitert, dass es zur maßlosen Akkumulation von Kapital kommt. Zum anderen füllt sie gerade in dieser Form die Lücke, die wir auf der Ebene des Wesens konstatiert haben. Denn hinter dieser Akkumulation, die ungeachtet dessen bewusst verfolgt wird, dass sie kein ursprünglicher Zweck darstellt, sondern nur ein Zweck, der als Folge der in Erfahrung gebrachten unsicheren Marktverhältnisse im Nachhinein übernommen wird, steht als unbewusster Inhalt das Streben nach immer mehr Mehrarbeit.

Die skizzierte Theorie wird in der vorliegenden Arbeit deswegen nicht in der Form einer in sich notwendigen Ableitung von Grund aus dargestellt, weil es in dieser Arbeit lediglich um die Kritik an der aktuellen Darstellung von Marx geht, in der die alternative Darstellung eben nur angelegt ist. Trotzdem wird sie hier schon erwähnt, weil auf ihrem Hintergrund deutlich wird, dass die meisten Fehler, die in Marx' aktueller Darstellung enthalten sind, damit zu tun haben, dass Marx die drei theoretischen Ebenen und die ihnen jeweils angemessenen Argumentationsweisen nicht klar genug auseinander halten kann, sondern mehr oder weniger wild durcheinander wirft. Obwohl es misslich ist, im Vorwort Ergebnisse vorwegzunehmen, die erst im Haupttext zustande kommen, soll das an zwei Beispielen verdeutlicht werden:

Das eine bezieht sich auf den Anfang von Marx' Darstellung, in der er ausgehend von den Waren und ihrem Austausch auf den Wert schließt. Bei diesem Vorgehen vermengt er nämlich deswegen Wesen und Erscheinungen, weil der Wert eine Kategorie darstellt, die zum Wesen gehört, und der Warentausch zusammen mit dem Tauschwert ein Phänomen ist, das den Erscheinungen zuzurechnen ist. Ganz abgesehen davon, dass der Schluss von den Waren auf den Wert weder logisch zwingend noch sein Ergebnis empirisch richtig ist, wird der Wert, der als Wesenskategorie kein bewusstes Phänomen darstellt, damit zu einer Größe, die den ihre Waren austauschenden Menschen bekannt sein müsste. Denn nur auf dieser Grundlage wäre verständlich, dass die Menschen die Waren zumindest im Durchschnitt in einem Verhältnis tauschen, das den Werten dieser Waren entspricht.

Das andere Beispiel für die Vermischung zwischen den theoretischen Ebenen ist das Kapital. Bei ihm wird das Wesen jedoch nicht mit den Erscheinungen, sondern eher mit dem Schein vermengt. Das zeigt sich daran, dass es bei Marx zwei Kapitalbegriffe gibt. Der erste stellt einen Wert dar, an den das Streben nach maßlos viel Mehrwert gekoppelt ist. Beim zweiten handelt es sich dagegen um einen Wert, der sich selbst verwerten will. Korrekt ist nur der zweite Begriff, der zum Schein gehört. Verkehrt ist dagegen der erste Begriff, der dem Wesen zuzurechnen ist. Denn das Streben nach maßlos viel Mehrwert, das die Fassung darstellt, in der Marx den Heißhunger nach Mehrarbeit zum Thema macht, darf nicht dem Wert beigelegt werden. Es stellt vielmehr ein Prinzip dar, von dem aus direkt auf die Menschen geschlossen wird, die es verwirklichen. Auf diese Weise kommt man aber zum Wesen der bürgerlichen Gesellschaft und nicht zu ihrem Schein.

Während ich für meine Auseinandersetzung mit Marx beanspruche, alle theoretisch wichtigen Argumentationsschritte zu behandeln, ist bezogen auf die Sekundärliteratur zum einen darauf hinzuweisen, dass ich mich im Wesentlichen auf einige wichtige Vertreter der Autoren beschränke, die sich konkret auf die Marxschen Argumentationen beziehen und nicht nur über sie hinwegreden. Das sind auf der Marx eher affirmativ gegenüberstehenden Seite vor allem Michael Heinrich und Wolfgang Fritz Haug und auf der eher kritischen Seite in der Hauptsache Eugen von Böhm-Bawerk und Joachim Nanninga. Zum anderen besitzt diese Auseinandersetzung einen überwiegend negativen Charakter. Der Grund dafür besteht darin, dass man bei der Kritik, die an den einzelnen Argumentationsschritten von

Marx mit Recht zu üben ist, nur in Ausnahmefällen auf die Sekundärliteratur positiv rekurrieren kann. Denn die allgemeine Regel ist, dass von ihr die einzelnen Schritte von Marx entweder gutgeheißen oder nur auf unzulängliche Weise kritisiert werden. Das ist auch der Grund dafür, dass die Auseinandersetzung mit der Sekundärliteratur vollständig in die Endnoten verbannt wird. Diejenigen, die nur daran interessiert sind, wie Marx zu verstehen ist, können sich ihre Lektüre sparen. Denn die Endnoten tragen nichts zum Verständnis der sich direkt auf Marx beziehenden Überlegungen bei.

Obwohl das, was in der vorliegenden Arbeit ausgeführt wird, natürlich den Anspruch erhebt, aus sich heraus vollkommen einsichtig zu sein, könnte es aufgrund dessen zu Verständnisschwierigkeiten kommen, dass ihre Inhalte in vielfältiger Hinsicht neu und unbekannt sein dürften. Von den Leserinnen und Lesern wird daher verlangt, sich auf Gedanken einzulassen, die ihnen noch nicht vertraut sind. Das gilt gerade auch für diejenigen, die sich schon mit Marx beschäftigt haben. Denn das Aneignen neuer Überlegungen ist bekanntlich noch mühsamer, wenn es mit dem Aufgeben alter Überzeugungen verbunden ist. Es ist daher zu hoffen, dass auch dieses Publikum die erforderliche Bereitschaft mitbringt. Ferner ist darauf zu bauen, dass die Offenheit für Neues ungeachtet dessen aufgebracht wird, dass ich mit dieser Arbeit den Anspruch verbinde, etwas zu sagen zu haben, was wirklich weiterführend und damit auch geeignet ist, die Debatte um Marx auf eine ganz neue Ebene zu heben. Dem einen oder der anderen mag dieser Anspruch zwar vollkommen überzogen vorkommen. Das allein besagt jedoch noch gar nichts. Dass er unhaltbar ist, kann vielmehr nur dadurch gezeigt werden, dass man sich inhaltlich auf meine Argumentationen einlässt und auf dieser Basis in der Lage ist darzulegen, dass sie Ausführungen enthalten, die unzulänglich sind. Eine solche innerliche Kritik wäre mir sehr willkommen.

Das ist nicht zuletzt deswegen der Fall, weil ich bezogen auf die unterschiedlichen Varianten der Interpretation von Marx' Theorie, die es nun einmal gibt, auch dem Eindruck entgegentreten will, dass auch dann keine von ihnen in der Lage wäre, die andere zu überzeugen, wenn die Debatten zwischen ihnen entgegen dem gegenwärtigen Anschein nicht mehr und mehr aufgegeben, sondern bis in alle Ewigkeit fortgeführt würden. Dieser Eindruck mag zwar bezogen auf die bisherigen Interpretationsvarianten richtig sein, von denen keine in der Lage ist, die anderen eines Besseren zu belehren. Das gilt aber nicht für die vorliegende Arbeit. Denn in ihr werden Argumente vorgebracht, die nach meiner festen Überzeugung das Potential haben, viele der bislang ergebnislos geführten Debatten einer Lösung zuzuführen.

I. Zur Ableitung des Werts bei Marx

„Der Reichtum der Gesellschaften, in welchen kapitalistische Produktionsweise herrscht, erscheint als eine „ungeheure Warensammlung", die einzelne Ware als seine Elementarform. Unsere Untersuchung beginnt daher mit der Analyse der Ware." (I, 49)[1]

Wie diese Aussage zeigt, mit der der I. Band von ‚Das Kapital' beginnt, fängt Marx bei seiner theoretischen Erklärung der „Gesellschaften, in welchen kapitalistische Produktionsweise herrscht", mit der „Analyse der Ware" an. Er begründet das mit dem Hinweis, dass diese Gesellschaften durch eine „ungeheure Warensammlung" gekennzeichnet sind und die „einzelne Ware" deren „Elementarform" darstellt. Obwohl nicht nur dem zugestimmt werden muss, dass es sich bei der „ungeheuren Warensammlung" um eine empirische Tatsache oder einen Bestandteil unserer Erfahrungen handelt, sondern auch davon ausgegangen werden kann, dass wir es bei unseren gegenwärtigen Gesellschaften immer noch mit Gesellschaften zu tun haben, die durch die „kapitalistische Produktionsweise" gekennzeichnet sind, kann Marx' Hinweis auf die gegebene Warenfülle natürlich nicht als notwendige Begründung für seinen Ausgangspunkt verstanden werden. Denn es ist nicht einzusehen, warum mit dem begonnen werden muss, was massenweise vorkommt.[i] Da es die genannte Tatsache gibt, soll dieser Ausgangspunkt im Folgenden trotzdem akzeptiert werden. Dazu müssen wir schon deshalb bereit sein, weil jeder Anfang nur im Nachhinein dadurch zu begründen ist, dass aus ihm eine überzeugende Theorie entwickelt werden kann. Es wäre daher falsch, wenn man eine vorgängige Begründung verlangen würde.[ii]

---

[1] Zusätzlich zur Seitenzahl werden die zitierten Textstellen in dieser Arbeit mittels des Familiennamens des Autors und dem Erscheinungsjahr des Textes nachgewiesen. Ausnahme davon sind die Zitate von Karl Marx, die aus den drei Bänden von ‚Das Kapital', und der Urausgabe des I. Bandes stammen. Sie werden kurz mit I für den ersten, II für den zweiten, III für den dritten Band und UF für die Urausgabe des ersten Bandes gekennzeichnet. Ausnahme sind ferner die Zitate von Karl Marx, die aus den Werken ‚Grundrisse der Kritik der politischen Ökonomie', ‚Zur Kritik der politischen Ökonomie', den dreiteiligen ‚Theorien über den Mehrwert' sowie den ‚Randglossen zu Adolph Wagners „Lehrbuch der politischen Ökonomie"' stammen. Sie werden als GR, ZK und – mit Bezug auf die entsprechenden MEW-Bände – als 26.1. 26.2 und 26.3 sowie 19 zitiert. Im Übrigen sei darauf hingewiesen, dass die zitierten Stellen so wiedergegeben werden, wie sie im jeweiligen Text zu finden sind. Ausgenommen davon sind nur Bruchzahlen von Marx, die waagerechte Trennstriche enthalten. Diese werden von mir in schräge Striche umgewandelt. Diese Vorgehensweise hat u. a. zur Folge, dass bei Zitaten in Zitaten darauf verzichtet wird, aus doppelten Anführungszeichen einfache zu machen. Ferner werden offensichtliche Fehler nicht mit [sic] gekennzeichnet.

1. Die sich austauschenden Waren

Die einzelne Ware bestimmt Marx zunächst als "Gebrauchswert oder Gut". (I, 50) Sie ist damit "ein äußerer Gegenstand, ein Ding, das durch seine Eigenschaften menschliche Bedürfnisse irgendeiner Art befriedigt". (I, 49)

Wenn wir uns zunächst dem zuwenden, dass Marx die einzelne Ware als „ein äußerer Gegenstand, ein Ding" bestimmt, ist angesichts dessen, dass wir aus unseren Erfahrungen auch ungegenständliche Waren in der Form der Dienstleistungen kennen, zu bemerken, dass er nicht mit der Ware als solcher, sondern genauer nur mit der gegenständlichen Ware beginnt.[iii] Dieser Umstand, der auch dadurch belegt wird, dass von den „Warenkörpern" (u. a. S. I, 52, 59 und 62) gesprochen wird, hat zwar zur Folge, dass wir keine unmittelbare Aufklärung über die ungegenständlichen Waren erwarten dürfen. Aber auch dieser Umstand berechtigt noch nicht zu einer Kritik des Marxschen Ausgangspunktes. Denn die Tatsache, dass Marx die ungegenständlichen Waren nicht von Beginn an in seine Überlegungen einbezieht, schließt zum einen nicht aus, dass das richtig ist, was er über die gegenständlichen Waren zu sagen hat. Zum anderen kann es durchaus sein, dass die ungegenständlichen Waren später auf Basis der Verhältnisse eingeholt werden können, die sich aus den gegenständlichen Waren ergeben. Das würde zeigen, dass zu Beginn nur die gegenständlichen Waren zum Thema zu machen sind, weil diese zu den grundlegenden Verhältnissen gehören, aus denen die ungegenständlichen Waren erklärt werden können.[2]

Wenn wir nun dazu übergehen, dass Marx den „äußeren Gegenstand" oder das „Ding" deswegen als „Gebrauchswert" bestimmt, weil es „durch seine Eigenschaften menschliche Bedürfnisse irgendeiner Art befriedigt", dann kann dem ohne Zweifel zugestimmt werden. Denn der Gebrauchswert stellt mit Sicherheit eine Eigenschaft der gegenständlichen Waren dar, die wir aufgrund unserer Erfahrungen kennen. Gleichfalls kann befürwortet werden, dass Marx die Feststellung trifft:

---

[2] Auf der einen Seite werden wir zwar sehen, dass es solche einholenden Argumentationen gibt. Bezogen auf die produktiven Dienstleistungen, die in von den Menschen verschiedene Gegenstände eingehen, ist das beim Zerfall des Gesamtkapitals in Branchenkapitale der Fall. (vgl. S. 374) Bezogen auf die konsumtiven Dienstleistungen, die in Menschen eingehen, ist darauf hinzuweisen, dass sie auf der Ebene der Erscheinungen, die dadurch charakterisiert sind, dass es bei ihnen um das Streben nach Wohl geht (vgl. S. 406ff.), ebenfalls zur Grundlage eines kapitalistischen Unternehmens gemacht werden können. Auf der anderen Seite können diese Argumentationen aber nicht als notwendige Folge des Ausgehens von den gegenständlichen Waren verstanden werden. Sie beruhen vielmehr auf einer Darstellung, die von einem anderen Ausgangspunkt ausgeht. Auf dieser Grundlage kann die Marxsche Beschränkung auf gegenständliche Waren als impliziter Verweis auf diese andere Darstellung verstanden werden.

„Der Gebrauchswert verwirklicht sich nur im Gebrauch oder der Konsumtion." (I, 50)

Denn der Gebrauchswert stellt als bloße Brauchbarkeit anfangs in der Tat nur eine Anlage oder Möglichkeit dar. Oder er ist zunächst nur eine Bestimmung, die sich erst noch verwirklichen muss.

Wenn Marx vom „Gebrauch oder der Konsumtion" spricht, könnte man zum anderen meinen, dass er nur die gegenständlichen Waren zum Thema macht, die Konsumtionsmittel darstellen, und die ebenfalls vorkommenden Produktions- und Zirkulationsmittel daher nicht in seine Betrachtung einbezieht. Deshalb sei darauf hingewiesen, dass das für die Produktionsmittel nicht zutrifft. Denn bezogen auf den Gebrauchswert schreibt Marx:

„Es handelt sich hier auch nicht darum, wie die Sache das menschliche Bedürfnis befriedigt, ob unmittelbar als Lebensmittel, d. h. Gegenstand des Genusses, oder auf einem Umweg, als Produktionsmittel." (I, 49)

Mit den gegenständlichen Gebrauchsmitteln bezieht sich Marx daher neben den Konsumtionsmitteln auch auf die Produktionsmittel. Folge davon ist, dass unter dem „Gebrauch" oder der „Konsumtion" ein Vorgang zu verstehen ist, in dem nicht nur die Konsumtionsmittel, sondern auch die der Produktionsmittel ihrer Verwendung zugeführt werden. Der Unterschied besteht nur darin, dass wir es bei den Produktionsmitteln mit produktiver Konsumtion zu tun bekommen. Demgegenüber stellt sich die Konsumtion der Konsumtionsmittel als konsumtive Konsumtion dar.

Daran, dass Marx in die Gebrauchswerte neben den Konsumtionsmitteln auch die Produktionsmittel einbezieht, ändert im Übrigen auch der Umstand nichts, das erstere im Vordergrund stehen. Das zeigt zumindest seine Rede von der „einfachen Warenzirkulation" (I, 162), als die wir die Bewegung W - G - W kennen lernen werden. Denn es gibt gewisse Hinweise darauf, dass es Marx in ihrem Rahmen vor allem um die Beschaffung von Konsumtionsmitteln geht. (vgl. S. 227)

Man könnte der Auffassung sein, dass das, was für die Produktionsmittel gilt, auch auf die Zirkulationsmittel mit dem Unterschied zutrifft, dass diese im Rahmen der zirkulativen Konsumtion verbraucht werden. Deswegen sei darauf hingewiesen, dass dieser Eindruck trügt. Obwohl Marx in diesem Zusammenhang (vgl. S. 438) nicht vollkommen klar ist, kann nämlich davon ausgegangen werden, dass er die gegenständlichen Zirkulationsmittel deshalb außenvor lässt, weil diese gesamtgesellschaftlich gesehen faux frais darstellen. (vgl. S. 436) Als solche haben sie nämlich eine theoretisch nachgeordnete Bedeutung und gehören damit gerade nicht zum Umkreis der wesentlichen oder grundlegenden Verhältnisse, auf die es Marx offensichtlich abgesehen hat.[iv]

Auf das in der gerade präzisierten Art zu verstehende Moment des Gebrauchswerts geht Marx wohl deshalb nicht weiter ein, weil es seiner Ansicht nach allen Gesellschaftsformen zukommt (vgl. I, 50); er aber nur die Gesellschaften behandeln will, "in welchen kapitalistische Produktionsweise herrscht." Gerade weil der Gebrauchswert auch in den von Marx betrachteten „bürgerlichen Verhältnissen" (19, 360) oder in den Verhältnissen der "bürgerlichen Ökonomie" (ZK, 7) eine Rolle spielt, ist dies allein zwar noch kein Grund, ihn nicht genauer zu untersuchen. Hier soll dieser Punkt jedoch hingenommen werden, weil es durchaus sein kann, dass der Gebrauchswert keiner eingehenderen Betrachtung bedarf.[3]

Wichtiger als die erste Eigenschaft ist bei Marx das zweite Bestimmungsmoment der gegenständlichen Ware, auf das er mit der folgenden auf die Gebrauchswerte bezogenen Feststellung zu sprechen kommt:

„In der von uns betrachteten Gesellschaftsform bilden sie zugleich die stofflichen Träger des – Tauschwerts." (I, 50)

Es umfasst den „Tauschwert" und ist somit die Eigenschaft, die den Gebrauchswert oder Gebrauchsgegenstand überhaupt erst zur Ware macht. Denn der Terminus „Tauschwert" kann genauso als Tauschgegenstand oder Tauschmittel übersetzt werden wie die Bezeichnung Gebrauchswert als Gebrauchsgegenstand oder Gebrauchsmittel.[v]

Wie das angeführte Zitat zeigt, führt Marx die Bestimmung des Tauschwerts auf etwas eigenartige Weise ein, wenn er davon redet, dass die Gebrauchswerte der Waren seine „stofflichen Träger" sind. Weil das Getragenwerden auf etwas zu verweisen scheint, was seinem Träger nicht selbst oder nicht innerlich zukommt, sondern ihm eher äußerlich verliehen wird, könnte man den Eindruck bekommen, dass der Tauschwert dem als Ware auftretendem Ding weniger oder anders zukommt als der Gebrauchswert. Genauer gesprochen könnte man meinen, dass der Gebrauchswert zwar eine gegenständliche Eigenschaft dieses Dings darstellt, es sich beim Tauschwert aber nur um eine ungegenständliche Eigenschaft handelt, die nur das Bezogensein der einzelnen Dings auf etwas Anderes zum Inhalt hat.[vi] Es sei deshalb geprüft, was davon zu halten ist.

In diesem Zusammenhang ist zunächst auf Folgendes zu verweisen: Zum einen kann festgehalten werden, dass der Tauschwert mit dem Gebrauchswert das Merkmal teilt, dass er zunächst ebenfalls nur eine Anlage, Möglichkeit oder Bestimmung darstellt. Wie der Gebrauchswert ist er daher etwas, was sich erst noch verwirklichen muss. Während der Gebrauchswert sich im Gebrauch verwirklicht,

---

[3] Dass dem nicht so ist, sondern der Gebrauchswert eine Rolle spielt, die Marx mit den angeführten Bemerkungen eher verdeckt, werden wir später sehen. (vgl. S. 68)

realisiert sich der Tauschwert im Tausch, der wie der Gebrauch erst noch zu erfolgen hat. Zum anderen stellt nicht nur der Tauschwert eine Bestimmung dar, die nicht den Dingen als solchen zukommt, sondern den Menschen zu verdanken ist. Dieses Merkmal kommt vielmehr auch dem Gebrauchswert zu. Denn dieser ist den Dingen, die als Waren auftreten, gleichfalls nicht von Natur aus eigen, sondern nur deshalb, weil die Menschen ihnen diese Bedeutung zuschreiben. Das zeigt sich z. B. daran, dass die stoffliche Eigenschaft der Härte als solche einen Diamanten noch nicht zu einem Gebrauchswert macht, sondern erst der Umstand, dass diese Härte für die Menschen nützlich ist.[vii]

Auf diesem Hintergrund könnte das stoffliche Ding, das als Ware auftritt, genauso als Träger des Gebrauchswerts bezeichnet werden, wie Marx bezogen auf den Gebrauchswert vom Träger des Tauschwerts spricht. Daher besteht der Unterschied nur darin, dass der Gebrauchswert in einer direkten Beziehung zu den für ihn maßgeblichen stofflichen Eigenschaften des jeweiligen Dings steht und der Tauschwert nicht. Folge davon ist, dass zwar der Gebrauchswert etwas ist, was dem Ding angesehen werden kann. Der Tauschwert stellt dagegen etwas dar, was ihm oder seinen stofflichen Eigenschaften gerade nicht entnommen werden kann. Angesichts dieses Unterschieds zwischen dem Gebrauchswertsein und dem Tauschwertsein des jeweiligen als Ware auftretenden Dings, kann nun auf der einen Seite festgestellt werden, dass er belegt, dass zwar der Gebrauchswert eine gegenständliche Eigenschaft der einzelnen Ware darstellt, aber der Tauschwert nur als eine ungegenständliche Eigenschaft charakterisiert werden kann. Auf der anderen Seite ist darauf hinzuweisen, dass das nicht ausschließt, dass der Tauschwert doch etwas darstellt, was in der Stofflichkeit des Dings so direkt verankert ist, wie das beim Gebrauchswert der Fall ist. Und daran ändert der Umstand nichts, dass man der als Anker dienenden gegenständlichen Eigenschaft als solcher nicht ansehen kann, dass sie als Grund des Tauschwerts fungiert. Darauf ist hier hinzuweisen, weil sich zeigen wird, dass Marx genau auf eine solche Verankerung des Tauschwerts aus ist.[viii]

Der Gebrauchswert ist eine menschliche Bestimmung, die den dafür geeigneten Dingen in allen gesellschaftlichen Verhältnissen zugeordnet wird. Der Tauschwert ist demgegenüber eine zusätzliche menschliche Bestimmung, die dem Gebrauchswert nur in bestimmten gesellschaftlichen Verhältnissen beigelegt wird. Aus diesem Umstand kann aber gleichfalls nicht geschlossen werden, dass innerhalb der bürgerlichen Gesellschaft der Tauschwert den Waren in dem Sinne nur als eine ungegenständliche Eigenschaft der einzelnen Ware zukommt, dass auch nicht von einer Verankerung gesprochen werden kann. Es kann vielmehr bei der Marxschen Position bleiben, dass der Tauschwert innerhalb dieser Gesellschaft zwar nur eine ungegenständliche Eigenschaft darstellt, diese aber eine direkte Beziehung zur

Stofflichkeit der einzelnen Ware aufweist. Und daran ändert der Umstand nichts, dass diese Verankerung eines Nachweises bedarf, der erst noch zu erbringen ist.

Daran, dass Marx in Bezug auf den Tauschwert auf eine ungegenständliche Eigenschaft aus ist, die aber in einer gegenständlichen Eigenschaft des Warendings verankert ist, ändert im Übrigen auch die folgende Stelle nichts, auf die wir auf der Seite 125 noch genauer eingehen werden:

"Wenn es im Eingang dieses Kapitels in der gang und gäben Manier hieß: Die Ware ist Gebrauchswert und Tauschwert, so war dies, genau gesprochen, falsch. Die Ware ist Gebrauchswert oder Gebrauchsgegenstand und „Wert"." (I, 75)

Zu ihr ist zunächst zu sagen, dass sie zurückzuweisen wäre, wenn mit ihr behauptet werden sollte, dass die Bezeichnung Tauschwert auf die einzelne Ware insgesamt nicht angewendet werden kann. Trotz des Umstandes, dass das eine Bestimmung darstellt, die dem Gebrauchsgegenstand äußerlich ist, kann die einzelne Ware nämlich ganz selbstverständlich als Tauschwert charakterisiert werden. Ausgeschlossen ist in diesem Zusammenhang nur, dass von einer gegenständlichen Eigenschaft gesprochen wird, die dem einzelnen Warending als solchem entnommen werden kann. Denn beim Tauschwert handelt es sich um eine ungegenständliche Eigenschaft, die ihrem Träger nicht angesehen werden kann. Wenn die obige Stelle in dieser Weise zu verstehen ist, widerspricht sie den obigen Ausführungen nicht. Im Gegenteil bestätigt sie, dass der Tauschwert zwar eine ungegenständliche Eigenschaft darstellt, die aber auf der gegenständlichen Eigenschaft beruht, die Marx hier mit der Bezeichnung „Wert" anspricht.[ix]

Die Eigenschaften, die am einzelnen Ding ohne Verweis auf Anderes zum Ausdruck kommen, kann man als innere oder auch als absolute Eigenschaften bezeichnen. Dagegen können die Eigenschaften, die am einzelnen Ding als solchem nicht zum Ausdruck kommen, äußere oder relative Eigenschaften genannt werden. Gegen diese Wortwahl ist so lange nichts einzuwenden, so lange klar bleibt, dass auch die äußeren oder relativen Eigenschaften in gegenständlichen Eigenschaften des einzelnen Dings verankert sein können. Widerspruch wäre jedoch zu erheben, wenn man die äußeren oder relativen Eigenschaften als ungegenständliche Eigenschaften verstehen würde, die überhaupt keinen Bezug zur Stofflichkeit der jeweiligen Sache ausweisen, sondern sich nur dem äußeren Verhältnis verdanken, in dem sich diese Sache befindet.[x]

Wenn man die eingangs zitierte Stelle liest, entsteht der Eindruck, dass Marx die von ihm zum Thema gemachte Ware in der Form anspricht, in der wir sie als Bewohner der bürgerlichen Gesellschaft unmittelbar oder von uns aus wahrnehmen. Mit anderen Worten scheint er sie als Erfahrungstatbestand aus dem unmittelbaren

Sein aufzugreifen. Auf dieser Grundlage kann zwar dem ersten Bestimmungsmoment der Ware voll und ganz zugestimmt werden. Dem zweiten Bestimmungsmoment ist jedoch zu widersprechen. Während der Gebrauchswert der Waren etwas ist, was in empirischer Hinsicht eindeutig bestätigt wird, ist das beim Tauschwert anders. Denn den direkten und damit auch wechselseitigen Tausch zwischen Ware und Ware, auf den sich Marx mit seiner Rede vom Tauschwert augenscheinlich bezieht, gibt es nicht. Die einzelnen Exemplare der empirischen Waren werden nämlich nicht gegen fremde Ware getauscht, sondern für fremdes Geld verkauft. Daher läge es näher, nicht vom Tauschwert, sondern vom Verkaufswert zu reden.[xi]

Angesichts dieser Situation gibt es drei Möglichkeiten: Zum einen kann man am empirischen Ausgangspunkt festhalten und versuchen, die Marxschen Ausführungen auf dieser Grundlage zu verstehen. Zum anderen kann man bezogen auf den Warentausch entweder zu dem Schluss kommen, dass Marx mit etwas beginnt, was es zwar in der Gegenwart nicht mehr gibt, aber in der Vergangenheit gegeben hat. Oder man zieht zum dritten die Konsequenz, dass Marx einen Ausgangspunkt wählt, der nicht nur nicht in der Gegenwart vorkommt, sondern den es auch der Vergangenheit nicht gegeben hat und der deshalb etwas Nicht-Empirisches und damit so etwas wie ein Modell darstellt, das es nur in der Theorie oder nur in unseren Gedanken oder Vorstellungen gibt.

Aufgrund dieser drei Varianten stellt sich die Frage, welcher Weg zu gehen ist. Bei ihrer Beantwortung kann darauf hingewiesen werden, dass die dritte Möglichkeit auf jeden Fall zu verwerfen ist. Der Grund dafür besteht darin, dass ein nicht-empirischer Ausgangspunkt nichts zur Erklärung der gegebenen Wirklichkeit beitragen kann. Dass das in empirisch beschreibender Hinsicht so ist, dürfte unmittelbar einleuchten. Denn ich gebe das, was ist oder existiert, nicht wieder, wenn ich mit etwas beginne, was nicht existiert. Anders sieht es in theoretisch begründender Hinsicht aus. Denn man kann sich nicht nur vorstellen, dass man ausgehend von einem nicht-empirischen Ausgangspunkt per logischer Argumentation zwingende Schlüsse auf eine Gegebenheit ziehen kann, die es empirisch gibt, sondern darüber hinaus auch der Meinung sein, dass man auf diese Weise nachweisen kann, dass ersterer Grund und letztere Folge ist. Daher sei darauf hingewiesen, dass dieser Eindruck verkehrt ist. Ausgehend von einem nicht-empirischen Ausgangspunkt A kann man mittels einer rein logischen Wenn-Dann-Folgerung eine empirische Gegebenheit B nämlich auch dann nicht begründen, wenn die kausale Logik selbst absolut überzeugend sein sollte. Auch die zwingendste Logik ist nämlich nicht in der Lage, den Übergang vom Nicht-Sein zum Sein auf überzeugende Weise zu bewerkstelligen. Da die Logik von einem göttlichen Schöpfungsakt zu unterscheiden ist, kann mit ihrer Hilfe die Gegebenheit B nämlich nur dann aus dem Ausgangspunkt A abgeleitet werden, wenn nicht nur sie, sondern auch dieser Ausgangspunkt empirisch existiert.[xii]

Auszuscheiden ist aber auch die zweite Möglichkeit. In empirisch beschreibender Hinsicht dürfte das ganz klar sein. Denn, wenn ich eine Feststellung über das treffe, was nicht mehr ist, mache ich keine Aussage über das, was ist. Dafür spricht aber auch die begründende Seite. Das ist nicht nur der Fall, weil die historische Erklärung, um die es hier geht, im Unterschied zur logischen Begründung keine Notwendigkeit im eigentlichen Sinne kennt. Das ist vor allem so, weil mit einer historischen Argumentation dann, wenn sie empirisch richtig ist, zwar erklärt werden kann, wie etwas entstanden ist. Es kann aber nicht erklärt werden, warum es dieses Entstandene trotz des Umstandes immer noch gibt, dass sein historischer Grund längst vergangen ist. Die gegenwärtige Existenz kann folglich nicht mit einem vergangenen Grund begründet werden. Dazu ist gerade dann, wenn alles ständig in Bewegung ist, nur ein gegenwärtiger Grund in der Lage.[xiii] Wir finden daher bestätigt, dass auch die zweite Variante ausgeschieden werden kann und deshalb nur noch der erste Weg in Frage kommt.[xiv]

Allerdings scheint auch er nicht aussichtsreich zu sein. Denn aus ihm scheint sich nur ergeben zu können, dass der Marxsche Tauschwert als empirisch inexistent zurückzuweisen ist. Schaut man genauer hin, zeigt sich jedoch, dass dieser Eindruck trügt. Zwar ist richtig, dass der Marxsche Ausgangspunkt nicht dem unmittelbaren Sein bzw. dem Sein in der Form entspricht, in der wir es als in der bürgerlichen Gesellschaft lebende Subjekte unmittelbar oder von uns aus wahrnehmen. Denn wir haben es nicht mit dem Tausch, sondern nur mit dem Verkauf und Kauf zu tun. Da Verkauf und Kauf auf den Tausch einer Ware mit anderer Ware hinauslaufen, befindet sich der Marxsche Ausgangspunkt aber in Übereinstimmung mit dem, was man deswegen als mittelbares Sein bezeichnen kann, weil die bürgerlichen Subjekte es nicht von sich aus oder unmittelbar in Erfahrung bringen, sondern es auf der Basis dessen, dass man sie darauf aufmerksam machen muss, nur mittelbar wahrnehmen. Dieses mittelbare oder zu vermittelnde Sein genügt aber, um den Marxschen Anfang mit dem Tauschwert empirisch zu belegen.[xv]

Dieser sich eigentlich indirekt vollziehende Warentausch ist aber nicht wechselseitig, sondern nur einseitig. Daher ist Marx' Beginn in empirischer Hinsicht nur akzeptabel, wenn er lediglich vom einseitigen Tausch spricht. Beim ersten Lesen der Marxschen Ausführungen könnte man der Meinung sein, dass das gerade nicht der Fall ist und er den wechselseitigen Tausch mit der Folge behandelt, dass die empirische Kritik doch noch greift. Bei näherem Hinsehen zeigt sich jedoch, dass in den uns hier interessierenden Seiten vom wechselseitigen Tausch nur an einer Stelle klar gesprochen wird, in der davon die Rede ist, dass die Waren „gegeneinander ausgetauscht werden". (I, 54) Zumal es sich dabei um die Aussage eines unbekannten Autors handelt, die von Marx nur in der Anmerkung 9 zitiert wird, ist es durchaus möglich, ihn so zu verstehen, dass es ihm nur um den einseitigen Warentausch geht.[4] Und das ist in empirischer Hinsicht nicht zu beanstanden.[xvi]

Aus den obigen Überlegungen ergibt sich, dass nur der zuletzt behandelte erste Weg von wissenschaftlicher Bedeutung ist, der mit einer logischen Art und Weise der Begründung einhergeht. Da diese Überlegungen unsere Überlegungen sind und unklar ist, in welchem Ausmaß sie von Marx geteilt werden, können wir uns im Folgenden trotzdem nicht auf den diesen Weg beschränken, sondern müssen auch die anderen Argumentationsmöglichkeiten im Blick behalten. Das gilt zum einen für die zuerst behandelte dritte Möglichkeit, die mit der ersten die logische Art und Weise der Argumentation teilt und insofern sowieso vorkommt. Das gilt zum anderen für die an zweiter Stelle behandelte zweite Variante, die vom vergangenen wechselseitigen Tausch ausgeht und deswegen mit einer historischen Argumentation verbunden ist.

"Der Tauschwert erscheint zunächst als das quantitative Verhältnis, die Proportion, worin sich Gebrauchswerte einer Art gegen Gebrauchswerte anderer Art austauschen, ein Verhältnis, das beständig mit Zeit und Ort wechselt. Der Tauschwert scheint daher etwas Zufälliges und rein Relatives, ein der Ware innerlicher, immanenter Tauschwert (valeur intrinsèque) also eine contradictio in adjecto. Betrachten wir die Sache näher." (I, 50/51)

Wenn man diese Stelle liest, findet man einesteils bestätigt, dass Marx' Rede vom Tauschwert tatsächlich im Zusammenhang mit der Rede vom Tausch zwischen Waren steht. Andernteils ist darauf aufmerksam zu machen, dass Marx im obigen Zitat nicht nur vom Tausch zwischen Ware und Ware spricht, sondern zudem zum Ausdruck bringt, dass die Waren "sich austauschen". Zu diesem eher formalen reflexiven Aspekt, der aus den Waren „Subjekte" (vgl. 19, 358) macht, ist zu sagen, dass er im empirischen Sinne dann eindeutig zurückgewiesen werden müsste, wenn er als Aussage über das uns vorliegende Sein wörtlich gemeint sein sollte. Denn im Rahmen der in diesem Sein vorhandenen Gegebenheiten sind die Waren keine Dinge, die sich selbst bewegen können, sondern lediglich Sachen, die von Menschen in Bewegung gesetzt werden. Und das gilt nicht nur im Hinblick auf das unmittelbare Sein, in dem es eine Umsetzung von Ware in Geld und von Geld in Ware gibt, sondern auch bezogen auf das mittelbare Sein, bei dem es um die direkte Umsetzung von einer Ware in andere Ware zu tun ist.[5]

---

[4] Das ist in ‚Zur Kritik der politischen Ökonomie' anders. Dort wird eindeutig vom „quantitativen Verhältnis" gesprochen, „worin Gebrauchswerte gegeneinander austauschbar." (ZK, 16)

[5] Wir werden im Folgenden (vgl. 213ff.) ein mit der sich selbst tauschenden Ware vergleichbares Subjekt in der Form des sich als Kapital selbst verwertenden Werts kennen

Weil das negative empirische Urteil über die subjekthaften Waren so eindeutig ist und es Marx schlechterdings nicht unbekannt geblieben sein kann, dass die Waren sich nicht selbst bewegen, sondern nur von Menschen auf den Markt geworfen werden können, stellt sich die Frage, ob seine Rede von den sich tauschenden Waren wirklich wörtlich verstanden werden muss. Um sie zu beantworten, sei auf die folgende Stelle vorgegriffen:

"Die Waren können nicht selbst zu Markte gehn und sich nicht selbst austauschen. Wir müssen uns also nach ihren Hütern umsehen, den Warenbesitzern. Die Waren sind Dinge und daher widerstandslos gegen den Menschen. Wenn sie nicht willig, kann er Gewalt brauchen, in andren Worten, sie nehmen. Um diese Dinge als Waren aufeinander zu beziehn, müssen die Warenbesitzer sich zueinander als Personen verhalten, deren Willen in jenen Dingen haust, so daß der eine nur mit dem Willen des andren, also jeder nur vermittelst eines, beiden gemeinsamen Willensaktes sich die fremde Ware aneignet, indem er die eigne veräußert. Sie müssen sich daher wechselseitig als Privateigentümer anerkennen. Dies Rechtsverhältnis, dessen Form der Vertrag ist, ob nun legal entwickelt oder nicht, ist ein Willensverhältnis, worin sich das ökonomische Verhältnis widerspiegelt. Der Inhalt dieses Rechts- und Willensverhältnisses ist durch das ökonomische Verhältnis selbst gegeben. Die Personen existieren hier nur füreinander als Repräsentanten von Ware und daher als Warenbesitzer. Wir werden überhaupt im Fortgang der Entwicklung finden, daß die ökonomischen Charaktermasken der Personen nur die Personifikationen der ökonomischen Verhältnisse sind, als deren Träger sie sich gegenübertreten." (I, 99/100)

Dieses Zitat, dessen juristische Aspekte hier nicht interessieren, bestätigt einesteils, dass Marx natürlich weiß, dass der Austauschprozess nicht von den Waren selbst, sondern nur von Menschen vollzogen werden kann. Andernteils fasst er diese Menschen in einer eigentümlichen Form. Er beschreibt sie nämlich als bloße "Repräsentanten von Ware" oder allgemeiner gesprochen als "Charaktermasken", deren Kennzeichen darin besteht, dass ihre Subjektivität auf die Ausführung eines vorgegebenen Zwecks und ihre Persönlichkeit auf "die Personifikation der ökonomischen Verhältnisse" beschränkt ist. Weil ihre Aktivitäten lediglich die Verwirklichung vorausgesetzter Inhalte umfassen, sind die Menschen nur als Funktionsträger und Ausführungsorgane gefasst. Als solche handeln sie deswegen bewusstlos, weil einem Inhalte, die man ausführt, ohne sie sich selbst zum Zweck gesetzt zu haben, eben unbewusst sind. Marx geht also nur so weit, die Versubjektivierung

---

lernen. Da wir dieses Subjekt, das sich ebenfalls ohne menschliches Dazutun bewegen kann, akzeptieren werden, könnte die Frage gestellt werden, warum es hier abgelehnt wird. Als Antwort kann darauf hingewiesen werden, dass wir das Kapital als etwas akzeptieren werden, was es auf der Ebene des Scheins gibt. Mit dieser Ebene können wir es hier aber noch nicht zu tun haben, zumal sie nur nach dem Wesen und damit nur auf vermittelte Weise zum Thema gemacht werden kann.

22

der Ware durch die Verwarelichung des Subjekts oder allgemeiner und vielleicht verständlicher ausgedrückt die "Personifikation der Sache" durch die "Versachlichung der Personen" (I, 128) zu ersetzen.

Auf dieser Grundlage kann die Rede von den sich tauschenden Waren als Abkürzung für die Rede von den Waren verstanden werden, die von Menschen ausgetauscht werden, die dabei als Charaktermasken auftreten. Damit erübrigt sich auf der einen Seite die empirische Kritik, die an den sich selbst tauschenden Waren ansetzt. Auf der anderen Seite könnte man aber der Meinung sein, dass die Rede von den verwarelichten Subjekten oder Charaktermasken zum Anlass für eine neuerliche empirische Kritik genommen werden muss. Dabei könnte man sich zum einen darauf beziehen, dass die Menschen Subjekte sind, die sich die Inhalte, die sie ausführen, mit der Folge als subjektive Zwecke selbst geben, dass sie sie bewusst ausführen. Zum anderen könnte man daraus schlussfolgern, dass es falsch ist, die Menschen als Charaktermasken darzustellen, die auf die Ausführung von Inhalten beschränkt sind, die ihnen einesteils vorgegeben sind und deswegen nicht als subjektive Zwecke, sondern nur als objektive Zwecke bezeichnet werden können, und die sie andernteils nicht bewusst, sondern als objektive Zwecke nur unbewusst ausführen.

Zu dieser empirischen Kritik ist einerseits zu sagen, dass ihr voll und ganz Recht zu geben wäre, wenn vom unmittelbaren Sein gesprochen würde. Die Transaktionen des Verkaufs und Kaufs der Waren, die es auf seiner Grundlage gibt, stellen nämlich tatsächlich subjektive Zwecke dar, die die menschlichen Subjekte sich selbst gegeben haben und die sie daher auch mit Bewusstsein ausführen. Daher wäre es falsch, in diesem Zusammenhang von Charaktermasken und damit objektiven Zwecken zu reden und auf diese Weise zu suggerieren, die Menschen würden sie nur unbewusst realisieren. Andererseits ist darauf hinzuweisen, dass hier von Verkauf und Kauf und damit vom unmittelbaren Sein gar nicht die Rede ist, sondern eben nur vom einseitigen Warentausch und damit vom mittelbaren Sein. Weil der Tausch dem mittelbaren Sein angehört, ist er kein subjektiver und bewusst ausgeführter Zweck. Er wird vielmehr von den Menschen im Rahmen des Verkaufs und Kaufs von Waren eher unbewusst mitvollzogen.[6] Daher ist es nicht

---

[6] Die Rede von der unbewussten Ausführung objektiver Zwecke bedeutet also nicht, dass den diese Zwecke ausführenden Menschen Aktivitäten unterstellt werden, die sie neben ihren bewussten Handlungen und damit in einer Sphäre vollkommener Bewusstlosigkeit ausführen. Die unbewussten Aktivitäten finden vielmehr nur im Rahmen der bewussten Handlungen statt. Wenn man von objektiven Zwecken spricht, die unbewusst ausgeführt werden, dann wird nicht von den bewussten Handlungen weg- und zu etwas übergegangen wird, was neben ihnen existiert. Weil vom Mitvollzug gesprochen wird, wird vielmehr nur in die bewussten Handlungen hineingegangen und aufgezeigt, dass es in ihrem Rahmen etwas gibt, was auf unbewusste Weise verwirklicht wird.

falsch, sondern im Gegenteil gerade empirisch angemessen, in diesem Zusammenhang nicht von Subjekten, sondern von der Versachlichung der Personen oder von Charaktermasken zu sprechen.[xvii]

Zum einen könnten die obigen Ausführungen gerade deswegen als läppisch oder als bloße Spitzfindigkeiten ohne praktische Relevanz abgetan werden, weil die Differenz zwischen dem unmittelbaren und dem mittelbaren Sein und damit zwischen der Ebene der subjektiven Zwecke, Subjekte und bewussten Handlungen und der der objektiven Zwecke, Charaktermasken und unbewussten Vollzüge im vorliegenden Zusammenhang nicht sehr groß ist. Der Unterschied liegt nämlich lediglich darin, dass ein Inhalt, der auf der Ebene der Subjekte nur mittelbar verfolgt wird, auf der Ebene der Charaktermasken als unmittelbares Ziel fungiert. Wir haben es daher nur mit einem formalen Unterschied zu tun, der auf der Basis dessen, dass es auf beiden Ebenen um den gleichen Endzweck geht, zu keinerlei inhaltlichen Konsequenzen führt.

Daher sei darauf hingewiesen, dass die aufeinander folgenden Verkaufs- und Kaufzwecke zwar leicht in das Ziel des einseitigen Warentauschs mit der Folge übersetzt werden können, dass auch das letztere mit Bewusstsein vollzogen werden und deshalb gleichfalls eine Art subjektiver Zweck darstellen kann. Trotzdem bleibt es bei der grundsätzlichen Differenz zwischen den beiden Ebenen. Im Übrigen sei schon an dieser Stelle angemerkt, dass wir im Folgenden Verhältnisse kennen lernen werden, bei denen die Rede von Charaktermasken nicht mehr so folgenlos bleibt, sondern mit einer Relativierung der Menschen als Subjekte einhergeht. Während bezogen auf den Fall des Warentauschs aufgrund des rein formellen Unterschieds zwischen einem mittelbar und unmittelbar verfolgten Inhalt nicht gesagt werden kann, dass das Charaktermaskesein das Subjektsein einschränkt, kann im Hinblick auf diese Verhältnisse festgestellt werden, dass es genau zu einer solchen Einschränkung kommt. (vgl. S. 257 und 343)

Zum anderen könnte darauf aufmerksam gemacht werden, dass zur obigen Interpretation dessen, was unter Charaktermaske zu verstehen ist, die Rede von "Willensverhältnissen" nicht passt, die im obigen Zitat ebenfalls enthalten ist. Diesem Einwand, der darauf beruht, dass man nur dort vom Willen reden sollte, wo subjektive Zwecke vorliegen und damit Inhalte gegeben sind, die mit Bewusstsein ausgeführt werden, ist vollkommen Recht zu geben. Gerade weil er nicht von den Verhältnissen sprechen will, mit denen die Menschen als Subjekte konfrontiert sind, sondern nur von denen, die sie lediglich als Charaktermasken betreffen, hätte Marx besser daran getan, den Hinweis auf die „Willensverhältnisse" zu unterlassen. Denn der Wille kommt genauso nur den Subjekten zu wie das Bewusstsein. Dieser Punkt ist m. E. jedoch weit davon entfernt, zu belegen, dass Marx anders von Charaktermasken spricht, als oben erläutert. Die Rede von den „Willensverhältnissen" dürfte sich nämlich vor allem den hier noch nicht interessierenden juristischen Aspekten verdanken, die ohne Willen nicht denkbar sind und deswegen erst auf einer Ebene behandelt werden können, auf der die Menschen nicht mehr als Charaktermasken, sondern nur noch als Subjekte agieren.[xviii]

Wenn wir nun zu dem Fazit kommen, das aus den obigen Ausführungen zu ziehen ist, können wir festhalten, dass Marx die Ware und ihren Umschlag dann, wenn er vom Warentausch redet und damit vom Geld absieht, zwar nicht in der Form aufgreift, in der wir ihn als Mitglieder der bürgerlichen Gesellschaft unmittelbar wahrnehmen. Der Umstand, dass Marx nicht vom unmittelbaren Sein, sondern nur vom mittelbaren oder zu vermittelnden Sein redet, ändert aber nichts daran, dass sein Anfang empirisch weder in eher inhaltlicher noch in eher formaler Hinsicht zu beanstanden ist. Gerade weil er den Warentausch nicht in der unmittelbar erfahrenen geldvermittelten Form zum Thema macht, sondern das Geld aus seiner Betrachtung ausschließt, kann er nicht von Subjekten, sondern muss er von bloßen Charaktermasken reden. Aus diesem Grund ist klar, dass wir uns im Folgenden, auf die Marxsche Ebene nicht nur deswegen einzulassen haben, weil wir seiner weiteren Argumentation nur unter dieser Bedingung innerlich werden können. Diesen Schritt müssen wir auch deshalb vollziehen, weil wir keinen empirischen Grund haben, uns der Ebene zu verweigern, auf der Marx argumentiert.[xix]

Weil das im Folgenden wichtig werden wird, sei hier zum einen noch darauf hingewiesen, dass sich mit dem Unterschied zwischen den Subjekten und den Charaktermasken zwei unterschiedliche Argumentationstypen verbinden. Während mit den Subjekten, die subjektive Zwecke bewusst ausführen, die Argumentation per teleologischer Genesis liiert ist, bekommen wir es bei den Charaktermasken, die objektive Zwecke bewusstlos verwirklichen, mit der Argumentation per logischer Geltung zu tun. Während man im Rahmen der teleologischen Genesis ausgehend vom subjektiven Zweck und damit auf subjektivistische Art nicht nur auf die Existenz der ihn ausführenden Aktion schließen kann, sondern auch auf ihre Entstehung, haben wir es im Rahmen der logischen Geltung nur mit ihrer Existenz zu tun. Auf der Basis dieser Argumentation kann man ausgehend vom objektiven Zweck per Wenn-Dann-Folgerungen auf objektivistische Weise nämlich nur darauf schließen, dass es die ihn ausführende Handlung im Rahmen des mittelbaren Seins geben muss. Damit ist aber noch nicht gesagt, wie diese Aktion im Rahmen des unmittelbaren Seins zustande kommt, in dem die Menschen nicht als Charaktermasken, sondern als Subjekte auftreten, die bewusst handeln. Diese Erklärung, die die Vermittlung des mittelbaren Seins mit dem unmittelbaren Sein zum Inhalt hat, stellt vielmehr eine zusätzliche Aufgabe dar, die neben der logischen Geltung zu lösen ist.[xx]

Im nächsten Kapitel (vgl. S. 129ff. und S. 150ff.) wird sich zeigen, dass Marx deswegen so ungewöhnlich begonnen und das Geld ausgeblendet hat, weil er dieses Geld ableiten will.[xxi] Im Hinblick darauf sei zum zweiten noch bemerkt, dass der genannte Unterschied zwischen der teleologischen Genesis und der logischen Geltung sich nicht nur auf die den subjektiven oder objektiven Zweck ausführende Handlung bezieht, sondern auch auf die Dinge, die in ihrem Rahmen erforderlich sind. Auf dieser Grundlage macht es einen Unterschied, ob das Geld im Rahmen einer Argumentation per logischer Geltung oder per teleologischer Genesis als erforderlich aufgezeigt und in diesem Sinne abgeleitet wird. Während wir im letzten Fall gesagt bekommen, wie es im Rahmen von bewussten menschlichen Handlungen entsteht, bleibt der Entstehungsprozess im ersten Fall nämlich außenvor.

Zum dritten sei gerade auf Basis der auf der Seite 18 erwähnten zweiten Verständnismöglichkeit darauf hingewiesen, dass die teleologische Genesis nicht mit der historischen Erklärung verwechselt werden darf. Während diese die historische Entwicklung hin zu einem bestimmten Zustand nachzeichnet und es damit mit der äußeren Geschichte zu schaffen hat, hat es jene mit dem zu tun, was man innere Geschichte nennen kann. In ihr geht es auch bezogen auf die Entstehung des Geldes nicht um vergangene, sondern nur um gegenwärtige Gründe.

2. Vom Tauschwert zum gemeinsamen Gehalt

Auf das oben auf der Seite 20 angeführte Zitat sind wir bislang nur insofern eingegangen, als Marx in ihm von „sich" austauschenden Waren spricht. Bislang unbeachtet blieb dagegen, dass er auch zum Ausdruck bringt, dass der Tauschwert zunächst als das „quantitative Verhältnis" oder die „Proportion" erscheint, „worin sich Gebrauchswerte einer Art mit Gebrauchswerten anderer Art tauschen". Auf diese Feststellung ist einzugehen, weil sie nicht nur ausschließt, dass es sich beim Tauschwert um eine gegenständliche Ware handelt. Unabhängig davon, ob diese auf einer gegenständlichen Eigenschaft beruht oder nicht, scheint sie nämlich auch nicht zu einer ungegenständlichen Eigenschaft zu passen. Denn es macht keinen Sinn, ein Verhältnis, von dem die einzelne Ware nur Teil ist, dieser Ware als Eigenschaft zuzuordnen.[xxii] Das wäre nämlich genauso falsch, wie wenn man das aus Mann und Frau bestehende Verhältnis der Ehe z. B. dem Mann zuordnen und sagen würde, der Mann hat die Eigenschaft der Ehe.

Aus diesem Grund kann man hier den Eindruck bekommen, dass das oben befürwortete Verständnis des Tauschwerts, das ihn zu einer ungegenständlichen Eigenschaft macht, die auf stofflichen Verankerungen beruht, an der Sache vorbei geht. Denn bei Marx scheint der Tauschwert weder eine gegenständliche noch eine ungegenständliche Eigenschaft zu sein. Stattdessen scheint er hier in einer dritten Bedeutung von ihm zu reden, die darauf hinausläuft, dass es sich bei ihm um nichts

Anderes, als das quantitative Verhältnis zwischen den Waren geht, die sich einseitig austauschen. Wenn wir uns diesem Eindruck zuwenden, kann zwar zugestanden werden, dass Marx im obigen Zitat tatsächlich von einem Tauschwert spricht, der als Verhältnis gerade nicht als Tauschwert einer Ware angesprochen und in diesem Sinne den einzelnen Waren als gegenständliche oder ungegenständliche Eigenschaft zugeordnet werden kann. Dieser Redeweise bedient sich Marx aber nur an dieser Stelle. Sie stellt daher eine Ausnahme dar, was sich daran zeigt, dass Marx gleich wieder zur Rede vom Tauschwert der einzelnen Ware übergeht, die als solche nicht das Tauschwertverhältnis, sondern nur eine Tauschwerteigenschaft meinen kann.[xxiii]

Auf dieser Grundlage können wir es nicht nur bei unserem obigen Verständnis des Tauschwerts als ungegenständliche Eigenschaft der einzelnen Waren belassen. Vielmehr können wir weiterhin davon ausgehen, dass es bei Marx um eine ungegenständliche Eigenschaft zu tun ist, die trotz ihrer Ungegenständlichkeit in der Stofflichkeit der Waren verankert ist. Dass wir damit richtig liegen, zeigt sich schon daran, dass Marx den Eindruck, beim Tauschwert handele es sich um etwas „rein Relatives", das als solches jede stoffliche Verankerung ausschließt, als Schein bezeichnet. Ferner wird das daran deutlich, dass Marx sich im Zuge seiner Rede vom „innerlichen, immanenten Tauschwert" daran macht, den bislang noch offenen Bezug zur Stofflichkeit nachzuweisen und damit zu belegen, dass wir es beim Tauschwert ungeachtet dessen mit einer zwar ungegenständlichen, aber in der Gegenständlichkeit verankerten Eigenschaft zu tun haben, dass er sich erst noch verwirklichen muss und darüber hinaus eine relative Eigenschaft darstellt, die als solche dem einzelnen Gegenstand nicht angesehen werden kann.[xxiv]

Im Übrigen sei auf Folgendes hingewiesen: Wenn der Tauschwert eine Relation darstellen und unter dieser Relation der noch nicht verwirklichte Tauschwertausdruck verstanden würde, dann gäbe es ihn nur während der kürzeren oder längeren Zeit, in der sich der Tauschwert der einen Ware lediglich ausdrückt, ohne sich als solcher schon zu verwirklichen. Sobald die Verwirklichung dieses Ausdrucks erfolgt wäre, würde der Tauschwert verschwinden. Denn die Relation, mit der er sich deckt, gäbe es nicht mehr. Wenn der Tauschwert dagegen die Relation darstellen würde, die mit dem Vollzug des Tausches zusammenfällt, dann wäre er eine verschwindende Existenz, die es nur einen logischen Augenblick lang und damit gar nicht wirklich geben würde. Denn vor dem Tausch wäre er noch nicht und nach dem Tausch nicht mehr vorhanden. Wenn der Tauschwert demgegenüber eine gegenständliche oder ungegenständliche Eigenschaft der einen Ware darstellt, die in Gestalt der anderen Ware zum Ausdruck kommt, dann ist das anders. Dann ist der Vollzug des Tausches nicht das Verschwinden, sondern das Verwirklichen des Tauschwerts, was im Fall der gegenständlichen Eigenschaft mit der Realisierung der schon vorhandenen Möglichkeit oder Anlage und im Falle der ungegenständlichen Eigenschaft mit dem Entstehen von etwas vollkommen Neuem einhergeht. Beides macht auch dann einen Unterschied, wenn die andere eingetauschte Ware nur noch als Gebrauchswert von Interesse sein sollte. Es gibt hier also eine Differenz zwischen einem bloßen Verschwinden und einem Verwirklichen. Wenn der Tauschwert eine Relation darstellt, dann verschwindet er auf die eine oder andere Art mit dem Tausch. Wenn er eine Eigenschaft der einzelnen Ware darstellt, dann wird er im Tausch auf die eine oder andere Weise verwirklicht.[xxv]

Marx redet in dem hier thematisierten Zitat aber nicht nur in Bezug auf die Wahrnehmung vom Schein, der Tauschwert sei etwas „rein Relatives". Auf der Basis dessen, dass das Austauschverhältnis zwischen den Waren „beständig mit Zeit und Ort wechselt", bezeichnet er vielmehr auch den Eindruck als Schein, der Tauschwert sei etwas „Zufälliges", das als solches nicht erklärt werden kann. Damit gibt er schon zu erkennen, dass er sich mit der mit der Zufälligkeit einhergehenden Unerklärbarkeit der Tauschverhältnisse nicht zufrieden geben, sondern auf etwas hinaus will, was er zunächst als "innerlicher, immanenter Tauschwert" bezeichnet. Da dieser Tauschwert nicht nur nicht rein relativ, sondern auch nicht zufällig sein soll, zielt er damit nämlich auf etwas ab, was in der Lage ist, das Tauschverhältnis zu begründen.[xxvi] Betrachten deshalb auch wir die Sache näher:

"Eine gewisse Ware, ein Quarter Weizen z. B., tauscht sich mit x Stiefelwichse oder mit y Seide oder mit z Gold usw., kurz mit anderen Waren in den verschiedensten Proportionen. Mannigfache Tauschwerte also hat der Weizen statt eines einzigen. Aber da x Stiefelwichse, ebenso y Seide, ebenso z Gold usw. der Tauschwert von einem Quarter Weizen ist, müssen x Stiefelwichse, y Seide, z Gold usw. durch einander ersetzbare oder einander gleich große Tauschwerte sein." (I, 51)

Hier wird es interessant, beginnt Marx doch mit seinen Folgerungen. Prüfen wir deshalb seine Argumentation mit einiger Ausführlichkeit. Weil sich ein Quarter Weizen „mit x Stiefelwichse oder mit y Seide oder mit z Gold" austauscht, wird im ersten Satz „kurz" gesagt, er tausche sich "mit andern Waren in den verschiedensten Proportionen", und im zweiten Satz daraus gefolgert, er habe nicht nur einen, sondern "mannigfache Tauschwerte". Dazu ist zunächst zu sagen, dass dem unter der Bedingung, dass vom verwirklichten Tauschwert gesprochen wird, nur zugestimmt werden kann, wenn es um mehrere Quarter Weizen geht. Wenn dagegen nur von einem Quarter Weizen gesprochen wird, kann es die Mannigfaltigkeit nur auf der Ebene der bloßen Austauschbarkeit geben. Denn einundderselbe Quarter Weizen kann sich immer nur mit einer anderen Ware tatsächlich austauschen.

Unabhängig von diesen beiden Möglichkeiten ist desweiteren darauf hinzuweisen, dass der Rede von den „mannigfachen Tauschwerten" nur unter der Voraussetzung beigepflichtet werden kann, dass damit eine Aussage über die Ware Weizen gemacht wird. Viele verschiedene Tauschwerte zu haben, ist tatsächlich eine ihrer Eigenschaften. Sie kommt der Ware Weizen zu, sofern sie sich wirklich mit vielen verschiedenen anderen Waren austauscht bzw. als austauschbar erklärt.

Auf dieser Grundlage fällt auf, dass Marx im obigen Zitat von der Stiefelwichse, der Seide und dem Gold als Tauschwerten des Weizens nur redet, um fortfahrend zu erklären, sie seien deswegen „durch einander ersetzbare oder einander gleich große Tauschwerte", weil sie alle „Tauschwert von einem Quarter Weizen" sind. Wenn wir uns zunächst der inhaltlichen Aussage zuwenden, die in dieser Folgerung enthalten ist, kann zum einen festgehalten werden, dass die größenmäßige Gleichheit offensichtlich als genauere Bestimmung der Ersetzbarkeit zu verstehen ist und nicht als Alternative zu ihr. Zum anderen bleibt vollkommen unklar, worin diese Gleichheit und Ersetzbarkeit besteht. In welchem Sinne ist x Stiefelwichse als Tauschwert des Quarter Weizens durch y Seide oder z Gold "ersetzbar", wo sich die Stiefelwichse von der Seide mindestens so sehr unterscheidet wie die Seide vom Gold? In welchem Sinne kann von den Tauschwerten des Weizens gesagt werden, sie seien "einander gleich groß", wo doch die quantitative Bestimmtheit der Stiefelwichse "x", der Seide "y" und des Goldes "z" ist und diese Größen sich zudem auf unterschiedliche Maßeinheiten beziehen? Da nicht abzusehen ist, inwiefern die unterschiedlichen Tauschwerte miteinander verglichen werden können, kann auf diese Frage keine bestimmte Antwort gegeben werden. Daher können wir festhalten, dass die in Rede stehende Gleichheit hier noch vollkommen unbestimmt und leer ist.

Dem könnte entgegengehalten werden, dass man zwar zu keinem bestimmten Inhalt der Gleichheit kommt, wenn man die Gebrauchswerte der dem Weizen gegenüber stehenden Waren als solche betrachtet, es aber anders aussieht, wenn man den Nutzen ins Auge fasst, den diese unterschiedlichen Gebrauchswerte dem Weizenbesitzer liefern. Man könnte nämlich der Auffassung sein, dass der Weizenbesitzer seinen Weizen mit den anderen Waren deshalb in den jeweiligen Proportionen als austauschbar erklärt, weil die jeweils eingetauschten Warenmengen ihm den gleichen Nutzen bringen. Wenn wir uns deshalb dieser Verständnisvariante zuwenden, die die gesuchte Gleichheit in der Menge des subjektiven Nutzens findet, kann zunächst darauf hingewiesen werden, dass sie als Interpretation schon deshalb fehlgeht, weil Marx nicht auf eine solche rein subjektive Gleichheit abzielt, sondern es – wie wir noch in diesem Abschnitt genauer sehen werden – auf eine Gleichheit objektiverer Art abgesehen hat, die nichts mit dem Gebrauchswert und dem Nutzen zu tun hat.

Wenn wir in Form einer Zwischenbemerkung die genannte These trotzdem als solche betrachten, ist entgegen dem ersten Eindruck zwar zuzugestehen, dass sie insofern die an eine Erklärung gebundenen Bedingungen erfüllt, als der genannte Grund unabhängig von seiner angeblichen Folge bestimmbar ist. Das ist nämlich trotz des Umstandes der Fall, dass der Grund nur im rein subjektiven Empfinden des einzelnen Subjekts liegt, das es so nur im Hier und Jetzt gibt und das als solches nicht von anderen Subjekten festgestellt werden kann. Mit diesem Empfinden kann aber nur der Zusammenhang zwischen den verschiedenen Tauschverhältnissen erklärt werden. Es kann genauer gesagt nur gezeigt werden, dass der Quarter Weizen dann, wenn er gerade mit x Stiefelwichse austauschbar ist, auch mit y Seide und z Gold ausgetauscht werden kann. Es kann aber nicht erklärt werden, warum er gerade mit x Stiefelwichse austauschbar ist. Denn zu diesem Zweck müsste der Nutzen des Quarters Weizen mit dem von x Stiefelwichse verglichen werden, was aber deshalb nicht möglich ist, weil der Weizen für den Weizenbesitzer gar keinen Gebrauchswert hat.

Ferner ist darauf hinzuweisen, dass die genannte Erklärung logisch gesehen zwar grundsätzlich möglich, aber empirisch unzutreffend ist. Das hat zwei Seiten: Zum einen ist das der Fall, weil es hier ja nicht nur um Tauschverhältnisse geht, die lediglich für das einzelne Subjekt gelten, sondern um Tauschverhältnisse von allgemeinerer Bedeutung. Und von diesen Tauschverhältnissen ist von vornherein klar, dass sie nicht dadurch erklärbar sind, dass sie dem einzelnen Warenbesitzer denselben Nutzen bringen. Dafür können vielmehr nur Gründe verantwortlich sein, die über die Vorlieben des einzelnen Subjekts hinausgehen. Zum anderen ist darauf hinzuweisen, dass der Nutzen, den ein bestimmter Gebrauchswert dem einzelnen Subjekt bietet, außerordentlich volatil ist und sich sozusagen von Augenblick zu Augenblick verändert. Wenn die relativen Tauschverhältnisse sich aus diesem Nutzen erklären würden, müssten sie genauso volatil sein. Obwohl die empirischen Tauschverhältnisse durchaus veränderlich sind, sind sie aber eindeutig nicht so veränderlich, wie sie sein müssten, wenn sie durch den einzelnen Nutzen erklärbar wären. Aus diesen Gründen kann mit dem subjektiven Nutzen für das einzelne Subjekt nicht der Zusammenhang zwischen den einzelnen Tauschrelationen erklärt werden, sondern allenfalls der Umstand, dass man bei gegebenen Tauschrelationen den einen Tausch dem anderen zu einem bestimmten Zeitpunkt deswegen vorzieht, weil er einem mehr Nutzen bringt.[7]

---

[7] Aufbauend auf dieser Überlegung kann der Grenznutzentheorie insofern etwas abgewonnen werden, als sie feststellt, dass das verfügbare Geld dann in einer den Nutzen maximierenden Weise ausgegeben wird, wenn die Nutzen der jeweils letzten Gebrauchswerte einer Art sich einander angleichen. Vollkommen zurückzuweisen ist sie jedoch, wenn sie versucht, aus dem Grenznutzen die Tauschwerte der Waren zu erklären. (vgl. dazu die nächste Fußnote)

Es könnte eingewandt werden, dass man im Hinblick auf eine empirisch richtige Erklärung des Zusammenhangs zwischen den verschiedenen Tauschverhältnissen zu anderen Ergebnissen kommt, wenn nicht nur vom subjektiven Nutzen des einzelnen Weizenaustauschers, sondern von den subjektiven Nutzen all derjenigen ausgegangen wird, die Weizen austauschen wollen. Wenn wir uns dieser Überlegung zuwenden, ist zunächst zuzugestehen, dass die empirische Unangemessenheit einer solchen Erklärung nicht mehr so ins Auge sticht, wie im Falle des einzelnen Nutzens. Denn man kann sich vorstellen, dass die Volatilität dieses allgemeinen Nutzens der Weizenaustauscher deswegen nicht mehr so groß ist, weil die einzelnen Nutzenschätzungen sich ausgleichen. Trotzdem kommen wir bei diesem Nutzen zu keinem besseren Ergebnis. Der Grund dafür ist logischer Art und besteht darin, dass dieser Nutzen die Bedingungen nicht mehr erfüllt, die er als Grund erfüllen müsste. Während der einzelne Nutzen trotz seiner reinen Subjektivität und enormen Veränderlichkeit immerhin etwas darstellt, das es zumindest in der subjektiven Empfindung des einzelnen Subjekts gibt, ist der allgemeine Nutzen aller Weizenaustauscher eine Größe, die als solche überhaupt nicht wahrgenommen und quantifiziert werden kann. Er ist damit nur ein bloßes Wort oder genauer etwas gänzlich Unbestimmtes, das als Grund für eine bestimmte Folge natürlich nicht in Frage kommt und kommen kann.

Auf der Basis dessen, dass der allgemeine Nutzen keinen eigenen Inhalt hat, sein Inhalt deshalb mit dem Zusammenhang zwischen den einzelnen Tauschverhältnissen zusammenfällt bzw. der allgemeine Nutzen der Weizenaustauscher ein anderes Wort für diesen Zusammenhang ist, kann dieses Urteil auch mit dem Hinweis untermauert werden, dass eine Erklärung, die auf einem solchermaßen anderen Wort als Grund aufbaut, nichts taugt. Um das an einem anderen Beispiel zu verdeutlichen, sei ein Arzt erwähnt, der den Umstand, dass jemand krank ist, damit erklärt, dass er nicht gesund ist. Diese Erklärung dürfte niemanden befriedigen, weil sie als solche vollkommen leer ist. Auch wenn sie mit dem Nicht-Gesundsein ein anderes Wort benutzt, erklärt sie nämlich das Kranksein nur durch das Kranksein. Damit ist sie rein tautologisch und vollkommen nichtssagend.

Erwähnt sei schließlich noch, dass sich auf dieser Grundlage die Frage erübrigt, ob die Erklärung aus dem allgemeinen Nutzen der Weizenaustauscher empirisch korrekt ist oder nicht. Diese Frage würde sich nämlich nur stellen, wenn als Grund eine Entität genannt werden könnte, die für sich und damit unabhängig von der Folge festgestellt werden kann. Da es an dieser Bedingung fehlt, ergibt sich die Frage nicht wirklich. Und wenn sie trotzdem so gestellt wird, kann sie nicht beantwortet werden, weil man keine empirische Gegebenheit hat, die als Grund mit der empirisch feststellbaren Folge verglichen werden kann.

Wenn wir uns nun nach dieser auf das inhaltliche Verständnis von Marx' Aussage bezogenen Zwischenbemerkung Marx' Folgerung als Folgerung zuwenden und uns fragen, ob sie als solche logisch überzeugend ist, könnte man gerade auf der Basis dessen, dass sowohl der einzelne als auch der allgemeine Nutzen als Inhalt der Gleichheit der verschiedenen Tauschwerte ausgeschieden werden kann, meinen, dass die inhaltliche Unbestimmtheit der behaupteten Gleichheit verhindert, dass auf diese Frage eine definitive Antwort gegeben werden kann. Daher sei darauf hingewiesen, dass das nur richtig wäre, wenn wir es mit einer vollkommenen Bestimmungslosigkeit zu tun hätten. Das ist aber gar nicht der Fall. Zwar wissen wir noch nicht, wie die Gleichheit genau zu verstehen ist. Klar ist jedoch, dass sie sich von der Ungleichheit unterscheidet und damit einen bestimmten, wenn auch noch sehr allgemeinen Inhalt hat.

Marx folgert, dass die verschiedenen Tauschwerte einer Ware einander gleich groß sind, weil sie alle „Tauschwert von einem Quarter Weizen" darstellen. Ist das überzeugend? Die Antwort auf diese Frage kann nur negativ sein. Zwar sind alle Tauschwerte Tauschwerte des Weizens. Das genügt aber nicht, um sie als solche untereinander gleich zu machen. Wenn der Weizen einmal ausdrückt, dass er als Tauschwert stiefelwichsengleich, ein andermal, dass er seidengleich, und ein drittesmal, dass er goldgleich ist, dann macht er damit wohl jedesmal Aussagen über sich. Daraus folgt aber noch nicht mit Notwendigkeit, dass er immer dieselbe Aussage trifft. Gerade weil wir den Tauschwert nur so kennen, wie er im Rahmen der von Marx thematisierten Gegebenheiten erscheint, erhalten diese Aussagen ihre Bestimmtheit vielmehr allein durch den spezifischen Gebrauchswert, mit dem sich der Weizen jeweils austauscht. Sie sind deshalb so verschieden wie diese. Stiefelwichse ist aber durch Gold nicht einfach "ersetzbar". Und nur weil das so ist, machte die Rede von den "mannigfachen Tauschwerten", worunter ich viele verschiedene Tauschwerte verstand, einen Sinn. Die Zustimmung zum zweiten Satz des vorletzten Zitats impliziert also die Zurückweisung des dritten. Genauer gesagt ist der genannte Grund nicht hinreichend, um Marx' Schluss zu begründen. Die Marxsche Aussage ist deshalb als Folgerung zurückzuweisen, was gegen sie als inhaltliche Behauptung allerdings noch nichts besagt.[xxvii]

Der Fehler der Marxschen Argumentation mag dadurch verdeckt werden, dass man den Marxschen einseitigen Warentausch als wechselseitigen Tausch missversteht. In diesem Fall tauscht sich der Weizen nämlich nicht nur mit Stiefelwichse, Seide und Gold. Vielmehr tauschen sich diese Dinge zugleich mit Weizen und treten daher selbst als Tauschwerte in Erscheinung. Das hat zur Folge, dass sich ein Quarter Weizen als der gemeinsame Tauschwert von x Stiefelwichse, y Seide und z Gold darstellt. Daraus bezieht die Marxsche Argumentation leicht ihre Plausibilität – zu Unrecht. Wenn man in diesem Sinne sagt, Stiefelwichse, Seide und Gold sind Tauschwerte, hat das nämlich eine ganz andere Bedeutung als zuvor.

Bislang waren Stiefelwichse, Seide und Gold Tauschwerte des Weizens. Jetzt ist der Weizen der gemeinsame Tauschwert der Stiefelwichse, der Seide und des Goldes. Und das macht einen Unterschied, weil der Tauschwert, den Stiefelwichse, Seide und Gold jetzt haben, etwas von ihren Gebrauchswerten Verschiedenes darstellt, nämlich einen Quarter Weizen. Während zuvor vom Stiefelwichsen-, Seiden- und Goldtauschwert des Weizens die Rede war, haben wir es jetzt mit dem Weizentauschwert der Stiefelwichse, der Seide und des Goldes zu tun. Stiefelwichse, Seide und Gold sind also nur gleich, wenn von ihren Tauschwerten im aktiven Sinne, d. h. jeweils von einem Quarter Weizen gesprochen wird. In dieser Beziehung sind sie aber gerade nicht die passiven Tauschwerte des Weizens, auf die sich Marx' Behauptung bezieht. Somit bleibt festzuhalten, dass der gemeinsame Weizentauschwert der Stiefelwichse, der Seide und des Goldes nicht dazu berechtigt, auf eine Gleichheit zwischen dem Stiefelwichsen-, dem Seiden- und dem Goldtauschwert des Weizens zu schließen.

Diese Tauschwerte des Weizens wären sich auch dann nicht gleich, wenn – und hier kommen wir zu einer möglichen Nebenbedeutung von "ersetzbar" – Stiefelwichse, Seide und Gold auch untereinander austauschbar wären. Auf der Grundlage des wechselseitig missverstandenen Warentauschs wird dies zumindest auf indirekte, über den Weizen vermittelte Weise der Fall sein. Weil der Weizen der gemeinsame Tauschwert der Stiefelwichse, der Seide und des Goldes ist, kann sich jede dieser Waren zunächst mit dem Weizen und dann mit jeder anderen austauschen. Obwohl sich aufgrund der einheitlichen Ausgangssituation damit immer eine Transitivität verbindet, die ausschließt, dass man durch eine geschickte Aneinanderreihung von Tauschaktionen einen Überschuss erzielen kann, ändert das an unserem obigen Urteil aber gar nichts. Es bleibt nämlich dabei, dass Marx eine Aussage über die Tauschwerte des Weizens getroffen hat. Und in diesem Zusammenhang hat er nicht festgestellt, dass x Stiefelwichse, y Seide und z Gold einander gleich groß sind, weil sie unter der Bedingung der Transitivität untereinander austauschbar sind. Stattdessen stellt Marx fest, dass diese Dinge einander gleich groß sind, weil sie alle Tauschwerte des Weizens sind. Und damit gebraucht er ein Argument, das nicht zwingend ist und daher nicht überzeugen kann.[xxviii]

Dass die als Tauschwerte des Weizens fungierenden Dinge sich auf unmittelbare oder mittelbare Weise untereinander tauschen, würde nur dann dazu berechtigen, von einem gleichen Tauschwert des Weizens zu sprechen, wenn man bezogen auf diese Austauschakte nicht nur unterstellen könnte, dass sie transitiv sind, sondern auch, dass sich nur Dinge tauschen, die mit der Folge gleich groß sind, dass die Austauschakte als Gleichungen bezeichnet werden können. Daher sei darauf hingewiesen, dass diese Vorgehensweise hier nicht in Betracht kommt. Der Grund dafür besteht darin, dass Marx den Umstand, dass Tauschverhältnisse Gleichungen darstellen, erst im Rahmen seiner zweiten und dritten Folgerung erschließen will. Deshalb würde es auf eine petitio principii hinauslaufen, wenn jetzt schon damit argumentiert würde.

Gerade, weil Marx die Gleichheit der verschiedenen Tauschwerte einer Ware nicht damit zu begründen versucht, dass sie untereinander austauschbar sind, sondern damit, dass sie alle Tauschwert einundderselben Ware darstellen, kann zusammenfassend erstens festgehalten werden, dass Marx für seine Feststellung, wonach die verschiedenen Tauschwerte des Weizens einander gleich groß sind, keine überzeugende Begründung vorlegt. Daher ist diese Feststellung kein notwendiger Schluss, sondern eine bloße Behauptung. Zweitens ändert sich daran auch dann nichts, wenn man seinen einseitigen Warentausch als wechselseitigen missversteht. Dass Stiefelwichse, Seide und Gold auf dieser Basis einen einander gleichen Tauschwert im aktiven Sinne haben, ändert nämlich nichts daran, dass sie sich als passive Tauschwerte des Weizens weiterhin voneinander unterscheiden. Drittens führt auch der aus diesem Missverständnis sich ergebende Umstand, dass Stiefelwichse, Seide und Gold auch untereinander austauschbar sind, zu keinem anderen Ergebnis. Dass der Tausch eine Gleichung ist, ist nämlich ein Moment, mit dem hier deswegen nicht argumentiert werden kann, weil Marx es selbst erst begründen will.

Schließlich sei viertens noch darauf hingewiesen, dass sich am negativen logischen Urteil auch dann nichts ändert, wenn die empirische Behauptung als solche richtig sein sollte. Selbst dann, wenn die verschiedenen Tauschwerte einer Ware nicht nur in der Gegenwart, sondern auch in der Vergangenheit und damit immer einander gleich groß sein sollten, bleibt es bei der Zurückweisung der vorgebrachten Logik. Denn in ihrem Rahmen wird ja nicht nur die empirische Koexistenz zwischen den verschiedenen Tauschwerten einer Ware und ihrer Gleichheit untereinander festgestellt, sondern behauptet, der erste Umstand sei der Grund des zweiten. Das kann aber nicht mit dem Verweis auf die empirische Koexistenz belegt werden, sondern nur mit einer darüber hinausgehenden logischen Argumentation, die sich bei Marx aber nirgends in überzeugender Form findet.[xxix]

Trotz dieses negativen Ergebnisses sei die Marxsche Darstellung weiterverfolgt:

"Es folgt daher erstens: Die gültigen Tauschwerte derselben Ware drücken ein Gleiches aus. Zweitens aber: der Tauschwert kann überhaupt nur die Ausdrucksweise, die "Erscheinungsform" eines von ihm unterscheidbaren Gehalts sein." (I, 51)

Insofern die im ersten Satz dieses Zitats enthaltene erste Folgerung nur eine Wiederholung der bereits betrachteten Aussage darstellt, ist sie schon kritisiert. In ihr scheint jedoch auch schon das anzuklingen, was dann in der zweiten Folgerung vollends zum Ausdruck kommt, nämlich der Umstand, dass dem Tauschwert der

Ware ein Quarter Weizen etwas zugrunde liegt, was Marx zunächst als einen "unterscheidbaren Gehalt" charakterisiert. Der Tauschwert einer Ware soll mit anderen Worten nicht nur die andere Ware sein, mit der sie sich in einem bestimmten Verhältnis austauscht. Der Tauschwert in der relativen oder äußeren Form dieser anderen Ware soll vielmehr nur die "Ausdrucksweise, die "Erscheinungsform"" von einem bestimmten Gehalt sein, der in der einen Ware enthalten ist oder ihr innerlich zukommt.

Wenn wir uns nun dieser zweiten Folgerung zuwenden und uns zunächst fragen, wie sie zu verstehen ist, ist aufgrund dessen, dass sie im unmittelbaren Zusammenhang mit der ersten steht, davon auszugehen, dass Marx mit ihr die Gleichheit der verschiedenen Tauschwerte einer Ware weiterbestimmen will. Diese Gleichheit scheint offensichtlich nichts mit den anderen Gebrauchswerten und einer Vergleichbarkeit zwischen ihnen zu tun zu haben, sondern daher zu kommen, dass nicht nur der von Marx angesprochene einzelne Tauschwert einer Ware Ausdruck des unterscheidbaren Gehalts ist, sondern dieser Umstand für alle Tauschverhältnisse dieser Ware gleichermaßen gilt. Die Gleichheit der verschiedenen Tauschwerte scheint mit anderen Worten daher zu kommen, dass allen derselbe „unterscheidbare Gehalt" zugrunde liegt. Dazu ist zu sagen, dass wir auf Basis eines solchen einheitlichen Gehalts zwar mehr über die Gleichheit wissen als noch oben. Von einer vollkommenen inhaltlichen Bestimmung kann aber immer noch nicht gesprochen werden. Denn wir wissen noch gar nicht, von was für einem Gehalt Marx spricht. Außerdem ist unklar wie genau zu verstehen ist, dass dieser Gehalt in den unterschiedlichen Tauschwerten zum Ausdruck kommt. Bedeutet das Erscheinen nur, dass etwas Auszudrückendes ganz allgemein ausgedrückt wird oder gibt es dabei speziellere Kriterien?

Wie oben ist auch hier festzustellen, dass die weiterhin bestehende inhaltliche Unbestimmtheit nicht dazu führt, dass die Frage nach der Notwendigkeit keiner Antwort zugeführt werden kann. Es ist nämlich möglich, diese Frage auf der Basis dessen anzugehen, dass von einem unterscheidbaren Gehalt überhaupt gesprochen wird. Wenn wir das tun und uns fragen, ob es einen notwendigen Zusammenhang zwischen dem Tausch und diesem Merkmal gibt, muss auch hier eine negative Antwort gegeben werden. Denn ein einheitlicher unterscheidbarer Gehalt ist einerseits nicht notwendig, weil auf Basis der unterschiedlichen Tauschwerte einer Ware unabsehbar ist, warum wir es nicht mit mehreren unterschiedlichen Gehalten zu tun bekommen. Andererseits ist unklar, warum es überhaupt einen unterscheidbaren Gehalt geben soll, der die Tauschwerte zu seinen Ausdrucksweisen macht. Daher können wir festhalten, dass auch der zweite Schritt keine logische zwingende Folgerung darstellt, sondern allenfalls als empirische Behauptung richtig ist.[xxx]

Wenn das der Fall sein sollte, kann man korrekterweise feststellen, dass es eine empirische Koexistenz zwischen dem Umstand gibt, dass sich die eine Ware mit vielen anderen austauscht, und jenem, dass sie einen einheitlichen unterscheidbaren Gehalt besitzt, der in den verschiedenen Austauschakten zum Ausdruck kommt. Dies ändert jedoch am negativen logischen Urteil rein gar nichts. Denn auch an dieser Stelle ist festzuhalten, dass der logische Zusammenhang nur mit einer logischen Argumentation bewiesen werden kann, die über die bloße Feststellung der empirischen Koexistenz hinausgeht. Eine solche Argumentation ist bei Marx jedoch nicht zu finden.

Bei der Beurteilung der zweiten Folgerung wurde bislang davon ausgegangen, dass schon die erste zurückzuweisen ist. Daher sei noch geprüft, ob wir zu einem besseren Urteil kommen, wenn wir die erste Folgerung akzeptieren. Das Ergebnis dieser Prüfung ist ebenfalls negativ. Zu einem besseren Urteil würden wir nämlich nur kommen, wenn in der ersten Gleichheit der zweite unterscheidbare Gehalt schon beinhaltet wäre. Das ist aber gar nicht der Fall. Vielmehr gilt umgekehrt, dass die zweite Folgerung als die konkretere die erste als die allgemeinere in sich enthält. Auf dieser Basis ist festzustellen, dass der unterscheidbare Gehalt eine Weiterbestimmung der Gleichheit ist, die als solche nicht notwendig ist. Das zeigt sich z. B. daran, dass man die Gleichheit auch in einer Weise weiterbestimmen könnte, die nur auf die der einen Ware gegenüberstehenden anderen Waren Bezug nimmt und an ihnen etwas aufweist, was sie untereinander gleich macht.[xxxi]

Doch weiter mit der Marxschen Darstellung im 'Kapital':

"Nehmen wir ferner zwei Waren, z. B. Weizen und Eisen. Welches immer ihr Austauschverhältnis, es ist stets darstellbar in einer Gleichung, worin ein gegebenes Quantum Weizen irgendeinem Quantum Eisen gleichgesetzt wird, z. B. 1 Quarter Weizen = a Ztr. Eisen. Was besagt diese Gleichung? Daß ein Gemeinsames von derselben Größe in zwei verschiednen Dingen existiert, in 1 Quarter Weizen und ebenfalls in a Ztr. Eisen. Beide sind also gleich einem Dritten, das an und für sich weder das eine noch das andere ist. Jedes der beiden, soweit es Tauschwert, muß also auf dies Dritte reduzierbar sein." (I, 51)

Obwohl er das selbst nicht explizit zum Ausdruck bringt, geht Marx an dieser Stelle, die die unmittelbare Fortsetzung des vorletzten Zitats darstellt, noch einen Schritt weiter und präsentiert eine dritte Folgerung. Er teilt uns nämlich mit, dass der „unterscheidbare Gehalt" nicht nur in der einen, eigenen Ware enthalten ist, sondern auch in den anderen, fremden Waren. Denn nur, wenn das der Fall ist, kann das Austauschverhältnis „stets" als „Gleichung" und der unterscheidbare Gehalt als gemeinsames Drittes dargestellt werden. Indem Marx das tut, bestimmt er zwar nicht diesen Gehalt selbst, aber die Art und Weise weiter, in der er sich ausdrückt. Während das oben noch vollkommen offen blieb, ist jetzt klar, dass diesem

Ausdruck "ein Gemeinsames von derselben Größe" zugrunde liegt. Auf diese Weise haben wir es mit einem Gehalt zu tun, der das Tauschverhältnis erklärt. Das ist der Fall, weil er nicht nur in gleicher Größe auftritt, sondern auch "unabhängig von dem andern" (UF, 3) festgestellt werden kann. Auf der Grundlage dieses Gehalts, ist das Verhältnis, in dem sich die eine Ware mit einer anderen austauscht, nicht beliebig und zufällig, sondern hat seinen Grund im gemeinsamen Dritten.

Dieser dritte Schritt bestimmt die Gleichheit zwischen den verschiedenen Tauschwerten einer Ware noch weiter. Das führt aber immer noch nicht zu einer vollständigen Bestimmung. Denn es bleibt unklar, wie das gemeinsame Dritte zu verstehen ist. Dieser Umstand verhindert aber auch an dieser Stelle nicht, dass eine Antwort auf die Frage nach der logischen Notwendigkeit gegeben werden kann. Denn wir können uns fragen, ob es einen notwendigen logischen Zusammenhang zwischen dem Tausch als solchem und dem Umstand gibt, dass er durch irgendein gemeinsames Drittes bestimmt ist.

Auch bezogen auf diese Frage kommen wir zu einer negativen Antwort. Der Grund dafür besteht darin, dass nicht abzusehen ist, warum Tauschakte auszuschließen sind oder nicht vorkommen können, denen kein gemeinsames Drittes zugrunde liegt. Daher können wir auch hier festhalten, dass der logische Zusammenhang zwischen dem Tausch als solchem und dem gemeinsamen Dritten nicht zwingend ist. Dieser Zusammenhang kann nicht als logisch überzeugender Schluss verstanden werden, was aber erneut nicht ausschließt, dass er als empirische Behauptung richtig ist.

Andererseits ändert sich am negativen logischen Urteil auch dann wieder nichts, wenn es empirisch gesehen immer ein gemeinsames Drittes geben sollte. Dann könnte zwar in jedem Fall von einer empirischen Koexistenz zwischen dem Tausch und dem gemeinsamen Dritten gesprochen werden. Das genügt aber insofern nicht als Begründung, als auch im vorliegenden Zusammenhang eine logische Argumentation erforderlich wäre, die über die Feststellung der empirischen Koexistenz hinausgeht. Denn eine solche Argumentation trägt uns Marx auch im vorliegenden Zusammenhang nicht vor.

Bei den obigen Überlegungen sind wir wieder davon ausgegangen, dass schon die erste und zweite Folgerung zurückzuweisen ist. Wenn wir noch prüfen, ob wir zu einem anderen Ergebnis kommen, wenn wir nicht nur die erste, sondern auch die zweite Folgerung akzeptieren, kann auf das obige Resultat verwiesen werden. Zu einem besseren Ergebnis würden wir nur kommen, wenn es zwischen der zweiten und dritten Folgerung zu keiner inhaltlichen Weiterentwicklung kommen würde. Das ist aber gar nicht der Fall. Weil die dritte Folgerung konkreter ist als die zweite, kommt es zu einer inhaltlichen Weiterentwicklung, die als solche nicht notwendig ist, weil man sich auch andere Weiterentwicklungen denken kann.

Klar ist, dass die Marxsche Behauptung besagen will, dass der Tauschwert der Waren kein "Zufälliges und rein Relatives" ist, sondern seinen Grund in den beteiligten Waren selbst hat und insofern etwas ihnen Innerliches darstellt. Die Waren sollen einen Gehalt haben, der die Austauschverhältnisse in quantitativer Hinsicht bestimmt und damit erklärt. Mit der Unterstellung eines "unterscheidbaren Gehalts" zielt Marx also auf eine Erklärbarkeit der Austauschproportionen. Und genau daraus mag ihr eine gewisse Plausibilität erwachsen. Auf dem Hintergrund dessen, dass uns die Dinge, deren Grund wir kennen, näher sind, dass wir sie intensiver wissen, als bloße, unbegründete Fakten, mag es so etwas wie ein Bedürfnis nach Erklärung geben, dem die Marxsche Behauptung entgegenkommen würde. Deshalb sei darauf hingewiesen, dass auch ein solches Bedürfnis, sowie die mit seiner vermeintlichen Erfüllung einhergehende Befriedigung noch kein Beweis für die Erklärbarkeit sein kann. Ohne innere Gleichheit könnten die sich austauschenden Waren zwar nicht als "kommensurable Größen" betrachtet werden. Austauschen könnten sie sich jedoch trotzdem, weil das die Erklärbarkeit nicht voraussetzt. Die praktische Gleichsetzung im Tausch impliziert also nicht die logische Gleichsetzbarkeit, wie Marx fälschlicherweise meint. Marx setzt deshalb die objektive Kommensurabilität einfach voraus bzw. behauptet lediglich die darauf beruhende Erklärbarkeit. (vgl. I, 66/67)[xxxii]

Zusammenfassend kann deshalb wiederholt werden, dass der in drei Stufen erfolgende Schritt hin zum gemeinsamen Dritten keine notwendige Folgerung darstellt. Dieses gemeinsame Dritte kann nicht als Resultat eines logischen Schlusses betrachtet werden, was jedoch noch nichts gegen ihn als zusätzliche Behauptung besagen will. Darüber, ob diese Behauptung richtig ist oder nicht, kann nur anhand der Beschaffenheit des thematisierten Austausches entschieden werden. Wie wir wissen, ist dies der in einseitiger Weise stattfindende Austausch innerhalb der bürgerlichen Gesellschaft. Wir müssen diese Überprüfung jedoch noch verschieben, weil wir noch gar nicht wissen, von welchem Gehalt Marx eigentlich spricht.[xxxiii]

Um das obige negative logische Urteil abzurunden, sei zum einen noch auf zwei weitere Punkte eingegangen: Der erste bezieht sich auf die einzige mir noch bekannte andere Stelle, die als Begründung des Marxschen Schlusses vom Tausch auf das gemeinsame Dritte verstanden werden könnte. Es handelt sich dabei um die folgende Stelle, in der sich Marx zustimmend auf Aristoteles bezieht:

"Er sieht ferner ein, daß das Wertverhältnis, worin dieser Wertausdruck [in unserer bisherigen Nomenklatur der Tauschwert: 5 Polster = 1 Haus – H. R.] steckt, seinerseits bedingt, daß das Haus dem Polster qualitativ gleichgesetzt wird und daß diese sinnlich verschiednen Dinge ohne solche Wesensgleichheit nicht als kommensurable Größen aufeinander beziehbar wären. "Der Austausch", sagt er, "kann nicht sein ohne die Gleichheit, die Gleichheit aber nicht ohne die Kommensurabilität" (…)." (I, 73/74)

Marx ist also der Ansicht, dass der das "Wertverhältnis" einschließende Austausch die innere "Wesensgleichheit" der beteiligten Waren "bedingt", dass er nicht sein könnte, wenn sie "nicht als kommensurable Größen aufeinander beziehbar wären". Das ist schlicht und einfach falsch, weil ein Austausch, bei dem das Gleichsetzungsverhältnis sich beispielsweise nur subjektiven Erwägungen der beteiligten Agenten verdankt, die unmittelbar nichts mit der objektiven Natur der ausgetauschten Waren zu tun haben, durchaus möglich ist. Dem Austausch mag eine innere Kommensurabilität zugrunde liegen. Dafür gibt es jedoch keinerlei im Tausch liegende logische Notwendigkeit. Deshalb wäre auch Aristoteles nicht zuzustimmen, wenn er seine von Marx angeführte Aussage:

""Es ist aber in Wahrheit unmöglich (...), daß so verschiedenartige Dinge kommensurabel" d. h. qualitativ gleich seien. Diese Gleichsetzung kann nur etwas der wahren Natur der Dinge Fremdes sein, also nur "Notbehelf für das praktische Bedürfnis"." (I, 74),

als Folgerung verstanden haben sollte. Ob die Gleichsetzung etwas "der wahren Natur der Dinge Fremdes" ist oder nicht, also auf einer ihnen immanenten Gleichheit beruht oder nicht, kann nämlich nur empirisch entschieden werden, wobei dahingestellt bleiben soll, ob Aristoteles in diesem Sinne und bezogen auf das alte Griechenland Recht gehabt hat oder nicht.[xxxiv]

Der zweite Punkt hat zum Inhalt, das schon in den oben betrachteten Stellen ein anderes Moment mitschwingt, auf das kurz einzugehen ist. Man könnte nämlich versucht sein, den Übergang vom Tauschwert zum inneren Gehalt historisch zu interpretieren. Das könnte etwa folgendermaßen aussehen:

"Der Tauschhandel, worin der Überfluß der eignen Produktion zufällig gegen den der fremden ausgetauscht wird, ist nur das **erste Vorkommen** des Produkts als Tauschwert im Allgemeinen und wird bestimmt durch zufällige Bedürfnisse, Gelüste etc. Sollte er aber fortgesetzt werden, ein kontinuierlicher Akt werden, der in sich selbst die Mittel zu seiner steten Erneurung enthält, so kommt ebenso äußerlich zufällig nach und nach die Regulation des wechselseitigen Austauschs durch die Regulation der wechselseitigen Produktion herein, und die Produktionskosten, die sich schließlich alle in Arbeitszeit auflösen, würden so das Maß des Austauschs werden. Dies zeigt uns, wie der Austausch wird und der Tauschwert der Ware." (GR, 119; vgl. auch 167/68 und 921/22)

In historisch früheren Zeiten bezog sich der Tauschhandel nur auf den Überfluss, weshalb der Tauschwert eine Zufälligkeit darstellte. Demzufolge konnte damals von einem das Tauschverhältnis bestimmenden inneren Gehalt noch nicht gesprochen werden. In dem Maße aber, in dem sich der Austausch auf alle Produkte ausdehnt, bildet sich der Tauschwert "äußerlich zufällig nach und nach" in die Produktion ein und führt dazu, dass die Waren von vornherein als Tauschwerte, d. h. mit einem entsprechenden inneren Gehalt hergestellt werden.

Zumindest Reste solcher Vorstellung sind noch im 'Kapital' spürbar. (vgl. u. a. I, 76 und 87) Deshalb sei darauf hingewiesen, dass wir es hier mit solchen historischen Überlegungen nicht zu tun haben. Weil sie – wie wir noch genauer sehen werden – von den logischen Erwägungen eindeutig überwogen werden, ist unser Interesse hier nur die bürgerliche Gesellschaft und ihre systematische Erklärung, die von der Nachzeichnung ihres historischen Entstehungsprozesses klar zu unterscheiden ist. Deshalb interessieren auch nur die logischen Aspekte des angesprochenen Übergangs, die nicht mit den historischen zusammengeworfen werden dürfen. Die historische Argumentation gibt im Übrigen offen zu erkennen, dass über die Berechtigung des von ihr behaupteten Zusammenhangs zwischen der Verallgemeinerung der Warenform und der Entstehung eines inneren Gehalts des Tauschwerts nicht aufgrund irgendeiner Logik, sondern nur empirisch entschieden werden kann.[xxxv]

Zum dritten sei noch kurz erwähnt, dass Marx das gemeinsame Dritte in der Urfassung des I. Bandes von ‚Das Kapital' schon als „Werth" (UF, 3) bezeichnet. Demgegenüber stellt das gemeinsame Dritte in der zweiten Auflage deshalb nur eine Vorform des Werts dar, weil Marx die Bezeichnung „Wert" erst auf eine konkretere Fassung des gemeinsamen Dritten anwendet. (vgl. S. 53) Das ändert aber nichts daran, dass dieser Wert genauso wie der „Werth" eine Größe darstellt, mit der Marx zum Zweck seiner Erklärung hinter das Verhältnis zurückgeht, als das der Tauschwert als ungegenständliche Eigenschaft erscheint.

3. Vom gemeinsamen Gehalt zur vergegenständlichten Arbeit

Im Folgenden geht es um Überlegungen, mit denen Marx den gemeinsamen Gehalt näher bestimmt, der die Tauschverhältnisse seiner These nach begründet. Wie er diese nähere Bestimmung des gemeinsamen Dritten vornehmen will, hat Marx schon in dem auf der Seite 35 angeführten Zitat angedeutet. Ihm zufolge möchte er das logische Mittel der Reduktion anwenden, in dessen Rahmen die beiden in den Tausch involvierten Waren miteinander verglichen werden, um die Merkmale auszuscheiden, die nur einer Ware zukommen, und auf diese Weise den Rest zu ermitteln, der übrig bleibt, weil er beiden Waren eigen ist. Auf der Grundlage dessen, dass es "ein Gemeinsames" gibt und der Tausch daher tatsächlich eine Gleichung darstellt, ist dieses Mittel m. E. durchaus geeignet, dem Gehalt zumindest näher zu kommen. Von vornherein ist aber klar, dass durch die Reduktion nur solche Dinge erschlossen werden können, die schon im Ausgangspunkt enthalten sind. Auf keinen Fall kann mit ihr darauf geschlossen werden, dass es Gemeinsamkeiten irgendeiner Art gibt bzw. geben muss. Wenn keine Gemeinsamkeiten vorhanden wären, könnten sie auch nicht per Reduktion hervorgezaubert werden. Vielmehr würde die Reduktion zu einer Fehlanzeige führen. Per Reduktion kann man nur die Gemeinsamkeiten ermitteln, die schon im Ausgangspunkt der Reduktion enthalten sind. Man kann daher schon vorhandene Gemeinsamkeiten per Reduktion nur aufdecken. Man kann dagegen keine Gemeinsamkeiten hervorbringen. Das zeigt, dass die Reduktion von einer logischen Ableitung klar zu unterscheiden ist. Während diese dadurch gekennzeichnet ist, dass sie mit Notwendigkeit über die jeweiligen Anfangsgegebenheiten hinaus zu etwas Neuem führt, kann per Reduktion nur das aufgedeckt werden, was im Ausgangspunkt bereits enthalten ist.[xxxvi]

Bevor auf die Marxsche Argumentation eingegangen wird, sei zum einen noch erwähnt, dass diejenigen, die sich der Vorgehensweise der Reduktion bewusst bedienen, in erster Linie wir als äußere Beobachter sind. Und als Ausgangspunkt dienen uns dabei die ausgetauscht werdenden Waren und nicht die Vorstellungen, die sich die Austauschenden beim Austausch machen. Auf diesem Hintergrund hätten wir diese Reduktion auch dann vorzunehmen, wenn sie von den die Waren tauschenden Menschen entweder gar nicht oder zumindest nicht auf bewusste Weise vollzogen werden würde.

Zum anderen ist darauf aufmerksam zu machen, dass Gemeinsamkeiten nur dann vorliegen, wenn es Merkmale gibt, die nicht nur in gleicher Qualität, sondern auch in gleicher Quantität in beiden Waren enthalten sind. Dieser Hinweis ist vor allem deshalb vorzubringen, weil bei Marx die qualitative Seite so im Vordergrund steht, dass man die quantitative Seite leicht ganz übersieht. Weil es diesen Vorrang der qualitativen Seite gibt, seien die Marxschen Überlegen zunächst nur auf ihrer Grundlage untersucht. Erst danach soll auf die quantitative Seite eingegangen werden.

Die Reduktion auf den gemeinsamen Gehalt beginnt Marx mit folgender Aussage:

"Dies Gemeinsame kann nicht eine geometrische, physikalische, chemische oder sonstige natürliche Eigenschaft der Waren sein. Ihre körperlichen Eigenschaften kommen überhaupt nur in Betracht, soweit selbe sie nutzbar machen, also zu Gebrauchswerten. Andererseits aber ist es grade die Abstraktion von ihren Gebrauchswerten, was das Austauschverhältnis der Waren augenscheinlich charakterisiert. Innerhalb desselben gilt ein Gebrauchswert grade so viel wie jeder andre, wenn er nur in gehöriger Proportion vorhanden ist." (I, 51/52)

Wenn wir uns fragen, was von dem in diesem Zitat enthaltenen Ausschluss des Gebrauchswerts zu halten ist und dabei zunächst davon absehen, dass Marx mit diesem Ausschluss die Feststellung verbindet, dass das Gemeinsame auch keine

„geometrische, physikalische, chemische oder sonstige natürliche Eigenschaft" sein kann, kann festgestellt werden, dass man dem Absehen vom Gebrauchswert nicht zustimmen kann. Da beiden Waren das Merkmal gemeinsam ist, dass sie Gebrauchswerte sind, ist es auf Basis des von Marx angewendeten logischen Mittels der Reduktion keineswegs "augenscheinlich", sondern im Gegenteil uneinsichtig, dass von diesem Merkmal auf der Suche nach dem Gemeinsamen abstrahiert wird.

Per Reduktion können lediglich die Eigenschaften der involvierten Waren ausgeschieden werden, die nur bestimmten Exemplaren zukommen. Der Gebrauchswert ist aber allen Waren gemeinsam. Der Marxsche Schritt verfällt daher der Kritik. Dass auf der Suche nach dem gemeinsamen Gehalt vom Gebrauchswert abstrahiert werden kann, ist kein Schluss, sondern eine weitere Behauptung.

Der Ausschluss des Gebrauchswerts durch Marx ist möglicherweise dadurch motiviert, dass ein Besitzer seine Ware nur austauscht, wenn sie für ihn selbst keinen direkten Gebrauchswert hat:

"Die Ware *ist* Gebrauchswert, Weizen, Leinwand, Diamant, Maschine etc., aber als Ware ist sie zugleich *nicht* Gebrauchswert. Wäre sie Gebrauchswert für ihren Besitzer, d. h. unmittelbar Mittel zur Befriedigung seiner eignen Bedürfnisse, so wäre sie nicht Ware. Für ihn ist sie vielmehr *Nicht-Gebrauchswert*, nämlich bloßer stofflicher Träger des Tauschwerts, oder bloßes *Tauschmittel* ..." (ZK, 28)

Diese an sich richtige Feststellung, die dahingehend ergänzt werden kann, dass es zu einem Tausch nur aufgrund der zusätzlichen Bedingung kommen kann, dass der Gebrauchswert der fremden Ware von Interesse ist, würde jedoch nur dazu führen, dass der Gebrauchswert als Gemeinsamkeit auszuschließen ist, wenn wir bei der Reduktion von dem ausgehen, was die beteiligten Waren für die einzelnen Warenbesitzer sind. Diese Perspektive hat Marx jedoch nicht. Er geht vielmehr von dem aus, was die sich tauschenden Waren an sich oder für uns als außenstehende Betrachter sind. Deswegen hat man auch die Reduktion auf dieser Grundlage zu beurteilen und nicht ausgehend von dem, was die Waren für die eine Seite der an ihrem Tausch beteiligten Agenten darstellen.

Als das aus der qualitativen Seite der Suche nach Gemeinsamkeiten zu ziehende Fazit können wir daher festhalten, dass der Ausschluss des Gebrauchswerts gemessen am Mittel der Reduktion uneinsichtig ist. Gerade weil dem folgenden Zitat:

"Endlich kann kein Ding Wert sein, ohne Gebrauchswert zu sein. Ist es nutzlos, so ist auch die in ihm enthaltene Arbeit nutzlos, zählt nicht als Arbeit und bildet daher keinen Wert." (I, 55), insofern zugestimmt werden kann, als es zum Ausdruck bringt, dass alle Waren Gebrauchswerte sind und sein müssen, kann nämlich festgehalten werden, dass vom Gebrauchswert nicht abgesehen werden kann. Denn er stellt eben einen notwendigen Bestandteil der einzelnen Ware dar, der allen Waren zukommt. [xxxvii]

Zu diesem für Marx negativen Ergebnis kommen wir, wenn wir uns auf die qualitative Seite des Gebrauchswerts beschränken und seine quantitative Seite trotz dessen außer Acht lassen, dass sie dem gesuchten gemeinsamen Dritten genauso zukommt. Wenn wir auch diese quantitative Seite ungeachtet der Tatsache berücksichtigen, dass sie bei Marx gar nicht richtig zum Ausdruck kommt, kommen wir zu einem besseren Ergebnis. Dann wird der Ausschluss des Gebrauchswerts nämlich deswegen verständlich, weil er als solcher nicht quantifiziert werden kann. Da als Grund für die Erklärung des Tauschverhältnisses natürlich nur die Dinge in Frage kommen, die als solche nicht nur qualitativ, sondern auch quantitativ bestimmt sind, ist es genau das Fehlen der quantitativen Bestimmbarkeit, was den Gebrauchswert als Erklärungsgrund absolut untauglich macht.[8]

Dagegen könnte eingewandt werden, dass der Gebrauchswert zwar nicht als solcher quantifiziert werden kann, aber eine solche Quantifizierung durchaus über den Nutzen erfolgen kann, den er den Menschen spendet. Deswegen sei darauf hingewiesen, dass auch das zurückzuweisen ist. Wie wir oben auf Seite 29 schon gesehen haben, kann der einzelne Konsument den Nutzen, den unterschiedliche Gebrauchswerte für ihn haben, zwar auch im quantitativen Sinne subjektiv einschätzen. Das gilt aber nur im Vergleich zwischen unterschiedlichen fremden Waren und nicht im Vergleich zwischen der eigenen und der fremden Ware. Denn die eigene Ware hat ja gerade keinen Nutzen. [xxxviii]

Als endgültiges Fazit kann somit festgehalten werden, dass der Ausschluss des Gebrauchswerts aus den Gemeinsamkeiten durchaus akzeptiert werden kann. Dafür sind aber nicht die sich auf die qualitative Seite beziehenden Argumente ausschlaggebend, die bei Marx im Vordergrund stehen. Denn mit ihr kann der Ausschluss nicht als erforderlich belegt werden. Stattdessen sind Überlegungen zur quantitativen Seite des Gemeinsamen entscheidend, die bei Marx zwar implizit vorhanden sein mögen, explizit aber gar nicht zum Ausdruck gebracht werden. [xxxix]

Oben wurde der Ausschluss des Gebrauchswerts aus dem Gemeinsamen auf der Basis der auf einem Vergleich basierenden Vorgehensweise der Reduktion beur-

---

[8] Dieses Fehlen ist im Übrigen auch der ausschlaggebende Grund dafür, dass die subjektive Wertlehre in wissenschaftlicher Hinsicht vollkommen wertlos ist. Und das gilt nicht nur für ihre ursprüngliche Fassung, die kaum mehr vertreten wird, sondern auch für die neuere Variante der Grenznutzentheorie.

teilt, deren wir uns als äußere Beobachter bewusst bedienen. Dagegen könnte eingewandt werden, dass Marx im obigen Ausgangszitat gar nicht von einer solchen Reduktion redet, sondern den Ausschluss des Gebrauchswerts der Waren aus dem, was den Tauschwert bestimmt, auf andere Weise begründet. Diesen Ausschluss bringt er nämlich mit einer „Abstraktion von ihren Gebrauchswerten" in Zusammenhang, die mit dem Austausch einhergehen und das „Austauschverhältnis der Waren" deswegen charakterisieren soll, weil in seinem Rahmen ein Gebrauchswert dann „grade so viel wie jeder andre" gilt, „wenn er nur in gehöriger Proportion vorhanden ist".

Wenn wir uns der Frage zuwenden, was von diesem Argument zu halten ist, haben wir uns zuerst Rechenschaft darüber abzulegen, was Marx mit dem auf die Gebrauchswerte bezogenen Gleichgelten meint. Diesbezüglich könnte man zunächst der Auffassung sein, er spreche entweder den Umstand an, dass der Tauschwert der einen Ware durch die ihr gegenüberstehenden anderen Waren trotz deren voneinander unterschiedenen Gebrauchswerten gleich gut zum Ausdruck gebracht werden kann, oder aber er gäbe die Auskunft, dass zwei sich tauschende Waren unabhängig von der Verschiedenheit ihrer Gebrauchswerte denselben innerlichen Tauschwert haben. Die angefügte Bedingung macht jedoch klar, dass sich Marx weder auf seine erste noch auf seine zweite Folgerung, sondern auf etwas Anderes bezieht. Denn mit dem Gleichgelten und der damit verbundenen Abstraktion von den Gebrauchswerten will er offensichtlich zum Ausdruck bringen, dass die Gebrauchswerte der Waren dann keinen Einfluss auf ihre Tauschwerte haben, wenn die genannte Bedingung der „gehörigen Proportion" eingehalten wird und die Waren daher in den Mengen auf den Markt geworfen werden, in denen sie gebraucht werden. Wenn Marx abgesehen von einem Zitat von Nicholas Barbon im unmittelbaren Anschluss schreibt:

„Als Gebrauchswert sind die Waren vor allem verschiedner Qualität, als Tauschwerte können sie nur verschiedner Quantität sein, enthalten also kein Atom Gebrauchswert." (I, 52),

dann geht er offensichtlich von Verhältnissen aus, die dadurch gekennzeichnet sind, dass die Waren der einzelnen Arten gerade in dem Maße angeboten werden, in dem sie nachgefragt werden und es daher eine Ausgeglichenheit von Nachfrage und Zufuhr gibt. Diese Ausgeglichenheit bezieht sich ferner auf alle Warenarten. Denn nur unter dieser Bedingung geht „kein Atom Gebrauchswert" in den Tauschwert ein. Wenn diese Bedingung dagegen nicht gegeben wäre, hätte der Gebrauchswert einen positiven oder negativen Einfluss auf den Tauschwert. Wie sich auch im Abschnitt I.8. (vgl. S. 90ff.) bestätigen wird, könnte er daher nicht aus den ihn beeinflussenden Faktoren ausgeschlossen werden.[xl]

Auch wenn man Marx' Feststellung als empirisch richtig akzeptiert, dass der Gebrauchswert bei einem ausgeglichenen Verhältnis zwischen Nachfrage und Zufuhr keinen Einfluss auf den Tauschwert hat, könnte man meinen, dass trotzdem Kritik vorzubringen ist. Auf der Basis dessen, dass sich die Verhältnisse zwischen Nachfrage und Zufuhr „beständig mit Zeit und Ort" ändern und sich damit die Fälle, in denen diese Verhältnisse ausgeglichen sind, nur äußerst selten und zufällig einstellen, könnte man nämlich nicht nur einwenden, dass Marx sich nur auf einen kleinen Ausschnitt der Wirklichkeit bezieht. Denn in der überwiegenden Mehrheit der Fälle hat der Gebrauchswert einen positiven oder negativen Einfluss auf den Tauschwert. Zudem könnte man auch entgegnen, dass seine Aussagen allein aus diesem Grund als maßgebliche Erklärung der Wirklichkeit zurückzuweisen sind. Deswegen sei darauf hingewiesen, dass dieser Eindruck trügt. Wie sich weiter unten (vgl. S. 96) zeigen wird, geht Marx nämlich davon aus, dass die Tauschverhältnisse sich zwar ständig verändern, bei diesen Wechseln aber um die Tauschverhältnisse herum schwanken, die durch die Ausgeglichenheit von Nachfrage und Zufuhr gekennzeichnet sind. Denn dieser Umstand hat zur Folge, dass die sich hinsichtlich der Bestimmung des Tauschwerts zeigende Bedeutungslosigkeit des Gebrauchswerts nicht nur eine These darstellt, die sich auf einzelne Austauschakte erstreckt. Diese These ist vielmehr als eine Aussage zu verstehen, die sich auf das Ganze der Austauschverhältnisse bezieht.[xli]

Dieser Punkt kann auch auf folgende Weise ausgedrückt werden: Wenn die Abstraktion vom Gebrauchswert von Marx als eine Regel behauptet werden würde, die nur wirksam ist, wenn Nachfrage und Zufuhr sich decken, dann würde er den Ausschluss des Gebrauchswerts als abstrakte Identität behaupten, die nur in einzelnen Fällen wahr ist. Da er die Abstraktion vom Gebrauchswert als Regel darstellt, die auch in den Fällen gilt, in denen Nachfrage und Zufuhr sich nicht decken, ist das aber anders. Denn auf dieser Grundlage behauptet er die tauschwertbezogene Bedeutungslosigkeit des Gebrauchswerts als Negation der Negation, die nicht nur in einzelnen Fällen, sondern im Ganzen wahr ist. Denn im Unterschied zur abstrakten Identität beschreibt die Negation der Negation die unmittelbare Realität der Austauschverhältnisse nicht direkt, sondern nur in dem Sinne indirekt, dass sie das Gesetz darstellt, das diese Realität regiert. Ihm zufolge kann die Abstraktion vom Gebrauchswert als das ideale Endresultat ausgesprochen, auf das die ständigen Veränderungen auch dann hinauslaufen, wenn sie es niemals voll und ganz erreichen können.

Bezogen auf seine bislang betrachteten Ausführungen behandelt Marx aber nicht die sich ständig verändernden Tauschverhältnisse, sondern beschränkt sich auf die bestimmten Tauschverhältnisse, die es bei einer Ausgeglichenheit zwischen Nachfrage und Angebot gibt. Man könnte daher meinen, dass ihm die Thematisierung eines Modells zum Vorwurf zu machen ist, das als solches mit der Realität nichts zu tun hat. Daher sei noch darauf hingewiesen, dass von einem solchen Modell hier gerade nicht gesprochen werden kann. Da die Tauschverhältnisse, die sich bei ausgeglichenen Nachfrage-Angebots-Verhältnissen ergeben, die durchschnittlichen sein sollen, wird kein realitätsfremdes Modell, sondern ganz im Gegenteil die Essenz der Realität angesprochen oder das zum Thema gemacht, worauf die realen Gegebenheiten hinauslaufen.

Auf Basis dieser Erläuterungen kann zum einen festgehalten werden, dass die Abstraktion von den Gebrauchswerten gleichbedeutend mit der These ist, dass der Gebrauchswert bezogen auf das Ganze der ständig schwankenden Austauschverhältnisse keinen Einfluss auf den Tauschwert hat. Bezogen auf die einzelnen Austauschverhältnisse ist diese Einflusslosigkeit des Gebrauchswerts dagegen nur dann gegeben, wenn wir es mit ausgeglichenen Nachfrage-Angebots-Verhältnissen zu tun haben. Denn bei einer Unausgeglichenheit dieses Verhältnisses hat der Gebrauchswert einen positiven oder negativen Einfluss auf das Austauschverhältnis. Auf dieser Grundlage kann Marx dann, wenn er per Reduktion oder Abstraktion den Gebrauchswert als etwas ausschließen will, was zu dem gemeinsamen Dritten gehört, welches die Tauschverhältnisse begründet, nicht von irgendwelchen beliebigen Tauschverhältnissen ausgehen. Stattdessen muss er ganz bestimmte Tauschverhältnisse zugrunde legen. Entgegen dem Eindruck, den man zunächst bekommen konnte, geht Marx daher nicht von der Empirie aus, die uns als unmittelbares Sein zunächst gegeben ist. Sein Ausgangspunkt ist vielmehr eine schon ein Stück weit gedanklich bearbeitete oder eine bereits verallgemeinerte Empirie.[xlii]

Ferner sei daran erinnert, dass die in diesem Sinne verstandene Empirie dadurch gekennzeichnet ist, dass alle Waren gerade in der Menge hergestellt werden, in der sie nachgefragt werden. Daher kann das, was Marx zum Thema macht, auch als ein in sich stimmiges System der Gebrauchswerte angesprochen werden. Und der Umstand, dass dieses System bislang nur Konsumtions- und Produktionsmittel beinhaltet, macht deutlich, dass dieses System zu den wesentlichen Verhältnissen gehört.[xliii]

Schließlich sei noch bemerkt, dass es zwischen der Abstraktion vom Gebrauchswert und der Thematisierung der speziellen Empirie, die durch die Ausgeglichenheit von Nachfrage und Zufuhr gekennzeichnet ist, kein kausales Verhältnis von Grund und Folge gibt. Stattdessen haben wir es hier mit einem tautologischen Verhältnis zu tun, bei dem beide Extreme denselben Inhalt haben, was dazu führt, dass wir es bei der Abstraktion vom Gebrauchswert mit einer bloßen Behauptung zu tun haben. Diese Behauptung ist dann stimmig, wenn der Tauschwert auf die Punkte, um die die Tauschverhältnisse oszillieren, tatsächlich keinen Einfluss hat.

Daher stellt sich die Frage, ob diese Einflusslosigkeit empirisch feststellbar ist oder nicht.

Um diese Frage beantworten zu können, sind die Zusammenhänge zu berücksichtigen, die wir gerade erwähnt haben. Genauer gesprochen ist zu fragen, ob bezogen auf die empirisch wahrnehmbaren Schwankungszentren der verschiedenen Tauschverhältnisse festzustellen ist, dass der Gebrauchswert tatsächlich keinen Einfluss auf den Tauschwert hat. Die Antwort, die auf diese Frage gegeben werden muss, ist positiv. Zumindest dann, wenn die Konkurrenz frei spielen kann, können als ihr ideales Endresultat nämlich Tauschwerte festgehalten werden, die die Erzielung einer gleichen Profitrate gewährleisten. Der Umstand, dass diese Profitrate für alle Warenarten gilt, ist nämlich der empirische Beleg dafür, dass die verschiedenen Gebrauchswerte keinen Einfluss auf diese Tauschverhältnisse haben können.

Gegen diese Feststellung könnte eingewandt werden, dass der genannte Beweis hier deswegen nicht einschlägig ist, weil Marx es – wie der Fortgang seiner Überlegungen nach und nach zeigen wird – im vorliegenden Zusammenhang gar nicht mit Tauschwerten zu tun hat, die Durchschnittsprofite enthalten, sondern auf Tauschverhältnisse aus ist, denen mit dem Wert eine Größe zugrunde liegt, die gerade nicht mit Durchschnittsprofiten einhergeht. Da diese Tauschwerte – wie sich zeigen wird – durch die Empirie widerlegt werden, könnte man nämlich meinen, dass das auch Auswirkungen auf die obige Bestätigung hat und diese rückgängig macht. Daher ist als Antwort auf diesen Einwand zu bemerken, dass auf dem Wert beruhende Tauschverhältnisse zwar nicht bestätigt werden. Das ändert aber nichts an der empirischen Bestätigung dessen, dass der Gebrauchswert keinen Einfluss auf den Tauschwert hat. Denn der Unterschied zwischen Durchschnittsprofit beinhaltenden und auf dem Wert beruhenden Tauschwerten ist in diesem Zusammenhang gleichgültig. Auch wenn nach der Maßgabe des Werts getauscht und dieser das Schwankungszentrum darstellen würde, hätten die Gebrauchswerte keine Auswirkungen auf die allgemeinen Tauschverhältnisse.

Im Ergebnis können wir aufgrund der obigen Ausführungen zum einen festhalten, dass der mit der Abkehr von der Reduktion einhergehende Wechsel zur Abstraktion zwar dazu führt, dass der Gebrauchswert als tauschwertbildendes Element in jedem Fall ausgeschlossen werden kann. Denn das wäre auch dann der Fall, wenn es sich dabei nicht nur qualitativ, sondern auch quantitativ um eine Gemeinsamkeit handeln würde. Zu diesem Ergebnis kommen wir aber nicht aus irgendwelchen logischen Gründen, sondern allein aufgrund dessen, dass die entsprechende Behauptung, auf die sich Marx beschränkt, durch die empirischen Tauschverhältnisse als richtig belegt werden kann. Und das ist unabhängig davon der Fall, dass die empirisch gegebenen Tauschverhältnisse mit dem Durchschnittsprofit nicht das gemeinsame Dritte beinhalten, das Marx im vorliegenden Zusammenhang anstrebt.

Zum anderen sei daran erinnert, dass die Reduktion eine Aktion darstellt, die in erster Linie von uns als äußeren Beobachtern bewusst vollzogen wird. Demgegenüber ist die Abstraktion vom Gebrauchswert ein Vorgang, der in erster Linie von den Menschen vollzogen wird, die eigene Waren gegen fremde austauschen. Und das scheinen sie ebenfalls bewusst und damit im Rahmen einer Nominalabstraktion zu tun. Dafür spricht zumindest, dass Marx im viertletzten Zitat schreibt, dass die Abstraktion vom Gebrauchswert ein Umstand darstellt, der „augenscheinlich" ist. Denn diese Augenscheinlichkeit scheint nicht nur für uns, sondern auch für die Austauschenden gegeben zu sein. Gegen die so verstandene bewusste Abstraktion vom Gebrauchswert könnte eingewendet werden, dass sie nicht dazu passt, dass wir es hier mit Menschen zu tun haben, die als Charaktermasken auftreten. Deswegen sei darauf hingewiesen, dass sich die Unbewusstheit, die mit dem Charaktermaskensein der Menschen in der Tat verbunden ist, hier nur darauf bezieht, dass eigene Ware nicht über die Vermittlung von Geld, sondern direkt mit fremder Ware getauscht wird. Dagegen ist es nicht gesagt, dass sie sich auch darauf erstreckt, dass dem Gebrauchswert keine tauschwertbestimmende Bedeutung gegeben wird. Dies ist vielmehr ein Moment, das deswegen im Bewusstsein durchaus enthalten sein kann, weil die Menschen in diesem Zusammenhang nicht als Charaktermasken, sondern als Subjekte agieren.

Obwohl das Resultat, zu dem wir im Rahmen der Abstraktion vom Gebrauchswert gekommen sind, unter den oben genannten Bedingungen empirisch befürwortet werden kann, sei zum vierten darauf hingewiesen, dass bei der folgenden Betrachtung der weiteren Argumentation von Marx wieder zur Reduktion zurückgekehrt werden soll, bei der es sich um einen Vorgang der Suche nach dem gemeinsamen Dritten handelt. Diese Rückkehr hat ihren Grund zum einen darin, dass diese Reduktion auch bei Marx immer wieder ins Spiel kommt. Zum anderen hat die Argumentation mit der Reduktion logisch gesehen mehr zu bieten als das, was mit der obigen Abstraktion verbunden ist. Denn sie beinhaltet nicht die bloße Behauptung, dass von irgendetwas abgesehen werden kann, sondern ist mit einer Art von logischer Begründung insofern verbunden, als die Gemeinsamkeiten eine feste Grundlage dafür abgaben, um Dinge ausscheiden oder eben nicht ausscheiden zu können.

Weil wir zur Argumentation mit der Reduktion zurückkehren, sei schließlich noch erwähnt, dass im Folgenden akzeptiert werden soll, dass der Gebrauchswert aus dem gemeinsamen Dritten auszuschließen ist. Das geschieht nicht nur deswegen, weil wir nur auf dieser Grundlage der weiteren Argumentation von Marx innerlich werden können. Diesen Punkt müssen wir vielmehr auch deshalb akzeptieren, weil wir oben gesehen haben, dass das per Reduktion von Marx vorgenommene Absehen vom Gebrauchswert dann zu akzeptieren ist, wenn man nicht nur die qualitative, sondern auch die quantitative Seite in die Überlegungen einbezieht.

"Sieht man vom Gebrauchswert der Warenkörper ab, so bleibt ihnen nur noch eine Eigenschaft, die von Arbeitsprodukten." (I, 52)

Wenn wir uns fragen, ob dieser Schluss auf die Arbeitsprodukteigenschaft überzeugend ist oder nicht, kommen wir auch dann zu einem negativen Ergebnis, wenn wir das behauptete „nur noch" zunächst beiseite lassen. Der Marxschen Folgerung könnte nämlich nur zugestimmt werden, wenn zu den menschlichen Aktivitäten, die die Waren zu Arbeitsprodukten machen, nicht nur die produktiven Tätigkeiten gezählt werden würden, die zur Herstellung der Waren als Gebrauchsmittel aufgewendet werden müssen, sondern auch die zirkulativen Tätigkeiten, die in sie als Tauschmittel gesteckt werden müssen. Diese Bedingung ist im vorliegenden Zusammenhang der Suche nach dem gemeinsamen Gehalt der Waren aber gerade nicht gegeben. Wie sich auf der Seite 289 zeigen wird, gehören für Marx nämlich nur die gebrauchswertbildenden produktiven Tätigkeiten zu der Arbeit, die in den gemeinsamen Gehalt eingeht.[9]

Auf dieser Grundlage ist aber festzustellen, dass die Arbeitsprodukteigenschaft keine Gemeinsamkeit der Waren darstellt. Denn es gibt durchaus Waren, die nicht als Gebrauchswerte hergestellt oder produziert werden müssen und daher keine Arbeitsprodukte sind. Also nicht den Waren, sondern den Arbeitsprodukten ist es gemeinsam, Arbeitsprodukt zu sein.[xliv] Die Marxsche Behauptung ist nur richtig, wenn man so vorsichtig ist, lediglich Waren zugrunde zu legen, die Arbeitsprodukte sind. Genau dies tut Marx offensichtlich, wenn auch nur auf implizite, stillschweigende Art und Weise. Damit gibt Marx zu erkennen, dass es ihm zunächst nur um die Begründung der Tauschwerte von Arbeitsproduktwaren geht. Obwohl wir damit noch keine Erklärung für die Tauschwerte von sonstigen Waren erwarten können, müssen wir ihm dabei folgen. Denn es kann durchaus sein, dass die Ausführungen, die Marx bezogen auf die Arbeitsproduktwaren macht, auch für die Nicht-Arbeitsproduktwaren von Bedeutung sind.[10] Daher kann Marx einzig der Vorwurf gemacht werden, nicht explizit darauf hingewiesen zu haben, dass es ihm zunächst nur um die Tauschwerte von Arbeitsprodukten zu tun ist.[xlv]

---

[9] Dass Marx nur die produktive gebrauchswertbildende Arbeit aufgreift und die zirkulative tauschwertbildende Arbeit außenvor lässt, ist ebenfalls ein Hinweis darauf, dass er es auf wesentliche Verhältnisse abgesehen hat.

[10] Zu den Waren, die keine Arbeitsprodukte sind, gehört der Boden. Wie er zu einem Preis kommt, erläutert Marx bei der Behandlung des fiktiven Kapitals. Denn der Bodenpreis ist bei ihm kapitalisierte Rente. (vgl. S. 402)

Wenn wir uns nun dem "nur noch" zuwenden, könnte man der Meinung sein, dass auch das zurückzuweisen ist, weil Marx damit die Naturgegenständlichkeit der Waren aus dem Gemeinsamen ausschließt. Wie das folgende Zitat:

"Die Gebrauchswerte Rock, Leinwand usw., kurz die Warenkörper, sind Verbindungen von zwei Elementen, Naturstoff und Arbeit. Zieht man die Gesamtsumme aller verschiednen nützlichen Arbeiten ab, die in Rock, Leinwand usw. stecken, so bleibt stets ein materielles Substrat zurück, das ohne Zutun des Menschen von Natur vorhanden ist." (I, 57),

zeigt, ist diese Naturgegenständlichkeit den Waren in der Form des „Naturstoffs" gleichfalls gemeinsam. Deshalb kann von ihr nicht abgesehen werden.

An dieser Stelle könnte man zunächst entgegnen, dass es diese Gemeinsamkeit zwar gibt, Marx aber oben schon festgestellt hat, dass von den „natürlichen Eigenschaften" als Folge dessen abstrahiert werden muss, dass vom Gebrauchswert abzusehen ist. Deswegen sei darauf hingewiesen, dass dieses Argument, auf das wir oben noch nicht eingegangen sind, nicht überzeugen kann. Dass man aufgrund des Absehens vom Gebrauchswert auch von den natürlichen Eigenschaften abzusehen hat, ist nämlich eine Konsequenz, die überhaupt nicht einzusehen ist. Um das deutlich zu machen sei auf das Beispiel eines Diamanten eingegangen. Wenn wir davon absehen, dass er einen Gebrauchswert hat, dann ändert das nämlich rein gar nichts an seiner Härte.

Diese Überlegungen machen deutlich, dass sich Marx mit einem falschen Argument für das Absehen von den natürlichen Eigenschaften ausspricht. Sie besagen aber noch nicht, dass dieses Absehen falsch ist. Diesem Schritt kann nämlich dann durchaus gefolgt werden, wenn man einesteils bedenkt, dass es in qualitativer Hinsicht keine physikalischen, chemischen, biologischen oder sonstigen Eigenschaften gibt, die in allen Waren enthalten sind. Und wenn es in der Form der Masse oder des Atomgewichts doch solche gemeinsamen Eigenschaften geben sollte, dann ist anderteils in quantitativer Hinsicht darauf hinzuweisen, dass die Mengen dieser Eigenschaften mit Sicherheit nicht für die Tauschverhältnisse verantwortlich sein können. Sie können daher aus den Gemeinsamkeiten, die den Tauschwert bestimmen, zwar nicht aus qualitativen, aber aus quantitativen Gründen ausgeschieden werden.[xlvi]

Es könnte im vorliegenden Zusammenhang noch vermerkt werden, dass noch andere Dinge als Gemeinsamkeiten in Frage kommen, wenn man bei der Suche nach den Gemeinsamkeiten sich nicht nur auf das Ansichsein der Waren bezieht, sondern auch ihr Sein-für-Anderes oder die Beziehungen berücksichtigt, die sie zu anderen Dingen haben. Die naheliegendste Möglichkeit stellt in diesem Zusammenhang natürlich das Verhältnis der beiden Waren zum Geld oder ihr Verkaufswert dar. Dazu ist zu sagen, dass diese Feststellung dann absolut richtig wäre, wenn wir das Sein-Für-Anderes tatsächlich einzubeziehen hätten. Das ist aber nicht der Fall. Denn mit dem „unterscheidbaren Gehalt", der sowohl der einen als auch der anderen Ware zukommt, zielt Marx eindeutig auf das Ansichsein der Waren oder auf Merkmale, die ihnen als gegenständliche Eigenschaften zukommen und daher eine innerliche Gemeinsamkeit darstellen. Daher haben wir uns bei der Reduktion auch auf diesen Ausgangspunkt zu beschränken.[xlvii]

Als Fazit können wir mithin zum einen festhalten: Wenn man von Waren ausgeht, die alle Arbeitsprodukte in dem Sinne sind, dass ihre Gebrauchswerte auf produktive Arbeit zurückgehen, dann versteht sich in der Tat von selbst, dass die Arbeitsprodukteigenschaft zu den Gemeinsamkeiten der Waren gehört und deswegen per Reduktion auf diese Eigenschaft geschlossen werden kann. Wenn man dagegen auch Waren zuließe, deren Gebrauchswerte sich nicht produktiver Arbeit verdankten, dann wäre die Arbeitsprodukteigenschaft keine Gemeinsamkeit, die nach der Reduktion übrig bleiben würde. Dann wäre vielmehr auch sie ein Merkmal, das der Reduktion zum Opfer fallen würde. Dem Marxschen Schluss auf die Arbeitsprodukteigenschaft kann daher nur zugestimmt werden, wenn man akzeptiert, dass von Verhältnissen ausgegangen wird, die nur Waren enthalten, die Arbeitsprodukte sind.

Zum anderen sei daran erinnert, dass Marx nur deswegen auf die Arbeitsprodukteigenschaft als die Größe schließen kann, die die Tauschverhältnisse ausschließlich bestimmt, weil er von Verhältnissen ausgeht, bei denen sich Nachfrage und Angebot entsprechen. Wenn das nicht der Fall wäre, dann wäre diese Eigenschaft nicht der alleinige Grund. Dann hätten nämlich auch die Gebrauchswerte einen positiven oder negativen Einfluss auf die Tauschverhältnisse. Ersterer bzw. letzterer läge vor, wenn das Tauschverhältnis besser bzw. schlechter wäre als das, was aufgrund der Arbeitsprodukteigenschaft zu erwarten ist.

Wenn der Tauschwert nur durch die Arbeitsprodukteigenschaft bestimmt ist, dann kann zum dritten gesagt werden, dass er seiner Größe nach ein reines Resultat der Produktion darstellt, die der hier noch als einseitiger Tausch bestimmten Zirkulation vorausgeht. Wenn der Tauschwert dagegen auch durch den Gebrauchswert in positiver oder negativer Weise mitbestimmt wird, dann ist das anders. Dann kann nämlich gesagt werden, dass auch die Zirkulation einen Einfluss auf den Tauschwert hat. Da der letztgenannte Fall von Marx ausgeschlossen wird, ist die Größe des Tauschwerts bei ihm ein bloßes Ergebnis der Produktion.[xlviii]

Ferner ist auf Folgendes aufmerksam zu machen: Während wir zunächst nur die eine Seite der Reduktion betrachtet haben, die insofern zu negativen Ergebnissen geführt hat, als sie eine Bewegung weg von bestimmten im Ausgangspunkt enthaltenen Gegebenheiten dargestellt hat, haben wir es oben mit der anderen Seite der Reduktion zu tun bekommen, die insofern zu positiven Ergebnissen führt, als sie eine Bewegung hin zu bestimmten im Ausgangspunkt ebenfalls enthaltenen Gegebenheiten darstellt. Diese zweite Seite der Reduktion, die von uns äußeren Beobachtern vollzogen wird, kann auch als zweite Seite einer Abstraktion verstanden werden, die von den austauschenden Subjekten vollzogen wird. Wenn damit ein Schluss auf Gemeinsamkeiten angesprochen wird, den nicht wir, sondern die Austauschenden bewusst durchführen, ändert sich dabei an den obigen Ergebnissen nichts. Denn dieser Schluss ist nur richtig, wenn man sich auf Waren beschränkt, die Arbeitsprodukte sind. Und wenn statt eines Schlusses eine bloße Behauptung vorliegt, ist festzustellen, dass sie gleichfalls nur richtig ist, wenn sie nur auf Waren bezogen wird, die die Arbeitsprodukteigenschaft haben.

4. Die abstrakt menschliche Arbeit

Mit der Arbeitsprodukteigenschaft hat Marx bislang den Gehalt, der in zwei sich einseitig tauschenden Waren als gemeinsames Drittes enthalten ist und das Tauschverhältnis erklären soll, in qualitativer Hinsicht bestimmt. Man könnte daher meinen, dass die qualitative Bestimmung mit diesem Schritt abgeschlossen ist und Marx nun zur quantitativen Bestimmung der den Waren gemeinsamen Arbeitsprodukteigenschaft übergeht. Das ist aber nicht der Fall. Bevor Marx zur quantitativen Bestimmung übergeht, präsentiert er uns nämlich einen weiteren Schritt, bei dem es immer noch um die qualitative Bestimmung des gemeinsamen Gehalts geht.

Auf Basis der obigen Ausführungen sei zum einen darauf hingewiesen, dass dieser zusätzliche Schritt entweder als zweite Runde der Reduktion verstanden werden kann, bei der es um die Explikation von Überlegungen geht, die wir uns als äußere Beobachter machen. Oder er wird als zweite Runde der Nominalabstraktion genommen, bei der Überlegungen zu behandeln sind, die die Waren austauschenden Subjekte vornehmen. Dabei kann es wie bei der Reduktion nur um das Ausscheiden von Besonderheiten gehen. Dieses Weglassen kann sich aber auch auf Gemeinsamkeiten beziehen, wie das beim Gebrauchswert oben der Fall gewesen ist. Zum anderen wird sich im Folgenden zeigen, dass Marx in Hinsicht darauf, wie die Abstraktion bzw. Reduktion zu verstehen ist, in zweierlei Hinsicht über die bisherige Darstellung hinausgeht. Einerseits kommt auch die Realabstraktion zum Zuge, bei der es nicht um das bewusste Denken, sondern um das unbewusste Handeln der Austauschenden zu tun ist. Im Vergleich mit der Tatsache, dass sowohl die Reduktion und als auch die bislang angesprochene Nominalabstraktion dadurch gekennzeichnet sind, dass das, wozu in ihrem Rahmen übergegangen wird, als solches unverändert bleibt, kommt es andererseits dazu, dass Marx anfängt, eine Abstraktion zum Thema zu machen, bei der es zu Veränderungen des verbleibenden Restes kommt. Diese Erweiterung bezieht sich weniger auf die Reduktion und hat vor allem mit der Nominal- und Realabstraktion zu tun.

Zuerst werden wir im folgenden Abschnitt die Ausführungen von Marx auf der Grundlage der Reduktion bzw. Nominalabstraktion bewerten. Erst danach soll darauf eingegangen werden, wie sie sich auf der Grundlage der Realabstraktion darstellen. Auf den Aspekt der genannten Veränderungen, die wir als Abstraktifizierungen kennen lernen werden, sei erst im übernächsten Abschnitt eingegangen.

4.1. Von der Arbeitsprodukteigenschaft zur abstrakt menschlichen Arbeit

Oben haben wir akzeptiert, dass die Arbeitsprodukteigenschaft, die sich deswegen nur auf die produktive gebrauchswertbildende Arbeit bezieht, weil die zirkulative Arbeit von Marx von Anfang an außer Acht gelassen worden ist, den Waren dann gemeinsam ist, wenn man sich auf die Waren beschränkt, die Produkte gebrauchswertbildender Arbeit darstellen. Dabei sind wir davon ausgegangen, dass es Marx bei der Suche nach den Gemeinsamkeiten der zugrundeliegenden Waren um eine konkrete Gemeinsamkeit geht, die dadurch gekennzeichnet ist, dass sie die Besonderheiten der einzelnen gebrauchswertbildenden Arbeiten einschließt und im Hinblick auf das gesuchte gemeinsame Dritte deswegen als gleichgültig erklärt, weil sie diesbezüglich eben gleich gültig sind. Im Folgenden wird sich zeigen, dass wir Marx mit diesem Verständnis nicht gerecht werden. Bezogen auf das gemeinsame Dritte bzw. die Eigenschaft, Arbeitsprodukt zu sein, gibt er sich nämlich gerade nicht mit einer konkreten Gemeinsamkeit zufrieden, sondern zielt auf eine andere, abstraktere Art der Gemeinsamkeit ab.

Dass er es nicht auf ein gemeinsames Drittes abgesehen hat, das als konkrete Gemeinsamkeit zu verstehen ist, macht Marx dadurch deutlich, dass er das vorletzte Zitat wie folgt fortsetzt:

"Jedoch ist uns auch das Arbeitsprodukt bereits in der Hand verwandelt. Abstrahieren wir von seinem Gebrauchswert, so abstrahieren wir auch von den körperlichen Bestandteilen und Formen, die es zum Gebrauchswert machen. Es ist nicht länger Tisch oder Haus oder Garn oder sonst ein nützliches Ding. Alle seine sinnlichen Beschaffenheiten sind ausgelöscht. Es ist auch nicht länger das Produkt der Tischlerarbeit oder der Bauarbeit oder der Spinnarbeit oder sonst einer bestimmten nützlichen Arbeit. Mit dem nützlichen Charakter der Arbeitsprodukte verschwindet der nützliche Charakter der in ihnen dargestellten Arbeiten, es verschwinden also auch die verschiedenen konkreten Formen dieser Arbeiten, sie unterscheiden sich nicht länger, sondern sind allzusamt reduziert auf gleiche menschliche Arbeit, abstrakt menschliche Arbeit." (I, 52)

In diesem Zitat gibt nämlich Marx zu verstehen, dass er es gerade nicht bei der konkreten Gemeinsamkeit der vergegenständlichten Arbeit belässt. Stattdessen bestimmt er die gemeinsame Arbeitsprodukteigenschaft dadurch weiter, dass er bezogen auf die sich einseitig tauschenden Waren einerseits feststellt, dass der

„nützliche Charakter der in ihnen dargestellten Arbeiten" verschwindet, und andererseits zu einer „gleichen menschlichen Arbeit" übergeht, die er auch als „abstrakt menschliche Arbeit" oder „abstrakt allgemeine Arbeit" (u. a. ZK, 17) bezeichnet.

Dass Marx es bezogen auf die Arbeitsprodukteigenschaft nicht bei der konkreten Gemeinsamkeit belässt, sondern zur abstrakt menschlichen Arbeit wechselt, wird einerseits auch durch die unmittelbare Fortsetzung des obigen Zitats bestätigt:

"Betrachten wir nun das Residuum der Arbeitsprodukte. Es ist nichts von ihnen übriggeblieben als dieselbe gespenstige Gegenständlichkeit, eine bloße Gallerte unterschiedsloser menschlicher Arbeit, d. h. der Verausgabung menschlicher Arbeitskraft ohne Rücksicht auf die Form ihrer Verausgabung. Diese Dinge stellen nur noch dar, daß in ihrer Produktion menschliche Arbeitskraft verausgabt, menschliche Arbeit aufgehäuft ist. Als Kristalle dieser ihnen gemeinschaftlichen gesellschaftlichen Substanz sind sie Werte - Warenwerte." (I, 52; vgl. auch I, 87/88),

Andererseits macht diese Stelle deutlich, dass Marx die „abstrakt menschliche Arbeit" noch mit zwei weiteren Momenten in Zusammenhang bringt: Zum einen weist er darauf hin, dass bei der Herstellung der zugrundeliegenden Waren „menschliche Arbeitskraft ohne Rücksicht auf die Form ihrer Verausgabung" mit der Folge aufgewendet wurde, dass in den hergestellten Waren „menschliche Arbeit aufgehäuft ist". Zum anderen setzt er diese Aufhäufungen oder Vergegenständlichungen mit der „gemeinschaftlichen gesellschaftlichen Substanz" gleich, die die Waren zu dem macht, was sie als „Werte" kennzeichnet. Folge davon ist, dass die abstrakt menschliche Arbeit zur wertbildenden Arbeit wird.

In diesem Zusammenhang ist noch auf zweierlei hinzuweisen. Zum einen ist darauf aufmerksam zu machen, dass Marx mit der Thematisierung dieser Substanz des Werts hinter die Ebene des Tauschwerts zurückgeht. Das, was er zunächst als „innerlicher Tauschwert" bezeichnet hat, ist jetzt der Wert. Das, was als „innerlicher Tauschwert" zunächst eine noch vollkommen unbelegte Behauptung dargestellt hat, ist jetzt als Wert eingelöst worden. Wir kennen jetzt also den stofflichen Bezug des Tauschwerts zur einzelnen Ware oder seine stoffliche Verankerung in der einzelnen Ware. Denn wir haben diese Verankerung als den Wert kennen gelernt, der – wie wir gleich noch genauer sehen werden – in der Form der vergegenständlichten abstrakt menschlichen Arbeit bereits fertig vorhanden ist und sich daher nicht erst noch realisieren muss. Und das ist der Fall, obwohl der Wert etwas ist, was sich als Tauschwert erst noch verwirklichen muss. Denn wir werden auf Seite 93 ebenfalls noch genauer sehen, dass die Tauschbarkeit mit dem Wert bereits gegeben ist.[xlix]

54

Dass Marx vom Wert oben erst im Zusammenhang mit der abstrakt menschlichen Arbeit spricht, unterscheidet sich zum anderen von seinem Vorgehen in der Erstausgabe.

„Nehmen wir ferner zwei Waaren, z. B. Weizen und Eisen. Welches immer ihr Austauschverhältniss, es ist stets darstellbar in einer Gleichung, worin ein gegebenes Quantum Weizen irgend einem Quantum Eisen gleichgesetzt wird. z. B. 1 Quarter Weizen = a Ctr. Eisen. Was besagt diese Gleichung? Dass **derselbe Werth in zwei verschiednen Dingen**, in 1 Qrtr. Weizen und ebenfalls in a Ctr. Eisen existirt." (UF, 3)

Denn in ihr bezeichnet er das gemeinsame Dritte von Anfang an mit der Folge als „Werth", dass diese Bezeichnung schon auf die gebrauchswertbildende Arbeit angewandt werden kann. Das wirft die Frage auf, was die spätere Benennung in der 2. Ausgabe zu bedeuten hat. Ist das gemeinsame Dritte als solches schon Wert und damit die gebrauchswertbildende Arbeit als solche schon wertbildend. Oder wird diese Arbeit erst dann zu einer wertbildenden Größe, wenn sie sich als abstrakt menschliche Arbeit darstellt? Diese Frage können wir hier noch nicht beantworten. Feststellen können wir jedoch, dass das Hochhalten der Verbindung zwischen abstrakt menschlicher Arbeit und Wert nur Sinn macht, wenn die Austauschverhältnisse deswegen erst mit dieser Arbeit erklärt werden können, weil diese sich von der gebrauchswertbildenden Arbeit nicht nur der Form, sondern auch dem Inhalt nach unterscheidet. Wenn es nur einen formellen Unterschied gäbe, könnten die Tauschverhältnisse nämlich auch schon aus der gebrauchswertbildenden Arbeit erklärt werden, weshalb nicht abzusehen wäre, warum diese noch keinen Wert erzeugen soll.

Wenn wir uns nun der logischen Beurteilung der obigen Ausführungen zuwenden, kann darauf hingewiesen werden, dass Marx den Schritt weg von der gebrauchswertbildenden Arbeit, die der konkreten Gemeinsamkeit zugrunde liegt, im drittletzten Zitat mit einem Analogieschluss begründet, der zum Inhalt hat, dass wir aufgrund des oben hingenommenen Absehens vom Gebrauchswert auch von der gebrauchswertbildenden Arbeit absehen müssen. Wenn wir uns diesen Analogieschluss näher ansehen, könnte man auf den ersten Blick zwar zu der Auffassung kommen, dass die in ihm enthaltene Begründung überzeugend ist. Denn auf beiden Seiten ist vom Gebrauchswert bzw. der Abstraktion von ihm die Rede. Bei genauerer Prüfung wird jedoch deutlich, dass dieser Analogieschluss ein Ding der Unmöglichkeit darstellt. Vollkommen unklar bleibt nämlich, warum der Umstand, dass vom Gebrauchswert deswegen abzusehen ist, weil er bei einem ausgeglichenen Verhältnis zwischen Nachfrage und Zufuhr keine tauschwertbildende Bedeutung hat, zur Folge haben soll, dass auch von der gebrauchswertbildenden Arbeit abzusehen ist. Denn das eine hat mit dem anderen rein gar nichts zu tun. Der behauptete Grund und seine angebliche Folge stehen vielmehr vollkommen unvermittelt nebeneinander. Und das bedeutet, dass das Absehen von der gebrauchswertbildenden Arbeit kein begründeter Schluss, sondern eine bloße Behauptung darstellt.[1]

Von dem Moment des Absehens von der gebrauchswertbildenden Arbeit, auf das wir uns gerade bezogen haben, ist das andere Moment des Hingehens zur abstrakt menschlichen Arbeit zu unterscheiden. Denn Marx geht es im Rahmen der zweiten Runde seiner qualitativen Bestimmung des gemeinsamen Dritten gleichfalls nicht nur um ein negatives Ergebnis, sondern auch um ein positives Resultat. Während es im Rahmen der ersten Runde um das Weggehen vom Gebrauchswert und das Hingehen zur Arbeitsprodukteigenschaft ging, geht es in der zweiten um das Weggehen von der gebrauchswertbildenden konkreten und das Hinwenden zur abstrakt menschlichen Arbeit. Wenn wir uns dieser Seite zuwenden, kann trotz der Tatsache, dass einigermaßen unklar ist, was Marx unter der abstrakt allgemeinen Arbeit versteht, festgestellt werden, dass die mangelnde Begründung nicht nur für das Absehen von etwas gilt, sondern natürlich auch auf das Hingehen zu etwas zutrifft. Das wäre schon der Fall, wenn es einen direkten Konnex zwischen der negativen Seite des Weggehens und der positiven Seite des Hingehens geben sollte. Und wenn dieser Konnex fehlt, ist die Notwendigkeit der Begründung aus doppeltem Grund nicht gegeben. Insgesamt kann daher festgehalten werden, dass auch die abstrakt menschliche Arbeit keine begründete Folge, sondern eine bloße Behauptung darstellt.

Im Hinblick auf die Frage, ob der behauptete Wechsel von der gebrauchswertbildenden Arbeit zur abstrakt menschlichen Arbeit empirisch richtig ist oder nicht, können wir hier noch kein Urteil fällen. Denn wir wissen noch gar nicht, wie die abstrakt menschliche Arbeit bestimmt ist. Klar ist jedoch schon an dieser Stelle, dass die abstrakt menschliche Arbeit nur dann in einer eindeutigen Weise empirisch belegbar wäre, wenn die Austauschverhältnisse zwar aus dieser Arbeit begründet werden könnten, aber nicht aus der gebrauchswertbildenden Arbeit. Denn wenn der empirische Beweis auch für die letztere Arbeit gelten würden, dann wäre nicht abzusehen, wieso wir es nicht bei der konkreten Gemeinsamkeit der vergegenständlichten Arbeit belassen können, sondern zur abstrakt menschlichen Arbeit übergehen müssen.

Zu den obigen Ergebnissen kommen wir, wenn wir den zweiten Schritt als Reduktion verstehen und damit als Explikation von Überlegungen, die wir uns machen. Zu diesen Resultaten kommen wir aber auch dann, wenn wir sie als Abstraktion und damit als Darstellung von Überlegungen nehmen, die die Austauschenden beim Austausch machen. Auf der Basis dessen, dass für sie die gleiche Logik gilt, wie für uns, ist nämlich auch auf dieser Grundlage klar, dass weder das Absehen von der gebrauchswertbildenden Arbeit eine Notwendigkeit für sich beanspruchen kann, noch das Hingehen zur abstrakt menschlichen Arbeit. Auch hier haben wir es nicht mit erfolgreichen Schlüssen, sondern zwei neuen Behauptungen zu tun.

Das stellt aber nur dann einen kritischen Einwand dar, wenn die Abstraktion parallel zur Reduktion verstanden wird und es daher um die begründete Aussonderung von Merkmalen geht, die Besonderheiten darstellen, weil sich nicht allen Waren zukommen. Wenn es dagegen nur um das Aufstellen einer bloßen Behauptung zu tun wäre, wie das beim obigen Ausschluss des Gebrauchswerts der Fall gewesen ist, dann würde der Einwand schon deshalb fehlgehen, weil gar keine Begründung beansprucht wird. Denn auf dieser Grundlage kann nicht eingewendet werden, dass es der Begründung an Notwendigkeit gebricht, sondern eben nur die Frage gestellt werden, ob die Behauptung empirisch richtig ist oder nicht.

Im Hinblick auf diese Frage kann ebenfalls auf die obigen Überlegungen verwiesen werden: Die empirische Richtigkeit können wir hier noch nicht beurteilen, weil wir noch gar nicht wissen, wie die abstrakt menschliche Arbeit genau bestimmt ist. Klar ist jedoch auch an dieser Stelle, dass eine eindeutige Bestätigung dieser Arbeit nur vorliegt, wenn die Austauschverhältnisse zwar aus ihr, aber nicht aus der gebrauchswertbildenden Arbeit erklärt werden können.

Bislang haben wir die zweite Runde der Suche nach den Gemeinsamkeiten der ausgetauscht werdenden Waren auf dem Hintergrund der Reduktion bzw. der Abstraktion zum Thema gemacht, bei denen es jeweils um bewusste Vorgänge ging, die entweder von uns oder den Austauschenden vollzogen werden. Dabei können wir es aber nicht belassen. Denn bei Marx finden wir folgendes Zitat:

"Die Menschen beziehen also ihre Arbeitsprodukte nicht aufeinander als Werte, weil diese Sachen ihnen als bloß sachliche Hüllen gleichartig menschlicher Arbeit gelten. Umgekehrt. Indem sie ihre verschiedenartigen Produkte einander im Austausch als Werte gleichsetzen, setzen sie ihre verschiednen Arbeiten einander als menschliche Arbeit gleich. Sie wissen das nicht, aber sie tun es." (I, 88)

Hier kommt nämlich etwas herein, was unserem bisherigen Verständnis der Abstraktion als bewusst im Kopf der Austauschenden vollzogener Vorgang, klar widerspricht. Indem er von einem Grund für den Austausch spricht, der den Austauschenden gar nicht bewusst wird, redet Marx nämlich gar nicht mehr von einer von den Austauschenden vollzogenen Nominalabstraktion. Stattdessen bringt Marx etwas Anderes herein, das deswegen Realabstraktion[11] genannt werden

---

[11] Der Ausdruck Realabstraktion ist insbesondere im marxistischen Kontext von Alfred Sohn-Rethel populär gemacht worden. (Sohn-Rethel, 1989, S. 12)

kann, weil es von den Austauschenden nicht bewusst in ihrem Denken oder Bewusstsein, sondern nur unbewusst in ihrem Handeln oder Sein bewerkstelligt wird.

Wenn wir uns fragen, ob wir auf dieser Grundlage im Hinblick auf die Notwendigkeit des Analogieschlusses zu anderen Ergebnissen kommen, ist einerseits als Antwort darauf hinzuweisen, dass das nicht der Fall ist. Denn der obige Analogieschluss, demzufolge von der konkreten Arbeit Abstand zu nehmen und zur abstrakt menschlichen Arbeit überzugehen ist, wird nicht überzeugender, wenn die angebliche Kausalität einen Zusammenhang beschreibt, der den Austauschenden gar nicht bewusst wird. Die zugrunde liegende Logik ist nämlich vom Unterschied zwischen einem bewussten oder unbewussten Nachvollzug unabhängig. Andererseits ist darauf hinzuweisen, dass hier noch klarer als bei der Nominalabstraktion zutage tritt, dass sich die Frage nach einer überzeugenden Begründung des Wechsels von der Arbeitsgegenständlichkeit zur abstrakt menschlichen Arbeit gar nicht mehr stellt. Weil die Realabstraktion nichts mit Denken, sondern nur etwas mit Tun zu tun hat, ist die Argumentation mit dem Analogieschluss nämlich vollkommen fehl am Platz. Denn im Rahmen der Realabstraktion wird überhaupt nicht argumentiert, sondern lediglich die Behauptung aufgestellt, dass die Menschen ihre Waren in einer ihnen selbst unbewusst bleibenden Weise nach Maßgabe der abstrakt menschlichen Arbeit und damit des Werts tauschen.

Es bleibt an dieser Stelle also nur die empirische Frage, ob es den unbewussten Austausch zum Wert gibt oder nicht. Bezogen auf den Austausch nach Maßgabe der abstrakt menschlichen Arbeit können wir hier noch kein Urteil fällen. Denn wir wissen noch nicht, was mit dieser Arbeit gemeint ist. Anders sieht das aber bezogen darauf aus, dass dieser Austausch unbewusst erfolgen soll. Das ist nämlich ein Merkmal, das nicht zu der Tatsache passt, dass die Menschen freie Subjekte sind, die sich die Inhalte, die sie verwirklichen, als Zwecke selbst geben. Da es trotz ihrer Subjekthaftigkeit durchaus sein kann, dass die Menschen manche Dinge unbewusst verwirklichen, gilt das zwar dann noch nicht, wenn die Realabstraktion so verstanden wird, dass sich mit ihr nur eine Argumentation per logischer Geltung verbindet, die es lediglich mit der Existenz des Tausches zum Wert zu tun hat, und um eine Argumentation per teleologischer Genesis dann zu ergänzen ist, wenn es um die Erklärung der Entstehung dieses Tausches geht. Denn dann bleibt es dabei, dass die Menschen freie Subjekte sind, die sich ihre Zwecke selbst geben. Die genannte Kritik ist aber zu erheben, wenn so getan wird, als bedürfe es zur Erklärung der Entstehung der genannten Ergänzung gar nicht. Dann wird – wie wir gleich sehen werden – die Subjektivität der Menschen in einer Weise in Frage gestellt, die auf vollkommen abstruse Aussagen hinausläuft.

Dass Marx so verstanden werden kann, dass die Argumentation per logischer Geltung keiner Ergänzung um eine Argumentation per teleologischer Genesis bedarf, zeigt die folgende Stelle aus der Urfassung des 'Kapital':

„Sie wissen das nicht, aber sie thun es, indem sie das materielle Ding auf die Abstraktion Werth reduciren. Es ist diess eine naturwüchsige und daher bewusstlos instinktive Operation ihres Hirns, die aus der besondern Weise ihrer materiellen Produktion herauswächst. Erst ist ihr Verhältnis praktisch da. Zweitens aber, weil sie Menschen sind, ist ihr Verhältniss als Verhältniss für sie da. Die Art, wie es für sie da ist, oder sich in ihrem Hirn reflektirt, entspringt aus der Natur des Verhältnisses selbst." (UF, 38)

Denn in ihr wird der Argumentation per teleologischer Genesis keinerlei Raum gelassen. Stattdessen kommen im Hinblick auf die Erklärung der Art und Weise, wie es zum Tausch zum Wert kommt, zumindest ansatzweise zwei andere Wege zu Ausdruck. Der eine bemüht so etwas wie einen Wertinstinkt. Im Rahmen des anderen argumentiert Marx mit einer „Operation ihres Hirns", die den Austauschenden als solche „bewusstlos" bleibt. Das eine ist genauso zurückzuweisen wie das andere. Zum einen ist darauf hinzuweisen, dass Instinkte im Rahmen der menschlichen Existenz möglicherweise bei der Auswahl des Sexualpartners eine Rolle spielen. Im Rahmen des Warentausches gibt es sie jedoch mit Sicherheit nicht. Zum anderen kann der Austausch zum Wert von unserem Gehirn auch nicht in der Weise geregelt werden, wie z. B. der Herzschlag geregelt wird. Denn dieser Tausch kann mit Sicherheit auch nicht als Resultat des Wirkens des vegetativen Nervensystems verstanden werden.

Im Übrigen sei darauf hingewiesen, dass wir auch zu keinem besseren Ergebnis kommen, wenn so getan wird, als würden die Menschen beim Austausch ihrer Waren zum Wert an Bewusstseinsaussetzern leiden bzw. so agieren als wären sie Schlafwandler oder hypnotisierte Personen.[li] Denn auch diese Erklärungen sind ganz klar zurückzuweisen. Ferner würde auch der Einbezug eines Wunders nicht weiter führen, das als solches nicht erklärt werden kann. Denn es steht sicher fest, dass der Austausch zum Wert dann, wenn es ihn geben sollte, von den Menschen nicht deshalb vollzogen wird, weil sie dabei von einer höheren Macht berührt werden. Angesichts dessen, dass die Menschen freie Subjekte sind, kann im Gegenteil festgestellt werden, dass ein durch die abstrakt menschliche Arbeit direkt bestimmtes Tauschverhältnis nur erreicht werden kann, wenn sie sich diese Arbeit in irgendeiner Weise[12] bewusst zum Ziel zu setzen.[lii]

---

[12] Wie sich zeigen wird, ist den Austauschenden zwar die wertbildende Arbeit unbekannt, die wir als Weiterentwicklung der abstrakt menschlichen Arbeit gleich kennen lernen werden. Sie müssen aber die in ihren Waren steckende Arbeit anerkannt haben wollen, wenn

Das Fazit, das hier schon festgehalten werden kann und unten auf den Seiten 116 und 193ff. bestätigt werden wird, hat also zum Inhalt, dass die unbewusste Verwirklichung des Tausches zum Wert, die ohne vermittelnde Argumentation per teleologischer Genesis auskommt, der Subjektivität der Menschen widerspricht. Dieses Fazit kann zumindest unter der Bedingung gezogen werden, dass die abstrakt menschliche Arbeit an sich mit der Folge quantitativ bestimmt ist, dass sich aus ihr ein bestimmtes Tauschverhältnis ergibt. Wenn diese Arbeit dagegen für sich keine quantitative Bestimmtheit aufweisen würde, dann müsste im Hinblick auf das Erreichen eines ihr angemessenen Tauschverhältnisses kein Wunder oder keinerlei innerlicher Instinkt bemüht werden. Dann wäre nämlich jedes sich irgendwie ergebende Austauschverhältnis mit der abstrakt menschlichen Arbeit vereinbar. Andererseits würde diese Arbeit wegen ihrer Unbestimmtheit mit den anderen Waren zusammenfallen, die für die eigene eingetauscht wird. Denn erst dieser Eintausch würde ihr eine bestimmte Bedeutung geben. Und das hätte nicht nur zur Folge, dass von einer Begründung des Tauschwerts nicht mehr gesprochen werden könnte. Darüber hinaus wäre die Argumentation mit der abstrakten Arbeit vollkommen sinnlos, weil hinter diesem Wort nur die eintauschbare Ware und nichts Anderes stehen würde.[liii]

Um Missverständnisse zu vermeiden, sei noch darauf hingewiesen, dass die im gerade genannten Fazit enthaltene Kritik nicht deshalb vorgebracht wird, weil jede Verwirklichung von unbewussten Inhalten auf die Verwendung von Argumentationen hinauslaufen würde, die wissenschaftlich unzulässig sind. Eine nicht akzeptierbare Erklärung liegt – wie wir auf der Seite 174ff. ebenfalls noch genauer sehen werden – vielmehr nur deswegen vor, weil das gemeinsame Dritte, das jetzt als Arbeitsgegenständlichkeit bestimmt werden kann, als etwas vorgestellt wird, was die Tauschverhältnisse direkt begründen soll. Wenn es dagegen nur eine Größe darstellen würde, aus der sich diese Verhältnisse lediglich auf indirekte Weise ergeben, dann müsste man weder Wunder in Anspruch nehmen noch mit Instinkten argumentieren.

4.2. Die drei grundsätzlichen Varianten der abstrakt menschlichen Arbeit

Aber auch dann, wenn wir bezogen auf die abstrakt menschliche Arbeit sowohl davon absehen, dass sie von Marx nicht begründet, sondern nur behauptet worden ist, als auch außer Acht lassen, dass sie im Falle ihres Verständnisses als unbewusste Entität zu unmöglichen Konsequenzen führt, stellt sich immer noch die Frage, wie diese Arbeit zu verstehen ist. Da Marx diesbezüglich keine klaren Aussagen macht, können wir eine Antwort auf diese Frage bei ihm nicht in fertiger

---

sie auf eine Weise reagieren können sollen, die im idealen Durchschnitt zu einem Tausch zu Werten führt.

Form finden. Wir müssen die möglichen Verständnisweisen vielmehr selbst ermitteln und kommen in diesem Zusammenhang auf die folgenden drei Möglichkeiten: Weil Marx im drittletzten Zitat von den verschiedenen gebrauchswertbildenden Arbeiten insgesamt abzusehen scheint, könnte man erstens meinen, dass
er mit der „gleichen menschlichen Arbeit" auf eine Entität abzielt, die es neben
diesen gebrauchswertbildenden Arbeiten gibt und die deshalb etwas ihnen Jensei-
tiges darstellt. Daher kann diese Entität in Bezug auf diese gebrauchswertbildenden Arbeiten nicht als Gemeinsamkeit bezeichnet werden. Im Hinblick auf die
durch die gebrauchswertbildenden Arbeiten gebildete Arbeitsprodukteigenschaft
stellt diese Arbeit vielmehr eine Nicht-Gemeinsamkeit dar. Diese Nicht-Gemeinsamkeit kann auch als äußerliche Gemeinsamkeit bezeichnet werden und auf diese
Weise von der innerlichen Gemeinsamkeit unterschieden werden, als die wir die
konkrete Gemeinsamkeit oben schon kennen gelernt haben und die abstrakte Gemeinsamkeit unten gleich kennen lernen werden.

Bezüglich dieser Nicht-Gemeinsamkeit oder äußerlichen Gemeinsamkeit gibt es
grundsätzlich zwei Möglichkeiten: Zum einen kann es sich bei der jenseitig verstandenen abstrakt menschlichen Arbeit um eine andere Sorte Arbeit handeln, die
neben den gebrauchswertbildenden produktiven Arbeiten so situiert ist, wie das
bei der zirkulativen Arbeit der Fall ist. Zum anderen kann die abstrakt menschliche
Arbeit auch etwas bezeichnen, was nicht nur bezogen auf die gebrauchswertbildende Arbeit als Nicht-Arbeit zu charakterisieren ist, sondern sich auch von den
anderen Sorten Arbeit unterscheidet. Und an dieser grundsätzlichen Möglichkeit
ändert auch der Umstand nichts, dass die Rede von abstrakt menschlicher Arbeit
in diesem Zusammenhang sehr missverständlich wäre. Während von einer Nicht-
Gemeinsamkeit oder äußerlichen Gemeinsamkeit im ersten Fall nur bezogen auf
die gebrauchswertbildende Arbeit gesprochen werden kann[13], gibt es diese Art der
Gemeinsamkeit im zweiten Fall bezogen auf alle Sorten von Arbeit. Die äußerliche Gemeinsamkeit oder innerliche Nicht-Gemeinsamkeit stellt daher wirklich
eine Nicht-Arbeit dar.

Da Marx die „gleiche menschliche Arbeit" auch als „abstrakt menschliche" oder
„abstrakt allgemeine Arbeit" bezeichnet, gibt es zweitens die Möglichkeit, dass
Marx sie nicht als etwas bestimmt, was neben den gebrauchswertbildenden Arbei-
ten vorkommt, sondern in allen gebrauchswertbildenden Arbeiten so in gleicher
Weise enthalten ist, wie das auf Basis von zwei miteinander zu vergleichenden
Zahlenmengen, die neben anderen jeweils nur einer Menge zukommenden Ziffern

---

[13] Denn bezogen auf einen Arbeitsbegriff, der nicht nur die gebrauchswertbildende Arbeit
umfasst, könnte unter der Bedingung, dass auf eine andere Sorte Arbeit geschlossen
wird, nur von einer abstrakten Gemeinsamkeit gesprochen werden, die genauso eine innerliche Gemeinsamkeit ist wie die konkrete Gemeinsamkeit.

beide die Zahl 17 enthalten, für diese Zahl zutrifft. Das wird zumindest durch den von Marx beanspruchten „Doppelcharakter der in den Waren dargestellten Arbeit" (I, 56) nahegelegt, der im folgenden Zitat zum Ausdruck kommt:

„Ursprünglich erschien uns die Ware als ein Zwieschlächtiges, Gebrauchswert und Tauschwert. Später zeigte sich, daß auch die Arbeit, soweit sie im Wert ausgedrückt ist, nicht mehr dieselben Merkmale besitzt, die ihr als Erzeugerin der Gebrauchswerte zukommen." (I, 56)

Denn es zeigt sich, dass dieser Doppelcharakter entgegen einem möglichen ersten Eindruck gerade nicht besagen soll, dass einunddieselbe Arbeit sowohl gebrauchswert- als auch wertbildend ist, wie das auf Basis der konkreten Gemeinsamkeit der Fall ist. Stattdessen zielt dieser Doppelcharakter offenbar darauf ab, dass die in den Waren enthaltene gebrauchswertbildende Arbeit in dem Sinne zwieschlächtig ist, dass sie neben den gebrauchswertbildenden Aspekten, die sich je nach Gebrauchswert voneinander unterscheiden, auch wertbildende Aspekte enthält, die einander gleich sind. Denn nur auf dieser Grundlage kann gesagt werden, dass die wertbildende Arbeit „nicht mehr dieselben Merkmale" besitzt als jene, die ihr als gebrauchswertbildende Arbeit zukommen.

Auf Basis dieser Ausführungen besteht die zweite Möglichkeit mithin darin, dass die abstrakt menschliche Arbeit diese wertbildenden Aspekte der gebrauchswertbildenden Arbeit meint. In diesem Fall haben wir es bezogen auf diese Arbeit nicht mehr mit einer Nicht-Gemeinsamkeit oder einer äußerlichen Gemeinsamkeit zu tun. Stattdessen liegt hier eine innerliche Gemeinsamkeit vor, die deswegen mit vollem Recht als eine abstrakte Gemeinsamkeit bezeichnet werden kann, weil sie im Unterschied zur konkreten Gemeinsamkeit die Besonderheiten nicht ein-, sondern aus sich ausschließt und deshalb einen Inhalt hat, der mit sich ohne jeden Unterschied vollkommen identisch ist. Diese abstrakte Gemeinsamkeit stellt bezogen auf die gebrauchswertbildenden Arbeiten genauso eine innerliche Gemeinsamkeit dar, wie das bezogen auf die konkrete Gemeinsamkeit der Fall war.

Da es im Rahmen dieser zweiten Variante nicht mehr um etwas geht, was von der gebrauchswertbildenden Arbeit verschieden ist, sondern nur noch um einen Aspekt dieser Arbeit, ist klar, dass es hier die obige Unterteilung in ein auf eine andere Sorte Arbeit oder ein auf Nicht-Arbeit hinauslaufendes Verständnis nicht mehr gibt. Da die Rede von Arbeitsaspekten, die gerade keine Aspekte von Arbeit sind, sich selbst aufheben würde, steht vielmehr fest, dass es nur um einen Aspekt der gebrauchswertbildenden Arbeit gehen kann, der dadurch näher bestimmt werden kann, dass er von ihren besonderen gebrauchswertbildenden Aspekten verschieden ist. Und das ist auch dann der Fall, wenn es innerhalb der gebrauchswertbildenden Arbeiten gar keinen solchen allen in gleicher Weise zukommenden all-

62

gemeinen Aspekt geben sollte. Deswegen kommt die Möglichkeit, dass die Bezeichnung Arbeit missverständlich ist, weil sie tatsächlich etwas meint, was als Nicht-Arbeit zu charakterisieren ist, hier nicht mehr vor.

In Bezug darauf, dass es nur um einen Aspekt der gebrauchswertbildenden Arbeit zu tun sein kann, sähe es anders aus, wenn Marx von einem Arbeitsbegriff ausgehen würde, der sowohl die gebrauchswertbildende produktive Arbeit enthält, als auch die zirkulative Arbeit umfasst. Dann könnte man nämlich im Zuge der Suche nach der „gleichen menschlichen Arbeit" auf die zirkulative Arbeit als den allgemeinen Aspekt schließen, der in den Arbeiten enthalten ist, die diesem erweiterten Arbeitsbegriff entsprechen. Das würde aber nichts daran ändern, dass wir es bezogen auf diesen Arbeitsbegriff weiterhin mit einer abstrakten Gemeinsamkeit zu tun hätten, die die Besonderheiten ausschließt. Und daran ändert auch der Umstand nichts, dass wir es mit dem oben schon erwähnten Fall einer Nicht-Gemeinsamkeit oder äußerlichen Gemeinsamkeit zu tun bekämen, wenn wir den engeren Arbeitsbegriff zugrunde legen würden, der nur die gebrauchswertbildende Arbeit umfasst.

Drittens gibt es die Möglichkeit, dass es Marx weder auf eine äußerliche Gemeinsamkeit bzw. Nicht-Gemeinsamkeit noch auf eine innerliche Gemeinsamkeit abgesehen hat, die im gerade ausgeführten Sinn wirklich abstrakt ist, sondern auf eine Gemeinsamkeit der verschiedenen gebrauchswertbildenden Arbeiten aus ist, die als abstraktifizierte Gemeinsamkeit bezeichnet werden kann. Zu ihr kommt es, weil von den „konkreten Formen" oder „sinnlichen Beschaffenheiten" der verschiedenen gebrauchswertbildenden Arbeiten nicht so vollständig abgesehen wird, wie eben bei der abstrakten Gemeinsamkeit von den besonderen Aspekten abgesehen worden ist. Wie das oben auf der Seite 53 angeführte fünftletzte Zitat andeutet, wird stattdessen von den Besonderheiten gleichzeitig abgesehen und nicht abgesehen. Ersteres ist der Fall, insofern von den besonderen Beschaffenheiten weggegangen wird. Letzteres ist gegeben, insofern bei den ihrer besonderen Beschaffenheiten beraubten Besonderheiten geblieben wird. Ergebnis dieses merkwürdig gebrochenen Vorgehens ist damit eine auf die genannte Weise entleerte oder entbesonderte Besonderheit, die auf diese Weise zu einer Gemeinsamkeit geworden ist.[14] Und diese Besonderheit scheint genau das zu sein, was Marx anspricht, wenn er von einer „gespenstigen Gegenständlichkeit" oder einer „bloßen Gallerte unterschiedsloser menschlicher Arbeit" spricht.

Während es bei der ersten Möglichkeit zumindest dann, wenn wir von der Variante der Nicht-Arbeit absehen, um eine andere Arbeitssorte ging und bei der zweiten

---

[14] Zu dieser entbesonderten Besonderheit scheint auch zu passen, dass Marx in ‚Zur Kritik' von der „qualitätslosen Arbeit" spricht. (vgl. ZK, 18)

Möglichkeit um einen anderen Arbeitsaspekt, geht es bei dieser dritten Variante weder um das eine noch um das andere. Stattdessen wird bei der gebrauchswertbildenden Arbeitssorte und den in ihr enthaltenen gebrauchswertbildenden Arbeitsaspekten geblieben. Denn das, was sich im Rahmen der dritten Möglichkeit tut, hat lediglich zum Inhalt, dass diese Arbeitssorte abstraktifiziert und auf diese Weise allgemein gemacht wird. Und dieser Vorgang darf weder als Übergang zu einer anderen von der gebrauchswertbildenden Arbeit verschiedenen Sorte Arbeit missverstanden werden. Noch haben wir es hier bezogen auf die gebrauchswertbildende Arbeit mit einem Übergang zu anderen Aspekten zu tun, die sich von den gebrauchswertbildenden Aspekten unterscheiden.

Auf der Basis der konkreten Gemeinsamkeit weist die wertbildende Arbeit in der qualitativen Hinsicht, um die es hier bislang nur geht, keinen Unterschied zur gebrauchswertbildenden Arbeit auf. Auf Basis der drei oben erwähnten anderen Möglichkeiten ist das anders. Sie sind nämlich jeweils dadurch gekennzeichnet, dass die wertbildende abstrakt menschliche Arbeit von der gebrauchswertbildenden Arbeit verschieden ist. Die vorhandenen Differenzen sind aber unterschiedlich groß. Auf Basis der ersten Möglichkeit ist dieser Unterschied am größten. Denn es geht um eine Entität, die mit der gebrauchswertbildenden Arbeit deswegen nichts mehr zu tun hat, weil sie eben neben ihr vorkommt. Dann kommt die zweite Möglichkeit, bei der der Unterschied aus dem Grund geringer ist, dass es nur um etwas geht, was ein Teil der gebrauchswertbildenden Arbeit darstellt. Denn das hat zur Folge, dass sich der Unterschied nur auf die restlichen Teile dieser Arbeit bezieht. Am kleinsten ist der Unterschied bei der dritten Möglichkeit. Denn bei ihr gibt es nicht nur einen gemeinsamen Teil. Stattdessen entspricht die wertbildende Arbeit trotz des Umstandes der Gesamtheit jeder einzelnen gebrauchswertbildenden Arbeit, dass jede dieser Gesamtheiten im Rahmen der wertbildenden Arbeit deswegen nur in abstraktifizierter Form auftritt, weil ihre Besonderheiten eben entbesondert oder entleert werden.[liv]

Während die ersten beiden Möglichkeiten klare Alternativen zur konkreten Gemeinsamkeit darstellen, deren Kennzeichen der Einschluss der Besonderheiten ist, ist das bei der dritten Möglichkeit nicht der Fall. Da sie gewissermaßen eine Mischung aus der konkreten und der abstrakten Gemeinsamkeit darstellt, kann sie auch als abstraktifizierte konkrete Gemeinsamkeit bezeichnet werden. Als solche unterscheidet sie sich deswegen gar nicht wirklich von der konkreten Gemeinsamkeit, weil es nur um einen gewissermaßen formellen Unterschied geht. Und gerade weil das so ist, kann festgehalten werden, dass man dann, wenn die gebrauchswertbildenden Arbeiten als abstraktifizierte Entitäten das gemeinsame Dritte darstellen, welches die Tauschverhältnisse bestimmt, die nicht abstraktifizierte gebrauchswertbildende Arbeit genausogut als wertbildende Arbeit bezeichnen kann.

Daher ist im Hinblick auf die Erklärung der Tauschverhältnisse nicht einzusehen, welche Bedeutung der Übergang zur abstraktifizierten Arbeit haben soll.

Ferner kann festgestellt werden, dass die abstraktifizierte konkrete Gemeinsamkeit etwas Künstliches an sich hat, das in einem deutlich wahrnehmbaren Spannungsverhältnis zu den äußeren Gegebenheiten steht. Sie fasst die Dinge nämlich nicht so, wie sie sind. Das kann im Kontrast zur konkreten Gemeinsamkeit verdeutlicht werden. Während diese deswegen nur mit der Bildung von harmlosen Gattungsbegriffen verbunden ist, weil die Schreinerarbeit genauso eine gebrauchswertbildende und damit auch wertbildende Arbeit darstellt wie z. B. die Schneiderarbeit, geht die abstraktifizierte Gemeinsamkeit mit der Bildung von abstrakten Gegenständlichkeiten einher, die nicht so harmlos sind, sondern etwas Gewaltsames an sich haben. Während man der Schreinerarbeit oder der Schneiderarbeit keinerlei Unrecht tut, wenn man sie als gebrauchswertbildende oder wertbildende Arbeiten bezeichnet, ist das bei ihrer Charakterisierung als Arbeitsgallerte anders. Denn in dieser Weise fasst man sie auf eine Art und Weise, die ihnen nicht so entspricht wie ein Gattungsbegriff. Und daran ändert auch der Umstand nichts, dass die Nicht-Existenz sich hier nur auf eine bestimmte Form eines Inhalts bezieht, den es natürlich gibt. Denn das ändert nichts daran, dass die abstraktifizierte Gegenständlichkeit im Unterschied zum Gattungsbegriff eine künstliche und falsche Form darstellt, die als Aussage über die äußere Wirklichkeit zu kritisieren ist.[lv]

Nehmen wir – um den angesprochenen Punkt vielleicht noch klarer zu machen – als Beispiel Hunde und Katzen, die gleichermaßen Tiere sind. In diesem Sinne gleich sind sie aber nicht in Form einer abstraktifizierten Tierheit oder als abstraktifizierte Hunde und abstraktifizierte Katzen, die sich als solche gar nicht mehr voneinander unterscheiden. Gleich sind sie sich vielmehr nur in den jeweiligen besonderen Gestalten oder als konkrete Gemeinsamkeiten. Während es vollkommen selbstverständlich ist, dass es deswegen Tiere gibt, weil es u. a. Hunde und Katzen gibt, kann nicht in derselben Weise gesagt werden, dass es Hunde oder Katzen als abstrakte Lebewesen gibt. In dieser Weise kommen sie vielmehr nicht vor, weil sie eben nicht mit dem Gleichgelten als Tiere verbunden ist, das mit diesem Gattungsbegriff einhergeht, sondern mit einer Abstraktion oder einer Abstraktifizierung der Besonderheiten verkoppelt ist. Denn die Tiere gibt es immer nur in ihren jeweiligen konkreten Gestalten als Hunde, Katzen usw..

Dass die abstraktifizierte Fassung der vergegenständlichten Arbeit eine falsche Fassung dessen darstellt, was den verschiedenen Arbeiten gemeinsam ist, scheint von Marx auf der einen Seite in gewisser Weise bestätigt zu werden, wenn er in der Urfassung von ‚Das Kapital' die „abstrakte Gegenständlichkeit", in der sich die Arbeit im Wert darstellt, als „Gedankending" oder „Hirngespinst" (UF, 17) bezeichnet. Denn damit scheint er zum Ausdruck zu bringen, dass es sich bei dieser Vorstellung um ein reines Kopfprodukt und damit um etwas handelt, das es nicht in der äußeren Welt des Seins, sondern nur in der inneren Welt des Bewusstseins gibt. Auf der anderen Seite ist darauf hinzuweisen, dass diese in wissenschaftlicher Hinsicht äußerst anstößigen Bezeichnungen für ihn kein Grund sind, von der abstraktifizierten Fassung der konkreten Allgemeinheit die Hände zu lassen. Zwar findet sich die Rede vom Gedankending in den späteren Ausgaben des ‚Kapital' nicht mehr. Das heißt aber nicht, dass die dritte Fassung der abstrakt allgemeinen Arbeit von Marx aufgegeben wird, die mit einem Hirngespinst einhergeht..[lvi]

Wenn wir uns auf dieser Grundlage noch der Frage zuwenden, ob es die abstraktifizierte Arbeit als eine nur dem Bewusstsein immanente Entität gibt, kann zwischen der Reduktion, der Nominalabstraktion und der Realabstraktion unterschieden werden. Wenn wir mit der Reduktion beginnen, die wir als äußere Beobachter bewusst vollziehen, ist bereits klar, dass diese Frage zu verneinen ist. Denn bei der Wiedergabe der äußeren Wirklichkeit des einseitigen Warentauschs in unseren Gedanken können wir es gerade dann, wenn wir davon ausgehen, dass dieser Tausch nach Maßgabe des Werts erfolgt, bei der konkreten Gemeinsamkeit der vergegenständlichten Arbeiten belassen. Weil es uns ja darum geht, die Wirklichkeit richtig zu erfassen, müssen wir nicht zur künstlichen, weil abstraktifizierten Fassung dieser Gemeinsamkeit übergehen. Denn damit würden wir nichts gewinnen, sondern im Gegenteil einen Fehler begehen.

Wenn wir nun zur Nominalabstraktion kommen, die von den Austauschenden bewusst vollzogen wird, dann gilt auf der einen Seite dasselbe. Da für die Austauschenden grundsätzlich dieselbe Logik gilt wie für uns, haben auch sie keinen Anlass dafür, zur abstraktifizierten Fassung der konkreten Gemeinsamkeit überzugehen. Auch sie können es bei der konkreten Gemeinsamkeit der vergegenständlichten Arbeiten belassen. Auf der anderen Seite schließt der Umstand, dass der Übergang zur abstraktifizierten Fassung der konkreten Gemeinsamkeit der vergegenständlichten Arbeiten ein Fehler darstellt, nicht aus, dass die Austauschenden diesen Fehler begehen können. Wenn wir auf dieser Grundlage uns die Frage stellen, ob die abstraktifizierte Variante der abstrakt menschlichen Arbeit im Bewusstsein der Austauschenden als empirische Gegebenheit vorkommt, ist Fehlanzeige zu vermelden. Da im Bewusstsein der Austauschenden schon die als konkrete Gemeinsamkeit verstandene Arbeit nicht als das vorkommt, was den Tausch begründet, gilt diese Nicht-Existenz für die abstraktifizierte Variante dieser Arbeit in einem noch größeren Ausmaß.

Kommen wir nun an dritter Stelle zur Realabstraktion, in deren Rahmen Marx die Behauptung aufstellt, dass die Austauschenden die unterschiedlichen konkreten

Arbeiten dann unbewusst auf abstraktifizierte Arbeit reduzieren, wenn sie sie nach Maßgabe des Werts tauschen. Während es oben bei der Nominalabstraktion sein konnte, dass die Austauschenden die abstraktifizierte Arbeit als fehlerhaftes Gedankending in ihrem Kopf haben, ist hier von Anfang an klar, dass diese Möglichkeit ausgeschlossen werden kann. Denn es geht hier ja zum einen nicht um das Denken und das Bewusstsein der Austauschenden, sondern nur um ihr Tun oder Sein. Zum anderen macht es keinen Sinn, letzteres mit unbewussten Gedanken zu verbinden, weil Gedanken nur die Bewegungen im Kopf genannt werden, die mit Bewusstsein ausgeführt werden.[lvii] Darüber hinaus wäre auch dann, wenn man davon absehen und unbewusste Gedanken zulassen würde, in keiner Weise einzusehen, warum es in ihrem Rahmen nicht bei der Realabstraktion bleiben kann, die mit einer konkreten Gemeinsamkeit einhergeht, sondern zu einer Realabstraktifizierung übergegangen werden muss, die es mit einer abstraktifizierten konkreten Gemeinsamkeit zu tun hat.

Als Ort, an dem es die abstraktifizierte Arbeit als Gedankending geben kann, fällt aber nicht nur der Kopf der Austauschenden aus. Dasselbe gilt daher natürlich auch für unser Bewusstsein. Deswegen bleibt als einzige Möglichkeit das Bewusstsein von Marx übrig, der ja die entsprechende Behauptung aufstellt. Auf dieser Grundlage ist einesteils klar, dass es die gesuchte Abstraktifizierung als Bestandteil des Marxschen Bewusstseins gibt. Andernteils wird sofort deutlich, dass dieser Beweis unmittelbar das Gegenteil eines überzeugenden Beweises darstellt. Denn uns geht es ja um die Erklärung eines Gegenstandes, der auch dem Marxschen Bewusstsein äußerlich ist. Und zu dieser Erklärung tragen reine Gedankendinge mit Sicherheit nichts bei. Das sehen nur diejenigen nicht, für die von vornherein feststeht, dass der Umstand, dass Marx eine bestimmte Aussage über die Empirie trifft, schon verbürgt, dass sie empirisch richtig ist.

Zusammenfassend kann festgehalten werden, dass es um die Existenz der abstrakt menschlichen Arbeit, die eine abstraktifizierte Gemeinsamkeit darstellt, auch dann schlecht bestellt ist, wenn man sie als eine dem Bewusstsein innerliche Größe nimmt. Da wir als äußere Beobachter, die es noch mit den warenaustauschenden Subjekten zu tun haben, es bei der konkreten Gemeinsamkeit belassen können und keinen Grund haben, darüber hinaus gehend die abstrakt menschliche Arbeit zu denken, gäbe es diese Arbeit als unser Gedankending nämlich nur dann, wenn wir einen Fehler der Austauschenden oder einen Gedanken von Marx nachvollziehen müssten. Das eine ist aber genausowenig der Fall wie das andere. Wenn es den Fehler der Austauschenden geben würde, müsste sich das in ihrem Bewusstsein abzeichnen. Davon kann aber keine Rede sein. Und bezogen auf den falschen Gedanken von Marx kann zwar zugestanden werden, dass es diesen gibt oder gege-

ben hat. Das ist aber deshalb ohne Bedeutung, weil es uns um die Marxschen Gedanken nur insofern geht, als sie zur Erklärung der äußeren Wirklichkeit des Kapitalismus notwendig sind.

Trotz dieser Überlegungen, die zu dem Resultat führen, dass es sich bei der abstraktifizierten konkreten Gemeinsamkeit um ein sowohl logisch als auch empirisch fragwürdiges Zwischending zwischen einer konkreten und abstrakten Gemeinsamkeit handelt, das als solches eigentlich keinen Bestand haben kann, sollen
im Folgenden nicht nur äußere Gemeinsamkeit, die wir oben auch innerliche
Nicht-Gemeinsamkeit genannt haben, und die innerliche Gemeinsamkeit abstrakter Provenienz als Alternativen zur konkreten Gemeinsamkeit gelten gelassen werden. Auch die abstraktifizierte konkrete Allgemeinheit soll weiter als Möglichkeit
betrachtet werden, das zu beschreiben, was Marx mit abstrakt allgemeiner Arbeit
meint.[lviii]

4.3. Das bei Marx überwiegende Verständnis von wertbildender Arbeit

Wenn wir uns auf dieser Grundlage der Frage zuwenden, auf welche dieser drei
Verständnismöglichkeiten der abstrakten Arbeit es Marx abgesehen hat, ist festzustellen, dass sich im Rahmen seiner Ausführungen keine Aussagen finden, aus
denen sich in dieser Hinsicht eine eindeutige Antwort ergibt. Aufgrund dieser
misslichen Situation können wir die obige Frage auf Basis der expliziten Marxschen Ausführungen nicht klar beantworten. Bei ihrer Beantwortung müssen wir
uns daher in dem Sinne behelfen, dass wir einen anderen eher impliziten Weg ein-
schlagen, der aus zwei Teilen besteht. Auf der einen Seite seien die wenigen und
verstreuten Stellen zu Rate gezogen, die in diesem Zusammenhang von Interesse
sind. Auf der anderen Seite seien der Antwort drei Komplexe von Überlegungen
zugrunde gelegt, die aus der Marxschen Argumentation als Ganze herausdestilliert
werden können.

Zu den wenigen Stellen, die im Zusammenhang mit der Beantwortung der obigen
Frage von Bedeutung sind, gehört das folgende Zitat:

"Aus dem Bisherigen folgt, dass in der Waare zwar nicht zwei verschiedene Sorten Arbeit stecken, wohl aber **dieselbe** Arbeit verschieden und selbst entgegengesetzt bestimmt ist, je nachdem sie auf den **Gebrauchswerth** der Waare
als ihr **Produkt** oder auf den **Waaren-Werth** als ihren bloss **gegenständlichen** Ausdruck bezogen wird. Wie die Waare vor allem Gebrauchsgegenstand
sein muss, um Werth zu sein, so muss die Arbeit vor allem nützliche Arbeit,
zweckbestimmte produktive Thätigkeit sein, um als **Verausgabung
menschlicher Arbeitskraft** und daher als **menschliche Arbeit**
schlechthin zu zählen." (UF, 13)

In ihm macht Marx zum einen deutlich, dass die erste Variante nicht in Frage kommt. Sie schließt er mit dem Hinweis, dass es nicht um „zwei verschiedene Sorten Arbeit", sondern um „dieselbe Arbeit" geht, deswegen aus, weil in ihrem Rahmen die wertbildende Arbeit neben der gebrauchswertbildenden Arbeit vorkommen müsste, was aber nicht dazu passt, dass die eine Sorte Arbeit entscheidend ist. Zum anderen spricht er sich für die zweite Variante aus. Denn nur in Bezug auf sie kann davon gesprochen werden, dass es innerhalb der konkreten, gebrauchswertbildenden Arbeit wertbildende Aspekte gibt, die von den gebrauchswertbildenden Aspekten nicht nur „verschieden", sondern ihnen „selbst entgegengesetzt bestimmt" sind. Diese Feststellung setzt nämlich voraus, dass der eine Aspekt, der zum „Gebrauchswerth der Waare" führt, neben dem anderen existiert, der im „Waaren-Werth" resultiert. Denn nur unter dieser Bedingung kann der eine dem anderen „entgegengesetzt" sein. Das ist aber nur bei der zweiten Variante der Fall. Bei der dritten Variante kann dagegen deshalb nicht von einer Entgegensetzung gesprochen werden, weil es in ihrem Rahmen nur um die Abstraktion der Besonderheiten geht, die eben nur zur Entleerung der vorhandenen und nicht zu entgegengesetzten Bestimmtheiten führen kann.[lix]

Dass Marx sich für die zweite Variante ausspricht, kann bezogen auf die folgende Stelle allerdings nicht mehr gesagt werden:

"Es wird nicht doppelt gearbeitet, einmal um ein zweckgemässes Produkt, einen Gebrauchswert zu schaffen, die Produktionsmittel in Produkte zu *verwandeln*, und das andermal, um *Wert* und *Mehrwert* zu schaffen, um den *Wert zu verwerten*. Die Arbeit wird nur in ihrer bestimmten, konkreten, spezifischen Form, Weise, Existenzweise zugesetzt, worin sie die zweckbestimmte Tätigkeit ist, die die Produktionsmittel in ein bestimmtes Produkt, Spindel und Baumwolle z. B. in *Garn*, verwandelt. Es ist nur Spinnarbeit etc., die zugesetzt wird und die durch ihre Zusetzung fortwährend mehr Garn produziert. Wertsetzend ist diese *reale* Arbeit, soweit sie einen normalen bestimmten Grad von Intensität besitzt (oder nur *zählt*, soweit sie ihn besitzt) und soweit diese *reale Arbeit* von gegebener Intensität in bestimmten, durch die Zeit gemessenen Quantitäten, sich im Produkt materialisiert." (Marx, 1969, S. 21)

Denn dieses Zitat aus der Schrift ,Resultate des unmittelbaren Produktionsprozesses', an dem weder die Hinweise auf Mehrwert und Verwertung des Werts noch die Bemerkungen interessieren, in denen schon die Intensität als Bestimmungsgrund für die Größe der wertbildenden Arbeit erwähnt wird, macht deutlich, dass einunddieselbe Arbeit genau in den einunddenselben Aspekten wertbildend ist, in denen sie auch gebrauchswertbildend ist. Da auf diese Weise gesagt wird, dass die gebrauchswertbildende Arbeit nur mit dem Aspekt wertbildend sein kann, mit dem sie gebrauchswertbildend ist, wird damit nämlich nicht nur die zweite Variante zurückgewiesen. Weil auch nicht mehr von einer abstraktifizierten Fassung der gebrauchswertbildenden Arbeit die Rede ist, scheint sich Marx damit auch von der dritten Variante zu distanzieren und damit implizit zur konkreten Gemeinsamkeit überzugehen.

Wie das folgende Zitat zeigt, kommt genau dieser Punkt sogar in ‚Das Kapital' zum Ausdruck:

"Daß aber in der Form der Warenwerte alle Arbeiten als gleiche menschliche Arbeit und daher als gleichgeltend ausgedrückt sind, konnte Aristoteles nicht aus der Wertform herauslesen, weil die griechische Gesellschaft auf der Sklavenarbeit beruhte, daher die Ungleichheit der Menschen und ihrer Arbeitskräfte zur Naturbasis hatte. Das Geheimnis des Wertausdrucks, die Gleichheit und gleiche Gültigkeit aller Arbeiten, weil und insofern sie menschliche Arbeit überhaupt sind, kann nur entziffert werden, sobald der Begriff der menschlichen Gleichheit bereits die Festigkeit eines Volksvorurteils besitzt." (I, 74; vgl. auch 60)

Denn in ihr wird klar festgestellt, dass die Abstraktion von der gebrauchswertbildenden Arbeit nur die Form der „gleichen Gültigkeit aller Arbeiten" haben kann. Es geht hier also nicht mehr darum, dass die gebrauchswertbildende Arbeit nur als gespenstige Gegenständlichkeit wertbildend ist. Stattdessen ist sie als normaler Gattungsbegriff wertbildend. Darüber hinaus kann im vorliegenden Zusammenhang auf das oben auf der Seite 53 angeführte Zitat verwiesen werden, in dem von „der Verausgabung menschlicher Arbeitskraft ohne Rücksicht auf die Form ihrer Verausgabung" die Rede ist. Das klingt nämlich ebenfalls sehr danach, dass bezogen auf diese Verausgabung von Arbeitskraft jede gebrauchswertbildende Arbeit gleich zählt.

Es gibt also bei Marx einerseits durchaus Hinweise, die zum Ausdruck zu bringen scheinen, dass er bezogen auf die wertbildende Arbeit zur konkreten Allgemeinheit zurückkehrt, die die Besonderheiten einschließt. Zumal sich die obige Aussage, die sich klar für diese Form der Gemeinsamkeit ausspricht, nur in einer Nebenbemerkung findet, ist andererseits darauf hinzuweisen, dass diese Hinweise nicht so weit gehen, dass von einer definitiven Rückkehr gesprochen werden kann. Wenn man die Ausführungen von Marx als Ganze vor sich hat, dann bleibt es bezogen auf die bislang besprochenen Teile seines Werks nämlich dabei, dass er es gerade nicht bei der konkreten Gemeinsamkeit belässt, sondern zu einer abstrakt menschlichen Arbeit übergeht, die nicht in dieser Form verstanden werden kann. Und da die abstraktifizierte konkrete Gemeinsamkeit die größten Ähnlichkeiten mit der konkreten Gemeinsamkeit hat, spricht einiges dafür, dass Marx insbesondere diese Variante vorschwebt.

Wenn wir uns angesichts dessen, dass die Rückkehr zur konkreten Gemeinsamkeit gar nicht zur abstrakt menschlichen Arbeit passt, nun den drei Komplexen von

Überlegungen zuwenden, die aus der Marxschen Argumentation als Ganze entnommen werden können, ist zunächst darauf hinzuweisen, dass der erste Komplex damit zu tun hat, dass Marx beim Übergang zur abstrakt allgemeinen Arbeit wieder mit der Abstraktion vom Gebrauchswert argumentiert. Der zweite hängt damit zusammen, dass er sich in der Hauptsache des Vorgehens der Reduktion bedient und daneben auch noch von Abstraktion spricht. Der dritte verbindet sich mit dem Umstand, dass Marx mit der gleichen menschlichen Arbeit die Tauschverhältnisse erklären will.

Wenn wir mit dem ersten Komplex von Überlegungen beginnen, ist darauf aufmerksam zu machen, dass es hier nicht um die Frage geht, ob Marx Argumentation mit der Abstraktion vom Gebrauchswert schlüssig ist oder nicht. Denn wir haben oben schon gesehen, dass es dem Analogieschluss an Notwendigkeit gebricht, der in dieser Argumentation enthalten ist. Auf der Basis dessen, dass wir diesen Analogieschluss trotzdem akzeptieren, geht es hier vielmehr nur noch um das Verhältnis, in dem er zu den drei Varianten der abstrakt menschlichen Arbeit steht. Diesbezüglich kann einesteils festgestellt werden, dass die Argumentation mit der Abstraktion vom Gebrauchswert gut zur ersten Variante der abstrakt allgemeinen Arbeit passt. Denn in ihrem Rahmen wird genauso vollständig von der gebrauchswertbildenden Arbeit abgesehen, wie das zuvor bezogen auf den Gebrauchswert der Fall gewesen ist. Zur zweiten Variante der abstrakten Gemeinsamkeit passt sie dagegen nicht in gleicher Weise. Denn auf ihrer Grundlage wird bezogen auf die gebrauchswertbildende Arbeit eben nicht von dieser Arbeit als solcher, sondern nur ihren besonderen Aspekten abgesehen. Die allgemeinen Aspekte werden dagegen beibehalten. Und bezogen auf die dritte Variante ist ein ähnliches Ergebnis festzuhalten. Wie das von Marx bemühte „Residuum" zeigt, wird nämlich von der gebrauchswertbildenden Arbeit ebenfalls nicht vollständig abgesehen. Denn mit der „gespenstigen Gegenständlichkeit" oder der „bloßen Gallerte" bleibt etwas von dieser Arbeit übrig.

Kommen wir nun zum zweiten Komplex von Überlegungen und damit der Frage, ob die drei Varianten der abstrakt menschlichen Arbeit zu dem Umstand passen, dass Marx in Form einer von der Arbeitsprodukteigenschaft der Waren ausgehenden Reduktion nach dem sucht, was den Waren gemeinsam ist: Im Hinblick auf die Beantwortung dieser Frage kann festgestellt werden, dass bezogen auf die erste Variante der Nicht-Gemeinsamkeit ein Entsprechungsverhältnis zu verneinen ist. Um einzusehen, dass die Reduktion nicht zu dieser Nicht-Gemeinsamkeit passt, muss man sich nur klar machen, dass per Reduktion nur die Gemeinsamkeiten erschlossen werden können, die in den Ausgangsgegebenheiten bereits enthalten sind. Da das auch für Zwischenergebnisse gilt, macht es keinen Sinn, dass Marx nicht bei der Arbeitsprodukteigenschaft bleibt, die er zunächst als maßgebliche Gemeinsamkeit identifiziert hatte, sondern in dem Sinne über sie hinausgeht, dass er zu etwas wechselt, was neben dieser Arbeitsprodukteigenschaft vorkommt. Unabhängig davon, ob die abstrakt menschliche Arbeit als Arbeit oder Nicht-Arbeit gefasst wird, revidiert er damit nämlich seinen ersten Schritt. Und obwohl er sich dessen gar nicht bewusst wird, läuft das eigentlich auf die Feststellung hinaus, dass die Suche nach Gemeinsamkeiten, die in den Waren objektiv enthalten sind, zu einer Fehlanzeige führt. Solche Gemeinsamkeiten gibt es nämlich dann nicht, wenn sie in der Arbeitsprodukteigenschaft nicht aufzufinden sind, die zunächst als einziger Ort einer solchen Gemeinsamkeit bestimmt wurde.

Zur zweiten Variante der abstrakt allgemeinen Arbeit ist zu sagen, dass der Schritt zu einem abstrakten Aspekt mit der Reduktion vollkommen vereinbar ist. Mit diesem Aspekt geht man nämlich nicht zu etwas über, was sich vom Ausgangspunkt deswegen gänzlich unterscheidet, weil es etwas ist, was neben ihm existiert. Stattdessen bleibt man beim Ausgangspunkt und hebt eben nur die Eigenschaften von ihm hervor, die den Waren gemeinsam sind.

Zur dritten Variante ist zu bemerken, dass sie mit dem Vorgehen der Reduktion, so wie wir sie bislang kennen gelernt haben, genausowenig im Einklang steht wie die erste Variante. Um das zu erkennen, muss man sich lediglich klar machen, dass die bisherige Reduktion dann, wenn sie von Dingen ausgeht, die Gemeinsamkeiten wie z. B. die Arbeitsprodukteigenschaft aufweisen, zwar mit der Bildung von Gattungsbegriffen deswegen einhergeht, weil die verschiedenen gebrauchswertbildenden Arbeiten alle als gebrauchswertbildende Arbeiten gelten und in diesem Sinne gleich behandelt werden. Sie führt jedoch nicht zu der abstrakten Gegenständlichkeit, von der Marx redet. Denn diese zeichnet sich dadurch aus, dass die Besonderheiten nicht wie in Gattungsbegriffen aufgenommen und gleich behandelt, sondern ihrem besonderen Inhalt nach beiseite gelassen werden. Während die Ausgangsdinge bei der Bildung von Gattungsbegriffen so belassen werden wie sie sind, werden sie bei Marx in dem Sinne verändert, dass sie eben abstraktifiziert und auf diese Weise ihrer Besonderheiten beraubt werden. Und das ist mit dem Vorgehen der bisherigen Reduktion unvereinbar.

Das Ergebnis, dass die dritte Variante der bisherigen Reduktion widerspricht, kann auch in der Form zum Ausdruck gebracht werden, dass sie nur im Einklang mit einer Methode steht, die als verändernde Reduktion bezeichnet werden kann. Damit ist ein Vorgehen gemeint, bei dem von Anfang an klar ist, dass es nicht nur die Dinge, von denen es ausgeht, sondern vor allem auch jene, zu denen es hingeht, nicht so belässt wie sie sind, sondern sie in abstrakter Form einander gleich macht. Während die normale Reduktion ein Prozess darstellt, der mit der Bildung von Gattungsbegriffen einhergeht, bei der den thematisierten Gegebenheiten keinerlei umformende Gewalt angetan wird, ist das bei der verändernden Reduktion anders.

Weil die per Abstraktifizierung verfolgte Gleichmacherei über die harmlose Bildung von Gattungsbegriffen hinausgeht, wird den Ausgangsgegebenheiten in dem Maße gedankliche Gewalt angetan, in dem sie zu „gespenstigen Gegenständlichkeiten" oder „bloßen Gallerten" gemacht werden. Und da es diese phantastischen Dinge gar nicht objektiv gibt, ist die zu Veränderungen führende Reduktion natürlich genau so fragwürdig wie sie.

Während wir die normale Reduktion oben (vgl. S. 39) als eine Maßnahme anerkannt haben, die auf der Suche nach dem gemeinsamen Dritten sinnvoll ist, könnte man meinen, dass das bei der verändernden Reduktion ganz anders ist. Da sie mit Veränderungen einhergeht, stellt sie nämlich eine Methode dar, die in dieser Hinsicht geradezu absurd anmutet. Denn sie macht das, was nur als eine vom Vorgehen der Reduktion unabhängige Gegebenheit beweiskräftig sein kann, zu einem von ihr abhängigen Resultat. Die verändernde Reduktion wird damit zu einer Methode, die für ihren Zweck von vornherein vollkommen untauglich ist. Denn das Finden einer schon vorhandenen Gemeinsamkeit ist etwas vollkommen Anderes als das mit dem Ausmerzen von Unterschieden verbundene Erzeugen von Gemeinsamkeiten, die es zuvor nicht gegeben hat. Zu diesem Einwand ist zu sagen, dass er absolut berechtigt wäre, wenn die mit der verändernden Reduktion einhergehenden Veränderungen nicht nur einen formellen Charakter hätten, sondern sich auch auf den Inhalt erstrecken würden. Denn dann würde sie zu einem Inhalt führen, den es zuvor nicht gegeben hat und genau deswegen die Inhalte verfehlen, die von Anfang vorhanden waren. Solange es aber bei einer bloß formellen Veränderung bleibt, bleibt auch die verändernde Reduktion ein Vorgehen, das mit der Suche nach dem gemeinsamen Dritten in einer Weise vereinbar ist, die zu beweiskräftigen Ergebnissen führen kann.

Bislang haben wir nur von der Reduktion gesprochen, die wir bewusst vornehmen. Daneben haben wir aber auch eine Abstraktion kennen gelernt, die die Austauschenden als Nominalabstraktion bewusst vollziehen. Wenn wir die oben angesprochenen Zusammenhänge nun noch auf Basis dieser Abstraktion betrachten, können wir auf der einen Seite in dem Maße die gleichen Feststellungen treffen, in dem die Abstraktion ihrer Bedeutung nach der Reduktion entspricht. Das bezieht sich auf alle drei Varianten der abstrakt menschlichen Arbeit. Auf der anderen Seite kommen wir zu anderen Ergebnissen, wenn die Abstraktion eine andere Bedeutung als die Reduktion annimmt. In diesem Zusammenhang ist insbesondere darauf zu verweisen, dass die dritte Variante mit der Abstraktion vereinbar wird, wenn man diese als Abstraktifizierung und damit in einer Form fasst, die eigentlich falsch ist. In dem Maße, in dem man das tut, kann die oben erwähnte verändernde Reduktion, die zu abstraktifizierten Gegenständen führt, auch als verändernde Abstraktion bezeichnet werden.

Im Übrigen sei noch erwähnt, dass wir bezogen auf die Realabstraktion, die die Austauschenden in ihrem Tun unbewusst vollziehen, auf der einen Seite zu denselben Resultaten kommen wir bei der Nominalabstraktion. Auf der anderen Seite ist jedoch sofort hinzuzufügen, dass auf dieser Grundlage die Identifizierung der Abstraktion mit der Abstraktifizierung keinerlei Sinn macht. Denn der bewusstlose Austausch der Waren zu einem Wert, der eine abstraktifizierte konkrete Gemeinsamkeit darstellt, unterscheidet sich nicht im Mindesten von dem Austausch zu einem Wert, der als konkrete Gemeinsamkeit betrachtet wird.

Keinen Sinn macht die als Abstraktifizierung verstandene Realabstraktion insbesondere auch deswegen, weil es vollkommen falsch wäre, die Bildung von abstraktifizierten Gegenständen, zu der es im Rahmen der entsprechend verstandenen Nominalabstraktion im Kopf der Austauschenden und damit im Bewusstsein kommt, bezogen auf die in gleicher Weise verstandene Realabstraktion in das Sein hineinzuverlagern und damit so zu tun, als würden die Waren selbst abstraktifiziert. Denn davon kann keine Rede sein, weil die Waren auch durch den bewusstlos vollzogenen Austausch in keiner Weise verändert werden, sondern das bleiben, was sie sind.[lx]

Wenn wir nun zum drittgenannten Komplex von Überlegungen wechseln, kann festgestellt werden, dass die Erklärung der Tauschverhältnisse nur klappen kann, wenn es die jeweilige abstrakt allgemeine Arbeit empirisch als eine bestimmte Größe gibt. Daher kann bezogen auf die erste Variante der abstrakt allgemeinen Arbeit festgehalten werden, dass sie nicht zu den Erklärungsbemühungen passt. Das ist zum einen der Fall, wenn die abstrakt allgemeine Arbeit als Arbeit vorgestellt wird. Dann ist zwar zu konstatieren, dass diese abstrakt allgemeine Arbeit einen bestimmten Inhalt oder eine bestimmte Bedeutung hat. Weil es in den Waren neben den produktiven und den zirkulativen Arbeiten keine weitere Art von Arbeit gibt, ist aber festzuhalten, dass die abstrakt allgemeine Arbeit, die als das in dieser Weise bestimmte Etwas auftritt, deswegen gar nicht existent ist, weil wir hier die zirkulative Arbeit ausschließen können. Ferner ist zu konstatieren, dass diese Arbeit als inexistentes Etwas eine Entität ist, aus der die Tauschverhältnisse nie und nimmer erklärt werden können.

Wenn die abstrakt menschliche Arbeit dagegen als eine Nicht-Arbeit verstanden wird, kann zum anderen zwar nicht mehr gesagt werden, dass es sie nicht gibt. Da es ihr an einer bestimmten Bedeutung fehlt, wissen wir nämlich gar nicht, nach was wir bei der Überprüfung der empirischen Existenz dieser Gegebenheit Ausschau zu halten haben. In diesem Fall ist aber festzustellen, dass die abstrakt allgemeine Arbeit etwas vollkommen Inhaltsloses darstellt. Ein solchermaßen bestimmungsloses Etwas konterkariert die angestrebte Erklärung der Tauschverhältnisse aber genauso wie ein inexistentes Etwas. Denn als Grund für die Erklärung der Tauschverhältnisse taugt eben nur eine Entität, die nicht nur empirisch existent, sondern auch inhaltlich bestimmt ist.

Im Hinblick auf die zweitgenannte Variante kommen wir zu einem ähnlichen Urteil. Daran, dass es im Rahmen der gebrauchswertbildenden Arbeit nur gebrauchswertbildende Arbeitsaspekt gibt und keine Arbeitsaspekte vorkommen, die ausschließlich wertbildend sind, zeigt sich nämlich, dass die gebrauchswertbildenden Arbeiten nicht so in besondere und allgemeine Momente zerlegt werden können, wie das beim oben genannten Zahlenbeispiel der Fall gewesen ist. Denn die hier erforderlichen nicht-gebrauchswert- aber wertbildenden Aspekte kommen gar nicht vor. Sie sind etwas Inexistentes, das als Grund ebenfalls untauglich ist. Das wäre nur anders, wenn wir von einem Arbeitsbegriff ausgehen würden, der nicht nur die gebrauchswertbildende produktive Arbeit umfasst, sondern auch die zirkulative Arbeit. Da in diesem Fall die zirkulative Arbeit als der allgemeine Arbeitsaspekt identifiziert werden könnte, könnte nämlich nicht mehr gesagt werden, die abstrakt menschliche Arbeit stehe für etwas Inexistentes.

Einerseits könnte man im Hinblick auf die dritte Variante der abstrakt menschlichen Arbeit zunächst meinen, dass die Frage nach der empirischen Existenz gleichfalls zu verneinen ist. Denn, wenn man ausgehend von irgendeiner Sache von all den Bestimmtheiten absieht, die diese Sache ausmachen, dann bleibt von ihr eben nichts mehr übrig. Das, was es zunächst gab, ist nämlich dadurch zunichte gemacht worden, dass ihm jede Bestimmtheit und jeder Inhalt genommen worden ist. Dieses Resultat kann auch in der Form ausgedrückt werden, dass das, was übrig bleibt, etwas ist, was weder bestimmt noch existent ist und daher als Nichts oder Nullum zu bezeichnen ist. Und da ein solches Nichts für eine Erklärung der Tauschverhältnisse natürlich vollkommen untauglich ist, kann festgestellt werden, dass diese Seite nicht zu den Erklärungsbestrebungen passt.

Andererseits haben wir schon gesehen, dass diese Interpretation nicht dem entspricht, worauf es Marx abgesehen hat. Marx sieht nämlich von den Bestimmtheiten der gebrauchswertbildenden Arbeiten gar nicht so vollständig ab, wie eben unterstellt worden ist. Er behält diese Bestimmungen vielmehr bei und sieht nur in der Form von ihnen ab, dass er sie ihrer Besonderheiten beraubt und auf diese entbesondernde Weise einander auf einer abstrakten Ebene angleicht. Anstatt einer Abstraktion von den Bestimmtheiten, bei der von diesen weggegangen wird, haben wir es hier mit einer Abstraktion oder besser Abstraktmachung der Bestimmtheiten zu tun, die bei ihnen bleibt und sie eben nur abstraktifiziert und damit einander gleich macht. Als Folge davon ist die „gespenstige Gegenständlichkeit" oder „bloße Gallerte unterschiedsloser menschlicher Arbeit", die übrigbleibt, kein bestimmungsloses und inexistentes Nichts, sondern ein Etwas, das existiert und trotz der abstraktifizierenden Gleichmacherei, der sie entstammt, zudem noch

Bestimmungen besitzt, die – wie wir noch genauer sehen werden – weit genug reichen, dass sie eine Erklärung der Tauschverhältnisse erlauben.

Diese Klarstellung ist zumindest solange am Platz, solange die gespenstige Gegenständlichkeit wirklich nur eine künstliche Form für einen unveränderten Inhalt darstellt. Wenn sie dagegen mit einem anderen Inhalt verbunden wäre, dann wäre ein Fungieren als Grund ausgeschlossen. Dann hätten wir es nämlich mit einer Entität zu tun, die es zunächst gar nicht gibt und die sich daher auch nicht als Grund auswirken kann. Diese Entität würde vielmehr erst durch die mit dem Tausch einhergehende abstrahierende Reduktion entstehen und wäre daher nicht Grund, sondern Folge.

Wenn wir nun zu dem Fazit kommen, das aus den obigen Ausführungen zu ziehen ist und zunächst die Überlegungen zu den drei Komplexen zusammenfassen, können wir einesteils festhalten, dass letztlich keine klare Antwort in Bezug auf die Variante der abstrakt menschlichen Arbeit gegeben werden kann, auf die es Marx abgesehen hat. Das ist der Fall, weil der erste Komplex von Überlegungen am ehesten für die erste Variante der abstrakt menschlichen Arbeit spricht, die mit einer Nicht-Gemeinsamkeit einhergeht. Demgegenüber belegt der zweite Überlegungskomplex am ehesten die zweite Variante, bei der es um eine abstrakte Gemeinsamkeit geht. Denn sie ist mit der Reduktion voll und ganz vereinbar. Der dritte Komplex wirkt sich dagegen eher für die dritte Variante aus, die per Abstraktifizierung gleichgemachte Bestimmtheiten enthält. Anderteils kommen wir insgesamt gesehen zu dem Ergebnis, dass es Marx mit seiner „gleichen menschlichen Arbeit" am ehesten auf eine abstrakt gemachte konkrete Gemeinsamkeit abgesehen hat, bei der gleichgemachte oder abstraktifizierte Bestimmtheiten übrig bleiben. Denn das passt sowohl am besten zur Rede von der „gespenstigen Gegenständlichkeit" oder der „bloßen Gallerte", als auch zum Marxschen Bestreben, die Tauschverhältnisse zu erklären.

Ob Marx das genauso sieht, ist allerdings deswegen fraglich, weil er zumindest nicht genau genug zwischen den drei Möglichkeiten des Verständnisses der abstrakt allgemeinen Arbeit unterscheiden kann und daher nicht klar genug sieht, wie diese Möglichkeiten der Nicht-Gemeinsamkeit, der abstrakten Gemeinsamkeit und der abstraktifizierten konkreten Gemeinsamkeit bestimmt sind und worin die Unterschiede zwischen ihnen genau liegen. In diesem Zusammenhang ist zum einen darauf zu verweisen, dass Marx von einer abstrakten Gemeinsamkeit spricht, wo er es doch nur mit einer abstraktifizierten konkreten Gemeinsamkeit zu tun hat. Er vermengt also diese zwei unterschiedlichen Arten von Gemeinsamkeit miteinander. Zum anderen gibt es – wie wir noch genauer sehen werden – solche Vermengungen auch mit der äußerlichen Gemeinsamkeit oder der Nicht-Gemeinsamkeit.

Wenn wir in unser Fazit auch noch die anfänglichen Überlegungen einbeziehen, die es mit den beiden oben angeführten Zitaten von Marx zu tun haben und eher die Rückkehr zu einer konkreten Gemeinsamkeit nahelegen, kommen wir zu einer Bestätigung unseres Ergebnisses. Denn die konkrete Gemeinsamkeit hat eben die größten Übereinstimmungen mit der abstraktifizierten Gemeinsamkeit. Desweiteren kann wiederholt werden, dass er diese Form der Gemeinsamkeit nicht rein festhalten kann. Das ist zum einen der Fall, weil der Unterschied zur konkreten Allgemeinheit verloren geht. Zum anderen vermengt Marx die abstraktifizierte konkrete Allgemeinheit immer wieder mit der abstrakten Allgemeinheit, die die Besonderheiten ausschließt. Und auch die Nicht-Gemeinsamkeit kann nicht gänzlich ausgeschlossen werden. Das zeigt sich spätestens dann, wenn er davon redet, dass die wertbildende Arbeit das „Gegenteil" (vgl. S. 127) der gebrauchswertbildenden darstellt.

Zu dem Ergebnis, dass es Marx am ehesten auf eine abstraktifizierte Gemeinsamkeit abgesehen hat, kommen wir zumindest auf der Grundlage dessen, dass wir mit Marx von einer Arbeitsgegenständlichkeit ausgehen, in der nur die produktiven oder gebrauchswertbildenden Arbeiten enthalten sind. Wenn in dieser Gegenständlichkeit auch die zirkulativen Arbeiten enthalten wären, dann würde viel dafür sprechen, dass Marx es auf diese Arbeiten abgesehen hat, die ja auch als tauschwertbildende Arbeiten bezeichnet werden können. Darauf sei schon an dieser Stelle hingewiesen, weil sich auf der Seite 160ff. zeigen wird, dass Marx auf der Basis der verschiedenen Arbeiten nach einer Arbeit sucht, die zur gebrauchswertbildenden Arbeit im selben Verhältnis steht, wie das Geld zu den Waren.[lxi]

4.4. Zusammenfassende und weiterführende Bemerkungen

In diesem Abschnitt haben wir den für Marx sehr wichtigen Übergang von der konkreten zur abstrakten Arbeit kennen gelernt. Dabei hat sich gezeigt, dass Marx nicht klar zum Ausdruck bringt, wie die abstrakt menschliche Arbeit zu verstehen ist. Wir waren daher gezwungen, uns den denkbaren Verständnismöglichkeiten zuzuwenden und sind dabei auf die drei Varianten der Nicht-Gemeinsamkeit, der abstrakten Gemeinsamkeit und der abstraktifizierten Gemeinsamkeit gestoßen. Während die beiden letzteren der konkreten Gemeinsamkeit insofern entsprechen als sie wie diese innerliche Gemeinsamkeiten darstellen, kann erstere auch als äußerliche Gemeinsamkeit bezeichnet werden. Welche dieser drei Möglichkeiten bei Marx am ehesten vorliegt, kann nicht klar gesagt werden. Wir haben aber Hinweise dafür kennen gelernt, dass Marx sich am ehesten für die Möglichkeit der abstraktifizierten Gemeinsamkeit ausspricht, die der konkreten Gemeinsamkeit am nächsten kommt. Nur auf ihrer Basis besteht nämlich die Möglichkeit der Erklärung der Austauschverhältnisse.

Bei der näheren Betrachtung dieser Variante hat sich gezeigt, dass die in ihr vorkommenden abstrakten Gegenständlichkeiten nicht zur äußeren Wirklichkeit passen. Daher könnte es sie nur als künstliche Hirngespinste geben, die die Austauschenden im Rahmen einer Nominalabstraktion erzeugen und wir als äußere Beobachter daher nachvollziehen müssen. Als von den Austauschenden vollzogene Realabstraktion können sie dagegen nicht vorkommen. Da die äußere Realität nur für Gattungsbegriffe und nicht für die abstrakten Gegenständlichkeiten spricht, sind diese nämlich nichts, was wir nachzuvollziehen hätten. Und auch der Eigenvollzug durch uns kann nicht in Frage kommen. Denn diesbezüglich ist nicht abzusehen, warum wir es nicht bei der konkreten Gemeinsamkeit belassen können, sondern diese abstraktifizieren müssen. Der Doppelcharakter der Arbeit, um den Marx so viel Aufhebens macht, ist daher eine Sache, die in der Form, in der sie von Marx befürwortet wird, in keiner Weise einzusehen ist.

Auf der Basis dessen, dass Marx sich am ehesten für die Verständnismöglichkeit der abstraktifizierten konkreten Gemeinsamkeit ausspricht, sei noch darauf hingewiesen, dass diese sich von der konkreten Gemeinsamkeit noch gar nicht wirklich unterscheidet. Das wird daran deutlich, dass Marx dann, wenn er von „der Verausgabung menschlicher Arbeitskraft ohne Rücksicht auf die Form ihrer Verausgabung" spricht, zu einem Ergebnis kommt, das gar nicht von dem verschieden ist, welches wir im vorhergehenden Abschnitt schon auf Basis der konkreten Allgemeinheit kennen gelernt haben. Dann bringt er nämlich nichts Anderes als die Feststellung zum Ausdruck, dass im Hinblick auf das gemeinsame Dritte, das den Tauschwert begründen soll und das wir inzwischen als Wert kennen gelernt haben, die unterschiedlichen gebrauchswertbildenden Arbeiten gleich sind. Bezogen auf ihre wert- und tauschwertbildende Potenz sind sie gleich gültig und genau aus diesem Grund gleichgültig.[15]

Oben haben wir gleichfalls schon gesehen, dass Marx den Übergang von der konkreten zur abstraktifizierten konkreten Gemeinsamkeit der gebrauchswertbildenden Arbeit nicht begründen kann. Denn der von Marx verwendete Analogieschluss ist allenfalls in der Lage, den falschen Schein einer Notwendigkeit zu erzeugen. Da es keine anderen Versuche einer vorgängigen oder apriorischen Begründung des Übergangs zur abstrakt menschlichen Arbeit oder zur abstraktifizierten kon-

---

[15] Angesichts dieses Umstandes fragt sich, warum Marx sich nicht mit dieser zufrieden gegeben hat, sondern der Meinung gewesen ist, zu einer abstraktifizierten konkreten Gemeinsamkeit fortschreiten zu müssen. Bezogen auf die bislang angesprochenen Thematiken gibt es auf diese Frage keinerlei Antwort. Wir werden unten aber neue Überlegungen aufnehmen, die mit Geld zu tun haben und auf die These hinauslaufen, dass zur abstrakt allgemeinen Arbeit übergegangen werden muss, damit dieses Geld begründet werden kann. Was davon zu halten ist, werden wir auf der Seite 122ff. sehen.

kreten Gemeinsamkeit gibt, sondern diesbezüglich reine Fehlanzeige zu vermelden ist, könnte man meinen, dass Marx gar keine vorgängige Begründung liefern wollte. Mit Verweis auf das folgende, schon einmal angeführte Zitat:

„Ursprünglich erschien uns die Ware als ein Zwieschlächtiges, Gebrauchswert und Tauschwert. Später zeigte sich, daß auch die Arbeit, soweit sie im Wert ausgedrückt ist, nicht mehr dieselben Merkmale besitzt, die ihr als Erzeugerin der Gebrauchswerte zukommen. Diese zwieschlächtige Natur der in der Ware enthaltenen Arbeit ist zuerst von mir kritisch nachgewiesen worden. Da dieser Punkt der Springpunkt ist, um den sich das Verständnis der politischen Ökonomie dreht, soll er hier näher beleuchtet werden." (I,56),

könnte man stattdessen zu der Auffassung kommen, dass es Marx nur auf eine nachgängige oder aposteriorische Begründung abgesehen hat. Aus der obigen Stelle scheint man nämlich entnehmen zu können, dass Marx diese Reduktion nur im Nachhinein dadurch begründen will, dass er nachweist, dass nur auf der Grundlage ihres Ergebnisses, also der abstraktifizierten Fassung der konkreten Gemeinsamkeit, Dinge erfasst werden können, die für das Begreifen der bürgerlichen Gesellschaft wichtig sind.

Auf dieser Basis soll die abstrahierende Reduktion vorläufig als Realabstraktion akzeptiert werden. Denn nur unter dieser Bedingung können wir überprüfen, ob Marx auf ihrer Grundlage tatsächlich zu anderen Ergebnissen als denen kommt, die sich auf Basis der normalen Reduktion ergeben. Klar ist aber schon an dieser Stelle, dass die abstrahierende Reduktion und die sich daraus ergebende abstrakte Fassung der konkreten Gemeinsamkeit nur Sinn macht, wenn man auf ihrer Grundlage zu wichtigen Ergebnissen kommt, auf die man ohne sie nicht kommen würde. Wenn das nicht der Fall sein sollte, würde sich die abstrahierende Reduktion endgültig als unsinnig erweisen. Dann wäre es besser, nur von einer konkreten Gemeinsamkeit zu sprechen, in deren Rahmen die nicht abstraktifizierte Form der gebrauchswertbildenden Arbeit das ist, was den Wert ausmacht.

Das ist insbesondere der Fall, weil auch dann, wenn einunddieselbe Arbeit nicht nur Gebrauchswert, sondern auch Wert bildet, von einer „zwieschlächtigen Natur der in der Ware enthaltenen Arbeit" gesprochen werden kann. Auf Basis dieser zwieschlächtigen Natur kann man zwar nicht mehr sagen, dass „Arbeit, soweit sie im Wert ausgedrückt ist, nicht mehr dieselben Merkmale besitzt, die ihr als Erzeugerin der Gebrauchswerte zukommen". Denn sie würde dieselben Merkmale besitzen. Dieses Moment ist aber gar nicht erforderlich, um von einer zwieschlächtigen Natur sprechen zu können.

5. Die gesellschaftlich notwendige Arbeit

Aus dem vorletzten Abschnitt konnte man den Eindruck gewinnen, dass Marx die gebrauchswertbildende Arbeit in Form einer konkreten Allgemeinheit als die Arbeit bestimmt, die den Wert bildet. Im letzten Abschnitt wurde klar, dass es für Marx nicht die gebrauchswertbildende Arbeit als solche ist, die diese Position innehat. Stattdessen ist die wertbildende Arbeit etwas, das entweder im Falle der Nicht-Gemeinsamkeit als Nicht-Arbeit oder im Falle der abstrakten Allgemeinheit als allgemeiner Aspekt der gebrauchswertbildenden Arbeit oder im Fall der abstraktifizierten konkreten Allgemeinheit als ihrer Besonderheiten entleerte gebrauchswertbildende Arbeit bestimmt ist. In allen diesen Fällen ist die wertbildende Arbeit bislang nur qualitativ bestimmt worden. Das wird sich in diesem Abschnitt ändern. Denn in ihm geht es um Ausführungen von Marx, die es mit der quantitativen Bestimmung der wertbildenden Arbeit und damit mit der Wertgröße zu tun haben.

Im Folgenden sollen aber nicht nur diese Ausführungen zum Thema gemacht werden. Da wir oben festgestellt haben, dass die Abstraktifizierung der konkreten Gemeinsamkeit dann unsinnig ist, wenn man auf ihrer Grundlage zu gar keinen anderen Resultaten als jenen kommt, die sich aufgrund der nicht abstraktifizierten konkreten Gemeinsamkeit ergeben, ist im Folgenden auch zu prüfen, ob wir zu neuen und zusätzlichen Ergebnissen kommen oder nicht.

In der auf der Seite 53 angeführten Stelle hat Marx zum ersten Mal vom Wert gesprochen und diesen als aufgehäufte abstrakt allgemeine Arbeit bezeichnet und damit als Vergegenständlichung einer menschlichen Arbeit kenntlich gemacht, die ohne Rücksicht auf ihre gebrauchswertbildende Form verausgabt wird. Diesen Wert oder diese Arbeit bestimmt er mit dem folgenden Zitat weiter:

"Ein Gebrauchswert oder ein Gut hat also nur einen Wert, weil abstrakt menschliche Arbeit in ihm vergegenständlicht oder materialisiert ist. Wie nun die Größe seines Werts messen? Durch das Quantum der in ihm enthaltenen "wertbildenden Substanz", der Arbeit. Die Quantität der Arbeit selbst mißt sich an ihrer Zeitdauer, und die Arbeitszeit besitzt wieder ihren Maßstab an bestimmten Zeitteilen, wie Stunde, Tag usw." (I, 53)

In diesem Zitat teilt uns Marx in etwas eigenartiger Form mit, dass die wertbildende abstrakt menschliche Arbeit in quantitativer Hinsicht durch die Zeitdauer bestimmt ist. Denn nur, wenn das der Fall ist, kann ihre Größe auf diese Weise gemessen werden. Wenn wir uns angesichts dieser Bestimmung die Frage vorlegen, ob sie überzeugend ist oder nicht, ist im Hinblick auf eine Antwort von Bedeutung, von welchem Verständnis der gleichen menschlichen Arbeit ausgegangen wird.

Bezogen auf die nicht abstrakt gefasste, sondern normale konkrete Gemeinsamkeit kommen wir zu einem positiven Ergebnis. Wenn die gebrauchswertbildende Arbeit in Bezug auf die Aspekte, in denen sie gebrauchswertbildend ist, auch wertbildend ist, dann ist ganz klar, dass die wertbildende Arbeit durch die Zeit messbar ist. Genauso wie alle konkreten gebrauchswertbildenden Arbeiten Verausgabung von Arbeitskraft darstellen, genauso sind sie durch die Zeitdauer bestimmbar. Diese Eigenschaft ist deshalb ein Punkt, von dem im Rahmen einer Reduktion nicht abgesehen werden darf, die die Dinge so belässt wie sie sind. Ferner kann dieses gemeinsame Dritte hier auch nicht mit dem Argument der Nicht-Existenz als der Grund ausgeschlossen werden, der die Tauschverhältnisse erklärt.

Wenn dagegen von einer Nicht-Gemeinsamkeit der abstrakt menschlichen Arbeit die Rede ist und diese als Nicht-Arbeit verstanden wird, dann ist festzustellen, dass der Marxsche Schluss nicht überzeugen kann. Wenn die wertbildende Arbeit wirklich etwas ist, was auf Nicht-Arbeit hinausläuft, dann ist nämlich nicht einzusehen, warum die zeitliche Messbarkeit, die für die Arbeit zutrifft, auch für die Nicht-Arbeit gelten soll. Und dabei spielt der Umstand keine Rolle, ob es diese Nicht-Arbeit gibt oder nicht. Nicht überzeugend ist der Marxsche Schluss vielmehr auch dann, wenn man davon ausgeht, dass es diese nicht-gemeinsame Nicht-Arbeit gibt.

Wenn die Nicht-Gemeinsamkeit dagegen als eine Form von Arbeit verstanden wird, die sich von den gebrauchswert- und den tauschwertbildenden Arbeiten unterscheidet, dann kann das obige Argument nicht mehr vorgebracht werden. Denn es kann davon ausgegangen werden, dass das, was für diese beiden Arbeiten gilt, auch auf die dritte Arbeit zutrifft. Dagegen wird im vorliegenden Zusammenhang wichtig, dass es diese Nicht-Gemeinsamkeit gar nicht gibt. Daher ist festzustellen, dass sie als das die Tauschverhältnisse erklärende gemeinsame Dritte auch dann nicht in Frage kommt, wenn man die zeitliche Bestimmung zulässt. Denn als solcher Grund, kommt nicht nur das nicht infrage, was sowohl inexistent als auch unbestimmt ist, sondern auch das, was nur unbestimmt ist.

Zu ähnlichen Ergebnissen kommen wir bezogen auf die abstrakte Gemeinsamkeit der gebrauchswertbildenden Arbeiten, die auf einem überall gleichen Arbeitsaspekt beruht. Wenn es einen solchen Aspekt geben würde, könnte die Messbarkeit durch die Zeit auf der einen Seite akzeptiert werden. Denn es wäre nicht einsehbar, warum diese Messbarkeit nur für die konkreten besonderen Aspekte gelten sollte. Da es ihn nicht gibt, kann diese Messbarkeit auf der anderen Seite bezweifelt werden. Warum ein inexistentes Nichts durch die Zeit gemessen werden sollte, ist nämlich vollkommen unabsehbar.

Wie sieht es aber mit der abstraktifizierten Fassung der konkreten Gemeinsamkeit aus, auf die Marx abzielt? Wenn nach der Abstraktmachung nichts übrig bliebe, wäre hier eine negative Antwort zu geben. Unabhängig davon, ob wir es eher mit einem inexistenten oder einem vollkommen unbestimmten Nichts zu tun bekommen, wäre nämlich nicht einzusehen, warum dieses Nichts so durch die Zeit messbar sein sollte wie die gebrauchswertbildende Arbeit, wo doch von dieser nichts übrig bleibt. Wenn dagegen etwas übrig und damit die Verbindung zur konkreten gebrauchswertbildenden Arbeit erhalten bleibt, dann ist eine positive Antwort zu geben. Denn dann trifft wieder zu, dass auch die abstraktifizierte Fassung der abstrakt allgemeinen Arbeit durch die Zeit messbar sein muss. Da das für alle gebrauchswertbildenden Arbeiten zutrifft, kann daher davon auch per abstrahierender Reduktion nicht abgesehen werden.[lxii]

Diese Überlegungen bestätigen in einem ersten Schritt, dass die abstraktifizierte Fassung der konkreten Allgemeinheit oder Gemeinsamkeit zu gar keinem anderen Resultat als jenem führt, zu dem wir auf Basis der normalen konkreten Gemeinsamkeit kommen. Weil es diese Übereinstimmung gibt, kann als Schluss festgehalten werden, dass bislang nicht nachgewiesen worden ist, dass die abstrakt gemachte Fassung der konkreten Allgemeinheit bedeutungsvoll ist. Stattdessen stellt sich die Sache nachwievor so dar, dass das, was für die abstraktifizierte gebrauchswertbildende Arbeit gilt, auch auf die normale gebrauchswertbildende Arbeit zutrifft, weshalb weiterhin unverständlich ist, warum nicht nur von letzterer die Rede ist. Das ist aber eine Erkenntnis, die nur wir ziehen. Für Marx existiert sie dagegen nicht. Denn er ist nach wie vor der falschen Ansicht, er müsste von der abstraktifizierten Fassung der abstrakt menschlichen Arbeit reden, um zu seinen Ergebnissen kommen zu können.

Man könnte meinen, dass die quantitative Bestimmtheit der wertbildenden Arbeit mit den obigen Hinweisen erledigt ist. Dem ist aber nicht so. Dass mit der bloßen Zeitdauer die Größe der "wertbildenden Substanz" noch nicht vollständig definiert ist, zeigt das folgende Zitat:

"Es könnte scheinen, daß, wenn der Wert einer Ware durch das während ihrer Produktion verausgabte Arbeitsquantum bestimmt ist, je fauler oder ungeschickter ein Mann, desto wertvoller seine Ware, weil er desto mehr Zeit zu ihrer Verfertigung braucht. Die Arbeit jedoch, welche die Substanz der Werte bildet, ist gleiche menschliche Arbeit, Verausgabung derselben menschlichen Arbeitskraft. Die gesamte Arbeitskraft der Gesellschaft, die sich in den Werten der Warenwelt darstellt, gilt hier als eine und dieselbe menschliche Arbeitskraft, obgleich sie aus zahllosen individuellen Arbeitskräften besteht. Jede dieser individuellen Arbeitskräfte ist dieselbe menschliche Arbeitskraft wie die andere, soweit sie den Charakter einer gesellschaftlichen Durchschnitts-Arbeitskraft besitzt und als solche gesellschaftliche Durchschnitts-Arbeitskraft wirkt, also in der Produktion einer Ware auch nur die im Durchschnitt notwendige oder gesellschaftlich notwendige Arbeitszeit braucht. Gesellschaftlich notwendige Arbeitszeit ist Arbeitszeit, erheischt, um irgendeinen Gebrauchswert mit den vorhandenen gesellschaftlich-normalen Produktionsbedingungen und dem gesellschaftlichen Durchschnitts-grad von Geschick und Intensität der Arbeit darzustellen." (I, 53)

Es könnte nicht nur so scheinen, sondern auf Basis dessen, was wir bislang von der wertbildenden Arbeit gehört haben, muss es so scheinen. Dass diese Arbeit durch die Zeit gemessen wird, ist für Marx offensichtlich ungenügend und bedarf weiterer Präzisierungen. Wenn Marx die wertbildende Arbeit näher als "gesell-schaftlich notwendige Arbeit" und damit als Durchschnittsgröße[16] bzw. als die „gesellschaftlich notwendige Arbeitszeit" bestimmt, die erforderlich ist, „um ir-gendeinen Gebrauchswert mit den vorhandenen gesellschaftlich-normalen Pro-duktionsbedingungen und dem gesellschaftlichen Durchschnittsgrad von Ge-schick und Intensität der Arbeit" herzustellen, dann müssen wir uns wieder fragen, ob das überzeugend ist oder nicht. Bei der Antwort können wir uns dabei auf die obigen Überlegungen beziehen.

Wenn die gleiche menschliche Arbeit als nicht abstraktifizierte konkrete Allge-meinheit zugrunde gelegt wird, dann ist der Schritt zur Durchschnittlichkeit über-zeugend. Da bezogen auf jede konkrete gebrauchswertbildende Arbeit ein Durch-schnitt der in den Waren aufgehäuften Arbeitsmengen gezogen werden kann, kann davon nicht per Reduktion abgesehen werden. Außerdem ist hier natürlich nicht das Problem vorhanden, dass es die wertbildende Arbeit gar nicht gibt.

Falls wir es mit einer Nicht-Gemeinsamkeit zu tun haben, die als Nicht-Arbeit bestimmt ist, dann ist wieder festzustellen, dass dieser Schluss nicht überzeugt. Denn das, was für die zeitliche Messbarkeit gilt, gilt natürlich auch für die zeitliche Durchschnittsgröße. Und wenn wir es mit einer Nicht-Gemeinsamkeit zu tun ha-ben, die nicht als Nicht-Arbeit, sondern als Arbeit bestimmt ist, dann gibt es hier wieder das Argument der Nicht-Existenz, an dem sich auch dann nichts ändert, wenn wir die Durchschnittlichkeit als Merkmal akzeptieren.

Wenn die gleiche menschliche Arbeit als abstrakte Gemeinsamkeit oder genauer als abstrakter Aspekt der gebrauchswertbildenden Arbeit auftritt, dann kann eben-falls auf die obigen Überlegungen verwiesen werden. Das gilt für beide Seiten dieser Überlegungen. Daher können wir festhalten, dass zum einen nicht einzuse-hen ist, dass für den abstrakt allgemeinen Aspekt die Durchschnittlichkeit gilt, die auf die besonderen Aspekte zutrifft. Denn hier haben wir es ja mit einem abstrakt allgemeinen Aspekt zu tun, der als etwas gedacht wird, das neben den besonderen

---

[16] Auffällig ist, dass Marx im obigen Zitat nicht nur von dieser Durchschnittsgröße spricht, die sich natürlich nur auf eine bestimmte Warenart beziehen kann, sondern auch schon die „gesamte Arbeitskraft der Gesellschaft" ins Spiel bringt, „die sich in den Werten der Warenwelt darstellt". Möglicherweise ist das eine Reminiszenz an den Umstand, dass es diese Durchschnittsgröße natürlich nicht nur bezogen auf eine Warenart, sondern bezo-gen auf alle Warenarten gibt.

Aspekten existiert. Und wenn man dieses Argument nicht vorbringt, dann ist zum anderen darauf hinzuweisen, dass es diesen abstrakt allgemeinen Aspekt der gebrauchswertbildenden Arbeiten gar nicht gibt. Und das führt dazu, dass er auch dann als das gemeinsame Dritte auszuscheiden ist, das die Tauschverhältnisse erklärt, wenn er als Durchschnitt bestimmt ist.

Und wie stellt sich die Sache bezogen auf die abstraktifizierte Fassung der konkreten Gemeinsamkeit dar? Hier kann auf die obigen Überlegungen verwiesen werden. Wenn die abstrahierende Reduktion zu einem Nichts in Gestalt eines vollkommen unbestimmten Etwas führen würde, das mit der gebrauchswertbildenden Arbeit gar nichts mehr zu tun hat, dann wäre auch die Durchschnittsbildung nicht einzusehen. Wenn sie dagegen zu keinem inexistenten Nichts, sondern zu einem existenten Etwas führt, das noch Verbindungen zu dieser Arbeit aufweist, dann sieht das anders aus. Dann kann die Durchschnittsbildung vom Blickpunkt der Reduktion aus akzeptiert werden, weil sie eben allen gebrauchswertbildenden Arbeiten zukommt.[lxiii]

Dies zeigt ein weiteres Mal, dass wir auf Basis der abstraktifizierten konkreten Gemeinsamkeit zu gar keinem anderen Resultat, als dem kommen, das sich ergibt, wenn wir die nicht abstraktifizierte Fassung zugrunde legen. Von daher ist weiterhin unverständlich, warum Marx von einer abstrakten Fassung der konkreten Gemeinsamkeit der wertbildenden Arbeit spricht und daher von der nicht abstrakt gemachten konkreten Gemeinsamkeit Abstand nimmt. Das entgeht ihm aber immer noch. Denn er ist weiterhin der Meinung, von der "abstrakt menschlichen Arbeit" deswegen sprechen zu müssen, weil es nur dann die Ergebnisse gibt, auf die es ihm ankommt.

Weil Marx ihn als Durchschnittsgröße bestimmt, kann der Wert jetzt nicht mehr von der einzelnen Ware und der in ihr vergegenständlichten Arbeit aus bestimmt werden. Als Durchschnitt ergibt sich die wertbildende Arbeit vielmehr nur noch aus der Gesamtmasse der zu einem bestimmten Zeitpunkt auf dem Markt befindlichen Waren einer Art. Wenn die in der einzelnen Ware direkt steckende Arbeit nicht dem Durchschnitt entspricht, muss sie zuerst auf die wertbildende Arbeit umgerechnet werden. Wohl um sich diese Prozedur zu ersparen, nimmt Marx aber in der Folge generell an:

"Die einzelne Ware gilt hier überhaupt als Durchschnittsexemplar ihrer Art." (I,54)

Dass die Waren, die er thematisiert, jeweils ein "Durchschnittsexemplar ihrer Art" darstellen, kommt dabei der Annahme gleich, dass in den Waren einer Art jeweils dieselbe Menge Arbeit steckt. Denn, wenn es jeweils nur eine Menge gibt, dann ist diese Menge zugleich die Durchschnittsmenge, die im Laufe der Zeit freilich variieren kann.[17]

Wenn wir die in diesem Abschnitt gemachten Überlegungen zusammenfassen, kommen wir zum einen zu dem Ergebnis, dass es Marx weder auf die Nicht-Gemeinsamkeit noch auf die abstrakte Gemeinsamkeit, sondern auf die abstraktifizierte konkrete Gemeinsamkeit abgesehen hat. Während die zeitliche Bestimmung der gleichen menschlichen Arbeit und damit auch ihre Durchschnittlichkeit unverständlich wären, wenn von den beiden erstgenannten Möglichkeiten gesprochen würde, sind sie überzeugend, wenn von der letztgenannten Variante die Rede und darüber hinaus klar ist, dass eine Arbeitsgallerte übrig bleibt. Das spricht dafür, dass Marx auf diese Variante aus ist. Zum anderen kann festgehalten werden, dass wir bislang keinerlei Grund kennen gelernt haben, der einsichtig macht, warum Marx nicht bei der konkreten Gemeinsamkeit geblieben ist, sondern es auf eine abstraktifizierte Fassung dieser Gemeinsamkeit abgesehen hat. Wir können damit die These aufrechterhalten, dass diese Bestrebung bedeutungslos ist.

6. Die physiologische Arbeit

Man könnte der Meinung sein, dass Marx die wertbildende Arbeit als gesellschaftlich notwendige Durchschnittsarbeit abschließend bestimmt hat. Wie das folgende Zitat zeigt, ist das aber nicht der Fall:

"Sieht man ab von der Bestimmtheit der produktiven Tätigkeit und daher vom nützlichen Charakter der Arbeit, so bleibt das an ihr, daß sie eine Verausgabung menschlicher Arbeitskraft ist. Schneiderei und Weberei, obgleich qualitativ verschiedne produktive Tätigkeiten, sind beide produktive Verausgabung von menschlichem Hirn, Muskel, Nerv, Hand usw. und in diesem Sinn beide menschliche Arbeit." (I, 58/59)

---

[17] Die Annahme von Durchschnittsexemplaren erinnert natürlich an die Bedingung der Ausgeglichenheit von Nachfrage und Zufuhr. Denn sie läuft darauf hinaus, dass jede Warenart nur auf eine bestimmte Weise hergestellt wird, auch wenn diese sich im Verlauf der Zeit verändern kann. Deswegen könnte auch hier die Frage entstehen, ob wir es noch mit empirischen Verhältnissen oder aber schon mit einem nicht-empirischen Modell zu tun haben. Denn in unseren Erfahrungen gibt es keine solche einheitliche Herstellungsweise. Stattdessen gibt es den Durchschnitt nur als die Durchschnittsgröße, die sich als Durchschnitt verschiedener Herstellungsweisen ergibt. Daher ist auch an dieser Stelle darauf hinzuweisen, dass der sich auf diesen Unterschied beziehende Modellvorwurf berechtigt wäre, wenn es neben dem unmittelbaren Sein der Erscheinungen nicht noch das mittelbare Sein des Wesens geben würde. Diese zweite Ebene gibt es jedoch. Und ihr entspricht voll und ganz, dass es die sich auf die gesamte Warenart beziehende einheitliche Herstellungsweise nicht nur als Durchschnitt, sondern als fertiges Ergebnis oder als abstrakte Identität gibt. Mithin haben wir auch hier wieder ein Hinweis darauf, dass es Marx um wesentliche Verhältnisse geht.

Zum einen fällt wieder die verkehrte Argumentation mit der Abstraktion von der gebrauchswertbildenden Arbeit und damit das Bemühen auf, die wertbildende Arbeit zumindest als abstraktifizierte Fassung der konkreten Gemeinsamkeit darzustellen. Zum anderen wird die Verausgabung menschlicher Arbeitskraft, von der oben schon die Rede war, dadurch weiterbestimmt, dass sie als "produktive Verausgabung von menschlichem Hirn, Nerv, Hand usw." bezeichnet wird. Während bislang die Arbeit nur nach der Seite ihres Gebrauchs behandelt worden ist, wird hier die Seite ihres Verbrauchs betrachtet, der sich für die arbeitenden Menschen als Verausgabung von Lebenskraft darstellt.

Ob dieser Schritt überzeugend ist oder nicht, hängt wieder davon ab, wie die abstrakt menschliche Arbeit verstanden wird. Wenn sie als konkrete Allgemeinheit gefasst wird, dann ist der Übergang zur physiologischen Arbeit überzeugend. Da alle gebrauchswertbildenden Arbeiten mit einem Verbrauch von menschlichem Hirn, Nerv, Hand usw. einhergehen, kann per Reduktion von diesem Moment nicht abgesehen werden.

Wenn die wertbildende Arbeit als Nicht-Gemeinsamkeit und genauer als Nicht-Arbeit verstanden wird, dann wäre dieses Merkmal nicht einzusehen. Wenn es dagegen um eine dritte Sorte Arbeit ginge, würde sich das wieder anders darstellen. Allerdings kann in diesem Zusammenhang das Argument der Nicht-Existenz vorgebracht werden. Wenn die wertbildende Arbeit abstrakte Gemeinsamkeit verstanden wird, dann ist der Übergang zur physiologischen Arbeit ebenfalls in Zweifel zu ziehen. Denn wir hätten es je mit etwas zu tun, was neben den Aspekten vorkommt, die klarerweise mit einem physiologischen Verschleiß einhergehen. Und auch dann, wenn dieser Hinweise nicht vorgebracht wird, kann weiterhin der Einwand der Nicht-Existenz erhoben werden.

Wenn wir uns schließlich wieder fragen, wie es bezogen auf die abstraktifizierte konkrete Gemeinsamkeit aussieht, kann auf die obigen Ausführungen Bezug genommen werden. Wenn nach der Abstraktifizierung nichts übrig bliebe, wäre das Merkmal des physiologischen Verschleißes uneinsichtig. Da mit der gespenstigen Gegenständlichkeit dagegen etwas übrig bleibt, kommen wir zu einem anderen Ergebnis. Dann kann per Reduktion vielleicht vom besonderen Verschleiß, aber nicht vom entbesonderten Verschleiß abgesehen werden, weil Verbrauch von Hirn, Nerv, Hand usw. eben auf alle gebrauchswertbildenden Arbeiten zutrifft.[lxiv]

Ferner ist darauf hinzuweisen, dass die obigen Überlegungen einmal mehr zeigen, dass die abstrakte Fassung der konkreten Allgemeinheit bislang vollkommen bedeutungslos geblieben ist. Denn an die Stelle des entbesonderten Verschleißes kann man genausogut den nicht entbesonderten Verschleiß setzen. Wie das folgende Zitat zeigt, merkt Marx das aber immer noch nicht richtig:

"Alle Arbeit ist einerseits Verausgabung menschlicher Arbeitskraft im physiologischen Sinn, und in dieser Eigenschaft gleicher menschlicher oder abstrakt menschlicher Arbeit bildet sie den Warenwert. Alle Arbeit ist andererseits Verausgabung menschlicher Arbeitskraft in besondrer zweckbestimmter Form, und in dieser Eigenschaft konkreter nützlicher Arbeit produziert sie Gebrauchswerte." (I, 61; vgl. auch 211)

Er bleibt vielmehr bei der Meinung, dass die „gleiche menschliche Arbeit" als „abstrakt menschliche Arbeit" gefasst werden muss und die wertbildende Arbeit damit nicht als konkrete, sondern als abstraktifizierte konkrete Gemeinsamkeit zu bestimmen ist. Deshalb sei nochmals betont, dass der Unterschied, den Marx offensichtlich macht, noch in keiner Weise belegt werden konnte. Wir haben daher immer noch keinerlei Argument, das einen Doppelcharakter der Arbeit in der Form ausschließt, dass die konkrete Arbeit sowohl gebrauchswert- als auch wertbildend ist und die gebrauchswertbildende Arbeit damit nicht nur Gebrauchswert, sondern auch Wert konstituiert. Daher können wir immer noch festhalten, dass man an der konkreten Allgemeinheit festhalten kann und keinen Anlass hat, zu deren abstraktifizierter Fassung überzugehen.

Die physiologische Arbeit, so wie sie oben bestimmt worden ist, gibt der wertbildenden Arbeit zunächst nur einen neuen qualitativen Inhalt. Während es bislang nur um die Outputseite der Arbeit ging, hat die physiologische Arbeit mit ihrer Inputseite zu tun. Das, was auf der einen Seite Produktion und Gebrauch ist, ist auf der anderen Seite Konsumtion und Verbrauch. Dabei bleibt es aber nicht. Die physiologische Arbeit hat vielmehr auch eine quantitative Seite:

Schon in dem auf Seite 81 angeführten Zitat war von "gleicher menschlicher Arbeit, Verausgabung derselben menschlichen Arbeitskraft" die Rede gewesen. Damit scheint Marx nicht nur von der "gesellschaftlich notwendigen Arbeit" gesprochen, sondern darüber hinaus auf eine Vergleichbarkeit angespielt zu haben, die über die einzelne Warenart hinausgeht. Auf der damaligen Ebene musste jedoch vollkommen unklar bleiben, über welches Kriterium dieser Vergleich laufen und woraus die Gleichheit verschiedener gesellschaftlich notwendiger Arbeiten bestehen soll.

Dieser Mangel scheint nun durch die Bestimmung der physiologischen Arbeit behoben zu werden. Sehen wir uns jedoch diese Bestimmung zurückblickend genauer an, so zeigt sich, dass noch unklar ist, worin die quantitative Gleichheit der "Verausgabung von menschlichem Hirn, Muskel, Nerv, Hand usw." im Vergleich zwischen Arbeiten verschiedener Art eigentlich besteht. Es ist mit anderen Worten durchaus möglich, dass die eine gesellschaftlich notwendige Arbeit mit viel größerer Intensität und Anstrengung verbunden ist als die andere. Damit hat aber die

Rede von der "gleichen menschlichen Arbeitskraft" in quantitativer Hinsicht noch keinen eindeutigen Inhalt.

Da sich innerhalb des 1. Kapitels des I. Bandes des 'Kapital' keine weiteren Bestimmungsmomente finden, könnte man den Eindruck gewinnen, Marx gebe sich mit der genannten Unbestimmtheit zufrieden und der Bestimmung der physiologischen Arbeit damit nur eine qualitative Seite, trotz der auch auf eine quantitative Vergleichbarkeit hindeutenden Ausdrücke. Dass dem nicht so ist, zeigt das folgende Zitat, das sich freilich an einem viel späteren Ort findet und nur eine indirekte Antwort auf unsere Frage gibt:

"Du und ich kennen auf dem Marktplatz nur ein Gesetz, das des Warenaustausches. Und der Konsum der Ware gehört nicht dem Verkäufer, der sie veräußert, sondern dem Käufer, der sie erwirbt. Dir gehört daher der Gebrauch meiner täglichen Arbeitskraft. Aber vermittelst ihres täglichen Verkaufspreises muß ich sie täglich reproduzieren und daher von neuem verkaufen können. Abgesehen von dem natürlichen Verschleiß durch Alter usw., muß ich fähig sein, morgen mit demselben Normalzustand von Kraft, Gesundheit und Frische zu arbeiten, wie heute. Du predigst mir beständig das Evangelium der "Sparsamkeit" und "Enthaltung". Nun gut! Ich will wie ein vernünftiger, sparsamer Wirt mein einziges Vermögen, die Arbeitskraft, haushalten und mich jeder tollen Verschwendung derselben enthalten. Ich will täglich nur soviel von ihr flüssig machen, in Bewegung, in Arbeit umsetzen, als sich mit ihrer Normaldauer und gesunden Entwicklung verträgt. Durch maßlose Verlängrung des Arbeitstags kannst du in einem Tage ein größres Quantum meiner Arbeitskraft flüssig machen, als ich in drei Tagen ersetzen kann. Was du so an Arbeit gewinnst, verliere ich an Arbeitssubstanz." (I, 248)

Dieses Zitat ist aus dem 8. Kapitel des I. Bandes, in dem der Normalarbeitstag bestimmt wird. Es stellt einen Teil des Plädoyers eines Arbeiters gegenüber einem Kapitalisten dar. Obwohl es um den Normalarbeitstag geht, ist diese Stelle auch in unserem Zusammenhang von Bedeutung. Denn sie zeigt, dass die Arbeit, die in den Normalarbeitstag eingeht und somit normalerweise verausgabt wird, auf der Grundlage einer auf die Nutzung der Arbeitskraft bezogenen "Normaldauer" bestimmt ist. Was das heißen soll, erläutert das folgende Zitat, das wiederum an ganz anderer Stelle zu finden ist:

"Der Tageswert der Arbeitskraft ist nämlich, wie man sich erinnern wird, geschätzt auf ihre normale Durchschnittsdauer oder die normale Lebensperiode des Arbeiters und auf entsprechenden, normalen, der Menschennatur angemessenen Umsatz von Lebenssubstanz in Bewegung." (I, 549; vgl. auch 561)

"Normaldauer" heißt also, dass Marx von einer "normalen Lebensperiode des Arbeiters" ausgeht, der ein "normaler, der Menschennatur angemessener Umsatz von Lebenssubstanz in Bewegung" oder eine normale Intensität der physiologischen Arbeit entspricht. Anders herum kann daraus geschlossen werden, dass für Marx

88

offensichtlich die Lebensdauer das Kriterium ist, mit dessen Hilfe das Quantum der tagtäglich zu verausgabenden Arbeitskraft bestimmt werden kann. Wenn die Arbeiter der verschiedenen Arten im Durchschnitt gleich lange leben, dann kann nach Marx offensichtlich davon ausgegangen werden, dass sie gleich viel Arbeitskraft verausgaben. Maßstab der Wertbildung wäre somit letztlich die produktive Verausgabung von gleicher "Lebenssubstanz".

Auf der Grundlage dessen, dass die sonstigen Lebensumstände der Arbeiter keine wesentlichen Unterschiede aufweisen, ist dieses Kriterium nach meinem Dafürhalten durchaus geeignet, die quantitative Gleichheit verschiedener gesellschaftlich notwendiger Arbeiten zu bestimmen. Da diese Präzisierung der wertbildenden Arbeit außerdem nicht dem Mittel der Reduktion widerspricht, kann es nicht von vornherein verworfen werden. Dieser Schritt stellt zwar ebenfalls keine Folgerung dar. Die Empirie kann ihm aber trotzdem Recht geben. Es ist Marx jedoch der Vorwurf zu machen, ihn nicht dort vorgeführt zu haben, wo er eigentlich am Platz gewesen wäre. Damit hat er zu Missverständnissen Anlass gegeben.

Das genannte quantitative Bestimmungsmoment der wertbildenden Arbeit bedeutet nun, dass die wertbildende Arbeit nicht nur bezogen auf die Zeit durchschnittlich ist, die man zur Herstellung der Gebrauchswerte braucht, sondern auch bezogen auf den Verschleiß, mit dem sie auf Seiten der Arbeiter einhergeht. Wir haben es hier also mit einer zweiten Behauptung zu tun, die genauso wie die erste nur empirisch überprüft werden kann. Diesbezüglich sei erwähnt, dass dann alleine die Dauer der gesellschaftlich notwendigen Arbeit zählt, wenn die Arbeiter der verschiedenen Arten im Durchschnitt gleich lang leben. Wenn das nicht der Fall ist, sind neben der zeitlichen Dauer auch die unterschiedlichen Lebenszeiten zu berücksichtigen, die ja ein Indikator unterschiedlicher Arbeitsintensitäten darstellen. Eine Stunde gesellschaftlich notwendiger Arbeit von Arbeitern, die im Durchschnitt x Prozent kürzer oder länger leben als der Durchschnitt, bildet dann x Prozent mehr oder weniger Wert.[lxv]

7. Das Problem der komplizierten Arbeit

Mit der physiologischen Arbeit ist die wertbildende Arbeit immer noch nicht abschließend bestimmt. Das wird aus dem folgenden Zitat ersichtlich:

"Wie nun in der bürgerlichen Gesellschaft ein General oder Bankier eine große, der Mensch schlechthin dagegen eine sehr schäbige Rolle spielt, so steht es auch hier mit der menschlichen Arbeit. Sie ist Verausgabung einfacher Arbeitskraft, die im Durchschnitt jeder gewöhnliche Mensch, ohne besondere Entwicklung, in seinem leiblichen Organismus besitzt. Die *einfache Durchschnittsarbeit* selbst wechselt zwar in verschiednen Ländern und Kulturepochen ihren Charakter, ist aber in einer vorhandnen Gesellschaft gegeben. Kompliziertere Arbeit gilt nur als *potenzierte* oder vielmehr *multiplizierte* einfache Arbeit, so daß ein kleineres Quantum komplizierter Arbeit gleich einem größeren Quantum einfacher Arbeit. Daß diese Reduktion beständig vorgeht, zeigt die Erfahrung. Eine Ware mag das Produkt der kompliziertesten Arbeit sein, ihr *Wert* setzt sie dem Produkt einfacher Arbeit gleich und stellt daher selbst nur ein bestimmtes Quantum einfacher Arbeit dar. Die verschiednen Proportionen, worin verschiedne Arbeitsarten auf einfache Arbeit als ihre Maßeinheit reduziert sind, werden durch einen gesellschaftlichen Prozeß hinter dem Rücken der Produzenten festgesetzt und scheinen ihnen durch das Herkommen gegeben." (I, 59)

Obwohl man hätte meinen können, dass die wertbildende Arbeit mit dem zuvor ausgeführten quantitativen Bestimmungsmoment endgültig definiert ist, greift Marx im obigen Zitat noch einen weiteren Unterschied auf, nämlich die verschiedene Kompliziertheit der Arbeiten. Während er früher den Besonderheiten der Arbeiten keine wertbildende Bedeutung zugestand, wird jetzt behauptet, komplizierte Arbeit bilde pro Zeiteinheit mehr Wert als einfache Arbeit.

Man könnte zunächst der Auffassung sein, dass auch die Berechtigung dieser Behauptung an der Empirie zu überprüfen ist. Schaut man sich das obige Zitat jedoch genauer an, so erhellt, dass ein in Anführungszeichen zu setzender „Erfolg" jetzt schon feststeht. Marx lässt uns nämlich über die jeweiligen Reduktionsverhältnisse vollkommen im Unklaren. Statt uns darüber aufzuklären, wie die komplizierte Arbeit zu bestimmen ist und in welchem Verhältnis sie der einfachen entspricht, beruft er sich auf die "Erfahrung" und das "Herkommen". Das Unerhörte dieser neuerlichen Behauptung besteht also darin, dass er die unabhängige Bestimmtheit der wertbildenden Arbeit (vgl. S. 36) aufgibt und diese nurmehr in einer vom Austausch abhängigen Weise definiert. Deshalb ist auch von vornherein klar, dass die Empirie Marx bestätigt. Weil er sich in einem Zirkel befindet, kann von dieser Bestätigung aber nur im ironischen Sinne gesprochen werden. Die Arbeit sagt nämlich als Grund der Austauschverhältnisse nur dann etwas aus, wenn sie von ihnen unterscheidbar und unabhängig bestimmbar ist. Indem Marx ihren wertbildenden Charakter jetzt von den Austauschverhältnissen abhängig macht, wird sie schlicht nichtssagend.[lxvi]

Man könnte nun versucht sein, die unabhängige Bestimmtheit der wertbildenden Arbeit auf andere Weise zu retten. Man könnte die unterschiedliche Kompliziertheit der Arbeit durch die unterschiedlichen Ausbildungskosten der entsprechenden Arbeitskräfte bestimmen. Und auch dafür finden sich bei Marx Anhaltspunkte, allerdings wieder nicht an angemessener Stelle:

"Es wurde früher bemerkt, daß es für den Verwertungsprozeß durchaus gleichgültig, ob die vom Kapitalisten angeeignete Arbeit, einfache, gesellschaftliche Durchschnittsarbeit oder komplizierte Arbeit, Arbeit von höherem spezifischem

Gewicht ist. Die Arbeit, die als höhere, kompliziertere Arbeit gegenüber der gesellschaftlichen Durchschnittsarbeit gilt, ist die Äußerung einer Arbeitskraft, worin höhere Bildungskosten eingehen, deren Produktion mehr Arbeitszeit kostet und die daher einen höheren Wert hat als die einfache Arbeitskraft. Ist der Wert dieser Kraft höher, so äußert sie sich daher auch in höherer Arbeit und vergegenständlicht sich daher, in denselben Zeiträumen, in verhältnismäßig höheren Werten." (I, 211/12; vgl. auch III, 153)

Wie diese beiläufig erwähnte Stelle zeigt, geht Marx offenbar von einer einheitlichen Rate zwischen notwendiger Arbeit und Mehrarbeit aus. D. h. er bestimmt die höhere wertbildende Potenz der "komplizierten Arbeit" durch die höheren Arbeitsaufwendungen bei der Herstellung dieser Arbeitskraft. Die teurere Arbeitskraft hat bei der Wertbildung gerade ein um so viel "höheres spezifisches Gewicht", dass die Gleichheit der Mehrwertrate[18] trotz der höheren Bildungskosten erhalten bleibt.[lxvii]

Auch diese Ausführungen müssen als zusätzliche Behauptungen zunächst einmal hingenommen werden. Folgerungen im logischen Sinne stellen sie zwar ebenfalls nicht dar. Ob sie trotzdem richtig sind, kann nur empirisch entschieden werden. Diese Verifikation ist jedenfalls wieder möglich geworden, weil es Marx gelang, den wertbildenden Charakter unabhängig von den Tauschverhältnissen zu bestimmen und damit einen Zirkel zu vermeiden. Diese Bestimmung kann die Form eines Iterationsverfahrens haben, das mit gleicher Wertbildung aller Arbeiten beginnt. Auf dieser Basis werden mithilfe der jeweils benötigten Warenkörbe die Mengen an Arbeitszeit ermittelt, die zur Herstellung der unterschiedlichen Arbeitskräfte erforderlich sind. Die sich daraus ergebenden Differenzen im Kompliziertheitsgrad der Arbeiten werden in einen weiteren Rechenschritt eingegeben und das Ganze so lange wiederholt, bis sich keine Veränderungen mehr ergeben.[lxviii]

Auch an dieser Stelle kann Marx jedoch der Vorwurf nicht erspart werden, dass seine Darstellung höchst missverständlich ist, weil er die notwendigen Bestimmungsmomente nicht an der richtigen Stelle anführt, sondern auf sie später und nur beiläufig zu sprechen kommt.

8. Die gesamtgesellschaftliche Dimension gesellschaftlich notwendiger Arbeit

Mit den bisherigen Ausführungen, bei denen wir mehrfach über das, was Marx im 1. Kapitel des I. Bandes 'Kapital' angeführt hat, hinausgehen mussten, wurde der Wert in dem Sinne endgültig bestimmt, dass er eine klare, empirisch gehaltvolle und als solche überprüfbare Aussage enthält. Wir können uns jedoch immer noch

---

[18] Zum Begriff der Mehrwertrate vgl. Seite 283.

nicht an seine empirische Überprüfung machen, weil er als Grund des Tauschwerts noch an eine Bedingung geknüpft ist, auf die zuerst eingegangen werden muss.

Wenn wir bislang von gesellschaftlich notwendiger Arbeit gesprochen haben, dann war damit nur die Arbeit gemeint, die bei der Produktion einer Ware durchschnittlich aufgewendet werden muss. (vgl. S. 82) Dieser Begriff hatte also nichts mit dem gesamtgesellschaftlichen Verhältnis von Angebot und Nachfrage zu tun. Andererseits gibt es schon im 1. Kapitel Hinweise, die auf diese Dimension hindeuten. Das zeigt sich zum einen an der schon auf der Seite 40 zitierten Stelle, in der davon die Rede ist, dass innerhalb des Austauschverhältnisses ein Gebrauchswert grade so viel wie jeder andre gilt, „wenn er nur in gehöriger Proportion vorhanden ist." Zum anderen kann auf folgendes Zitat verwiesen werden:

"Um Ware zu produzieren, muß er nicht nur Gebrauchswert produzieren, sondern Gebrauchswert für andre, gesellschaftlicher Gebrauchswert." (I, 55)

Diese Andeutungen werden aber nicht nur leicht übersehen. Auch ihre Tragweite bleibt als solche unverständlich. Was mit "gehöriger Proportion" und "gesellschaftlichem Gebrauchswert" gemeint ist, macht erst eine spätere Stelle deutlich, die zudem in einem ganz anderen Zusammenhang steht:

"Gesetzt endlich, jedes auf dem Markt vorhandne Stück Leinwand enthalte nur gesellschaftlich notwendige Arbeitszeit. Trotzdem kann die Gesamtsumme dieser Stücke überflüssig verausgabte Arbeitszeit enthalten. Vermag der Marktmagen das Gesamtquantum Leinwand, zum Normalpreis von 2 sh. per Elle, nicht zu absorbieren, so beweist das, daß ein zu großer Teil der gesellschaftlichen Gesamtarbeitszeit in der Form der Leinweberei verausgabt wurde. Die Wirkung ist dieselbe, als hätte jeder einzelne Leinweber mehr als die gesellschaftlich notwendige Arbeitszeit auf sein individuelles Produkt verwandt." (I, 121/22)

Wie dieses Zitat zeigt, bestimmt die gesellschaftlich notwendige Durchschnittsarbeit oder der Wert das Austauschverhältnis nicht in jedem Fall. Allein maßgeblich ist sie vielmehr nur, wenn die bei der Produktion einer Warenart verausgabte Gesamtmenge an Arbeit dem "gesellschaftlichen Bedürfnis" (I, 121) entspricht, d. h. genauso viele Gebrauchswerte einer Art erzeugt wurden, wie davon gebraucht werden. Ist das nicht der Fall, dann ist der Tauschwert der Ware von ihrem Wert deshalb verschieden, weil auch der Gebrauchswert eine tauschwerterzeugende Bedeutung erhält.

Wenn also Marx die gesellschaftlich notwendige und damit wertbildende Durchschnittsarbeit im 1. Kapitel als das behauptet, was die Austauschrelationen ausschließlich bestimmt, dann muss er dabei implizit angenommen haben, dass die gesellschaftliche Gesamtarbeit gerade im richtigen Verhältnis auf die einzelnen Branchen verteilt ist. (vgl. dazu S. 43) Explizit bringt er das jedoch erst im III. Band des 'Kapital' zum Ausdruck:

"Damit eine Ware zu ihrem Marktwert [der mit ihrem Wert identisch ist – H. R.] verkauft wird, d. h. im Verhältnis zu der in ihr enthaltnen gesellschaftlich notwendigen Arbeit, muß das Gesamtquantum gesellschaftlicher Arbeit, welches auf die Gesamtmasse dieser Warenart verwandt wird, dem Quantum des gesellschaftlichen Bedürfnisses für sie entsprechen, d. h. des zahlungsfähigen gesellschaftlichen Bedürfnisses." (III, 202; vgl. auch 197 und 648)

Da das für alle Warenarten gilt, hat die Tatsache, dass der Wert bzw. "Marktwert" den Tauschwert bestimmt, zur Konsequenz, dass es einen funktionierenden Gesamtzusammenhang gibt, in dem die Arbeit gesamtgesellschaftlich richtig alloziert ist und Nachfrage und Angebot sich allgemein decken:

"Wenn die Waren zu ihrem Marktwert verkaufbar, decken sich Nachfrage und Zufuhr." (III, 199)

"Das gesellschaftliche Bedürfnis, d. h. der Gebrauchswert auf gesellschaftlicher Potenz, erscheint hier bestimmend für die Quota der gesellschaftlichen Arbeitszeit, die den verschiednen besondren Produktionssphären anheimfallen. Es ist aber nur dasselbe Gesetz, das sich schon bei der einzelnen Ware gezeigt, nämlich: daß ihr Gebrauchswert Voraussetzung ihres Tauschwerts und damit ihres Werts ist." (III, 649)

Für Marx ist diese gesamtgesellschaftliche Dimension also eine Folge dessen, dass die Ware Gebrauchswert zu sein hat, um Tauschwert und Wert sein zu können. Wie auch die folgenden Zitate zeigen, tendiert er damit dazu, sie nicht nur als Bedingung zu behandeln, an die der Wert im Hinblick auf sein Begründungsverhältnis zum Tauschwert geknüpft ist, sondern aus ihr darüber hinaus ein Bestimmungsmoment des Werts selbst in dem Sinne zu machen, dass nur noch dort vom Wert gesprochen werden kann, wo ausschließlich Arbeit verausgabt worden ist, die auch im gesamtgesellschaftlichen Sinn gesellschaftlich notwendig ist.

Wenn man sich vergegenwärtigt, dass der einzelne Gebrauchswert sich nur im Gebrauch verwirklicht, dass dabei das Vorhandensein anderer, ergänzender Gebrauchswerte vorausgesetzt ist und der Gebrauchswert aus diesem Grunde durch die bloße Brauchbarkeit des Gegenstandes allein nicht begründet werden kann, sondern letztlich nur als ein in sich stimmiges System der Gebrauchswerte Wirklichkeit hat, mag man dieser Implikation zustimmen können. Es ist jedoch darauf hinzuweisen, dass Marx viel dazu beiträgt, dass seine Leser sie übersehen, ja übersehen müssen. Insbesondere ist daran seine recht stiefmütterliche Behandlung des Gebrauchswerts schuld, die ihn als theoretisch bedeutungslose Bedingung erscheinen lässt. (vgl. S. 15) Dabei hätte Marx in dieser Beziehung schon aus den 'Grundrissen' lernen können. Aus der Überlegung:

"In der einfachen Zirkulation war es [das Produkt – H. R.] einfach zu übersetzen aus der Form des besondren Gebrauchswerts in die des Tauschwerts. Seine

Schranke erschien nur darin, daß es aus erstrer (kommend), durch seine **natür-liche Beschaffenheit** in einer besondren Form, statt in der Wertform exi-stierte, in der es gegen alle andren Waren direkt austauschbar war. Jetzt aber ist gesetzt, daß in seiner **natürlichen Beschaffenheit** selbst das Maß seines Vorhandenseins gegeben ist. Um in die allgemeine Form übersetzt zu werden, darf der Gebrauchswert nur in einer bestimmten Quantität vorhanden sein; einer **Quantität**, deren Maß nicht **in der in ihm vergegenständlichten Ar-beit** liegt, sondern aus seiner **Natur als Gebrauchswert** und zwar als **Gebrauchswert für andre** hervorgeht." (GR, 310),

zieht er dort nämlich die Konsequenz:

„Die Gleichgültigkeit des Werts als solchen gegen den Gebrauchswert ist damit ebenso in falsche Position gebracht, wie andrerseits die Substanz und das Maß des Werts als vergegenständlichte Arbeit überhaupt." (GR, 310)

Obwohl ihm also bekannt war, dass entweder der Wert selbst oder sein Dasein als Grund des Tauschwerts ohne die gesamtgesellschaftliche Dimension nicht adä-quat bestimmt werden kann, hat er sich im 'Kapital' in einer Weise ausgedrückt, die eher den entgegengesetzten Eindruck erweckt und damit zu Missverständnis-sen Anlass gibt. Es sei deshalb wiederholt, dass die Zurückführung des Tausch-werts auf den Wert bzw. umgekehrt die Begründung des Tauschwerts aus dem Wert darauf beruht, dass die Verausgabung der Arbeit dem gesellschaftlichen Be-dürfnis entspricht und dies auch schon bezogen auf die "einfache Zirkulation" ge-golten hat. Derjenige, der das nicht berücksichtigt und meint, der Wert bzw. sein Begründungsverhältnis zum Tauschwert sei vom Verhältnis zwischen Angebot und Nachfrage unabhängig, missversteht Marx.

Auf Basis dieser zweiten Dimension gesellschaftlicher Notwendigkeit stellt sich das Verhältnis zwischen Wert und Gebrauchswert noch enger dar. Auf der Seite 14 war zwar davon die Rede, dass der Gebrauchswert sich erst in der Konsumtion und daher nach seiner Fertigstellung verwirklicht. Weil der Wert bzw. sein be-stimmendes Verhältnis gegenüber dem Tauschwert ein funktionierendes System der Gebrauchswerte beinhaltet, sind diese Verwirklichung und auch der ihr vor-ausgehende Austausch keine Probleme der Art, dass noch unklar ist, ob sie gelöst werden können oder nicht. Es ist deshalb kritikwürdig, wenn Marx behauptet:

"Das Produkt als Gebrauchswert steht im Widerspruch mit sich als Wert; d. h. soweit es in einer bestimmten Qualität, als eine spezifische Sache da ist, Produkt von bestimmten natürlichen Eigenschaften, als Substanz des Bedürfnisses im Widerspruch mit seiner Substanz, die es als Wert exklusiv in der **vergegen-ständlichten Arbeit** besitzt." (GR, 309/310)

Zumindest, wenn man nur dort vom Wert redet, wo Angebot und Nachfrage sich decken, gibt es diesen "Widerspruch" ganz einfach nicht, weil es den Wert, den die Ware "exklusiv in der vergegenständlichten Arbeit besitzt", der also vom gesellschaftlichen Bedarf unabhängig ist, nicht gibt. Der so verstandene Wert steht vielmehr in Widerspruch zu sich selbst, weil einerseits der Gebrauchswert im gesellschaftlichen Sinne seine notwendige Existenzbedingung ist, gegen die er andererseits verstößt. Er ist deshalb etwas Unwahres, das sich selbst aufhebt.

Etwas anders sieht die Sache aus, wenn man die gesamtgesellschaftliche Dimension nur als Bedingung behandelt, an die das Tauschwertsein des Werts und nicht der Wert selbst gebunden ist. Aber auch dann kann man nicht von einem Widerspruch zum Wert reden, weil der Wert in diesem Fall ja ausschließlich auf der ersten, sich auf die technologische Durchschnittlichkeit beziehende Dimension der gesellschaftlich notwendigen Arbeit basiert. Was also durch ein unangemessenes Verhältnis von Nachfrage und Zufuhr beeinträchtig würde, wäre einzig und allein das Dasein des Werts als Tauschwert und nicht der Wert selbst.

Gleichgültig, ob man die gesamtgesellschaftliche Dimension in den Wert selbst hineinverlegt oder nur als Bedingung seines Daseins als Tauschwert betrachtet, kann nurmehr dort davon geredet werden, dass der Tauschwert der einzelnen Ware ein Ausdruck ihres Werts ist, wo die Produktion insgesamt dem gesellschaftlichen Bedürfnis entspricht. Keinesfalls darf aus der Absenz dieser Bedingung geschlossen werden, dass das Verhältnis von Angebot und Nachfrage selbst zum Bestimmungsmoment des Werts wird. Derartige Hinweise sind jedoch bei Marx zu finden:

"Ist dagegen die Nachfrage so stark, daß sie sich nicht kontrahiert, wenn der Preis geregelt wird durch den Wert der unter den schlechtesten Bedingungen produzierten Waren, so bestimmen diese den Marktwert. Es ist dies nur möglich, wenn die Nachfrage die gewöhnliche übersteigt oder die Zufuhr unter die gewöhnliche fällt. Endlich, wenn die Masse der produzierten Waren größer ist, als zu den mittlern Marktwerten Absatz findet, so regeln die unter den besten Bedingungen produzierten Waren den Marktwert." (III, 188; vgl. auch 192ff.)

In diesem Zitat bestimmt Marx die wertbildende Arbeit nämlich durch das Verhältnis von Angebot und Nachfrage. So kann es sein, dass unter- oder überdurchschnittliche Arbeiten ihrer Dauer nach wertbildend sind. Das widerspricht zum einen Marx' eigener Bestimmung der gesellschaftlich notwendigen Arbeit, derzufolge gelten müsste:

"Strenggenommen wäre der Durchschnittspreis oder der Marktwert jeder einzelnen Ware oder jedes aliquoten Teils der Gesamtmasse nun bestimmt durch den Gesamtwert der Masse, der durch Addition der Werte der unter den verschiednen Bedingungen produzierten Waren herauskäme, und durch den aliquoten Teil, der von diesem Gesamtwert auf die einzelne Ware fiele." (III, 193)

Das eigentlich Fatale dieses Vorgehens besteht aber darin, dass damit die von den Tauschverhältnissen unabhängige Bestimmbarkeit des sie erklärenden Grundes ein zweites Mal aufgegeben wird, womit Marx erneut einem Zirkel verfällt. Einerseits führt er die Tauschrelationen auf den Wert zurück. Andererseits erklärt er den Wert aus dem Verhältnis von Angebot und Nachfrage. Auf dieser Grundlage können wir uns die Überprüfung seiner Behauptung an den empirischen Verhältnissen gleichfalls sparen. Denn die Grundlage, auf der sie sinnvollerweise nur stattfinden kann, ist nicht mehr gegeben. Da sich der Wert erst aus den Tauschrelationen ergibt, haben wir keinen davon "unterscheidbaren Gehalt" (vgl. S. 34) mehr, den wir an der Empirie überprüfen könnten.[lxix]

Soll die Erklärung nicht verunmöglicht werden, darf also nur vom "Preis" gesprochen werden, mit dem hier noch nicht der Geldausdruck des Werts avisiert werden soll, sondern ein Tauschwert gemeint ist, der vom Wert abweicht.[lxx] Und auch diese Position findet sich bei Marx:

"Die Warenmasse befriedigt nicht nur ein Bedürfnis, sondern sie befriedigt es in seinem gesellschaftlichen Umfang. Ist dagegen das Quantum kleiner oder größer als die Nachfrage dafür, so finden Abweichungen des Marktpreises vom Marktwert statt." (III, 195; vgl. auch 190)

Allerdings scheint auch sie nicht ganz unproblematisch. Zum einen stellt sich die Frage, ob der Wert als Grund überhaupt noch Bedeutung hat, wenn er nur einzelne Austauschverhältnisse erklären kann. Zum anderen scheint auch auf dieser Grundlage fraglich, ob eine empirische Verifikation noch möglich ist. Letztere Frage erhebt sich insbesondere auf dem Hintergrund dessen, dass nicht klar ist, wie der Punkt der Ausgeglichenheit von Angebot und Nachfrage zu bestimmen ist. Es ist nämlich nicht so, dass von einem gewissen Artikel immer nur eine bestimmte Menge abgesetzt werden kann und eine eventuelle Überproduktion unverkäuflich ist. Vielmehr können wegen der Elastizität der Nachfrage bei sinkenden Preisen durchaus mehr Waren verkauft werden. (vgl. III, 198) Da bei Überproduktion die Anbieter mit ihren Preisen nur genügend herunter gehen müssen, um alle Produkte absetzen zu können, und der Preis bei Unterproduktion nur genügend steigen muss, um kein dann noch bestehendes zahlungsfähiges Bedürfnis unbefriedigt zu lassen, scheint ihr zufolge Angebot und Zufuhr in gewissem Sinne immer ausgeglichen zu sein, unabhängig davon, ob nun der Wert das Austauschverhältnis regelt oder ein davon abweichender Preis. Auf diese Schwierigkeit gibt Marx folgende Antwort:

"Nachfrage und Zufuhr decken sich, wenn sie in solchem Verhältnis stehn, daß die Warenmasse eines bestimmten Produktionszweigs zu ihrem Marktwert verkauft werden kann, weder darüber noch darunter." (III, 199)

96

Sie scheint aber nicht weiterzuhelfen, sondern im Gegenteil auf eine Tautologie hinauszulaufen, die jede weitere Überprüfung der Marxschen Thesen ebenfalls sinnlos macht. Marx schließt jedoch an die obige Definition ausgeglichener Marktverhältnisse folgendes an:

"Nachfrage und Zufuhr decken sich in der Tat niemals, oder wenn sie sich einmal decken, so ist es zufällig, also wissenschaftlich = 0 zu setzen, als nicht geschehn zu betrachten. In der politischen Ökonomie wird aber unterstellt, daß sie sich decken, warum? Um die Erscheinungen in ihrer gesetzmäßigen, ihrem Begriff entsprechenden Gestalt zu betrachten, d. h., sie zu betrachten unabhängig von dem durch die Bewegung von Nachfrage und Zufuhr hervorgebrachten Schein. Andrerseits, um die wirkliche Tendenz ihrer Bewegung aufzufinden, gewissermaßen zu fixieren. Denn die Ungleichheiten sind entgegengesetzter Natur, und da sie einander beständig folgen, gleichen sie sich durch ihre entgegengesetzten Richtungen, durch ihren Widerspruch untereinander aus. Wenn also in keinem einzigen gegebnen Fall Nachfrage und Zufuhr sich decken, so folgen sich ihre Ungleichheiten so - und es ist das Resultat der Abweichungen in einer Richtung, eine andre Abweichung in einer entgegengesetzten Richtung hervorzurufen -, daß, wenn das Ganze einer größern oder kleinern Zeitperiode betrachtet wird, sich Zufuhr und Nachfrage beständig decken; aber nur als beständige Bewegung ihres Widerspruchs. Dadurch gleichen sich die von den Marktwerten abweichenden Marktpreise, ihrer Durchschnittszahl nach betrachtet, zu Marktwerten aus, indem sich die Abweichungen von den letztren aufheben als Plus und Minus." (III, 199/200)

Marx behauptet also, dass die Austauschverhältnisse, um den Punkt oszillieren, bei dem sich Angebot und Nachfrage decken, dass der Wert somit das Schwankungszentrum der Preise ist. Mit dieser Aussage, die ebenso wie die zweite Dimension der gesellschaftlich notwendigen Arbeit selbstverständlich keine Folgerung darstellt, ist zum einen die Verifizierbarkeit wieder hergestellt. Zum andern ist der Wert als Grund wieder belangvoll geworden, will er doch nicht nur einzelne Austauschverhältnisse erklären, sondern deren Gesamtheit. Das Neue besteht nur darin, dass Marx zu verstehen gibt, dass der Wert als Grund des Tauschwerts nicht als "abstrakte Identität" (GR, 56) wirklich ist. Vielmehr wird er "nur als beständige Bewegung ihres Widerspruchs" oder "Negation der Negation" (GR, 56) behauptet, d. h. als Negation jener Austauschverhältnisse, die den Wert als Grund negieren.

Und zum dritten können wir jetzt die obige Unklarheit bezüglich der Wertdefinition beseitigen. Weil der Wert sich als Tauschwert nur im Auf und Ab der Preise Geltung verschafft, kann auch dort von ihm gesprochen werden, wo der Tauschwert von ihm verschieden ist. Damit zieht sich seine Bedeutung auf die erstgenannte, die technologische Durchschnittlichkeit meinende gesellschaftliche Notwendigkeit zusammen.[lxxi] Das werden wir im Folgenden zu beachten haben.[lxxii]

9. Der gesellschaftsspezifische Charakter der wertbildenden Arbeit

Als Folge der bisherigen Ausführungen haben wir jetzt zwar all das, was wir brauchen, um die Marx' wertbildende Arbeit einem empirischen Test zu unterziehen. Bevor das gemacht werden soll, sei aber noch auf einen anderen Punkt eingegangen. Dabei handelt es sich um den Doppelcharakter der Arbeit, um den Marx großes Aufhebens macht. (vgl. S. 78)

Wie dieser Doppelcharakter der Arbeit zu verstehen ist, hängt von der Art und Weise ab, wie man die wertbildende Arbeit begreift. Wenn man sie bezogen auf die gebrauchswertbildenden Arbeiten als konkrete Gemeinsamkeit versteht, dann besteht der Doppelcharakter erstens darin, dass die eine in sich kohärente Sorte Arbeit, die es lediglich gibt, einerseits gebrauchswertbildend und andererseits wertbildend ist. Wenn man sie dagegen als abstrakte Gemeinsamkeit nimmt, dann gibt es zweitens zwar auch nur eine Sorte Arbeit, aber eine Sorte, die in sich eine quasi räumliche Trennung in besondere und allgemeine Aspekte deshalb aufweist, weil diese Aspekte nebeneinander vorkommen. Diese Arbeit ist mit ihren besonderen Aspekten gebrauchswertbildend und mit ihrem allgemeinen Aspekt wertbildend. Wenn man sie als abstraktifizierte Gemeinsamkeit begreift, dann haben wir drittens auch nur eine Sorte Arbeit, die zudem nicht in sich in der gerade dargestellten Weise unterteilt ist. Sie ist aber dem Unterschied zwischen nicht entbesonderten und entbesonderten Merkmalen unterworfen. In nicht entbesonderter oder nicht abstraktifizierter Form ist die Arbeit gebrauchswertbildend und in entbesonderter oder abstraktifizierter Form wertbildend. Wenn man sie schließlich als Nicht-Gemeinsamkeit oder äußerliche Gemeinsamkeit nimmt, dann haben wir es viertens mit zwei Sorten Arbeit zu tun, die so nebeneinander vorkommen wie das im Hinblick auf die abstrakte Gemeinsamkeit bei den unterschiedlichen Arbeitsaspekten der Fall gewesen ist. Dabei ist die eine Sorte gebrauchswertbildend und die andere wertbildend.

Unabhängig von diesen Unterschieden im Verständnis des Doppelcharakters der Arbeit kommt dieser Charakter der Arbeit nach Marx nicht von Natur aus mit der Konsequenz zu, dass er in allen menschlichen Gesellschaften gegeben ist. Der Doppelcharakter stellt vielmehr ein spezifisches Merkmal der bürgerlichen Gesellschaft dar. Das kann dem folgenden Zitat entnommen werden:

"Sie hat niemals auch nur die Frage gestellt, warum dieser Inhalt jene Form annimmt, warum sich also die Arbeit im Wert und das Maß der Arbeit durch ihre Zeitdauer in der Wertgröße des Arbeitsprodukts darstellt? Formeln, denen es auf die Stirn geschrieben steht, daß sie einer Gesellschaftsformation angehören,

worin der Produktionsprozeß die Menschen, der Mensch noch nicht den Produktionsprozeß bemeistert, gelten ihrem bürgerlichen Bewußtsein für ebenso selbstverständliche Naturnotwendigkeit als die produktive Arbeit selbst." (I, 95/96)[19]

Denn in ihm kritisiert Marx die bürgerliche Ökonomie zum einen dafür, dass sie
den Doppelcharakter als eine „selbstverständliche Naturnotwendigkeit" nimmt,
die als solche allen menschlichen Gesellschaften zukommt, wo er doch nur der
bürgerlichen Gesellschaft eigen ist. Zum anderen beschreibt er diese Gesellschaft
als eine „Gesellschaftsformation", „worin der Produktionsprozeß die Menschen,
der Mensch noch nicht den Produktionsprozeß bemeistert". Damit scheint er schon
andeuten zu wollen, warum es den Doppelcharakter der Arbeit in der bürgerlichen
Gesellschaft gibt. Dieser Charakter scheint nämlich damit zu tun zu haben, dass
die Menschen ihren gesellschaftlichen Produktionsprozess nicht beherrschen. Wie
dieser Zusammenhang genau zu verstehen ist, führt er allerdings nicht weiter aus.
Es bleibt daher an dieser Stelle unklar, wie der Grund der fehlenden Beherrschung
mit der Folge des Doppelcharakters zusammenhängt.

Im Hinblick auf die Begründung dessen, warum es in der bürgerlichen Gesellschaft das spezifische Merkmal des Doppelcharakters gibt, gibt das folgende Zitat
mehr her:

"Erst innerhalb ihres Austauschs erhalten die Arbeitsprodukte eine von ihrer sinnlich verschiednen Gebrauchsgegenständlichkeit getrennte, gesellschaftlich gleiche Wertgegenständlichkeit. Diese Spaltung des Arbeitsprodukts in nützliches
Ding und Wertding betätigt sich nur praktisch, sobald der Austausch bereits hinreichende Ausdehnung und Wichtigkeit gewonnen hat, damit nützliche Dinge für
den Austausch produziert werden, der Wertcharakter der Sachen also schon bei
ihrer Produktion selbst in Betracht kommt. Von diesem Augenblick erhalten die
Privatarbeiten der Produzenten tatsächlich einen doppelten gesellschaftlichen

---

[19] Hier haben wir zum einen eine Stelle, die im Hinblick auf unsere Überlegungen zu der
in der Charaktermaske enthaltenen Relativierung der Subjektivität interessant ist. (vgl. S.
15) Die Sache erscheint als Subjekt, weil der Mensch keines ist, sondern sich von ihr
„bemeistern" lässt. Dass dem wirklich so ist, ist von Marx allerdings erst noch zu zeigen.
Zum anderen sei darauf hingewiesen, dass Marx in der dem obigen Zitat angehängten
Fußnote folgendes schreibt: „Es ist einer der Grundmängel der klassischen politischen
Ökonomie, daß es ihr nie gelang, aus der Analyse der Ware und spezieller des Warenwerts, die Form des Werts, die ihn eben zum Tauschwert macht, herauszufinden. Grade
in ihren besten Repräsentanten, wie A. Smith und Ricardo, behandelt sie die Wertform
als etwas ganz Gleichgültiges und der Natur der Ware selbst Äußerliches." Das ist insofern unpassend, als innerhalb dieser Bemerkung die Frage danach, „warum dieser Inhalt
jene Form annimmt", nicht mehr auf Arbeit und Wert, sondern auf Wert und Tauschwert
bzw. Wertform bezogen wird. Das wird auch dadurch bestätigt, dass Marx diese Fußnote
in der Urfassung noch an eine Stelle angehängt hatte, in der es ganz klar um die Wertform
oder den Wertausdruck ging. Auf sie werden wir auf der Seite 84 zu sprechen kommen.

Charakter. Sie müssen einerseits als bestimmte nützliche Arbeiten ein bestimmtes gesellschaftliches Bedürfnis befriedigen und sich also als Glieder der Gesamtarbeit, des naturwüchsigen Systems der gesellschaftlichen Teilung der Arbeit, bewähren. Sie befriedigen andrerseits nur die mannigfachen Bedürfnisse ihrer eignen Produzenten, sofern jede besondre nützliche Privatarbeit mit jeder andren nützlichen Privatarbeit austauschbar ist, also ihr gleichgilt." (I, 87; vgl. auch 95)

An ihm interessieren weder die historischen Anklänge noch die mit der Rede von der „Wertgegenständlichkeit" verbundenen Andeutungen, die nur vom Geld her gesehen verständlich sind, sondern einzig und allein die Tatsache, dass Marx den "doppelten gesellschaftlichen Charakter" der Privatarbeiten damit in Verbindung bringt, dass die Dinge generell "für den Austausch produziert werden" und daher Waren sind. Dass damit kein logisches Begründungsverhältnis in dem Sinne behauptet werden kann, dass der Tauschwert die hinreichende Bedingung und damit der notwendige Grund des Werts ist, haben wir bereits gesehen. (vgl. S. 38ff.) Ergänzend dazu, sei deshalb noch geprüft, ob die Ware als notwendige Bedingung des Werts betrachtet werden kann.

Bei dieser Aufgabe haben wir zwischen den oben genannten vier Verständnismöglichkeiten zu unterscheiden. Wenn wir mit der konkreten Gemeinsamkeit beginnen, kann darauf hingewiesen werden, dass das Argument mit der Warenförmigkeit je schon zu spät kommt. Mit ihm kann nämlich nur begründet werden, dass ein in Form der vergegenständlichen Durchschnittsarbeit vorausgesetzter Wert die Form des Tauschwerts annehmen muss. Es kann aber nicht erklärt werden, wieso es den dem Tauschwert vorausgesetzten Wert gibt oder geben muss.

Diese Zusammenhänge werden klar, wenn man Wert und Tauschwert auseinanderhält. Umgekehrt kann festgestellt werden, dass sie Marx entgehen, weil er Wert und Tauschwert offensichtlich miteinander vermengt, wenn er ersteren an die Bedingung des letzteren knüpft. Dies kommt einerseits auch im folgenden Zitat zum Ausdruck:

"Für eine Gesellschaft von Warenproduzenten, deren allgemein gesellschaftliches Produktionsverhältnis darin besteht, sich zu ihren Produkten als Waren, also als Werten, zu verhalten und in dieser sachlichen Form ihre Privatarbeiten aufeinander zu beziehn als gleiche menschliche Arbeit ..." (I, 93)

Es ist nämlich nur richtig, wenn man unter "Werten" das versteht, was man eigentlich als Tauschwerte zu bezeichnen hat. Legt man den Tauschzweck dagegen nicht dem Wert als solchem bei, ist dieses Zitat zurückzuweisen, weil das Produkt "als Ware" gerade auch dann reicher bestimmt ist als "als Wert", wenn ihr Tauschwert tatsächlich ein Ausdruck ihres Werts sein sollte.

Andererseits ist hier auf die bereits auf der Seite 53 erwähnte, von Marx in einem Atemzug mit den Werten genannte Bezeichnung "Warenwerte" zurückzukommen, mit der Marx die Vermischung zwischen Tauschwert und Wert sozusagen auf den Begriff bringt. Für den "Warenwert" ist in der Tat die Warenform eine notwendige Bedingung seiner Existenz. Dies bezieht sich jedoch nur auf den Wert einer Ware und nicht auf den Wert selbst, sodass Frage nach dem Warum der Wertbildung immer noch offen bleibt. Weil die Produkte bei den Inka keine Waren waren, kann es bei ihnen zwar keine "Warenwerte" gegeben haben. Dies besagt jedoch nichts gegen die Existenz des Werts als solchem, weshalb hier zu fragen ist, warum es den Wert nur als "Warenwert" geben soll bzw. beide Ausdrücke identisch sein sollen.

Wenn wir zweitens zur abstrakten Gemeinsamkeit übergehen, kann die gleiche Kritik vorgebracht werden. Auch hier kann mit der Warenform nur begründet werden, warum der vorausgesetzte Wert, der in diesem Fall durch den allgemeinen Aspekt der vorausgesetzten Durchschnittsarbeit gebildet wird, als Tauschwert zu erscheinen hat. Warum es den Wert gibt und die Arbeit daher mit ihrem allgemeinen Aspekt wertbildend ist, kann dagegen nicht erklärt werden. Denn in diesem Zusammenhang ist gleichfalls festzuhalten, dass das Argument mit der Warenform je schon zu spät kommt.

Wenn wir drittens zur abstraktifizierten Gemeinsamkeit kommen, ist das Argument mit dem Zuspätkommen nicht mehr so einschlägig. Denn vor dem Tausch gibt es zwar schon die in den Produkten enthaltenen noch nicht entbesonderten Arbeiten. Da der Wert erst mit der Entbesonderung entsteht, zu der es entweder in der Form einer Nominal- oder einer Realabstraktion zusammen mit dem Tausch kommt, ist er von der Warenform abhängig. Das ist aber nur der Form nach der Fall. Denn der Inhalt, der in eine andere Form gebracht wird, ist als solcher vorausgesetzt. Im Hinblick auf ihn bleibt es bei dem Zuspätkommen. Denn alle Qualitäten der gebrauchswertbildenden Arbeit sind bereits vorhanden und werden durch die Entbesonderung oder Abstraktifizierung in keiner Weise inhaltlich verändert, sondern eben nur ihren Besonderheiten beraubt.

Wenn wir schließlich zur vierten Möglichkeit der Nicht-Gemeinsamkeit wechseln und die neben der gebrauchswertbildenden Arbeit vorkommende andere Sorte Arbeit als zirkulative Arbeit verstehen, dann kann vom Zuspätkommen weder in Bezug auf die Form, noch den Inhalt gesprochen werden. Denn dann entsteht der Wert in Gänze erst nach der Produktion, was eben zur Folge hat, dass er auch dem Inhalt nach von der Warenform abhängig ist. Diesem vollkommen positiven Urteil steht allerdings entgegen, dass Marx die zirkulativen oder – wenn man so will – tauschwertbildenden Arbeiten klar aus den Arbeiten ausscheidet, die Werte bilden können.

Zusammenfassend können wir festhalten, dass Marx zwar richtig feststellt, dass der Doppelcharakter der Arbeit keine Selbstverständlichkeit darstellt, sondern ein Spezifikum der bürgerlichen Gesellschaft ausmacht, das als solches zu erklären ist. Diese Erklärung kann er aber nicht liefern. Er wäre nämlich nur in der Lage, den Doppelcharakter der Arbeit erfolgreich aus der Warenform abzuleiten und auf diese Weise als Spezifikum nachzuweisen, wenn er in das, was als wertbildende Arbeit in Frage kommt, neben den produktiven oder gebrauchswertbildenden Arbeiten auch die zirkulativen Arbeiten einschließen würde. Da er das gerade nicht tut, bleibt nur eine rein formelle Begründung des Doppelcharakters übrig, die als solche nicht befriedigen kann. Das ist der Fall, weil sie auf vorausgesetzten Inhalten beruht und an diesen insofern nichts ändert, als sie zu keinen anderen Qualitäten führt, sondern eben allenfalls zum Löschen der vorausgesetzten Qualitäten.[lxxiii]

Dieses Urteil ist vor allem auch deshalb bedeutsam, weil es nicht so ist, dass es auf Basis der konkreten Allgemeinheit des Werts keine andere Möglichkeit gibt, den gesellschaftsspezifischen Charakter des Werts zu begründen. Es gibt nämlich noch eine von der Argumentation mit der Warenform verschiedene Möglichkeit der Erklärung dessen, dass sich die Arbeit im Wert und die Arbeitszeit als Wertgröße darstellen. Und diese Möglichkeit ist nicht nur in der Weise rein formell, wie das auf Basis der abstraktifizierten konkreten Allgemeinheit der Fall ist. Mit ihr wird vielmehr in inhaltlicher Weise begründet, warum die gebrauchswertbildende Arbeit wertbildend ist.

In allerdings nur sehr schwachen Andeutungen macht sich diese Begründung sogar in der Marxschen Darstellung bemerkbar. Sie kommt zum Ausdruck, wenn Marx von der gesellschaftlich notwendigen Arbeit oder dem physiologischen Verschleiß spricht. Denn dahinter scheint zum einen zu stecken, dass die Gebrauchswerte unter der Maßgabe hergestellt werden müssen, dabei möglichst wenig Arbeit aufzuwenden. Zum anderen scheint beinhaltet zu sein, dass die Arbeiter möglichst viel arbeiten sollen und der physiologische Verschleiß daher möglichst hoch zu sein hat. Daraus kann man den Schluss ziehen, dass der gesellschaftsspezifische Charakter der physiologischen Arbeit ausgehend von einem Prinzip abgeleitet werden könnte, das zu den beiden genannten Folgen führt.

Ein solches Prinzip werden wir im Folgenden (vgl. S. 371) in Gestalt des Heißhungers nach Mehrarbeit kennen lernen, der als Prinzip des Wesens der bürgerlichen Gesellschaft fungiert und damit das darstellt, was das eigentliche Spezifikum der bürgerlichen Gesellschaft ausmacht. Außerdem werden wir sehen, dass der Heißhunger der Warenform auch insofern vorgelagert ist, als diese im Rahmen des Scheins der bürgerlichen Gesellschaft auf vermittelte Weise aus ihm erklärt werden kann. Und an dieser übergeordneten Bedeutung ändert auch der Umstand nichts, dass wir insofern auch eine gegenläufige Kausalität kennen lernen werden, als die Warenform bzw. die mit ihr unvermeidlich einhergehende Unsicherheit der Grund ist, der dazu führt, dass aus den Unternehmern, die zunächst nur Revenue für sich erzielen wollen, Kapitalisten werden, die ihr Kapital schrankenlos akkumulieren. Denn mit dieser Argumentation auf der Ebene der Erscheinungen der bürgerlichen Gesellschaft setzen sie den Heißhunger nach Mehrarbeit in Gang, was man aber nur erkennt, wenn man weiß, dass das aus dem Heißhunger nach Mehrarbeit sich ergebende Wesen das darstellt, was den Erscheinungen auf eine durch den Schein vermittelte Weise zugrunde liegt.

Wenn man sich den letztgenannten Schritt vor Augen hält, in dem die Warenform und die mit ihr einhergehende Ungeplantheit der gesellschaftlichen Produktion der Grund dafür ist, dass es zum Heißhunger nach Mehrarbeit kommt, erkennt man, dass der in ihm enthaltene Zusammenhang offenbar das ist, was Marx mit seiner Rede vom Bemeistern der Menschen durch die Produktionsweise anspricht. Obwohl in ihrem Rahmen die Warenform zwar eine entscheidende Rolle spielt, folgt daraus aber nicht, dass die obige Kritik zurückgenommen werden muss, die an Marx' Versuch geübt worden ist, den Doppelcharakter der Arbeit aus der Warenform zu erklären. Während die Warenform im Rahmen der Marxschen Argumentation als direkter Grund fungiert, der auf unmittelbare Weise zu seiner angeblichen Folge führt, ist das im Rahmen der Argumentation auf der Ebene der Erscheinungen anders. Dort fungiert die Warenform über die mit ihr einhergehende Unsicherheit nämlich nur als ein indirekter Grund, der nur auf vermittelte Weise zu seiner Folge führt.

Schließlich sei noch auf Folgendes hingewiesen: Während das bislang noch nicht möglich war, könnte man im Hinblick auf die abstraktifizierte Fassung der konkreten Arbeit hier einwenden, dass die Frage nach dem Warum des Übergangs zu dieser Fassung jetzt beantwortet werden kann. Unabhängig davon, dass die rein formelle Begründung nicht befriedigend ist, könnte man nämlich behaupten, dass dieser Übergang mit dem Hinweis darauf begründet werden kann, dass der Wert nur auf dieser Grundlage aus der Warenform heraus erklärt oder dass der Doppelcharakter der Arbeit nur auf dieser Basis begründet werden kann. Deshalb sei hier zugestanden, dass es den Zusammenhang zwischen der Warenform und der abstraktifizierten Fassung der konkreten Gemeinsamkeit zwar gibt. Mit ihm kann man die Notwendigkeit einer Abstraktifizierung aber deswegen nicht erklären, weil dazu nur etwas fähig wäre, was lediglich als ihre Folge der Abstraktifizierung erfasst werden kann. Etwas, was der Abstraktifizierung gegenüber nur als Grund fungiert und daher ihr gegenüber einen apriorischen Charakter hat, kann die gesuchte aposteriorische Rechtfertigung dagegen nicht liefern. Umgekehrt fällt der apriorische Grund dann selbst der Kritik anheim, wenn keine Erkenntnisse nachgewiesen werden können, die deswegen einen aposteriorischen Charakter haben, weil es sie nur als Folge der Abstraktifizierung gibt.

10. Bewertung der Marxschen Darstellung

Nach diesen nicht nur ziemlich umfassenden, sondern leider auch einigermaßen umständlichen Ausführungen können wir nun endlich zu dem schon mehrfach angekündigten Schritt der Überprüfung der Marxschen Thesen an den empirischen Austauschverhältnissen kommen. Davor seien jedoch die bisherigen Ergebnisse kurz zusammengefasst:

In den bisherigen Ausführungen wurde detailliert nachgewiesen, dass der Wert in keiner Weise als Resultat einer notwendigen Ableitung betrachtet werden kann. Auf der einen Seite ist es Marx nicht gelungen, ihn als Gemeinsamkeit zu deduzieren, die aus dem Austausch der Waren als solchem mit Notwendigkeit folgt. Auf der anderen Seite kann das von ihm angewandte logische Mittel der Reduktion allenfalls den falschen Schein einer Begründung erzeugen. Das ist der Fall, wenn übersehen wird, dass per Absehen von den Besonderheiten nur auf die Dinge geschlossen werden kann, die bereits im Ausgangspunkt enthalten sind. Und das gilt nicht nur für die normale, sondern insofern auch für die abstrahierende Reduktion, als der bereits vorhandene Inhalt in ihrem Rahmen nur eine andere Form erhält. Aus diesem Grund haben die Reduktionsschritte, die Marx uns vorgeführt hat, als solche keine Beweiskraft. Sie sind nur richtig, wenn ihr Ausgangspunkt sie bestätigt. Und wie sieht es damit aus? Bestätigt die Empirie dem Wert gemäße Austauschrelationen?

Die Beantwortung dieser Frage hat zum einen überhaupt nur dann einen Sinn, wenn die wertbildende Arbeit ihrem Inhalt nach bestimmt ist. Denn mit der abstrakt menschlichen Arbeit, die das nicht ist, kann nichts begründet werden. Zum anderen ist eine Beantwortung nur bedeutungsvoll, wenn die wertbildende Arbeit unabhängig von den Austauschverhältnissen definierbar ist. Die komplizierte Arbeit, bei der das nicht der Fall ist, fällt deshalb von vornherein ebenso weg wie die sich mit Nachfrage und Angebot verändernde wertbildende Arbeit. Nur bezogen auf die restlichen Bestimmungen bleibt somit die Frage: Wird der in der bürgerlichen Gesellschaft empirisch vorfindliche einseitige Tausch durch den Wert bzw. die ihn konstituierende Arbeit beherrscht?

Wie Marx selbst weiß, wechseln die Austauschverhältnisse "beständig mit Zeit und Ort". Sie wechseln mit dem Verhältnis von Angebot und Nachfrage, auch wenn die Produktionsbedingungen dieselben geblieben sind. Insofern wäre es ein Leichtes, einzelne Austauschakte zu finden, die den Marxschen Grund nicht bestätigen. Andererseits zeigen die beständigen Veränderungen, dass jedes Austauschverhältnis etwas Anderes bestätigt und sie sich somit gegenseitig widersprechen. Daraus folgt, dass überhaupt nur die Gesamtheit der Austauschakte Beweiskraft haben kann. Wie wir bereits wissen, ist das auch Marx' Auffassung. Denn er behauptet den Wert nur als das Zentrum, um das die empirischen Tauschrelationen oszillieren. Wir haben deshalb zu prüfen, ob das zutrifft und die Durchschnitts-preise der Waren der zu ihrer Produktion gesellschaftlich notwendigen Arbeit ent-sprechen oder nicht.

Es kann zunächst scheinen, dass die Lösung dieser Aufgabe ein sehr umfangrei-ches Geschäft darstellt, das sich aus den folgenden drei Bestandteilen zusammen-setzt: Erstens sind die zu einem bestimmten Zeitpunkt für bestimmte Warenarten geltenden Durchschnittspreise zu ermitteln und deren Veränderungen in der Zeit zu verfolgen. Zweitens sind in ähnlicher Weise die Daten über die in den Waren vergegenständlichten durchschnittlichen Arbeitsmengen zu erheben. Und drittens sind diese beiden als Kurven graphisch darstellbaren Datenmengen miteinander zu vergleichen. Wenn sie korrelieren, hat Marx mit seiner Behauptung Recht. Wenn nicht, dann nicht.

Während die Schritte eins und drei relativ leicht vollzogen werden können, ist ins-besondere die Erledigung des zweiten Bestandteiles der genannten Aufgabe mit sehr viel Arbeit verbunden. Im Gegensatz zu den Preisen, die fertig vorliegen, müssten nämlich die vergegenständlichten Arbeitsquantitäten von Grund auf er-mittelt werden, was u. a. deshalb nicht so einfach wäre, weil auch die in den ver-brauchten Produktionsmitteln enthaltene Arbeit zu berücksichtigen wäre. Darüber hinaus könnte man sich nicht einfach mit der Erhebung der Arbeitszeiten begnü-gen. Entsprechend Marx' Bestimmung der komplizierten Arbeit wären diese Zei-ten vielmehr zum einen mit der zur Reproduktion der jeweiligen Arbeitskraft er-forderlichen Arbeitsmengen zu verrechnen, die deshalb ebenfalls erst zu ermitteln wären. Zum anderen wäre entsprechend der quantitativen Seite der physiologi-schen Arbeit bezüglich der durchschnittlichen Lebenszeit der einzelnen Arbeiter-arten ähnlich zu verfahren. Dies zeigt, dass allein die Erhebung der zur Produktion einer bestimmten Warenart gesellschaftlich notwendige Arbeit sich letztlich auf die gesellschaftliche Produktion im Ganzen erstrecken müsste.

Diese Arbeit kann an dieser Stelle nicht ausgeführt werden. Und das ist auch gar nicht erforderlich. Bezogen auf unseren Zweck gibt es nämlich noch ein anderes, abgekürztes Verfahren, das sich darauf stützt, dass auf Basis von Marx' Bestim-mung der komplizierten Arbeit gelten müsste, dass die kapitalistischen Unterneh-men entsprechend dem Anteil der von ihnen beschäftigten Arbeiter Gewinne ab-werfen, weil eben die Mehrwertrate bei den verschiedenen Arbeitsarten gleich ist. (vgl. S. 90) Auf eine Begrifflichkeit vorgreifend, die wir hier noch nicht haben, dürfte es aufgrund des Werts mit anderen Worten keinen Durchschnittsprofit ge-ben, d. h. kein einheitliches Verhältnis zwischen Gesamtkapital und Gewinn. Em-pirisch gesehen gibt es aber eine Tendenz hin zu diesem Durchschnittsprofit, die mit dem Verkauf der Waren zum Wert nicht vereinbar ist und somit den Beweis dafür darstellt, dass Marx' Behauptung empirisch falsch ist. Grund der durchschnittlichen Austauschverhältnisse ist nicht der Wert, sondern der den Durchschnittsprofit beinhaltende Produktionspreis. Und dieser ist kein der Ware innerlicher Gehalt, sondern ein Anspruch, der äußerlich mit ihr verbunden wird. Genauer gesprochen ist sein Grund die Absicht der Kapitalisten, ihr Kapital möglichst hoch zu verwerten, als deren Resultat sich in der freien Konkurrenz die tendenzielle Gleichverwertung ergibt.[20] Zusammen mit Marx' These, wonach der Tauschwert der einzelnen Waren ein Ausdruck ihres Werts ist, ist daher auch seine Behauptung zurückzuweisen, dass es den Austausch ohne eine objektive Kommensurabilität der Waren nicht geben könnte. (vgl. S. 37) Beides ist verkehrt, auch wenn man nur von Arbeitsprodukten spricht.[21]

Das negative empirische Resultat bezieht sich auf das, was die Menschen als Subjekte tun. Daher könnte man einwenden, dass Marx von den Menschen gar nicht als Subjekte, sondern als Charaktermasken spricht. Deshalb sei darauf hingewiesen, dass dieses Argument zu keinem anderen Urteil führen kann. Dass wir auf der Basis der Subjekte zu einem negativen empirischen Urteil kommen, hat nämlich auch Auswirkungen auf die Charaktermasken. Denn der Inhalt, den diese ausführen, ist ja nur formal von dem verschieden, was die Subjekte tun. Während es durchaus Charaktermasken gibt, die Waren zum Produktionspreis tauschen, werden die Charaktermasken, die ihre Waren zum Wert tauschen durch die Empirie nicht bestätigt, sondern im Gegenteil widerlegt. Die Rede von Charaktermasken darf also nicht als ein Freibrief missverstanden werden, der es erlaubt, Dinge zum Thema zu machen, die es gar nicht gibt.

Auch die empirische Form der Überprüfung führt also zu einem für Marx negativen Resultat. Dabei ist gar nicht erforderlich, dass wir das lange am empirischen Material nachweisen. Wir können uns bei diesem Urteil vielmehr auf Marx selbst berufen, der es auf Basis von Andeutungen, die es schon im I. Band[22] gibt, im III. Band des 'Kapital' bekanntlich selbst erwähnt und zugibt. (vgl. S. 363ff.) Als Beispiel sei hier nur auf die "Produktionspreise" verwiesen, mit denen Marx die Preise bezeichnet, die Durchschnittsprofit beinhalten. (vgl. III, 167) Die Differenz des Werts zu den empirischen Preisen kann also nur denjenigen verborgen bleiben, die

---

[20] Dies ist in den Marxschen Ausführungen zumindest implizit enthalten. Explizit wird es nicht ausgeführt, weil die Darstellung der Konkurrenz außerhalb des Marxschen Planes war. (vgl. S. 408)

[21] Wenn darauf hingewiesen wurde, dass der den Durchschnittsprofit beinhaltende Produktionspreis sich einem äußerlichen Anspruch verdankt, dann ist damit noch nicht gesagt, dass der Profit insgesamt auf diese äußerliche Weise erklärt werden kann. Wie wir vielmehr sehen werden, liegt ihm auf mittelbare Weise doch noch ein innerlicher Gehalt zugrunde, der jedoch nicht mit dem Tauschwert zusammenfällt. (vgl. S. 364ff.)

[22] Vgl. I, 230, Note: 28 sowie I, 325 und I, 335.

weder die bürgerliche Empirie kennen, noch bei ihrer Lektüre des 'Kapital' bis zum III. Band vorgedrungen sind bzw. dort schon wieder vergessen haben, was sie im I. Band gelesen haben.[lxxiv]

Zur Abrundung dieses Ergebnisses sei schließlich noch daran erinnert, dass es Marx auch nicht gelungen ist, den Wert als ein nur der bürgerlichen Gesellschaft zukommendes Spezifikum darzustellen und zu begründen, warum die gebrauchswertbildende Arbeit in ihr zugleich Wert bildet. Das einzige, was Marx in diesem Zusammenhang nennt, ist die Warenform. Diese stellt jedoch nicht einmal eine notwendige Bedingung des wertbildenden Charakters der Arbeit dar bzw. kann als solche nur auf Kosten einer tauschwerthaften Bestimmung des Werts aufgezeigt werden. Diese Vermengung zwischen Wert und Tauschwert stellt ein grundlegender Fehler der Marxschen Darstellung dar, der in ihrer Architektonik angelegt ist. Diesem Fehler werden wir auch im folgenden Kapitel begegnen. Dort werden wir zudem sehen, dass sie der Grund für Marx' fehlgeschlagenen Versuch ist, den Wert als abstrakte, die Besonderheiten ausschließende Allgemeinheit zu bestimmen.

Endlich sei noch kurz auf Marx' Ausführungen zur Charaktermaske eingegangen: Wie wir gesehen haben, hängt die Rede von den Menschen als Charaktermasken, die sich von ihnen als Subjekte unterscheiden, damit zusammen, dass Marx nicht vom unmittelbaren Sein der Warenzirkulation, sondern vom mittelbaren Sein des einseitigen Warentauschs spricht. (vgl. S. 13ff.) Er macht damit keine subjektiven Zwecke zum Thema, sondern nur Bestrebungen, die im Rahmen der subjektiven Zwecke auf eher unbewusste Weise mitvollzogen werden und deswegen als objektive Zwecke bezeichnet werden können. Und daran ändert auch der Umstand nichts, dass Marx diesem Unterschied nicht gerecht wird, wenn er im Zusammenhang mit den Charaktermasken vom Willen redet, wo doch dieses Merkmal nur den Subjekten zukommt.

Wenn wir die obigen Ergebnisse Revue passieren lassen, kann zwar festgehalten werden, dass die Rede von den Charaktermasken, die objektive Zwecke ausführen, durchaus Sinn macht. Das Fazit, das wir bezogen auf den Wert aus ihnen zu ziehen haben, scheint jedoch absolut negativ zu sein. Marx' Wert scheint ein in wissenschaftlicher Hinsicht völlig unbrauchbarer Begriff zu sein, der schleunigst zu entsorgen ist. Bezogen auf die bisher behandelten Zusammenhänge ist diesem Eindruck sicherlich beizupflichten. Es darf jedoch nicht übersehen werden, dass sie die Bedeutung des Wertbegriffs nicht erschöpfen. Innerhalb der Darstellung im 'Kapital' tritt der Wert nämlich noch in einer dritten Weise in Erscheinung. Er ist dort der Grund, aus dem sich dem Marxschen Anspruch nach die Produktionspreise und auf diese indirekte Weise auch die Austauschrelationen doch noch erklären lassen. Ja mit Blick auf die Gesamtdarstellung in den drei Bänden kann

ohne Umschweife behauptet werden, dass in dieser Beziehung die eigentliche Bedeutung des Werts zu sehen ist. Wir werden uns deshalb mit ihr zu beschäftigen
haben, um zu sehen, ob Marx dabei erfolgreicher ist.[lxxv]

Obwohl wir auf die Theorie, die sich aus dieser dritten Bedeutung des Werts
ergibt, erst ab dem IV. Kapitel im Allgemeinen und erst ab dem XIII. Kapitel im
Besonderen zu sprechen kommen werden, sei schon an dieser Stelle darauf hingewiesen, dass der Wert im Rahmen dieser Theorie kein Bestandteil des unmittelbaren Seins mehr ist, sondern gerade wegen seiner Verschiedenheit vom unmittelbaren Sein zum mittelbaren Sein gehört. Dieses mittelbare Sein ist einerseits mit dem
obigen mittelbaren Sein, das wir im Zusammenhang mit der als Tauschmittel auftretenden Ware kennen gelernt haben, insofern vergleichbar, als es die Alltagssubjekte nicht von sich aus wahrnehmen, aber darauf aufmerksam gemacht werden
können. Andererseits unterscheidet es sich auch von diesem mittelbaren Sein.
Während das obige mittelbare Sein sich vom unmittelbaren Sein nur in formeller
Hinsicht deswegen unterschieden hat, weil ein Zweck, der im Rahmen des unmittelbaren Seins und damit subjektiv nur auf mittelbare Weise verfolgt wird, als unmittelbares Ziel betrachtet wird, haben wir es hier wegen der Differenz zwischen
dem Wert und dem Produktionspreis mit einem inhaltlichen Unterschied zu tun.
Deswegen kann das hiesige auf den Wert bezogene mittelbare Sein als inhaltlich
mittelbares Sein bezeichnet und als solches vom obigen auf den Warentausch bezogenen formell mittelbaren Sein unterschieden werden. Darüber hinaus kann
festgehalten werden, dass dieses inhaltlich mittelbare Sein sich wegen der inhaltlichen Differenz vom unmittelbaren Sein viel deutlicher unterscheidet. Daher kann
man die Subjekte nicht mehr so leicht auf es aufmerksam machen, wie das beim
formell mittelbaren Sein der Fall ist. Das ändert aber nichts daran, dass man sie
darauf aufmerksam machen können muss. Denn wenn es keine Gegebenheiten
gäbe, auf die man hinweisen kann, wäre das inhaltlich mittelbare Sein gar kein
Sein mehr und könnte daher auch bei der indirekten Erklärung der gegebenen
Wirklichkeit keine Rolle spielen.

Gegen die dritte Bedeutung des Werts könnte man einerseits einwenden, dass die
bislang angeführte Kritik bereits beweist, dass der Wert auch in dieser Hinsicht
untauglich ist. Das ist jedoch nicht der Fall. Es ist vielmehr zu betonen, dass das,
was nicht oder nur falsch begründet worden ist, damit seine Brauchbarkeit als
Grund für weitere Folgerungen noch nicht verloren hat. Das Bedürfnis nach Begründung des Grundes ist zwar verständlich und berechtigt. Es darf jedoch nicht
zu dem Missverständnis verleiten, dass der Grund dort, wo es nicht erfüllt wird,
als Grund von vornherein untauglich ist. Im Gegenteil kann sich etwas als Grund
immer nur im Nachhinein beweisen, d. h. dadurch, dass von ihm ausgehend zwingende Folgerungen gezogen werden können.

108

Gerade weil wir es hier nicht mehr nur mit einem formellen Unterschied, sondern einem inhaltlichen Unterschied zum unmittelbaren Sein zu tun haben, und wir im IV. Kapitel (vgl. S. 262) sehen werden, dass das inhaltlich mittelbare Sein das entscheidende Merkmal des Wesens darstellt, könnte andererseits der Vorwurf der Substanzmetaphysik erhoben und damit eingewandt werden, dass Dinge, die es nicht gibt, nichts zur Erklärung der empirischen Gegebenheiten beitragen können. Deshalb sei darauf hingewiesen, dass dieser Vorwurf berechtigt wäre, wenn das inhaltlich mittelbare Sein etwas darstellen würde, was überhaupt nicht wahrge-nommen werden kann. Das ist aber gar nicht der Fall. Für das inhaltlich mittelbare Sein gilt vielmehr dasselbe wie für das formell mittelbare Sein. Es kann von den Alltagssubjekten dann in Erfahrung gebracht werden, wenn man sie auf das auf-merksam macht, worauf sie zu achten haben. Das ist zwar hier wegen der inhalt-lichen Differenz schwieriger als bei den als Tauschmittel betrachteten Waren. Dies und der Umstand, dass die in den Waren steckende Arbeit von Grund auf zu er-mitteln wäre, ändert jedoch nichts daran, dass der Wert weiterhin als empirische Gegebenheiten zu verstehen ist, auch wenn es sich dabei um keine unmittelbar seiende Gegebenheit oder keine im Bewusstsein der empirischen Agenten prä-sente Größe handelt, sondern nur um eine mittelbar seiende Gegebenheit, die sich im unmittelbaren Bewusstsein nicht abzeichnet. Es kann deshalb nicht angehen, dass aufgrund der an sich berechtigten Forderung nach Falsifizierbarkeit, die Ver-wendung von Größen verboten wird, die im empirischen Alltagsbewusstsein nicht vorhanden sind und deren Ermittlung eine sehr ausführliche Arbeit darstellt. Denn beides belegt gerade nicht, dass es solche Größen gar nicht gibt.

Mit dem Vorwurf der Substanzmetaphysik kann aber nicht nur Kritik an einem unempirischen Ausgangspunkt erhoben werden. Mit ihm kann man sich auch ge-gen die Indirektheit des Begründungsverhältnisses wenden. Deshalb sei darauf hingewiesen, dass aus dem Umstand, dass das Begründungsverhältnis sich wegen der Größendifferenz zwischen Wert und Produktionspreis nicht als ein Verhältnis 1 zu 1 oder ein sonstiges gleichbleibendes Verhältnis darstellt und sich in diesem Sinne nicht der Erfahrung aufdrängt, ebenfalls kein Gegenargument gemacht wer-den kann. Denn erstens sind Begründungsverhältnisse sowieso nie eine Sache der Sinne, sondern ihre Notwendigkeit kann immer nur im und durch das Denken er-mittelt werden. Schließlich könnte eine empirische Koexistenz zweier Größen sich ja auch dem Zufall verdanken und damit keine Kausalität zum Ausdruck bringen. Zweitens beinhaltet der Umstand, dass die einzelnen Werte die Preise ihrer Waren nicht in einem gleichbleibenden Verhältnis begründen, noch nicht, dass es zwi-schen Wert und Preis überhaupt kein bestimmtes Begründungsverhältnis geben kann und daher der Willkür Tür und Tor geöffnet wird. Vielmehr ist ein sich aus

zwingenden Überlegungen ergebendes Begründungsverhältnis auch dann überprüfbar, wenn es sich an einer Stelle z. B. als Relation 1 zu 1,37 und an einer
anderen als 1 zu 0,76 darstellen sollte.

Genauso wie es untubar und falsch wäre, wenn man nur das als Empirie akzeptieren würde, was im unmittelbaren Sein enthalten ist, genauso ist das Ansinnen zurückzuweisen, indirekte Begründungen aus der Wissenschaft verbannen zu wollen. Beides läuft nämlich nicht darauf hinaus, die Wissenschaftlichkeit auf Erfah-
rungswissenschaftlichkeit zu reduzieren. Beides würde vielmehr zu einer Ampu-
tation der letzteren führen. Einesteils ist darauf zu bestehen, dass auch das mittelbare Sein zur erfahrbaren Empirie gehört. Andernteils ist ein denknotwendiger
Zusammenhang zwischen empirischen Größen ungeachtet der Tatsache, dass er
als solcher nicht durch die Sinne erfahren werden kann, ein empirisch relevanter
Zusammenhang. Denken führt in diesem Sinne nicht von den empirischen Gegebenheiten weg, sondern in sie hinein.

Meiner Behauptung, wonach die Hauptbedeutung des Werts innerhalb der Darstellung im 'Kapital' darin liegt, als mittelbarer Grund der Produktionspreise zu
fungieren, steht die unbestreitbare Tatsache gegenüber, dass Marx den Wert als
direkten Grund der Austauschverhältnisse vorgestellt hat. Dieser Punkt, auf dem
insbesondere das von ihm angewendete Mittel der Reduktion beruht, ist in der Tat
nicht nur der möglicherweise folgenreichste Marxsche Fehler. Er ist auch einer
der unverständlichsten:

"Ich sage "in letzter Instanz", weil die Durchschnittspreise nicht direkt mit den
Wertgrößen der Waren zusammenfallen, wie A. Smith, Ricardo usw. glauben." (I,
181, Note 37; vgl. auch 325)

Unverständlich ist dieser Lapsus, weil dieses Zitat deutlich beweist, dass es Marx
durchaus schon bei der Niederschrift des I. Bandes bekannt war, dass der Wert
nicht direkt in den Austauschverhältnissen erscheint, sondern nur in einer über die
Produktionspreise vermittelten Art. Nichtsdestoweniger tut er im 1. Kapitel so, als
gäbe es doch eine direkte Erscheinungsweise.[lxxvi]

Wenn wir uns vergegenwärtigen, dass seine Unbewusstheit und vermittelte Be-
gründungsweise den Wert zu einer Kategorie des inhaltlich mittelbaren Seins machen und dieses Sein wegen der inhaltlichen Differenz viel weiter vom unmittelbaren Sein entfernt ist als das formelle mittelbare Sein, liegt die Vermutung nahe,
dass Marx so falsch begonnen hat, weil er davor zurückschreckte, seine Leser unmittelbar mit einer solchen Kategorie zu konfrontieren. Vielleicht war er der Meinung, er würde ihnen zuviel zumuten, wenn er von ihnen verlangt hätte, sich unvermittelt auf eine zwar grundsätzlich erfahrbare, von ihnen jedoch aufgrund der
inhaltlichen Differenz nicht in Erfahrung gebrachte und daher ihnen unbekannte

Ebene einzulassen. Stattdessen schien es ihm wohl besser, so zu tun, als knüpfe er am Alltagswissen an, als beginne er mit Dingen, die dem unmittelbaren Sein zuzurechnen sind und die seinen Lesern deswegen aus den eigenen Erfahrungen bekannt sind, um aus ihnen den Wert per analytischer Reduktion abzuleiten. Offenbar wollte Marx seinen Lesern ein Stück Forschungsprozess vorführen, was sicherlich den Vorstellungen entgegenkommt, die sich der Alltagsmensch vom Gang der Wissenschaft macht. Insofern mag es Marx zwar verstanden haben, seine Darstellung eingängiger zu machen. Den vermeintlichen Vorteil dieses Schrittes hat er sich jedoch mit seiner Fehlerhaftigkeit erkauft, weil der Schluss vom unmittelbaren Sein auf das inhaltlich mittelbare Sein bei ihm damit einhergeht, dass dieses mittelbare Sein dem unmittelbaren Sein angeglichen wird.[lxxvii]

Weil innerhalb der bürgerlichen Gesellschaft der Produktionspreis und nicht der Wert in den Austauschverhältnissen erscheint, Marx andererseits aber behauptet hat, der Wert regle den Tauschwert, ist versucht worden, die "einfache Warenzirkulation", in der das der Fall sein soll, als historisch früheren Zustand zu interpretieren und aus dem Übergang vom Wert zum Preis eine historische Entwicklung zu machen. Wegweisende Bedeutung hatte in diesem Zusammenhang Engels:

"Mit einem Wort: das Marxsche Wertgesetz gilt allgemein, soweit überhaupt ökonomische Gesetze gelten, für die ganze Periode der einfachen Warenproduktion, also bis zur Zeit, wo diese durch den Eintritt der kapitalistischen Produktionsform eine Modifikation erfährt." (III, 909)

Engels war mithin der Auffassung, die "einfache Warenzirkulation", der er eine "einfache Warenproduktion" zuordnet, beschreibe einen historisch früheren Zustand, der seiner Ansicht nach "bis ins fünfte Jahrhundert unserer Zeitrechnung" reichte und damit "während einer Periode von fünf bis sieben Jahrtausenden" (III, 909) andauerte. Deshalb sei darauf hingewiesen, dass die "einfache Warenzirkulation" in dieser Form hier kein Thema darstellt. Es kann daher auch dahingestellt bleiben, ob es einen solchen Zustand in der angegebenen Zeit tatsächlich gegeben hat. Der Wert interessiert hier nur als Kategorie der Erklärung der bürgerlichen Produktionsweise. Dabei haben wir bereits gesehen, dass er zur direkten Erklärung ihrer Austauschverhältnisse nichts hergibt, weshalb wir in Zukunft nur noch zu prüfen haben, ob er diesbezüglich als indirekter Erklärungsgrund tauglich ist. Obwohl sich Engels durchaus auf bestimmte Hinweise bei Marx stützen kann:

"Der Austausch von Waren zu ihren Werten oder annähernd zu ihren Werten erfordert also eine viel niedrigre Stufe als der Austausch zu Produktionspreisen, wozu eine bestimmte Höhe kapitalistischer Entwicklung nötig ist.
(...)

Abgesehen von der Beherrschung der Preise und der Preisbewegung durch das Wertgesetz, ist es also durchaus sachgemäß, die Werte der Waren nicht nur theoretisch, sondern historisch als das prius der Produktionspreise zu betrachten." (III, 186),

bin ich der Auffassung, dass das dem eigentlichen, tieferen Gehalt seiner Darstellung angemessener ist. Beim Begreifen der bürgerlichen Gesellschaft ist der Wert nur als "theoretischer prius" interessant. Historische Erwägungen tragen zu ihrem Begriff dagegen nichts bei. Weil sie es nur mit vergangenen Gründen zu tun haben, kommen sie in diesem Zusammenhang immer zu spät.

Der Fehler von Engels besteht somit darin, sich ganz auf den unwichtigen historischen Aspekt verlegt zu haben. Der logische Aspekt, d. h. in diesem Zusammenhang vor allem den Unterschied und die Verbindung zwischen dem inhaltlich mittelbaren Sein und dem unmittelbaren Sein, hat er offensichtlich nicht richtig verstanden. Nichtsdestoweniger bleibt die Tatsache, dass Marx fehlerhafte Entwicklung des Werts zu historischen Interpretationen geradezu herausfordert, weshalb es inkonsistent ist, wenn einerseits an ihr festgehalten wird und andererseits die historischen Überlegungen zurückgewiesen werden.

II. Zur Ableitung der Wertform und des Geldes bei Marx

Thema dieses Kapitels sind die Punkte 3 und 4 des 1. Kapitels, sowie das 2. Kapitel des I. Bandes von 'Das Kapital'. Wo dies geboten erscheint, soll – der bisherigen Praxis folgend – außerdem wieder auf die entsprechenden Teile in anderen Werken von Marx eingegangen werden, also insbesondere auf die Schrift 'Zur Kritik der politischen Ökonomie' und die 'Grundrisse zur Kritik der politischen Ökonomie'. Begonnen sei jedoch mit der Ableitung der Wertform in Marx' Hauptwerk 'Das Kapital'.

Oben haben wir zum einen gesehen, dass es den Wert als direkten Grund des Tauschwerts nicht gibt. Marx' weitere Argumentation, die von dieser Existenzweise des Werts ausgeht, ist daher schon deswegen mangelhaft. Um es nicht bei dieser abstrakten, der Wertform äußerlichen Kritik zu belassen, werden wir bei den folgenden Betrachtungen diesen Punkt jedoch akzeptieren und annehmen, dass es sich beim Wert um den direkten Grund des Tauschwerts handelt. Denn nur auf dieser Grundlage können wir Marx weiterer Argumentation innerlich werden.

Wenn wir den Wert als direkten Grund akzeptieren, dann nehmen wir auch hin, dass wir es noch nicht mit dem inhaltlich mittelbaren Sein zu tun bekommen. Das ändert zum zweiten aber nichts daran, dass es weiterhin um das formal mittelbare Sein gehen kann. Denn unsere Grundlage ist wie im vorigen Kapitel der einseitige Tausch einer Ware mit einer anderen. Folge davon ist, dass die Menschen, die auf dieser Ebene vorkommen, nach wie vor als formal bestimmte Charaktermasken auftreten und daher weiterhin keine Subjekte darstellen.

Zum dritten hat sich oben gezeigt, dass der Wert auch als direkter Grund den Tauschwert nur in der Form bestimmt, dass er das Schwankungszentrum ist, um das die Tauschwerte oszilieren. Der Wert bestimmt den Tauschwert in unmittelbarer Form oder per abstrakter Identität daher nur dann, wenn Angebot und Nachfrage ausgeglichen sind. Wenn das dagegen nicht der Fall ist, gibt es Abweichungen zwischen dem Wert und dem Tauschwert, was zeigt, dass der Wert den Tauschwert nur in mittelbarer Form oder per Negation der Negation bestimmt. Darauf ist hinzuweisen, weil Marx im Folgenden davon ausgeht, dass sich der Wert ohne Abweichungen im Tauschwert ausdrückt. Das bedeutet, dass er nicht nur von den Waren als „Durchschnittsexemplaren" ausgeht, sondern auch davon, dass Angebot und Nachfrage sich entsprechen.

Zum vierten haben wir oben nicht nur erwähnt, dass Marx das mittelbare Sein des einseitigen Warentauschs vom unmittelbaren Sein der Warenzirkulation unterscheidet, weil er das Geld ableiten will. Darüber hinaus wurde sowohl schon auf den Unterschied zwischen der Argumentation per logischer Geltung und teleologischer Genesis als auch darauf hingewiesen, dass letztere nicht mit einer historischen Erklärung zusammengeworfen werden darf. Daran sei hier erinnert, weil die folgenden Ausführungen von Marx es vor allem mit der logischen Geltung zu tun haben, in deren Rahmen es um die notwendige Existenz der zu erklärenden Dinge geht und die Menschen als Charaktermasken vorkommen. Die teleologische Genesis, bei der es um die Entstehung dieser Dinge zu tun ist und die Menschen als Subjekte auftreten, hat dagegen nur eine untergeordnete Bedeutung. Und dasselbe gilt in noch größerem Ausmaß für die historische Argumentation, die es im Unterschied zur teleologischen Genesis nicht mit der inneren, sondern mit der äußeren Geschichte der bürgerlichen Gesellschaft zu tun hat.

1. Die einfache Wertform

Nachdem Marx ausgehend vom einseitigen Warentausch zunächst den Wert bestimmt hat, wendet er sich der Frage des Wertausdrucks zu. Bei dieser Frage geht es Marx einesteils nicht nur um irgendeinen Wertausdruck. Bei der Wertform ist es ihm vielmehr um einen speziellen Wertausdruck zu tun. Denn die Wertform ist dadurch gekennzeichnet, dass der Wert nicht als das in Erscheinung tritt, was er ist, sondern sich in anderer, uneigentlicher Form zeigt. Andernteils geht die Analyse des Werts der Wertform nicht nur aus rein äußerlichen darstellungstechnischen Gründen voraus. Der Wert liegt ihr auch logisch zugrunde, weil sich die Wertform dem Marxschen Anspruch nach aus dem Wert begründet. Das zeigt zum einen das folgende Zitat:

"Unsere Analyse bewies, daß die Wertform oder der Wertausdruck der Ware aus der Natur des Warenwerts entspringt, nicht umgekehrt Wert und Wertgröße aus ihrer Ausdrucksweise als Tauschwert." (I, 75; vgl. auch 62 und 95),

Diesen Anspruch bringt Marx zum anderen in der Urfassung des 'Kapital' noch deutlicher zum Ausdruck:

"Das entscheidend Wichtige aber war den inneren nothwendigen Zusammenhang zwischen **Werthform**, **Werthsubstanz** und **Werthgrösse** zu entdecken, d. h. **ideell** ausgedrückt, zu beweisen, dass die **Werthform** aus dem **Werthbegriff** entspringt." (UF, 34)

Wir haben daher im Folgenden zu prüfen, ob Marx in der Lage ist, einen "inneren nothwendigen Zusammenhang zwischen Werthform, Werthsubstanz und Werthgrösse" aufzudecken, und ob er beweisen kann, dass die Wertform als notwendige "Ausdrucksweise" oder Erscheinungsform des Werts auf überzeugende Weise aus dem Wert ableitbar ist.[lxxviii]

Bevor wir uns dieser Aufgabe zuwenden, sei jedoch noch auf die drei folgenden Punkte hingewiesen: Obwohl der Wert ein Ergebnis der oben betrachteten Überlegungen ist, führt uns die Frage nach dem Wertausdruck erstens zu einer neuen

Thematik. Das ist der Fall, weil Marx sich – wie wir in diesem und im übernächsten Abschnitt sehen werden – bei Beantwortung dieser Frage nicht auf die Ausdrücke beschränkt, die in dem als Thema schon vorhandenen einseitigen Warentausch enthalten sind, sondern einesteils dahinter zurückfällt und andernteils weit darüber hinaus geht. Wenn Marx den Übergang zur neuen Thematik begründen würde, würde es sich bei ihr um eine Folgerung handeln, die aus dem gezogen werden kann, was wir schon haben. Da Marx keine solche Begründung liefert, handelt es sich bei der Frage nach dem Wertausdruck um einen neuen und damit neben der Ware zweiten Anfang. Er soll als solcher genauso akzeptiert werden wie der erste Anfang.[lxxix]

Wie wir sehen werden, tut Marx bei der Ableitung der Wertform zweitens so, als könnten die Waren ihre Werte selbst zum Ausdruck bringen. Daher stellt sich die Frage, wie diese Redeweise zu verstehen ist. Diesbezüglich könnte man zunächst der Meinung sein, dass die Rede von den sich als Subjekte gebärdenden Waren beim Wertausdruck genausowenig wörtlich genommen werden darf wie oben beim Warentausch, sondern nur als abkürzende Aussage im Hinblick darauf verstehen, dass der Wert von Menschen als Charaktermasken unbewusst zum Ausdruck gebracht wird. Bei näherer Betrachtung zeigt sich jedoch, dass die Rede von den Warensubjekten im vorliegenden Zusammenhang insofern akzeptabler ist, als es nicht um wirkliche Vorgänge, sondern nur um Denkmöglichkeiten geht. Denn bei Wertausdrücken, die nicht wirklich existieren, sondern ausgehend von der Ware A nur denkmöglich sind, kann man sich die Vermittlung durch die Menschen in der Tat sparen.

Sofern es nicht nur um Denkmöglichkeiten, sondern um wirkliche Vorgänge zu tun ist, ist das dagegen anders. Dann kann die Rede von den ihre Werte selbst ausdrückenden Waren nur als abkürzende Ausdrucksweise dafür verstanden werden, dass Menschen diese Werte zum Ausdruck bringen. Und diese Menschen sind nicht als Subjekte, sondern als formal bestimmte Charaktermasken zu verstehen, die den Wert unbewusst zum Ausdruck bringen. Denn der Umstand, dass wir den Wert als direkten Tauschwertgrund akzeptieren, ändert nichts daran, dass wir es weiterhin mit dem einseitigen Tausch zwischen Waren zu tun haben, den es nur auf der Ebene des formal mittelbaren Seins gibt.

Auf der Basis dessen, dass wir vier Varianten der Rede vom Wert bzw. der ihn bildenden Arbeit kennen gelernt haben, sei drittens darauf hingewiesen, dass wir zunächst das Verständnis als konkrete Gemeinsamkeit zugrunde legen. Erst danach soll auf die Nicht-Gemeinsamkeit, die abstrakte Gemeinsamkeit und die abstraktifizierte konkrete Gemeinsamkeit eingegangen werden.

"Die Wertgegenständlichkeit der Waren unterscheidet sich dadurch von der Wittib Hurtig, daß man nicht weiß, wo sie zu haben ist. Im graden Gegenteil zur sinnlich groben Gegenständlichkeit der Warenkörper geht kein Atom Naturstoff in ihre Wertgegenständlichkeit ein. Man mag daher eine einzelne Ware drehen und wenden, wie man will, sie bleibt unfaßbar als Wertding. Erinnern wir uns jedoch, daß die Waren nur Wertgegenständlichkeit besitzen, sofern sie Ausdrücke derselben gesellschaftlichen Einheit, menschlicher Arbeit, sind, daß ihre Wertgegenständlichkeit also rein gesellschaftlich ist, so versteht sich von selbst, daß sie nur im gesellschaftlichen Verhältnis von Ware zu Ware erscheinen kann. Wir gingen in der Tat vom Tauschwert oder Austauschverhältnis der Waren aus, um ihrem darin versteckten Wert auf die Spur zu kommen. Wir müssen jetzt zu dieser Erscheinungsform des Werts zurückkehren." (I, 62)

In diesem Zitat behauptet Marx, dass der Wert nur als Tauschwert ausgedrückt werden kann. Damit schließt er von Anfang an die Möglichkeit aus, dass sich der Wert als Wert Ausdruck verschafft. Zur Begründung dieses Schrittes bemüht Marx einerseits ein „man", das um die „Wertgegenständlichkeit" „nicht weiß" und deshalb den Wert als solchen gar nicht kennt. Er bezieht sich damit offensichtlich auf eine Ebene des unmittelbaren Seins, auf der Menschen als Subjekte agieren. Denn nur in diesem Fall spielt das Wissen und das Bewusstsein eine Rolle. Und diese Ebene stellt er nicht im Rahmen einer Argumentation per teleologischer Genesis als begründete Erscheinungen dar. Anstatt eine solche Darlegung zu liefern, die erst zu den fertigen Verhältnissen hinführt, geht Marx vielmehr schon von diesen Verhältnissen aus. Andererseits argumentiert er damit, dass die „Wertgegenständlichkeit" einen Charakter hat, der „rein gesellschaftlich" ist und die deshalb „nur im Verhältnis von Ware zu Ware erscheinen kann". Auf dieser Ebene ist nicht das Maßstab, was die Subjekte wissen und wollen, sondern das, was von der „Wertgegenständlichkeit" bzw. dem Wert aus gesehen möglich ist. Auf ihr wird daher eher logisch auf eine Weise argumentiert, die an die Argumentation per logischer Geltung erinnert.[lxxx]

Marx' Beschränkung auf die Tauschwertausdrücke des Werts ist von beiden Begründungen aus gesehen zu kritisieren. Bezogen auf die erste Argumentation ist zum einen darauf hinzuweisen, dass es falsch ist, die Menschen als Subjekte auf einer Ebene ins Spiel zu bringen, auf der es weiterhin um das formal mittelbare Sein geht und Geld noch nicht existiert. Denn auf der Ebene, auf der es noch um den einseitigen Tausch geht, kommen die Menschen nur als Charaktermasken vor. Aber auch wenn man die Menschen als Subjekte akzeptiert, ist zum zweiten Kritik vorzubringen. Zwar ist klar, dass die als Subjekte zu verstehenden Menschen, die den Wert nicht kennen, diesen nicht als das ausdrücken können, was er ist. Das führt als Erklärung der Wertform aber deshalb nicht weiter, weil diese Menschen den Wert nicht nur nicht als Wert, sondern auch nicht als Wertform und damit

116

überhaupt nicht ausdrücken können. Sie können zwar die Dinge als Waren behandeln und ihnen damit einen bestimmten Tauschwert zuweisen. Sie können ihnen aber keinen Tauschwert geben, der als Ausdruck des Werts verstanden werden kann. Wenn man vom Wunder absieht, wäre das nämlich nur auf Basis eines Wertinstinktes möglich, den es – wie oben auf der Seite 58 schon gesehen – jedoch nicht gibt. Auf diese Punkt werden wir später (vgl. S. 174 und 185ff.) noch genauer eingehen.

Oben haben wir gesehen, dass Marx auch im Zusammenhang mit den Charaktermasken von „Willensverhältnissen" redet. (vgl. S. 23) Da man auf dieser Grundlage meinen könnte, dass Marx auch hier von Charaktermasken spricht und wir daher zu besseren Ergebnissen kommen, weil diese das, was sie ausführen, eben unbewusst ausführen, sei zum dritten darauf hingewiesen, dass dem nicht zugestimmt werden kann. Zwar kann auf dieser Grundlage die erste, eher empirische Kritik nicht mehr vorgebracht werden. Es bleibt aber bei der zweiten, eher logischen Kritik. Denn die Charaktermasken, die es auf Basis des einseitigen Tauschs eigener mit fremder Ware gibt, unterscheiden sich von den Subjekten nur in Bezug darauf, dass sie einen Zweck unmittelbar anstreben, den die Subjekte mittelbar verfolgen. Das bedeutet, dass für die Menschen als Charaktermasken Vergleichbares gilt wie für sie als Subjekte. Sie können in ihren bewusstlosen Handlungen den Wert nur zum Ausdruck bringen, wenn ihnen dieser Wert als ein auszudrückender Inhalt klar vorausgesetzt ist. Würde es an dieser Voraussetzung fehlen, wäre nicht abzusehen, wie man durch eine Argumentation per logischer Geltung in der Lage sein sollte, mit Notwendigkeit auf die Handlung zu schließen, in der der Wert auf unbewusste Weise zum Ausdruck gebracht wird.

Zum vierten sei schließlich darauf aufmerksam gemacht, dass wir auch dann zu keinem für Marx positiven Urteil kommen, wenn wir akzeptieren, dass die als Subjekte zu verstehenden Menschen in der Lage sind, den Wert ungeachtet dessen, dass sie ihn gar nicht kennen, in einer uneigentlichen Form zum Ausdruck zu bringen, die dadurch charakterisiert ist, dass sie den Wert als solchen verdeckt. Denn auf dieser Grundlage wäre immer noch festzuhalten, dass gar nicht mit dem Wert argumentiert wird, sondern die Wertform nur aus dem fehlenden Bewusstsein des Werts heraus erklärt wird. Damit steht fest, dass Marx sein Beweisziel schon aus diesem Grund verfehlt. Und darauf ist vor allem deswegen hinzuweisen, weil Marx gerade damit, dass er die Wertform ausgehend vom Wert erklären will, zeigen möchte, dass dieser uneigentliche Ausdruck des Werts nicht Folge, sondern Grund der Unbekanntheit des Werts ist.[lxxxi]

Wenn wir uns nun die zweite Begründung vornehmen, in der tatsächlich mit dem Wert argumentiert wird, versteht sich auf der Basis dessen, dass wir den Wert als ein bestimmtes Quantum vergegenständlichter gesellschaftlich notwendiger

Durchschnittsarbeit kennen gelernt haben, keineswegs „von selbst", dass es den Ausdruck des Werts als Wert nicht geben kann. Obwohl der Wert nicht von Natur aus gegeben, sondern „rein gesellschaftlich ist", ist im Gegenteil von ihm als solchem aus betrachtet nicht einzusehen, warum er sich nicht als Wert und damit als das ausdrücken können soll, was er ist, also als soundsoviel gesellschaftlich notwendige Arbeit. Diesen Ausdruck schließt Marx einfach aus, ohne dafür auch nur das mindeste Argument vorzubringen. Er geht einfach davon aus, dass sich der Wert nur als Tauschwert ausdrücken kann.[lxxxii]

Wenn wir auf die obigen Überlegungen zurückblicken, können wir festhalten, dass schon der ersten Folgerung von Marx keinerlei Notwendigkeit zukommt. Dass es nur Tauschwertausdrücke des Werts geben kann, ist kein Schluss, sondern eine bloße Behauptung. Es sei deshalb geprüft, ob es dabei bleibt oder ob Marx noch überzeugendere Gründe für seinen Ausschluss des Wertausdrucks des Werts vorzubringen hat.[lxxxiii]

Marx setzt seine Darstellung, die letztlich zur Erklärung des Geldes führen soll, dadurch fort, dass er auf den "einfachsten Wertausdruck" (I, 62) eingeht, der in der Form des „Wertverhältnisses einer Ware, zu einer einzigen verschiedenartigen Ware, gleichgültig welcher" (I, 62) vorliegt. Genauer gesprochen behandelt er die "einfache, einzelne oder zufällige Wertform" (vgl. I, 63):

"x Ware A = y Ware B oder: x Ware A ist y Ware B wert.
(20 Ellen Leinwand = 1 Rock oder: 20 Ellen Leinwand sind 1 Rock wert.)",

in der der Wert der Ware A von vornherein in Gestalt der Ware B in Erscheinung tritt. Damit zeigt sich auf der einen Seite, dass Marx die Argumentation mit den Subjekten verlässt und wieder zu dem zurückkehrt, was vom Wert aus gesehen denkbar ist. Auf der anderen Seite ist gerade auf dieser Grundlage unklar, warum er den Wert der Ware A nicht als gesellschaftlich notwendige Arbeit auftreten lässt, sondern in der Gestalt der Ware B und damit in anderer Form präsentiert. Weil er unmittelbar mit der einfachen Wertform beginnt und es daher keinerlei Begründung gibt, erfahren wir nicht, warum das notwendig und der Ausdruck des Werts in seiner eigentlichen Form ausgeschlossen ist.

"Das Geheimnis aller Wertform steckt in dieser einfachen Wertform. Ihre Analyse bietet daher die eigentliche Schwierigkeit. Es spielen hier zwei Waren A und B, in unsrem Beispiel Leinwand und Rock, offenbar zwei verschiedene Rollen, die Leinwand drückt ihren Wert aus im Rock, der Rock dient zum Material dieses Wertausdrucks. Die erste Ware spielt eine aktive, die zweite eine passive Rolle. Der Wert der ersten Ware ist als relativer Wert dargestellt, oder sie befindet sich in relativer Wertform. Die zweite Ware funktioniert als Äquivalent oder befindet sich in Äquivalentform." (I, 63)

118

Von der fehlenden Begründung dieses Ausdrucks abgesehen, ist die "einfache Wertform" im obigen Zitat durchaus verständlich und richtig dargestellt. Obwohl bei Marx natürlich beide Waren Werte sind, drückt sich nur die linke, in "relativer Wertform" stehende Ware als Wert aus. Dagegen tritt die rechte, in "Äquivalentform" stehende Ware nur als das auf, worin sich der Wert der ersteren ausdrückt. Warum das so sein muss, warum sich der Wert nicht als das ausdrücken kann, was er doch ist, sondern sich in einem anderen Gebrauchswert einen Ausdruck geben muss, der von dem, was ausgedrückt werden soll, verschieden ist, bleibt jedoch unklar. Zwar ist richtig:

"20 Ellen Leinwand = 20 Ellen Leinwand ist kein Wertausdruck. Die Gleichung sagt vielmehr umgekehrt: 20 Ellen Leinwand sind nichts anderes als 20 Ellen Leinwand, ein bestimmtes Quantum des Gebrauchsgegenstandes Leinwand." (I, 63)

Daraus kann aber noch nicht die Folgerung gezogen werden:

"Der Wert der Leinwand kann also nur relativ ausgedrückt werden, d. h. in andrer Ware." (I, 63)

Dieser Folgerung ist zu widersprechen, weil der Wert durchaus anders ausgedrückt werden kann, nämlich als soundsoviel Stunden vergegenständlichte Durchschnittsarbeit.

Bei den obigen Überlegungen wurde davon ausgegangen, dass der Wert bzw. die ihn bildende Arbeit als konkrete Gemeinsamkeit zu verstehen ist und damit die jeweils gesellschaftlich notwendige Durchschnittsarbeit deshalb meint, weil jede Besonderheit im Hinblick auf die Wertbildung gleich gültig ist. Daher könnte man der Auffassung sein, dass wir zu einem für Marx besseren Ergebnis kommen, wenn wir einen Begriff des Werts zugrunde legen, der im Hinblick auf die bei Marx einzig als Arbeit zählende gebrauchswertbildende oder produktive Arbeit entweder eine abstraktifizierte konkrete Gemeinsamkeit darstellt. Oder wir bekommen es mit einer abstrakten Gemeinsamkeit deswegen zu tun, weil diese Arbeit einen wertbildenden Aspekt aufweist, der neben dem gebrauchswertbildenden Aspekt existiert. Oder aber es ist von einer Nicht-Gemeinsamkeit auszugehen, weil die wertbildende Arbeit neben der produktiven gebrauchswertbildenden Arbeit existiert, ohne dabei mit der zirkulativen Arbeit zusammenzufallen, die ja ebenfalls neben der produktiven vorkommt. Daher sei im Folgenden noch geprüft, ob dieser Eindruck richtig ist. Dabei sei mit der abstraktifizierten Fassung der konkreten Allgemeinheit begonnen.

Wenn die abstrakt gemachte Fassung der gebrauchswertbildenden Arbeit als abstrakte „Arbeitsgallerte" den Wert bildet, dann ist eine ähnliche Kritik wie im Fall der konkreten Gemeinsamkeit vorzubringen. Zum einen fragt sich, warum diese abstraktifizierte Arbeit nicht als solche zum Ausdruck kommt. Warum tritt der Wert nicht als das in Erscheinung, was er ist? Klar ist zwar, dass er z. B. nicht als x Stunden Schreinerarbeit auftreten kann. Fraglich bleibt aber, warum er nicht als x Stunden abstrakt menschliche Arbeit erscheinen kann. Diese Frage erhebt sich, weil man auch in diesem Zusammenhang nicht als Argument anführen kann, dass die Austauschenden diese Arbeit nicht kennen. Denn damit würde man wieder den Ausgangspunkt der Argumentation wechseln und vom Wert zu den austauschenden Subjekten übergehen. Und damit würde wieder der Einwand fällig, dass diese Subjekte zumindest dann den Wert überhaupt nicht zum Ausdruck bringen können, wenn sich das Nicht-Wissen nicht nur auf die abstraktifizierte Variante der gebrauchswertbildenden Arbeiten, sondern auch auf diese selbst bezöge.

Da es keinen Größenunterschied zwischen den konkreten gebrauchswertbildenden Arbeiten und den abstrakt gemachten gebrauchswertbildenden Arbeiten gibt, ist zum anderen unverständlich, warum die wertbildende Arbeit nicht durch die konkrete Arbeit zum Ausdruck gebracht werden kann. Auch in diesem Zusammenhang fehlt jegliches Argument für den von Marx vorgenommenen Schluss.

Kommen wir nun zur abstrakten Gemeinsamkeit und zur Nicht-Gemeinsamkeit: Dabei sei zunächst kontrafaktisch angenommen, dass sowohl die abstrakte Gemeinsamkeit als auch die Nicht-Gemeinsamkeit nicht nur etwas Bestimmtes, sondern auch etwas empirisch Gegebenes bezeichnen. Wenn wir auf dieser Grundlage mit der abstrakten Gemeinsamkeit beginnen, können wir uns das folgende Zitat vornehmen:

"Um den Leinwandwert als Gallerte menschlicher Arbeit auszudrücken, muß er als eine "Gegenständlichkeit" ausgedrückt werden, welche von der Leinwand selbst dinglich verschieden und ihr zugleich mit andrer Ware gemeinsam ist." (I, 65/66; vgl. auch 72/73)

Denn es kann so verstanden werden, dass Marx in ihm tatsächlich mit der abstrakten Gemeinsamkeit der wertbildenden Arbeit argumentiert. Daher ist darauf hinzuweisen, dass sich dann, wenn die "Gallerte menschlicher Arbeit" etwas Gegebenes und Bestimmtes bezeichnet, zu fragen ist, warum es nicht als solches zum Ausdruck kommt. Unklar bleibt damit auch an dieser Stelle, warum der Wert nicht in der Form von soundsoviel abstraktem Arbeitsaspekt ausgedrückt werden kann. Dieser Punkt kann anhand des folgenden Zitats verdeutlicht werden:

"So ist die Buttersäure ein von Propylformat verschiedner Körper. Beide bestehen jedoch aus denselben chemischen Substanzen - Kohlenstoff (C), Wasserstoff (H) und Sauerstoff (O), und zwar in gleicher prozentiger Zusammensetzung, nämlich $C_4H_8O_2$. Würde nun der Buttersäure das Propylformat gleichgesetzt, so gälte in diesem Verhältnis erstens das Propylformat bloß als Existenzform von $C_4H_8O_2$

und zweitens wäre gesagt, daß auch die Buttersäure aus $C_4H_8O_2$ besteht. Durch die Gleichsetzung des Propylformats mit der Buttersäure wäre also ihre chemische Substanz im Unterschied von ihrer Körperform ausgedrückt." (I, 64/65)

Zu diesem Zitat ist zunächst zu sagen, dass $C_4H_8O_2$ zwar als abstrakter Ausdruck bezeichnet werden kann, wenn man ihn mit Buttersäure oder Propylformat vergleicht. Trotzdem ist festzustellen, dass $C_4H_8O_2$ keine abstrakte Allgemeinheit darstellt. Die Buttersäure und das Propylformat sind nicht $C_4H_8O_2$ jenseits der Eigenschaften, die sie zu Buttersäure bzw. Propylformat machen, sondern nur im Rahmen dieser Eigenschaften. Zum anderen kann dann, wenn man von diesem Punkt absieht und $C_4H_8O_2$ als abstrakte Allgemeinheit akzeptiert, zwar gesagt werden, dass durch die „Gleichsetzung des Propylformats mit der Buttersäure" „ihre chemische Substanz im Unterschied von ihrer Körperform ausgedrückt" wird. Das ist aber weit davon entfernt, die Wertform zu begründen. Denn es ist nicht abzusehen, warum das Propylformat seine chemische Substanz nicht als das zum Ausdruck bringt, was sie doch ist, also als $C_4H_8O_2$.

Wenn wir nun zur Nicht-Gemeinsamkeit übergehen, ist die folgende Stelle von Interesse:

"Der in der Ware eingehüllte innere Gegensatz von Gebrauchswert und Wert wird also dargestellt durch einen äußeren Gegensatz, d. h. durch das Verhältnis zweier Waren, worin die eine Ware, deren Wert ausgedrückt werden soll, unmittelbar nur als Gebrauchswert, die andre Ware hingegen, worin Wert ausgedrückt wird, unmittelbar nur als Tauschwert gilt. Die einfache Wertform einer Ware ist also die einfache Erscheinungsform des in ihr enthaltenen Gegensatzes von Gebrauchswert und Wert." (I, 75/76)

Denn in ihr scheint Marx sich eher auf eine Nicht-Gemeinsamkeit zu beziehen, wenn er von einem „Gegensatz von Gebrauchswert und Wert" redet. Wenn es zwischen dem Gebrauchswert und dem Wert tatsächlich einen „inneren Gegensatz" deswegen gibt, weil die wertbildende Arbeit nur neben oder jenseits der gebrauchswertbildenden vorkommt, dann wäre zwar klar, dass die gebrauchswertbildende Arbeit nicht als Wertform oder Wertausdruck in Frage kommt. Es wäre jedoch immer noch vollkommen offen, warum die gegensätzlich oder jenseitig bestimmte wertbildende Arbeit nicht als solche in Erscheinung tritt.

Bislang sind wir davon ausgegangen, dass die wertbildende Arbeit sowohl als abstrakte Gemeinsamkeit als auch als Nicht-Gemeinsamkeit nicht nur eine empirische Gegebenheit darstellt, sondern auch einen bestimmten Inhalt hat. Auf dieser Grundlage könnte eingewandt werden, dass dieser Ausgangspunkt verfehlt ist. Weil Marx in dem auf der Seite 115 angeführten Zitat bezogen auf die einzelne

Ware feststellt: „sie bleibt unfaßbar als Wertding" und darüber hinaus Bezeichnungen wie „Gallerte unterschiedsloser menschlicher Arbeit" oder „gespenstige Gegenständlichkeit" (I, 52) benutzt, könnte man nämlich der Auffassung sein, dass er von einem Wert ausgeht, der zwar etwas Gegebenes, aber gleichzeitig auch etwas Unbestimmtes darstellt. Wenn wir uns trotz des Umstandes, dass ein unbestimmter Wert nicht mehr als Grund für die Erklärung des Tauschwerts tauglich ist, auf diese Ebene einlassen und prüfen, ob wir auf Basis einer unbestimmten Gegebenheit im Hinblick auf die Notwendigkeit einer uneigentlichen Wertform zu einem anderen Ergebnis kommen, könnte man zunächst meinen, dass die Wertform erforderlich wird. Denn etwas Unbestimmtes kann natürlich nicht in bestimmter Weise oder in Gestalt einer bestimmten Größe als das auftreten, was es ist. Sieht man genauer hin, zeigt sich aber, dass wir doch wieder ein negatives Ergebnis zu vermelden haben. Denn im vorliegenden Zusammenhang stellt sich gar nicht mehr die Frage nach der Wertform. Ausgehend von einem unbestimmten Wert kann es nicht um die uneigentliche Wertform gehen, sondern nur um seine Bestimmung, die entweder bloße Namensgebung oder wirkliche Bestimmung ist. Wenn es nur um eine Namensgebung geht, dann ist die Bestimmung immer richtig. Wenn es um die wirkliche Bestimmung zu tun ist, kann sie richtig oder falsch sein. Richtig ist sie, wenn sie mit der Gegebenheit übereinstimmt, und falsch, wenn das nicht der Fall ist. Zu einer Wertform, die zugleich richtig und falsch ist, kann es dagegen nicht kommen. Der Prozess der Bestimmung von etwas zunächst Unbestimmten darf daher nicht mit dem Übergang zur Wertform verwechselt werden.

Obwohl wir gerade die Bestimmtheit aufgegeben haben, sind wir bislang immer noch davon ausgegangen, dass die abstrakte Arbeit als abstrakte Gemeinsamkeit oder Nicht-Gemeinsamkeit etwas Gegebenes darstellt. Wenn wir uns auf der Basis dessen, dass wir oben (vgl. S. 51ff.) schon gesehen haben, dass das gar nicht der Fall ist, uns nun noch die Variante vornehmen, in der es zwar nicht an der Bestimmtheit, aber an der Gegebenheit des vorausgesetzten Inhalts fehlt, könnte man auf den ersten Blick wieder meinen, dass die Wertform auf dieser Grundlage endlich begründet werden kann. Denn dass etwas Nicht-Existierendes als das, was es ist, nicht in Erscheinung treten kann, versteht sich in der Tat von selbst. Daher sei darauf hingewiesen, dass dieser Feststellung zwar zugestimmt werden kann. Trotzdem kann die Wertform auf dieser Weise genauso wenig begründet werden. Denn wir bekommen es hier gleichfalls mit einer ganz anderen Thematik zu tun, als der Frage nach dem angemessenen äußerlichen Ausdruck für den innerlichen Wert.

Wenn man von etwas ausgeht, was zwar bestimmt, aber nicht gegeben ist, kann man nie und nimmer zur uneigentlichen Wertform kommen. Dann kann es vielmehr nur um das Werden oder die Entstehung von diesem Etwas gehen. Da im vorliegenden Zusammenhang genau das entsteht, was es zunächst nur in der Vorstellung und damit noch nicht in der Realität gegeben hat, führt diese Entstehung immer zu einem richtigen Resultat. Es entsteht nämlich nicht nur eine äußere Form für einen davon verschiedenen Inhalt, sondern eine Form, die mit ihrem Inhalt zusammenfällt. Zu einem Ergebnis, das zugleich richtig und falsch ist und gerade deswegen als Wertform bezeichnet werden kann, kann es dagegen nie kommen. Daher darf der Prozess der Wertentstehung genauso wenig mit der Frage nach der Wertform verwechselt werden wie der Prozess der Wertbestimmung.

Wenn man den Weg der Wertkonstitution beschreitet, hat man es nicht mehr mit der Thematik zu tun, um die es Marx geht. Während der Wert bei Marx etwas ist, was vor dem Tausch schon gegeben ist und im Tausch nur eine andere Form annimmt, fällt der Wert auf der Basis dieses Verständnisses mit der Wertform zusammen. Wert und Wertform sind dann gleichbedeutend und bezeichnen das, was man im Tausch für seine Ware bekommen kann. Gerade, weil in diesem Zusammenhang nicht mehr von einer Erklärung des Tauschwerts gesprochen werden kann, ist das nicht das, was Marx vertritt. Das ist vielmehr die Position der "modernen Freihandels-Commis-Voyageurs, wie Bastiat und Konsorten", die Marx mit folgenden Worten kritisiert:

"Für sie existiert folglich weder Wert noch Wertgröße der Ware außer in dem Ausdruck durch das Austauschverhältnis, daher nur im Zettel des täglichen Preiskurants." (I, 75)

Daran, dass wir Marx' Thema verlassen, wenn wir das obige Verständnis teilen, ändert im Übrigen auch der Umstand nichts, dass Marx oben im Zusammenhang mit der „Wittib Hurtig" mit einem Subjekt argumentiert hat, das um die Wertgegenständlichkeit nicht weiß. Denn auf dieser Grundlage hat es nur am Bewusstsein des Werts gemangelt. Das bestimmte Sein des Werts war aber vorhanden. Hier ist es jedoch umgekehrt. Denn es fehlt am Sein des Werts. Dagegen kann das Bewusstsein in dem Sinne vorhanden sein, dass man weiß, womit man die Waren zu tauschen hat, damit sie das realisieren, was man gemeinhin ihren Wert nennt.[23]

---

[23] Bei den obigen Überlegungen wurde vom Wert bzw. der ihn bildenden Arbeit als konkrete Gemeinsamkeit, als abstrakte Gemeinsamkeit und als Nicht-Gemeinsamkeit ausgegangen und bezogen auf die beiden letztgenannten Fälle noch zwischen den beiden Möglichkeiten unterschieden, dass der Wert etwas Gegebenes aber nicht Bestimmtes oder umgekehrt etwas Bestimmtes aber nicht Gegebenes darstellt. Es gibt aber noch eine weitere Variante. Während es oben dabei blieb, dass der Wert etwas ist, was den einzelnen Waren zukommt und daher Gegenständlichkeit oder als Substanz bezeichnet werden konnte, kann man den Wert nämlich auch als gemeinsame Gegenständlichkeit oder als Verhältnis zwischen den vergegenständlichten Arbeiten bestimmen. Auf diese Möglichkeit und darauf, wie auf ihrer Grundlage die Frage nach der Wertform zu beantworten ist, werden wir im 7. Abschnitt dieses Kapitels zu sprechen kommen. (vgl. S. 94ff.)

Zusammenfassend kann festgehalten werden, dass sich die Frage danach, warum dieser Inhalt in jener anderen Form auftritt, nur stellt, wenn wir einen Inhalt haben, der nicht nur bestimmt, sondern auch gegeben ist, als solcher aber nicht zum Ausdruck kommt. Wenn es einen solchen Inhalt nicht gibt, kommt dieses Problem dagegen gar nicht vor. Ganz im Gegenteil ist auf dieser Grundlage schon die Frage nach der Wertform sinnlos. Denn es geht eben nicht mehr um einen angemessenen Wertausdruck bzw. um die Frage nach der Wertform, sondern nur um die Prozesse der Wertbestimmung bzw. der Wertkonstitution. Und diese Prozesse haben es gerade nicht mit der Entstehung einer äußeren Form für einen davon verschiedenen Inhalt zu tun.[lxxxiv]

Erwähnt sei noch, dass wir natürlich auch dann zu keinem besseren Ergebnis kommen, wenn wir von einem Wert ausgehen, dem es sowohl an der Gegebenheit als auch an der Bestimmtheit mangelt. In diesem Fall fehlt es vollkommen an einer Verbindung zwischen dem, wovon zunächst ausgegangen wird, und dem, was am Schluss vorhanden ist. Wir haben es daher nicht einmal mehr mit der Bestimmung von etwas zunächst Unbestimmten bzw. der Entstehung von etwas zunächst nicht Bestehendem zu tun, sondern deswegen mit einem vollkommen unvermittelten Anfang mit etwas ganz Neuem, weil eben das von einem reinen Nichts ausgehende Übergehen zu einem Etwas in keiner Weise eine Vermittlung dieses Etwas beinhaltet.[lxxxv]

Auf dieser Grundlage können wir aus den obigen Überlegungen das Fazit ziehen, dass Marx die Wertform in ihrer einfachen Gestalt nicht ableiten und insbesondere nicht begründen kann, warum es nicht möglich ist, dass sich der Wert als Wert ausdrückt. Zum einen ist seine Bezugnahme auf das Subjekt untauglich, die sich sowieso als bloße Episode entpuppt hat. Zum anderen gilt für die vom Wert ausgehende Begründung dasselbe. Auch bezogen auf dieses vorherrschende Argumentationsmuster kann festgestellt werden, dass Marx nicht in der Lage ist, einleuchtende Gründe dafür zu nennen, warum sich der Wert nicht als das ausdrücken können soll, was er doch ist. Und das gilt zum einen nicht nur, wenn wir den Wert als konkrete Allgemeinheit fassen, sondern auch, wenn wir ihn als abstraktifizierte konkrete Gemeinsamkeit, als abstrakte Gemeinsamkeit oder als Nicht-Gemeinsamkeit verstehen. Zum anderen ändert sich daran auch dann nichts, wenn es an der Bestimmtheit und/oder Gegebenheit der jeweiligen Gemeinsamkeiten mangelt. Denn in diesem Fall haben wir es nicht mehr mit einem Ausdrucksprozess, sondern einem Bestimmungs- und/oder Entstehungsprozess zu tun.

Wenn wir uns jetzt noch der bislang zurückgestellten quasi empirischen Frage zuwenden, ob die einfache Wertform in den Gegebenheiten des einseitigen Tauschs einer Ware mit einer anderen Ware impliziert ist oder nicht, ist festzustellen, dass von einer Implikation nicht gesprochen werden kann. In diesem Rahmen gibt es zwar den Tauschwertausdruck des Werts, aber nicht den Wertausdruck des Werts. Daher können wir hier konstatieren, dass die Frage nach dem Wertausdruck zumindest in der unmittelbaren Form, in der sie in diesem Abschnitt verstanden worden ist, nicht zu den bereits thematisierten Gegebenheiten gerechnet werden kann. Das bestätigt, dass die Wertausdrucksfrage wirklich als ein zweiter Anfang charakterisiert werden kann. Denn sie führt tatsächlich zu einer neuen Thematik.

Weil gerade der Umstand, dass der Wertausdruck des Werts nicht als Implikation oder Bestandteil des einseitigen Tauschs verstanden werden kann, als Beweis dafür genommen werden könnte, dass es den Ausdruck des Werts als Wert nicht geben kann, sei schließlich betont, dass dieser Zusammenhang nicht hergestellt werden kann. Denn der Umstand, dass es den Wertausdruck des Werts im Rahmen des einseitigen Warentauschs nicht gibt, ändert nicht das Mindeste daran, dass sich bei Marx keine logische Begründung dafür findet, dass sich der Wert nicht als Wert ausdrücken kann.

2. Der Tauschwert

Bislang habe ich die Notwendigkeit der Marxschen Wertform nur vom Wert als solchem aus gesehen überprüft und kritisiert. Dabei können wir es aber nicht belassen. Wie schon die Überschrift zu dem zur Betrachtung anstehenden Teil des 1. Kapitels "Die Wertform oder der Tauschwert" zeigt, vermengt Marx nämlich die Frage nach dem Ausdruck des Werts als Wert mit der nach dem Ausdruck des Werts als Tauschwert.

"Waren kommen zur Welt in der Form von Gebrauchswerten oder Warenkörpern, als Eisen, Leinwand, Weizen usw. Es ist dies ihre hausbackene Naturalform. Sie sind jedoch nur Waren, weil Doppeltes, Gebrauchsgegenstände und zugleich Wertträger. Sie erscheinen daher nur als Waren oder besitzen nur die Form von Waren, sofern sie Doppelform besitzen, Naturalform und Wertform." (I, 62)

Diesem Zitat ist einesteils entgegenzuhalten, dass die Dinge, die "Gebrauchsgegenstände und zugleich Wertträger" sind, damit noch nicht als Waren gekennzeichnet sind, weil zum Waresein dazugehört, dass der Wert als Tauschwert zu fungieren hat. Dies ist eine Bestimmung, die über den Wert als solchen hinausgeht. Darum ist andernteils Marx bei der Behauptung, Waren würden nur als Waren "erscheinen", wenn sie "Naturalform und Wertform" besäßen, nur zuzustimmen, wenn unter "Wertform" je schon der Ausdruck des Werts als Tauschwert verstanden wird.

Dass Marx genau dieses Verständnis teilt, zeigt folgende Stelle:

"Aber die zwei qualitativ gleichgesetzten Waren spielen nicht dieselbe Rolle. Nur der Wert der Leinwand wird ausgedrückt. Und wie? Durch ihre Beziehung auf den Rock als ihr "Äquivalent" oder mit ihr "Austauschbares"." (I, 64; vgl. auch 70)

Angesichts dieses Zitats ist zunächst die Tatsache zu betonen, dass der bloße Wertausdruck auch dann vom Tauschwertausdruck verschieden ist, wenn der Wert, wie hier vorausgesetzt, die Bestimmungsgröße des Tauschwerts ist. Auch in diesem Fall ist der Ausdruck "Austauschbares" nicht mit der Bezeichnung "Äquivalent" identisch, sondern enthält mit der Austauschbarkeit ein im Vergleich zur Gleichwertigkeit zusätzliches Moment. Wenn sich eine Ware also als Wert ausdrückt, dann stellt sie sich damit nicht notwendigerweise als Ware und Tauschwert dar. Und wenn sie sich als Ware ausdrückt und ihren Wert damit als Tauschwert, dann liegt eben mehr als ein bloßer Wertausdruck vor. Marx ist vorzuwerfen, genau diese Differenz zu übersehen, wenn er die Momente "Äquivalent" und "Austauschbares" einander gleichsetzt.

Dass dieser Vorwurf berechtigt ist, lässt sich auch folgendem Zitat entnehmen, das schon einmal angeführt worden ist:

"Der Wert einer Ware ist selbständig ausgedrückt durch seine Darstellung als "Tauschwert". Wenn es im Eingang dieses Kapitels in der gang und gäben Manier hieß: Die Ware ist Gebrauchswert und Tauschwert, so war dies, genau gesprochen, falsch. Die Ware ist Gebrauchswert oder Gebrauchsgegenstand und "Wert". Sie stellt sich dar als dies Doppelte, was sie ist, sobald ihr Wert eine eigne, von ihrer Naturalform verschiedne Erscheinungsform besitzt, die des Tauschwerts, und sie besitzt diese Form niemals isoliert betrachtet, sondern stets nur im Wert- oder Austauschverhältnis zu einer zweiten, verschiedenartigen Ware. Weiß man dies jedoch einmal, so tut jene Sprechweise keinen Harm, sondern dient zur Abkürzung." (I, 75; vgl. auch 62)

Einerseits ist Marx zuzustimmen, wenn er in diesem Zitat einen Unterschied zwischen „Tauschwert" und „Wert" dergestalt macht, dass der "isoliert betrachteten" einzelnen Ware nur die zweite Bestimmung und nicht die erste zugewiesen werden kann. Das ist der Fall, weil der Tauschwert als solcher nur zum Ausdruck kommt, wenn über die isolierte einzelne Ware hinausgegangen und diese auf das bezogen wird, womit sie austauschbar ist. Genau das unterscheidet den Tauschwert vom Wert, der ohne eine solche Bezugnahme auf Anderes zum Ausdruck kommen kann. Andererseits findet sich jedoch wieder der schon oben aufgefallene Mangel, wenn Marx die Ware als "Gebrauchsgegenstand und Wert" definiert, wo diese Bestimmungsmomente doch erst einen Wertgegenstand und noch keine Ware ausmachen, und davon spricht, dass sie sich als dies Doppelte darstellt, sobald ihr Wert in der Form des Tauschwerts erscheint, wo diese Form doch immer schon mehr als eine Darstellung des Werts ist. Damit tut Marx so, als läge es je schon im Wert, dass er sich als Tauschwert darstellen muss, und als wäre dies keine ihm äußerliche, zusätzliche Bestimmung. Es ist deshalb zu bezweifeln, dass kein "Harm" entstanden ist.

Auf der Seite 93 habe ich geschrieben, dass der Wert mit einem funktionierenden System der Gebrauchswerte einhergeht, in dem die Austauschbarkeit der Waren zum Wert beinhaltet ist. Dies könnte hier als Rechtfertigung des Marxschen Vorgehens beigebracht werden. Zum besseren Verständnis sei deshalb noch darauf hingewiesen, dass diese Austauschbarkeit nur eine Möglichkeit beinhaltet. Dass diese Möglichkeit Wirklichkeit werden soll, das liegt aber nicht am Wert, sondern stellt eine zu ihm hinzukommende Bestimmung dar.

Angesichts der genannten Verquickung ist festzustellen, dass hier mit umgekehrten Vorzeichen ein Fehler wiederkehrt, den wir bereits kennen gelernt haben:

"Das Arbeitsprodukt ist in allen gesellschaftlichen Zuständen Gebrauchsgegenstand, aber nur eine historisch bestimmte Entwicklungsepoche, welche die in der Produktion eines Gebrauchsdings verausgabte Arbeit als seine "gegenständliche" Eigenschaft darstellt, d. h. als seinen Wert, verwandelt das Arbeitsprodukt in Ware. Es folgt daher, daß die einfache Wertform der Ware zugleich die einfache Warenform des Arbeitsprodukts ist, daß also auch die Entwicklung der Warenform mit der Entwicklung der Wertform zusammenfällt." (I, 76)

Während Marx früher meinte, vom Tauschwert auf den Wert schließen (vgl. S. 25ff.) oder zumindest den Tauschwert als notwendige Bedingung (vgl. S. 97ff.) des Werts darstellen zu können, glaubt er hier umgekehrt, aus dem Wert den Tauschwert folgern zu können. Das eine ist so falsch wie das andere. Genausowenig, wie vom Ware- und Tauschwertsein mit Notwendigkeit auf den Wert geschlossen werden kann, genausowenig ist zwingend, "daß die einfache Wertform der Ware zugleich die einfache Warenform des Arbeitsprodukts ist". Beide Momente sind erstens voneinander zu unterscheiden. Zweitens ist ihr kombiniertes Auftreten bei Marx nicht logisch, sondern nur gleichsam historisch-faktisch begründet. Um den Tauschwert als Ausdruck des Werts überzeugend ableiten zu können, müsste Marx deshalb drittens von Anfang an klar zu erkennen geben, dass es ihm nicht darum zu tun ist, wie sich die Ware als Wert ausdrückt, sondern darum geht, wie sie sich als Ware und ihr Wert sich damit als Tauschwert ausdrückt. Mit der die Differenz zwischen Tauschwert und Wert verwischenden Rede vom "Warenwert" (vgl. S. 100) ist es dabei nicht getan, weil man auch beim Wert einer Ware zwischen ihrem Ausdruck als Wert bzw. als Tauschwert unterscheiden kann.[lxxxvi]

Wenn wir uns nun trotz des Umstandes, dass es dafür keine Notwendigkeit gibt, darauf einlassen, dass der Wert als Tauschwert ausgedrückt werden soll und die Marxschen Folgerungen auf dieser Grundlage prüfen, dann in der Tat "versteht sich auch von selbst", dass sich dieser Ausdruck auf der Basis der von Marx thematisierten Gegebenheiten, also unter Ausschluss des Geldes (vgl. S. 25), nur „im gesellschaftlichen Verhältnis von Ware zu Ware" und damit nur im Austauschverhältnis zeigen kann. Als Tauschwert kann der Wert tatsächlich nur relativ ausgedrückt werden. Das heißt allerdings immer noch nicht, dass der Wert sich innerhalb seines Tauschwertausdrucks nicht als das deutlich machen kann, was er doch ist und Marx' „einfache, einzelne oder zufällige Wertform" daher notwendig ist. Gerade, weil es beim Austausch der Waren nicht nur um die Aneignung eines anderen Gebrauchswerts geht, sondern der Austausch nach Maßgabe des Werts stattfinden soll und somit auch die Aneignung einer bestimmten Menge anderer Arbeit wichtig ist, bleibt denkbar, dass der Tauschwertausdruck des Werts z. B. folgendes Aussehen hat:

x Ware A ist y Stunden in B vergegenständlichter Arbeit wert

oder:

x Ware A ist mit y Stunden in Ware B vergegenständlichter Arbeit austauschbar

Es ist also nicht einzusehen, warum die andere vergegenständlichte Arbeit nicht genauso in Erscheinung tritt wie der andere Gebrauchswert, wo es doch in dem von Marx unterstellten Austausch um beide gleichermaßen geht. Auf diese Möglichkeit, die deutlich machen würde, dass der Tauschwertausdruck zugleich ein Wertausdruck ist, geht Marx mit keinem Wort ein. Offensichtlich ist sie ihm deswegen nicht mehr ins Bewusstsein gekommen, weil er den Ausdruck des Werts als Wert schon bei der in relativer Wertform stehenden Ware vernachlässigt hat.

Dass Marx diesen Punkt übersehen hat, ist umso erstaunlicher, als er die Äquivalentform doch folgendermaßen bestimmt:

"Die erste Eigentümlichkeit, die bei Betrachtung der Äquivalentform auffällt, ist diese: Gebrauchswert wird zur Erscheinungsform seines Gegenteils, des Werts." (I, 70)

"Es ist also eine zweite Eigentümlichkeit der Äquivalentform, daß konkrete Arbeit zur Erscheinungsform ihres Gegenteils, abstrakt menschlicher Arbeit wird." (I, 73; vgl. auch 72)

"Es ist also eine dritte Eigentümlichkeit der Äquivalentform, daß Privatarbeit zur Form ihres Gegenteils wird, zu Arbeit in unmittelbar gesellschaftlicher Form." (I, 73)

Auch wenn er nur zweimal explizit von "Erscheinungsform" redet und beim dritten Mal einfach nur "Form" schreibt, ist meines Erachtens klar, dass die drei Aussagen einen vergleichbaren Stellenwert haben. Insofern wäre zu erwarten, dass die konkrete Privatarbeit, die in der Äquivalentware enthalten ist, genauso auftritt wie ihr Gebrauchswert. Seltsamerweise ist das aber nicht der Fall. Mithin kann als endgültiges Ergebnis festgehalten werden, dass die einfache Wertform, in der der Wert nicht als Wert, sondern als Gebrauchswert einer anderen Ware erscheint, vollkommen unbegründet ist. Anstatt diese Erscheinungsform aus dem Wert zu entwickeln, geht Marx unvermittelt zu ihr über. Er kehrt auf diese Weise einfach wieder zu den Verhältnissen zurück, mit denen er begonnen hatte.[lxxxvii]

Erwähnt sei noch, dass wir das quasi empirische Argument, das wir oben gegen den Wertausdruck des Werts vorgebracht haben, nicht mehr gegen den Tauschwertausdruck des Werts vorbringen können, der in der einfachen Wertform enthalten ist. Während das beim Wertausdruck nicht möglich ist, kann dieser Tauschwertausdruck zwar nicht als Bestandteil eines wechselseitigen Austauschs von Waren betrachtet werden. Denn den gibt es nicht. (vgl. S. 19) Er kann aber als ein Bestandteil eines einseitigen Warentauschs betrachtet werden, den es auf der Ebene des formell mittelbaren Seins durchaus gibt. Der Tauschwertausdruck kann tatsächlich als eine Maßnahme verstanden werden, die diesen Warentausch einleitet.[lxxxviii] Das ändert aber nichts an dem Urteil, das wir in dieser Sache im vorhergehenden Abschnitt gefällt haben. (vgl. S. 123) Weil wir im nächsten Abschnitt (vgl. S. 135 und 141) zudem zu Ergebnissen kommen werden, die dieses Urteil bestätigen, kann insgesamt festgehalten werden, dass das hiesige Ergebnis den zweiten Anfang nicht dementieren kann.

Im Übrigen ändert der Umstand, dass der Tauschwertausdruck als Implikation des einseitigen Warentauschs verstanden werden kann, rein gar nichts daran, dass Marx seinen Wertausdruck in anderer Ware nicht ableiten kann. Denn mit einem Tauschwertausdruck des Werts hätten wir es auch dann zu tun, wenn die vergegenständlichte Arbeit in Erscheinung treten würde. Warum ein solcher Tauschwertausdruck, der sich vom Wert aus gesehen ja aufdrängt, ausgeschlossen sein soll, wird von Marx in keiner Weise begründet.

Bei den obigen Überlegungen sind wir wieder von der wertbildenden Arbeit als konkrete Gemeinsamkeit ausgegangen. Deshalb sei noch darauf hingewiesen, dass wir auch dann zu keiner Begründung der Wertform kommen, wenn wir eine abstraktifizierte konkrete Gemeinsamkeit, eine abstrakte Gemeinsamkeit oder eine Nicht-Gemeinsamkeit zugrunde legen. Denn in allen diesen Fällen ist gleichfalls nicht abzusehen, warum nicht gesagt werden kann: „x Ware A ist mit y Stunden in Ware B vergegenständlichter Arbeit austauschbar". Und wenn man das damit begründet, dass abstraktifizierte Arbeit oder abstrakte Arbeit oder jenseitige Arbeit nur in diesen von der konkreten Gemeinsamkeit verschiedenen Formen ausgedrückt werden kann, dann ist nicht einzusehen, warum bezogen auf die Ware B nicht von diesen Arbeiten gesprochen und festgestellt werden kann, dass x Ware A mit y Stunden in Ware B vergegenständlichter abstraktifizierter, abstrakter oder jenseitiger Arbeit austauschbar. Andererseits bekommen wir es dann, wenn man berücksichtigt, dass es die abstrakte oder jenseitige Arbeit gar nicht gibt oder diese vollkommen unbestimmt bleiben, wieder mit Fragen des Bestimmens oder Entstehens zu tun, die von der Frage nach der Wertform zu unterscheiden sind.

3. Der Übergang zur Geldform

Während wir uns bislang nur mit der "einfachen Wertform" beschäftigt haben, soll im Folgenden der von ihr ausgehende schrittweise Übergang zur "Geldform" untersucht werden. Marx soll an seinem Anspruch gemessen werden, der im folgenden Zitat zum Ausdruck kommt:

"Jedermann weiß, wenn er auch sonst nichts weiß, daß die Waren eine mit den bunten Naturalformen ihrer Gebrauchswerte höchst frappant kontrastierende, gemeinsame Wertform besitzen – die Geldform. Hier gilt es jedoch zu leisten, was von der bürgerlichen Ökonomie nicht einmal versucht ward, nämlich die Genesis dieser Geldform nachzuweisen, also die Entwicklung des im Wertverhältnis der Waren enthaltenen Wertausdrucks von seiner einfachsten unscheinbarsten Gestalt bis zur blendenden Geldform zu verfolgen. Damit verschwindet zugleich das Geldrätsel." (I, 62)

Wir werden also zu prüfen haben, ob die "Genesis dieser Geldform" dem Anspruch auf Notwendigkeit Genüge tut und Marx hier erfolgreicher ist, als bei der Ableitung der einfachen Wertform. Dabei ist zum einen klar, dass es nur noch um Wertausdrücke gehen kann, die zugleich Tauschwertausdrücke sind. Zum anderen soll die Argumentation zunächst auf der Basis dessen geprüft werden, dass die obige Kritik hintangestellt wird, dass der Tauschwertausdruck nicht auf die in der Äquivalentware vergegenständlichte Arbeit rekurriert und sich daher nicht zugleich als Wertausdruck darstellt. Erst danach soll geprüft werden, welche Einwände hinzukommen, wenn man die einfache Wertform in dieser Beziehung nicht akzeptiert. Zum dritten soll der Wert nicht nur als konkrete Gemeinsamkeit zugrunde gelegt werden, sondern auch kontrolliert werden, ob wir zu anderen Ergebnissen kommen, wenn von ihm als abstrakt gefasste konkrete Gemeinsamkeit, als abstrakte Gemeinsamkeit oder als Nicht-Gemeinsamkeit die Rede ist.

Bevor wir uns der Aufgabe der Überprüfung zuwenden können, muss noch darauf eingegangen werden, wie die von Marx angesprochene „Genesis des Geldes" zu verstehen ist. Zunächst könnte man auf Basis der auf der Seite 24 gegebenen Hinweise meinen, Marx wolle nicht nur die notwendige Existenz des Geldes begründen, sondern auch seine praktische Entstehung aufzeigen. Wie wir sehen werden, ist das aber nicht der Fall. Denn die von Marx vorgebrachte Argumentation entspricht viel eher der logischen Geltung als der teleologischen Genesis. Er versteht damit unter Genesis das, was wir oben Geltung genannt haben. Das ist zumindest überwiegend der Fall und schließt damit nicht aus, dass Marx hin und wieder in die Argumentation per teleologischer Genesis oder eine Darstellung zurückfällt, die dieser insofern ähnelt, als die Menschen in ihr als fertige Subjekte vorkommen, die entweder in der Gegenwart oder in der Vergangenheit anzusiedeln sind.

"Der Ausdruck in irgendeiner Ware B unterscheidet den Wert der Ware A nur von ihrem eignen Gebrauchswert und setzt sie daher auch nur in ein Austauschverhältnis zu irgendeiner einzelnen von ihr selbst verschiednen Warenart, statt ihre qualitative Gleichheit und quantitative Proportionalität mit allen andren Waren darzustellen. Der einfachen relativen Wertform einer Ware entspricht die einzelne Äquivalentform einer andren Ware. So besitzt der Rock, im relativen Wertausdruck der Leinwand, nur Äquivalentform oder Form unmittelbarer Austauschbarkeit mit Bezug auf diese einzelne Warenart.
Indes geht die einzelne Wertform von selbst in eine vollständigere Form über. Vermittelst derselben wird der Wert einer Ware A zwar in nur einer Ware von andrer Art ausgedrückt. Welcher Art aber diese zweite Ware, ob Rock, ob Eisen, ob Weizen usw., ist durchaus gleichgültig. Je nachdem sie also zu dieser oder jener andren Warenart in ein Wertverhältnis tritt, entstehn verschiedne einfache Wertausdrücke einer und derselben Ware. Die Anzahl ihrer möglichen Wertausdrücke ist nur beschränkt durch die Anzahl von ihr verschiedner Warenarten. Ihr vereinzelter Wertausdruck verwandelt sich daher in die stets verlängerbare Reihe ihrer verschiednen einfachen Wertausdrücke." (I, 76)

Mit diesen Ausführungen versucht Marx den Übergang von der "einfachen, einzelnen oder zufälligen Wertform" zur "totalen oder entfalteten Wertform" zu begründen, innerhalb der die Ware A ihren Wert resp. Tauschwert nacheinander in allen anderen Waren ausdrückt:

"z Ware A = u Ware B oder = v Ware C oder = w Ware D oder = x Ware E oder = etc.
(20 Ellen Leinwand = 1 Rock oder = 10 Pfd. Tee oder = 40 Pfd. Kaffee oder =
1 Quarter Weizen oder = 2 Unzen Gold oder = ½ Tonne Eisen oder = etc.)" (I,77)

Bevor wir uns fragen, wie Marx den Übergang zur entfalteten Wertform begründet, sei bezogen auf diese Wertform, die auch folgendermaßen dargestellt werden kann:

	=	1 Rock
	=	10 Pfd. Tee
	=	40 Pfd. Kaffee
20 Ellen Leinwand	=	1 Quarter Weizen
	=	2 Unzen Gold
	=	½ Tonne Eisen
	=	usw. Ware A,

zunächst auf Folgendes hingewiesen: Oben haben wir die einfache Wertform nur als Tauschwertausdruck zum Thema gemacht. Obwohl wir auf Seite 19 schon gesehen haben, dass es keinen wechselseitigen Tausch gibt, könnte sie aber auch als

Darstellung eines einseitigen Tauschaktes verstanden werden. Darauf ist hier aufmerksam zu machen, weil festgehalten werden kann, dass das bei der entfalteten Wertform nicht mehr der Fall ist. Denn zur gleichen Zeit kann die links stehende Ware nur auf der Basis des Tauschwertausdrucks oder des Ausdrucks ihrer Austauschbarkeit einer Vielzahl von jeweils als Alternativen zu verstehenden, rechts stehenden Waren gegenüberstehen. Als Darstellung eines Aktes des einseitigen Tauschs, der gleichzeitig alle angeführten Waren umfasst, kann die entfaltete Wertform dagegen nicht verstanden werden. Denn das würde voraussetzen, dass links nicht nur „20 Ellen Leinwand" stehen, sondern aufgrund der Anzahl der rechtsstehenden Möglichkeiten die siebenfache Menge, als 140 Ellen.[lxxxix]

Wenn wir uns nun der Frage nach der Begründung des Übergangs zur entfalteten Wertform zuwenden, kann auf dreierlei verwiesen werden: Erstens wendet Marx ein, dass der Wertausdruck der Ware A nur einen Unterschied zu ihrem eigenen Gebrauchswert aufweist. Zweitens bemängelt er, dass in der einfachen Wertform der Wert der Ware A nicht in einer Weise dargestellt wird, die „ihre qualitative Gleichheit und quantitative Proportionalität mit allen andren Waren" zum Ausdruck bringt. Drittens redet er davon, dass die einzelne Wertform „von selbst" zur entfalteten Wertform übergeht.

Wenn wir diese Argumente in der Reihenfolge betrachten, in der sie weiterführend sind, müssen wir mit dem ersten Punkt beginnen. Er ist nämlich am fragwürdigsten, weil der Hinweis, innerhalb der "einfachen Wertform" würde der Wert der Ware A durch seinen Ausdruck nur von seinem eigenen Gebrauchswert unterschieden, nichts zur Begründung der totalen Wertform beitragen kann. Denn davon abgesehen, dass unklar ist, woher Marx die Forderung nach einer Unterscheidung vom Gebrauchswert hat, die über den der einzelnen Ware A hinausgeht, ist darauf hinzuweisen, dass die "totale oder entfaltete Wertform" an der auf die eine Ware beschränkten Art der Unterscheidung ja gar nichts ändert. Da in ihr nacheinander alle anderen Waren bzw. deren Gebrauchswerte zur Erscheinungsform des Werts der in relativer Wertform stehenden Ware werden, bleibt es nämlich dabei, dass der Wert der Ware A nur von ihrem eigenen Gebrauchswert unterschieden wird.

Genausowenig taugt der folgende Hinweis:

"Die zweite Form unterscheidet vollständiger als die erste den Wert einer Ware von ihrem eignen Gebrauchswert, denn der Wert des Rocks z. B. tritt jetzt seiner Naturalform in allen möglichen Formen gegenüber, als Leinwandgleiches, Eisengleiches, Teegleiches usw., alles andre, nur nicht Rockgleiches." (I, 80)

Wenn man die Forderung nach einer möglichst vollständigen Unterscheidung vom Gebrauchswert akzeptiert, die Marx hier zugrunde legt, kann man aufgrund dessen, dass Marx gerade von Leinwand und Rock redet, zwar sagen, dass sie sich

132

von ihm weniger unterscheidet als beispielsweise vom Tee oder Kaffee. Dies ist zum einen jedoch rein zufällig und kann schon deshalb keine Bedeutung haben. Denn, wenn Marx statt der Leinwand eine andere Ware genommen hätte, die nichts mit Textilien zu tun hat, wäre dieses Argument gegenstandslos. Zum anderen fragt es sich, woher Marx seinen Anspruch nach möglichst weitgehender Unterscheidung vom Gebrauchswert hat und was dieser Anspruch mit der Problematik des Wert- bzw. Tauschwertausdrucks zu tun haben soll.[xc]

Wenn wir uns nun den dritten Punkt vornehmen, ist zu vermuten, dass Marx mit ihm zum Ausdruck bringen will, dass die einzelne Wertform nur eine Möglichkeit des Wert- und Tauschwertausdrucks enthält, neben der es viele andere gibt. In diesem Sinne muss ihm zufolge zur entfalteten Wertform übergegangen werden, weil diese den Gesamtumfang der Möglichkeiten darstellt, die es auf Basis des Wertausdrucks in anderer Ware gibt. Zu dieser Argumentation ist zu sagen, dass die entfaltete Wertform als Gesamtumfang der Möglichkeiten zurückzuweisen ist, wenn man die Wert- und Tauschwertausdrücke zugrunde legt, die es im Rahmen der von den Charaktermasken wirklich vollzogenen einseitigen Austauschakte gibt. Denn in diesem Rahmen ist die einzelne Ware nur mit bestimmten anderen Waren austauschbar. Daher drückt sie ihren Wert auch nur in diesen Waren aus. Zwar nimmt die Zahl dieser Waren in dem Maße zu, in dem man nicht nur einen bestimmten Zeitpunkt zugrunde legt, sondern einen länger werdenden Zeitraum. Das geht aber nicht so weit, dass die eine Ware ihren Wert in allen anderen Waren ausdrückt.

Anders sieht es aus, wenn man nicht von den tatsächlichen Austauschakten und den in ihnen enthaltenen Wertausdrücken, sondern von den Möglichkeiten spricht, die auf der Basis des Werts der „z Ware A" denkbar sind. Dann kann die entfaltete Wertform als Gesamtumfang der Möglichkeiten in anderer Ware akzeptiert werden. Denn der Wert der einzelnen Ware A wird von allen Äquivalentformen gleich gut zum Ausdruck gebracht. Wir können daher zum einen festhalten, dass Marx dann gefolgt werden kann, wenn er nicht von der Wirklichkeit des Austausches, sondern nur von Denkmöglichkeiten spricht, die es auf der Grundlage des Werts gibt, der als Tauschwert auszudrücken ist. Zum anderen legt das die Vermutung nahe, dass er genau das beabsichtigt. Ganz sicher können wir uns diesbezüglich aber nicht sein. Denn es bleibt unklar, ob sich Marx des genannten Unterschieds überhaupt bewusst ist.[xci]

Darüber hinaus ist darauf hinzuweisen, dass auch dann, wenn man es nur mit Denkmöglichkeiten zu tun hat, die Verständlichkeit der Thematisierung des Gesamtumfangs der bestehenden Möglichkeiten von einer Notwendigkeit zu unterscheiden ist. Eine wirkliche Notwendigkeit liegt nämlich nur dann vor, wenn es nicht nur um Möglichkeiten geht, die man als solche ergreifen kann oder nicht, sondern von vornherein feststeht, dass alle Möglichkeiten verwirklicht werden müssen. Ein solches Erfordernis ist bei Marx im Zusammenhang mit seinem dritten Argument jedoch nirgends zu finden.[24]

Wenn wir uns auf dieser Grundlage dem zweiten Argument zuwenden, ist festzustellen, dass die einfache Wertform die Ware A tatsächlich „nur in ein Austauschverhältnis zu irgendeiner einzelnen von ihr selbst verschiednen Ware" setzt, "statt ihre qualitative Gleichheit und quantitative Proportionalität mit allen andren Waren darzustellen." Warum das aber ein Mangel sein soll, ist auf der Basis der im Rahmen des zweiten Anfangs gestellten Frage nach dem Wertausdruck nicht abzusehen. Denn bislang war nicht davon die Rede, dass es um einen Wertausdruck geht, der die genannte Gleichheit und Proportionalität erfordert. Stattdessen war nur von einem Wertausdruck die Rede, der viel unspezifischer ist und damit auch schon vorliegt, wenn diese Gleichheit und Proportionalität nicht zur Darstellung gebracht wird, wie das bei der einfachen Wertform der Fall ist.[xcii]

Wenn wir anders herum von der in der Marxschen Argumentation implizierten Forderung ausgehen, der Wertausdruck der einzelnen Ware solle „ihre qualitative Gleichheit und quantitative Proportionalität mit allen andren Waren" zum Ausdruck bringen, dann versteht sich in der Tat von selbst, dass erst die entfaltete Wertform ein adäquater Wertausdruck darstellt. Dieses positive Resultat darf aber nicht als Bestätigung des Übergangs von der einfachen zur entfalteten Wertform verstanden werden. Denn auf der Grundlage der genannten Forderung stellt sich die Frage, warum Marx zunächst die einfache Wertform thematisiert, obwohl diese doch noch gar kein adäquater Wertausdruck darstellt. Auf diese Frage könnte geantwortet werden, dass Marx mit der einfachen Wertform beginnen muss, weil diese ein Baustein für die entfaltete Wertform darstellt und erst die Teile behandelt werden müssen, bevor das Ganze behandelt werden kann. Diese Antwort kann aber ebenfalls nicht überzeugen. Denn zum einen könnte die entfaltete Wertform auch ohne vorgängige Behandlung der einfachen Wertform auf eine direkte und trotzdem verständliche Weise zum Thema gemacht werden. Zum anderen müsste die einfache Wertform ganz anders angesprochen werden als Marx das tut, wenn sie tatsächlich als zwar falscher, aber nichtsdestoweniger unvermeidlicher erster Schritt vorgestellt werden sollte.

Es bleibt also dabei, dass es auf Basis der weitergehenden Forderung, die es mit der qualitativen Gleichheit und der quantitativen Proportionalität mit allen anderen Waren zu tun hat, richtiger gewesen wäre, wenn Marx gleich mit der entfalteten

---

[24] Ferner fragt sich, was die Thematisierung von bloßen Möglichkeiten soll. Inwiefern kann man das erklären, was ist, wenn man von dem spricht, was zwar möglich ist, aber nicht vorkommt?

Wertform begonnen hätte. Auf dieser Grundlage zeigt die anfängliche Thematisierung der einfachen Wertform, dass Marx diese weitergehende Forderung zunächst nicht hatte. Er bringt sie vielmehr erst nach der Behandlung dieser Wertform ins Spiel, was zeigt, dass es sich bei ihr um eine zweite Version des zweiten Anfangs und damit um einen dritten Anfang handelt. Folge davon ist, dass wir es bei der Marxschen Darstellung mit einer Argumentation zu tun haben, die nicht als in sich notwendig bezeichnet werden kann. Zwar enthält sie zwei Teile, die dann als in sich notwendig akzeptiert werden können, wenn man von den ihnen zugrunde liegenden Forderungen ausgeht. Diese Teile sind aber nicht miteinander auf notwendige Weise verbunden.

Der Behauptung eines dritten Anfangs könnte zum einen mit dem Hinweis widersprochen werden, dass ein solcher Anfang deswegen nicht vorliegt, weil die weitergehenden Forderungen nach qualitativer Gleichheit und quantitativer Proportionalität sich aus dem Wert ergeben. Denn es geht Marx um einen Wertausdruck, der den Wert nicht nur irgendwie zum Ausdruck bringt, sondern ihn deshalb auf angemessene Weise erscheinen lässt, weil er ihn als etwas darstellt, was allen Waren zukommt. Zu dieser Argumentation ist zu sagen, dass sie nur überzeugen könnte, wenn es möglich wäre, aus dem Wert die Forderung nach einem bestimmten Wertausdruck abzuleiten. Das ist aber nicht der Fall. Der Wert stellt als vergegenständlichte Durchschnittsarbeit zwar eine Eigenschaft dar, die allen hier thematisierten gegenständlichen Waren zukommt. Daraus kann aber nicht gefolgert werden, dass er in einer dem entsprechenden Weise ausgedrückt werden muss. Dem sich als vergegenständlichte Durchschnittsarbeit darstellenden Wert selbst ist es nämlich gleichgültig, wie er als Tauschwert ausgedrückt wird. Die Forderung nach einem zur entfalteten Wertform führenden Ausdruck ist daher nicht etwas, was im Wert selbst liegt, sondern kann nur etwas sein, das diesem Wert von Marx äußerlich in einer Weise beigelegt worden ist, die den dritten Anfang bestätigt.[xciii]

Als Fazit können wir aufgrund der obigen Überlegungen festhalten, dass der Übergang von der einfachen zur totalen Wertform zwar einsichtig ist, wenn es um die Beschreibung des Gesamtumfangs der denkbaren Möglichkeiten geht, die es ausgehend vom Wert auf Basis des Wert- bzw. Tausch-wertausdrucks in anderer Ware gibt. Notwendig ist dieser Übergang aber nicht, weil Marx es nicht beim zweiten Anfang belässt, sondern beim Wechsel zur entfalteten Wertform eine weitergehende Forderung hereinbringt, die er nicht aus der Forderung des zweiten Anfangs ableitet und die deswegen als dritter Anfang zu identifizieren ist. Das kann festgestellt werden, weil Marx die Forderung des dritten Anfangs auch nicht aus dem Wert ableiten kann. Denn sie ergibt sich nicht aus dem Wert selbst, sondern allenfalls aus der ihm beigelegten Forderung danach, dass er als etwas ausgedrückt werden soll, was allen hier Thema seienden Waren zukommt.

Erwähnt sei schließlich noch in quasi empirischer Hinsicht, dass die totale Wertform bestätigt, dass Marx nicht nur von den Wert- und Tauschwertausdrücken redet, die es im Rahmen des einseitigen Tauschs auf der Ebene des formal mittelbaren Seins tatsächlich gibt. Weil diese Wertform auf der rechten Seite alle anderen Waren enthält, stellt sie nämlich etwas dar, was es nur auf der Basis der Denkmöglichkeiten gibt. Es zeigt sich also, dass das dem zweiten Anfang entgegenstehende Ergebnis, zu dem wir im vorhergehenden Abschnitt (vgl. S. 128) gekommen sind, nur von verschwindender Bedeutung ist.

Marx bleibt aber auch nicht bei der "totalen oder entfalteten Wertform" stehen. Er geht vielmehr weiter zur "allgemeinen Wertform" (vgl. I, 79):

"1 Rock   =
10 Pfd. Tee   =
40 Pfd. Kaffee   =
1 Quarter Weizen   =   20 Ellen Leinwand"
2 Unzen Gold   =
½ Tonne Eisen   =
usw. Ware A   =

Diese erläutert er wie folgt:

"Die Waren stellen ihre Werte jetzt 1. einfach dar, weil in einer einzigen Ware und 2. einheitlich, weil in derselben Ware. Ihre Wertform ist einfach und gemeinschaftlich, daher allgemein." (I, 79)

Dieses Übergehen von der totalen zur allgemeinen Wertform begründet Marx zum einen mit den folgenden Ausführungen:

"Erstens ist der relative Wertausdruck der Ware unfertig, weil seine Darstellungsreihe nie abschließt. Die Kette, worin eine Wertgleichung sich zur andern fügt, bleibt fortwährend verlängerbar durch jede neu auftretende Warenart, welche das Material eines neuen Wertausdrucks liefert. Zweitens bildet sie eine bunte Mosaik auseinanderfallender verschiedenartiger Wertausdrücke. Wird endlich, wie dies geschehn muß, der relative Wert jeder Ware in dieser entfalteten Form ausgedrückt, so ist die relative Wertform jeder Ware eine von der relativen Wertform jeder andren Ware verschiedne endlose Reihe von Wertausdrücken. – Die Mängel der entfalteten Wertform spiegeln sich wider in der ihr entsprechenden Äquivalentform. Da die Naturalform jeder einzelnen Warenart hier eine besondre Äquivalentform neben unzähligen andren besondren Äquivalentformen ist, existieren überhaupt nur beschränkte Äquivalentformen, von denen jede die andre ausschließt. Ebenso ist die in jedem besondren Warenäquivalent enthaltene bestimmte, konkrete, nützliche Arbeitsart nur besondre, also nicht erschöpfende Erscheinungsform der menschlichen Arbeit. Diese besitzt ihre vollständige oder totale Erscheinungsform zwar in dem Gesamtumkreis jener besondren Erscheinungsformen. Aber so besitzt sie keine einheitliche Erscheinungsform." (I, 78/79)

Zum anderen führt er Folgendes an:

„In der Tat: Wenn ein Mann seine Leinwand mit vielen andren Waren austauscht und daher ihren Wert in einer Reihe von andren Waren ausdrückt, so müssen notwendig auch die vielen andren Warenbesitzer ihre Waren mit Leinwand austauschen und daher die Werte ihrer verschiednen Waren in derselben dritten Ware ausdrücken, in Leinwand." (I, 79)

Wenn wir mit diesem zweiten Zitat beginnen, ist darauf hinzuweisen, dass die entfaltete Wertform nur per Umkehrung in die allgemeine Wertform verwandelt werden könnte, wenn es sich bei ersterer um die Darstellung eines wechselseitigen Tauschs handeln würde. Das ist aber gar nicht der Fall. Denn wir haben schon auf Seite 131 gesehen, dass die entfaltete Wertform auf der Basis dessen, dass sie alle angeführten Waren umfasst und gleichzeitig stattfindet, nicht einmal als Darstellung eines einseitigen Tauschaktes verstanden werden kann, sondern eben nur als Wert- und Tauschwertausdruck. Auf dieser Grundlage verbietet sich aber seine Umkehrung. Denn, wenn „20 Ellen Leinwand" zum Ausdruck bringen, dass sie in bestimmten Proportionen mit Tee, Kaffee, Weizen, Gold, Eisen usw. austauschbar sind, dann kann daraus nicht geschlossen werden, dass diese Waren umgekehrt mit „20 Ellen Leinwand" austauschbar sind. Die allgemeine Wertform stellt daher keine Implikation der entfalteten Wertform dar, sondern etwas, das zu ihr hinzukommt und deshalb nicht mit ihr begründet werden kann.

Der Umstand, dass die allgemeine Wertform nicht schon in der entfalteten Wertform impliziert ist, ändert aber nichts daran, dass die allgemeine Wertform genauso eine mögliche Wertform darstellt wie die entfaltete Wertform. Wie die entfaltete Wertform kann die allgemeine Wertform aber nicht als Darstellung eines einseitigen Tauschaktes verstanden werden, der gleichzeitig stattfindet und alle erwähnten Waren umfasst. Denn dem steht entgegen, dass auf der rechten Seite nur „20 Ellen Leinwand" stehen und nicht das Siebenfache dieser Menge. Auf Basis des gleichzeitigen Einbezugs aller Waren kann es sich bei ihr stattdessen nur um einen Wertausdruck handeln. Ferner ist darauf hinzuweisen, dass dieser Wert- und Tauschwertausdruck nur dann alle anderen Waren umfassen kann, wenn man das zugrunde legt, was auf Basis des Werts aus gesehen zu den Denkmöglichkeiten gehört. Denn genauso wie ausgeschlossen werden kann, dass eine Ware ihren Wert in allen anderen zum Ausdruck bringt und sich wirklich mit allen anderen Waren als austauschbar erklärt, kann der Umstand zurückgewiesen werden, dass alle anderen Waren ihren Wert in einer zur Erscheinung bringen und sich mit dieser als austauschbar erklären.

Wenn wir uns nun dem ersten Zitat zuwenden, können folgende Argumente voneinander unterschieden werden. Erstens redet Marx von der Unfertigkeit und Mangelhaftigkeit der entfalteten Wertform. Zweitens bemängelt er, dass es viele Wertausdrücke nebeneinander gibt, von denen der eine den anderen ausschließt. Drittens kritisiert er unter Bezugnahme auf eine Vielzahl von entfalteten Wertformen, dass sich die Wertausdrücke voneinander unterscheiden. Viertens fehlt ihm eine „erschöpfende Erscheinungsform der menschlichen Arbeit". Fünftens kritisiert er das Fehlen einer „einheitlichen Erscheinungsform" des Werts.

Wenn man sich diese Argumente genauer ansieht, kann zum einen festgestellt werden, dass das dritte gar nicht passt. Da es auf einer Vielzahl von entfalteten Wertformen aufbaut, die wir an dieser Stelle noch gar nicht haben, ist es besser, es erst anzusprechen, wenn es diese Vielzahl als Thema gibt. Zum anderen sind die verbleibenden vier Argumente nicht überzeugend, wenn man sie an dem misst, was uns bislang vorliegt. Das gilt schon für das erste Argument. Denn auf Basis des zweiten Anfangs ist einerseits zu bemerken, dass es schlicht falsch ist, zu behaupten, der Wertausdruck innerhalb der "entfalteten Wertform" sei "unfertig", weil schon die "einfache Wertform" ein fertiger Wertausdruck war, auch wenn er nicht alle Möglichkeiten umfasste. Andererseits heißt die "entfaltete Wertform" ja nur so, weil sie alle auf Basis des Ausdrucks in anderem Gebrauchswert bestehenden Möglichkeiten beinhaltet. Zwar ist richtig, dass mit jeder neu auftretenden Warenart eine weitere Möglichkeit hinzukommt. Warum das ein Mangel sein soll, ist jedoch vollkommen unabsehbar. Auf der Basis des dritten Anfangs können wir hinzufügen, dass die einfache Wertform zwar als Wertausdruck ausgeschlossen werden kann. Die entfaltete Wertform stellt aber einen fertigen Wertausdruck dar, woran auch der Umstand nichts ändert, dass mit jeder neuen Ware eine neue Möglichkeit hinzukommt. Denn auch in diesem Zusammenhang ist nicht einzusehen, warum dieses Merkmal eine Unzulänglichkeit darstellen soll.

Wenn wir uns nun das zweite Argument vornehmen, kann zunächst darauf hingewiesen werden, dass wir es zusammen mit dem fünften betrachten können. Denn die Befürwortung einer einheitlichen Erscheinungsform ist bezogen auf die Ablehnung der uneinheitlichen Erscheinungsformen nichts Anderes als die andere Seite derselben Medaille. Auf dieser Grundlage ist festzustellen, dass die Marxsche Feststellung eines Mangels hier noch unverständlicher ist, weil Marx jetzt genau das kritisiert, was er zuvor noch gefordert hat. Auf der Basis der einfachen Wertform gab es eine einheitliche Erscheinungsform. Damit war er damals aber nicht zufrieden und ging deswegen zur entfalteten Wertform über. Jetzt bemängelt er die mit der entfalteten Wertform verbundene Uneinheitlichkeit der Äquivalentform, was zeigt, dass die zweite Forderung offenbar keine Rolle mehr spielt und daher nur von vorübergehender Bedeutung ist.

Bezogen auf das vierte Argument ist darauf hinzuweisen, dass bislang zwar auch schon von einer „erschöpfenden Erscheinungsform" der menschlichen Arbeit gesprochen worden ist. Das bezog sich jedoch auf die rechte Seite der Äquivalentform. Hier spricht Marx aber von der linken Seite der relativen Wertform. Jetzt bemängelt er nicht mehr, dass es nur eine Äquivalentware gibt, sondern dass die vielen Äquivalentwaren immer nur Ausdruck der in einer Ware steckenden Arbeit sind. Dieser Wechsel, dem die Forderung nach einem den Waren gemeinsamen einheitlichen Wertausdruck zugrunde liegt, ist gleichfalls uneinsichtig. Zwar enthält die entfaltete Wertform keinen in dem Sinne gemeinsamen Wertausdruck, dass alle in den Waren steckenden Arbeiten durch einunddieselbe andere Ware ausgedrückt werden. Es ist aber unklar, warum das auf Basis unserer bisherigen Überlegungen ein Mangel sein soll. Ein solcher Mangel läge nämlich nur vor, wenn Marx von vornherein klar gemacht hätte, dass es um einen solchen Wertausdruck geht. Davon kann aber keine Rede sein. Bislang war die Forderung nach einer solchen Erscheinungsform noch nicht Thema. Da das sowohl für den zweiten als auch den dritten Anfang zutrifft, haben wir es hier mit einer dritten Version des zweiten Anfangs und damit mit einem vierten Anfang zu tun.

Der Behauptung, dass es bislang nicht um einen gemeinsamen Wertausdruck ging, könnte das folgende Zitat entgegengehalten werden:

„Als Leinwandgleiches ist der Wert jeder Ware jetzt nicht nur von ihrem eignen Gebrauchswert unterschieden, sondern von allem Gebrauchswert, und ebendadurch als das ihr mit allen Waren Gemeinsame ausgedrückt. Erst diese Form bezieht daher wirklich die Waren aufeinander als Werte oder läßt sie einander als Tauschwerte erscheinen." (I, 80)

Denn in ihm bringt Marx seine Forderung nach einem „gemeinsamen Wertausdruck" mit der Forderung nach einer über die einzelne Ware hinausgehende Unterscheidung vom Gebrauchswert in Verbindung, was insofern verständlich ist, als der gemeinsame Wertausdruck in der Tat mit einer Unterscheidung vom Gebrauchswert einhergeht, die über die einzelne Ware hinausgeht. Weil wir diese Unterscheidung schon oben kennen gelernt haben, könnte gerade auf dieser Basis daraus geschlossen werden, dass die Forderung nach einem einheitlichen und gemeinsamen Ausdruck doch etwas darstellt, was Marx schon hat. Deshalb sei darauf hingewiesen, dass diesem Argument nicht gefolgt werden kann. Dafür ist verantwortlich, dass die genannte Forderung beim Übergang zur entfalteten Wertform vollkommen bedeutungslos war und erst hier wirklich ins Spiel kommt.

Was den Inhalt der geforderten Unterscheidung vom Gebrauchswert anbelangt, ist im Übrigen zu betonen, dass es wohl richtig ist, dass der Wert in seinem Ausdruck als "Leinwandgleiches" von den Gebrauchswerten aller links stehenden Waren verschieden ist. Damit ist er aber zum einen nicht "von allem Gebrauchswert" verschieden. Wenn ein Wertausdruck erforderlich sein sollte, der diese Bedingung erfüllt, dann wäre auch die allgemeine Wertform noch kein adäquater Wertausdruck. Denn sie enthält auf der rechten Seite immer noch einen Gebrauchswert.

Wenn wir trotz des Umstandes, dass die dritte Forderung nach einem gemeinsamen und einheitlichen Wertausdruck sowohl auf Basis der ersten Forderung des zweiten Anfangs als auch der zweiten Forderung des dritten Anfangs unverständlich ist, sie als vierter Anfang akzeptieren und daher davon ausgehen, dass es nicht nur um eine "einheitliche Erscheinungsform" geht, sondern auch darum, dass diese Erscheinungsform eine "erschöpfende Erscheinungsform der menschlichen Arbeit" jetzt aber in dem Sinne darzustellen hat, dass sie den Wert nicht nur einer, sondern aller Waren zum Ausdruck bringt und es daher auch um einen „gemeinschaftlichen" Wertausdruck zu tun ist, dann ist die Thematisierung der allgemeinen Wertform zwar notwendig. Analog zu oben gilt das aber nicht für den Übergang von der entfalteten Wertform zur allgemeinen Wertform. Denn unter der hier akzeptierten Bedingung wird unverständlich, warum Marx nicht mit der allgemeinen Wertform begonnen, sondern zuvor die beiden anderen Wertformen angesprochen hat.

Wie oben könnte dem auch an dieser Stelle entgegengehalten werden, dass aus darstellungstechnischen Gründen zunächst mit den Teilen begonnen werden muss, bevor das Ganze betrachtet werden kann, das aus ihnen besteht. Dieses Argument kann aber im vorliegenden Zusammenhang zum einen schon deshalb nicht überzeugen, weil zwar die einfache Wertform als Teil der allgemeinen Wertform verstanden werden kann. Bei der entfalteten Wertform ist das aber gar nicht der Fall. Sie ist kein Teil, der in der allgemeinen Wertform enthalten ist, sondern etwas, das mit ihr negiert wird. Daher ist gerade auf Basis einer vorgängigen Thematisierung der Teile vollkommen unklar, was das Ansprechen der entfalteten Wertform soll. Denn in diesem Zusammenhang wäre es wegen der Einheitlichkeit des Äquivalents viel naheliegender gewesen, wenn Marx sie weggelassen hätte und von der einfachen Wertform direkt zur allgemeinen Wertform gewechselt wäre. Zum anderen ist auch an dieser Stelle nicht nur darauf hinzuweisen, dass die allgemeine Wertform auch direkt auf verständliche Weise zum Thema gemacht werden könnte, sondern auch darauf, dass die vorhergehenden Wertformen anders angesprochen werden müssten, wenn sie nur als falsche, aber notwendige Vorformen hätten dargestellt werden sollen. Das gilt zumindest für die einfache Wertform. Denn die entfaltete Wertform könnte – wie bereits erwähnt – gar nicht zum Thema gemacht werden.

Da die vorgängige Thematisierung der einfachen und der entfalteten Wertform nicht einsichtig ist, wenn von der dritten Forderung des vierten Anfangs ausgegangen wird, zeigt sich auch hier, dass Marx diese Forderung nicht von Anfang an hat, sondern sie erst nach der Thematisierung der entfalteten Wertform hereinbringt. Auf der Basis dessen, dass wir oben schon festhalten konnten, dass der sich aus der ersten Forderung ergebende Teil nicht mit dem zusammenhängt, der sich aus der zweiten Forderung ergibt, können wir hier konstatieren, dass es auch keine notwendige Verbindung zu dem Teil gibt, der aus der vierten Forderung folgt. Wir haben es also mit einer Argumentation zu tun, die nicht innerlich notwendig ist, weil sie sich aus voneinander unabhängigen äußerlichen Teilen zusammensetzt.

Der Behauptung, dass Marx' auf den gemeinsamen Wertausdruck bezogene dritte Forderung auf einen vierten Anfang hinausläuft, könnte hier genauso widersprochen werden wie oben der These, dass seine zweite Forderung zu einem dritten Anfang führt. Diesbezüglich könnte auf folgende Stelle verwiesen werden:

"Die beiden früheren Formen drücken den Wert je einer Ware, sei es in einer einzigen verschiedenartigen Ware, sei es in einer Reihe vieler von ihr verschiednen Waren aus. Beidemal ist es sozusagen das Privatgeschäft der einzelnen Ware, sich eine Wertform zu geben, und sie vollbringt es ohne Zutun der andern Waren. Diese spielen ihr gegenüber die bloß passive Rolle des Äquivalents. Die allgemeine Wertform entsteht dagegen nur als gemeinsames Werk der Warenwelt. Eine Ware gewinnt nur allgemeinen Wertausdruck, weil gleichzeitig alle andren Waren ihren Wert in demselben Äquivalent ausdrücken, und jede neu auftretende Warenart muß das nachmachen. Es kommt damit zum Vorschein, daß die Wertgegenständlichkeit der Waren, weil sie das bloß "gesellschaftliche Dasein" dieser Dinge ist, auch nur durch ihre allseitige gesellschaftliche Beziehung ausgedrückt werden kann, ihre Wertform daher gesellschaftlich gültige Form sein muß." (I, 80/81)

Denn in diesem Zitat wiederholt Marx nicht nur seine bereits besprochene Behauptung der Notwendigkeit des Übergangs zur "allgemeinen Wertform", wenn er davon spricht, dass jede neu auftretende Ware sich ebenfalls im allgemeinen Äquivalent ausdrücken "muß". Darüber hinaus versucht Marx auch, den einheitlichen und gemeinsamen Wertausdruck als eine Folge des Werts darzustellen. Denn das Zitat enthält den Hinweis, dass die „Wertgegenständlichkeit der Waren" das „gesellschaftliche Dasein" dieser Dinge ist, weshalb sie „auch nur durch ihre allseitige gesellschaftliche Beziehung ausgedrückt werden kann".

Wenn wir prüfen, was von dieser Behauptung zu halten ist, kommen wir wieder zu einem negativen Urteil. Zwar ist es richtig, dass die „Wertgegenständlichkeit" kein von Natur aus gegebenes Phänomen darstellt, sondern rein gesellschaftlich ist. Das bedeutet aber nicht, dass sie nur gesellschaftlich in dem Sinne ausgedrückt werden kann, dass ein Ausdruck erforderlich ist, an dem die gesamte Warenge-sellschaft teilnimmt. Analog zu oben ist nämlich auch hier festzuhalten, dass es der vergegenständlichten Durchschnittsarbeit bzw. dem Wert selbst gleichgültig ist, wie er ausgedrückt wird. Aus ihm kann keine Forderung nach einem gemein-samen und einheitlichen Ausdruck entnommen werden. Eine solche Forderung kann ihm vielmehr nur auf äußerliche Weise entweder explizit oder implizit bei-gelegt werden. Und genau das bestätigt den vierten Anfang.

Wenn wir nun zu dem Fazit kommen, das aus den obigen Überlegungen zu ziehen ist, kann erstens darauf hingewiesen werden, dass die allgemeine Wertform nur als eine weitere Denkmöglichkeit verständlich ist, die es auf Basis des Werts gibt. Notwendig ist diese Wertform aber nicht, weil Marx sie weder aus seiner ersten Forderung nach dem Wertausdruck und damit seinem zweiten Anfang noch aus seiner zweiten Forderung nach einem erschöpfenden Wertausdruck und damit sei-nem dritten Anfang ableitet, sondern eine dritte Forderung und damit einen vierten Anfang ins Spiel bringt. Zweitens kann Marx diesen vierten Anfang auch nicht aus dem Wert begründen. Denn aus diesem kann nicht abgeleitet werden, wie er auszudrücken ist. Drittens hat der Umstand, dass es die allgemeine Wertform ge-nauso wie die entfaltete Wertform nicht im Rahmen des einseitigen Warentauschs des formal mittelbaren Seins, sondern nur auf der Basis der Denkmöglichkeiten gibt, in quasi empirischer Hinsicht zur Folge, dass sich ein weiteres Mal und damit endgültig bestätigt, dass Marx mit der Wertausdrucksfrage ein neues Thema auf-macht. Es bleibt mithin dabei, dass diese Frage ein zweiter Anfang darstellt.[xciv]

Mit dem einheitlichen und gemeinsamen Wertausdruck, der in der „allgemeinen Wertform" vorliegt, verbindet sich noch ein weiteres Moment. Denn diese Wert-form bezieht nicht nur alle links stehenden Waren auf die eine rechts stehende Ware, sondern auch die links stehenden Waren über die rechts stehende Ware als Werte und Tauschwerte aufeinander. Das ist schon in dem zweitletzten Zitat zum Ausdruck gekommen. Das wird in folgender Stelle aus der Urfassung noch deut-licher:

"In dem allgemeinen relativen Werthausdruck der Waaren besitzt jede Waare, Rock, Kaffee, Thee u. s. w. eine von ihrer Naturalform verschiedne **Werthform**, nämlich die Form Leinwand. Und eben in dieser Form beziehn sie sich auf einan-der als Austauschbare, denn wenn Rock = 20 Ellen Leinwand, u Kaffee = 20 Ellen Leinwand u. s. w., so ist auch 1 Rock = u Kaffee u. s. w. Indem alle Waaren sich in einer und derselben Waare als Werthgrössen bespiegeln, wiederspiegeln sie sich wechselseitig als Werthgrössen. Aber die Naturalform, die sie als Ge-brauchsgegenstände besitzen, gelten ihnen wechselseitig nur auf diesem Um-weg, also nicht unmittelbar als Erscheinungsformen des Werths. Sowie sie un-mittelbar sind, sind sie daher nicht unmittelbar austauschbar. Sie besitzen also nicht die **Form unmittelbarer Austauschbarkeit** für einander oder ihre

142

gesellschaftlich gültige Form ist eine **vermittelte**. Umgekehrt. Indem alle andern Waaren auf Leinwand als Erscheinungsform des Werths sich beziehen, wird die Naturalform der Leinwand die **Form ihrer unmittelbaren Austauschbarkeit** mit allen Waaren, daher **unmittelbar** ihre **allgemein gesellschaftliche Form**." (UF, 30)

Bezogen auf die "allgemeine Wertform" kann zwar gesagt werden, dass die Waren nur mittelbar miteinander austauschbar sind, dass die Äquivalentware also ihre Form der Austauschbarkeit mit allen anderen Waren ist. Warum das von Vorteil sein soll, ist aber insbesondere deshalb nicht einzusehen, weil vollständig unklar bleibt, wieso es damit sein Bewenden haben soll. Die nicht direkte Austauschbarkeit der Waren liegt ja nur daran, dass Marx lediglich eine "allgemeine Wertform" thematisiert und nicht deren Gesamtheit. Würde er dagegen diese Gesamtheit ansprechen, dann würde sich jede Ware direkt mit jeder anderen vergleichen und jede andere zu ihrem Tauschwert machen.

Diesem Einwand scheint Marx Recht zu geben, wenn er in der Urfassung schreibt:

"Indess ist auf unserm jetzigen Standpunkt das allgemeine Aequivalent noch keineswegs verknöchert. Wie wurde in der That die Leinwand in das allgemeine Aequivalent verwandelt? Dadurch, daß sie ihren Werth erst in einer einzelnen Waare (Form I), dann in allen andern Waaren der Reihe nach **relativ** darstellte (Form II), und so **rückbezüglich** alle andern Waaren in ihr ihre Werthe relativ darstellten (Form III). Der einfache relative Werthausdruck war der Keim, woraus sich die allgemeine Aequivalentform der Leinwand entwickelte. Innerhalb dieser Entwicklung ändert sie die Rolle. Sie beginnt damit, ihre Werthgröße in **einer** andern Waare darzustellen und endet damit zum Material für den Werthausdruck **aller** andern Waaren zu dienen. Was von der Leinwand, gilt von jeder Waare." (UF, 33)

Weil alle Waren als Wert und Tauschwert einander gleich sind, müssen sie auch gleiche Rollen spielen können. Marx kommt somit zur folgenden „Form IV", die nunmehr die Gesamtheit aller auf Basis des Ausdrucks in Gebrauchswert gegebenen Möglichkeiten umfasst, ist sie doch mit der Gesamtheit der "totalen Wertformen" identisch:

"20 Ellen Leinwand = 1 Rock oder = u Kaffee oder = v Thee oder =x Eisen oder = y Weizen oder = u. s. w.
1 Rock = 20 Ellen Leinwand oder = u Kaffee oder = v Thee oder = x Eisen oder = y Weizen oder = u. s. w.
u Kaffee = 20 Ellen Leinwand oder = 1 Rock oder = v Thee oder = x Eisen oder = y Weizen oder = u. s. w.
v Thee = u. s. w." (UF, 34)

Diese IV. Wertform nimmt Marx jedoch sofort wieder zurück. Denn im unmittelbaren Anschluss an die obige Stelle findet sich Folgendes:

"Aber jede dieser Gleichungen **rückbezogen** ergiebt Rock, Kaffee, Thee u. s. w. als allgemeines Aequivalent, daher den Werthausdruck in Rock, Kaffee, Thee u. s. w. als allgemeine relative Werthform aller andern Waaren. Die allgemeine Aequivalentform kommt immer nur einer Waare zu im Gegensatz zu allen andern Waaren; aber sie kommt jeder Waare im Gegensatz zu allen andern zu. Stellt aber jede Waare ihre eigne Naturalform allen andern Waaren gegenüber als allgemeine Aequivalentform, so schliessen alle Waaren alle von der allgemeinen Aequivalentform aus und daher sich selbst von der gesellschaftlich gültigen Darstellung ihrer Werthgrössen." (UF, 34)

Sieht man sich die obige Argumentation näher an, kann zum einen festgehalten werden, dass der Übergang zur Form IV und damit zur Gesamtheit der allgemeinen Wertformen, die mit der Gesamtheit der totalen Wertformen zusammenfällt, einleuchtend ist, wenn wir ihn auf der Basis der Wertausdrucksmöglichkeiten beurteilen, die es vom Wert aus gesehen gibt. Anders sieht es dagegen bezogen auf die Wertausdrücke aus, die es im Rahmen der tatsächlichen Austauschverhältnisse gibt. Denn auf dieser Grundlage kann es die Form IV genauso wenig geben wie die Form II und III.

Zum anderen ist im Hinblick auf die Art und Weise, wie Marx die Form IV kritisiert und die Beschränkung auf eine allgemeine Wertform begründet, darauf hinzuweisen, dass sie in logischer Hinsicht nicht stichhaltig ist. Zwar ist richtig, dass in dieser Form alle Waren nacheinander allen anderen gegenüber allgemeines Äquivalent darstellen, was auch heißt, dass jede Ware jede andere von dieser Position ausschließt. Daraus kann aber nicht gefolgert werden, dass sie "sich selbst von der gesellschaftlich gültigen Darstellung ihrer Werthgrössen" ausschließen. Im Gegenteil ist jede Ware für jede andere eine solche Darstellung, ist doch jede allgemeines Äquivalent. Es ist daher nicht abzusehen, warum die Beschränkung auf eine allgemeine Wertform notwendig sein soll.

Wenn Marx sich auf eine „allgemeine Wertform" beschränkt, dann kann er sich dabei nicht auf die umfassenden Möglichkeiten stützen, die es auf Basis von dem gibt, was vom Wert aus gesehen vorkommen kann. Obwohl er diese Möglichkeiten gerade noch einmal mit der Thematisierung der Form IV stark macht, bewegt er sich dann vielmehr auf einem Feld, auf dem es diese umfassenden Möglichkeiten gerade nicht gibt. Er hat es daher nicht mehr mit den Wert- und Tauschwertausdrücken zu tun, die vom Wert aus gesehen denkbar sind, sondern fängt offensichtlich an, zu den Ausdrücken wechseln, die es im Rahmen der wirklichen Tauschverhältnisse tatsächlich gibt. Diesen Übergang realisiert Marx aber gar nicht richtig. Er ist vielmehr der Meinung, weiterhin auf der Basis zu argumentieren, auf der er die ganze Zeit argumentiert hat. Er sieht paradoxer Weise gerade in der auf die Denkmöglichkeiten abzielenden Argumentation einen Beweis für die von ihm vorgenommene Beschränkung auf die Form III, die gerade das Gegenteil belegt.

Andererseits ist die Unzulänglichkeit seiner Argumentation an Marx offensichtlich nicht spurlos vorbeigegangen. Sie hat sich ihm vielmehr in der Weise aufgedrängt, dass er auf die Form IV schon im Anhang der Urform (vgl. UF, 782) als auch den späteren Auflagen des ‚Kapital' nicht mehr zu sprechen kommt. Aufgrund der genannten Paradoxie ist dieser Verzicht auf Denkmöglichkeiten einerseits zwar verständlich. Andererseits ist darauf hinzuweisen, dass Marx auf halbem Wege stehen bleibt. Denn, wenn er von den Denkmöglichkeiten wirklich hätte Abstand nehmen wollen, dann hätte er auch auf die Form III und Form II verzichten müssen. Denn die allgemeine Wertform und die entfaltete Wertform sind bereits Wertausdrücke, die es so nur auf dem Feld der reinen Denkmöglichkeiten gibt.

Das, was Marx hier im Widerspruch zu seiner bisherigen Darstellung hereinbringt, ist der Umstand, dass die Waren sich im Allgemeinen nicht in der Form unmittelbarer Austauschbarkeit mit allen anderen Waren befinden. Das verdeutlicht auch das folgende Zitat:

„Eine Ware, die Leinwand, befindet sich daher in der Form unmittelbarer Austauschbarkeit mit allen andren Waren oder in unmittelbar gesellschaftlicher Form, weil und sofern alle andren Waren sich nicht darin befinden." (I,82)

Dass die Waren im Allgemeinen nicht direkt miteinander austauschbar sind, trifft als empirische Feststellung zwar zu. Das hat aber nichts mit dem Wert und seinem Ausdruck als Wert oder Tauschwert zu tun. Das zeigt sich gerade an der Gesamtheit der totalen Wertformen, die mit der Gesamtheit der allgemeinen Wertformen zusammenfällt. Marx ist daher der Versuch zum Vorwurf zu machen, den Umstand, dass es nur eine allgemeine Wertform geben kann, ausgehend von der Frage nach den vom Wert aus gesehen denkbaren Wertausdrücken zu begründen, obwohl er gerade damit – wie wir im nächsten Abschnitt noch genauer sehen werden – gar nichts zu tun hat.

Marx bleibt aber nicht bei der „allgemeinen Wertform" stehen. Bei ihm findet sich vielmehr noch ein weiterer Schritt, in dessen Rahmen diese Wertform zur "Geldform" (vgl. I, 84) mutiert:

"20 Ellen Leinwand	=	
1 Rock	=	
10 Pfd. Tee	=	
40 Pfd. Kaffee	=	2 Unzen Gold"
1 Qrtr. Weizen	=	
½ Tonne Eisen	=	
x Waren A	=	
u. s. w. Waare	=	

Diese Form zeichnet sich im Vergleich zur allgemeinen Wertform lediglich dadurch aus, dass die Verhältnisse jetzt "verknöchert" sind und es mit dem Gold nur noch ein allgemeines Äquivalent gibt:

"Die spezifische Warenart nun, mit deren Naturalform die Äquivalentform gesell-schaftlich verwächst, wird zur Geldware oder funktioniert als Geld. Es wird ihre spezifisch gesellschaftliche Funktion, und daher ihr gesellschaftliches Monopol, innerhalb der Warenwelt die Rolle des allgemeinen Äquivalents zu spielen. Die-sen bevorzugten Platz hat unter den Waren, welche in Form II als besondere Äquivalente der Leinwand figurieren und in Form III ihren relativen Wert gemein-sam in Leinwand ausdrücken, eine bestimmte Ware historisch erobert, das Gold." (I, 83/84)

In dieser Form wird das Gold zu „Geld", das sich diese „gesellschaftliche Funk-tion" oder dieses "gesellschaftliche Monopol" "historisch erobert" hat. Damit gibt Marx zu erkennen, dass es dafür keine logische Notwendigkeit gibt. Denn der Möglichkeit nach könnten auch andere Waren als Geld fungieren, auch wenn Marx an anderer Stelle Gründe anführt, die zumindest für Edelmetalle sprechen. (vgl. ZK, 35)

Schließlich sei noch erwähnt, dass in Geld ausgedrückt, der Wert in der "Preis-form" auftritt:

"Der einfache relative Wertausdruck einer Ware, z. B. der Leinwand, in der bereits als Geldware funktionierenden Ware, z. B. dem Gold, ist Preisform." (I, 84)[25]

Sieht man sich den Übergang von der "allgemeinen Wertform" zur „Geldform" genauer an, wird deutlich, dass sein Inhalt dadurch gekennzeichnet ist, dass das Gold einen neuen Charakter bekommt. Während es zunächst Ware wie jede andere ist und damit einen Gebrauchswert besitzt, der mit ihren körperlichen Eigenschaf-ten zu tun hatte, wird es jetzt zu Geld, das von den Waren insofern unterschieden ist, als es keinen Gebrauchswert in ihrem Sinne mehr hat. Als Geld wird das Gold nicht eingetauscht, weil es glänzt oder andere nützlichen Eigenschaften physikali-

---

[25] Während oben von einem Preis dort gesprochen worden ist, wo der Tauschwert vom Wert abweicht (vgl. S. 41), meint hier der Preis einen Wertausdruck in Geldform.

scher oder chemischer Art hat. Als Geld wird das Gold vielmehr nur deshalb akzeptiert, weil es mit allen anderen Waren unmittelbar austauschbar ist.[xcv] Und daran ändert auch der Umstand nichts, dass man das Gold weiterhin als Gold eintauschen kann, also wegen seines besonderen Gebrauchswerts. Das Gold besitzt damit einen doppelten Charakter. Einerseits ist es weiterhin Ware und hat als solche einen Gebrauchswert im ursprünglichen Sinn. Andererseits ist es Geld und hat als solches keinen derartigen Gebrauchswert mehr. Gold ist damit nicht nur Geld, sondern Warengeld.

Dafür, dass das Gold diese doppelte Rolle spielt, argumentiert Marx nicht mehr logisch. Stattdessen greift er das Goldgeld als eine historisch entstandene empirische Gegebenheit einfach auf. Aus diesem Grund stellt sich nicht mehr die logische Frage, ob die genannten Gründe überzeugend sind oder nicht. Hier kann es vielmehr nur noch darum gehen, ob Marx das Goldgeld im empirischen Sinne zurecht aufgreifen kann. Diesbezüglich ist darauf hinzuweisen, dass es zwar Zeiten mit einem Goldgeld gegeben hat. Diese Zeiten sind jedoch längst Vergangenheit. Denn das Geld, mit dem wir es gegenwärtig zu tun haben, ist nicht nur kein Goldgeld mehr, sondern stellt auch keine andere Art des Warengelds dar. Wir können aus heutiger Sicht daher festhalten, dass auch das hier vorliegende Aufgreifen von Marx mangelhaft ist. Denn damit unterstellt Marx einen Zustand, den es nicht mehr gibt.

Auf dieser Basis und auf dem Hintergrund der empirischen Einwände, die wir gegen die einzelne totale, die einzelne allgemeine Wertform und die Form IV vorgebracht haben, sei schließlich noch darauf hingewiesen, dass diese Einwände natürlich auch gegen das Gold zu richten sind. Auch es befindet sich nicht gegenüber allen anderen Waren in der Form unmittelbarer Austauschbarkeit. Wenn wir dagegen das empirisch wirklich gegebene Geld nehmen, dann sieht es anders aus. Die auf einem Nicht-Warengeld beruhende Geldform ist nämlich deswegen nicht mehr empirisch zu beanstanden, weil alle Waren mit Geld austauschbar sind.

Endlich sei bezogen auf das empirische Nicht-Warengeld noch darauf hingewiesen, dass erst bei ihm die Forderung erfüllt ist, die Marx schon bei der allgemeinen Wertform hereingebracht hat. Erst jetzt unterscheidet sich der Wertausdruck von „allem Gebrauchswert". Wenn Marx dieser Forderung wirklich ernst genommen hätte, dann hätte er mit ihr nur ein Geld begründen können, das kein Warengeld ist. Ähnliches ist bezogen auf den einheitlichen Wert- bzw. Tauschwertausdruck festzustellen. Denn er ist dann noch nicht umfassend gegeben, wenn wir es mit einem Geld zu tun haben, das Gold und damit zugleich Ware ist. Er liegt vielmehr erst dann wirklich vor, wenn er sich auch auf dieses Gold bezieht.

Die bisherigen Überlegungen haben einesteils darauf basiert, dass der Marxsche Ausgangspunkt bei der einfachen Wertform akzeptiert und damit hingenommen worden ist, dass in ihr die vergegenständlichte Arbeit nicht zum Ausdruck kommt. Wenn man diesen Ausgangspunkt nicht akzeptiert, ist zusätzlich zu den obigen Kritikpunkten vorzubringen, dass weiterhin nicht einzusehen ist, warum die vergegenständlichte Arbeit nicht zutage tritt. Das gilt zum einen bezogen auf die entfaltete Wertform. Genauso wie denkbar ist, dass der Wert von „x Ware A" als y in Ware B vergegenständlichter Arbeit zum Ausdruck gebracht wird, genauso ist nämlich auf der Möglichkeit zu bestehen, dass der Wert von „z Ware A" als u in Ware B oder v in Ware C oder w in Ware D oder x in Ware E etc. vergegenständlichte Arbeit zum Ausdruck kommt. Das gilt zum anderen auch bezogen auf die allgemeine Wertform. Denn es bleibt vollkommen unklar, warum die allgemeine Wertform auf der Seite der Äquivalentware sich nicht als x Stunden in Leinwand vergegenständlichter Arbeit darstellt. Das ist umso mehr der Fall, als Marx die vergegenständlichte Arbeit beim Übergang von der entfalteten Wertform zur allgemeinen Wertform doch selbst erwähnt und eine „erschöpfende Erscheinungsform der menschlichen Arbeit" fordert. Das trifft zum dritten auch auf die Gesamtheit der allgemeinen Wertformen und die Geldform zu. Es bleibt nämlich vollkommen unabsehbar, warum das in der Äquivalentform stehende Gold nicht als die Menge auftritt, die in x Stunden vergegenständlichter Durchschnittsarbeit enthalten ist. Auch wenn man das Gold akzeptiert, bleibt also offen, warum nicht die Arbeit in Erscheinung tritt, die in ihm enthalten ist.

Andernteils lag den obigen Überlegungen wieder der Wert in der Form einer konkreten Allgemeinheit zugrunde. Daher soll noch geprüft werden, ob wir zu einem besseren Ergebnis kommen, wenn wir von einem Wert ausgehen, der bezogen auf die gebrauchswertbildende Arbeit entweder als eine abstraktifizierte konkrete Gemeinsamkeit oder als eine abstrakte Gemeinsamkeit oder als eine Nicht-Gemeinsamkeit bestimmt ist. Auf der einen Seite können wir hier auf das verweisen, was wir oben auf der Seite 118ff. vorgebracht haben. Auf Basis der abstraktifizierten konkreten Gemeinsamkeit ist nicht einzusehen, warum die Arbeitsgallerte nicht in Erscheinung tritt. Wenn die abstrakte Gemeinsamkeit oder die Nicht-Gemeinsamkeit bestimmte Gegebenheiten darstellen würde, wäre nicht einzusehen, warum die darauf basierenden Werte nicht als solche zum Ausdruck gebracht werden. Wenn sie nur unbestimmte Gegebenheiten darstellen würden, wäre zwar klar, dass die darauf beruhenden Werte nicht als solche auftreten könnten. In diesem Fall hätten wir es aber nicht mehr mit der Frage danach zu tun, warum ein bestimmter Inhalt in uneigentlicher Form zum Ausdruck kommt. Stattdessen ginge es um die Bestimmung von etwas zunächst Unbestimmten. Und wenn wir es mit keinen Gegebenheiten zu tun hätten, dann ginge es ebenfalls nicht mehr um die bloße Wertform, sondern darum, wie der mit der Form zusammenfallende Inhalt erst entsteht.

Ferner gibt es hier zusätzliche Überlegungen. Wenn wir uns zunächst die abstrakte Gemeinsamkeit vornehmen, wird zwar nicht der Weg von der einfachen Wertform über die entfaltete Wertform zur allgemeinen Wertform einsichtig. Etwas anders sieht es dagegen bezogen auf das Endresultat der Geldform aus. Denn es fällt auf, dass das Verhältnis, in dem das Marxsche Goldgeld zu den Waren steht, dem Verhältnis entspricht, in dem der wertbildende Arbeitsaspekt angeblich zu den gebrauchswertbildenden Arbeitsaspekten steht. Auf dieser Grundlage könnte Ersteres zwar als Ausdruck des Zweiteren betrachtet werden. Problematisch dabei ist jedoch, dass es die wertbildende Arbeit als eine gebrauchswertbildende Arbeit, die nur neben den Besonderheiten dieser Arbeit existiert, gar nicht gibt. Denn das führt natürlich dazu, dass sie auch nicht als Grund dafür angeführt werden kann, dass eine Ware zu Geld wird und werden muss, das neben den verbleibenden Waren existiert. Wie wir sehen werden, verhält es sich eher umgekehrt. Offensichtlich hat der Umstand, das Geld neben den Waren existiert, Marx dazu veranlasst, zu glauben, so wäre es auch bei der wertbildenden Arbeit im Vergleich mit der gebrauchswertbildenden. (vgl. S. 160)

Wenn wir nun zur Nicht-Gemeinsamkeit kommen, könnte man zunächst meinen, dass dasselbe Ergebnis zu konstatieren ist. Bei genauerem Hinsehen wird jedoch deutlich, dass die Nicht-Gemeinsamkeit eher einem Geld entspricht, das deshalb keine Ware darstellt, weil es keinen Gebrauchswert in der Form besitzt, in der ihn die Waren haben. Da Marx zu einem Geld übergeht, das zugleich Gebrauchswert ist, kann man einesteils schließen, dass er auf implizite Weise eben mit der abstrakten Gemeinsamkeit und nicht der Nicht-Gemeinsamkeit arbeitet. Andernteils darf nicht übersehen werden, dass erst auf der Basis eines Geldes, das im Vergleich zu den Waren eine Nicht-Gemeinsamkeit darstellt, die Marxsche Forderung nach vollständiger Unterscheidung vom Gebrauchswert verständlich wird. Letztlich bleibt daher unbestimmt, ob in Marx' Darstellung als impliziter Hintergrund eher eine abstrakte Gemeinsamkeit oder eine Nicht-Gemeinsamkeit enthalten ist. Das ist aber insofern belanglos, als es den Wert auch nicht als Nicht-Gemeinsamkeit gibt und das Geld deswegen aus dieser Nicht-Gemeinsamkeit natürlich nicht abgeleitet werden kann.

Im Übrigen hat sich oben mit der Ausnahme des Aufgreifens des Goldgeldes einerseits bestätigt, dass es Marx tatsächlich um eine logische Argumentation ging. Denn in den oben angesprochenen Stellen hat Marx nur versucht, die notwendige Existenz der Geldform zu begründen. Die Entstehung des Geldes war dagegen noch kein Thema. Andererseits sei nicht verschwiegen, dass es auch Hinweise gibt, die es mit dieser Entstehung zu tun zu haben scheinen und daher nicht zur Argumentation per logischer Geltung passen. Zu ihnen gehört die folgende Stelle:

„In ihrer Verlegenheit denken unsre Warenbesitzer wie Faust. Im Anfang war die Tat. Sie haben daher schon gehandelt, bevor sie gedacht haben. Die Gesetze der Warennatur betätigen sich im Naturinstinkt der Warenbesitzer. Sie können ihre Waren nur als Werte und darum als Waren aufeinander beziehn, indem sie dieselben gegensätzlich auf irgendeine andre Ware als allgemeines Äquivalent beziehn. Das ergab die Analyse der Ware. Aber nur die gesellschaftliche Tat kann eine bestimmte Ware zum allgemeinen Äquivalent machen. Die gesellschaftliche Aktion aller andren Waren schließt daher eine bestimmte Ware aus, worin sie allseitig ihre Werte darstellen. Dadurch wird die Naturalform dieser Ware gesellschaftlich gültige Äquivalentform. Allgemeines Äquivalent zu sein wird durch den gesellschaftlichen Prozeß zur spezifisch gesellschaftlichen Funktion der ausgeschlossenen Ware. So wird sie – Geld." (I, 101)

Wenn Marx in diesem Zitat von der „gesellschaftlichen Tat" oder der „gesellschaftlichen Aktion" spricht, dann scheint er sich nicht nur auf die Existenz des Geldes zu beziehen, sondern auch seine Entstehung im Auge zu haben. Deshalb sei darauf hingewiesen, dass die Marxschen Ausführungen in dieser Beziehung besonders fadenscheinig sind. Durch eine Argumentation per logischer Geltung, die in Kurzform von den sich tauschenden bzw. den sich als Wert und Tauschwert ausdrückenden Waren bzw. in Langform von den Charaktermasken ausgeht, die den Tausch bzw. den Wert- und Tauschwertausdruck vollziehen, kann immer nur auf die Existenz und nie die Entstehung des Geldes geschlossen werden. Wenn man das nicht berücksichtigt und meint, doch die Entstehung des Geldes begründen zu können, wird es unabhängig davon vollkommen abstrus, ob Marx von einer „gesellschaftlichen Aktion aller andren Waren" spricht oder den „Naturinstinkt der Warenbesitzer" bemüht. Einesteils können Waren von sich aus nun einmal keine Aktion vollziehen, sondern nur von ihren Besitzern bewegt werden. Andernteils hilft es auch nichts, wenn man die Erwähnung des Naturinstinkts als Ausdruck dessen nimmt, dass Marx von den Warenbesitzern als Charaktermasken redet. Denn beides läuft auf die gänzlich abwegige Behauptung hinaus, das Geld wäre bewusstlos in der Weise geschaffen worden, in der es zu Wirkungen von Naturgesetzen kommt.[xcvi]

Schließlich sei auf dieser Grundlage noch darauf hingewiesen, dass man die obigen Warenbesitzer auch als Subjekte verstehen und daher entweder der Meinung sein kann, Marx wolle im Rahmen einer Argumentation per teleologischer Genesis behaupten, dass das Geld im Kapitalismus aus einer gemeinsamen Aktion der Warenbesitzer heraus entstanden ist. Oder man ist der Auffassung, Marx stelle die These auf, es habe einen entsprechenden historischen Entstehungsprozess des Geldes gegeben. Zum ersten Punkt ist dazu zu sagen, dass das Geld keine Folge einer gemeinsamen Aktion oder eines Gesellschaftsvertrags ist. Es stellt vielmehr das Ergebnis einer staatlichen Maßnahme dar.

Zum zweiten Punkt ist einerseits zu bemerken, dass es im Rahmen von Marx' Darstellung des Gangs von der einfachen Wertform über die entfaltete und allgemeine Wertform zur Geldform zwar einige Hinweise gibt, die für eine historische Argumentation sprechen. (vgl. z. B. I, 80) Insgesamt kann aber festgestellt werden, dass diese so beiläufiger Natur sind, dass aus ihnen zu entnehmen ist, dass Marx bei diesem Gang gerade nicht historisch argumentieren wollte.[xcvii] Andererseits sei darauf hingewiesen, dass das historische Verständnis selbst dann bedeutungslos ist, wenn es in der Vergangenheit Geldformen gegeben haben sollte, die per gemeinsamer Aktion entstanden sind. Denn bei diesem Entstehungsgrund haben wir es mit einem vergangenen Grund zu tun, der für das gegenwärtige Geld und seine Erklärung überhaupt keine Bedeutung hat. (vgl. dazu auch Seite 19)

4. Die Schwierigkeiten des Austauschprozesses

Marx' Argumente zur Begründung der Geldform, die wir bislang betrachtet haben, konnten in keiner Weise überzeugen. Der allgemeine Grund dafür lag darin, dass unklar blieb, woher Marx die Kriterien holte, mit denen er seine einzelnen Schritte zu untermauern versuchte. Diese Kriterien schienen sich allein seinem subjektiven Willen zu verdanken und keiner davon unabhängigen Objektivität. Mithin entwickelte sich seine Argumentation nicht aus dem Ausgangspunkt heraus, sondern war umgekehrt nur durch das von ihm angestrebte Ziel motiviert. Marx wusste von Anfang an, worauf er hinaus wollte, und strebte diesen Zustand schrittweise an, ohne dabei irgendeinem ihm äußeren, objektiven Zwang unterworfen zu sein. Wie die folgenden Ausführungen zeigen, gibt es bei Marx jedoch noch eine andere, etwas weiter reichende Seite.

Bei der "allgemeinen Wertform", die nur in der Einzahl vorkommen kann, kommt, wie gesehen, etwas herein, das aus ihr nicht abgeleitet werden kann:

"Eine Waare erhält nur die **allgemeine Aequivalentform**, weil und sofern sie allen andern Waaren zur Darstellung ihrer **allgemeinen relativen, daher nicht unmittelbaren** Werthform dient. Waaren müssen sich aber relative Werthform überhaupt geben, weil ihre Naturalformen nur ihre Gebrauchswerthformen, und sie müssen sich einheitliche, daher allgemeine relative Werthform geben, um sich alle als Werthe, als gleichartige Gallerten menschlicher Arbeit auf einander zu beziehen. Eine Waare befindet sich daher nur in der Form unmittelbarer Austauschbarkeit, weil und sofern **alle andern Waaren** sich **nicht** darin befinden, oder weil die Waare überhaupt sich von Haus aus **nicht** in unmittelbar austauschbarer oder gesellschaftlicher Form befindet, indem ihre unmittelbare Form die Form ihres Gebrauchswerths, nicht ihres Werthes." (UF, 30/31; vgl. auch 32)

Es kommt herein, dass die Waren sich "nicht in unmittelbar austauschbarer oder gesellschaftlicher Form" befinden. Dass das auf Basis der Thematisierung einer "allgemeinen Wertform" bzw. der "Geldform" der Fall ist, wurde bereits zugegeben. Wir müssen uns jedoch fragen, warum das so ist, warum die Waren miteinander nur über das Geld vermittelt austauschbar sind. Darauf gibt Marx mit seinen verschiedenen Wertformen keinerlei Antwort. Marx spricht zwar davon, dass die Waren "von Haus aus" nicht unmittelbar austauschbar sind. Auf der Basis dessen, dass die Waren Werte und demzufolge auch austauschbar sind, ist das jedoch nicht einzusehen. Im Gegenteil ist, von der Ware als solcher aus geurteilt, nicht zu verstehen, warum die Möglichkeit der direkten Austauschbarkeit mit anderen Waren ausgeschlossen werden soll. Somit bleibt festzuhalten, dass Marx im Punkt 3. des 1. Kapitels das Geld und die nur mittelbare Austauschbarkeit der Waren nur behauptet, ohne dies erfolgreich zu begründen.

Expliziter wird Marx erst im 2. Kapitel: "Der Austauschprozeß":

"Was den Warenbesitzer namentlich von der Ware unterscheidet, ist der Umstand, daß ihr jeder andre Warenkörper nur als Erscheinungsform ihres eignen Werts gilt. Geborner Leveller und Zyniker, steht sie daher stets auf dem Sprung, mit jeder andren Ware, sei selbe auch ausgestattet mit mehr Unannehmlichkeiten als Maritorne, nicht nur die Seele, sondern den Leib zu wechseln. Diesen der Ware mangelnden Sinn für das Konkrete des Warenkörpers ergänzt der Warenbesitzer durch seine eignen fünf und mehr Sinne. Seine Ware hat für ihn keinen unmittelbaren Gebrauchswert. Sonst führte er sie nicht zu Markt. Sie hat Gebrauchswert für andre. Für ihn hat sie unmittelbar nur den Gebrauchswert, Träger von Tauschwert und so Tauschmittel zu sein. Darum will er sie veräußern für Ware, deren Gebrauchswert ihm Genüge tut." (I, 100)

In diesem Zitat bestätigt Marx einerseits, dass aus der Ware als solcher keine Beschränkung der Austauschbarkeit abgeleitet werden kann. Diese ist andererseits nur dem „Warenbesitzer" geschuldet, der seine Ware nicht mit jeder anderen austauschen will, sondern nur mit denen, die seinen Bedürfnissen entsprechen. Indem Marx von den Waren auf diese „Warenbesitzer" übergeht, ändert er seine Argumentationsgrundlage. Jetzt ist nicht mehr von dem die Rede, was von der einzelnen Ware bzw. ihrem Wert aus denkbar ist, sondern nur noch von dem, was von den Charaktermasken ausgehend möglich ist, die auf unbewusste Weise den einseitigen Warentausch ausführen, der in der bewussten Warenzirkulation impliziert ist.

Obwohl diese Klarstellungen unmittelbar auf die auf der Seite 21 zitierten Bemerkungen über die "Charaktermasken" folgen, könnte man der Meinung sein, dass Marx hier nicht zu ihnen übergeht, sondern zu den Subjekten wechselt. Daher sei erstens betont, dass das nicht der Fall ist. Obwohl der obige "Warenbesitzer" offensichtlich spezifischere Zwecke verfolgt als diejenigen, die sich aus der Ware selbst ergeben, bleibt er Charaktermaske und in diesem Sinne "Repräsentant von

Ware". Für diesen Vertreter gilt dasselbe wie für das Subjekt. Auch als Charaktermaske tauschen die Menschen ihre Waren nur mit bestimmten anderen Waren aus.
Empirisch gegeben sind daher nicht die Charaktermasken, die das ausführen, was
vom einzelnen Wert oder von der einzelnen Ware aus gesehen denkbar ist. Empirisch gegeben sind vielmehr nur die Charaktermasken, die auf bewusstlose Weise
das ausführen, was ihnen aufgrund des einseitigen Tauschs als auszuführender Inhalt vorausgesetzt ist.

Auf der Basis dessen, dass man diesen Wechsel der Argumentationsgrundlage
mitmacht, ist zweitens darauf hinzuweisen, dass mit den obigen Überlegungen die
nur mittelbare Austauschbarkeit der Waren immer noch nicht erklärt ist. Auf der
Grundlage der wegen der spezifischen Bedürfnisse der Warenbesitzer nicht allgemeinen Austauschbarkeit der Waren ergibt sich jedoch folgendes Problem:

"Jeder Warenbesitzer will seine Ware nur veräußern gegen andre Ware, deren
Gebrauchswert sein Bedürfnis befriedigt. Sofern ist der Austausch für ihn nur individueller Prozeß. Andrerseits will er seine Ware als Wert realisieren, also in jeder ihm beliebigen andren Ware von demselben Wert, ob seine eigne Ware nun
für den Besitzer der andren Ware Gebrauchswert habe oder nicht. Sofern ist der
Austausch für ihn allgemein gesellschaftlicher Prozeß. Aber derselbe Prozeß
kann nicht gleichzeitig für alle Warenbesitzer nur individuell und zugleich nur allgemein gesellschaftlich sein." (I, 101)

Das, was Marx in diesem Zitat nur sehr kurz und daher auch missverständlich zum
Ausdruck bringt, teilt er uns in den 'Grundrissen' in etwas klarerer Form mit:

"Als Wert ist jede Ware gleichmäßig teilbar; in ihrem natürlichen Dasein ist sie es
nicht. Als Wert bleibt sie dieselbe, wie viele Metamorphosen und Existenzformen
sie auch durchläuft; in der Wirklichkeit werden Waren nur ausgetauscht, weil sie
ungleich sind und verschiednen Systemen von Bedürfnissen entsprechen. Als
Wert ist sie allgemein, als wirkliche Ware eine Besonderheit. Als Wert ist sie stets
austauschbar; in dem wirklichen Austausch ist sie es nur, wenn sie besondre Bedingungen erfüllt. Als Wert ist das Maß ihrer Austauschbarkeit durch sie selbst
bestimmt; der Tauschwert drückt eben das Verhältnis aus, in dem sie andre Waren ersetzt; im wirklichen Austausch ist sie nur austauschbar in Quantitäten, die
mit ihren natürlichen Eigenschaften zusammenhängen und den Bedürfnissen der
Austauschenden entsprechen. (Kurz alle Eigenschaften, die als besondre Eigenschaften des Geldes aufgezählt werden, sind Eigenschaften der Ware als
Tauschwert; des Produkts als Wert im Unterschied vom Wert als Produkt.)" (GR,
60)

Abgesehen davon, dass es hier nicht um den "Wert" als solchen gehen kann, sondern nur um seine Realisierung als Tauschwert, besteht die Schwierigkeit offensichtlich darin, dass diese an eine Bedingung geknüpft ist, nämlich die Wechselseitigkeit der Bedürfnisse, die gleichzeitig vorhanden und mit gleich großen oder

beliebig teilbaren Tauschwerten verbunden sein muss. Da sie im Allgemeinen nicht gegeben sein wird, ist der unmittelbare Austausch nicht möglich, obwohl die Waren, wie betont werden muss, Werte darstellen und daher auch grundsätzlich austauschbar sind.

Sieht man sich dieses Problem, das sich beim bloßen Tauschwertausdruck noch nicht zeigen konnte, sondern erst bei der Realisierung des Tauschwerts innerhalb des wirklichen Austausches zutage tritt, genauer an, zeigt sich, dass die Waren miteinander nicht unmittelbar austauschbar sind, weil ihre Tauschwerte sozusagen jeweils mit den verkehrten Gebrauchswerten verkoppelt sind. Hätte die eigene Ware einen Gebrauchswert, der dem Bedürfnis des anderen Warenbesitzers entspricht, wäre sie, von Quantitätsdifferenzen abgesehen, mit dessen Ware unmittelbar austauschbar. Da es natürlich nicht darum zu tun sein kann, an den Waren selbst etwas zu drehen, besteht die in Marx' Darstellung offensichtlich implizierte Lösung des Problems darin, den einseitigen Austausch zu ermöglichen. Eine Ware muss sich mit einer anderen austauschen können, ohne dass sich diese andere zugleich mit der einen austauscht. Das geht überhaupt nur, wenn sich die Waren nicht direkt miteinander austauschen. Marx' Lösung besteht also darin, dass sich die Waren direkt mit etwas austauschen, das mit allen anderen Waren unmittelbar austauschbar ist. Dies ist das Geld, dessen allgemeine Austauschbarkeit darin begründet ist, dass es von den Waren und deren Gebrauchswerten verschieden ist. Weil der Gebrauchswert des Geldes die allgemeine Austauschbarkeit ist, würde es stören, wenn es selbst einen Gebrauchswert im ursprünglichen Sinn des Wortes besäße. Die Lösung besteht also in einer selbständigen Existenz des Tauschwerts neben den Waren, aufgrund derer der Tausch in Verkauf und Kauf zerfällt. Damit wird die bislang erforderliche Wechselseitigkeit der Bedürfnisse aufgehoben:

"Die Warenzirkulation ist nicht nur formell, sondern wesentlich vom unmittelbaren Produktenaustausch unterschieden. Man werfe nur einen Rückblick auf den Vorgang. Der Leinweber hat unbedingt Leinwand mit Bibel vertauscht, eigne Ware mit fremder. Aber dies Phänomen ist nur wahr für ihn. Der Bibelagent, der dem Kühlen Heißes vorzieht, dachte nicht daran, Leinwand für Bibel einzutauschen, wie der Leinweber nicht davon weiß, dass Weizen gegen seine Leinwand eingetauscht worden ist usw. Die Ware des B ersetzt die Ware des A, aber A und B tauschen nicht wechselseitig ihre Waren aus." (I, 126)

Wenn wir nun zur Würdigung der dargestellten Argumentation kommen, kann festgestellt werden, dass die geschilderte Lösung auf der einen Seite insofern als weiterführend bezeichnet werden kann, als auf ihrer Basis die Forderungen und Kriterien verständlich werden, die Marx schon im dritten Punkt des 1. Kapitels und damit zu einem Zeitpunkt hereingebracht hat, zu dem sie uneinsichtig waren. Zum einen leuchtet jetzt die Forderung nach möglichst vollständiger Unterscheidung des Tauschwertausdrucks von den Gebrauchswerten ein. (vgl. S. 131) Zum anderen wird klar, warum der Tauschwert eine einheitliche, für alle Waren gleiche und damit gesellschaftlich gültige Erscheinungsform annehmen muss. (vgl. S. 139) Mit beiden Hinweisen zielte Marx bereits auf das Geld als selbständige Existenz des Tauschwerts.

Wenn diese Andeutungen auch im Nachhinein verständlich werden, so wird die früher an ihnen geäußerte Kritik damit nicht hinfällig. Der Fehler von Marx besteht nämlich darin, diese Punkte auf einer Grundlage hereingebracht zu haben, auf der sie unangebracht waren. Wie insbesondere seine Rede von der "Geldform" zeigt, hat Marx genauer gesprochen versucht, das Geld im Rahmen einer Abfolge verschiedener Wertformen abzuleiten. Solange aber lediglich von den Waren und den Ausdrücken ihrer Werte als Tauschwerte die Rede ist und nicht vom Tausch selbst, kann die Notwendigkeit des Geldes nicht einsichtig gemacht werden, zumal Marx nicht einmal nur von den Tauschwertausdrücken spricht, die aufgrund der spezifischen Bedürfnisse der Warenbesitzer möglich sind, sondern von denen, die es von den Waren als solchen aus gesehen der Denkmöglichkeit nach geben kann. Umgekehrt hätten wir die "totale Wertform" und die "allgemeine Wertform" als mögliche Wertausdrücke schon früher zurückweisen müssen, wenn schon damals die spezifischen Bedürfnisse der Warenbesitzer zu berücksichtigen gewesen wären. Auf ihrer Grundlage ist es nämlich weder möglich, dass sich eine Ware mit allen anderen als austauschbar erklärt. Noch können alle anderen Waren eine Ware zu ihrem gemeinsamen Tauschwert machen. Allgemeines Äquivalent ist vielmehr nur das Geld.

Auf der anderen Seite ist darauf aufmerksam zu machen, dass Marx' Lösung trotzdem noch nicht als eine zwingende Ableitung des Geldes bezeichnet werden kann. Auch wenn klar ist, dass die Warenbesitzer ihre Waren im Allgemeinen nicht direkt mit denjenigen austauschen können, die sie begehren, sind noch andere Problemlösungen denkbar. Angefangen damit, dass zumindest eine der an einem Austausch beteiligten Seiten sich zunächst mit einer eigentlich nicht gewünschten Ware in der Hoffnung zufrieden geben muss, sie später gegen die gewünschte austauschen zu können, ist eine Herausbildung mehrerer Geldwaren durchaus möglich. Daran kann auch die Tatsache nichts ändern, dass auf ihrer Grundlage die Zirkulation immer noch mit Schwierigkeiten verbunden wäre, weil es sein könnte, dass der Warenbesitzer, dem die eigentlich gewollte Ware gehört, die besondere Geldware, über die man verfügt, nicht will, sodass man sich erst die von ihm akzeptierte Geldware mit weiteren Austauschakten beschaffen muss. Diese anderen, mit zusätzlichen Komplikationen verbundenen Problemlösungen könnten nur ausgeschlossen werden, wenn feststehen würde, dass die Zirkulation möglichst rationell zu erfolgen hat. In den oben besprochenen Zusammenhängen erwähnt Marx eine solche Bedingung jedoch nicht.[26]

Zum dritten sei noch erwähnt, dass der Umstand, wonach Marx das Geld als selbständige Existenz des Tauschwerts neben den Waren dann erfolgreich begründen kann, wenn man vom gerade erwähnten Punkt absieht, nicht bedeutet, dass er damit auch die Wertform als uneigentlicher Wertausdruck ableiten kann. Geld als selbständige Existenz des Tauschwerts wäre mit anderen Worten auch notwendig, wenn es die Wertform, d. h. den Ausdruck des Werts in uneigentlicher Gestalt, nicht gäbe. Beim Geld könnte es sich deshalb immer noch um das sogenannte "Arbeitsgeld" handeln, dessen Denomination die Arbeitszeit ist, egal aus welchem Material es sonst noch besteht. Auch diese Differenz hat Marx nicht gesehen:

"Die Frage, warum das Geld nicht unmittelbar die Arbeitszeit selbst repräsentiert, so daß z. B. eine Papiernote x Arbeitsstunden vorstellt, kommt ganz einfach auf die Frage heraus, warum auf Grundlage der Warenproduktion die Arbeitsprodukte sich als Waren darstellen müssen, denn die Darstellung der Ware schließt ihre Verdoppelung in Ware und Geldware ein." (I, 109, Note 50)

Denn eine Verdoppelung der Ware in Ware und Geld liegt auch dann vor, wenn es sich beim Geld um „eine Papiernote" handelt, die „x Arbeitsstunden vorstellt".

5. Der in der Ware enthaltene Widerspruch

Den obigen Darlegungen, mit denen gezeigt wurde, dass es bei Marx Ansätze für eine überzeugendere Ableitung zwar nicht der Wertform, aber des Geldes gibt, Ansätze, die das Geld aus den Schwierigkeiten des unmittelbaren Austauschs erklären, könnte nun folgendes Zitat aus 'Zur Kritik der politischen Ökonomie' entgegengehalten werden, auf das deshalb eingegangen werden soll:

"Die Ökonomen pflegen das Geld aus den äußern Schwierigkeiten abzuleiten, worauf der erweiterte Tauschhandel stößt, vergessen aber dabei, daß diese Schwierigkeiten aus der Entwicklung des Tauschwerts und daher der gesellschaftlichen Arbeit als allgemeiner Arbeit entspringen. Z. B.: Die Waren sind als Gebrauchswerte nicht beliebig teilbar, was sie als Tauschwerte sein sollen. Oder die Ware von A mag Gebrauchswert für B sein, während die Ware von B nicht Gebrauchswert für A ist. Oder die Warenbesitzer mögen ihre wechselseitig auszutauschenden unteilbaren Waren in ungleichen Wertproportionen bedürfen. In andern Worten, unter dem Vorwand, den einfachen Tauschhandel zu betrachten, veranschaulichen sich die Ökonomen gewisse Seiten des Widerspruchs, den das Dasein der Ware als unmittelbare Einheit von Gebrauchswert und Tauschwert

---

[26] Dabei hätte er, wie sich zeigen wird, durchaus Grund gehabt, ein solches Prinzip anzusetzen. (vgl. S. 348ff.)

einhüllt. Andererseits halten sie dann konsequent am Tauschhandel als adäquater Form des Austauschprozesses der Waren fest, der nur mit gewissen Unbequemlichkeiten verknüpft sei, wofür das Geld ein pfiffig ausgedachtes Auskunftsmittel. Von diesem ganz flachen Standpunkt aus hat ein geistreicher englischer Ökonom daher richtig behauptet, Geld sei ein bloß materielles Instrument, wie ein Schiff oder eine Dampfmaschine, aber nicht die Darstellung eines gesellschaftlichen Produktionsverhältnisses und folglich keine ökonomische Kategorie. Es werde daher nur mißbräuchlich in der politischen Ökonomie, die in der Tat nichts mit der Technologie gemein hat, abgehandelt." (ZK, 36/37)

Wenn Marx hier das Argument des Fehlens der auch quantitativ bestimmten Wechselseitigkeit, dessen er sich oben selbst noch bedient hat, kritisiert und sich stattdessen auf den „Widerspruch, den das Dasein der Ware als unmittelbare Einheit von Gebrauchswert und Tauschwert einhüllt", bezieht, dann scheint er in der Tat das Geld als selbständige Existenz des Tauschwerts anders begründen zu wollen. Genau das kann auch den ähnlichen Stellen entnommen werden, die sich im ‚Kapital' finden:

„Die Waren gehn zunächst unvergoldet, unverzuckert, wie der Kamm ihnen gewachsen ist, in den Austauschprozeß ein. Er produziert eine Verdoppelung der Ware in Ware und Geld, einen äußeren Gegensatz, worin sie ihren immanenten Gegensatz von Gebrauchswert und Wert darstellen." (I, 119)

"Der der Ware immanente Gegensatz von Gebrauchswert und Wert, von Privatarbeit, die sich zugleich als unmittelbar gesellschaftliche Arbeit darstellen muß, von besondrer konkreter Arbeit, die zugleich nur als abstrakt allgemeine Arbeit gilt, von Personifizierung der Sache und Versachlichung der Personen – dieser immanente Widerspruch erhält in den Gegensätzen der Warenmetamorphose seine entwickelten Bewegungsformen." (I, 128)

Zwar wird in ihnen nicht von einem Widerspruch zwischen Gebrauchswert und Tauschwert, sondern von einem „Gegensatz zwischen Gebrauchswert und Wert" gesprochen. Trotzdem bleibt es dabei, dass gerade nicht mit den Schwierigkeiten des Austauschprozesses argumentiert wird.

Wenn wir uns fragen, was von dieser anderen Erklärung zu halten ist, ist zunächst zu überprüfen, ob überhaupt von einem in den Waren enthaltenen „Widerspruch" oder „Gegensatz" gesprochen werden kann. Auf den ersten Blick könnten diese Aussagen als unsinnig abgelehnt werden, weil unter einer Ware nichts Anderes verstanden wird, als ein nützliches Ding, also z. B. ein Rock, in dem eine bestimmte Menge gesellschaftlich notwendiger Arbeit steckt und der deshalb einen bestimmten Wert hat. So gesehen ist die Ware nur das, was sie eben ist, und widerspricht sich daher genauso wenig wie sie in keinem Gegensatz zu sich selbst steht. Es sei deshalb zunächst darauf hingewiesen, dass der Rock nicht als Wert und Gebrauchswert Ware ist, sondern nur, weil er dazu bestimmt ist, sich auszutauschen und seinen Wert als Tauschwert zur Geltung zu bringen. Diese Bestimmung, diese Zielsetzung, die es, wie gesagt, nur bezogen auf das mittelbare Sein und nicht das unmittelbare Sein und damit das subjektive Bewusstsein gibt, genügt allein jedoch nicht. Die endgültige Verwirklichung des Wareseins liegt vielmehr nur darin, dass der Rock tatsächlich nach Maßgabe seines Werts ausgetauscht wird.

Das Sein einer Ware ist in diesem Sinne vom Sein z. B. eines Steines verschieden. Während dieser nur das ist, was er ist, solange er sich nicht verändert und zu Staub zerfällt, ist die Ware nur, wenn sie wird und sich als Ware verwirklicht. In der Gestalt, in der sie zunächst auftritt, soll sie ausgetauscht werden, ist aber noch nicht ausgetauscht worden. Sie beinhaltet damit einen Mangel, der in dem noch nicht ausgeführten objektiven Zweck besteht. Dieser zunächst noch unverwirklichte Zweck ist ein Sein, welches zugleich ein Nichtsein ist. Genau dies kann nun als Widerspruch oder Gegensatz bezeichnet werden, der in der Ware enthalten ist und aufgelöst werden muss, damit sich die Ware als Ware bestätigt.[xcviii]

Gegen diese Ausführungen könnte nun der Einwand vorgebracht werden, dass die Rede vom Widerspruch als solchem wohl akzeptabel ist, es jedoch angemessener wäre, ihn nicht in die Ware, sondern den Warenbesitzer zu legen, kommt er der Ware doch nur als etwas Fürunsseiendes zu. Dabei würde jedoch übersehen, dass es sich beim Tauschmittelsein der Ware hier um kein Ergebnis bewusster Zwecksetzung handelt, sondern eher um eine unbewusste Implikation objektiver und sich im Bewusstsein anders abzeichnender Handlungen. Somit ist hier zu betonen, dass die objektivistische Ausdrucksweise insbesondere deshalb angebracht ist, weil wir es ja nicht mit einem subjektiv-bewussten Zweck zu tun haben, sondern einer Bestimmung objektiverer Art. Denn das schließt aus, hier von einem subjektiven Widerspruch im Warenbesitzer zu sprechen.

Die bisherigen Überlegungen stützen also die Marxsche Rede von einem in der Ware enthaltenen "Widerspruch" oder „Gegensatz". Bezieht sich das aber auch darauf, dass Marx den Widerspruch mit dem "Dasein der Ware als unmittelbare Einheit von Gebrauchswert und Tauschwert" in Zusammenhang bringt bzw. den Gegensatz zwischen dem Gebrauchswert und dem Wert ansiedelt? Zunächst könnte man meinen, dass sowohl jener Widerspruch als auch dieser Gegensatz zurückzuweisen sind, weil eine Ware, die keinen Gebrauchswert hat, auch keinen Tauschwert bzw. Wert besitzen kann. Sieht man genauer hin, zeigt sich, dass damit zwar die Rede vom Gegensatz zwischen Gebrauchswert und Wert erfolgreich kritisiert werden kann. Denn der Wert ist nicht etwas, was sich erst noch verwirklichen muss. Er ist vielmehr schon fertig vorhanden. Beim Widerspruch zwischen Gebrauchswert und Tauschwert ist das aber insofern anders, als letzterer sich zum einen erst noch realisieren muss. Zum anderen kann er sich nicht verwirklichen, weil er mit dem verkehrten Gebrauchswert verkoppelt ist. Auf dieser Grundlage kann von einem Widerspruch oder Gegensatz zwischen Gebrauchswert und Tauschwert gesprochen werden. Zu betonen ist aber, dass sich dieser Widerspruch oder Gegensatz nur auf den besonderen Gebrauchswert bezieht und sich nicht gegen den Gebrauchswert als solchen richtet. Es bleibt vielmehr dabei, dass die Ware Gebrauchswert sein muss, um Tauschwert sein zu können. (vgl. S. 41)

Wenn man sich nach diesen Erläuterungen nun fragt, wie dieser in der Ware enthaltene Widerspruch oder Gegensatz gelöst wird, muss die Antwort einfach lauten: durch den Austausch. Beim Versuch, ihn zu vollziehen, zeigen sich allerdings wieder dieselben "äußern Schwierigkeiten". Das Ganze läuft mit anderen Worten auf die Ableitung des Geldes hinaus, die wir bereits kennen gelernt haben. Somit zeigt sich, dass das Ansetzen an dem der Ware immanenten Widerspruch dann zu gar keinem anderen Resultat führt als dem bereits explizierten, wenn man diesen Widerspruch richtig versteht. Es wäre deshalb ein Missverständnis, würde man die Marxschen Bemerkungen als eine berechtigte Kritik verstehen, die sich auch gegen die oben dargestellte Argumentation richtet.

Die Ableitung aus dem Widerspruch oder Gegensatz zwischen besonderem Gebrauchswert und Tauschwert kann deswegen nicht als Kritik an der Argumentation mit den Schwierigkeiten des "erweiterten Tauschhandels" genommen werden, weil die Menschen in dieser Argumentation nicht als Subjekte, sondern als Charaktermasken auftreten. Damit hängt zusammen, dass die Argumentation logisch und nicht historisch-zeitlich zu verstehen ist. Das zeigt sich daran, dass sie es nicht mit dem Werden oder der teleologischen Genesis, sondern nur dem Sein oder der logischen Geltung des Geldes zu tun hat. (vgl. S. 24) In ihrem Rahmen soll nicht die Entstehung des Geldes beschrieben, sondern nur seine notwendige Existenz begründet werden. Deswegen lässt sie offen, wie sich diese Notwendigkeit auf der Ebene der Erscheinungen historisch-praktisch durchsetzt.

Wenn die obige Argumentation mit den äußeren Schwierigkeiten dagegen als eine genommen würde, die aufgrund des Umstandes, dass sie von den Subjekten ausgeht, als teleologische Genesis zu verstehen ist und damit bezogen auf die innere oder gegenwärtige Geschichte mit der Entstehung des Geldes zu tun hat, dann könnte sie tatsächlich kritisiert werden. Denn gegen eine so verstandene Argumentation, die zeigen will, wie das Geld aus dem bewussten Handeln der Menschen heraus entstanden ist, wäre erstens zu sagen, dass das Geld, das uns empirisch vorliegt, kein Ergebnis einer bewussten gemeinsamen Zwecksetzung und Zweckausführung der Warenbesitzer darstellt und in diesem Sinne „kein pfiffig ausgedachtes Auskunftsmittel", sondern das Resultat einer staatlichen Entscheidung ist. Diese Entscheidung ist zweitens je schon gefallen und ausgeführt, sodass es den subjektiven Zweck, eigene Ware mit fremder zu tauschen, von dem die teleologisch zu verstehende Erklärung ausgeht, in der fertigen bürgerlichen Gesellschaft gar nicht mehr gibt. Weil in ihr ist das Geld je schon vorhanden ist, gibt es nur noch den subjektiven Zweck, Waren zu verkaufen. Und diesem Zweck ist das Geld eben vorausgesetzt.

Und wenn die obige Argumentation darüber hinaus als historische Erklärung verstanden werden würde, die es mit der äußeren oder vergangenen Geschichte zu tun hat, dann wäre ein ähnliches Ergebnis festzuhalten. Wenn es irgendwann einmal ein Goldgeld gegeben haben sollte, das im beschriebenen Sinne als Folge einer „gesellschaftlichen Tat" der vielen Warenbesitzer entstanden ist, wäre nämlich darauf hinzuweisen, dass dann zwar eine historisch richtige Erklärung vorgelegt wird. Diese Erklärung hat aber bezogen auf das gegenwärtige Geld keine Bedeutung mehr. Denn es ist nicht so entstanden, wie das der vergangene Grund vorgibt.

Zusammenfassend können wir festhalten, dass Marx sich zu Unrecht über die Argumentation mit den sich dem unmittelbaren Tauschhandel in den Weg stellenden Hindernissen lustig macht. Denn bei der Ableitung des Geldes als selbständige Existenz des Tauschwerts kommt auch er nicht ohne diese "äußern Schwierigkeiten" aus. Das wäre nur anders, wenn der in der Ware enthaltene, zunächst aber noch nicht verwirklichte objektive Zweck direkt auf das Geld ausgerichtet wäre, wie das im folgenden Zitat der Fall ist:

"Das Produkt wird zur Ware; die Ware wird zum Tauschwert; der Tauschwert der Ware ist ihre immanente Geldeigenschaft; diese ihre Geldeigenschaft löst sich von ihr als Geld los, gewinnt eine allgemeine, von allen besondren Waren und ihrer natürlichen Existenzweise gesonderte soziale Existenz; das Verhältnis des Produkts zu sich als Tauschwert wird sein Verhältnis zu einem neben ihm existierenden Gelde oder aller Produkte zu dem außer ihnen existierenden Geld. Wie der wirkliche Austausch der Produkte ihren Tauschwert erzeugt, so erzeugt ihr Tauschwert das Geld." (GR, 65)

Wenn der Tauschwert, wie in diesem Zitat behauptet, tatsächlich als "immanente Geldeigenschaft" zu fassen und deshalb besser als Verkaufswert zu bezeichnen wäre (vgl. S. 18), dann könnte das Geld tatsächlich als seine unmittelbare Konsequenz abgeleitet werden, dann bedürfte es nicht des Umwegs über die äußeren Hindernisse des unmittelbaren Tausches. Dies ist allerdings so selbstverständlich wie banal und so banal, dass diese Erklärung an eine Tautologie grenzt, besteht sie doch einfach darin, das äußerlich existierende Geld auf eine Weise zu erklären, die es schon als innerlich existierend voraussetzt. Es gibt Geld, genauer gesprochen, in der Form eines der Ware zwar beigegebenen, aber zunächst noch nicht verwirklichten Zwecks. Und damit dieser Zweck verwirklicht werden kann, muss

es Geld geben. Vielleicht ist dies der Grund dafür, dass Marx diese Argumenta-
tion, die hier wieder nur als logische interessiert, in dieser platten Form im 'Kapital'
nicht mehr ausgeführt hat. Wie wir noch genauer sehen werden, kommt allerdings
ein verwandter Versuch zum Ausdruck, wenn Marx den Tauschwert in dem am
Anfang dieses Abschnittes erwähnten viertletzten Zitat mit der "gesellschaftlichen
Arbeit als allgemeiner Arbeit" in Verbindung bringt. Im Unterschied zur obigen
Argumentation tritt das Geld in seinem Rahmen nicht als Mittel, sondern als
Zweck in Erscheinung. Was davon zu halten ist, wird sich im nächsten Abschnitt
ergeben.

6. Der falsche Schein der Wertform

Die entscheidende Bedeutung der Wertform, die sowohl bei der einfachen Wertform als auch ihrer Weiterentwicklung zur Geldform hervortritt, wird nicht zuletzt
wegen der Mangelhaftigkeit und Unklarheit der Marxschen Darstellung leicht
ganz übersehen. Sie besteht darin, dass der Wert durch sie nicht als das zum Ausdruck kommt, was er ist, also nicht als soundsoviel vergegenständlichte Durchschnittsarbeit, sondern in anderer Form zuerst als Gebrauchsgegenständlichkeit
anderer Ware und dann als Goldgeld in Erscheinung tritt. Weil Ausgedrücktes und
Ausdruck sich voneinander unterscheiden, stellt der Wert der Waren nur etwas
Innerliches, Verborgenes dar. Genau daran macht sich fest, was Marx als "falschen
Schein" (I, 107) bezeichnet.

Schon auf Seite 117 haben wir gesehen, wie 20 Ellen Leinwand ihren Wert in 1
Rock ausdrücken. Auf dieses Beispiel bezogen schreibt Marx:

"Der Rock kann ihr gegenüber jedoch nicht Wert darstellen, ohne daß für sie
gleichzeitig der Wert die Form eines Rockes annimmt." (I, 66)

Was er damit andeutet, führt er im folgenden Zitat aus:

"Indem die relative Wertform einer Ware, z. B. der Leinwand, ihr Wertsein als
etwas von ihrem Körper und seinen Eigenschaften durchaus Unterschiedenes
ausdrückt, z. B. als Rockgleiches, deutet dieser Ausdruck selbst an, daß er ein
gesellschaftliches Verhältnis verbirgt. Umgekehrt mit der Äquivalentform. Sie besteht ja gerade darin, daß ein Warenkörper, wie der Rock, dies Ding, wie es geht
und steht, Wert ausdrückt, also von Natur Wertform besitzt. Zwar gilt dies nur
innerhalb des Wertverhältnisses, worin die Leinwandware auf die Rockware als
Äquivalent bezogen ist. Da aber Eigenschaften eines Dinges nicht aus seinem
Verhältnis zu andern Dingen entspringen, sich vielmehr in solchem Verhältnis nur
betätigen, scheint auch der Rock seine Äquivalentform, seine Eigenschaft unmittelbarer Austauschbarkeit, ebensosehr von Natur zu besitzen wie seine Eigenschaften, schwer zu sein oder warm zu halten. Daher das Rätselhafte der Äquivalentform, das den bürgerlichen rohen Blick des politischen Ökonomen erst

schlägt, sobald diese Form ihm fertig gegenübertritt im Geld." (I, 71/72; vgl. auch UF, 22/23)

Wie wir wissen, besteht der Wert der Leinwand eigentlich in der zu ihrer Produktion gesellschaftlich notwendigen Arbeit. Wie wir ferner wissen, ist mit dem Wert die grundsätzliche Austauschbarkeit nach seiner Maßgabe gegeben, denn wir gehen immer noch von Verhältnissen aus, in denen sich Angebot und Nachfrage entsprechen. Wie wir außerdem wissen, ist der "Rock" nur der äußere Ausdruck dieses Werts bzw. Tauschwerts. Dies alles wissen wir, weil wir erstens die Explikation des Wertbegriffs verfolgt haben und zweitens der Entwicklung der einfachen Wertform nachgegangen sind. Wenn wir uns dagegen auf das fertige Resultat beschränken und nur das betrachten, was sich an ihm äußerlich zeigt, dann scheint dem Rock die "Wertform" bzw. die "Eigenschaft unmittelbarer Austauschbarkeit" tatsächlich "von Natur" zuzukommen. Denn mit dieser Redeweise, die deshalb etwas missverständlich ist, weil selbstverständlich klar bleibt, dass die genannte Eigenschaft keinen natürlichen, sondern einen gesellschaftlichen Ursprung hat, bringt Marx zum Ausdruck, dass keine Differenz mehr zwischen den Eigenschaften des Rocks zu erkennen ist, die zu seinem Ansichsein gehören, und jenen, die Bestandteile seines Seins-für-Anderes sind. Das, was eigentlich nur Ausdruck ist, scheint damit das Ausgedrückte selbst zu sein. Wert scheint mit anderen Worten etwas "Rockgleiches" zu sein, d. h. nichts Anderes als ein Rock.[xcix]

Das obige Zitat deutete bereits an, dass es diese Konstitution eines Scheins auch beim Geld gibt und das in einem noch größeren Ausmaß:

"Wir sahen, wie schon in dem einfachsten Wertausdruck, x Ware A = y Ware B, das Ding, worin die Wertgröße eines andren Dings dargestellt wird, sein Äquivalentform unabhängig von dieser Beziehung zu besitzen scheint. Wir verfolgten die Befestigung dieses falschen Scheins. Er ist vollendet, sobald die allgemeine Äquivalentform mit der Naturalform einer besondren Warenart verwachsen oder zur Geldform kristallisiert ist. Eine Ware scheint nicht erst Geld zu werden, weil die andren Waren allseitig ihre Werte in ihr darstellen, sondern sie scheinen umgekehrt allgemein ihre Werte in ihr darzustellen, weil sie Geld ist. Die vermittelnde Bewegung verschwindet in ihrem eignen Resultat und läßt keine Spur zurück. Ohne ihr Zutun finden die Waren ihre eigne Wertgestalt fertig vor als einen außer und neben ihnen existierenden Warenkörper. Diese Dinge, Gold und Silber, wie sie aus den Eingeweiden der Erde herauskommen, sind zugleich die unmittelbare Inkarnation aller menschlichen Arbeit. Daher die Magie des Geldes." (I, 107)

Solange einmal diese Ware und dann jene Ware als Äquivalentform auftritt, so lange bleibt noch deutlich, dass diese Form den betreffenden Waren nicht als solche zukommen kann. Insofern ist Marx Recht zu geben, wenn er behauptet, dass die "Befestigung dieses falschen Scheins" vollendet ist, sobald wir es mit dem Geld zu tun haben. Wenn wir uns auf die fertige Geldform beschränken, dann

162

scheinen in der Tat nicht die Waren durch ihre allseitigen Wertausdrücke "Gold und Silber" zu Geld zu machen. Umgekehrt scheinen sie sich nur auf diese Dinge zu beziehen, weil sie die Geldform "ohne ihr Zutun" als die Gegenstände besitzen, die sie sind.

Innerhalb des Scheins ist alles verkehrt. Während eigentlich x Ware A als Wert auftritt und y Ware B bzw. das Gold innerhalb ihres Wertausdrucks nur als Gebrauchsgestalt fungiert (vgl. S. 118 und 145), scheint umgekehrt nur die Äquivalentware B Wert und in die in relativer Wertform stehende Ware A dagegen nur ein Gebrauchswert zu sein. Während eigentlich die Waren ihre Austauschbarkeit dadurch zum Ausdruck bringen, dass sie das Geld zu ihrem Tauschwert machen, scheint umgekehrt nur das Geld etwas zu sein, was jederzeit austauschbar ist. Marx gebührt einerseits das Verdienst, diesen Schein im Rahmen seiner Darstellung als Schein aufgedeckt zu haben. Andererseits lässt sich zeigen, dass er ihm selbst noch zum Opfer gefallen ist.

Beginnen wir zunächst wieder mit der einfachen Wertform:

"Die nähere Betrachtung des im Wertverhältnis zur Ware B enthaltenen Wertausdrucks der Ware A hat gezeigt, daß innerhalb desselben die Naturalform der Ware A nur als Gestalt von Gebrauchswert, die Naturalform der Ware B nur als Wertform oder Wertgestalt gilt. Der in der Ware eingehüllte innere Gegensatz von Gebrauchswert und Wert wird also dargestellt durch einen äußeren Gegensatz, d. h. durch das Verhältnis zweier Waren, worin die eine Ware, deren Wert ausgedrückt werden soll, unmittelbar nur als Gebrauchswert, die andre Ware hingegen, worin Wert ausgedrückt wird, unmittelbar nur als Tauschwert gilt. Die einfache Wertform einer Ware ist also die einfache Erscheinungsform des in ihr enthaltenen Gegensatzes von Gebrauchswert und Wert." (I, 75/76)

Wenn Marx davon spricht, dass die Ware A, deren Wert ausgedrückt wird, "nur als Gestalt von Gebrauchswert" und die Ware B, die das Material für diesen Wertausdruck liefert, dagegen "nur als Wertform oder Wertgestalt gilt", dann kann er sich nur auf der Ebene des Scheins bewegen. Nur auf ihr ist der Wert einer Ware etwas, das neben ihr in einer anderen Ware existiert. Wie jedoch der zweite Satz des obigen Zitats zeigt, macht Marx den Fehler, diese gegensätzliche Erscheinungsform für bare Münze zu nehmen und nach ihrem Bild seinen Begriff vom Wert zu formen. Er bildet sich zwar ein, dass der genannte "äußere Gegensatz" zwischen den Waren eine Folge des "in der Ware eingehüllten inneren Gegensatzes von Gebrauchswert und Wert" ist. Da wir jedoch bereits wissen, dass von einem solchen Gegensatz nicht gesprochen werden kann (vgl. S. 157), verläuft die Kausalbeziehung in umgekehrter Richtung. Die einfache Wertform einer Ware kann nicht als "einfache Erscheinungsform des in ihr enthaltenen Gegensatzes von Gebrauchswert und Wert" angesehen werden. Anders herum kam Marx vielmehr nur zu der Auffassung, es gäbe einen solchen „inneren Gegensatz", weil er sich nicht genug vom Schein der einfachen Wertform frei machen konnte.

Diesen Fehler kann man auch den folgenden drei Zitaten entnehmen, die schon einmal angeführt worden sind:

"Die erste Eigentümlichkeit, die bei Betrachtung der Äquivalentform auffällt, ist diese: Gebrauchswert wird zur Erscheinungsform seines Gegenteils, des Werts." (I, 70)

"Es ist also eine zweite Eigentümlichkeit der Äquivalentform, daß konkrete Arbeit zur Erscheinungsform ihres Gegenteils, abstrakt menschlicher Arbeit wird." (I, 73; vgl. auch 72)

"Es ist also eine dritte Eigentümlichkeit der Äquivalentform, daß Privatarbeit zur Form ihres Gegenteils wird, zu Arbeit in unmittelbar gesellschaftlicher Form." (I, 73)

Wenn Marx davon redet, dass der Gebrauchswert, die konkrete und die private Arbeit zur Erscheinungsform ihres jeweiligen "Gegenteils", des Werts, der abstrakt menschlichen und unmittelbar gesellschaftlichen Arbeit werden, dann mag das auf Basis des Wertausdrucks in anderer Ware noch angehen. Marx hat diesen Zusammenhang jedoch aus den Augen verloren und sich zu dem Schluss verleiten lassen, dass der Gebrauchswert bzw. die ihn bildende Arbeit als solche im gegensätzlichen Verhältnis zum Wert bzw. zu der ihn bildenden Arbeit steht. Das ist jedoch keineswegs der Fall.

Derselbe Fehler kommt auch bei der Geldform zum Ausdruck:

"Der Geldkrystall ist **nothwendiges** Produkt des Austauschprozesses der Waren. Der immanente Widerspruch der Waare als unmittelbarer Einheit von Gebrauchswerth und Tauschwerth, als **Produkt** nützlicher **Privatarbeit**, die ein nur vereinzeltes Glied eines naturwüchsigen Gesamtsystems der nützlichen Arbeiten oder der **Theilung der Arbeit** bildet, und als **unmittelbar gesellschaftliche Materiatur abstrakter menschlicher Arbeit** - dieser Widerspruch ruht und rastet nicht, bis er sich zur **Verdoppelung der Waare in Waare und Geld** gestaltet hat. In demselben Masse daher, worin sich die Verwandlung der **Arbeitsprodukte in Waaren**, vollzieht sich die Verwandlung von **Waare in Geld**." (UF, 48; vgl. auch 66)

Im Gegensatz zu der auf der vorhergehenden Seite aus dem 'Kapital' zitierten Stelle, in der von einem "Gegensatz zwischen Gebrauchswert und Wert" die Rede war, leitet Marx in diesem Zitat aus der Urfassung die "Verdoppelung der Waare in Waare und Geld" aus dem "immanenten Widerspruch der Waare als unmittelbarer Einheit von Gebrauchswerth und Tauschwerth" ab. Damit wird die Sache zumindest dann richtiger, wenn man diesen Widerspruch so versteht, wie auf der

Seite 157 ausgeführt. Andererseits leuchtet jetzt ein, warum Marx den Widerspruch zwischen Gebrauchswert und Tauschwert nicht nur auf den besonderen Gebrauchswert bezieht, sondern den Gebrauchswert als solchen. Damit geht er offenbar dem Schein der Geldform auf den Leim.

Dieser Fehler – und hier kommen wir auf die Ankündigung auf der Seite 162 zurück – wird manifest, wenn Marx den besagten Widerspruch in Verbindung mit der in der Ware vergegenständlichten Arbeit bringt und von einem Widerspruch zwischen der gebrauchswertbildenden "nützlichen Privatarbeit" und der wertbildenden "unmittelbar gesellschaftlichen Materiatur abstrakter menschlicher Arbeit" spricht. Diesen Widerspruch gibt es erstens schlicht nicht, weil Werte nur dann gebildet werden können, wenn erstere und letztere Arbeit zusammenfallen. (vgl. S. 67ff.) Zweitens hat der Tauschwert mit der vergegenständlichten Arbeit sowieso direkt nichts zu tun. Stattdessen ist der Umstand, dass sie als sein Maß auftreten soll, eine zu ihr äußerlich hinzukommende Bestimmung, die der vergegenständlichten Arbeit keinen neuen Charakter verleiht. (vgl. S. 124)

Möglicherweise ist letzteres der Grund dafür, dass Marx in der dem letztgenannten Zitat entsprechenden Stelle im 'Kapital':

"Der Geldkrystall ist ein notwendiges Produkt des Austauschprozesses, worin verschiedenartige Arbeitsprodukte einander tatsächlich gleichgesetzt und daher tatsächlich in Waren verwandelt werden. Die historische Ausweitung und Vertiefung des Austausches entwickelt den in der Warennatur schlummernden Gegensatz von Gebrauchswert und Wert. Das Bedürfnis, diesen Gegensatz für den Verkehr äußerlich darzustellen, treibt zu einer selbständigen Form des Warenwerts und ruht und rastet nicht, bis sie endgültig erzielt ist durch die Verdoppelung der Ware in Ware und Geld. In demselben Maße daher, worin sich die Verwandlung der Arbeitsprodukte in Waren, vollzieht sich die Verwandlung von Ware in Geld." (I, 101/102; vgl. auch 119),

nurmehr von einem "Gegensatz von Gebrauchswert und Wert" redet. Diese korrekte Einsicht wird jedoch durch ein anderes Stück Fehlerhaftigkeit aufgewogen. Da es diesen Gegensatz nicht gibt, könnte aus ihm das Geld als selbständige Existenz des Tauschwerts auch nicht mehr abgeleitet werden.

Somit kann auch hier festgehalten werden, dass Marx sich wohl einbildet, die in den Waren vergegenständlichte Arbeit berge in sich einen "Gegensatz" oder "Widerspruch", aus dem das Geld abzuleiten ist:

"Wie vorhin gezeigt ward, dass die Waare von Natur die unmittelbare Form allgemeiner Austauschbarkeit ausschliesst und die allgemeine Aequivalentform daher nur **gegensätzlich** entwickeln kann, so gilt dasselbe für die in den Waaren steckenden Privatarbeiten. Da sie **nicht unmittelbar gesellschaftliche**

Arbeit sind, so ist erstens die **gesellschaftliche Form** eine von den Naturalformen der wirklichen nützlichen Arbeiten unterschiedne, ihnen fremde, und abstrakte Form, und zweitens erhalten alle Arten Privatarbeit ihren **gesellschaftlichen** Charakter nur **gegensätzlich**, indem sie alle einer ausschliesslichen Art Privatarbeit, hier der Leineweberei, **gleichgesetzt** werden." (UF, 32/33)

Da es einen solchen Gegensatz aber nicht gibt, verhält es sich vielmehr umgekehrt so, dass Marx dem Schein der Geldform zum Opfer gefallen ist. Weil das Geld neben den Waren existiert, verfiel er auf den Gedanken, auch die wertbildende Arbeit finge entweder als Arbeitssorte oder Arbeitsaspekt dort an, wo die gebrauchswertbildende aufhört. Weil sich die Waren in den Geldausdrücken ihrer Werte nur quantitativ und nicht qualitativ voneinander unterscheiden, dachte er, auch die wertbildende Arbeit sei als abstrakt menschliche Arbeit etwas gleichermaßen mit sich Identisches. Gegenüber dieser Position ist zu betonen, dass es die Struktur:

"Es ist als ob neben und ausser Löwen, Tigern, Hasen und allen andern wirklichen Thieren, die gruppirt die verschiednen Geschlechter, Arten, Unterarten, Familien u. s. w. des Thierreichs bilden, auch noch **das Thier** existirte, die individuelle Incarnation des ganzen Thierreichs." (UF, 27),

zwar auf der Ebene des äußeren Ausdrucks des Werts als Tauschwert oder des Scheins gibt. Denn Geld kommt als allgemeines Tauschmittel tatsächlich neben den Waren als besondere Tauschmittel vor. Marx begeht aber den Fehler, dieses Muster auf die Wertebene zu übertragen und den Wert deshalb als eine die Besonderheiten ausschließende abstrakte Gemeinsamkeit oder gar Nicht-Gemeinsamkeit vorstellig macht. Denn in dieser Weise gibt es den Wert gerade nicht.

Oder anders herum: Wollte man den Schein wirklich ernst nehmen, dann würde das auf Basis des Goldgeldes bedeuten, dass nur die goldproduzierende Arbeit als wertbildend anerkannt werden könnte. Dies als gültig genommen, wäre die wertbildende Arbeit tatsächlich etwas, das den übrigen gebrauchswertbildenden Tätigkeiten entgegengesetzt wäre und neben ihnen existierte. Die Konsequenz bestünde allerdings darin, dass die durch diese Tätigkeiten produzierten Waren vor dem Austausch mit dem Gold nicht als Werte bestimmt werden könnten. Vielmehr hätten ihre Besitzer erst dann Wert in ihren Händen, wenn die Ersetzung der Waren durch das Geld erfolgt wäre. Damit wäre aber die von Marx angestrebte objektive Erklärung der Austauschverhältnisse hinfällig. Denn von einer im Hinblick auf den Wert gegebenen gleichen Gültigkeit der verschiedenen gebrauchswertbildenden Arbeiten könnte nicht mehr gesprochen werden. Allenfalls gäbe es noch eine gleiche Ungültigkeit. In welchem Verhältnis sich jedoch ein wertmäßiges Nullum mit dem mit dem Gold identischen Wert auszutauschen hätte, wäre vollkommen unabsehbar. Und wenn das Verhältnis 1 zu 1 wäre oder sonst irgendein bestimmtes

Verhältnis gelten würde, dann wiederum wäre die Behauptung, dass nur die gold-produzierende Arbeit Wert bildet, nichts Anderes als ein leeres Wort.

7. Marx' Rede von der Wertgegenständlichkeit

Auf den Seiten 124ff. haben wir gesehen, dass Marx so getan hat, als läge es am Wert als solchem, dass er als Tauschwert aufzutreten hat. Auf den vorhergegangenen Seiten hat sich gezeigt, dass er bei der Bestimmung der wertbildenden Arbeit als abstrakt menschliche Arbeit auf den Schein des fertigen Tauschwertausdrucks hereingefallen ist. Es gibt jedoch noch weitere Punkte, die als Folgen des falschen Scheins der Wertform verstanden werden können und der fehlerhaften Identifizierung des äußerlichen Ausdrucks des Werts mit dem Wert selbst, die Marx Bastiat und Konsorten vorwirft (vgl. S. 122), noch ein Stück näher kommen. Zu ihnen gehört die Art und Weise, in der Marx von der Wertgegenständlichkeit spricht.

Bezogen auf die Stellen, die wir oben schon zitiert haben bzw. unten noch zitieren werden, ist in diesem Zusammenhang darauf aufmerksam zu machen, dass Marx die Bezeichnung „Wertgegenständlichkeit" manchmal als Synonym für den Wert (vgl. S. 115 und 140) und an anderen Stellen als Synonym für das Geld gebraucht. (vgl. S. 98, 187 und 189) Diese Doppelbedeutung wäre nicht weiter von Belang, wenn Marx die beiden Seiten klar auseinanderhalten würde. Das ist aber gar nicht der Fall, weshalb es zu Fehlern kommt. In diesem Zusammenhang ist zum einen darauf zu verweisen, dass in der Rede von der „Wertgegenständlichkeit" der Unterschied zwischen Wert und Tauschwert nicht mehr zum Ausdruck kommt. Da das aber noch nicht bedeuten muss, dass dieser Unterschied auch eingeebnet wird, ist zum anderen auf folgendes Zitat einzugehen, in dem Marx seine eigene Darstellung im I. Kapitel des I. Bandes des ‚Kapital' kommentiert:

„So wurden der Rock und Leinwand als Werthe, jedes für sich, *auf Vergegenständlichung menschlicher Arbeit schlechthin* reducirt. Aber in dieser Reduktion wurde vergessen, daß keines für sich *solche Werthgegenständlichkeit* ist, sondern daß sie solches nur sind, soweit das ihnen *gemeinsame Gegenständlichkeit* ist. Außerhalb ihrer Beziehung auf einander – der Beziehung worin sie gleichgelten – besitzen weder der Rock noch die Leinwand *Werthgegenständlichkeit* oder ihre *Gegenständlichkeit* als blosse Gallerten menschlicher Arbeit schlechthin. Diese gesellschaftliche Gegenständlichkeit besitzen sie auch nur als gesellschaftliche Beziehung. (in gesellschaftlicher Beziehung.)" (Marx, 1987, S. 30)

Wie dieses Zitat aus den ‚Ergänzungen und Veränderungen zum ersten Band des „Kapital"' zeigt, führt der Umstand, dass von der „Werthgegenständlichkeit" nicht nur bezogen auf die „Werthe" die Rede ist, sondern auch der Tauschwert oder das Geld hereinspielt, nämlich dazu, dass die Bestimmbarkeit der einzelnen Ware als Wert aufgegeben wird. Zu dieser Aufgabe kommt es, weil die Werte nicht mehr

„blosse Gallerten menschlicher Arbeit schlechthin" und damit einen Gehalt darstellen, der in den einzelnen Waren enthalten ist, sondern es sich bei ihnen nurmehr um eine „gemeinsame Gegenständlichkeit" handelt, die es nur in der „gesellschaftlichen Beziehung" des Tauschs gibt. Da diese „gemeinsame Gegenständlichkeit" gar keine Gegenständlichkeit mehr ist, die den einzelnen Waren als solchen zukommt, sondern etwas darstellt, das nur in der Beziehung von Ware auf Ware existiert, führt der Schein des fertigen Tauschwerts dazu, dass der Wert aufhört, als vergegenständlichte menschliche Arbeit etwas der Ware Innerliches zu sein. Gleichzeitig fängt er an, als äußerliches Verhältnis zwischen der einen vergegenständlichten Arbeit und der anderen vergegenständlichten Arbeit genauso etwas rein Relatives darzustellen, wie der Tauschwert.

Wie Marx zu dieser Position kommt, die dem, was er ansonsten als Wert bestimmt, diametral entgegen steht, zeigt die folgende Stelle:

„Sehn wir uns die Bestimmung der *Werthgrösse* an, so tritt noch klar[er] hervor, daß im Werthbegriff das Werthverhältniß der Waaren schon anticipirt ist oder daß in ihrer Werthgegenständlichkeit sie bereits von vorn herein nicht nur auf abstrakt menschliche Arbeit reducirt sind, sondern auf abstrakt menschliche Arbeit als ihre *Einheit*, abstrakt menschliche Arbeit als eine *bestimmte* gesellschaftliche *Form* der Arbeit; nicht nur als ihre Substanz, sondern als ihre als Waare mit Waare gemeinsamer Substanz. Die Werthgrösse stellt ein bestimmtes Quantum Arbeit vor, aber dieß Quantum ist nicht das zufällige Quantum Arbeit, was A oder B in der Production einer Waare ausgeben. Es ist gesellschaftlich bestimmt, die zur Production des Dings *gesellschaftlich nothwendige Arbeit*, also die Arbeit, die das Dinge im gesellschaftlichen Durchschnitt kostet. Es ist Arbeit, die erstens den durchschnittlichen gesellschaftlichen Grad von Intensität und Geschick besitzt, zweitens unter den gesellschaftlich normalen Productionsbedingungen verausgabt wird. (Die Konkurrenz regelt diesen Grad, der gesellschaftliche Druck, den alle auf jeden und jeder auf alle ausübt.) Die abstrakt menschliche Arbeit ist Verausgabung *menschlicher Arbeitskraft*, aber die menschliche Arbeitskraft des einzelnen gilt hier nur als Theil der gesellschaftlichen Arbeitskraft und das Maß ihrer Verausgabung wird daher nicht in der einzelnen Arbeitskraft gefunden, sondern in Verhältnissen, worin sie als Bestandtheil der Gesellschaftlichen Arbeitskraft wirkt." (Marx, 1987, S. 30/31)

Wie dieses Zitat deutlich macht, liegt der Bestimmung des Werts als äußerliches Verhältnis zwischen verschiedenen Arbeitsgallerten offenbar der Umstand zugrunde, dass Marx die wertbildende Arbeit als „gesellschaftlich nothwendige Arbeit" selbst für etwas Relatives hält. Diese Durchschnittsarbeit kann nämlich nicht „gefunden" werden, wenn man sich nur „die menschliche Arbeitskraft des einzelnen" anschaut oder von der Arbeit ausgeht, die in der einzelnen Ware enthalten ist. Bei ihrer Bestimmung muss man vielmehr auch das Ganze einbeziehen, von dem die einzelne Arbeitskraft nur ein „Theil" ist. Mit anderen Worten muss man

168

all die anderen Waren derselben Art berücksichtigen, die in der jeweiligen Zeit hergestellt worden sind. Zu dieser Position ist einesteils zu sagen, dass diese Art der Relativität der gesellschaftlich notwendigen Durchschnittsarbeit richtigerweise zukommt. Aus ihr folgt andernteils aber nicht, dass der Wert bzw. die ihn bildende gesellschaftlich notwendige Arbeit nicht an der einzelnen Ware festgemacht werden kann. Wenn man einmal die Arbeit ermittelt hat, die im Durchschnitt zur Herstellung einer bestimmten Ware erforderlich ist, dann kann man nämlich durchaus feststellen, dass in dieser Ware soundsoviel Durchschnittsarbeit vergegenständlicht ist. Es ist daher falsch, wenn Marx aus der einen Relativität der Durchschnittsarbeit die andere Relativität folgert, die den Wert zu einem Verhältnis zwischen unterschiedlichen Arbeitsarten macht.[c]

Wenn Marx den Wert hier nicht mehr als Gegenständlichkeit fasst, die den einzelnen Waren als solchen zukommt, sondern als Verhältnis, stellt sich die Frage, worauf man mehr zu bauen hat. Diese Frage kann nur zu Ungunsten der ‚Ergänzungen und Veränderungen' entschieden werden. Dafür sprechen erstens schon rein quantitative Erwägungen. Denn die Ausführungen, in denen der Wert als eine den einzelnen Waren zukommende Gegenständlichkeit vorgestellt wird, haben einen viel größeren Umfang. Das wird zweitens dadurch belegt, dass es sich bei den ‚Ergänzungen und Veränderungen' um Überlegungen handelt, die von Marx offensichtlich als so vorläufig betrachtet worden sind, dass er sie nicht in die Neuausgabe des I. Bandes eingearbeitet hat. Dafür spricht drittens aber vor allem, dass sich aus der ersten Position eine Theorie mit einem wissenschaftlichen Erklärungsanspruch ergibt und aus der zweiten nicht.[ci]

Um dies zu verdeutlichen, sei darauf hingewiesen, dass Marx auf Basis seines eigentlichen Wertbegriffs nur daran denken kann, das Verhältnis zu erklären, das der Tauschwert darstellt, weil es sich bei diesem Wertbegriff gerade nicht um etwas Relatives handelt, das auf der Basis des äußerlichen Verhältnisses verbleibt, sondern um etwas Nicht-Relatives, mit dem das äußerliche Verhältnis verlassen wird. Ein Verhältnis kann nämlich nur auf der Grundlage der Dinge erklärt werden, die in es eingehen. Im Umkehrschluss kann daher festgehalten werden, dass die Zurückführung des Tauschverhältnisses zwischen den Waren auf ein Verhältnis zwischen den in ihnen enthaltenen Arbeiten keine Erklärung des ersteren darstellt. Das ist so lange der Fall, so lange diese Arbeiten nicht für sich bestimmt werden und damit das Verhältnis verlassen und zur Gegenständlichkeit vorgedrungen wird.

Nun könnte man die Position vertreten, dass Marx zwar seinen Erklärungsanspruch aufgibt, aber an der Ableitung der Wertform festhält. Diesbezüglich könnte auf folgende Stelle verwiesen werden:

„Es folgt daher: Da der *Werth* der Waaren nichts ist ausser ihrem *Verhältniß zur Arbeit* als ihrer gemeinschaftlichen Substanz oder ihr *Verhältniß zueinander* als Ausdruck dieser gemeinschaftlichen Substanz kann dieser Werth einer Waare auch nur erscheinen in *einem Verhältniß*, worin sie sich zu andrer Waare als Werth verhält, oder nur im *Werthverhältniß* verschiedner Waaren. Hence kann Werthausdruck nur gefunden werden, oder die Waaren können nur Werthform erhalten, im *Verhältniß verschiedner Waaren*. Dieß zeigt uns, wie die Werthform aus der Natur des Werthes entspringt." (Marx, 1987, S. 31)

Denn in ihm findet sich das Argument, dass der „Werth" nur im „Verhältniß verschiedner Waaren" erscheinen kann, weil er eine „gemeinschaftliche Substanz" und damit – richtig verstanden – gar keine Substanz, sondern selbst ein „Verhältniß zur Arbeit" darstellt.

Aus diesem Grund sei noch auf zweierlei hingewiesen: Wenn der Wert nicht mehr als Substanz, sondern als Verhältnis bestimmt wird, dann ist einesteils zwar klar, dass er nicht an der einzelnen Ware so erscheinen kann, wie das oben auf Basis einer Wertsubstanz noch denkbar war. Daraus kann aber nicht geschlossen werden, dass der Ausschluss des Wertausdrucks an der einzelnen Ware als notwendig begründet wird. Denn hier ist wieder festzustellen, dass sich die entsprechende Ausgangsfrage gar nicht stellt. Da die einzelne Ware eben nur die Arbeit enthält, die in ihr vergegenständlicht ist, und nicht die Arbeit, die in den anderen Waren steckt, ist nämlich von vornherein klar, dass ein Wertausdruck an der einzelnen Ware als solcher nicht in Betracht kommt.

Andernteils bleibt dann, wenn man von einem relationalen Wert ausgeht, der sich nicht als Substanz, sondern als Verhältnis darstellt, offen, warum dieser Wert nicht als das Verhältnis zwischen vergegenständlichten Arbeiten zum Ausdruck kommt, das er doch ist, sondern eben als „Verhältniß verschiedner Waaren" zu Tage tritt. Das ist zumindest der Fall, wenn das erstgenannte Verhältnis als solches bestimmt ist. Wenn es dagegen unbestimmt ist, ist zwar klar, dass es als das, was es ist, nicht in bestimmter Weise auftreten kann. Das bedeutet jedoch nicht, dass die Wertform notwendig ist. Stattdessen kann festgestellt werden, dass sich hier die Ausgangsfrage genauso wenig stellt wie oben auf der Seite 121. Wenn wir kein bestimmtes Verhältnis mehr haben, kann es nicht mehr um den äußeren Ausdruck eines bestimmten Inhalts gehen, sondern nur noch um die Bestimmung eines zunächst unbestimmten Inhalts. Das hat aber mit der Wertform schon deshalb nichts zu tun, weil diese Bestimmung nie das Moment der Unangemessenheit hat, das der Wertform als uneigentlicher Wertausdruck eigen ist.

Als Fazit können wir zum einen festhalten, dass die Ausführungen in den ‚Ergänzungen und Veränderungen' dokumentieren, dass Marx den Unterschied zwischen Wert und Tauschwert dann nicht klar genug festhalten kann, wenn er den Wert selbst zu etwas Relativem macht. Zum anderen ist klar, dass diese Ausführungen in keiner Weise den Stellenwert haben, der den Ausführungen im ‚Kapital' zukommt. Sie können daher nicht dazu führen, dass der Wert, der etwas Substanzartiges und Gegenständliches darstellt, zugunsten eines Werts aufgegeben werden muss, der nichts dergleichen ist, sondern sich nur als Verhältnis zeigt. Sie sind im Gegenteil nur als Ausdruck dessen verständlich, dass Marx es nicht vermocht hat, sich vom falschen Schein der fertigen Wertform frei zu halten.

8. Der Wechsel zur Argumentation mit unkoordinierten Marktverhältnissen

Dass Marx dem falschen Schein der Wertform in der Weise zum Opfer fällt, dass er Wert und Tauschwert miteinander vermengt, zeigt sich nicht nur an seinem Gebrauch der Bezeichnung „Wertgegenständlichkeit", sondern auch an Folgendem:

"Bisher hat noch kein Chemiker Tauschwert in Perle oder Diamant entdeckt. Die ökonomischen Entdecker dieser chemischen Substanz, die besondren Anspruch auf kritische Tiefe machen, finden aber, daß der Gebrauchswert der Sachen unabhängig von ihren sachlichen Eigenschaften, dagegen ihr Wert ihnen als Sachen zukommt. Was sie hierin bestätigt, ist der sonderbare Umstand, daß der Gebrauchswert der Dinge sich für den Menschen ohne Austausch realisiert, also im unmittelbaren Verhältnis zwischen Ding und Mensch, ihr Wert umgekehrt nur im Austausch, d. h. in einem gesellschaftlichen Prozeß." (I, 98)

In diesem Zitat redet Marx davon, dass sich der Wert der Waren "nur im Austausch" realisiert. Diese Aussage ist auf der einen Seite klar zurückzuweisen, wenn man sie an dem misst, was Marx als Wert definiert. Da der Wert nach seinen eigenen Ausführungen (vgl. S. 82) nichts Anderes als vergegenständlichte Durchschnittsarbeit darstellt, ist er vor dem Tausch bereits vorhanden. Daher ist es falsch zu behaupten, er würde erst im Tausch entstehen. Das, was dort realisiert wird, ist nicht der Wert, sondern der Tauschwert. Und daran ändert auch der Umstand nichts, dass diese Verwirklichung insofern keine offene Frage ist, sondern mit dem Wert bereits feststeht, als Marx von der Ausgeglichenheit von Nachfrage und Zufuhr ausgeht.

Auf der anderen Seite ist zuzugeben, dass es ganz anders aussieht, wenn man vom Schein der fertigen Wertform ausgeht. Denn auf seiner Grundlage stellt sich der Wert nur als Tauschwert und damit letztlich als die Geldmenge dar, die beim Verkauf erzielbar ist. Da kein von dieser Geldmenge verschiedener Wert auszumachen ist, erscheint der Wert tatsächlich als eine Größe, die erst im Austausch mit Geld verwirklicht wird. Wenn Marx davon redet, dass der Wert im Austausch entsteht, und damit den Unterschied zwischen Wert und Tauschwert in der Form aufgibt, dass er ersteren mit letzterem identifiziert, dann kann auch an dieser Stelle festgehalten werden, dass er dem falschen Schein der Wertform zum Opfer fällt.

Die fehlerhafte Vermengung von Wert und Tauschwert, die im obigen Zitat aus dem ‚Kapital' enthalten ist, kommt in der vor diesem Werk verfassten Schrift 'Zur Kritik der politischen Ökonomie' noch deutlicher zum Ausdruck, was sich schon daran zeigt, dass Marx bei der Entfaltung seiner eigenen Darstellung in diesem Werk den Begriff des "Werts" noch gar nicht erwähnt und stattdessen nur vom "Tauschwert" und sogar von "Tauschwert setzender Arbeit" (vgl. u. a. ZK, 17 und 24) spricht. Diese Bezeichnung ist ein Unding, weil die Arbeit zusammen mit dem Gebrauchswert nur Wert bilden kann, mit dem der Tauschwert noch nicht verwirklicht ist. Er verwirklicht sich vielmehr erst im Austausch, der stattfindet, nachdem die Arbeit bereits vergegenständlicht ist, und der deshalb mit dieser direkt nichts mehr zu tun hat.[27] Nicht umsonst kritisiert sich Marx im 'Kapital' wegen der Verwendung des Begriffs "Tauschwert" bezogen auf die einzelne Ware. (vgl. S. 125) Nicht umsonst schreibt er in, den 'Randglossen zu A. Wagners "Lehrbuch der politischen Ökonomie"', die seine letzte politökonomische Schrift darstellen, Folgendes:

"Ich sage also nicht, die "gemeinsame gesellschaftliche Substanz des Tauschwerts" sei die "Arbeit"; und da ich weitläufig in besonderem Abschnitt die Wertform, d. h. die Entwicklung des Tauschwerts, behandle, so wäre es sonderbar, diese "Form" auf "gemeinsame gesellschaftliche Substanz", die Arbeit, zu reduzieren." (19, 358)

Wie groß die Verwirrung zwischen den Bestimmungen, die den Wert betreffen, und jenen, die sich auf den Tauschwert beziehen, in 'Zur Kritik' noch ist, zeigt das folgende Zitat sehr schön:

"Erschien die einzelne Ware unter dem Gesichtspunkt des Gebrauchswertes ursprünglich als selbständiges Ding, so war sie dagegen als Tauschwert von vornherein in Beziehung auf alle andern Waren betrachtet. Diese Beziehung jedoch war nur eine theoretische, gedachte. Bestätigt wird sie nur im Austauschprozess. Andrerseits ist die Ware zwar Tauschwert, sofern ein bestimmtes Quantum Arbeitszeit in ihr aufgearbeitet und sie daher vergegenständlichte Arbeitszeit ist. Aber, wie sie unmittelbar ist, ist sie nur vergegenständlichte individuelle Arbeitszeit von besonderem Inhalt, nicht allgemeine Arbeitszeit. Sie ist daher nicht unmittelbar Tauschwert, sondern muß erst solcher werden." (ZK, 29)

Wenn Marx sagt, die Ware ist Tauschwert, weil und wenn sie vergegenständlichte Arbeit ist, dann meint er den Wert. Tauschwert ist sie dagegen noch nicht, denn

---

[27] Die wirklich tauschwertsetzenden Arbeiten sind die Zirkulationstätigkeiten, die nach Marx' sonstigen Kriterien nicht wertbildend sind. Man könnte daher hier den Eindruck bekommen, dass gerade diese nicht wertbildenden Tätigkeiten die wirklich tauschwertbildenden Arbeiten sind und sich Marx in dieser Weise revidiert. Berücksichtigt man dagegen das Ganze seiner Ausführungen, wird deutlich, dass das nicht der Fall ist.

im bloßen Tauschwertausdruck stellt dieser in der Tat "nur eine theoretische, gedachte" Größe oder ein noch nicht verwirklichter Zweck dar, auch wenn aus dem Wert folgt, dass sich die Ware als Tauschwert verwirklichen kann. (vgl. S. 93) Die Verwirklichung des Tauschwerts im Austausch hat aber, wie bereits erwähnt, nichts mit der Verwirklichung des Werts zu tun und kann daher nichts daran ändern, dass es diesen schon vor dem Austausch gibt. Denn die in der Ware vergegenständlichte Arbeit wird durch den Austausch in keiner Weise verändert.

Marx' Behauptung, der Wert entstehe erst im Austausch, kann aber nicht nur in der Form als Folge des Scheins der fertigen Wertform verstanden werden, wie das bei der Bestimmung der wertbildenden Arbeit als abstrakt allgemeine Arbeit der Fall war. Wie das obige Zitat zeigt, führt diese Behauptung vielmehr auch dazu, dass Marx seine Argumentationsgrundlage in grundsätzlicherer Weise wechselt als das oben auf Seite 151 der Fall gewesen ist. Während er unabhängig davon, ob es um die Wert- und Tauschwertausdrücke geht, die vom Wert aus gesehen denkbar sind, oder nur um die Wert- und Tauschwertausdrücke, die im einseitigen Tausch enthalten sind, bislang immer von Waren gesprochen hat, deren Wert deshalb feststeht, weil sie im doppelten Sinne nur gesellschaftlich notwendige Arbeit enthalten, redet er jetzt von Waren, in denen "nur vergegenständlichte individuelle Arbeit von besonderem Inhalt" enthalten ist, die von der "allgemeinen Arbeit" verschieden ist und deren wert- bzw. tauschwertbildender Charakter daher nicht von vornherein feststeht. Dieselbe Wendung, die uns zu einer vollkommen neuen Thematik führt, findet sich auch im folgenden Zitat:

"Die gesellschaftliche Arbeitszeit existiert sozusagen nur latent in diesen Waren und offenbart sich erst in ihrem Austauschprozeß. Es wird nicht ausgegangen von der Arbeit der Individuen als gemeinschaftlicher, sondern umgekehrt von besondern Arbeiten von Privatindividuen, Arbeiten, die sich erst im Austauschprozeß durch Aufhebung ihres ursprünglichen Charakters, als allgemeine gesellschaftliche Arbeit beweisen. Die allgemeine gesellschaftliche Arbeit ist daher nicht fertige Voraussetzung, sondern werdendes Resultat. Und so ergibt sich die neue Schwierigkeit, daß die Waren einerseits als vergegenständlichte allgemeine Arbeitszeit in den Austauschprozeß eingehen müssen, andrerseits die Vergegenständlichung der Arbeitszeit der Individuen als allgemeiner selbst nur Produkt des Austauschprozesses ist." (ZK, 31/32; vgl. auch 67)

Wenn Marx schreibt, dass von "besondern Arbeiten der Privatindividuen" und daher nicht von "gemeinschaftlicher" Arbeit ausgegangen wird, also nicht von einer Arbeit, die Teil eines in sich stimmigen Gesamtzusammenhangs ist, dann redet er nicht mehr so, wie er das in den bislang angesprochenen Zusammenhängen getan hat. Dann geht er zum einen nicht mehr von Waren aus, die „Durchschnittsexemplare" (vgl. S. 83) darstellen, und nimmt zum anderen nicht mehr an, dass „Nachfrage und Zufuhr" sich entsprechen. (vgl. S. 95) Während beides zur Folge hätte, dass das Tauschwertsein der Waren zusammen mit ihrem Wertsein feststände, thematisiert Marx jetzt Verhältnisse, in denen Waren auftreten, deren Wert und Tauschwert unklar ist. Das hat zwei Seiten: Einerseits ist unbestimmt, in welchem Verhältnis die in ihnen vergegenständlichte Privatarbeit zur gesellschaftlich notwendigen Arbeit steht. Andererseits kann auch nicht gesagt werden, in welchem Verhältnis die gesellschaftlich notwendige Arbeit den Tauschwert bestimmt. Denn die Bedingung der Ausgeglichenheit von Nachfrage und Zufuhr gibt es nicht mehr.

Dieser Übergang von in sich stimmigen, zu unkoordinierten Verhältnissen, der sozusagen als indirekte Folge des Scheins verstanden werden kann, kommt aber nicht nur in ,Zur Kritik' zum Ausdruck. Sie macht sich vielmehr auch noch in ,Das Kapital' bemerkbar, in dem Marx zwischen dem Wert und Tauschwert unterscheidet. Das zeigt sich erstens an Stellen, die wir oben schon angeführt haben. Zum einen ist bezogen auf den I. Band des ,Kapital' hier an die Argumentation mit der Unbekanntheit des Werts zu erinnern. (vgl. S. 115) Der Unterschied besteht nur darin, dass oben noch das Sein des Werts feststand und daher nur das entsprechende Bewusstsein auf Seiten der Subjekte fehlte. Hier mangelt es dagegen nicht nur am Bewusstsein, sondern auch am bestimmten Sein des Werts. Zum anderen kam die alternative Thematik auch schon in den beiden auf den Seiten 163 und 165 zitierten Stellen aus der Urfassung des I. Bandes zum Ausdruck. Denn in ihnen ist von einer "Privatarbeit" die Rede, die von der gesellschaftlichen Arbeit verschieden ist. Zweitens gibt es im I. Band des ,Kapital' weitere Stellen, in denen sich der Wechsel der Argumentationsgrundlage noch deutlicher bemerkbar macht. Sie finden sich vor allem im 4. Punkt des I. Kapitels, auf das wir bei der Thematisierung des Fetischcharakters zu sprechen kommen werden. (vgl. S. 185)

Dass wir es mit Waren zu tun bekommen, die gerade keine Glieder eines in sich stimmigen Ganzen mehr darstellen, sondern Privatarbeiten beinhalten, deren wert- und tauschwertbildende Potenz unklar ist, kann nicht nur als eine indirekte Folge des falschen Scheins der fertigen Wertform verstanden werden. Das dürfte darüber hinaus auch in einem Zusammenhang mit den empirischen Gegebenheiten des unmittelbaren Seins stehen. Denn bezogen auf die empirische Warenzirkulation kann ebenfalls nicht von vornherein mit Sicherheit gesagt werden, zu welchem Preis die Waren verkäuflich sind. Weil die empirischen Warenverhältnisse unkoordiniert sind, stellt sich das vielmehr erst im Nachhinein heraus. Insofern kann hier festgestellt werden, dass Marx eine empirische Gegebenheit aufgreift, wenn er Wert und Tauschwert miteinander identifiziert und den Wert auf dieser Grundlage als etwas darstellt, was erst als Folge der Zirkulation zustande kommt.

Dass Marx empirisch gegebene Verhältnisse, bei der es um den Produktionspreis geht, auf eine Ebene überträgt, in der es um den Wert zu tun ist, ist auf der einen Seite als unangemessen zu kritisieren. Weil die Werte von den Produktionspreisen nicht nur formal, sondern auch inhaltlich verschieden sind, geht es nicht an, die Verhältnisse, die es auf der Ebene der Produktionspreise gibt, auf die Wertebene zu übertragen. Das zeigt sich u. a. daran, dass die Menschen auf der ersten Ebene als Subjekte bewusst handeln, während sie auf der zweiten Ebene nur als inhaltlich bestimmte Charaktermasken vorkommen, die unbewusst agieren. Auf der anderen Seite ist festzustellen, dass wir diese Kritik hier nicht mehr vorbringen können. Denn wir haben eingangs dieses Kapitels akzeptiert, dass der Wert der direkte Grund der Preise ist. Wenn das aber so ist, dann ist es durchaus angemessen, die Subjekte ins Spiel zu bringen. Denn dann gibt es die Charaktermasken nur aus formalen Gründen deshalb, weil das Geld ausgeblendet ist. Sobald das aber nicht mehr der Fall ist und der einseitige Tausch eigener mit fremder Ware daher die Form des Verkaufs eigener Ware und des Kaufs fremder Ware angenommen hat, hören die Menschen auf, Charaktermasken darzustellen, und werden zu Subjekten.

Das bedeutet aber nicht, dass wir hier überhaupt nichts mehr empirisch einzuwenden haben. Gerade wenn wir akzeptieren, dass der Wert der direkte Grund des Tauschwerts ist, ist nämlich zu kritisieren, dass die Menschen den Wert nicht nur in der Form nicht kennen, dass sie nicht wissen, wie groß die gesellschaftlich notwendige Arbeit in ihren beiden Bedeutungen ist, sondern ihnen nicht einmal bekannt ist, dass die vergegenständlichte Arbeit das ist, was in den Preisen zum Ausdruck kommt. Denn das widerspricht dem Umstand, dass der Wert der direkte Grund des Tauschwerts ist. Der Wert kann nämlich nur dann Grund sein, wenn die vergegenständlichte Arbeit den Subjekten ein bewusstes Motiv ist und sie diese anerkannt haben wollen. Und umgekehrt kann der Umstand, dass die Menschen überhaupt nichts von der vergegenständlichten Arbeit wissen, nur damit vereinbart werden, dass der Wert eben nicht direkter, sondern nur indirekter Grund ist. Auf den ersten dieser beiden Punkte werden wir im übernächsten Abschnitt (vgl. S. 193ff.) und auf den zweiten im nächsten Abschnitt (vgl. S. 179ff.) genauer zu sprechen kommen.

Während Marx im Rahmen der zunächst thematisierten in sich stimmigen Verhältnisse den Tauschwert in dem Sinne a priori begründet, dass er ihn aus dem vor dem Tausch feststehenden Wert ableitet, ist der Tauschwert im Rahmen der danach angesprochenen unkoordinierten Verhältnisse etwas, das sich erst a posteriori auf Basis der Tauschverhältnisse herausstellt, zu denen es jeweils kommt. Das darf aber nicht so verstanden werden, dass Marx seine Begründung der Tauschverhältnisse aus dem als Folge der Produktion feststehenden Werts aufgibt.[cii] Auf der Basis dessen, dass wir schon im I. Kapitel zunächst Ausführungen kennen gelernt haben, bei denen sich der Wert als Tauschwert ohne Oszillationen Geltung verschafft (vgl. S. 43), und erst danach erfahren haben, dass es zu dieser Wirkung nur über Oszillationen kommt (vgl. S. 96), ist stattdessen festzuhalten, dass sich nur die Art dieser Begründung ändert. Während Marx zunächst per logischer Geltung argumentiert hat, geht es hier um die teleologische Genesis. Während sich der Wert auf Basis der Argumentation per logischer Geltung in jedem einzelnen Fall Geltung verschafft hat, setzt er sich im Rahmen der Argumentation per teleologischer Genesis als Grund nur im Allgemeinen oder auf Basis der Gesamtheit der Fälle durch. Er erweist sich mit anderen Worten nur dann im Großen und Ganzen als Grund, wenn die Warenbesitzer auf die sich jeweils herausstellenden Preise so reagieren, dass es auf die Dauer gesehen dazu kommt, dass die in ihren Waren vergegenständlichte Arbeit anerkannt wird. Während der Übergang vom Grund zur Folge auf Basis der Argumentation per logischer Geltung die Form einer den Unterschied ausschließenden abstrakten Identität hatte, tritt er im Rahmen der Argumentation per teleologischer Genesis in der Form der Negation der Negation auf.

Der Feststellung, dass Marx zur Argumentation per teleologischer Genesis wechselt, könnte insofern widersprochen werden, als Marx in den oben angesprochenen Stellen eine solche Argumentation gar nicht von Anfang an ausführt. Das ist zwar richtig. Trotzdem kann aufrechterhalten werden, dass Marx seine Argumentationsgrundlage grundlegend ändert. Denn, wenn er uns auch die Argumentation per teleologischer Genesis nicht wirklich vorführt, so bezieht er sich doch auf ihre fertigen Ergebnisse. Im Übrigen werden wir im übernächsten Kapitel (vgl. S. 190ff.) Stellen kennen lernen, in denen Marx expliziter wird. Allerdings kann auch in Bezug auf sie nicht von einer ausgeführten Fassung der Argumentation per teleologischer Genesis gesprochen werden.

Zum Schluss soll in diesem Abschnitt noch kurz der Frage nachgegangen werden, ob die Wertform auf der Basis der unkoordinierten Marktverhältnisse und der Argumentation per teleologischer Genesis abgeleitet werden kann. In diesem Zusammenhang könnte man zum einen die Position vertreten, dass die Wertform nötig ist, weil der Wert der einzelnen in den Markt eintretenden Ware den Subjekten als solcher unbekannt ist. Zum anderen könnte man jenseits dieser subjektiven Unbekanntheit des Werts damit argumentieren, dass die Wertform erforderlich ist, weil der Wert auch objektiv unbestimmt ist. Wenn wir uns zunächst der ersten Variante zuwenden, ist zunächst zu erwähnen, dass sie ganz klar den Marxschen Intensionen widerspricht. Während er zeigen will, dass die Wertform der Grund dafür ist, dass den Subjekten der Wert unbekannt ist, tritt die Wertform in dieser Variante als Folge der Unbekanntheit auf. (vgl. S. 116) Wenn wir uns trotzdem auf sie einlassen, können wir uns aufgrund von dem kurz fassen, was wir oben schon im Zusammenhang mit der „Wittib Hurtig" (vgl. S. 115) ausgeführt haben. Aus der Unbekanntheit des Werts kann die Wertform nämlich schon deshalb nicht abgeleitet werden, weil diejenigen, die den Wert nicht kennen, ihn überhaupt nicht zum Ausdruck bringen können, weder auf eigentliche noch auf uneigentliche Weise.

Wenn wir nun auf die zweite Variante zu sprechen kommen, könnte man meinen, dass wir auch in diesem Zusammenhang eine kurze Antwort geben können. Denn oben (vgl. S. 121) haben wir auch schon festgestellt, dass die objektive Unbestimmtheit des Werts als Grundlage für die Ableitung der Wertform gleichfalls ausscheidet, weil es ausgehend von einem objektiv unbestimmten Wert eben nicht um die Frage der Wertform, sondern nur um die Frage der Wertbestimmung geht, die auf etwas Anderes hinausläuft. Daher sei darauf hingewiesen, dass wir es an dieser Stelle bei diesen Hinweisen nicht belassen können. Da wir es hier nicht mehr mit der Argumentation per logischer Geltung zu tun haben, sondern uns auf der Basis einer Argumentation per teleologischer Genesis bewegen, geht es nämlich um etwas Anderes als um die erste ursprüngliche Bestimmung von etwas zunächst Unbestimmten.

Wenn wir uns auf diese andersartige Thematik einlassen, ist zwar klar, dass mithilfe der in den einzelnen Waren vergegenständlichten unkoordinierten Privatarbeit der Wert nicht auf eine Weise zum Ausdruck gebracht werden kann, die sich als gültig herausstellt. Denn in aller Regel gibt es eine Differenz zwischen Wert und Preis. Das bedeutet aber nicht, dass die Arbeit als Wertausdruck vollkommen ausscheidet. Wie wir im nächsten Abschnitt sehen werden, ist nämlich durchaus eine Form des Geldes möglich, das die Denomination der Arbeit hat und deshalb als Arbeitsgeld bezeichnet werden kann. Ferner wird sich zeigen, dass es ein Geld, das entweder auf Arbeit denominiert ist oder bei dem durchsichtig bleibt, dass hinter der anderslautenden Denomination die Arbeit steht, sogar geben muss. Denn nur dann ist einsichtig, dass sich der Wert per Negation der Negation durchsetzt. Auf diesen Punkt werden wir im übernächsten Abschnitt näher zu sprechen kommen. (vgl. S. 193ff.)

9. Zur Ableitung der Wertform in den 'Grundrissen'

Marx versucht in den 'Grundrissen der politischen Ökonomie' die Wertform auf zweierlei Weise zu begründen: Zum einen negativ, d. h. durch die Kritik der Vorstellung des Arbeitsgeldes und zum anderen positiv aus dem Unterschied zwischen Wert und Preis:

"Setze z. B., der Sovereign hieße nicht nur Sovereign, was ein bloßer Ehrenname für den xten aliquoten Teil einer Unze Goldes ist (Rechenname), wie Meter für eine bestimme Länge, sondern er hieße, say x **Stunden Arbeitszeit**, 1/x Unze Gold ist in der Tat nichts als materialisiert, vergegenständlicht, 1/x Stunde Arbeitszeit. Aber Gold ist vergangne Arbeitszeit, bestimmte Arbeitszeit. Sein Titel würde ein bestimmtes Quantum Arbeit überhaupt zu seinem Maßstab machen. Das Pfund Gold müßte konvertibel sein gegen x Stunden Arbeitszeit, sie jeden Augenblick kaufen können: sobald es mehr oder weniger kaufen könnte, wäre es appreziert oder depreziert; im letzten Fall hätte seine Konvertibilität aufgehört.

Nicht die in den Produkten inkorporierte Arbeitszeit, sondern die gegenwärtig nötige Arbeitszeit ist das Wertbestimmende. Nehme das Pfund Gold selbst: es sei
das Produkt von 20 Stunden Arbeitszeit. Gesetzt durch irgendwelche Umstände
bedürfe es später 10 Stunden, um ein Pfund Gold zu produzieren. Das Pfund
Gold, dessen Titel besagt, daß es = 20 Stunden Arbeitszeit, wäre nur noch = 10
Stunden Arbeitszeit, da 20 Stunden Arbeitszeit = 2 Pfund Gold. 10 Stunden Arbeit
tauschen sich faktisch aus gegen 1 Pfund Gold; also kann sich 1 Pfund Gold nicht
mehr gegen 20 Arbeitsstunden austauschen. Goldgeld mit dem plebejischen Titel: x **Arbeitstunden**, wäre größren Schwankungen ausgesetzt als irgendein
andres Geld und namentlich als das gegenwärtige Goldgeld; weil Gold gegen
Gold nicht steigen oder fallen kann (sich selbst gleich ist), wohl aber die in einem
bestimmten Quantum Gold enthaltne vergangne Arbeitszeit beständig steigen
oder fallen muß gegen die gegenwärtige lebendige Arbeitszeit. Um es konvertibel
zu erhalten, müßte die Produktivität der Arbeitsstunde stationär gehalten werden.
Ja nach dem allgemeinen ökonomischen Gesetz, daß die Produktionskosten beständig fallen, daß die lebendige Arbeit beständig produktiver wird, also die in
Produkten vergegenständlichte Arbeitszeit beständig depreziiert, wäre beständige Depreziation das unvermeidliche Schicksal dieses goldnen Arbeitsgeldes."
(GR, 53/54)

Der Einwand, den Marx gegen das "goldne Arbeitsgeld" erhebt, ist also seine „beständige Depreziation", die sich korrekterweise aus einer steigenden Produktivität
ergibt. Ein Stück Gold, in das einst 20 Stunden Arbeitszeit gesteckt werden mussten, ist nach einiger Zeit z. B. nur noch 15 Stunden wert, weil dieselbe Menge
wegen des Produktivitätsfortschritts heute in 15 Stunden hergestellt werden kann.

Wie leicht einzusehen ist, greift diese Kritik schon deshalb nicht, weil die gleiche
Depreziation auch das normale Goldgeld betreffen würde. Dieser Hinweis ist also
nicht geeignet, ein Goldgeld zu widerlegen, dessen Denomination die Arbeitszeit
ist, denn das Stück Gold ist auch dann nur noch die Hälfte wert, wenn nicht auf
seine Stirn geschrieben steht, wievieler Stunden Arbeit Produkt es ist. Mit anderen
Worten: Wenn Geld seinen Wert nicht verändern darf, dann ist das eine Forderung,
die jedem Goldgeld widerspricht. Aus ihr kann somit kein Vorzug des normalen
Goldgeldes vor dem Arbeitsgoldgeld abgeleitet werden.

Marx spricht jedoch nicht nur von Schwankungen, sondern von "größren Schwankungen", denen das goldene Arbeitsgeld ausgesetzt sein soll. Der Grund dafür besteht darin, dass sich innerhalb des goldenen Arbeitsgeldes das Gold auch gegen
das Gold verändern kann. Zu diesem Einwand ist zu sagen, dass die Produktivi-
tätsveränderungen sich auf Basis eines goldenen Arbeitsgeldes auch an diesem
Goldgeld zeigen und deutlich machen, dass Stoff nicht gleich Stoff ist, Gold nicht
gleich Gold, sondern die zu vergegenständlichende Arbeit der letzte Maßstab darstellt. Das ist jedoch davon zu unterscheiden, dass es zu größeren Schwankungen
kommt. Stattdessen ist festzuhalten, dass die Schwankungen gleich groß bleiben

und der Unterschied nur darin besteht, dass sie sich jetzt nicht nur am Tauschwert des Goldgeldes, sondern auch an seinem Wert deutlich machen. Warum das jedoch etwas sein soll, was gegen das goldene Arbeitsgeld spricht, ist vollkommen uneinsichtig.

Darüber hinaus zeigt sich, dass die früheren 20 Arbeitsstunden jetzt nur noch 15 wert sind, weil sie im Gold vergegenständlicht würden, dessen Herstellung produktiver geworden ist. Insofern fährt Marx fort:

"Um diesen Übelstand zu steuern, könnte gesagt werden, nicht das Gold solle den Arbeitsstundentitel erhalten, sondern wie Weitling vorschlug und vor ihm Engländer und nach ihm Franzosen, darunter Proudhon et Co., Papiergeld, ein bloßes Wertzeichen, solle diesen Titel erhalten. Die Arbeitszeit, die in dem Papier selbst verkörpert ist, käme dabei ebenso wenig in Anschlag, als der Papierwert der Banknoten. Das eine wäre bloßer Repräsentant der Arbeitsstunden, wie das andre des Goldes oder Silbers. Wenn die Arbeitsstunde produktiver würde, würde der Zettel, der sie repräsentiert, seine Kaufkraft steigern und umgekehrt, gerade wie jetzt eine 5-Pfundnote mehr oder weniger kauft, je nachdem der relative Wert des Goldes im Vergleich zu andren Waren steigt oder sinkt. Nach demselben Gesetz, wonach das goldne Arbeitsgeld einer beständigen Depreziation erläge, würde das papierne Arbeitsgeld einer beständigen Appreziation genießen." (GR, 54/55)

Das Zitat zeigt, dass sich Marx offensichtlich des "Übelstandes", um den es hier geht, nicht recht bewusst war. Sein Begriff der "Appreziation", so wie er hier zum Ausdruck kommt, ist nämlich zurückzuweisen. Während zuvor das Gold depreziierte oder appreziierte, weil die in ihm einstmals vergegenständlichte Arbeit weniger oder mehr andere Arbeit kaufen konnte, während früher also auch die Appreziation auf die vergegenständlichte Arbeit bezogen wurde, spricht er hier von ihr, weil eine Arbeitsstunde jetzt mehr Gebrauchswert kaufen kann als in der Vergangenheit und zwar so viel wie sie herstellen könnte, wenn sie heute verausgabt würde. Er spricht von Appreziation, obwohl sich 10 Stunden Arbeit nachwievor mit 10 Stunden Arbeit austauschen und der Tauschwert damit unverändert geblieben ist. Auf diese Weise entgeht ihm, dass das "papierne Arbeitsgeld" den von ihm selbst gesetzten Anspruch der Werterhaltung – wenn er denn berechtigt ist – erfüllen könnte, ganz im Gegensatz zu jedem Goldgeld.

Zumindest mit diesem Punkt hat Marx also das Gegenteil von dem bewiesen, was er beweisen wollte. Anstelle ihrer Unmöglichkeit hat Marx gezeigt, dass die "Stundenzettel" die Forderung nach Unveränderlichkeit des Geldes der Möglichkeit nach erfüllen können, weil sie eben nicht der Steigerung der Produktivität unterworfen sind, wohingegen das Goldgeld notwendigerweise einer Depreziation unterliegt. Deshalb kann von einem Beweis der Wertform bislang noch keinerlei Rede sein. Im Gegenteil hat sich gezeigt, dass die Unveränderlichkeit nur erreicht werden kann, wenn im Geld die Arbeitszeit rein auftritt und nicht an ein sonstiges Material, das als Produkt der Arbeit ebenfalls in Beziehung zur vergegenständlichten Arbeit steht, gebunden ist. Das goldene Arbeitsgeld depreziiert ja nur, weil eine Stunde Arbeit in einem bestimmten Goldstück vergegenständlicht wurde, dieses Verhältnis aber veränderlich war. Diese doppelte Bindung aufzulösen, ist ja gerade der Sinn dessen, dass die im Papier verkörperte Arbeit nicht "in Anschlag" kommt.

Mit dem folgenden Zitat geht Marx zu seinem zweiten Thema über:

"Die Ersetzung des Metallgeldes (und des von ihm seine Denomination erhaltenden Papier- oder Kreditgeldes) durch Arbeitsgeld, das seine Denomination von der Arbeitszeit selbst erhielte, würde also den **realen Wert** (Tauschwert) der Waren und ihren **nominellen Wert, Preis, Geldwert** gleichsetzen. **Gleichsetzung des Realen Werts und des Nominellen Werts des Werts und des Preises.** Dies würde aber nur erreicht unter der Voraussetzung, daß **Wert** und **Preis** nur **nominell** verschieden sind. Solches aber ist keineswegs der Fall. Der durch die Arbeitszeit bestimmte Wert der Waren ist nur ihr **Durchschnittswert.** (....) Von diesem Durchschnittswert der Ware ist ihr **Marktwert** stets verschieden und steht stets entweder unter oder über ihm. Der Marktwert gleicht sich aus zum Realwert durch seine beständigen Oszillationen, nie durch eine Gleichsetzung mit dem Realwert als einem Dritten, sondern durch stete Ungleichsetzung seiner selbst (nicht, wie Hegel sagen würde, durch abstrakte Identität, sondern durch beständige Negation der Negation, d. h. seiner selbst als Negation des Realwerts). (....) Der **Preis** unterscheidet sich also vom **Wert**, nicht nur wie das Nominelle vom Realen, nicht nur durch die Denomination in Geld und Silber, sondern dadurch, daß der letztre als Gesetz der Bewegung erscheint, die der erstre durchläuft. Sie sind aber beständig verschieden und decken sich nie oder nur ganz zufällig und ausnahmsweise. Der Warenpreis steht beständig über oder unter dem Warenwert, und der Warenwert selbst existiert nur in dem up and down der Warenpreise. (....) Die erste Grundillusion der Stundenzettler besteht darin, daß indem sie die **nominelle Verschiedenheit** zwischen Realwert und Marktwert, zwischen Tauschwert und Preis, aufheben - also den Wert statt in einer bestimmten Vergegenständlichung der Arbeitszeit, say Gold und Silber, in der Arbeitszeit selbst ausdrücken -, sie auch den wirklichen Unterschied und Widerspruch zwischen Preis und Wert beseitigen." (GR, 55 - 57)

Zunächst sei angemerkt, dass dieses Zitat sehr schön zeigt, wie tentativ die Marxsche Ausdrucksweise innerhalb der 'Grundrisse' noch ist. Insbesondere ist auf die identische Verwendung des "Werts" ("Realwerts") und "Tauschwerts" hinzuweisen. Dies zeigt aber auch, dass Marx hier davon ausgeht, dass der Wert das direkte Gesetz des Austausches in dem Sinne darstellt, dass die Preise um ihn oszillieren. Wie wir wissen, ist dies innerhalb der kapitalistischen Gesellschaft keineswegs der

180

Fall. Wie bisher soll diese Annahme jedoch wieder akzeptiert werden, um zu sehen, ob Marx die Wertform auf ihrer Grundlage ableiten kann.

Der Wert besteht also nur im "up and down der Warenpreise". Auf dieser Grundlage ist es selbstverständlich, dass der einzelne Wert im Allgemeinen vom einzelnen Preis nicht nur nominell verschieden ist. Und wenn die "Stundenzettler" meinen, durch die Einführung des Arbeitsgeldes zu erreichen, dass die in der einzelnen Ware vergegenständlichte wertbildende Durchschnittsarbeit oder gar die sich von ihr unterscheidende individuelle Arbeit jederzeit den Preis bestimmt und sich daher immer gegen gleich viel andere Arbeit austauscht, dann hat Marx recht, wenn er das als "Grundillusion" zurückweist. (vgl. GR, 71ff.) Weder die Oszillation der Preise um den Wert noch die Tatsache, dass der Wert nur von der durchschnittlich notwendigen Arbeit konstituiert wird, kann dadurch beseitigt werden, dass den Preisen die Denomination der Arbeit gegeben wird. So weit, so gut. Heißt das aber schon, dass die Arbeitszeit als Denomination des Papiergeldes und damit der Preise auszuschließen ist?

"Die beständige Depreziation der Waren – in längren Perioden – gegen die Stundenzettel, von der wir früher sprachen, ging aus dem Gesetz der steigenden Produktivität der Arbeitszeit, aus den Störungen im relativen Wert selbst hervor, die durch sein eignes inhärentes Prinzip, die Arbeitszeit, geschaffen werden. Die Inkonvertibilität der Stundenzettel, von der wir jetzt sprechen, ist nichts als ein andrer Ausdruck für die Inkonvertibilität zwischen Realwert und Marktwert, Tauschwert und Preis. Der Stundenzettel repräsentierte im Gegensatz zu allen Waren eine ideale Arbeitszeit, die sich bald gegen mehr, bald gegen weniger der wirklichen austauschte und in dem Zettel eine abgesonderte, eigne Existenz erhielte, die dieser wirklichen Ungleichheit entspräche. Das allgemeine Äquivalent, Zirkulationsmittel und Maß der Waren träte ihnen wieder gegenüber individualisiert, eignen Gesetzen folgend, entfremdet, d. h. mit allen Eigenschaften des jetzigen Geldes, ohne seine Dienste zu leisten." (GR, 58)

In diesem Zitat beschreibt Marx selbst eine Art des Arbeitsgeldes, das die Bewegung der Preise mitmacht und "sich bald gegen mehr, bald gegen weniger" wirklich vergegenständlichter Arbeit austauscht, je nachdem wie das Verhältnis von Angebot und Nachfrage auf dem Markt gerade ist. Die tatsächlich vergegenständlichte Arbeit ist von dieser "idealen Arbeitszeit" verschieden, was doch wohl beweist, dass auch ein Arbeitsgeld mit dem Unterschied zwischen Wert und Preis vereinbar ist. Dabei nimmt es natürlich Attribute des Geldes an. Überraschenderweise ist Marx jedoch anderer Ansicht, behauptet er doch, dass dieses Arbeitsgeld nicht die Dienste des Geldes leisten würde. Warum?

"Aber die Konfusion würde dadurch eine ganz andre Höhe erreichen, daß das Medium, worin die Waren, diese vergegenständlichten Quanta von Arbeitszeit, verglichen werden, nicht eine dritte Ware, sondern ihr eignes Wertmaß, die Arbeitszeit, selbst wäre. Ware a, die Vergegenständlichung von 3 Stunden Arbeitszeit, ist = 2 Arbeitsstundenzettel; Ware b, die Vergegenständlichung ditto von 3 Arbeitsstunden, ist = 4 Arbeitsstundenzettel. Dieser Widerspruch ist in der Tat nur verhüllt in den Geldpreisen ausgedrückt. Der Unterschied zwischen Preis und Wert, zwischen der Ware, gemessen durch die Arbeitszeit, deren Produkt sie ist und dem Produkt der Arbeitszeit, gegen das sie sich austauscht, dieser Unterschied erheischt eine dritte Ware als Maß, worin sich der wirkliche Tauschwert der Ware ausdrückt. **Weil der Preis nicht gleich dem Wert ist, kann das wertbestimmende Element - die Arbeitszeit - nicht das Element sein, worin die Preise ausgedrückt werden, weil die Arbeitszeit sich zugleich als das Bestimmende und das Nichtbestimmende, als das Gleiche und Ungleiche ihrer selbst auszudrücken hätte.** Weil die Arbeitszeit als Wertmaß nur ideal existiert, kann sie nicht als die Materie der Vergleichung der Preise dienen. (Hier zugleich geht Licht auf, wie und warum das Wertverhältnis im Geld eine materielle und besonderte Existenz erhält. Dies weiter auszuführen.) Der Unterschied von Preis und Wert erheischt, daß die Werte als Preise an einem andren Maßstab als ihrem eignen gemessen werden. Preis im Unterschied zum Wert ist notwendig **Geldpreis**. Hier erscheint, daß der **nominelle** Unterschied zwischen Preis und Wert durch ihren **realen** bedingt ist." (GR, 58/59; vgl. auch I, 117)

Das Marxsche Argument gegen die Möglichkeit des papierenen Arbeitsgeldes ist also der "Unterschied zwischen Preis und Wert". Weil die mit Bezug auf den Wert bestimmende Durchschnittsarbeit im Hinblick auf den Tauschwert gerade nicht bestimmend ist, und die Arbeitszeit deshalb "zugleich als das Bestimmende und Nichtbestimmende" zu gelten hätte, kann die wertbildende Arbeit "nicht das Elemente sein, worin die Preise ausgedrückt werden".

Zu dieser Position ist einerseits zu sagen, dass die Wertform in der Tat notwendig wäre, wenn die genannte Bedingung Gültigkeit besäße und die wertbestimmende Arbeit wirklich nicht das wäre, was die Tauschverhältnisse begründet. Dies wird gerade dann am deutlichsten, wenn man von der Annahme eines Geldes ausgeht, dessen Einheit die Arbeitszeit ist. Gäbe es zwischen den in den Waren vergegenständlichten Arbeitsmengen und den Quantitäten dieses Arbeitsgeldes, die man im Austausch gegen sie erhält, keinerlei Zusammenhang, dann wäre auf dieser Grundlage als Konsequenz nämlich festzuhalten, dass die Arbeit offensichtlich zwei voneinander vollkommen unabhängige Wortbedeutungen hat. Einmal würde sie die Tätigkeiten meinen, die die Menschen bei der Herstellung von Gebrauchswerten aufzuwenden haben. Und das andere Mal bezeichnete sie die Denomination des Geldes. Das eine hätte mit dem anderen nichts zu tun. Weil es zwischen beiden Bedeutungen keine Beziehung gäbe, könnte der Tauschwert trotz Verwendung des gleichen Wortes nicht als Ausdruck des Werts betrachtet werden. Die

Wertform wäre damit notwendig, allerdings nur auf Kosten dessen, dass der mit ihrer Hilfe ausgedrückte Tauschwert einer Ware aufhören würde, ein Ausdruck ihres Arbeitswerts und in diesem Sinne Wertform zu sein.

Andererseits ist jedoch auf der Grundlage des von Marx selbst Vertretenen die Frage zu erheben, ob die Differenzen zwischen den vergegenständlichten Arbeiten und den Preisen, die er anführt, wirklich genügen, um die vergegenständlichte Durchschnittsarbeit im Hinblick auf den Tauschwert als nicht-bestimmend zu taxieren und daraus die obige Folgerung zu ziehen. Um sie zu beantworten, sei nach dem obigen Muster vorgegangen und zunächst davon ausgegangen, dass die Gesamtmenge der produzierten Waren einer Art dem gesellschaftlichen Bedarf entspricht. Auf dieser Grundlage bestimmt nach Marx die zur Herstellung eines Exemplars durchschnittlich notwendige Arbeit den Tauschwert oder Preis. Weil es sich bei dieser Arbeit nur um die durchschnittliche handelt, werden die einzelnen Warenbesitzer im Allgemeinen feststellen, dass die in ihren Waren vergegenständlichte Arbeit von der als Denomination des Tauschwerts auftretenden Arbeit unterschieden, d. h. länger oder kürzer ist. Auf den ersten Blick könnte bei ihnen somit durchaus der Eindruck entstehen, dass die eine Arbeit mit der anderen nichts zu tun hat und es sich bei diesen beiden Ausdrücken lediglich um Homonyme handelt. Bei dieser ersten Erfahrung braucht man allerdings nicht stehen zu bleiben. Vielmehr kann der einzelne Warenbesitzer durchaus dadurch über sie hinausgehen, dass er sich über die bei den anderen Warenbesitzern gegebenen Verhältnisse informiert. Auf diese Weise können sich die vielen einzelnen Erfahrungen im Endeffekt zu einer allgemeinen Erfahrung addieren, die den Warenbesitzern eben zeigt, dass ihre Arbeiten im Durchschnitt der Arbeit gleich sind, die den Tauschwert nominell bildet. Damit wird deutlich, dass die Durchschnittsarbeit, die den Wert bildet, zugleich das ist, was den Tauschwert bestimmt. Dies bedeutet jedoch, dass die einzelnen individuellen Arbeiten im gleichen Verhältnis wert- bzw. tauschwertbestimmend sind und der Unterschied zwischen bestimmend und nicht bestimmend, den Marx in Anspruch nimmt, gar nicht existiert.

Eine Differenz zwischen dem Ausmaß, in dem die vergegenständlichte Arbeit bezogen auf den Wert bzw. den Tauschwert bestimmend ist, scheint es jedoch zu geben, wenn wir unsere obige Voraussetzung fallen lassen und stattdessen unter Zugrundelegung von Durchschnittsarbeit Verhältnisse betrachten, in denen sich Angebot und Nachfrage höchstens zufällig decken. Dann gilt bezogen auf die einzelnen Austauschakte, dass der Tauschwert in aller Regel von dem durch die Durchschnittsarbeit konstituierten Wert abweicht. Weil sich diese Unterschiede im Durchschnitt immer wieder ausgleichen, ist dies jedoch ebenfalls nur ein verschwindendes Phänomen. Mit Bezug auf den allgemeinen Fall bleibt nach Marx' eigenem Dafürhalten die wertbestimmende Arbeit trotz der Oszillationen der Preise tauschwertbestimmend. Es ist deshalb zu prüfen, ob diese verschwindende bzw. nur für den einzelnen Fall geltende Differenz zur Begründung der Wertform genügt.

Zu diesem Zweck sei nach dem obigen Muster vor- und von einem Arbeitsgeld ausgegangen: Müssen wir aufgrund dessen, dass der durch die vergegenständlichte Durchschnittsarbeit gebildete Wert lediglich das Gesetz der Bewegung ist, die der Tauschwert durchläuft, zum Schluss kommen, dass die Arbeit zwei voneinander unabhängige Wortbedeutungen erhält? Bezogen auf den einzelnen Austauschakt ist diese Frage sicherlich zu bejahen. Denn aus ihm ist die Erfahrung zu ziehen, dass es zwischen Wert und Tauschwert keinen bestimmten Zusammenhang gibt und das Verhältnis zwischen beiden zufällig ist. Wie oben ist die einzelne Erfahrung jedoch auch hier nicht alles. Sie kann vielmehr durch die vielen anderen Austauschrelationen, die sich im Laufe der Zeit einstellen zu einer allgemeinen Erfahrung ergänzt werden. Nach Marx' eigenem Dafürhalten zeigt diese aber, dass die wertbildende Arbeit das Schwankungszentrum der Preise ist, sodass der Zusammenhang zwischen der vergegenständlichten und in der Wertform ausgedrückten Arbeit wahrnehmbar bleibt. Trotz allem Auf und Ab bleibt deutlich und damit auch ausdrückbar, dass die in den Waren vergegenständlichte Arbeit in einem Begründungsverhältnis zum Preis steht. Marx bleibt uns daher immer noch eine Antwort auf die Frage schuldig, warum das Gegenteil der Fall sein und es die Wertform geben soll.

Nun könnte der Einwand erhoben werden, dass das gerade genannte Urteil zu revidieren ist, wenn wir die beiden bislang getrennt betrachteten Aspekte zusammenfassen. Der Vollständigkeit halber sei deshalb auch noch darauf eingegangen. In der Tat haben wir es auf dieser Grundlage mit einer doppelten Differenz zwischen der in der Ware und ihrem Preis vergegenständlichten Arbeit zu tun, derentwegen nicht mehr klar ist, ob ein Unterschied zwischen der in der Ware vergegenständlichten und dem Tauschwert enthaltenen Arbeit sich einer Abweichung ersterer von der wertbildenden Durchschnittsarbeit verdankt oder aber durch eine nicht dem gesellschaftlichen Bedarf entsprechende Gesamtproduktion verursacht wurde. So kann es z. B. sein, dass aus einer Unterrepräsentation der vergegenständlichten Arbeit im Preis, die sich nur der gesellschaftlichen Überproduktion verdankt, der falsche Schluss gezogen wird, sie beweise die unterdurchschnittliche Produktivität der vergegenständlichten Arbeit. Trotz dieser Komplikation bleibt nach Marx' eigenen Aussagen der Zusammenhang zwischen Wert und Preis jedoch erhalten und damit auch grundsätzlich erfahrbar. Während die Erfahrung sich im erstgenannten Fall gewissermaßen räumlich ausdehnen musste, um diesen Zusammenhang in sich aufnehmen zu können, und im zweiten Fall zeitlich, ist hier lediglich eine Erfahrung vonnöten, die sich um beide Dimensionen erweitert und verallgemeinert.

184

Wenn wir unsere Überlegungen zusammenfassen, können wir festhalten, dass auch der Unterschied zwischen Wert und Preis, so wie Marx ihn auf Basis der einfachen Warenzirkulation versteht, mit einem papiernen Arbeitsgeld vereinbar ist, das als solches die Wertform deswegen nicht enthält, weil es nicht zu zwei voneinander vollkommen unabhängigen Bedeutungen des Worts Arbeit kommt. Der Grund dafür ist zum einen, dass es für die Ebene, auf der Marx sich bewegt, gar nicht zutrifft, dass die vergegenständlichte Arbeit bezogen auf den Wert zwar das Bestimmende, bezogen auf den Tauschwert aber das Nicht-Bestimmende ist. Vielmehr ist die vergegenständlichte Arbeit in beiden Beziehungen bestimmend. Denn auf längere Frist gesehen schwanken die Preise nur um den Wert, was zur Folge hat, dass sich die Abweichungen gegenseitig ausgleichen.

Zum anderen kann auch das andere Argument, das im zuletzt angeführten Zitat mitschwingt, nicht überzeugen. Keineswegs darf mit dem Hinweis, es müsse den Agenten verdeckt bleiben, dass die Arbeit die Substanz der Preise ist, um "Konfusion" zu vermeiden, gegen das Arbeitsgeld und für die Wertform argumentiert werden. Einesteils ist völlig unklar, worin diese Verwirrung bestehen soll, machen doch Abweichungen zwischen der vergegenständlichten und der eingetauschten Arbeit nur deutlich, dass die eigene Arbeit entweder von der Durchschnittsarbeit abweicht oder in einem Bereich verausgabt wurde, in dem das Angebot die Nachfrage übertrifft, oder beides gleichzeitig zutrifft. Andernteils wäre die in Marx' Argumentation enthaltene Forderung nach der Vermeidung der Konfusion selbst erst zu begründen. Da das nicht geschieht und sie vielmehr rein äußerlich ins Spiel gebracht wird, fehlt den Ausführungen von Marx auch aus diesem Grund jegliche Notwendigkeit.

Zum dritten sei schon an dieser Stelle darauf hingewiesen, dass die Marxsche Vermutung, ihm gehe ein "Licht" auf, nicht ganz abwegig und insofern verständlich ist, als er der Sache recht nahe gekommen ist. Vorausgreifend sei bemerkt, dass die Wertform nämlich dann notwendig wäre, wenn dieselbe Arbeit wirklich das Bestimmende und Nichtbestimmende zugleich wäre. Auf der Ebene der einfachen Zirkulation, auf der der Wert die Austauschverhältnisse direkt bestimmt, ist das jedoch nicht der Fall, gleichen sich doch die Differenzen zwischen Preis und Wert im Laufe der Zeit immer wieder aus. Es kann deshalb gesagt werden, dass es Marx nicht gelungen ist, die Wertform abzuleiten, weil er diesen Versuch nicht auf der Ebene der Produktionspreise gemacht hat. Erst dort ist dieselbe Arbeit wirklich das Bestimmende und Nichtbestimmende zugleich. Bestimmend ist sie, weil sie die allgemeine Substanz der Produktionspreise ist. Nicht bestimmend, weil der einzelne Wert im Allgemeinen vom einzelnen Produktionspreis abweicht und diese Differenz nicht verschwindend ist. (vgl. S. 470ff.)

10. Der Fetischcharakter der Ware und sein Geheimnis

Um dieses II. Kapitel abzurunden, sei bezogen auf Marx' ‚Kapital' im Folgenden noch auf den 4. Punkt seines 1. Kapitels eingegangen, in dem es um den Fetischcharakter der Ware geht. Diesen Fetischcharakter bestimmt Marx wie folgt:

„Es ist nur das gesellschaftliche Verhältnis der Menschen selbst, das für sie die phantasmagorische Form eines Verhältnisses von Dingen annimmt. Um daher eine Analogie zu finden, müssen wir uns in die Nebelregionen der religiösen Welt flüchten. Hier scheinen die Produkte des menschlichen Kopfes mit eignem Leben begabte, untereinander und mit den Menschen in Verhältnis stehende selbständige Gestalten. So in der Warenwelt die Produkte der menschlichen Hand. Dies nenne ich den Fetischismus, der den Arbeitsprodukten anklebt, sobald sie als Waren produziert werden, und der daher von der Warenproduktion unzertrennlich ist." (I, 86/87)

Er liegt vor, wenn das „gesellschaftliche Verhältnis", das die Menschen vermittelt über die Waren zueinander eingehen, „für sie die phantasmagorische Form eines Verhältnisses von Dingen annimmt". Der Fetischcharakter besteht also darin, dass das Verhältnis zwischen den Menschen nicht von den Menschen, sondern insofern von den Waren gestaltet und bestimmt wird, als diese als „selbständige Gestalten" erscheinen. Genau das kann auch dem folgenden Zitat entnommen werden:

„Das Geheimnisvolle der Warenform besteht also einfach darin, dass sie den Menschen die gesellschaftlichen Charaktere ihrer eignen Arbeit als gegenständliche Charaktere der Arbeitsprodukte selbst, als gesellschaftliche Natureigenschaft dieser Dinge zurückspiegelt, daher auch das gesellschaftliche Verhältnis der Produzenten zur Gesamtarbeit als ein außer ihnen existierendes gesellschaftliches Verhältnis von Gegenständen. Durch dies Quidproquo werden die Arbeitsprodukte Waren, sinnlich übersinnliche oder gesellschaftliche Dinge." (I, 86)

Denn wir bekommen es mit dem Fetischcharakter zu tun, wenn ein „Quidproquo" oder eine Verkehrung deswegen vorliegt, weil „das gesellschaftliche Verhältnis der Produzenten" sich „als ein außer ihnen existierendes gesellschaftliches Verhältnis von Gegenständen" darstellt und es daher nicht so ist, dass die Menschen vermittelt über die Waren zueinander in ein Verhältnis treten, sondern von den Waren in ein solches Verhältnis gesetzt werden.

Man kann diesen Fetischcharakter in dem Sinne wörtlich verstehen, dass die Waren wirklich als Subjekte auftreten und sich zueinander mit der Folge in ein bestimmtes Verhältnis begeben, dass die die Waren besitzenden Menschen nur als Objekte erscheinen, die von den Waren in ein Verhältnis gesetzt werden. Bei dieser Verkehrung zwischen Subjekt und Objekt hat man es mit der starken Version des Fetischcharakters zu tun, in deren Rahmen die Menschen den Dingen deswegen ganz praktisch unterworfen sind, weil die Bewegung tatsächlich von den Waren ausgeht. Zu diesem Verständnis ist zu sagen, dass es schon aus empirischen Gründen zurückzuweisen ist. Dass die Waren sich nicht wirklich selbst bewegen, sondern nur von Menschen in Bewegung gesetzt werden können, ist nämlich eine Erkenntnis, die schon dann richtig ist, wenn noch mit den Charaktermasken argumentiert wird und damit von unbewussten Handlungen die Rede ist. Umso mehr gilt das hier, wo wir das Geld schon haben und deswegen nicht mehr von den Menschen als Charaktermasken, sondern nur noch von ihnen als Subjekten mit der Folge gesprochen werden kann, dass es um bewusste Handlungen geht. Die Erkenntnis, dass die Waren sich nicht selbst bewegen können, haben im Übrigen nicht nur wir. Dieses Wissen haben selbstverständlich auch die Normalbürger, die angeblich dem Fetischcharakter unterworfen sind. Denn für sie ist völlig klar, dass die Waren sich nicht selbst auf den Markt begeben, sondern von Menschen auf den Markt geworfen werden.[ciii]

Neben der starken Variante gibt es aber auch eine abgeschwächte Version der Rede vom Fetischcharakter. Dieses Verständnis kommt im folgenden Zitat zum Ausdruck:

„In der Tat befestigt sich der Wertcharakter der Arbeitsprodukte erst durch ihre Betätigung als Wertgrößen. Die letzteren wechseln beständig, unabhängig vom Willen, Vorwissen und Tun der Austauschenden. Ihre eigne gesellschaftliche Bewegung besitzt für sie die Form einer Bewegung von Sachen, unter deren Kontrolle sie stehen, statt sie zu kontrollieren." (I, 89)[28]

Zu dieser Version kommt es einerseits, weil der Austausch der Waren zwar nicht von den Waren selbst, sondern nur von den Menschen vollzogen wird. Andererseits können die sich dabei ergebenden Austauschverhältnisse oder Geldpreise aber nicht einfach als Ergebnisse verstanden werden, die sich aus den selbstgesetzten Zwecken und den an ihnen ansetzenden menschlichen Handlungen auf durchsichtige Weise ergeben. Stattdessen stellen die Preise etwas dar, was sich auf eine für die Menschen nicht kontrollierbare Art ergibt und deswegen von den Menschen in ähnlicher Weise äußerlich hingenommen werden muss wie die Auswirkungen von irgendwelchen Naturgesetzen. Damit besteht der Fetischcharakter der

---

[28] Hier haben wir wieder ein Beispiel für die Relativierung der Subjektivität, die in der Bezeichnung Charaktermaske zum Ausdruck kommt. (vgl. S. 8) Allerdings ist auch der angesprochene Mangel an Kontrolle durch die Subjekte noch kein Beweis dafür, dass sie tatsächlich Ziele verwirklichen, die sie sich nicht als Zweck setzen. Dass die Menschen keine wirklichen Subjekte sind, die ihre Verhältnisse bestimmen, sondern eher Objekte, die bestimmt werden, kann nicht durch den bloßen Verweis auf die Waren gezeigt werden. Wie wir unten (vgl. 414ff.) sehen werden, ist dazu vielmehr eine genauere Betrachtung der Art und Weise notwendig, wie die Menschen in den durch Waren gekennzeichneten Verhältnissen agieren.

Waren in seiner schwächeren Form darin, dass die Waren, die von den Menschen auf den Markt geworfen werden, immer wieder zu Preisen verkauft werden müssen, die nicht von den Menschen voraussagbar sind, sondern sich unabhängig von ihren Absichten einstellen.

Gegen diese zweite Version der Rede vom Fetischcharakter kann nicht mehr der obige empirische Einwand vorgebracht werden. Denn von Waren, die mit der Konsequenz selbst in ein Verhältnis zueinander treten, dass sie die Menschen dadurch in ein Verhältnis zueinander setzen, ist gar nicht mehr die Rede. Angesichts des schwächeren Inhalts des Fetischcharakters, der mit der beständigen Möglichkeit des Scheiterns der „Austauschenden" einhergeht, ist aber einzuwenden, dass es einigermaßen übertrieben ist, wenn Marx davon spricht, dass die Warenpreise ihre eigene Bewegung zu vollziehen scheinen. Dass die Menschen nicht die Warenpreise erzielen können, die sie haben wollen, hat nämlich nichts mit den Waren und irgendwelchen Einflüssen zu tun, die von ihnen ausgehen. Dafür sind vielmehr die Zwecksetzungen und Handlungen anderer Menschen verantwortlich. Und das ist ein Faktum, dem sich auch die austauschenden Menschen durchaus bewusst sind.

Daran ändert im Übrigen auch der Umstand nichts, dass sich bei Marx der genannte Inhalt des Fetischcharakters mit dem falschen Schein der Wertform verbindet. Auch dann, wenn das Faktum, dass der in Geld ausgedrückte Wert der Waren auf gesellschaftlich notwendige Arbeit zurückzuführen ist, im Bewusstsein der „Austauschenden" gerade nicht enthalten ist, folgt daraus nicht, dass der Wert nicht von den Menschen, sondern von den Sachen herkommt. Auf der Basis dessen, dass die angestrebten Verkaufspreise aus der Sicht der „Austauschenden" einesteils ein Ausdruck der Produktionskosten darstellen und andernteils den Gewinn als Zuschlag beinhalten, bleibt vielmehr klar, dass der Umstand, dass diese Verkaufspreise nicht erreicht werden können, nicht den Waren, sondern den Absichten und Handlungen der anderen Menschen zu verdanken ist.[civ]

Den abgeschwächten Fetischcharakter der Ware, der nichts mit dem falschen Schein der Wertform zu tun hat, sondern lediglich die Unkontrollierbarkeit der Verkaufspreise und damit die Möglichkeit des Scheiterns beinhaltet, begründet Marx auf zweierlei Weise: Zum einen leitet er ihn aus der Wertform ab. Zum anderen kommt er daher, dass die Waren von voneinander unabhängigen Privatproduzenten hergestellt werden. Wenden wir uns zunächst der ersten Begründung zu:

„Woher entspringt also der rätselhafte Charakter des Arbeitsprodukts, sobald es Warenform annimmt? Offenbar aus dieser Form selbst. Die Gleichheit der menschlichen Arbeiten erhält die sachliche Form der gleichen Wertgegenständlichkeit der Arbeitsprodukte, das Maß der Verausgabung menschlicher Arbeitskraft durch ihre Zeitdauer erhält die Form der Wertgröße der Arbeitsprodukte,

188

endlich die Verhältnisse der Produzenten, worin jene gesellschaftlichen Bestimmungen ihrer Arbeiten betätigt werden, erhalten die Form eines gesellschaftlichen Verhältnisses der Arbeitsprodukte." (I, 86)

In diesem Zitat ist eine Begründung des Fetischcharakters aus der Wertform insofern enthalten, als es parallel dazu, dass sowohl die Wertsubstanz nicht mehr als vergegenständlichte Arbeit auftritt, sondern als „gleiche Wertgegenständlichkeit der Arbeitsprodukte" und damit als Geld oder Gold, als auch die Wertgröße sich nicht mehr als bestimmte Arbeitszeit zeigt, sondern als Geldmenge oder Goldgewicht, dazu kommen soll, dass die „Verhältnisse der Produzenten" sich als „Verhältnis der Arbeitsprodukte" darstellen.

Zu dieser Begründung ist erstens zu sagen, dass sie schon deswegen nicht funktioniert, weil wir die Wertform aufgrund des Umstandes noch gar nicht haben, dass Marx sie bislang nicht erfolgreich begründen konnte. Zweitens ist dann, wenn wir von diesem Punkt absehen und den Ausgangspunkt bei der Wertform akzeptieren, darauf hinzuweisen, dass sich aus dem genannten Grund die angebliche Folge gar nicht ergibt. Denn es fehlt am kausalen Zusammenhang zwischen dem einen und dem anderen. Daraus, dass es die Wertform in qualitativer und quantitativer Hinsicht gibt, kann nämlich nur entnommen werden, dass das über das Geld vermittelte Austauschverhältnis nichts mit der vergegenständlichten Arbeit zu tun zu haben scheint. Aus der Wertform kann aber weder gefolgert werden, dass die Waren selbst ein Verhältnis zueinander einnehmen, noch führt sie dazu, dass dieses Verhältnis zwar von den Warenproduzenten gestiftet wird, diese dabei aber die Verkaufspreise erreichen können, die sie haben wollen, sondern sich nach Tauschrelationen richten müssen, die sich unabhängig von ihren Absichten ergeben.[cv]

Wenn wir uns auf diesem Hintergrund der anderen Begründung zuwenden, müssen wir uns das folgende Zitat vornehmen:

„Gebrauchsgegenstände werden überhaupt nur Waren, weil sie Produkte voneinander unabhängig betriebner Privatarbeiten sind. Der Komplex dieser Privatarbeiten bildet die gesellschaftliche Gesamtarbeit. Da die Produzenten erst in gesellschaftlichen Kontakt treten durch den Austausch ihrer Arbeitsprodukte, erscheinen auch die spezifisch gesellschaftlichen Charaktere ihrer Privatarbeiten erst innerhalb des Austausches. Oder die Privatarbeiten betätigen sich in der Tat erst als Glieder der gesellschaftlichen Gesamtarbeit durch die Beziehungen, worin der Austausch die Arbeitsprodukte und vermittelst derselben die Produzenten versetzt. Den letzteren erscheinen daher die gesellschaftlichen Beziehungen ihrer Privatarbeiten als das, was sie sind, d. h. nicht als unmittelbar gesellschaftliche Verhältnisse der Personen in ihren Arbeiten selbst, sondern vielmehr als sachliche Verhältnisse der Personen und gesellschaftliche Verhältnisse der Sachen." (I, 87)

In diesem Zitat spricht Marx einesteils die Verkehrung an, die mit dem Fetisch-charakter einhergeht, wenn er davon redet, dass sich die „gesellschaftlichen Verhältnisse der Personen" als „gesellschaftliche Verhältnisse der Sachen" darstellen. Andernteils bringt er diese Verkehrung damit in Verbindung, dass die Menschen Privatproduzenten sind, die als solche „Produkte voneinander unabhängig betriebner Privatarbeiten" herstellen und „erst" durch den Austausch ihrer Arbeitsprodukte miteinander in „gesellschaftlichen Kontakt" treten. Daraus kann entnommen werden, dass es zum Fetischcharakter kommt, weil die Privatproduzenten ihre Waren ohne vorhergehende Absprache herstellen. Da ihnen auf dieser Grundlage nicht nur unbekannt ist, wie groß die Gesamtnachfrage nach der Warenart ist, für deren Herstellung sie sich entschieden haben, und welcher Anteil dieser Gesamtnachfrage von Waren gedeckt wird, die von ihren Konkurrenten produziert werden, sondern auch, zu welchem Preis die Konkurrenten ihre Waren anbieten, können sie nicht im Voraus wissen, wie viel Geld sie beim Verkauf erzielen können. Dieser Geldbetrag stellt sich vielmehr erst im Nachhinein heraus:

„Erst innerhalb ihres Austauschs erhalten die Arbeitsprodukte eine von ihrer sinnlich verschiednen Gebrauchsgegenständlichkeit getrennte, gesellschaftlich gleiche Wertgegenständlichkeit." (I, 87)

Folge davon ist, dass die Privatproduzenten den Resultaten ausgeliefert sind, die sich auf dem Markt auf eine für sie nicht kontrollierbare Art und Weise ergeben.

Wenn wir uns nun fragen, was von dieser Argumentation zu halten ist, ist zunächst festzustellen, dass Marx in ihrem Rahmen nicht mehr an dem anknüpft, was er als Folge seiner Behandlung von Ware, Wert, Wertform und Tauschwert schon hat, sondern die „Privatarbeiten" verrichtenden Subjekte unabhängig davon oder zusätzlich hereinbringt. Genauer gesprochen greift Marx sie aus der Empirie auf. Wenn wir uns fragen, ob er dabei richtig vorgeht, könnte man zunächst meinen, dass wir zu einem positiven Urteil kommen. Denn Privatproduzenten, die nicht nur vorübergehend nicht im Voraus wissen, welchen Preis sie auf dem Markt erzielen können, sondern in bleibender Weise durch dieses Nicht-Wissen gekennzeichnet sind, stellen durchaus empirische Gegebenheiten dar. Bei näherer Betrachtung zeigt sich jedoch, dass wir doch ein negatives Urteil zu fällen haben. Denn für das empirisch richtige Aufgreifen ist nicht nur bedeutsam, ob es die aufgegriffenen Privatproduzenten tatsächlich gibt, sondern auch, ob sie in Verhältnisse aufgegriffen werden, die zu ihnen passen. Auf dieser Grundlage ist festzustellen, dass diese Bedingung nicht erfüllt wird. Der Fehler von Marx besteht nämlich darin, dass er die privat produzierenden Subjekte in Verhältnisse verpflanzt, in denen der Wert der direkte Grund der Preise darstellt. Denn das ist empirisch falsch, weil diese Subjekte tatsächlich in Verhältnissen agieren, in denen der Wert allenfalls als indirekter Grund der Preise fungiert. Bei den Preisen, mit denen sie es zu tun haben, geht es daher nicht mehr um den Wert, sondern nur noch den Produktionspreis. (vgl. dazu S. 174)

Da Marx den Fetischcharakter der Waren, der sich nur auf die Unkontrollierbarkeit der Verkaufspreise bezieht, mit dem falschen Schein der Wertform in Verbindung bringt und daher von einem Fetischcharakter spricht, der beide Aspekte umfasst, sei noch darauf hingewiesen, dass aus dem Nicht-Wissen bezüglich der erzielbaren Verkaufspreise auch das Nicht-Wissen nicht begründet werden kann, das mit dem falschen Schein der Wertform einhergeht. Denn das erstgenannte Nicht-Wissen kann es auch geben, wenn es den falschen Schein der Wertform nicht gibt und die Menschen daher wissen, dass die gesellschaftlich notwendige Arbeit die Substanz der Werte ausmacht. Auf dieser Grundlage kann zum einen festgestellt werden, dass aus ihm die Wertform nur dann abgeleitet werden könnte, wenn man das zweite Nicht-Wissen zusammen mit dem ersten aufgreifen würde. Zum anderen würde aber genau das zeigen, dass bezogen auf das zweite Nicht-Wissen des falschen Scheins der Wertform überhaupt keine Begründung vorliegen würde, sondern es nur ein diesbezügliches Aufgreifen gäbe. Und zu diesem Aufgreifen wäre dasselbe zu bemerken, was zum Aufgreifen des ersten Nicht-Wissens bemerkt worden ist. Einerseits wäre zwar richtig, dass die Menschen, die die Waren auf den Markt werfen, die wirkliche Substanz der Werte nicht kennen. Andererseits können diese Menschen durch das Aufgreifen nicht in Verhältnisse verpflanzt werden, die durch die direkte Begründung der Preise aus den Werten gekennzeichnet sind.[cvi]

Während der erste vollkommen verfehlte Begründungsversuch etwas darstellt, mit dem Marx an die Thematik anknüpft, die wir bei der Behandlung von Ware, Wert und Wertform kennen gelernt haben, ist bezogen auf die zweite nicht mehr ganz so falsche Begründung festzustellen, dass er ganz anders vorgeht. Weil Marx mit ihr nicht an den Darstellungen ansetzt, denen wir bislang gefolgt sind, sondern die Privatproduzenten zusätzlich in einer Weise hereinbringt, die mit dem vergleichbar ist, was wir schon auf der Seite 172 kennen gelernt haben, begibt er sich auf eine vollkommen andere Argumentationsebene:

"Das Nachdenken über die Formen des menschlichen Lebens, also auch ihre wissenschaftliche Analyse, schlägt überhaupt einen der wirklichen Entwicklung entgegengesetzten Weg ein. Es beginnt post festum und daher mit den fertigen Resultaten des Entwicklungsprozesses. Die Formen, welche Arbeitsprodukte zu Waren stempeln und daher der Warenzirkulation vorausgesetzt sind, besitzen bereits die Festigkeit von Naturformen des gesellschaftlichen Lebens, bevor die Menschen sich Rechenschaft zu geben suchen nicht über den historischen Charakter dieser Formen, die ihnen vielmehr bereits als unwandelbar gelten, sondern über deren Gehalt." (I, 89/90)

Während er bislang als Wissenschaftler gesprochen hat, der der "wirklichen Entwicklung" gefolgt ist, also auf der Ebene der logischen Geltung argumentiert und somit die "Hieroglyphe" bereits entziffert hat, geht Marx hier zu einer anderen Ebene über. Während er sich bislang im Rahmen des mittelbaren Seins bewegt und eine Argumentation per logischer Geltung benutzt hat, wechselt er genauer gesprochen zur Ebene des unmittelbaren Seins, auf der die Menschen nicht mehr als Charaktermasken, sondern als Subjekte agieren und auf der deshalb per teleologischer Genesis zu argumentieren ist. Dieses unmittelbare Sein ist darüber hinaus nicht als etwas zu verstehen, was per teleologischer Genesis erst zu entwickeln ist. Es stellt vielmehr unerklärtes, fertiges Sein dar. Das zeigt sich daran, dass Marx von den Warenproduzenten redet, die mit dem Nachdenken "post festum" beginnen und damit nicht nur die wissenschaftlichen Erkenntnisse noch nicht haben, die mit der logischen Geltung verbunden sind, sondern auch nicht jene, die sich aus der teleologischen Genesis ergeben. Deshalb kann Marx schreiben:

"Später suchen die Menschen den Sinn der Hieroglyphe zu entziffern, hinter das Geheimnis ihres eignen gesellschaftlichen Produkts zu kommen, denn die Bestimmung der Gebrauchsgegenstände als Werte ist ihr gesellschaftliches Produkt so gut wie die Sprache. Die späte wissenschaftliche Entdeckung, daß die Arbeitsprodukte, soweit sie Werte, bloß sachliche Ausdrücke der in ihrer Produktion verausgabten Arbeit sind, macht Epoche in der Entwicklungsgeschichte der Menschheit aber verscheucht keineswegs den gegenständlichen Schein der gesellschaftlichen Charaktere der Arbeit." (I, 88)

Weil Marx seine argumentative Ebene wechselt, trifft er Aussagen, die sich von den bisherigen unterscheiden. Das zeigt sich zum einen am drittletzten Zitat, in dem Marx davon spricht, dass die Arbeitsprodukte ihre „gesellschaftlich gleiche Wertgegenständlichkeit" erst im Austausch „erhalten". Denn diese Feststellung unterscheidet sich von der, dass der Wert als vergegenständlichte Arbeit schon vor dem Tausch vorhanden ist und in ihm nur seine Form wechselt. Das wird zum anderen an seiner Fortsetzung deutlich, die wir auf Seite 98 schon einmal angeführt haben:

„Diese Spaltung des Arbeitsprodukts in nützliches Ding und Wertding bestätigt sich nur praktisch, sobald der Austausch bereits hinreichende Ausdehnung und Wichtigkeit gewonnen hat, damit nützliche Dinge für den Austausch produziert werden, der Wertcharakter der Sachen also schon bei ihrer Produktion selbst in Betracht kommt. Von diesem Augenblick erhalten die Privatarbeiten der Produzenten tatsächlich einen doppelten gesellschaftlichen Charakter. Sie müssen einerseits als bestimmte nützliche Arbeiten ein bestimmtes gesellschaftliches Bedürfnis befriedigen und sich so als Glieder der Gesamtarbeit, des naturwüchsigen Systems der gesellschaftlichen Teilung der Arbeit, bewähren. Sie befriedigen andererseits nur die mannigfachen Bedürfnisse ihrer eignen Produzenten, sofern jede besondre nützliche Privatarbeit mit jeder andren nützlichen Privatarbeit austauschbar ist, also ihr gleichgilt. Die Gleichheit toto coelo verschiedner Arbeiten kann nur in einer Abstraktion von ihrer wirklichen Ungleichheit bestehn, in der Reduktion auf den gemeinsamen Charakter, den sie als Verausgabung menschlicher Arbeitskraft, abstrakt menschlicher Arbeit, besitzen." (I, 87/88)

Denn in ihr wird der „doppelte gesellschaftliche Charakter" der Privatarbeiten und die „abstrakt menschliche Arbeit" nicht mehr im Zusammenhang mit einer Reduktion oder Abstraktion erwähnt, die wir als äußere Beobachter vornehmen und die zu Dingen führt, die schon im Ausgangspunkt enthalten sind. Stattdessen wird diese den Wert bildende Arbeit in eine Verbindung mit der „Abstraktion" oder „Reduktion" gebracht, die die Austauschenden im geldvermittelten Austausch vollziehen und die zu etwas Neuem führt, was im Ausgangspunkt noch nicht enthalten war.

Weil man auf der Grundlage seiner unterschiedlichen Aussagen den Eindruck gewinnen könnte, dass Marx mit seinen obigen Aussagen seine frühere Darstellung zurücknimmt und korrigiert, ist zu betonen, dass dieser Eindruck vollkommen falsch wäre. Wenn Marx die „Wertgegenständlichkeit" als etwas erwähnt, zu dem es erst im Austausch kommt, dann ist er weit davon entfernt, seine Bestimmung des Werts durch die vergegenständlichte Durchschnittsarbeit oder – populärer ausgedrückt – seine Arbeitswertlehre zurückzunehmen. Stattdessen thematisiert er nur, wie sich die bei ihm direkt vom Wert beherrschten Austauschverhältnisse für die als Subjekte auftretenden Menschen darstellen:

„So war es nur die Analyse der Warenpreise, die zur Bestimmung der Wertgröße, nur der gemeinschaftliche Geldausdruck der Waren, der zur Fixierung ihres Wertcharakters führte. Es ist aber ebendiese fertige Form – die Geldform – der Warenwelt, welche den gesellschaftlichen Charakter der Privatarbeiten und daher die gesellschaftlichen Verhältnisse der Privatarbeiter sachlich verschleiert, statt sie zu offenbaren". (I, 90)

Weil die Aussagen seiner ersten Argumentationsweise durch die der zweiten nur „verschleiert" werden, liegt ein Missverständnis vor, wenn man der Meinung ist, dass es bei Marx einen Widerspruch zwischen den beiden Argumentationsweisen gibt. Da von einem solchen Widerspruch nicht gesprochen werden kann, sondern beide Seiten zusammenpassen, kommt bei Marx kein Entweder/Oder vor, sondern ein Sowohl/Als auch. (vgl. dazu S. 174) Daran, dass das auf die Stellen zutrifft, die wir oben aus dem I. Band des ‚Kapital' zitiert haben, ändert im Übrigen auch der Umstand nichts, das es z. B. in der ‚Ergänzungen und Veränderungen' gegenteilige Aussagen gibt. (vgl. S. 167)[cvii]

Gerade weil es richtig verstanden kein Entweder/Oder, sondern ein Sowohl/Als auch gibt, stellt sich allerdings die Frage, wie beide Seiten logisch zusammenpassen. Genauer gesprochen fragt sich, wie es dazu kommen kann, dass die Waren zumindest im Durchschnitt der Fälle und als Schwankungszentrum der Preise zum Wert getauscht werden, obwohl es den die Wertform beinhaltenden Fetischcharakter gibt und daher den Warentauschern der Wert als solcher unbekannt ist. Obwohl Marx das bereits fertige unmittelbare Sein anspricht und die Antwort auf diese Frage in die teleologische Genesis oder die Erklärung des unmittelbaren Seins fällt, finden sich doch Stellen, in denen er eine Antwort auf die genannte Frage zumindest implizit gibt. Zu ihnen gehört das folgende Zitat:

"Die Menschen beziehen also ihre Arbeitsprodukte nicht aufeinander als Werte, weil diese Sachen ihnen als bloß sachliche Hüllen gleichartig menschlicher Arbeit gelten. Umgekehrt. Indem sie ihre verschiedenartigen Produkte einander im Austausch als Werte gleichsetzen, setzen sie ihre verschiednen Arbeiten einander als menschliche Arbeit gleich. Sie wissen das nicht, aber sie tun es. Es steht daher dem Wert nicht auf die Stirn geschrieben, was er ist. Der Wert verwandelt vielmehr jedes Arbeitsprodukt in eine gesellschaftliche Hieroglyphe." (I, 88)

Denn es kann dahingehend verstanden werden, dass nach Marx der Umstand, dass die Austauschverhältnisse durch den Wert reguliert werden, schon aus dem bloßen Faktum der Gleichsetzung der verschiedenen Waren im Austausch folgt. Wenn wir uns fragen, ob es tatsächlich möglich ist, dass die Menschen ihre Waren schon deswegen als Vergegenständlichungen „gleichartig menschlicher Arbeit" und in diesem Sinne „als Werte" gleichsetzen, weil sie sie „im Austausch" gleichsetzen und damit einfach austauschen, können wir nur zu einem negativen Urteil kommen. Aus dem quantitativ vollkommen unbestimmten Zweck, eigene Waren mit fremden auszutauschen, werden sich nämlich die unterschiedlichsten Austauschverhältnisse ergeben, die alle nur vom Zufall bestimmt sind. Aus diesem Grund ist aber vollkommen unabsehbar, warum die durchschnittlichen Austauschverhältnisse ausgerechnet dem Wert entsprechen sollten. Dies wäre nichts Anderes als ein Wunder.

Bei Marx finden sich aber noch andere Stellen, die im vorliegenden Zusammenhang von Interesse sind:

"Was die Produktenaustauscher zunächst praktisch interessiert, ist die Frage, wieviel fremde Produkte sie für das eigne Produkt erhalten, in welchen Proportionen sich also die Produkte austauschen. Sobald diese Proportionen zu einer gewissen gewohnheitsmäßigen Festigkeit herangereift sind, scheinen sie aus der Natur der Arbeitsprodukte zu entspringen, so daß z. B. eine Tonne Eisen und 2 Unzen Gold gleichwertig, wie ein Pfund Gold und ein Pfund Eisen trotz ihrer verschiednen physikalischen und chemischen Eigenschaften gleich schwer sind." (I, 89)

Aus dieser Stelle könnte man den Eindruck gewinnen, dass die verschiedenen Tauschrelationen nicht zufällig, sondern durch das Herkommen gegeben sind und als Eigenschaften der Dinge genauso angenommen werden wie die Schwere. In der unmittelbar anschließenden Stelle, die wir auf der Seite 186 schon zitiert haben, macht Marx jedoch klar, dass die Wertgrößen beständig wechseln und es innerhalb der bürgerlichen Gesellschaft die Herausbildung solcher Gewohnheiten daher gar nicht geben kann. Auf dieser Grundlage ist auch dieser zweite Versuch zurückzuweisen.

Darüber hinaus stellt sich die Frage, wonach sich die "Produktenaustauscher" in ihrem Interesse an den Austauschproportionen richten. Wie kann es geschehen, dass der Wert die Austauschverhältnisse reguliert, ohne dass das den Menschen ein bewusstes Ziel ist, ohne dass sie die in ihrer Ware vergegenständlichte Arbeit im Austausch anerkannt haben wollen?

"Es bedarf vollständig entwickelter Warenproduktion, bevor aus der Erfahrung selbst die wissenschaftliche Einsicht herauswächst, daß die unabhängig voneinander betriebenen, aber als naturwüchsige Glieder der gesellschaftlichen Teilung der Arbeit allseitig voneinander abhängigen Privatarbeiten fortwährend auf ihr gesellschaftlich proportionelles Maß reduziert werden, weil sich in den zufälligen und stets schwankenden Austauschverhältnissen ihrer Produkte die zu deren Produktion gesellschaftlich notwendige Arbeitszeit als regelndes Naturgesetz gewaltsam durchsetzt, wie etwa das Gesetz der Schwere, wenn einem das Haus über dem Kopf zusammenpurzelt." (I, 89)

Wie dieses Zitat allem Anschein nach zeigt, stellt sich Marx die von ihm behauptete bewusstlose Durchsetzung des Werts in den Austauschverhältnissen analog zu der eines "Naturgesetzes" vor. So wie sich z. B. das "Gesetz der Schwere" unabhängig vom Wissen und Wollen der Menschen Geltung verschaffen kann, genauso soll sich auch das "Wertgesetz" (u. a. I, 202) durchsetzen können. Was ist davon zu halten?

Im Hinblick auf diese Vorstellung von Marx kann zunächst zugestanden werden, dass das "Wertgesetz" bei seiner Durchsetzung in der Tat nicht auf "Willen, Vorwissen und Tun der Austauschenden" angewiesen wäre, wenn es sich bei ihm wirklich um ein Naturgesetz handeln würde. Genau dies ist jedoch zu bezweifeln. Einesteils fällt sofort auf, dass es den Äquivalententausch zumindest nicht ohne das "Tun der Austauschenden" geben kann. Denn auf der Basis dessen, dass die Waren keine Subjekte im wörtlich zu verstehenden Sinn sind (vgl. S. 20), gäbe es dann, wenn die Warenbesitzer wirklich nichts täten, überhaupt keinen Austausch und damit natürlich auch keinen Äquivalententausch. Aus diesem Grund steht fest, dass es sich beim "Wertgesetz" lediglich um ein Gesetz handeln kann, das sich nur durch das menschliche Handeln hindurch durchsetzen kann.

Dies allein wäre jedoch dann noch kein Argument gegen seine Naturgesetzlichkeit, wenn das Verhalten der Warenbesitzer auf dem Markt dem behavioristischen Reiz-Reaktions-Schema entsprechen würde. Deshalb sei andernteils darauf hingewiesen, dass das nicht der Fall ist. Selbst dann, wenn die Aktivitäten der Austauschenden Reaktionen auf externe Gegebenheiten darstellen, sind sie keine mit dem Einfallen des Hauses vergleichbaren direkten Wirkungen äußerer Ursachen, sondern immer durch eine vorgängige innerliche Zwecksetzung vermittelt. Und da diese Art der Mediatisierung auch "Willen" und "Vorwissen" beinhaltet und aus diesem Grund das Gegenteil einer naturgesetzlichen Notwendigkeit darstellt, ist sie der endgültige Beweis dafür, dass es sich beim sogenannten "Wertgesetz" um kein Naturgesetz handeln kann. Denn ein Naturgesetz, das bei seiner Durchsetzung von den bewussten und gewollten Handlungen der Menschen abhängig ist, ist eben kein Naturgesetz.

Im Rahmen der gerade ausgeführten Kritik wurde dargelegt, dass es sich beim "Wertgesetz" um kein Naturgesetz handeln kann, weil es von bewussten menschlichen Handlungen abhängig ist. Damit ist zurückgewiesen, dass es den Äquivalententausch ganz ohne "Willen" und "Vorwissen" geben kann. Damit ist aber noch nicht gesagt, dass es den Äquivalententausch nur geben kann, wenn die Menschen den Wert wissen und wollen. Weil oben nur vom Wissen und Wollen überhaupt und noch nicht vom Wissen und Wollen des Werts geredet wurde, ist mit anderen Worten eine Erklärung, die – statt auf die Leugnung des bewussten Handelns der Warenbesitzer hinauszulaufen – darlegt, wie sich in diesem ihrem bewussten Handeln jenes unbewusste Ziel durchsetzt, noch nicht kritisiert. Es sei deshalb geprüft, ob sich bei Marx auch eine solche Argumentation findet.

Schaut man sich in diesem Zusammenhang die auf den letzten Seiten angeführten Zitate nochmals an, findet man nicht viel. Diesbezüglich kann nur auf das zweitletzte Zitat verwiesen werden. Denn aus ihm kann man den Eindruck gewinnen, dass es zum Austausch gemäß dem Wert kommt, wenn die Warenbesitzer ihre Ware nicht einfach nur austauschen, sondern dabei möglichst viel fremde Waren aneignen wollen. Wenn wir uns fragen, was von dieser Position zu halten ist, ist darauf hinzuweisen, dass es auf Basis dieser Zwecksetzung zwar eine Tendenz zu einheitlichen Austauschverhältnissen gibt. Denn auf dem Markt werden die Warenbesitzer sich mit ihren gegensätzlichen Maximierungsinteressen aneinander abarbeiten. Warum diese einheitlichen Relationen den Werten entsprechen sollen, ist jedoch immer noch vollkommen uneinsichtig. Im Unterschied zum Austausch als solchem hat der hier verfolgte Zweck zwar auch eine quantitative Seite. Sie weist jedoch keinen Zusammenhang zur vergegenständlichten Arbeit auf. Und ohne eine solche Verbindung zwischen der bewussten Seite der subjektiven Zwecke und der unbewussten der objektiven Zwecke, läuft der angeblich unbewusst vollzogene Äquivalententausch ebenfalls auf das hinaus, was man ein Mirakel nennen muss.

Während die Argumentation mit dem Austausch als solchem fehlschlug, weil dieser Zweck überhaupt keine quantitative Dimension aufweist, konnte die eben angesprochene, bei Marx wenigstens andeutungsweise zum Ausdruck kommende Argumentationsvariante nicht überzeugen, weil der das Handeln der Warenbesitzer bestimmende Zweck nur einen quantitativen Maßstab beinhaltete, der in keinem Zusammenhang zum Wert stand. Erforderlich wäre mithin ein Austauschzweck, dessen quantitatives Kriterium diese Lücke zur vergegenständlichten Arbeit nicht aufweist, ohne jedoch mit dieser Arbeit einfach zusammenzufallen. Ein solcher Zweck findet sich, wie gesehen, bei Marx aber nicht. Über das bislang Festgestellte hinaus erhebt sich jedoch die Frage, ob er auch nicht denkbar ist. Sie soll im Folgenden noch kurz angegangen werden.

Nach meinem Dafürhalten ist auch diese Frage zu verneinen. Auf der einen Seite kann man sich zwar durchaus einen Maßstab vorstellen, der von der vergegenständlichten Arbeit einesteils verschieden ist und ihr andernteils doch gleichkommt. Auf der anderen Seite ist jedoch auf Basis eines solchen nur nominell vom Wert verschiedenen Kriteriums nicht mehr erklärbar, warum den Warenbesitzern verborgen bleiben sollte, dass es sich bei ihm nur um ein anderes Wort für die vergegenständlichte Arbeit handelt. Und wenn dieser Zusammenhang tatsächlich unbekannt bleiben sollte, dann ist drittens nicht einzusehen, wie die Warenbesitzer sich so verhalten können sollen, dass im Durchschnitt der Äquivalententausch resultiert. Um Marx' Vorstellungen einzulösen, müssten mit anderen Worten miteinander unvereinbare Bedingungen vereinbar sein.

Aus all diesen Überlegungen können wir mithin den Schluss ziehen, dass das Kriterium, das im Austausch direkt zur Geltung kommen soll, nur zur Geltung kommen kann, wenn es den Austauschenden ein bewusstes Motiv ist. Wenn der Wert tatsächlich der direkte Grund der Austauschverhältnisse wäre, dann müsste es ihn bewusst geben. Und dass er im Bewusstsein der Agenten nicht präsent ist, ist umgekehrt ein weiterer Hinweis darauf, dass es ihn als direkten Grund der Austauschverhältnisse nicht gibt. Die von Marx angesprochene Unbewusstheit des Werts und damit auch die Wertform ist nur mit einem indirekten Kausalitätsverhältnis zum Wert vereinbar. Dagegen muss das, was aus dem menschlichen Handeln direkt resultiert, ein bewusstes Handlungsziel sein.

Wenn wir also wieder davon ausgehen, dass der Wert die Austauschakte direkt begründet und bei der Beantwortung der Frage, wie das geschehen kann, Wunder ausschließen, dann kann festgehalten werden, dass sich der Wert unter Berücksichtigung der Planlosigkeit der bürgerlichen Warenproduktion nur durchsetzen kann, wenn das den Warenbesitzern ein irgendwie bewusstes Ziel ist. Das könnte

z. B. folgendes Aussehen haben: Die Austauschenden wollen für ihre Waren möglichst viel Geld und für ihr Geld möglichst viel Ware. Aus diesen gegensätzlichen Interessen, die auf dem Markt zusammenprallen, werden sich irgendwelche Preise ergeben, die wegen der Unkontrolliertheit der gesellschaftlichen Produktion und demzufolge auch der Unbekanntheit des Verhältnisses von Angebot und Nachfrage im Allgemeinen von den Werten abweichen werden. Daraus folgt zum einen, dass sich der Wert trotz der Marxschen Aussage, wonach die Menschen "ihre verschiedenen Produkte einander als Werte gleichsetzen", durch den bloßen einzelnen Austausch nicht durchsetzen kann. Zum anderen kann er nur dann zum Gesetz des Austausches werden, wenn die Warenbesitzer, die mit den resultierenden Austauschrelationen zufrieden oder unzufrieden sind, zu diesen Urteilen aufgrund eines Vergleiches zwischen den aus- und eingetauschten Arbeitsmengen kommen. Nur wenn ihnen die Arbeitsgegenständlichkeit in diesem Sinne ein bewusstes Kriterium ist, werden sie sich nämlich bemüßigt fühlen, in einer Weise zu reagieren, aus der längerfristig der Wert als die Regel des Austausches resultiert. Wenn sie dagegen aufgrund anderer Kriterien zufrieden oder unzufrieden wären, könnte es keinerlei Tendenz hin zum Wert geben.

Möglicherweise kann man diesen Punkt am besten durch eine Bezugnahme auf den Produktionspreis einsichtig machen. Diesen Produktionspreis, der dadurch gekennzeichnet ist, dass er den Durchschnittsprofit enthält, kann es als die Regel des Tauschwerts nämlich nur dann geben, wenn den Subjekten der Profit ein Motiv ist. Denn nur in diesem Fall, der z. B. vorliegt, wenn sie möglichst viel Profit machen wollen, werden sie so agieren und reagieren, dass der Produktionspreis auf die Dauer und im Durchschnitt herauskommt. Wenn dagegen der Profit für sie nicht die Position eines anzustrebenden Ziels haben würde, dann müssten wir wieder Wunder bemühen, um den Produktionspreis doch noch erreichen zu können.

Das oben geforderte Kriterium, das in irgendeiner Weise den Willen auf Anerkennung der vergegenständlichten Arbeit im Tausch beinhalten muss, umfasst nicht die Kenntnis der Arbeit, die gesellschaftlich notwendig und daher wertbildend ist. Dieses "Vorwissen" kann es innerhalb der ungeplanten Marktverhältnisse in der Tat nicht geben. Trotzdem ist Marx zu widersprechen, wenn er behauptet:

"Die Bestimmung der Wertgrößen durch die Arbeitszeit ist daher ein unter den erscheinenden Bewegungen der relativen Warenwerte verstecktes Geheimnis. Seine Entdeckung hebt den Schein der bloß zufälligen Bestimmung der Wertgröße der Arbeitsprodukte auf, aber keineswegs ihre sachliche Form." (I, 89)

An diesem Zitat, wie am gesamten Fetischkapitel ist zu kritisieren, dass Marx den Unterschied zwischen der Kenntnis der wertbildenden Arbeit und dem Trachten zumindest nach Anerkennung der eigenen Arbeit, das natürlich das Wissen darum einschließt, dass die Arbeit die allgemeine Substanz der Werte ist, nicht macht.

Damit tut er so, als könnte sich das Wertgesetz ohne dieses Wissen und Wollen durchsetzen.

Als Ergebnis können wir zusammenfassend festhalten, dass die Verhältnisse, in denen die Waren im Durchschnitt zum Wert ausgetauscht werden, zwar mit einem Fetischcharakter vereinbar sind, der die Wertform nicht beinhaltet und damit mit dem Wissen darum einhergeht, dass hinter den Preisen die vergegenständlichte Arbeit steht. Wenn man dagegen wie Marx einen Fetischcharakter zugrunde legt, der die Wertform beinhaltet, sieht es anders aus. Dieser Fetischcharakter widerspricht nämlich der Ebene der einfachen Warenzirkulation, auf der die Preise um die Werte schwanken. Wenn die gesellschaftlich notwendige Arbeit der direkte Grund des Austausches sein soll, dann kann das nur der Fall sein, wenn die einzelnen Agenten die in ihrer Ware vergegenständlichte Arbeit im Tausch anerkannt haben wollen und sie daher wissen, dass Geld im Allgemeinen ein Ausdruck der gesellschaftlich notwendigen Arbeit und die Arbeit die allgemeine Substanz der Preise ist und damit auch der Warenfetisch in dieser Ausformung nicht existiert.

Umgekehrt kann festgehalten werden, dass es den die Wertform beinhaltenden umfassenden Fetischcharakter nur geben kann, wenn der Wert nur der indirekte Grund der Preise ist. Sofern es Marx auf diesen umfassenden Fetischcharakter abgesehen hat, kann ihm vorgehalten werden, dass er ihn deswegen nicht richtig darzustellen und zu begründen in der Lage ist, weil er ihn auf der falschen Ebene zum Thema macht.[29]

11. Zusammenfassende Bemerkungen

In den innerhalb dieses II. Kapitels untersuchten Ausführungen von Marx ging es zum einen um die Wertform als uneigentlicher Ausdruck des Werts. Zum anderen war es um das Geld als eine neben den Waren eigenständige Existenz des Tauschwerts zu tun. Da Marx versuchte, das Geld als Geldform und damit als eine bestimmte Wertform zu erklären, ist die erstere Thematik die wichtigere, weil übergreifende. Obwohl Marx bei ihrer Behandlung am Wert anknüpft, stellt sie keine notwendige Folge der im I. Kapitel behandelten Zusammenhänge dar. Sie impliziert vielmehr einen neuen und damit zweiten Anfang.

Wenn wir uns zunächst fragen, wie es um die Wertform und das Geld empirisch bestellt ist, können wir feststellen, dass es eine eigenständige Existenz des Tauschwerts neben den Waren gibt. Insofern kommen wir bezogen auf das Geld ganz klar zu einem positiven Urteil. Das bezieht sich jedoch nur darauf, dass das Geld eine

---

[29] Diesen Fehler gäbe es nicht, wenn die Wertform auf der Basis einer Warenzirkulation abgeleitet werden würde, die durch den Wert nur indirekt geregelt wird, wie das vermittelt über den Produktionspreis der Fall ist. (vgl. dazu S. 327ff.)

Existenz des Tauschwerts ist, die es neben den Waren gibt, und nicht darauf, dass das Geld wie bei Marx Gold ist oder zumindest selbst Wert haben muss. Auf diese Punkte, die als empirische Behauptungen zu beanstanden sind, soll erst im folgenden Kapitel näher eingegangen werden.

Bei der Wertform scheint ebenfalls ein positives empirisches Urteil insofern fällig zu sein, als das empirisch vorherrschende Geld kein Arbeitsgeld darstellt, das die Denomination der Arbeitszeit hat, sondern ein Staatspapiergeld, dessen Denomination bekanntlich künstlich geschaffene Einheiten wie Euro, Franken, Dollar usw. sind. Bei näherem Hinsehen zeigt sich jedoch, dass das noch nicht für ein positives Urteil genügt. Weil die Wertform als uneigentlicher Ausdruck des Werts trotz dieser Uneigentlichkeit Wertausdruck bleibt, kann man sich nämlich daran stoßen, dass der Wert gar nicht so direkt die Tauschverhältnisse bestimmt wie Marx das darstellt. Deshalb sei darauf hingewiesen, dass es darauf nicht ankommt. Die Wertform ist vielmehr auch dann ein uneigentlicher Wertausdruck, wenn der Wert die Tauschverhältnisse nur über den Produktionspreis regelt. Unter der Annahme, dass Marx diesen indirekten Zusammenhang noch beweisen kann, kann daher festgestellt werden, dass auch die Wertform in empirischer Hinsicht nicht zu kritisieren ist.

Zu deutlich schlechteren Ergebnissen kommen wir dagegen, wenn wir uns der logischen Überprüfung der Marxschen Ausführungen zu Wertform und Geld zuwenden und damit die Frage behandeln, ob Marx diese Dinge erfolgreich ableiten kann. Wenn wir mit der Wertform beginnen, ist zunächst festzuhalten, dass es hinsichtlich ihrer Ableitung bei Marx zwei Argumentationsebenen gibt. Die erste ist dadurch gekennzeichnet, dass vom Wert ausgegangen und überlegt wird, welche Wert- und Tauschwertausdrücke auf dieser Grundlage möglich oder unmöglich bzw. notwendig sind. Die Menschen treten dabei allenfalls als Charaktermasken in Erscheinung, die diese Ausdrücke bewusstlos verwirklichen. Auf der zweiten Ebene handeln die Menschen dagegen als bewusste Subjekte und bewegen sich dabei in Verhältnissen, die ungeplant und unkoordiniert sind. Während auf der ersten Ebene per logischer Geltung argumentiert wird, geht es auf der zweiten Ebene trotz des Umstandes eher um eine Argumentation per teleologischer Genesis, dass Marx diese Argumentation gar nicht richtig ausführt, sondern lediglich unterstellt. Während im Rahmen der logischen Geltung der Übergang vom Grund zur Folge die Form einer abstrakten Identität besitzt, stellt sich dieser Übergang im Rahmen der teleologischen Genesis als Negation der Negation dar.

Bezogen auf die erste Variante der Ableitung der Wertform, die von größerer Bedeutung ist, kann festgehalten werden, dass die in ihrem Rahmen vorgebrachten Argumente schon beim Übergang zur einfachen Wertform nicht überzeugen können. Das ist zum einen der Fall, wenn man die Wertform als bloßen Wertausdruck betrachtet. Diesbezüglich ist nämlich darauf hinzuweisen, dass Marx in keiner Weise zeigt, warum der Wert nicht als das auftreten kann, was er doch ist. Es bleibt vollkommen offen, warum er sich nicht als die Durchschnittsarbeit darstellt, die in der werthabenden Ware vergegenständlicht ist. Von Anfang an spricht Marx von anderen Wertausdrücken, ohne dafür irgendein Argument vorzubringen.

Das ist zum anderen auch so, wenn die Wertform nicht nur ein Wertausdruck darstellt, sondern darüber hinaus auch den Tauschwert zum Ausdruck bringt. Diesbezüglich ist einesteils darauf hinzuweisen, dass dieser Ausdruck keine vom Wert aus gesehene Notwendigkeit beanspruchen kann. Es zeigt sich an dieser Stelle vielmehr wieder die schon früher bemerkte Vermengung zwischen Wert und Tauschwert. Denn nur wenn feststeht, dass sich der Wert als Tauschwert auszudrücken hat, kann es nicht beim Ausdruck des Werts als Wert bleiben. Anderteils bleibt auch dann, wenn man akzeptiert, dass sich der Wert als Tauschwert auszudrücken hat, festzuhalten, dass Marx außerstande ist zu begründen, warum dieser Ausdruck nicht die Denomination der Arbeitszeit haben kann, die in der Äquivalentware enthalten ist.

Desweiteren kann Marx die einfache Wertform bzw. den in ihr enthaltenen uneigentlichen Wertausdruck einesteils auch dann nicht ableiten, wenn der Wert als abstrakte Gemeinsamkeit oder Nicht-Gemeinsamkeit zugrunde gelegt und angenommen wird, er sei in dieser Weise gegeben. Denn es bleibt unter diesen Bedingungen offen, warum er nicht in diesen Gestalten auftritt. Anderteils kommen wir auch dann zu keinem besseren Ergebnis, wenn der Wert als abstrakte Gemeinsamkeit oder Nicht-Gemeinsamkeit etwas ist, was zwar bestimmt ist, aber nicht existiert, oder existiert, aber nicht bestimmt ist. Da es dabei nicht mehr um die Wertform, sondern die Wertentstehung bzw. die Wertbestimmung geht, stellt sich nämlich die Ausgangsfrage gar nicht mehr. Sowohl bei der Wertentstehung als auch der Wertbestimmung kann es nicht mehr um etwas gehen, was wie die uneigentliche Wertform richtig und falsch zugleich ist. Daher darf der Umstand, dass sich die Frage nach der Wertform gar nicht mehr stellt, nicht damit verwechselt werden, dass auf sie eine notwendige Antwort gegeben werden kann.

Zur Weiterentwicklung der einfachen Wertform zur totalen Wertform ist zu bemerken, dass sie auf einen dritten Anfang hinausläuft, weil sie jegliche Notwendigkeit vermissen lässt. Dasselbe gilt für den Übergang von der totalen Wertform zur allgemeinen Wertform, der deswegen einem vierten Anfang gleichkommt. Beide Schritte werden nämlich von Argumenten angetrieben, die nichts mit der Sache des Wertausdrucks zu tun haben, sondern anderweitig motiviert sind. Mit ihnen steuert Marx schrittweise auf die Geldform bzw. das Geld als selbständige Existenz des Tauschwerts zu, obwohl diese mit der Wertform gar nicht direkt zusammenhängt. Ferner ist festzustellen, dass es im Unterschied zur einzelnen Wertform die totale und die allgemeine Wertform auf der Ebene des formal mittelbaren Seins gar nicht wirklich gibt. Diese beiden Wertformen stellen vielmehr nur Verhältnisse dar, die denkmöglich sind, wenn man sie vom Wert als solchem aus betrachtet.

Zum Übergang zur Geldform ist zu bemerken, dass die Beschränkung auf eine einzige allgemeine Wertform bewirkt, dass die in ihr enthaltene Äquivalentware zu Geld wird und deswegen nicht mehr wegen ihrer Nützlichkeit beim Gebrauch, sondern ihrer Nützlichkeit beim Tausch akzeptiert wird. Dieser Schritt ist vom Wert aus gesehen ebenfalls nicht einsichtig. Vom Wert aus gesehen ist nämlich die Form IV, die die Gesamtheit der totalen bzw. allgemeinen Wertformen enthält, genauso denkbar wie die einzelne totale und die einzelne allgemeine Wertform. Auch bei der Beschränkung auf die eine Geldform hat es Marx daher nicht mit der Frage nach dem angemessenen Wertausdruck zu tun, sondern bringt Überlegungen herein, bei denen es um die Frage der Austauschbarkeit und damit um etwas ganz Anderes geht.

An der Wertform macht sich das fest, was Marx als falschen Schein bezeichnet. Auf der einen Seite ist ihm in diesem Punkt Recht zu geben. Auf der anderen Seite fällt er dem falschen Schein selbst noch zum Opfer. Das zeigt sich zum einen darin, dass er seinen Begriff der wertbildenden Arbeit als abstrakte Allgemeinheit offenbar nach dem Muster bildet, das es nur auf der Ebene des Tauschwerts gibt. Nur auf dieser Ebene existiert das allgemeine Tier neben den besonderen Tierarten. Auf der Ebene des Werts kann davon jedoch keine Rede sein. Dort gibt es das Tier nur als konkrete Gemeinsamkeit, weil es eben nur in der Form von Hasen, Forellen oder Geiern vorkommt. Das wird zum anderen an der Verwechslung von Wert und Tauschwert deutlich, die zum einen in der Art und Weise zum Ausdruck kommt, in der Marx von der Wertgegenständlichkeit spricht, und zum andern in der Auffassung kulminiert, der Wert sei etwas, was sich erst im Tausch realisiert und was deshalb davor noch nicht existiert. Dies ist falsch, weil sich der Wert im Tausch nicht als Wert verwirklicht, sondern nur als Tauschwert. Als Wert steht er als eine bestimmte Menge vergegenständlichter Durchschnittsarbeit nämlich schon vor dem Tausch fest.

Im Übrigen sei darauf hingewiesen, dass der sich aufgrund der Verwechslung von Tauschwert und Wert einstellende Eindruck, wonach der Wert etwas ist, was sich erst im Tausch verwirklicht, auch der Grund dafür ist, dass Marx seine Argumentationsgrundlage wechselt. Während er den Wert zunächst als Teil eines in sich stimmigen Gesamtzusammenhangs angesprochen hat, geht er im Zuge dieser Verwechslung danach zu den unkoordinierten Marktverhältnissen über. Dieser Über-

gang wird von Marx weniger bewusst vollzogen, als dass er ihm unbewusst unter-
läuft. Daher sieht Marx auch nicht klar, dass er mit einem Wechsel der Argumentationsweise einhergeht. Denn im Rahmen der unkoordinierten Marktverhältnisse
wird nicht mehr per logischer Geltung, sondern eher per teleologischer Genesis
argumentiert, woran auch der Umstand nichts ändert, dass Marx diese Argumentation nicht von Anfang an durchführt, sondern sie nur andeutet.

Der Wechsel zu den unkoordinierten Marktverhältnissen kann auch als ein Aufgreifen der Empirie verstanden werden. Denn diese Verhältnisse gibt es empirisch
im Rahmen des unmittelbaren Seins. Nichtsdestoweniger ist dieses Aufgreifen zu
kritisieren. Das hat seinen Grund einesteils darin, dass die Verhältnisse in einem
Zusammenhang aufgegriffen werden, in dem es nachwievor um den Wert geht,
den es nur noch im Rahmen des inhaltlich mittelbaren Seins geben kann. Andernteils ist gerade dann, wenn man sich auf die Marxsche Argumentationsebene begibt und von diesem Punkt absieht, zu bemängeln, dass die aufgegriffenen Subjekte vom Wert überhaupt nichts wissen. Denn das ist unvereinbar damit, dass der
Wert der direkte Grund der Tauschverhältnisse sein soll.

Wenn wir nun zur zweiten Argumentationsebene kommen, auf der die Menschen
als Subjekte agieren, kann festgehalten werden, dass zwischen der Argumentation
mit der subjektiven Unbekanntheit und der objektiven Unbestimmtheit des Werts
zu unterscheiden ist. Wenn wir zunächst auf die Argumentation mit der Unbekanntheit des Werts eingehen, kann darauf hingewiesen werden, dass sie sich zumindest ansatzweise bei Marx findet, obwohl sie insgesamt gesehen seinen Inten-
tionen klar widerspricht. Während die Wertform als uneigentlicher Ausdruck des
Werts im Rahmen dieser Argumentation aus dem Unwissen der Subjekte um den
Wert abgeleitet wird, will Marx die subjektive Unbekanntheit des Werts nämlich
nicht als Grund, sondern als Folge der Wertform sehen lassen. Zur Argumentation
selbst ist zu sagen, dass sie fehlerhaft ist. Wenn den Warenbesitzern nicht nur unbekannt wäre, wie groß der Wert im einzelnen Fall ist, sondern von ihnen nicht
einmal gewusst würde, dass es den Wert gibt und was er ist, könnte es nämlich
auch im Durchschnitt oder auf die Dauer nie zu einem Austausch zum Wert kommen.

Wenn wir nun zur objektiven Unbestimmtheit des Werts und damit dem Versuch
kommen, daraus die Wertform abzuleiten, dass die Größe des Werts unbestimmt
ist, kann von einer zwingenden Argumentation genauso wenig die Rede sein. Zwar
ist klar, dass die einzelne Privatarbeit nicht als gültiger Wertausdruck benutzt werden kann. Das schließt aber einen Wertausdruck, der auf Arbeit denominiert ist,
nicht nur nicht aus. Darüber hinaus kann festgehalten werden, dass bei einem
Wertausdruck mit anderslautender Denomination sichtbar bleiben muss, dass dahinter die Arbeit steht. Denn nur dann kann verständlich gemacht werden kann,

dass die Warenbesitzer auf die sich herausstellenden Tauschwerte so reagieren, dass der Wert sich auf die Dauer gesehen als Grund der Tauschverhältnisse und damit als tauschwertbestimmend herausstellt.

Kommen wir nun zur logischen Überprüfung des Geldes in seiner Eigenschaft als selbständige Existenz des Tauschwerts neben den Waren: Das hier zu konstatie-rende Ergebnis ist ein wenig besser, finden sich innerhalb der Marxschen Darstel-lung doch entscheidende Argumente. Sie haben damit zu tun, dass die Waren sich deswegen nicht direkt mit anderen Waren tauschen können, weil im Allgemeinen die Wechselseitigkeit der Bedürfnisse fehlt, die Voraussetzung des unmittelbaren Tauschs ist. Allerdings muss hinzugefügt werden, dass man diese Argumente zu-sammensuchen muss. Die Hauptlinie der Argumentation von Marx ist nämlich durch eine Abfolge verschiedener Wertformen gekennzeichnet, die bei der Ablei-tung des Geldes schon deswegen untauglich ist, weil es ausgehend von den Waren tauschenden Charaktermasken die totale und allgemeine Wertform gar nicht geben kann. Denn das Geld ist als eigenständige Existenz des Tauschwerts nur unter die-ser Bedingung erforderlich. Wenn es dagegen diese Wertformen auch auf Basis der genannten Charaktermasken geben würde, bräuchte es das Geld nicht, weil jede Ware mit jeder anderen direkt austauschbar wäre.

Ferner ist einschränkend darauf hinzuweisen, dass auf die genannte Weise ein ein-heitliches Geld nur unter der Bedingung mit Notwendigkeit abgeleitet werden kann, dass die Warenzirkulation möglichst effektiv zu erfolgen hat. Denn ohne dieses Sparsamkeitsprinzip wären durchaus auch andere Lösungen denkbar, Lö-sungen, die allerdings mit mehr Schwierigkeiten verbunden wären. Es ist deshalb ebenfalls zu kritisieren, dass Marx diese Bedingung nicht artikuliert hat.

Marx' Ableitung des Geldes zeigt, dass die eigenständige Existenz des Tausch-werts aus dem Widerspruch abgeleitet werden kann, der in der Ware enthalten ist. Denn die Ableitung findet auf der Ebene der Charaktermasken statt, was es eben ermöglicht, den Widerspruch nicht in die Menschen als Subjekte, sondern in die Waren zu legen. Dieser Widerspruch oder Gegensatz verläuft aber einesteils nicht zwischen Gebrauchswert und Wert und auch nicht zwischen Gebrauchswert und Tauschwert, sondern nur zwischen dem besonderen Gebrauchswert und dem Tauschwert. Denn es bleibt dabei, dass die Ware Gebrauchswert sein muss, um Wert und Tauschwert sein zu können. Anderteils haben wir gesehen, dass auch im Rahmen dieser Ableitung mit den Schwierigkeiten des unmittelbaren Tausch-handels argumentiert werden muss. Daher ist festzuhalten, dass sich Marx zu Un-recht über eine Bezugnahme auf diese Schwierigkeiten lustig macht.

Die Argumentation mit den Schwierigkeiten des unmittelbaren Tausches kann nur dann kritisiert werden, wenn sie historisch oder teleologisch verstanden wird und man es deswegen nicht nur mit der Existenz, sondern auch der Entstehung des

Geldes zu tun hat. Denn gegen diese Argumentation, in der die Menschen als Subjekte mit bewussten Zwecken vorkommen, kann eingewendet werden, dass das Geld kein Ergebnis einer Vereinbarung zwischen den Waren tauschenden Subjekten, sondern ein Produkt des Staates ist, das es je schon mit der Folge gibt, dass Subjekte, die es mit der Schaffung von Geld zu tun haben, in der fertigen bürgerlichen Gesellschaft gar nicht mehr vorkommen. Gegen eine logisch verstandene Ableitung können diese Einwände jedoch nicht vorgebracht werden. Da in ihrem Rahmen von den Menschen als Charaktermasken die Rede ist, soll nämlich gar nicht die Entstehung des Geldes, sondern eben nur seine notwendige Existenz begründet werden.

Da es im Rahmen einer logisch zu verstehenden Argumentation, in deren Rahmen die Menschen als Charaktermasken agieren, nur um die Begründung der notwendigen Existenz des Geldes gehen kann und nicht um seine Entstehung, ist zu kritisieren, dass es bei Marx den freilich nur sehr ansatzweise vorkommenden Versuch gibt, aus der Argumentation per logischer Geltung auch die Entstehung des Geldes zu erklären. Dieser Versuch ist vollkommen verquer. Denn er tut so, als können das Geld anders als durch bewusste und zielgerichtete menschliche Handlungen entstehen.

Die Unzulänglichkeiten bei der Ableitung der Wertform zeigen sich ferner auch daran, dass Marx das goldene Arbeitsgeld nicht zutreffend kritisieren kann, das eine Form des Geldes darstellt, bei der es die Wertform gerade nicht gibt. Denn das Argument der Depreziation, das Marx in den ‚Grundrissen' vorbringt, hat gar nichts mit der Denomination der Arbeitszeit zu tun. Es richtet sich nicht gegen den Charakter des goldenen Arbeitsgeldes als Arbeitsgeld, sondern gegen es als Goldgeld. Deshalb kann ihm der Boden durch den Wechsel zum papierenen Arbeitsgeld entzogen werden, das selbst kein Produkt der Arbeit ist und daher nicht im Zuge der Produktivkraftsteigerung depreziiert, sondern seinen Wert nach Möglichkeit beibehalten und damit die Forderung erfüllen kann, die Marx hier ins Spiel bringt.[30] Daher ist es falsch, wenn Marx bezogen auf dieses Geld von Appreziation spricht.

Desweiteren ist das papierene Arbeitsgeld damit durchaus vereinbar, dass sich der Wert vom Preis nicht nur nominal, sondern in der Beziehung auch real unterscheidet, dass er sich nur im Auf und Ab der Preise Geltung verschafft und daher lediglich als Schwankungszentrum wirklich ist. Das führt genauer gesprochen nicht dazu, dass die Arbeit zwei voneinander vollständig unabhängige Wortbedeutungen erhält. Der Grund dafür besteht darin, dass die vergegenständlichte Arbeit auf der Grundlage, auf der Marx sich bewegt, gar nicht wirklich das ist, was die

---

[30] Auf die Frage, woher diese Forderung kommt und ob sie berechtigt ist, werden wir im nächsten Kapitel eingehen.

Tauschwerte nicht bestimmt. Stattdessen ist festzuhalten, dass die Arbeit im Durchschnitt und auf die Dauer gesehen das Schwankungszentrum der Preise ist und damit preisbestimmend bleibt. Marx müsste also seine Behauptung, wonach die Preise um den Wert schwanken, zurücknehmen, um die Wertform begründen zu können. Andernteils dürfte diese Rücknahme nur in einer Form geschehen, die es auf der Gesamtebene bei der Identität zwischen Werten und Preisen belässt. Denn nur auf dieser Grundlage könnte überhaupt noch von einer Wertform gesprochen werden.

Schließlich kann entgegen der Marxschen Behauptung auch nicht davon gesprochen werden, dass es eine Konfusion gibt, die um so viel größer ist, dass sie als solche unbedingt vermieden werden muss. Vielmehr wird den beteiligten Subjekten nur deutlich gemacht, dass die in den Waren vergegenständlichte Arbeit nur zählt, soweit sie zum einen gesellschaftlich notwendige Durchschnittsarbeit darstellt und/oder die Gesamtmenge der von einer Art hergestellten Waren gerade der Nachfrage entspricht. Wieso das Marx zufolge etwas sein soll, was es nicht geben kann, bleibt sein Geheimnis.

Wenn wir nun noch zum Fetischcharakter der Ware kommen, der nicht nur zum Inhalt hat, dass die Preise von der uneigentlichen Wertform geprägt sind und daher die wertbildende Arbeit verdecken, sondern auch, dass sie als etwas zu Tage treten, was sich auf dem Markt erst im Nachhinein auf eine von den Menschen nicht kontrollierte Weise ergibt, kann zum einen festgestellt werden, dass Marx in diesem Zusammenhang zwar Aussagen trifft, die sich von den früheren Ausführungen unterscheiden, in denen er den Tauschwert aus dem im Voraus feststehenden Wert erklärt. Damit will er seine Arbeitswerttheorie aber nicht zurücknehmen, sondern nur zeigen, wie sich der Wert in den ungeplanten Marktverhältnissen durchsetzt. Das ist zumindest ganz überwiegend der Fall. Denn in den ‚Ergänzungen und Veränderungen' finden sich auch Bemerkungen, die auf die Zurücknahme früherer Aussagen hinauslaufen.

Wenn man von den grundsätzlich zu kritisierenden Äußerungen absieht, in denen Marx so tut, als könnten sich die Waren selbst austauschen, gibt es bei Marx zum anderen zwei Varianten der Ableitung des Fetischcharakters. In der ersten versucht er ihn aus der Wertform abzuleiten. Das funktioniert jedoch nicht, weil nicht nur einzuwenden ist, dass er anhand der Wertform von etwas ausgeht, was er gar nicht ableiten konnte. Darüber hinaus ist darauf hinzuweisen, dass aus der Wertform, die als solche ja nur zum Inhalt hat, dass der Wert nicht als das zum Ausdruck kommt, was er ist, nicht erklärt werden kann, warum die Marktverhältnisse nicht vom Menschen beherrscht werden, sondern umgekehrt eher ihn beherrschen.

Im Rahmen seines zweiten Versuchs leitet Marx den Fetischcharakter unter Bezugnahme auf Subjekte ab, die er aus der Empirie aufgreift und die dadurch gekennzeichnet sind, dass sie der Wertform bereits unterworfen sind. Dazu ist in empirischer Hinsicht zu sagen, dass er diese Subjekte in falsche Verhältnisse verpflanzt. Denn Marx überträgt sie in Zusammenhänge, die dadurch gekennzeichnet sind, dass der Wert der direkte Grund der Preise ist. In logischer Hinsicht ist zu ergänzen, dass auch nicht von einer gelungenen Ableitung gesprochen werden kann. Weil das Unterworfensein unter die Wertform vorausgesetzt werden muss, ist nämlich zu bemerken, dass der Fetischcharakter nicht abgeleitet, sondern zusammen mit den Privatsubjekten aufgegriffen wird.

Für den die Wertform enthaltenden Fetischcharakter gilt zum dritten dasselbe wie für die Wertform. Auch er ist nicht damit vereinbar, dass der Wert die direkte Regel der Tauschverhältnisse ist. Ihn könnte es nämlich nur geben, wenn der Wert nur der indirekte Grund dieser Verhältnisse darstellen würde. Zu diesem Urteil kommen wir, weil jene Versuche von Marx gänzlich untauglich sind, die zeigen sollen, wie es zu einem Austausch zum Wert kommt, obwohl die Subjekte von diesem Wert gar nichts wissen. Das gilt in erster Linie für die naturgesetzliche Argumentation, die vollkommen missraten ist. Weil der Tausch eben vom Wissen und Wollen der Austauschenden abhängig und damit keinem naturgesetzlichen Wertgesetz unterworfen ist, kann nämlich nicht mit Naturgesetzen argumentiert werden. Das gilt aber auch für die Argumentation mit dem Tausch als solchen bzw. mit Tauschrelationen, die gewohnheitsmäßig akzeptiert werden. Das gilt ferner auch für den Tausch, der möglichst viel fremde Ware bringen soll, bei dem aber dieses Maximum nicht an die vergegenständlichte Arbeit gekoppelt ist.

III. Der Marxsche Geldbegriff

Thema dieses Teils ist das 3. Kapitel des I. Bandes von 'Das Kapital' mit dem Titel: ‚Das Geld oder die Warenzirkulation'. (I, 109ff.) Im Wesentlichen wird es dabei um Marx' Aussage gehen, dass das Geld seinem Begriff nach Gold zu sein hat und damit etwas darstellen muss, was selbst Wert besitzt. Da der Marxsche Geldbegriff eng mit seiner Ableitung zusammenhängt, ist zu erwarten, dass die im II. Kapitel bezüglich der Geldform geäußerte Kritik auch hier von Bedeutung sein wird.

1. Maß der Werte

"Die erste Funktion des Goldes [das bei Marx Geld ist - H. R.] besteht darin, der Warenwelt das Material ihres Wertausdrucks zu liefern oder die Warenwerte als gleichnamige Größen, qualitativ gleiche und quantitativ vergleichbare, darzustellen. So funktioniert es als allgemeines Maß der Werte, und nur durch diese Funktion wird Gold, die spezifische Äquivalentware, zunächst Geld." (I, 109)

Die Funktion des Geldes als "Maß der Werte" besteht also darin, "der Warenwelt das Material ihres Wertausdrucks zu liefern" oder, einfacher gesagt, die Werte auszudrücken. Um in dieser Funktion dienen zu können, muss nach Marx Geld selbst Wert sein:

"Als Maß der Werte kann Gold nur dienen, weil es selbst Arbeitsprodukt, also der Möglichkeit nach ein veränderlicher Wert ist." (I, 113)

Bezogen auf den Wertausdruck als solchen muss das werthaltige Geld bzw. das Gold zwar nicht wirklich vorhanden sein:

"Da der Ausdruck der Warenwerte in Gold ideell ist, ist zu dieser Operation auch nur vorgestelltes oder ideelles Gold anwendbar. Jeder Warenhüter weiß, daß er seine Waren noch lange nicht vergoldet, wenn er ihrem Wert die Form des Preises oder vorgestellte Goldform gibt, und daß er kein Quentchen wirkliches Gold braucht, um Millionen Warenwerte in Gold zu schätzen. In seiner Funktion des Wertmaßes dient das Geld daher - als nur vorgestelltes oder ideelles Geld." (I, 110/111)

Aber auch auf dieser ideellen Ebene der bloßen Vorstellung ist Geld nach Marx nur tauglich, wenn es selbst Wert ist:

"Obgleich nur vorgestelltes Geld zur Funktion des Wertmaßes dient, hängt der Preis ganz vom reellen Geldmaterial ab." (I, 111)

Sucht man nach einer Begründung für die Behauptung, Wert könne nur durch Wert ausgedrückt werden, stellt man fest, dass Marx zwar von Anfang an von solchen Wertausdrücken redet, jedoch nirgendwo deutlich macht, warum es nur

sie geben kann, warum der Wert z. B. nicht durch den Ausdruck "x Stunden vergegenständlichte Arbeit" oder durch sonstige Zeichen wie €, $ usw. ausgedrückt
werden kann.

Somit zeigt sich, dass die Kritik an der Wertform auch hier von Bedeutung ist und
die Aussage:

"Geld als Wertmaß ist notwendige Erscheinungsform des immanenten Wertmaßes der Waren, der Arbeitszeit." (I, 109),

als bloße Behauptung zu betrachten ist, die auch nicht durch die ihr angehängte
Fußnote begründet werden kann:

"Die Frage, warum das Geld nicht unmittelbar die Arbeitszeit selbst repräsentiert,
so daß z. B. eine Papiernote x Arbeitsstunden vorstellt, kommt ganz einfach auf
die Frage heraus, warum auf Grundlage der Warenproduktion die Arbeitsprodukte sich als Waren darstellen müssen, denn die Darstellung der Ware schließt
ihre Verdoppelung in Ware und Geldware ein. Oder warum Privatarbeit nicht als
unmittelbar gesellschaftliche Arbeit, als ihr Gegenteil, behandelt werden kann."
(I, 109; Anm: 50)

Unter den bereits erörterten Bedingungen (vgl. S. 150ff.) kann aus der Ware zwar
die "Verdoppelung in Ware und Geldware" abgeleitet werden. Wie wir gesehen
haben, hat dies jedoch direkt nichts mit der Wertform zu schaffen, weshalb sie
auch mit dem "Arbeitsgeld" vereinbar wäre. (vgl. S. 176ff.) Genausowenig kann
die Wertform daraus abgeleitet werden, dass der wertbildende Charakter der "Privatarbeit" nicht bekannt ist. (vgl. S. 170ff.) Schließlich wurde auch zur Rede vom
"Gegenteil" bereits das Notwendige gesagt. (vgl. S. 163) Somit kann festgehalten
werden: Sowenig Marx die Wertform erklärt, ebensowenig begründet er, warum
der Wert sein Maß nur in einem anderen Wert haben kann, warum nur ein anderer
Wert Wert ausdrücken kann. Bei ihm ist das immer schon der Fall. Es ist aber ein
Unterschied, etwas in seiner Unmittelbarkeit vor sich zu haben oder es als vermittelt, als Resultat aufzuzeigen. Weil Marx letzteres nicht geleistet hat, hat er auch
nicht gezeigt, warum als Wertmaß nicht bloße Zeichen oder Symbole fungieren
können. Sein Wertmaß, also das Gold, ist zwar möglich, jedoch nicht notwendig.

Marx' Behauptung ist umgekehrt nur als Folge seiner fehlerhaften Ableitung der
Wertform verständlich. Wie wir gesehen haben, spricht Marx nicht nur von Anfang an von Wertausdrücken in anderem Wert, sondern bringt diesen Wert auch
noch mit dem Tauschwert in Verbindung, d. h. der Wert, der das Material des
Wertausdrucks liefert, ist gleichzeitig die andere Ware, mit der die sich ausdrü-
ckende Ware sich austauschen will. (vgl. S. 124ff.) Da der Ausdruck auf der Ebene
der einfachen Zirkulation zugleich die Verwirklichung des Werts als Tauschwert
beinhaltet, ist klar, dass sie nur mit einer anderen Ware von gleichem Wert austauschbar ist und dass sich keine Ware mit etwas Wertlosem austauschen wird,

also beispielsweise mit bloßen Zeichen. Es ist jedoch zu betonen, dass das unmittelbar nichts mit der Wertmaßfunktion des Geldes zu tun hat. Darüber hinaus ist Geld per se von der Ware verschieden, mit der sich eine andere Ware austauschen will. Es ist nicht Zweck, sondern nur Mittler des Tausches.[31] Wenn die Ware sich mit ihm umsetzt, wird sie nicht getauscht, sondern nur verkauft. Der Verkauf wird aber erst durch den nachfolgenden Kauf zu einem fertigen Austausch.

Die Marxsche Behauptung mag ferner überzeugend erscheinen, weil es zwischen Wert und Wertmaß scheinbar nur dann ein objektives Verhältnis geben kann, wenn dem Wertmaß die gleiche Qualität eigen ist wie dem Wert. Das ist jedoch auch nicht der Fall. Nehmen wir ein bloßes Symbol wie "€", dann ist zwar richtig, dass das Verhältnis, in dem es Wert ausdrückt, durch keine inneren Eigenschaften festgelegt und insofern beliebig ist. Dies ist jedoch kein Argument für das Goldgeld. Das Verhältnis zwischen Wert und Wertzeichen ist zwar im beschriebenen Sinne konventionell. Das verhindert jedoch nicht seine intersubjektive Gültigkeit bzw. Allgemeingültigkeit. Ihr geht nur ein Akt der Setzung voraus. Es ist dies wie bei der Sprache. Dass das Wort "Baum" z. B. der Ausdruck für eine bestimmte Pflanze ist, ist sicherlich zufällig so entstanden. Diese Tatsache verhindert jedoch nicht seine intersubjektive und in diesem Sinne objektive Gültigkeit.[cviii]

Marx fordert jedoch nicht nur, dass Geld Wert sein muss. Vielmehr soll es "der Möglichkeit nach ein veränderlicher Wert" sein. Noch deutlicher kommt das in seiner Schrift 'Zur Kritik der politischen Ökonomie' zum Ausdruck:

"Um als Maß der Werte dienen zu können, muß Gold der Möglichkeit nach ein *veränderlicher* Wert sein, weil es nur als Materiatur der Arbeitszeit zum Äquivalent anderer Waren werden kann, dieselbe Arbeitszeit aber mit dem Wechsel der Produktivkräfte der realen Arbeit in ungleichem Volumen derselben Gebrauchswerte sich verwirklicht." (ZK, 51)

Wenn das eine Folgerung sein sollte, wäre sie noch seltsamer als die obige Behauptung. Denn ihre Bedeutung ist überhaupt nicht einzusehen. Marx zeigt zwar, dass ein Wertwechsel des Geldes seiner Funktion als Wertmaß nicht hinderlich ist, weil er sich auf alle Waren gleich auswirkt. (vgl. I, 113/114) Das wäre aber auch nicht anders, wenn der Geldwert stabil bliebe. Denn auch das würde für alle Waren gleichermaßen gelten.[cix]

---

[31] Dieser Aussage könnte mit Blick auf das Kapital widersprochen werden, in dessen Rahmen das Geld als Endzweck in Erscheinung tritt. (vgl. S. 137ff.) Deshalb sei an dieser Stelle bereits darauf hingewiesen, dass Geld zwar Endzweck ist. Das ändert aber nichts an der Korrektheit der obigen Aussage. Der Endzweckcharakter ist nämlich deswegen nur vorläufig, weil das Geld immer wieder vorgeschossen wird, um noch mehr Geld zu erzielen.

Der veränderliche Wert des Geldes scheint deshalb etwas zu sein, das mit der Wertmaßfunktion überhaupt nichts zu tun hat, sondern sich unabhängig davon ergibt, weil das Marxsche Goldgeld ein Arbeitsprodukt ist, das als solches Produktivitätssteigerungen unterliegt. Trotzdem ist dieser Punkt nicht ganz bedeutungslos. Wir werden deshalb noch auf ihn zurückkommen müssen. (vgl. S. 217)

Im Übrigen zeigt das obige Zitat, dass Marx das Geld umstandslos unter die "Äquivalente" reiht, d. h. unter die anderen Waren, die gleichen Wert haben und haben müssen. Doch dazu gleich mehr.

2. Zirkulationsmittel

Unter dieser Überschrift macht Marx zum einen die „Metamorphose der Waren" (I, 118) oder ihren Austauschprozess zum Thema, der die Form „Ware - Geld - Ware" bzw. kurz „W - G - W" hat. (I, 120) In seinem Rahmen räumt Marx zwar ein, dass insbesondere der erste Akt des Verkaufs W - G deswegen scheitern kann, weil z. B. das Angebot die Nachfrage übersteigt und der in den Waren enthaltene Wert daher nicht voll realisiert werden kann. Trotzdem kommt es in seinem W - G - W nur zu einem bloßen „Formwechsel", der die Größe des Werts unberührt lässt. Denn er schreibt:

„Die Teilung der Arbeit verwandelt das Arbeitsprodukt in Ware und macht dadurch seine Verwandlung in Geld notwendig. Sie macht es zugleich zufällig, ob diese Transsubstantiation gelingt. Hier ist jedoch das Phänomen rein zu betrachten, sein normaler Vorgang also vorauszusetzen. Wenn es übrigens überhaupt vorgeht, die Ware als nicht unverkäuflich ist, findet stets ihr Formwechsel statt, obgleich abnormal in diesem Formwechsel Substanz – Wertgröße – eingebüßt oder zugesetzt werden mag." (I, 122)

Diesem Ausgangspunkt kann durchaus zugestimmt werden. Denn er entspricht Marx' bisheriger Vorgehensweise. Denn das unverfälschte Phänomen, von dem Marx hier spricht, kann mit dem obigen, auf die tauschwertbestimmenden Faktoren bezogenen Ausschluss des Gebrauchswerts (vgl. S. 43) parallelisiert werden, der ja auf ein in sich stimmiges System der Gebrauchswerte hinausläuft, bei dem sich Nachfrage und Zufuhr überall entsprechen.[cx]

Obwohl Marx das Geld nur halbherzig aus den Schwierigkeiten der Zirkulation ableitet, zeigt der Austauschprozess W - G - W, dass es auch bei ihm wesentlich als Zirkulationsmittel fungiert. D. h. Geld interessiert nur als Mittel, sich andere Ware zu beschaffen, und ist somit nicht der eigentliche, letzte Zweck des Warenaustausches. Deshalb kann Marx schreiben:

"Sobald die Ware nun in Geld verwandelt, wird letztres zu ihrer verschwindenden Äquivalentform, deren Gebrauchswert oder Inhalt diesseits in andren Warenkörpern existiert." (I, 125)

Geld ist also nicht der "Inhalt", an dem man eigentlich interessiert ist. Da ihm selbst der Gebrauchswert, nach dem man verlangt, abgeht, besteht seine Nützlichkeit in seiner Austauschbarkeit mit anderen Waren.

Weil das Geld nur Vermittler ist, nur Mittel, um andere Ware zu kaufen, braucht es nicht selbst Wert zu sein. Zwar ist – und wir bewegen uns hier auf Marx' Ebene – richtig, dass jeder Warenbesitzer seine Ware im Allgemeinen nur weggeben will, wenn er andere Ware vom selben Wert als Gegenleistung bekommt. Da das Geld jedoch nicht dieser Endzweck ist, genügt es, wenn es eine Anweisung auf soundsoviel Ware ist. Die Substanz, auf die es ankommt, braucht es als Mittel nicht in sich selbst zu tragen. Es muss nur auf sie verweisen können. Als Zirkulationsmittel ist das Geld reiner Tauschwert in dem Sinne, dass seine Brauchbarkeit nur im Tausch liegt. Als Zirkulationsmittel kann Geld somit ein wertloses Material dienen.

Dieser Gedankengang kommt auch bei Marx zum Ausdruck. Seltsamerweise jedoch nicht in der angedeuteten logischen Form, sondern in einer Weise, die eher historisch zu nennen ist. Er weist nämlich darauf hin, dass die Goldmünzen durch ihren Umlauf als Geld verschleißen:

"Goldtitel und Goldsubstanz, Nominalgehalt und Realgehalt beginnen ihren Scheidungsprozeß". (I, 139)

"Wenn der Geldumlauf selbst den Realgehalt vom Nominalgehalt der Münze scheidet, ihr Metalldasein von ihrem funktionellen Dasein, so enthält er die Möglichkeit latent, das Metallgeld in seiner Münzfunktion durch Marken aus andrem Material oder Symbole zu ersetzen." (I, 140)

Meines Erachtens zeigt dieses Zitat sehr schön, dass von einer logischen Ableitung des Wertzeichens keine Rede sein kann. Vielmehr ergibt es sich bei Marx aus dem praktischen Verkehr, weil dieser mit sich bringt, dass die Goldmünzen durch den Händewechsel an Gewicht verlieren. Und diese Weise des Erkennens ist vom systematischen Begreifen, wie sich noch genauer zeigen wird, sehr verschieden, bleibt doch gerade der entscheidende Punkt unerklärt. Warum ist es denn möglich, dass sich der Realgehalt vom Nominalgehalt scheidet? Warum stellt dieser sich naturwüchsig einstellende Effekt kein bleibender Widerspruch dar, der ständig wieder beseitigt werden muss?

Da Marx diese logische Möglichkeit nicht wirklich begreift, sondern den Scheidungsprozess nur äußerlich aufnimmt, ist es auch nicht weiter verwunderlich, wenn bei ihm nur das "Staatspapiergeld mit Zwangskurs" (I, 141) Wertzeichen sein kann. Dieses ist als Wertzeichen nicht nur Warenzeichen, sondern zusätzlich auch noch Goldzeichen, d. h. durch die staatliche Bank in soundsoviel Gold umtauschbar. Das Marxsche Staatspapiergeld ist somit bloßer Repräsentant von Gold oder vorgestelltes, ideelles Gold und daher kein Wertzeichen im eigentlichen Sinne. Zum einen beweist das, dass Marx nicht weiß, worauf die Möglichkeit des Wertzeichens beruht. Zum anderen stellt das Staatspapiergeld mit Zwangskurs wohl den Versuch dar, das Wertzeichen mit seiner unbegründeten Behauptung, wonach das Maß der Werte selbst Wert haben muss, in Einklang zu bringen.

"Die selbständige Darstellung des Tauschwerts der Ware ist hier nur flüchtiges Moment. Sofort wird sie wieder durch andre Ware ersetzt. Daher genügt auch die bloß symbolische Existenz des Geldes in einem Prozeß, der es beständig aus einer Hand in die andre entfernt. Sein funktionelles Dasein absorbiert sozusagen sein materielles. Verschwindend objektiver Reflex der Warenpreise, funktioniert es nur als Zeichen seiner selbst und kann daher auch durch Zeichen ersetzt werden." (I, 143)

Man sieht, wenn Marx vom "flüchtigen Moment" und der sofortigen Ersetzung des Geldes durch andere Ware redet, dann klingt das entscheidende Argument zwar an. Es wird jedoch nicht mit genügender Klarheit ausgesprochen.

Dieser Mangel zeigt sich auch daran, dass Marx das Staatspapiergeld mit Zwangskurs auf die Minimalmasse der Zirkulation beschränkt:

"Ein spezifisches Gesetz der Papierzirkulation kann nur aus ihrem Repräsentationsverhältnis zum Gold entspringen. Und dies Gesetz ist einfach dies, daß die Ausgabe des Papiergelds auf die Quantität zu beschränken ist, worin das von ihm symbolisch dargestellte Gold (resp. Silber) wirklich zirkulieren müßte. Nun schwankt zwar das Goldquantum, welches die Zirkulationssphäre absorbieren kann, beständig über oder unter ein gewisses Durchschnittsniveau. Jedoch sinkt die Masse des zirkulierenden Mediums in einem gegebnen Land nie unter ein gewisses Minimum, das sich erfahrungsgemäß feststellt. Daß diese Minimalmasse fortwährend ihre Bestandteile wechselt, d. h. aus stets andren Goldstücken besteht, ändert nichts an ihrem Umfang und ihrem konstanten Umtrieb in der Zirkulationssphäre. Sie kann daher durch Papiersymbole ersetzt werden." (I, 141/142)

Marx meint also, dass nur die "Minimalmasse" des "zirkulierenden Mediums" durch Papiergeld ersetzt werden kann. Der Grund für diese eigenartige Folgerung liegt offensichtlich darin, dass Marx von der Annahme ausgeht, dass das Staatspapiergeld trotz seines Zwangskurses beständig und sofort wieder in die Zirkulation geworfen und auf diese Weise tatsächlich auf die reine Funktion des Zirkulationsmittels beschränkt wird. Aufgrund der zusätzlichen These, dass der Tauschwert des umlaufenden Papiergeldes im Vergleich mit dem tatsächlich umzusetzenden Wert durch seine Menge bestimmt wird, folgert er deshalb die Notwendigkeit der Beschränkung auf die Minimalmasse, soll das Papiergeld seinen durch das Repräsentationsverhältnis zum Gold gegebenen Tauschwert behalten. (vgl. auch ZK, 98)

Kritisieren möchte ich hier die Grundannahme, wonach das Staatspapiergeld nur als Zirkulationsmittel fungieren kann. Das wird schon deshalb nicht der Fall sein, weil die Bestandteile der zirkulierenden Geldsumme beständig wechseln. Ferner wird zwischen der Einnahme und Ausgabe des Geldes immer eine gewisse Zeitspanne verstreichen, auch wenn diese noch so kurz ist. Darüber hinaus ist nicht einzusehen, was einer vorübergehenden Aufschatzung des Papiergeldes im Wege stehen soll.

"Die einmal in Zirkulation befindlichen Zettel ist es unmöglich herauszuwerfen, da sowohl die Grenzpfähle des Landes ihren Lauf hemmen, als sie allen Wert, Gebrauchswert wie Tauschwert, *außerhalb* der Zirkulation verlieren." (ZK, 98)

Richtig an diesem Zitat ist nur, dass das immobile Papiergeld keinen eigenen Wert hat und während seiner Aufschatzung auch nicht als Tauschmittel fungiert. Das bedeutet aber noch nicht, dass die Zettel "allen Wert verlieren". Insbesondere wird damit nicht ausgeschlossen, dass das Papiergeld beim Wiedereintritt in die Zirkulation wieder als Tauschwert fungieren kann, zumal sein Repräsentationsverhältnis zum Gold nachwievor besteht. Die Austauschbarkeit der Waren gegen das Geld steht ja außer Zweifel.

Aber auch die zweite Annahme ist kritikwürdig. Weil wir es mit einem Staatspapiergeld mit Zwangskurs zu tun haben, d. h. mit Papiersymbolen, die vom Staat in soundsoviel Gold umgetauscht werden, ist unverständlich, warum sein Tauschwert abnehmen soll, wenn seine Masse die gerade erforderliche Menge überschreitet. Einer solchen Tendenz würde ja der Zwangskurs entgegenstehen. Ihr würde dadurch begegnet, dass das Papiergeld in Gold umgetauscht würde. Dieser Mechanismus müsste also ein Abweichen des Tauschwerts der Papierzettel von dem Goldwert verhindern, den sie repräsentieren. Es ist deshalb nicht einzusehen, warum nicht alles Gold durch Staatspapiergeld mit Zwangskurs ersetzt werden kann, zumal nur in diesem Fall der durch Verschleiß eintretende Goldverlust vollständig vermieden werden kann.

Offenbar argumentiert Marx je schon auf dem Hintergrund dessen, dass der Staat Staatspapiergeld im Übermaß ausgibt (vgl. ZK 98), also sich über die Notenpresse finanziert und deshalb mehr Papiergeld druckt, als der Golddeckung entspricht. Da er auf diese Weise Anweisungen auf Wert auf den Markt wirft, denen kein wirklicher Wert gegenübersteht, verursacht er zum einen inflationäre Prozesse. Denn dadurch wird einseitig die Nachfrage erhöht, ohne dass ihr ein erhöhtes Angebot entsprechen würde. Zum anderen könnte dieser Tendenz auch nicht mehr mit dem Zwangskurs begegnet werden. Die staatliche Bank wäre im Gegenteil früher oder später gezwungen, den Goldumtausch einzustellen, einfach deshalb, weil nicht genügend Golddeckung vorhanden wäre.

Auf diesem Hintergrund würde zwar verständlich, warum die Papiernoten nicht aufgeschatzt werden, nämlich aus Angst vor Entwertung. Gleichfalls fällt ein neues Licht darauf, dass bei Marx das Geld selbst Wert sein muss. Auf der Basis des reinen Goldgeldes wäre eine übermäßige Ausgabe nämlich gar nicht möglich. Bevor der Staat mehr Gold ausgeben könnte, müssten diese Werte erst produziert werden, weshalb diese Nachfrage immer durch ein entsprechendes Angebot ausgeglichen würde. Es ist jedoch zu betonen, dass auch diese Überlegungen den Marxschen Geldbegriff nicht zwingend machen. Dazu sind sie nicht in der Lage, weil ihr Ausgangspunkt keine Notwendigkeit beanspruchen kann. Das beschriebene staatliche Verhalten ist nämlich nur eine historische und damit systematisch gesehen zufällige Voraussetzung, die Marx zwar vorgefunden haben mag, die jedoch mit der logischen Ableitung des Geldes unmittelbar nichts zu tun hat. Bei ihr hat man sich auf den Begriff des Geldes zu beschränken, der sich aus den Funktionen ergibt, die das Geld zu erfüllen hat. Dagegen gehört die Frage nach der historischen Durchsetzung des Geldes und der Rolle, die der Staat dabei spielt, nicht hierher.

Mit anderen Worten ist hier wieder die Differenz zwischen Existenz oder logischer Geltung und Entstehung oder teleologischer Genesis zu beachten, die wir bereits kennen gelernt haben. (vgl. S. 158) Welche Geldfunktionen zu erfüllen sind und was für ein Geld es deshalb geben muss, ergibt sich aus dem Begriff einer geordneten Warenzirkulation. Wie dieses in seiner notwendigen Existenz so begründete Geld entsteht, hat damit nichts zu tun, sondern steht auf einem ganz anderen Blatt. Das hat Marx offensichtlich nicht genügend berücksichtigt und subjektive Zwecksetzungsfragen, die nur auf letzterer Ebene eine Rolle spielen, auf erstere einwirken lassen. Weil das Geld auf der Ebene der logischen Argumentation nur in seiner notwendigen Existenz begründet wird, wird es nicht von den dabei vorkommenden Charaktermasken per Vereinbarung geschaffen. Stattdessen entsteht es nur auf Basis bewusster staatlicher Zwecksetzung. Eventuelles Fehlverhalten auf dieser Ebene kann den notwendigen Geldbegriff nicht beeinflussen.[cxi]

Wenn Marx wirklich konsequent gewesen wäre, dann hätte er im Übrigen nicht einmal das Staatspapiergeld mit Zwangskurs zulassen dürfen, beinhaltet es doch die Möglichkeit des Missbrauchs. Er hätte es nicht zulassen dürfen, gerade weil er dem Staat misstraut. Und in der Tat ist dieses Papiergeld etwas, das eigentlich von seinem Geldbegriff abweicht.

Schließlich sei noch darauf hingewiesen, dass Marx im III. Band des 'Kapital' von der Minimalmasse und im Übrigen auch vom Staatspapiergeld mit Zwangskurs abgeht, ohne das allerdings genauer zu erläutern:

"Dass das Inland schon jetzt kein Metallgeld bedarf, beweist die Suspension der Barzahlungen der sog. Nationalbanken, zu der, als zum einzigen Hilfsmittel, in allen extremen Fällen gegriffen wird." (III, 533)

Dabei ist selbstverständlich klar, dass dem "Beweis" der Suspension keinerlei systematische oder logische Bedeutung zukommen kann. Sie ist vielmehr nur ein empirisches Faktum, dessen theoretischer Stellenwert selbst erst aufzuhellen wäre.

3. Geld

Als Geld fungiert das Geld bei Marx bekanntlich in den Funktionen des Schatzes, des Zahlungsmittels und des Weltgeldes. Sie sollen deshalb im Folgenden nacheinander behandelt werden, wobei vor allem wieder zu prüfen sein wird, ob diese Funktionen ein Geld notwendig machen, das selbst Wert ist. (vgl. I, 143/144) Dies geschieht auf dem Hintergrund dessen, dass Marx mit seinen bisher betrachteten Ausführungen seine These, wonach Geld seinem Begriff nach Gold ist, nicht nur nicht begründen konnte. Dieser Marxsche Geldbegriff entspricht auch deswegen nicht den empirischen Gegebenheiten, weil er mit einem Staatspapiergeld mit Zwangskurs verbunden ist. Denn in der Realität der bürgerlichen Gesellschaft, mit der wir gegenwärtig konfrontiert sind, gibt es nur noch Staatspapiergeld ohne Zwangskurs.

Auf der Grundlage dieses Staatspapiergeldes ist zum einen festzustellen, dass der Wert der Waren durch bloße Zeichen ausgedrückt wird. Zwar kann es sein, dass die Einheiten, die dieses Staatspapiergeld immer noch aufweist, ursprünglich einmal Metallgewichte bezeichnet haben. (vgl. I, 112) Das ändert jedoch nichts daran, dass das Geld nicht mehr in diese Metallgewichte umgesetzt und daher von einem Zwangskurs nicht mehr gesprochen werden kann. Zum anderen ist darauf hinzuweisen, dass sich die Menge des ausgegebenen Staatspapiergeldes ohne Zwangskurs nicht auf das Zirkulationsminimum beschränkt, sondern alle Zirkulationsmittel erfasst.

3.1. Schatzbildung

Wenn es wirklich darum ginge, Goldschätze in ihrer eigentlichen Gestalt anzulegen, d. h. wenn die Anhäufung von Goldgeld wirklich allgemeiner Endzweck wäre, wie auf den Seiten 144ff. des I. Bandes angedeutet, dann wäre das in der Tat ein Grund für das Goldgeld. Darum geht es innerhalb der kapitalistischen Gesellschaft jedoch nicht:

"Außer den Formen der Schatzbildung, die aus dem Prozeß der Zirkulation selbst hervorgehn und eigentlich nur Ruhpunkte derselben sind, nämlich als für die Zirkulation bestimmter Vorrat von Münze, oder als Reserve für Zahlungen, die in der

Landesmünze selbst zu leisten, kann von Schatzbildung überhaupt nicht die Rede hier sein, also nicht von der eigentlichen Schatzbildung ..." (GR, 886)

In ihr ist Geld wesentlich Zirkulationsmittel und seine Immobilisierung steht nur im Zusammenhang mit der Zirkulation, ist nur Schatzbildung auf Zeit. Von daher ist zu kritisieren, wenn Marx im 'Das Kapital' auf die archaische Figur des eigentlichen Schatzbildners zu sprechen kommt:

"Mit der ersten Entwicklung der Warenzirkulation selbst entwickelt sich die Notwendigkeit und die Leidenschaft, das Produkt der ersten Metamorphose, die verwandelte Gestalt der Ware oder ihre Goldpuppe festzuhalten. Ware wird verkauft, nicht um Ware zu kaufen, sondern um Warenform durch Geldform zu ersetzen. Aus bloßer Vermittlung des Stoffwechsels wird dieser Formwechsel zum Selbstzweck." (I, 144)

Wie sich zeigen wird, hat diese Schatzbildung mit der kapitalistischen Gesellschaft eigentlich gar nichts zu tun, denn innerhalb des Kapitalkreislaufs kommt es auf den geeigneten Gebrauchswert an und Geld ist nur ein Mittel zu seiner Beschaffung. (vgl. S. 439ff.) Von einer "Notwendigkeit" der Schatzbildung kann daher keine Rede sein. Die eigentliche Schatzbildung kann deshalb nur eine Frage subjektiver Leidenschaft sein. Es mag bestimmte Menschen als Subjekte geben, die sich diese Eigenheit leisten, obwohl sie innerhalb der bürgerlichen Gesellschaft als Verrücktheit erscheint. (vgl. I, 168) Die Selbstzweck darstellende Schatzbildung hat somit für die bürgerliche Gesellschaft keinerlei Bedeutung. Sie erscheint als ein Anachronismus und ihre Thematisierung durch Marx als historischer Exkurs. Es versteht sich daher von selbst, dass mit ihrer Hilfe die Notwendigkeit eines Geldes mit Eigenwert nicht abgeleitet werden kann.

Innerhalb kapitalistischer Verhältnisse gibt es den Schatz nur in der Form der "suspendierten Münze". (ZK, 104) Alles Geld ist also in ihr dazu bestimmt, wieder in die Zirkulation einzugehen, weshalb Staatspapiergeld mit Zwangskurs oder auch ein anderes Papiergeld diese Funktion gleichfalls übernehmen kann.

In der Funktion als Reservoir an Zirkulationsmitteln spielt das Geld die Rolle des Aufbewahrungsmittels des Tauschwerts. Um als solches störungsfrei dienen zu können, darf sich der Tauschwert während seiner Aufbewahrungszeit nicht verändern. Insofern kommt diese Funktion in Konflikt mit einem Geld, das selbst Arbeitsprodukt ist oder das ein Arbeitsprodukt repräsentiert, wie das Staatspapiergeld mit Zwangskurs:

"Wir sehen, daß der Wechsel im Wert des Goldes und Silbers ihre Funktion als Maß der Werte oder Rechengeld nicht affiziert. Dieser Wechsel wird jedoch entscheidend wichtig, für das Geld als Schatz, denn mit dem Steigen oder Fallen des Gold- und Silberwerts steigt oder fällt die Wertgröße des goldnen oder silbernen Schatzes." (ZK, 124)

Ein derartiger Wertwechsel ist aufgrund des Gesetzes der allgemeinen Produktiv-kraftsteigerung zudem noch notwendig. Insofern kann Marx schließen:

"Die Funktion einer besondern Ware wie Gold und Silber als Geld oder verselb-ständigter Tauschwert kommt hier in Kollision mit ihrer Natur als besondrer Ware, deren Wertgröße vom Wechsel ihrer Produktionskosten abhängt." (ZK, 124; vgl. auch GR, 147 und 877)

Dieser Widerspruch, diese "Kollision", hängt mit einem Geld zusammen, das selbst ein Produkt von Arbeit ist. Wegen des Produktivitätsfortschrittes wird ein bestimmtes Quantum dieses Geldes in einer beständig kleiner werdenden Zeit her-stellbar sein, weshalb auch sein Tauschwert abnehmen wird. (vgl. GR 53/54) Das widerspricht jedoch seiner Funktion als Tauschwertaufbewahrungsmittel. Somit ist zugleich klar, dass dieser Widerspruch nur behoben werden kann, wenn das Geld kein Arbeitsprodukt ist, keinen eigenen Wert besitzt, d. h. ein reines Wert-zeichen darstellt. Nur ein Geld, das weder Produkt von Arbeit ist noch in einem Repräsentationsverhältnis zu einem solchen Produkt steht, kann der Möglichkeit nach den Tauschwert über die Zeit hinweg unverändert aufbewahren.

Seltsamerweise zieht Marx diese Folgerung jedoch nicht. Offensichtlich sieht er diese Lösung nicht. Jedenfalls nimmt er den genannten Widerspruch nicht zum Anlass, in seiner Ableitung weiterzugehen. Das wäre nur dann zu rechtfertigen, wenn es keine Lösung geben würde. Wie gesehen, ist das aber nicht der Fall. Marx ist daher wegen seiner Unterlassung zu kritisieren.

Zu noch größerer Verwunderung muss jedoch die Tatsache Anlass geben, dass Marx im 'Kapital' aus der Not gewissermaßen eine Tugend macht, den genannten Widerspruch nicht einmal mehr erwähnt und stattdessen die problematische Ver-änderlichkeit des Geldwertes sogar fordert. (vgl. S. 210) Das ist vollkommen un-verständlich und legt den Verdacht nahe, dass Marx eine Schwierigkeit, die er nicht lösen konnte, dadurch zu erledigen versuchte, dass er sie in seine Argumen-tation einbaute. Forderungen jedoch, die nur aufgestellt werden, um ansonsten ent-stehende Probleme verschwinden zu lassen, können selbstverständlich nicht über-zeugen. Vielmehr bleibt festzuhalten: Innerhalb der Marxschen Darstellung im 'Kapital' gibt es einen ungelösten Widerspruch zwischen der Funktion des Geldes als Tauschwertaufbewahrungsmittel und seiner Existenz als Gold.[cxii]

3.2. Zahlungsmittel

"Der eine Warenbesitzer verkauft vorhandene Ware, der andre kauft als bloßer Repräsentant von Geld oder als Repräsentant von künftigem Gelde. Der Verkäu-fer wird Gläubiger, der Käufer Schuldner. Da die Metamorphose der Ware oder die Entwicklung ihrer Wertform sich hier verändert, erhält auch das Geld eine andre Funktion. Es wird Zahlungsmittel." (I, 149)

218

Dass Geld in dieser Funktion eigenen Wert haben muss, wie von Marx angedeutet (vgl. I, 143/144), ist noch weniger einzusehen als beim Schatz. Marx selbst sagt auch das Gegenteil:

"Die Erscheinungsform des Geldes ist hier daher auch gleichgültig. Die Geldhungersnot bleibt dieselbe, ob in Gold oder Kreditgeld, Banknoten etwa, zu zahlen ist." (I, 152)

So bleibt nur das mit der Schatzbildung gemeinsame Merkmal, dass Geld in der Funktion als Zahlungsmittel die Warenmetamorphose abschließt. Dies hat jedoch keine Bedeutung für den Geldbegriff, was sich z. B. daran zeigt, dass von wesentlichen Verhältnissen aus gesehen der Unterschied zwischen Kauf- und Zahlungsmittel unbedeutend ist. Beide sind gleichermaßen Zirkulationsmittel. Die Tatsache, dass Marx das Zahlungsmittel eigens erwähnt, ist deshalb aus der Warenzirkulation allein nicht zu erklären. Mit ihr verfolgt er vielmehr externe Zwecke und zielt bereits auf die Ableitung des Kapitals. (vgl. S. 221ff.) Dass seine Thematisierung nicht notwendig sein kann, versteht sich auf dieser Grundlage von selbst.[32]

3.3. Weltgeld

"Erst auf dem Weltmarkt funktioniert das Geld in vollem Umfang als die Ware, deren Naturalform unmittelbar gesellschaftliche Verwirklichungsform der menschlichen Arbeit in abstracto ist. Seine Daseinsweise wird seinem Begriff adäquat." (I, 156)

Marx ist also der Auffassung, dass für die Rolle des Weltgeldes "stets die wirkliche Geldware, leibhaftiges Gold oder Silber, erheischt" (I, 159) ist.

Da oben die Möglichkeit und Notwendigkeit des Zeichengeldes auf begriffliche Weise abgeleitet wurde, ist von vornherein klar, dass die darauf fußende Kritik an Marx von den unterschiedlichen politischen Ebenen durchaus unabhängig ist. Die Behauptung, Geld müsse Arbeitsprodukt sein, wird auch dann nicht überzeugender, wenn sie auf der internationalen Ebene wiederholt wird. Auch hier gilt, dass man am Geld letztlich nur als selbständige Existenz des Tauschwerts interessiert ist, es also nur als Zirkulationsmittel haben möchte.

Die internationale Ebene affiziert also nicht den Begriff des Geldes, nicht seine notwendige Existenz, sondern nur seine Entstehung. Dort ist die Einführung eines

---

[32] In den Prozessen, in denen Geld den Abschluss bildet, ist es nicht Mittel, sondern Zweck. Auf dieser Grundlage wäre die Behauptung auf der Seite 127, wonach Geld wesentlich Mittel ist, zumindest zu relativieren, wenn es innerhalb des die bürgerlichen Verhältnisse charakterisierenden Kapitalkreislaufs eine andere Rolle spielen sollte als innerhalb der Warenzirkulation. Wie sich zeigen wird, ist das aber nicht der Fall. Innerhalb des Kapitalkreislaufs ist das Geld zwar Zweck, aber nur, weil es den Waren gegenüber Zirkulationsmittel ist. Denn zu einer dauerhaften Schatzbildung kommt es nicht. (vgl. S. 305)

Wertzeichens vielleicht politisch schwieriger, keinesfalls jedoch unmöglich. Schon heute gilt, dass Gold oder Silber nur noch in Ausnahmefällen als Zahlungsmittel eingesetzt werden. Denn vorherrschendes Weltgeld ist derzeit der Dollar. Es kann daher festgehalten werden, dass Marx offensichtlich den unentwickelten historischen Verhältnissen seiner Zeit zum Opfer gefallen ist. Dies konnte er jedoch nur, weil seine begriffliche Ableitung gravierende Mängel aufweist.

4. Zusammenfassung

Das Geld ist bei Marx seinem Begriff nach Gold (oder Silber) und damit selbst ein Arbeitsprodukt. Demzufolge ist auch sein Papiergeld ein Staatspapiergeld mit Zwangskurs. Dazu ist allgemein zu sagen, dass das nicht abgeleitet wurde. Die Notwendigkeit des Goldgeldes wurde genausowenig gezeigt wie die der Wertform. Bleibt aber immer noch seine Möglichkeit. Dies galt wenigstens bezogen auf die Funktion des Geldes als Maß der Werte und als Zirkulationsmittel. Die Betrachtung der im Zusammenhang mit dem Schatz und dem Zahlungsmittel auftretenden Tauschwertaufbewahrungsfunktion hat jedoch gezeigt, dass sie in Konflikt mit dem Goldgeld gerät. Wenn das Geld seinem Begriff nach auch diese Funktion störungsfrei erfüllen können soll, dann verliert das Goldgeld sogar seine Möglichkeit. Notwendig ist dann vielmehr ein Geld, das aus bloßen Wertzeichen besteht, wie z. B. das Arbeitsgeld.

Abgesehen davon, dass Marx' Geldbegriff die Fehlerhaftigkeit der im vorhergegangenen Kapitel analysierten Ableitung der Wert- und Geldform geerbt hat, sind seine Unzulänglichkeiten auch darauf zurückzuführen, dass Marx die Ebene der begrifflichen Ableitung des Geldes aus den Erfordernissen der Warenzirkulation nicht klar genug von der der empirischen Durchsetzung des Geldes unterscheidet. Staatliches Handeln, das nur auf letzterer eine Rolle spielt, beeinflusst bei ihm auch die begriffliche Ebene. Das zeigt sich u. a. bei der Beschränkung des Staatspapiergeldes auf die Minimalmasse der Zirkulation, sowie in den Teilen, auf die ich gar nicht eingegangen bin, wie z. B. die Überlegungen zur Masse der notwendigen Zirkulationsmittel. Sie sind allenfalls im Rahmen der Darstellung der staatlichen Geldpolitik von Bedeutung, bei der es um die Frage geht, wie die Geldwertstabilität des Wertzeichengeldes erreicht werden kann. Ferner zeigt sich dies auch an Marx' Grundthese von der Notwendigkeit eines Geldes mit Selbstwert. Erst auf der Grundlage eines solchen Geldes wäre nämlich eine fehlerhafte Geldpolitik des Staates ausgeschlossen, weil es überhaupt keine Geldpolitik mehr gäbe.

Zusammenfassend kann die Marxsche Behandlung des Geldes somit als ziemlich missraten bezeichnet werden. Wie bereits erwähnt worden ist, wird sein Geldbegriff auch nicht durch die Empirie bestätigt. An diesem Urteil ändert sich auch dann nichts, wenn wir das Weltgeld berücksichtigen. Zwar hat das Gold auf dem

Weltmarkt noch gewisse Funktionen. Im Normalfall handelt es sich jedoch auch beim Weltgeld um bloße Wertzeichen.

Zum anderen kann der Gegensatz zwischen dem Marxschen Geldbegriff und der Empirie auch nicht letzterer zur Last gelegt werden, etwa in der Form, dass gesagt wird, sie sei noch unterentwickelt und entspräche noch nicht ihrem Begriff. Weil es keine zwingende Ableitung gibt, ist vielmehr das Gegenteil der Fall. Marx ist offensichtlich bei seinen systematischen Bemühungen den zu seiner Zeit vor allem auf der Ebene des Weltmarktes noch wenig entwickelten Erscheinungen zum Opfer gefallen.

Schließlich sei noch kurz auf die in der Marxschen Unterteilung des Geldkapitels in Geld als Wertmaß, Geld als Zirkulationsmittel und Geld als Geld implizierten Auffassung eingegangen, im Schatz, Zahlungsmittel und Weltgeld äußere sich das eigentliche Wesen des Geldes, gegenüber den nur uneigentlichen Funktionen des Wertmaßes und Zirkulationsmittels. Im Kern läuft das auf die Behauptung hinaus, Geld sei nicht das Mittel, sondern der Zweck der Warenwelt. Was die bislang thematisierten Zusammenhänge anbetrifft, ist diese Behauptung durch nichts begründet. Mit ihr zielt Marx vielmehr schon auf das Kapital, das im Folgenden besprochen werden soll. Wir werden zu prüfen haben, ob die mit seiner Darstellung verbundenen Überlegungen etwas an unserem Urteil ändern können, dass Geld wesentlich Mittler der Warenzirkulation ist.[33]

---

[33] Die Frage, ob Geld wesentlich Mittel oder Zweck ist, ist eine verballhornte Fassung der Frage, ob Geld wesentlich ein Mittel der Bedürfnisbefriedigung oder des Kapitalkreislaufs ist. Obwohl sich zeigen wird, dass letzteres der Fall ist, ist es nichtsdestoweniger ungenügend, das Geld als Zweck zu bezeichnen. Denn Geld fungiert auch innerhalb des Kapitalkreislaufs als ein Mittel.

IV. Zur Ableitung der allgemeinen Formel des Kapitals

Nachdem wir es bislang nur mit den Zirkulationsformen Ware und Geld zu tun gehabt haben, kommen wir jetzt zum Kapital und mit ihm zum eigentlichen Inhalt des Marxschen Hauptwerks, der ihm auch seinen Namen gegeben hat. Zunächst werden wir es in diesem Kapitel mit der Ableitung der Figur G - W - G' zu tun bekommen, die Marx als "allgemeine Formel des Kapitals" (I, 161) bezeichnet. Dabei wird sich zeigen, dass diese Figur nicht als solche allgemeine Formel des Kapitals ist, sondern diese Position nur insofern innehat, als sie Teil der Bewegung G - W - G' - W' - G'' - W'' - G''' .... ist. Denn diese immer weiter fortschreitende und daher auf maßlos viel Wert in Geldform hinauslaufende Bewegung beschreibt das viel genauer, was nach Marx unter Kapital zu verstehen ist.

1. Die Verwandlung von Geld in Kapital

In diesem Abschnitt werden wir es mit der Bewegung G - W - G' - W' - G'' - W'' - G''' .... zu tun bekommen, die dadurch gekennzeichnet ist, dass sie auf dem Wert basiert. Obwohl es eine solche Bewegung mit dem Unterschied durchaus gibt, dass ihre Basis nicht der Wert, sondern der Produktionspreis ist, greift Marx sie aber weder einfach als Erfahrungstatbestand auf. Noch führt er sie auf andere Weise unmittelbar ein. Stattdessen will er sie als Ergebnis einer Ableitung sehen lassen, die aus folgenden drei Teilen besteht: Zunächst beginnt Marx mit der Bewegung G - W - G. Dann leitet er aus ihr die Figur G - W - G' ab. Und danach geht er von dieser Bewegung zu G - W - G' - W' - G'' - W'' - G''' ... über. Diese drei Schritte sollen nacheinander zum Thema gemacht werden.

1.1. Das Aufgreifen von G - W - G

Nicht nur als historischer Ausgangspunkt der Ableitung des Kapitals wird von Marx in ‚Das Kapital' die "Warenproduktion und entwickelte Warenzirkulation" behauptet, deren "letztes Produkt das Geld" ist. Da es zugleich "die erste Erscheinungsform des Kapitals" darstellen soll, ist das Geld für Marx vielmehr auch logischer Ausgangspunkt. (vgl. I, 161) Das Geld ist jedoch nicht als solches Kapital, sondern nur insofern es sich "durch bestimmte Prozesse in Kapital verwandeln soll" (I, 161):

"Geld als Geld und Geld als Kapital unterscheiden sich zunächst durch ihre Zirkulationsform." (I, 161)

Marx beginnt deshalb genauer mit der Zirkulationsform G - W - G, die er "vorfindet" und folglich aus vorausgesetzten Gegebenheiten aufgreift:

"Die unmittelbare Form der Warenzirkulation ist W - G - W, Verwandlung von Ware in Geld und Rückverwandlung von Geld in Ware, verkaufen, um zu kaufen.

222

Neben dieser Form finden wir aber eine zweite, spezifisch unterschiedne vor, die Form G - W - G, Verwandlung von Geld in Ware und Rückverwandlung von Ware in Geld, kaufen, um zu verkaufen. Geld, das in seiner Bewegung diese letzte Zirkulation beschreibt, verwandelt sich in Kapital, wird Kapital und ist schon seiner Bestimmung nach Kapital." (I, 162)

Wir bekommen es bei der Bewegung G - W - G damit mit einem neuen Anfang zu tun, der als solcher von Marx in keiner Weise begründet, sondern per Aufgreifen direkt vollzogen wird. Obwohl es keinerlei Begründung gibt, soll dieser zusätzliche Anfang hier akzeptiert werden.[cxiii] Zu überprüfen ist aber, ob die genannte Bewegung tatsächlich in der Empirie vorfindbar ist und daher aufgegriffen werden kann.

Um diese Aufgabe erledigen zu können, muss man auf der einen Seite wissen, von welchem G - W - G Marx spricht. Daher sei darauf hingewiesen, dass Marx es mit einem G - W - G zu tun hat, das Goldgeld beinhaltet und auf dem Wert in dem Sinne beruht, dass wir es mit einem Äquivalententausch zu tun haben. Das ergibt sich einesteils aus den Ausführungen, die wir schon kennen gelernt haben. (vgl. insbesondere S. 210) Anderteils wird sich im Folgenden zeigen, dass Marx weiterhin mit dem Wert argumentiert. Demgegenüber wird sich das Goldgeld als etwas erweisen, das in diesem Zusammenhang nur von untergeordneter Bedeutung ist und deswegen eher vernachlässigt werden kann.[34]

Auf der anderen Seite muss klar sein, auf welche Realität sich Marx bezieht, wenn er von der Vorfindbarkeit der Form G - W - G spricht. Diesbezüglich drängt sich zum einen die empirische Wirklichkeit in der Form auf, in der sie den Alltagssubjekten aufgrund der Wahrnehmungen, die sie von sich aus machen, schon bekannt ist und deshalb als unmittelbares Sein bezeichnet werden kann. Der Grund dafür besteht aber nicht darin, dass dieses unmittelbare Sein die empirischen Gegebenheiten erschöpft. Da bezogen auf den Gegenstand, mit dem wir es hier zu tun haben, davon keine Rede sein kann, ist dafür vielmehr nur ausschlaggebend, dass seine anderen Ebenen von den Alltagssubjekten nicht aus eigenen Stücken in Erfahrung gebracht werden.[35] Denn das hat zur Folge, dass sie ein Aufgreifen aus

---

[34] Daran ändert auch der Umstand nichts, dass Marx das „metallische Geld" im XII. Kapitel auf der Seite 296 erneut erwähnt.
[35] Auf der Basis dessen, dass wir oben (vgl. S. 9) schon das formell mittelbare Sein kennen gelernt haben, das sich auf die Bewegung W - G - W bezieht und zum Inhalt hat, dass das End-W vom Anfangs-W aus gesehen unmittelbar angestrebt wird, könnte man meinen, dass wir im vorliegenden Zusammenhang auch schon ein solches formell mittelbares Sein in der Form haben, die sich auf die Zirkulation G - W - G bezieht und zum Inhalt hat, dass das End-G vom Anfangs-G aus gesehen unmittelbar angestrebt wird. Daher sei darauf hingewiesen, dieses formell mittelbare Sein im vorliegenden Zusammenhang keine Rolle spielt.

ihnen nicht beurteilen könnten, weshalb es ihnen als bloßes Behaupten oder Setzen erscheinen würde. Zum anderen gibt es als zweite Möglichkeit die Marxschen Gegebenheiten, die als Folge seiner bisherigen Ausführungen vorhanden sind.

Wenn wir uns fragen, ob es G - W - G im Rahmen der von uns als Alltagssubjekten wahrgenommenen und daher unmittelbar seienden Gegebenheiten gibt, ist als Antwort schon deswegen ein negatives Ergebnis festzuhalten, weil es im Rahmen dieser Gegebenheiten zwar die Zirkulationsakte des Kaufs und Verkaufs gibt. Diese gehen aber nicht mit Goldgeld einher, sondern sind mit Staatspapiergeld ohne Zwangskurs verbunden. Ferner beruhen die unmittelbar seienden Zirkulationsakte auf dem Produktionspreis, der sich mit dem Wert nur ausnahmsweise deckt. Da als empirisch bestätigt natürlich nur das gelten kann, was regelmäßig der Fall ist, führt auch das zu einem negativen Urteil. Zu einem solchen Ergebnis kommt man aber auch dann, wenn man von diesen beiden Punkten absieht. Denn Menschen, die auf subjektiv bewusste Weise "kaufen, um zu verkaufen" und damit eine Bewegung vollziehen, bei der das End-G die gleiche Größe hat als das Ausgangs-G, gibt es zwar. Das ist aber nur ausnahmsweise dann der Fall, wenn das eigentliche Vorhaben nicht verwirklicht werden kann, das natürlich das Kaufen zum Zweck des teureren Verkaufens beinhaltet. Dieses mit einem Scheitern der eigentlichen Zielsetzung einhergehende ausnahmsweise Vorkommen der Bewegung G - W - G ist jedoch für eine empirische Bestätigung gleichfalls nicht hinreichend. Denn als solche kann selbstverständlich nur etwas fungieren, was regelmäßig oder hauptsächlich vorkommt.

Dieser Kritik könnte entgegengehalten werden, dass Marx gar nicht von einen G - W - G redet, bei dem das End-G dem Anfangs-G entspricht, sondern diese Figur rein qualitativ versteht und damit offen lässt, ob das End-G mehr, gleich viel oder weniger Wert enthält als das Anfangs-G ist. Diesbezüglich könnte auf das folgende Zitat verwiesen werden:

"Es ist nun zwar augenscheinlich, daß der Zirkulationsprozeß G - W - G abgeschmackt und inhaltslos wäre, wollte man vermittelst seines Umwegs denselben Geldwert gegen denselben Geldwert, also z. B. 100 Pfd. St. gegen 100 Pfd. St. austauschen. Ungleich einfacher und sicherer bliebe die Methode des Schatzbildners, der seine 100 Pfd. St. festhält, statt sie der Zirkulationsgefahr preiszugeben. Andrerseits, ob der Kaufmann die mit 100 Pfd. St. gekaufte Baumwolle wieder verkauft zu 110 Pfd. St., oder ob er sie zu 100 Pfd. St. und selbst zu 50 Pfd. St. losschlagen muß, unter allen Umständen hat sein Geld eine eigentümliche und originale Bewegung beschrieben, durchaus andrer Art als in der einfachen Warenzirkulation, z. B. in der Hand des Bauern, der Korn verkauft und mit dem so gelösten Geld Kleider kauft. Es gilt also zunächst die Charakteristik der Formunterschiede zwischen den Kreisläufen G - W - G und W - G - W. Damit wird sich zugleich der inhaltliche Unterschied ergeben, der hinter diesem Formunterschied lauert." (I, 162)

Deshalb sei zum einen sowohl zugestanden, dass dieses Zitat, in dessen vorletzten Satz offensichtlich die Worte „zu untersuchen" fehlen, so interpretiert werden kann, als auch konstatiert, dass das obige Urteil zu revidieren wäre, wenn es tatsächlich so verstanden werden müsste. Zum anderen ist jedoch zu betonen, dass das rein qualitative Verständnis trotzdem auszuschließen ist. Denn wir werden im Folgenden sehen, dass Marx mit der Gleichheit von Anfangs- und End-G argumentiert, was auf Basis des rein qualitativen Verständnisses gar nicht möglich wäre. Daher bleibt es beim negativen empirischen Urteil.[cxiv]

Wenn wir uns angesichts dieses klaren Ergebnisses nun noch den Marxschen Gegebenheiten zuwenden und uns fragen, ob wir auf dieser Grundlage zu besseren Resultaten kommen, ist darauf hinzuweisen, dass wir es in ihrem Rahmen bislang nur mit W - G - W zu tun gehabt haben, weshalb wir einesteils gleichfalls zu einem negativen Urteil kommen. Da diese wertbasierte Bewegung aus dem Verkauf W - G und dem Kauf G - W besteht und diese beiden Akte anders herum zu G - W - G zusammengesetzt werden können, ist andernteils festzuhalten, dass das Gegebensein dieser auf dem Goldgeld und dem Wert beruhenden Bewegung auf diesem Hintergrund viel eher akzeptiert werden kann.

Dieses Ergebnis ist jedoch nur die eine Seite. Da es uns nicht um den Bau irgendwelcher theoretischer Modelle, sondern um die Erklärung der uns vorliegenden empirischen Wirklichkeit geht, stellt sich auf der anderen Seite die Frage, in welchem Zusammenhang das Marxsche G - W - G zu dieser Wirklichkeit steht. Das ist so, weil von vornherein klar ist, dass diese Figur nur erklärende Bedeutung haben kann, wenn ein solcher Zusammenhang besteht. Und dieser Zusammenhang kann nicht nur in dem Sinne logischer Natur sein, dass von dieser wertbasierten Figur als Grund ausgehend mit Notwendigkeit auf eine Folge geschlossen werden kann, die Dinge enthält, die uns aus den Erfahrungen bekannt sind. Vielmehr ist auch der Umstand erforderlich, dass das Marxsche G - W - G selbst schon in irgendeiner Weise empirisch gegeben ist. Denn nur dann ist sichergestellt, dass es auch eine mit Notwendigkeit erschlossene Folge empirisch gibt und die erfahrungsmäßige Übereinstimmung sich daher nicht nur dem Zufall verdankt.[cxv]

Auf Basis des Umstandes, dass es im Rahmen des unmittelbaren Seins in aller Regel schon die eine Geldvermehrung beinhaltende Bewegung G - W - G' gibt, kann es verwunderlich erscheinen, dass Marx nicht schon diese Bewegung, die dann empirisch bestätigt wird, wenn man von der Wertbasis absieht, sondern nur G - W - G aufgreift. Offenbar hat er das nicht gemacht, weil er die in der erstgenannten Bewegung enthaltene Wertvermehrung in der Form der Geldvermehrung nicht unmittelbar einführen, sondern eben auf vermittelte Weise ableiten wollte.

Das Kapital und der in ihm enthaltene Zweck sollen im vorliegenden Zusammenhang nicht Explanans, sondern Explanandum sein.

1.2. Von G - W - G zu G - W - G'

Obwohl die wertbasierte Form G - W - G zum einen nicht als empirische, sondern allenfalls als Marxsche Gegebenheit hingenommen werden kann, sei im Folgenden Marx' Ausgangspunkt auch von der empirischen Warte aus gesehen akzeptiert. Denn nur auf dieser Grundlage können wir seine weitere Argumentation auf innerliche Weise überprüfen. Zum anderen ist zwar von vornherein klar, dass ausgehend von einem nicht existierenden Ausgangspunkt keine existierenden Dinge als Folgen erschlossen werden können. Trotzdem geht es noch darum zu prüfen, ob zumindest logisch notwendige Konsequenzen gezogen werden können.

Die weitere Argumentation von Marx ist dadurch gekennzeichnet, dass er ausgehend von G - W - G auf G - W - G' schließt:

„Die zu 100 Pfd.St. gekaufte Baumwolle wird z. B. wieder verkauft zu 100 + 10 Pfd.St. oder 110 Pfd.St. Die vollständige Form dieses Prozesses ist daher G - W - G', wo G' = G + ΔG, d. h. gleich der ursprünglich vorgeschossenen Geldsumme plus einem Inkrement. Dieses Inkrement oder den Überschuß über den ursprünglichen Wert nenne ich – Mehrwert (surplus value)." (I, 165)

Dabei ändert dieser Übergang nichts an der Wertbasiertheit der Bewegung G - W - G'. Das zeigt sich daran, dass Marx die Differenz zwischen G und G', als ΔG als „Mehrwert" bezeichnet.

Die Begründung, die Marx für den Übergang von G - W - G zu G - W - G' vorbringt, beginnt mit folgendem Zitat:

"In der einfachen Warenzirkulation haben beide Extreme dieselbe ökonomische Form. Sie sind beide Ware. Sie sind auch Waren von derselben Wertgröße. Aber sie sind qualitativ verschiedne Gebrauchswerte, z. B. Korn und Kleider. Der Produktenaustausch, der Wechsel der verschiednen Stoffe, worin sich die gesellschaftliche Arbeit darstellt, bildet hier den Inhalt der Bewegung. Anders in der Zirkulation G - W - G. Sie scheint auf den ersten Blick inhaltslos, weil tautologisch. Beide Extreme haben dieselbe ökonomische Form. Sie sind beide Geld, also keine qualitativ unterschiedne Gebrauchswerte, denn Geld ist eben die verwandelte Gestalt der Waren, worin ihre besondren Gebrauchswerte ausgelöscht sind. Erst 100 Pfd. St. gegen Baumwolle und dann wieder dieselbe Baumwolle gegen 100 Pfd. St. austauschen, also auf einem Umweg Geld gegen Geld, dasselbe gegen dasselbe, scheint eine ebenso zwecklose als abgeschmackte Operation. Eine Geldsumme kann sich von der andren Geldsumme überhaupt nur durch ihre Größe unterscheiden. Der Prozeß G - W - G schuldet seinen Inhalt daher keinem qualitativen Unterschied seiner Extreme, denn sie sind beide Geld, sondern nur ihrer quantitativen Verschiedenheit. Schließlich wird der Zirkulation mehr Geld entzogen, als anfangs hineingeworfen ward." (I, 164/165)

An dieser Stelle, die bestätigt, dass Marx G - W - G deswegen nicht rein qualitativ verstehen kann, weil er von der Gleichheit der beiden G redet, fällt von Anfang an auf, dass in ihr auf doppelte Weise argumentiert wird. Einesteils versucht Marx aus der Form G - W - G als solcher die Figur G - W - G' abzuleiten und geht in diesem Sinne in einer Form intern-logisch vor, die auf eine Argumentation per logischer Geltung und damit eine objektivistische Erklärung des Kapitals hinausläuft. Anderernteils beschreitet er einen extern-logischen Weg, in dem er auf Basis der Bewegung G - W - G ein zusätzliches Kriterium ins Spiel bringt, um mit seiner Hilfe den Übergang zu G - W - G' zu begründen. Da sich zeigen wird, dass es sich bei diesem Kriterium um das handelt, was die Menschen als bewussten Endzweck verfolgen, geht das mit einer Argumentation per teleologischer Genesis oder einer subjektivistischen Erklärung des Kapitals einher. Während im Rahmen der ersten Argumentation die Form G - W - G alleiniger Grund ist, hat sie diese Position im Rahmen der zweiten Argumentation nicht mehr inne. Denn in ihr geht die argumentative Bewegung vom zusätzlich aufgegriffenen Moment aus.

Wenn wir im Folgenden mit der erstgenannten Variante deswegen beginnen, weil sie bei Marx aufgrund seiner Orientierung an einer objektivistischen Erklärung im Vordergrund steht, und uns im Hinblick auf die als empirische Gegebenheit verstandene Figur G - W - G fragen, ob die im Rahmen dieser Variante vorgebrachten Argumente überzeugend sind oder nicht, kann die Antwort nur negativ sein. Zwar versucht Marx den Inhalt ΔG aus der Inhaltslosigkeit dieser Form abzuleiten. Es ist jedoch zum einen festzustellen, dass diese Form an sich nicht inhaltslos ist. Denn auch das Kaufen zum Zweck des gleich teuren Verkaufens ist ein bestimmter Inhalt. Zum anderen ist bezogen auf die obige Bemerkung von Marx, dass Geldsummen sich nur durch ihre Größe unterscheiden können, darauf hinzuweisen, dass aus der Inhaltslosigkeit, die die Abwesenheit eines Größenunterschieds meint, genauso gut die Verringerung des End-G und damit ein negatives ΔG erschlossen werden könnte. Zum dritten sei darauf aufmerksam gemacht, dass der Versuch, aus einer Inhaltslosigkeit einen Inhalt zu erschließen, sowieso ein äußerst merkwürdiges Unterfangen darstellt. Denn aus der Abwesenheit eines bestimmten Inhalts kann nie und nimmer auf diesen Inhalt geschlossen werden. Umgekehrt ist die Abwesenheit überhaupt nur ein Mangel, wenn der Inhalt aus sich heraus Bedeutung besitzt.

Wenn wir nun die erste intern-logische Argumentation noch auf der Basis dessen überprüfen, dass die Bewegung G - W - G als Marxsche Gegebenheit oder Modell verstanden wird, können genau dieselben Einwände vorgebracht werden. Denn die Argumentation per logischer Geltung, um die es hier geht, ist vom Unterschied zwischen den empirischen Gegebenheiten und dem Marxschen Modell vollkommen unabhängig. Es ist also auch auf der Ebene der Marxschen Gegebenheiten festzustellen, dass im Rahmen einer Argumentation per logischer Geltung aus G - W - G niemals G - W - G' erschlossen werden kann.[cxvi]

Wenn wir nun zur zweiten extern-logischen Begründung kommen, die wahrscheinlich ein Ausdruck dafür ist, dass Marx mit der ersten Argumentation selbst unzufrieden war, kann ebenfalls ein Unterschied zwischen den empirischen und den Marxschen Gegebenheiten gemacht werden. Wenn wir mit ersteren beginnen, kann zum einen festgestellt werden, dass Marx das zusätzliche Kriterium aus dem unmittelbaren Sein aufgreift. Zum anderen handelt es sich dabei um das Streben nach Wohl in einer Form, die mit der Befriedigung von menschlichen Bedürfnissen verbunden ist, zu denen die als Selbstzweck betriebene Geldvermehrung nicht gehört. Das zeigt sich daran, dass er kurz vor dem obigen Zitat bezogen auf die Bewegung W - G - W, die er auch als "einfache Warenzirkulation" bezeichnet, schreibt, dass sie durch "Konsumtion, Befriedigung von Bedürfnissen, mit einem Wort, Gebrauchswert" (I, 164) gekennzeichnet ist.

Wenn wir uns fragen, ob das Aufgreifen dieses zusätzlichen Kriteriums richtig ist oder nicht, ist zunächst darauf aufmerksam zu machen, dass der Gebrauchswert, um den es in der einfachen Warenzirkulation und damit in der Bewegung W - G - W zu tun ist, entgegen dem von Marx erweckten Eindruck nicht nur Konsumtionsmittel beinhaltet. Da diese einfache Warenzirkulation, ein Bestandteil der kapitalistischen Verhältnisse darstellt und daher nicht als Ausdruck historisch früherer Zustände missverstanden werden darf, geht es vielmehr auch um Produktionsmittel. (vgl. S. 14) Und diese dürften bezogen auf das End-W sogar die Mehrheit darstellen. Dieser Umstand schließt aber nicht aus, dass das Wohl, das mit Bedürfnisbefriedigung und damit mit Konsumtionsmitteln zu tun hat, das ist, was die Menschen als subjektiver Endzweck verfolgen. Dass das auf die einfache Warenzirkulation bezogene End-W vor allem aus Produktionsmitteln besteht, hat nämlich nur zur Folge, dass das Wohl in dieser Beziehung aufhört, ein Zweck zu sein, der so direkt verfolgt wird, wie das bei den Konsumtionsmitteln der Fall ist. Stattdessen wird es zu einem Endzweck, der nur auf indirektere oder mittelbarere Weise verwirklicht wird.

Gerade auf der Basis dieser Klarstellungen können wir festhalten, dass das mit Bedürfnisbefriedigung zusammenfallende und die Geldvermehrung nicht als Selbstzweck enthaltende Wohl das ist, was die hinter der Bewegung G - W - G stehenden Menschen als bewussten Endzweck anstreben. Das ist zumindest die allgemeine Regel. Denn als Ausnahme kann es durchaus bestimmte Subjekte geben, die ein Wohl verfolgen, dessen Inhalt die Geldvermehrung als solche ist. Wenn wir uns auf dieser Grundlage die Frage vorlegen, ob das Aufgreifen des

erstgenannten Wohls gerechtfertigt ist, kann keine hundertprozentige Antwort gegeben werden. Stattdessen kann nur festgestellt werden, dass das Aufgreifen in
aller Regel zu bejahen ist. Denn als verkehrt erweist es sich nur im Ausnahmefall.
Auf dieser Grundlage sei im Folgenden zweifach vorgegangen. Zuerst wird das
Marxsche Aufgreifen des von der Geldvermehrung verschiedenen Wohls akzeptiert. Danach wird geprüft, wie sich die Verhältnisse darstellen, wenn das alternative Geldvermehrungswohl aufgegriffen wird.

Wenn wir uns bezogen auf das erstgenannte Regel-Wohl der Frage zuwenden, ob
Marx' Überlegungen überzeugend sind oder nicht, ist ein Unterschied zwischen
der These zu machen, dass die Bewegung G - W - G sinnlos ist, und der Folgerung,
dass sich das bei der Bewegung G - W - G' anders darstellt. Auf der Basis des auf
Bedürfnisbefriedigung bezogenen Regel-Wohls ist der erstgenannten These zweifellos zuzustimmen. Denn die Form G - W - G trägt nichts zur Bedürfnisbefriedigung bei. Problematisch ist dagegen die zweite Konsequenz, die Marx aus diesem
Ausgangspunkt zieht. Dafür gibt es zwei Gründe: Zum einen ist zu bezweifeln,
dass es zu einer Bewegung G - W - G' kommt, in deren Rahmen ΔG ein Ausdruck
des Mehrwerts ist. Das ist insofern der Fall, als es vom Wohl aus betrachtet um
ein ΔG geht, das als bloßes Mittel mit möglichst wenig Aufwand zu erzielen sein
soll. Denn das hat zur Folge, dass die Warenverkäufer dahin tendieren, ihre Waren
zum Produktionspreis zu verkaufen, weil dieser den Durchschnittsprofit enthält.
Mit anderen Worten kommen wir ausgehend vom wirklichen Wohl zwar zu einer
Bewegung G - W - G'. In dieser ist ΔG aber ein Ausdruck des Durchschnittsprofits
und nicht des Mehrwerts.

Diese erste Kritik könnte man mit dem Hinweis kontern, dass es zu einem ΔG, das
kein Ausdruck des Mehrwerts, sondern des Durchschnittsprofits ist, zwar kommt,
wenn man das vom Wohl ausgehende Streben nach Mehrgeld erstens in der genannten Weise mit dem Durchschnittsprofit verknüpft und man zweitens außer
Acht lässt, dass es die wertbasierte Bewegung G - W - G hier als Voraussetzung
gibt. Wenn man diese Verknüpfung aber in dem Sinne unterlässt, dass man nur
vom Streben nach Mehrgeld redet, und die genannte Voraussetzung berücksichtigt, dann kommt es nicht zur Herausbildung von Tauschwerten, die mit einem ΔG
verbunden sind, das Ausdruck des Durchschnittsprofits ist. Weil die Wertbasiertheit erhalten bleibt, ergeben sich stattdessen Werte, die mit einem ΔG einhergehen, das dem Mehrwert gleichkommt.

Obwohl in ihrem Rahmen Dinge miteinander verbunden werden, die nicht zusammengehören, soll diese Gegenkritik, bei der die Wertbasiertheit der vorausgesetzten Bewegung G - W - G wichtig wird, im Folgenden akzeptiert werden. Das ist
aber nicht der Fall, weil es wertbasierte Zirkulationsakte im Rahmen des unmittelbaren Seins gibt. Der Grund dafür besteht vielmehr nur darin, dass wir oben

diese Zirkulationsakte trotz des Umstandes als Ausgangspunkt akzeptiert haben, dass es sie nicht gibt. Denn das hat zur Folge, dass wir uns auch jetzt nicht gegen die Wertbasiertheit aussprechen können.

Die zweite Kritik besteht zum anderen darin, dass unabhängig vom Unterschied zwischen Mehrwert und Durchschnittsprofit einzuwenden ist, dass die Bewegung G - W - G' vom Wohl aus betrachtet nur sinnvoll wäre, wenn das ∆G, das sich als Differenz zwischen G' und G ergibt, als Revenue und damit als Geld verstanden werden könnte, mit dem Konsumtionsmittel gekauft werden können. Das ist aber – wie wir noch genauer sehen werden – gar nicht der Fall. Dieses ∆G ist vielmehr etwas, das als ein Selbstzweck verfolgt wird, der nichts mit der Befriedigung von Bedürfnissen zu tun hat. Eine auf diesem Selbstzweck beruhende Bewegung G - W - G' ist aber vom Wohl aus gesehen genauso sinnlos wie die Bewegung G - W - G. Deshalb kann anders herum festgehalten werden, dass der Übergang zu einer Bewegung G - W - G', in deren Rahmen ∆G als Selbstzweck fungiert, nicht begründet werden kann, wenn man von einem Wohl ausgeht, bei dem ∆G nur als Mittel zum Zweck angestrebt wird. Denn das schließt aus, dass es als Selbstzweck fungiert.[cxvii]

Das auf Bedürfnisbefriedigung bezogene Wohl, von dem wir oben ausgegangen sind, gilt – wie bereits erwähnt – nicht in allen Fällen. Denn gerade unter jenen, die hinter der Bewegung G - W - G stehen, kann es durchaus auch Menschen geben, die mit der Geldvermehrung als solcher einen anderen subjektiven Endzweck verfolgen als das obige bedürfnisorientierte Wohl. Wenn wir trotz des Umstandes, dass er nur als Ausnahme vorkommt, uns diesem Endzweck zuwenden, kann in Bezug auf die erste Folgerung ebenfalls festgehalten werden, dass auf seiner Basis die Bewegung G - W - G sinnlos ist. Denn in ihr wird das angestrebte ∆G nicht erreicht. Bezogen auf die zweite Folgerung kommt es dagegen zu Änderungen. Denn hier kann auch befürwortet werden, dass die Bewegung G - W - G' sinnvoll ist, bei der ∆G als Selbstzweck verfolgt wird. Dass dieses Mehrgeld nicht als Revenue verwendet wird, entspricht nämlich dem hier angesetzten Wohl voll und ganz. Kritik könnte aber wieder im Hinblick darauf erhoben werden, dass ∆G ein Ausdruck des Mehrwerts ist. Da es auch dann, wenn dieses Mehrgeld Selbstzweck ist, darum geht, es mit möglichst geringem Aufwand zu erzielen, kommt es nämlich wieder zum Durchschnittsprofit. Da dem aber auch an dieser Stelle entgegengehalten werden könnte, dass wir von der Voraussetzung der wertbasierten Bewegung G - W - G ausgehen, kann auch diese Kritik verzichtet und akzeptiert werden, dass es zu einem ∆G kommt, das Mehrwert darstellt. Als Fazit kann damit festgehalten werden, dass die hier thematisierten Marxschen Folgerungen vollumfänglich zu akzeptieren sind, wenn man von einem Wohl ausgeht, in dessen Rahmen das Mehrgeld als solches angestrebt wird.

Diesem Ergebnis steht auf der anderen Seite aber entgegen, dass die subjektivistische Begründung einen tautologischen Charakter annimmt. Da es hier noch nicht um den Unterschied zwischen einem erst noch auszuführenden Zweck und seiner Ausführung geht, sondern – wie wir noch genauer sehen werden – nur um die Bestimmung des auszuführenden Inhalts, gibt es nämlich zwischen dem, was aufgegriffen wird, und dem, was daraus gefolgert wird, keinerlei Unterschied. Und das ist nicht nur dann der Fall, wenn in der Form von ΔG bereits der Mehrwert aufgegriffen wird. Das trifft vielmehr auch dann zu, wenn nur ΔG als Endzweck aufgegriffen wird und der Umstand, dass es sich dabei um Mehrwert handelt, sich dem verdankt, dass wir die wertbasierte Bewegung G - W - G als Grundlage akzeptiert haben. Da auch diese Bewegung aufgegriffen wurde, läuft letzteres nämlich auf dasselbe hinaus wie ersteres.[cxviii]

Wenn wir nun noch die extern-logische Begründung auf Basis der Marxschen Gegebenheiten überprüfen, können wir es kurz machen. Denn wir kämen nur dann zu anderen Überlegungen, wenn auf dieser Grundlage entweder aus einem anderen Fundus als dem unmittelbaren Sein oder aus diesem Sein etwas Anderes aufgegriffen würde. Das ist aber gar nicht der Fall. Es bleibt vielmehr bei dem, was für die Menschen im Normal- oder Ausnahmefall Endzweck oder Wohl ist. Deshalb kommen wir hier zu den genau gleichen Ergebnissen wie oben auf Basis der empirischen Gegebenheiten.

Als das aus den obigen Überlegungen zu ziehende Fazit können wir bezogen auf die erste intern-logische Ableitung, die mit einer Argumentation per logischer Geltung oder einer objektivistischen Begründung verbunden ist, zum einen festhalten, dass der Schluss von G - W - G zur Figur G - W - G' ebenfalls nicht überzeugen kann. Anstatt die letztere Bewegung aus der ersteren ableiten zu können, bringt Marx den Mehrwert darstellenden Inhalt ΔG, der zu G - W - G' führt, auf unmittelbare Weise selbst herein. Das gilt nicht nur für die empirischen, sondern auch die Marxschen Gegebenheiten. Denn die Logik weist überall dieselben Mängel auf. Zum anderen ist im Hinblick auf die mit einer Argumentation per teleologischer Genesis bzw. einer subjektivistischen Begründung einhergehenden zweiten extern-logischen Ableitung, bei der zusätzlich aufgegriffene Momente ins Spiel kommen, darauf hinzuweisen, dass das Ergebnis nicht viel besser ist. Das ist zumindest der Fall, wenn man das Regel-Wohl ins Auge fasst, das es mit menschlichen Bedürfnissen zu tun hat, die andere Inhalte als die Geldvermehrung umfassen. Denn diesbezüglich kann zwar akzeptiert werden, dass die Bewegung G - W - G sinnlos ist. Zu einer Bewegung G - W - G', bei der ΔG als Selbstzweck angestrebt wird, kommen wir dagegen nicht. Denn sie ist vom Regel-Wohl aus gesehen genauso sinnlos wie die erstgenannte Bewegung. Besser sieht es dagegen aus, wenn wir das Ausnahme-Wohl zugrunde legen. Denn von ihm aus gesehen ist sowohl die Bewegung G - W - G sinnlos, als auch die Bewegung G - W - G' sinnvoll, bei der ΔG als Selbstzweck angestrebt wird. Allerdings wird dieses positive Ergebnis dadurch erkauft, dass die subjektivistische Begründung tautologisch wird. Denn sie geht gar nicht über das hinaus, was aufgegriffen wird.

Die intern-logische Variante der Argumentation steht bei Marx im Vordergrund, weil er auf Verhältnisse aus ist, in denen G - W - G' und damit der Zweck, um den es in dieser Figur geht, in einer Weise reines Explanandum ist, die ohne ein Explanans auskommt, bei dem auf menschliche Zielsetzungen Bezug genommen wird. Der genannte Zweck soll in diesem Sinne nicht subjektiv, sondern gänzlich objektiv begründet werden. Genau mit dieser Begründung scheitert Marx. Denn zur angestrebten Bewegung kommt es nur, wenn man mit dem übermenschlich verstandenen Wohl einen bewussten Zweck ansetzt, der die Geldvermehrung in der Form des Selbstzwecks schon enthält. Wir kommen hier also zu einem Ergebnis, bei dem G - W - G' zwar Explanandum ist, aber nur auf der Basis dessen, dass der in dieser Bewegung enthaltene bewusste Zweck Explanans ist. Damit liegt die Begründung gerade nicht in der objektivistischen Weise vor, die Marx vorschwebt.

1.3. Von G - W - G' zur Bewegung G - W - G' - W' - G'' - W'' - G''' …

Obwohl der erste Schluss von Marx auf Basis des Regel-Wohls und damit im Allgemeinen zurückzuweisen ist, soll seine Argumentation weiterverfolgt werden. Denn es gibt noch eine zweite Folgerung, die ebenfalls überprüft werden muss. Sie hat zum Inhalt, dass aus G - W - G' eine Bewegung abgeleitet wird, die als G - W - G' - W' - G'' - W'' - G'''… dargestellt werden kann. Obwohl sie selbst nicht abgeleitet worden ist, soll dabei von der ersten Folgerung und damit der Form G - W - G' ausgegangen werden. Denn aus dem Umstand ihrer Unbegründetheit folgt nicht, dass sie als Grund für weitere Folgerungen untauglich ist.

Man könnte meinen, dass wir bei der Prüfung der zweiten Folgerung ebenfalls einen Unterschied zwischen den theoretischen Ebenen der empirischen und der Marxschen Gegebenheiten machen müssen. Daher sei darauf hingewiesen, dass dieser Eindruck trügt. Denn bezogen auf die intern-logische Variante haben wir oben schon gesehen, dass die in ihr enthaltene Argumentation per logischer Geltung auf beide Seiten gleichermaßen zutrifft. Und bezogen auf die extern-logische Begründung wissen wir schon, dass aus demselben Fundus das Gleiche aufgegriffen wird. Ferner spielt im Folgenden auch der Unterschied zwischen den immanent- und der extern-logischen Begründungen mit der Folge keine Rolle mehr, dass es nur noch die intern-logische Variante gibt. Das ist zum einen schon deshalb der Fall, weil Marx seinem eigenen Dafürhalten nach nichts Zusätzliches aufgreift, sondern nur von dem ausgeht, was er schon hat. Zum anderen trifft das ungeachtet dessen zu, dass der Charakter der intern-logischen Begründung zwischen der Argumentation per logischer Geltung und der per teleologischer Genesis changiert. Insofern nur von der Bewegung G - W - G' ausgegangen wird, bekommen wir es mit der logischen Geltung zu tun. Insofern man sich daran erinnert, dass in dieser Bewegung ein bewusster Geldvermehrungszweck steckt, ergibt sich die teleologische Genesis.

Der zweite Ableitungsschritt von Marx kommt im folgenden Zitat zum Ausdruck:

"Die Wiederholung oder Erneurung des Verkaufs, um zu kaufen, findet, wie dieser Prozeß selbst, Maß und Ziel an einem außer ihm liegenden Endzwecke, der Konsumtion, der Befriedigung bestimmter Bedürfnisse. Im Kauf für den Verkauf dagegen ist die Bewegung endlos. Allerdings ist aus G, G + ΔG geworden, aus 100 Pfd. St., 100 + 10. Aber bloß qualitativ betrachtet, sind 110 Pfd. St. dasselbe wie 100 Pfd. St. eine beschränkte Wertsumme wie 100 Pfd. St. Würden die 110 Pfd. St. als Geld verausgabt, so fielen sie aus ihrer Rolle. Sie hörten auf, Kapital zu sein. Der Zirkulation entzogen, versteinern sie zum Schatz, und kein Farthing wächst ihnen an, ob sie bis zum Jüngsten Tag fortlagern. Handelt es sich also einmal um Verwertung des Werts, so besteht dasselbe Bedürfnis für die Verwertung von 110 Pfd. St., wie für die von 100 Pfd. St., da beide beschränkte Ausdrücke des Tauschwerts sind, beide also denselben Beruf haben, sich dem Reichtum schlechthin durch Größenausdehnung anzunähern." (I, 166)

Dieses Zitat macht zum einen deutlich, dass Marx ΔG tatsächlich nicht als Mittel zur Beschaffung von Gebrauchswerten oder als Revenue verstanden wissen will. Die ganze Bewegung G - W - G' hat, so behauptet er, nichts mit den menschlichen Bedürfnissen nach einem guten Leben zu tun. Vielmehr ist die "Verwertung des Werts" als solche der Zweck der Veranstaltung, weshalb auch ΔG nur die Bestimmung hat, in eine neue Wertvermehrungsbewegung einzugehen. Auf dieser Basis erhalten wir eine Bewegung des Kapitals, die "endlos" ist.

Wenn wir nach einer Antwort auf die Frage suchen, wie Marx den Übergang zu dieser endlosen Bewegung begründet, gibt die obige Stelle nicht viel her. Daher sei auf ihre unmittelbare Fortsetzung eingegangen:

„Zwar unterscheidet sich für einen Augenblick der ursprünglich vorgeschossene Wert 100 Pfd. St. von dem in der Zirkulation ihm zuwachsenden Mehrwert von 10 Pfd. St., aber dieser Unterschied zerfließt sofort wieder. Es kommt am Ende des Prozesses nicht auf der einen Seite der Originalwert von 100 Pfd. St. und auf der andren Seite der Mehrwert von 10 Pfd. St. heraus. Was herauskommt, ist ein Wert von 110 Pfd. St., der sich ganz in derselben entsprechenden Form befindet, um den Verwertungsprozeß zu beginnen, wie die ursprünglichen 100 Pfd. St. Geld kommt am Ende der Bewegung wieder als ihr Anfang heraus. Das Ende jedes einzelnen Kreislaufs, worin sich der Kauf für den Verkauf vollzieht, bildet daher von selbst den Anfang eines neuen Kreislaufs. Die einfache Warenzirkulation – der Verkauf für den Kauf – dient zum Mittel für einen außerhalb der Zirkulation liegenden Endzweck, die Aneignung von Gebrauchswerten, die Befriedigung von Bedürfnissen. Die Zirkulation des Geldes als Kapital ist dagegen Selbstzweck, denn die Verwertung des Werts existiert nur innerhalb dieser stets erneuerten Bewegung. Die Bewegung des Kapitals ist daher maßlos." (I 166/167)

In diesem Zitat bringt Marx zum Ausdruck, dass das ΔG, das aus der einen Bewegung G - W - G' herauskommt, „von selbst" in eine weitere Bewegung dieser Art eingehen muss. Das ist seiner These nach schon deshalb der Fall, weil erstere ebenfalls mit Geld begonnen hat. Er versucht damit den Übergang zur endlosen Bewegung tatsächlich auf eine intern-logische Art und Weise zu begründen, die ohne ein weiteres Aufgreifen auskommt. Und diese Variante scheint mit einer Argumentation per logischer Geltung oder einer objektivistischen Begründung verbunden zu sein.

Ist dieses Argument überzeugend? Die Antwort auf diese Frage kann nur negativ sein. Das ist schon deswegen der Fall, weil es zwischen dem angeführten Grund und der behaupteten Folge nicht nur einen mangelhaften, sondern überhaupt keinen Begründungszusammenhang gibt. Die angebliche Ursache und die vermeintliche Wirkung stehen vielmehr unverbunden nebeneinander. Denn es ist nicht einzusehen, woher die Notwendigkeit stammen soll, dass das Geld, das aus einer Bewegung G - W - G' herauskommt, schon deshalb vollumfänglich in eine andere Bewegung dieser Art eingehen muss, weil erstere ebenfalls mit Geld begann. Ich kann jedenfalls überhaupt keinen objektiven Grund erkennen, der uns veranlassen könnte, diese Folgerung zu akzeptieren.

An diesem Urteil ändert sich im Übrigen auch nichts, wenn man sich daran erinnert, dass das erste ΔG als Selbstzweck angestrebt wird. Denn auch das und die damit einhergehende Argumentation per teleologischer Genesis führt nicht zwingend dazu, dass es in eine neue Vermehrungsbewegung einzugehen hat. Gerade weil die Geldvermehrung als solche Zweck ist, ist nämlich genauso denkbar, dass es der weiteren Bewegung entzogen und mit der Folge aufgeschatzt wird, dass nur das ursprüngliche G in eine weitere Bewegung eingeht. Das wäre nur anders, wenn der Selbstzweck von vornherein als maßloser Selbstzweck verstanden werden würde. Denn dann wäre klar, dass nicht nur das wieder vorhandene Ausgangs-G in eine erneute Bewegung einzugehen hat, sondern auch ΔG und damit das gesamte End-G'. Da Marx die Maßlosigkeit jedoch erst auf der Ebene der Bewegung

234

G - W - G' - W' - G'' - W'' - G''' ... ins Spiel bringt und damit als Folge sehen lassen will, steht diese Interpretationsvariante nicht zur Verfügung.[36]

Nun sind Anfang und Ende ja nicht ganz dasselbe. Am Ende steht mehr Geld als am Anfang. Das genügt Marx aber nicht. Er gibt nämlich zu erkennen, dass es ihm darum geht, dass das Geld sich durch schrankenlose Größenausdehnung dem "Reichtum schlechthin" "annähert" und in diesem Sinne seiner maßlosen Vermehrung dient. Er betrachtet diese Maßlosigkeit als Resultat. Sieht man jedoch genauer hin, so erkennt man, dass sie das Kriterium ist, das seine Argumentation überhaupt erst einsehbar macht. Nur auf Basis des maßlosen Vermehrungszwecks erscheint jede bestimmte Geld- oder Wertsumme als beschränkt und muss daher in eine neue Vermehrungsbewegung eingehen. Er ist deshalb der Grund, der die Folgerung, die Bewegung sei endlos, erst zwingend macht. Das, was Marx ableiten will, setzt er somit auch hier von Anfang an implizit voraus; und nur insofern er das tut, haben seine Argumente überhaupt einen Sinn. Andernfalls können seine Folgerungen nur absurd genannt werden. Wir haben also hier ein ähnliches Ergebnis festzuhalten, wie zuvor bei der intern-logischen Variante des zweiten Schrittes. Die Bewegung der Begründung hat eine dem von Marx erzeugten Schein entgegengesetzte Richtung. Aus der qualitativen Gleichheit von Anfang und Ende folgt nicht die Endlosigkeit der spiralförmigen Bewegung. Umgekehrt ist auf Basis einer endlosen Spiralbewegung in qualitativer Hinsicht Anfang und Ende beständig dasselbe, was natürlich banal ist.[cxix]

Als Ergebnis können wir mithin festhalten, dass Marx nicht nur daran scheitert, aus der Form G - W - G die Figur G - W - G' abzuleiten, sondern auch daran, aus der Figur G - W - G' die endlose Bewegung G - W - G' - W' - G'' - W'' - G''' ... auf eine objektivistische Weise zu begründen, die ohne ein menschliche Zielsetzungen beinhaltendes Explanans auskommt. Auch in der letzteren Gestalt, in der erst die Maßlosigkeit des Kapitals zum Ausdruck kommt, kann die allgemeine Formel des Kapitals nur dann als etwas Abgeleitetes verstanden werden, wenn man schon von einem maßlosen Streben nach Geldvermehrung ausgeht. Und dieses Streben ist etwas, das Marx entweder per Setzen oder per Aufgreifen unvermittelt hereinbringt, ohne durch den Ausgangssachverhalt dazu in irgendeiner Weise gezwungen zu sein. Wir haben es damit nicht mit einer Folge, sondern einem neuen Anfang zu tun, der allenfalls als Aufgreifen einer neuen Gegebenheit empirisch gerechtfertigt werden kann.

---

[36] Anders herum kann festgehalten werden, dass der Übergang zu endloser Bewegung zwar notwendig wäre, wenn die maßlose Geldvermehrung im Rahmen des ersten Ableitungsschrittes aufgegriffen worden wäre. Diese Notwendigkeit der Begründung würde jedoch ebenfalls durch ihren tautologischen Charakter erkauft.

Außerdem sei noch erwähnt, dass wir zu dem obigen Urteil nicht kommen, weil G - W - G' nicht abgeleitet wurde. Entscheidend ist vielmehr, dass keine logische Notwendigkeit zu erkennen ist, die von G - W - G' zu G - W - G' - W' - G'' - W'' - G''' … führt. Kritik wäre damit auch dann zu erheben, wenn Marx in der Lage gewesen wäre, G - W - G' überzeugend zu begründen.[cxx]

1.4. Zusammenfassende Bemerkungen

Oben haben wir die Schritte, die zur Verwandlung des Geldes in Kapital und damit zur fertigen Form G - W - G' - W' - G'' - W'' - G''' …. geführt haben, nur im Hinblick auf ihre logische Notwendigkeit überprüft. Wenn wir uns jetzt noch der Frage zuwenden, ob es diese Bewegung empirisch gibt oder nicht, kann darauf hingewiesen werden, dass im Rahmen der empirischen Gegebenheiten des unmittelbaren Seins zwar eine solche Bewegung vorkommt. Sie unterscheidet sich von der Marxschen Figur aber erstens dadurch, dass sie nicht auf dem Wert, sondern dem Produktionspreis mit der Folge basiert, dass ΔG kein Ausdruck des Werts, sondern des Durchschnittsprofits ist. Zweitens ist das in der unmittelbar seienden Bewegung vorkommende Geld kein Goldgeld, sondern Staatspapiergeld. Drittens kommt hinzu, dass die maßlose Geldvermehrung von den Subjekten, die hinter der unmittelbar seienden Bewegung stehen, nicht als Selbstzweck, sondern nur als Mittel zum Zweck angestrebt wird. Dieser Umstand, der damit einher geht, dass ein Teil des ΔG periodisch für Konsumzwecke entnommen und nur der verbleibende Rest laufend akkumuliert wird, ist zumindest die allgemeine Regel. Denn als Ausnahme können auch Menschen vorkommen, die die Geldvermehrung als Selbstzweck betreiben.

Dieses letztere Ergebnis, zu dem wir zweifellos dann kommen, wenn wir als Maßstab das nehmen, was im Bewusstsein der hinter der Bewegung G - W - G' - W' - G'' …. stehenden Menschen enthalten ist, ist aber nur die eine Seite, neben der es noch eine andere Seite gibt, die nicht übersehen werden darf. Das gilt zwar nicht für die Ausnahme-Subjekte. Das trifft aber auf die Regel-Subjekte zu, die das Regel-Wohl verfolgen und die Geldvermehrung daher nicht als Selbstzweck anstreben. Wenn man sich die von diesen Subjekten verursachte Bewegung G - W - G' - W' - G'' usw. genauer ansieht, zeigt sich nämlich, dass es neben dem subjektiven Bewusstsein oder dem unmittelbaren Sein noch einen anderen empirischen Maßstab gibt. Er liegt dann vor, wenn eine genauere Betrachtung dieser Bewegung zeigt, dass das an der Menge des immer wieder entnommenen Geldes gemessene Wohl dieser Subjekte auf die Dauer gesehen nicht in der Weise zunimmt, in der das Geld als Kapital wächst. Denn genau das ist der Beweis dafür, dass die Geldvermehrung objektiv betrachtet auch bei denen nicht nur Mittel zum Zweck ist, die sie so anstreben. Stattdessen ist sie auch bei ihnen der eigentliche Endzweck, auf den das Ganze wirklich hinausläuft. Und daran ändern auch die Anteile an ΔG nichts, die verkonsumiert werden.

Diese hier zustande kommende objektive Realität, die es neben der subjektiven Realität der Regel-Subjekte gibt, ist zum einen dadurch gekennzeichnet, dass das als objektiver Endzweck fungiert, was im Bewusstsein der Subjekte nur Mittel ist. Zum anderen kann diese objektive Realität als formell mittelbares Sein bezeichnet werden. Denn sie unterscheidet sich genauso nur formell vom unmittelbaren Sein wie das beim Warentausch der Fall gewesen ist. Während der Unterschied oben darin bestand, dass das im unmittelbaren Sein nur mittelbar verfolgte Ziel des Tauschs eigener Ware mit fremder innerhalb des formell mittelbaren Seins unmittelbar angestrebt wurde, besteht die Differenz hier allerdings darin, dass die Geldvermehrung, die im Rahmen des unmittelbaren Seins nur als Mittel zum Zweck angestrebt wird, im formell mittelbaren Seins sich als der eigentliche Endzweck erweist. Das ist den Regel-Subjekten aber nicht bewusst. In diesem Sinne sind sie vielmehr unbewusst tätig und fungieren damit genauso als Charaktermasken, wie das beim direkten Tausch eigener Ware mit fremder Ware der Fall gewesen ist.

Abgesehen von den Marxschen Gegebenheiten haben wir uns oben darauf beschränkt, die Marxschen Überlegungen auf Basis des unmittelbaren Seins zu betrachten. Denn dieses Sein war uns bislang nur bekannt. Wenn wir auf der Basis dessen, dass wir jetzt auch das formell mittelbare Sein in seiner zweiten Gestalt kennen, uns die Marxschen Überlegungen auf dieser Grundlage noch einmal vornehmen, kann zum ersten Schritt des Aufgreifens von G - W - G dasselbe gesagt werden wie oben. Denn es kommt nur beim Scheitern der eigentlichen Zielsetzung und damit nur als Ausnahme vor. Bezogen auf den zweiten Schritt des Übergangs von G - W - G zu G - W - G' ist einesteils darauf hinzuweisen, dass die intern-logische Variante, die ohne zusätzliches Aufgreifen auskommt, gleichfalls zu keinem besseren Ergebnis führt. Es bleibt daher dabei, dass in ihrem Rahmen aus G - W - G nicht G - W - G' abgeleitet werden kann. Hinsichtlich der mit einem Aufgreifen verbundenen extern-logischen Variante ist darauf hinzuweisen, dass nicht mehr der subjektive Endzweck aufgegriffen werden kann, der dem unmittelbaren Sein angehört. Da auf den jeweiligen Ebenen nur das aufgegriffen werden kann, was es auf ihnen gibt, kann stattdessen nur noch der objektive Endzweck ins Spiel gebracht werden, der nur unbewusst verfolgt wird.

Das führt zum einen dazu, dass die extern-logische Begründung ihren Charakter verändert. Auf Basis des subjektiven Endzwecks, der bewusst ausgeführt wird, hatten wir es oben im Rahmen dieser Begründung mit einer Argumentation per teleologischer Genesis oder einer subjektivistischen Begründung zu tun gehabt. Im Zusammenhang mit dem objektiven Endzweck bekommen wir es dagegen mit einer Argumentation per logischer Geltung oder einer objektivistischen Begründung zu schaffen, bei der nicht mehr auf die Entstehung, sondern nur noch die Existenz der jeweiligen Folge geschlossen werden kann. Das ändert zum anderen aber nichts daran, dass die Bewegung G - W - G', bei der ΔG Selbstzweck ist, abgeleitet und der zweite Schritt daher erfolgreich ausgeführt werden kann. Wir kommen hier bezogen auf die Regel-Subjekte damit zum gleichen Urteil, zu dem wir oben nur hinsichtlich der Ausnahme-Subjekte gekommen sind.

Bezogen auf den dritten Schritt, der den Übergang von G - W - G' zu G - W - G' - W' - G'' usw. beinhaltet, kommen wir zu den gleichen Ergebnissen wie oben. Denn dieser Übergang ist auch auf der Ebene des formell mittelbaren Seins dann zurückzuweisen, wenn in der erstgenannten Bewegung zwar ΔG als objektiver Selbstzweck enthalten ist, aber noch nicht die Maßlosigkeit dieses Selbstzwecks. Wenn dagegen auch schon die Maßlosigkeit aufgegriffen oder – in den Augen derjenigen, die das Aufgreifen noch nicht beurteilen können – lediglich gesetzt wird, dann kann andererseits auch der Übergang zur Bewegung G - W - G' - W' - G'' usw. in objektivistischer Weise als notwendig begründet werden. Und daran ändert auch der Umstand nichts, dass das wieder mit dem tautologischen Charakter dieser Begründung einhergeht. Denn trotz der Unbewusstheit der hier maßgeblichen Inhalte geht das, was abgeleitet wird, gar nicht über das hinaus, was aufgegriffen wird. Das ist der Fall, weil es hier immer noch nicht um die Differenz zwischen einem noch nicht verwirklichten objektiven Zweck und seiner Verwirklichung geht, sondern nur um die genauere Bestimmung des erst noch zu verwirklichenden Inhalts.

Insgesamt gesehen kommen wir bezogen auf die Regel-Subjekte und auf der Basis des formell mittelbaren Seins also zu einem besseren Ergebnis als auf der Ebene des unmittelbaren Seins. Das bezieht sich zwar noch nicht auf den ersten Schritt, bei dem alles beim Alten bleibt. Das gilt auch für den zweiten Schritt dann noch nicht, wenn man seine intern-logische Variante ins Auge fasst. Denn auch hier bleibt es beim alten Ergebnis. Das gilt aber für seine extern-logische Variante, bei der wir zu dem positiven Ergebnis kommen, das es oben nur bezogen auf die Ausnahme-Subjekte gab. Das bezieht sich auch auf den tautologischen Charakter dieser Begründung. Bezogen auf den dritten Schritt sieht es ähnlich aus wie beim zweiten Schritt. Einesteils ist nämlich festzuhalten, dass der Übergang zur endlosen Bewegung dann nicht begründet werden kann, wenn nur von einer Bewegung G - W - G' ausgegangen wird, die als solche die Maßlosigkeit der Geldvermehrung noch nicht enthält. Wenn sie dagegen schon diese Maßlosigkeit umfasst, weil diese zusammen mit dem objektiven Endzweck im Rahmen des zweiten Schrittes aufgegriffen worden ist, dann ist auch dieser Übergang zur endlosen Bewegung notwendig. Allerdings geht das auch hier damit einher, dass die Begründung einen tautologischen Charakter annimmt. Im Übrigen bleibt es dabei, dass gegen den

238

Umstand, wonach die Bewegung mit Wert, Mehrwert und Goldgeld verbunden ist, nur deswegen nichts eingewendet wird, weil wir diese Merkmale mit dem Ausgangspunkt G - W - G akzeptiert haben.

2. Die Ableitung des Kapitals über die Schatzbildung

Oben wurde der Versuch zurückgewiesen, die Maßlosigkeit des Kapitals aus einer Zirkulationsform G - W - G' abzuleiten, die nicht von vornherein auf ein ΔG abzielt, das maßlos ist. Im Hinblick auf das Streben nach immer mehr Wert in Geldform gibt es bei Marx aber noch einen weiteren Ableitungsversuch. Er hat zum Inhalt, dass zunächst die Schatzbildung begründet und dann gezeigt wird, dass die dabei benutzten Argumente entweder auch auf das Kapital bezogen werden können oder aus dem Schatz unter Verwendung zusätzlicher Argumente das Kapital entwickelt werden kann. Zumal von diesem Ableitungsversuch trotz des Umstandes, dass er im 4. Kapitel nur angedeutet wird, gesagt werden könnte, er bilde die Grundlage dieses Kapitels, sei auf ihn im Folgenden eingegangen:

"Der Trieb der Schatzbildung ist von Natur maßlos. Qualitativ oder seiner Form nach ist das Geld schrankenlos, d. h. allgemeiner Repräsentant des stofflichen Reichtums, weil in jede Ware unmittelbar umsetzbar. Aber zugleich ist jede wirkliche Geldsumme quantitativ beschränkt, daher auch nur Kaufmittel von beschränkter Wirkung. Dieser Widerspruch zwischen der quantitativen Schranke und der qualitativen Schrankenlosigkeit des Geldes treibt den Schatzbildner stets zurück zur Sisyphusarbeit der Akkumulation. Es geht ihm wie dem Welteroberer, der mit jedem neuen Land eine neue Grenze erobert." (I, 147)

In diesem Zitat geht es noch nicht um das Kapital, sondern lediglich um die Schatzbildung. Es ist also nicht um die Bewegung G - W - G' - W' - G'' - W'' - G''' … zu tun, sondern nur um die ständige Wiederholung der Bewegung G - W - G', zu der es kommt, weil ΔG immer wieder der Zirkulation entzogen und aufgeschatzt wird. Deshalb ist zu ihm zum einen zu sagen, dass es gar nicht dazu passt, dass Marx die „eigentliche Schatzbildung" als ein anachronistisches Element bezeichnet hat. (vgl. S. 216) Zum anderen wird die Schatzbildung von Marx ausgehend von einem "Widerspruch" begründet, den der Charakter des Geldes als allgemeines Äquivalent seiner Behauptung nach enthält. Er besteht darin, dass die qualitative Schrankenlosigkeit des allgemeinen Äquivalents auch seine quantitative Schrankenlosigkeit erfordert und deswegen im Gegensatz zur quantitativen Bestimmtheit von jeder wirklichen Geldsumme steht. Folge davon ist, dass jede gegebene Geldsumme beständig und maßlos vermehrt werden muss. Diese Argumentation, in deren Rahmen die subjektive Leidenschaft des Schatzbildners nicht als Grund in Erscheinung tritt, sondern lediglich eine Folge darstellt, wäre verständlich, wenn die qualitative Schrankenlosigkeit des allgemeinen Äquivalents tatsächlich seine quantitative Schrankenlosigkeit erforderlich machen würde. Deshalb ist zu prüfen, ob dies der Fall ist.

Marx entwickelt den Begriff des allgemeinen Äquivalents bekanntlich bei der Analyse der allgemeinen Wertform (vgl. S. 135):

"Endlich erhält eine besondre Warenart die allgemeine Äquivalentform, weil alle andren Waren sie zum Material ihrer einheitlichen, allgemeinen Wertform machen." (I, 82)

Das allgemeine Äquivalent, aus dem sich das Geld ergibt (vgl. S. 145), erwächst also daraus, dass alle Waren ihren Wert und Tauschwert in einer bestimmten Ware zum Ausdruck bringen. Als Ausdruck des Werts aller Waren ist das Geld allgemeines Äquivalent. Als solches befindet es sich in der Position der unmittelbaren Austauschbarkeit mit allen Waren. Schaut man sich diese Marxsche Ableitung näher an, so zeigt sich, dass die Qualität des allgemeinen Äquivalents unabhängig von seiner Quantität entwickelt wird. Auf jeden Fall ist nicht Voraussetzung, dass das Geld in einer Menge vorhanden ist, die reicht, um sich mit allen Waren auf einen Schlag auszutauschen.

Nehmen wir das Marxsche Beispiel auf der Seite 79 des I. Bandes:

"1 Rock	=	
10 Pfd. Tee	=	
40 Pfd. Kaffee	=	
1 Quarter Weizen	=	20 Ellen Leinwand"
2 Unzen Gold	=	
½ Tonne Eisen	=	
usw. Ware A	=	

In ihm sind die 20 Ellen Leinwand allgemeines Äquivalent. Das bedeutet aber nicht, dass diese 20 Ellen den Gesamtwert aller links stehenden Waren ausdrücken. Vielmehr ist dieser Ausdruck so zu verstehen, dass die 20 Ellen Leinwand entweder den Wert von 1 Rock oder 10 Pfd. Tee oder 40 Pfd. Kaffee usw. ausdrücken. Die Leinwand ist deshalb allgemeines Äquivalent, weil alle anderen Warenarten ihren Wert in bestimmten Proportionen in ihr darstellen. Insofern wären auch 10 Ellen Leinwand allgemeines Äquivalent, wenn auch nur noch der Wertausdruck von ½ Rock oder 5 Pfd. Tee usw.. Wie klein also immer die Geldsumme sein mag, sie ist und bleibt allgemeines Äquivalent, weil sie nachwievor einen bestimmten Teil des Werts aller anderen Waren darstellt. Somit zeigt sich, wie unabhängig diese Qualität von der Quantität des Geldes ist.

Aus diesem Grund ist es unzulässig, wenn Marx aus dieser Qualität quantitative Schlussfolgerungen zieht. Denn das widerspricht seiner eigenen Ableitung. Die Tatsache, dass er sowohl bezogen auf die Qualität als auch die Quantität von

Schrankenlosigkeit redet, täuscht eine Vergleichbarkeit der beiden Seiten vor, eine gemeinsame Basis, aus der sich ein Widerspruch nur ergeben könnte. Eine solche Basis ist aber gar nicht vorhanden. Auf dieser Grundlage ist darauf hinzuweisen, dass die Verschiedenheit von bestimmten Momenten nicht genügt, um zwischen ihnen einen Widerspruch aufzuweisen. Wenn eine Erdbeere süß und zugleich klein ist, sagt man ja auch nicht, dass diese beiden Eigenschaften einander widersprechen.[cxxi]

Wenn man sich die Schatzbildung als ein historisches Phänomen auf dieser Grundlage noch einmal vornimmt, dann zeigt sich, dass die Leidenschaft oder die Subjektivität des Schatzbildners doch das Entscheidende ist. Das Geld mit seinem Charakter als allgemeines Äquivalent ist nur die objektive Voraussetzung der Schatzbildung, schafft nur deren objektive Möglichkeit. Wirklichkeit wird sie jedoch erst dadurch, dass ein entsprechender subjektiver Wille hinzutritt. Das kann auch an dem eben angeführten Beispiel verdeutlicht werden. Dass die Erdbeere klein ist, kommt ihrer Süße nur dann in die Quere, wenn man ein Subjekt zugrunde legt, das gerne süße Erdbeeren isst. Nicht die Sache entscheidet, sondern das, was sie für denjenigen bedeutet, der mit ihr konfrontiert ist.

Die genannte Möglichkeit ist es auch, die dem Marxschen Schluss eine gewisse Plausibilität verleiht. Als allgemeines Äquivalent ist Geld in der Tat in alle Waren verwandelbar. Dies mag einesteils zur Folge haben, dass die Bedürfnisse desjenigen, der eine bestimmte Geldsumme in den Händen hält, und sieht, was er der Möglichkeit nach damit alles kaufen könnte, unter Umständen bis zur Maßlosigkeit wachsen, woraus sich auch ein maßloses Verlangen nach Geld ergibt. Andernteils mag es Subjekte geben, die der Auffassung sind, Geld sei viel zu schade, um es auszugeben, gerade weil es allgemeines Äquivalent ist, und es deshalb lieber aufschatzen. In jedem Fall erwachsen diese Konsequenzen nicht mit objektiver Notwendigkeit. Entscheidend für ihr Eintreten ist vielmehr der Wille des Schatzbildners, die jeweilige Subjektivität, die sie für sich zieht. Deshalb ist auch die Widersprüchlichkeit und Verrücktheit des Schatzes in Wirklichkeit eine des Schatzbildners, denn von ihm und seiner Zwecksetzung geht der entscheidende Impuls aus.

Oben war nur von der Schatzbildung die Rede. Im vorliegenden Zusammenhang geht es aber um das Kapital. Auf dieser Grundlage sei noch zweierlei geprüft: Zum einen soll der Frage nachgegangen werden, ob das maßlose Kapital aus der qualitativen Schrankenlosigkeit des allgemeinen Äquivalents abgeleitet werden kann. Zum anderen soll untersucht werden, ob es eine überzeugende Weise gibt, aus dem Schatz das Kapital zu erklären. Dabei ist klar, dass im Rahmen dieser zweiten Variante davon ausgegangen werden muss, dass der Schatz als notwendig nachgewiesen worden ist.

Bezogen auf die erste Frage können wir es kurz machen. Genauso wenig wie aus dem allgemeinen Äquivalent die Schatzbildung abgeleitet werden kann, genauso wenig kann aus ihr das Kapital abgeleitet werden. Zusätzlich zu den oben genannten Gründen ist dafür verantwortlich, dass es im Rahmen des Kapitals sowieso nicht um Bedürfnisbefriedigung geht. Daher kann auch nicht mit dem Hinweis auf das argumentiert werden, was man sich mit einer maßlos großen Geldsumme alles kaufen könnte. Während der Schatz trotz des Umstandes, dass die Bedürfnisbefriedigung negiert wird, etwas darstellt, das in negativer Form auf diese Bedürfnisbefriedigung bezogen bleibt, hat das Kapital, von dem Marx spricht, mit der Befriedigung von Bedürfnissen rein gar nichts zu tun. Das gilt zumindest für die Bedürfnisse, die nicht mit der maßlosen Vermehrung des Kapitals zusammenfallen.

Wenn wir nun zur zweiten Variante und damit zu der Frage kommen, ob es eine Möglichkeit gibt, aus dem Schatz das Kapital abzuleiten, ist darauf hinzuweisen, dass sich bei Marx durchaus Stellen finden, die als Versuche in die entsprechende Richtung verstanden werden können. Zu ihnen gehört folgendes Zitat:

„Dieser absolute Bereicherungstrieb, diese leidenschaftliche Jagd auf den Wert ist dem Kapitalisten mit dem Schatzbildner gemein, aber während der Schatzbildner der verrückte Kapitalist, ist der Kapitalist der rationelle Schatzbildner. Die rastlose Vermehrung des Werts, die der Schatzbildner anstrebt, indem er das Geld von der Zirkulation zu retten sucht, erreicht der klügere Kapitalist, indem er es stets von neuem der Zirkulation preisgibt." (I, 168)

Denn aus diesem Zitat kann man eine Begründung des Übergangs vom Schatz zum Kapital herauslesen. Sie hat zum Inhalt, dass der Zweck des Schatzbildners rationeller und besser erreicht wird, wenn der Weg des Kapitalisten gegangen wird. Zu dieser Begründung ist zu sagen, dass sie zwar auf den ersten Blick überzeugend aussehen mag. Bei näherer Betrachtung zeigt sich jedoch, dass sie schon deshalb nicht funktioniert, weil es bei der Schatzbildung und der Kapitalakkumulation gar nicht um denselben Zweck geht. Während bei der Schatzbildung die Bedürfnisbefriedigung weiterhin eine, wenn auch nur negative Rolle spielt, ist die Bedürfnisbefriedigung bei der Kapitalakkumulation vollkommen bedeutungslos. Denn es geht von vornherein um einen ganz anderen Inhalt.

Als Fazit aus den obigen Überlegungen können wir festhalten, dass das Kapital auch nicht über die Schatzbildung auf überzeugende Weise begründet werden kann. Einerseits mangelt es der dauerhaften und maßlosen Schatzbildung selbst an Notwendigkeit. Denn aus der qualitativen Schrankenlosigkeit des Geldes als allgemeines Äquivalent können keine quantitativen Konsequenzen gezogen werden. Andererseits bedeutet das, dass auch das Kapital nicht aus dem Gegensatz zwischen qualitativer Schrankenlosigkeit und quantitativer Beschränkung abgeleitet werden kann, zumal es mit der Bedürfnisbefriedigung gar nichts mehr zu tun hat. Überdies gibt es aus demselben Grund auch keinen zwingenden Schluss vom Schatz auf das Kapital.

3. Zur Ableitung des Kapitals in den 'Grundrissen'

Ich habe mich bei meiner Kritik bislang nur auf 'Das Kapital' gestützt, weil es die fundierteste Fassung der Marxschen Gedanken darstellt. In den entsprechenden Passagen der 'Grundrisse' präsentiert Marx zum Teil dieselben Überlegungen. Teilweise finden sich dort aber auch andere, zusätzliche Ansätze. Auf sie möchte ich im Folgenden noch eingehen.

"Die Unvergänglichkeit, die das Geld erstrebte, indem es sich negativ gegen die Zirkulation setzte, sich ihr entzog, erreicht das Kapital, indem es sich grade dadurch erhält, daß es sich der Zirkulation preisgibt." (GR, 172; vgl. auch 929 und 938)

An dieser Stelle argumentiert Marx mit der Forderung nach einer „Unvergänglichkeit", die von Dauer ist und daher über eine vorübergehende Hortung von Geld hinausgeht. Diese Unvergänglichkeit, die sich offensichtlich auf den Wert bezieht, ist einerseits der Grund, aus dem der Schatz abgeleitet werden kann. Denn sie wird erreicht, wenn das Geld der Zirkulation auf Dauer entzogen wird. Andererseits kann dem obigen Zitat zufolge aus ihr auch das Kapital erklärt werden. Zu beiden Argumentationen ist zum einen zu bemerken, dass vollkommen unabsehbar ist, woher Marx seine Forderung nach dauerhafter „Unvergänglichkeit" hat. Denn diese Forderung ergibt sich weder aus der Ware und ihrem Wert oder Tauschwert, noch aus dem Geld und den Funktionen, die es bei der Warenzirkulation spielt. Wir haben es bei der Unvergänglichkeit damit offensichtlich mit einem Anspruch zu tun, den Marx zusätzlich hereinbringt.

Zum zweiten ist die auf den Ausgangswert bezogene Unvergänglichkeit, die es im Rahmen des Schatzes gibt, von der zu unterscheiden, die in der Form des Kapitals vorkommt. Während die Unvergänglichkeit beim Schatz vorliegt, weil der im Geld enthaltene Wert festgehalten und der Bewegung entzogen wird, hat die Unvergänglichkeit beim Kapital eine andere Form. Bezogen darauf, wie diese zu verstehen ist, gibt es zwei Möglichkeiten: Einerseits kann es sein, dass die Unvergänglichkeit vorliegt, weil an die Stelle des Werts in der Form des Geldes zunächst ein anderer gleich großer Wert in der Form der Ware und dann erneut ein anderer gleich großer Wert diesmal wieder in der Form des Geldes gesetzt wird. Für diese Möglichkeit spricht, dass es bei W - G - W genau so ist:

„Es ist nicht derselbe Tauschwert – eben weil seine Substanz eine bestimmte Ware ist –, der erst Geld und dann wieder Ware wird; sondern es sind immer andre Tauschwerte, andre Waren, die dem Geld gegenüber erscheinen." (GR, 172)

Andererseits kann die Unvergänglichkeit gegeben sein, weil der in Geldform vorhandene Ausgangswert perpetuiert und das Kapital sich damit als Prozess darstellt. In diese Richtung deutet das folgende Zitat:

„„Les valeurs capitales se perpétuent". (Say, 21.) „Kapital – permanter" („sich vervielfältigender" gehört noch nicht hierher) „Wert, der nicht mehr unterging; dieser Wert reißt sich los von der Ware, die ihn geschaffen hatte; sie blieb gleich einer metaphysischen, unsubstantiellen Qualität immer im Besitze desselben cultivateur" (hier gleichgültig: sage Besitzers) „für den sie verschiedne Formen bekleidete". (Sismondi VI.)" (GR, 172; vgl. auch 937)

Während wir es beim Schatz mit einer bewegungslosen starren Unvergänglichkeit zu tun haben, können wir unabhängig von diesen beiden Möglichkeiten bezogen auf das Kapital festhalten, dass wir es bei ihm mit einer bewegten Unvergänglichkeit zu tun bekommen. Diese Unvergänglichkeit ist dann von diskreter Art, wenn sie eine Bewegung von einem Wert zum anderen Wert beinhaltet, und dann von kontinuierlicher Art, wenn es um einen prozessierenden Wert geht. Auf diese beiden Formen ist hier insbesondere deswegen hinzuweisen, weil sowohl die eine als auch die andere Art der bewegten Unvergänglichkeit noch weniger aus Ware, Wert und Geld abzuleiten ist als die unbewegte Unvergänglichkeit des Schatzes.

Zum dritten ist zunächst festzustellen, dass aus der unbewegten Unvergänglichkeit zwar die Schatzbildung als solche erklärt werden kann. Das ist insbesondere der Fall, wenn wir Goldgeldschätze ins Auge fassen. Denn nicht zirkulierendes Gold wird weder verschlissen noch von Rost und Motten zerfressen. Dass der Schatz aber ständig vergrößert werden muss, folgt aus ihr in keiner Weise. Zur Begründung dieses Moments trägt die Unvergänglichkeit nichts bei. Dazu ist vielmehr eine Forderung nach maßlos viel Wert in der Form des Geldes erforderlich. Andernteils sind bezogen auf das Kapital ähnliche Feststellungen zu treffen. Aus der bewegten Unvergänglichkeit kann zwar die Form G - W - G abgeleitet werden. In dieser Form liegt das Kapital aber noch gar nicht in seiner eigentlichen Gestalt vor. Wenn das wirkliche Kapital und damit die Bewegung G - W - G' - W' - G'' … erklärt werden soll, dann bedarf es auch hier der Forderung nach maßlos viel Wert. Da sowohl in der immer weiter gehenden Schatzbildung als auch innerhalb der genannten Kapitalbewegung die Unvergänglichkeit des Ausgangswerts enthalten ist, haben wir auch an dieser Stelle ein Beispiel dafür, dass Marx mit etwas beginnt, was doch nur als Folge des erst noch Abzuleitenden verständlich ist. Wenn es die maßlose Vermehrungsbewegung in der Form des Schatzes oder des Kapitals gibt, dann versteht sich die Unvergänglichkeit der Anfangswerte nämlich

244

von selbst. Denn diese ist ein schlichter Nebeneffekt der Vermehrung. Den umgekehrten Zusammenhang gibt es dagegen nicht.

Zum vierten sei noch darauf hingewiesen, dass Marx auf der einen Seite selbst sieht, dass die bewegte Unvergänglichkeit als solche nur eine Kapitalbewegung erklären kann, in deren Rahmen das Kapital sich noch gar nicht vermehrt und deshalb nur ein „Name" (GR 173) darstellt. Auf der anderen Seite sucht man vergebens nach weitergehenden Argumenten, die die Vermehrungsbewegung erklären. (vgl. GR 172-175) Da sie sich nicht finden, stellt sich der Eindruck ein, dass Marx doch den untauglichen Versuch unternimmt, mithilfe der bewegten Unvergänglichkeit auch die Vermehrung des Kapitals zu erklären.

Als Fazit aus diesen Hinweisen können wir festhalten, dass die Argumentation mit der Unvergänglichkeit ebenfalls nicht überzeugen kann. Das hat seinen Grund schon darin, dass aus dem Wert als solchem keine Forderung nach Unvergänglichkeit gezogen werden kann. Eine solche Forderung muss man vielmehr zusätzlich hereinbringen. Wenn man das tut und sie so fasst, dass sowohl die unbewegte als auch die bewegte Unvergänglichkeit gemeint sein kann, dann kann daraus zwar der Schatz und das Kapital in der Form der Bewegung G - W - G abgeleitet werden, in der es noch gar kein wirkliches Kapital ist. Dass es um einen ständig zu vergrößernden Schatz oder um wirkliches Kapital zu tun sein muss, das die Bewegung G - W - G' - W' - G'' …. vollzieht, kann aber nicht erklärt werden. Wenn man darauf hinaus will, darf man nicht nur die Unvergänglichkeit ansetzen, sondern muss entweder eine maßlose Unvergänglichkeit ins Spiel bringen oder – noch besser – nur von der maßlosen Vermehrung reden. Denn aus ihr ergibt sich die Unvergänglichkeit. Einzig bezogen auf den Übergang von der maßlosen Schatzbildung zur schrankenlosen Kapitalakkumulation kommen wir im Vergleich mit dem letzten Abschnitt zu einem besseren Ergebnis. Da wir hier mit der Unvergänglichkeit, die einerseits quantitativ maßlos ist und andererseits sowohl die feste als auch die bewegte Variante umfasst, denselben Zweck haben, kann tatsächlich damit argumentiert werden, dass dieser Zweck in der Form des Kapitals effektiver erreicht werden kann.

Bislang habe ich den Übergang von der Unvergänglichkeit zum Kapital auf der Basis des Werts betrachtet. Eigentlich spielt er sich jedoch auf der des Tauschwerts ab, fehlt doch in den 'Grundrissen' eine Betrachtung des Werts als Wert, wie wir sie aus dem 'Kapital' kennen. Untersuchen wir deshalb die Marxsche Argumentation auch noch auf dieser Grundlage:

"Es kann nicht gesagt werden, daß in der einfachen Zirkulation der Tauschwert als solcher realisiert wird. Er wird immer nur realisiert im Moment seines Verschwindens. Wird die Ware vermittelst des Geldes gegen Ware ausgetauscht, so verschwindet ihre Wertbestimmung in dem Moment, worin sie sich realisiert, und sie tritt außer der Beziehung, wird indifferent dagegen und nur noch direktes Objekt des Bedürfnisses." (GR, 171; vgl. auch 180)

Mit diesen etwas dunklen Bemerkungen ist gemeint, dass die einzelne Ware als solche den Tauschwert nur ideell oder latent enthält. (vgl. GR, 65 und 919) Die Ware muss erst als Tauschwert werden und dies geschieht nur im und durch den Austausch. (vgl. u. a. S. 16 und 157) Diese Realisierung der in der Ware liegenden Möglichkeit des Tauschwerts ist nun zugleich sein Verschwinden. Um dies einzusehen, muss man sich klar machen, dass der Tauschwert der einen Ware zunächst soundsoviel andere Ware ist. Seine Realisierung ist also der Austausch mit anderer Ware, die auf der Basis der einfachen Zirkulation nur als Gebrauchswert interessiert. Sobald sich die eine Ware mit der anderen ausgetauscht hat – und die Vermittlung des Geldes kann man sich hierbei sparen, weil sie doch nur vom entscheidenden Punkt ablenkt –, ist ihr Tauschwert damit auch schon verschwunden, denn die andere Ware gilt jetzt nur noch als Gebrauchswert.

Auf diesem Hintergrund wird nun die Rolle des Geldes deutlich:

"**Zweitens**: Das Geld ist die Negation seiner als bloßer Realisierung der Preise der Waren, wo die besondre Ware immer das Wesentliche bleibt. Es wird vielmehr der in sich selbst realisierte Preis und als solches der **materielle Repräsentant des Reichtums** sowohl als die **allgemeine Form des Reichtums** gegenüber allen Waren als nur besondren Substanzen desselben; aber
Drittens: Ist das Geld auch negiert in der Bestimmung, wo es nur das **Maß** der Tauschwerte ist. Als allgemeine Form des Reichtums und als sein materieller Repräsentant ist es nicht mehr das ideelle Maß von andrem, von Tauschwerten. Denn es ist selbst die adäquate Wirklichkeit des Tauschwerts, und es ist diese in seinem metallischen Dasein." (GR, 140)

Während oben noch die Waren Tauschwerte waren und das Geld höchstens ein bloßer Vermittler, so wird in diesem Zitat angesprochen, dass es die vollendete Form und "adäquate Wirklichkeit des Tauschwerts" darstellt. Der Grund dafür ist ein doppelter: Zum einen ist der Tauschwert im Geld nicht nur latent enthalten, sondern deshalb bereits realisiert, weil Geld mit allen Waren unmittelbar austauschbar ist. Zum anderen fällt diese Form der Realisierung nicht mehr mit dem Verschwinden des Tauschwerts zusammen, weil Geld allgemeines Äquivalent ist und so die Beziehung auf die Waren behält. Im Geld kann man den Tauschwert also festhalten, wenn man will, für immer.

"Das Geld in seiner letzten, vollendeten Bestimmung erscheint nun nach allen Seiten als ein Widerspruch, der sich selbst auflöst; zu seiner eignen Auflösung treibt. Als allgemeine(r) Form des Reichtums steht ihm die ganze Welt der wirklichen Reichtümer gegenüber. Es ist die reine Abstraktion derselben, – daher so festgehalten bloße Einbildung. Wo der Reichtum in ganz materieller, handgreiflicher Form als solcher zu existieren scheint, hat er seine Existenz bloß in meinem Kopf, ist ein reines Hirngespinst. Midas. Andrerseits als **materieller Repräsentant des allgemeinen Reichtums**, wird es bloß verwirklicht, indem es wieder in Zirkulation geworfen, gegen die einzelnen besondren Weisen des Reichtums verschwindet." (GR, 144; vgl. auch 919/920 und 929)

Wenn man das Geld und den Tauschwert festhalten will, dann hat man nur den Reichtum in abstrakter Form, der von den "besondren Weisen des Reichtums", d. h. von den Gebrauchswerten, verschieden ist. Gibt man das Geld dagegen aus, dann verschwindet umgekehrt der Tauschwert. Dieses Verhältnis nennt Marx einen "Widerspruch", den er in der Form auflöst, dass er an beiden Momenten, der Dauerhaftigkeit und der Erfülltheit, festhält:

"Als bloß **allgemeine Form des Reichtums** negiert, muß es also sich verwirklichen in den besondren Substanzen des wirklichen Reichtums; aber indem es so sich wirklich bewährt als **materieller Repräsentant** der Totalität des Reichtums, muß es zugleich sich erhalten als die allgemeine Form. Sein Eingehn in die Zirkulation muß selbst ein Moment seines Beisichbleibens, und sein Beisichbleiben ein Eingehn in die Zirkulation sein. Das heißt als realisierter Tauschwert muß es zugleich als Prozeß gesetzt sein, worin sich der Tauschwert realisiert." (GR, 145/46; vgl. auch 931)

Das Ergebnis dieses Prozesses nennt Marx "Kapital":

"Sobald das Geld als Tauschwert gesetzt wird, der sich verselbständigt nicht nur gegen die Zirkulation, sondern sich in ihr erhält, ist es nicht mehr Geld, denn dies kommt als solches nicht über die negative Bestimmung hinaus, sondern ist **Kapital**." (GR, 171; vgl. auch 146)

Nach dieser einigermaßen ausführlichen Darstellung des Marxschen Gedankenganges können wir nun zu seiner Würdigung übergehen. Dabei soll der Punkt nicht interessieren, dass das Kapital auch im vorliegenden Zusammenhang bislang nur ein "Name" (GR, 173) ist, weil die Seite der Vermehrung fehlt (vgl. GR, 173/174), denn das würde uns zu bereits behandelten Zusammenhängen zurückführen. Interessieren sollen vielmehr nur die dargestellten Übergänge vom verschwindenden Tauschwert zum Geld und weiter zu dem in der Zirkulation bei sich bleibenden Tauschwert. Denn sie führen zur Bewegung G - W - G und würden damit dann, wenn sie überzeugend wären, das oben thematisierte Aufgreifen dieser Form erübrigen.

Zunächst kann zugestanden werden, dass die dargestellte Bewegung als solche verständlich ist und auch einige Plausibilität besitzt. Ihr einleuchtender Charakter kommt daher, dass die Elemente in sinnvoller Weise zusammengesetzt werden.

Richtig ist, dass der Tauschwert in der Form der Ware den Gebrauchswert einschließt, aber verschwindend ist. Und richtig ist ebenfalls, dass er in der Form des Geldes die umgekehrten Charakteristika aufweist. Schließlich leuchtet ein, dass man durch Zusammensetzung der beiden Elemente das von Marx sogenannte Kapital konstruieren kann. Denn, wenn das Geld in einer Weise gegen Gebrauchswert verausgabt wird, in der sein Tauschwert erhalten bleibt, dann muss es eben mit einer Ware getauscht werden, die nicht dazu bestimmt ist, als Gebrauchswert verbraucht, sondern wiederverkauft zu werden. Einfaches ist der Baustein für Komplizierteres, das macht die Plausibilität der Darstellung aus.

Diese Plausibilität und Verständlichkeit darf jedoch nicht mit der Notwendigkeit verwechselt werden. Das ist zum einen schon deswegen der Fall, weil uns nichts zwingt, zwischen dem verschwindenden Tauschwert in der Form der Ware und dem bleibenden Tauschwert in der Form des Geldes einen "Widerspruch" zu sehen, der auf die beschriebene Weise aufzulösen ist. Und daran ändert auch der Umstand nichts, dass ersterer mit einem Gebrauchswert verbunden ist und letzterer nicht. Überhaupt ist die hinter der Rede vom Widerspruch stehende Forderung uneinsichtig, nach der der Tauschwert sich in einer Art und Weise zu verewigen hat, die den Gebrauchswert beinhaltet. Mit anderen Worten: Wenn diese Forderung von Anfang an klar und damit ein zu verwirklichender Inhalt darstellen würde, dann wäre die Bewegung in sich notwendig. So wie sie Marx jedoch darstellt, kann sie das schon deshalb nicht sein, weil das treibende, bewegende Moment fehlt.

Aber auch wenn wir von diesem Punkt absehen, gibt es Probleme. Im vorletzten Absatz haben wir die Zusammensetzbarkeit bejaht, weil wir G - W - G als Handelskapital verstanden haben. Wie sich im nächsten Abschnitt zeigt, ist jedoch fraglich, ob diese Interpretation in Marx' Sinn ist. Marx will nämlich auf eine Grundform des Kapitals hinaus, die sich auch und das sogar noch in erster Linie auf das industrielle Kapital bezieht. Weil im Rahmen dieses Kapitals das W in G - W - G nicht für Handelswaren, sondern vor allem für Arbeitskraft steht, kann es nicht mehr als eine Zusammensetzung aus Gebrauchswert und Tauschwert verstanden werden. Denn die Arbeitskraft gehört definitiv nicht zu den Waren, die wir bislang bei der Behandlung der einfachen Zirkulation betrachtet haben. Sie kann zwar auch als Gebrauchswert bezeichnet werden, ist aber trotzdem von den Gebrauchswerten verschieden, die bislang unser Thema waren.

Gerade dann, wenn wir auch diesen Punkt berücksichtigen, können wir zusammenfassend festhalten, dass die Marxsche Darstellung nicht in sich notwendig, sondern motiviert ist. Sie hat es von Anfang an auf ein bestimmtes Ziel abgesehen und nähert sich diesem schrittweise an. Das gibt sie aber nicht offen zu erkennen, weil sie es als Resultat sehen lassen will. Das Resultat ist aber nur dann notwendig, wenn es im Anfang bereits beinhaltet ist. Gerade, weil Marx den vorantreibenden Zweck seiner Darstellung nicht voranstellt und damit objektiv macht, ist sie nur für ihn überzeugend. Objektiv gesehen, d. h. auf Basis der von Marx explizierten Momente geurteilt, kommt sie dagegen einem schritt- und stückweisen Aufgreifen gleich. Kein einziger Übergang ist in sich zwingend.[cxxii]

4. Die Allgemeinheit der allgemeinen Formel des Kapitals

Nachdem oben ausführlich nachgewiesen worden ist, dass Marx die allgemeine Formel des Kapitals nicht auf überzeugende Weise ableiten kann, sondern sie als unvermittelter neuer Anfang hereinbringt, soll es in diesem Abschnitt darum gehen, wie die Allgemeinheit dieser allgemeinen Formel genauer zu verstehen ist. Auf den ersten Blick könnte man diesbezüglich meinen, dass Marx mit seiner allgemeinen Formel des Kapitals, die sich bei Beschränkung auf einen Umlauf als G - W - G' darstellt, nur auf das Kaufmannskapital abzielt. Denn nur bei diesem Kapital wird die Ware, die gekauft wird, auch wieder mit der Folge verkauft, dass es eine Identität zwischen der gekauften und verkauften Ware gibt. Wie die folgende Stelle zeigt, ist das aber nicht der Fall:

"Kaufen, um zu verkaufen, oder vollständiger, kaufen, um teurer zu verkaufen, G - W - G', scheint zwar nur einer Art des Kapitals, dem Kaufmannskapital, eigentümliche Form. Aber auch das industrielle Kapital ist Geld, das sich in Ware verwandelt und durch den Verkauf der Ware in mehr Geld rückverwandelt. Akte, die etwa zwischen dem Kauf und dem Verkaufe, außerhalb der Zirkulationssphäre, vorgehn, ändern nichts an dieser Form der Bewegung. In dem zinstragenden Kapital endlich stellt sich die Zirkulation G - W - G' abgekürzt dar, in ihrem Resultat ohne die Vermittlung, sozusagen im Lapidarstil, als G - G', Geld das gleich mehr Geld, Wert, der größer als er selbst ist" (I, 170)

Denn diese Stelle macht einesteils deutlich, dass G - W - G' eine allgemeinere Bedeutung hat und sich neben dem „Kaufmannskapital" auch auf das „industrielle Kapital" bezieht. Denn Marx ist der Ansicht, dass es dieselbe „Form der Bewegung" durchläuft. Da sich das industrielle Kapital vom Kaufmannskapital dadurch unterscheidet, dass die gekaufte Ware sich nicht mit der verkauften deckt, ist diese Behauptung nicht unproblematisch. Zustimmen kann man ihr nur, wenn die Figur G - W - G' gar nicht wörtlich zu verstehen, sondern die Möglichkeit zugelassen ist, dass sie eine Lücke aufweist, die Raum für Akte bietet, die „außerhalb der Zirkulationssphäre" vollzogen werden. Weil wir die Bewegung des industriellen Kapitals als G - W ... P ... W' - G' kennen lernen werden, kommt diese Lücke oder dieser Platzhalter nach „G - W" und vor „- G'". Daher können wir feststellen, dass die allgemeine Formel des Kapitals eigentlich in der Form G - W ()- G' darzustellen ist, wobei die beiden Klammern den Ort bezeichnen, an dem gegebenenfalls zusätzliche Schritte eingefügt werden können.

Andernteils gibt es neben den beiden gerade behandelten Kapitalarten auch noch das „zinstragende Kapital", das im Vergleich mit dem Kaufmannskapital mit weniger Schritten auskommt. Von daher ist zwar klar, dass es nicht mehr in der Form G - W () - G' untergebracht werden kann. Umgekehrt kann aber sowohl das Kaufmannskapital als auch das industrielle Kapital in die Form G - G' gepackt werden, wenn man zulässt, dass diese Figur genauso eine Lücke oder einen Platzhalter aufweist, wie die erstgenannte Form. Dabei ist belanglos, ob die Lücke vor oder nach dem Verbindungsstrich platziert wird und wir es daher mit G - () G' oder mit G () - G' zu tun haben. Denn in beiden Fällen kann sowohl das Kaufmannskapital als auch das industrielle Kapital eingebaut werden.

Auf dieser Grundlage stellt sich die Frage, warum Marx nicht G - G' als allgemeine Formel des Kapitals bezeichnet. Denn das würde eigentlich nahe liegen, weil nur diese Figur alle drei Kapitalarten umfasst und daher wirklich allgemein ist. Diese Frage stellt sich zumindest, wenn man die Allgemeinheit der allgemeinen Formel als eine klassifikatorische Allgemeinheit versteht, die nur etwas über das sagen will, was den zugrunde liegenden Bewegungen gemeinsam ist, und daher nichts mit einer Begründung zu tun hat. Denn eine solche Gemeinsamkeit oder Allgemeinheit stellt nicht das Leerstellen oder Platzhalter beinhaltende G - W - G' dar, sondern das gleichermaßen bestimmte G - G'. Wenn man die Allgemeinheit der allgemeinen Formel dagegen nicht als eine solche klassifikatorische Allgemeinheit, sondern als Ausdruck für das nimmt, woraus sich alle Kapitalarten auf eine Weise begründen, die angesichts ihrer Unterschiedlichkeit nur mittelbar sein kann, dann sieht die Sache anders aus. Dann besteht durchaus die Möglichkeit, dass die allgemeine Formel des Kapitals G - W - G' oder G - W ()- G' diese Position auch dem zinstragenden Kapital gegenüber innehat und damit ein Prinzip darstellt, das allen Kapitalarten zugrunde liegt.

Während man bei G - W - G' den Eindruck bekommen kann, dass es nicht nur um den Zweck geht, der sich in dieser Form verwirklicht, sondern auf umfassende Weise auch um die Art, in der er sich verwirklicht, macht G - W () - G' klar, dass das nicht der Fall ist. Weil bezogen auf diese Figur von einer umfassenden Art und Weise der Verwirklichung nicht mehr gesprochen werden kann, geht es bei ihr hauptsächlich um den Zweck. Zwar kommt auch noch ein Stück Verwirklichung hinzu. Dieses ist aber nicht mehr so umfassend. Es beinhaltet vielmehr Lücken, die durch eine Argumentation gefüllt werden, die vom Zweck ausgeht.

5. Die verschiedenen Möglichkeiten des Kapitalverständnisses

Gegen die allgemeine Formel des Kapital G - W - G' kann nicht nur eingewendet werden, dass sie besser als G - W () - G' gefasst werden sollte. Unklar ist auch, wie das Kapital genau zu verstehen ist. Hier gibt es nämlich unterschiedliche Möglichkeiten, die im Folgenden zum Thema gemacht werden sollen. Da sie mit der Art und Weise zusammenhängen, in der die Menschen angesprochen werden, die die Bewegung des Kapitals vollziehen, ist dabei mit der Thematisierung dieser Menschen zu beginnen.

5.1. Der Übergang zu den die Kapitalbewegungen ausführenden Menschen

Zur maßlos verstandenen Bewegung G - W - G' bzw. G - W () - G', in der es um ΔG als Endzweck geht, bemerkt Marx Folgendes:

„Der ursprünglich vorgeschoßne Wert erhält sich daher nicht nur in der Zirkulation, sondern in ihr verändert er seine Wertgröße, setzt einen Mehrwert zu oder verwertet sich. Und diese Bewegung verwandelt ihn in Kapital." (I, 165)

An diesem Zitat fällt auf, dass Marx so tut, als könnte sich das Kapital selbst bewegen, als wäre es daher ein Subjekt. Das zeigt sich daran, dass der mit G bezeichnete Ausgangswert, nicht nur etwas ist, das am Anfang der Bewegung steht, die zu G' führt. Stattdessen tritt er als das auf, wovon diese Bewegung im aktiven Sinne ausgeht.[37] Wie die folgende Stelle zeigt, ist dieses Moment im vorliegenden Zusammenhang aber genausowenig wörtlich zu verstehen, wie das bei der Ware (vgl. S. 21) der Fall gewesen ist:

"Als bewußter Träger dieser Bewegung wird der Geldbesitzer Kapitalist. Seine Person, oder vielmehr seine Tasche, ist der Ausgangspunkt und der Rückkehrpunkt des Geldes. Der objektive Inhalt jener Zirkulation – die Verwertung des Werts – ist sein subjektiver Zweck, und nur soweit wachsende Aneignung des abstrakten Reichtums das allein treibende Motiv seiner Operationen, funktioniert er als Kapitalist oder personifiziertes, mit Willen und Bewußtsein begabtes Kapital. Der Gebrauchswert ist also nie als unmittelbarer Zweck des Kapitalisten zu behandeln. Auch nicht der einzelne Gewinn, sondern nur die rastlose Bewegung des Gewinnens." (I, 167/168)

Denn in ihr bringt Marx zum Ausdruck, dass die Bewegung des Kapitals nur etwas darstellt, was von Menschen vollzogen wird. Diese Menschen, die die „rastlose Bewegung des Gewinnens" ausführen, werden aber in einer unklaren Weise gefasst. Auf der einen Seite redet Marx nämlich von einem „bewussten Träger" und seinem „subjektiven Zweck" und bezieht sich damit auf Dinge, die nur zum Menschen als Subjekt passen. Auf der anderen Seite spricht er von den Kapitalisten als „personifiziertes, mit Willen und Bewußtsein begabtes Kapital" und macht damit

---

[37] Bei genauer Lektüre wird nicht nur deutlich, dass die Bewegung von G ausgeht, sondern auch, dass der in dieser Form vorgeschossene Wert seine Wertgröße verändert. Auf diesen zweiten Aspekt werden wir im folgenden V. Kapitel (vgl. S. 176ff.) zu sprechen kommen.

die als Kapitalisten fungierenden Menschen gerade nicht als Subjekte, sondern als Charaktermasken zum Thema, die als solche bewusstlos agieren. Angesichts dieser Doppeldeutigkeit, die an die Unklarheit erinnert, die wir schon bei den Waren-Charaktermasken (vgl. S. 23) kennen gelernt haben, stellt sich die Frage, wie die als Kapitalisten fungierenden Menschen zu verstehen sind. Sie soll im Folgenden nicht zuletzt auch deswegen beantwortet werden, weil das die unabdingbare Voraussetzung dafür ist, dass die weiteren Überlegungen von Marx richtig verstanden werden können.

Angesichts des Umstandes, dass Marx von einer Bewegung G - W () - G' - W' () - G'' … spricht, in deren Rahmen in der Form von ΔG maßlos viel Mehrwert von den agierenden Menschen als direktes Ziel angestrebt wird, und auf dem Hintergrund dessen, dass wir oben nicht nur das unmittelbare Sein kennen gelernt, sondern auch schon von Seinsarten gehört haben, die sich vom unmittelbaren Sein entweder inhaltlich (vgl. S. 107) oder formell (vgl. S. 236) unterscheiden, gibt es in Bezug auf das Verständnis der Menschen vier grundsätzlichen Möglichkeiten, die alle mit unterschiedlichen Fassungen des unmittelbaren Seins zusammenhängen, das Marx mit seiner Bewegung beschreiben oder erklären will:

Wenn man entsprechend den Aussagen, die Marx zunächst macht, erstens davon ausgeht, dass sich die Waren innerhalb des unmittelbaren Seins zu Werten tauschen und diese Wertbasiertheit auch für die zum unmittelbaren Sein gehörende Bewegung G - W () - G' - W' () - G'' … mit der Folge gilt, dass es bei ΔG jeweils um Mehrwert geht, und ferner annimmt, dass die diese Bewegung vollziehenden Menschen den in Geldform auftretenden maßlosen Mehrwert als subjektiven Endzweck anstreben, dann stellt die Marxsche Bewegung etwas dar, was unmittelbar erfahren wird und daher mit dem unmittelbaren Sein zusammenfällt. Damit zusammenhängend treten die auf ihrer Basis als Kapitalisten fungierenden Menschen als Subjekte auf, die das maßlose ΔG als ihren subjektiven Endzweck verfolgen und dabei bewusst handeln.

Wenn man zweitens zwar den ersten Ausgangspunkt und damit die Wertbasiertheit mit Marx teilt, aber davon ausgeht, dass die als Kapitalisten fungierenden Menschen, die es im Rahmen des unmittelbaren Seins gibt, das maßlose ΔG deswegen nur als Mittel zum Zweck verfolgen, weil ihr subjektiver Endzweck (vgl. S. 235) ein von ΔG verschiedenes Wohl ist, bekommen wir es bei der allgemeinen Formel des Kapitals oder der Marxschen Bewegung G - W () - G' - W' () - G'' …, in der ΔG ja nach wie vor als direktes Ziel verfolgt wird, mit einer Realität zu

252

tun, die nicht mit dem unmittelbaren Sein zusammenfällt. Dann wird mit ihr vielmehr eine zweite objektive Realität dargestellt, die es zusätzlich zur subjektiven Realität des unmittelbaren Seins gibt.[38]

Diese zweite objektive Realität kann als formell mittelbares Sein bezeichnet werden. Als solches stellt es zum einen eine Realität dar, die die in ihr agierenden Menschen nicht von sich aus wahrnehmen. Das geht damit einher, dass diese als Kapitalisten fungierenden Menschen, von denen hier allein die Rede ist, in ihrem Rahmen bewusstlos agieren und daher lediglich als Charaktermasken tätig sind. Weil das mittelbare Sein trotz des Umstandes, dass es nicht unmittelbar wahrgenommen wird, weiterhin ein Sein und damit grundsätzlich wahrnehmbar ist, ist diese Benennung zum anderen nur gerechtfertigt, wenn Marx seine Bewegung als etwas versteht, das zu den empirischen Gegebenheiten gehört. Denn nur auf dieser Grundlage ist es auch für die Menschen, die als Kapitalisten fungieren, zumindest auf der Basis dessen grundsätzlich wahrnehmbar, dass man sie auf das hinweist, worauf sie zu achten haben. Davon, dass Marx genau das tut, können wir hier ausgehen, weil wir es bei seiner Bewegung andernfalls nicht mit einem mittelbaren Sein, sondern einem Nicht-Sein zu tun hätten, aus dem die empirische Bewegung nie und nimmer erklärt werden könnte.

Damit, dass Marx seine Bewegung als eine empirische Gegebenheit versteht, ist natürlich noch nicht gesagt, dass es diese Bewegung tatsächlich gibt. Ob das der Fall ist oder nicht, werden wir erst im nächsten Abschnitt überprüfen. Gerade weil sich dort zeigen wird, dass es bei der empirischen Bestätigung hapert, sei schon an dieser Stelle darauf hingewiesen, dass das nichts daran ändert, dass es Marx auf empirische Gegebenheiten abgesehen hat. Denn es macht einen Unterschied, ob von einem mittelbaren Sein die Rede ist, das nicht empirisch bestätigt werden kann, oder ob von einem Nicht-Sein gesprochen wird, bei dem sich die Frage der empirischen Bestätigung gar nicht stellt.

Wenn man drittens von einem unmittelbaren Sein ausgeht, in dem die Subjekte das maßlose ΔG zwar als Endzweck und daher als direkten Ausdruck ihres Wohls anstreben, aber auf einer Basis, die durch den Produktionspreis gekennzeichnet ist und sich damit von der Wertbasis unterscheidet, bekommen wir es bezüglich der Marxschen Bewegung G - W () - G' - W' () - G'' … ebenfalls mit einer sich vom unmittelbaren Sein unterscheidenden zweiten Realität zu tun, auf deren Basis die

[38] Ich rede hier von „zusätzlich", weil die Rede von „neben" irreführend wäre. Es gibt das mittelbare Sein nicht neben dem unmittelbaren Sein. Vielmehr kommt das mittelbare Sein nur innerhalb des unmittelbaren Seins vor. Das ist aber am Anfang nicht klar. Wenn man zunächst nur das mittelbare Sein thematisiert, dann weiß man noch nicht, wie es sich zum unmittelbaren Sein verhält.

als Kapitalisten auftretenden Menschen als Charaktermasken agieren. Diese Charaktermasken sind aber nicht nur von den Subjekten zu unterscheiden. Sie weisen vielmehr auch einen Unterschied zu den obigen Charaktermasken auf. Während oben der Unterschied zwischen der Charaktermaske und dem Subjekt deswegen nur formell war, weil er sich lediglich darauf bezog, dass derselbe Inhalt ΔG von der Charaktermaske als direktes Ziel oder Endzweck und vom Subjekt nur als indirektes Ziel oder bloßes Mittel zu einem anderen Endzweck verfolgt wird, haben wir es hier deswegen mit einem inhaltlichen Unterschied zu tun, weil der Mehrwert eben etwas Anderes ist als der Profit. Die hiesigen Charaktermasken können daher als inhaltlich bestimmte Charaktermasken bezeichnet und als solche von den obigen Charaktermasken unterschieden werden, die nur formal bestimmte Charaktermasken darstellen.

Ähnliche Hinweise müssen bezogen auf die zweite Realität gemacht werden, in der die inhaltlich bestimmten Charaktermasken agieren. Auf der einen Seite kann diese zweite Realität, die es zusätzlich zur ersten subjektiven Realität gibt, ebenfalls als mittelbares Sein bezeichnet werden. Da wir es hier aber nicht mehr mit einem nur formellen Unterschied zum unmittelbaren Sein, sondern einem inhaltlichen Unterschied zu tun haben, ist auf der anderen Seite klar zu stellen, dass wir es hier genauer mit dem inhaltlich bestimmten mittelbaren Sein zu tun haben, das vom obigen formal mittelbaren Sein zu unterscheiden ist. Vom inhaltlich mittelbaren Sein kann gesprochen werden, weil es analog zum formal mittelbaren Sein von den als Kapitalisten unbewusst fungierenden Menschen zwar nicht wahrgenommen wird, aber auch für sie grundsätzlich wahrnehmbar ist. Das ist der Fall, weil es bei diesem mittelbaren Sein weiterhin um ein Sein geht, das als solches in Erfahrung gebracht werden kann. Zwar kann es wegen dem inhaltlichen Unterschied schwieriger sein, die genannten Menschen darauf aufmerksam zu machen. Das ändert aber nichts an diesem Sachverhalt.

Im Rahmen des unmittelbaren Seins, auf dessen Basis Subjekte agieren, geht es um bewusstes Handeln und subjektive Zwecke. Auf der Basis des formell bestimmten mittelbaren Seins, in dem formell bestimmte Charaktermasken handeln, ist es dagegen um unbewusste Vollzüge und objektive Zwecke zu tun. Auf dieser Grundlage könnte man der Meinung sein, dass innerhalb des inhaltlich bestimmten mittelbaren Seins, in dem inhaltlich bestimmte Charaktermasken tätig sind, dasselbe gilt. Deshalb sei darauf hingewiesen, dass das zwar auf die unbewussten Vollzüge zutrifft, aber nicht auf den objektiven Zweck. Weil es nicht mehr um einen Inhalt geht, den auch die Subjekte als Zweck haben, sondern um etwas, was ihnen inhaltlich unbekannt ist, ist es nämlich besser, im Rahmen des inhaltlich mittelbaren Seins bzw. im Zusammenhang mit den inhaltlich bestimmten Charaktermasken nicht mehr von einem objektiven Zweck, sondern einem Begriff[39] zu sprechen.

Oben haben wir zuerst angenommen, dass sich das unmittelbare Sein vom Marxschen G - W () - G' - W' () - G'' … nur aufgrund dessen unterscheidet, dass der objektive Zweck subjektiv nur als Mittel verfolgt wird, und danach, dass der Unterschied nur daher kommt, dass es statt der Wertebene die Produktionspreisebene gibt. Denkbar ist viertens aber auch, dass beide Unterschiede gleichzeitig vorkommen. In diesem Fall bekommen wir es ebenfalls mit Charaktermasken zu tun. Denn es versteht sich von selbst, dass die wertbasierte Bewegung G - W () - G' - W' () - G'' … nicht von Subjekten ausgeführt werden kann. Diese Charaktermasken, die den Mehrwert ebenfalls in einer unbewussten Weise anstreben, dürfen aber mit den zuvor genannten nicht in einen Topf geworfen werden. Sie unterscheiden sich nämlich von den Subjekten weder nur formell noch nur inhaltlich, sondern weisen beide Unterschiede zugleich auf. Mit anderen Worten geht es nicht mehr nur um den Unterschied zwischen einem direkten Ziel oder Endzweck und einem indirekten Ziel oder Mittel zum Zweck, sondern auch um den zwischen Wert und Mehrwert einerseits und Produktionspreis und Profit andererseits. Während die zuvor genannten Kapital-Charaktermasken entweder als formell bestimmte Charaktermasken oder als inhaltlich bestimmte Charaktermasken bezeichnet werden können, stellen diese dritten Kapital-Charaktermasken sowohl formell als auch inhaltlich bestimmte und damit doppelt bestimmte Charaktermasken dar.

Weil die durch die Bewegung G - W () - G' - W' () - G'' … gebildete Realität, auf der die doppelt bestimmten Charaktermasken agieren, nicht unmittelbar erfahren wird, kann sie ebenfalls als mittelbares Sein bezeichnet werden. Dem ist aber sogleich hinzuzufügen, dass dieses mittelbare Sein nicht mit dem obigen mittelbaren Sein identifiziert werden darf. Da das unmittelbare Sein, von dem es sich unterscheidet, dadurch gekennzeichnet ist, dass die Subjekte wieder ein Wohl verfolgen, dass auch von dem als Durchschnittsprofit zu verstehenden ∆G verschieden ist, weist es nämlich nicht nur einen inhaltlichen, sondern auch eine formelle Dif-

---

[39] Bei dieser Wortverwendung beziehe ich mich natürlich auf Hegel, der den Begriff als das bezeichnet, was sich selbst Wirklichkeit gibt. (Hegel, Grundlinien der Philosophie des Rechts, 1976, S. 29) Das bedeutet aber nicht, dass ich mich auf Hegel in dem theoretischen Sinne stütze, dass ich auf einer Argumentation aufbaue, die sich bei ihm findet und die Verwendung des Begriffes rechtfertigt. Umgekehrt bin ich eher der Meinung, dass die Verwendung des Begriffs Begriff, die sich mir beim Versuch aufgedrängt hat, Marx' Erklärung der bürgerlichen Gesellschaft richtig zu verstehen, der Schlüssel dafür sein könnte, Hegels Verwendungsweise zu erhellen.

ferenz auf. Im Unterschied zu dem nur formell oder nur inhaltlich bestimmten mittelbaren Sein, kann es daher als doppelt mittelbares Sein bezeichnet werden. Da Marx mit seiner Bewegung auch in diesem Zusammenhang auf empirische Gegebenheiten abzielt, ändert diese doppelte Differenz aber nichts daran, dass auch das doppelt mittelbare Sein weiterhin ein Sein darstellt und als solches auch für die als Kapitalisten fungierenden Menschen wahrnehmbar ist. Zwar mag es noch schwieriger sein, sie darauf aufmerksam zu machen. Das macht das doppelt mittelbare Sein aber noch lange nicht zu einem Nicht-Sein.

Im Rahmen des unmittelbaren Seins, auf dessen Basis Subjekte agieren, geht es um bewusstes Handeln und subjektive Zwecke. Auf der Basis des formell mittelbaren Seins, in dem formell bestimmte Charaktermasken tätig sind, ist es dagegen um unbewusste Vollzüge und einen objektiven Zweck zu tun. Auf der Grundlage des inhaltlich mittelbaren Seins, auf der inhaltlich bestimmte Charaktermasken handeln, ist es schließlich um unbewusste Vollzüge und Begriffe zu tun. Auf diesem Hintergrund ist zwar klar, dass es auf der Ebene des doppelt mittelbaren Seins beim unbewussten Vollzug bleibt. Es stellt sich aber die Frage, ob das auch für den Begriff gilt. Deshalb sei darauf hingewiesen, dass das einerseits bejaht werden kann. Denn es geht um einen Inhalt, den die als Subjekte verstandenen Menschen nicht als Zweck kennen. Andererseits darf aber nicht übersehen werden, dass es hier um einen anderen Begriff geht als oben. Weil er im Unterschied zu oben mit einem objektiven Zweck verkoppelt ist, kann der hiesige Begriff als objektiver Begriff bezeichnet und als solcher von dem subjektiven Begriff unterschieden werden, als den sich der obige Begriff jetzt darstellt. Das ist nicht deshalb der Fall, weil er bewusst verfolgt wird. Da es beim subjektiven Begriff weiterhin um eine unbewusste Größe geht, liegt dieser Bezeichnung vielmehr nur zugrunde, dass er eben nicht mit einem objektiven Zweck verkoppelt ist.[cxxiii]

5.2. Die mit den vier Übergangsweisen verbundenen vier Theorievarianten

Die vier oben genannten Möglichkeiten, die als Kapitalisten auftretenden Menschen zum Thema zu machen, sind auch deswegen voneinander zu unterscheiden, weil sich mit ihnen sowohl unterschiedliche Merkmale des jeweiligen unmittelbaren Seins verbinden, als auch unterschiedliche Theorien, die das jeweilige unmittelbare Sein erklären. Wenn es um den ersten Fall geht, bei dem das schrankenlose ΔG als Mehrwert und subjektiver Endzweck und damit von Kapitalisten verfolgt wird, die dabei als Subjekte auftreten, bekommen wir es beim unmittelbaren Sein erstens mit einer Realität zu tun, die sich von selbst versteht. Daher gibt es nur dieses unmittelbare Sein, das deswegen auch als einfaches Sein bezeichnet werden kann. Die Theorie, die dieses Sein erklärt, enthält nur die Argumentation per teleologischer Genesis. In ihrem Rahmen wird von dem die schrankenlose Wertvermehrung enthaltenden subjektiven Endzweck ausgegangen, um daraus die Bewegung G - W ()- G' - W' ()- G'' ... abzuleiten, in der dieser Endzweck verwirklicht wird. Da das maßlose ΔG als subjektiver Endzweck verfolgt wird und daher direkter Ausdruck des Wohls ist, reproduziert diese Argumentation nur das, was die agierenden Subjekte als unmittelbares Sein sowieso schon kennen. Das bezieht sich nicht nur auf die jeweiligen Gegebenheiten, sondern auch auf den kausalen Zusammenhang. Denn das unmittelbare Sein, das das Sein in der Form meint, in dem es die Alltagssubjekte von sich aus wahrnehmen, hat nicht nur bloße Gegebenheiten zum Inhalt, sondern umfasst durchaus auch schon Erklärungen.

Wenn wir es dagegen mit dem zweiten Fall zu tun bekommen, bei dem ΔG von den als Kapitalisten fungierenden Subjekten zwar als Mehrwert, aber nicht als subjektiver Endzweck, sondern nur als Mittel zum Zweck verfolgt wird, liegt mit dem unmittelbaren Sein eine Realität vor, die sich nicht mehr aus sich heraus versteht, sondern erklärungsbedürftig ist. Das ist der Fall, weil im Rahmen dieser Variante mit ΔG ein Inhalt als Mittel zum Zweck verfolgt wird, der tatsächlich kein solches Mittel ist, sondern die Position des eigentlichen Endzwecks innehat. Das zeigt sich daran, dass das Wachstum des vermeintlichen Mittels das des vermeintlichen Zwecks übersteigt. Denn, wenn das Wohl nicht so zunimmt, wie es aufgrund des zunehmenden Mittels zunehmen müsste, dann ist das der klare empirische Beweis dafür, dass ΔG nicht ein Mittel zum Zweck des Wohls sein kann, sondern es sich bei ihm um den tatsächlichen Endzweck handeln muss.

Da es diese Verhältnisse gibt, ist das unmittelbare Sein in sich widersprüchlich und muss in einer Weise theoretisch erklärt werden, die über die Begründungen hinausgeht, die im unmittelbaren Sein enthalten sind. Diese Erklärung wird einerseits durch das formell mittelbare Sein geliefert, auf dessen Basis formal bestimmte Charaktermasken agieren und ausgehend vom objektiven Zweck per logischer Geltung argumentiert wird. Weil die die unmittelbar seiende Bewegung vollziehenden Subjekte bei der Verfolgung ihres Wohls insofern scheitern, als sie eben mehr und anderes als nur ihr Wohl verwirklichen, stellt dieses mittelbare Sein genau das dar, was sich eigentlich tut. Diese Erklärung umfasst andererseits die Darstellung des unmittelbaren Seins, auf dessen Ebene ausgehend vom Wohl per teleologischer Genesis argumentiert wird. In diesem Rahmen wird gezeigt, wie es zur maßlosen Vermehrung des Werts kommt, obwohl nicht diese subjektiver Endzweck ist, sondern ein Wohl diese Position innehat, das einen anderen Inhalt besitzt als die Erzielung von maßlos viele ΔG.

Mit diesen beiden Argumentationen wird im Unterschied zu oben nicht das reproduziert, was die agierenden Subjekte eh' schon wissen. Das ist bei der Argumentation per logischer Geltung ganz klar. Das trifft aber auch auf die Argumentation per teleologischer Genesis zu. Da sie von einem Wohl ausgeht, von dem gezeigt wird, dass es sich gerade nicht als Endzweck verwirklicht, wird auch mit ihr nicht nur das unmittelbare Sein oder das reproduziert, was die als Kapitalisten fungierenden Menschen schon wissen. Stattdessen geht sie über dieses unmittelbare Sein und die in ihm enthaltenen Erklärungen hinaus. Denn im unmittelbaren Sein bzw. den ihm entsprechenden Wahrnehmungen ist das Scheitern der Subjekte gerade nicht enthalten. Da das auf Basis der Argumentation per teleologischer Genesis anders ist, kann ihr Ergebnis als erklärtes unmittelbares Sein bezeichnet werden.

Da die Kapital-Charaktermasken, von denen gerade die Rede war, sich von den Kapital-Subjekten nur formell dadurch unterscheiden, dass sie den Inhalt als objektiven Endzweck verfolgen, den die Subjekte nur als Mittel zum Zweck anstreben, sind sie mit den Waren-Charaktermasken vergleichbar, die schon im 1. Kapitel zum Thema gemacht worden sind. Denn diese Waren-Charaktermasken unterscheiden sich von den Waren-Subjekten ebenfalls nur durch die unterschiedliche teleologische Stellung ihrer Bestrebung bzw. genauer gesagt dadurch, dass sie einen Inhalt auf unmittelbare Weise verfolgen, den die Subjekte nur mittelbar anstreben. (vgl. S. 21) Deswegen könnte man der Meinung sein, dass die Waren-Charaktermasken mit den formell bestimmten Kapital-Charaktermasken nicht nur in der Hinsicht vergleichbar sind, dass es auch bei ihnen den Unterschied zwischen dem unmittelbaren Sein und dem formell mittelbaren Sein gibt, sondern auch in Beziehung darauf, dass die teleologische Genesis, von der schon auf der Seite 24 gesprochen worden ist, denselben Charakter hat, wie die teleologische Genesis, die oben Thema war. Aus diesem Grund sei zur Verdeutlichung des oben Ausgeführten noch darauf hingewiesen, dass das nicht der Fall ist. Während im Zusammenhang mit den formell bestimmten Kapital-Charaktermasken ein Scheitern der Subjekte zu registrieren ist, kann von einem solchen Scheitern bei den Waren-Charaktermasken nämlich nicht gesprochen werden. Das hat seinen Grund darin, dass der Unterschied zwischen einem mittelbar oder unmittelbar verfolgten Zweck bei den Waren-Charaktermasken zu keinen inhaltlichen Konsequenzen führt. Denn das, was im Rahmen des einseitigen Warentauschs verwirklicht wird, unterscheidet sich nicht von dem, was per Verkauf und Kauf erreicht wird. Bei den Kapital-Charaktermasken kommt es dagegen zu inhaltlichen Konsequenzen, die sich aus dem Umstand ergeben, dass der Inhalt, der subjektiv nur als Mittel zu einem anderen Zweck verfolgt wird, objektiv Endzweck ist. Daher können wir festhalten, dass das Scheitern nicht eine Folge des formellen Unterschieds als solchem ist, sondern nur durch die formelle, aber zu inhaltlichen Konsequenzen führende Differenz verursacht wird, die wir bei den Kapital-Charaktermasken kennen gelernt haben.

Angesichts dessen, dass wir auf Seite 24 schon erwähnt haben, dass man dann, wenn man per logischer Geltung auf der Ebene des formell mittelbaren Seins eine bestimmte menschliche Handlung erschlossen hat, noch nicht gezeigt hat, wie es

258

auf der Ebene des unmittelbaren Seins per teleologischer Genesis zu dieser Handlung kommt, sei außerdem noch erwähnt, dass diese Feststellung auch bezogen auf die formelle Kapital-Charaktermaske getroffen werden kann. Darüber hinaus ist darauf hinzuweisen, dass sie hier viel bedeutsamer ist als bei den Waren-Charaktermasken. Während diese Feststellung oben insofern noch ziemlich witzlos war, als es noch kein Scheitern der Subjekte gab und deshalb klar war, wie es zum Austausch eigener mit fremder Ware im Rahmen der bewussten Handlungen kommt, ist das hier ganz anders. Weil die formelle Differenz zu einer inhaltlichen Konsequenz und genauer dazu führt, dass ΔG objektiv gesehen Endzweck darstellt, ist es ein Rätsel, wie die Subjekte, die doch nur ihr Wohl anstreben, dazu kommen, ΔG in einer Weise zu verfolgen, die es zum objektiven Endzweck macht. Deswegen stellt die Lösung dieses Rätsels erst hier eine wirkliche Aufgabe dar.

Wenn wir uns den dritten Fall vornehmen, der durch einen subjektiven Begriff gekennzeichnet ist, bekommen wir es beim unmittelbaren Sein ebenfalls mit einer Realität zu tun, die sich nicht aus sich heraus versteht. Der Grund dafür ist aber nicht formeller, sondern inhaltlicher Art. Wir haben es nicht mehr mit einem Scheitern der Subjekte und damit dem Widerspruch zu tun, dass es einen objektiven Endzweck gibt, der sich vom subjektiven Endzweck unterscheidet. Stattdessen stellt der Durchschnittsprofit als solcher etwas dar, was nach einer inhaltlichen Erklärung verlangt. Denn der Umstand, dass er für die unmittelbar seienden Kapitalisten ein Aufschlag auf die Kosten darstellt, erklärt nicht, warum dieser Aufschlag in dem Sinne funktioniert, dass er weder zu einer bloßen Umverteilung des Werts noch zu Inflation führt. Auf diese Weise verweist das unmittelbare Sein auch hier über sich hinaus auf die Ebene des inhaltlich mittelbaren Seins. Diese ist nämlich das, was das unmittelbare Sein möglich macht und ihm damit zugrunde liegt.[40]

Die Theorie, die dieses unmittelbare Sein erklärt, ähnelt auf der einen Seite der letztgenannten Theorie. Auch sie umfasst sowohl die auf der Ebene des hier allerdings inhaltlich bestimmten mittelbaren Seins basierende Argumentation per logischer Geltung, die aber nicht mehr von einem objektiven Zweck, sondern jetzt von einem subjektiven Begriff ausgeht, als auch die auf der Ebene des unmittelbaren Seins beruhende Argumentation per teleologischer Genesis, der das Wohl zugrunde liegt. Auf der anderen Seite genügt das aber nicht. Weil es einen inhaltlichen Unterschied zwischen dem Mehrwert gibt, der aus der einen Argumentation

---

[40] Diese von der Realität aufgeworfene Frage nach dem, was hinter dem Aufschlag auf die Kosten steht, ist das, was die heutige Volkswirtschaftslehre im Unterschied zur klassischen Ökonomie so meidet, wie der Teufel das Weihwasser. Dass man sich mit dieser Frage gezielt und absichtsvoll nicht beschäftigen will, heißt aber nicht, dass es diese Frage nicht gibt. Daher der unwissenschaftliche Charakter der heutigen Wirtschaftswissenschaften.

resultiert, und dem Durchschnittsprofit, der sich aus der anderen Argumentation ergibt, gibt es zwischen beiden Argumentationen nämlich eine Lücke, die zu überbrücken ist, wenn wirklich bewiesen werden soll, dass das mittelbare Sein dem unmittelbaren Sein zugrunde liegt. Mit anderen Worten bedarf es zur Überbrückung dieser Differenz einer Vermittlung, die deutlich macht, dass und wie der Mehrwert mit dem Durchschnittsprofit zusammenhängt. Eine solche Vermittlung liegt – wie wir in den Kapiteln XIII bis XVII und insbesondere im Kapitel XVIII noch genauer sehen werden – vor, wenn mit ihrer Hilfe die Bedingungen abgeleitet werden können, in denen die als bewusste Kapitalisten fungierenden Menschen ihr Wohl im Rahmen der unmittelbar seienden Bewegung $G - W$ ()- G' - W' ()- G'' … in einer Weise verfolgen, die durch die Argumentation per teleologischer Genesis beschrieben wird.

Bei dieser drittgenannten Argumentation, die ihren Platz aber an zweiter Stelle und damit vor der zweitgenannten Argumentation hat, geht es – wie wir in den Kapiteln XIII bis XVII ebenfalls noch genauer sehen werden – um die Selbstverwertung des Werts und damit um das, was wir im nächsten Kapitel als zweiten Kapitalbegriff kennen lernen werden. Die sich aus diesem Prinzip ergebende Argumentation unterscheidet sich einesteils von beiden anderen Argumentationen dadurch, dass es zur Verwirklichung der Selbstverwertung keiner menschlichen Helfer bedarf. Das gilt nicht nur für die Subjekte, sondern auch für die Charaktermasken. Denn die zu verwirklichende Selbstverwertung ist weder eine objektive Bestrebung, die bewusstlos von Menschen ausgeführt wird, noch eine subjektive Bestrebung, die sich Menschen bewusst zum Zweck setzen und ausführen. Sie stellt vielmehr etwas dar, was ohne menschliche Aktivitäten auskommt und sich daher unabhängig davon ohne das Dazutun der Menschen selbst verwirklichen kann, ob diese als Charaktermasken oder als Subjekte verstanden werden. Mit dieser dritten Argumentation lernen wir mithin auch eine dritte Art der Argumentation kennen, in deren Rahmen der sich als Kapital selbst verwertende Wert sich tatsächlich als ein Subjekt darstellt, das sich selbst bewegen kann.

Andernteils ist festzuhalten, dass es bei der dritten Argumentation nicht, wie bei der Argumentation per logischer Geltung, nur um die notwendige Existenz von bestimmten menschlichen Handlungen geht, die bewusstlos vollzogen werden. Stattdessen ist es nur um Bedingungen zu tun, in denen die Menschen bewusst handeln. Auf diesen Punkt ist hier hinzuweisen, weil aus ihm folgt, dass wir es nicht mit etwas zu tun haben, dessen Entstehung im Rahmen der bewussten menschlichen Handlungen erst noch gezeigt werden muss. Hier, wo es nicht um bewusstlose Handlungen, sondern um die Bedingungen zu tun ist, in denen die Menschen bewusst handeln, ist die notwendige Existenz vielmehr schon mit der tatsächlichen Gegebenheit dieser Dinge verbunden. Da von einem Wenn ausgegangen wird, das existiert, kann nämlich mit einer Wenn-Dann-Folgerung auf ein Dann geschlossen werden, das ebenfalls existiert.

Zunächst könnte man meinen, dass dieser Unterschied zum Anlass genommen werden muss, um von einer dritten Art der Argumentation zu sprechen, die man deswegen als Argumentation per logischer Genesis bezeichnen kann, weil sie in gewisser Hinsicht zwischen der Argumentation per logischer Geltung und der per teleologischer Genesis steht. Bei näherem Hinsehen zeigt sich jedoch, dass das unpassend ist. Wir haben es hier nämlich nicht mit einer dritten Art der Argumentation, sondern vielmehr nur damit zu tun, dass die Argumentation per logischer Geltung nicht mehr zu einer bewusstlosen menschlichen Handlung, sondern nur zu den Bedingungen führt, in denen die Menschen bewusst handeln. Deswegen soll auch bezogen auf die Argumentation auf der Ebene der Vermittlung im Folgenden von einer Argumentation per logischer Geltung gesprochen werden.

Dass das sich selbst verwertende Kapital etwas ist, was sich wirklich selbst bewegen kann, ist eine Feststellung, die als vollkommen bizarr und unsinnig erscheinen kann. Zu dieser Auffassung kommt man dann, wenn man sie mit dem mittelbaren oder unmittelbaren Sein konfrontiert. Denn weder in ersterem noch in letzteren gibt es etwas, das sich als Kapital selbst bewegen und verwirklichen kann. Daher sei darauf hingewiesen, dass das zwar vollkommen richtig ist. Trotzdem ist die vermeintliche Unsinnigkeit zurückzuweisen, weil bei diesem Vorwurf übersehen wird, dass mit dem Kapitalsubjekt weder eine Behauptung über das mittelbare noch das unmittelbare Sein erhoben wird. Stattdessen wird nur eine These über die Vermittlung zwischen diesen beiden Ebenen aufgestellt. Darauf ist hinzuweisen, weil der Umstand, dass es weder im mittelbaren noch im unmittelbaren Sein das Kapitalsubjekt gibt, nicht bedeutet, dass es auch nicht im Rahmen der Vermittlung zwischen diesen beiden Seinsarten vorkommen kann.

Oben wurde darauf hingewiesen, dass das mittelbare Sein unabhängig von seiner genauen Ausgestaltung Sein ist und als solches genauso erfahren werden kann wie das unmittelbare Sein. Auf dieser Grundlage stellt sich die Frage, wie es um die empirische Bestätigung der vermittelnden Argumentation bestellt ist. Daher sei darauf hingewiesen, dass es hier keine gleichartige Erfahrbarkeit gibt. Denn es muss zwar empirische Korrelate geben, die sich auf den Anfang und das Ende der Vermittlung beziehen. Es fehlt aber an einem sich auf diese Vermittlung selbst beziehenden Korrelat. Das stellt jedoch keinen Mangel dar, weil wir es hier mit einer Vermittlung zu tun haben, die als solche genauso wenig empirisch erfahren werden kann, wie die kausalen Zusammenhänge, die im Rahmen der logischen Geltung bzw. teleologischen Genesis aufgezeigt werden. Denn diese sind nicht Sache der Sinne, sondern nur Sache des Denkens.

Auf der Basis der drei Ebenen oder Argumentationen kann festgehalten werden, dass nicht nur die Argumentation per logischer Geltung, die ihren Platz auf der Ebene des inhaltlich mittelbaren Seins hat, wie oben über das hinausgeht, was die Alltagssubjekte schon wissen. Dasselbe gilt vielmehr auch für die Argumentation per logischer Geltung, die dem Bereich der Vermittlung zuzurechnen ist. Demgegenüber könnte man meinen, dass mit der Argumentation per teleologischer Genesis das unmittelbare Sein deswegen wieder reproduziert wird, weil in ihr kein Scheitern aufgewiesen wird. Daher sei darauf hingewiesen, dass diesem Eindruck einerseits zugestimmt werden kann. Denn es bleibt bei dem Endzweck, der subjektiv verfolgt wird. Andererseits ist ihm aber auch zu widersprechen. Denn es ist hier ein Unterschied zur ersten Variante festzustellen. Während das oben nicht der Fall ist, beruht die Argumentation per teleologischer Genesis hier nämlich darauf, dass ihr die beiden anderen Argumentationen zugrunde liegen. Denn das gibt ihr eine Bedeutung, die sie bislang nicht hatte. Sie besteht darin, dass wir nicht nur sehen, wie es zur Schaffung von immer mehr Profit kommt, sondern auch, wie es im Rahmen der Verfolgung des Durchschnittsprofits zur Schaffung des Mehrwerts kommt. Darüber hinaus sind jetzt die über den subjektiven Endzweck hinausgehenden Ausgangsbedingungen der Argumentation per teleologischer Genesis nicht mehr nur auf vollkommen unvermittelte Weise gesetzt, sondern begründet. Aus beidem folgt, dass der sich aus der Argumentation per teleologischer Genesis ergebende Bereich auch hier als erklärtes unmittelbares Sein bezeichnet werden kann, das über das unmittelbare Sein hinausgeht.

Wenn wir uns schließlich dem vierten Fall zuwenden, der durch einen objektiven Begriff gekennzeichnet ist, erhalten wir eine Realität, die sich in doppelter Hinsicht nicht von selbst versteht. Einerseits gibt es wieder ein Scheitern der Subjekte und damit einen objektiven Endzweck, der vom subjektiven Endzweck verschieden ist. Andererseits bleibt es dabei, dass der Durchschnittsprofit im inhaltlichen Sinne erklärungsbedürftig ist. Das unmittelbare Sein weist damit auch hier über sich hinaus. Das, worauf es verweist, ist aber nicht mehr das inhaltlich bestimmte mittelbare Sein, sondern das doppelt bestimmte mittelbare Sein. Die Theorie, die das doppelt erklärungsbedürftige unmittelbare Sein erklärt, gleicht der vorigen insofern, als sie ebenfalls die drei Argumentationen enthält, die wir bereits kennen gelernt haben. Das gilt in erster Linie für die zum Bereich der Vermittlung gehörende Argumentation per logischer Geltung. Denn sie ist deckungsgleich. Das gilt aber auch für die Argumentation per logischer Geltung auf der Ebene des doppelt mittelbaren Seins. Denn bei ihr kommt es zwar zu dem Unterschied, dass diese nicht mehr von einem subjektiven, sondern einem objektiven Begriff ausgeht. Das wirkt sich aber gar nicht wirklich auf die Argumentation per logischer Geltung aus, weshalb dieser Unterschied kein wirklicher Unterschied ist. Am wenigsten

gilt das für die Argumentation per teleologischer Genesis. Bezogen auf sie ist nämlich wegen des jetzt wieder vorkommenden Scheiterns der Subjekte und der ungenügenden Erklärung des Profits als Aufschlag auf die Kosten darauf hinzuweisen,
dass sie in doppelter Hinsicht nicht nur das reproduziert, was die Kapital-Subjekte
sowieso schon wissen. Da der Bereich, der sich aus der Argumentation per teleologischer Genesis ergibt, in zweifacher Weise weitergehende Aufklärungen enthält, kann er ebenfalls als erklärtes unmittelbares Sein bezeichnet werden.

5.3. Kapital auf den Ebenen Wesen, Schein, Erscheinungen und Sein

Wenn wir auf die obigen Überlegungen zurückblicken, zeigt sich, dass wir es mit
vier Möglichkeiten des Kapitalverständnisses zu tun bekommen, die sich dadurch
unterscheiden, dass sie auf einem objektiven Begriff, einem subjektiven Begriff,
einem objektiven Zweck und einem subjektiven Zweck basieren. Diese vier Möglichkeiten setzen sich aus insgesamt neun Bestandteilen zusammen und können
deshalb wie folgt dargestellt werden:

objektiver Begriff	subjektiver Begriff	objektiver Zweck	subjektiver Zweck
doppelt mittelbares Sein	inhaltl. mittelbares Sein	formell mittelbares Sein	
Vermittlung	Vermittlung		
dopp.erklärtes unmittel- bares Sein	inh. erklärtes unmittel- bares Sein	form. erklärtes unmittel- bares Sein	unmittelbares Sein

Auf dieser Grundlage sei in terminologischer Hinsicht erstens darauf hingewiesen,
dass das Kapital, dem ein objektiver Begriff zugrunde liegt, einesteils als wesentliches Kapital bezeichnet werden kann. Andernteils können die drei Bereiche, aus
denen es sich zusammensetzt, als die Bereiche des Wesens, des Scheins und der
Erscheinungen[41] bzw. als wesentliches wesentliches Kapital, als scheinendes wesentliches Kapital und als erscheinendes wesentliches Kapital charakterisiert werden. Mit dem Wesen oder dem wesentlichen wesentlichen Kapital ist dabei das
doppelt mittelbare Sein gemeint, mit dem Schein oder dem scheinenden wesentlichen Kapital die Vermittlung dieses Seins mit dem unmittelbaren Sein und mit
den Erscheinungen oder dem erscheinenden Kapital das sowohl in inhaltlicher als
auch formeller Hinsicht erklärte unmittelbare Sein.

---

[41] Wie beim Begriff benutze ich auch hier Termini, die man bei Hegel findet. Daher sei
darauf hingewiesen, dass ich mit der vorliegenden Rede von Wesen, Schein und Erscheinungen nicht beanspruche, diese Ausdrücke so zu verwenden wie Hegel. Deswegen
stütze ich mich auch nicht auf eine Verwendungsweise, die bei Hegel begründet wird. Im
Gegenteil bin ich eher der Ansicht, dass mein Gebrauch dieser Ausdrücke umgekehrt den
Boden für ein besseres Verständnis der Hegelschen Verwendungsweise abgeben
könnte.

Zweitens kann das Kapital, das auf einem subjektiven Begriff beruht, einesteils als scheinendes Kapital bezeichnet werden. Das ist der Fall, weil es zwar nicht mehr den formellen Unterschied, aber den inhaltlichen Unterschied gibt, der ja für den Schein verantwortlich ist. Andernteils stellt sich die Frage, ob auf die drei Teile, aus denen sich das scheinende Kapital zusammensetzt, die Bezeichnungen Wesen, Schein und Erscheinungen übertragen werden können. Diese Frage ist beim Schein klar zu bejahen. Denn der Bereich der Vermittlung stellt sich beim scheinenden Kapital genau so dar wie beim wesentlichen Kapital. Bei den anderen beiden Bereichen sieht es dagegen anders aus. Wenn für die Bezeichnungen Wesen und Erscheinungen erforderlich sein sollte, dass es sowohl den inhaltlichen als auch den formellen Unterschied gibt, wäre die Frage zu verneinen. Denn es gibt hier nur den inhaltlichen Unterschied. Wenn man dagegen die inhaltliche Differenz als hinreichend erachtet, dann kann auch bezogen auf das inhaltlich mittelbare Sein vom Wesen und bezogen auf das in inhaltlicher Hinsicht erklärte unmittelbare Sein von den Erscheinungen gesprochen werden, obwohl die Abwesenheit der formellen Differenz zur Folge hat, dass es im Rahmen der Erscheinungen kein Scheitern gibt. Damit zusammenhängend kann vom wesentlichen scheinenden Kapital, vom scheinenden scheinenden Kapital und vom erscheinenden scheinenden Kapital gesprochen werden.

Drittens kann das Kapital, das auf dem objektiven Zweck fußt, einesteils als erscheinendes Kapital angesprochen werden. Das ist der Fall, weil es die formelle Differenz ist, die auf der Ebene des unmittelbaren Seins zu einem Scheitern führt und deshalb dafür in besonderer Weise verantwortlich ist, dass das unmittelbare Sein sich als Erscheinungen darstellt. Andernteils ist bezogen auf die Übertragbarkeit der Rede vom Wesen, dem Schein und den Erscheinungen klar, dass es den Schein schon deshalb nicht geben kann, weil es keine Vermittlung gibt. Ferner kann bezogen auf das formell mittelbare und das formell erklärte unmittelbare Sein festgestellt werden, dass auf sie die Bezeichnungen Wesen und Erscheinungen nicht angewendet werden können, wenn es dafür entweder beide Unterschiede oder aber den inhaltlichen Unterschied brauchen sollte. Wenn dagegen der formelle Unterschied als hinreichend erachtet wird, kann auch hier vom Wesen und den Erscheinungen bzw. vom wesentlichen erscheinenden und vom erscheinenden erscheinenden Kapital gesprochen werden.

Viertens kann das Kapital, das sich aus einem subjektiven Zweck ergibt, als seiendes Kapital bestimmt werden. Denn es erklärt sich in einer Weise aus sich selbst, die mit dem Wissen der Alltagssubjekte zusammenfällt. Da es nur noch aus einem Teil besteht und es daher überhaupt keinen Unterschied zwischen der Erklärung und dem erklärten Inhalt mehr gibt, ist hier ganz klar, dass nicht mehr vom Wesen oder den Erscheinungen gesprochen werden kann. Denn diese Rede macht nur einen Sinn, wenn es zwischen ihnen einen Unterschied gibt und das Wesen daher mit den Erscheinungen nicht zusammenfällt. Wir haben es daher nur mit dem einfachen Sein zu tun.

Wenn wir die letzte der oben genannten drei Möglichkeiten, vom Wesen und den Erscheinungen zu reden, zugrunde legen, stellen sich die vier mit römischen Ziffern bezeichneten Möglichkeiten mit ihren neun arabisch gekennzeichneten Bestandteilen im Ergebnis wie folgt dar:

I. wesentliches Kapital	II. scheinendes Kapital	III. erscheinendes Kapital	IV. seiendes Kapital
1. wesentliches wesentliches Kapital	4. wesentliches scheineindes. Kapital	7. wesentliches erscheinendes Kapital	
2. scheinendes wesentliches Kapital	5. scheinendes scheinendes Kapital		
3. erscheinendes wesentliches Kapital	6. erscheinendes scheinendes Kapital	8. erscheinendes erscheineinendes Kapital	9. seiendes Kapital

Dadurch, dass das doppelt, inhaltlich oder formell mittelbare Sein als Wesen und das doppelt, inhaltlich oder formell erklärte unmittelbare Sein als Erscheinungen bezeichnet wird, wird einesteils unterstrichen, dass ersteres das beinhaltet, was sich eigentlich oder im Kern tut. In diesem Sinne stellt das Wesen jeweils die Erklärung der zugehörigen Erscheinungen oder das dar, was diesen Erscheinungen zugrunde liegt. Andernteils wird durch diese Benennungen zum Ausdruck gebracht, dass das mittelbare Sein und die auf seiner Ebene stattfindende Argumentation per logischer Geltung das ist, was als Grund fungiert, und das erklärte unmittelbare Sein mit der auf ihrer Ebene vorkommenden Argumentation per teleologischer Genesis das, was sich als Folge darstellt. Dieser zweite Aspekt trifft aber auf das wesentliche, das scheinende und das erscheinende Kapital nicht im gleichen Maße zu. Diesbezüglich gibt es vielmehr einen Unterschied zwischen dem erscheinenden Kapital einerseits und dem scheinenden und wesentlichen Kapital andererseits. Als ausgewiesener Grund bzw. ausgewiesene Folge fungieren die Argumentationen per logischer Geltung bzw. per teleologischer Genesis nämlich nur in den beiden letztgenannten Varianten, in deren Rahmen es die Vermittlung gibt, die eben deutlich macht, dass ein Zusammenhang zwischen dem Ende der erstgenannten und dem Anfang der zweitgenannten Argumentation existiert. Im Rahmen der erstgenannten Variante fehlt dagegen diese Vermittlung. Die Verhältnisse, in denen die Subjekte innerhalb der Erscheinungen agieren, werden nicht abgeleitet, sondern einfach aufgegriffen oder gesetzt. Deshalb kann bezogen auf das erscheinende Kapital festgehalten werden, dass das wesentliche erscheinende Kapital zwar das beinhalten mag, was sich eigentlich tut. Die Argumentationen per logischer Geltung, zu der es auf seiner Grundlage kommt, bzw. die Argumentation per teleologischer Genesis, die im Rahmen des erscheinenden erscheinenden Kapitals vorkommt, kann aber nur auf unausgewiesener Basis als Grund bzw. Folge bezeichnet werden. Während das Begründungsverhältnis im Rahmen des erscheinenden Kapitals nur an sich gegeben ist, ist es im Rahmen des wesentlichen und scheinenden Kapitals an und für sich vorhanden.

Auf diesen Unterschied sei auch deswegen hingewiesen, weil er die Basis dafür ist, dass man bezogen auf die dritte Variante bzw. das erscheinende Kapital den Eindruck bekommen könnte, dass die Argumentation per logischer Geltung deswegen überflüssig ist, weil die Argumentation per teleologischer Genesis alles Wissenswerte enthält. Obwohl es durchaus fraglich ist, ob man den Unterschied zwischen dem objektiven und dem subjektiven Endzweck im Rahmen der Argumentation per teleologischer Genesis angemessen darstellen kann, ohne das vorgängige Wissen um die Argumentation per logischer Geltung zu haben, ist dieser Eindruck insofern verständlich, als eben die Vermittlung fehlt und die Ausgangsbedingungen der Argumentation per teleologischer Genesis unbegründet bleiben. Bezogen auf die erste und zweite Variante bzw. das wesentliche und scheinende Kapital kann es den genannten Eindruck dagegen nicht geben. Obwohl die Argumentation per teleologischer Genesis auch bei ihnen alles Wissen enthält, ist der Fall, weil durch die Vermittlung eben deutlich gemacht wird, dass die logische Geltung Grund und die teleologische Genesis Folge ist.

5.4. Begriffliches Kapital und zweckhaftes Kapital

Zu den obigen vier grundsätzlichen Möglichkeiten sind wir gekommen, weil wir ausgehend von den vier möglichen Verstehensweisen des unmittelbaren Seins auf die Bedeutungen geschlossen haben, die die allgemeine Formel des Kapitals oder Marx' Bewegung G - W ()- G' - W' ()- G'' … jeweils annimmt. Wenn man auf der Grundlage dessen, dass die drei Kapitale des Wesens nicht nur als die Erklärungen des unmittelbaren Seins gedacht sind, sondern das wesentliche wesentliche bzw. das wesentliche scheinende Kapital auch als Grund des erscheinenden wesentliche bzw. erscheinenden scheinenden Kapitals fungieren, den umgekehrten Weg geht, dann wird deutlich, dass in den obigen Ausführungen ein Mangel enthalten ist. Dieser Mangel zeigt sich in Bezug auf das wesentliche und des scheinende Kapital daran, dass diese Möglichkeiten so verstanden werden können, als würde der subjektive oder objektive Charakter des anfänglichen Begriffs darüber entscheiden, ob von den Subjekten auf der Ebene des unmittelbaren Seins ΔG als direkter Zweck oder indirekter Zweck verfolgt wird. Weil umgekehrt erst die Art und Weise, wie die Subjekte ihr Wohl definieren, darüber entscheidet, ob wir es mit einer subjektiven oder objektiven Ausformung des Begriffs zu tun bekommen, kann davon keine Rede sein.

Da die Art und Weise, wie die Subjekte ihr Wohl bestimmen, darüber entscheidet, ob wir es mit einem objektiven oder subjektiven Begriff zu tun bekommen, könnte man der Meinung sein, dass man die theoretische Darstellung des wesentlich und scheinenden Kapitals mit den Erscheinungen beginnen sollte. Zu dieser Auffassung könnte man vor allem deswegen kommen, weil die theoretische Darstellung der beiden Kapitale unter der Bedingung einen großen Kreis bildet, dass im Rahmen der Erscheinungen gezeigt werden kann, wie es zu dem subjektiven oder objektiven Begriff kommt, der das Streben nach maßlosem Mehrwert beinhaltet. Deshalb sei hier darauf hingewiesen, dass dieser Eindruck fehlgeht. Zum einen können dann, wenn man nicht vom Wesen ausgeht, die Revenuequellenverhältnisse, von denen die Erscheinungen ausgehen, nicht abgeleitet, sondern nur aufgegriffen werden. Zum anderen weiß man nicht, dass die Preise im Allgemeinen ein Ausdruck der Werte sind.

Wenn es nur den ersten Grund gäbe, könnte man einwenden, dass wir beim Beginn mit dem Wesen ebenfalls Dinge aufgreifen müssen, nämlich die eine oder andere Ausformung des ausschlaggebenden Begriffs. So steht dem einen Aufgreifen ein anderes gegenüber und es bleibt offen, was vorzuziehen ist. Wenn man dagegen auch den zweiten Punkt berücksichtigt, löst sich dieses Dilemma auf. Dann wird nämlich deutlich, dass der Nachteil des Aufgreifens der Revenueformen gar nicht durch den Vorteil des Ableitens des Begriffs ausgeglichen wird. Denn diese Ableitung setzt gerade voraus, dass wir schon um den Wert und die Arbeit wissen, die ihn bildet. Somit ist klar, dass nicht mit den Erscheinungen und der subjektiven Zwecksetzung begonnen werden kann, sondern nur mit dem Wesen und dem objektiven oder subjektiven Begriff.

Dass wir den Ausgangspunkt der theoretischen Darstellung beim Wesen beibehalten müssen, bedeutet jedoch nicht, dass wir aus dem obigen Umstand, wonach die subjektive Zwecksetzung über die objektive oder subjektive Ausformung des Begriffs entscheidet, überhaupt keine Konsequenzen zu ziehen haben. Daraus folgt nämlich, dass wir zu Beginn nicht wissen, welche Ausformung der Begriff annimmt. Aus diesem Grund kann unser Ausgangspunkt nicht mehr ein subjektiver oder objektiver Begriff sein. Stattdessen ist von einem Begriff auszugehen, der lediglich durch seinen inhaltlichen Unterschied zu den Zwecken der unmittelbar seienden Subjekte bestimmt und daher sowohl für eine subjektive als auch objektive Ausformung offen ist.

Wenn man das beachtet, wird deutlich, dass die vierte und dritte Möglichkeit bzw. das wesentliche und scheinende Kapital zu einer Variante zusammenfallen, die als begriffliches Kapital bezeichnet werden kann. Diese Variante beinhaltet einen vom Zweck inhaltlich verschiedenen Begriff, von dem aus per logischer Geltung argumentiert und das inhaltlich mittelbare Sein entwickelt wird. Dann kommt der Bereich der Vermittlung, der zu der Grundlage führt, auf der die Menschen als Subjekte agieren. Danach kommt die Entfaltung des erklärten unmittelbaren Seins oder der Erscheinungen, in das der Unterschied zwischen der Verfolgung von ΔG

als direkter oder indirekter Zweck fällt und aus dem sich deshalb erst die subjektive oder objektive Ausformung des Begriffs ergibt. Schematisch kann das begriffliche Kapital wie folgt dargestellt werden:

Darstellung des begrifflichen Kapitals
wesentliches begriffliches Kapital
scheinendes begriffliches Kapital
erscheinendes begriffliches Kapital

ΔG = nicht subjektiver Endzweck ΔG = subjektiver Endzweck

Bezogen auf die zweite und erste Möglichkeit und damit das erscheinende und das seiende Kapital kann zum anderen Ähnliches festgehalten werden: Unabhängig davon, dass es hier keine Ableitung der Verhältnisse gibt, in denen die Menschen ihr Wohl verfolgen, ist nämlich auch hier der Eindruck verkehrt, dass die subjektive oder objektive Ausformung des anfänglichen Zwecks darüber entscheidet, ob ΔG als Wohl verfolgt wird oder nicht. Denn tatsächlich gilt das Umgekehrte. Wenn ΔG als direkter Inhalt des Wohls angestrebt wird, dann bekommen wir es mit einem subjektiven Zweck zu tun. Und dann, wenn das nicht der Fall ist, liegt ein objektiver Zweck vor.

Gerade weil das so ist, könnte auch hier der Einwand vorgebracht werden, den wir oben schon erwähnt haben. Weil die subjektive Zwecksetzung darüber entscheidet, ob wir es mit einem objektiven oder subjektiven Zweck zu tun bekommen, könnte die These vertreten werden, dass nicht mit dem Wesen, sondern den Erscheinungen begonnen werden sollte. Gerade weil wir schon wissen, dass beim erscheinenden Kapital das Wesen nicht Grund der Erscheinungen ist, kann diese These hier nicht mehr so klar zurückgewiesen werden wie oben. Denn hier gibt es die beiden obigen Gegenargumente nicht mehr. Einerseits ist das Aufgreifen der Revenueformen gar kein Nachteil. Denn es kann auch dann nicht vermieden werden, wenn vom Wesen ausgegangen wird. Andererseits gibt es auch den Nachteil nicht mehr, der zum Inhalt hat, dass der Wert eine uns unbekannte Größe ist. Weil die Subjekte ihn im Gegenteil kennen, kann ausgehend von den Erscheinungen erklärt werden, dass es dann zum objektiven Zweck kommt, wenn die Subjekte ΔG nicht zum direkten Inhalt ihres Wohls machen.

Im Ergebnis können wir damit festhalten, dass die These, wonach mit den Erscheinungen zu beginnen ist, zwar beim wesentlichen und scheinenden Kapital zurückgewiesen werden kann. Beim erscheinenden und seienden Kapital ist das dagegen nicht so. Dort wäre es in der Tat genauso gut oder sogar noch besser möglich, statt mit dem Wesen mit den Erscheinungen zu beginnen. Dem ist jedoch sofort hinzuzufügen, dass Marx das nicht macht. Daher soll diese Möglichkeit im Folgenden auch für uns keine Rolle spielen.

Auch wenn wir es beim Anfang mit dem Wesen belassen, gilt analog zu oben auch hier, dass wir nicht mehr so vorgehen können wie bislang. Weil erst die subjektive Zwecksetzung über die Ausformung des anfänglichen Zwecks entscheidet, müssen wir an dieser Stelle auch das erscheinende und das seiende Kapital zu einer Variante zusammenfassen, die als zweckhaftes Kapital bezeichnet werden kann. Dieses zweckhafte Kapital basiert auf einem Zweck, der sowohl für die subjektive als auch die objektive Ausformung offen und daher nur dadurch gekennzeichnet ist, dass er den Unterschied zu den Zwecken der unmittelbar seienden Subjekte, der für den Begriff kennzeichnend ist, gerade nicht aufweist. Das ändert aber nichts daran, dass dieser Zweck, genauso wie der obige Begriff, nicht als Ergebnis einer subjektiven Zwecksetzung betrachtet, sondern auf objektive Weise abgeleitet oder einfach gesetzt wird. Aus diesem Grund kann die Argumentation, die auf seiner Grundlage fällig ist, weder die Argumentation per teleologischer Genesis noch eine Mischform zwischen dieser und der Argumentation per logischer Geltung sein. Als Argumentationsweise kommt vielmehr nur die Argumentation per logischer Geltung in Betracht. Denn es ist nach der Wenn-Dann-Logik vorzugehen und zu fragen, was es geben muss, wenn es diesen Zweck in ausgeführter Form gibt. Auf dieser Grundlage kann das zweckhafte Kapital schematisch wie folgt dargestellt werden:

Darstellung des zweckhaften Kapitals
wesentliches zweckhaftes Kapital
erscheinendes zweckhaftes Kapital
ΔG = nicht subjektiver Endzweck ΔG = subjektiver Endzweck

An dieser Darstellungsmöglichkeit ändert weder der Umstand etwas, dass dem seienden Kapital jetzt gleichfalls die zwei Bereiche Wesen und Erscheinungen zugeordnet werden, die wir oben nur beim erscheinenden Kapital gehabt haben. Noch führt die damit zusammenhängende Tatsache zu einem anderen Ergebnis, dass das seiende Kapital jetzt nicht mehr auf die Argumentation per teleologischer Genesis beschränkt ist, sondern in seinem Rahmen auch die Argumentation per logischer Geltung vorkommt. Wenn man vom seienden Kapital ausgeht, kann man zum einen zwar nicht zum Unterschied zwischen Wesen und Erscheinungen kommen. Wenn man diesen Unterschied aber einmal hat, kann man sie auch auf das seiende Kapital anwenden. Dann bekommen wir es mit einem Wesen zu tun, das mit seinen Erscheinungen zusammenfällt, sich damit als eigenständiges Wesen auflöst und damit gar nicht im Widerspruch zum seienden Kapital steht. Zum anderen kann bezogen auf den Unterschied zwischen der Argumentation per logischer Geltung und der Argumentation per teleologischer Genesis Ähnliches festgehalten werden. Obwohl man ausgehend vom seienden Kapital nur zur erstgenannten Argumentation kommt, kann die Argumentation per logischer Geltung dann, wenn man sie einmal hat, auch auf es übertragen werden. Wenn man das tut, fällt diese Argumentation mit der Argumentation per teleologischer Genesis zusammen und kommt daher gar nicht als eigenständige Argumentation vor.

Als Endergebnis können wir mithin festhalten, dass es anstatt der oben genannten vier Möglichkeiten, die sich in insgesamt neun Teile untergliedern, nur noch zwei Möglichkeiten mit fünf Teilen gibt. Diese können wie folgt dargestellt werden:

I. begriffliches Kapital		II. zweckhaftes Kapital	
1. wesentliches begriffliches Kapital		4. wesentliches zweckhaftes Kapital	
2. scheinendes begriffliches Kapital			
3. erscheinendes begriffliches Kapital		5. erscheinendes zweckhaftes Kapital	
ΔG (MW) Endzweck	ΔG (MW) kein Endzw.	ΔG (DP) Endzweck	ΔG (DP) kein Endzw.

Wenn wir uns angesichts dieser verbliebenen Varianten nun fragen, wie Marx seine allgemeine Formel des Kapitals versteht, ist bezogen auf die Auswahl zwischen dem begrifflichen und dem zweckhaften Kapital erstens darauf hinzuweisen, dass Marx aus empirischen Gründen eigentlich nur ersteres meinen kann. Denn der Wert ist nicht der direkte Grund der Tauschverhältnisse. Da Marx aber bislang kontrafaktisch von einem direkten Begründungsverhältnis ausgeht und das erst viel später in einem Zusammenhang zurücknimmt, der im X. Kapitel besprochen wird, können wir das zweckhafte Kapital an dieser Stelle nicht ganz außenvorlassen.

Zweitens ist bezogen auf die interne Untergliederung des begrifflichen Kapitals darauf hinzuweisen, dass Marx es eigentlich um das wesentliche begriffliche Kapital zu tun sein muss. Dafür spricht, dass Marx mit der Thematisierung des Kapitals bislang erst begonnen hat. Denn das scheinende begriffliche Kapital und das erscheinende begriffliche Kapital stehen eben nicht so am Anfang der Theorie wie das wesentliche begriffliche Kapital, obwohl sie in gewisser Weise gleichfalls Anfänge darstellen. Trotzdem können wir auch diese beiden Varianten, nicht ganz außenvor lassen. Das gilt vor allem für das erscheinende begriffliche Kapital. Für das scheinende begriffliche Kapital trifft das dagegen weniger zu. Denn es passt ganz offensichtlich deshalb nicht zur allgemeinen Formel des Kapitals, weil es bei dieser Formel nur um den Wert und damit noch nicht um den Übergang vom Wert zu etwas Anderem geht, wie das beim scheinenden begrifflichen Kapital der Fall ist.

Außerdem kann nicht ausgeschlossen werden, dass Marx zwar nicht zum scheinenden oder erscheinenden begrifflichen Kapital direkt übergeht, aber das wesentliche begriffliche Kapital mit diesen beiden Kapitalarten vermengt. Und das gilt nicht nur für das erscheinende begriffliche Kapital, sondern auch für das scheinende begriffliche Kapital. Denn wir werden sehen, dass Marx das wesentliche begriffliche Kapital nicht nur mit Aspekten versieht, die dem erscheinenden begrifflichen Kapital zukommen, sondern auch mit solchen, die Bestandteile des scheinenden begrifflichen Kapitals darstellen.

Bezogen auf die interne Aufteilung des zweckhaften Kapitals gilt Ähnliches. Zwar ist hier das Argument des theoretischen Anfangs nicht so ausschlaggebend wie oben. Denn das erscheinende zweckhafte Kapital ist wegen des Fehlens des Scheins auch ein solcher Anfang und kann daher nicht so klar ausgeschlossen werden. Hinzu kommt aber, dass Marx sich wenigstens in einem Teil seiner Darstellung ganz klar bemüht, bei seinem Anfang nicht auf die subjektiven Zwecksetzungen zu rekurrieren, sondern den Inhalt ΔG objektiv abzuleiten. Das spricht nämlich eindeutig gegen das erscheinende zweckhafte Kapital und für das wesentliche zweckhafte Kapital. Andernteils kann das erscheinende zweckhafte Kapital ebenfalls nicht ganz ausgeschlossen werden, zumal der Anfangscharakter bei ihm noch deutlicher ist und der Unterschied zwischen dem Wesen und den Erscheinungen sowieso nicht so groß ist. Außerdem besteht auch hier die Möglichkeit, dass Marx zwar beim wesentlichen zweckhaften Kapital bleibt, dieses aber mit Momenten des erscheinenden zweckhaften Kapitals versieht.[cxxiv]

6. Zusammenfassende Bemerkungen

Oben haben wir zum einen die allgemeine Formel des Kapitals G - W - G' kennen gelernt. Zum anderen haben wir gesehen, dass sich die Bewegung des Kapitals in vollständigerer Fassung als G - W - G' - W' - G'' - W'' - G''' …. darstellt. Während bezogen auf G - W - G' noch nicht klar war, dass das Kapital maßlos ist, macht die zweite Bewegung dieses Merkmal offensichtlich. Daraus ist aber nicht zu schließen, dass sich die Maßlosigkeit des Kapitals nur daran zeigt, dass sich an die eine Bewegung von einem Ausgangs-G zu einem größeren End-G beständig eine weitere anfügt. Auch wenn Marx das bislang nicht klar gemacht hat, kommt sie vielmehr auch darin zum Ausdruck, dass es in jeder einzelnen Periode um ein maximal großes ΔG geht. Allerdings gibt es Hinweise darauf, dass dieser Punkt weniger wichtig ist als der erste.[42]

Marx ist zwar der Meinung, die allgemeine Formel des Kapitals und den in ihr enthaltenen Kapitalbegriff mit Notwendigkeit abgeleitet zu haben. Zum anderen haben wir jedoch gesehen, dass er diesen Anspruch zu Unrecht erhebt. Weder kann Marx darlegen, dass sich das Kapital aus der Form G - W - G ergibt. Das gilt nicht

---

[42] An dieser Stelle sei vermerkt, dass die Erscheinungen durchaus Verhältnisse beinhalten können, in denen es nicht nur um die maßlose Wertvermehrung, sondern auch um das Wohl geht. Während jene Verhältnisse der maßlosen Bewegung G - W - G' - W' - G'' … nicht widersprechen, wäre das ganz anders, wenn diese Bewegung zum Stillstand kommen würde.

nur für die intern-logische Variante des Übergangs zu G - W - G' - W' - G'' - W'' - G''' …, sondern auch für die extern-logische Variante. Und bezogen auf letztere gilt das nicht nur für die Argumentation per logischer Geltung, sondern auch für die per teleologischer Genesis. Denn dort, wo die teleologische Genesis erfolgreich ist, ist sie das nur auf Basis eines tautologischen Charakters, der eben zeigt, dass nur das abgeleitet werden kann, was zuvor entweder als subjektiver oder objektiver Endzweck aufgegriffen worden ist.

Noch ist Marx erfolgreich beim Versuch, das maßlose Streben nach Geld aus dem Schatz bzw. dem Geld als allgemeines Äquivalent oder dem Streben nach einem permanenten Wert bzw. Tauschwert abzuleiten. Der allgemeine Grund dafür liegt darin, dass den vorgeführten Argumentationen kein objektiver Bewegungsimpuls zugrunde liegt, der sie unabhängig von bloß subjektiven Erwägungen von Marx vorantreibt. Nicht der objektive Inhalt oder die Sache selbst bewegt sich. Vielmehr ergeben sich die einzelnen Folgerungen einesteils nur daraus, dass Marx sie zieht. Er bzw. sein Wille gibt der Entwicklung letztlich den entscheidenden Antrieb. Kein Schluss kann deshalb Anspruch auf Notwendigkeit erheben, denn dies würde voraussetzen, dass die Folgerungen sich einem Marx selbst äußeren Zwang verdankten. Anderenteils ist beim Übergang vom Geld als allgemeines Äquivalent oder permanenter Tauschwert zur Schatzbildung die jeweilige Subjektivität der Schatzbildner ausschlaggebend. Denn von ihr hängt es ab, ob sie die im Geld angelegten Möglichkeiten zum Anlass ihrer Verwirklichung nehmen. Deshalb ist auch dieser Schritt nur von subjektiver Natur.

Während im Rahmen von W - G - W die Waren Endzweck sind und Geld nur als Mittel fungiert, ist im Rahmen von G - W - G' - W' - G'' … umgekehrt Geld Endzweck und die Waren sind nur Mittel. Wenn man sich dieses Umschlagen der einen Form in die andere Form vergegenwärtigt, wird klar, warum Marx keinen Erfolg haben konnte. Denn ausgehend von der Ware kann man nur das Geld als Mittel ableiten. Das Geld als Endzweck ist dagegen außerhalb der Ableitungsmöglichkeiten, die es auf Basis der Warenzirkulation gibt. Wenn man darauf hinaus will, darf man nicht mit den Waren beginnen, sondern muss diesen Inhalt neben und zusätzlich zu dem zum Thema machen, was aus den Waren ableitbar ist. Das bestätigt, dass Marx die wesentlichen Verhältnisse aufgrund seines Ausgehens von der Warenform in unangemessener Weise zum Thema macht. Und daran ändert der Umstand nichts, dass er nicht alle Waren, sondern nur die gegenständlichen Konsumtions- und Produktionsmittel zum Thema macht, die sich auf Basis des Wesens als Werte darstellen. (vgl. S. 14)

Dass der Übergang von den Waren und ihrer Zirkulation zum Geld, das nicht nur Mittler ist, sondern in der Form des Kapitals als maßloser Endzweck auftritt, nicht so funktioniert, wie Marx sich das vorstellt, bedeutet nicht, dass es gar keinen solchen Übergang gibt. Wie wir im Folgenden noch genauer sehen werden, gibt es einen vergleichbaren Übergang vielmehr auf der Ebene der Erscheinungen. (vgl. S. 528) Da auf dieser Ebene per teleologischer Genesis zu argumentieren ist, kann festgehalten werden, dass der Fehler von Marx darin besteht, dass er versucht hat, diese Argumentation auf eine Ebene zu verlagern, auf der per logischer Geltung argumentiert wird. Denn eine solche Argumentation funktioniert nicht.

Die allgemeine Formel des Kapitals ist zusammen mit dem in ihr enthaltenen Kapitalbegriff jedoch nicht nur als Ableitungsergebnis zu bemängeln. Zu kritisieren ist zum einen auch, dass G - W - G' gar nicht die allgemeine Form ist, als die Marx diese Bewegung darstellen möchte. Da sie sich nicht nur auf das Handelskapital beziehen soll, sondern auch auf das industrielle Kapital, wäre es richtiger, die allgemeine Formel des Kapitals als G - W ()- G' darzustellen. Diese Feststellung ist gerade dann zu machen, wenn diese Bewegung nicht als das zu verstehen ist, was allen Kapitalarten gemeinsam ist, sondern als das, woraus sich alle anderen Kapitalarten begründen. Zum anderen ist die Unklarheit zu bemängeln, die es bezogen darauf gibt, wie dieses Kapital bzw. der Kapitalist zu verstehen ist, der es zur Ausführung bringt. Diesbezüglich ist aus empirischen und innertheoretischen Gründen einesteils darauf hinzuweisen, dass als Möglichkeit eigentlich nur das wesentliche begriffliche Kapital in Betracht kommt. Andernteils können wir zum einen nicht ausschließen, dass auch die anderen beiden Teile des begrifflichen Kapitals hereinspielen. Zum anderen gilt dasselbe für das zweckhafte Kapital. Obwohl es eigentlich nur in der Form des wesentlichen zweckhaften Kapitals auftreten kann, können wir auch hier das erscheinende zweckhafte Kapital mit seinen beiden Varianten nicht ganz außer Acht lassen.

Wenn wir uns auf der Grundlage dessen, dass die obigen Überlegungen von vorwiegend logischer Art sind, uns noch der empirischen Überprüfung zuwenden, muss zwischen dem begrifflichen und dem zweckhaften Kapital unterschieden werden. Wenn wir mit dem begrifflichen Kapital beginnen, kann festgestellt werden, dass es bezogen auf das wesentliche begriffliche Kapital zwei Seiten der empirischen Überprüfung gibt. Einesteils kann dieses Kapital indirekt, d. h. über die mit ihm verbundenen Erscheinungen, am unmittelbaren Sein gemessen werden. Andernteils kann es direkt am inhaltlich mittelbaren Sein gemessen werden. Wenn wir mit der ersten Aufgabe beginnen, ist festzustellen, dass die empirische Überprüfung nur auf der Basis der idealen Durchschnittserfahrung durchgeführt werden kann. Es kann zum einen nicht um die einzelne Erfahrung, sondern nur um eine Gesamterfahrung gehen. Zum anderen muss diese Gesamterfahrung auf entwickelten empirischen Verhältnissen beruhen. Das ist der Fall, weil es bezogen auf das Verhältnis zwischen Theorie und Empirie nicht nur die Frage gibt, ob die Theorie der Empirie entspricht oder nicht. Daneben gibt es nämlich auch die

Frage, ob die Empirie der Theorie angemessen oder unangemessen ist. Darauf ist hier hinzuweisen, weil unentwickelte oder anachronistische Phänomene kein Hinweis auf eine fehlerhafte Theorie darstellen, sondern auf eine fehlerhafte Empirie, die als solche noch nicht vollständig ausgebildet ist.

Auf dieser Grundlage ist einerseits darauf hinzuweisen, dass die Erscheinungen, die mit dem wesentlichen begrifflichen Kapital zusammenhängen, nicht nur dadurch gekennzeichnet sind, dass es ein maßloses Streben nach Geldvermehrung gibt, sondern auch dadurch, dass ΔG als Profit verfolgt wird. Andererseits gibt es auch in unseren Erfahrungen sowohl in der Form des Kaufmannskapitals als auch als Vorform des industriellen Kapitals tatsächlich eine Bewegung $G - W$ ()$- G'$ - W' ()$- G''$ ..., die immer weitergeht und deshalb auf die maßlose Geldvermehrung hinausläuft. Und diese Bewegung basiert ebenfalls auf dem Durchschnittsprofit. Daraus können wir schließen, dass das wesentliche begriffliche Kapital mit unseren Erfahrungen sehr gut vereinbart werden kann. Die erste Überprüfung führt damit zu einem positiven Resultat. Denn dem wesentlichen begrifflichen Kapital entspricht, dass es auf den Erscheinungen um den Durchschnittsprofit geht, egal, ob dieser von den Subjekten als Endzweck oder nur als Mittel zum Zweck verfolgt wird.

Daran ändert im Übrigen auch der Umstand nichts, dass die Erfahrungen nicht nur zeigen, dass die Subjekte den Durchschnittsprofit in aller Regel lediglich als Mittel zum Zweck verfolgen, sondern auch deutlich machen, dass das damit einhergeht, dass es nicht nur um die Geldvermehrung, sondern auch ein Stück weit um das Wohl der Kapitalisten deshalb geht, weil sie nicht das gesamte ΔG laufend reinvestieren, sondern einen Teil für sich verwenden. Da man der Meinung sein könnte, dass das mit dem Wesen, in dem es ja ausschließlich um die Wertvermehrung geht, deswegen nicht vereinbar ist, weil dieses Merkmal auch auf die mit ihm zusammenhängenden Erscheinungen zutreffen muss, sei darauf hingewiesen, dass man zu dieser Konsequenz zwar kommen würde, wenn man von einem subjektiven Begriff ausgehen würde. Denn der damit zusammenhängende Umstand, dass die Wertvermehrung als Endzweck verfolgt wird, wäre tatsächlich nicht mit der teilweisen Verfolgung des Wohls vereinbar. Diesen Ausgangspunkt gibt es hier aber gar nicht. Wir gehen hier vielmehr von einem Begriff aus, der sowohl eine subjektive als auch eine objektive Ausformung annehmen kann. Auf dieser Basis kommt es deswegen nicht zur angesprochenen empirischen Widerlegung, weil der mit dem objektiven Begriff einhergehende Umstand, dass ΔG nur als Mittel zum Zweck verfolgt wird, durchaus mit Erscheinungen vereinbart werden kann, in denen es nicht nur um die Wertvermehrung, sondern auch um das Wohl geht. Das ist zumindest so lange der Fall, so lange letzteres auf ein Ausmaß beschränkt bleibt, das im Vergleich zur Wertvermehrung als akzidentiell zu bezeichnen ist. Daher liegt eine empirische Widerlegung des wesentlichen begrifflichen Kapitals nur dann vor, wenn die im Rahmen der Erscheinungen stattfindende Verfolgung des Wohls auf die Dauer gesehen ein Ausmaß annähme, das nicht mehr nur akzidentiell ist.

Wenn wir nun zur zweiten Aufgabe und damit zur empirischen Überprüfung am mittelbaren Sein kommen, könnte man zunächst meinen, dass man den empirischen Test gar nicht durchführen kann, weil man als Alltagssubjekt eben nur das unmittelbare Sein kennt. Dem wäre aber nur zuzustimmen, wenn das inhaltlich mittelbare Sein etwas darstellen würde, was man nicht erfahren kann. Das ist aber gar nicht der Fall. Wenn es im Rahmen des mittelbaren Seins die Bewegung G - W ()- G' - W' ()- G'' ... auf Basis des Werts geben würde, dann könnten wir sie trotz des Umstandes in Erfahrung bringen, dass sie unbewusst vollzogen wird. Deshalb können wir aus dem Faktum, dass wir auch dann keine wertbasierten Zirkulationen wahrnehmen können, wenn wir beim Versuch, über unsere unmittelbaren Erfahrungen hinauszugehen, besonders genau hinschauen, schließen, dass es diese Zirkulationen nicht gibt. Wir kommen daher zu einem negativen empirischen Resultat.

Man könnte meinen, dass wir auch dann zu einer empirischen Widerlegung kommen, wenn es das wertbasierte G - W - G' geben würde. Denn man könnte einwenden, dass es dann, wenn es auf der Ebene der Erscheinungen ein Stück weit um das Wohl geht, das auch auf der Ebene des Wesens der Fall sein muss. Deshalb sei darauf hingewiesen, dass dieser Überlegung nicht zugestimmt werden kann. Denn das, was in den wesentlichen Gegebenheiten enthalten ist und was nicht, ergibt sich zum einen nicht aus den Erfahrungen, sondern der vom Prinzip ausgehenden logischen Ableitung. Zum anderen enthält dieses Prinzip nur das Streben nach maßloser Wertvermehrung, zu dem es deshalb auf der Ebene des Wesens in reiner Form kommt.

Bezogen auf das Wesen kann man zwar Dinge als empirisch inexistent zurückweisen, die es im Rahmen des unmittelbaren und mittelbaren Seins überhaupt nicht gibt. Man kann mit anderen Worten ein negatives empirisches Urteil fällen, wenn diese Dinge über das hinausgehen, was im Rahmen des unmittelbaren und mittelbaren Seins erfahrbar ist. Das Umgekehrte ist aber nicht möglich. Man kann das Wesen nicht deswegen empirisch zurückweisen, weil es weniger enthält als das unmittelbare Sein. Denn das, was im Wesen enthalten ist, hängt nicht von den Erfahrungen, sondern von der logischen Geltung und damit dem Prinzip ab, von dem aus es zu entwickeln ist.

Wenn wir nun an zweiter Stelle zum zweckhaften Kapital kommen und mit dem wesentlichen zweckhaften Kapital beginnen, kann auch hier festgestellt werden, dass die empirische Überprüfung in zwei Teile zerfällt, die das indirekte Messen am unmittelbaren Sein und das direkte Messen am formal mittelbaren Sein umfassen. Wenn wir wieder mit der indirekten Überprüfung am unmittelbaren Sein beginnen, kommen wir im Vergleich zu oben zu einem schlechteren Ergebnis. Dafür ist der Umstand verantwortlich, dass ΔG im Rahmen der zugehörigen Erscheinungen als Mehrwert verfolgt wird. Denn das trifft auf das unmittelbare Sein nicht zu. Im Rahmen des unmittelbaren Seins geht es nämlich nicht um diesen Mehrwert, sondern um den davon verschiedenen Durchschnittsprofit. Dieses negative Urteil kann auch anders ausgedrückt werden. Genauer gesprochen kann darauf hingewiesen werden, dass das wesentlich zweckhafte Kapital empirisch widerlegt wird, weil es von einem Zweck ausgeht. Denn als Ausgangspunkt notwendig wäre ein Begriff.

Bezogen auf die direkte Überprüfung am formell mittelbaren Sein ist die Aufgabe hier einfacher als oben. Denn es geht hier um eine Bewegung, die inhaltlich bewusst und nur formal unbewusst abläuft. Von daher kann auf der einen Seite festgestellt werden, dass wir uns nicht lange umsehen müssen, um zum obigen Resultat zu kommen. Wenn es wertbasierte Zirkulationen auf der Ebene des formellen mittelbaren Seins gäbe, dann müssten wir als Alltagssubjekte davon schon von uns aus wissen. Da ein solches Wissen nicht vorhanden ist, könnten wir umgekehrt festhalten, dass es die Marxsche Bewegung auch nicht als wesentliches zweckhaftes Kapital gibt. Auf der anderen Seite ist das Ergebnis deswegen noch schlechter, weil es diese wertbasierten Zirkulationen hier im Unterschied zu oben auch gar nicht geben kann. Denn, wenn es sie gäbe, könnten mit ihnen die auf dem Produktionspreis basierenden Erscheinungen nicht erklärt werden. Dazu wären nämlich nur Bewegungen in der Lage, die nicht auf dem Wert, sondern auf dem Produktionspreis basieren.

Wenn wir uns nun auf der Grundlage unserer obigen Feststellung, dass auch diese Möglichkeit nicht ganz ausgeschieden werden kann, noch das erscheinende begriffliche Kapital vornehmen, kann darauf hingewiesen werden, dass es keine doppelte empirische Überprüfung mehr gibt. Denn es geht nicht mehr um das direkte Messen am inhaltlich mittelbaren Sein und das indirekte Messen am unmittelbaren Sein, sondern nur noch um das direkte Messen am unmittelbaren Sein. Das Ergebnis, zu dem dieses Messen führt, ist negativ. Denn einesteils geht es im unmittelbaren Sein nicht um Wert und Mehrwert, sondern um Produktionspreis und Durchschnittsprofit. Andernteils geht es nicht nur um die Vermehrung von ΔG, wie das der Fall sein müsste, wenn die allgemeine Formel eine direkt richtige Beschreibung des unmittelbaren Seins wäre. Ein Stück weit geht es vielmehr auch um das Wohl. Hinzu kommt ferner, dass es im Rahmen des unmittelbaren Seins keine Bestrebung gibt, die unabhängig von der subjektiven Zwecksetzung vorhanden ist. Anstatt dass es um einen solchen Zweck und damit um die Argumentation per logischer Geltung geht, in deren Rahmen die Menschen als inhaltliche Charaktermasken vorkommen, haben wir es vielmehr mit den Menschen zu tun, die als Subjekte auftreten. Diese Menschen lassen sich ihre Zwecke weder äußerlich vorgeben, noch setzen sie sie in einer Weise um, die auf die Argumentation per logischer Geltung verweist. Stattdessen geben sie sich ihre Zwecke selbst und verwirklichen sie in einer Form, der die Argumentation per teleologischer Genesis entspricht.

Bezogen auf die ebenfalls noch vorhandene Möglichkeit, dass Marx seine allgemeine Formel des Kapitals als erscheinendes zweckhaftes Kapital versteht, ist ferner noch darauf hinzuweisen, dass es auch hier nicht um eine doppelte empirische Überprüfung, sondern nur noch um das direkte Messen am unmittelbaren Sein geht. Auf seiner Grundlage kommen wir ebenfalls zu einem negativen Resultat. Dessen Grund ist nicht nur die Differenz zwischen dem Mehrwert und dem Profit und der Umstand, dass es im unmittelbaren Sein auch ein Stück weit um das Wohl geht. Dieses Resultat hat vielmehr auch damit zu tun, dass die Menschen im Rahmen des unmittelbaren Seins nicht so als formale Charaktermasken auftreten, wie sie im Rahmen des vorliegenden Verständnisses der allgemeinen Formel des Kapitals auftreten müssten. Damit ist das hiesige Ergebnis mit dem vorhergehenden grundsätzlich vergleichbar. Da der Unterschied zwischen einem Subjekt und einer formal bestimmten Charaktermaske nicht ganz so groß ist wie der Unterschied zwischen einem Subjekt und einer inhaltlich bestimmten Charaktermaske, ist die empirische Widerlegung aber nicht ganz so umfassend wie im vorhergehenden Fall.

Schließlich sei zur Abrundung der empirischen Überprüfung noch auf die Frage eingegangen, ob die Marxsche Bewegung auch als scheinendes begriffliches Kapital verstanden und als solche empirisch überprüft werden kann. Zum ersten Aspekt ist zu sagen, dass wir oben schon gesehen haben, dass das eigentlich nicht sein kann. Denn beim scheinenden begrifflichen Kapital geht es um den Übergang vom Mehrwert zum Profit und bei der Marxschen Bewegung der allgemeinen Formel des Kapitals nur um den Mehrwert. Zum zweiten Aspekt ist zu sagen, dass als empirischer Maßstab weder das unmittelbare Sein noch das inhaltlich mittelbare Sein in Betracht kommt. Daher können wir es bei der Feststellung belassen, dass das scheinende begriffliche Kapital im eigentlichen Sinne nicht empirisch überprüft werden kann. Denn es gibt kein direktes empirisches Korrelat. Dass sie nicht empirisch bestätigt werden, heißt aber nicht, dass diese Kapitalarten empirisch widerlegt werden. Von einer solchen Widerlegung kann keine Rede sein, weil die empirische Basis dieser Kapitale nicht die Empirie, sondern die Theorie ist. Überprüfbar ist zwar nicht die Vermittlung als solche, überprüfbar muss aber ihr Ausgangs- und Endpunkt sein. Auf dieser Basis ist hier festzustellen, dass eine empirische Überprüfung deswegen nicht möglich ist, weil wir diese beiden Punkte noch gar nicht kennen.

Wenn wir auf die empirische Überprüfung zurückblicken, können wir zusammen-fassend feststellen, dass das Ergebnis nicht gut aussieht. Marx kann die allgemeine Formel des Kapitals nicht nur nicht erfolgreich ableiten. Diese Formel findet auch keine empirische Bestätigung. Denn alle die Kapitalarten, die für die empirische Überprüfung überhaupt in Frage kommen, werden widerlegt. Andernteils ist auf Unterschiede aufmerksam zu machen, die es diesbezüglich gibt. Besonders schlecht sieht es dann, wenn wir vom scheinenden begrifflichen Kapital absehen, nämlich beim erscheinenden begrifflichen Kapital aus. Dann kommt das erschei-nende zweckhafte Kapital. Denn die formal bestimmten Charaktermasken unter-scheiden sich von den Subjekten nicht so stark wie die inhaltlich bestimmten Cha-raktermasken. Danach folgt das wesentliche zweckhafte Kapital, bei dem nicht mehr so getan wird, als wären die unmittelbar seienden Menschen keine Subjekte, sondern Charaktermasken. Noch besser ist das Ergebnis beim wesentlichen be-grifflichen Kapital. Denn dort gibt es auf der Ebene der indirekten Überprüfung am unmittelbaren Sein keine Einwände mehr. Zu kritisieren ist auf der Ebene der direkten Überprüfung am mittelbaren Sein nur noch, dass es keine Tauschakte zum Wert gibt.

Man könnte meinen, dass aus dem negativen Ergebnis der Schluss zu ziehen ist, dass die allgemeine Formel des Kapitals vollkommen unbrauchbar ist. Deswegen sei bemerkt, dass das zwar im Hinblick auf ihre Ableitung und ihre empirische Bestätigung richtig ist. Offen ist aber noch, ob sie als Grund für weitere Ableitun-gen in Frage kommt. Darauf ist gerade auf der Basis dessen hinzuweisen, dass wir schon gesehen haben, dass der Wert nur noch als indirekter Grund des Tausch-werts in Frage kommt. (vgl. S. 106)

Diesbezüglich kann zwar darauf hingewiesen werden, dass aus einem nicht exi-stierenden Grund keine existierende Folge gezogen werden kann und daher auch schon feststeht, dass die wertbasierte Bewegung G - W - G' auch in dieser dritten Hinsicht untauglich ist. Dem ist aber entgegenzuhalten, dass das nur ein empiri-sches Argument darstellt, das als solches noch nichts darüber aussagt, ob von die-sem Ausgangspunkt aus Folgerungen gezogen werden können, die überzeugend und zwingend sind und deswegen logisch in Ordnung gehen.

Im Übrigen sei schon an dieser Stelle erwähnt, dass sich das vollkommene Ver-werfen von G - W - G' oder G - W ()- G' auch deshalb nicht empfiehlt, weil wir im Folgenden sehen werden, dass es nicht bei diesen Bewegungen bleibt. Wie sich zeigen wird, entwickelt Marx diese allgemeine Formel des Kapitals vielmehr in einer Weise weiter, die zeigt, dass ein Unterschied zwischen dem Inhalt gemacht werden kann und muss, um den es in dieser Bewegung geht, und der Art und Weise, wie dieser Inhalt verfolgt wird. Genauer gesprochen kann das Streben nach maßlos viel Mehrwert davon unterschieden werden, dass es als ΔG und damit

Mehrgeld angestrebt wird. Wenn man nur den Inhalt betrachtet, dann kann zwar weiterhin von einer empirischen Widerlegung gesprochen werden, wenn dieses Streben als Zweck verstanden wird und daher am formell mittelbaren Sein gemessen werden muss. Beim Begriff, der am inhaltlich mittelbaren Sein zu messen ist, sieht das dagegen anders aus. Denn er wird – wie wir im Folgenden (vgl. S. 295ff.) noch genauer sehen werden – unabhängig davon bestätigt, ob ΔG als Endzweck oder Mittel zum Zweck verfolgt wird.

Dagegen könnte eingewandt werden, dass man ohne wertbasierte Zirkulationsakte auch dann nicht auskommt, wenn man nur vom Streben nach maßlosem Mehrwert ausgehen würde. Denn dieses Streben kann nicht in einem einzelnen Akt befriedigt werden, sondern erfordert dauerhafte Wiederholungen, die nicht möglich sind, ohne dazwischen geschaltete Zirkulationsakte. Zu diesem Argument ist zu sagen, dass aus ihm dann, wenn es richtig wäre, natürlich nicht folgen würde, dass wir wertbasierte Zirkulationsakte trotz des Umstandes zu akzeptieren haben, dass es sie nicht gibt. Daraus würde sich im Gegenteil nur ergeben, dass das Streben nach maßlosem Mehrwert nicht als ein Streben gefasst werden kann, das in der Vielzahl vorkommt. Weil das zu wertbasierten Zirkulationsakten führen würde, die es nicht gibt, kann dieses Streben vielmehr nur als einheitliches Streben gefasst werden. Denn das führt – wie wir auf der Seite 324 noch genauer sehen werden – nicht zu wertbasierten Zirkulationsakten.

V. Das Kapital als sich selbst verwertender Wert

Oben haben wir einen Kapitalbegriff kennen gelernt, der unabhängig von der Unklarheit, wie er genau zu verstehen ist, eine Bewegung beinhaltet, die von einem
in der Form von G auftretenden kleineren Wert zu einem in Gestalt von G' vor-
handenem größeren Wert führt. Neben diesem ersten Kapitalbegriff gibt es bei
Marx noch einen zweiten Begriff des Kapitals, auf den deswegen schon an dieser
Stelle hingewiesen werden soll, weil Marx ihn ebenfalls schon ganz am Anfang
seiner Ausführungen zum Kapital erwähnt:

"In der Zirkulation G - W - G funktionieren dagegen beide, Ware und Geld, nur als
verschiedne Existenzweisen des Werts selbst, das Geld sein allgemeine, die Waren seine besondre, sozusagen nur verkleidete Existenzweise. Er geht beständig
aus der einen Form in die andere über, ohne sich in dieser Bewegung zu verlieren, und verwandelt sich so in ein automatisches Subjekt. Fixiert man die besondren Erscheinungsformen, welche der sich verwertende Wert im Kreislauf seines
Lebens annimmt, so erhält man die Erklärungen: Kapital ist Geld, Kapital ist
Ware. In der Tat wird der Wert hier das Subjekt eines Prozesses, worin er unter
dem beständigen Wechsel der Formen von Geld und Ware seine Größe selbst
verändert, sich als Mehrwert von sich selbst als ursprünglichem Wert abstößt,
sich selbst verwertet. Denn die Bewegung worin er Mehrwert zusetzt, ist seine
eigene Bewegung, seine Verwertung also Selbstverwertung. Er hat die okkulte
Qualität erhalten, Wert zu setzen, weil er Wert ist. Er wirft lebendige Junge oder
legt wenigstens goldne Eier." (I, 168/169)

Wie dieses Zitat deutlich macht, beinhaltet der zweite Kapitalbegriff ebenfalls einen in Geldform auftretenden Wert, der in einen Vermehrungsprozess eingeht. Im
Unterschied zum ersten Kapitalbegriff, steht dieser vorgeschossene Anfangswert
aber nicht mehr nur am Beginn einer Bewegung zu immer mehr Wert bzw. Geld.
Das zweite Kapital ist vielmehr ein Wert, der die Vermehrung aus sich heraus
erzeugt. Einerseits erhält sich der vorgeschossene Wert und prozessiert in diesem
Sinne. Andererseits ist er selbst der Grund der Vermehrung und stellt sich daher
als etwas Progressierendes oder Fortschreitendes dar. Während der bisherige erste
Kapitalbegriff von Marx keine solche Erklärung umfasst hat, beinhaltet der neue
zweite Kapitalbegriff eine ganz bestimmte Antwort auf die Frage, welchen Grund
die schrankenlose Vermehrung des in Geldform auftretenden Werts hat. Ihr zufolge ist die Vermehrung nicht nur Verwertung, sondern Selbstverwertung und als
solche ein Produkt des als Kapital auftretenden Werts selbst. Dadurch, dass der
Ausgangswert als Grund des Mehrwerts auftritt, erweist er sich als ein „automatisches Subjekt", das sich nicht nur selbst bewegen kann, sondern auch die „okkulte
Qualität" hat, „Wert zu setzen, weil er Wert ist".

Dieser Subjektcharakter des zweiten Kapitalbegriffs kommt nicht nur im obigen
Zitat zum Ausdruck. Er kann vielmehr zum einen auch durch andere Stellen belegt

werden. Diesbezüglich können einesteils die 'Grundrisse' erwähnt werden, weil Marx in ihnen nicht nur von einem sich perpetuierenden Wert (vgl. dazu auch S. 243) spricht, sondern das Kapital auch als "Verhältnis" (GR, 169) und "Prozeß" (GR, 174) bezeichnet und sich damit von seiner Fassung als "Sache" und "Ding" absetzt. Anderteils kann auch an viele andere Stellen im ‚Kapital' (vgl. u. a. I, 209 und 532) verwiesen werden, bei denen nicht nur von Verwertung, sondern von Selbstverwertung die Rede ist, auch wenn es sich dabei oft deswegen nur um eine bedeutungslose façon de parler handelt, weil diese Selbstverwertung gar nicht auf den zweiten, sondern den ersten Kapitalbegriff abzielt.

Gerade, weil Marx in diesem Zusammenhang ziemlich missverständlich bleibt, ist zum besseren Verständnis des Subjektcharakters des Kapitals zum anderen noch zu bemerken, dass er darauf beruht, dass die in der obigen Bewegung G - W - G enthaltenen Bindestriche eine andere Bedeutung erlangen als die, die sie bislang hatten. Sie sind nicht mehr Zeichen für Kaufs- und Verkaufsakte, die deswegen als diskrete Bewegungen zu verstehen sind, weil die links von den jeweiligen Bindestrichen stehenden Sachen durch die rechts von ihnen stehenden Dinge ersetzt und abgelöst werden. Stattdessen sind sie jetzt Zeichen für einen kontinuierlichen Zusammenhang, in dessen Rahmen der Ausgangswert nicht verschwindet, sondern sich in den nachfolgenden Positionen erhält. Hinzu kommt, dass das diskrete Ersetzen jedenfalls bezogen auf die Zirkulationsakte, die wir bislang kennen gelernt haben, jeweils auf einen Schlag und damit zeitlos erfolgt, während das kontinuierliche Erhalten – wie wir auf der Seite 349 genauer sehen werden – Zeit erfordert.

Bezogen auf die Frage, wie der zweite Kapitalbegriff zu verstehen ist, gibt es zwei Möglichkeiten: Zum einen kann man aufgrund der oben angeführten Belege den Eindruck bekommen, dass Marx es hier mit dem Subjektcharakter ernst meint. Weil die Rede vom „automatischen Subjekt" und seiner „okkulten Qualität" so dezidiert ist, scheint der zweite Kapitalbegriff tatsächlich etwas zu sein, was sich ohne menschliche Hilfe bewegen kann und daher wirklich als Subjekt angesprochen werden muss. Zum anderen kann man an dieser Stelle aber auch der Meinung sein, dass die Rede von einem Subjekt gleichfalls nicht wörtlich zu verstehen ist. Dafür spricht die Erfahrung, die wir beim ersten Kapitalbegriff gemacht haben. Zu dieser Interpretation kann man darüber hinaus auch deshalb kommen, weil wir auf den Seiten 349 und 465 Stellen kennen lernen werden, in denen das zweite Kapital von Menschen ausgeführt wird, die dabei entweder als Charaktermasken oder als Subjekte auftreten und damit entweder unbewusst oder bewusst handeln.

Wenn wir uns auf der Basis dieser beiden Verständnismöglichkeiten nun fragen, welche die für uns maßgebende ist, könnte man meinen, dass der zweite Kapitalbegriff, der als „automatisches Subjekt" selbst prozessiert und progressiert und damit einer Verwirklichung durch die Menschen nicht bedarf, etwas ist, das schon aus empirischen Gründen eindeutig zurückzuweisen ist. Denn das zweite Kapital ist wie das erste etwas, das sich nicht wirklich selbst bewegen, sondern genauso nur von Menschen als Subjekten oder Charaktermasken in Bewegung gesetzt werden kann. Zu dieser Position ist zu sagen, dass ihr Recht gegeben werden müsste, wenn der zweite Kapitalbegriff eine Entität darstellen würde, die entweder der Ebene des mittelbaren oder der des unmittelbaren Seins zuzuordnen ist. Denn auf diesen Ebenen gibt es diesen Kapitalbegriff auch dann nicht, wenn man davon absieht, dass wir es mit einer Bewegung von einem kleineren zu einem größeren Wert zu tun haben, die sich zugleich als Bewegung von G zu G' darstellt. Anders sieht es dagegen aus, wenn der sich selbst verwertende Wert als etwas verstanden wird, das dem Bereich der Vermittlung zwischen dem inhaltlich mittelbaren Sein und dem unmittelbaren Sein zuzurechnen und daher als scheinendes begriffliches Kapital bezeichnet werden kann. Denn in diesem Fall widerspricht der zweite Kapitalbegriff gar nicht den empirischen Gegebenheiten des mittelbaren und unmittelbaren Seins und kann daher auch nicht durch einen Verweis auf sie zurückgewiesen werden.

Um den zweiten Kapitalbegriff des sich selbst verwertenden Werts widerlegen zu können, ist dann, wenn er als scheinendes begriffliches Kapital verstanden wird, die Bezugnahme auf das mittelbare bzw. unmittelbare Sein ungeeignet. Dazu bedarf es vielmehr der Bezugnahme auf etwas, was als Folge des wesentlichen begrifflichen Kapitals bzw. der Argumentation per logischer Geltung vorhanden ist, die es auf seiner Grundlage gibt. Weil wir auch bezogen auf den ersten Kapitalbegriff noch ganz am Anfang stehen, können wir diesbezüglich noch nicht auf irgendwelche Resultate zurückblicken. Deshalb kann an dieser Stelle nur versichert werden, dass sich zumindest dann, wenn das wesentliche begriffliche Kapital bzw. die in seinem Rahmen darzulegende Argumentation per logischer Geltung richtig gefasst wird, zeigen wird, dass wir es mit einem sich als Wert selbst verwertenden Kapital zu tun bekommen, das ohne menschliches Dazutun auskommt. (vgl. S. 464ff.) Auf dieser Grundlage können wir bezogen auf die beiden oben genannten Verständnismöglichkeiten des zweiten Kapitalbegriffs zum einen festhalten, dass das erste Verständnis des zweiten Kapitalbegriffs, in dem das Kapital als selbständiges Subjekt auftritt, richtig ist. Zum anderen ist die Thematisierung von Menschen, die dieses Kapital ausführen, in jedem Fall zurückzuweisen. Wenn diese Menschen als inhaltlich bestimmte Charaktermasken verstanden werden, liegt eine Vermischung des Scheins mit dem Wesen vor. Wenn die Menschen als Subjekte verstanden werden, bekommen wir es mit einer Vermischung des Scheins mit den Erscheinungen zu tun.

Marx bringt seinen zweiten Kapitalbegriff auf der Grundlage der Figur G - W - G ins Spiel. Das ist doppelt merkwürdig. Auf der Basis dessen, dass wir diese Bewegung als einen Kauf kennen gelernt haben, auf den ein Verkauf folgt, ist nämlich zum einen darauf hinzuweisen, dass es sich bei diesen Zirkulationsakten um diskrete Bewegungen handelt, bei denen der Anfangspunkt durch den Endpunkt abgelöst wird. Trotz des gleichen Werts haben wir es daher nicht mit einer kontinuierlichen Bewegung zu tun, bei der der Ausgangspunkt im Endpunkt erhalten bleibt. Es fehlt daher der prozessierende Charakter, der für den zweiten Kapitalbegriff charakteristisch ist. Noch wichtiger ist zum anderen, dass es in der genannten Bewegung noch gar keine Vermehrung und daher natürlich auch noch keine Selbstvermehrung gibt. Denn das zeigt, dass es auch noch am progressierenden Charakter fehlt. Von daher ist klar, dass als Basis für die Thematisierung des zweiten Kapitalbegriffs allenfalls die gleichfalls als kontinuierliche Bewegung zu verstehende Figur G - W - G' in Frage kommen kann. Aber auch in dieser Beziehung gibt es Probleme. Denn der in Form von G vorgeschossene Ausgangswert setzt sich in ihrem Rahmen gar nicht in der Form unmittelbar in den größeren Endwert um, wie er das müsste, um sich als sich selbst verwertender Wert darzustellen. Damit gibt es zwar eine Vermehrung. Es fehlt aber noch das Moment der Selbstvermehrung.

Dieses Merkmal ist auf der einen Seite erst bei der Form G - G' gegeben. Denn bezogen auf diese Zirkulationsform des zinstragenden Kapitals ist nicht nur ganz klar, dass der Bindestrich nicht mehr für einen diskreten Kaufs- oder Verkaufsakt stehen, sondern nur einen kontinuierlichen Übergang indizieren kann, bei dem das eine im anderen erhalten bleibt. Darüber hinaus steht fest, dass der Ausgangswert ohne weitere Vermittlung zu einem größeren Endwert führt. Obwohl dieser Übergang nicht wie bei den bislang thematisierten Kauf- und Verkaufsakten auf einen Schlag erfolgt, sondern – wie wir auf der Seite 512 genauer sehen werden – Zeit erfordert, scheint dieser Ausgangswert damit wirklich etwas zu sein, was sich selbst verwertet. Das kommt im Übrigen auch bei Marx selbst zum Ausdruck, wenn er oben (vgl. S. 248) vom „Geld, das gleich mehr Geld" oder vom „Wert, der größer als er selbst ist", spricht.[43]

---

[43] Im vorliegenden Zusammenhang haben wir G - G' nicht als diskreter Kaufs- oder Verkaufsakt, sondern als kontinuierliche Bewegung verstanden. Es gibt aber auch eine andere Möglichkeit. Man kann diese Bewegung nämlich als Beschreibung eines Verleihaktes und diesen Verleihakt trotz des Umstandes, dass er Zeit erfordert, als diskrete Bewegung verstehen. Daher sei darauf hingewiesen, dass das nichts daran ändert, dass Marx den sich als Kapital selbst verwertenden Wert als kontinuierliche Bewegung versteht. Denn nur auf seiner Grundlage hat es einen Subjektcharakter.

Auf der anderen Seite stellt auch der zweite Teil von G - W - G', also W - G', eine Möglichkeit dar. Das ist zumindest dann der Fall, wenn man den in ihm enthaltenen Bindestrich als Zeichen für einen kontinuierlichen Zusammenhang mit der Folge versteht, das W nicht mehr eine zu verkaufende Ware, sondern einen bestimmten Wert bezeichnet. Denn auf dieser Grundlage scheint der Ausgangswert W ebenfalls etwas zu sein, was ohne weitere Vermittlung zum größeren Endwert G' führt. Daher kann auch bezogen auf diesen Ausgangswert vom sich selbst verwertenden Kapital gesprochen werden. Allerdings nicht mehr von einem Kapital, bei dem der Wert in Geldform vorgeschossen wird, sondern nur noch von einem Kapital, bei dem der Wert in Waren- oder besser in Gebrauchswertform vorgeschossen wird.

Dass Marx sich trotz der erwähnten Andeutungen nicht auf G - G' bezieht, hat seinen Grund zum einen vermutlich darin, dass diese Form G - G' bzw. das zinstragende Kapital als Ausgangspunkt für die Thematisierung des scheinenden Kapitals deshalb untauglich ist, weil sie selbst ein Ergebnis der sich durchsetzenden Selbstverwertung des Werts darstellt und in diesem Sinne selbst ein Produkt des Scheins ist. (vgl. S. 511) Zum anderen sei darauf hingewiesen, dass sich die Bezugnahme auf W - G' für Marx möglicherweise deshalb verbietet, weil diese Bewegung nicht vom Geld ausgeht. Während der erste Punkt akzeptiert werden kann, ist der zweite zurückzuweisen. Die Geldform ist nämlich keineswegs notwendige Bedingung, um vom sich selbst verwertenden Wert sprechen zu können. Auf der Basis dessen, dass wir oben schon gesehen haben, dass der Schein die in ihn fallende Aufgabe der Vermittlung zwischen dem Wesen und den Erscheinungen einesteils nur ausfüllen kann, wenn er am Wesen anknüpft und andernteils diese unmittelbare Anknüpfung – wie sich auf den Seiten 466f. und 539 zeigen wird – nur gegeben sein kann, wenn noch nicht vom Geld die Rede ist, ist stattdessen das Gegenteil festzustellen. Der zweite Kapitalbegriff muss eine Form haben, bei der der vorgeschossene Wert noch nicht in Geldform auftritt.

Weil Marx auf den zweiten Kapitalbegriff des sich selbst verwertenden Werts in einem unmittelbaren Zusammenhang mit seinem ersten Kapitalbegriff zu sprechen kommt, ist auch noch eine grundsätzlichere Kritik vorzubringen. Dieser Umstand ist nämlich nicht nur der Grund dafür, dass der Unterschied zwischen den beiden Kapitalbegriffen leicht ganz übersehen wird. Das stellt darüber hinaus auch eine Thematisierung des sich selbst verwertenden Werts dar, die zur Unzeit erfolgt. Der Grund dafür besteht darin, dass der Schein die Ebene ist, die dafür sorgt, dass das Wesen in den Erscheinungen nur mittelbar zum Ausdruck kommt und gerade deshalb als eigentliches Wesen bezeichnet werden kann. Diese theoretische Position macht es nämlich erforderlich, dass der Schein nach dem Wesen und vor den Erscheinungen zum Thema gemacht wird.[cxxv]

Marx macht weder das eine noch das andere. Bezogen darauf, dass man seinen ersten Kapitalbegriff als wesentliches begriffliches Kapital versteht, ist ihm zum einen entgegenzuhalten, dass der Schein nur auf Basis der fertigen Resultate des Wesens angemessen thematisiert werden kann und seiner Behandlung deshalb die Thematisierung des Wesens vorauszugehen hat. Bezogen darauf, dass er – wie auch die Bezugnahme auf G - G' als Bewegungsform des zinstragenden Kapitals zeigt – immer wieder Momente des unmittelbaren Seins in Spiel bringt und sein erstes Kapital daher andererseits auch als erscheinendes begriffliches Kapital oder als erscheinendes zweckhaftes Kapital verstanden werden kann, ist zum anderen einzuwenden, dass die Erscheinungen nur nach dem Schein angemessen behandelt werden können.

Auf der Grundlage dessen, dass nur der zweite Kapitalbegriff die Selbstverwertung des Werts beinhaltet, könnte man im Übrigen der Meinung sein, dass der erste Kapitalbegriff noch gar kein richtiges Kapital bezeichnet und daher besser als Streben nach schrankenloser Geld- bzw. Wertvermehrung oder Heißhunger nach Mehrgeld bzw. Mehrwert charakterisiert werden sollte. Daher sei darauf hingewiesen, dass dieser Schluss sich tatsächlich ergeben würde, wenn die Selbstverwertung das für das Kapital entscheidende Kriterium darstellen würde. Dass das so ist, steht aber an dieser Stelle noch gar nicht fest. Es ist vielmehr weiterhin möglich, dass man auch das Geld als Kapital bezeichnet, das per Kauf mit dem Ziel verausgabt wird, es vermehrt zurückzubekommen, und das auf diese Weise zwar nicht mit dem Selbstverwertungsanspruch, aber mit dem genannten Streben bzw. dem erwähnten Heißhunger verbunden ist. Auf dieser Grundlage verbietet sich die Bezeichnung Kapital erst, wenn diese Art der Verausgabung des Geldes wegfällt.[44]

Im vorhergehenden Absatz wurde davon ausgegangen, dass wir es unabhängig von dem Unterschied zwischen Verwertung und Selbstverwertung nur mit Kapital zu tun haben, wenn diese Ansprüche an das im Rahmen eines Kaufs vorgeschossene Geld geknüpft sind. Deshalb sei noch darauf hingewiesen, dass es bei Marx zwar diese Verkoppelung sowohl auf Basis des ersten als auch des zweiten Kapitalbegriffs gibt. Notwendig ist sie aber weder in der einen noch der anderen Hinsicht. Auf der einen Seite kann man den Heißhunger nach Wertvermehrung vom vorgeschossenen Geld nicht nur lösen. Wie wir im X. und XI. Kapitel sehen werden, muss man das sogar tun, wenn man in der Lage sein möchte, den Prozess der maßlosen Wertvermehrung angemessen darstellen zu können. Auf der anderen Seite kann man den Selbstverwertungsanspruch auch an den Wert knüpfen, der

---

[44] Dass genau das der Fall ist, werden wir auf der Seite 233 sehen.

nicht in Geldform auftritt. Und auch das ist nicht nur eine theoretische Möglichkeit, sondern deswegen eine Notwendigkeit, weil es zum zweiten Kapitalbegriff zuerst auf der Gesamtebene kommt, innerhalb der es noch kein Geld gibt.[cxxvi]

Wenn die Verkoppelung mit dem vorgeschossenen Geld aufgegeben wird, stellt sich die Frage, ob weiterhin vom ersten oder zweiten Kapitalbegriff gesprochen werden kann. Bezogen auf den zweiten Kapitalbegriff kann diese Frage bejaht werden. Denn mit einem sich selbstverwertenden Wert hat man es auch dann zu tun, wenn diese Bewegung nicht vom Geld, sondern vom Wert in der Form von Produkten ausgeht. Bezogen auf den ersten Kapitalbegriff sieht es dagegen anders aus. Wenn das Geld als Ausgangspunkt wegfällt, fehlt es nämlich nicht nur an der Selbstverwertung, sondern auch an diesem Ausgangspunkt. Daher kann einerseits festgehalten werden, dass endgültig nicht mehr vom Kapital, sondern nur noch vom Streben nach maßloser Wertvermehrung gesprochen werden. Anderteils kann man aber die Rede vom ersten Kapitalbegriff trotzdem beibehalten. Dann muss man sich allerdings darüber klar sein, dass dieses Kapital ein Synonym für die maßlose Wertvermehrung ist. Wenn es als begriffliches Kapital auftritt, dann ist die maßlose Wertvermehrung eine Bestrebung, die den unmittelbar seienden Subjekten unbekannt ist. Wenn es als zweckhaftes Kapital auftritt, dann ist diese Bestrebung etwas, was ins Bewusstsein dieser Subjekte fällt.

Dass die Rede vom ersten Kapitalbegriff dann, wenn sie richtig verstanden wird, auf den maßlosen Heißhunger nach Mehrwert hinausläuft, zeigt, dass der erste Kapitalbegriff noch gar kein Kapital bezeichnet und das Kapital eigentlich erst mit dem zweiten Kapitalbegriff wirklich ins Spiel kommt. Dass Marx seinen zweiten Kapitalbegriff im unmittelbaren Zusammenhang mit dem ersten zum Thema macht, wird auf dieser Grundlage zum einen verständlicher. Weil wir sehen werden, dass der erste Kapitalbegriff sich als Kapital auflösen wird, kann die Verkoppelung mit dem zweiten nämlich als ein Versuch verstanden werden, den ersten Kapitalbegriff vor diesem Schicksal zu bewahren. Weil Marx die Unhaltbarkeit des ersten Kapitalbegriffs anscheinend selbst geahnt hat, hat er möglicherweise den als solchen untauglichen Versuch unternommen, das erste Kapital mit dem zweiten zu untermauern.

Dass Marx schon bezogen auf den Heißhunger nach Mehrwert, den es auf der Wesensebene gibt, vom Kapital spricht, kann zum anderen auch als Vermengung des Wesens mit dem Schein verstanden werden. Mithin zeigt sich an dieser Stelle, dass Marx nicht nur – wie wir oben gesehen haben – den Schein mit dem Wesen vermengt, wenn er auch auf der Ebene des Scheins ausführende Charaktermasken ins Spiel bringt, die es nur auf der Ebene des Wesens gibt. Stattdessen kommt es wegen der Übertragung der Kapitalbegrifflichkeit auf die Ebene des Wesens auch umgekehrt zu einer Vermengung des Wesens mit dem Schein. Oder Marx vermengt das Wesen in Bezug auf die Momente mit den Erscheinungen, die vom Schein herkommen.

VI. Von der allgemeinen Formel des Kapitals zum industriellen Kapital

Wenn wir Marx' Ausführungen zu seinem zweiten Kapitalbegriff des sich selbst verwertenden und damit wirklich als Subjekt auftretenden Werts, die nur den Charakter eines Einschubs haben, beiseite lassen, haben wir es oben mit Überlegungen zu tun gehabt, die uns zum ersten Kapitalbegriff hingeführt haben. Im Folgenden werden wir es mit Ausführungen zu tun bekommen, die die umgekehrte Richtung haben und Ableitungsschritte darstellen, die von diesem Kapital ausgehen. In ihrem Rahmen ist der Bindestrich zum einen wieder ein Zeichen für einen diskreten Zirkulationsakt. Denn kontinuierliche Zusammenhänge gibt es noch gar nicht. Zum anderen stellt das Kapital einen zu verwirklichenden Inhalt oder ein Prinzip dar, das erst noch ausgeführt werden muss. Daher geht es im Folgenden nur noch darum, wie diese Ausführung vonstatten zu gehen hat. Als in diesem Zusammenhang ersten Schritt werden wir es in diesem Kapitel mit dem Übergang von der Bewegung G - W - G' zu folgender Form zu tun bekommen:

"G - W ... P ... W' - G', wo die Punkte andeuten, daß der Zirkulationsprozeß unterbrochen ist, und W' wie G' ein durch Mehrwert vermehrtes W und G bezeichnen." (II, 31)

Da sie den Produktionsprozess P beinhaltet, wird sie von Marx als „industrielles Kapital" (I, 170) bezeichnet.

Im vorletzten Kapitel hat sich zum einen gezeigt, dass aus einer Mischung aus theoretischen und empirischen Gründen am meisten dafür spricht, dass Marx mit der wertbasierten Bewegung G - W - G' oder genauer G - W ()- G' auf das wesentliche begriffliche Kapital abzielt. Das ist aus theoretischen Gründen der Fall, weil Marx mit seiner Thematisierung des Kapitals zum einen noch am Anfang steht. Dafür spricht aus empirischen Gründen, dass das wesentlich begriffliche Kapital ihnen zufolge viel weniger zurückzuweisen ist, als die Kapitalvarianten der anderen Verständnismöglichkeiten. Zum anderen können wir uns bei diesem Urteil auch auf das vorhergehende Kapitel berufen. Denn es bestätigt das wesentliche begriffliche Kapital insofern, als der zweite Kapitalbegriff als ein Kapital auf der Ebene des Scheins zu interpretieren ist. Denn ein sich selbst verwertendes Kapital gibt es nur als scheinendes begriffliches Kapital, das als solches auf das wesentliche begriffliche Kapital verweist.

Diese Ergebnisse sind bezogen auf die weiteren Untersuchungen einesteils ein Hinweis darauf, dass G - W - G' als wesentliches begriffliches Kapital zu verstehen ist. Andernteils können wir uns immer noch nicht auf diese Variante beschränken. Da Marx weiterhin kontrafaktisch davon ausgeht, dass die Wertbasiertheit etwas ist, was den unmittelbaren Erfahrungen entspricht, bleibt es einerseits auch bei der Möglichkeit des wesentlichen zweckhaften Kapitals. Da Marx die Unterschiede und Zusammenhänge zwischen den fünf Kapitalvarianten sowieso nicht klar in den Blick bekommt, können wir uns andererseits weder bezogen auf das begriffliche Kapital noch das zweckhafte Kapital auf die Wesensebene beschränken. Stattdessen müssen auch die Erscheinungsebene und damit das erscheinende begriffliche Kapital bzw. das erscheinende zweckhafte Kapital berücksichtigen. Das ist weniger der Fall, weil Marx in diesem und den folgenden Kapiteln tatsächlich zu einer dieser Varianten direkt übergeht. Auf der Basis dessen, dass wir oben schon gesehen haben, dass Marx zwischen der Argumentation per logischer Geltung, die es auf der Wesensebene gibt, und der Argumentation per teleologischer Genesis, die ihren Platz auf der Erscheinungsebene hat, hin und her springt, wird sich vielmehr zeigen, dass er wohl bei der Wesensebene bleibt, diese aber in einer Weise fasst, die mit Momenten der Erscheinungen vermengt sind. Ähnliches gilt im Übrigen auch für die Ebene des Scheins und damit das scheinende begriffliche Kapital. Es ist zwar weniger zu erwarten, dass Marx diese Variante im vorliegenden Zusammenhang direkt zur Sprache bringt, zumal das schon deswegen nicht passt, weil es in ihrem Rahmen nicht um die Schaffung des Mehrwerts geht, sondern um seine Verwandlung in Durchschnittsprofit. Wahrscheinlicher ist aber, dass er das wesentliche begriffliche Kapital mit Momenten des Scheins vermischt. Dafür ist schon der erste Kapitalbegriff ein Beispiel. Da es das Kapital – wie wir auf der Seite 454ff. noch genauer sehen werden – in der Form des zweiten Kapitalbegriffs erst auf der Ebene des Scheins gibt, kann der erste Kapitalbegriff als eine Vermischung zwischen Merkmalen des Wesens und des Scheins interpretiert werden.

Aufgrund dessen, dass das wertbasierte G - W - G' weder erfolgreich abgeleitet noch empirisch bestätigt wurde, könnte man der Meinung sein, dass jetzt schon feststeht, dass der hier zu thematisierende Übergang nicht überzeugend ausfallen kann. Daher sei zum einen betont, dass aus dem Umstand, dass etwas nicht abgeleitet wurde, nicht entnommen werden kann, dass von ihm aus keine notwendigen Folgerungen gezogen werden können. Zum anderen sei darauf hingewiesen, dass es bei der vollkommenen empirischen Widerlegung gar nicht bleibt, zu der wir im Rahmen der direkten Überprüfung am mittelbaren Sein gekommen sind.

1. Der Übergang zur Produktion

Den Übergang von G - W - G' oder der allgemeinen Formel des Kapitals zum industriellen Kapital leitet Marx wie folgt ein:

„Die Zirkulationsform, worin sich das Geld zum Kapital entpuppt, widerspricht allen früher entwickelten Gesetzen über die Natur der Ware, des Werts, des Geldes und der Zirkulation selbst. Was sie von der einfachen Warenzirkulation unterscheidet, ist die umgekehrte Reihenfolge derselben zwei entgegengesetzten Prozesse, Verkauf und Kauf. Und wie sollte solcher rein formelle Unterschied die Natur dieser Prozesse umzaubern?" (I, 170)

Damit bringt er zum Ausdruck, dass auf Basis seiner Überlegungen zum Wert zwar der erste Schritt G - W möglich ist. Der zweite Schritt W - G' stellt jedoch dann, wenn er als Verkaufsakt zu verstehen ist, ein Unding dar. Da sich ein kleinerer Warenform besitzender Wert mit einem größeren in Geldgestalt auftretenden Wert austauscht, widerspricht er nämlich dem Tausch von Äquivalenten. Nun könnte man auf der Basis dessen, dass G - W - G' eigentlich als G - W ()- G' zu fassen ist, der Meinung sein, dass das gar nicht der Fall ist und wir es nur mit einem Problem der Darstellung zu tun haben. Genauer gesprochen könnte man auf der Basis dessen, dass auch die Verkaufsarbeit als wertbildend betrachtet wird, einwenden, dass die Bewegung des Kaufmannskapitals richtiger in der Form G - $W^{(')}$ - G' darzustellen wäre, wobei die Einklammerung des hochgestellten Anführungszeichens bedeutet, dass es nur für den Verkauf zutrifft. Deshalb sei darauf hingewiesen, dass diese Möglichkeit auszuschließen ist. Sie könnte es nämlich nur geben, wenn Marx die zirkulativen Arbeiten zu den wertbildenden Arbeiten zählen würde. Das ist aber gerade nicht der Fall. Auf der Basis dessen, dass beim Kauf und Verkauf ein Formwechsel des Werts stattfindet, stellt er nämlich fest:

„Dieser Formwechsel schließt keine Änderung der Wertgröße ein." (I, 172)

Angesichts dieser klaren Feststellung ist einerseits darauf hinzuweisen, dass Marx sie nur treffen kann, weil er den Formwechsel rein fasst und ihn daher von den Tätigkeiten der Lagerung und des Transports unterscheidet. Denn diese gehören – wie wir auf den Seiten 375 und 376 bestätigt sehen werden – nicht zu den zirkulativen, sondern zu den produktiven Arbeiten.

Dass die so gefasste Zirkulation keinen Wert schafft, liegt andererseits nicht in der Form auf der Hand, dass unsere Erfahrungen dies unmittelbar bestätigen. In der in Erfahrung gebrachten Empirie gibt es im Gegenteil keinen Tatbestand, dem die unterschiedlichen Rollen direkt entnommen werden könnten, die die Produkte herstellenden bzw. zirkulierenden Tätigkeiten bei der Wertbildung von Waren spielen. Dieses Merkmal kommt letzteren vielmehr nur zu, weil die reinen Zirkulationstätigkeiten für Marx nicht zu den wertbildenden Arbeiten zählen. Warum das so ist, führt Marx im vorliegenden Zusammenhang nicht weiter aus. Trotzdem können wir aufgrund unserer früheren Erörterungen festhalten, dass die Zirkulationstätigkeiten keine wertbildenden Arbeiten darstellen, weil sie nichts zum Gebrauchswert beitragen, sondern nur damit zu tun haben, dass die Produkte Waren sind. Denn die Gebrauchswertbildung ist, wenn schon nicht eine hinreichende (vgl. S. 97ff.), so doch eine notwendige Bedingung der wertbildenden Arbeit. (vgl. S. 41)

Auf der Basis dessen, dass die Zirkulationsaktivitäten keine wertbildende Arbeit darstellen, ist die als Kaufmannskapital verstandene Form G - W - G' tatsächlich ein Unding, weil sie dem Äquivalententausch widerspricht. Wenn Äquivalente getauscht werden, dann müsste sich der abschließende Verkauf nämlich als W' - G' darstellen. Damit wäre das Mehr an Wert schon vorausgesetzt, zumal der anfängliche Kauf die Form G' - W' haben müsste. Die Vermehrung könnte damit nicht erklärt werden.

Marx stellt sich aber auch noch die Frage, ob ΔG durch eine Abkehr vom Äquivalententausch bzw. damit erklärt werden kann, dass die Waren über ihrem Wert verkauft werden. (vgl. I, 170ff.) Auf dieser Basis wäre W - G' zwar möglich. Eine wirkliche Wertvermehrung käme damit aber nicht zustande, weil dem Wertgewinn auf Seiten des Verkäufers ein entsprechender Wertverlust auf Seiten des Käufers gegenüber stehen würde. Der vorhandene Wert kann damit nicht vergrößert, sondern nur umverteilt werden. Gerade weil es Marx um eine wirkliche Wertvermehrung geht, kommt er deshalb zu folgender Konsequenz:

"Man mag sich also drehen und wenden, wie man will, das Fazit bleibt dasselbe. Werden Äquivalente getauscht, so entsteht kein Mehrwert, und werden Nicht-Äquivalente ausgetauscht, so entsteht auch kein Mehrwert. Die Zirkulation oder der Warenaustausch schafft keinen Wert." (I, 177/178)

Dieser Feststellung können wir eindeutig zustimmen. Denn sie ist nichts Anderes als eine unmittelbare Folge von Marx' Bestimmung der wertbildenden Arbeit, der zufolge nur die produktive, gebrauchswertbildende Arbeit Werte schaffen kann. Die wörtlich als Kaufmannskapital zu verstehende Form G - W - G' ist daher in der Tat ein Unding. Das gilt zumindest für den Verkauf W - G'.

Dieses Ergebnis ist einerseits unabhängig davon, ob die obigen Überlegungen als Argumentation per logischer Geltung oder per teleologischer Genesis verstanden und ob sie im erstgenannten Fall auf der Ebene des wesentlichen begrifflichen oder des wesentlichen zweckhaften Kapitals verortet werden. Denn der obigen Argumentation ist nicht nur zuzustimmen, wenn die logischen Folgerungen nur von uns vollzogen werden, sondern auch dann, wenn sie Überlegungen beinhalten, die sich die thematisierten Subjekte im Rahmen ihrer subjektiven Zwecksetzungen selbst machen. Andererseits kommt man zu diesem Ergebnis nur, wenn man die obige Argumentation rein logisch prüft und dabei von der empirischen Seite absieht. Wenn man dagegen auch diese Seite berücksichtigt, sieht es anders aus. Da die empirisch vorhandenen oder unmittelbar seienden Subjekte sich im Rahmen ihrer Zwecksetzungen die beschriebenen Überlegungen schon deshalb nicht machen, weil sie den Wert gar nicht kennen und damit auch nicht wissen, dass auf seiner direkten Grundlage die Verwertung des Handelskapitals ausgeschlossen ist, können wir hier einesteils festhalten, dass die beiden Kapitale der Erscheinungen auszuschließen sind und die obige Argumentation damit nur noch auf der Basis der Charaktermasken oder im Rahmen der logischen Geltung akzeptiert werden kann. Andernteils ist bezogen auf die Argumentation per logischer Geltung auch das wesentliche zweckhafte Kapital auszuscheiden. Denn auf seiner Grundlage müsste der Wert auch den Subjekten mit dem Unterschied bekannt sein, dass der Mehrwert für sie nicht Zweck, sondern nur Mittel ist.

Als Ergebnis können wir daher auch hier festhalten, dass wir die obigen Überlegungen nur auf der Basis der Argumentation per logischer Geltung gutheißen können, die es auf der Basis des wesentlichen begrifflichen Kapitals gibt. Wir finden hiermit das obige empirische Resultat bestätigt. Für diese ausschließliche Verständnismöglichkeit spricht nicht nur, dass es gegen sie die geringsten empirischen Einwände gibt. Sie werden vielmehr auch dadurch unterstützt, dass die obigen Überlegungen Argumentationen beinhalten, die nur von uns angestellt werden und damit den agierenden Subjekten vollkommen unbekannt sind.[cxxvii]

Marx stellt aber nicht nur fest, dass das Kaufmannskapital eine Unmöglichkeit darstellt und deswegen ausgeschlossen werden muss. Er kommt mit der folgenden Feststellung auch auf die Produktion zu sprechen:

"Es hat sich gezeigt, daß der Mehrwert nicht aus der Zirkulation entspringen kann, bei seiner Bildung also etwas hinter ihrem Rücken vorgehn muß, das in ihr selbst unsichtbar ist." (I, 179)

Denn dieses von der Zirkulation verschiedene „etwas" ist die Produktion, in der wertbildende Arbeit verausgabt wird. Marx geht damit von der Ausgangsbewegung G - W - G' zur Bewegung G - W ... P ... W' - G' über. Mit anderen Worten wechselt er von der allgemeinen Formel des Kapitals zur Bewegung des industriellen Kapitals, die neben den Zirkulationsakten G - W und W' - G' auch die Produktion W ... P ... W' umfasst.

Wenn wir uns nun fragen, ob dieser Übergang überzeugend ist oder nicht, kommen wir zum selben Ergebnis wie oben. Rein logisch gesehen können wir einesteils festhalten, dass ihm sowohl bezogen auf die Kapitalvarianten gefolgt werden kann, die mit Charaktermasken verbunden sind, als auch bezogen auf jene, die mit Subjekten einhergehen. Andernteils ist dann, wenn wir die empirische Seite mit einbeziehen, wie oben festzustellen, dass die Argumentation weder zu den Subjekten bzw. der teleologischen Genesis noch zu den nur formell bestimmten Charaktermasken passt. Diesbezüglich wäre sie nur richtig, wenn die menschlichen Subjekte sich diese Überlegung tatsächlich machen würden. Davon kann aber empirisch gesehen keine Rede sein. Daher ist auch hier festzuhalten, dass der obige Übergang nur auf Basis der nicht nur formell bestimmten Charaktermasken zu akzeptieren und daher ein weiterer Hinweis darauf ist, dass Marx vom wesentlichen begrifflichen Kapital spricht.

Aber auch dann, wenn wir uns auf diese Kapitalvariante beschränken, kann gegen die Bewegung G - W … P … W' - G' immer noch eingewandt werden, dass sie nicht richtig zur Maßlosigkeit des Vermehrungsstrebens passt und es daher eine Inkonsistenz zwischen Form und Inhalt gibt. Denn die Wertvermehrung könnte – wie wir auf der Seite 433ff. noch genauer sehen werden – größer sein, wenn die Bewegung, in der sie sich verwirklicht, sich nur als W … P … W' darstellen und damit zwar die Produktion, aber keine Zirkulationsakte enthalten würde. Daraus ergibt sich als Konsequenz, dass Marx besser nur den Mittelteil thematisiert und auf dieser Grundlage als Prinzip nicht seinen ersten Kapitalbegriff, sondern nur das Streben nach maßlos viel Mehrwert angesetzt hätte. Zu dieser logischen Kritik am Marxschen Prinzip, das das Streben nach maßlos viel Mehrwert in Geldform beinhaltet, ist zu sagen, dass sie zwar richtig ist, wenn die zugrunde liegende vollkommene Maßlosigkeit akzeptiert wird. Sie kann aber trotzdem nicht zur Widerlegung des Marxschen Prinzips führen, weil darauf hingewiesen werden kann, dass es hier nicht um eine solche gänzlich uneingeschränkte Maßlosigkeit zu tun ist, sondern es nur um die Maßlosigkeit geht, die durch die Zirkulationsakte beschränkt wird, die im Marxschen Prinzip des ersten Kapitalbegriffs je schon enthalten sind.

Erwähnt sei noch, dass Marx das zuletzt angeführte Zitat wie folgt fortsetzt:

„Kann aber der Mehrwert anderswoher entspringen als aus der Zirkulation? Die Zirkulation ist die Summe aller Wechselbeziehungen der Warenbesitzer. Außerhalb derselben steht der Warenbesitzer nur noch in Beziehung zu seiner eignen Ware. Was ihren Wert angeht, beschränkt sich das Verhältnis darauf, daß sie ein nach bestimmten gesellschaftlichen Gesetzen gemessenes Quantum seiner eignen Arbeit enthält. Dies Quantum Arbeit drückt sich aus in der Wertgröße seiner Ware und, da sich Wertgröße in Rechengeld darstellt, in einem Preise von z. B. 10 Pfd.St. Aber seine Arbeit stellt sich nicht dar im Werte der Ware und einem Überschuß über ihren eignen Wert, nicht in einem Preise von 10, der zugleich ein Preis von 11, nicht in einem Wert, der größer als er selbst ist. Der Warenbesitzer kann durch seine Arbeit Werte bilden, aber keine sich verwertenden Werte. Er kann den Wert einer Ware erhöhn, indem er vorhandnem Wert neuen Wert durch neue Arbeit zusetzt, z. B. aus Leder Stiefel macht. Derselbe Stoff hat jetzt mehr Wert, weil er ein größeres Arbeitsquantum enthält. Der Stiefel hat daher mehr Wert als das Leder, aber der Wert des Leders ist geblieben, was er war. Er hat sich nicht verwertet, nicht während der Stiefelfabrikation einen Mehrwert angesetzt. Es ist also unmöglich, daß der Warenproduzent außerhalb der Zirkulationssphäre, ohne mit andren Warenbesitzern in Berührung zu treten, Wert verwerte und daher Geld oder Ware in Kapital verwandle." (I, 179/180)

Zu dieser nicht leicht verständlichen Stelle ist zum einen zu sagen, dass Marx mit ihr nicht den Übergang zur Produktion zurücknimmt, sondern lediglich feststellt, dass es auch der Zirkulation bedarf. Diese Notwendigkeit bringt er zum anderen aber nicht damit in Verbindung, dass es ihm nicht nur um maßlosen Mehrwert, sondern um maßlosen Mehrwert in Geldform geht. Stattdessen begründet er sie damit, dass man mit eigener Arbeit zwar einen vorhandenen Wert vermehren und damit Mehrwert erzeugen kann, es aber nicht möglich ist, einen sich selbst verwertenden Wert zu schaffen, ohne mit andren Warenbesitzern Kontakt aufzunehmen. In dieser zweiten Variante argumentiert Marx also nicht mehr auf der Basis seines ersten Kapitalbegriffs, sondern bringt den zweiten ins Spiel. Für das zweite Kapital ist die Zirkulation offensichtlich noch in ganz anderer Weise erforderlich als für das erste. Was davon zu halten ist, werden wir auf der Seite 348ff. sehen.[cxxviii]

2. Das industrielle Kapital als Grundform des Kapitals

Weil Werte nur in der Produktion geschaffen werden können, könnte man meinen, dass mit dem industriellen Kapital nicht erklärt werden kann, wie sich das Handelskapital vermehrt, das seine ganze Bewegung in der Zirkulation verbringt. Das ist auf der einen Seite richtig. Auf der anderen Seite ist darauf hinzuweisen, dass Marx die Figur G - W … P … W' - G' und damit das industrielle Kapital auch als „Grundform des Kapitals" (I, 178) bezeichnet. Das tut er, weil er einerseits den Anspruch erhebt, aus dieser Form auch das Handelskapital zu erklären:

"Soll die Verwertung des Handelskapitals nicht aus bloßer Prellerei der Warenproduzenten erklärt werden, so gehört dazu eine lange Reihe von Mittelgliedern, die hier, wo die Warenzirkulation und ihre einfachen Momente unsre einzige Voraussetzung bilden, noch gänzlich fehlt." (I, 178/179)

Allerdings erfolgt diese Erklärung nicht direkt, sondern nur über „eine lange Reihe von Mittelgliedern". Das industrielle Kapital gibt als Grundform des Kapitals daher nur die Basis für eine indirekte oder vermittelte Erklärung der Verwertung des Handelskapitals ab. Es stellt damit nur das Wesen dar, aus dem sich das Handelskapital als Erscheinung lediglich auf mittelbare Weise ergibt.

Aus der Grundform des Kapitals soll sich aber nicht nur das Handelskapital auf mittelbare Weise erklären. Dieses Merkmal bezieht sich andererseits auch auf das "zinstragende Kapital":

"Wie das Handelskapital werden wir das zinstragende Kapital im Verlauf unsrer Untersuchung als abgeleitete Formen vorfinden und zugleich sehn, warum sie historisch vor der modernen Grundform des Kapitals erscheinen." (I, 179)

Auch ihm gegenüber stellt das industrielle Kapital als Grundform des Kapitals das Wesen dar, aus dem heraus sich das zinstragende Kapital nur als „abgeleitete

Form" ergibt. Auch seine Erklärung soll im Nachweis dessen bestehen, dass sich das zinstragende Kapital als Erscheinung aus diesem Wesen ergibt. Im Folgenden werden wir zu überprüfen haben, ob Marx die Ansprüche, die sich mit der Grundform des Kapitals verbinden, einlösen kann. Das wird aber nicht in diesem Kapitel der Fall sein, sondern erst viel später zum Thema werden. (vgl. S. 488ff. und 511ff.)

An dieser Stelle kann aber schon festgestellt werden, dass Marx hier zum ersten Mal explizit zu erkennen gibt, dass es beim Kapital tatsächlich dasselbe auf einer inhaltlichen Differenz beruhende Verhältnis zwischen Wesen und Erscheinungen gibt, das wir schon zwischen Wert und Tauschwert kennen gelernt haben. Genauso wie der Tauschwert oder der Preis aus dem Wert nur indirekt erklärt wird, genauso soll sich das empirisch erfahrbare Kapital aus der Grundform des Kapitals nur mittelbar begründen. Dieses Verhältnis, zu dem das bemerkt werden kann, was wir oben (vgl. S. 248f.) zur Allgemeinheit der allgemeinen Formel des Kapitals gesagt haben, trifft aber nicht allgemein zu. Das industrielle Kapital ist nämlich nur bezogen auf das Kaufmanns- und das zinstragende Kapital Grundform des Kapitals und nicht gegenüber sich selbst. Mithin können wir festhalten, dass das industrielle Kapital bei Marx eine doppelte Rolle spielt: Während es beim Kaufmanns- und beim zinstragenden Kapital zu einer indirekten Erklärung kommt, scheint es beim industriellen Kapital bei der direkten Erklärung zu bleiben. Während es bezogen auf das Kaufmanns- und das Handelskapital wegen der inhaltlichen Differenz den Unterschied zwischen Wesen und Erscheinungen gibt, ist das bezogen auf das industrielle Kapital augenscheinlich nicht der Fall. Es scheint in der Form des zweckhaften Kapitals zu existieren.[cxxix]

Obwohl sich im Folgenden (vgl. S. 369) zeigen wird, dass es bei dieser Position deshalb nicht bleibt, weil die genannte Bewegung auch gegenüber dem in den Erfahrungen vorhandenen industriellen Kapital die Position einer Grundform des Kapitals innehat, aus der sich ihre Erklärung nur indirekt ergibt, sei zum Verständnis der Bewegung G - W ... P ... W' - G' als wesentlich zweckhaftes Kapital in empirischer Hinsicht bemerkt, dass wir zu ihr schon das Notwendige gesagt haben. Als direkte Erklärung des wahrgenommenen industriellen Kapitals ist diese Bewegung aufgrund ihrer Wertbasiertheit nämlich genauso falsch wie die allgemeine Formel des Kapital G - W - G'.

Auf der Basis dessen, dass im ersten Abschnitt dieses Kapitels das Kaufmannskapital als Verwirklichungsform des Kapitals ausgeschlossen worden ist, hätte man kritisch einwenden können, dass es im Nachhinein unverständlich ist, warum Marx im vorletzten Kapitel davon gesprochen hat, dass mit G - W - G' auch das Kaufmannskapital gemeint sein kann. Nachdem wir in diesem Kapitel gesehen haben, dass es auf der Basis der allgemeinen Formel nicht nur die direkte, sondern auch die indirekte Erklärung gibt, stellt sich dieser Punkt anders dar. Auf Basis der indirekten Erklärung bleibt es nämlich dabei, dass die allgemeine Formel des Kapitals allgemein ist und sich daher auch auf das Handelskapital bezieht. Denn der Unterschied besteht nur darin, dass das Handelskapital sich nur noch indirekt aus dieser Grundform ergibt.

3. Zusammenfassende Bemerkungen

Die obigen Überlegungen haben gezeigt, dass Marx sich nach der vermeintlichen Ableitung von G - W - G' oder besser von G - W ()- G' der Frage zuwendet, wie dieses Prinzip verwirklicht und ΔG realisiert werden kann. Diese Frage beantwortet er in einem ersten Schritt mit dem Hinweis, dass das Kaufmannskapital nicht als Verwirklichungsform in Frage kommt, sondern nur das industrielle Kapital, das die Bewegung G - W ... P ... W' - G' durchläuft und neben den beiden Zirkulationsakten des Kaufs und Verkaufs auch die Produktion enthält. Zu diesem Ergebnis kommt er nur, weil der Ausgangspunkt seiner Argumentation eine wertbasierte Bewegung darstellt. Denn auf dieser Grundlage stellt das Kaufmannskapital tatsächlich eine Unmöglichkeit dar. Zu diesem Schluss würde er dagegen nicht kommen, wenn er nicht von einer wertbasierten Ausgangsbewegung, sondern von den fertigen Produktionspreisen ausgegangen wäre. Denn auf einer solchen Basis kann sich das Kaufmannskapital – wie wir im XV. Kapitel sehen werden – genauso vermehren wie das industrielle Kapital.

Diesem Übergang zum industriellen Kapital kann einesteils rein logisch gesehen unabhängig davon zugestimmt werden, ob man sie als Argumentation per logischer Geltung oder per teleologischer Genesis versteht. Andernteils ist sie aus empirischen Gründen zurückzuweisen, wenn sie zum einen als Argumentation per teleologischer Genesis gemeint ist. Denn, wenn es sie in dieser Form gäbe, müsste sie von den Subjekten bewusst vollzogen werden, was aber nicht der Fall ist. Zum anderen gilt das auch für die Argumentation per logischer Geltung, die auf dem wesentlichen zweckhaften Kapital basiert. Bezogen auf sie würde in aller Regel der Übergang zwar deshalb nicht so bewusst vollzogen, weil es um den Mehrwert als objektiven Endzweck geht. Weil dies nur auf eine formelle Differenz hinausläuft, wäre aber auch hier Bedingung, dass den Menschen Wert und Mehrwert bekannt sind, was ebenfalls nicht der Fall ist. Deshalb kann die Argumentation, die zum Ausschluss des Kaufmannskapitals und zur Thematisierung der Produktion führt, nur auf der Basis der logischen Geltung akzeptiert werden, die mit inhaltlich bestimmten Charaktermasken verbunden ist. Und das ist eben nur beim wesentlichen begrifflichen Kapital der Fall.

Das industrielle Kapital, das die Bewegung G - W ... P ... W' - G' durchläuft, bestimmt Marx auch als Grundform des Kapitals. Da sich aus ihr das Handelskapital und das zinstragende Kapital nur auf mittelbare Weise ergeben soll, bringt Marx hier zum ersten Mal klar zum Ausdruck, dass er es mit einem Kapital zu tun hat, das dem Wesen zuzuordnen ist und damit etwas darstellt, aus dem sich die Erscheinungen nur mittelbar erklären. Allerdings ist festzustellen, dass das nur in Bezug auf das Handelskapital und das zinstragende Kapital der Fall ist. Denn das industrielle Kapital scheint sich direkt aus der Grundform des Kapitals zu ergeben. Gerade weil sich im Folgenden zeigen wird, dass Marx diese eigenartige Position zurücknimmt, kann sie ebenfalls als ein Beispiel dafür verstanden werden, dass Marx das Wesen nicht richtig festhalten kann, sondern es mit Momenten vermengt, die den Erscheinungen zuzuordnen sind.

Wenn wir uns nun fragen, ob es das industrielle Kapital empirisch gibt, können wir bei der Beantwortung dieser Frage von dem ausgehen, was wir oben auf der Seite 272ff. ausgeführt haben. Wenn wir auf dieser Grundlage erneut mit dem wesentlichen begrifflichen Kapital beginnen, ist wieder zwischen dem indirekten Messen am unmittelbaren Sein und dem direkten Messen am inhaltlich mittelbaren Sein zu unterscheiden. Bezogen auf ersteres kommen wir zum gleichen Resultat wie oben. Auf der Basis dessen, dass sich das wesentliche begriffliche Kapital zum einen mit Erscheinungen verbindet, in deren Rahmen ∆G als Profit verfolgt wird, und es in den Erfahrungen zum anderen tatsächlich industrielle Kapitale gibt, denen es immer um den Profit geht, kann nämlich festgestellt werden, dass das wesentliche begriffliche Kapital vollständig zu den Erfahrungen passt. Und daran ändert auch der Umstand, dass es ein Stück weit um das Wohl geht, so lange nichts, so lange das auf ein akzidentielles Ausmaß beschränkt bleibt. Bezogen auf die direkte Messung am inhaltlich mittelbaren Sein, kann ebenfalls auf die obigen Ergebnisse verwiesen werden. Denn die wertbasierte Bewegung G - W ... P ... W' - G' ist zurückzuweisen, weil es eben keine wertbasierten Zirkulationsakte gibt.

Beim wesentlichen zweckhaften Kapital sieht es in Bezug auf die direkte Überprüfung am formal mittelbaren Sein ebenfalls so aus wie oben. Die Bewegung G - W ... P ... W' - G' wird weiterhin nicht bestätigt, weil wertbasierten Zirkulationsakte eben nicht vorkommen. Im Hinblick auf die indirekte Überprüfung am unmittelbaren Sein kommen wir dagegen zu einem schlechteren Urteil. Denn auf der Ebene der zugehörigen Erscheinungen geht es um Wert und Mehrwert, was mit den Erfahrungen deswegen nicht vereinbar ist, weil es im Rahmen des unmittelbaren Seins um Produktionspreis und Durchschnittsprofit geht. Dass es ein Stück weit auch um das Wohl geht, ist hier dagegen wieder kein Gegenargument.

Das trifft zumindest so lange zu, so lange das Wohl nur im akzidentiellen Ausmaß verfolgt wird.

Wenn wir zur Abrundung der empirischen Überprüfung noch auf die zwei Kapitale der Erscheinungen eingehen, können die obigen Urteile (vgl. S. 275) ebenfalls wiederholt werden. Das gilt sowohl in Bezug auf das erscheinende begriffliche als auch das erscheinende zweckhafte Kapital. Wenn wir mit letzterem beginnen und die auf der Wert beruhende und von Charaktermasken ausgeführte Bewegung des industriellen Kapitals als direkte Erklärung des unmittelbaren Seins verstehen, ist einesteils das einzuwenden, was wir oben bezogen auf das indirekte Messen am unmittelbaren Sein bemerkt haben. Denn es gibt keine Orientierung auf den Mehrwert und keine wertbasierten Zirkulationsakte. Andernteils kommt hinzu, dass im unmittelbaren Sein die Menschen nicht als formelle Charaktermasken, sondern als Subjekte mit der Folge agieren, dass es hier nicht um die Argumentation per logischer Geltung, sondern teleologischer Genesis geht.

Wenn wir nun zum erscheinenden begrifflichen Kapital wechseln, können zum einen diese beiden Punkte ebenfalls vorgebracht werden. Zum anderen ist der empirische Fehler hier deshalb noch größerer, weil die Menschen als inhaltlich bestimmte Charaktermasken behauptet werden. Denn das kontrastiert noch mehr mit ihrer Rolle als Subjekte. Wenn wir schließlich noch auf das scheinende begriffliche Kapital zu sprechen kommen, kann gleichfalls auf die obigen Resultate verwiesen und darauf hingewiesen werden, dass eine wirkliche empirische Überprüfung nicht durchgeführt werden kann, weil als Maßstab weder das mittelbare noch das unmittelbare Sein tauglich ist.

Im Rückblick auf die obigen Ausführungen könnte sich der Eindruck ergeben, dass wir bezogen auf das industrielle Kapital G - W ... P ... W' - G' hier zum genau gleichen Ergebnis kommen wie oben hinsichtlich der allgemeinen Formel des Kapitals G - W ()- G'. Das bezieht sich nicht nur darauf, dass es die wertbasierte Bewegung G - W ... P ... W' - G' weder als wesentliches begriffliches und wesentliches zweckhaftes Kapital, noch als erscheinendes begriffliches und erscheinendes zweckhaftes Kapital und schon gar nicht als scheinendes zweckhaftes Kapital gibt. Das trifft auch darauf zu, dass das Ausmaß der empirischen Widerlegung die gleichen Unterschiede aufweist wie oben. Beim wesentlichen begrifflichen Kapital hat diese Widerlegung das geringste Ausmaß hat. Denn sie bezieht sich nur auf die Wesensebene, auf der es keine wertbasierten Zirkulationsakte gibt, und beschränkt sich auf der Erscheinungsebene auf die Ausnahmefälle, die ΔG als Endzweck verfolgen. Dann kommt das wesentliche zweckhafte Kapital und danach das erscheinende zweckhafte Kapital. Und am größten ist die Widerlegung beim erscheinenden begrifflichen Kapital.

Auf der anderen Seite kommen wir aber auch zu anderen Ergebnissen. Denn es darf nicht übersehen werden, dass die empirische Widerlegung beim wesentlichen begrifflichen Kapital nicht mehr so groß ist wie oben. Das bezieht sich auf die direkte Überprüfung am mittelbaren Sein. Die empirische Widerlegung, zu der es auf dieser Grundlage kommt, erstreckt sich nämlich nur auf die beiden Zirkulationsakte G - W und W' - G' und nicht auf den Mittelteil W ... P ... W'. Dieser Mittelteil, bei dem dann, wenn er für sich betrachtet wird, W und W' natürlich nicht mehr für Waren, sondern für Werte stehen, wird nicht widerlegt, weil es im Rahmen des mittelbaren Seins durchaus eine Bewegung der Produktion gibt, die von einem kleineren Wert zu einem größeren Wert führt.

Weil man meinen könnte, dass die gleichen Überlegungen auch auf das wesentliche zweckhafte Kapital zutreffen, sei noch darauf hingewiesen, dass das nicht der Fall ist. Da die wertbasierte Bewegung W ... P ... W' nur dann zu Erscheinungen passt, in denen es um den Produktionspreis und den Profit geht, wenn wir es mit einem inhaltlich bestimmten Wesen zu tun haben, kann nämlich festgestellt werden, dass es diese Bewegung nicht als wesentlich zweckhaftes Kapital geben kann. Denn aus ihr könnten einesteils nur Verhältnisse erklärt werden, in denen es um Wert und Mehrwert geht. Andernteils müsste die Bewegung W ... P ... W' auf dem Produktionspreis basieren, wenn aus ihr Erscheinungen erklärbar sein sollten, die ebenfalls darauf beruhen.

Zusammenfassend können wir hier zum einen festhalten, dass das Resultat nicht mehr so schlecht ist wie im IV. Kapitel. Das bezieht sich zwar nicht auf die Bewegung G - W ... P ... W' - G' als Ganze. Denn sie ist genauso zu kritisieren wie die Bewegung G - W - G'. Das bezieht sich aber auf die Teilbewegung W ... P ... W', die noch kein Kapital darstellt, sondern als bloßer Ausdruck des maßlosen Strebens nach Wertvermehrung zu verstehen ist. Denn es gibt durchaus Phänomene, die sie direkt bestätigen. Und daran ändert auch der Umstand nichts, dass es diese Phänomene nur auf der Ebene des inhaltlich mittelbaren Seins gibt und sie sich nur zeigen, wenn man sich nicht auf einzelne Wahrnehmungen beschränkt, sondern die allgemeine Erfahrung ins Spiel bringt. Für die Bewegung W ... P ... W' gilt nämlich dasselbe wie für den Wert. Sie stellt etwas dar, das nicht als abstrakte Identität wirklich ist, sondern nur als beständige Negation der Negation.

Das Ergebnis, dass die Bewegung des industriellen Kapitals als Ganze zwar auch dann empirisch falsch ist, wenn wir das wesentliche begriffliche Kapital zugrunde legen, wir aber zu einem anderen Urteil kommen würden, wenn Marx statt von G - W ... P ... W' - G' nur von W ... P ... W' gesprochen hätte, führt nicht nur dazu, dass die erste Bewegung zurückzuweisen ist und die zweite nicht. Das hat zum anderen vielmehr auch Konsequenzen für das Prinzip, von dem Marx ausgeht. Dass es die Bewegung G - W ... P ... W' - G' nicht gibt, hat nämlich einesteils zur Folge, dass es auch das sich in ihr verwirklichende Prinzip nicht gibt. Der Marxsche Ausgangspunkt bei der Figur G - W ()- G' oder dem ersten Kapitalbegriff, in dessen Rahmen das Streben nach maßlos viel Mehrwert an das vorgeschossene Geld gekoppelt ist und die Form eines Strebens nach Mehrgeld annimmt, ist daher genauso als falsch zurückzuweisen wie die aus ihm folgende Bewegung. Dass es die Bewegung W … P … W' gibt, in deren Rahmen W und W' natürlich nicht mehr nur für Waren, sondern für Werte stehen, zeigt andernteils, dass das bezogen auf ein Prinzip, das sich auf das Streben nach maßlosem Mehrwert beschränkt und deshalb weder mit vorgeschossenem Geld verbunden ist, noch zu Mehrgeld führt, ganz anders aussieht. Denn dieses Prinzip kann nicht als empirisch inexistent zurückgewiesen werden. Es stellt vielmehr genauso eine empirische Gegebenheit dar, wie die Bewegung, die aus ihm abgeleitet werden kann.

Hinzuweisen ist im vorliegenden Zusammenhang zum dritten darauf, dass der Umstand, wonach das Streben nach maßlos viel Mehrwert in Geldform inexistent und das Streben nach maßlos viel Mehrwert als solchem existent ist, von uns zum Anlass dafür genommen werden muss, auf die oben auf der Seite 292 erwähnte logische Kritik zurückzukommen, in der auf eine Unangemessenheit von Form und Inhalt hingewiesen wurde. Während diese Kritik oben deshalb noch nicht überzeugend war, weil man die ihr als Inhalt zugrunde liegende vollkommen uneingeschränkte Maßlosigkeit zurückweisen konnte, ist das hier anders. Diese Zurückweisung, die den Hinweis enthält, dass es nur um die Maßlosigkeit geht, die mit dem Streben nach maßlosem Mehrwert in Geldform und den damit einhergehenden wertbasierten Zirkulationsakten vereinbar ist, ist jetzt nämlich deswegen nicht mehr möglich, weil mittlerweile klar geworden ist, dass es dieses geldförmige Streben nicht gibt. Es kann vielmehr nur noch ein nicht-geldförmiges Streben nach maßlosem Mehrwert geben, das eben mit einer uneingeschränkten Maßlosigkeit verbunden ist.

Wenn Marx, statt von G - W - G' auf G - W … P … W' - G' überzugehen, nur vom Streben nach schrankenloser Wertvermehrung auf W … P … W' geschlossen hätte, hätten wir es zwar mit einer Bewegung zu tun bekommen, die auch dann noch nicht als Kapital bezeichnet werden kann, wenn wir dessen erste Bedeutung zugrunde legen. Denn es fehlt der zirkulative Geld- oder Wertvorschuss, der für den ersten Kapitalbegriff ausschlaggebend ist. Das ändert aber nichts daran, dass diese Bewegung nicht nur empirisch richtiger gewesen wäre. Darüber hinaus würde sie dem Streben nach maßloser Wertvermehrung viel besser entsprechen, weil in ihr eben nur noch das enthalten ist, was diesem Streben dienlich ist. Daher kann die obige Kritik auch in der Form vorgebracht werden, dass Marx besser noch nicht vom Kapital, sondern eben nur vom Streben nach maßloser Wertvermehrung oder vom Heißhunger nach Mehrwert gesprochen hätte.

Wenn Marx nur vom maßlosen Streben nach Wertvermehrung gesprochen hätte, hätte er sich zwar weiter von dem Phänomen des Kapitals entfernt, das er erklären will. Denn bei diesem Phänomen handelt es sich um das Einzelkapital, das in einer Vielzahl auftritt, was zur Folge hat, dass der Geldgebrauch in dessen Rahmen unverzichtbar ist. Auch das ändert aber nichts daran, dass dieser Ausgangspunkt nicht nur in logischer Hinsicht insofern richtiger gewesen wäre, als es der Maßlosigkeit besser entsprochen hätte. Das hätte vielmehr auch viel besser zu den empirischen Gegebenheiten des mittelbaren Seins gepasst.

Auf der Basis dessen, dass Marx das Streben nach maßlos viel Mehrwert als solchem in die falsche Figur G - W … P … W' - G' packt, kann zum vierten noch darauf hingewiesen werden, dass die Kritik, die dagegen zu erheben ist, sich von dem unterscheidet, was oben immer wieder eingewendet werden musste. Während oben immer wieder festzustellen war, dass es zwar die Zirkulationsakte gibt, aber nicht die Wertebene, kommen wir hier zum umgekehrten Ergebnis. Bezogen auf die direkte Überprüfung am inhaltlich mittelbaren Sein kann nämlich bemerkt werden, dass es zwar eine Bewegung auf der Basis des Werts gibt, aber nicht den Geld- oder Zirkulationsmantel, in den Marx diese Bewegung von einem kleineren zu einem größeren Wert packt.

Zum fünften sei im Rückblick auf seine Vorgehensweise festgehalten, dass Marx den Fehler macht, die uneingeschränkte Wertvermehrungsbewegung, die es so nur auf der Ebene des Wesen oder des inhaltlich mittelbaren Seins gibt, in Formen zum Thema zu machen, die nur auf der Ebene der Erscheinungen bzw. des unmittelbaren Seins vorkommen. Mithin können wir auch an dieser Stelle feststellen, dass Marx es nicht versteht, Wesen und Erscheinungen klar auseinander zu halten. Bei ihm kommt es vielmehr deshalb zu Vermischungen, weil er das Wesen nur in einer Form zum Thema macht, in der es mit Attributen der Erscheinungen verfälscht ist. Während Marx oben die Erscheinungen mit dem Wesen vermengt hat, vermengt er an dieser Stelle das Wesen mit den Erscheinungen.

Im Übrigen kann darauf hingewiesen werden, dass wir es hier mit einem ähnlichen Fehler wie beim Wert zu tun bekommen. Dadurch, dass Marx das Wertvermehrungsstreben in die Geldhülle kleidet und damit als Kapital fasst, tut er nämlich so, als könne man die Wertvermehrungsbewegung genauso unmittelbar aus den Erfahrungen erschließen, wie der Wert angeblich aus dem Tauschwert ermittelt werden kann. Auch in der vorliegenden Stelle ist er davor zurückgeschreckt, die Leser unmittelbar mit dem Wesen zu konfrontieren. Offenbar war er auch hier der Meinung, ihnen zuviel zuzumuten, wenn er von ihnen verlangt hätte, unmittelbar in das ihnen unbekannte Wesen zu springen.

Gegen die obige Kritik an der Bewegung des industriellen Kapitals könnte man einwenden, dass eine Wertvermehrungsbewegung ohne Zirkulation gar nicht möglich ist. Genauer gesprochen könnte man darauf hinweisen, dass Marx auch dann nicht ohne Zirkulationsakte ausgekommen wäre, wenn er ausschließlich vom Streben nach Wertvermehrung ausgegangen wäre und daher zunächst nur die Figur $W \ldots P \ldots W'$ zum Thema gemacht hätte. Genauso wie $G - W - G'$ wegen der Maßlosigkeit des Wertvermehrungsstrebens zu $G - W - G' - W' - G'' \ldots$ wird, genauso muss $W \ldots P \ldots W'$ aus diesem Grund fortgesetzt werden. Das kann aber nicht in der Form $W \ldots P \ldots W' \ldots P' \ldots W'' \ldots$ geschehen, weil das aus $\ldots P \ldots$ resultierende W' nicht die Form hat, die als Ausgangspunkt für $\ldots P' \ldots$ erforderlich ist. Daher muss es mittels $W' - G' - W'$ erst mit der Folge in die richtige Form verwandelt werden, dass wir es im Endergebnis doch mit der Bewegung $W \ldots P \ldots W' - G' - W' \ldots P' \ldots W'' - G' - W'' \ldots$ und damit der Marxschen Bewegung des industriellen Kapitals zu tun bekommen.

Zu dieser Argumentation ist zum einen zu sagen, dass wir es dann, wenn sie als richtig zu akzeptieren ist, im Endeffekt zwar mit der Bewegung $G - W \ldots P' \ldots W' - G'$ zu tun bekommen, von der auch Marx spricht. Trotzdem kommen wir nicht zum gleichen, sondern insofern zu einem anderen Ergebnis, als diese Bewegung nicht mehr aus der allgemeinen Formel des Kapitals entwickelt wird, sondern aus dem maßlosen Streben nach Mehrwert. Das hat vor allem zur Konsequenz, dass die Zirkulationsakte im vorliegenden Fall eine Erklärung finden, die sie bei Marx deswegen nicht haben, weil die allgemeine Formel des Kapitals diese Zirkulationsakte je schon enthält.

Zum anderen ist zuzugestehen, dass wir zur genannten Bewegung auf logisch überzeugende Weise kommen, wenn man das maßlose Streben nach Mehrwert nach dem Muster des Einzelkapitals, das Marx offensichtlich im Auge hat, als ein einzelnes Prinzip ansetzt, das sich nur auf einen Teil der gesamten Realität der Produktion bezieht und deswegen in der Form der Vielzahl deswegen vorkommt, weil es neben ihm viele andere gleicher Art gibt. Denn dann ist klar, dass das W', das aus $\ldots P \ldots$ herauskommt, nicht die Form hat, die nötig ist, um in $\ldots P' \ldots$ eingehen zu können. Im Rahmen eines einzelnen Produktionsprozesses können nämlich allenfalls einzelne Bestandteile der Dinge selbst hergestellt und damit intern beschafft werden, die es zu seiner Fortsetzung braucht.

Zum dritten ist zu betonen, dass dieses Ergebnis selbstverständlich nichts daran ändert, dass es diese Bewegung empirisch nicht gibt. Von daher kann es kein Grund dafür sein, dass wir an unserem negativen empirischen Urteil irgendetwas relativieren oder gar zurücknehmen müssen. Stattdessen können wir hier im Gegenteil festhalten, dass nicht nur das Marxsche Prinzip empirisch inexistent ist, sondern das auch für das Streben nach maßlos viel Mehrwert gilt, das sich nur auf einen Teil der Produktion bezieht und deswegen nur eines neben vielen anderen darstellt. Empirisch akzeptabel kann mithin nur noch ein einheitliches Prinzip sein, das sich von diesem einzelteiligen Streben unterscheidet.

Wenn man sich zum vierten fragt, wie ein solches empirisch zu akzeptierendes Prinzip auszusehen hat, kann als Antwort auf die folgenden beiden Möglichkeiten verwiesen werden: Wenn alle die Bestandteile, die zur Fortsetzung der Produktion gebraucht werden, in der Produktion herstellbar sind, dann erfüllt schon das einheitliche Streben nach maßlos viel Mehrwert die Erfordernisse, das sich auf das Ganze der Produktion bezieht. Auf Basis dieses Ganzen kann die Fortsetzung von W … P … W' die Form der Figur W … P … W' … P' …W'' usw. annehmen, die keinerlei Zirkulationsakte enthält, weil eben alles intern beschafft wird. Wenn die genannte Bedingung jedoch deswegen nicht gegeben ist, weil es Bestandteile des Inputs in die Produktion gibt, die nicht dem Output aus der Produktion entstammen können, dann muss das empirisch akzeptable Streben nach maßlos viel Mehrwert als ein einheitliches Prinzip gefasst werden, das sowohl hinter der Gesamtheit der Produktion als auch hinter dem Bereich stehen, aus dem die nicht intern beschaffbaren Bestandteile kommen. Ob der eine oder der andere Fall vorliegt, kann hier, wo wir es in der Form von W … P … W' bislang mit einer sehr abstrakten Fassung der Produktion zu tun haben, noch nicht entschieden werden. Das soll erst im nächsten Kapitel (vgl. S. 323f.) zum Thema gemacht werden.

Oben wurde davon gesprochen, dass Marx den Fehler macht, die Ebene des Wesens in Formen zu packen, die nur den Erscheinungen zukommen. Das kann auch so ausgedrückt werden, dass er die Ebene, die als Grund der Erklärung fungiert, in einer Weise zu fassen versucht, die mit Momenten der Ebene vermengt ist, die erklärt werden soll. Hier wird darüber hinaus deutlich, dass sich die Verwechslung zwischen Wesen und Erscheinungen auch mit dem Unterschied zwischen einer Gesamtbewegung und den vielen Einzelbewegungen verbindet, die sich als viele Einzelkapitale darstellen. Marx kann der Vorwurf gemacht werden, das, was sich auf der Ebene des erklärenden Wesens tut, nicht als einheitliche Gesamtbewegung gefasst, sondern in Formen gepackt zu haben, die von den zu erklärenden Erscheinungen herrühren.

VII. Der Kauf von Arbeitskraft und Produktionsmitteln

Nachdem wir oben den Übergang von der allgemeinen Formel des Kapitals zum industriellen Kapital und damit vom Prinzip G - W - G' oder besser G - W ()- G' zur Figur G - W ... P ... W' - G' betrachtet haben, geht es in den folgenden Kapiteln um diese Bewegung selbst bzw. um die genauere Bestimmung des industriellen Kapitals. Auf dieser Grundlage ist in diesem Kapitel zunächst der Übergang von der gerade angeführten Figur zur Bewegung G - $^{Ak}/_{Pm}$ ... P ... W' - G' zu behandeln. Mit anderen Worten ist zu untersuchen, ob Marx auf überzeugende Weise begründen kann, dass aus dem Eröffnungsschritt G - W der Kaufakt G - $^{Ak}/_{Pm}$ wird und damit den Kauf von Arbeitskräften und Produktionsmitteln umfasst.

Im Hinblick auf diese Aufgabe stellt sich zum einen wieder die Frage, wie das industrielle Kapital G - W ... P ... W' - G' zu verstehen ist. Diesbezüglich ist einesteils festzuhalten, dass der Umstand, dass der Übergang zu dieser Figur nur bezogen auf Verhältnisse überzeugend ist, in denen die Menschen als inhaltlich bestimmte Charaktermasken agieren, ein weiterer Hinweis darauf ist, dass es diese Bewegung eigentlich nur als wesentliches begriffliches Kapital geben kann. Anderteils ist das immer noch nicht so eindeutig, dass wir die anderen Möglichkeiten definitiv ausschließen können. Wir müssen vielmehr immer noch mit ihnen rechnen. Und das gilt nicht nur für das wesentliche zweckhafte Kapital, sondern auch für das erscheinende begriffliche und das erscheinende zweckhafte Kapital und darüber hinaus sogar noch für das scheinende begriffliche Kapital.

Bezogen auf das wesentliche begriffliche Kapital ist zum anderen daran zu erinnern, dass von der wertbasierten Bewegung G - W ... P ... W' - G' nur der Mittelteil empirisch dann bestätigt wird, wenn man das inhaltlich bestimmte mittelbare Sein zum Maßstab nimmt. Daraus folgt, dass es besser gewesen wäre, wenn Marx nicht vom ersten Kapitalbegriff und damit vom Streben nach maßlosem Mehrwert in Geldform, sondern nur vom Streben nach maßlosem Mehrwert als solchem gesprochen und dieses darüber hinaus als einheitliches Prinzip verstanden hätte. Denn nur auf dieser Grundlage kommt man zu Verhältnissen, die sich auf den Mittelteil beschränken. Dieser Punkt sei hier erwähnt, weil er im Folgenden zunächst keine Rolle spielen soll. Wir gehen nämlich anfangs von dieser Bewegung des industriellen Kapitals und damit vom Marxschen Prinzip aus. Denn nur auf dieser Grundlage, in deren Rahmen auch die Rede vom Einzelkapital akzeptiert wird, können wir der weiteren Argumentation von Marx innerlich werden. Erst danach soll betrachtet werden, was sich ergeben würde, wenn Marx anstatt von seinem Prinzip nur von W ... P ... W' ausgegangen wäre und damit noch gar kein Kapital, sondern nur den Heißhunger nach Mehrwert als einheitliches Prinzip zum Thema gemacht und dieses als einen Begriff verstanden hätte, der sowohl eine objektive als auch subjektiver Ausformung annehmen kann.

1. Der Kauf der Ware Arbeitskraft

Auf der Basis dessen, dass wir es nicht mehr nur mit der allgemeinen Formel des Kapitals, sondern mit der Bewegung G - W ... P ... W' - G' zu tun haben, macht sich Marx an die Beantwortung der Frage, wie es in ihrem Rahmen zur Wertvermehrung kommt.

"Die Wertveränderung des Geldes, das sich in Kapital verwandeln soll, kann nicht an diesem Geld selbst vorgehn, denn als Kaufmittel und als Zahlungsmittel realisiert es nur den Preis der Ware, die es kauft oder zahlt, während es, in seiner eignen Form verharrend, zum Petrefakt von gleichbleibender Wertgröße erstarrt. Ebensowenig kann die Veränderung aus dem zweiten Zirkulationsakt, dem Wiederverkauf der Ware, entspringen, denn dieser Akt verwandelt die Ware bloß aus der Naturalform zurück in die Geldform. Die Veränderung muß sich also zutragen mit der Ware, die im ersten Akt G - W gekauft wird, aber nicht mit ihrem Wert, denn es werden Äquivalente ausgetauscht, die Ware wird zu ihrem Wert bezahlt. Die Veränderung kann also nur entspringen aus ihrem Gebrauchswert als solchem, d. h. aus ihrem Verbrauch. Um aus dem Verbrauch einer Ware Wert herauszuziehn, müßte unser Geldbesitzer so glücklich sein, innerhalb der Zirkulationssphäre, auf dem Markt, eine Ware zu entdecken, deren Gebrauchswert selbst die eigentümliche Beschaffenheit besäße, Quelle von Wert zu sein, deren wirklicher Verbrauch also selbst Vergegenständlichung von Arbeit wäre, daher Wertschöpfung. Und der Geldbesitzer findet auf dem Markt eine solche spezifische Ware vor – das Arbeitsvermögen oder die Arbeitskraft." (I, 181)

Wenn man dieses Zitat, in dem Marx vom industriellen Kapital bzw. dem in ihm enthaltenen Wertvermehrungszweck zum Kauf von Arbeitskraft übergeht, angemessen beurteilen will, muss man zwischen der Arbeitskraft als „Quelle von Wert" und dem Umstand unterscheiden, dass sie als eine Ware auftritt, die genauso „zu ihrem Wert" bezahlt wird wie alle anderen Waren. Wenn wir uns zunächst den ersten Aspekt vornehmen, kann man das Zitat – mit einigem guten Willen – zwar so verstehen, dass Marx zum Ausdruck bringt, dass es unter den mit G angeeigneten Waren W eine Wertquelle geben muss. Warum diese Quelle die Form der Arbeitskraft haben muss, wird aber in keiner Weise erklärt. Marx begnügt sich vielmehr damit, die Arbeitskraft aufzugreifen. Das zeigt auch das folgende Zitat:

"Die Frage, warum dieser freie Arbeiter ihm in der Zirkulationssphäre gegenübertritt, interessiert den Geldbesitzer nicht, der den Arbeitsmarkt als eine besondre Abteilung des Warenmarkts vorfindet. Und einstweilen interessiert sie uns ebensowenig. Wir halten theoretisch an der Tatsache fest, wie der Geldbesitzer praktisch. Eins jedoch ist klar. Die Natur produziert nicht auf der einen Seite Geld- oder Warenbesitzer und auf der andern bloße Besitzer der eignen Arbeitskräfte.

Dies Verhältnis ist kein naturgeschichtliches und ebensowenig ein gesellschaftliches, das allen Geschichtsperioden gemein wäre. Es ist offenbar selbst das Resultat einer vorhergegangenen historischen Entwicklung, das Produkt vieler ökonomischen Umwälzungen, des Untergangs einer ganzen Reihe älterer Formationen der gesellschaftlichen Produktion." (I, 183)

Da Marx von „einstweilen" spricht, könnte man zwar meinen, dass der Verzicht auf theoretische Begründung sich nur auf diesen Ort innerhalb des Marxschen ‚Kapital' bezieht und sich an anderen Stellen Ausführungen finden, mit denen diese logische Lücke geschlossen wird. Da solche Ausführungen aber nirgends zu entdecken sind, kann festgestellt werden, dass die genannte Einschränkung folgenlos bleibt und Marx sich dauerhaft mit dem empirischen Aufgreifen der Form der Arbeitskraft begnügt.

Dieser Verzicht auf theoretische Erklärung könnte akzeptiert werden, wenn sich die Form der Arbeitskraft, die vom freien Lohnarbeiter verkauft wird, von selbst verstehen würde und deswegen nicht begründet werden müsste. Das ist aber gar nicht der Fall. Es kann nämlich nicht ausgeschlossen werden, dass es dem Streben nach schrankenloser Wertvermehrung besser entsprechen würde, wenn nicht nur die Arbeitskraft, sondern der ganze Arbeiter als Wertquelle auftreten würde. Und daran ändert sich auch dann nichts, wenn das zur Folge haben sollte, dass dieser Arbeiter dadurch zu einem Sklaven wird. Deswegen ist die theoretische Anspruchslosigkeit zu kritisieren, die Marx im vorliegenden Zusammenhang an den Tag legt. Es genügt nicht Arbeitskraft und mit ihr die Existenz freier Lohnarbeiter aufzugreifen. Es wäre vielmehr nötig zu zeigen, dass dieser Lohnarbeiter eine Spezifität der bürgerlichen Gesellschaft darstellt. Und genau deswegen kann man es nicht bei Verweisen auf die „historische Entwicklung" belassen, sondern muss die Existenz des freien Lohnarbeiters mit systematischen Überlegungen begründen.[cxxx]

Wenn wir nun zum zweiten Aspekt und damit zur Ware Arbeitskraft kommen, die zu ihrem Wert gehandelt wird, könnte man einerseits meinen, dass Marx sich auch diesbezüglich nur auf die Empirie beruft und dieses Merkmal gleichfalls aus ihr aufgreift. Dann wäre auch hier festzuhalten, dass es keinerlei theoretische Begründung dieser beiden Eigenschaften gibt. Andererseits könnte man auch der Meinung sein, dass die theoretische Situation insofern anders aussieht, als in G - W bereits beinhaltet ist, dass die Arbeitskraft als Ware auftritt und zu ihrem Wert verkauft wird. Genauer gesprochen könnte darauf hingewiesen werden, dass aus einem werthaltigen Geld, das mit der Maßgabe ausgegeben wird, eine gleichwertige Ware zu erwerben, schon folgt, dass das erworbene Ding und damit auch die Arbeitskraft erstens Ware ist und zweitens zu ihrem Wert verkauft wird. Deswegen sei bemerkt, dass dieser Übergang vom Geld zu G - W und damit implizit schon zu G - Ak nichts taugt. Waren gibt es logisch gesehen nicht deswegen, weil es Geld gibt. Geld gibt es umgekehrt nur deswegen, weil es Waren gibt und diese Geld erforderlich machen. Aus dem Geld folgt also nicht der Warencharakter der Dinge. Dieser Warencharakter wird vom Geld nicht gesetzt, sondern ist ihm schon vorausgesetzt. Er ist in ihm auf tautologische Weise impliziert und wird daher trotz der Notwendigkeit dieses Implikationsverhältnisses gerade deswegen nicht im eigentlichen Sinne begründet. Eine wirkliche Begründung liegt daher auch nicht bezogen auf den Waren- und Warenwertcharakter der Arbeitskraft vor. Wenn man es nicht bei der bloßen Behauptung belassen will, bleibt auch diesbezüglich nur das empirische Aufgreifen.

Obwohl sie berechtigt sind, gehen die eben erwähnten Einwände, die zum Inhalt haben, dass es bei Marx keine oder nur eine unbefriedigende theoretische Erklärung der Arbeitskraft und ihrer Warenform gibt, insofern an Marx vorbei, als er an sich gar nicht den Anspruch stellt, die als fehlend monierten Theoriebestandteile zu liefern. Denn er beschränkt sich ja auf das empirische Aufgreifen. Aus diesem Grund soll im Folgenden dieses Aufgreifen zum Thema gemacht werden. Dabei geht es zum einen um die Frage, ob es die aufgegriffenen Tatbestände im Rahmen des unmittelbaren Seins tatsächlich empirisch gibt, auf das sich Marx offensichtlich bezieht. Zum andern ist zu prüfen, ob Marx sie dann berechtigterweise aufgreifen kann, wenn es sie gibt.

Wenn wir uns zunächst dem ersten Teil des empirischen Tests zuwenden, kann zwischen der Ware Arbeitskraft und dem oben mit der Rede vom Warenwertcharakter angesprochenen Umstand unterschieden werden, dass sie einen Tauschwert hat, der ihrem Wert entspricht. Bezogen auf den erstgenannten Aspekt kann festgestellt werden, dass im unmittelbaren Sein, das wir als Alltagssubjekte von uns aus wahrnehmen, die Form der Lohnarbeit bzw. die Existenz des sogenannt freien Lohnarbeiters als eine empirische Gegebenheit enthalten ist. Arbeiter verkaufen ihre Arbeit und bekommen dafür einen Geldbetrag, der Lohn genannt wird. Ist das mit dem Verkauf der Arbeitskraft identisch?

"Die eigentümliche Natur dieser spezifischen Ware, der Arbeitskraft, bringt es mit sich, dass mit der Abschließung des Kontrakts zwischen dem Käufer und Verkäufer ihr Gebrauchswert noch nicht wirklich in die Hand des Käufers übergegangen ist. Ihr Wert, gleich dem jeder andren Ware, war bestimmt, bevor sie in die Zirkulation trat, denn ein bestimmtes Quantum gesellschaftlicher Arbeit ward zur Produktion der Arbeitskraft verausgabt, aber ihr Gebrauchswert besteht erst in der nachträglichen Kraftäußerung. Die Veräußerung der Kraft und ihre wirkliche Äußerung, d. h. ihr Dasein als Gebrauchswert, fallen daher der Zeit nach auseinander." (I, 188)

In diesem Zitat weist Marx richtig darauf hin, dass der Käufer der Arbeitskraft diesen Gebrauchswert erst in Händen hat, wenn die "nachträgliche Kraftäußerung" erfolgt ist. Der Grund dafür ist, dass die Arbeitskraft wegen ihrer Nichtgegenständlichkeit von ihrem Träger nicht als solche übertragen werden kann. Übertragbar ist sie vielmehr nur als sich äußernde Arbeitskraft, d. h. als wirkliche Arbeit. Aus diesem Grund ist der letzte Satz des obigen Zitats zu korrigieren. Denn vor ihrer Äußerung kann die Arbeitskraft nicht veräußert werden. Dies gilt zumindest, wenn unter "Veräußerung der Kraft" ihre wirkliche Aushändigung verstanden wird. Meint diese dagegen nur die der Vertragserfüllung vorausgehende Stipulation, dann gibt es die behauptete zeitliche Differenz. Sie hängt jedoch gar nicht mehr mit der "eigentümlichen Natur" der Ware Arbeitskraft zusammen, weil der Vertragsabschluss auch bei gegenständlichen Waren seiner Erfüllung vorausgehen kann. Somit zeigt sich, dass Marx an dieser Stelle zwei Dinge durcheinander wirft. Einesteils bemerkt er, dass bloße Fähigkeiten oder Kräfte vor ihrer Äußerung nicht veräußert werden können, weshalb ihre Veräußerung nicht auf einen Schlag erfolgen kann, sondern ein Vorgang in der Zeit darstellt. Andernteils vermengt er das mit der möglicherweise auch der Veräußerung einer gegenständlichen Ware vorausgehenden Stipulation.

Sieht man von dieser Unklarheit ab, bleibt jedoch festzuhalten, dass die Arbeitskraft nur als wirkliche Arbeit übertragen werden kann:

"Dem Käufer der Ware gehört der Gebrauch der Ware, und der Besitzer der Arbeitskraft gibt in der Tat nur den von ihm verkauften Gebrauchswert, indem er seine Arbeit gibt." (I, 200)

Der Verkauf der Arbeitskraft und der der Arbeit kommen deshalb auf dasselbe hinaus. Da die Arbeitskraft nur über die Arbeit veräußert werden kann, hat der Verkauf der Arbeitskraft zur Folge, dass wir es mit Lohnarbeit zu tun haben. Marx kann sich also bezogen auf die Warenform der Arbeitskraft zu Recht auf die Empirie des unmittelbaren Seins beziehen. Die Warenform der Arbeitskraft stellt tatsächlich einen Tatbestand des unmittelbaren Seins dar, das all das beinhaltet, was wir als Mitglieder der bürgerlichen Gesellschaft von uns aus wahrnehmen.

Wenn wir nun zum zweiten Aspekt der ersten Frage und damit zu dem Umstand kommen, dass die Ware Arbeitskraft zu einem Tauschwert gehandelt wird, der ihrem Wert entspricht, sieht die Lage schlechter aus. Denn im Unterschied zum Warencharakter der Arbeitskraft findet der Warenwertcharakter der Arbeitskraft keine empirische Bestätigung. Das wird gerade dann deutlich, wenn wir mit dem Umstand, dass der sogenannte Wert der Ware Arbeitskraft dem Wert der Konsumtionsmittel gleichkommt, die zu ihrer erweiterten Reproduktion nötig sind, schon hier ein Merkmal berücksichtigen, das wir erst im nächsten Kapitel kennen lernen werden. Gerade wenn davon ausgegangen wird, dass diese These richtig ist[45], wird nämlich deutlich, dass es diesen Wert der Arbeitskraft nicht gibt. Da die Konsumtionsmittel auf der Ebene des unmittelbaren Seins im idealen Durchschnitt genauso zum Produktionspreis ge- und verkauft werden wie die Produktions- und Zirkulationsmittel, die wir gleich bzw. später noch kennen lernen werden, kann nämlich festgehalten werden, dass die Arbeitskraft im Rahmen des unmittelbaren Seins ebenfalls nicht zum Wert, sondern zu ihrem Produktionspreis gehandelt wird.

Wenn wir nun auf die zweite Seite und damit die Frage eingehen, ob Marx die Ware Arbeitskraft, die zum Wert getauscht wird, zu Recht aufgreifen könnte, wenn es sie als empirische Gegebenheit innerhalb des unmittelbaren Seins geben würde, kann zum einen festgestellt werden, dass diese Frage bejaht werden könnte, wenn Marx entweder vom erscheinenden begrifflichen oder erscheinenden zweckhaften Kapital sprechen würde. Denn dann hätte er es noch gar nicht mit dem mittelbaren Sein zu tun. Zum anderen wäre die Frage auch zu bejahen, wenn Marx das wesentliche zweckhafte Kapital zum Thema machen würde. Denn dann würde er zwar vom mittelbaren Sein reden, aber nur vom formal mittelbaren Sein, das zum unmittelbaren Sein noch gar keinen inhaltlichen Unterschied aufweist. Anders sieht es dagegen aus, wenn Marx vom wesentlichen begrifflichen Kapital spricht. In diesem Fall bewegt er sich nämlich auf der Ebene eines mittelbaren Seins, das vom unmittelbaren Sein inhaltlich unterschiedenen ist. Und da in dieses mittelbare Sein nur Dinge aufgegriffen werden können, die es auf seiner Ebene gibt, ist die obige Frage hier zu verneinen. Marx macht den Fehler der Verwechslung der theoretischen Ebenen, wenn er sich in diesem Zusammenhang nicht auf das inhaltlich mittelbare, sondern das unmittelbare Sein bezieht. Denn Aufgreifen könnte er nur das, was es auf der Ebene des mittelbaren Seins gibt.

Zusammenfassend können wir festhalten, dass Marx die zu ihrem Wert getauschte Ware Arbeitskraft nicht nur nicht theoretisch begründen oder auf überzeugende Weise ableiten kann. Er kann sie auch nicht empirisch durch ein korrektes Aufgreifen aus dem unmittelbaren Sein untermauern. Dafür ist einesteils verantwortlich, dass es im Rahmen des unmittelbaren Seins zwar die Ware Arbeitskraft gibt, aber nicht den ihrem Wert entsprechenden Tauschwert. Andernteils ist das unmittelbare Sein sowieso der verkehrte Fundus, wenn es darum geht, einen Bestandteil des wesentlichen begrifflichen Kapitals aufzugreifen. Denn Basis des Aufgreifens ist in diesem Zusammenhang nicht das unmittelbare, sondern nur das inhaltlich mittelbare Sein. Und was sich auf dieser Grundlage ergibt, werden wir im 3. Abschnitt dieses Kapitels sehen.

---

[45] Ob sie richtig ist, wird im nächsten Kapitel Thema sein.

Neben der zuerst erwähnten theoretischen Kritik an der fehlenden Ableitung und den gerade vorgebrachten Einwänden gegen das Aufgreifen aus dem unmittelbaren Sein, gibt es noch zwei weitere Punkte, die gegen den Marxschen Schritt hin zum Kauf der Arbeitskraft auch und gerade dann vorgebracht werden können, wenn es die zweitgenannte Kritik nicht gäbe. Sie beinhalten erstens den Umstand, dass Marx nur von fremder Arbeitskraft spricht und damit die eigene Arbeitskraft des Kapitalisten von Anfang an außer Beachtung lässt. Dies kann und muss kritisiert werden, weil es zur Folge hat, dass sich der Kapitalist mit einem Teil von ΔG reproduziert, was der Maßlosigkeit der Verwertung widerspricht.

Dagegen könnte eingewandt werden, dass der Ausschluss der eigenen Arbeitskraft gar nicht feststeht. Zwar vollzieht sich der Kauf normalerweise zwischen zwei Parteien. Es ist aber auch möglich, die Beschaffung eigener Arbeitskraft als Kauf zu betrachten und damit unter diese Form zu bringen. Zum anderen ist dann, wenn die eigene Arbeitskraft wirklich außenvor bleibt, gar nicht gesagt, dass deswegen nur noch ein Teil von ΔG reinvestiert wird. Es ist nämlich denkbar, dass sich der Kapitalist aus anderen Quellen finanziert. Zum dritten liegt auch dann, wenn das nicht der Fall ist und ΔG tatsächlich affiziert wird, nur dann ein Widerspruch vor, wenn vom industriellen Kapital auf der Wesensebene die Rede ist. Denn nur dort muss es ausschließlich um die Wertvermehrung gehen. Wenn dagegen von der Erscheinungsebene gesprochen wird, kann toleriert werden, dass es auch ein Stück weit um das Wohl geht.

Der zweite viel wichtigere Einwand bezieht sich darauf, dass Marx nur von produktiver Arbeitskraft redet und damit lediglich von der Arbeitskraft, die in der Produktion verausgabt wird. Die zirkulative Arbeitskraft, die es mit der Zirkulation zu tun hat, ist dagegen kein Thema. Marx lässt sie vielmehr außenvor, ohne auf diesen Punkt auch nur hinzuweisen. Dieses Vorgehen ist zum einen auf der Basis des empirischen Aufgreifens aus dem unmittelbaren Sein unverständlich. Denn im Rahmen dieses Seins gibt es auch die zirkulativen Arbeitskräfte, weshalb sich die Frage erhebt, warum Marx sie nicht aufgreift. Da als Antwort auf diese Frage darauf hingewiesen werden könnte, dass Marx nur das aufgreift, was es auf Basis seines Ausgangspunktes geben muss, ist zum anderen zu betonen, dass das nicht überzeugt. Marx geht nämlich von der Bewegung G - W … P … W' - G' aus, in der nicht nur die Produktion, sondern auch Zirkulationsakte enthalten sind. Daher ist die Beschränkung auf die produktiven Arbeitskräfte zu kritisieren. Anders sähe es dagegen aus, wenn Marx nur von W … P … W' ausgehen würde. Da es in dieser Bewegung keine Zirkulation gibt, würde sich auf ihrer Grundlage nämlich von selbst verstehen, dass deswegen auch keine zirkulativen Arbeitskräfte vorkommen.

Man könnte einesteils versuchen, diesen impliziten Ausschluss der zirkulativen Arbeitskräfte damit zu begründen, dass zirkulative Arbeiten keine Werte bilden. Daher sei darauf hingewiesen, dass das zwar richtig ist, die vorgebrachte Kritik aber nicht widerlegen kann. Denn der Umstand, dass sie nicht wertbildend sind, ändert nichts daran, dass die von Marx thematisierte Bewegung nicht nur Produktionsakte, sondern auch Zirkulationsakte umfasst. Von daher wäre zu erwarten, dass nicht nur produktive, sondern auch zirkulative Arbeitskraft gekauft wird. Denn es ist klar, dass auch die Zirkulationsfunktionen zu erledigen sind.

Diesem Einwand könnte andernteils entgegnet werden, dass die Beschränkung auf die produktive Arbeitskraft insofern zu akzeptieren ist, als Marx implizit davon ausgeht, dass die Zirkulationsfunktionen vom Kapitalisten selbst vollzogen werden. Daher sei einerseits darauf hingewiesen, dass diese Überlegung zwar nahe liegt, aber trotzdem fehlerhaft ist. Es wird sich nämlich zeigen, dass Marx dann, wenn er die Zirkulationsfunktionen zum Thema macht, diese genauso von fremden Arbeitskräften erledigen lässt wie die Produktionsfunktionen. Das gilt jedenfalls für den Großteil dieser Zirkulationsfunktionen. (vgl. S. 435f.) Andererseits ist in Bezug auf die Zirkulationsfunktionen, die die Kapitalisten selbst erledigen, darauf hinzuweisen, dass sie genauso unter den Kauf einer Arbeitskraft rubriziert werden können und müssen wie die Zirkulationsfunktionen, die andere ausführen. Denn der Unterschied, dass es hierbei um ein Geschäft geht, das der Kapitalist mit sich selbst abschließt, spielt keine Rolle.

Drittenteils könnte eingeworfen werden, dass sich Marx gar nicht auf die produktiven Arbeitskräfte beschränkt, sondern die zirkulativen Arbeitskräfte nur an dieser Stelle außenvor lässt, um sie später zum Thema zu machen. Genauer gesprochen könnte das darstellungstechnische Argument vorgebracht werden, dass Produktion und Zirkulation schlecht gleichzeitig behandelt werden können und deshalb nacheinander zum Thema gemacht werden müssen. Deshalb sei bemerkt, dass dieses Argument durchaus seine Bedeutung hat. Auf seiner Grundlage wäre jedoch einesteils die Frage zu beantworten, warum mit der Produktion begonnen wird. Da die darstellungstechnische Beschränkung zur Folge hat, dass die Ergebnisse, die nur auf der Produktion beruhen, einen vorläufigen Charakter haben, ist andernteils zu betonen, dass dieses Argument explizit vorgebracht werden sollte. Das tut Marx aber nicht, woraus sich leicht Missverständnisse in dem Sinne ergeben können, dass man meint, es schon mit endgültigen Resultaten zu tun zu haben.

Zusammenfassend können wir zum einen festhalten, dass die Vernachlässigung der eigenen Arbeitskraft des Kapitalisten und die Beschränkung auf fremde Arbeitskräfte nicht zur Maßlosigkeit des Strebens nach Mehrwert passt und deshalb zu kritisieren ist. Zum anderen stellt der Tatbestand, dass Marx nur von produktiver Arbeitskraft redet, nicht nur deswegen einen weiteren Kritikpunkt dar, weil

Marx das Mittel des empirischen Aufgreifens aus dem unmittelbaren Sein einsetzt und es in diesem Sein auch zirkulative Arbeitskräfte gibt. Dieser Punkt ist vielmehr vor allem auch deswegen zu monieren, weil er nicht zum Marxschen Ausgangspunkt bzw. nicht zur Figur G - W … P … W' - G' passt, in der neben der Produktion auch schon die Zirkulation vorkommt.

Die Beschränkung auf die produktiven Arbeitskräfte wäre nur verständlich, wenn Marx nur von der Figur W … P … W' reden würde. Denn auf ihrer Grundlage gäbe es tatsächlich noch keine zirkulativen Arbeitskräfte. Daher würde sich die Frage gar nicht stellen, warum Marx sich auf das Aufgreifen der produktiven Arbeitskräfte beschränkt. Daraus können wir im Umkehrschluss folgern, dass es bei Marx offensichtlich zwei Argumentationsebenen gibt. Explizit redet er mit der Figur G - W … P … W' - G' von einem Einzelkapital. Implizit hat er es dagegen nur mit W … P … W' und damit mit einem Gesamtkapital zu tun, das dem als einheitliches Prinzip verstandenen Streben nach maßlos viel Mehrwert gleichkommt. Denn nur auf dieser Grundlage gibt es keine Zirkulationsakte.

2. Der Kauf von Produktionsmitteln

Bislang haben wir mit der Arbeitskraft nur eines der Elemente betrachtet, die zur Produktion erforderlich sind. Weil der Arbeiter seine Arbeitskraft nicht im gleichsam luftleeren Raum verausgaben kann, gibt es daneben ein zweites Element. Auf es kommt Marx im folgenden Zitat zu sprechen:

"Der Gebrauchswert den letztrer [der Geldbesitzer - H. R.] seinerseits im Austausch erhält, zeigt sich erst im wirklichen Verbrauch, im Konsumtionsprozeß der Arbeitskraft. Alle zu diesem Prozess nötigen Dinge, wie Rohmaterial usw., kauft der Geldbesitzer auf dem Warenmarkt und zahlt sie zum vollen Preis." (I, 189)

Um Gebrauchswert und Wert erzeugen zu können, benötigt der Arbeiter die im obigen Zitat erwähnten Dinge, die Marx auch als "Produktionsmittel" (vgl. I, 196) bezeichnet. Diese Produktionsmittel müssen der Marxschen Auffassung zufolge genauso gekauft werden wie die Arbeitskräfte, sodass das als Kapital vorgeschossene Geld insgesamt die Bewegung $G - {}^{Ak}/_{Pm}$ vollzieht. Indem es das tut, verwandelt es sich in "produktives Kapital" (vgl. II, 34) und damit in die Dinge, aus deren Zusammenwirken der Mehrwert überhaupt nur entspringen kann. Dass die Produktionsmittelkäufer den "vollen Preis" bezahlen, ist im Übrigen ein Hinweis darauf, dass Marx auch an dieser Stelle einen Äquivalententausch unterstellt.

Wenn wir uns nun fragen, ob das Hereinbringen der Produktionsmittel überzeugend ist, ist zunächst darauf hinzuweisen, dass auch hier zwischen der Form der Produktionsmittel und dem Umstand unterschieden werden kann, dass sie als Waren auftreten, deren Tauschwert der Wert ist. Wenn wir mit ersterem beginnen,

kann zum einen festgehalten werden, dass die Form der Produktionsmittel im vorliegenden Zusammenhang dadurch gekennzeichnet ist, dass Marx nur von gegenständlichen Produktionsmitteln spricht.[46] Für dieses Moment, das sich nicht von
selbst versteht, gibt es bei Marx genauso wenig eine theoretische Begründung wie
für die Form der Arbeitskraft. Auch hier kann daher nur von einem empirischen
Aufgreifen aus dem unmittelbaren Sein gesprochen werden. Wenn wir nun zur
Warenform der Produktionsmittel und damit auch zu dem Umstand kommen, dass
sie zum Wert verkauft werden, liegt insofern eine Art von theoretischer Begründung vor, als Marx von der wertbasierten Bewegung G - W … P … W' - G' ausgeht. Diese Begründung, die dann, wenn man davon ausgeht, dass das werthaltige
Geld sich nur mit einer gleichwertigen Ware austauscht, den Hinweise darauf enthält, dass die Produktionsmittel zum Wert gekauft werden müssen, ist hier aber
genauso untauglich wie bei der Arbeitskraft. Weil die Waren- und Warenwertform
der gegenständlichen Produktionsmittel in diesem Ausgangspunkt als Voraussetzung schon enthalten sind, hat sie nämlich einen tautologischen Charakter. Also
bleibt auch hier nur das empirische Aufgreifen aus dem unmittelbaren Sein.

Wenn wir uns nun der Frage dieses Aufgreifens sowohl bezogen auf die Gegenständlichkeit der Produktionsmittel als auch ihren Waren- und Warenwertcharakter näher zuwenden, ist zum anderen darauf hinzuweisen, dass es die gegenständlichen Produktionsmittel als Waren im Rahmen des unmittelbaren Seins zwar empirisch gibt. Sie werden aber nicht zum Wert, sondern zum Produktionspreis gehandelt. Daher kann Marx sich nicht auf das unmittelbare Sein berufen, wenn er
die gegenständlichen Produktionsmittel als Werte zum Thema macht. Aber auch
dann, wenn die Produktionsmittel zum Wert getauscht würden, wäre das Aufgreifen nur berechtigt, wenn Marx vom erscheinenden begrifflichen, vom erscheinenden zweckhaften Kapital oder vom wesentlichen zweckhaften Kapital sprechen
würde. Sofern er es dagegen mit dem wesentlichen begrifflichen Kapital zu tun
hat, ist das Aufgreifen aus dem unmittelbaren Schein als Verwechslung zwischen
den verschiedenen Ebenen des Seins zurückzuweisen. Denn in diesem Fall kann
nicht aus dem unmittelbaren Sein, sondern nur aus dem mittelbaren Sein aufgegriffen werden. Und durch dieses Aufgreifen wird – wie wir im 3. Abschnitt dieses

---

[46] Dass Marx nur von gegenständlichen Produktionsmitteln spricht, könnte bezweifelt werden. Deshalb sei darauf hingewiesen, dass es durchaus sein kann, dass Marx diesem
Zweifel insofern Recht gibt, als er der Meinung ist, auch schon nicht-gegenständliche
Produktionsmittel zum Thema zu machen. Zu dieser Position ist jedoch zum einen zu
sagen, dass sie nicht wirklich dazu passt, dass er zu Beginn seiner Ausführungen im
‚Kapital' nur gegenständliche Waren zum Thema gemacht hat. Zum anderen kommt Marx
nur zu ihr, weil er meint, schon vom Einzelkapital zu reden. Das ist aber zumindest dann
gar nicht der Fall, wenn man die Marxsche Darstellung richtig versteht.

Kapitels sehen werden – zwar die Gegenständlichkeit der Produktionsmittel bestätigt, aber nicht ihr Warencharakter.

Analog zur Arbeitskraft gibt es auch bei den Produktionsmitteln noch weitere Kritikpunkte, die sich auch dann stellen würden, wenn es den Waren- und vom Warenwertcharakter der Produktionsmittel gäbe. Das bezieht sich erstens darauf, dass Marx nur von gegenständlichen Produktionsmitteln redet und die ungegenständlichen vernachlässigt, die es im unmittelbaren Sein genauso gibt. Dass er die ungegenständlichen Produktionsmittel außenvor lässt, ist aber nicht nur aus diesem Grund zu kritisieren. Diese Kritik ist vor allem aufgrund des Marxschen Ausgangspunkts bei einem Einzelkapital zu erheben. Denn es ist nicht einzusehen, warum in den Waren W nur gegenständliche Produktionsmittel beinhaltet sein sollen. Verständlich wäre die Nicht-Behandlung der ungegenständlichen Produktionsmittel nur, wenn Marx nur von W … P … W' ausgehen und daher zu $^{Ak'}/_{Pm'}$ … P … W' übergehen und diese Figur als Gesamtprozess verstehen würde. Denn auf Basis des Wesens, zu dem es auf dieser Grundlage kommt, gibt es – wie wir auf der Seite 486 noch genauer sehen werden – nur gegenständliche Produktionsmittel.

Zweitens ist zu erwähnen, dass Marx nur von den Produktionsmitteln spricht und damit die Zirkulationsmittel unerwähnt lässt. Dieser Punkt ist unverständlich, weil Marx von einem industriellen Kapital redet, das die G - $^{Ak'}/_{Pm'}$ … P … W' - G' vollzieht. Denn diese Bewegung enthält nicht nur Produktions-, sondern auch Zirkulationsprozesse, weswegen auch Zirkulationsmittel benötigt werden. Es ist daher zu kritisieren, dass Marx nur die ersteren erwähnt und die letzteren außenvor lässt. Verständlich wäre auch diese Beschränkung nur, wenn Marx von $^{Ak'}/_{Pm'}$ … P … W' reden würde und diese Figur als Gesamtprozess verstehen würde. Denn dann gäbe es keine Zirkulation und damit auch kein Erfordernis für Zirkulationsmittel.

Dieser Kritik könnte einesteils auch hier entgegengehalten werden, dass Marx implizit davon ausgeht, dass die Zirkulationsmittel von den Kapitalisten, die die Zirkulationsfunktionen ausüben, außerhalb der genannten Bewegung hereingebracht werden. Diejenigen, die die Marxsche Darstellung kennen, wissen jedoch, dass auch das nicht der Fall ist. Sobald er die Zirkulationsmittel zum Thema macht, werden sie genauso gekauft wie die Produktionsmittel. (vgl. S. 437f.) Andernteils könnte wieder bemerkt werden, dass die Zirkulationsmittel nur an dieser Stelle außenvor gelassen werden, weil die Zirkulation eben nicht berücksichtigt wird. Deshalb sei darauf aufmerksam gemacht, dass Marx auf dieses darstellungstechnische Moment hätte hinweisen sollen.

Die gegenständlichen Produktionsmittel, die Marx erwähnt, enthalten nur Dinge, die Produkte von Arbeit und damit Werte darstellen. Auf dieser Grundlage ist drittens kritisch einzuwenden, dass Marx neben den Zirkulationsmitteln auch den Boden unerwähnt lässt, der kein Arbeitsprodukt ist und daher auch keinen Wert darstellt. Denn der Boden wird von einem Einzelkapital genauso benötigt wie die Produktions- und Zirkulationsmittel. Man könnte diesen Überlegungen entgegenhalten, dass der Boden von Marx außer Acht gelassen wird, weil er eben kein Wert ist. Daher sei darauf hingewiesen, dass das zwar richtig ist. Das ändert aber nichts daran, dass der Boden ein notwendiger Bestandteil von Einzelkapitalen darstellt, für den genauso ein Preis zu bezahlen ist wie für die Produktionsmittel.

Zur Nichtbeachtung des Bodens ist noch zweierlei zu bemerken: Zum einen ist sie insbesondere auch deshalb zu kritisieren, weil sich auf der Seite 502ff. zeigen wird, dass der Boden bei der Entstehung des Einzelkapitals die entscheidende Rolle spielt. Zum Einzelkapital kommt es nämlich, wenn und weil der Boden zu einem selbständigen Produktionsfaktor wird. Es ist daher vollkommen verkehrt, einesteils schon vom Einzelkapital zu sprechen und andernteils den Boden außenvor zu lassen. Zum anderen gilt für den Boden dasselbe wie für die ungegenständlichen Produktionsmittel und die Zirkulationsmittel. Wie bei den anderen beiden Dingen wäre nämlich auch die Vernachlässigung des Bodens zu akzeptieren, wenn Marx nur von $^{Ak'}/Pm'$ ... P ... W' reden und diese Figur als Gesamtprozess verstehen würde. Wie wir im XIII. Kapitel (vgl. Seite 453ff.) sehen werden, gibt es auf dieser Grundlage nicht nur noch keine ungegenständlichen Produktionsmittel, sondern auch noch keinen Boden.

3. Zusammenfassende Bemerkungen

Nachdem wir zuvor betrachtet haben, wie aus G - W - G' die Bewegung G - W ... P ... W' - G' wird, haben wir in diesem Kapitel den Übergang vom ersten Schritt G - W zum Kaufsakt G - $^{Ak}/Pm$ behandelt, der zur Folge hat, dass sich die Bewegung des industriellen Kapitals jetzt als G - $^{Ak}/Pm$ ... P ... W' - G' darstellt.

Bezogen darauf, dass aus G - W der Eingangsschritt G - $^{Ak}/Pm$ geworden ist, kann hinsichtlich der Arbeitskraft erstens darauf hingewiesen werden, dass unklar bleibt, warum die Quelle des Werts die Form der Arbeitskraft hat. Denn Marx leitet diese Gestalt in keiner Weise ab, sondern greift die Arbeitskraft einfach aus

315

der Empirie des unmittelbaren Seins auf. Bei ihm findet sich daher keine Begründung dafür, dass die Quelle des Werts in dieser Form auftreten muss.[47] Bezüglich dessen, dass die Arbeitskraft einen Warencharakter hat und zum Wert getauscht wird, gibt es zwar den Ansatz einer Begründung. Denn angesichts des Umstandes, dass das industrielle Kapital seine Bewegung mit Geld beginnt, ist nicht nur klar, dass die Quelle des Werts als Ware gekauft wird und damit nur indirekt oder vermittelt in den Vermehrungsprozess eintritt. Da das Geld Goldgeld darstellt und als solches dazu bestimmt ist, sich mit einer Ware gleichen Werts auszutauschen, ist außerdem vorausgesetzt, dass die Arbeitskraft zu ihrem Wert getauscht wird. Überzeugend ist diese Begründung jedoch deshalb nicht, weil die Folge im genannten Grund in einer Weise enthalten ist, die tautologisch zu nennen ist.

Das Aufgreifen aus dem unmittelbaren Sein, das sich nicht nur auf die Form der Arbeitskraft, sondern auch ihren Waren- und Warenwertcharakter bezieht ist zweitens in doppelter Hinsicht zu kritisieren: Einesteils ist festzustellen, dass es im unmittelbaren Sein in der Form der Lohnarbeit zwar die Ware Arbeitskraft gibt. Diese wird jedoch nicht zum Wert getauscht, sondern nur zum Produktionspreis. Andernteils wäre gerade dann, wenn es den Tausch zum Wert geben würde, darauf hinzuweisen, dass er nur dann aufgegriffen werden kann, wenn die Bewegung $G - {Ak \atop Pm} \ldots P \ldots W' - G'$ als wesentliches zweckhaftes Kapital oder als erscheinendes zweckhaftes bzw. als erscheinendes begriffliches Kapital verstanden wird. Wenn es dagegen um ein wesentliches begriffliches Kapital geht, ist das Aufgreifen aus dem unmittelbaren Sein nicht möglich. Denn dann könnte nur aus der Empirie des inhaltlich mittelbaren Seins aufgegriffen werden.

Drittens ist als Kritik vorzubringen, dass Marx nur die produktive Arbeitskraft als Thema aufgreift und die zirkulative außenvor lässt. Das ist gerade deswegen der Fall, weil die Bewegung des industriellen Kapitals eben nicht nur die Produktion, sondern auch schon Zirkulationsakte enthält, die nicht nur G - Pm und W' - G' umfassen, sondern auch G - Ak. Der Ausschluss der zirkulativen Arbeitskräfte ist unverständlich, weil die nahe liegende Erklärung, dass die Kapitalisten diese Zirkulationsakte selbst erledigen, weder empirisch noch logisch überzeugen kann.

---

[47] Darauf ist vor allem deshalb hinzuweisen, weil es durchaus eine solche Begründung gibt. Wie wir auf der Seite 309f. sehen werden, beruht sie darauf, dass die Menschen für das Prinzip der Schaffung von maßlos viel Mehrwert nur von Interesse sind, soweit sie zum einen produktive Arbeit leisten, die durch ihren mehrwertbildenden Charakter gekennzeichnet ist. Auf diese Arbeit können sie zum anderen nicht reduziert werden, weil die Arbeiter sich auch reproduzieren müssen, was nicht mit der Bildung von Mehrwert einhergehen kann. Folge davon ist, dass die Menschen für das Prinzip eben nur als Arbeitskräfte von Interesse sind.

Denn diese Zirkulationsakte können genauso von gekauften Arbeitskräften ausgeführt werden wie die Produktion. Das gilt vor allem für G - Pm und W' - G'. Das gilt aber auch für G - Ak. Denn auch diese Aufgabe wird von gekauften Arbeitskräften erledigt. Ausnahme davon ist nur der Kauf der ersten Arbeitskraft, der vom Kapitalisten selbst zu vollziehen ist.

Im Hinblick auf die Produktionsmittel kann viertens Ähnliches festgestellt werden. Zum einen wird die durch ihre Gegenständlichkeit gekennzeichnete Form der Produktionsmittel ebenfalls nicht abgeleitet, sondern allenfalls aufgegriffen. Zum anderen kann der Umstand, dass sie als Waren zu ihrem Wert beschafft werden, zwar akzeptiert werden, wenn man von G - W ... P ... W' - G' und damit auch von einem Geld ausgeht, das sich mit einem gleichen Warenwert austauscht. Denn in diesem Fall versteht sich von selbst, dass die Produktionsmittel gekauft werden müssen. Das ist aber so tautologisch, dass nicht von einer überzeugenden Begründung gesprochen werden kann. Zum dritten ist auch bezogen auf die Produktionsmittel zu kritisieren, dass Marx nur von den gegenständlichen Produktionsmitteln spricht und sowohl die ungegenständlichen Produktionsmittel als auch die Zirkulationsmittel und den Boden außenvor lässt. Auf der Basis dessen, dass er von G - W ... P ... W' - G' ausgeht und diese Bewegung als Einzelkapital versteht, ist der Ausschluss dieser Dinge vollkommen unverständlich. Denn die Zirkulationsmittel und der Boden sind auf dieser Grundlage genauso nötig wie die Produktionsmittel.

Der Ausschluss der zirkulativen Arbeitskräfte, der ungegenständlichen Produktionsmittel, der Zirkulationsmittel und des Bodens wäre verständlich, wenn Marx nur von $^{Ak'}/_{Pm'}$ ... P ... W' gesprochen und diese Figur als Gesamtprozess verstanden hätte. Denn dann gäbe es die monierten Dinge noch nicht. Mithin zeigt sich einerseits, dass es Marx zwar explizit mit einem Einzelkapital zu tun hat, das neben der Produktion auch die Zirkulation enthält. Implizit sieht es aber ganz anders aus. Obwohl ihm das selbst gar nicht bewusst wird, hat es Marx nämlich in dieser Weise mit dem wesentlichen begrifflichen Gesamtkapital zu tun. Denn nur auf dieser Grundlage ist die Beschränkung auf die produktive Arbeitskraft und die gegenständlichen Produktionsmittel verständlich.

Andererseits geht der Umstand, dass das nur implizit und auf eine Marx gar nicht bewusste Weise geschieht, damit einher, dass das Gesamtkapital auf unangemessene Weise zum Thema gemacht wird. Das zeigt sich erstens an der Vermischung mit dem Einzelkapital. Das zeigt sich zweitens beim Aufgreifen aus dem unmittelbaren Sein, das zwar beim Einzelkapital toleriert werden kann, aber nicht zum Gesamtkapital passt. Das zeigt sich drittens anhand der Vermischung des Wesens mit den Erscheinungen, zu der es kommt, weil das Gesamtkapital dem Wesen und die Einzelkapital eher den Erscheinungen zuzuordnen sind. Das zeigt sich ferner auch daran, dass das wesentliche Gesamtkapital Charakteristiken annimmt, die den erscheinenden Einzelkapitalen eigen sind. Zu ihnen gehört, dass wir es mit Kapitalisten zu tun bekommen, die bewusst handeln. Dementsprechend drängt sich der Eindruck auf, dass die angemessene Argumentation nicht mehr die per logischer Geltung, sondern die per teleologischer Genesis ist.

Obwohl oder gerade weil das Aufgreifen von Arbeitskräften und Produktionsmitteln, die zum Wert eingekauft werden, aus dem unmittelbaren Sein in doppelter Weise fehlerhaft ist, ist damit noch nicht gesagt, dass Marx' Rede von der wertbasierten Bewegung G - $^{Ak}/_{Pm}$ ... P ... W' - G' empirisch umfassend falsch ist. Wenn wir uns deswegen wieder dem empirischen Test zuwenden und dabei erneut mit dem wesentlichen begrifflichen Kapital beginnen, kann auf die obigen Ergebnisse verwiesen werden: Denn hier ist wieder zwischen dem indirekten Messen am unmittelbaren Sein und dem direkten Messen am mittelbaren Sein zu unterscheiden. Bezogen auf ersteres kommen wir zum gleichen Resultat wie oben. Auf der Basis dessen, dass sich das wesentliche begriffliche Kapital zum einen mit Erscheinungen verbindet, in deren Rahmen ΔG als Profit verfolgt wird, und es in den Erfahrungen zum anderen tatsächlich industrielle Kapitale gibt, die am Profit orientiert sind, kann nämlich festgestellt werden, dass das wesentliche begriffliche Kapital sehr gut zu den Erfahrungen passt.

Daran ändert auch der Umstand nichts, dass es auf Basis des unmittelbaren Seins nicht nur produktive Arbeitskräfte und gegenständliche Produktionsmittel, sondern auch ungegenständliche Produktionsmittel, zirkulative Arbeitskräfte, Zirkulationsmittel und Boden gibt. Dass es im Rahmen der Erscheinungen mehr gibt, als das, was Marx auf Basis des Wesens thematisiert, bedeutet ja nicht, dass er das Wesen empirisch falsch fasst. Im Übrigen werden wir auf der Seite 473ff. noch genauer sehen, dass diese zusätzlichen Merkmale auch die Erscheinungen aufweisen, die mit dem wesentlichen begrifflichen Kapital verbunden sind.

Bezogen auf die direkte Messung am mittelbaren Sein, kann auf der einen Seite ebenfalls auf die obigen Ergebnisse verwiesen werden. Denn die wertbasierte Bewegung G - $^{Ak}/_{Pm}$ ... P ... W' - G' ist zurückzuweisen, weil es eben keine wertbasierten Zirkulationsakte gibt. Auf der anderen Seite ist auch an dieser Stelle festzustellen, dass die empirische Widerlegung sich nur auf die Zirkulationsakte und nicht auf den Mittelteil $^{Ak}/_{Pm}$ ... P ... W' erstreckt. Das bezieht sich auch darauf, dass Marx die zirkulativen Arbeitskräfte, die ungegenständlichen Produktionsmittel, die Zirkulationsmittel und den Boden nicht berücksichtigt. Denn diese Dinge gibt es auf der Ebene des inhaltlich mittelbaren Seins nicht. Das, was es dort gibt, wird nämlich nicht durch die empirischen Gegebenheiten bezeugt, sondern durch die Resultate, zu denen die vom Streben nach maßlosem Mehrwert ausgehende Argumentation per logischer Geltung führt.

Wenn wir nun aufgrund dessen zum wesentlichen zweckhaften Kapital kommen, weil es Marx der Möglichkeit nach immer noch um eine direkte Erklärung des Tauschwerts aus dem Wert geht, kann ebenfalls auf die obigen Ergebnisse verwiesen werden: Auch hier gibt es einen doppelten empirischen Test, nämlich das indirekte über die zugehörigen Erscheinungen vermittelte Messen am unmittelbaren Sein und das direkte Messen am formell mittelbaren Sein. Das indirekte Messen führt wieder zu einem negativen Ergebnis. Denn in den zugehörigen Erscheinungen werden die Waren zu Werten zirkuliert und im Rahmen des unmittelbaren Seins zu Produktionspreisen. Da man außerdem der Meinung sein könnte, dass hier auch die zirkulativen Arbeitskräfte, die ungegenständlichen Produktionsmittel, die Zirkulationsmittel und der Boden in Anschlag gebracht werden können, sei darauf hingewiesen, dass das nur der Fall wäre, wenn in den zugehörigen Erscheinungen diese Merkmale nicht enthalten wären. Ob das der Fall ist, soll dahingestellt bleiben. Bezogen auf das direkte Messen am mittelbaren Sein, ist das Ergebnis ebenfalls negativ. Der Grund dafür sind aber nicht nur die wertbasierten Zirkulationsakte, die es im formell mittelbaren Sein nicht gibt. Negativ ist das Ergebnis vielmehr auch dann, wenn man sich auf den Mittelteil der Gesamtbewegung beschränkt. Gerade weil es hier um eine direkte Erklärung des Tauschwerts aus dem Wert geht, kann es nämlich auch nicht die wertbasierte Bewegung $^{Ak}/_{Pm}$ ... P' ... W' geben. Denn sie kann das unmittelbare Sein nicht in direkter Weise erklären, in dem es ja nicht um Wert und Mehrwert, sondern um den Produktionspreis und den in ihm enthaltenen Profit geht.

Weil sich Marx beim Aufgreifen der produktiven Arbeitskräfte und der Produktionsmittel nicht auf das mittelbare Sein stützt, das dem wesentlichen begrifflichen oder wesentlichen zweckhaften Kapital angemessen ist, sondern sich auf das unmittelbare Sein bezieht, kommt man zu dem Eindruck, dass er nicht von einem Kapital auf der Wesensebene, sondern eher von einem Kapital auf der Erscheinungsebene spricht. Dadurch wird auch untermauert, dass wir das erscheinende begriffliche und das erscheinende zweckhafte Kapital nicht ausschließen können.

Wenn wir uns auf dieser Grundlage den Kapitalen auf der Erscheinungsebene zuwenden und zunächst dem erscheinenden begrifflichen Kapital beginnen, kann ebenfalls auf die obigen Überlegungen verwiesen werden: Das bezieht sich auch darauf, dass das Ergebnis schlechter ist als beim wesentlichen begrifflichen Kapital. Denn das direkte Messen der Marxschen Bewegung am unmittelbaren Sein führt nicht nur deswegen zu einer Widerlegung, weil dieses unmittelbare Sein durch Zirkulationsakte gekennzeichnet ist, die auf dem Produktionspreis basieren. Zu einer empirischen Widerlegung kommt es vielmehr auch deswegen, weil die

Menschen im unmittelbaren Sein als Subjekte und nicht als inhaltlich bestimmte Charaktermasken fungieren. Hinzu kommt außerdem noch, dass Marx nur von produktiven Arbeitskräften und gegenständlichen Produktionsmitteln spricht. Denn im Rahmen der Einzelkapitale des unmittelbaren Seins gibt es auch die zirkulativen Arbeitskräfte, die ungegenständlichen Produktionsmittel, die Zirkulationsmittel und den Boden. Und dieses Argument kann hier nicht so zurückgewiesen werden wie oben beim wesentlichen begrifflichen Kapital. Denn das erscheinende begriffliche Kapital kann nur dann als richtige Erklärung des unmittelbar seienden Kapitals gelten, wenn es dieselben Merkmale aufweist wie dieses. Während wir oben feststellen konnten, dass der Hinweis auf andere Momente deshalb nicht so aussagekräftig ist, weil es hier um das Wesen geht, ist das hier nicht mehr so einfach möglich. Weil es hier um die Erscheinungen geht, stellt der Umstand, dass wichtige Bestandteil nicht vorkommen, vielmehr eine wirkliche empirische Widerlegung dar.

Wenn wir nun noch zum erscheinenden zweckhaften Kapital kommen, können wir uns gleichfalls auf die Resultate beziehen, die wir auf der Seite 297 schon kennen gelernt haben. Das Ergebnis ist zum einen mit dem vorhergehenden Fall vergleichbar. Es ist negativ, weil es im Rahmen des unmittelbaren Seins nicht um den Mehrwert, sondern den Profit geht und es daher keine Zirkulationen zum Wert, sondern nur zum Produktionspreis gibt. Ferner kann daran erinnert werden, dass die Menschen im unmittelbaren Sein keine formell bestimmten Charaktermasken, sondern Subjekte sind. Außerdem kommt auch hier wieder der Umstand hinzu, dass es im unmittelbaren Sein mit den zirkulativen Arbeitskräften, den ungegenständlichen Produktionsmitteln, den Zirkulationsmitteln und dem Boden mehr gibt, als im Rahmen der Erscheinungen. Zum anderen fällt es aber insofern ein bisschen besser als im vorhergehenden Fall aus, als der Unterschied zwischen den formell bestimmten Charaktermasken und den Subjekten nicht so groß ist, wie der Unterschied zwischen den inhaltlich bestimmten Charaktermasken und den Subjekten.

Bezogen auf das scheinende begriffliche Kapital sei schließlich noch erwähnt, dass wir uns den empirischen Test hier genauso sparen können wie oben. Denn es gibt hier weder den Bezug auf das inhaltlich oder formelle mittelbare noch den auf das unmittelbare Sein. Das scheinende begriffliche Kapital beruht vielmehr auf der Vermittlung zwischen dem mittelbaren und dem unmittelbaren Sein.

Wenn wir auf die obigen Überlegungen zurückblicken, können wir zusammenfassend einesteils festhalten, dass das industrielle Kapital G - $^{Ak}/_{Pm}$ ... P ... W' - G' in allen Fällen widerlegt wird. Andernteils hat die empirische Widerlegung unterschiedlich große Ausmaße. Am geringsten fallen die Gegenargumente wieder beim wesentlichen begrifflichen Kapital aus. Denn ihm widerspricht auf der Basis der direkten Überprüfung am mittelbaren Sein nur, dass es die auf dem Wert basierenden Zirkulationsakte nicht gibt. Ferner ist auch hier festzuhalten, dass die Widerlegungen nur mit den Zirkulationsakten und nichts mit dem Mittelteil zu tun haben. Denn dieser wird empirisch bestätigt. Wenn Marx nur von diesem Mittelteil gesprochen hätte, gäbe es bei den anderen Kapitalvarianten zwar immer noch empirische Einwände unterschiedlich großen Ausmaßes. Das wesentliche begriffliche Kapital würde jedoch voll und ganz bestätigt.

Im letzten Kapitel haben wir bezogen auf die Bewegung G - W ... P ... W' - G' zum einen festgestellt, dass Marx aus empirischen Gründen besser daran getan hätte, anstatt vom Streben nach maßlos viel Mehrwert in Geldform nur vom Streben nach maßlos viel Mehrwert als solchem zu sprechen. Zum anderen hat sich über die Marxsche Darstellung hinausgehend gezeigt, dass dieses letztere Streben als ein einheitliches Prinzip zu fassen ist, das sich auf die Gesamtheit der Bedingungen bezieht, die zu seiner Ausführung nötig sind. Und das unabhängig davon, ob diese Bedingungen nur die Gesamtheit der Produktion enthalten oder sich auch auf einen darüber hinausgehenden Bereich erstrecken. Denn nur unter dieser Bedingung ist eine Fortsetzung möglich, die ohne die empirisch widerlegten Zirkulationsakte auskommt. Daran sei hier erinnert, weil wir auf Basis der Bewegung G - $^{Ak}/_{Pm}$ ... P ... W' - G' zu den genau gleichen Ergebnissen kommen. Auch hier ist aus empirischen Gründen sowohl zu kritisieren, dass Marx vom ersten Kapitalbegriff oder vom Streben nach maßlos viel Mehrwert in Geldform spricht, als auch, dass er dieses Prinzip darüber hinaus als Teilprinzip versteht. Da es die beiden wertbasierten Zirkulationsakte G - $^{Ak}/_{Pm}$ und W' - G' genauso wenig gibt wie die Zirkulationsakte G - W und W' - G', kann auch an dieser Stelle festhalten werden, dass es als Prinzip nur das einheitliche Streben nach maßlos viel Mehrwert geben kann.

Vergleichbar mit oben ist aber nicht nur diese empirische Feststellung. Vergleichbar ist zum einen auch der Umstand, dass dieses einheitliche Prinzip mit einer Maßlosigkeit einhergeht, die nicht mit Zirkulationsakten vereinbar ist und deswegen die logische Kritik zur Folge hat, dass Marx von einer Bewegung spricht, die nicht zu ihrem Inhalt passt. Zum anderen kann auch hier darauf hingewiesen werden, dass das einheitliche Streben nur noch als ein Begriff verstanden werden kann, der entsprechend der Art und Weise, wie ΔG auf der Ebene der Erscheinungen von den als Subjekten zu verstehenden Kapitalisten verfolgt wird, sowohl eine objektive als auch eine subjektive Ausformung annehmen kann.

Die genannte empirische Kritik, dass es zwar eine Bewegung auf Basis des Werts gibt, aber nicht in der Form einer Zirkulation, stellt entsprechend zu dem, was wir oben auf der Seite 300 festgestellt haben, wieder das Gegenteil dessen dar, was ansonsten von uns immer wieder eingewendet werden musste. Während wir auf der Basis des unmittelbaren Seins immer die Zirkulationsakte als solche akzeptieren und nur ihre Wertbasiertheit empirisch zurückweisen mussten, ist auf der Basis des mittelbaren Seins gerade umgekehrt. Hier sind nämlich nur die Zirkulationsakte zu kritisieren. Denn die Bewegung auf Basis des Werts kann dagegen akzeptiert werden. Damit bestätigt sich auch im vorliegenden Zusammenhang, dass Marx Wesen und Erscheinungen miteinander vermischt, wenn er das Wesen in Formen zum Thema macht, die nur den Erscheinungen entsprechen.

Darüber hinaus macht die Art und Weise, wie Marx die wesentliche Bewegung zur Sprache bringt, einen Fehler deutlich, der sich in ähnlicher Form schon beim Wert im Hinblick auf sein Verhältnis zum Tauschwert gezeigt hat. Marx tut nämlich auch im vorliegenden Zusammenhang so, als könne man das Kapital oder die in ihm enthaltene Wertvermehrung unmittelbar aus dem unmittelbaren Sein erschließen. Dieser Fehler ist von grundlegender Bedeutung. Denn er prägt die ganze Architektonik des Marxschen Werks. Marx ist offensichtlich nicht nur beim Wert davor zurückgeschreckt, direkt in das in den unmittelbaren Erfahrungen nicht präsente, sondern von ihm inhaltlich verschiedene Wesen zu springen, sondern auch beim Kapital in der Form, in der es um die Schaffung von möglichst viel Mehrwert geht. Er hat es vorgezogen, so zu tun, als könnte man dieses Kapital auf genauso direkte Weise aus dem Sein entnehmen wie er das beim Wert vorgeführt hat. Damit mag er den Lesern den Zugang zu seinem Denken zwar erleichtert haben. Dieser Vorteil ist aber mit dem Nachteil der Fehlerhaftigkeit verbunden. Weil diese Fehlerhaftigkeit zu Missverständnissen geführt hat, ist der vermeintliche Vorteil nicht positiv, sondern negativ zu bewerten. In Wirklichkeit haben wir es nicht mit einem Vorteil, sondern mit einem Nachteil zu tun.[48]

Wenn Marx nur vom einheitlichen Streben nach maßlosem Mehrwert ausgegangen wäre und damit nur die Bewegung $\frac{Ak}{Pm} \dots P \dots W'$ thematisiert hätte, wäre er zu Verhältnissen gekommen, in die die Arbeitskraft und die Produktionsmittel unmittelbar einbezogen werden. Folge davon wäre, dass diese Arbeitskräfte als Charaktermasken der Wertvermehrung auftreten würden. Entgegen einem möglichen ersten Eindruck ist jedoch auch dieses Moment weit davon entfernt, der Empirie zu widersprechen. Im Gegenteil ist der Umstand, dass nicht die Kapitalisten, sondern die Arbeiter diese Position als Träger der Arbeitskräfte innehaben, ein

---

[48] Als Beleg dafür kann auf die Geschichte der Marx-Rezeption hingewiesen werden, die trotz ihres weit über 100jährigen Alters zu keinen Interpretationsergebnissen geführt hat, die auf allgemeine oder auch nur deutlich überwiegende Anerkennung stoßen. Das gilt auch für Michael Heinrich. Einerseits ist er sicherlich einer der renommiertesten Marx-Kenner der Gegenwart. Andererseits beinhaltet seine Art, Marx zu verteidigen, Aussagen, die – wenn sie wahr wären – Marx als Wissenschaftler grundlegend desavouieren würden

Merkmal, das durch die wesentliche empirische Realität bestätigt wird. Auf der Seite 351 werden wir nämlich die Arbeiter als diejenigen kennen lernen, die das Streben nach schrankenloser Wertvermehrung tatsächlich umsetzen. Das zeigt nämlich, dass es viel angemessener ist, statt der Geldbesitzer die Arbeiter als diejenigen zu bezeichnen, die als Charaktermasken dieser Vermehrung fungieren.

Weil es um das Streben nach maßlosem Mehrwert geht, ist es allerdings besser, diese Charaktermasken nicht als Kapital-Charaktermasken, sondern eher als Wertvermehrungs-Charaktermasken zu bezeichnen. Denn ihr Ziel ist die Schaffung von maßlos viel Mehrwert, die als solche von der Kapitalvermehrung zu unterscheiden ist. Das ist sowohl dann der Fall, wenn vom ersten Kapitalbegriff gesprochen wird, als auch dann, wenn vom zweiten Kapitalbegriff die Rede ist. Beim ersten Kapitalbegriff fehlt der Ausgangspunkt beim Geld, der für Marx ausschlaggebend ist. Und beim zweiten steht der Umstand entgegen, dass es im oben thematisierten Zusammenhang noch gar nicht um den sich selbst verwertenden Wert geht.

Im Übrigen sei schon an dieser Stelle darauf hingewiesen, dass es noch einen weiteren Grund dafür gibt, dass die Warenform der Arbeitskraft nicht zum Kapital auf der Wesensebene passt. Diesen Grund, der zum Inhalt hat, dass wir es dann, wenn die Arbeitskraft als Ware auftritt, nicht mehr mit dem Wesen, sondern schon mit dem Schein zu tun haben, werden wir im übernächsten Kapitel (vgl. S. 348ff.) kennen lernen.

Hingewiesen sei ferner noch auf Folgendes: Wenn Marx als Prinzip statt dem vielzahligen Streben nach maßlos viel Mehrwert in Geldform nur das einheitliche Streben nach maßlos viel Mehrwert angesetzt und deswegen statt von der Bewegung $G - {}^{Ak}/_{Pm} \dots P \dots W' - G'$ nur vom Mittelteil ${}^{Ak}/_{Pm} \dots P \dots W'$ gesprochen hätte, der die Gesamtheit der Produktion umfasst, wäre zum einen selbstverständlich gewesen, dass es keine zirkulativen Arbeitskräfte, keine ungegenständlichen Produktionsmittel und keine Zirkulationsmittel gibt. Zum anderen gäbe es – wie wir auf der Seite 453ff. noch genauer sehen werden – auch keinen Boden. Der Ausschluss dieser Dinge, der bei Marx ohne jede Erklärung bleibt, könnte somit begründet werden. Das zeigt, dass es bei ihm eine doppelbödige Argumentation oder zwei Ebenen des Denkens gibt. Neben der expliziten Ebene, die es mit dem Übergang von $G - W \dots P \dots W' - G'$ zu $G - {}^{Ak}/_{Pm} \dots P \dots W' - G'$ bzw. mit einem Einzelkapital zu tun hat, gibt es noch ein implizites Vorgehen, das sich auf den Übergang von $W \dots P \dots W'$ zu ${}^{Ak}/_{Pm} \dots P \dots W'$ bezieht. In seinem Rahmen geht es nicht um ein Einzelkapital, sondern um eine Bewegung, die auf die Totalität abzielt und daher als Gesamtbewegung zu verstehen. Das wird Marx selbst aber gar nicht bewusst.

Oben wurde auf der Seite 302 noch offen gelassen, ob das einheitliche Prinzip sich nur auf das Ganze der Produktion bezieht oder sich auch auf einen darüber hinausgehenden Bereich erstreckt. Das geschah, weil die Produktion in Form der Bewegung W ... P ... W' oben nur in einer sehr abstrakten Art und Weise zum Thema gemacht worden ist. Hier wo wir es mit $^{Ak}/_{Pm}$ ... P ... W' zu tun haben, liegt die Produktion in einer konkreteren Fassung vor. Deshalb können wir auf diese Frage zurückkommen:

Die Frage, um die es hier geht ist, ob in W' abgesehen von der Größendifferenz dieselben Dinge enthalten sind wie in $^{Ak}/_{Pm}$. Diese Frage kann bezogen auf die Produktionsmittel mit Sicherheit bejaht werden. Im Rahmen der Gesamtheit der Produktion sind nämlich alle Produktionsmittel herstellbar und können damit intern beschafft werden. Wie sieht es aber mit den Arbeitskräften aus? Können diese ebenfalls intern beschafft bzw. so im Rahmen der Produktion hergestellt werden wie das bei den Produktionsmitteln der Fall ist? Einesteils werden wir auf der Seite 378 Überlegungen von Marx kennen lernen, die zumindest dann, wenn sie konsequent weitergeführt werden würden, auf eine Bejahung dieser Frage hinausliefen. Auf ihrer Grundlage wäre für die Arbeitskräfte dasselbe wie für die Produktionsmittel festzustellen. Deswegen gäbe es eine Notwendigkeit der Zirkulation nur, wenn man von einem Einzelkapital und damit einem vielzahligen Prinzip ausgehen würde. Bei einem einheitlichen Prinzip, das sich auf die Gesamtheit der Produktion erstreckte, gäbe es diese Notwendigkeit jedoch nicht, weil nicht nur die Produktionsmittel, sondern auch die Arbeitskräfte intern beschafft werden könnten.

Andernteils wird sich zeigen, dass die erwähnten Marxschen Überlegungen, die auf eine vollständige Produzierbarkeit der Arbeitskräfte hinauslaufen, aus zwei Gründen falsch sind: Zum einen passen sie schon nicht dazu, dass Arbeitskraft von den Lohnarbeitern und damit einer Instanz verkauft wird, die vom Kapital verschieden ist. Denn, wenn sie auf umfassende Weise ein Produkt des Kapitals darstellen würde, müsste die Arbeitskraft vom Kapital verkauft werden können. Umgekehrt kann daher aus dem Umstand, dass sie nicht so verkauft wird, gefolgert werden, dass die Arbeitskraft im Rahmen der Produktion offenbar nicht vollumfänglich herstellbar ist. Denn nur auf dieser Grundlage ist es verständlich, dass sie von Lohnarbeitern als einer vom Kapital verschiedenen Instanz verkauft werden. Zum anderen werden wir im X. Kapitel (vgl. S. 374ff.) sehen, dass die Arbeitskraft nicht nur nicht umfassend, sondern auch nicht teilweise und damit überhaupt nicht von einem Kapital hergestellt werden kann. Denn Tätigkeiten, die in den Menschen eingehen, eignen sich nicht als produktive wertbildende Arbeiten. Der Grund dafür ist, dass sie es deswegen nicht zu einem Mehrwert bringen können, weil die Arbeit, die in Menschen gesteckt wird, während ihrer Ausführung nicht nur produziert, sondern auch schon konsumiert wird. Weil das Eingehen in den Menschen das ist, was die Konsumtion ausmacht, fallen Produktion und Konsumtion zeitlich zusammen.

Dass die Arbeitskräfte im Unterschied zu den Produktionsmitteln vollständig extern besorgt werden müssen, hat zum Ergebnis, dass als einheitliches Prinzip das Streben nach maßlos viel Mehrwert nicht genügt, das sich nur auf die Gesamtheit der Produktion bezieht. Erforderlich ist vielmehr ein derartiges Streben, das sich auch auf den Bereich bezieht, aus dem die Arbeitskräfte stammen. Die Verhältnisse, die aus einem solchen Gesamtprinzip als diejenigen abgeleitet werden können, in denen sich das Streben nach maßlos viel Mehrwert verwirklicht, haben folgende Form:

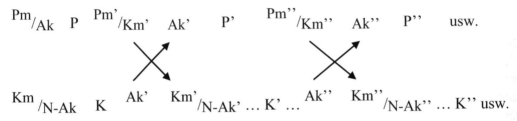

Sie zerfallen zum einen in die beiden Bereiche der Produktion (… P …) und der Konsumtion (… K …). Bezogen auf den Produktionsbereich stellen Produktionsmittel und Arbeitskräfte den Input und Produktionsmittel und Konsumtionsmittel den Output dar. Bezogen auf den Konsumtionsbereich nehmen die Konsumtionsmittel und Nicht-Arbeitskräfte die erstgenannte und die Arbeitskräfte und Nicht-Arbeitskräfte die zweitgenannte Position ein. Zum anderen gibt es zwischen den beiden Bereichen eine wechselseitige Bewegung, die durch die sich kreuzenden Pfeile dargestellt wird. Die gegenständlichen Konsumtionsmittel wandern nämlich vom Produktionsbereich in den Konsumtionsbereich und die ungegenständlichen Arbeitskräfte vollziehen die umgekehrte Bewegung.

In den Verhältnissen, in denen sich der Heißhunger nach Mehrwert realisiert, gibt es mithin zwar nicht nur die Produktion, die dem Mehrwert direkt dient, sondern auch die Konsumtion, die ihm indirekt dienlich ist. Zirkulationsakte kommen dagegen nicht vor. Damit gibt es hier die Momente nicht mehr, die oben zu einer Widerlegung durch die Empirie geführt haben. Die oben dargestellten Verhältnisse werden vielmehr von der Empirie oder genauer von der Ebene des mittelbaren Seins voll und ganz bestätigt.

Gegen die Feststellung, dass es keine Zirkulationsakte gibt, könnte eingewandt werden, dass das zwar für die geldvermittelte Zirkulation zutreffen mag. Auf den direkten Austausch bezieht sich das jedoch nicht. Denn die Wechselbewegung zwischen Arbeitskräften und Konsumtionsmitteln ist nichts Anderes als ein unmittelbarer Tausch. Zu diesem Argument ist zu sagen, dass ihm gefolgt werden könnte, wenn wir es mit Verhältnissen zu tun hätten, die sich aus zwei Bereichen zusammensetzen, in denen zwei unterschiedliche Prinzipien herrschen. Denn auf dieser Grundlage würde die Bewegung der Konsumtionsmittel in die eine Richtung erfolgen, weil sich die Arbeitskräfte in die Gegenrichtung bewegen. Diese Voraussetzung ist hier aber gerade nicht gegeben. Hier ist vielmehr noch durchsichtig, dass hinter beiden Bereichen einunddasselbe Prinzip steht. Der Grund für beide Bewegungen ist deshalb das einheitliche Streben nach maßlos viel Mehrwert, weshalb die Wechselbewegung eben nur eine Wechselbewegung darstellt, die als solche noch nicht als Tausch verstanden werden kann.

Unten werden wir auf der Seite 459ff. Verhältnisse kennen lernen, innerhalb denen der Stellenwechsel zwischen Konsumtionsmitteln und Arbeitskräften als Tausch genommen wird. Deswegen sei schon an dieser Stelle darauf hingewiesen, dass sie nichts am genannten Ergebnis ändern. Wenn der Stellenwechsel als Tausch auftritt, dann verlassen wir nämlich die Ebene des doppelt bestimmten Wesens und betreten die Ebene des Scheins. Das ist nur auf der Grundlage dessen möglich, dass die oben dargestellten Verhältnisse als fertiges Resultat genommen werden, in dem seine Entwicklung verschwunden ist. Wenn man das tut, dann scheinen wir es nicht mehr mit einem Ganzen zu tun zu haben, das in zwei Bereiche zerfällt, sondern umgekehrt mit einem Ganzen, das sich aus zwei selbständigen Teilen zusammensetzt. Dann gibt es nicht mehr ein Prinzip, sondern zwei Prinzipien.

VIII. Der Wert der Ware Arbeitskraft

Im Hinblick auf den Wert der Ware Arbeitskraft ist es bei Marx zum einen darum zu tun, dass den Lohnarbeitern die Konsumtionsmittel zufließen, die zu ihrer erweiterten Reproduktion notwendig sind. Zum anderen kommt es zum Wert der Ware Arbeitskraft, weil diese Konsumtionsmittel Tauschwerte besitzen, die ihren Werten entsprechen. Den zweiten Punkt haben wir im vorhergehenden Kapitel schon behandelt. Dabei haben wir festgestellt, dass es den Wert der Arbeitskraft auch dann nicht gibt, wenn den Lohnarbeitern tatsächlich die notwendigen Konsumtionsmittel zufließen. Denn diese Konsumtionsmittel werden nicht zu ihren Werten, sondern nur zu ihren Produktionspreisen gehandelt, weshalb man auch bezogen auf die Ware Arbeitskraft nur von einem Produktionspreis sprechen kann. Zum ersten Punkt wurde bislang noch nichts gesagt. Er soll in diesem Kapital zum Thema gemacht werden.

1. Die Bestimmung des Werts der Ware Arbeitskraft

Den Wert der Ware Arbeitskraft bestimmt Marx zunächst folgendermaßen:

"Der Wert der Arbeitskraft, gleich dem jeder andren Ware, ist bestimmt durch die zur Produktion, also auch Reproduktion, dieses spezifischen Artikels notwendige Arbeitszeit. Soweit sie Wert, repräsentiert die Arbeitskraft selbst nur ein bestimmtes Quantum in ihr vergegenständlichter gesellschaftlicher Durchschnittsarbeit. Die Arbeitskraft existiert nur als Anlage des lebendigen Individuums. Die Existenz des Individuums gegeben, besteht die Produktion der Arbeitskraft in seiner eignen Reproduktion oder Erhaltung. Zu seiner Erhaltung bedarf das lebendige Individuum einer gewissen Summe von Lebensmitteln. Die zur Produktion der Arbeitskraft notwendige Arbeitszeit löst sich also auf in die zur Produktion dieser Lebensmittel notwendige Arbeitszeit, oder der Wert der Arbeitskraft ist der Wert der zur Erhaltung ihres Besitzers notwendigen Lebensmittel." (I, 184/185)

Damit aber nicht genug:

"Der Eigentümer der Arbeitskraft ist sterblich. Soll also seine Erscheinung auf dem Markt eine kontinuierliche sein, wie die kontinuierliche Verwandlung von Geld in Kapital voraussetzt, so muß der Verkäufer der Arbeitskraft sich verewigen, "wie jedes lebendige Individuum sich verewigt, durch Fortpflanzung". Die durch Abnutzung und Tod dem Markt entzogenen Arbeitskräfte müssen zum allermindesten durch eine gleiche Zahl neuer Arbeitskräfte beständig ersetzt werden. Die Summe der zur Produktion der Arbeitskraft notwendigen Lebensmittel schließt also die Lebensmittel der Ersatzmänner ein, d. h. der Kinder der Arbeiter, so dass sich diese Race eigentümlicher Warenbesitzer auf dem Warenmarkte verewigt." (I, 185/186)

Und auch die Reproduktion der "gleichen Zahl neuer Arbeitskräfte" genügt noch nicht, was uns Marx allerdings erst im 22. Kapitel des I. Bandes explizit mitteilt:

"Um nun diese Bestandteile [ein in Form von Produktionsmitteln hergestelltes gesamtgesellschaftliches Mehrprodukt - H. R.] tatsächlich als Kapital fungieren zu lassen, bedarf die Kapitalistenklasse eines Zuschusses von Arbeit. Soll nicht die Ausbeutung der schon beschäftigten Arbeiter extensiv oder intensiv wachsen, so müssen zusätzliche Arbeitskräfte eingestellt werden. Dafür hat der Mechanismus der kapitalistischen Produktion ebenfalls schon gesorgt, indem er die Arbeiterklasse reproduziert als vom Arbeitslohn abhängige Klasse, deren gewöhnlicher Lohn hinreicht, nicht nur ihre Erhaltung zu sichern, sondern auch ihre Vermehrung." (I, 607)

Das, was Marx "Wert der Arbeitskraft" nennt, stellt somit zusammenfassend nichts Anderes dar, als der Wert der Lebens- oder Konsumtionsmittel, die zur Reproduktion und Vermehrung ihres Trägers, d. h. des Lohnarbeiters, erforderlich sind. Dabei kann es in dem Maße unterschiedliche Werte der Arbeitskraft geben, in dem die erweiterte Reproduktion einer Lohnarbeiterart aufwendiger ist als die anderer Arten.[49]

Wenn wir nun zur Beurteilung der angeführten Überlegungen kommen, ist darauf hinzuweisen, dass als wertbildende Arbeit bislang nur die Arbeit bestimmt wurde, die aktuell bei der Herstellung einer Ware aufgewendet werden muss. Zwar werden wir im übernächsten Kapitel sehen, dass zu dieser lebendigen Arbeit auch noch die Arbeit als tote Arbeit hinzukommt, die in den bei der Produktion benötigten Produktionsmitteln vergegenständlicht ist. (vgl. S. 365) Trotzdem ist es auf der Grundlage dessen, dass Marx den Wert der Ware Arbeitskraft so wie den jeder anderen Ware bestimmen will, verwunderlich, dass er nur die Konsumtionsmittel und damit das Pendant zur toten Arbeit anspricht, die Tätigkeiten der Menschen aber unerwähnt lässt, die als Mütter, Ärzte, Lehrer, Friseure usw. auf direkte Weise zur Reproduktion der Arbeitskraft beitragen und daher das Pendant zur lebendigen Arbeit darstellen. Denn diese Tätigkeiten sind zur Reproduktion der Arbeitskraft genauso notwendig wie die Konsumtionsmittel.

Nun könnte man einwenden, dass Marx die genannten Tätigkeiten gar nicht wirklich unbeachtet lässt, sondern sie als ungegenständliche Konsumtionsmittel oder Dienste in den „Lebensmitteln" enthalten sind, die er anführt. Deshalb sei darauf hingewiesen, dass das vielleicht für bestimmte Tätigkeiten wie z. B. die Friseurtätigkeiten gilt. Es trifft aber sicher nicht auf alle erforderlichen Tätigkeiten zu. Deswegen können wir zum einen festhalten, dass Marx den Wert der Ware Arbeitskraft keineswegs so bestimmt wie den Wert aller anderen Waren. Denn der Umstand, dass die Tätigkeiten der Menschen, die direkt zur Reproduktion der Arbeitskraft beitragen, allenfalls teilweise als wertbildende Arbeit zählen, ist ein klarer Unterschied.

---

[49] Vgl. hierzu die Bestimmung der komplizierten Arbeit auf der Seite 67ff..

Zum anderen ist gerade auf dieser Grundlage zu erwähnen, dass Marx den Wert auch unvollständig bestimmt. Wenn er damit Recht hat, dass zumindest ein Teil der Tätigkeiten, die direkt in die Reproduktion der Arbeitskraft eingehen, nicht als wertbildende Arbeit zählt, dann hätte er gewissermaßen als Ersatz für diese Tätigkeiten die Konsumtionsmittel erwähnen müssen, die notwendig sind, um die Menschen zu erhalten, die mit ihren Tätigkeiten direkt zur Reproduktion der Arbeitskraft beitragen. Denn diese sind zur dauerhaften Reproduktion der Arbeitskraft genauso notwendig wie die Konsumtionsmittel, die von den Trägern der Arbeitskraft direkt ge- und verbraucht werden.

Im Hinblick darauf, dass Marx den Wert der Ware Arbeitskraft nicht so bestimmt wie der Wert der sonstigen Waren, muss noch auf einen anderen Punkt hingewiesen werden. Bislang wurde der Wert durch die Arbeit gebildet, die ungeachtet dessen, ob es sich um lebendige oder tote Arbeit handelt, bereits in die Produktion eingegangen ist. Deshalb muss man aufmerken, wenn Marx nicht mehr nur von der Produktion, sondern plötzlich auch von der "Reproduktion" redet, d. h. von dem, was die Erhaltung in Zukunft kosten wird. Damit bestimmt er den Wert nämlich nicht mehr durch die vergegenständlichte, sondern durch die zu vergegenständlichende Arbeit. Und das macht einen Unterschied.

Nun könnte man darauf hinweisen, dass es um die Erhaltung der bestehenden Arbeitskraft geht, sodass sich Produktion und Reproduktion quantitativ entsprechen. Dem ist zu entgegnen, dass das wohl so sein kann, wenn sich die Reproduktionsbedingungen der Arbeitskraft nicht verändern. Die zugrundeliegende Tatsache, wonach der Wert bislang nur durch die bereits vergegenständlichte Arbeit gebildet wurde, bleibt davon aber gänzlich unberührt. Wenn Marx von der Arbeit spricht, die zur Erhaltung notwendig ist, dann spricht er nicht von der vergangenen, sondern von zukünftiger Arbeit. Selbst wenn die eine die gleiche Größe wie die andere haben sollte, spricht er nach den bisherigen Kriterien damit nicht vom Wert.

So richtig dieser Hinweis ist, so wahrscheinlich dürfte er so lange als Spitzfindigkeit abgetan werden, so lang sich vergangene Produktion und zukünftige Reproduktion entsprechen. Daher wird der entscheidende Punkt vermutlich erst dann unabweisbar werden, wenn die genannte Entsprechung nicht mehr besteht. Genau diese Bedingung wird nun durch die beiden letzten der drei auf der Seite 326ff. angeführten Zitate geschaffen. Während im ersten Zitat von der Produktion und Reproduktion ein und desselben Individuums die Rede ist, ändert sich das im zweiten, weil dort die Aufzucht der Kinder in die Reproduktion des Arbeiters mit einbezogen wird. Jedoch kann man sich auf dieser Ebene immer noch damit beruhigen, dass auch die jetzigen Arbeiter früher einmal Kinder gewesen sind und sich die beiden Seiten deshalb immer noch die Waage halten. Mit dem dritten Zitat wird dieser Ausweg hingegen endgültig abgeschnitten, weil es nicht mehr nur um

Reproduktion der gegebenen Arbeiterzahl, sondern auch um deren Vergrößerung geht. Dieser erweiterten Reproduktion steht nämlich keine vergangene Produktion mehr gegenüber. Da man annehmen muss, dass die neuen Arbeiter grundsätzlich in derselben Qualität hergestellt werden, wie die alten, ist mithin klar, dass der für die zukünftige Reproduktion notwendige Lebensmittelkorb mehr beinhaltet, als der, der während der vergangenen Produktion verbraucht wurde.

Zum dritten gibt es einen noch grundsätzlicheren Einwand: Die Rede vom Wert der Ware Arbeitskraft kann nämlich deshalb insgesamt in Frage gestellt werden, weil auf der Basis dessen, dass Marx den Wert als vergegenständlichte Durchschnittsarbeit bestimmt (vgl. S. 82) und das im ersten Zitat noch einmal bestätigt, bezweifelt werden kann, dass in etwas Ungegenständlichem Arbeit vergegenständlicht werden kann. Bezogen auf die Arbeitskraft spricht Marx zwar von der "in ihr" vergegenständlichten Durchschnittsarbeit. Es ist jedoch nicht abzusehen, wie eine solche Vergegenständlichung auf Basis ihres ungegenständlichen Charakters möglich sein soll.

Diesem Einwand könnte mit dem Hinweis begegnet werden, dass Reproduktion der Arbeitskraft mit der Reproduktion des Arbeiters zusammenfällt. Diesbezüglich könnte auf das folgende Zitat verwiesen werden:

"Wert, von seiner nur symbolischen Darstellung im Wertzeichen abgesehn, existiert nur in einem Gebrauchswert, einem Ding. (Der Mensch selbst, als bloßes Dasein von Arbeitskraft betrachtet, ist ein Naturgegenstand, ein Ding, wenn auch lebendiges, selbstbewußtes Ding, und die Arbeit selbst ist dingliche Äußerung jener Kraft.)" (I, 217),

in dem klargestellt wird, dass es sich beim Arbeiter um einen Gegenstand handelt, in dem deshalb auch Arbeit vergegenständlicht werden kann.

Durch diesen Hinweis erledigt sich die obige Kritik aber noch nicht. Daraus, dass der Wert der Arbeitskraft zu einem Wert des Arbeiters wird, ergibt sich nämlich die Frage, warum Marx nicht von diesem Wert des Arbeiters, sondern vom Wert der Arbeitskraft spricht. Auf der Basis dessen, dass für Marx der Wert der Arbeitskraft bzw. des Arbeiters von Anfang an ein Tauschwert ist (vgl. I, 189), kann diese Frage zwar damit beantwortet werden, dass nicht der Arbeiter als Ware auftritt, sondern nur seine Arbeitskraft. Dass deshalb nur sie einen Tauschwert hat, rechtfertigt aber noch nicht, dass der Terminus Wert auf die Arbeitskraft übertragen werden kann. Das bleibt vielmehr fehlerhaft, weil eben nur der Arbeiter als Wert bezeichnet werden kann.

Zum vierten kann auch die als Wert des Arbeiters zu verstehende Rede vom Wert der Arbeitskraft einer Kritik unterzogen werden. Es kann nämlich bezweifelt werden, ob im Arbeiter überhaupt Arbeit vergegenständlicht werden kann. Auf diesen

Punkt, aus dem sich auf der Seite 387 ergeben wird, dass von einem Wert der Arbeitskraft überhaupt nicht gesprochen werden kann, soll jedoch ebenfalls erst im übernächsten Kapitel im Zusammenhang mit der Bestimmung der produktiven Arbeit eingegangen werden.

Wenn wir nun zu dem Fazit kommen, das aus den obigen Überlegungen zu ziehen ist, können wir einesteils festhalten, dass Marx den Wert der Ware Arbeitskraft zwar als das bestimmen will, was zu ihrer erweiterten Reproduktion notwendig ist. Tatsächlich bestimmt er ihn in dieser Hinsicht unvollständig. Denn er lässt die Konsumtionsmittel unerwähnt, die in die Reproduktionsgehilfen eingehen, deren Tätigkeiten nicht als wertbildende Arbeiten zählen. Das ist eindeutig falsch, weil genau dann, wenn diese Tätigkeiten nicht als wertbildende Arbeiten zählen, eben diese Konsumtionsmittel zu berücksichtigen sind.

Andernteils will Marx den Wert der Ware Arbeitskraft zwar wie den Wert der anderen Waren bestimmen. Tatsächlich bestimmt er ihn jedoch auf andere Weise. Das zeigen erstens die Tätigkeiten, die keine Arbeit darstellen, obwohl sie in den Gebrauchswert der Arbeitskraft eingehen. Zweitens zeigt das der Umstand, dass Marx bezogen auf die Arbeitskraft nicht von der bereits vergegenständlichten Arbeit spricht, sondern von der Arbeit, die erst noch zu vergegenständlichen und daher erst in Zukunft erforderlich ist. Daher ist festzustellen, dass der Ausdruck Wert bezogen auf die Arbeitskraft eine andere Bedeutung hat als bezogen auf die anderen Waren. So wie die anderen Waren Werte sind, so ist die Arbeitskraft nicht Wert. Von ihr kann allenfalls in einem übertragenen Sinn vom Wert gesprochen werden. Genauer gesprochen kann dieser Bezeichnung nur zugestimmt werden, wenn sie als Ausdruck für den Wert der Dinge genommen wird, die für die Erhaltung und Erweiterung der Arbeitskraft erforderlich sind. Der Wert der Arbeitskraft ist damit übertragener Wert.

Drittenteils ist die Rede vom Wert der Ware Arbeitskraft aber noch radikaler in Frage zu stellen. Denn einerseits ist fraglich, ob in der Arbeitskraft als etwas Ungegenständlichem überhaupt Arbeit vergegenständlicht werden kann. Andererseits ändert daran auch der Umstand nichts, dass man von der Arbeitskraft auf die Arbeiter ausweicht. Denn diese sind – wie wir auf der Seite 386 noch genauer sehen werden – der Ort, in dem jeder Wert untergeht und verschwindet.

2. Die Notwendigkeit des Werts der Ware Arbeitskraft

Während Marx die Form der Ware Arbeitskraft einfach aus der Empirie aufgreift, ist das beim sogenannten Wert der Ware Arbeitskraft anders. Marx bemüht sich nämlich zu zeigen, dass dieser Wert, der nur in einem uneigentlichen Sinne so genannt werden kann, den Status einer logischen Notwendigkeit hat. Das ist schon in den obigen Zitaten zum Ausdruck gekommen. Das kann auch der folgenden Stelle entnommen werden:

"Da er aber in dem Teil des Arbeitstags, worin er den Tageswert der Arbeitskraft, sage 3 sh., produziert, nur ein Äquivalent für ihren vom Kapitalisten bereits gezahlten Wert produziert, also durch den neu geschaffnen Wert nur den vorgeschoßnen variablen Kapitalwert ersetzt, erscheint diese Produktion von Wert als bloße Reproduktion. Den Teil des Arbeitstags also, worin diese Reproduktion vorgeht, nenne ich notwendige Arbeitszeit, die während derselben verausgabte Arbeit notwendige Arbeit. Notwendig für den Arbeiter, weil unabhängig von der gesellschaftlichen Form seiner Arbeit. Notwendig für das Kapital und seine Welt, weil das beständige Dasein des Arbeiters ihre Basis." (I, 230/231)

Der Wert der Arbeitskraft und damit unmittelbar zusammenhängend die "notwendige Arbeit", mit der der Arbeiter die Werte reproduziert, die er bei seiner Erhaltung verbraucht, soll ganz einfach die dauerhafte Existenz des Arbeiters sicherstellen. Da sie "das sine qua non der kapitalistischen Produktion" (I, 596) darstellt, ohne das kein Mehrwert geschaffen werden kann, ist die "notwendige Arbeit", durch die die Arbeiter verewigt werden, auch für das Kapital bzw. den in ihm enthaltenen schrankenlosen Wertvermehrungszweck ein Erfordernis.

Dieses Ergebnis trifft aber nicht nur auf die Erhaltung der Arbeiter zu. Der Tauschwert der Arbeitskraft kann auch im Hinblick auf die in ihm enthaltene Vermehrung aus dem Kapital abgeleitet werden. Wie Marx im dritten der auf der Seite 327 genannten Zitate bestätigt, genügt es nicht, wenn der Vermehrungsprozess ständig wiederholt und damit beständig eine bestimmte Menge Mehrwert erzielt werden kann. In der Schrankenlosigkeit liegt nämlich auch, dass dieser Betrag von Periode zu Periode steigerbar sein muss, woraus sich die Notwendigkeit eines Werts der Arbeitskraft ergibt, der mehr enthält als das, was zur bloßen Erhaltung nötig ist. Dabei ist allerdings vorausgesetzt, dass die diesbezüglichen zusätzlichen Konsumtionsmittel tatsächlich für die Ausdehnung des Arbeitskräftepotentials und nicht für die Erhöhung des Lebensstandards der vorhandenen Arbeiter verwendet werden. Letzteres wäre vom Kapital aus gesehen nämlich eine "unproduktive Konsumtion":

"Daher betrachtet auch der Kapitalist und sein Ideolog, der politische Ökonom, nur den Teil der individuellen Konsumtion des Arbeiters als produktiv, der zur Verewigung der Arbeiterklasse erheischt ist, also in der Tat verzehrt werden muß, damit das Kapital die Arbeitskraft verzehre; was der Arbeiter außerdem zu seinem Vergnügen verzehren mag, ist unproduktive Konsumtion. Würde die Akkumulation des Kapitals eine Erhöhung des Arbeitslohns und daher Vermehrung der Konsumtionsmittel des Arbeiters verursachen ohne Konsum von mehr Arbeitskraft durch das Kapital, so wäre das zuschüssige Kapital unproduktiv konsumiert. In der Tat: die individuelle Konsumtion des Arbeiters ist für ihn selbst unproduktiv, denn sie reproduziert nur das bedürftige Individuum; sie ist produktiv für den Kapitalisten und den Staat, denn sie ist Produktion der den fremden Reichtum produzierenden Kraft." (I, 598)

Wenn wir nun zur Prüfung der obigen Argumentation kommen und uns fragen, ob es vom Kapital oder von seiner Charaktermaske dem Kapitalisten aus gesehen wirklich notwendig ist, den Arbeitskräften die Konsumtionsmittel zukommen zu lassen, die sie zur erweiterten Reproduktion ihrer Arbeitskraft brauchen, ist zunächst darauf hinzuweisen, dass unter dem Kapital im vorliegenden Zusammenhang nichts Anderes als das Streben nach schrankenloser Wertvermehrung zu verstehen ist. Gerade auf dieser Grundlage könnte man zunächst meinen, dass die Antwort nur negativ sein kann. Zu diesem Eindruck könnte man gerade auf der Basis der Maßlosigkeit des Kapitals kommen. Ihr scheint nämlich umso mehr entsprochen zu werden, je geringer der Lohn und damit je höher die am Wert gemessene Unterbezahlung ist.

Zu diesem Einwand ist zu sagen, dass er zwar sehr nahe liegt, trotzdem aber zurückzuweisen ist. Das ist zumindest unter der Bedingung der Fall, dass die Unterbezahlung dazu führt, dass die Arbeitskräfte nicht mehr angemessen reproduziert werden können. Unter dieser Bedingung ist eine solche Bezahlung nämlich kontraproduktiv, weil sie zur Folge hat, dass bald gar kein Mehrwert mehr produziert werden kann. Daher ergibt sich aus der wahrhaft verstandenen Maßlosigkeit des Kapitals gerade der umgekehrte Schluss. Damit es auf Dauer vermehrt werden kann, muss die Arbeitskraft angemessen entlohnt werden. Denn nur dann kann die Vermehrungsbewegung endlos sein. Zu diesem Schluss kommt es zumindest dann, wenn das im Kapital enthaltene Prinzip sich auf die Totalität dessen bezieht, was zu seiner Verwirklichung nötig ist. Denn nur in diesem Fall gibt es für es keine Außenwelt.

Auf der einen Seite bezieht sich Marx offensichtlich genau auf eine solche auf die logische Geltung abzielende Argumentation, wenn er die Arbeitskraft als notwendige Bedingung der kapitalistischen Produktion bezeichnet. Auf der anderen Seite ist jedoch fraglich, ob er das zu Recht tun kann. Der Grund dafür liegt darin, dass Marx von einem Einzelkapital spricht, das als solches keine Totalität darstellt. Auf dieser Grundlage ist der oben genannte Zusammenhang zwischen dem Vorteil der Unterbezahlung und dem Nachteil der mangelnden Reproduktion der Arbeitskraft nämlich nicht zwingend. Denn es ist erstens denkbar, dass die Lücken, die unser Einzelkapital durch seine Unterbezahlung in die Reproduktion der Arbeitskraft reißt, von anderen Einzelkapitalen durch Überbezahlung mit der Folge geschlossen werden, dass die Unterbezahlung doch ein sinnvolles Mittel unseres Einzelkapitals darstellt.

Dem könnte mit dem Hinweis begegnet werden, dass Marx zwar von einem Einzelkapital ausgeht, dieses aber nur ein Muster für alle Einzelkapitale darstellt. Deswegen kann es keine anderen Einzelkapitale geben, die als Lückenbüßer in Frage kommen. Daher sei darauf hingewiesen, dass das wohl mit der Folge so sein kann, dass Marx gar nicht wirklich von einem Einzelkapital, sondern eigentlich von einem Teil des Gesamtkapitals spricht. Da aber auch das Gesamtkapital, das sich auf die Gesamtheit der Produktion bezieht, keine Totalität darstellt, kann auf diese Grundlage zweitens eingewendet werden, dass die Unterbezahlung der Arbeitskräfte immer noch sinnvoll sein kann. Denn es ist denkbar, dass die Unterbezahlung des Gesamtkapitals dadurch ausgeglichen wird, dass die Arbeitskräfte im Rahmen ihrer außerhalb der Produktion stattfindenden Reproduktion noch auf andere Mittel zurückgreifen können.[50]

Dem könnte natürlich gleichfalls mit dem Hinweis widersprochen werden, dass Marx davon ausgeht, dass die einzigen Mittel für die Reproduktion der Arbeitskraft aus dem stammen, was als Lohn gezahlt wird und daher auch ein vom Gesamtkapital verschiedener Lückenbüßer ausgeschlossen ist. Deshalb sei darauf hingewiesen, dass die Notwendigkeit der Bezahlung zum sogenannten Wert in diesem Fall zwar zwingend bewiesen würde. Es bleibt aber dabei, dass Marx diese Bedingung nicht von Anfang an klar macht, weshalb die obigen Relativierungen der behaupteten Notwendigkeit berechtigt sind. Das Prinzip, von dem er ausgeht, ist nicht ein einheitliches und allumfassendes Prinzip. Stattdessen stellt es sich entweder als eines von vielen oder als bloßer Teil dar, dem eine Außenwelt gegenüber steht.

Zusammenfassend können wir zum einen festhalten, dass Marx klarerweise Recht zu geben wäre, wenn er weder von einem Einzelkapital noch von einem Gesamtkapital, sondern von einem einheitlichen Prinzip ausgehen würde, aus dem sich nicht nur die Produktion, sondern auch die Konsumtion und damit die Totalität der Verhältnisse ergibt. Denn in diesem Fall würde der Vorteil der Unterbezahlung sich unmittelbar als Nachteil der nicht richtig zu reproduzierenden Arbeitskraft herausstellen. Das tut er aber zumindest nicht auf durchsichtige Weise. Daher kann der Einwand der mangelnden Notwendigkeit des Werts der Ware Arbeitskraft aufrechterhalten werden.

Zum anderen sei darauf hingewiesen, dass der Wert der Ware Arbeitskraft in dem Sinne, in dem er die Konsumtionsmittel enthält, die zur erweiterten Reproduktion der Arbeitskräfte notwendig sind, auch abgeleitet werden könnte, wenn gar nicht von der Ware Arbeitskraft die Rede ist. Auch dann, wenn die Arbeitskraft unmittelbar in die Vermehrungsbewegung eintritt und sie deshalb keinen Tauschwert

---

[50] Zu denken ist hierbei insbesondere an den Staat.

hat, müssen ihr die genannten Konsumtionsmittel gegeben werden, weil die Vermehrung nur auf dieser Grundlage maßlos sein kann.

Zur Vermeidung von Missverständnissen sei zum dritten noch darauf hingewiesen, dass Marx die Notwendigkeit einer angemessenen Bezahlung rein logisch begründet. Obwohl er von der Ware Arbeitskraft redet, die – wie sich noch auf der Seite 348ff. genauer zeigen wird – nicht zum Wesen und den inhaltlich oder formell bestimmten Charaktermasken passt, die auf dieser Ebene agieren, hat er es lediglich mit der logischen Geltung zu tun, die es nur auf der Basis des Wesens und der zu ihr gehörenden Charaktermasken geben kann. Wie das folgende Zitat zeigt:

"Trotz der wichtigen Rolle, welche diese Methode [der usurpatorische Abbruch von der notwendigen Arbeit - H. R.] in der wirklichen Bewegung des Arbeitslohnes spielt, ist sie hier ausgeschlossen durch die Voraussetzung, dass die Waren also auch die Arbeitskraft, zu ihrem vollen Wert gekauft und verkauft werden." (I, 333),

hat er es dagegen nicht mit der teleologischen Genesis bzw. der Frage zu tun, wie sich die angemessene Bezahlung „in der wirklichen Bewegung des Arbeitslohnes" und damit auf der Ebene durchsetzt, auf der die Menschen als Subjekte agieren. Diese Aufgabe ist vielmehr erst noch auszuführen. Denn es versteht sich von selbst, dass ihre Erledigung weder im Aufweis der logischen Geltung noch durch die Annahme, dass die Arbeitskräfte „zu ihrem vollen Wert gekauft und verkauft werden" ersetzt werden kann.

Gerade, weil Marx die Durchsetzung der angemessenen Bezahlung „in der wirklichen Bewegung des Arbeitslohnes" nicht zum Thema macht, könnte gegen die obige Ableitung eingewandt werden, dass die empirischen Kapitalisten nicht nur beständig auf eine Unterbezahlung aus sind, sondern dazu gerade gezwungen werden können, weil ihnen das Wasser eh' schon bis zum Halse steht. Daher sei zugestanden, dass es dieses freiwillige oder erzwungene Verhalten nicht nur in der Vergangenheit gegeben hat, sondern auch in der Gegenwart geben kann. Das hat jedoch nicht zur Folge, dass es die behauptete Notwendigkeit nicht gibt. Vielmehr macht dieses Verhalten nur deutlich, dass sich diese Notwendigkeit auf Basis der teleologischen Genesis nicht im Einklang mit den Kapitalisten Geltung verschaffen kann, sondern nur gegen sie. Sie setzen sich den erforderlichen Zweck nicht aus eigenen Stücken, sondern müssen dazu gezwungen werden.[51]

---

[51] Vgl. dazu die Darstellung der Durchsetzung des Normalarbeitstages im übernächsten Abschnitt auf den Seiten 271ff.

3. Die Variationen im Wert der Ware Arbeitskraft

Auf Basis der behaupteten logischen Notwendigkeit des Werts der Ware Arbeitskraft, der die schrankenlose Wertvermehrung zugrunde liegt, ist klar, dass dieser Wert sich als bestimmte Minimalgröße darstellt. Deshalb fällt auf, dass das bei Marx gar nicht durchgehend der Fall ist, weil er im Hinblick auf das, was im Einzelnen für die Erhaltung und Vermehrung der Arbeitskraft notwendig ist, auf der einen Seite gewisse Spielräume zulässt:

"Die Summe der Lebensmittel muß also hinreichen, das arbeitende Individuum als arbeitendes Individuum in seinem normalen Lebenszustand zu erhalten. Die natürlichen Bedürfnisse selbst, wie Nahrung, Kleidung, Heizung, Wohnung usw. sind verschieden je nach den klimatischen und andren natürlichen Eigentümlichkeiten eines Landes. Andrerseits ist der Umfang sog. notwendiger Bedürfnisse, wie die Art ihrer Befriedigung, selbst ein historisches Produkt und hängt daher großenteils von der Kulturstufe eines Landes, unter andrem auch wesentlich davon ab, unter welchen Bedingungen, und daher mit welchen Gewohnheiten und Lebensansprüchen die Klasse der freien Arbeiter sich gebildet hat. Im Gegensatz zu den andren Waren enthält also die Wertbestimmung der Arbeitskraft ein historisches und moralisches Element. Für ein bestimmtes Land, zu einer bestimmten Periode jedoch, ist der Durchschnitts-Umkreis der notwendigen Lebensmittel gegeben." (I, 185)

Diese Spielräume kommen zum einen daher, dass der sogenannte "Wert" der Arbeitskraft von natürlichen Voraussetzungen abhängt, die sich von Land zu Land z. B. wegen der unterschiedlichen klimatischen Verhältnisse variieren. Diese Spielräume gibt es zum anderen wegen dem „historischen und moralischen Element", das sich vor allem der unterschiedlichen „Kulturstufe eines Landes" verdankt. Denn diesbezüglich gibt es gleichfalls Unterschiede, die sich auf die Menge der im Durchschnitt notwendigen Lebensmittel auswirken.

Auf der anderen Seite bestimmt Marx den von ihm Wert genannten notwendigen Tauschwert der Arbeitskraft nur durch Angabe einer Minimal- und Maximalschranke. Erstere kommt durch folgende Stelle zum Ausdruck:

"Die letzte Größe oder Minimalgrenze des Werts der Arbeitskraft wird gebildet durch den Wert einer Warenmasse, ohne deren tägliche Zufuhr der Träger der Arbeitskraft, der Mensch, seinen Lebensprozeß nicht erneuern kann, also durch den Wert der physisch unentbehrlichen Lebensmittel. Sinkt der Preis der Arbeitskraft auf dieses Minimum, so sinkt er unter ihren Wert, denn sie kann sich so nur in verkümmerter Form erhalten und entwickeln. Der Wert jeder Ware ist aber bestimmt durch die Arbeitszeit, erfordert, um sie in normaler Güte zu liefern." (I, 187)

Die Maximalgrenze wird dagegen innerhalb des 4. Kapitels des I. Bandes noch nicht thematisiert. Worin sie besteht, wird erst im 21. Kapitel angedeutet:

"Der kapitalistische Produktionsprozeß reproduziert also durch seinen eignen Vorgang die Scheidung zwischen Arbeitskraft und Arbeitsbedingungen. Er reproduziert und verewigt damit die Exploitationsbedingungen des Arbeiters. Er zwingt beständig den Arbeiter zum Verkauf seiner Arbeitskraft, um zu leben, und befähigt beständig den Kapitalisten zu ihrem Kauf, um sich zu bereichern. Es ist nicht mehr der Zufall, welcher Kapitalist und Arbeiter als Käufer und Verkäufer einander auf dem Warenmarkt gegenüberstellt. Es ist die Zwickmühle des Prozesses selbst, die den einen stets als Verkäufer seiner Arbeitskraft auf den Warenmarkt zurückschleudert und sein eignes Produkt stets in das Kaufmittel des andren verwandelt." (I, 603)

Die obere Schranke kann nämlich durch den Punkt charakterisiert werden, an dem diese "Zwickmühle" noch funktioniert. Genauer gesprochen darf der Tauschwert der Arbeitskraft nur so hoch sein, dass der Arbeiter gezwungen bleibt, sich als Arbeiter zu reproduzieren und auf dem Arbeitsmarkt wiederzuerscheinen, weil er all das, was er bekommen hat, bereits verbraucht hat. Je höher der Tauschwert, desto weniger ist das gewährleistet. Insofern besteht der sicherste Weg in Folgendem:

"Die individuelle Konsumtion des Arbeiters, bleibt also ein Moment der Produktion des Kapitals, ob sie innerhalb oder außerhalb der Werkstatt, Fabrik usw., innerhalb oder außerhalb des Arbeitsprozesses vorgeht, ganz wie die Reinigung der Maschine, ob sie während des Arbeitsprozesses oder bestimmter Pausen desselben geschieht. Es tut nichts zur Sache, dass der Arbeiter seine individuelle Konsumtion sich selbst und nicht dem Kapitalisten zuliebe vollzieht. So bleibt der Konsum des Lastviehs nicht minder ein notwendiges Moment des Produktionsprozesses, weil das Vieh selbst genießt, was es frißt. Die beständige Erhaltung und Reproduktion der Arbeiterklasse bleibt beständige Bedingung für die Reproduktion des Kapitals. Der Kapitalist kann ihre Erfüllung getrost dem Selbsterhaltungs- und Fortpflanzungstrieb der Arbeiter überlassen. Er sorgt nur dafür, ihre individuelle Konsumtion möglichst auf das Notwendige einzuschränken, und ist himmelweit entfernt von jener südamerikanischen Roheit, die den Arbeiter zwingt, substantiellere statt weniger substantieller Nahrungsmittel einzunehmen." (I, 597/598)

Mit diesen Variationen scheint Marx im Übrigen zu erkennen zu geben, dass es ihm in Anspielung auf eine spätere Stelle weniger um die Festlegung einer bestimmten Spannung der "goldnen Kette" (I, 646) geht, an der die Lohnarbeiter hängen, sondern um die Ableitung dieser Kette selbst.

Wenn wir nun zur logischen Beurteilung dieser Überlegungen kommen und uns fragen, ob sie mit der obigen Ableitung des Werts der Arbeitskraft vereinbar sind, ist bezogen auf den ersten Punkt zum einen darauf hinzuweisen, dass es durchaus ein natürliches Moment gibt, das vor allem von den klimatischen Verhältnissen abhängt. Marx ist daher Recht zu geben, wenn er feststellt, dass es diesbezüglich zu Variationen des sogenannten Werts der Arbeitskraft kommen kann. Diese ändern aber nichts daran, dass der Wert eine Minimalgröße darstellt. Zum anderen ist zu betonen, dass es bei dem historisch-moralischen Moment, das über die natürlichen Voraussetzungen hinausgeht, einesteils genauso aussieht. Es kann nämlich befürwortet werden, dass ein solches Moment bzw. seine Auswirkungen durchaus empirisch geben kann. Andernteils ist dieses Moment aber auch selbst dem schrankenlosen Vermehrungsstreben unterworfen. Es geht daher nicht so weit, dass von einem notwendigen Ausmaß des Werts deswegen nicht mehr gesprochen werden kann, weil die „Kulturstufe" eines Landes besonders großzügig ist und damit Bedürfnisse enthält, die im Hinblick auf die notwendige Erhaltung der Arbeitskraft keine Rolle spielen.

Bezogen auf den zweiten Punkt, also die Bestimmung einer Ober- und Untergrenze des Werts der Arbeitskraft, ist einerseits zu bemerken, dass sie gleichfalls nicht zur Ableitung des Werts der Arbeitskraft passt. Das gilt schon für die Untergrenze, die offensichtlich unter dem liegt, was für eine normale erweitere Reproduktion der Arbeitskraft auf die Dauer erforderlich ist und deswegen den Wert der Arbeitskraft unterschreitet. Das trifft aber noch mehr auf die Obergrenze zu, die den Wert der Arbeitskraft klarerweise übersteigt. Denn sie umfasst Dinge, die nicht zu dem gehören, was zur erweiterten Reproduktion der Arbeitskraft notwendig ist.

Andererseits fällt auf, dass Marx hier nicht mehr in der Weise logisch argumentiert, wie er das im vorhergehenden Abschnitt getan hat. Stattdessen thematisiert er eher Gegebenheiten, die als Bestandteile der Erscheinungen verstanden werden können. Und daran ändert auch der Umstand nichts, dass Marx diese Erscheinungen gar nicht wirklich per teleologischer Genesis entwickelt, sondern sich gewissermaßen auf die Thematisierung von fertigen Resultaten beschränkt. Da die Erscheinungen etwas sind, das sich einerseits aus dem Wesen begründet und andererseits das Sein erklärt, haben wir es im Folgenden mit zwei Aufgaben zu tun: Einesteils stellt sich die Frage, ob die Erscheinungen dem Wesen entsprechen und insofern logisch richtig sind. Andernteils ist es darum zu tun, ob die Erscheinungen als Erklärung des unmittelbaren Seins verstanden werden können und in diesem Sinne empirisch korrekt sind.

Wenn wir zunächst der ersten logischen Seite zuwenden und prüfen, ob die von Marx beschriebenen Gegebenheiten als Erscheinungen und damit als ein adäquater Ausdruck des Wesens verstanden werden können, könnte trotz des Umstandes, dass nicht über die Obergrenze hinausgegangen wird und es daher bei der genannten „goldnen Kette" bleibt, eingewandt werden, dass sie nicht wirklich zum vorhergehenden Abschnitt und damit zum Wesen passen. Da sich aus der Schrankenlosigkeit des Kapitals eigentlich die Minimalschranke ergibt, könnte behauptet werden, dass Marx Spielräume zulässt, die zu groß sind, um sie mit der Maßlosigkeit in Einklang bringen zu können. Gerade wenn die Bezahlung der Maximalschranke entspricht, dann kann diese Gegebenheit offensichtlich nicht mehr als Erscheinung des schrankenlosen Wertvermehrungsstrebens begriffen werden. Dann setzt sich dieses Streben und damit auch das Kapital mit seinem Vermehrungsanspruch gar nicht ausschließlich durch. Dann geht es vielmehr mit der Folge auch um das Wohl der Lohnarbeiter, dass diese Erscheinungen nicht mehr als Ausdruck des Wesens verstanden werden können.

Zu dieser Kritik ist auf der einen Seite zu sagen, dass ihr zugestimmt werden könnte, wenn wir vom scheinenden Kapital und damit einem subjektiven Begriff ausgehen würden. Weil sich mit diesem Kapital Erscheinungen verbinden, in denen das maßlose ΔG als subjektiver Endzweck der Kapitalisten verfolgt wird, wird es nicht nur widerlegt, wenn es im unmittelbaren Sein deswegen nicht nur um die Wertvermehrung geht, weil diese Kapitalisten einen Teil von ΔG für sich abzweigen. Widerlegt wird es vielmehr auch dann, wenn sie Löhne zahlen, die über den sogenannten Wert der Arbeitskraft hinausgehen und es deswegen im unmittelbaren Sein auch ein Stück weit um das Wohl der Arbeiter geht. Und daran ändert sich auch nichts, wenn sie diese überhöhten Löhne nicht aus freien Stücken, deshalb zahlen, weil ihnen das Wohl der Arbeiter am Herzen liegt, sondern nur deswegen, weil sie dazu durch Arbeitskämpfe gezwungen werden. Denn eine Verfolgung des Wohls liegt unabhängig davon vor, ob es um das Wohl der Kapitalisten oder der Arbeiter geht.

Auf der anderen Seite ist darauf hinzuweisen, dass wir hier nicht von einem subjektiven Begriff ausgehen, sondern von einem Begriff, der sowohl für eine subjektive als auch eine objektive Ausformung offen ist. Auf dieser Basis muss die obige Kritik zurückgewiesen werden. Wenn wir es mit einem objektiven Begriff und damit dem wesentlichen Kapital zu tun haben, dann liegt keine empirische Widerlegung vor, wenn es ein Stück weit auch um die Verfolgung des Wohls geht. Der Grund dafür besteht darin, dass diese Art des Wesens nicht mehr mit der Behauptung einhergeht, dass auf der Ebene der Erscheinungen ΔG von den Subjekten als Endzweck verfolgt wird. Stattdessen wird nur noch behauptet, dass es als Mittel zum Zweck verwirklicht wird. Und das geht eben nicht mehr damit einher, dass es nur um ΔG geht, sondern ist damit vereinbar, dass auch das Wohl in einer Weise verfolgt wird, die als akzidentell zu bezeichnen ist. Während die Erscheinungen beim scheinenden Wesen dessen Inhalt tatsächlich eins-zu-eins zum Ausdruck bringen müssen, ist das beim wesentlichen Wesen nicht der Fall. Dort kann es deswegen durchaus Relativierungen geben, weil eben das Wohl Endzweck ist und das maßlose ΔG daher nur als Mittel zum Zweck verfolgt wird.

Diese Relativierungen sind aber nur Relativierungen. Sie müssen damit auf das Ausmaß der Akzidentialität beschränkt bleiben. Das zeigt, dass es für die maßlose Wertvermehrung nicht so wichtig ist, dass sie in jedem einzelnen Schritt maximal ist. Viel wichtiger ist, dass sie immer weiter geht. Wir finden damit das bestätigt, was wir schon auf der Seite 270 festgestellt haben.

Um Missverständnisse zu vermeiden, sei noch darauf hingewiesen, dass die von Marx beschriebenen Gegebenheiten nur so lange als Erscheinungen und damit als ein adäquater Ausdruck des Wesens verstanden werden können, so lange sich die Bezahlung der Arbeitskraft zwischen der Untergrenze bewegt, die die angemessene Reproduktion der Arbeitskraft noch erlaubt, und der Obergrenze, die die Arbeiter noch zum Wiedererscheinen auf dem Arbeitsmarkt zwingt. Wenn die Bezahlung unter diese Untergrenze fällt, gibt es nämlich deswegen kein Entsprechungsverhältnis mehr, weil die Arbeitskraft nicht mehr richtig erhalten werden kann. Wenn sie über die Obergrenze hinaus steigt, bleibt es nicht bei der genannten „goldnen Kette“, weil sich die betroffenen Lohnarbeiter eben der weiteren Wertvermehrung entziehen können.

Diese Überlegungen entsprechen dem, was wir oben schon kennen gelernt haben. Denn auf der Seite 273 haben wir bereits festgestellt, dass nur das scheinende Kapital bzw. der subjektive Begriff damit einhergeht, dass es auf der Ebene der Erscheinungen ausschließlich um die maßlose Wertvermehrung geht. Daran ändert auch der Umstand nichts, dass es oben noch gar nicht um die Lohnarbeiter, sondern nur um die Kapitalisten ging. Denn es bleibt dabei, dass es um eine Relativierung der Wertvermehrung durch das Wohl geht. Und dabei ist nicht nur egal, ob es um das Wohl der Kapitalisten oder der Lohnarbeiter zu tun ist, sondern auch, ob die Kapitalisten das Wohl der Lohnarbeiter von sich aus oder nur gezwungenermaßen berücksichtigen.

Wenn wir nun noch zur zweiten empirischen Seite kommen und uns fragen, ob die von Marx beschriebenen Erscheinungen, die sich auf den Bereich zwischen der gerade erwähnten Ober- und Untergrenze beschränken, eine richtige Erklärung des empirischen Seins beinhalten, sei zunächst darauf hingewiesen, dass es hier nicht um die Wertebene geht, die Marx auch für den Kauf der Arbeitskraft behauptet, sondern nur um den Umfang der den Lohnarbeitern zufließenden Konsumtionsmittel. Stimmt die empirisch feststellbare Bezahlung der Lohnarbeiter mit dem überein, was in den Erscheinungen enthalten ist? Bezogen auf diese Frage kann zum einen festgestellt werden, dass wir uns bei ihrer Beantwortung natürlich nicht auf einzelne Länder beschränken können, sondern die Gesamtheit derer betrachten müssen, in denen kapitalistische Produktionsweise herrscht. Auf dieser Basis kann festgestellt werden, dass es im Großen und Ganzen zu einer empirischen Bestäti-

340

gung kommt. Daran ändert auf der einen Seite der Umstand nichts, dass es durchaus Weltgegenden gibt, in denen die untere Schranke unterschritten wird. Auf der anderen Seite führt auch der eher in unseren Breiten feststellbare Umstand zu keinem anderen Ergebnis, dass als Ausnahme durchaus Löhne vorkommen können, die die obere Grenze übersteigen.

Gerade weil es sowohl im Hinblick auf die untere als auch an die obere Schranke Fälle gibt, die nicht ins Bild passen, können wir uns zum anderen nicht auf einen bestimmten Zeitpunkt beschränken, sondern müssen auch in zeitlicher Hinsicht umfassend vorgehen. Und dabei zeigt sich, dass es durchaus Zeiten gibt, in denen sowohl die Unter- als auch die Überschreitungen zunehmen. Dauerhafte Trends in Richtung einer laufenden Abnahme des Lohnes, die zur Folge hätten, dass die Unterschreitungen gar keine zu vernachlässigenden Ausnahmen mehr darstellen, gibt es aber nicht. Das gilt auch für die Zunahme. Auch sie bleiben auf bloße Ausnahmen beschränkt. Dauerhafte Trends gibt es aber auch nicht bezogen auf Entwicklungen, die sich innerhalb der unteren und oberen Schranken abspielen. Es gibt daher auch nicht den für die Lohnarbeiter bestimmten sozialdemokratischen Kuchen, der immer größer wird und daher zu einem immer besser werdenden Lohnarbeiterleben führt.

Wenn wir uns auf dieser Grundlage der Frage zuwenden, ob die von Marx beschriebenen Erscheinungen mit dem umfassend verstandenen Sein übereinstimmen und sie daher als empirische Erklärung des Seins akzeptiert werden können, kann festgestellt werden, dass sowohl die Unter- als auch die Überschreitungen durchaus als Punkte verstanden werden können, die zu einer Verneinung dieser Frage führen. Deshalb sei zum einen darauf hingewiesen, dass diesem Eindruck insofern zu widersprechen ist, als es eine weitgehende Deckungsgleichheit gibt und die Abweichungen daher einen begrenzten Charakter haben. Zum anderen sei bezogen auf größere Abweichungen darauf hingewiesen werden, dass auch sie als einzelne Fakten noch nicht viel besagen. Um zu einem wirklichen empirischen Urteil zu kommen, muss man vielmehr die Gesamtheit betrachten. Daher führen größere Abweichungen erst dann zu einem negativen Urteil, wenn sie als solche von Dauer sind.

Einzelne abweichende Phänomene können deshalb nicht als empirische Widerlegung genommen werden, weil es – wie bereits auf der Seite 273 festgestellt – nicht nur die Frage gibt, ob die begriffliche Theorie der Wirklichkeit entspricht oder nicht, sondern auch die umgekehrte Frage, ob die Wirklichkeit der Theorie entspricht oder nicht. Denn Phänomene, für die diese Frage zu verneinen ist, haben deshalb keine richtige Wirklichkeit, weil sie eben verschwindend sind. Sie können daher keine wirkliche empirische Widerlegung begründen.

Zusammenfassend kann erstens festgehalten werden, dass die oben thematisierten Variationen nur bezogen auf die natürlichen Gegebenheiten als Variationen des sogenannten Werts der Arbeitskraft verstanden werden können, die eine bleibende Bedeutung haben. Bezogen auf die historisch-moralischen Umstände ist jedoch darauf hinzuweisen, dass sie keine bleibende Bedeutung haben können, sondern zunächst vorhandene Unterschiede nivelliert werden. Im Hinblick auf die sich zwischen der Ober- und Untergrenze abspielenden Variationen ist zu bemerken, dass es nicht mehr um Variationen des Werts geht, sondern nur noch von Preisen gesprochen werden sollte, die vom sogenannten Wert abweichen. Da dieser Wert wohl bei einem Punkt angesetzt werden muss, der über der Untergrenze liegt, haben wir es mit Schwankungen um den Wert zu tun.

Bezogen auf die Frage, ob die Erscheinungen, die Schwankungen zwischen der Unter- und Obergrenze enthalten, mit dem zugehörigen Wesen vereinbar sind oder nicht, ist zweitens zu erwähnen, dass das nicht der Fall ist, wenn vom scheinenden Kapital gesprochen werden würde. Da wir hier aber vom begrifflichen Kapital reden, das neben dem scheinenden Kapital auch das wesentliche Kapital umfasst, kann diese Frage bejaht werden. Denn im Rahmen des wesentlichen Kapitals wird ΔG von den Subjekten nur als Mittel zum Zweck verfolgt, was eben damit vereinbar ist, dass es in akzidentiellem Ausmaß auch um das Wohl geht.

Drittens sei bezogen auf die empirische Frage, ob die Erscheinungen dem Sein Im Hinblick auf den Lebensstandard entsprechen, die Löhne ermöglichen, die zwischen der Ober- und Untergrenze bleiben, darauf hingewiesen, dass sie im Großen und Ganzen bejaht werden kann. Es gibt zwar auch Ausnahmen sowohl was die Obergrenze als auch die Untergrenze anbelangt. Diese Vorkommnisse beweisen aber wegen ihres beschränkten räumlichen und/oder zeitlichen Ausmaßes nicht das Gegenteil, sondern bestätigten eben als Ausnahmen die Regel.

4. Die erweiterte Reproduktion der Arbeitskraft

Eingegangen sei zum Schluss noch darauf, dass Marx im zuletzt angeführten Zitat zum einen zu erkennen gibt, dass die erweiterte Reproduktion der Arbeitskraft, die vom Kapital aus gesehen notwendig ist, nicht in seinem Rahmen, sondern außerhalb der Bewegung $G - {}^{Ak}\!/_{Pm} \dots P \dots W' - G'$ vollzogen wird. Ihr Ort ist nämlich nicht die Produktion, sondern die Konsumtion. Da diese ohne Berücksichtigung von Zirkulationsakten als die Bewegung ${}^{N-Ak}\!/_{Km} \dots K \dots {}^{N-Ak'}\!/_{Ak'}$ dargestellt werden kann, wird sie zum anderen von den Nicht-Arbeitskräften erledigt, mit denen Menschen gemeint sind, die die Fähigkeit zur Leistung von Aktivitäten haben, die zwar keine wertbildende Arbeit darstellen, aber trotzdem notwendig sind, um die Arbeitskraft zu reproduzieren. Zum dritten verbergen sich hinter diesen

Menschen bei Marx die in der Produktion aktiven Lohnarbeiter, die hier aber nicht als Arbeitskräfte, sondern eben als Nicht-Arbeitskräfte aktiv werden. Zum vierten scheinen diese Lohnarbeiter als Subjekte aktiv zu werden. Dafür spricht zumindest der Umstand, dass Marx der Meinung ist, die erweiterte Reproduktion der Arbeitskraft „getrost dem Selbsterhaltung- und Fortpflanzungstrieb der Arbeiter überlassen" zu können.

Wenn wir uns diese Punkte im Einzelnen vornehmen, kann bezüglich der ersten Behauptung die Frage gestellt werden, warum die Arbeitskraft nicht im Rahmen eines Kapitals oder als kapitalistisch hergestelltes Produkt erweitert wird. Auf diese Frage gibt es bei Marx keinerlei Antwort, weil er eben von vornherein von Verhältnissen ausgeht, in denen das nicht der Fall ist. Zur zweiten Feststellung, die bei Marx nur implizit enthalten ist, ist zu sagen, dass aus ihr eine Antwort auf die gerade erwähnte Frage gezogen werden kann. Wenn die Aktivitäten, die zur erweiterten Reproduktion der Arbeitskraft tatsächlich keine wertbildende Arbeit darstellen, dann ist nämlich klar, dass sie nicht im Rahmen des Kapitals erledigt werden können. Es stellt sich aber die Frage, warum wir es bei den reproduktiven Tätigkeiten mit Nicht-Arbeiten in diesem Sinne zu tun haben. Auf sie werden wir im übernächsten Kapitel (vgl. S. 374ff.) zu sprechen kommen.

Zum dritten Punkt ist zu bemerken, dass die Beschränkung auf die Lohnarbeiter nicht überzeugend ist. Zum einen ist ganz klar, dass neben den Lohnarbeitern als Nicht-Arbeitskräfte auch die Menschen auftreten, die zwar selbst keine Lohnarbeiter sind, aber zu deren erweiterter Reproduktion direkt oder indirekt beitragen. Zu denken ist dabei an Hausfrauen, Ärzte, Lehrer usw.. Zum anderen fragt sich, warum Marx die Kapitalisten außenvor lässt, die es bei ihm ja gibt. Das ist gerade deshalb unverständlich, weil wir es hier wieder mit dem Wesen zu tun haben, das vom schrankenlosen Kapital bestimmt wird. Deshalb sei betont, dass das Wesen mit funktionslosen Kapitalisten zumindest dann unvereinbar ist, wenn nur vom Streben nach maßlosem Mehrwert ausgegangen wird. Denn auf dieser Grundlage gibt es eben nur die Menschen, die über Arbeitskräfte verfügen, und jene, die direkt oder indirekt zu deren Reproduktion beitragen.

Zum vierten Punkt ist zu sagen, dass es ungeachtet der Tatsache, dass die erweiterte Reproduktion der Arbeitskraft außerhalb seines Bereiches stattfindet, vom Kapital aus gesehen wohl logisch richtig ist, dass die Nicht-Arbeitskräfte diese Reproduktion als einen Endzweck betreiben. Falsch ist es jedoch, in diesem Zusammenhang von einem subjektiven Endzweck zu reden. Denn subjektiver Endzweck ist nicht nur bei den Kapitalisten, sondern auch bei den Lohnarbeitern das Wohl. Dieses Wohl stellt sich als egozentrisches Wohl dar, sofern sich die Lohnarbeiter nur um sich selbst kümmern. Wenn sie Kinder schaffen und aufziehen, bekommen wir es dagegen mit einem allozentrischen Wohl zu tun.

Dass der subjektive Endzweck das egozentrische und allozentrische Wohl beinhaltet, schließt zwar nicht aus, dass die Nicht-Arbeitskräfte die erweiterte Reproduktion der Arbeitskraft trotzdem als objektiver Endzweck verfolgen. Das bedeutet aber, dass die Nicht-Arbeitskräfte in diesem Zusammenhang nicht als Subjekte,
sondern als Charaktermasken zu fassen sind. Dabei geht es an dieser Stelle nicht
um inhaltlich bestimmte Charaktermasken. Denn zwischen dem, was die Subjekte
tun, und dem, was die Charaktermasken ausführen, gibt es keine inhaltliche Differenz. Da der Unterschied nur darin besteht, dass das, was als subjektiver Endzweck verfolgt wird, sich nicht verwirklichen lässt und damit als objektiver Endzweck nur die erweiterte Reproduktion der Arbeitskraft übrig bleibt, die allenfalls
als Mittel zum Zweck ausgeführt wird, geht es vielmehr nur um formal bestimmte
Charaktermasken. Diese Arbeiter-Charaktermasken sind hier aber nicht so belanglos wie die Waren-Charaktermasken, sondern haben die Bedeutung, die wir bei
den nur formal bestimmten Kapital-Charaktermasken kennen gelernt haben. (vgl.
S. 257) Denn objektiver Endzweck ist die Vermehrung der Arbeitskraft nur, wenn
das als subjektiver Endzweck angestrebte und sich von diesem objektiven Ziel
unterscheidende Wohl gerade nicht erreicht wird.

Wenn Marx in dem auf der Seite 331 angeführten Zitat aus der Seite 598 des I.
Bandes des 'Kapital' schreibt, dass die individuelle Konsumtion des Arbeiters für
ihn selbst "unproduktiv" ist, weil sie nur das "bedürftige Individuum" reproduziert,
dann will er genau diesen Ausgang behaupten. Deshalb ist ihm der Vorwurf zu
machen, dass diese Erkenntnis nicht dazu passt, dass die Arbeiter als Subjekte angesprochen werden. Denn als Subjekte verfolgen sie keine derart beschnittene
Zielsetzung.

Daran ändert im Übrigen auch der Umstand nichts, dass die Arbeiter auf die Un-
erreichbarkeit ihrer weitergehenden Ziele damit reagieren können, dass sie sich an
diesen Misserfolg gewöhnen und sich zufrieden geben. In dem Maße, in dem sie
das tun, geben sie ihre weitergehenden Zwecke zwar auf und verfolgen damit nur
noch die Ziele, die sie erreichen können. Trotzdem ist dieser Zustand davon zu
unterscheiden, dass sie von Anfang an nur ihre Arbeitskraft reproduzieren wollen.
Denn bei ihm haben wir es nicht mit einem Ausgangspunkt, sondern etwas zu tun,
was selbst schon Resultat darstellt.

Dies entspricht im Übrigen einer Entwicklung, die es auch bei den Kapitalisten
geben kann. Auch sie können sich an die fortlaufende Kapitalakkumulation so sehr
gewöhnen, dass sie zu einem subjektiven Endzweck wird. Das ist umso mehr der
Fall, als das nicht wie bei den Arbeitern mit einem Mangel an individueller Konsumtion verbunden sein muss, sondern damit einhergehen kann, dass alle Bedürfnisse reichlich erfüllt werden. Denn erfolgreiche Kapitalisten machen Gewinne,

die so hoch sind, dass sie nicht nur dem Wohl und der Kapitalakkumulation Genüge tun, sondern über diese Ziele hinaus reichen und schon deswegen weiter akkumuliert werden müssen.

5. Zusammenfassende Bemerkungen

Der Kauf G - $^{Ak}/_{Pm}$ findet bei Marx nicht nur bezogen auf die Produktionsmittel auf Basis des Werts statt. Marx ist vielmehr der Ansicht, dass auch die Ware Arbeitskraft nicht nur einen Tauschwert, sondern auch einen diesem Tauschwert zugrunde liegenden Wert hat, der wie der Wert jeder anderen Ware bestimmt ist. Bei der Überprüfung dieser Behauptung hat sich gezeigt, dass das nicht stimmt. Zum einen ist dieser Wert der Arbeitskraft gemessen an dem, was normalerweise Wert heißt, kein Wert. Als Ausdruck für den Wert der Dinge, die in die Arbeitskraft eingehen, stellt er vielmehr nur übertragener Wert dar. Zum anderen bestimmt Marx diesen Wert unvollständig. Zu ihm sind nämlich auch die Konsumtionsmittel zu zählen, die in die Menschen eingehen, die die Arbeitskraft reproduzieren. Das ist zumindest auf der Basis dessen der Fall, dass diese Tätigkeiten selbst keine wertbildende Arbeit darstellen.

Während Marx die Form der Ware Arbeitskraft einfach aus der Empirie aufgreift, ist das beim sogenannten Wert der Ware Arbeitskraft anders. Denn Marx bemüht sich, diesen Wert im Unterschied zur Form der Ware Arbeitskraft aus dem Kapital bzw. seinem maßlosen Wertvermehrungsanspruch abzuleiten. Diesbezüglich ist zum einen darauf hinzuweisen, dass Marx die Notwendigkeit dieses Tauschwerts durch eine sich auf der Ebene des Wesens abspielende Argumentation per logischer Geltung aufzeigen könnte, wenn er von einem ganzheitlichen Prinzip ausgehen würde. Da er das nicht oder zumindest nicht klar genug tut, kann die von ihm behauptete Notwendigkeit nicht bestätigt werden. Denn es bleibt denkbar, dass die durch eine Unterbezahlung gerissenen Lücken anderweitig geschlossen werden. Damit wird hier zum ersten Mal an der Marxschen Darstellung selbst deutlich, dass das Fehlen eines einheitlichen Prinzips zu theoretischen Fehlern führt.

Die Notwendigkeit des sogenannten Werts der Ware Arbeitskraft ist zum anderen nicht davon abhängig, dass die Arbeitskraft als Ware auftritt und damit einen Tauschwert hat. Die in ihm enthaltenen Konsumtionsmittel müssen den Arbeitskräften vielmehr auch dann zugänglich gemacht werden, wenn das nicht der Fall ist. Auch dann, wenn die Arbeitskraft gar nicht als Ware fungiert, sondern unmittelbar in den Vermehrungsprozess einbezogen wird, und wir es daher noch gar nicht mit Lohnarbeitern, sondern nur mit Arbeitern zu tun haben, müssen ihr diese Konsumtionsmittel zur Verfügung gestellt werden. Denn nur dann kann die Arbeitskraft auf erweiterter Stufenleiter reproduziert werden.

Hinsichtlich der Variationen des Werts der Arbeitskraft, die Marx anspricht, ist einesteils darauf hinzuweisen, dass nur die natürlichen Unterschiede zu solchen Variationen führen können. Die historisch-moralischen Momente sind dazu dagegen nicht in der Lage. Denn die Unterschiede zwischen ihnen sind verschwindend. Hinsichtlich des Spielraums, den Marx mit der Unter- und Obergrenze markiert, ist klarzustellen, dass es nicht um Wertvariationen geht, sondern nur um Preise, die vom Wert der Arbeitskraft abweichen. Die Variationen haben mit anderen Worten ihren Platz nicht auf der Wesensebene. Sie stellen vielmehr nur ein Phänomen der Erscheinungen dar.

Hinsichtlich des notwendigen Tauschwerts der Ware Arbeitskraft ist gerade auf der Basis dessen, dass er beim Normalarbeitstag (vgl. S. 401ff.) ganz anders argumentiert, ferner darauf hinzuweisen, dass Marx zwar überwiegend auf der Ebene der logischen Geltung argumentiert und die teleologische Genesis außenvor lässt. Das hindert ihn aber nicht daran, gelegentlich auf Gegebenheiten zu reflektieren, die als die Ergebnisse verstanden werden können, zu denen die teleologische Genesis auf Basis der Erscheinungen führt. Bezogen auf das letztere Verständnis könnte man zwar meinen, dass diese Gegebenheiten dem schrankenlosen Wertvermehrungsstreben widersprechen, weil sie eben Löhne zulassen, die mehr als das enthalten, was notwendig ist. Bei genauerem Hinsehen zeigt sich aber, dass das nur der Fall wäre, wenn vom scheinenden Kapital gesprochen würde. Denn es ist mit Erscheinungen verbunden, in denen es ausschließlich um die Wertvermehrung geht. Das ist hier aber gar nicht der Fall. Wir haben es vielmehr mit dem begrifflichen Kapital zu tun und gehen daher von einem Begriff aus, der sowohl die subjektive als auch die objektive Ausformung annehmen kann.

Kritik kann schließlich auch bezogen auf die Art und Weise erhoben werden, wie die erweiterte Reproduktion der Arbeitskraft nach der Vorstellung von Marx vollzogen wird. Marx tut nämlich so, als wäre diese Reproduktion ein bewusster subjektiver Endzweck der Lohnarbeiter, den sie außerhalb ihrer Arbeit ausführen. Das ist falsch, weil die Lohnarbeiter auch in diesem Zusammenhang nur als formal bestimmte Charaktermasken auftreten. Zwar kann es sein, dass die Menschen sich so sehr an das gewöhnen, was sie als Arbeiter-Charaktermasken ausführen, dass sie ihr Subjektsein an dieses Charaktermaskesein angleichen. Das ändert aber nichts an dem grundlegenden Unterschied.

Aufmerksam gemacht sei schließlich noch darauf, dass Marx zwar hauptsächlich Begründungen bringt, die zur Argumentation per logischer Geltung gezählt werden können, die sich auf der Ebene des Wesens abspielt. Daneben hat er aber auch schon Überlegungen vorgeführt, die zur Argumentation per teleologischer Genesis gehören, die auf der Ebene der Erscheinungen ihren Platz hat. Dieses Merkmal ist hier zu betonen, weil Marx sich dieses Unterschieds gar nicht richtig bewusst ist.

Ferner werden wir im Folgenden sehen, dass die doppelte Argumentation eine noch größere Bedeutung bekommen wird.

Wenn wir uns nun nach diesen logischen Überlegungen noch den empirischen Fragen zuwenden, kann darauf hingewiesen werden, dass wir diesbezüglich auch schon auf Ergebnisse zurückblicken können. Das bezieht sich aber nur darauf, dass wir oben schon gesehen haben, dass hinsichtlich des Lebensstandards, den die Lohnarbeiter erreichen können, zu empirischen Bestätigungen kommt. Genauer gesprochen bewegt sich der Lebensstandard in aller Regel in dem Spielraum, den Marx mit seiner Ober- und Untergrenze markiert. Zwar kommen Ausnahmen sowohl in die eine als auch die andere Richtung vor. Diese bleiben aber auf ein Ausmaß beschränkt, das die Regel bestätigt.

Auf der Basis dessen, dass es in unseren Breiten Erscheinungen gibt, die die Obergrenze überschreiten, sei zum einen noch darauf hingewiesen, dass diese Erscheinungen so lange nichts am schrankenlosen Wertvermehrungsstreben ändern, so lange sie akzidentiell bleiben. Zum anderen hat das auch eine zeitliche Perspektive. Wenn es zu einem bestimmten Zeitpunkt so viele Phänomene gibt, dass die Akzidentialität bezweifelt werden muss, dann stellt sich die Frage, ob sie von Dauer sind oder aber nur Launen besonders günstiger Zeitläufe darstellen. Denn es ist festzustellen, dass wir nicht nur zu prüfen haben, ob die Theorie der Realität entspricht, sondern auch, ob die Realität der Theorie angemessen ist.

Dass das empirische Resultat bezogen auf den Umfang der im sogenannten Wert der Ware Arbeitskraft enthaltenen Konsumtionsmittel ziemlich gut ist, ändert aber nichts daran, dass es bezogen auf den Wert der Ware Arbeitskraft, der zum Inhalt hat, dass die Konsumtionsmittel zum Wert beschafft werden, ganz anders aussieht. Weil sie wie alle anderen Waren im idealen Durchschnitt zum Produktionspreis gehandelt werden, bleibt es damit dabei, dass auch bezogen auf die Arbeitskraft nur von einem übertragenen Produktionspreis gesprochen werden kann.

Auf Basis dieses sich auf das unmittelbare Sein beziehenden Ergebnisses ist ferner klar, dass es das wesentliche zweckhafte Kapital nicht gibt. Dieses müsste nämlich mit Erscheinungen einhergehen, die den übertragenen Wert der Arbeitskraft bestätigen. Und da es diese Erscheinungen nicht gibt, gibt es auch nicht das zugehörige Wesen. Anders sieht es beim wesentlichen begrifflichen Kapital aus. Denn dieses geht mit Erscheinungen einher, in deren Rahmen sich die Konsumtionsmittel und damit auch die Arbeitskraft nur zum Produktionspreis austauschen.

Bezogen auf die Überprüfung des Wesens am mittelbaren Sein kann schließlich noch bemerkt werden, dass es den Zirkulationsakt G - Ak, der auf dem Wert der Konsumtionsmittel beruht, auch auf der Ebene des mittelbaren Seins nicht gibt.

Wie sich zeigen lässt, gibt es dort nur den Stellenwechsel zwischen Konsumtions-mitteln und Arbeitskräften. Dieser Stellenwechsel ist noch kein Tausch Km - Ak. Dazu wird er erst, wenn die Verhältnisse, die sich aus dem einheitlichen Streben nach maßlos viel Mehrwert ergeben, als fertiges Resultat und damit als Schein genommen werden. Dann haben wir aber nicht mehr dem wesentlichen begriffli-chen Kapital zu tun, sondern sind schon beim scheinenden begrifflichen Kapital.

Wenn wir nun noch zur empirischen Überprüfung der Behauptung kommen, dass die Arbeiter bei der Reproduktion ihrer Arbeitskraft als formal bestimmte Charak-termasken deshalb agieren, weil sie die weitergehenden Ziele, die sich zumindest anfangs als Subjekte verfolgen, nicht erreichen können, könnte man zunächst mei-nen, dass es zu einer empirischen Bestätigung nur kommt, wenn die Bezahlung der Minimalschranke entspricht. Deshalb sei darauf hingewiesen, dass dem nicht zugestimmt werden kann. Zu einer empirischen Bestätigung kommt es vielmehr auch, wenn die Bezahlung der Maximalschranke entspricht. Das ist zumindest der Fall, wenn die Arbeiter ursprünglich ein Ziel verfolgt haben, bei dem sie selbst Endzweck waren und das deshalb auch über die Verhältnisse hinausgeht, die es bei einer maximalen Bezahlung gibt.

IX. Der sich mit der Warenform der Arbeitskraft verbindende Schein

Im vorvorletzten Kapitel haben wir zum einen gesehen, wie sich aus G - W - G' das industrielle Kapital entwickelt hat, das die Form G - W … P … W' - G' durchläuft. Im vorletzten Kapitel haben wir zum anderen eine Weiterentwicklung des industriellen Kapitals kennen gelernt und gezeigt bekommen, wie aus der anfänglichen Bewegung des industriellen Kapitals die Figur $G - {}^{Pm}/_{Ak}$ … P … W' - G' geworden ist. Gegen den ersten Übergang wurde u. a. eingewandt, dass die Bewegung G - W … P … W' - G' insofern widersprüchlich ist, als sie Zirkulationsakte enthält, die nichts zur Vermehrung des Werts beitragen. Vom Wertvermehrungszweck aus betrachtet, wäre es daher richtiger, wenn Marx von der allgemeinen Formel des Kapitals zu W … P … W' übergegangen wäre. Dem zweiten Übergang wurde u. a. entgegengehalten, dass der Umstand, dass es die Warenform der Arbeitskraft im Rahmen des unmittelbaren Seins gibt, noch nicht bedeutet, dass sie auch im Rahmen des mittelbaren Seins existiert, das sich aus dem Prinzip des Heißhungers nach Mehrwert heraus erklärt. Auf der Basis dessen, dass Marx mit der wesentlichen Grundform des Kapitals zeigen will, wie der Mehrwert wirklich zustande kommt, gibt es aber auch noch einen weiteren logischen Grund, der gegen die Thematisierung des Kaufs der Arbeitskraft spricht. Zu ihm kommt es, weil diese Thematisierung dem Marxschen Erklärungsversuch entgegen steht. Dieser Punkt soll im Folgenden beleuchtet werden.

1. Die Widersprüchlichkeit der Grundform des Kapitals

Wie wir oben gesehen haben, vollzieht das weiterentwickelte industrielle Kapital bei Marx die Bewegung $G - {}^{Pm}/_{Ak}$ … P … W' - G'. Wenn man diese Figur genauer betrachtet, bemerkt man, dass sie ein Fehler enthält, auf den bislang nicht eingegangen worden ist. Dieser Fehler bezieht sich darauf, dass in ihrem Rahmen so getan wird, als könnte der Kauf der Arbeitskraft genauso vor der Produktion stattfinden wie der Kauf der Produktionsmittel. Das ist aber gar nicht der Fall. Während es sich bei den Produktionsmitteln – wie wir oben auf der Seite 13 gesehen haben – durchgehend um Gegenstände handelt, die vor ihrer Verwendung als Produktionsmittel gekauft und geliefert werden können, ist das bei den Arbeitskräften nämlich anders. Da es bei ihnen nicht um Gegenstände, sondern um etwas Ungegenständliches geht, können sie vor der Produktion nicht in einer Weise gekauft werden, die ihre Lieferung einschließt. Weil die Lieferung der Arbeitskraft erst in der Produktion erfolgen kann, ist der Kauf der Arbeitskraft etwas, das den Produktionsprozess umfasst. Folge davon ist, dass der Produktionsakt ${}^{Pm}/_{Ak}$ … P … W' nicht mehr als solcher erscheint, sondern sich jetzt als ${}^{Pm}/_{G} - W'$ darstellt. Denn sobald die Arbeitskraft vollständig angeeignet ist, ist nicht mehr sie vorhanden, sondern bereits das von ihr produzierte Produkt W'. Im Endergebnis hat die Bewegung des industriellen Kapitals nicht die Form, die Marx anführt, sondern stellt sich als $G - {}^{Pm}\!/_G - W'- G'$ dar.

Wenn wir die sich unterscheidenden Mittelteile ${}^{Pm}\!/_{Ak} \ldots P \ldots W'$ und ${}^{Pm}\!/_G - W'$ miteinander vergleichen, sehen wir, dass aus dem allmählich oder kontinuierlich verlaufenden Prozess der Produktion, der mit den Punkten ausgedrückt wird, ein direkter Übergang von einem kleineren Anfangswert zu einem größeren Endwert wird. Dieser plötzliche direkte bzw. unmittelbare Übergang ähnelt wegen seiner Unvermitteltheit zwar den diskreten Zirkulationsakten G - Pm und W' - G'. Trotzdem handelt es sich beim ihm weder um einen Kauf oder Verkauf, sondern nur um ein Ergebnis, das sich als Folge des Kaufs der Arbeitskraft auf der Seite des Käufers einstellt. Dafür, dass dieses Ergebnis von den Transaktionen Kauf oder Verkauf zu unterscheiden ist, ist weniger verantwortlich, dass der Übergang nicht auf einen Schlag erfolgt wie bei normalen Zirkulationsakten, sondern Zeit erfordert. Denn es gibt auch Zirkulationsakte, die Zeit brauchen. Dafür ist vielmehr ausschlaggebend, dass es nicht mehr um einen diskreten Übergang geht, bei dem der Ausgangspunkt durch den Endpunkt abgelöst und ersetzt wird, sondern um einen kontinuierlichen Übergang, bei dem der Ausgangspunkt im Endpunkt erhalten bleibt. Genau dies wird durch den Strich symbolisiert, der als Gedankenstrich etwas länger als der Bindestrich ist, der für Zirkulationsakte steht.

Wenn wir uns fragen, wie die Bewegung ${}^{Pm}\!/_G - W'$ genauer zu verstehen ist, könnte man zunächst meinen, dass wir es hier mit dem zweiten Kapitalbegriff des sich selbst verwertenden Werts zu tun bekommen, den wir oben im V. Kapitel kennen gelernt haben. Denn diese Bewegung kann als der Zyklus verstanden werden, den dieser Wert als eigenständiges Subjekt auf der Ebene des Scheins vollzieht. Sehen wir genauer hin zeigt sich, dass das nicht ganz der Fall ist. Marx geht nämlich von der Bewegung $G - {}^{Pm}\!/_{Ak} \ldots P \ldots W' - G'$ aus und kommt deswegen bezogen auf den Mittelteil dieser Bewegung zu einer Figur ${}^{Pm}\!/_G - W'$, hinter der je schon die Menschen stehen, die das Geld bereits verausgabt haben oder es gerade verausgaben. Auf dieser Grundlage kommt es nicht wirklich zu dem sich selbst bewegenden Kapitalsubjekt, sondern nur zu einem Kapital, das von Menschen in einer Weise in Bewegung gesetzt wird, die dem Selbstverwertungsanspruch entspricht.

Wie diese Menschen zu verstehen sind, hängt dabei davon ab, wie die Ausgangsbewegung gefasst wird. Wenn es sich, wie im vorliegenden Zusammenhang, bei ihr um eine Bewegung auf der Wesensebene handelt, dann beschreibt der berichtigte Mittelteil ein Ziel, das von Kapital-Charaktermasken auf bewusstlose Weise ausgeführt wird. Wenn es sich bei ihr dagegen um eine Bewegung auf der Erscheinungsebene handeln würde, dann brächte der berichtigte Mittelteil zum Ausdruck, dass der Mehrwert sich schlicht und einfach einem Aufschlag auf die Kosten verdankt, der von den als Subjekten zu verstehenden Kapitalisten bewusst und willentlich vorgenommen wird.

Diese beiden Möglichkeiten haben mit dem als eigenständiges Subjekt auftretenden zweiten Kapitalbegriff des sich selbst verwertenden Werts gemeinsam, dass die Art und Weise, wie der Mehrwert wirklich zustande kommt, verdunkelt wird. Darauf ist hier hinzuweisen, weil sich damit ein Widerspruch in der Marxschen Darstellung verbindet. Auf der Basis dessen, dass Marx – wie wir im folgenden Kapitel genauer sehen werden – mit dem industriellen Kapital zeigen möchte, dass der Mehrwert durch die von den Arbeitern geleistete Mehrarbeit verursacht wird, stellt sich dieser Widerspruch ein, weil sich aus dem Kauf der Arbeitskraft in der einen oder anderen Weise Verhältnisse ergeben, die auf andere Erklärungen des Mehrwerts hinauslaufen. Da die Warenform der Arbeitskraft für die Erklärungen verantwortlich ist, die der von Marx angestrebten Erklärung zuwider laufen, passt ihre Thematisierung nicht zum Marxschen Vorhaben. Marx müsste sich daher entscheiden: Entweder er redet von der Arbeitskraft als Ware und gibt sich deshalb mit der Erklärung zufrieden, die als Grund das anführt, was sich aus dem Kapitalsubjekt ergibt bzw. was die Kapitalisten als Charaktermasken unbewusst oder als Subjekte bewusst ausführen. Oder es geht ihm um eine Erklärung, die es nicht dabei belässt, sondern zu den eigentlichen Verhältnissen vorstößt. Dann muss er darauf verzichten, die Arbeitskraft von Anfang an als Ware anzusprechen. Denn von der Arbeitskraft als Ware reden und gleichzeitig über die Erklärung des sich selbst verwertenden Werts hinaus zu wollen, ist nicht möglich, weil das eine dem anderen widerspricht.

Da es zur Warenform der Arbeitskraft nicht zuletzt deswegen kommt, weil Marx erster Kapitalbegriff mit dem Vorschuss von Geld beginnt, kann diese Alternative auch folgendermaßen beschrieben werden: Entweder hält Marx am Wertvorschuss in Geldform fest. Dann muss er akzeptieren, dass die Produktion als Folge des Kaufs der Arbeitskraft verschwindet und er es schon mit dem sich selbst verwertenden Wert auf der Ebene des Scheins bzw. dem zu tun hat, was die Menschen entweder auf Marx' Ebene des Scheins unbewusst oder auf der Ebene der Erscheinungen bewusst ausführen. Oder Marx will den wirklichen Vermehrungsprozess darstellen. Dann darf er nicht von einem Kapital ausgehen, das mit einem Geldvorschuss beginnt. Dann muss er stattdessen den Inhalt des Kapitals, d. h. das Streben nach schrankenloser Wertvermehrung, von diesem Geldvorschuss lösen und rein mit ihm als einem einheitlichen Prinzip argumentieren. Wenn er das täte, würde es u. a. zur Bewegung $^{Pm}/_{Ak} \ldots P \ldots W'$ und damit gerade nicht zum

Verschwinden der Produktion kommen. Denn die Arbeitskräfte würden unmittelbar in den Vermehrungsprozess einbezogen und damit nicht als Waren auftreten. Diese Arbeitskräfte bzw. die Arbeiter als ihre Träger würden selbst als die inhaltlich zu verstehenden Charaktermasken dieses Prozesses erscheinen und nicht irgendwelche von ihnen verschiedene Kapitalisten.[cxxxi]

Auf der einen Seite kann festgestellt werden, dass Marx diesen zum Schein des sich selbst verwertenden Werts führenden Punkt übersieht. Auf der anderen Seite kommt er aber auch noch bei Marx in gewisser Weise zum Ausdruck. Das zeigt das folgende Zitat, das wir schon einmal angeführt haben:

"Die Zirkulation ist die Summe aller Wechselbeziehungen der Warenbesitzer. Außerhalb derselben steht der Warenbesitzer nur noch in Beziehung zu seiner eignen Ware. Was ihren Wert angeht, beschränkt sich das Verhältnis darauf, dass sie ein nach bestimmten gesellschaftlichen Gesetzen gemessenes Quantum seiner eignen Arbeit enthält. Dies Quantum Arbeit drückt sich aus in der Wertgröße seiner Ware, und, da sich Wertgröße im Rechengeld darstellt, in einem Preise von z. B. 10 Pfd. St. Aber seine Arbeit stellt sich nicht dar im Werte der Ware und einem Überschuss über ihren eignen Wert, nicht in einem Preise von 10, der zugleich ein Preis von 11, nicht in einem Wert, der größer als er selbst ist. Der Warenbesitzer kann durch seine Arbeit Werte bilden, aber keine sich verwertenden Werte. Er kann den Wert einer Ware erhöhn, indem er vorhandnem Wert neuen Wert durch neue Arbeit zusetzt, z. B. aus Leder Stiefel macht. Derselbe Stoff hat jetzt mehr Wert, weil er ein größres Arbeitsquantum enthält. Der Stiefel hat daher mehr Wert als das Leder, aber der Wert des Leders ist geblieben, was er war. Er hat sich nicht verwertet, nicht während der Stiefelfabrikation einen Mehrwert angesetzt. Es ist also unmöglich, dass der Warenproduzent außerhalb der Zirkulationssphäre, ohne mit andren Warenbesitzern in Berührung zu treten, Wert verwerte und daher Geld oder Ware in Kapital verwandle." (I, 179/180)

In ihm bringt Marx nämlich zum Ausdruck, dass es dann, wenn der „Warenbesitzer" seine eigene Arbeitskraft einsetzt und selbst mitarbeitet und damit den inhaltlich bestimmten Arbeiter-Charaktermaske gleichkommt, zwar zur Vermehrung des Werts, aber nicht zu dem sich selbst verwertenden Wert kommen kann. Dieses scheinende Kapital kann es nämlich nur geben, wenn es um zu kaufende fremde Arbeitskraft geht. Denn nur dann verschwindet der wirkliche Wertvermehrungsprozess und kommt es stattdessen zu einem unmittelbaren Übergang von einem kleineren Ausgangswert zu einem größeren Endwert und damit zu dem, was Marx als „automatisches Subjekt" bezeichnet. Der Grund dafür ist, dass die fremde Arbeitskraft nur im Rahmen der wirklichen Arbeit geäußert und damit auch veräußert werden kann. Der Prozess der Äußerung der Arbeitskraft wird damit zu etwas, was im Prozess der Veräußerung impliziert ist und deswegen gar nicht mehr als eigener Schritt in Erscheinung tritt.

Wenn Marx diesen Punkt konsequent zu Ende gedacht hätte, hätte er erkennen können, dass es falsch ist, auf der Ebene des Wesens die Arbeitskraft als Ware zu thematisieren. Da die in ihm enthaltene Erkenntnis aber nur den Charakter einer Randnotiz hat, können wir hier festhalten, dass Marx' Grundform des Kapitals an einem grundsätzlichen Konstruktionsfehler leidet. Dass diese Form mit einem Geldvorschuss auch gegenüber der Arbeitskraft beginnt, ist nämlich nicht mit der Darstellbarkeit des wirklichen Vermehrungsprozesses vereinbar. Und das ist nicht nur der Fall, wenn die Grundform als wesentlich begriffliches Kapital verstanden wird, sondern auch dann, wenn sich hinter ihr das wesentliche zweckhafte Kapital verbirgt.

Dass Marx diesen Fehler begangen und damit von einer in sich widersprüchlichen und damit unhaltbaren Grundform des Kapitals gesprochen hat, kann als Ausdruck dessen gewertet werden, dass er sich bei der Thematisierung des Wesens nicht vollständig vom Sein und damit von den unmittelbaren Erfahrungen frei machen konnte, sondern das Wesen mit den Erscheinungen oder das inhaltlich mittelbare Sein mit dem unmittelbaren Sein konfundiert hat. Das zeigt sich vor allem darin, dass seine Grundform des Kapitals mit einem Geldvorschuss beginnt. Dieses Moment, das schon die allgemeine Formel des Kapitals gekennzeichnet hat, trifft zwar auf das unmittelbare Sein zu, weil man auf seiner Basis das Geld als Kapital bezeichnet, das zum Zwecke seiner Vermehrung vorgeschossen wird. Auf der Ebene des Wesens ist es jedoch fehl am Platz. Daran ändert im Übrigen auch der Umstand nichts, dass es auf der Ebene des Scheins bzw. des sich selbst verwertenden Werts entscheidend ist, dass die Bewegung vom Wert ausgeht. Denn das ist ebenfalls kein Grund dafür, dass es auf der Ebene des Wesens gleich sein muss.

Hingewiesen sei zum Schluss noch auf zweierlei: Dass der Stellenwechsel zwischen Arbeitskraft und Konsumtionsmitteln als Tausch erscheint, wäre erstens nicht möglich, wenn es sich beim Streben nach Mehrwert um einen objektiven oder subjektiven Zweck handeln würde. Denn dann wäre der Wert eine Größe, die sich im Bewusstsein der Menschen abzeichnen und damit die Wahrnehmung ausschließen würde, dass es beim genannten Stellenwechsel um einen Austausch zwischen einander gleichen oder miteinander vergleichbaren Dingen geht. Wenn es sich beim Streben nach Mehrwert dagegen um einen objektiven oder subjektiven Begriff handelt, sieht es ganz anders aus. Dann kann sich der Schein des gleichen Austausches einstellen, weil eben der Wert und Mehrwert keine Größen sind, die im Bewusstsein der Menschen enthalten sind.

Zweitens muss uns der Schein noch Anlass dafür sein, auf die obige Frage zurückzukommen, ob Marx' erster, dem Wesen zuzuordnender Kapitalbegriff schon als Kapital bezeichnet werden kann. Obwohl es keine Selbstverwertung gab, konnten wir diese Frage oben auf der Seite 284 deshalb noch nicht verneinen, weil die

Bewegung in zirkulativer Weise vom Wert in Geldform ausging und wir nicht ausschließen konnten, dass das hinreicht, um vom Kapital reden zu können. Hier zeigt sich jedoch, dass es den Ausgangspunkt beim Geld gar nicht geben kann. Denn die Arbeitskraft kann auf Basis des Wesens nicht mittelbar, sondern muss unmittelbar in den Vermehrungsprozess eintreten. Denn nur dann bleibt dieser als solcher erhalten. Daher können wir feststellen, dass der erste wesentlich zu verstehende Kapitalbegriff sich selbst auflöst und zum zweiten wird. Daraus ist endgültig zu schließen, dass der erste Kapitalbegriff besser als schrankenloses Streben nach Wertvermehrung oder Heißhunger nach Mehrwert bezeichnet werden sollte. Von einem Kapital kann nämlich deshalb noch nicht gesprochen werden, weil diese Bestrebungen eben nicht mit dem als Geld vorgeschossenen Wert verbunden werden können. Das wird im Folgenden zu berücksichtigen sein.

Aufgrund dieses Ergebnisses können wir eigentlich nicht mehr vom wesentlichen begrifflichen oder vom wesentlichen zweckhaften Kapital sprechen. Wenn wir uns im Folgenden trotzdem noch dieser Ausdrücke bedienen, dann geschieht das zum einen, weil Marx entgeht, dass sich der erste Kapitalbegriff selbst auflöst. Zum anderen ist damit nichts Anderes als das begriffliche bzw. zweckhafte Streben nach maßlos viel Mehrwert gemeint.

2. Der Arbeitslohn

Auf der einen Seite können wir feststellen, dass Marx die Fehlerhaftigkeit der als Bestandteil des Wesens verstandenen Bewegung $G - {}^{Pm}/_{Ak} \ldots P \ldots W' - G'$ entgeht. Er sieht nicht, dass die Produktion ${}^{Pm}/_{Ak} \ldots P \ldots W'$ verschwindet, wenn die Arbeitskraft als Ware betrachtet und daher nur auf mittelbare Weise in den Wertvermehrungsprozess einbezogen wird. Auf der anderen Seite gibt es bei Marx Überlegungen, die den Schein ebenfalls mit der Warenform der Arbeitskraft in Verbindung bringen. Genauer gesprochen kommt er Marx zufolge daher, dass diese Warenform sich zur Warenform der Arbeit weiterentwickelt. Im Folgenden sei deshalb auf diese Überlegungen eingegangen, die im sechsten Abschnitt des I. Bandes des 'Kapital' zu finden sind, der den Titel ‚Der Arbeitslohn' trägt.

„Auf der Oberfläche der bürgerlichen Gesellschaft erscheint der Lohn des Arbeiters als Preis der Arbeit, ein bestimmtes Quantum Geld, das für ein bestimmtes Quantum Arbeit gezahlt wird. Man spricht hier vom Wert der Arbeit und nennt seinen Geldausdruck ihren notwendigen oder natürlichen Preis. Man spricht andrerseits von Marktpreisen der Arbeit, d. h. über oder unter ihrem notwendigen Preis oszillierenden Preisen.
Aber was ist der Wert einer Ware? Gegenständliche Form der in ihrer Produktion verausgabten gesellschaftlichen Arbeit. Und wodurch messen wir die Größe ihres Werts? Durch die Größe der in ihr enthaltnen Arbeit. Wodurch wäre also der Wert

354

z. B. eines zwölfstündigen Arbeitstags bestimmt? Durch die in einem Arbeitstag von 12 Stunden enthaltnen 12 Arbeitsstunden, was eine abgeschmackte Tautologie ist." (I, 557)

Oben (vgl. S. 307) haben wir zum einen gesehen, dass Marx die Warenform der Arbeitskraft aufgreifen kann, weil der Verkauf der Arbeit durch die Lohnarbeiter dem Verkauf der Arbeitskraft gleichkommt. Zum anderen hat sich auf der Seite 326ff. gezeigt, dass Marx nicht nur von der Warenform der Arbeitskraft, sondern auch von ihrem Wert spricht, der dem Wert der notwendigen Konsumtionsmittel entspricht. Gerade auf diesem Hintergrund ist das obige Zitat äußerst merkwürdig. Man würde nämlich annehmen, dass die letztgenannte Frage nicht mit „12 Arbeitsstunden", sondern dem Wert der Konsumtionsmittel beantwortet wird, die dem zwölfstündigen Arbeitstag entsprechen. Dass Marx diese Antwort nicht gibt, zeigt, dass er den Wert der Arbeit offensichtlich von vornherein anders versteht als den Wert der Arbeitskraft. Während bei diesem nur etwas über das gesagt werden soll, was in die Arbeitskraft gesteckt werden muss, und nichts über das, was aus ihr herausgeholt werden kann, kommt es beim Wert der Arbeit zu einer eigentümlichen Verkoppelung. Einesteils wird auch von dem gesprochen, was in die Arbeitskraft hineingesteckt werden muss. Andernteils soll sich das aber auch mit dem decken, was aus ihr herausgeholt werden kann. Mit anderen Worten geht mit dem Wert der Arbeit einher, dass die Arbeit als wertbildende Instanz verdunkelt wird.

Der Unterschied zwischen der Warenform der Arbeitskraft und der Warenform der Arbeit besteht auf dieser Grundlage darin, dass sich mit letzterer ein Schein verbindet und mit ersterer nicht. Gerade weil der Kauf der Arbeitskraft und der Kauf der Arbeit auf genau dasselbe hinauslaufen, ist dieser Unterschied verwunderlich. Logisch gesehen ist nämlich nicht einzusehen, warum es in einem Fall einen Zusammenhang geben soll, den es im anderen nicht gibt. Dagegen könnte eingewandt werden, dass das richtig wäre, wenn beides wirklich auf dasselbe hinauslaufen würde, diese Bedingung aber gar nicht gegeben ist. Dies könnte mit folgendem Zitat belegt werden:

„Was dem Geldbesitzer auf dem Warenmarkt direkt gegenübertritt, ist in der Tat nicht die Arbeit, sondern der Arbeiter. Was letztrer verkauft, ist seine Arbeitskraft. Sobald seine Arbeit wirklich beginnt, hat sie bereits aufgehört, ihm zu gehören, kann also nicht mehr von ihm verkauft werden. Die Arbeit ist die Substanz und das immanente Maß der Werte, aber sie selbst hat keinen Wert." (I, 559)

In diesem Zitat scheint Marx tatsächlich zum Ausdruck bringen zu wollen, dass zwar von der Warenform der Arbeitskraft gesprochen werden kann, aber nicht von der der Arbeit. Denn er weist darauf hin, dass es wohl den Wert der Arbeitskraft gibt, aber nicht den Wert der Arbeit. Wenn wir uns fragen, was von diesem Argument zu halten ist, ist festzustellen, dass es nicht überzeugt. Weil eine Kraft sich einerseits dem Inhalt nach gar nicht von ihrer Äußerung unterscheidet und sich andererseits nur in ihrer Äußerung als Kraft erweist, kann nicht gesagt werden, dass der Arbeiter nur seine Arbeitskraft verkauft, aber nicht seine Arbeit. Denn eine Veräußerung der Arbeitskraft ohne ihre Äußerung und damit ohne wirkliche Arbeit ist ein Unding. Ferner macht es auch keinen Sinn zu sagen, dass die sich noch nicht äußernde Arbeitskraft zwar noch dem Arbeiter gehört, aber die sich äußernde Arbeitskraft schon dem Geldbesitzer. Der Punkt des Eigentumsübergangs ist stattdessen entweder als die Stipulation zu bestimmen, die der wirklichen Arbeit vorausgeht und sich daher auch schon auf die bloße Arbeitskraft bezieht. Oder man verlegt ihn auf das Arbeitsende, was zur Folge hat, dass auch noch die lebendige Arbeit dem Arbeiter gehört. Auf keinen Fall macht es aber Sinn, den Eigentumsübergang zwischen die Arbeitskraft und die Arbeit zu legen. Denn dieses Dazwischen gibt es nicht.

Im Ergebnis bleibt es also dabei, dass Arbeitskraft und Arbeit auf dasselbe hinauslaufen und es daher unverständlich ist, warum sich mit der Warenform der Arbeit ein Schein verbinden soll, den es bei der Warenform der Arbeitskraft nicht gibt. Daran ändert auch die folgende Stelle nichts, in der Marx zeigen will, „wie Wert und Preise der Arbeitskraft sich in ihrer verwandelten Form als Arbeitslohn darstellen":

"Man weiß, dass der Tageswert der Arbeitskraft berechnet ist auf eine gewisse Lebensdauer des Arbeiters, welcher eine gewisse Länge des Arbeitstags entspricht. Nimm an, der gewohnheitsmäßige Arbeitstag betrage 12 Stunden und der Tageswert der Arbeitskraft 3 sh., der Geldausdruck eines Werts, worin sich 6 Arbeitsstunden darstellen. Erhält der Arbeiter 3 sh., so erhält er den Wert seiner während 12 Stunden funktionierenden Arbeitskraft. Wird nun dieser Tageswert der Arbeitskraft als Wert der Tagesarbeit ausgedrückt, so ergibt sich die Formel: Die zwölfstündige Arbeit hat einen Wert von 3 sh. Der Wert der Arbeitskraft bestimmt so den Wert der Arbeit oder, in Geld ausgedrückt, ihren notwendigen Preis. Weicht dagegen der Preis der Arbeitskraft von ihrem Wert ab, so ebenfalls der Preis der Arbeit von ihrem sog. Wert.
Da der Wert der Arbeit nur ein irrationeller Ausdruck für den Wert der Arbeitskraft, ergibt sich von selbst, dass der Wert stets kleiner sein muß als ihr Wertprodukt, denn der Kapitalist läßt die Arbeitskraft stets länger funktionieren, als zur Reproduktion ihres eignen Werts nötig ist. Im obigen Beispiel ist der Wert der während 12 Stunden funktionierenden Arbeitskraft 3 sh., ein Wert, zu dessen Reproduktion sie 6 Stunden braucht. Ihr Wertprodukt ist dagegen 6 sh., weil sie in der Tat während 12 Stunden funktioniert, und ihr Wertprodukt nicht von ihrem eignen Werte, sondern von der Zeitdauer ihrer Funktion abhängt. Man erhält so das auf den

356

ersten Blick abgeschmackte Resultat, dass Arbeit, die einen Wert von 6 sh. schafft, einen Wert von 3 sh. besitzt.
Man sieht ferner: Der Wert von 3 sh., worin sich der bezahlte Teil des Arbeitstages, d. h. sechsstündige Arbeit darstellt, erscheint als Wert oder Preis des Gesamtarbeitstags von 12 Stunden, welcher 6 unbezahlte Stunden enthält. Die Form des Arbeitslohns löscht also jede Spur der Teilung des Arbeitstags in notwendige Arbeit und Mehrarbeit, in bezahlte und unbezahlte Arbeit aus. Alle Arbeit erscheint als bezahlte Arbeit." (I, 561/562)

Im Gegensatz zu dem, was uns zuvor von Marx erklärt worden ist, bringt er in diesem Zitat einesteils zum Ausdruck, dass man nicht nur vom "Wert der Arbeitskraft", sondern auch vom "Wert der Arbeit" sprechen kann. Denn der erstere kann auf Basis einer bestimmten Zeitspanne problemlos in den letzteren umgerechnet werden. Andernteils bezeichnet er den „Wert der Arbeit" nur als "irrationeller Ausdruck" des „Werts der Arbeitskraft", der nicht nur mit dem "abgeschmackten Resultat" einhergeht, „dass die Arbeit, die einen Wert von 6 sh. schafft, einen Wert von 3 sh. besitzt", sondern auch dazu führt, dass die Arbeit als wertbildende Instanz und damit auch als Quelle der Wertvermehrung ausgelöscht wird.

Marx ist wohl der Meinung, dass er mit dem Andernteils das Einesteils zurücknimmt. Sieht man genauer hin, zeigt sich zum einen, dass das gar nicht der Fall ist. Statt die sinnvolle Rede vom Wert der Arbeit zu revidieren, die im Einesteils enthalten ist, geht er vielmehr zu einer anderen Bedeutung über. Während zunächst nur von der Inputseite der Arbeitskraft oder der Arbeit die Rede war, spricht Marx danach von der Outputseite. Genauer gesprochen macht er die Inputseite zur Outputseite. Zum anderen ist zu betonen, dass dieser Schritt nichts mit dem Übergang von der Warenform der Arbeitskraft zur Warenform der Arbeit zu tun hat. Er könnte vielmehr auch auf der Ebene der ersteren vollzogen werden. Denn auch auf ihrer Basis gibt es das Resultat, dass die Arbeitskraft, „die einen Wert von 6 sh. schafft, einen Wert von 3 sh. besitzt".

Als Konsequenz können wir damit festhalten, dass der Übergang zum Schein – so wie Marx in vollzieht – nicht überzeugen kann. Genauso wie man auf Basis der Warenform der Arbeitskraft die obigen Bedeutungswechsel vollziehen und damit zum Schein übergehen könnte, genauso kann man es auf der Grundlage der Warenform der Arbeit dabei belassen, dass nur von der Inputseite gesprochen und damit der Übergang zum Schein nicht vollzogen wird. Genauso wie die Rede vom Wert der Arbeitskraft damit vereinbar ist, dass es beim Wissen um die Arbeit als wertbildende Instanz erhalten bleibt, genauso gibt es diese Vereinbarkeit auch bei der Rede von Wert der Arbeit. Darauf sei nicht zuletzt deswegen hingewiesen, weil das folgende Zitat zeigt, dass der Übergang zum Schein für Marx sehr wichtig ist:

"Man begreift daher die entscheidende Wichtigkeit der Verwandlung von Wert und Preis der Arbeitskraft in die Form des Arbeitslohns oder in Wert und Preis der Arbeit selbst. Auf dieser Erscheinungsform, die das wirkliche Verhältnis unsichtbar macht und grade sein Gegenteil zeigt, beruhn alle Rechtsvorstellungen des Arbeiters wie des Kapitalisten, alle Mystifikationen der kapitalistischen Produktionsweise, alle ihre Freiheitsillusionen, alle apologetischen Flausen der Vulgärökonomie." (I, 562),

Als unmittelbare Fortsetzung dieses Zitats, findet sich bei Marx folgende Stelle, auf die noch eingegangen werden soll, weil Marx in ihr beansprucht zu begründen, warum es zum Schein kommt:

"Braucht die Weltgeschichte viel Zeit, um hinter das Geheimnis des Arbeitslohns zu kommen, so ist dagegen nichts leichter zu verstehn als die Notwendigkeit, die raison d'être dieser Erscheinungsform.
Der Austausch zwischen Kapital und Arbeit stellt sich der Wahrnehmung zunächst ganz in derselben Art dar, wie der Kauf und Verkauf aller andren Waren. Der Käufer gibt eine gewisse Geldsumme, der Verkäufer einen von Geld verschiednen Artikel. Das Rechtsbewußtsein erkennt hier höchstens einen stofflichen Unterschied, der sich ausdrückt in den rechtlich äquivalenten Formeln: Do ut des, do ut facias, facio ut des, und facio ut facias.
Ferner: Da Tauschwert und Gebrauchswert an und für sich inkommensurable Größen sind, so scheint der Ausdruck: "Wert der Arbeit", "Preis der Arbeit", nicht irrationeller als der Ausdruck, "Wert der Baumwolle", "Preis der Baumwolle". Es kommt hinzu, dass der Arbeiter gezahlt wird, nachdem er seine Arbeit geliefert hat. In seiner Funktion als Zahlungsmittel realisiert das Geld aber nachträglich den Wert oder Preis des gelieferten Artikels, also im gegebnen Fall den Wert oder Preis der gelieferten Arbeit. Endlich ist der "Gebrauchswert", den der Arbeiter dem Kapitalisten liefert, in der Tat nicht seine Arbeitskraft, sondern ihre Funktion, eine bestimmte nützliche Arbeit, Schneiderarbeit, Schusterarbeit, Spinnarbeit usw. Daß diesselbe Arbeit nach einer andren Seite hin allgemeines wertbildendes Element ist, eine Eigenschaft, wodurch sie sich von allen andren Waren unterscheidet, fällt außerhalb des Bereichs des gewöhnlichen Bewußtseins." (I, 562/563)

Wie diese Stelle zeigt, ist Marx der Ansicht, dass für den falschen Schein, gemäß dem nicht nur alle Arbeit bezahlt wird, sondern die Arbeitskraft darüber hinaus auch keines über diesen Lohn hinausgehenden Wertprodukts fähig ist, eine "Wahrnehmung" verantwortlich ist, für die sich der Kauf der Arbeit genauso darstellt wie der Kauf irgendwelcher anderer Dinge. Zwar kann zugestanden werden, dass eine solche Wahrnehmung ein Bestandteil „des gewöhnlichen Bewusstseins" darstellt und in diesem Sinne empirisch im unmittelbaren Sein gegeben ist. Trotzdem kann sie als Argument insofern nicht überzeugen, als nicht einzusehen ist, warum sie sich nur auf den Kauf der Arbeit und nicht auf den Kauf der Arbeitskraft bezieht. Wenn der Kauf der Arbeit genau gleich wie der Kauf jeder anderen Ware wahrgenommen wird, dann leuchtet nicht ein, warum das beim Kauf der Arbeitskraft anders sein soll.

Um den genannten Unterschied zwischen dem Kauf der Arbeitskraft und dem Kauf der Arbeit begründen zu können, bräuchte Marx eine unterschiedliche Wahrnehmung. Woher ein solcher Unterschied kommen soll, ist jedoch nicht abzusehen. Der Grund dafür ist, dass es zwischen den beiden Käufen nun einmal keine Differenz gibt, die unterschiedliche Wahrnehmungen rechtfertigen könnte. Beides ist vielmehr dasselbe, weil die Veräußerung der Arbeitskraft ihre Äußerung einschließt und diese Äußerung nur die Form der Arbeitsleistung haben kann.[cxxxii]

Aufgrund der obigen Überlegungen können wir als Fazit zum einen festhalten, dass Marx den mit einem Schein einhergehenden Wert der Arbeit oder den Arbeitslohn deswegen nicht ableiten kann, weil er zuvor von einem Wert der Arbeitskraft spricht, die zum Wesen gehört und daher nicht mit einem Schein verbunden ist. Da die Warenform der Arbeitskraft auf dasselbe hinausläuft wie die Warenform der Arbeit, ist nämlich nicht einzusehen, warum es im zweiten Fall zu Mystifikationen kommen soll, die es im ersten Fall noch nicht gibt. Wenn es den Schein auf der Ebene der Warenform der Arbeit gibt, dann ist das nur einsichtig, wenn es ihn auch schon auf der Ebene der Warenform der Arbeitskraft gegeben hat. Wenn es ihn dagegen auf der Ebene der Warenform der Arbeitskraft nicht gibt, dann ist unverständlich, warum es ihn auf der Ebene der Warenform der Arbeit geben soll.[cxxxiii]

Zum anderen wird auf diesem Hintergrund klar, warum Marx überhaupt einen Unterschied zwischen der Warenform der Arbeitskraft und der der Arbeit machen muss. Das ist nämlich nur der Fall, weil er die auf die Leistungen der Arbeiter bezogene Warenform schon hat, ohne dass es deswegen zum Schein kommt. Aus diesem Grund kann er den Schein nicht mehr an dieser Warenform als solcher festmachen, sondern muss auf eine andere Differenz ausweichen. In dieser Beziehung glaubt er bei dem Unterschied zwischen der Arbeitskraft und der Arbeit fündig zu werden. Dem kann aber deswegen nicht zugestimmt werden, weil die Wirklichkeit einer Kraft eben nur in ihrer Äußerung zu finden ist und die Marxsche Unterscheidung deswegen keine sachliche Begründung hat.

3. Zusammenfassung

Im vorvorletzten Abschnitt haben wir gesehen, dass Marx' industrielles Kapital deswegen zu kritisieren ist, weil es Zirkulationsakte enthält. Im vorletzten Abschnitt hat sich gezeigt, dass sich das auch auf den Kauf der Arbeitskraft bezieht. Wenn Marx nur vom schrankenlosen Wertvermehrungsstreben ausgegangen wäre, würde die Arbeitskraft nämlich unmittelbar in den Wertvermehrungsprozess einbezogen. In diesem Abschnitt wurde zudem deutlich, dass die Warenform der

Arbeitskraft auch aus einem weiteren Grund zurückzuweisen ist. Denn ihr Kauf führt dazu, dass die wirkliche Quelle des Mehrwerts verdeckt wird. Dieses Merkmal, das in Widerspruch zu Marx' Absicht steht, zu zeigen, wie die Wertvermehrung wirklich zustande kommt, ist nicht nur dann gegeben, wenn der Mittelteil der Bewegung $G - Pm/G - W' - G'$ als etwas verstanden wird, was der sich als Kapital selbst verwertende Wert als Subjekt selbst vollzieht. Es kommt vielmehr auch dann vor, wenn der Mittelteil von Menschen entweder als Charaktermasken bewusstlos oder als Subjekte bewusst und willentlich ausgeführt wird. Denn beides verdunkelt die wirkliche Mehrwerterzeugung und führt damit zum gleichen Resultat, wie der Schein des sich selbst bewegenden Kapitals.

Einerseits ist festzustellen, dass Marx dieser Zusammenhang entgeht. Andererseits finden sich bei ihm Überlegungen, die einen ähnlichen Charakter haben. Marx versucht nämlich den die wahren Verhältnisse verdunkelnden Schein daraus zu erklären, dass sich auf der Oberfläche der Gesellschaft die Warenform der Arbeitskraft als Warenform der Arbeit darstellt. Dieser Versuch ist unzulänglich. Denn es ist nicht einzusehen, warum sich die Verdunkelung der wirklichen Verhältnisse zwar mit dem Kauf der Arbeit, aber nicht mit dem Kauf der Arbeitskraft verbinden soll, weil beides eben auf dasselbe hinausläuft. Als Fazit können wir daher festhalten, dass der alternative Versuch der Begründung des Scheins scheitert.

Auf diesem Hintergrund können wir endgültig feststellen, dass das dem ersten Kapitalbegriff entsprechende Kapital von Marx falsch gefasst worden ist. Während als Kritik zunächst nur eingewendet wurde, dass es nicht richtig zum Heißhunger nach Mehrwert passt, und außerdem empirisch widerlegt wird, ist hier darüber hinaus zu konstatieren, dass es nicht im Einklang mit dem steht, was Marx beabsichtigt. Wenn die Arbeitskraft als Ware auftritt, dann verschwindet nämlich die wirkliche Produktion. Dann bekommen wir es mit Verhältnissen zu tun, in denen der Mehrwert anders begründet wird als in der wirklichen Produktion. Und das passt eben nicht dazu, dass Marx zeigen will, wie der Mehrwert wirklich zustande kommt.

Auf dieser Grundlage kann umgekehrt festgestellt werden, dass man dann, wenn man die wirkliche Produktion zum Thema machen möchte, nicht mit einem Prinzip anfangen darf, bei dem der Heißhunger nach Mehrwert an vorgeschossenes Geld geknüpft ist. Weil das zum Kauf der Arbeitskraft führt und dieser zur Folge hat, dass die Produktion verschwindet, muss man das Streben nach schrankenloser Wertvermehrung vielmehr rein ansetzen. Denn nur dann, wenn man so vorgeht, werden die Arbeitskräfte unmittelbar einbezogen und treten daher nicht als Waren in Erscheinung. Wenn man das Streben aber rein ansetzt, redet man noch nicht vom Kapital. Dann kommt es erst auf der Ebene des Scheins zum Kapital. Dann ist das Kapital von vornherein ein sich selbst verwertender Wert.

Wenn wir uns noch kurz der empirischen Seite zuwenden und uns fragen, ob der Wert der Arbeit in seiner Bedeutung als irrationeller Ausdruck bestätigt wird, kann darauf hingewiesen, dass das durchaus der Fall ist. Im Rahmen des unmittelbaren Seins ist es nämlich tatsächlich so, dass die Arbeit allenfalls den Wert auf das Produkt übertragen zu können scheint, der für sie gezahlt worden ist. Das ändert aber nichts an der genannten logischen Kritik. Denn diese empirische Bestätigung gilt nicht nur für die Ware Arbeit, sondern gleichermaßen für die Ware Arbeitskraft.

Im V. Kapitel haben wir davon gesprochen, dass das sich selbst verwertende Kapital ein Subjekt darstellt, das sich selbst bewegen kann. Aus diesem Kapitel scheint sich dagegen zu ergeben, dass Marx gar nicht von einem solchen Kapital spricht, sondern er auch das sich selbst verwertende Kapital als etwas versteht, was von den Menschen in Bewegung gesetzt wird. Denn zu diesem Ergebnis kommt man, wenn man auf der Basis der Marxschen Darstellung verbleibt. Da diese von $G - {}^{Pm}/_{Ak} \dots P \dots W' - G'$ ausgeht, erhält man dann, wenn man den in ihr enthaltenen Fehler korrigiert, nämlich die Figur ${}^{Pm}/_{G} - W'$, hinter der je schon die Menschen stehen, die das Geld verausgaben. Daraus könnte man den Schluss ziehen, dass die erstgenannten Ausführungen verkehrt waren. Wir bekommen es nicht wirklich mit einem sich als eigenständiges Subjekt selbst verwertenden Wert zu tun. Stattdessen ist dieses Kapital genauso etwas, was der Ausführung durch die Menschen bedarf wie der Heißhunger nach Mehrwert des ersten Kapitals.

Aus diesem Grund sei hier einesteils darauf hingewiesen, dass sich diese Konsequenz zwar einstellt, wenn man vom Marxschen Ausgangspunkt ausgeht. Da dieser Ausgangspunkt insofern verkehrt ist, als er mit einem vielzahligen Prinzip verbunden ist, ist andernteils darauf hinzuweisen, dass wir zum gegenteiligen Ergebnis kommen, wenn wir vom richtigen Prinzip ausgehen. Wenn Marx nur vom einheitlichen Streben nach maßlosem Mehrwert ausgegangen wäre, hätte er es nämlich erstens mit der Zweiteilung in Produktions- und Konsumtionsbereich und damit dem Stellenwechsel zwischen Konsumtionsmitteln und Arbeitskräften zu tun bekommen. (vgl. S. 324) Zweitens käme er dann, wenn dieser Stellenwechsel als Tausch wahrgenommen würde, zu der einen Fehler beinhaltenden Ausgangsbewegung ${}^{Pm}/_{Km} - Ak \dots P \dots {}^{Pm'}/_{Km}$. Drittens würde die Berichtigung des in dieser Ausgangsbewegung enthaltenen Fehlers zu der Figur ${}^{Pm}/_{Km} - {}^{Pm'}/_{Km'}$ führen, die deswegen die Basis für den Schein des sich als Subjekt selbst verwertenden Wert darstellt, weil es keine menschlichen Charaktermasken gibt, die hinter ${}^{Pm}/_{Km}$ stehen. Denn als menschliche Charaktermasken gibt es auf der Ebene des Wesens ausschließlich die Arbeiter als Träger der Arbeitskraft. Kapitalisten kommen dagegen noch nicht vor.

Zusammenfassend können wir auf dieser Grundlage zum einen festhalten, dass dieses Ergebnis dem sich selbst verwertenden Kapitalsubjekt Recht gibt. Das ist der Fall, weil das Marxsche Einzelkapital als Ausgangspunkt falsch und das einheitliche Streben nach maßlos viel Mehrwert richtig ist. Zum anderen können wir auch an dieser Stelle konstatieren, dass Marx richtigen Instinkt beweist, wenn er im V. Kapitel von diesem Kapital spricht, obwohl es gar nicht richtig zu seinen sonstigen Ausführungen passt. Marx spricht zwar nicht von einem einheitlichen Streben nach maßlos viel Mehrwert. Er macht mit dem sich selbst bewegenden Kapitalsubjekt jedoch etwas zum Thema, zu dem es nur auf dieser Grundlage kommt.

Schließlich sei noch auf die Frage eingegangen, warum der Stellenwechsel als Tausch wahrgenommen wird. Auf sie ist zum einen zu antworten, dass es dazu nur kommen kann, wenn man sich auf die fertigen Verhältnisse beschränkt und ihren Entstehungsprozess aus einunddemselben Prinzip außer Acht lässt. Denn dann scheinen wir es nicht mit einem einheitlichen Ganzen zu tun zu haben, sondern mit einer Totalität, die sich aus zwei selbständigen Bereichen zusammensetzt. Zum anderen ist darauf hinzuweisen, dass das alleine aber nicht genügt. Denn zur Wahrnehmung des Stellenwechsels als Tausch zwischen gleichen oder zumindest vergleichbaren Dingen kann es nur kommen, wenn die Ausgangsverhältnisse von einem subjektiven oder objektiven Begriff aus entwickelt werden. Denn das hat zur Folge, dass der Wert eine Größe darstellt, die sich nicht im menschlichen Bewusstsein abzeichnet. Wenn das einheitliche Prinzip dagegen ein objektiver oder subjektiver Zweck darstellen würde, würde verhindert, dass der Stellenwechsel zwischen Konsumtionsmitteln und Arbeitskräften als ein Tausch zwischen gleichen oder vergleichbaren Dingen wahrgenommen werden könnte. Denn es bliebe klar, dass die Konsumtionsmittel weniger Wert enthalten, als die Arbeitskraft schaffen kann.

Während das bei Marx nicht möglich ist, kann man ausgehend vom einheitlichen Streben nach maßlos viel Mehrwert auf die oben skizzierte Weise auch erklären, warum es zu Tauschvorgängen insbesondere bezogen auf die Arbeitskraft und damit zum Schein kommt. Diese Tauschvorgänge gibt es nicht von Anfang an entweder deswegen, weil Kapital von vornherein als Geld im Kauf ausgegeben wird oder die Arbeitskraft von Anfang an als Ware auftritt. Diese Tauschvorgänge gibt es vielmehr auf vermittelte Weise deshalb, weil der Stellenwechsel zwischen Arbeitskräften und Konsumtionsmitteln als ein fertiges Ergebnis genommen und damit als Tausch zwischen gleichen Dingen wahrgenommen wird, was eben nur möglich ist, weil von einem subjektiven oder objektiven Begriff ausgegangen wird.

X. Die Produktion von Mehrwert

In den beiden Kapiteln VI. und VII. haben wir uns mit dem ersten Schritt von Marx' Grundform des Kapitals, also mit dem Zirkulationsakt $G - {}^{Ak}/_{Pm}$ beschäftigt. Im vorhergehenden IX. Kapitel haben wir gesehen, dass dieser Zirkulationsakt in dieser Form zwar bezogen auf die gegenständlichen Produktionsmittel richtig dargestellt ist. Bezogen auf die Arbeitskraft ist jedoch das Gegenteil zu konstatieren. Denn ihre Zirkulation ist im Unterschied zu der der Produktionsmittel erst beendet, wenn der zweite Schritt und damit der Produktionsprozess ${}^{Ak}/_{Pm} ... P ...$ W' abgeschlossen ist. Folge davon ist das scheinende Kapital und damit der Umstand, dass die Arbeitskraft nur den Wert auf das Produkt übertragen zu können scheint, den sie von Anfang an mitbringt.

Wie wir oben gesehen haben, entgehen Marx diese Zusammenhänge. Das macht auch das folgende Zitat deutlich:

„Der Konsumtionsprozeß der Arbeitskraft ist zugleich der Produktionsprozeß von Ware und Mehrwert. Die Konsumtion der Arbeitskraft, gleich der Konsumtion jeder andren Ware, vollzieht sich außerhalb des Markts oder der Zirkulationssphäre. Diese geräuschvolle, auf der Oberfläche hausende und aller Augen zugängliche Sphäre verlassen wir daher, zusammen mit dem Geldbesitzer und Arbeitskraftbesitzer, um beiden nachzufolgen in die verborgne Stätte der Produktion, an deren Schwelle zu lesen steht: No admittance except on business. Hier wird sich zeigen, nicht nur wie das Kapital produziert, sondern auch wie man es selbst produziert, das Kapital. Das Geheimnis des Plusmacherei muß sich endlich enthüllen." (I 189)

Zum einen ist Marx nämlich der Meinung, dass die Konsumtion der Arbeitskraft und damit ihre Verausgabung in der wirklichen Arbeit nichts mehr mit der Zirkulation zu tun hat, sondern sich außerhalb dieser Sphäre abspielt. Deshalb sei darauf hingewiesen, dass das falsch ist. Die Konsumtion der Arbeitskraft, die im Rahmen der Produktion stattfindet, spielt sich zwar nicht in einer Zirkulation ab, die für alle zugänglich ist. Das ändert aber nichts daran, dass sie Teil einer Zirkulation ist. Denn dieser ihr Charakter ist nicht davon abhängig, dass sie vollkommen öffentlich ist.

Zum anderen macht der Umstand, dass Marx von der „Konsumtion der Arbeitskraft" durch den Kapitalisten spricht, deutlich, dass er der Meinung ist, auch auf Basis der Warenform der Arbeitskraft die Produktion in einer Weise zum Thema machen zu können, bei der sich das „Geheimnis der Plusmacherei" endlich enthüllt. Wie wir wissen, ist das nicht der Fall. Denn der Unterschied zwischen der Warenform der Arbeitskraft und der der Arbeit, auf den Marx hier offensichtlich baut, ist als solcher unhaltbar. Nichtsdestoweniger soll bei den folgenden Untersuchungen zunächst so getan werden, als habe Marx damit Recht, dass weiterhin vom ersten Kapitalbegriff in einer Weise gesprochen werden kann, die mit der Thematisierung der wirklichen Produktion einhergeht und deshalb nicht zu seiner Auflösung führt. Um Marx' weiterer Argumentation innerlich zu werden, soll mit anderen Worten zunächst so getan werden, als rede Marx gar nicht vom ersten Kapitalbegriff, sondern von einem maßlosen Streben nach Mehrwert, das nicht an vorgeschossenes Geld gekoppelt ist. Erst danach sollen die Konsequenzen dessen erörtert werden, dass Marx mit seiner Rede vom ersten Kapitalbegriff deswegen nicht Recht hat, weil der Kauf der Arbeitskraft schon zum Schein führt.

Im Rahmen des ersten Vorhabens wird nicht nur akzeptiert, dass Marx nicht vom Heißhunger nach Mehrwert als solchen ausgeht, sondern von einem Streben nach maßlos viel Mehrwert, das an das vorgeschossene Geld gebunden ist und sich daher als das Kapital seines ersten Kapitalbegriffs darstellt. Zum anderen wird auch hingenommen, dass er dieses Kapital nicht als Gesamtkapital versteht, sondern als Einzelkapital. Im Hinblick auf dieses Einzelkapital stellt sich trotzdem immer noch die Frage, von was für einer Variante Marx eigentlich spricht. Diese Frage kann zwar weiterhin mit dem wesentlichen begrifflichen Kapital beantwortet werden. Da Marx aber nach wie vor davon ausgeht, dass der Wert zumindest im Rahmen des industriellen Kapitals der direkte Grund des Tauschwerts darstellt, können wir einerseits das wesentliche zweckhafte Kapital immer noch nicht ganz ausscheiden. Dafür spricht auch, dass wir im VII. Kapitel Überlegungen kennen gelernt haben, in deren Rahmen es um das Aufgreifen aus der Empirie des unmittelbaren Seins ging. Andererseits müssen wir aufgrund dieses Umstandes auch noch das erscheinende begriffliche und das erscheinende zweckhafte Kapital im Auge behalten. Denn sie haben mit der zuvor genannten Kapitalvariante die direkte Beziehung auf das unmittelbare Sein gemeinsam.

1. Der Produktionsprozess

Die Untersuchung der Produktion beginnt Marx mit folgendem Zitat:

"Der Gebrauch der Arbeitskraft ist die Arbeit selbst. Der Käufer der Arbeitskraft konsumiert sie, indem er ihren Verkäufer arbeiten läßt. Letzterer wird hierdurch actu sich betätigende Arbeitskraft, Arbeiter, was er früher nur potentia war. Um seine Arbeit in Waren darzustellen, muß er sie vor allem in Gebrauchswerten darstellen. Sachen, die zur Befriedigung von Bedürfnissen irgendeiner Art dienen. Es ist also ein besondrer Gebrauchswert, ein bestimmter Artikel, den der Kapitalist vom Arbeiter anfertigen läßt." (I, 192)

Diese Stelle macht deutlich, dass der Kapitalist die Arbeiter im Rahmen der Produktion Gebrauchswerte herstellen lässt. Das ist aber nicht alles. Da wir es mit einer kapitalistischen Produktion zu tun haben, wird mit der Herstellung eines bestimmten Gebrauchswerts zugleich ein Wert erzeugt und damit wertbildende Arbeit verausgabt. Wie wir sehen werden, bezieht sich das nicht nur auf die wertbildende Arbeit, die wir schon kennen, sondern hat auch noch eine zweite Seite. Auf sie geht Marx zuerst ein.

Die Herstellung eines Gebrauchswerts erfordert im Allgemeinen den Einsatz von Produktionsmitteln, die selbst Arbeitsprodukte und daher Werte sind. Durch ihren Gebrauch werden diese Produktionsmittel verbraucht, d. h. sie verlieren nach und nach ihren Gebrauchswert. Ihr Wert geht dagegen nicht verloren, sondern wird lediglich auf das neue Produkt übertragen. Dies behauptet wenigstens Marx, wenn er schreibt:

"Indem die produktive Arbeit Produktionsmittel in Bildungselemente eines neuen Produkts verwandelt, geht mit deren Wert eine Seelenwandrung vor. Er geht aus dem verzehrten Leib in den neu gestalteten Leib über. Aber diese Seelenwandrung ereignet sich gleichsam hinter dem Rücken der wirklichen Arbeit. Der Arbeiter kann neue Arbeit nicht zusetzen, also nicht neuen Wert schaffen, ohne alte Werte zu erhalten, denn er muß die Arbeit immer in bestimmter nützlicher Form zusetzen, und er kann sie nicht in nützlicher Form zusetzen, ohne Produkte zu Produktionsmitteln eines neuen Produkts zu machen und dadurch ihren Wert auf das neue Produkt zu übertragen. Es ist also eine Naturgabe der sich betätigenden Arbeitskraft, der lebendigen Arbeit, Werte zu erhalten, indem sie Wert zusetzt, eine Naturgabe, die dem Arbeiter nichts kostet, aber dem Kapitalisten viel einbringt, die Erhaltung des vorhandnen Kapitalwerts." (I, 221)

Diesem Zitat kann insofern nicht widersprochen werden, als es den Begriff der wertbildenden Arbeit um die Arbeit bereichert, die aus den verbrauchten Produktionsmitteln auf das neue Produkt übertragen wird und von Marx als "tote Arbeit" (vgl. I, 228) bezeichnet wird. Bislang war nach unserem Verständnis zwar nur von der "lebendigen Arbeit" (I, 197) die Rede, d. h. von der Arbeit, die der Arbeiter aktuell verausgabt. (vgl. S. 79ff.) Da jedoch der Wert und die ihn bildende Arbeit auch bisher nur Behauptungen dargestellt haben, kann auch gegen diese neuerliche Setzung als Setzung nichts eingewendet werden.

Dieser neue Aspekt der wertbildenden Arbeit bedeutet, dass auch die Arbeit in ein Produkt eingeht, die bei der Herstellung seines Produktionsmittels verausgabt worden ist. Da aber bei der Produktion dieses Produktionsmittels ebenfalls Produktionsmittel verbraucht worden sind, wird dabei als tote Arbeit auch Wert auf das erstgenannte Produkt übertragen, der einem noch früheren Arbeitsprozess entstammt usw. usf.. Somit erhalten wir eine im Prinzip endlose Stufenleiter der Produktion. Obwohl der Wert auf jeder Stufe in tote und lebendige Arbeit zerfällt, löst sich aller Wert letztlich doch in einstmals verausgabte lebendige Arbeit auf. Die

Arbeitskraft bleibt mithin die einzige Quelle des Werts, weil der Anteil der toten Arbeit auf dem Weg zurück in die Vergangenheit gegen 0 geht:

"Soweit also der Wert des Garns, die zu seiner Herstellung erheischte Arbeitszeit, in Betrachtung kommt, können die verschiednen besondren, der Zeit und dem Raum nach getrennten Arbeitsprozesse, die durchlaufen werden müssen, um die Baumwolle selbst und die vernutzte Spindelmasse zu produzieren, endlich aus Baumwolle und Spindel Garn zu machen, als verschiedne aufeinander folgende Phasen eines und desselben Arbeitsprozesses betrachtet werden. Alle im Garn enthaltne Arbeit ist vergangne Arbeit. Daß die zur Produktion seiner Bildungselemente erheischte Arbeitszeit früher vergangen ist, im Plusquamperfektum steht, dagegen die zum Schlußprozeß, dem Spinnen, unmittelbar verwandte Arbeit dem Präsens näher, im Perfektum steht, ist ein durchaus gleichgültiger Umstand. Ist eine bestimmte Masse Arbeit, z. B. von 30 Arbeitstagen, zum Bau eines Hauses nötig, so ändert es nichts am Gesamtquantum der dem Hause einverleibten Arbeitszeit, dass der 30. Arbeitstag 29 Tage später in die Produktion einging als der erste Arbeitstag. Und so kann die im Arbeitsmaterial und Arbeitsmittel enthaltne Arbeitszeit ganz so betrachtet werden, als wäre sie nur in einem früheren Stadium des Spinnprozesses verausgabt worden, vor der zuletzt unter der Form des Spinnens zugesetzten Arbeit." (I, 202/203)

So wie die lebendige ist auch die tote Arbeit nur wertbildend, sofern sie folgende Bedingungen erfüllt:

"Nur sind zwei Bedingungen zu erfüllen. Einmal müssen Baumwolle und Spindel wirklich zur Produktion eines Gebrauchswerts gedient haben. Es muß in unsrem Fall Garn aus ihnen geworden sein. Welcher Gebrauchswert ihn trägt, ist dem Wert gleichgültig, aber ein Gebrauchswert muß ihn tragen. Zweitens ist vorausgesetzt, dass nur die unter den gegebnen gesellschaftlichen Produktionsbedingungen notwendige Arbeitszeit verwandt wurde. Wäre also nur 1 Pfund Baumwolle nötig, um 1 Pfund Garn zu spinnen, so darf nur 1 Pfund Baumwolle verzehrt sein in der Bildung von 1 Pfund Garn." (I, 203)

Einerseits ist also vorausgesetzt, dass sie bei der Herstellung eines Gebrauchswerts übertragen wird. Andererseits darf dabei nur die Menge tote Arbeit aufgewendet werden, die im technologischen Sinn gesellschaftlich notwendig ist. Und drittens sei noch hinzugefügt, dass hier nachwievor gesetzt ist, dass die vergegenständlichte Arbeit auch im Sinne der Ausgeglichenheit von Angebot und Nachfrage gesellschaftlich notwendig ist, sodass sich der Wert direkt im Preis ausdrücken kann.

Durch die tote Arbeit kann nun nur der Wert auf das neue Produkt übertragen werden, der bereits in den Produktionsmitteln enthalten war:

"Es zeigt sich so schlagend, dass ein Produktionsmittel nie mehr Wert an das Produkt abgibt, als es im Arbeitsprozeß durch Vernichtung seines eignen Gebrauchswerts verliert. Hätte es keinen Wert zu verlieren, d. h. wäre es nicht selbst Produkt menschlicher Arbeit, so würde es keinen Wert an das Produkt abgeben. Es diente als Bildner von Gebrauchswert, ohne als Bildner von Tauschwert zu dienen." (I, 218)

Somit ist klar, dass der Mehrwert nur aus der lebendigen Arbeit entspringen kann:

"Der Tageswert der Arbeitskraft betrug 3 sh., weil in ihr selbst ein halber Arbeitstag vergegenständlicht ist, d. h. weil die täglich zur Produktion der Arbeitskraft nötigen Lebensmittel einen halben Arbeitstag kosten. Aber die vergangne Arbeit, die in der Arbeitskraft steckt, und die lebendige Arbeit, die sie leisten kann, ihre täglichen Erhaltungskosten und ihre tägliche Verausgabung, sind zwei ganz verschiedne Größen. Die erstere bestimmt ihren Tauschwert, die andre bildet ihren Gebrauchswert. Daß ein halber Arbeitstag nötig, um ihn während 24 Stunden am Leben zu erhalten, hindert den Arbeiter keineswegs, einen ganzen Tag zu arbeiten. Der Wert der Arbeitskraft und ihre Verwertung im Arbeitsprozeß sind also zwei verschiedne Größen. Diese Wertdifferenz hatte der Kapitalist im Auge, als er die Arbeitskraft kaufte. Ihre nützliche Eigenschaft, Garn oder Stiefel zu machen, war nur eine conditio sine qua non, weil Arbeit in nützlicher Form verausgabt werden muß, um Wert zu bilden. Was aber entschied, war der spezifische Gebrauchswert dieser Ware, Quelle von Wert zu sein und von mehr Wert, als sie selbst hat." (I, 207/208)

Wenn wir uns von der fehlerhaften Rede vom "Wert der Arbeitskraft" nicht irreführen lassen und sie so interpretieren wie im vorhergehenden Kapitel (vgl. S. 326ff.), dann können wir dem obigen Zitat entnehmen, dass Mehrwert entsteht, wenn ein Arbeiter während einer bestimmten Zeit, also z. B. einem Tag, mehr Arbeit leistet und damit mehr Wert produziert als er während dieser Zeit direkt oder über diejenigen, deren Tätigkeiten in ihn eingehen, indirekt verbraucht. Der Mehrwert stellt in diesem Sinne also einen Überschuss seiner Produktion über seine umfassend verstandene Konsumtion dar. Dabei ist zur Seite der Produktion nur die lebendige Arbeit und nicht die übertragene tote Arbeit zu rechnen, die sich ja früheren Produktionsperioden verdankt.

Auf der so bestimmten Grundlage kann gesagt werden, dass der Arbeiter nur während eines bestimmten Teils seines Arbeitstages für sich und seine erweiterte Reproduktion arbeitet. Im anderen Teil führt er dagegen den im Kapital beinhalteten Zweck aus:

"Den Teil des Arbeitstags also, worin diese Reproduktion vorgeht, nenne ich notwendige Arbeitszeit, die während derselben verausgabte Arbeit notwendige Arbeit. Notwendig für den Arbeiter, weil unabhängig von der gesellschaftlichen Form seiner Arbeit. Notwendig für das Kapital und seine Welt, weil das beständige Dasein des Arbeiters ihre Basis.

Die zweite Periode des Arbeitsprozesses, die der Arbeiter über die Grenzen der notwendigen Arbeit hinaus schanzt, kostet ihm zwar Arbeit, Verausgabung von Arbeitskraft, bildet aber keinen Wert für ihn. Sie bildet Mehrwert, der den Kapitalisten mit allem Reiz einer Schöpfung aus Nichts anlacht. Diesen Teil des Arbeitstags nenne ich Surplusarbeitszeit, und die in ihr verausgabte Arbeit: Mehrarbeit (surplus labour). So entscheidend es für die Erkenntnis des Werts überhaupt, ihn als bloße Gerinnung von Arbeitszeit, als bloß vergegenständlichte Arbeit, so entscheidend ist es für die Erkenntnis des Mehrwerts, ihn als bloße Gerinnung von Surplusarbeitszeit, als bloß vergegenständlichte Mehrarbeit zu begreifen." (I, 230/231)[52]

Die im ersten Teil verausgabte Arbeit nennt Marx "notwendige Arbeit", womit er noch einmal bestätigt, dass der Preis der Arbeitskraft aus dem Kapital abgeleitet werden kann. (vgl. S. 330ff.) Im zweiten Teil wird dagegen die "Mehrarbeit" verausgabt, die den Mehrwert schafft.

Der ausgeführte Unterschied zwischen der toten Arbeit, die nur übertragen wird, und der lebendigen Arbeit, die neu entsteht und sich in notwendige Arbeit und Mehrarbeit scheidet, bringt Marx auch dadurch zum Ausdruck, dass er den durch die lebendige Arbeit geschaffenen Wert "Neuwert" nennt:

"Anders mit dem subjektiven Faktor des Arbeitsprozesses, der sich betätigenden Arbeitskraft. Während die Arbeit durch ihre zweckmäßige Form den Wert der Produktionsmittel auf das Produkt überträgt und erhält, bildet jedes Moment ihrer Bewegung zusätzlichen Wert, Neuwert." (I, 223; vgl. auch 216/217)

Demgegenüber bezeichnet er den durch die tote Arbeit nur übertragenen Wert als "alten Wert". (I, 221)

Ferner ist in diesem Zusammenhang die Rede vom "konstanten Kapital" und vom "variablen Kapital" zu erwähnen:

"Der Teil des Kapitals also, der sich in Produktionsmittel, d. h. in Rohmaterial, Hilfsstoffe und Arbeitsmittel umsetzt, verändert seine Wertgröße nicht im Produktionsprozeß. Ich nenne ihn daher konstanten Kapitalteil, oder kürzer: konstantes Kapital.
Der in Arbeitskraft umgesetzte Teil des Kapitals verändert dagegen seinen Wert im Produktionsprozeß. Er reproduziert sein eignes Äquivalent und einen Überschuß darüber, Mehrwert, der selbst wechseln, größer oder kleiner sein kann. Aus einer konstanten Größe verwandelt sich dieser Teil des Kapitals fortwährend

---

[52] Es ist zu vermuten, dass die Frage nach dem Grund der Überschüsse der forschungslogische Ansatzpunkt ist, der sowohl Marx als auch seine werttheoretischen Vorgänger Smith und Ricardo zu der vergegenständlichten Arbeit geführt hat.

in eine variable. Ich nenne ihn daher variablen Kapitalteil, oder kürzer: variables Kapital." (I, 223/224)

Dabei entgeht Marx durchaus nicht die Fehlerhaftigkeit des Ausdrucks "variables Kapital", zu der es kommt, weil der Mehrwert nicht der Mehrarbeit, sondern dem in Arbeitskraft verwandelten Ausgangswert zugeschrieben wird. Das zeigt das folgende Zitat:

"Eine andre Schwierigkeit entspringt aus der ursprünglichen Form des variablen Kapitals. So im obigen Beispiel ist C' = 410 Pfd. St. konstantes Kapital + 90 Pfd. St. variables Kapital + 90 Pfd. St. Mehrwert. Neunzig Pfd. St. sind aber eine gegebne, also konstante Größe, und es scheint daher ungereimt, sie als variable Größe zu behandeln. Aber (...) 90 Pfd. St. variables Kapital ist hier in der Tat nur Symbol für den Prozeß, den dieser Wert durchläuft. Der im Ankauf der Arbeitskraft vorgeschoßne Kapitalteil ist ein bestimmtes Quantum vergegenständlichter Arbeit, also konstante Wertgröße, wie der Wert der gekauften Arbeitskraft. Im Produktionsprozeß selbst aber tritt an die Stelle der vorgeschoßnen 90 Pfd. St. die sich betätigende Arbeitskraft, an die Stelle toter, lebendige Arbeit, an die Stelle einer ruhenden, eine fließende Größe, an die Stelle einer konstanten eine variable." (I, 228)

In ihm macht Marx nämlich klar, dass nicht der Wert als variables Kapital sich in dem Sinne verändert, dass er den Mehrwert aus sich hervortreibt, sondern sein Grund die lebendige Mehrarbeit ist.

Schließlich sei zum einen noch erwähnt, dass Marx das Verhältnis zwischen dem variablen Kapital und dem Mehrwert, das dem zwischen der notwendigen Arbeit und der Mehrarbeit entspricht, als "Rate des Mehrwerts" bezeichnet:

"Seine proportionelle Größe aber, also das Verhältnis, worin das variable Kapital sich verwertet hat, ist offenbar bestimmt durch das Verhältnis des Mehrwerts zum variablen Kapital oder ist ausgedrückt in $^m/_v$. (...) Diese verhältnismäßige Verwertung des variablen Kapitals oder die verhältnismäßige Größe des Mehrwerts nenne ich Rate des Mehrwerts." (I, 230)

Zum anderen sei darauf hingewiesen, dass diese Mehrwertrate bei allen Arbeitskräften gleich ist. Dafür sorgt Marx' Bestimmung der komplizierten Arbeit. (vgl. S. 90) Denn sie führt dazu, dass die Arbeit in dem Maße pro Zeiteinheit mehr Werte bildet, in dem ihr sogenannter Wert zunimmt.[cxxxiv] Zum dritten ist gerade wegen dieses Merkmals unbedingt auf folgendes Zitat einzugehen:

"Dies Gesetz widerspricht offenbar aller auf den Augenschein gegründeten Erfahrung. Jedermann weiß, dass ein Baumwollspinner, der, die Prozentteile des angewandten Gesamtkapitals berechnet, relativ viel konstantes und wenig variables Kapital anwendet, deswegen keinen kleinren Gewinn oder Mehrwert erbeutet als ein Bäcker, der relativ viel variables und wenig konstantes Kapital in Bewegung setzt. Zur Lösung dieses scheinbaren Widerspruchs bedarf es noch vieler Mittelglieder, wie es vom Standpunkt der elementaren Algebra vieler Mittelglieder bedarf, um zu verstehn, dass $^0/_0$ eine wirkliche Größe darstellen kann. Obgleich sie das Gesetz nie formuliert hat, hängt die klassische Ökonomie instinktiv daran fest, weil es eine notwendige Konsequenz des Wertgesetzes überhaupt ist. Sie sucht es durch gewaltsame Abstraktion von den Widersprüchen der Erscheinung zu retten. Man wird später sehn, wie die Ricardosche Schule an diesem Stein des Anstoßes gestolpert ist. Die Vulgärökonomie, die "wirklich auch nichts gelernt hat", pocht hier, wie überall, auf den Schein gegen das Gesetz der Erscheinung. Sie glaubt im Gegensatz zu Spinoza, dass "die Unwissenheit ein hinreichender Grund ist"." (I, 325; vgl. auch 335 und 230, Note: 28)

In ihm macht Marx nämlich deutlich, dass sein auf dem Wert beruhendes Kapital nicht nur – wie bislang angenommen – in Beziehung auf das Handelskapital und das zinstragende Kapital ein wesentliches Kapital darstellt, aus dem sich das unmittelbare Sein nur auf eine indirekte Weise erklärt, sondern auch in Bezug auf das industrielle Kapital selbst. Ungleich der "klassischen Ökonomie", die es auf eine direkte Erklärung abgesehen hat, ist er sich dessen bewusst, dass das mit dem wesentlichen Kapital einhergehende „Wertgesetz" lediglich das "Gesetz der Erscheinung" in der Form darstellt, dass die Erscheinungen sich aus ihm nur über viele "Mittelglieder" ergeben. Mit anderen Worten gibt Marx hier zu erkennen, dass seine "Grundform des Kapitals" allen empirischen Kapitalarten gegenüber als Wesensgrund fungiert. Auf dieser Basis verbietet es sich, seine obigen Ausführungen direkt mit dem unmittelbaren Sein zu konfrontieren und zu meinen, sie dadurch widerlegen zu können. Denn dieser Versuch, den auch die "Vulgärökonomie" unternimmt, ist unzulässig, weil er eben die theoretische Ebene nicht beachtet, auf der Marx argumentiert.[cxxxv]

Wenn wir nach der obigen Darstellung der Marxschen Überlegungen nun zu der Frage kommen, ob sie überzeugend sind, ist auf der Basis dessen, dass Marx sich ganz überwiegend der Argumentation per logischer Geltung bedient, zunächst darauf aufmerksam zu machen, dass Marx von einem sehr speziellen Einzelkapital spricht. Er hat es nämlich mit einem Einzelkapital zu tun, das in seiner Produktion im doppelten Sinne nur gesellschaftlich notwendige Arbeit aufwendet. Einesteils ist diese Arbeit im technologischen Sinne gesellschaftliche notwendig, was bedeutet, dass sie ihrer Dauer entsprechend Werte schafft. Andernteils werden durch sie Waren gerade in einem Ausmaß hergestellt, das der Nachfrage entspricht. Dadurch wird gewährleistet, dass die Werte entsprechend ihrer Größe die Tauschwerte bestimmen. Weil von vornherein klar ist, dass die von ihm veranlasste Arbeit in diesem Sinne Wert und Mehrwert schafft, beruht das Marxsche Einzelkapital auf einem in sich stimmigen Gesamtzusammenhang. Da ihm offensichtlich der Überblick über das Ganze der Produktion und der Konsumtion eigen ist, stellt das Marxsche Einzelkapital gar kein wirkliches Einzelkapital dar, sondern ist nichts anderes als ein bloßer Teil des Gesamtkapitals. Um ein solchen Teil handelt es sich, weil dann, wenn von einem ganzheitlichen Prinzip ausgegangen wird, sich von selbst versteht, dass sich daraus ein in sich stimmiges Ganzes ergibt. Bei einem Einzelkapital und dem damit einhergehenden Teilprinzip wäre ein solches Ganzes dagegen nicht garantiert.

Wenn man dagegen ein wirkliches Einzelkapital zugrunde legen würde, das dadurch gekennzeichnet ist, dass ihm der Gesamtüberblick fehlt, könnte weder davon ausgegangen werden, dass sowohl technologisch durchschnittlich produziert wird, noch, dass auch die Bedingung der Ausgeglichenheit von Angebot und Nachfrage eingehalten wird. Die Marxschen Ausführungen wären deshalb entsprechend zu kritisieren. Dieser Weg sei jedoch im Folgenden nicht gegangen. Stattdessen soll hier akzeptiert werden, dass Marx von einem Einzelkapital ausgeht, das dadurch auf eigentümliche Weise gekennzeichnet ist, dass es einem Teil des Gesamtkapitals entspricht. Und daran ändert auch der Umstand nichts, dass Marx das deswegen nur auf eine ihm selbst nicht durchsichtige Weise tut, weil ihm die genannte Eigentümlichkeit seines Einzelkapitals gar nicht bewusst wird.

Auf dieser Grundlage haben wir dann, wenn die Warenform der Arbeitskraft als ein Tatbestand akzeptiert wird, der noch nicht zum Schein führt, auf der einen Seite ein relativ gutes Ergebnis festzustellen. Denn auf Basis des unter dieser Bedingung gleichfalls zu akzeptierenden Kapitals bzw. des in ihm enthaltenen maßlosen Strebens nach Wertvermehrung kommt es zum einen tatsächlich zu dem zentralen Unterschied zwischen der toten Arbeit, die ihren alten Wert nur überträgt, und der lebendigen Arbeit, die neuen Wert schafft. Zum anderen ist es überzeugend, dass die lebende Arbeit in notwendige Arbeit und Mehrarbeit zerfällt und letztere der Grund für den Mehrwert ist. Daher kann auch zugestimmt werden, wenn Marx das im Kapital enthaltene Streben nach maßlosem Mehrwert auch als „Heißhunger nach Mehrarbeit" (I, 249) bezeichnet. Weil das, was im Resultat als Vergrößerung Werts erscheint, in seinem Entstehungsprozess die Mobilisierung von Mehrarbeit bedeutet, kommt beides dem Inhalt nach auf dasselbe hinaus. Zum dritten ist zu befürworten, dass Marx' Grundform des Kapitals auch dem industriellen Kapital gegenüber ein Wesensgrund darstellt. Denn dadurch wird der bislang geübten empirischen Kritik der Boden entzogen.

Auf dieser Grundlage sind lediglich folgende Punkte zu bemängeln: Zum einen ist zurückzuweisen, dass Marx die Übertragung der toten Arbeit als „Naturgabe" bezeichnet und damit so tut, als würde sie sich von selbst verstehen. Das ist falsch, weil der Umstand, dass die in den Produktionsmitteln vergegenständlichte Arbeit nicht mit dem Gebrauchswert verloren geht, sich genausowenig von selbst versteht wie die Tatsache, dass die lebendige Arbeit Werte bildet. (vgl. S. 97ff.) Die so gekennzeichnete "produktive Konsumtion" (I, 222) widerspricht vielmehr dem, was man erwarten könnte. Weil die Gebrauchsgegenständlichkeit verloren geht, bedarf der Umstand, dass sich die Wertgegenständlichkeit überträgt, einer zusätzlichen Begründung. Da sie sich nicht findet, stellt die tote Arbeit eine bloße Setzung dar, bei der sich Marx auch nicht auf die Erfahrung berufen kann. In der empirischen Kalkulation von Kosten werden zwar die Produktionsmittel nach und nach abgeschrieben und ihre Preise dabei auf das Produkt übertragen. Das spielt sich jedoch nicht auf der Wertebene ab und kann deshalb an dieser Stelle nicht als Bestätigung beigebracht werden.

Zum zweiten ist die Rede vom konstanten und variablen Kapital zu kritisieren. Denn das variable Kapital läuft darauf hinaus, den vorgeschossenen Ausgangswert als das zu behaupten, was für die Übertragung des Altwerts bzw. die Entstehung des Mehrwerts verantwortlich ist. Damit steht die Rede vom variablen Kapital in einem deutlichen Widerspruch zu den wirklichen Verhältnissen. Anstatt diesen zu entsprechen, verweist ihre Thematisierung bereits auf das Kapital des Scheins. Da das variable Kapital nur einen Teil des produktiven Kapitals ausmacht, ist dieser Verweis allerdings ebenfalls nicht konsequent. Mithin kann festgestellt werden, dass die Rede vom konstanten und variablen Kapital ein Zwitter darstellt, der zwischen dem ersten Kapitalbegriff des Wesens und dem zweiten Kapitalbegriff des Scheins changiert. Während oben das Wesen mit den Erscheinungen konfundiert wurde, wird hier das Wesen mit dem Schein vermengt.

Zum dritten kann Marx in Beziehung darauf, dass er von einem Kapital redet, das nicht nur gegenüber dem Handelskapital und dem zinstragenden Kapital, sondern auch gegenüber dem industriellen Kapital Wesensgrund darstellt, der Vorwurf nicht erspart werden, dies nicht von Anfang an klar gemacht zu haben. Zunächst hat er nämlich die Sache anders dargestellt und dabei einiges dafür getan, dass man seine Ausführungen falsch versteht. In diesem Zusammenhang ist einerseits vor allem auf das Kapital zu verweisen, das sich aus den Zirkulationsformen direkt ergeben soll. Andererseits ist auf die Attribute zu verweisen, die dem wesentlichen Kapital deswegen unpassender Weise beigelegt werden, weil sie nur dem Sein bzw. den Erscheinungen des Kapitals zukommen.

Auch dieser Fehler ist möglicherweise dadurch hervorgerufen worden, dass Marx wie beim Wert (vgl. S. 109) der Meinung war, seine Leser würden seine Darstellung nicht verstehen, wenn er unvermittelt in das ihnen unbekannte Wesen springen würde. Möglicherweise wollte er ihnen gerade durch seine falsche Darstellung nicht nur das Verständnis des Werts, sondern auch das des auf dem Wert beruhenden Kapitals erleichtern. Ob ihm das gelungen ist, darf jedoch bezweifelt werden, stellt dieses Vorgehen doch eine fehlerhafte Vermischung des Wesens mit Erscheinungsformen dar, die sowohl die eine wie die andere Ebene beeinträchtigt und zu einer zwiespältigen Argumentation führt. (vgl. S. 300 und S. 321)

Zum vierten ist auf der Basis dessen, dass bei Marx nicht die Arbeiter als Charaktermasken der Wertvermehrung auftreten, sondern die Kapitalisten, noch darauf hinzuweisen, dass es auch Anhaltspunkte dafür gibt, dass die Menschen nicht mehr als inhaltlich bestimmte Charaktermasken thematisiert werden, sondern eher als Subjekte. Bezogen auf die Kapitalisten spricht dafür zumindest der Umstand, dass sie nach Marx die Fähigkeit der Arbeitskräfte, Mehrarbeit leisten zu können, „im Auge haben". Denn damit tut er so, als hätte er es mit Subjekten zu tun, die mit Willen und Bewusstsein handeln. Das ist gerade deswegen zurückzuweisen, weil wir mittlerweile wissen, dass es nur um das wesentliche begriffliche Kapital gehen kann, in dessen Rahmen die Menschen unbewusst als Charaktermasken agieren. Mit Willen und Bewusstsein handeln die Kapitalisten deswegen nur auf der Ebene der zugehörigen Erscheinungen. Dabei geht es jedoch nicht mehr um den Mehrwert, sondern nur noch um den von ihm verschiedenen Profit. Mithin können wir festhalten, dass wir es auch hier mit einem Beispiel für die unzulässigen Vermischungen des Wesens mit den Erscheinungen zu tun haben. Ein solches Beispiel liegt vor, weil Marx die Argumentation, die es nur auf der Ebene der logischen Geltung gibt, fälschlicherweise auf die Ebene der teleologischen Genesis verlegt.

Auf der anderen Seite kommen wir zu einem viel schlechteren Ergebnis, wenn wir berücksichtigen, dass nicht erst die Warenform der Arbeit, sondern schon die der Arbeitskraft mit dem Schein des sich selbstverwertenden Werts verbunden ist, der dazu führt, dass das Mehr als Folge des Ausgangswerts erscheint. Auf dieser Grundlage ist nämlich über die oben genannten vier Kritikpunkten hinaus darauf hinzuweisen, dass der entscheidende Unterschied zwischen der lebendigen und der toten Arbeit verschwindet. Weil die Arbeitskraft als Ware mit einem bestimmten Wert oder besser Tauschwert auftritt, ist nicht mehr zu erkennen, dass sie als lebendige Arbeit fungiert. Wie die Produktionsmittel scheint sie nämlich ebenfalls nur den Wert oder Tauschwert übertragen zu können, den sie von Anfang an mitbringt. Und das Mehr scheint etwas zu sein, was eben dem vorgeschossenen Wert selbst entspringt.

Zu einem schlechteren Ergebnis kommen wir aber nicht nur auf der Basis des Scheins, sondern auch auf der Grundlage der Erscheinungen oder des unmittelbaren Seins. Wenn wir von den Erscheinungen oder diesem Sein ausgehen, erscheint das Mehr zwar nicht mehr als Produkt des von menschlichen Charaktermasken in Bewegung gesetzten sich selbstverwertenden Werts. Es tritt aber als schlichter Aufschlag auf die Kosten in Erscheinung. Dieser Unterschied ändert nichts daran, dass die Arbeitskraft als Quelle des Mehrwerts verschwindet und damit die obigen Unterschiede zwischen der lebendigen und der toten Arbeit und der notwendigen und der Mehrarbeit nicht mehr deutlich werden.

Auf dieser Basis können wir als Fazit festhalten, dass es besser gewesen wäre, wenn Marx nicht vom Kapital, sondern nur von dem in ihm enthaltenen Streben nach maßloser Wertvermehrung bzw. vom Heißhunger nach Mehrwert oder Mehrarbeit ausgegangen wäre. Denn das Geheimnis der Plusmacherei kann nur enthüllt werden, wenn die Arbeiter nicht mittelbar als Lohnarbeiter, sondern unmittelbar als Arbeiter einbezogen werden. Wenn dagegen vom Kapital auf der Ebene des Scheins oder vom scheinenden begrifflichen Kapital ausgegangen wird, ist die wirkliche Wertvermehrung unabhängig davon nicht mehr darstellbar, ob es als Gesamtkapital oder Einzelkapital verstanden wird. Dasselbe trifft zu, wenn vom Kapital auf der Ebene der Erscheinungen oder des einfachen Seins und damit den Kapitalisten ausgegangen wird, die nicht mehr als Charaktermasken, sondern als Subjekte agieren.

Die Kapitale, die sich auf die oben beschriebene Weise vermehren, sind bei Marx auf der einen Seite Einzelkapitale. Da zu den Bedingungen der wertbildenden Arbeit gehört, dass die Arbeit gerade richtig alloziert wird, agieren sie auf der anderen Seite wie bloße Teile des Gesamtkapitals. Damit haben wir es eigentlich gar nicht mit wirklichen Einzelkapitalen zu tun, sondern tatsächlich mit dem Gesamtkapital. Anders ausgedrückt ist das schrankenlose Vermehrungsstreben ein einheitliches Prinzip und nicht ein Begriff, der als Viele auftritt. Auch hier zeigt sich die Eigentümlichkeit der doppelten Argumentation. Explizit hat es Marx mit dem Einzelkapital oder besser dem einzelnen Streben nach maßlosem Mehrwert zu tun. Implizit redet er jedoch vom Gesamtkapital oder dem einheitlichen Streben nach maßlosem Mehrwert. Weil das nur implizit geschieht, wird ihm das gar nicht bewusst.

2. Die produktive Arbeit

Wie gesehen, kommt es zur Wertvermehrung, weil die lebendige Arbeit das Ausmaß übersteigt, das zur Reproduktion der Arbeitskraft erforderlich ist und deswegen in notwendige und Mehrarbeit zerfällt. Diese Arbeit, die das tut und deshalb Mehrwert schafft, nennt Marx auch "produktive Arbeit". Mit ihr möchte ich mich im Folgenden beschäftigen.

Die "produktive Arbeit" ist bei Marx zunächst dadurch gekennzeichnet, dass sie zu einem "Produkt" führt:

"Im Arbeitsprozeß bewirkt also die Tätigkeit des Menschen durch das Arbeitsmittel eine von vornherein bezweckte Veränderung des Arbeitsgegenstandes. Der

Prozess erlischt im Produkt. Sein Produkt ist ein Gebrauchswert, ein durch Formveränderung menschlichen Bedürfnissen angeeigneter Naturstoff. Die Arbeit hat sich mit ihrem Gegenstand verbunden. Sie ist vergegenständlicht, und der Gegenstand ist verarbeitet. Was auf seiten des Arbeiters in der Form der Unruhe erschien, erscheint nun als ruhende Eigenschaft, in der Form des Seins auf seiten des Produkts. Er hat gesponnen, und das Produkt ist ein Gespinst.

Betrachtet man den ganzen Prozess vom Standpunkt seines Resultats, des Produkts, so erscheinen beide, Arbeitsmittel und Arbeitsgegenstand, als Produktionsmittel und die Arbeit selbst als produktive Arbeit." (I, 195/196)

Nur die Arbeit ist also produktiv, die eine "Formveränderung" des Naturstoffes bewirkt und dadurch zu einem "Produkt" führt, das Gebrauchswert hat. Unter dieser Bezeichnung ist also ein irgendwie nützlicher Gegenstand zu verstehen, weshalb die Arbeit unproduktiv ist, die nicht in einem solchen Gegenstand resultiert.[cxxxvi]

Ein Gebrauchsgegenstand ist nicht schon fertig gestellt, wenn seine Produktion innerhalb einer Fabrik beendet ist, sondern erst, wenn er für den Konsumenten räumlich und zeitlich verfügbar ist. Deshalb kann auch von den Tätigkeiten, die diese Bedingungen herstellen, also z. B. der Lagerhaltung, Verpackung und dem Transport, gesagt werden, sie seien produktive Arbeiten. Dies bringt Marx im II. Band des 'Kapital' zum Ausdruck, wenn er bezogen auf die Vorratshaltung schreibt:

"Obgleich daher in dem vorausgesetzten Fall diese Unkosten der Vorratbildung (die hier unfreiwillig ist) bloß aus einem Aufenthalt der Formverwandlung und aus der Notwendigkeit derselben entspringen, so unterscheiden sie sich dennoch von den Unkosten sub I dadurch, dass ihr Gegenstand selbst nicht die Formverwandlung des Werts, sondern die Erhaltung des Werts ist, der in der Ware, als Produkt, Gebrauchswert, existiert und daher nur durch die Erhaltung des Produkts, des Gebrauchswerts selbst erhalten werden kann. Der Gebrauchswert wird hier weder erhöht noch vermehrt, im Gegenteil, er nimmt ab. Aber seine Abnahme wird beschränkt, und er wird erhalten." (II, 141)

Allerdings bleibt Marx dabei einigermaßen unbestimmt, weil er auch Vorratshaltungen im Auge hat, die es nur aufgrund eines "Aufenthalts der Formverwandlung" gibt bzw. die allein der Unkontrolliertheit der gesellschaftlichen Produktion geschuldet sind. Deshalb sei darauf hingewiesen, dass wir es hier mit solchen Warenvorräten nicht zu schaffen haben. Wir haben es ja mit wesentlichen Verhältnissen bzw. mit dem Heißhunger nach Mehrarbeit zu tun und reden damit von Gegebenheiten, in denen vorausgesetzt ist, dass die verausgabten Arbeiten im doppelten Sinne gesellschaftlich notwendig sind. (vgl. S. 90ff.) Denn nur auf dieser Grundlage kann die produktive Arbeit angemessen bestimmt werden.

Klarer als bei der Lagerhaltung ist Marx beim Transport:

"Produktmassen vermehren sich nicht durch ihren Transport. Auch die durch ihn etwa bewirkte Veränderung ihrer natürlichen Eigenschaften ist mit gewissen Ausnahmen kein beabsichtigter Nutzeffekt, sondern ein unvermeidliches Übel. Aber der Gebrauchswert von Dingen verwirklicht sich nur in ihrer Konsumtion, und ihre Konsumtion mag ihre Ortsveränderung nötig machen, also den zusätzlichen Produktionsprozeß der Transportindustrie." (II, 151)

Offensichtlich geht er hier selbst wieder von einem in sich stimmigen Gesamtzusammenhang aus und zögert daher nicht, den Transport zu den produktiven Arbeiten zu zählen.

Wie man sieht, sind die obigen Bestimmungen aus dem I. und dem II. Band des 'Kapital' vollkommen unabhängig vom Wert und Mehrwert. Sie sind gesellschaftlich unspezifisch, weil sie es nur mit dem Gebrauchswert zu tun haben. Deshalb hängt Marx an sie sofort folgende Fußnote:

"Diese Bestimmung produktiver Arbeit, wie sie sich vom Standpunkt des einfachen Arbeitsprozesses ergibt, reicht keineswegs hin für den kapitalistischen Produktionsprozeß." (I, 196; Note: 7)

Diese Andeutung expliziert er jedoch erst zu Beginn des 14. Kapitels des I. Bandes. Zunächst bringt Marx dort zum Ausdruck, dass der produktive Arbeiter nicht unmittelbar bei der Produktion, d. h. der Veränderung des Stoffes, Hand anlegen muss. Es genügt vielmehr, wenn er dazu einen indirekten Beitrag leistet:

"Soweit der Arbeitsprozeß ein rein individueller, vereinigt derselbe Arbeiter alle Funktionen, die sich später trennen. In der individuellen Aneignung von Naturgegenständen zu seinen Lebenszwecken kontrolliert er sich selbst. Später wird er kontrolliert. Der einzelne Mensch kann nicht auf die Natur wirken ohne Betätigung seiner eignen Muskeln unter Kontrolle seines eignen Hirns. Wie im Natursystem Kopf und Hand zusammengehören, vereint der Arbeitsprozeß Kopfarbeit und Handarbeit. Später scheiden sie sich bis zum feindlichen Gegensatz. Das Produkt verwandelt sich überhaupt aus dem unmittelbaren Produkt des individuellen Produzenten in ein gesellschaftliches, in das gemeinsame Produkt eines Gesamtarbeiters, d. h. eines kombinierten Arbeitspersonals, dessen Glieder der Handhabung des Arbeitsgegenstandes näher oder ferner stehn. Mit dem kooperativen Charakter des Arbeitsprozesses selbst erweitert sich daher notwendig der Begriff der produktiven Arbeit und ihres Trägers, des produktiven Arbeiters. Um produktiv zu arbeiten, ist es nun nicht mehr nötig, selbst Hand anzulegen; es genügt, Organ des Gesamtarbeiters zu sein, irgendeine seiner Unterfunktionen zu vollziehn. Die obige ursprüngliche Bestimmung der produktiven Arbeit, aus der Natur der materiellen Produktion selbst abgeleitet, bleibt immer wahr für den Gesamtarbeiter, als Gesamtheit betrachtet. Aber sie gilt nicht mehr für jedes seiner Glieder, einzeln genommen." (I, 531/532)

Produktiver Arbeiter ist demnach z. B. auch derjenige, der den kooperativen Arbeitsprozess organisiert und leitet:

"Die Arbeit der Oberaufsicht und Leitung entspringt notwendig überall, wo der unmittelbare Produktionsprozeß die Gestalt eines gesellschaftlich kombinierten Prozesses hat und nicht als vereinzelte Arbeit des selbständigen Produzenten auftritt. Sie ist aber doppelter Natur.
Einerseits in allen Arbeiten, worin viel Individuen kooperieren, stellt sich notwendig der Zusammenhang und die Einheit des Prozesses in einem kommandierenden Willen dar, und in Funktionen, die nicht die Teilarbeiten, sondern die Gesamttätigkeit der Werkstatt betreffen, wie bei dem Direktor eines Orchesters. Es ist dies eine produktive Arbeit, die verrichtet werden muß in jeder kombinierten Produktionsweise.
Andrerseits – ganz abgesehen vom kaufmännischen Departement – entspringt diese Arbeit der Oberaufsicht notwendig in allen Produktionsweisen, die auf dem Gegensatz zwischen dem Arbeiter als dem unmittelbaren Produzenten und dem Eigentümer der Produktionsmittel beruhn. Je größer dieser Gegensatz, desto größer die Rolle, die diese Arbeit der Oberaufsicht spielt. Sie erreicht daher ihr Maximum im Sklavensystem. Sie ist aber auch in der kapitalistischen Produktionsweise unentbehrlich, da hier der Produktionsprozeß zugleich Konsumtionsprozeß der Arbeitskraft durch den Kapitalisten ist." (III, 397)

Insofern der Kapitalist diese Funktionen wahrnimmt, ist er gleichfalls ein produktiver Arbeiter. Dies gilt allerdings nur für die Erledigung der erstgenannten Aufgaben, also diejenigen, die ausschließlich mit der produktionstechnischen Seite zu tun haben. Dagegen macht weder die Wahrnehmung von Zirkulationsfunktionen noch der Aufgaben, die es nur wegen des "Gegensatzes zwischen dem Arbeiter als dem unmittelbaren Produzenten und dem Eigentümer der Produktionsmittel" gibt, den Kapitalisten zu einem produktiven Arbeiter. Im Übrigen ist darauf hinzuweisen, dass es diesen Klassengegensatz hier, wo wir es noch mit wesentlichen Verhältnissen und damit mit Charaktermasken zu tun haben, gar nicht geben kann. (vgl. S. 532) Und Marx ist der Vorwurf zu machen, die Systematik seiner Darstellung durch das Hereinbringen eines unpassenden Momentes ein weiteres Mal zu beeinträchtigen.

Dieses Bestimmungsmoment bewegt sich jedoch immer noch auf der Basis eines gesellschaftlich unspezifischen Arbeitsprozesses. Wichtiger ist in unserem Zusammenhang deshalb die andere Seite:

"Andrerseits aber verengt sich der Begriff der produktiven Arbeit. Die kapitalistische Produktion ist nicht nur Produktion von Ware, sie ist wesentlich Produktion von Mehrwert. Der Arbeiter produziert nicht für sich, sondern für das Kapital. Es genügt daher nicht länger, dass er überhaupt produziert. Er muß Mehrwert produzieren. Nur der Arbeiter ist produktiv, der Mehrwert für den Kapitalisten produziert oder zur Selbstverwertung des Kapitals dient." (I, 532)

Wenn Marx hier von "Ware" redet, dann ist das etwas missverständlich, weil es bislang ja nur um das Produkt- bzw. Gebrauchswertsein ging. Das genügt innerhalb der kapitalistischen Produktion offensichtlich nicht. In ihr kommt es vielmehr darauf an, Kapital zu verwerten und deshalb Mehrwert zu produzieren. Nur die Arbeit, die auch Mehrwert schafft, ist deshalb produktive Arbeit. Demgegenüber ist es unerheblich, ob das Produkt Ware ist oder nicht, auch wenn dieser Charakter innerhalb der Marxschen Darstellung gegeben ist.

Mit diesem zweiten Bestimmungsmoment kommt der Wert ins Spiel, sodass nunmehr gilt, dass produktive Arbeit gleichbedeutend mit wertbildender Arbeit ist. Gegen das und die zusätzliche Besonderheit, wonach die Mehrwertbildung das entscheidende Kriterium für die Wertbildung darstellt, kann nichts eingewendet werden, handelt es sich doch dabei einfach um eine definitorische Maßnahme. Zu kritisieren ist jedoch die unmittelbare Fortsetzung der zuletzt angeführten Stelle:

"Steht es frei, ein Beispiel außerhalb der Sphäre materieller Produktion zu wählen, so ist ein Schulmeister produktiver Arbeiter, wenn er nicht nur Kinderköpfe bearbeitet, sondern sich selbst abarbeitet zur Bereicherung des Unternehmers. Daß letztrer sein Kapital in einer Lehrfabrik angelegt hat, statt in einer Wurstfabrik, ändert nichts an dem Verhältnis. Der Begriff des produktiven Arbeiters schließt daher keineswegs bloß ein Verhältnis zwischen Tätigkeit und Nutzeffekt, zwischen Arbeiter und Arbeitsprodukt ein, sondern auch ein spezifisch gesellschaftliches, geschichtlich entstandnes Produktionsverhältnis, welches den Arbeiter zum unmittelbaren Verwertungsmittel des Kapitals stempelt. Produktiver Arbeiter zu sein ist daher kein Glück, sondern ein Pech." (I, 532)

Die Kritik, die hier zu erheben ist, bezieht sich nicht auf die letzten Sätze, mit denen Marx nur noch einmal bestätigt, dass er erst mit dem zweiten Moment gesellschaftsspezifisch geworden ist. Zu kritisieren ist vielmehr Marx' Auffassung, wonach auch ein "Schulmeister" produktiver Arbeiter sein kann. Zwar kann es auf der Ebene des unmittelbaren Seins oder der entsprechenden Erfahrungen durchaus Kapitale geben, die sich mittels Unterrichtsleistungen verwerten. Das ist aber nur möglich, weil diesem Sein der Produktionspreis zugrunde liegt. Auf der Wesensebene des Werts kann es eine solche Verwertung nämlich nicht geben. Das sei im Folgenden verdeutlicht.

Dass der Schulmeister außerstande ist, produktive Arbeit zu leisten, liegt nicht daran, dass er keinen gegenständlichen Gebrauchswert herstellt. Denn auch der Mensch, dem etwas beigebracht worden ist, kann als ein solcher Gebrauchswert betrachtet werden. Das Scheitern des Schulmeisters liegt vielmehr darin, dass er es zu keinem Mehrwert bringen kann. Zwar ist unser Schulmeister in der Lage, eine Unterrichtsarbeit zu leisten, die die Arbeit in zeitlicher Hinsicht übersteigt, die er und seine Kinder direkt oder indirekt konsumieren. Dadurch wird aber nur von seinem Blickpunkt aus gesehen Mehrwert geschaffen. Wenn man dagegen auch die Menschen berücksichtigt, deren "Kinderköpfe" er bearbeitet, dann sehen wir, dass auch sein scheinbares Mehrprodukt bereits verbraucht wurde. Sobald sie ausgeführt wird, geht seine ganze Lehrtätigkeit in die Kinder ein und wird konsumiert. Denn das Eingehen in den Menschen ist das, was von Marx Konsumtion genannt wird. Auf dieser Grundlage ist das, was vom Schulmeister aus gesehen Mehrarbeit darstellt, von anderen bereits konsumiert worden und gehört deshalb gesellschaftlich gesehen schon zur notwendigen Arbeit und nicht mehr zur Mehrarbeit.

Somit zeigt sich, dass der "Schulmeister" und mit ihm all diejenigen, deren Tätigkeiten direkt in den Menschen als gegenwärtigen oder zukünftigen Arbeiter eingehen, also z. B. auch die Krankenschwester, der Friseur, die Prostituierte usw., nur von deren Standpunkt oder vom Standpunkt des Einzelnen aus gesehen Mehrarbeit leisten können. Da diesem Standpunkt jedoch andere Standpunkte gegenüberstehen und widersprechen, erweist sich das als Schein. Insofern muss die Mehrarbeit in einer Weise gefasst werden, die nicht mehr diesen Widersprüchen zum Opfer fällt. Sie muss als eine Produktion bestimmt werden, die nicht nur die mit ihr zeitlich einhergehende Konsumtion des Einzelnen übersteigt, sondern auch die Konsumtion aller. Während eines gewissen Zeitraumes muss vom allgemeinen Standpunkt aus gesehen mehr produziert als konsumiert werden. Genau diese Bedingung kann aber durch Arbeiten, die direkt in den Menschen eingehen und deshalb unmittelbar konsumiert werden, nie und nimmer erfüllt werden. Diese Tätigkeiten sind deshalb keine produktive Arbeit und können es auch nicht sein.[cxxxvii]

Mithin – und hier kommen wir auf die Frage zurück, ob unter die "Lebensmittel" auch die Tätigkeiten fallen, die direkt in den Menschen eingehen (vgl. S 327) – zeigt sich, dass Marx richtigen Instinkt bewiesen hat, als er diese Tätigkeiten als wertbildende Aktivitäten auszublenden schien. Das bedeutet aber andererseits, dass er auch von den Konsumtionsmitteln hätte reden müssen, die von den zur Reproduktion der Arbeitskraft beitragenden Personen verbraucht werden.

Grundlage der obigen Schlussfolgerung ist nicht nur, dass das, was in den Menschen eingeht, konsumiert wird, sondern auch, dass das, was konsumiert wird, in Menschen eingeht, die entweder Arbeiter sind oder werden oder zu deren erweiterter Reproduktion beitragen oder beitragen werden. Nur wenn die Konsumtion in einem Zusammenhang zur Arbeitskraft steht, entspricht sie der notwendigen Arbeit. Deshalb kann mit Tätigkeiten, die direkt in Menschen münden, genauer gesprochen dann Mehrwert erzeugt werden, wenn diesen Menschen nicht zu der erwähnten Kategorie gehört. Unser obiges Urteil ist also nur richtig, wenn es keine solchen Menschen gibt. Somit erhebt sich die Frage, ob das der Fall ist. Dabei soll zunächst offen bleiben, ob es sie empirisch gibt. Von Bedeutung sei hier nur, ob es sie logisch oder systematisch gesehen geben kann. Anders gefragt: Gibt es solche Menschen auf Basis von Verhältnissen, die durch das Kapital bzw. das in ihm enthaltene maßlose Streben nach Mehrwert bestimmt sind?

Wenn man so fragt und zunächst nur den Heißhunger nach Mehrwert oder Mehrarbeit im Auge hat, ergibt sich die Antwort quasi von selbst. Auf den Seiten 330ff. haben wir gesehen, dass der Tauschwert der Arbeitskraft aus dem Kapital abgeleitet werden kann. Weil die erweiterte Reproduktion der Arbeitskraft eine notwendige Voraussetzung des schrankenlosen Verwertungsprozesses des Kapitals darstellt, ist auch die Schaffung und Erhaltung von den Personen notwendig, die dazu durch ihre unmittelbar im Menschen endenden Tätigkeiten direkt oder indirekt beitragen. Neben den Arbeitern, zu denen auch die gehören, die erst Arbeiter werden, ist jedoch nur die Erhaltung solcher Menschen erforderlich. Die Schaffung und Erhaltung derjenigen, für die diese Bedingung nicht gilt, ist dagegen vom Kapital aus gesehen überflüssig und im Interesse einer maximalen Verwertung zu unterlassen. Dies trifft nebenbei bemerkt auch für die Kapitalisten zu, die es als von den Arbeitern verschiedene Subjekte aufgrund der Schrankenlosigkeit des Vermehrungsstrebens gar nicht geben kann. Diese Schrankenlosigkeit erfordert nämlich, dass der ganze Mehrwert reinvestiert wird (vgl. S. 231ff.) und es für die Konsumtion der Kapitalisten schon deshalb gar keinen Platz gibt. Diese könnten sich daher nur erhalten, wenn sie selbst produktive Arbeiter sind und als solche Lohn beziehen.

Etwas anders sieht die Sache jedoch aus, wenn man das Kapital in der Gestalt nimmt, in der es bei Marx als Einzelkapital auftritt, d. h. die spezifische Form mitberücksichtigt, in der sich der Vermehrungszweck verwirklicht. Dann gibt es neben den genannten Menschen notwendigerweise auch andere. Das bezieht sich zum einen auf diejenigen, die die Zirkulationsfunktionen vollziehen und damit auch diejenigen, die diese reproduzieren. Die in diese Menschen eingehenden Tätigkeiten sind von den produktiven Arbeitern aus gesehen zweifellos Mehrarbeit, vom Kapital aus gesehen jedoch immer noch nicht. Der industrielle Kapitalist muss nämlich – wie wir auf der Seite 434ff. noch genauer sehen werden – auch den Zirkulationsarbeitern einen Lohn bezahlen, der deren erweiterte Reproduktion möglich macht, sodass auch die in sie eingehenden Tätigkeiten als notwendige Arbeit erscheinen. Auch wenn sie nicht notwendig sind, um die produktiven Arbeiter auf erweiterter Stufenleiter zu reproduzieren, sind sie doch nötig, um die Arbeiter als solche in größerer Zahl zu reproduzieren. Daher bleibt es dabei, dass mit in den Menschen eingehenden Tätigkeiten keine Mehrarbeit, sondern nur notwendige Arbeit vollbracht werden kann.

Zum anderen gibt es auch die Kapitalisten. Wenn sie nicht zugleich als produktive oder zirkulative Arbeiter fungieren und daher reine Kapitalisten darstellen, ist das, was in sie eingeht, von allen Arbeitern aus gesehen Mehrarbeit, die von der notwendigen Arbeit verschieden ist. Dasselbe ist vom Kapital aus gesehen der Fall. Deshalb können wir auf der einen Seite festhalten, dass Tätigkeiten, die in die reinen Kapitalisten eingehen, einen Mehrwert schaffen und deshalb Arbeit darstellen können. Auf der anderen Seite wird das jedoch dadurch rückgängig gemacht, dass wir hier von Verhältnissen ausgehen, in denen der gesamte Mehrwert reinvestiert wird und das Unterhalten von reinen Kapitalisten deshalb gar nicht vorgesehen ist.

Da es keine Menschen gibt, die von denen verschieden sind, die dem Kapital vorausgesetzt sind, können wir als Fazit festhalten, dass es bei dem Ergebnis bleibt, dass mit Aktivitäten, die in Menschen eingehen, kein Mehrwert erzeugt werden kann. Weil der Mehrwert nur durch Mehrarbeit geschaffen und die Mehrarbeit als ein Überschuss der Produktion über die Konsumtion bezeichnet werden kann, können es diese Aktivitäten nie zu einem solchen Mehrwert bringen. Denn bei ihnen fällt die Produktion immer mit der Konsumtion zusammen. Marx ist daher der Vorwurf zu machen, dies nicht erkannt zu haben, obwohl dieses Ergebnis eine Konsequenz der Kriterien ist, die sich bei ihm finden.

Wenn wir uns nun an die Beurteilung der fehlerhaften Bestimmung der produktiven Arbeit machen, sind zwei Dinge zu nennen: Erstens hängt dieser Fehler damit zusammen, dass Marx bei seinen Überlegungen vom einzelnen Arbeiter ausgeht und nicht von deren Gesamtheit, oder besser gesagt, vom einzelnen Gesamtarbeiter eines Einzelkapitals und nicht von dem des Gesamtkapitals. Da das, was produktive Arbeit ist, nur auf der Ebene der Allgemeinheit wahrhaft bestimmt werden kann, führt die Marxsche Orientierung an der Einzelheit zu einem Fehler. Er fällt dem Schein zum Opfer, der sich auf ihrer Grundlage darbietet. Diese Marxsche Vorgehensweise dürfte darin begründet sein, dass er von Anfang an von Austauschverhältnissen ausgeht. Damit hängt wohl auch die andere Erklärungsvariante zusammen, die zweitens besagt, dass Marx sich nicht genügend von den empirischen Gegebenheiten hat freimachen können. Innerhalb der Empirie kann es nämlich durchaus Kapitale geben, die mit eigentlich unproduktiven Tätigkeiten Profite erzielen. Als Beispiele seien Privatkrankenhäuser, Privatuniversitäten usw. genannt. Diese Gegebenheiten sind jedoch auf einer vom Wert verschiedenen Ebene angesiedelt. Sie sind deshalb weit davon entfernt, ein Gegenargument gegen unsere obige Behauptung darstellen zu können, was im Folgenden noch eingehender gezeigt werden soll.

Nehmen wir an, Krankenhäuser würden als Kapitale betrieben. Sie würden ihre Ware, die Gesundheit, zum Wert verkaufen, der auch Mehrwert beinhalten würde, gemäß der Mehrarbeit, die die im Krankenhaus Tätigen leisten würden. Von ihrem Gesichtspunkt aus läge deshalb ohne jeden Zweifel Vermehrung des Werts vor.

Dem steht jedoch gegenüber, dass auch ΔG, also das Geld, das die verwandelte Form des Mehrwerts darstellt, von den Arbeitern stammt und ein Teil des Tauschwerts ihrer Arbeitskraft darstellt. Mit anderen Worten tritt das, was vom einen Standpunkt aus gesehen Mehrarbeit ist, beim andern als notwendige Arbeit auf, die dort die Mehrarbeit beschränkt. Der Gewinn auf der einen Seite stellt einen Verlust auf der anderen dar, sodass insgesamt gesehen nichts gewonnen wäre. Würden die Krankenhäuser nicht als Kapitale betrieben und ihre Waren deshalb zu Preisen verkauft, in denen nur die tote und die notwendige Arbeit wiedererscheint, wäre der während einer gewissen Zeitperiode insgesamt geschaffene Mehrwert deswegen nicht geringer. Somit bestätigt sich hier das obige Ergebnis: Mit Tätigkeiten, die direkt in den Menschen eingehen, kann kein Mehrwert geschaffen werden. Und wenn sie doch im Rahmen eines Kapitals vollzogen werden, dann nur auf Kosten anderer Kapitale.

Es mag nun eingewandt werden, dass dasselbe auch bei den Konsumtionsmitteln und deswegen auch bei den Produktionsmitteln der Fall ist, weil sie in die Produktion der ersteren eingehen. Auch der in ihnen vergegenständlichte Mehrwert erhöht den Tauschwert der Arbeitskraft und damit zusammenhängend die notwendige Arbeit und reduziert deshalb die produzierbare Mehrarbeit. Das ist jedoch nur die halbe Wahrheit. Die in Konsumtionsmitteln vergegenständlichte Mehrarbeit vermehrt die notwendige und verringert die Mehrarbeit nämlich erst dann, wenn diese in den Menschen eingehen und konsumiert werden. D. h., es gibt hier eine zeitliche Differenz zwischen der Produktion und der Konsumtion der Mehrarbeit. Zu dem Zeitpunkt, wo sie vergegenständlicht wird, ist sie noch Mehrarbeit, ohne an anderer Stelle die notwendige Arbeit schon zu erhöhen. Letzteres tritt erst später ein, nämlich zum Zeitpunkt der Konsumtion. Diese Zeitdifferenz, die zur Folge hat, dass die in Konsumtions- und Produktionsmitteln vergegenständlichte Mehrarbeit als Mehrarbeit eine gewisse Zeit lang existiert, gibt es bei den Tätigkeiten, deren Resultat der Mensch in irgendeinem Aspekt seiner Existenz ist, gerade nicht. Bei diesen Arbeiten fallen die Verausgabung der Mehrarbeit und ihre Transformation in notwendige Arbeit unmittelbar zusammen. Vom allgemeinen Standpunkt aus gesehen gibt es daher diese Mehrarbeit als Mehrarbeit eigentlich überhaupt nie.

Der obige Vorwurf, wonach es Marx nicht gelungen ist, sich in der Frage der produktiven Arbeit zu einem allgemeinen Standpunkt vorzuarbeiten, kann also mit Bezug auf das produktive Kapital wiederholt werden. Ob ein Kapital produktiv ist oder nicht, das kann auf wahrhafte Weise nur auf der Grundlage des Gesamtsystems oder der Gesamtheit der Kapitale entschieden werden. Die Tatsache, dass ein bestimmtes Kapital ein Surplus an Geld erzielt, ist dafür noch kein Beweis, denn dieses Plus kann sich von einer anderen Seite aus gesehen als Minus darstellen. Somit zeigt sich auch hier, dass Marx ein Stück weit der Empirie zum Opfer gefallen ist. Genauer gesprochen hat er sich auch an dieser Stelle nicht genug von dem Schein der Einzelkapitale lösen können. Aus diesem Grund hat er das produktive Kapital auch unabhängig von den Überlegungen auf eine widersprüchliche Weise bestimmt, die wir oben auf den Seiten 348ff. kennen gelernt haben.

3. Die Dienste

Um die Problematik der produktiven Arbeit noch etwas genauer zu beleuchten, soll im Folgenden noch auf die sogenannten Dienste eingegangen werden. Der entscheidende Punkt wird dabei vielleicht deutlicher werden: Auch, wenn Marx diese Bezeichnung selbst nicht verwendet, geht er im II. Band des 'Kapital' auf die Dienste ein:

"In der allgemeinen Formel [Marx meint die auf Seite 303 angeführte Figur G - ^{Ak}/Pm ... P ... W' - G' – H. R.] wird das Produkt von P betrachtet als ein von den Elementen des produktiven Kapitals verschiednes materielles Ding, als ein Gegenstand, der eine vom Produktionsprozeß abgesonderte Existenz, eine von der der Produktionselemente verschiedne Gebrauchsform besitzt. Und wenn das Resultat des Produktionsprozesses als Ding auftritt, ist dies stets der Fall, selbst wo ein Teil des Produkts wieder als Element in die erneuerte Produktion eingeht. So dient Getreide als Aussaat zu seiner eignen Produktion; aber das Produkt besteht nur aus Getreide, hat also eine von den mitverwandten Elementen, der Arbeitskraft, den Instrumenten, dem Dünger, verschiedne Gestalt. Es gibt aber selbständige Industriezweige, wo das Produkt des Produktionsprozesses kein neues gegenständliches Produkt, keine Ware ist. Ökonomisch wichtig davon ist nur die Kommunikationsindustrie, sei sie eigentliche Transportindustrie für Waren und Menschen, sei sie Übertragung bloß von Mitteilungen, Briefen, Telegrammen etc." (II, 59/60)

Dienste nennt man nämlich Tätigkeiten, deren Warenprodukt kein "materielles Ding" oder kein selbstständiger "Gegenstand" ist. Neben den von Marx genannten Beispielen gehört deshalb auch die Elektrizitätserzeugung dazu, im Unterschied zur Produktion von Batterien.

Sehen wir jedoch genauer hin, zeigt sich, dass Marx auch davon spricht, dass die Dienste zu keinem "gegenständlichen Produkt, keiner Ware" führen. Diese Behauptung ist in doppelter Hinsicht zu kritisieren. Was ihren ersten Teil anbelangt, ist gegen Marx zu betonen, dass diese Tätigkeiten sehrwohl zu einem "gegenständlichen Produkt" führen, was nur dadurch verdunkelt wird, dass dieses Produkt nicht Ware ist. Auf das Beispiel des Transports bezogen bestätigt Marx dies an anderer Stelle selbst:

384

"Produktmassen vermehren sich nicht durch ihren Transport. Auch die durch ihn etwa bewirkte Veränderung ihrer natürlichen Eigenschaften ist mit gewissen Ausnahmen kein beabsichtigter Nutzeffekt, sondern ein unvermeidliches Übel. Aber der Gebrauchswert von Dingen verwirklicht sich nur in ihrer Konsumtion, und ihre Konsumtion mag ihre Ortsveränderung nötig machen, also den zusätzlichen Produktionsprozeß der Transportindustrie. Das in dieser angelegte Kapital setzt also den transportierten Produkten Wert zu, teils durch Wertübertragung von den Transportmitteln, teils durch Wertzusatz vermittels der Transportarbeit. Dieser letzte Wertzusatz zerfällt, wie bei aller kapitalistischen Produktion, in Ersatz von Arbeitslohn und in Mehrwert." (II, 151)

Wie wir bereits auf der Seite 375 gesehen haben, ist ein Gebrauchswert als Gebrauchswert in der Tat erst fertiggestellt, wenn er für den Konsumenten räumlich verfügbar ist. Insofern ist der Transportprozess, der diese Bedingung herstellt, ein Schritt innerhalb der Produktion dieses Gebrauchswerts. So sind z. B. die Kiwi-Früchte, die in Neuseeland angebaut werden, aber nicht für den dortigen Bedarf, sondern für Europa bestimmt sind, erst fertige Gebrauchswerte, wenn sie in den europäischen Kaufhäusern liegen. Ihr Transport hierher ist deshalb genauso eine Kiwi herstellende Tätigkeit wie z. B. das Pflücken.

Dies gilt allgemein. Von jedem Dienst kann gesagt werden, dass er in einem Gegenstand eingeht, der deshalb als sein Produkt angesprochen werden kann. So wird z. B. der Gebrauchswert Elektrizität nicht schon dadurch erzeugt, dass Turbinen Generatoren antreiben, sondern nur, wenn mit dem Strom beispielsweise Maschinen in Gang gesetzt oder Wohnungen beleuchtet werden. Aus diesem Grund kann der Gebrauchsgegenstand, der mit diesen Maschinen erzeugt wird, als Produkt der Elektrizitätsindustrie bezeichnet bzw. gesagt werden, dass die elektrizitätserzeugende Tätigkeit in die Menschen eingeht, die in den beleuchteten Wohnungen leben, auch wenn dies als ungewöhnlich empfunden werden mag.

Was den zweiten Teil der Behauptung anbetrifft, ist gleichfalls Kritik vorzubringen. Selbstverständlich führen Dienste zu einer "Ware", auch wenn diese von ihrem gegenständlichen Produkt verschieden ist. Dienste sind nämlich dadurch gekennzeichnet, dass sie zu ungegenständlichen Waren führen, was Marx ebenfalls am Beispiel des Transports bestätigt:

"Was aber die Transportindustrie verkauft, ist die Ortsveränderung selbst. Der hervorgebrachte Nutzeffekt ist untrennbar verbunden mit dem Transportprozeß, d. h. dem Produktionsprozeß der Transportindustrie. Menschen und Ware reisen mit dem Transportmittel, und sein Reisen, seine örtliche Bewegung, ist eben der durch es bewirkte Produktionsprozeß. Der Nutzeffekt ist nur konsumierbar während des Produktionsprozesses; er existiert nicht als ein von diesem Prozeß verschiednes Gebrauchsding, das erst nach seiner Produktion als Handelsartikel fungiert, als Ware zirkuliert." (II, 60)

Von den Menschen abgesehen, ist das eigentliche Produkt der Transportindustrie die räumliche Verfügbarmachung eines Gebrauchswerts und damit dieser Gebrauchswert selbst. Da über diesen Gegenstand jedoch andere verfügen, kann er nicht von ihr verkauft werden und deshalb nicht ihre Ware sein. Auf dieser Grundlage kann die Transportindustrie vielmehr nur den Prozess selbst verkaufen, den sie mit dem genannten Gegenstand bewirkt. In diesem Sinne verrichtet beispielsweise auch der Friseur einen Dienst. Da der Kopf und die darauf wachsenden Haare nicht sein Eigentum sind, kann er nicht die Frisur selbst, sondern nur den Prozess des Frisierens verkaufen.

Voraussetzung der Dienste ist also die Warenform und die damit zusammenhängende Vielzahl einander ausschließender Subjekte. Dienste gibt es nur, weil das eigentliche gegenständliche Produkt in anderer Hand ist. Sie sind deshalb dadurch gekennzeichnet, dass sie zu einer ungegenständlichen Ware und nicht zu einem gegenstandslosen Produkt führen. Andererseits erscheint das, was Ware ist, als ihr Produkt, sodass es zu der irreführenden Redeweise von ungegenständlichen Produkten kommt. Sie verdankt sich dem Standpunkt des einzelnen Beobachters und dem damit zusammenhängenden Ausschluss des eigentlichen Produkts. Weil man innerhalb des eigenen Verfügungsbereiches ein Produkt finden will, entdeckt man das gegenstandslose "Produkt" des Transport- oder sonstigen Prozesses. Dabei geht die Warenform der Produktform voraus. Während normalerweise zuerst ein Produkt da ist, das anschließend zur Ware wird, haben wir es hier mit einer ungegenständlichen Ware zu tun, aus der sich ein ungegenständliches Produkt ableitet.

Wenn wir uns nun auf die scheinhaften Dienste einlassen, die dadurch gekennzeichnet sind, dass sie nur zu einem ungegenständlichen Produkt oder "Nutzeffekt" führen, dann kann Marx zugestimmt werden, wenn er behauptet, dass dieses Produkt keine von seinem Produktionsprozess unabhängige Existenz hat und deshalb nur so lange "konsumierbar" ist, so lange er andauert. Weil Konsumtion und Produktion in diesem Sinne zusammenfallen, fragt sich, ob der Nutzeffekt ein Wert sein kann bzw. die Dienste produktive Arbeit darstellen können. Wie die Fortsetzung des zuletzt angeführten Zitats:

"Der Tauschwert dieses Nutzeffekts ist aber bestimmt, wie der jeder andren Ware, durch den Wert der in ihm verbrauchten Produktionselemente (Arbeitskraft und Produktionsmittel) plus dem Mehrwert, den die Mehrarbeit der in der Transportindustrie beschäftigten Arbeiter geschaffen hat." (II, 60/61),

zeigt, ist Marx dieser Auffassung. Es ist aber zu prüfen, ob sie richtig ist. Im Zusammenhang mit dieser Aufgabe ist wiederum die direkte Fortsetzung interessant:

"Auch in Beziehung auf seine Konsumtion verhält sich dieser Nutzeffekt ganz wie andre Waren. Wird er individuell konsumiert, so verschwindet sein Wert mit der

Konsumtion; wird er produktiv konsumiert, so daß er selbst ein Produktionsstadium der im Transport befindlichen Ware, so wird sein Wert als Zuschußwert auf
die Ware selbst übertragen." (II, 61)

Sie macht deutlich, dass Konsumtion nicht gleich Konsumtion ist, sondern es den
Unterschied zwischen der "individuellen" und der "produktiven Konsumtion"
gibt, den er im I. Band erläutert hat:

"Diese produktive Konsumtion unterscheidet sich dadurch von der individuellen
Konsumtion, daß letztere die Produkte als Lebensmittel des lebendigen Individuums, erstere sie als Lebensmittel der Arbeit, seiner sich betätigenden Arbeitskraft,
verzehrt. Das Produkt der individuellen Konsumtion ist daher der Konsument
selbst, das Resultat der produktiven Konsumtion ein vom Konsumenten unter-
schiednes Produkt." (I, 198; vgl. auch 596/597)

Was Marx hier als "produktive Konsumtion" bezeichnet, unterscheidet sich von
dem, was auf der Seite 331 so genannt wurde. Während damit dort die Konsumtion
der Arbeiter gemeint war, die vom Kapital aus gesehen funktional ist, ist hier der
Verbrauch der Produktionsmittel im Produktionsprozess angesprochen, aus dem
sich die Übertragung der toten Arbeit ergibt. Mit der "individuellen Konsumtion"
ist dagegen das gemeint, was wir bislang einfach als Konsumtion bezeichnet haben, d. h. der Verbrauch von Konsumtionsmitteln im Rahmen der menschlichen
Reproduktion. Dabei fällt auf, dass Marx im obigen Zitat nicht nur von der Arbeitskraft oder dem Arbeiter redet, sondern allgemein vom "Konsumenten". Von
der damit zusammenhängenden Schwierigkeit abgesehen, ist nach unseren früheren Überlegungen klar, dass die Dienste, die individuell oder – wie man im Gegensatz zur produktiven Konsumtion auch sagen könnte – konsumtiv konsumiert
werden, d. h. direkt in den Menschen eingehen, nur vom Standpunkt des Einzelnen
aus gesehen in der Lage sind, Mehrwert zu erzeugen. Vom allgemeinen Standpunkt aus geurteilt können sie das jedoch nicht, weshalb sie nach den obigen Kriterien unproduktive Arbeit darstellen.

Auch wenn er das selbst nicht zu realisieren scheint, wird genau dies von Marx in
noch etwas schärferer Form bestätigt, wenn er davon redet, dass der Wert, der
individuell konsumiert wird, "verschwindet". Bei unseren früheren Überlegungen
(vgl. S. 374ff.) war es eigentlich egal, ob die individuelle Konsumtion die Vernichtung des Werts beinhaltet oder nicht. Es ging vielmehr nur darum, dass die
Arbeiter mehr Wert produzieren als konsumieren. Hier wird nun zusätzlich klar,
dass mit Tätigkeiten, die direkt im Menschen resultieren, überhaupt kein Wert produziert werden kann. Da Produktion und Konsumtion einerseits zusammenfallen
und letztere andererseits das Verschwinden des Werts bedeutet, fallen Entstehen
und Vergehen des Werts in Eins. Sobald die wertbildende Arbeit vergegenständ-

licht ist, ist sie auch schon entgegenständlicht, woraus folgt, dass sie als wertbildende Arbeit überhaupt nie zur Existenz kommt. Somit dürfte klar sein, dass bezogen auf diese Dienste von produktiver Arbeit keine Rede sein kann. Weil sie nicht einmal Werte bilden können, sind sie selbstverständlich auch zur Mehrwertbildung ungeeignet.

Besonders hervorgehoben sei noch, dass dieser Schluss jetzt auch dann gilt, wenn es individuelle Konsumtionsakte geben sollte, die vom Kapital aus gesehen unsinnig sind, weil sie nicht in den Kreis der erweiterten Reproduktion der Arbeitskraft fallen. Da nach der Marxschen Begrifflichkeit die individuelle Konsumtion immer das Verschwinden des Werts nach sich zieht, ist in Zukunft unerheblich, ob die einzelnen Akte die notwendige Arbeit erhöhen oder nicht. Selbst wenn es empirisch gesehen Menschen geben sollte, die in keiner Weise zur Arbeitskraft gehören, können die unmittelbar im Menschen endenden Tätigkeiten keine produktive Arbeit darstellen.

Erwähnt sei schließlich noch, dass wir jetzt Anlass haben Marx' Begriff des Werts der Arbeitskraft als solchen zurückzuweisen. Während auf den Seiten 329f. nur kritisiert wurde, dass der notwendige Tauschwert oder Preis der Arbeitskraft kein Ausdruck ihres sogenannten Werts ist, sondern diesen übersteigt, ist jetzt festzustellen, dass es überhaupt keinen Wert der Arbeitskraft gibt. Weil die Arbeit, die individuell konsumiert wird, als Wert verschwindet, kann im Menschen gar keine wertbildende Arbeit vergegenständlicht werden. Dies gilt sowohl für die neu verausgabte lebendige wie die nur übertragene tote Arbeit.

Kommen wir nun zu den Diensten, die in die "produktive Konsumtion" eingehen, d. h. bei der Herstellung eines "vom Konsumenten unterschiednen Produkts" verbraucht werden. Nach den Kriterien der individuellen Konsumtion werden sie überhaupt nicht konsumiert, sodass die von Marx übernommene Rede von einem Zusammenfallen von Produktion und Konsumtion (vgl. S. 384) darauf bezogen zumindest missverständlich ist. Weil ihr Wert durch die produktive Konsumtion auf das Produkt übertragen wird, hat er im Gegensatz zur Marxschen Auffassung eine vom Produktionsprozess getrennte Existenz. Da er sich dabei jedoch von lebendiger in tote Arbeit verwandelt, die nicht in notwendige Arbeit und Mehrarbeit unterteilt werden kann, stellt sich trotzdem die Frage, ob diese Dienste den Status produktiver Arbeit haben können.

Der Eindruck, dass durch die Übertragung des Werts der Charakter des Mehrwerts als Mehrwert verloren geht, woraus sich der Schluss ergibt, dass der Mehrwert als solcher gar deswegen nicht existiert hat, weil seine Entstehung und seine Übertragung zusammenfallen, ist von Standpunkt des Kapitals aus gesehen, das den Dienst produktiv konsumiert, sicherlich richtig. Falsch wird er nur, weil es sich dabei um einen beschränkten Standpunkt handelt.

Um das zu erkennen, müssen wir uns daran erinnern, dass der Mehrwert sich einem Überschuss des produzierten Werts über den während derselben Zeit konsumierten Wert verdankt. (vgl. S. 367) Der falsche Schein der durch den Blickpunkt des oben genannten Kapitals hereinkommt, besteht nun darin, dass die Arbeit, die als Dienst produktiv konsumiert wird, gar nicht mehr zur neu produzierten Arbeit zu gehören scheint. Sie scheint vielmehr vorausgesetzt zu sein. Genau das ist jedoch nicht der Fall. Wenn der Dienst innerhalb der fraglichen Zeit getan wurde und die Produkte, in die er einging, innerhalb dieser Zeit noch nicht individuell konsumiert worden sind, dann gehört er zur produzierten Arbeit und Mehrarbeit, auch wenn er nicht mehr zur Mehrarbeit des einzelnen Kapitals zu zählen ist, das den Dienst produktiv konsumiert hat. Dem entspricht, dass die Mehrarbeit dieses Kapitals durch die übertragene tote Arbeit des Dienstes nicht beschränkt wird. Wenn mehr tote Arbeit übertragen wird, dann verringert sich dadurch nicht der Mehrwert dieses Kapitals, sondern der Gesamtwert seines Produkts wächst.

Zusammenfassend können wir somit festhalten, dass Dienste produktive Arbeit sein können oder auch nicht. Entscheidend dafür ist, ob sie in den Menschen oder ein von ihm unterschiedenes Produkt eingehen. Ist ersteres der Fall, kann mit ihnen keine Mehrarbeit geschaffen werden, wogegen dies im letzteren Fall durchaus möglich ist. Wir finden somit einerseits unser früheres Ergebnis bestätigt und sind daher gezwungen, die frühere Kritik an Marx zu wiederholen. Dass Marx übersehen hat, dass im Menschen resultierende Dienste keine produktive Arbeit sein können, ist dabei umso erstaunlicher, als er die individuelle Konsumtion mit der Vernichtung des Werts gleichsetzt. Damit zusammenhängend hat sich andererseits gezeigt, dass sich das Problem der Dienste nur auf einer Ebene des Scheins stellt. Sie und ihre ungegenständlichen Produkte gibt es überhaupt nur, weil die Warenzirkulation je schon vorausgesetzt ist. Wesentlich gesprochen gibt es gar keine derartigen Produkte, weil ein ungegenständlicher Nutzeffekt nur ein Nutzeffekt ist, wenn er entweder in den Menschen oder ein davon verschiedenes Gebrauchsding eingeht.

4. Marx' Auseinandersetzung mit A. Smith

Die Frage, ob Dienste produktive Arbeit sein können oder nicht, wurde auch in anderer Weise gestellt, als im vorhergehenden Abschnitt geschehen. Ansatzpunkt war dabei der Eindruck, wonach Dienste zu keinem gegenständlichen Produkt führen. Er wurde von A. Smith vertreten und zum Argument gegen den produktiven Charakter der Dienste gemacht. Der Vollständigkeit halber soll deshalb im Folgenden noch auf diese Position eingegangen werden.

Auf der einen Seite teilt A. Smith die Marxsche Bestimmung der produktiven Arbeit:

"Es gibt eine Art von Arbeit, die den Wert des Gegenstands, auf den sie verwendet wird, erhöht; es gibt eine andere, die keine solche Wirkung hat. Die erstere kann, da *sie einen Wert produziert, als produktive*, die letztere als *unproduktive* Arbeit bezeichnet werden. So *fügt* die Arbeit eines Manufakturarbeiters in der Regel dem Wert des von ihm verarbeiteten Materials noch den Wert *seines eigenen Unterhalts und den Profit seines Herrn hinzu*. Dagegen fügt die Arbeit eines Dienstboten keinen Wert hinzu." (26.1, 125)

Sieht man von den Unklarheiten der Smithschen Sprache und insbesondere davon ab, dass zunächst nur vom "Wert" geredet wird, dann wird deutlich, dass auch bei Smith das entscheidende Merkmal der produktiven Arbeit darin besteht, dass sie nicht nur Wert, sondern auch Mehrwert erzeugt. Dafür wird er von Marx denn auch gelobt:

"Die produktive Arbeit wird hier bestimmt vom Standpunkt der kapitalistischen Produktion aus, und A. Smith hat die Sache selbst begrifflich erschöpft, den Nagel auf den Kopf getroffen – es ist dies eines seiner größten wissenschaftlichen Verdienste (es bleibt, wie Malthus richtig bemerkt hat, die Grundlage der ganzen bürgerlichen Ökonomie, diese kritische Unterscheidung zwischen produktiver und unproduktiver Arbeit), daß er die produktive Arbeit als Arbeit bestimmt, *die sich unmittelbar mit dem Kapital austauscht*, d. h. durch Austausch, womit die Produktionsbedingungen der Arbeit und Wert überhaupt, Geld oder Ware, sich erst in Kapital verwandeln (und die Arbeit in Lohnarbeit im wissenschaftlichen Sinn)," (26.1, 127)

Allerdings fällt hier bereits auf, dass Marx das entscheidende Kriterium in etwas anderer Weise fasst, wenn er von der Arbeit redet, "die sich unmittelbar mit dem Kapital austauscht" und nicht mit der Revenue. Daran macht sich, wie wir gleich noch genauer sehen werden, ein Missverständnis fest. Sein Kennzeichen besteht darin, den Zweck, mit dem Arbeitskraft gekauft wird, als das für ihren Charakter ausschlaggebende Kriterium zu behaupten.

Auf der anderen Seite fügt Smith jedoch dieser Bestimmung folgende Aussage hinzu:

"Aber die Arbeit des Manufakturarbeiters *fixiert und realisiert sich in einem besonderen Gegenstand oder einer verkäuflichen Ware, die wenigstens noch eine Zeitlang fortbesteht, nachdem die Arbeit beendet ist.* Es wird gewissermaßen eine bestimmte Menge Arbeit gesammelt und gespeichert, um später, wenn notwendig, verwendet zu werden. Dieser Gegenstand, oder was dasselbe ist, der Preis dieses Gegenstandes, kann später, wenn notwendig, die gleiche Menge Arbeit in Bewegung setzen, die ursprünglich zu seiner Produktion erforderlich war. Die Arbeit des Dienstboten dagegen *fixiert und realisiert sich nicht in einem besonderen Gegenstand oder einer verkäuflichen Ware. Seine Dienste vergehen gewöhnlich im Augenblick ihrer Leistung und hinterlassen selten eine Spur oder einen Wert,* für den *später* eine gleiche Menge von Dienstleistungen beschafft werden könnte ..." (26.1, 131)

Zweifellos ist die Smithsche Ausdrucksweise auch hier nicht sehr klar. Insbesondere ist darauf hinzuweisen, dass auch Smith den Unterschied zwischen Produkt, d. h. dem, was er "Gegenstand" nennt, und Ware nicht genau genug fasst. Auch die Dienste können nämlich zu einer "verkäuflichen Ware" führen, die einen "Preis" hat. Sie sind nur nicht in der Lage, zu einem verkäuflichen Gegenstand zu führen. Dass Smith darauf hinaus will, zeigt sich jedoch trotzdem klar genug. Es kommt dadurch zum Ausdruck, dass die produktive Arbeit "gesammelt" und "gespeichert" wird und nicht mit ihrer Leistung vergeht. Mit anderen Worten fordert Smith das Kriterium der Gegenständlichkeit. Smith ist der Auffassung, dass die Arbeit, die diese Bedingung nicht erfüllt, keine produktive Arbeit sein kann.

Insbesondere, wenn man bedenkt, dass der Umstand, wonach die Dienste zu keinem gegenständlichen Produkt führen, bloßer Schein ist, hinter dem sich als entscheidender Unterschied die Frage verbirgt, ob sie im Menschen oder einem davon unterschiedenen Gegenstand enden, ist der Auffassung von Smith teilweise zuzustimmen. Tätigkeiten, die in dem Sinne zu keinem gegenständlichen Resultat führen, dass sie nur in den Menschen und keinen von ihm verschiedenen Gegenstand eingehen, können keine produktive Arbeit sein. Die Bedingung der Gegenständlichkeit, die Smith fordert, ist also richtig, wenn man sie als nicht-menschliche Gegenständlichkeit interpretiert.

Wie schon das auf der Seite 378 angeführte Zitat zeigt, ist Marx anderer Auffassung. Er spricht sich nämlich dafür aus, dass man wert- und mehrwertbildende Arbeit auch leisten kann, wenn man Kindern etwas beibringt. Deshalb überrascht es nicht, wenn er A. Smith direkt kritisiert und schreibt:

"Diese Bestimmungen sind also nicht genommen aus der stofflichen Bestimmung der Arbeit (weder der Natur ihres Produkts noch der Bestimmtheit der Arbeit als konkreter Arbeit), sondern aus der bestimmten gesellschaftlichen Form, den gesellschaftlichen Produktionsverhältnissen, worin sie sich verwirklicht. Ein Schauspieler z. B., selbst ein Clown, ist hiernach ein produktiver Arbeiter, wenn er im Dienst eines Kapitalisten arbeitet (des entrepreneur), dem er mehr Arbeit zurückgibt, als er in der Form des Salairs von ihm erhält, während ein Flickschneider, der zu dem Kapitalisten ins Haus kommt und ihm seine Hosen flickt, ihm einen bloßen Gebrauchswert schafft, ein unproduktiver Arbeiter ist. Die Arbeit des erstren tauscht sich gegen Kapital aus, die des zweiten gegen Revenue. Die erstre schafft einen Mehrwert; in der zweiten verzehrt sich eine Revenue." (26.1, 127; vgl. auch 134ff.)

Diese Auffassung ist jedoch verkehrt. Ohne Gegenständlichkeit im beschriebenen Sinn kann tatsächlich keine Arbeit vergegenständlicht und damit kein Wert geschaffen werden. Das – und hier kommen wir zu den negativen Folgen der Marxschen Sprache – schließt jedoch nicht aus, dass der besagte "Clown" empirisch gesehen tatsächlich von einem Kapitalisten angeheuert wird und dieser mit seinen Kunststücken tatsächlich sein Kapital verwertet. Dies spielt sich nämlich auf einer ganz anderen Ebene ab. Es ist Marx daher vorzuwerfen, das nicht gesehen und deshalb von der einen Ebene Schlüsse auf die andere gezogen zu haben, die so nicht zulässig sind. Auf diese Weise könnte man auch die Zirkulationstätigkeiten zu produktiver Arbeit machen.

Auf der Grundlage des Umstandes, dass das Moment der Gegenständlichkeit nur eine notwendige, aber noch keine hinreichende Bedingung der produktiven Arbeit darstellt, ist an dieser Stelle festzustellen, dass Smith offensichtlich der Wahrheit näher gekommen ist als Marx. Dieses Ergebnis wird nur dadurch etwas modifiziert, dass die Dienste, wie gesehen, nur scheinbar zu keinem gegenständlichen Resultat führen. Insofern Dienste produktiv konsumiert werden und Mehrwert schaffen können, hat Smith nicht ganz Recht und Marx nicht ganz Unrecht. Entscheidend ist nämlich, ob die Dienste im Menschen enden oder einem vom Menschen unterschiedenen Produkt.

Die Ahnung, dass dieser Unterschied im Hintergrund der Differenz zwischen Diensten und Nicht-Diensten steht, ist wohl auch bei A. Smith vorhanden. (vgl. S. 389) Klarer kommt sie jedoch bei Marx zum Ausdruck:

"*Ware* muß als unterschiedne Existenz von der Arbeit selbst aufgefaßt werden. Dann aber zerfällt die Welt der Waren in zwei große Kategorien:
   auf der einen Seite die Arbeitsvermögen;
   auf der andren Seite die Waren selbst." (26.1, 141)

Auf diesem Hintergrund ist aber umso mehr zu kritisieren, dass Marx der Ansicht ist:

"Produktive Arbeit wäre also solche, die Waren produziert oder das Arbeitsvermögen selbst direkt produziert, bildet, entwickelt, erhält, reproduziert. Letztre schließt A. Smith von seiner Rubrik der produktiven Arbeit aus; willkürlich, aber mit einem gewissen richtigen Instinkt, daß, wenn er sie einschloß, er Tor und Tür öffnete für false pretensions produktiver Arbeit." (26.1, 142)

Denn die Arbeit, die das „Arbeitsvermögen" produziert und reproduziert kann keine produktive Arbeit darstellen. Allerdings geht auch Marx nicht jeder "richtige Instinkt" ab, schreibt er doch nur vier Seiten früher:

392

"Die ganze Welt der "Waren" kann in 2 große Partien geteilt werden. Erstens das Arbeitsvermögen – zweitens die von dem Arbeitsvermögen selbst unterschiednen Waren. Der Ankauf solcher Dienste nun, die das Arbeitsvermögen bilden, erhalten, modifizieren etc. kurz, ihm eine Spezialität geben oder es auch nur erhalten, also z. B. der Dienst des Schulmeisters, soweit er "industriell nötig" oder nützlich, der Dienst des Arztes, soweit er die Gesundheit erhält, also die Quelle aller Werte, das Arbeitsvermögen selbst, konserviert usw., sind also Dienste, die an ihre Stelle setzen "une marchandise qui puisse se vendre etc.", nämlich das Arbeitsvermögen selbst, in dessen Produktions- und Reproduktionskosten diese Dienste eingehen. Indes wußte Smith, wie wenige "education" in die Produktionskosten der Masse der working men eingeht. Und unter allen Umständen gehören die Dienste des Arztes zu den faux frais de production. Man kann sie zu den Reparierkosten der Arbeitsvermögen rechnen. (26.1, 137)

Dies trifft wenigstens dann zu, wenn mit "faux frais de production" zum Ausdruck gebracht werden soll, dass die Dienste des Arztes unproduktive Arbeit sind.[53] Allerdings stellt sich unter dieser Voraussetzung sogleich die Frage, warum dies nicht auch für den "Schulmeister" usw. gilt.

Zusammenfassend kann festgehalten werden, dass Marx in den 'Theorien über den Mehrwert' mit der produktiven Arbeit zumindest genauso wenig zurechtgekommen ist wie im 'Kapital', was selbstverständlich umso weniger überraschend ist, als es sich dabei nur um Manuskripte handelt, die im Wesentlichen der Selbstverständigung dienten und von Marx nicht für den Druck vorbereitet waren.

5. Zusammenfassende Bemerkungen

Wenn wir auf die obigen Ausführungen zurückblicken und dabei mit dem Produktionsprozess beginnen, ist zunächst darauf aufmerksam zu machen, dass Marx zwar so tut, als würde er von einem Einzelkapital sprechen, das als solches nur ein Teilprinzip verkörpert. Ohne dass ihm das selbst klar wird, thematisiert er in Wirklichkeit aber kein Einzelkapital, sondern den bloßen Teil eines Gesamtkapitals. Denn nur auf dieser Grundlage ist verständlich, dass es zu einem in sich stimmigen Ganzen so kommt, als würde er von einem einheitlichen Prinzip ausgehen. Das wird Marx aber gar nicht bewusst. Er ist vielmehr der Meinung es wirklich mit einem Einzelkapital zu tun zu haben.

Wenn wir dieses eigentümliche Einzelkapital akzeptieren, können wir ein gemischtes Ergebnis festhalten. Bezogen auf die Darstellung der Produktion sind die

---

[53] Wie wir sehen werden (vgl. S. 345), gibt es noch eine zweite Bedeutung von faux frais. Sie bezieht sich nicht nur auf Tätigkeiten, die keine produktive Arbeit darstellen, sondern darüber hinaus auf Tätigkeiten, die eigentliche gar nicht nötig sind. Gemäß dieser Bedeutung von faux frais, die wir als die eigentliche Bedeutung kennen lernen werden, sind die Dienste des Arztes gerade keine faux frais. Denn sie sind nötig.

Resultate auf der einen Seite ganz positiv. Denn Marx kann zeigen, wie der Mehrwert zustande kommt. Er wird genauer gesprochen geschaffen, wenn die Arbeiter während eines bestimmten Zeitraums mehr Wert produzieren als sie und ihre Anhängsel konsumieren, wenn sie mehr Arbeit vergegenständlichen als entgegenständlichen. Der Grund des Mehrwerts ist mit anderen Worten die von den Arbeitern über die zu ihrer erweiterten Reproduktion notwendigen Arbeit hinaus geleistete Mehrarbeit. Deswegen kann das im Kapital enthaltene Streben nach schrankenloser Wertvermehrung auch als „Heißhunger nach Mehrarbeit" bezeichnet werden. Denn beides läuft auf dasselbe hinaus.

Positiv ist auch, dass Marx zu erkennen gibt, dass er es auch bezogen auf das empirische industrielle Kapital nicht auf eine direkte Erklärung abgesehen hat. Denn damit wird einesteils die Kritik gegenstandlos, die wir oben mehrfach vorgebracht haben. Andernteils wird endgültig klar, dass es Marx nicht auf das wesentliche zweckhafte Kapital abgesehen hat bzw. in Bezug auf das Streben nach maßloser Wertvermehrung oder den Heißhunger nach Mehrarbeit, der in dieser Kapitalart enthalten ist, nicht auf einen (objektiven oder subjektiven) Zweck abzielt. Denn die mit der Wesensebene verbundene indirekte Erklärung passt nur zum wesentlichen begrifflichen Kapital bzw. zu dem in dieser Kapitalart enthaltenen (objektiven oder subjektiven) Begriff.

Das genannte positive Urteil ist zum einen nur bezogen darauf zu relativieren, dass bezüglich der toten Arbeit von einer Naturgabe die Rede ist. Zum anderen ist auf die Rede vom konstanten und variablen Kapital zu verweisen, womit Marx den Geldvorschuss meint, der zum Kauf der Produktionsmittel bzw. der Arbeitskräfte verwendet wird. Mit diesen Bezeichnungen bezieht sich Marx auf seinen zweiten Kapitalbegriff des sich selbst verwertenden Werts. Sie stellt den verqueren Versuch dar, diesen Kapitalbegriff mit den wesentlichen Verhältnissen zu verbinden. Das wird weder dem Wesen gerecht, bei dem der Grund der Vermehrung nicht das variable Kapital, sondern die Mehrarbeit ist. Noch entspricht es dem Schein, bei dem der gesamte Ausgangswert sich selbst verwertet und in diesem Sinne eine variable Größe ist. Zum dritten sind die Tendenzen zu kritisieren, die aus den Kapital-Charaktermasken Subjekte machen.

Zum vierten ist Marx der Vorwurf zu machen, nicht von Anfang an klargemacht zu haben, dass sein Kapital auch dem industriellen Kapital gegenüber Wesensgrund ist. Anders ausgedrückt ist er rückblickend deswegen zu kritisieren, weil er trotz dieser eindeutigen Sachlage zunächst einen anderen Eindruck erweckt und so getan hat, als würde er von einem Kapital sprechen, das keine inhaltliche Differenz aufweist und damit mit den Tauschverhältnissen unmittelbar vereinbar ist. In diesem Zusammenhang ist auch darauf zu verweisen, dass Marx zunächst so getan hat, als wollte er das seiende industrielle Kapital auf direkte Weise und damit ohne jede Bezugnahme auf das Wesen erklären.

Recht positiv ist das Urteil aber nur, wenn man den Marxschen Unterschied zwischen der Ware Arbeitskraft und der Ware Arbeit in der Form akzeptiert, dass erstere noch nicht mit einem Schein einhergeht. Wenn man das nicht tut und berücksichtigt, dass der Schein sich schon mit der Warenform der Arbeitskraft verbindet, dann ist auf der anderen Seite festzustellen, dass auf dieser Grundlage die wirkliche Wertvermehrung nicht mehr dargestellt werden kann. Dann kommt es zwar ebenfalls dazu, dass die Arbeiter unter dem Druck stehen, möglichst effektiv zu arbeiten. Das geht aber nicht mehr mit dem Unterschied zwischen notwendiger Arbeit und Mehrarbeit einher. Stattdessen erscheint alle Arbeit als bezahlt. Und der Überschuss über die Kosten scheint sich schlicht und einfach entweder – auf der Basis des Scheins – dem vorgeschossenen Wert oder – auf der Basis der Erscheinungen – einem Aufschlag auf den Kostpreis zu verdanken. Im Endergebnis können wir damit festhalten, dass wir unsere obigen Ergebnisse nicht revidieren müssen. Denn es hat sich bestätigt, dass die wirkliche Vermehrung des Werts nur dargestellt werden kann, wenn die Arbeitskraft noch nicht als Ware auftritt.

Genau diese Bedingung ist gegeben, wenn statt vom Kapital nur vom schrankenlosen Streben nach Wertvermehrung oder vom Heißhunger nach Mehrarbeit ausgegangen wird. Zugleich ist jetzt klar, wie dieses Streben zu verstehen ist. Es kann nämlich deswegen nur als Begriff verstanden werden, weil es nur um die inhaltlich mittelbare Erklärung des unmittelbaren Seins geht. Und das ist vollkommen unabhängig von der Frage, ob dieser Begriff eine objektive oder eine subjektive Ausformung annimmt.

Bezogen auf die Bestimmung der produktiven Arbeit sieht es dagegen schlechter aus. Wie sich gezeigt hat, war Marx nicht in der Lage, diese Arbeit korrekt zu bestimmen. Zwar ist erkennbar, dass auch bei Marx das entscheidende Kriterium für produktive Arbeit darin besteht, dass die Arbeit in notwendige und Mehrarbeit zerfallen und damit zur Mehrwertbildung beitragen kann. Dieses Kriterium bringt er jedoch nicht konsequent zur Anwendung. Der Grund dafür liegt zum einen auch hier darin, dass Marx eben nicht mit klarem Bewusstsein von einem Gesamtprinzip ausgeht, sondern der Meinung ist, es schon mit Einzelkapitalen zu tun zu haben. Zum anderen hat er sich von den gegenläufigen Gegebenheiten auf der Ebene des unmittelbaren Seins verwirren lassen.

Obwohl Marx die individuelle Konsumtion mit Wertvernichtung gleichsetzt, übersieht er, dass als Konsequenz die Tätigkeiten, die direkt im Menschen enden, keine produktive Arbeit sein können. Neben dem bereits erwähnten Umstand, wonach Wert individuell konsumieren ihn vernichten heißt, ist dafür insbesondere verantwortlich, dass mit direkt in den Menschen eingehenden Tätigkeiten kein Überschuss der Produktion über die Konsumtion erzielt werden kann. Denn in den Menschen einzugehen bedeutet, konsumiert zu werden. Aus dem nämlichen Grund ist auch Marx' Behandlung der Dienste und seine diesbezügliche Auseinandersetzung mit A. Smith mangelhaft, zumal er nicht realisiert, dass von Tätigkeiten, die wirklich zu keinerlei gegenständlichem Resultat führen, eigentlich gar nicht gesprochen werden kann und der dem entgegengesetzte Eindruck nur eine Folge des mit der Warenproduktion einhergehenden falschen Scheins darstellt.

Gerade, weil Marx die individuelle Konsumtion mit Wertvernichtung gleichsetzt, ist im Nachhinein unverständlich, warum er von einem Wert der Arbeitskraft spricht. Schon im VIII. Kapitel haben wir eine Diskrepanz zwischen dem Tauschwert der Arbeitskraft und Wert des Arbeiters festgestellt. Hier müssen wir darüber hinaus konstatieren, dass nicht nur die Rede vom Wert der Arbeitskraft ausscheidet, sondern auch die vom Wert des Arbeiters. Weil nach Marx' eigenen Kriterien die individuelle Konsumtion von Werten deren Verschwinden bedeutet, kann im Arbeiter in keiner Weise Wert vergegenständlicht werden. Die Arbeiter stellen vielmehr den wertgegenständlichen Negativpol dar, das Grab, in dem jeder Wert untergeht. Die Marxsche Rede von einem Wert der Ware Arbeitskraft ist daher vollständig zurückzuweisen.

Marx' Fehler bei der Bestimmung der produktiven Arbeit können als ein Ausdruck seiner auf Teilbereiche konzentrierten Betrachtung verstanden werden. Genauso wie es ungegenständliche Produkte zu geben scheint, wenn man sich z. B. nur ein Wasserkraftwerk vor Augen hält und unbeachtet lässt, dass mit dem Strom ja irgendetwas gemacht wird, genauso scheint es möglich, dass z. B. ein Friseur Mehrarbeit leistet, wenn man seiner Produktion nur die Konsumtion von ihm und seiner Familie gegenüberstellt und die Personen vergisst, die er frisiert. Neben der Thematisierung von Zirkulationsfunktionen haben wir somit eine zweite negative Folge von Marx' Rede von Einzelkapitalen festzuhalten. Dem sei jedoch hinzugefügt, dass dieser Fehler auch auf Basis einer Vielheit von Kapitalen vermeidbar gewesen wäre.

Die zweite Ursache der aufgezeigten Mängel ist darin zu sehen, dass Marx nicht in der Lage war, sich bei der Explikation der wesentlichen Verhältnisse der bürgerlichen Gesellschaft ganz von ihrer Empirie oder ihrem unmittelbaren Sein frei zu machen. Insbesondere bei seiner Auseinandersetzung mit Smith zeigt sich, dass er sich von der Tatsache, dass innerhalb der Empirie auch mit in Menschen eingehenden Tätigkeiten Profite erzielt werden können, hat verwirren lassen. Er hat sich mit anderen Worten dazu verführen lassen, die Zwecke, mit denen Arbeitskraft gekauft wird, als ausschlaggebend zu betrachten. Dieser Fehler ist mit der schon früher (vgl. S. 124 und 162) aufgefallenen tauschwerthaften Bestimmung des Werts vergleichbar.

Die fehlerhafte Bestimmung der produktiven Arbeit ist nun insbesondere auch deshalb von Bedeutung, weil Marx bei einer richtigen Bestimmung Gelegenheit gehabt hätte, die Form zu begründen, in der der Mensch für das Kapital nur von Interesse ist. Er hätte mit anderen Worten die Gestalt der Arbeitskraft ableiten können. Das soll im Folgenden kurz angedeutet werden.

Mit direkt in Arbeitskraft resultierenden Tätigkeiten kann kein Mehrwert geschaffen werden. Andererseits ist die Vermehrung des Werts der eigentliche Zweck des Kapitals. Daraus ergibt sich, dass der Mensch für es nur insofern von unmittelbarem Interesse ist, als er dazu beiträgt. Weil Tätigkeiten, die im Menschen enden, unumgänglich sind, heißt das, dass das Kapital nicht am ganzen Menschen interessiert ist, sondern nur an denjenigen seiner Fähigkeiten, mit denen er Mehrwert und deshalb auch Wert erzeugen kann. Genau dieser am Menschen direkt interessierende Teil ist aber seine produktive Arbeitskraft. Dem Kapital angemessen ist also, dass der Mensch nur in dieser Form in seinen Bewegungsprozess eintritt. Die Form des Sklaven, die den ganzen Menschen umfasst, ist dagegen ausgeschlossen, weil der Mensch als ganzer kein adäquates Mittel der maßlosen Wertvermehrung ist. Mit dem ganzen Arbeiter würde sich das Kapital vielmehr auch solche Tätigkeiten beschaffen, die seinem Zweck nicht direkt entsprechen und in diesem Sinne dysfunktional sind.

Dass die Arbeitskraft nicht innerhalb des Kapitalprozesses erzeugt werden kann, heißt desweiteren, dass ihre erweiterte Reproduktion außerhalb dieser Sphäre stattfinden muss. Mit anderen Worten ist gesetzt, dass es mit dem Konsumtionsbereich eine neben dem Produktionsbereich existierende Sphäre der unproduktiven Arbeit gibt, in der die Erhaltung und Erweiterung der Arbeitskraft vonstatten geht. Außerdem ist klar, dass beide Bereiche durch zwei Vorgänge miteinander verbunden sind. Einerseits wechselt die fertige Arbeitskraft vom Konsumtionsbereich in den der Produktion hinüber; andererseits vollziehen die produzierten Konsumtionsmittel die umgekehrte Bewegung. Damit ist zugleich klar, dass die Arbeitskraft auf eine äußerliche Weise in den Prozess des Kapitals eintritt und nicht von einem Kapital selbst angeboten werden kann. Weil sie von den Einzelkapitalen nicht hergestellt werden kann, kann sie von ihnen auch nicht verkauft werden. Mithin ist auch klar, dass die Arbeitskraft keine von einem Einzelkapital angebotene Ware sein kann.

Die obigen Überlegungen zusammenfassend kann festgestellt werden, dass all die mit der Ableitung der Arbeitskraft zusammenhängenden Punkte, an denen Marx gescheitert ist (vgl. S. 305ff.), gelöst werden könnten. Es könnte mit anderen Worten das bewiesen werden, was Marx nur behauptet, dass nämlich der Arbeiter in Tat und Wahrheit nichts Anderes darstellt, als ein "unmittelbares Verwertungsmittel des Kapitals". (vgl. auch I, 641/642) Obwohl Marx den von ihm fälschlicherweise Wert genannten Tauschwert der Arbeitskraft aus dem Kapital entwickelt, hat er diese Möglichkeit übersehen, auch wenn sich entsprechende Ansätze durchaus auch in seiner Darstellung nachweisen lassen. (vgl. I, 603/604)

Im Rahmen der obigen Überlegungen ist nur von der Form der Arbeitskraft und noch nicht von ihr als Ware gesprochen worden. Auf dieser Grundlage könnte eingewandt werden, dass noch zu zeigen ist, warum die Arbeitskraft als Ware auftritt. Daher sei darauf hingewiesen, dass auch diese Aufgabe – wie wir auf der Seite 361 schon gesehen haben – gelöst werden kann. Während sich bei Marx deswegen keine überzeugende Antwort gibt, weil bei ihm von diesem Moment von Anfang an insofern die Rede ist, als das Kapital mit einem Geldvorschuss startete, kann nämlich gezeigt werden, dass es sich als Schein ergibt. Zur Warenform Arbeitskraft kommt es nämlich, wenn der Stellenwechsel zwischen den Arbeitskräften und den Konsumtionsmitteln, zu dem es als Ergebnis des Wesens kommt, unmittelbar betrachtet und damit getrennt von seiner Entstehungsweise wahrgenommen wird. Denn in diesem Fall erscheint er als Austausch, der sich zwischen zwei unterschiedlichen Subjekten abzuspielen scheint. (vgl. dazu auch S. 466f.)

Eine weitere verpasste Möglichkeit, die mit diesem Punkt zusammenhängt, macht sich am Heißhunger nach Mehrarbeit fest. Auf der Seite 371 habe ich zwar geschrieben, dass der im Kapital enthaltene schrankenlose Wertvermehrungszweck und der Heißhunger nach Mehrarbeit auf dasselbe hinauslaufen. Trotzdem sind diese beiden Ausdrücke nicht einfach identisch. Insbesondere fällt auf, dass im letzteren die Kategorie des Werts keine Verwendung findet. Dass die maßlose Mehrwertbildung dennoch aus ihm abgeleitet werden kann, ist ein Hinweis darauf, dass der Heißhunger nach Mehrarbeit als Ausgangspunkt bei der Entwicklung des Werts dienen und auf seiner Grundlage damit die Aufgabe gelöst werden könnte, an der Marx im 1. Kapitel des I. Bandes gescheitert ist.

Dabei müssten nur die Ansätze konsequent weitergeführt werden, die sich bei Marx selbst finden. Analog dazu, dass er vom Mehrwert ausgehend zu begründen versucht, welche Tätigkeiten produktive Arbeiten sein und Wert bilden können, könnte von einer geeignet bestimmten Mehrarbeit ausgehend erstens erklärt werden, welche Tätigkeiten nur als wertbildende Momente infrage kommen. Da der Heißhunger nach Mehrarbeit ein Prinzip darstellt, das für alle Arbeiter gleichermaßen verpflichtend ist, könnte zweitens gezeigt werden, dass bei der Produktion der Gebrauchswerte nur durchschnittlich notwendige Arbeit aufgewendet wird.

Drittens läge in der Einheitlichkeit des Prinzips auch, dass von jeder Produktenart jeweils die Menge hergestellt wird, die gebraucht wird, weil der Heißhunger sich nur in diesem Fall optimal verwerten kann. Viertens könnte auch die komplizierte Arbeit insofern begründet werden, als alle Arbeiten bezogen auf den Heißhunger nach Mehrarbeit auch hinsichtlich ihrer Mehrwertbildung gleich gelten. Kurz gesagt könnten all die Bestimmungsmomente des Werts, die Marx nur behauptet (vgl. S. 79ff.), abgeleitet werden, womit sich der Heißhunger nach Mehrarbeit auch in dieser Hinsicht als das grundlegendere Prinzip erwiese.[54]

---

[54] Das gilt im Übrigen auch dafür, dass neben der sich vergegenständlichenden lebendigen Arbeit auch noch tote Arbeit auf die Produkte übertragen wird. Dieses Moment kann zwar noch nicht an dieser Stelle begründet werden. Es kann aber im Zuge der Herstellung des relativen Mehrwerts abgeleitet werden. (vgl. S. 282 Anmerkung)

XI. Die Produktion von mehr Mehrwert

Schon im IV. Kapitel haben wir gesehen, dass die ständige Produktion von mehr Mehrwert im Begriff des Kapitals liegt. (vgl. S. 270) Wie diese Produktion, die auch dem Heißhunger nach Mehrarbeit entspricht, genau vor sich geht, wurde jedoch noch nicht zum Thema gemacht. Das soll im Folgenden nachgeholt werden.

Um innerhalb einer bestimmten Periode mehr Mehrwert zu produzieren als früher während eines gleich langen Zeitraumes, gibt es nach Marx grundsätzlich zwei Möglichkeiten:

"Durch Verlängrung des Arbeitstags produzierten Mehrwert nenne ich absoluten Mehrwert; den Mehrwert dagegen, der aus Verkürzung der notwendigen Arbeitszeit und entsprechender Veränderung im Größenverhältnis der beiden Bestandteile des Arbeitstags entspringt – relativen Mehrwert." (I, 334; vgl. auch 532/533)

Mehr Mehrwert kann erstens dadurch erzielt werden, dass während einer gewissen Zeitspanne, also z. B. einem Tag, einfach mehr Arbeit verausgabt wird. Wenn die notwendige Arbeit gleich bleibt oder zumindest nicht im selben Ausmaß zunimmt, führt das nämlich zu einem Anstieg der Mehrarbeit. Zweitens kann mehr Mehrwert geschaffen werden, wenn die insgesamt verausgabte Arbeit unverändert bleibt, es aber möglich ist, die notwendige Arbeit zu reduzieren. Während es bei der ersten Variante um die Produktion des absoluten Mehrwerts geht, ist es bei der zweiten um die Schaffung des relativen Mehrwerts zu tun.

Die Unterscheidung zwischen absolutem und relativem Mehrwert ist nur auf der Basis von mehr Mehrwert sinnvoll. Dies ist Marx zunächst nicht ganz klar. Erst im 14. Kapital des I. Bandes zieht er diesen Schluss:

"Von gewissen Gesichtspunkten scheint der Unterschied zwischen absolutem und relativem Mehrwert überhaupt illusorisch. Der relative Mehrwert ist absolut, denn er bedingt absolute Verlängrung des Arbeitstags über die zur Existenz des Arbeiters notwendige Arbeitszeit. Der absolute Mehrwert ist relativ, denn er bedingt eine Entwicklung der Arbeitsproduktivität, welche erlaubt, die notwendige Arbeitszeit auf einen Teil des Arbeitstags zu beschränken. Faßt man aber die Bewegung des Mehrwerts ins Auge, so verschwindet dieser Schein der Einerleiheit." (I, 533/534)

Im Folgenden soll dieser Umstand beachtet werden und von Anfang an mehr Mehrwert gemeint sein, wenn vom absoluten oder relativen Mehrwert die Rede ist.

Bei der Thematisierung der Produktion von mehr Mehrwert geht Marx genauso vor wie bei der Behandlung der Produktion von Mehrwert. Genauer gesprochen geht er von seinem widersprüchlichen und daher unhaltbaren Kapitalbegriff aus,

der insofern dem Wesen zuzuordnen ist, als in ihm das schrankenlose Wertvermehrungsstreben enthalten ist, und insofern dem Schein angehört, als dieses Streben als Selbstverwertung an den vorgeschossenen Wert gekoppelt ist und deshalb
dazu führt, dass die Arbeitskräfte als Waren auftreten, die nur mittelbar in den
Vermehrungsprozess einbezogen werden. Diese Widersprüchlichkeit haben wir
oben zum Anlass dafür genommen haben, Marx' Ausführungen zunächst so zu
betrachten, als würde es den mit der Warenform der Arbeitskraft zusammenhängenden Schein nicht geben, und erst danach zu prüfen, was sich ändert, wenn dieser Umstand berücksichtigt wird. Deshalb sei auch bei den folgenden Überlegungen so vorgegangen.

Im vorherigen Kapitel haben wir zum einen gesehen, dass wir das zweckhafte Kapital deswegen definitiv ausscheiden können, weil Marx in ihm endlich klar gemacht hat, dass die auf dem Wert basierende Vermehrungsbewegung auch bezogen auf das empirische industrielle Kapital nur eine mittelbare Erklärung darstellt.
Das gilt auch für die folgenden Überlegungen. Es geht im Folgenden also nur noch
um das begriffliche Kapital, das angesichts des Umstandes, dass Marx ganz überwiegend per logischer Geltung argumentiert hat, eigentlich nur als wesentliches
begriffliches Kapital verstanden werden kann. Gerade, weil Marx überwiegend
per logischer Geltung argumentiert, hat sich zum anderen gezeigt, dass er zwar der
Meinung ist, von einem Einzelkapital zu sprechen. Da dieses Einzelkapital auf
einem in sich stimmigen Gesamtzusammenhang beruht, den man nur von einem
einheitlichen Prinzip aus entwickeln kann, handelt es sich bei ihm tatsächlich um
einen bloßen Teil des Gesamtkapitals. Deswegen müssen wir ein Augenmerk
darauf legen, wie sich das in diesem Kapitel darstellt.

Dabei werden wir auf der einen Seite sehen, dass Marx in gleicher Weise vorgeht
wie oben. Auch in diesem Kapitel redet Marx dort, wo er sich der Argumentation
per logischer Geltung bedient, von Einzelkapitalen, die keine wirklichen Einzelkapitale darstellen, sondern als bloße Teile des Gesamtkapitals auftreten. Das ist
aber nicht alles. Weil Marx in diesem Kapitel nicht nur per logischer Geltung argumentiert, sondern viel stärker als oben auch die Argumentation per teleologischer Genesis ins Spiel bringt, wird sich auf der anderen Seite zeigen, dass er Einzelkapitale zum Thema macht, die nicht mehr als Teil des Gesamtkapitals verstanden werden können. Dabei geht es in diesem Zusammenhang nicht nur darum,
dass Marx das wesentliche begriffliche Kapital mit Eigenschaften ausstattet, die
nur den zugehörigen Erscheinungen zukommen. (vgl. S. 373) Stattdessen geht er
viel deutlicher zum erscheinenden begrifflichen Kapital über, als das bislang der
Fall war.

1. Der Normalarbeitstag

Auf der Basis dessen, dass die Arbeiter nicht nur notwendige Arbeit, sondern auch Mehrarbeit leisten, zerfällt der Arbeitstag in zwei Teile. Während der erste Teil durch den von Marx auch auf der Seite 245 des I. Bandes fälschlicherweise "Wert" genannten Tauschwerts der Arbeitskraft bestimmt ist, ist der zweite Teil nach Auffassung von Marx unbestimmt. Daher kann er schreiben:

"Der Arbeitstag ist also keine konstante, sondern eine variable Größe. Einer seiner Teile ist zwar bestimmt durch die zur beständigen Reproduktion des Arbeiters selbst erheischte Arbeitszeit, aber seine Gesamtgröße wechselt mit der Länge oder Dauer der Mehrarbeit. Der Arbeitstag ist daher bestimmbar, aber an und für sich unbestimmt." (I, 246)

Der Grund dafür ist die Mehrarbeitszeit, die länger oder kürzer sein kann. Neben der "Minimalschranke", bei der die Mehrarbeit = 0, gibt es zwar auch eine "Maximalschranke", die durch physische und moralische Gegebenheiten gebildet wird. (vgl. I, 246) Das ändert jedoch nichts an der grundsätzlichen Unbestimmtheit des Arbeitstages:

"Beide Schranken sind aber sehr elastischer Natur und erlauben den größten Spielraum. So finden wir Arbeitstage von 8, 10, 12, 14, 16, 18 Stunden, also von der verschiedensten Länge." (I, 246/247)

Marx belässt es aber nicht bei diesem Verweis auf die damalige, ihm vorliegende Empirie, die als solche sicherlich richtig ist. Gemäß der obigen Rede von der "Bestimmbarkeit" legt er in einem zweiten Anlauf dar, dass der Arbeitstag Resultat des Kampfes zwischen Arbeitern und Kapitalisten ist. Zunächst kommt der Kapitalist zur Sprache:

"Der Kapitalist hat die Arbeitskraft zu ihrem Tageswert gekauft. Ihm gehört ihr Gebrauchswert während eines Arbeitstags. Er hat also das Recht erlangt, den Arbeiter während eines Tags für sich arbeiten zu lassen. Aber was ist ein Arbeitstag? Jedenfalls weniger als ein natürlicher Lebenstag. Um wieviel? Der Kapitalist hat seine eigne Ansicht über dies ultima Thule, die notwendige Schranke des Arbeitstags. Als Kapitalist ist er nur personifiziertes Kapital. Seine Seele ist die Kapitalseele. Das Kapital hat aber einen einzigen Lebenstrieb, den Trieb, sich zu verwerten, Mehrwert zu schaffen, mit seinem konstanten Teil, den Produktionsmitteln, die größtmögliche Masse Mehrarbeit einzusaugen. Das Kapital ist verstorbne Arbeit, die sich nur vampyrmäßig belebt durch Einsaugung lebendiger Arbeit und um so mehr lebt, je mehr sie davon einsaugt. Die Zeit, während deren der Arbeiter arbeitet, ist die Zeit, während deren der Kapitalist die von ihm gekaufte Arbeitskraft konsumiert. Konsumiert der Arbeiter seine disponible Zeit für sich selbst, so bestiehlt er den Kapitalisten.

Der Kapitalist beruft sich also auf das Gesetz des Warentausches. Er, wie jeder andre Käufer, sucht den größtmöglichen Nutzen aus dem Gebrauchswert seiner Ware herauszuschlagen." (I, 247)

Als "personifiziertes Kapital" hat es der Kapitalist nach Marx mit anderen Worten darauf abgesehen, dadurch möglichst viel Mehrwert zu erzielen, dass er die tägliche Arbeitszeit ständig zu verlängern sucht. Dieser sein maßloser „Heißhunger nach Mehrarbeit" geht sogar so weit, dass die Reproduktion der Arbeitskraft gefährdet wird:

"Aber in seinem maßlos blinden Trieb, seinem Werwolfs-Heißhunger nach Mehrarbeit, überrennt das Kapital nicht nur die moralischen, sondern auch die rein physischen Maximalschranken des Arbeitstags. Es usurpiert die Zeit für Wachstum, Entwicklung und gesunde Erhaltung des Körpers. Es raubt die Zeit, erheischt zum Verzehr von freier Luft und Sonnenlicht. Es knickert ab an der Mahlzeit und einverleibt sie womöglich dem Produktionsprozeß selbst, so dass dem Arbeiter als bloßem Produktionsmittel Speisen zugesetzt werden wie dem Dampfkessel Kohle und der Maschinerie Talg oder Öl. Den gesunden Schlaf zur Sammlung, Erneurung und Erfrischung der Lebenskraft reduziert es auf so viel Stunden Erstarrung, als die Wiederbelebung eines absolut erschöpften Organismus unentbehrlich macht. Statt dass die normale Erhaltung der Arbeitskraft hier die Schranke des Arbeitstags, bestimmt umgekehrt die größte täglich mögliche Verausgabung der Arbeitskraft, wie krankhaft gewaltsam und peinlich auch immer, die Schranke für die Rastzeit des Arbeiters. Was es interessiert, ist einzig und allein das Maximum von Arbeitskraft, das in einem Arbeitstag flüssig gemacht werden kann. Es erreicht dies Ziel durch Verkürzung der Dauer der Arbeitskraft, wie ein habgieriger Landwirt gesteigerten Bodenertrag durch Beraubung der Bodenfruchtbarkeit erreicht.
Die kapitalistische Produktion, die wesentlich Produktion von Mehrwert, Einsaugung von Mehrarbeit ist, produziert also mit der Verlängrung des Arbeitstags nicht nur die Verkümmerung der menschlichen Arbeitskraft, welche ihrer normalen moralischen und physischen Entwicklungs- und Betätigungsbedingungen beraubt wird. Sie produziert die vorzeitige Erschöpfung und Abtötung der Arbeitskraft selbst. Sie verlängert die Produktionszeit des Arbeiters während eines gegebenen Termins durch Verkürzung seiner Lebenszeit." (I, 280/281; vgl. auch 253 und 285)

Aus diesem Grund – und hier kommen wir zur anderen Seite – tun sich die Arbeiter zusammen, um der für sie zerstörerischen Tendenz des Kapitals entgegenzutreten. Dabei können sie sich nach Marx ebenfalls auf den Warenaustausch berufen:

"Die Ware, die ich dir verkauft habe, unterscheidet sich von dem andren Warenpöbel dadurch, dass ihr Gebrauch Wert schafft und größeren Wert, als sie selbst kostet. Dies war der Grund, warum du sie kauftest. Was auf deiner Seite als Verwertung von Kapital erscheint, ist auf meiner Seite überschüssige Verausgabung von Arbeitskraft. Du und ich kennen auf dem Marktplatz nur ein Gesetz, das des Warenaustausches. Und der Konsum der Ware gehört nicht dem Verkäufer, der sie veräußert, sondern dem Käufer, der sie erwirbt. Dir gehört daher der Gebrauch meiner täglichen Arbeitskraft. Aber vermittelst ihres täglichen Verkaufspreises muß ich sie täglich reproduzieren und daher von neuem verkaufen können. Abgesehn von dem natürlichen Verschleiß durch Alter usw. muß ich fähig sein, morgen mit demselben Normalzustand von Kraft, Gesundheit und Frische zu arbeiten, wie heute. Du predigst mir beständig das Evangelium der "Sparsamkeit" und "Enthaltung". Nun gut! Ich will wie ein vernünftiger, sparsamer Wirt mein einziges Vermögen, die Arbeitskraft, haushalten und mich jeder tollen Verschwendung derselben enthalten. Ich will täglich nur soviel von ihr flüssig machen, in Bewegung, in Arbeit umsetzen, als sich mit ihrer Normaldauer und gesunden Entwicklung verträgt. Durch maßlose Verlängrung des Arbeitstags kannst du in einem Tage ein größres Quantum meiner Arbeitskraft flüssig machen als ich in drei Tagen ersetzen kann. Was du so an Arbeit gewinnst, verliere ich an Arbeitssubstanz. Die Benutzung meiner Arbeitskraft und Beraubung derselben sind ganz verschiedne Dinge. Wenn die Durchschnittsperiode, die ein Durchschnittsarbeiter bei vernünftigen Arbeitsmaß leben kann, 30 Jahre beträgt, ist der Wert meiner Arbeitskraft, den du mir einen Tag in den andren zahlst, $1/365 \times 30$ oder $1/10950$ ihres Gesamtwerts. Konsumierst du sie aber in 10 Jahren, so zahlst du mir täglich $1/10950$ statt $1/3650$ ihres Gesamtwerts, also nur $1/3$ ihres Tageswerts, und stiehlst mir daher täglich $2/3$ des Werts meiner Ware. Du zahlst mir eintägige Arbeitskraft, wo du dreitägige verbrauchst. Das ist wieder unsren Vertrag und das Gesetz des Warenaustausches. Ich verlange also einen Arbeitstag von normaler Länge, und ich verlange ihn ohne Appell an dein Herz, denn in Geldsachen hört die Gemütlichkeit auf. Du magst ein Musterbürger sein, vielleicht Mitglied des Vereins zur Abschaffung der Tierquälerei und obendrein im Geruch der Heiligkeit stehn, aber dem Ding, das du mir gegenüber repräsentierst, schlägt kein Herz in seiner Brust. Was darin zu pochen scheint, ist mein eigner Herzschlag. Ich verlange den Normalarbeitstag, weil ich den Wert meiner Ware verlange, wie jeder andre Verkäufer." (I, 248/249)

Beide Parteien führen also für sich dasselbe "Gesetz" ins Feld, folgern daraus aber Unterschiedliches. Deshalb kommt Marx zu folgendem Schluss:

"Man sieht: Von ganz elastischen Schranken abgesehn, ergibt sich aus der Natur des Warenaustauschs selbst keine Grenze des Arbeitstags, also keine Grenze der Mehrarbeit. Der Kapitalist behauptet sein Recht als Käufer, wenn er den Arbeitstag so lang als möglich und womöglich aus einem Arbeitstag zwei zu machen sucht. Andererseits schließt die spezifische Natur der verkauften Ware eine Schranke ihres Konsums durch den Käufer ein, und der Arbeiter behauptet sein Recht als Verkäufer, wenn er den Arbeitstag auf eine bestimmte Normalgröße beschränken will. Es findet hier also eine Antinomie statt, Recht wider Recht, beide gleichmäßig durch das Gesetz des Warenaustauschs besiegelt. Zwischen gleichen Rechten entscheidet die Gewalt. Und so stellt sich in der Geschichte der kapitalistischen Produktion die Normierung des Arbeitstags als Kampf um die Schranken des Arbeitstags dar – ein Kampf zwischen dem Gesamtkapitalisten, d. h. der Klasse der Kapitalisten, und dem Gesamtarbeiter, oder der Arbeiterklasse." (I, 249)

Ergebnis dieses Klassenkampfs ist der von den Arbeitern geforderte "Normalarbeitstag", der durch den Staat gesetzlich festgelegt wird. Dieser Normalarbeitstag beschränkt einerseits das Kapital und hindert andererseits die Arbeiter daran, "durch freiwilligen Kontrakt mit dem Kapital sich und ihr Geschlecht in Tod und Sklaverei zu verkaufen". (I, 320) Neben dem Aufbegehren der Arbeiter war dafür insbesondere die Bedrohung ihrer schlichten Existenz ausschlaggebend:

"Diese Gesetze zügeln den Drang des Kapitals nach maßloser Aussaugung der Arbeitskraft durch gewaltsame Beschränkung des Arbeitstags von Staats wegen, und zwar von seiten eines Staats, den Kapitalist und Landlord beherrschten. Von einer täglich bedrohlicher anschwellenden Arbeiterbewegung abgesehn, war die Beschränkung der Fabrikarbeit diktiert durch dieselbe Notwendigkeit, welche den Guano auf die englischen Felder ausgoß. Dieselbe blinde Raubgier, die in dem einen Fall die Erde erschöpft, hatte in dem andren die Lebenskraft der Nation an der Wurzel ergriffen. Periodische Epidemien sprachen hier ebenso deutlich als das abnehmende Soldatenmaß in Deutschland und Frankreich." (I, 253; vgl. auch 299)

Wie beim sogenannten Wert der Arbeitskraft liegt die Bedeutung des Normalarbeitstages also in der Sicherstellung der dauerhaften Existenz der Arbeiterklasse. Deshalb dürfte auch klar sein, dass seine Bedeutung sich nicht auf einzelne Tage beschränkt ist, sondern er auch Normalarbeitswoche, Normalarbeitsjahr und Normalarbeitsleben zu nennende Dimensionen enthält. In ihm sind deshalb auch solche Dinge enthalten wie die 5-Tage-Woche, der Jahresurlaub und das Rentenalter.[55]

Wenn wir nach der obigen, einigermaßen zitatenreichen Darstellung von Marx zu ihrer Würdigung kommen, kann zunächst festgehalten werden, dass Marx beim Normalarbeitstag ganz anders vorgeht, als beim sogenannten Wert der Arbeitskraft. Während Marx dort die logische Geltung auf der Ebene des Wesens und damit der Charaktermasken begründete und die teleologische Genesis auf der

---

[55] Die Frage ist allerdings, inwiefern das Rentenalter der Schrankenlosigkeit des Kapitals entspricht, sind doch Rentner keine Verwertungsmittel des Kapitals mehr. Die Erhaltung der Rentner ist nur dann mit dem sogenannten Wert der Arbeitskraft vereinbar, wenn das Rentenalter Teil des in ihm enthaltenen historisch-moralischen Moments ist.

Ebene der Erscheinungen nicht beachtete, hat er es hier ganz klar mit dieser Genesis und damit mit der Art und Weise zu tun, in der der Normalarbeitstag auf der Ebene der Subjekte durchgesetzt wird. Dieser Unterschied im Vorgehen ist zwar deswegen merkwürdig, weil der Wert der Ware Arbeitskraft und der Normalarbeitstag denselben Zweck haben und die dauerhafte Verfügbarkeit der Arbeitskraft sicherstellen sollen. Zumal zugestanden werden kann, dass die Durchsetzung des Normalarbeitstages sich auf die beschriebene Weise vollzogen hat, ist das für sich genommen aber noch kein Grund für eine Kritik.

Zu kritisieren ist aber, dass die Behandlung der teleologischen Genesis des Normalarbeitstags eine Seite hat, die der logischen Geltung dieses Arbeitstags widerspricht. Das zeigt sich zum einen an der obigen Rede vom „personifizierten Kapital", mit der so getan wird, als wären Verstöße gegen den Normalarbeitstag im Kapital angelegt. Zum anderen sei auf folgendes verwiesen:

"Im großen und ganzen hängt dies [das dem Normalarbeitstag zuwiderlaufende Verhalten – H. R.] aber auch nicht vom guten oder bösen Willen des einzelnen Kapitalisten ab. Die freie Konkurrenz macht die immanenten Gesetze der kapitalistischen Produktion dem einzelnen Kapitalisten gegenüber als äußerliches Zwangsgesetz geltend." (I, 286)

In diesem Zitat behauptet Marx nämlich, dass das dem Normalarbeitstag zuwiderlaufende Verhalten der einzelnen Kapitalisten nicht nur von der Konkurrenz äußerlich erzwungen wird, sondern zu den „immanenten Gesetzen der kapitalistischen Produktion" gehört. Mit anderen Worten bringt Marx zum Ausdruck, dass es beim Normalarbeitstag die logische Geltung gar nicht gibt.

Dieser These ist eindeutig zu widersprechen. Auf der einen Seite ist zwar klar, dass sich aus dem Kapital ein Normalarbeitstag ergibt, der alle Spielräume ausnützt, die es diesbezüglich gibt. Es gibt aber kein immanentes Gesetz der kapitalistischen Produktion, das dem so bestimmten Normalarbeitstag zuwider läuft. Weil dadurch die dauerhafte Verfügbarkeit der Arbeitskraft verhindert würde, würde sich als Folge nämlich einstellen, dass bald überhaupt kein Mehrwert mehr erzeugt werden könnte. Das Kapital, das diese Tendenz aufweist, würde sich damit als etwas darstellen, das in sich widersprüchlich ist und sich als solches selbst aufhebt. Ein solches Kapital taugt aber nicht als Prinzip einer logischen Argumentation. Vielmehr kann als Prinzip nur etwas angesetzt werden, was sich nicht widerspricht und sich daher auch verwirklichen kann.

Dass sich die logische Geltung auch auf den Normalarbeitstag bezieht, wird nicht durch den Umstand widerlegt, dass es auf der Ebene des unmittelbaren Seins nicht nur in der Vergangenheit, sondern auch der Gegenwart Verhaltensweisen von Kapitalisten gibt, die dem Normalarbeitstag entgegengesetzt sind. Auch wenn diese Verhaltensweisen durch die Konkurrenz erzwungen werden, ändern sie nichts an der logischen Notwendigkeit des Normalarbeitstags, sondern zeigen nur, dass der Normalarbeitstag auf der Ebene des unmittelbaren Seins bzw. der Erscheinungen trotz des Umstandes gegen diese als Subjekte zu verstehenden Kapitalisten durchgesetzt werden muss, dass er in ihrem eigenen langfristigen Interesse ist.

Während ein widersprüchliches Prinzip auf der Ebene des Wesens vollkommen untauglich ist, kann es auf der Ebene des unmittelbaren Seins und damit auch der dieses Sein erklärenden Erscheinungen durchaus widersprüchliche und damit unhaltbare Verhaltensweisen geben. Diese blinden Verhaltensweisen, die Marx gerade mit dem Heißhunger nach Mehrarbeit in Verbindung zu bringen scheint, dürfen sich aber nicht auswirken. Und genau das ist dann vom Staat sicherzustellen, wenn die Gegenwehr der Lohnarbeiter zu schwach sein sollte. Der Staat hat daher als der Lückenbüßer aufzutreten, der die Fehler der Kapitalisten ausbügelt.

Dass der Normalarbeitstag logisch genauso notwendig ist wie der sogenannte Wert der Ware Arbeitskraft kommt durchaus auch bei Marx zum Ausdruck. Diese zeigt die folgende Stelle:

"Der Wert der Arbeitskraft schließt aber den Wert der Waren ein, welche zur Reproduktion des Arbeiters oder zur Fortpflanzung der Arbeiterklasse erheischt sind. Wenn also die naturwidrige Verlängrung des Arbeitstags, die das Kapital in seinem maßlosen Trieb nach Selbstverwertung notwendig anstrebt, die Lebensperiode der einzelnen Arbeiter und damit die Dauer ihrer Arbeitskraft verkürzt, wird rascherer Ersatz der verschlissenen nötig, also das Eingehen größerer Verschleißkosten in die Reproduktion der Arbeitskraft, ganz wie der täglich zu reproduzierende Wertteil einer Maschine um so größer ist, je rascher sie verschleißt. Das Kapital scheint daher durch sein eignes Interesse auf einen Normalarbeitstag hingewiesen." (I, 281)

Sie ist aber nicht sehr klar. Zwar wird einesteils zugestanden, dass das Kapital „durch sein eignes Interesse auf einen Normalarbeitstag hingewiesen" ist. Dem steht andernteils aber gegenüber, dass dieses vom logischen Standpunkt sicherlich zu befürwortende Sein zum einen nur als Schein bezeichnet und zum anderen davon gesprochen wird, dass das Anstreben der naturwidrigen Verlängerung des Arbeitstags vom Kapital aus gesehen „notwendig" ist. Im folgenden Zitat aus dem 15. Kapitel ist Marx jedoch klarer:

"Mit verlängertem Arbeitstag kann der Preis der Arbeitskraft unter ihren Wert fallen, obgleich er nominell unverändert bleibt oder selbst steigt. Der Tageswert der Arbeitskraft ist nämlich, wie man sich erinnern wird, geschätzt auf ihre normale Durchschnittsdauer oder die normale Lebensperiode des Arbeiters und auf entsprechenden, normalen, der Menschennatur angemessenen Umsatz von Lebenssubstanz in Bewegung. Bis zu einem gewissen Punkt kann der von Verlängerung des Arbeitstags untrennbare größere Verschleiß der Arbeitskraft durch größeren Ersatz kompensiert werden. Über diesen Punkt hinaus wächst der Verschleiß in geometrischer Progression und werden zugleich alle normalen Reproduktions- und Betätigungsbedingungen der Arbeitskraft zerstört." (I, 549)

Hier wird klar zum Ausdruck gebracht, dass die Verlängerung des Arbeitstages erstens den sogenannten Wert der Arbeitskraft erhöht und es zweitens einen Punkt gibt, jenseits dessen der Wert in "geometrischer Progression" steigt. Von daher ist klar, dass eine solche maßlose Verlängerung nicht im Sinne des Kapitals sein kann. Und diese Feststellung ist von dem, was die empirischen Kapitalisten denken und wollen, vollkommen unabhängig und selbst dann richtig, wenn alle den Normalarbeitstag bekämpfen sollten.

Trotz dieser Stelle kann Marx der Vorwurf nicht erspart werden, die logische Notwendigkeit des Normalarbeitstags deswegen nicht klar genug dargestellt zu haben, weil er die teleologische Genesis in einer Art und Weise zum Thema macht, die dieser Notwendigkeit negiert oder zumindest relativiert. Dieser Fehler ist zum einen umso erstaunlicher, als Marx beim sogenannten Wert der Ware Arbeitskraft ganz anders vorgeht. Zum anderen zeigt er ein weiteres Mal, dass Marx mit den unterschiedlichen theoretischen Ebenen nicht klar kommt. Hier zeigt sich das insbesondere an seiner Rede von Personifikation. Während diese Bezeichnung bislang ein Ausdruck davon war, dass die Menschen auf bewusstlose Weise das tun, was im Kapital enthalten ist, bezieht sich die auf der Seite 401 zitierte Rede vom "personifizierten Kapital" darauf, dass gerade andere Inhalte ausgeführt werden. Während die Charaktermaske bislang dem Wesen zuzuordnen war, wird sie jetzt als Bestandteil des Seins bzw. der Erscheinungen vorgestellt.[cxxxviii]

2. Die Produktion des absoluten Mehrwerts

Den Normalarbeitstag habe ich oben zum Thema gemacht, weil Marx behauptet hat, dass die Verlängerung des Arbeitstags das Mittel ist, um absoluten Mehrwert zu erzeugen. Wenn wir auf die obigen Ausführungen zurückblicken, sehen wir, dass das gar nicht der Fall ist. Genauer gesprochen ist die Verlängerung des Arbeitstages allenfalls ein vorübergehendes Mittel. Es kann nämlich nur so lange angewendet werden, bis der Normalarbeitstag erreicht ist. Wenn das der Fall ist, hört diese Verlängerung auf, ein Mittel zur Schaffung von absolutem Mehrwert zu sein.

Aufgrund dieses Ergebnisses könnte man meinen, dass die Produktion des absoluten Mehrwerts insgesamt nur eine vorübergehende Möglichkeit darstellt, die es dann nicht mehr gibt, wenn der Normalarbeitstag etabliert ist. Sieht man genauer hin, erkennt man jedoch, dass das falsch ist. Es gibt nämlich noch eine andere Art, absoluten Mehrwert zu erzielen, die nicht nur von vorübergehender Bedeutung ist,

408

sondern auf Dauer angewendet werden kann und deswegen als die wirkliche Methode der Produktion des absoluten Mehrwerts bezeichnet werden kann. In dem mit dem obigen Titel überschriebenen Abschnitt wird sie von Marx allerdings nur am Rande erwähnt. Am deutlichsten ist dabei die folgende Stelle:

"Die Arbeit, die vom Gesamtkapital einer Gesellschaft tagaus, tagein in Bewegung gesetzt wird, kann als ein einziger Arbeitstag betrachtet werden. Ist z. B. die Zahl der Arbeiter eine Million und beträgt der Durchschnittsarbeitstag eines Arbeiters 10 Stunden, so besteht der gesellschaftliche Arbeitstag aus 10 Millionen Stunden. Bei gegebner Länge dieses Arbeitstags, seien seine Grenzen physisch oder sozial gezogen, kann die Masse des Mehrwerts nur vermehrt werden durch Vermehrung der Arbeiteranzahl, d. h. der Arbeiterbevölkerung. Das Wachstum der Bevölkrung bildet hier die mathematische Grenze für Produktion des Mehrwerts durch das gesellschaftliche Gesamtkapital. Umgekehrt. Bei gegebner Größe der Bevölkrung wird diese Grenze gebildet durch die mögliche Verlängerung des Arbeitstags. Man wird im folgenden Kapitel sehn, daß dies Gesetz nur für die bisher behandelte Form des Mehrwerts gilt." (I, 325; vgl. auch 607)

Weil die Verlängerung des Arbeitstages auf der Grundlage des Normalarbeitstages nicht mehr möglich ist, besteht die einzige, noch verbleibende Möglichkeit der Produktion des absoluten Mehrwerts in der "Vermehrung der Arbeiteranzahl" und ihrer Anwendung im Produktionsprozess.[cxxxix] Dadurch, dass mehr Arbeiter beschäftigt werden, wächst zwar die verausgabte notwendige Arbeitszeit. Es vermehrt sich jedoch auch die Mehrarbeit.

Auf der einen Seite erhellt hier, dass sich aus der im Kapital enthaltenen Bestimmung das ableiten lässt, was Marx "Verwandlung von Mehrwert in Kapital" oder "Akkumulation" genannt hat. (vgl. I, 605ff.) Auf der anderen Seite finden wir bestätigt, dass der Tauschwert der Arbeitskraft in der Tat auch die Vermehrung der Arbeiterzahl beinhalten muss. (vgl. S. 327 und 331) Auf der Grundlage des absoluten Mehrwerts ist Akkumulation nämlich nur möglich, wenn zusätzliche Arbeitskräfte vorhanden sind. Zugleich wird hier klar, in welchen Produkten die Mehrarbeit vergegenständlicht werden muss:

"Zunächst muß die Jahresproduktion alle die Gegenstände (Gebrauchswerte) liefern, aus denen die im Lauf des Jahres verbrauchten sachlichen Bestandteile des Kapitals zu ersetzen sind. Nach Abzug dieser bleibt das Netto- oder Mehrprodukt, worin der Mehrwert steckt. Und woraus besteht diese Mehrprodukt? Vielleicht in Dingen, bestimmt zur Befriedigung der Bedürfnisse und Gelüste der Kapitalistenklasse, die also in ihren Konsumtionsfond eingehn? Wäre das alles, so würde der Mehrwert verjubelt bis auf die Hefen, und es fände bloß einfache Reproduktion statt.
Um zu akkumulieren, muß man einen Teil des Mehrprodukts in Kapital verwandeln. Aber, ohne Wunder zu tun, kann man nur solche Dinge in Kapital verwan-

deln, die im Arbeitsprozeß verwendbar sind, d. h. Produktionsmittel, und des ferneren Dinge, von denen der Arbeiter sich erhalten kann, d. h. Lebensmittel. Folglich muß ein Teil der jährlichen Mehrarbeit verwandt worden sein zur Herstellung zusätzlicher Produktions- und Lebensmittel, im Überschuß über das Quantum, das zum Ersatz des vorgeschossenen Kapitals erforderlich war. Mit einem Wort: der Mehrwert ist nur deshalb in Kapital verwandelbar, weil das Mehrprodukt, dessen Wert er ist, bereits die sachlichen Bestandteile eines neuen Kapitals enthält." (I, 606/607)

Wie das Altprodukt, so muss auch das "Mehrprodukt" aus Produktions- und Konsumtionsmitteln bestehen. Letztere sind dazu da, die Arbeiterzahl in Zukunft noch weiter zu vergrößern. Erstere werden von den zusätzlichen Arbeitskräften bei der Arbeit benötigt. Dabei ist zu betonen, dass innerhalb von Verhältnissen, die vollständig durch das sich verwirklichende Kapital bzw. das maßlose Wertvermehrungsstreben bestimmt sind, die Arbeit nur in solchen Gebrauchswerten vergegenständlicht wird. Dagegen tragen Produkte, die von den genannten verschieden sind, nichts zur Vermehrung des Werts bei. Vom Kapital aus gesehen sind sie deshalb sinnlos, weshalb ihre Herstellung logisch gesehen zu unterlassen ist. Es ist deshalb zu kritisieren, dass Marx im obigen Zitat nur von einem "Teil der jährlichen Mehrarbeit" spricht. Das Streben nach Wertvermehrung ist nur dann im vollen Wortsinn schrankenlos, wenn es alle ihm gegebenen Möglichkeiten ausschöpft.

Wenn wir uns nun der Beurteilung der dargestellten Argumentation zuwenden, kann zunächst festgestellt werden, dass sie einen ganz anderen Charakter als die hat, die wir im vorigen Abschnitt kennen gelernt haben. Sie hat es nicht mit der teleologischen Genesis, sondern eher mit der logischen Geltung zu tun. Das zeigt sich schon daran, dass die vielen historischen Bemerkungen fehlen. Auf dieser Grundlage kann festgestellt werden, dass sie vom Heißhunger nach Mehrwert oder Mehrarbeit als einheitlichem Prinzip aus gesehen überzeugend ist. Das bezieht sich zum einen darauf, dass es wegen der Maßlosigkeit, die alle Möglichkeiten nutzen will, eine Vermehrung der „Arbeiterbevölkerung" geben muss. Zum anderen gilt das auch dafür, dass das Mehrprodukt aus einem Mehr an Konsumtions- und Produktionsmittel zu bestehen hat. Denn nur auf dieser Grundlage kann die vergrößerte Zahl an Arbeitern erhalten und beschäftigt werden.

Wie wir gesehen haben, redet Marx oben vom „Gesamtkapital einer Gesellschaft". Das stellt eine Besonderheit dar, weil er normalerweise von den vielen Einzelkapitalen spricht. Auf dieser Grundlage sei noch geprüft, ob wir zum selben Ergebnis kommen, wenn wir nicht von einem einheitlichen und umfassenden Prinzip ausgehen, sondern von Prinzipien, die in einer Vielzahl auftreten und sich daher nicht mehr auf eine Totalität beziehen. Diesbezüglich kann zum einen darauf hingewiesen, dass das Ergebnis das gleiche wäre, wenn von Einzelkapitalen ausgegangen

410

würde, die gar keine wirkliche Einzelkapitale darstellen, sondern als bloße Teile des Gesamtkapitals zu verstehen sind. Denn in diesem Fall bliebe es dabei, dass es um ein einheitliches Prinzip geht, das sich auf eine Totalität erstreckt. Wenn wir es dagegen mit wirklichem Einzelkapital zu tun hätten, sähe es anders aus. In diesem Fall kann zwar auch auf die absolute Mehrarbeit geschlossen werden. Die zur Erweiterung der Produktion nötigen zusätzlichen Arbeitskräfte könnten jedoch auch durch Abwerbung beschafft werden. Folge wäre, dass die Erweiterung der Arbeiterbevölkerung nicht mehr so notwendig wäre. Im Übrigen wäre nicht einzusehen, wie auf dieser Basis die Bestimmungen der Wertbildung eingehalten werden können und insbesondere sichergestellt werden kann, dass es bei der richtigen Allokation der Arbeit und damit der Ausgeglichenheit zwischen Angebot und Nachfrage bleibt. (vgl. S. 90ff.) Deswegen können wir hier im Umkehrschluss festhalten, dass Marx nicht wirklich von Einzelkapitalen spricht. Er hat es vielmehr nur mit Teilen des Gesamtkapitals zu tun, ohne dafür allerdings ein klares Bewusstsein zu haben.

Bei den obigen Überlegungen wurde sowohl bezogen auf das Gesamtkapital als auch das Einzelkapital so getan, als wäre das Kapital mit dem in ihm enthaltenen schrankenlosen Wertvermehrungsstreben identisch. Wie wir bereits wissen, ist das deswegen nicht der Fall, weil dieses Streben im Rahmen des Kapitals an den vorgeschossenen Wert gebunden ist und deshalb mit der Warenform der Arbeitskraft und dem sich daraus ergebenden Schein einhergeht. Wenn wir das berücksichtigen und vom scheinenden begrifflichen Kapital reden, dann kommen wir unabhängig davon zu vollkommen anderen Ergebnissen, ob wir dieses scheinende Kapital als Gesamtkapital oder als Einzelkapital verstehen. Dann ist auch bezogen auf das absolute Mehr an Mehrwert ausgelöscht, dass hinter ihm ein absolutes Mehr an Mehrarbeit steht. Dann erscheint auch das Mehr an absolutem Mehrwert als Produkt des sich selbst verwertenden Ausgangswerts.

Erwähnt sein noch, dass wir zu vergleichbaren Resultaten kommen, wenn wir schon das Kapital auf der Erscheinungsebene zugrunde legen würden, das als Erklärung für das unmittelbar seiende und direkt erfahrbare Kapital fungiert. In diesem Fall schiene sich nämlich das absolute Mehr an Mehrwert genauso einem Zuschlag zu den Kosten zu verdanken wie der ursprüngliche Mehrwert. Dass hinter dem absoluten Mehrwertmehr ein absolutes Mehr an Mehrarbeit steht, wäre ebenfalls nicht mehr zu erkennen.

Als Fazit können wir mithin festhalten, dass das, was Marx als Produktion des absoluten Mehrwerts bezeichnet, dann abgeleitet werden kann, wenn man dabei vom einheitlichen Prinzip des Heißhungers nach Mehrwert oder Mehrarbeit ausgeht. Wenn man dagegen von einer Vielzahl von Prinzipien spricht, die sich nicht auf eine Totalität beziehen, sieht das anders aus. Dann ist nicht einzusehen, wie es zu dem in sich stimmigen Gesamtzusammenhang kommen kann, der für den Wert konstitutiv ist. Wenn man andernteils vom scheinenden begrifflichen Kapital spricht, kommen wir gleichfalls zu anderen Resultaten. Weil auch der absolute Mehrwert als Ergebnis der Selbstverwertung erscheint, wird dann nämlich verdeckt, dass es um absolute Mehrarbeit geht. Und wenn vom erscheinenden begrifflichen Kapital die Rede ist, kommt es mit dem Unterschied ebenfalls zu einem Verdecken der wirklichen Verhältnisse, dass der absolute Mehrwert gleichfalls ein Aufschlag auf die Kosten zu sein scheint.

Aufgrund dieses Ergebnisses ist es auf der einen Seite verständlich, dass Marx oben vom „Gesamtkapital eine Gesellschaft" spricht. Auf der anderen Seite ist diese Rede trotzdem merkwürdig. Da sie in einem klaren Kontrast zu den Ausführungen steht, die er sonst vorbringt, würde man erwarten, dass Marx auf sie besonders aufmerksam macht. Das ist aber nicht der Fall. Er geht genauso kommentarlos zu ihr über, wie er im Folgenden wieder zum Einzelkapital zurückkehren wird.

Auf der Basis dessen, dass Marx beim Normalarbeitstag fast ausschließlich von der teleologischen Genesis spricht, sei ferner darauf hingewiesen, dass es bei der wirklichen Produktion des absoluten Mehrwerts ganz anders ist. Dort hat er es vor allem mit der logischen Geltung zu tun und lässt damit die Frage unbehandelt, wie die Kapitalisten als Subjekte dazu kommen, ihre Produktion in einer Weise zu erweitern, die auf die Produktion von absolutem Mehrwert hinausläuft. Darauf sei aufmerksam gemacht, weil das im folgenden Abschnitt anders sein wird.

3. Die Produktion des relativen Mehrwerts

Wie bereits das auf der Seite 399 angeführte Zitat verdeutlicht, ist der relative Mehrwert ein Mehrwert, der durch eine Verkürzung der notwendigen Arbeit erreicht wird. Marx nennt das auch eine Senkung des von ihm sogenannten Werts der Arbeitskraft, womit er zum Ausdruck bringt, dass sich die Produktion des relativen Mehrwerts auf der Basis der gesicherten Reproduktion der Arbeiterklasse abspielt. Bezogen auf eine Bezahlung der Arbeitskraft unter ihrem Tauschwert sagt er:

"Die Mehrarbeit würde hier nur verlängert durch Überschreitung ihrer normalen Grenzen, ihre Domäne nur ausgedehnt durch usurpatorischen Abbruch von der Domäne der notwendigen Arbeitszeit. Trotz der wichtigen Rolle, welche diese Methode in der wirklichen Bewegung des Arbeitslohnes spielt, ist sie hier ausgeschlossen durch die Voraussetzung, daß die Waren, also auch die Arbeitskraft, zu ihrem vollen Wert gekauft und verkauft werden. Dies einmal unterstellt, kann die zur Produktion der Arbeitskraft oder zur Reproduktion ihres Werts notwendige Arbeitszeit nicht abnehmen, weil der Lohn des Arbeiters unter den Wert seiner Arbeitskraft, sondern nur wenn dieser Wert selbst sinkt." (I, 333)

412

Marx bringt damit von Anfang an zum Ausdruck, dass er die in sich widersprüchlichen Verhaltensweisen der Kapitalisten innerhalb der "wirklichen Bewegung",
d. h. der ihm damals und uns heute vorliegenden Empirie, nicht betrachten will,
sondern sich auf einen wahrhaft verstandenen Kapitalbegriff beschränkt. Mit anderen Worten hat er es nicht mehr mit der teleologischen Genesis zu tun wie beim
Normalarbeitstag, sondern nur noch mit der logischen Geltung wie das auch schon
beim absoluten Mehrwert der Fall gewesen ist.

Wie kommt nun die Senkung, von der Marx im letztgenannten Zitat gesprochen
hat, zustande?

"Eine solche Senkung des Werts der Arbeitskraft um $^1/_{10}$ bedingt aber ihrerseits,
daß dieselbe Masse Lebensmittel, die früher in 10, jetzt in 9 Stunden produziert
wird. Dies ist jedoch unmöglich ohne eine Erhöhung der Produktivkraft der Arbeit." (I, 333)

Diese Erhöhung der Produktivkraft impliziert veränderte Produktionsbedingungen, die mit dem Einsatz von effektiveren Maschinen einhergeht und dabei auch
zu Veränderungen der Arbeitsarten und -organisationen führt. (vgl. I, 341ff.) Das
kann u. a. zur Folge haben, dass ursprünglich zusammenhängende Produktions-
vorgänge in selbständige Produktionsprozesse aufgegliedert werden.

"Unter Erhöhung der Produktivkraft der Arbeit verstehn wir hier überhaupt eine
Veränderung im Arbeitsprozeß, wodurch die zur Produktion einer Ware gesellschaftlich erheischte Arbeitszeit verkürzt wird, ein kleinres Quantum Arbeit also
die Kraft erwirbt, ein größres Quantum Gebrauchswert zu produzieren." (I, 333)

Dabei können die neuen Bedingungen schon produktiver genannt werden, wenn
auf ihrer Grundlage ein "kleinres Quantum Arbeit" die Fähigkeit erhält, das – und
hier ist Marx etwas zu korrigieren – gleiche Quantum Gebrauchswert zu erzeugen.
Die Herstellung eines "größren Quantums" stellt dagegen eine doppelte Produktivkraftsteigerung dar.

Was nun im Einzelfall als kleineres Quantum Arbeit zu gelten hat, kann zunächst
durch einen Vergleich der Arbeitszeiten festgestellt werden. Da sich im Zuge der
Produktivkraftsteigerungen jedoch auch Veränderungen der Arbeitsarten ergeben
können, die mit unterschiedlichen Intensitäten einhergehen, ist der Rückgriff auf
die "physiologische Arbeit" notwendig. Denn nur auf ihrer Grundlage können unterschiedliche Intensitäten in der Weise berücksichtigt werden, dass eine intensi-
vere Stunde mehr zählt als eine weniger intensive. (vgl. S. 86ff.) Als quantitativ
gleich können letztlich die Arbeiten gelten, deren Verausgabung gleich viel Lebenssubstanz konsumiert, was sich daran zeigt, dass die Arbeiter vor und nach der
Veränderung der Produktionsbedingungen im Durchschnitt gleich lange leben.

Obwohl die Produktivkraftsteigerungen zu erhöhten Intensitäten führen können, sind sie als solche von den Intensitätssteigerungen zu unterscheiden. Gerade weil sie sich auf einer nachhaltigen Basis abspielen, liegen wirkliche Produktivkrafterhöhungen nur vor, wenn mehr Produkte unter der Bedingung einer gleich bleibenden Arbeitskraftverausgabung bzw. unveränderten physiologischen Verschleißes hergestellt werden können. Aus diesem Grund ist das folgende Zitat zu kritisieren:

"Die Produktivkraft der Arbeit und ihren Normalgrad von Intensität gegeben, ist die Rate des Mehrwerts nur erhöhbar durch absolute Verlängrung des Arbeitstags; andrerseits, bei gegebner Grenze des Arbeitstags, ist die Rate des Mehrwerts nur erhöhbar durch relativen Größenwechsel der Bestandteile, der notwendigen Arbeit und der Mehrarbeit, was einerseits, soll der Lohn nicht unter den Wert der Arbeitskraft sinken, Wechsel in der Produktivität oder Intensität der Arbeit voraussetzt." (I, 534)

Denn die in ihr vorgenommene Gleichsetzung (vgl. auch I, 431ff.) zwischen einem „Wechsel in der Produktivität oder Intensität der Arbeit'" ist zurückzuweisen. Weil Intensitätserhöhungen die dauerhafte Existenz der Arbeitskraft in Frage stellen, kann ihre Erwähnung im Rahmen des relativen Mehrwerts als ein Fehler identifiziert werden, der hinsichtlich der Produktion des absoluten Mehrwerts mit dem Hereinbringen der Verlängerung des Arbeitstages vergleichbar ist.

Bislang habe ich nur davon geredet, dass es Ziel ist, im einzelnen Gebrauchswert weniger Arbeit vergegenständlichen zu müssen. Der Tauschwert der Arbeitskraft kann jedoch nur reduziert werden, wenn dieser Gebrauchswert in die Arbeitskraft eingeht. Insofern scheint die Produktivkrafterhöhung nur in Beziehung auf die Lebens- oder Konsumtionsmittel sinnvoll zu sein. Andererseits ist aber zu berücksichtigen, dass in diese Gebrauchswerte auch tote Arbeit eingeht, also solche Arbeit, die ursprünglich in Produktionsmitteln vergegenständlicht war. (vgl. S. 365) Deshalb kann auch durch Steigerungen der Produktivkraft in den Produktionsmittelindustrien relativer Mehrwert erzielt werden:

"Um den Wert der Arbeitskraft zu senken, muß die Steigerung der Produktivkraft Industriezweige ergreifen, deren Produkte den Wert der Arbeitskraft bestimmen, also entweder dem Umkreis der gewohnheitsmäßigen Lebensmittel angehören oder sie ersetzen können. Der Wert einer Ware, ist aber nicht nur bestimmt durch das Quantum der Arbeit, welche ihr die letzte Form gibt, sondern ebensowohl durch die in ihren Produktionsmitteln enthaltne Arbeitsmasse. Z. B. der Wert eines Stiefels nicht nur durch die Schusterarbeit, sondern auch durch den Wert von Leder, Pech, Draht usw. Steigerung der Produktivkraft und entsprechende Verwohlfeilerung der Waren in den Industrien, welche die stofflichen Elemente des konstanten Kapitals, die Arbeitsmittel und das Arbeitsmaterial, zur Erzeugung der notwendigen Lebensmittel liefern, senken also ebenfalls den Wert der Arbeitskraft." (I, 334)

414

Dieser Effekt tritt genau gesprochen jedoch erst ein, wenn die verwohlfeilerten Produktionsmittel bei der Herstellung der Lebensmittel direkt Verwendung finden, so zu einer Senkung von deren Wert führen und diese Lebensmittel in die individuelle Konsumtion eingehen. Erst zu diesem Zeitpunkt verringert sich nämlich die notwendigerweise zu konsumierende und damit auch zu reproduzierende Arbeit. Obwohl es sein kann, dass dieser Punkt lange auf sich warten lässt, bleibt es dabei, dass die Produktivitätserhöhung sich auf alle Produktionsmittel bezieht, die zur Herstellung der Konsumtionsmittel beitragen.[56]

Das zuletzt angeführte Zitat setzt Marx folgendermaßen fort:

"In Produktionszweigen dagegen, die weder notwendige Lebensmittel liefern noch Produktionsmittel zu ihrer Herstellung, läßt die erhöhte Produktivkraft den Wert der Arbeitskraft unberührt." (I, 334)

Dies ist an sich richtig, weshalb Produktivkraftsteigerungen bezogen auf diese Produkte vom Kapital aus geurteilt sinnlos wären. Allein fragt sich, ob es solche Produkte überhaupt gibt. Logisch, d. h. vom Standpunkt des Kapitals bzw. des in ihm enthalten Wertvermehrungsstrebens aus betrachtet, kommen sie sicherlich nicht vor, weil sie innerhalb seines Rahmens ohne Funktion wären. Auf dieser Ebene kann somit gesagt werden, dass der Trend zu Produktivitätssteigerungen allgemein ist. Deshalb kann auch der Marxschen Folgerung zugestimmt werden:

"Es ist daher der immanente Trieb und die beständige Tendenz des Kapitals, die Produktivkraft der Arbeit zu steigern, um die Ware und durch die Verwohlfeilerung der Ware den Arbeiter selbst zu verwohlfeilern." (I, 338)

Dieser "Trieb" ist grundsätzlich endlos. Er ist endlos, weil das Verwertungsstreben des Kapitals endlos ist und nicht etwa, weil die Menschen vom Zwang zur Arbeit entlastet werden sollen:

"Ökonomie der Arbeit durch Entwicklung der Produktivkraft der Arbeit bezweckt in der kapitalistischen Produktion also durchaus nicht Verkürzung des Arbeitstags. Sie bezweckt nur die Verkürzung der für Produktion eines bestimmten Warenquantums notwendigen Arbeitszeit. (...) Die Entwicklung der Produktivkraft der Arbeit, innerhalb der kapitalistischen Produktion, bezweckt, den Teil des Arbeitstags, den der Arbeiter für sich selbst arbeiten muß, zu verkürzen, um grade

---

[56] Hier haben wir die Basis, auf der die Lücke zu schließen wäre, die oben (vgl. S. 269 Anmerkung) noch offen geblieben ist. Denn wir könnten die Begründung dafür liefern, warum die in den Produktionsmitteln vergegenständlichte Arbeit als tote Arbeit auf die Produkte übertragen wird. Der Grund dafür besteht nämlich darin, dass nur auf diese Weise die notwendige Arbeit ermittelt werden kann, die in den verbrauchten Produktionsmitteln steckt.

dadurch den andren Teil des Arbeitstags, den er für den Kapitalisten umsonst arbeiten kann, zu verlängern." (I, 339/340)

Auf der Seite 412 habe ich geschrieben, dass Marx von einem wahrhaft verstandenen Kapitalbegriff ausgeht und per logischer Geltung argumentiert. Die bisherige Darstellung der Produktion des relativen Mehrwerts hat dies bestätigt. Das folgende Zitat zeigt jedoch, dass sich dieser Aspekt mit einem weiteren verbindet:

"Wir behandeln dies allgemeine Resultat [die Senkung des Werts der Arbeitskraft – H. R.] hier so, als wäre es unmittelbares Resultat und unmittelbarer Zweck in jedem einzelnen Fall. Wenn ein einzelner Kapitalist durch Steigerung der Produktivkraft der Arbeit z. B. Hemden verwohlfeilert, schwebt ihm keineswegs notwendig der Zweck vor, den Wert der Arbeitskraft und daher die notwendige Arbeitszeit pro tanto zu senken, aber nur soweit er schließlich zu diesem Resultat beiträgt, trägt er bei zur Erhöhung der allgemeinen Rate des Mehrwerts. Die allgemeinen und notwendigen Tendenzen des Kapitals sind zu unterscheiden von ihren Erscheinungsformen.
Die Art und Weise, wie die immanenten Gesetze der kapitalistischen Produktion in der äußeren Bewegung der Kapitale erscheinen, sich als Zwangsgesetze der Konkurrenz geltend machen und daher als treibende Motive dem individuellen Kapitalisten zum Bewußtsein kommen, ist jetzt nicht zu betrachten, aber soviel erhellt von vornherein: Wissenschaftliche Analyse der Konkurrenz ist nur möglich, sobald die innere Natur des Kapitals begriffen ist, ganz wie die scheinbare Bewegung der Himmelskörper nur dem verständlich, der ihre wirkliche, aber sinnlich nicht wahrnehmbare Bewegung kennt." (I, 335)

Während man auf der Ebene der logischen Geltung oder im Rahmen der „immanenten Gesetze der kapitalistischen Produktion" die Produktion des relativen Mehrwerts in einer Weise betrachtet, in der sie zwar bewusstlos, aber als solche oder als "unmittelbarer Zweck" angestrebt wird, ist sich Marx zum einen durchaus darüber im Klaren, dass das auf der Ebene der teleologischen Genesis oder der „äußern Bewegung der Kapitale" bzw. der „Zwangsgesetze der Konkurrenz" nicht so ist. Dort werden Produktivitätssteigerungen nicht angestrebt, um relativen Mehrwert zu erzielen. Dort liegt ihnen vielmehr eine andere Absicht zugrunde. Zum anderen sieht er richtig, dass die "allgemeinen und notwendigen Tendenzen des Kapitals" nicht nur von ihren "Erscheinungsformen" zu unterscheiden sind, sondern erstere auch vor letzteren abgehandelt werden müssen.

Diese Beschränkung auf die begriffliche Ebene oder die logische Geltung und dieses Bewusstsein dafür, dass sie vor der teleologischen Genesis zu behandeln ist, machen es rückblickend noch unverständlicher, warum Marx bei dem absoluten Mehrwert, der durch die Verlängerung des Arbeitstags erzeugt wird, vorwiegend historisch vorgegangen ist, d. h. von bewussten menschlichen Zwecken gesprochen hat. Mit diesen unkommentierten Wechseln zwischen den verschiedenen Argumentationsweisen droht er, die Differenzen zwischen ihnen einzuebnen, was leicht zu Missverständnissen führen kann. Dies gilt insbesondere auf dem Hintergrund dessen, dass er auch im Zusammenhang mit den maßlosen Verlängerungen des Arbeitstags, d. h. den in sich widersprüchlichen subjektiven Handlungen der Menschen, von den "immanenten Gesetzen der kapitalistischen Produktion" spricht. (vgl. S. 405) Dies wird im Folgenden zu berücksichtigen sein.

Obwohl Marx im zuletzt angeführten Zitat sagt, dass die Art und Weise, in der sich die Produktion des relativen Mehrwerts in der Konkurrenz durchsetzt "jetzt nicht zu betrachten" ist, geht er doch noch auf diese Durchsetzungsform ein, indem er das Zitat folgendermaßen fortsetzt:

"Dennoch ist zum Verständnis der Produktion des relativen Mehrwerts und bloß auf der Grundlage der bereits gewonnenen Resultate folgendes zu bemerken." (I, 335),

und danach auf den Fall eingeht, dass es einem Kapitalisten gelingt, die Produktivkraft der Arbeit zu erhöhen:

"Der individuelle Wert dieser Ware steht nun unter ihrem gesellschaftlichen Wert, d. h., sie kostet weniger Arbeitszeit als der große Haufen derselben Artikel, produziert unter den gesellschaftlichen Durchschnittsbedingungen. Das Stück kostet im Durchschnitt 1 sh. oder stellt 2 Stunden gesellschaftlicher Arbeit dar; mit der veränderten Produktionsweise kostet es nur 9 d. oder enthält nur $1^1/2$ Arbeitsstunden. Der wirkliche Wert einer Ware ist aber nicht ihr individueller, sondern ihr gesellschaftlicher Wert, d. h., er wird nicht durch die Arbeitszeit bemessen, die sie im einzelnen Fall dem Produzenten tatsächlich kostet, sondern durch die gesellschaftlich zu ihrer Produktion erheischte Arbeitszeit. Verkauft also der Kapitalist, der die neue Methode anwendet, seine Ware zu ihrem gesellschaftlichen Wert so verkauft er sie 3 d. über ihrem individuellem Wert und realisiert so einen Extramehrwert von 3 d. Andrerseits stellt sich aber der zwölfstündige Arbeitstag jetzt für ihn in 24 Stück Ware dar statt früher in 12. Um also das Produkt eines Arbeitstags zu verkaufen, bedarf er doppelten Absatzes oder eines zweifach größern Markts. Unter sonst gleichbleibenden Umständen erobern seine Waren nur größern Marktraum durch Kontraktion ihrer Preise. Er wird sie daher über ihrem individuellen, aber unter ihrem gesellschaftlichen Wert verkaufen, sage zu 10 d. das Stück. So schlägt er an jedem einzelnen Stück immer noch einen Extramehrwert von 1 d. heraus. Diese Steigerung des Mehrwerts findet für ihn statt, ob oder ob nicht seine Ware dem Umkreis der notwendigen Lebensmittel angehört und daher bestimmend in den allgemeinen Wert der Arbeitskraft eingeht. Vom letztren Umstand abgesehn, existiert also für jeden einzelnen Kapitalisten das Motiv, die Ware durch erhöhte Produktivkraft der Arbeit zu verwohlfeilern." (I, 336)

In diesem Zitat bringt Marx in etwas unklarer Form zum Ausdruck, dass der "einzelne Kapitalist", so wie er auf dem Markt agiert, die Produktivität der Arbeit nicht erhöht, um relativen Mehrwert, sondern um "Extramehrwert" zu erzielen. Dies ist nach Marx sein bewusstes Motiv. Er möchte sich einen Vorsprung vor seinen Konkurrenten verschaffen und zwingt diese doch nur dazu, ihm nachzueifern:

"Dasselbe Gesetz der Wertbestimmung durch die Arbeitszeit, das dem Kapitalisten mit der neuen Methode in der Form fühlbar wird, daß er seine Ware unter ihrem gesellschaftlichen Wert verkaufen muß, treibt seine Mitbewerber als Zwangsgesetz der Konkurrenz zur Einführung der neuen Produktionsweise." (I, 337/338),

wodurch ein ebenfalls endloser Prozess in Gang gesetzt wird.

Was ist nun von dieser Argumentation zu halten? Wenn wir uns zunächst ihrem ersten Teil zuwenden, kann zum einen festgestellt werden, dass es hier um eine Erhöhung der Produktivkraft der Arbeit geht, die von der Erhöhung ihrer Intensität zu unterscheiden ist. Denn nur in diesem Fall stellt sie ein Mittel dar, das deswegen auf Dauer angewendet werden kann, weil die dauerhafte Existenz der Arbeitskräfte gesichert ist.

Wenn dieser Punkt beachtet und damit von wirklichen Produktivkraftsteigerungen gesprochen wird, kann zum anderen darauf hingewiesen werden, dass die andauernde Produktivitätserhöhung vom einheitlichen Prinzip des Heißhungers nach Mehrwert aus gesehen notwendig ist. Obwohl der Effekt des relativen Mehrwerts nur über billigere Konsumtionsmittel zu erzielen ist, bezieht sich die Produktivkraftsteigerung nicht nur auf diese, sondern auch auf die Produktionsmittel und damit deswegen auf alle Produkte, weil es systematisch gesehen nur Konsumtionsmittel gibt, die direkt oder indirekt in die Arbeitskraft eingehen, bzw. Produktionsmittel, die direkt oder indirekt zur Produktion dieser Konsumtionsmittel beitragen. Und daran ändert auch der Umstand nichts, dass bei den Produktionsmitteln, die den Konsumtionsmittel sehr fern stehen, der den Wert der Arbeitskraft mindernde Effekt sehr lange aus sich warten lassen kann. Weil der Heißhunger nach Mehrwert schrankenlos ist, nutzt er nämlich alle nachhaltigen Möglichkeiten und damit auch die Produktion des relativen Mehrwerts in seinem vollen Umfang.

Wenn wir es mit vielen Einzelprinzipien zu tun haben, bleibt es so lange bei diesem Ergebnis, so lange diese Prinzipien als Teile des Gesamtkapitals zu verstehen sind. Wenn es sich dagegen um wirkliche Einzelprinzipien handelt, die sich als solche nicht mehr auf das Ganze beziehen, sieht es anders aus. Obwohl es sein kann, dass der Effekt der relativen Mehrarbeit sehr lange auf sich warten lässt, kommt es dann zwar auch überall zu Produktivkraftsteigerungen. In diesem Fall ist aber nicht einzusehen, wie es bei einem in sich stimmigen Gesamtzusammenhang bleiben kann. Weil sich zum einen die Produktionsmittel qualitativ ändern und zum anderen die qualitativ gleich bleibenden in unterschiedlichen Mengen hergestellt werden, ist das hier noch viel mehr der Fall als bei der Produktion des absoluten Mehrwerts.

Wenn wir berücksichtigen, dass Marx nicht nur vom Heißhunger nach Mehrwert, sondern vom Kapital spricht und uns auf dieser Grundlage zunächst das scheinende begriffliche Kapital vornehmen, kann auf die Überlegung verwiesen werden, die wir schon beim absoluten Mehrwert vorgebracht haben. Dass hinter dem relativen Mehrwert genauso relative Mehrarbeit steht wie hinter dem absoluten Mehrwert absolute Mehrarbeit, würde nämlich in gleicher Weise verdeckt wie oben. Denn auf der Basis des Scheins stellt auch das relative Mehr an Mehrwert etwas dar, das durch die Selbstverwertung des Werts geschaffen wird. Ähnlich sieht es bezogen auf das erscheinende begriffliche Kapital aus. Es hat nämlich zur Folge, dass sich auch die relative Mehrarbeit als schlichter Zuschlag auf die Kosten darstellt.

Auf der Basis dessen, dass Marx beim absoluten Mehrwert abgeleitet hat, aus welchen Produkten das Mehrprodukt zu bestehen hat, sei noch darauf hingewiesen, dass trotz der Tatsache, dass Marx sie nicht erwähnt, auch im vorliegenden Zusammenhang ähnliche Folgerung gezogen werden können. Aus der Produktion des relativen Mehrwerts kann nämlich begründet werden, dass die Mehrarbeit in Produktionsmitteln zu vergegenständlichen ist. Im Gegensatz zu der des absoluten Mehrwerts spielt sie sich ja auf der Basis einer gegebenen und gleichbleibenden Arbeiterbevölkerung ab, die nur in die Lage versetzt wird, sich in geringerer Zeit zu reproduzieren. Deshalb gibt es einerseits kein Mehrprodukt in Form von Konsumtionsmitteln oder keine Mehrkonsumtionsmittel. Andererseits gibt es Mehrproduktionsmittel, weil die produktiveren Produktionsmittel im Allgemeinen auch die Produktionsmittel sind, deren Erzeugung mehr Arbeit kostet.

Wenn wir nun zum zweiten Teil der obigen Argumentation von Marx kommen, in der er auf die teleologische Genesis bzw. die Erscheinungen zu sprechen kommt, ist einerseits zuzustimmen, dass der „Kapitalist", der nicht mehr als Charaktermaske, sondern als Subjekt verstanden wird, den relativen Mehrwert als solchen nicht direkt anstrebt. Er verfolgt die Senkung des sogenannten Werts der Arbeitskraft vielmehr nur auf indirekte Weise. Denn sein eigentliches Ziel ist die Erzielung von einem Extra. Andererseits ist zu kritisieren, dass Marx dieses Extra als "Extramehrwert" bezeichnet. Denn das Extra, das empirisch gesehen angestrebt wird, basiert nicht auf der Ebene des Werts, sondern der des Produktionspreises. Daher geht es nicht um einen Extramehrwert, sondern einen Extragewinn, der im idealen Durchschnitt mit dem Extraprofit zusammenfällt.

Der Vollständigkeit halber sei noch angemerkt, dass die Ausführungen des vorletzten Zitats auch nicht mit dem im Einklang sind, was wir zum Wert gehört haben. Gerade weil der Wert eine gesellschaftliche Größe ist, "gesellschaftlicher Wert", der durch die durchschnittlich notwendige Arbeit konstituiert wird (vgl. S. 79ff.), ist einerseits die Rede von einem "individuellen Wert" ein begriffliches Unding. Andererseits ändert sich durch die Produktivitätssteigerung eines einzelnen Kapitalisten auch der "gesellschaftliche Wert", ein Umstand, der innerhalb der Marxschen Ausführungen gänzlich verloren geht.

Auf dieser Grundlage kann festgestellt werden, dass die Rede vom Extramehrwert wieder als Vermischung zwischen den Ebenen zu kritisieren ist. Hier geht es aber weniger darum, dass das Wesen mit dem Sein vermengt wird, sondern eher umgekehrt um eine Vermischung der Erscheinungen mit dem Wesen.

Wie wir bereits mehrfach gesehen haben (vgl. u. a S. 369 und S. 115), weiß Marx, dass der Wert nicht in der gewöhnlichen Erfahrung enthalten ist. Dieses Wissen scheint auch durch das einschränkende "und bloß auf der Grundlage der bereits gewonnenen Resultate" ausgedrückt zu werden. Trotzdem bleibt es dabei, dass die Übertragung von Handlungsformen der Subjekte auf eine Ebene, auf der sie nicht handeln, eine Inkonsequenz und damit ein Fehler darstellt, der geeignet ist, die Differenz zwischen Wesen und Erscheinungen zu verwischen. Marx wollte dadurch, quasi vorausschauend, andeuten, wie sich die Produktion des relativen Mehrwerts empirisch durchsetzt, wohl um dem Leser das Verständnis zu erleichtern. Ob ihm das gelungen ist, darf aber stark bezweifelt werden.

Da Marx den Unterschied zwischen Geltung und Genesis zwar beim relativen Mehrwert aber nicht beim absoluten Mehrwert gemacht hat, sei noch auf die Frage eingegangen, wie dieser Umstand zu erklären ist. Warum gibt es beim relativen Mehrwert den Unterschied zwischen den inneren Gesetzen und der äußeren Durchsetzungsform und beim absoluten Mehrwert nicht? Als Antwort auf diese Frage kann darauf hingewiesen werden, dass beim relativen Mehrwert die Differenz zum gewöhnlichen Bewusstsein der Kapitalisten viel größer ist als beim absoluten Mehrwert. Das ist zumindest dann der Fall, wenn man berücksichtigt, dass Marx sich trotz seiner Klarstellung im vorhergehenden Kapitel nicht von der Vorstellung frei machen kann, dass der Wert eine Größe des normalen Bewusstseins ist.

4. Das allgemeine Gesetz der kapitalistischen Akkumulation

In den beiden vorangegangenen Abschnitten haben wir die beiden Methoden der Produktion von mehr Mehrarbeit besprochen. Im Folgenden sollen die Konsequenzen zum Thema gemacht werden, die Marx im 23. Kapitel des I. Bandes, das den obigen Titel trägt, aus ihnen zieht. Zum besseren Verständnis der folgenden

Erörterungen ist dabei nötig, zunächst auf den Begriff der "organischen Zusammensetzung des Kapitals" einzugehen:

"Die Zusammensetzung des Kapitals ist in zweifachem Sinn zu fassen. Nach der Seite des Werts bestimmt sie sich durch das Verhältnis, worin es sich teilt in konstantes Kapital oder Wert der Produktionsmittel und variables Kapital oder Wert der Arbeitskraft, Gesamtsumme der Arbeitslöhne. Nach der Seite des Stoffs, wie er im Produktionsprozeß fungiert, teilt sich jedes Kapital in Produktionsmittel und lebendige Arbeitskraft; diese Zusammensetzung bestimmt sich durch das Verhältnis zwischen der Masse der angewandten Produktionsmittel einerseits und der zu ihrer Anwendung erforderlichen Arbeitsmenge andrerseits. Ich nenne die erstere die Wertzusammensetzung, die zweite die technische Zusammensetzung des Kapitals. Zwischen beiden besteht enge Wechselbeziehung. Um diese auszudrücken, nenne ich die Wertzusammensetzung des Kapitals, insofern sie durch seine technische Zusammensetzung bestimmt wird und deren Änderungen widerspiegelt: die organische Zusammensetzung des Kapitals." (I, 640)

Marx meint damit kurz das Verhältnis zwischen dem konstanten und dem variablen Kapital, wobei hier der Unterschied unerheblich ist, den Marx zwischen der "Wertzusammensetzung" und der "organischen Zusammensetzung" macht. Da wir hier von Preisveränderungen absehen, ist nämlich einesteils klar, dass jede Veränderung des Wertverhältnisses entweder eine Veränderung des stofflichen oder des Wertverhältnisses selbst widerspiegelt. Andernteils gehen letztere Veränderungen in Marx' Begriff der organischen Zusammensetzung vollkommen unter, was ebenfalls unverständlich ist.

Auf der Grundlage dieser Begriffsbestimmung kann nun gesagt werden, dass die Produktion des absoluten Mehrwerts in ihrer reinen Fassung zu keinen Veränderungen der organischen Zusammensetzung führt. Sie resultiert vielmehr in einem zusammensetzungsneutralen Wachstum des Kapitals. Dagegen geht die Produktion des relativen Mehrwerts mit einem Steigen der Zusammensetzung einher. Umgekehrt spielt sich diese Methode in ihrer reinen Form auf Basis einer gleichbleibenden Arbeiterzahl ab, während jene von ihrer Vergrößerung begleitet wird.

Mit Bezug auf den absoluten Mehrwert stellt Marx im 23. Kapitel des I. Bandes zunächst dasselbe fest:

"Wachstum des Kapitals schließt Wachstum seines variablen oder in Arbeitskraft umgesetzten Bestandteils ein. Ein Teil des in Zusatzkapital verwandelten Mehrwerts muß stets rückverwandelt werden in variables Kapital oder in zuschüssigen Arbeitsfond. Unterstellen wir, daß, nebst sonst gleichbleibenden Umständen, die Zusammensetzung des Kapitals unverändert bleibt, d. h. eine bestimmte Masse Produktionsmittel oder konstantes Kapital stets dieselbe Masse Arbeitskraft erheischt, um in Bewegung gesetzt zu werden, so wächst offenbar die Nachfrage nach Arbeit und der Subsistenzfonds der Arbeiter verhältnismäßig mit dem Kapital und um so rascher, je rascher das Kapital wächst." (I, 641)

Dieses Zitat setzt er jedoch folgendermaßen fort:

"Da das Kapital jährlich einen Mehrwert produziert, wovon ein Teil jährlich zum Originalkapital geschlagen wird, da dies Inkrement selbst jährlich wächst mit dem zunehmenden Umfang des bereits in Funktion begriffenen Kapitals und da endlich, unter besondrem Sporn des Bereicherungstriebs, wie z. B. Öffnung neuer Märkte, neuer Sphären der Kapitalanlage infolge neu entwickelter gesellschaftlicher Bedürfnisse usw., die Stufenleiter der Akkumulation plötzlich ausdehnbar ist durch bloß veränderte Teilung des Mehrwerts oder Mehrprodukts in Kapital und Revenue, können die Akkumulationsbedürfnisse des Kapitals das Wachstum der Arbeitskraft oder der Arbeiteranzahl, die Nachfrage nach Arbeitern ihre Zufuhr überflügeln und daher die Arbeitslöhne steigen. Dies muß sogar schließlich der Fall sein bei unveränderter Fortdauer obiger Voraussetzung." (I, 641)

Obwohl er der Maßlosigkeit des Wertvermehrungsstrebens insofern widerspricht, als er bezogen auf die Erweiterung des Originalkapitals nur von einem „Teil" des Mehrwerts spricht, hat er es mit Verhältnissen zu tun, in denen die Akkumulation so stark ist, dass die Nachfrage nach zusätzlichen Arbeitskräften das Wachstum der Arbeiterbevölkerung, das er als autonome Größe behandelt, übersteigt, was aufgrund des Gesetzes von Angebot und Nachfrage Lohnerhöhungen und damit doch noch Veränderungen der Kapitalzusammensetzung zur Folge hat. Diese Lohnsteigerungen können sogar so weit gehen, dass die Akkumulation des Kapitals erlahmt, was bei weiterem Wachstum der Bevölkerung allerdings der Beginn zukünftiger Lohnsenkungen sein wird. (vgl. I, 648/649)

Noch Unterschiedlicheres lesen wir in Bezug auf die Produktion des relativen Mehrwerts:

"Abgesehn von Naturbedingungen, wie Fruchtbarkeit des Bodens usw., und vom Geschick unabhängiger und isoliert arbeitender Produzenten, das sich jedoch mehr qualitativ in der Güte als quantitativ in der Masse des Machwerks bewährt, drückt sich der gesellschaftliche Produktivgrad der Arbeit aus im relativen Größenumfang der Produktionsmittel, welche ein Arbeiter, während gegebner Zeit, mit derselben Anspannung von Arbeitskraft, in Produkt verwandelt. Die Masse der Produktionsmittel, womit er funktioniert, wächst mit der Produktivität seiner Arbeit." (I, 650)

Zwar stellt Marx hier richtig fest, dass die Produktivitätssteigerungen durch den Einsatz von mehr Produktionsmitteln pro Arbeiter und damit eine Steigerung der organischen Zusammensetzung des Kapitals bedingt sind. Im Fortgang bleibt es jedoch nicht bei dieser festen Bezugsgröße. Zunächst lässt er zu, dass die Steigerung der Produktivität, die ja die relative Abnahme der Größe des variablen Kapitals beinhaltet, trotzdem mit ihrem absoluten Wachstum einhergeht:

"Übrigens, wenn der Fortschritt der Akkumulation die relative Größe des variablen Kapitalteils vermindert, schließt er damit die Steigerung ihrer absoluten Größe keineswegs aus." (I, 652)

Wichtiger ist jedoch, dass die Produktion des relativen Mehrwerts in Verbindung mit der durch die Konkurrenz bewirkten "Konzentration" und "Zentralisation des Kapitals" (vgl. I, 653ff.) zu einer Abnahme der Nachfrage nach Arbeitskräften führt:

"Die im Lauf der normalen Akkumulation gebildeten Zusatzkapitale (s. Kap. XXII, 1) dienen vorzugsweise als Vehikel zur Exploitation neuer Erfindungen und Ent-deckungen, überhaupt industrieller Vervollkommnungen. Aber auch das alte Ka-pital erreicht mit der Zeit den Moment seiner Erneurung an Haupt und Gliedern, wo es sich häutet und ebenfalls wiedergeboren wird in der vervollkommneten technischen Gestalt, worin eine geringere Masse Arbeit genügte, eine größere Masse Maschinerie und Rohstoffe in Bewegung zu setzen. Die hieraus notwendig folgende absolute Abnahme der Nachfrage nach Arbeit wird selbstredend um so größer sein, je mehr die diesen Erneuerungsprozeß durchmachenden Kapitale bereits zu Massen angehäuft sind vermöge der zentralisierenden Bewegung. Ei-nerseits attrahiert also das im Fortgang der Akkumulation gebildete Zuschußka-pital, verhältnismäßig zu seiner Größe weniger und weniger Arbeiter. Andrerseits repelliert das periodisch in neuer Zusammensetzung reproduzierte Kapital mehr und mehr früher von ihm beschäftigte Arbeiter." (I, 657)

Diese "absolute Abnahme" soll sogar "notwendig" sein. Und Marx sieht sich daher berechtigt, folgende Behauptung aufzustellen:

"Die kapitalistische Akkumulation produziert vielmehr, und zwar im Verhältnis zu ihrer Energie und ihren Umfang, beständig eine relative, d. h. für die mittleren Verwertungsbedürfnisse des Kapitals überschüssige, daher überflüssige oder Zuschuß-Arbeiterbevölkerung." (I, 658),

und sie als das "der kapitalistischen Produktionsweise eigentümliche Populations-gesetz" auszusprechen:

"Mit der durch sie selbst produzierten Akkumulation des Kapitals produziert die Arbeiterbevölkerung also in wachsendem Umfang die Mittel ihrer eignen relativen Überzähligmachung. Es ist dies ein der kapitalistischen Produktionsweise eigen-tümliches Populationsgesetz, wie in der Tat jede besondre historische Produkti-onsweise ihre besondren, historisch gültigen Populationsgesetze hat." (I, 660)

Die Folge dieses „Populationsgesetzes" ist nicht nur eine Tendenz zur allgemeinen Abnahme des Lohns (vgl. I, 666), der sich die Gewerkschaften entgegenzustellen versuchen (vgl. I, 669/670), sondern auch folgendes:

"Je größer der gesellschaftliche Reichtum, das funktionierende Kapital, Umfang und Energie seines Wachstums, also auch die absolute Größe des Proletariats und die Produktivkraft seiner Arbeit, desto größer die industrielle Reservearmee. Die disponible Arbeitskraft wird durch dieselben Ursachen entwickelt wie die Expansivkraft des Kapitals. Die verhältnismäßige Größe der industriellen Reservearmee wächst also mit den Potenzen des Reichtums. Je größer aber diese Reservearmee im Verhältnis zur aktiven Arbeiterarmee, desto massenhafter die konsolidierte Überbevölkerung, deren Elend im umgekehrten Verhältnis zu ihrer Arbeitsqual steht. Je größer endlich die Lazarusschichte der Arbeiterklasse und die industrielle Reservearmee, desto größer der offizielle Pauperismus. *Dies ist das absolute, allgemeine Gesetz der kapitalistischen Akkumulation.* Es wird gleich allen andren Gesetzen in seiner Verwirklichung durch mannigfache Umstände modifiziert, deren Analyse nicht hierher gehört." (I, 673/674)

Marx scheint also behaupten zu wollen, dass die kapitalistische Produktionsweise auf die Erzeugung eines immer größeren Elends hinausläuft. Ganz sicher ist das aber wegen den von ihm erwähnten modifizierenden Umständen nicht. Denn es ist nicht ganz klar, ob diese Umstände den Trend nur verlangsamen können oder aber auch in der Lage sind, ihn zu brechen. Trotzdem kann man mit einiger Berechtigung davon ausgehen, dass nur ersteres der Fall ist und es daher bei der definitiven Auskunft bleibt, dass es zu einer immer mehr zunehmenden Verelendung kommt.

Wenn wir auf dieser Grundlage nach der Darstellung der Marxschen Argumentation nun zu ihrer Beurteilung kommen, ist zunächst darauf hinzuweisen, dass es im Folgenden vor allem um die Tendenzen gehen soll, die für die Lohnarbeiter negativ sind. Das hat seinen Grund darin, dass diese bei Marx die Oberhand haben. Bezogen auf die negativen Tendenzen stellt sich zum anderen die Frage, auf welcher Ebene sich die einschlägige Argumentation von Marx bewegt. Diesbezüglich gibt es nämlich grundsätzlich zwei Möglichkeiten, die sich auf die Ebene des Wesens oder die Ebene der Erscheinungen beziehen. Während auf ersterer per logischer Geltung argumentiert wird, ist es auf letzterer um die Argumentation per teleologischer Genesis zu tun. Während die erste Argumentation mit dem Anspruch auf Notwendigkeit einhergeht, geht es im Rahmen der zweiteren nur um mögliche Entwicklungen. Und diese können einerseits danach befragt werden, ob sie mit dem Wesen vereinbar sind oder nicht. Andererseits kann geprüft werden, ob sie empirisch bestätigt werden oder nicht.

Wenn wir auf der Basis dessen, dass Marx im Hinblick auf die Produktion der "industriellen Reservearmee" von einem "Gesetz" redet und damit eine Notwendigkeit behauptet, die über die bloße empirische Bestätigung hinausgeht, mit dem Wesen beginnen, kann darauf hingewiesen werden, dass von der Notwendigkeit einer immer weiter wachsenden Reservearmee oder einer zunehmenden Verelendung keine Rede sein kann. Vom wahrhaft bestimmten Kapital aus gesehen, ist nämlich nicht einsichtig, warum die Akkumulation so stark und ausschließlich auf der Produktion des relativen Mehrwerts beruhen sollte, dass dadurch Arbeitskräfte freigesetzt werden. Immerhin geht dadurch produzierbarer Mehrwert verloren, was nicht sein muss, weil es ja immer auch die Produktion des absoluten Mehrwerts gibt. Zu diesem Urteil kommen wir, weil ausgehend von den im Kapital enthaltenen ganzheitlichen Verwertungsstreben die Verhältnisse einfach so zu denken sind, dass sie ihnen zeitlich wie räumlich vollständig entsprechen. Tut man dies, dann wird man zu keinerlei Schranken kommen, außer denen, die sich aus der Natur der Dinge selbst ergeben, wie z. B. der sogenannte Wert der Arbeitskraft und der Normalarbeitstag. In den so bestimmten Verhältnissen ist deshalb keinerlei Platz für Zyklen, Krisen, Disproportionalitäten, Überproduktion, Überakkumulation usw.. Es stellt daher einen Fehler dar, wenn solche Dinge als auf der Wesensebene existierend behauptet werden. Und auch ihre bloße Übertragung auf diese Ebene ist zu kritisieren, weil sie nur zu Missverständnissen Anlass gibt.

Dass in Verhältnissen, die von einem einheitlichen Prinzip ausgehend entwickelt werden, keine Disproportionalitäten vorkommen können, dürfte unmittelbar einleuchten. Nicht so klar ist dies jedoch bei einem Krisentypus, der eng mit der Produktion des relativen Mehrwerts zusammenhängt und sowohl als Überproduktions- oder Überakkumulations-, als auch als Unterkonsumtionskrise bezeichnet werden kann. Ziel und Zweck der Produktion des relativen Mehrwerts ist wie gesehen die Verringerung der zur Reproduktion einer gegebenen Arbeiterbevölkerung notwendigen Arbeit und die gleichzeitige Vermehrung der von dieser Bevölkerung produzierbaren Mehrarbeit. Erreicht wird es dadurch, dass u. a. das Mehrprodukt in einer Form hergestellt wird, in der es zur billigeren Herstellung der Konsumtionsmittel eingesetzt werden kann. Auf der einen Seite haben wir also einen ständig anwachsenden Wert in Form von Produktionsmitteln, der sich als tote Arbeit nach und nach auf die Konsumtionsmittel überträgt. Auf der anderen Seite nimmt der Wert dieser Konsumtionsmittel jedoch ab. Dies – so die Auffassung der hier zur Diskussion stehende Krisentheorie – kann nicht gut gehen. Weil die Produktion der relativen Mehrarbeit in sich ein im genannten Sinne widersprüchliches Unterfangen enthält, wird der Zeitpunkt kommen, wo die Produktion die Konsumtion übersteigt oder aber die akkumulierten Produktionsmittel ihren Zweck, also die Verbilligung der Konsumtionsmittel, gar nicht mehr erfüllen können. Das Ergebnis ist also je nach Standpunkt eine Überproduktions-, Unterkonsumtions- oder Überakkumulationskrise.

Es muss zugegeben werden, dass diese Argumentation versucht, der Krise eine logische Notwendigkeit dadurch zu geben, dass sie sie eben am Kapital als dem entscheidenden Prinzip der bürgerlichen Gesellschaft selbst festmacht. Dies zeichnet sie vor vielen anderen Versuchen von vornherein aus. Außerdem kann dieser Theorie eine gewisse Plausibilität nicht abgesprochen werden. Auf den ersten Blick übersieht man nämlich leicht, dass eine Variable vergessen wird: die Zeit.

Dass aller in Produktionsmitteln vergegenständlichter Wert auf Konsumtionsmittel überzugehen hat, ist zwar richtig. Die Anzahl der Produktionsperioden und damit die Zeit, die im Durchschnitt erforderlich ist, um eine gegebene, in Produktionsmitteln vergegenständlichte Wertsumme auf diese Weise zu übertragen, wird jedoch ständig größer. Andersherum heißt das, dass der prozentuale Anteil des Produktionsmittelgesamtwerts, der in einer gegebenen Periode auf Konsumtionsmittel umgelegt wird, immer kleiner wird.

Nun kann ein kleinerer aliquoter Teil einer gewachsenen Grundsumme selbstverständlich immer noch bedeuten, dass auch der Anteil in absoluten Zahlen steigt. Dies ist jedoch solange kein Malheur, solange dieser Anstieg durch eine Abnahme der für die Produktion der Konsumtionsmittel aufzuwendenden lebendigen Arbeit überwogen wird. Somit kann hier zumindest festgehalten werden, dass eine logische Notwendigkeit von Krisen erst gezeigt wäre, wenn dieser zeitliche Aspekt berücksichtigt und bewiesen würde, dass er nicht von dauerhafter Bedeutung ist. Wäre das der Fall und könnte z. B. belegt werden, dass die zunächst vorteilhafte Ausdehnung der Zeit in der ferneren Zukunft mit Notwendigkeit zum Nachteil gereicht, dann wäre das Kapital als etwas in sich Widersprüchliches aufgewiesen, das nur sein kann, wenn es immer wieder periodischen Vernichtungen unterliegt, in denen es um seine toten Gewichte erleichtert wird.[57]

Wenn wir nun zu den Erscheinungen und damit der direkten Erklärung des unmittelbaren Seins kommen und uns fragen, ob Verelendungstendenzen dem Wesen angemessen sind, könnte man zunächst meinen, dass das nicht der Fall ist. Denn die Arbeitskräfte müssen angemessen reproduziert werden. Wenn wir uns daran erinnern, dass die teleologische Genesis auf der Ebene der Erscheinungen die logische Geltung auf der Ebene des Wesens nicht eins-zu-eins (vgl. S. 338) bestätigen muss, kommen wir jedoch zu einem differenzierteren Urteil. Dann sind Löhne, die unter dem sogenannten Wert der Arbeitskraft liegen, nämlich genauso zu akzeptieren, wie darüber liegende Löhne. Bedingung dabei ist allerdings, dass diese Verelendungstendenzen räumlich und/oder zeitlich beschränkt sind und damit ak-

---

[57] Zu dem Urteil, dass der Kapitalismus in sich widersprüchlich ist und daher gar keinen in sich dauerhaft stimmigen Zusammenhang bilden kann, sondern im Gegenteil nur ein vorübergehendes Phänomen ist, das seinem Ende mit Notwendigkeit entgegen geht, würden wir im Übrigen auch dann kommen, wenn die fortwährenden Produktivkraftsteigerungen auf menschenleere Fabriken hinauslaufen würden. Denn auf der Grundlage dieser Vorstellung, die sich mit der Industrie 4.0 verbindet, könnte vom Heißhunger nach Mehrarbeit nicht mehr gesprochen werden. Vielmehr müsste man mit Marx feststellen: „Sobald die Arbeit in unmittelbarer Form aufgehört hat, die große Quelle des Reichtums zu sein, hört und muß aufhören die Arbeitszeit sein Maß zu sein und daher der Tauschwert [das Maß] des Gebrauchswerts." (GR, 593)

426

zidentell bleiben. Denn mit dem Wesen vereinbar sind nur Verelendungstendenzen, die in den beiden Dimensionen der Zeit und des Raums so begrenzt bleiben, dass sie die Reproduktion der Arbeitskraft nicht in Frage stellen. Mit dem Wesen unvereinbar ist dagegen das "absolute, allgemeine Gesetz der kapitalistischen Akkumulation", das auf eine zunehmende Verelendung hinausläuft und damit die Reproduktion der Arbeitskraft früher oder später verunmöglicht. Während dem Wesen nicht entgegensteht, dass es Zeiten gibt, in denen ein Teil der Arbeiterbevölkerung verhungert, widersprechen ihm Erscheinungen, in denen diese Konsequenz sich auf die Arbeiterbevölkerung insgesamt bezieht.

Wenn wir nun zum Sein kommen, das mit den Erscheinungen erklärt werden soll, kann festgestellt werden, dass für diese Interpretation die ausführlichen historischen Illustrationen sprechen (vgl. I, 677 bis 740). Sie beweisen auch, dass sie als Beschreibung der damaligen Verhältnisse sicherlich viel für sich haben. Und gerade weil sich in unseren Breiten einiges verbessert hat, sei darauf hingewiesen, dass es in anderen Weltgegenden immer noch Gegebenheiten gibt, die mit den von Marx erwähnten durchaus vergleichbar sind. Und wenn man sich die Verhältnisse in der sogenannten Dritten Welt anschaut, dann wird besonders deutlich, dass auch die heutige Empirie viel Material bietet, mit dem Marx' "absolutes, allgemeines Gesetz der kapitalistischen Akkumulation" illustriert und in diesem Sinne belegt werden könnte, dass die kapitalistische Produktionsweise auch heute noch zu wachsender Verelendung führt.

Auf diesem Hintergrund ist angesichts des Umstandes, dass – wie wir schon auf den Seiten 273 und 340 gesehen haben – die empirische Überprüfung keine Einbahnstraße ist, zum einen darauf hinzuweisen, dass es sein kann, dass die diese Verelendungen beinhaltenden Vorkommnisse zu den Gegebenheiten gezählt werden können, die der begrifflichen Theorie widersprechen und damit gar keine richtige Wirklichkeit haben. Das ist beispielsweise der Fall, wenn sie dadurch verursacht werden, dass der Kapitalismus sich in Gebieten erst durchsetzt, die zuvor noch nicht von ihm beherrscht worden sind, und dabei dazu führt, dass die Bevölkerung zu großen Teilen ihre Lebensgrundlage verliert. Denn in diesem Fall haben sie dann ihr Ende, wenn die Durchsetzung erfolgt und die überzählige Bevölkerung verschwunden ist.

Zum anderen ist bezogen auf die Fälle, bei denen nicht gesagt werden kann, dass wir es in diesem Sinne mit unwirklichen Gegebenheiten zu tun haben, zu bemerken, dass Verelendungserscheinungen in dem Maße immer unwahrscheinlicher werden, in dem sie von Dauer sind. Das gilt nicht nur bezogen auf Krisen, die zu einer Abnahme des Kapitals und damit auch der benötigten Arbeitskräfte führen, die unterschiedlich stark ausfallen kann. Das gilt z. B. auch, wenn die Verelendung damit zu tun hat, dass die Bevölkerung zu stark wächst. Denn es gibt nicht nur bei den Krisen eine Vielzahl von entgegenwirkenden Faktoren, zu denen nicht zuletzt die staatliche Konjunkturpolitik gehört. Dasselbe gilt auch für das zu starke Bevölkerungswachstum. Denn es stellt ebenfalls keine autonome Größe dar, sondern kann durch eine entsprechende staatliche Politik durchaus reduziert werden.

Wenn wir schließlich noch kurz auf die für die Lohnarbeiter positiven Entwicklungen zu sprechen kommen, kann darauf hingewiesen werden, dass sie weniger auf der Ebene des Wesens, denn der Erscheinungen angesiedelt sind. Wenn wir trotzdem mit der ersteren Ebene beginnen, ist zu betonen, dass Löhne, die den Lohnarbeitern das Aussteigen aus der Lohnarbeit ermöglichen, natürlich genauso wenig mit dem Prinzip des Heißhungers nach Mehrarbeit vereinbart werden können, als die Verelendungstendenzen. Auf der Ebene des Wesens gibt es daher solchen Entwicklungen nicht. Sie passen aber auch nicht zu den zugehörigen Erscheinungen. Denn es ist nicht einzusehen, warum es Zeiten geben sollte, in denen das Schwergewicht so deutlich auf der Produktion des absoluten Mehrwerts liegt, dass die Arbeitskräftenachfrage das Angebot übersteigt. Einesteils gibt es nämlich die Möglichkeit der relativen Erweiterung. Andernteils ist das Bevölkerungswachstum zwar in dem Sinne vom Kapital unabhängig, dass es außerhalb seiner Sphäre stattfindet. Das ist jedoch kein Grund es so zu deuten, dass es nicht mit den Akkumulationsbedürfnissen des Kapitals harmoniert. Ausgehend von den im Kapital enthaltenen ganzheitlichen Verwertungsstreben sind umgekehrt die Verhältnisse einfach so zu denken, dass sie ihnen zeitlich wie räumlich vollständig entsprechen. Tut man dies, dann wird man zu keinerlei Schranken kommen, außer denen, die sich aus der Natur der Dinge selbst ergeben, wie z. B. der sogenannte Wert der Arbeitskraft und der Normalarbeitstag. In den so bestimmten Verhältnissen ist deshalb keinerlei Platz für Zyklen, Krisen, Disproportionalitäten, Überproduktion, Überakkumulation usw.. Es stellt daher einen Fehler dar, wenn solche Dinge als auf der Wesensebene existierend behauptet werden. Und auch ihre bloße Übertragung auf diese Ebene ist zu kritisieren, weil sie nur zu Missverständnissen Anlass gibt.

Wenn wir schließlich noch zur empirischen Frage und damit zur Überprüfung dessen kommen, ob es Löhne gibt, die den Ausstieg aus der Lohnarbeit ermöglichen, ist darauf hinzuweisen, dass solche Löhne durchaus vorkommen. Das widerspricht aber so lange nicht der Maßlosigkeit des Kapitals, so lange es sich dabei nur um Ausnahmen handelt.

5. Zusammenfassende Bemerkungen

Im vorangegangenen Kapitel haben wir mit der Produktion des absoluten und relativen Mehrwerts zwei Methoden der Produktion von mehr Mehrwert kennen ge-

lernt. Beide basieren auf dem Normalarbeitstag, weshalb erstere aus der Erzeugung und Anwendung von mehr Arbeitskraft besteht. Letztere beinhaltet dagegen
Produktivitätssteigerungen, mit denen die Arbeiter in die Lage versetzt werden,
mit einer bestimmten Arbeitsmenge mehr Gebrauchswerte zu erzeugen. Sie ist daher von einer Intensivierung der Arbeit zu unterscheiden. Beide Methoden entsprechen der im Kapital beinhalteten Schrankenlosigkeit und können daher mit
Notwendigkeit abgeleitet werden, was Marx unter anderem dadurch zum Ausdruck bringt, dass er sie zu den "immanenten Gesetzen der kapitalistischen Produktion" zählt.

Dieses Urteil beruht auf logischen Überlegungen, die von einer wahrhaft verstandenen Form des wesentlichen begrifflichen Kapitals ausgehenden. Es bezieht sich
daher nur auf die eine Seite der besprochenen Darstellungsteile, deren andere teils
aus historischen Erörterungen und teils aus Reflexionen auf die unmittelbar seiende Konkurrenz besteht. Während erstere das Wesen beinhaltet, hat es diese letztere daher mit der Oberfläche der bürgerlichen Gesellschaft zu tun, egal, ob es
dabei eher um das vergangene oder das gegenwärtige Sein geht. Während jene die
"innere Natur des Kapitals" enthält, zeigt diese, wie die darin angelegten Erfordernisse "als treibende Motive dem individuellen Kapitalisten zum Bewusstsein kommen" und sich in seinem Handeln durchsetzen. Während die Bewegung innerhalb
des Wesens vom maßlosen Wertvermehrungsstreben des Kapitals ausgeht, ist innerhalb der Erscheinungen der freie, subjektive Wille ausschlaggebend. (vgl. S.
525ff.)

Wenn man die beiden Seiten so darstellt, ist die Sache verständlich und eindeutig.
Marx ist jedoch der Vorwurf zu machen, sie nicht in dieser klaren Weise ausein-
andergehalten und damit mancherlei Missverständnissen Vorschub geleistet zu
haben. Das zeigt sich insbesondere an seinem Kapitalbegriff, dessen Bestimmtheit
zwischen wesentlichen und unwesentlichen, nur erscheinenden Momenten
schwankt, sowie in dem Teil, in dem Marx die Produktion des relativen Mehrwerts
als Resultat des Strebens nach Extramehrwert darstellt. Dies stellt den fehlerhaften
Versuch dar, Handlungsmuster, die es nur innerhalb der erscheinenden Konkurrenz gibt, auf eine Ebene zu übertragen, auf der die als freie Subjekte und nicht als
Charaktermasken zu verstehenden Kapitalisten gar nicht agieren. Die Verwechslung zwischen den Ebenen zeigt sich schließlich auch im 23. Kapitel des I. Bandes,
in dem Marx Phänomene, die nur auf der Ebene des unmittelbaren Seins bzw. der
Erscheinungen beruhen, dem Wesen zuschreibt. Dazu gehören z. B. Konjunk-
turzyklen, Krisen und die industrielle Reservearmee, von ihrer progressiven Produktion ganz zu schweigen.[cxl]

Zu diesem Fehler ist zu sagen, dass das Wesen als Wesen der empirischen und
daher in den Erfahrungen präsenten Gegebenheiten der bürgerlichen Gesellschaft

nicht dadurch bewiesen werden kann, dass bestimmt empirische und deshalb durch die Erfahrungen bestätigte Momente aufgegriffen und auf die Wesensebene verpflanzt werden. Die Bewegung muss vielmehr umgekehrt vom Wesen ausgehen. In ihm muss sich etwas finden, das von sich aus zum unmittelbaren Sein hintreibt. Da diese Bewegung nur eine indirekte Bewegung sein kann, muss es zunächst etwas geben, was zu den Anfängen des Scheins führt. Dann müssen bei der Entfaltung dieses Scheins die Anfänge der Erscheinungen entwickelbar sein, die mit dem Sein übereinstimmen und damit empirisch bestätigt werden. Schließlich muss bei der Darstellung der Erscheinungen gezeigt werden können, wie es zu Verhältnissen kommt, die dem Heißhunger nach Mehrarbeit Recht geben. Denn nur in diesem Fall wird bewiesen, dass dieser Heißhunger das entscheidende Prinzip ist. Wir werden deshalb zu prüfen haben, ob Marx diese Aufgabe meistert.[58]

Für die Vermengung der Wesensebene mit Momenten, die ihren Platz nur innerhalb der Erscheinungen bzw. der Erfahrungen haben, ist auch die Behandlung der Kapitalisten ein Beispiel. Auf der einen Seite hat Marx sie als Charaktermasken bestimmt, deren Handlungen sich auf die Ausführung dessen beschränken, was im Kapital angelegt ist. (vgl. S. 250ff.) Auf der anderen Seite werden sie dieser ihrer Rolle jedoch nicht immer gerecht. Das hat sich schon an mehreren Stellen gezeigt (vgl. u. a. S. 409 und 421), kann aber am besten auf Basis der folgenden Zitate erläutert werden:

"Nur soweit der Kapitalist personifiziertes Kapital ist, hat er einen historischen Wert und jenes historische Existenzrecht, das, wie der geistreiche Lichnowski sagt, keinen Datum nicht hat. Nur soweit steckt seine eigne transitorische Notwendigkeit in der transitorischen Notwendigkeit der kapitalistischen Produktionsweise. Aber soweit sind auch nicht Gebrauchswert und Genuß, sondern Tauschwert und dessen Vermehrung sein treibendes Motiv. Als Fanatiker der Verwertung des Werts zwingt er rücksichtslos die Menschheit zur Produktion um der Produktion willen, daher zu einer Entwicklung der gesellschaftlichen Produktivkräfte und zur Schöpfung von materiellen Produktionsbedingungen, welche allein die materielle Basis einer höheren Gesellschaftsform bilden können, deren Grundprinzip die volle und freie Entwicklung jedes Individuums ist. Nur als Personifikation des Kapitals ist der Kapitalist respektabel." (I, 618)

Während Marx in diesem Zitat noch einmal klar zum Ausdruck bringt, dass es dem Kapitalisten als "personifiziertes Kapital" nur um die maßlose Verwertung

---

[58] Wie sich zeigen wird, gibt es bei Marx nur Argumentationen, die sich auf den ersten Teil und den zweiten Teil der Entwicklung beziehen. Die erste Argumentation, die große Mängel aufweist, haben wir bereits kennen gelernt. Die zweite Argumentation, die ebenfalls Stückwerk bleibt, wird später Thema sein. (vgl. S. 313ff.) Hinsichtlich des dritten Teils ist dagegen weitgehend Fehlanzeige zu vermelden. Diesbezüglich finden sich bei Marx nur Ansätze. (vgl. S. 370ff.)

430

des Werts oder die "Produktion um der Produktion willen" geht, findet sich nur eine Seite später folgendes:

"Aber die Erbsünde wirkt überall. Mit der Entwicklung der kapitalistischen Produktionsweise, der Akkumulation und des Reichtums, hört der Kapitalist auf, bloße Inkarnation des Kapitals zu sein. Er fühlt ein "menschliches Rühren" für seinen eignen Adam und wird so gebildet, die Schwärmerei für Askese als Vorurteil des altmodischen Schatzbildners zu belächeln. Während der klassische Kapitalist den individuellen Konsum als Sünde gegen seine Funktion und "Enthaltung" von der Akkumulation brandmarkt, ist der modernisierte Kapitalist imstande, die Akkumulation als "Entsagung" seines Genußtriebs aufzufassen. "Zwei Seelen wohnen, ach! in seiner Brust, die eine will sich von der andren trennen!"" (I, 619/620)

Mit diesen Worten bringt Marx das Interesse an der individuellen Reproduktion in die Motivation des Kapitalisten hinein, ohne klar zu sagen, dass er damit die Ebene seiner Argumentation wechselt. Es sei deshalb darauf hingewiesen, dass die erscheinenden Kapitalisten solche menschlichen Zwecksetzungen wohl in aller Regel haben, dass sie aber damit aufhören, Personifikationen des Kapitals zu sein. Anstatt Selbstzweck ist die Kapitalakkumulation für sie nurmehr Mittel zum Zweck. Auf der vom Kapital aus entwickelten Ebene ist dagegen kein Platz für ein solches "menschliches Rühren". Dort geht es allein um die schrankenlose Verwertung, weshalb beispielsweise auch keine "Luxusproduktion" (I, 468) stattfinden kann.

Einerseits zeigt sich hier, zu welch negativen Folgen es führt, dass Marx von Anfang an nicht klar genug zwischen Subjekten, die selbst gesetzte Zwecke ausführen, und Personifikationen, die einen vorausgesetzten Inhalt verwirklichen, unterscheidet, wenn er dazu tendiert, auch die Agenten Charaktermasken zu nennen, die lediglich einen selbst gesetzten Zweck ausführen. Andererseits stellt das Hereinbringen subjektiver Momente in die Charaktermaske industrieller Kapitalist einen Fehler dar, der damit vergleichbar ist, dass Marx auch den Arbeiter von Anfang an als freies Subjekt anspricht. Und drittens muss uns das Anlass sein, daran zu erinnern, dass von einem Klassengegensatz zwischen Kapitalisten und Arbeitern, erst auf der Ebene der Erscheinungen gesprochen werden kann und es daher falsch ist, wenn Marx versucht, ihn auf die Wesensebene zu übertragen. Gegensätzlich wird das Verhältnis zwischen Arbeitern und Kapitalisten erst, wenn diese für sich mehr herausholen wollen, als ihnen auf Basis ihrer Personifikationen zusteht, weil sie entweder ihr gutes Leben im Auge haben oder der Zwang der Konkurrenz ihnen keine andere Wahl lässt. So ist z. B. die Verausgabung von Mehrarbeit, die dem Kapitalisten ein luxuriöses Leben gestattet, in keiner Weise im Interesse des Arbeiters. Genausowenig ist dies ein Kapitalist, der um des Überlebens seines bedrohten Unternehmens willen, den Arbeitern nur einen Hungerlohn bezahlt.

Ferner sei daran erinnert, dass eine Konsequenz der Vermischung des von Marx zwar erkannten, aber nicht konsequent durchgehaltenen Unterschieds zwischen Wesen und Erscheinungen oder immanenten Gesetz und äußerer Durchsetzungsform auch darin besteht, dass nicht klar ist, ob die jeweiligen Folgen nur in ihrer Existenz oder darüber hinaus auch in ihrer Entstehung begründet sind bzw. werden sollen. Soweit mit unbewussten begrifflichen Inhalten logisch argumentiert wird, kann mit Wenn-Dann-Folgerungen, die keine zeitliche Abfolge beinhalten, sondern sich auf denselben Zeitpunkt beziehen, immer nur das Sein der abgeleiteten Existenz erschlossen werden oder ihre logische Geltung und nicht sein Werden oder die teleologische Genesis. Letztere Aufgabe ist vielmehr noch gesondert zu lösen. Soweit dagegen von bewussten Zwecken ausgehend argumentiert wird, haben wir es mit einem zeitlichen Nacheinander zu tun, das auch den Entstehungsprozess bzw. die Genesis der Folge beinhaltet.

Zum Schluss seien noch zwei Punkte erwähnt, die bei Marx außenvor bleiben: Erstens kann die Produktion des relativen Mehrwerts dazu führen, dass es zum Outsourcing von bestimmten Produktionsschritten kommt. Das ist der Fall, wenn dadurch insgesamt Kosten gespart werden können. Da man der Meinung sein könnte, dass es auf diese Weise nicht nur zu neuen Produkten in der Form von gegenständlichen Produktionsmitteln kommen kann, sondern auch zu ungegenständlichen Produktionsmitteln, sei darauf hingewiesen, dass davon keine Rede sein kann. Denn Produktionsschritte, die wirklich zu keinem gegenständlichen Effekt führen, gibt es nicht. Solche Produktionsschritte würden nämlich nichts produzieren. Darauf sei an dieser Stelle nicht zuletzt deswegen hingewiesen, weil wir im XIV. Kapitel, in dem es um den Zerfall des Gesamtkapitals in Branchenkapitale geht, ungegenständliche Produkte kennen lernen werden. Denn zu diesen Produkten kommt es nur deswegen, weil der Gegenstand, in den die jeweiligen Produktionsschritte eingehen, sich in der Verfügung eines anderen Branchenkapitals befindet.

Zweitens kann festgestellt werden, dass die Produktion des absoluten und relativen Mehrwerts die Methoden, die es in Bezug auf die Schaffung von immer mehr Mehrwert gibt, nicht erschöpfen. Insbesondere wenn man vom Heißhunger nach Mehrarbeit ausgeht und daher die im Begriff des Kapitals angelegte Orientierung auf den Produktionsbereich aufgibt, zeigt sich, dass auch eine Erhöhung der Effektivität der Konsumtion denkbar ist, die der Produktivitätssteigerung ähnlich ist und mit der sowohl die für die Reproduktion einer bestimmten Arbeiterbevölkerung notwendigen produktiven wie unproduktiven Arbeiten verringert werden sollen, ohne dabei die Intensität der unproduktiven Tätigkeiten zu erhöhen. Marx ist diese Möglichkeit wohl entgangen, weil er vom Kapital ausgehend sich auf den Produktionsbereich konzentriert und die Sphäre der Konsumtion insgesamt nur sehr stiefmütterlich behandelt. Dies ist wohl auch ein Grund dafür, dass Marx die

Konsumtionsmittel, die von den Menschen verbraucht werden, die zur erweiterten Reproduktion der Arbeiter beitragen, vernachlässigt hat. (vgl. S. 327)

XII. Die Zirkulation des Kapitals

Mit den in den bisherigen Abschnitten besprochenen Überlegungen haben wir die Inhalte erschöpft, die im Rahmen des I. Bandes des Marxschen ‚Kapital' von Bedeutung sind. Der folgende Abschnitt wird uns deswegen zum II. Band führen, auf den wir bislang nur gelegentlich eingegangen sind. Denn sein hauptsächlicher Inhalt ist die Zirkulation.

Oben haben wir zum einen gesehen, dass Marx zum industriellen Kapital übergeht, das die Bewegung $G - ^{Ak}/_{Pm} ... P ... W' - G'$ durchläuft und deswegen nicht nur die Produktion $^{Ak}/_{Pm} ... P ... W'$, sondern mit $G - ^{Ak}/_{Pm}$ und $W' - G'$ auch Zirkulationsakte enthält. Zum anderen hat sich gezeigt, dass Marx die Produktion zwar tatsächlich behandelt, dies aber für die Zirkulation insofern nicht zutrifft, als bislang nur von produktiven Arbeitskräften die Rede war. Diese Lücke, die wir oben (vgl. S. 309f.) schon kritisiert haben, will er nun mit den folgenden Überlegungen schließen:

"Das erste und dritte Stadium wurden im ersten Buch nur erörtert, soweit dies nötig für das Verständnis des zweiten Stadiums, den Produktionsprozeß des Kapitals. Die verschiednen Formen, worin das Kapital in seinen verschiednen Stadien sich kleidet, und die es bei wiederholtem Kreislauf bald annimmt, bald abstreift, blieben daher unberücksichtigt. Sie bilden den nächsten Gegenstand der Untersuchung." (II, 31)

Daher soll es im Folgenden darum gehen, Marx bei diesem Schritt in den II. Band zu folgen. Dabei werde ich mich auf die wichtigsten Punkte beschränken. Insbesondere soll das zur Sprache kommen, was wir im Hinblick auf den III. Band benötigen werden.

Erwähnt sei noch, dass Marx im II. Band von den beiden folgenden Voraussetzungen ausgeht:

"Um die Formen rein aufzufassen, ist zunächst von allen Momenten zu abstrahieren, die mit dem Formwechsel und der Formbildung als solchen nichts zu tun haben. Daher wird hier angenommen, nicht nur, daß die Waren zu ihren Werten verkauft werden, sondern auch, daß dies unter gleichbleibenden Umständen geschieht. Es wird also auch abgesehn von den Wertveränderungen, die während des Kreislaufprozesses eintreten können." (II, 32)

Erstens geht Marx wieder davon aus, "daß die Waren zu ihren Werten verkauft werden", wobei insbesondere betont werden soll, dass das Absehen von jeglichen "Wertveränderungen" ein Hinweis darauf ist, dass dies nicht nur im Durchschnitt der Fälle, sondern in jedem einzelnen Fall gilt. Ausgangspunkt wäre somit der Wert als abstrakte Identität und nicht nur als Negation der Negation.

Zweitens setzt Marx "metallisches Geld" voraus:

"Wir nehmen bei der Betrachtung der allgemeinen Formel des Kreislaufs und überhaupt in diesem ganzen zweiten Buch, Geld als metallisches Geld, mit Ausschluß von symbolischem Geld, bloßen Wertzeichen, die nur Spezialität gewisser Staaten bilden, und vom Kreditgeld, das noch nicht entwickelt ist." (II, 116)

Obwohl auch das nicht mehr als empirischer Tatbestand verstanden werden kann, sondern allenfalls als historische Aussage korrekt und auch vom logischen Gesichtspunkt aus zu kritisieren ist (vgl. S. 129ff.), soll diese Annahme im Folgenden ebenfalls wieder akzeptiert werden.

1. Die Zirkulationskosten

Wie Marx uns im ersten der auf der vorhergehenden Seite angeführten Zitate mitteilt, geht es ihm im II. Band um die "verschiednen Formen", die das industrielle Kapital während seines Kreislaufs durchläuft. Es sind dies die folgenden:

"Die beiden Formen, die der Kapitalwert innerhalb seiner Zirkulationsstadien annimmt, sind die von *Geldkapital* und *Warenkapital*; seine dem Produktionsstadium angehörige Form ist die von *produktivem Kapital*." (II, 56)

Da wir die dem Produktionsstadium zugehörige Form des "produktiven Kapitals" schon betrachtet haben, geht es bei den anstehenden Betrachtungen nurmehr um die Formen "Geldkapital" und "Warenkapital", die innerhalb der Zirkulation vorkommen.

Was hier Austausch oder Zirkulation genannt wird, hat mit den Tätigkeiten des Transports, der Verpackung und Lagerhaltung nichts zu tun. Während diese Aufgaben einen produktiven wertbildenden Charakter haben, weil sie je auf ihre Weise sowohl zum Gebrauchswert beitragen (vgl. S. 375) als auch zur Wert- und Mehrwertbildung fähig sind, handelt es sich bei der Zirkulation um unproduktive Funktionen, die nicht in den Wert eingehen, sondern einzig und allein mit seinem "Formwechsel" zu tun haben. Zirkulationstätigkeiten in diesem Sinne sind die Operationen des reinen Kaufens und Verkaufens (vgl. II, 131ff.), die damit zusammenhängende Buchführung (vgl. II, 135ff.), sowie das Einkassieren, Zahlen, Aufbewahren usw. des Geldes. (vgl. II, 137/138 und III, 328)

Trotz ihres unproduktiven Charakters ist die Zirkulation nicht ohne menschliches Dazutun zu haben:

"Die Formverwandlungen des Kapitals aus Ware in Geld und aus Geld in Ware sind zugleich Händel des Kapitalisten, Akte des Kaufs und Verkaufs. Die Zeit, worin diese Formverwandlungen des Kapitals sich vollziehn, sind subjektiv, vom Standpunkt des Kapitalisten, Verkaufszeit und Kaufzeit, die Zeit, während deren er auf dem Markt als Verkäufer und Käufer fungiert. Wie die Umlaufszeit des Kapitals einen notwendigen Abschnitt seiner Reproduktionszeit bildet, so bildet die Zeit, während deren der Kapitalist kauft und verkauft, sich auf dem Markt herumtreibt, einen notwendigen Abschnitt seiner Funktionszeit als Kapitalist, d. h. als personifiziertes Kapital. Sie bildet Teil seiner Geschäftszeit." (II, 131)

Während die Produktion nur von fremden Arbeitskräften erledigt wurde, geht Marx in diesem Zitat davon aus, dass die Zirkulation von den „Kapitalisten" selbst erledigt wird. Das passt zwar dazu, dass bislang nur von produktiven Arbeitskräften die Rede war, stellt jedoch keine Notwendigkeit dar. Es kann nämlich auch sein, dass die Zirkulationsfunktionen von dafür bezahlten Lohnarbeitern verrichtet werden, wodurch sich an ihrem unproduktiven Charakter allerdings nichts ändert:

"Ebensowenig kann das Mirakel dieser Transsubstantiation durch eine Transposition vorgehn, d. h. dadurch, daß die industriellen Kapitalisten, statt selbst jene "Verbrennungsarbeit" zu vollziehn, sie zum ausschließlichen Geschäft dritter von ihnen bezahlter Personen machen." (II, 132)

Angesichts dieser beiden Möglichkeiten können wir feststellen, dass die zweitgenannte Variante die allgemeine Regel darstellt, die nicht nur für W' - G' gilt, sondern auch für $G - {}^{Ak}/_{Pm}$. Sogar der Kauf der Arbeitskraft wird nämlich zum großen Teil von bezahlten Arbeitskräften erledigt. Einzig der Kauf des obersten Lohnarbeiters muss von den Kapitalisten selbst vollzogen werden.

Wenn diese unproduktiven Funktionen von Arbeitskräften erledigt werden, verursacht die Zirkulation zusätzliche Geldaufwendungen:

"Unter allen Umständen ist die hierauf verwandte Zeit eine Zirkulationskost, die den umgesetzten Werten nichts zuführt. Es ist die Kost, erforderlich, sie aus Warenform in Geldform zu übersetzen. Soweit der kapitalistische Warenproduzent als Zirkulationsagent erscheint, unterscheidet er sich vom unmittelbaren Warenproduzenten nur dadurch, daß er auf größrer Stufenleiter verkauft und kauft, und daher in größrem Umfang als Zirkulationsagent fungiert. Sobald der Umfang seines Geschäfts ihn aber zwingt oder befähigt, eigne Zirkulationsagenten als Lohnarbeiter zu kaufen (dingen), so ist das Phänomen der Sache nach nicht verändert. Arbeitskraft und Arbeitszeit muß zu gewissem Grad im Zirkulationsprozeß (soweit er bloße Formverwandlung) verausgabt werden. Aber dies erscheint jetzt als zusätzliche Kapitalauslage; ein Teil des variablen Kapitals muß ausgelegt werden im Ankauf dieser nur in der Zirkulation fungierenden Arbeitskräfte." (II, 134/135)

Diesem Zitat kann zum einen insofern zugestimmt werden, als der Kauf der "Zirkulationsagenten" tatsächlich zu zusätzlichen Ausgaben führt. Denn die zirkulativen Arbeitskräfte müssen genauso in der Lage sein, sich auf erweiterter Stufenleiter zu reproduzieren wie die produktiven Arbeitskräfte. Fraglich ist jedoch, warum diese Ausgaben eine "zusätzliche Kapitalauslage" darstellen sollen, die dem „variablen Kapital" entspricht. Der Grund dafür besteht darin, dass die zirkulativen Arbeitskräfte im Unterschied zu den produktiven Arbeitskräften weder Wert noch Mehrwert erzeugen. Ihre Arbeiten lassen den Wert der zu zirkulierenden Waren vielmehr unverändert. Daher ist die Rede vom variablen Kapital als missverständlich zurückzuweisen. Da man den Eindruck gewinnen könnte, dass die zirkulativen Arbeiter genauso wertbildende Arbeit vollbringen wie die produktiven Arbeiter, verdunkelt sie nämlich den wirklichen Unterschied. Marx hätte daher besser daran getan, statt von einem Teil des variablen Kapitals nur von Ausgaben zu reden, die als „faux frais" (vgl. II, 134) zu bezeichnen sind. Denn falsche Kosten sind diese Kosten, weil sie eben nichts zur Wertvermehrung beitragen, sondern diese im Gegenteil sogar verringern. Das ist der Fall, weil die Ausgaben für die Zirkulationsarbeiter, die in der nächsten Periode erforderlich sind, aus dem Mehrwert finanziert werden müssen, der von der Mehrarbeit der produktiven Arbeiter geschaffen worden ist. Folge davon ist, dass für die Erweiterung der Produktion entsprechend weniger zur Verfügung steht.[59]

Nun könnte man einwenden, dass es den genannten Unterschied zwar gibt, die Löhne für die zirkulativen Arbeitskräfte jedoch trotzdem als zusätzliches variables Kapital betrachtet werden können. Denn das maßlose Wertvermehrungsstreben kann ihnen genauso beigelegt werden wie Marx das oben bei den Löhnen für produktive Arbeitskräfte getan hat. Daher sei darauf hingewiesen, dass dem deswegen nicht gefolgt werden kann, weil die zirkulativen Arbeitskräfte nichts zur Wertvermehrung beitragen, sondern diese im Gegenteil in der beschriebenen Weise verringern.

Diese Überlegungen beziehen sich auf den ersten Kapitalbegriff bzw. genauer auf das wesentliche begriffliche Kapital. Beim zweiten Kapitalbegriff bzw. beim scheinenden begrifflichen Kapital ist das insofern anders, als auch die Zirkulationskosten als Wert erscheinen können, der sich selbst verwertet. Während die Verwischung des Unterschieds zwischen Ausgaben, die auf produktive bzw. zirkulative Arbeitskräfte bezogen sind, nicht mit dem wesentlichen begrifflichen Kapital in Einklang gebracht werden können, ist diese Verwischung durchaus mit dem scheinenden begrifflichen Kapital vereinbar.

---

[59] Die faux frais, von denen hier die Rede ist, unterscheiden sich von den faux frais, die auf der Seite 264 erwähnt wurden. Während jene deswegen noch gar keine wirklichen faux frais darstellen, weil es sie auch auf Basis des Heißhungers nach Mehrarbeit bzw. des Wesens gibt, stellen diese wirkliche faux frais dar. Da sie von der Zirkulation abhängig sind, gibt es sie nämlich erst auf einer Ebene, auf der es nicht mehr nur um den Heißhunger nach Mehrarbeit geht.

Darauf sei an dieser Stelle besonders hingewiesen, weil dieser Punkt ein Hinweis darauf ist, dass die Zirkulation von Waren und die durch sie verursachten Kosten erst auf der Ebene des Scheins angemessen behandelt werden können. Auf der Ebene des Wesens sind Zirkulation und Zirkulationskosten dagegen fehl am Platz. In ihrem Rahmen gibt es noch keine Zirkulation, weil die Verhältnisse eben von einem einheitlichen Prinzip aus zu denken sind.

Zum anderen kann am obigen Zitat kritisiert werden, dass es keine Zirkulationskosten gibt, wenn die Kapitalisten die Zirkulationsfunktionen selbst erledigen. Das ist nämlich unverständlich, weil die Kapitalisten in diesem Fall selbst „Zirkulationsagenten" darstellen, die als solche genauso notwendig sind und damit auch genauso erhalten werden müssen wie die fremden Arbeitskräfte. Daher liegt es einesteils nahe, die eigenhändige Erledigung der Zirkulationsfunktionen so zu betrachten, als würden die Kapitalisten sich selbst als Arbeitskräfte kaufen. Anderenteils bleibt es auch dann, wenn man darauf verzichtet, dabei, dass Reproduktionsaufwendungen erforderlich sind und damit Kosten entstehen.

Verständlich wäre die Feststellung, dass eine zusätzliche Kapitalanlage nur entsteht, wenn die Zirkulation von fremden Arbeitskräften erledigt wird, lediglich unter der Bedingung, dass man nur das als zusätzliche Kapitalauslage gelten lässt, was man bei einem Kauf verausgabt. Vom logischen Standpunkt aus gesehen ist dies jedoch dann nicht einzusehen, wenn vom Kapital auf der Wesensebene ausgegangen wird. Anders sieht es aus, wenn das auf der Ebene des Scheins vorkommende Kapital des sich selbst verwertenden Werts zugrunde gelegt wird. Somit scheint es, dass dieser Kapitalbegriff auch hier hereinspielt, was im Übrigen bestätigt, dass die Zirkulation erst auf der Basis des Scheins zu einem Thema wird.

Die Zirkulation verursacht jedoch nicht nur Ausgaben, die nach Marx mit dem variablen Kapital analogisiert werden können, sondern auch Kosten, die mit dem konstanten Kapital vergleichbar sind:

"Neben dem wirklichen Kaufen und Verkaufen wird Arbeitszeit verausgabt, in der Buchführung, in die außerdem vergegenständlichte Arbeit eingeht, Feder, Tinte, Papier, Schreibpult, Bürokosten. Es wird also in dieser Funktion einerseits Arbeitskraft verausgabt, andrerseits Arbeitsmittel." (II, 135)

Diese konstanten Zirkulationskosten, die übrigens in beiden oben genannten Fällen anfallen und damit die obige Kritik an der Ausblendung des eigenhändigen Anteils an den variablen Zirkulationskosten unterstreichen, bestehen aus den innerhalb des Vollzugs der Zirkulation verbrauchten "Arbeitsmitteln", die im Unterschied zu den Produktionsmitteln als Zirkulationsmittel bezeichnet werden können. Der Wert dieser Zirkulationsmittel wird einesteils genausowenig auf die Waren übertragen, wie die Zirkulationstätigkeiten Werte bilden. (vgl. II, 138 und 150)

Der Grund dafür liegt eben darin, dass sie innerhalb einer unproduktiven Funktion verbraucht werden, innerhalb der es auch keine Übertragung toter Arbeit gibt.

Andernteils fragt sich, ob diese Zirkulationsmittel überhaupt als Werte bezeichnet werden können. Wenn man die Rede von Werten auf die nicht-menschlichen Gegenstände beschränkt, die auf Basis des einheitlichen Strebens nach maßloser Wertvermehrung produziert werden müssen, dann ist diese Frage zu verneinen. Denn die Zirkulationsmittel gehören genauso wenig dazu wie die Konsumtionsmittel für die Zirkulationsarbeiter. Wenn man angesichts des Umstandes, dass die Zirkulationsmittel und die zirkulativen Konsumtionsmittel als Folge einer Rückwirkung des Zirkulationserfordernisses auf die wesentlichen Verhältnisse genauso von den bislang thematisierten Arbeitern hergestellt werden wie die Produktionsmittel und die produktiven Konsumtionsmittel, die Rede von Werten im übertragenen Sinne zulässt, dann kann diese Frage bejaht werden. Das ändert aber nichts daran, dass es keine Übertragung toter Arbeit gibt.

Auf dieser Grundlage kann zum einen festgehalten werden, dass die Rede von einem zusätzlichen konstanten Kapital ungeachtet dessen ebenfalls zu kritisieren ist, dass wir oben von einer Vergleichbarkeit zwischen den zusätzlichen Ausgaben für Zirkulationsmittel und dem konstanten Kapital gesprochen haben. Denn mit dieser Rede wird die Differenz zum wirklichen konstanten Kapital, dessen Wert übertragen wird, verwischt. Daher ist es besser, wenn auch in diesem Zusammenhang von faux frais gesprochen wird. Das ist der Fall, weil die konstanten Zirkulationskosten, die in der nächsten Periode benötigt und zusätzlich zum konstanten Kapital vorgeschossen werden müssen, genauso aus dem zu finanzieren ist, was bislang als Mehrwert oder Mehrarbeit erschienen ist.

Folge davon, dass sowohl die variablen als auch die konstanten Zirkulationskosten aus der Mehrarbeit der produktiven Arbeitskräfte zu finanzieren sind, ist zum anderen, dass das ΔG, das übrig bleibt und zusätzlich investiert werden kann, kleiner ausfällt und damit aufhört, ein direkter Ausdruck der Mehrarbeit zu sein. Denn ein Teil des bisherigen ΔG wird eben gebraucht, um das Geld zu ersetzen, das für die zirkulativen Arbeitskräfte und die Zirkulationsmittel ausgegeben wurde.

Da man der Meinung sein könnte, dass dieser Effekt nicht eintritt, wenn die Zirkulation von den Kapitalisten erledigt wird, sei zum dritten darauf hingewiesen, dass das nicht der Fall ist. Bezogen auf die konstanten Zirkulationskosten ist das sowieso klar. Aber auch bezogen auf die variablen Zirkulationskosten ist zu betonen, dass sie auch dann, wenn man auf die Übertragung der Form des Kaufs verzichtet und sie deshalb nicht im Vorhinein anfallen, zur Folge haben, dass das reinvestierbare ΔG geringer wird. Denn die Kapitalisten müssen einen Teil davon als Revenue abzweigen.

Eine Zirkulationskost, auf die Marx noch besonders eingeht, ist das Geld, das bei ihm ja als Metallgeld auftritt:

"Gold und Silber, als Geldwaren, bilden für die Gesellschaft Zirkulationskosten, die nur aus der gesellschaftlichen Form der Produktion entspringen. Es sind faux frais der Warenproduktion überhaupt, die mit der Entwicklung der Warenproduktion, und besonders der kapitalistischen Produktion, wachsen. Es ist ein Teil des gesellschaftlichen Reichtums, der dem Zirkulationsprozeß geopfert werden muß." (II, 138, vgl. auch 347)

Im Unterschied zu den obigen Punkten, machen diese "Zirkulationskosten" beim einzelnen Kapitalisten jedoch keinen zusätzlichen Kapitalvorschuss nötig. Sie bestehen vielmehr darin, dass ein Teil der gesellschaftlichen Arbeitszeit mit dem Schürfen des Goldes der Herstellung von Dingen geopfert werden muss, die an sich kein Bestandteil des auf den Heißhunger nach Mehrwert ausgerichteten gesellschaftlichen Stoffwechsels sind, sondern eben genauso "faux frais der Warenproduktion" darstellen, wie das bei den Konsumtionsmitteln für die zirkulativen Arbeitskräfte und den Zirkulationsmitteln der Fall ist.

Angesichts dieser Feststellung ist es im Übrigen umso verwunderlicher, dass Marx vom Goldgeld und nicht vom Staatspapiergeld spricht. Denn mit letzterem könnten die faux frais verringert werden. Weil das so ist, ist auch das Goldgeld ein Moment, das dem Heißhunger nach Mehrarbeit widerspricht.

2. Der Umschlag des Kapitals

Die oben erneut angeführte Bewegung von G zu G', in der der Kapitalwert nacheinander seine verschiedenen Existenzformen durchläuft, nennt Marx auch seinen "Umschlag":

"Der Kreislauf des Kapitals, nicht als vereinzelter Vorgang, sondern als periodischer Prozeß bestimmt, heißt sein Umschlag. Die Dauer dieses Umschlags ist gegeben durch die Summe seiner Produktionszeit und seiner Umlaufszeit. Diese Zeitsumme bildet die Umschlagszeit des Kapitals. Sie mißt daher den Zwischenraum zwischen einer Kreislaufperiode des gesamten Kapitalwerts und der nächstfolgenden; die Periodizität im Lebensprozeß des Kapitals, oder wenn man will, die Zeit der Erneuerung, Wiederholung des Verwertungs- resp. Produktionsprozesses desselben Kapitalwerts." (II, 156/157; vgl. auch 251 und 124)

Seine Dauer setzt sich aus der "Produktionszeit" und der Zirkulations- oder "Umlaufszeit" zusammen und ist unterschiedlich lang, je nach der Sphäre, in der das Kapital engagiert ist:

"Abgesehn, von den individuellen Abenteuern, die für ein einzelnes Kapital die Umschlagzeit beschleunigen oder abkürzen mögen, ist die Umschlagzeit der Kapitale verschieden je nach ihren verschiednen Anlagesphären." (II, 157)

440

Von individuellen Unterschieden muss ja aufgrund der Voraussetzung des Werts abgesehen werden, der eine gesellschaftliche Durchschnittsgröße darstellt, die hier in jedem einzelnen Fall zum Ausdruck kommt. (vgl. S. 433)

Bei der Produktionszeit ist die Abhängigkeit ihrer Länge von der Art des herge-stellten Gebrauchswerts unmittelbar einleuchtend. Wie sieht es jedoch mit der Umlaufszeit aus? Klar ist zunächst, dass sie aus der Kaufs- und Verkaufzeit be-steht, wobei Marx letztere als die Zeit bezeichnet, in der das Kapital in die Waren-form gebannt ist:

"Der eine Abschnitt der Umlaufszeit – und der relativ entscheidenste – besteht aus der Verkaufszeit, der Epoche, worin das Kapital sich im Zustand von Waren-kapital befindet." (II, 251),

und erstere als die Zeit, in der es in Geldform verharrt:

"Kommen wir nun zur zweiten Epoche der Umlaufszeit: der Kaufzeit oder der Epoche, während deren das Kapital sich aus Geldform in die Elemente des pro-duktiven Kapitals rückverwandelt." (II, 256)

Aufgrund des Unterschieds zwischen der Zirkulation und den Tätigkeiten des Transports und der Aufbewahrung fragt sich jedoch, warum der Kauf und Verkauf überhaupt Zeit benötigen. Sind diese Akte mit anderen Worten nicht Operationen, die, wenn sie erfolgen, auf einen Schlag erfolgen, gerade weil sie nicht mit der zeitlichen und räumlichen Übertragung der Waren zusammenfallen?

Wenn wir uns auf dieser Grundlage das, was Marx Kaufs- und Verkaufzeit nennt, genauer anschauen, so zeigt sich, dass sich diese Perioden, in der Tat im Wesent-lichen aus der Aufbewahrung und dem Transport von Ware und Geld zusammen-setzen. (vgl. II, 251ff.) Es ist deshalb zu betonen, dass Marx die Lagerhaltung und den Transport von Waren zu Unrecht unter die Zirkulationszeit rubriziert. Wie wir wissen, ist ein Gebrauchswert erst als solcher fertiggestellt, wenn er für den Kon-sumenten räumlich und zeitlich verfügbar ist, weshalb all die Tätigkeiten, die dazu beitragen, produktive Arbeiten darstellen. Anders ist es dagegen bei dem Trans-port des Geldes. Die für ihn erforderliche Zeit stellt keine Produktionszeit mehr dar, weil sie nur mit dem zu tun hat, dass der Gebrauchswert Ware ist. Verkaufs-zeit ist somit einzig die Zeit, die das Geld braucht, um von einem fernen Markt-platz zum Produzenten zu gelangen. Und unter die Kaufzeit fällt eigentlich nur die Zeit des Transports des Geldes zu einem entfernten Marktplatz. Dagegen gibt es eine Aufbewahrungszeit des Geldes, die zur Kaufzeit zu rechnen wäre, weil ihr Grund darin besteht, dass die gewünschten Produkte im Augenblick nicht verfüg-bar sind, hier genausowenig wie eine Lagerung von Waren aufgrund von Über-produktion. Darauf ist insbesondere deshalb hinzuweisen, weil Marx im vorletzten Zitat die Verkaufszeit als die "relativ entscheidenste" Periode der Zirkulationszeit bezeichnet hat. Er scheint dabei wieder den empirischen Verhältnissen aufzusitzen, in deren Rahmen der Verkauf unsicher ist.

Dass Marx auch den Transport und die Lagerung von Waren zur Zirkulationszeit rechnet ist andererseits auf Basis seiner aufs Einzelkapital orientierten Betrachtungsweise verständlich. Insbesondere auf der Grundlage dessen, dass es Einzelkapitale gibt, die sich auf Transport und Lagerhaltung spezialisiert haben, erscheint für einen industriellen Kapitalisten sein Produkt selbst dann schon als fertiggestellt, wenn es seine Produktionsräume verlassen hat und in ein Lager gelegt bzw. dem Transport übergeben worden ist, wenn er diese Aktivitäten in eigener Regie durchführt.

Im ersten der auf der vorhergegangenen Seite angeführten Zitate spricht Marx von der "Kreislaufperiode des gesamten Kapitalwerts". Der Umschlag bezieht sich also auf das ganze als Kapital vorgeschossene Geld. Dies muss uns Anlass sein, auf einen Unterschied in der Zirkulationsweise des Kapitals einzugehen, der bisher noch nicht beachtet worden ist. Bislang haben wir so getan, als würden innerhalb einer Produktionsperiode die gesamten Produktionsmittel verbraucht. Dies ist aber nicht unbedingt der Fall:

"Ein Teil des konstanten Kapitals behält die bestimmte Gebrauchsform, worin es in den Produktionsprozeß eingeht, gegenüber den Produkten, zu deren Bildung es beiträgt. Es verrichtet also während einer kürzern oder längern Periode in stets wiederholten Arbeitsprozessen stets wieder dieselben Funktionen. So z. B. Arbeitsgebäude, Maschinen etc., kurz alles, was wir unter die Bezeichnung Arbeitsmittel zusammenfassen." (II, 158)

Wie dieses Zitat zeigt, kann es vielmehr "Arbeitsmittel" geben, die innerhalb eines Produktionsprozesses nicht vollständig verschleißen und deshalb auch nicht ihren ganzen Wert als tote Arbeit auf das Produkt übertragen:

"Dieser im Arbeitsmittel fixierte Teil des Kapitalwerts zirkuliert so gut wie jeder andre. Wir haben überhaupt gesehen, daß der ganze Kapitalwert in beständiger Zirkulation begriffen und in diesem Sinn daher alles Kapital zirkulierendes Kapital ist. Aber die Zirkulation des hier betrachteten Kapitalteils ist eigentümlich. Erstens, zirkuliert er nicht in seiner Gebrauchsform, sondern nur sein Wert zirkuliert, und zwar allmählich, bruchweis, im Maß, wie er von ihm auf das Produkt übergeht, das als Ware zirkuliert. Während seiner ganzen Funktionsdauer bleibt ein Teil seines Werts stets in ihm fixiert, selbständig gegenüber den Waren, die es produzieren hilft. Durch diese Eigentümlichkeit erhält dieser Teil des konstanten Kapitals die Form: *Fixes Kapital*. Alle andern stofflichen Bestandteile des im Produktionsprozeß vorgeschoßnen Kapitals dagegen bilden im Gegensatz dazu: *Zirkulierendes* oder *flüssiges Kapital*." (II, 159)

Diese vollständige Übertragung findet vielmehr nur während eines Zeitraums statt, der mehr als eine Produktionsperiode umfasst. Diese Eigentümlichkeit macht die betreffenden Kapitalteile zu "fixem Kapital". Davon ist das "zirkulierende Kapital" zu unterscheiden, das während einer Periode umschlägt.

Auf dieser Grundlage ist erstens klar, dass nicht die absolute Dauer des Umschlags darüber entscheidet, ob ein Kapitalteil fixes oder zirkulierendes Kapital darstellt. (vgl. II, 163) Ausschlaggebend ist vielmehr die relative Zeit:

"Der Umschlag des fixen Kapitalbestandteils, also auch die dazu nötige Umschlagszeit, umfaßt mehrere Umschläge der flüssigen Kapitalbestandteile. In derselben Zeit, worin das fixe Kapital einmal umschlägt, schlägt das flüssige Kapital mehrmal um. Der eine Wertbestandteil des produktiven Kapitals erhält die Formbestimmtheit des fixen Kapitals nur, soweit das Produktionsmittel, worin er existiert, nicht in dem Zeitraum abgenutzt wird, worin das Produkt fertiggemacht und aus dem Produktionsprozeß als Ware abgestoßen wird." (II, 168)

Zweitens sollte ebenfalls deutlich geworden sein, dass es verschieden dauerhaftes fixes Kapital geben kann:

"Wir haben gesehen, daß die fixen und flüssigen Bestandteile des produktiven Kapitals verschiedenartig und zu verschiednen Perioden umschlagen, ebenso daß die verschiednen Bestandteile des fixen Kapitals in demselben Geschäft je nach ihrer verschiednen Lebens-, daher Reproduktionszeit, wieder verschiedne Umschlagsperioden haben." (II, 183)

Und drittens zwingt uns die Unterscheidung zwischen fixem und zirkulierendem Kapital zu einer genaueren Bestimmung des Gesamtumschlags des Kapitals. Wenn alles Kapital zirkulierendes Kapital wäre, könnten wir es bei der obigen Definition belassen. Soweit dies nicht der Fall ist, ist die unterschiedliche Dauerhaftigkeit der verschiedenen Kapitalteile zu berücksichtigen. Marx macht das im folgenden Zitat:

"Der Gesamtumschlag des vorgeschoßnen Kapitals ist der Durchschnittsumschlag seiner verschiednen Bestandteile; Berechnungsmodus weiter unter." (II, 183),

wobei jedoch noch unklar bleibt, wie dieser "Durchschnittsumschlag" zu berechnen ist. Diese Lücke füllt Marx jedoch mit dem folgenden Beispiel:

"Das fixe Kapital sei = 80000 Pfd. St., seine Reproduktionszeit = 10 Jahre, so daß 8000 Pfd. St. davon jährlich zu ihrer Geldform zurückkehren oder es $^{1}/_{10}$ seines Umschlags vollzieht. Das flüssige Kapital sei = 20000 Pfd. St. und schlage fünfmal im Jahre um. Das Gesamtkapital ist dann = 100000 Pfd. St. Das umgeschlagne fixe Kapital ist = 8000 Pfd. St.; das umgeschlagne flüssige Kapital = 5 x

20000 = 100000 Pfd. Also ist das während des Jahres umgeschlagne Kapital = 108000 Pfd. St., 1 + $^2/_{25}$ des Kapitals hat umgeschlagen." (II, 184)

Aus dieser Stelle scheint zu entnehmen zu sein, dass es nicht genügt, einfach den Durchschnitt der Umschläge der verschiedenen Bestandteile des Kapitals zu ziehen. Diese einzelnen Zeitspannen sind vielmehr mit den Wertsummen zu gewichten, die in ihnen umschlagen, um auf diese Weise die Zeit zu ermitteln, die nötig ist, bis vom Mehrwert abgesehen, ein Wert zurückgeflossen ist, der dem ursprünglichen Kapitalvorschuss entspricht. Da im Marxschen Beispiel pro Jahr "1 + $^2/_{25}$ des Kapitals" umschlägt, beträgt der "Gesamtumschlag des vorgeschoßnen Kapitals" in ihm ungefähr $^{23}/_{25}$ eines Jahres. Der Gesamtumschlag ist also ein "Wertumschlag" (II, 184), der sich von der Umschlagszeit der stofflichen Bestandteile des Kapitals unterscheidet.

Der Unterschied zwischen dem fixen und dem zirkulierenden Kapital führt noch zu einer weiteren Folge, die im Fortgang unserer Überlegungen wichtig werden wird. Es ist dies die vorübergehenden Aufschatzung von Geldkapital:

"Beträgt die Funktionsdauer einer Maschine, sage zum Wert von 10000 Pfd. St., z. B. 10 Jahre, so beträgt die Umschlagszeit des in ihr ursprünglich vorgeschoßnen Werts 10 Jahre. Vor Ablauf dieser Zeit ist sie nicht zu erneuern, sondern wirkt in ihrer Naturform fort. Ihr Wert zirkuliert unterdes stückweis als Wertteil der Waren, zu deren kontinuierlichen Produktion sie dient und wird so allmählich in Geld umgesetzt, bis er schließlich am Ende der 10 Jahre ganz in Geld verwandelt und aus Geld in eine Maschine zurückverwandelt worden ist, also seinen Umschlag vollzogen hat. Bis zum Eintritt dieser Reproduktionszeit wird ihr Wert allmählich zunächst in der Form eines Geldreservefonds akkumuliert." (II, 164)

Da das fixe Kapital stückweise zurückfließt, kommt es dazu, dass Geldbeträge, die den Zweck seiner stofflichen Ersetzung haben, zu einem Zeitpunkt vorhanden sind, zu dem das fixe Kapital noch gar nicht vollständig verschlissen ist. Dieser teilweise Rückfluss des fixen Kapitals muss deshalb in einem "Geldreservefond" aufgeschatzt werden, bis der Zeitpunkt seiner Verwendung gekommen ist. Wie betont werden soll, stellt diese Erscheinung keine Störung dar, sondern gehört zum normalen Gang des Umschlags.

Der Umschlag, so wie wir ihn zunächst betrachtet haben, war als zeitliches Nacheinander der verschiedenen Formen des Kapitals beschreibbar. Die Gestalten des Geldkapitals, produktiven Kapitals und Warenkapitals lösten einander ab, was mehr oder weniger Zeit in Anspruch nehmen konnte. Der eigentümliche Rückfluss des fixen Kapitals zeigt nun in einem ersten Schritt, dass zu einem ordentlichen Kapitalkreislauf auch das zeitliche Nebeneinander der genannten Kapitalformen gehört. Marx nennt jedoch noch weitere Punkte, die dasselbe bewirken. Zuerst sei der in Geld verwandelte Mehrwert erwähnt:

"Ob g, der vergoldete Mehrwert, sofort wieder dem prozessierenden Kapitalwert zugeschlagen, und so, zusammen mit dem Kapital G, in der Größe G' in den Kreislauf eingehn kann, hängt von Umständen ab, die unabhängig von dem bloßen Vorhandensein von g. Soll g als Geldkapital in einem, neben dem ersten Geschäft anzulegenden, zweiten selbständigen Geschäft dienen, so ist klar, daß es hierzu nur anwendbar, wenn es die zu solchem Geschäft erheischte Minimalgröße besitzt. Soll es zur Ausdehnung des ursprünglichen Geschäfts verwandt werden, so bedingen die Verhältnisse der stofflichen Faktoren von P und deren Wertverhältnis, ebenfalls eine bestimmte Minimalgröße für g." (II, 87)

Vom logischen Gesichtspunkt aus gesehen ist klar, dass der gesamte Mehrwert möglichst rasch reinvestiert werden muss, um den schrankenlosen Heißhunger mach Mehrarbeit zu befriedigen. Andererseits gibt es das von Marx erwähnte Hindernis, wonach der Mehrwert aus produktionstechnischen Gründen eine bestimmte Größe haben muss, um investierbar zu sein. Solange das nicht der Fall ist, muss das Geld aufgeschatzt werden, zumal es ja noch keine Kreditverhältnisse gibt. (vgl. S. 434)

"Geldakkumulation, Schatzbildung, erscheint hier also als ein Prozeß, der die wirkliche Akkumulation, die Ausdehnung der Stufenleiter, worauf das industrielle Kapital wirkt, vorübergehend begleitet. Vorübergehend, denn solange der Schatz in seinem Schatzzustande verharrt, fungiert er nicht als Kapital, nimmt nicht teil am Verwertungsprozeß, bleibt eine Geldsumme, die nur anwächst, weil ohne ihr Zutun verhandnes Geld in denselben Kasten geworfen wird." (II, 88)

Als drittes sei der "Reservefond" (vgl. II, 89) genannt, der bei Marx die Aufgabe hat, unnormale Verlängerungen des Umschlags bzw. Preissteigerungen bei Produktionselementen zu überbrücken. Damit ist dieser Fond zwar für Dinge da, die es aufgrund unseres Ausgangspunktes gar nicht geben kann. Andererseits gibt es jedoch beispielsweise Reparaturen, die in einem bestimmten Umfang üblich sind, weshalb auch bei normalem Gang des Geschäfts Mittel dafür zumindest deswegen bereitgehalten werden müssen, weil es hier noch keine Versicherungen gibt. (vgl. II, 169ff.)

Schließlich sei viertens noch auf die Gelder eingegangen, mit denen die Zirkulationszeit überbrückt wird: Bislang blieb unberücksichtigt, dass die Produktion mit dem Beginn einer Zirkulationsperiode nicht nur beendet ist, sondern auf der bisherigen Grundlage auch nicht fortgesetzt werden kann, bevor die Zirkulation vorbei ist:

"Solange das jetzt verwertete Kapital in der Form des Warenkapitals verharrt, auf dem Markt festliegt, steht der Produktionsprozeß still." (II, 45; vgl. auch 106 und 260)

Der Grund dafür besteht darin, dass das zur Fortsetzung der Produktion nötige zirkulierende Kapital verbraucht worden ist, ein Ersatz aber erst dann beschafft werden kann, wenn die Waren in Geld verwandelt worden sind.

Diese periodischen Unterbrechungen sind nun soweit wie möglich zu verhindern:

"Kontinuität ist aber das charakteristische Merkmal der kapitalistischen Produktion und durch ihre technische Grundlage bedingt, wenn auch nicht immer unbedingt erreichbar." (II, 106)

In der Tat wäre eine vermeidbare Diskontinuität etwas, das den Verhältnissen, die sich aus dem Heißhunger nach Mehrwert ergeben haben, zuwider läuft. Wenn dem keine Naturschranken entgegenstehen, erfordert er vielmehr den kontinuierlichen Gang der Produktion, weshalb wir uns die Frage zu stellen haben, wie er erreicht werden kann.

Marx gibt darauf eine doppelte Antwort: Zunächst fordert er, dass der Umfang der Geschäfte von vornherein so verkürzt werden muss, dass ausreichend Geldkapital zur Verfügung steht, um die Zirkulation zu überbrücken. (vgl. II, 261/626) Dann schreibt er:

"Nehmen wir aber umgekehrt an, die Anlage des Geschäfts schließe eine Verkürzung der Stufenleiter der Produktion und daher auch des wöchentlich vorzuschießenden flüssigen Kapitals aus, so kann die Kontinuität der Produktion nur erreicht werden durch ein zuschüssiges flüssiges Kapital, im obigen Fall von 300 Pfd. St." (II, 262)

Dieses "zuschüssige flüssige Kapital", das er an anderer Stelle kurz "Zuschußkapital" (u. a. II, 265) nennt, müssen die Kapitalisten insbesondere deshalb haben, weil ja von allen Kreditverhältnissen abgesehen wird.

Egal nun, welche Antwort man zugrunde legt, in jedem Fall bedeutet die Kontinuierlichmachung der Produktion, dass mit dem Zuschusskapital Gelder vorhanden sein müssen, die nicht von Anfang an als Kapital vorgeschossen, sondern zunächst aufgeschatzt werden. Insofern gibt es einen weiteren Grund für das Nebeneinander von verschiedenen Kapitalformen. Ob sich daraus jedoch ein dauerhafter Grund für periodische Brachlegungen ergibt, hängt von dem Verhältnis der Produktions- zur Zirkulationszeit ab. Auf die verschiedenen Fälle, die hier unterschieden werden können, ist Marx ausführlich eingegangen. (vgl. II, 269 - 287) Deshalb möchte ich mich an dieser Stelle auf eine Zusammenfassung des Ergebnisses beschränken. Sie besteht kurz gesagt darin, dass es dann zum normalen Gang des Geschäfts gehörende periodische Brachlegungen gibt, wenn die Zirkulationszeit nicht gleich oder nicht ein einfaches Vielfaches der Produktionszeit ist. Wenn dies der Fall ist, wechseln sich die Vorschüsse und Rückflüsse nicht nahtlos ab, sondern Gelder, die dem Zuschusskapital entsprechen, liegen für kürzere oder längere Zeit brach.[60]

3. Die Zirkulation des gesellschaftlichen Gesamtkapitals

Die bislang besprochenen Argumentationen von Marx bezogen sich vor allem auf ein Einzelkapital. Marx macht sich jedoch auch Gedanken über den Gesamtzusammenhang, in dem die Einzelkapitale stehen:

"Solange wir die Wertproduktion und den Produktenwert des Kapitals individuell betrachteten, war die Naturalform des Warenprodukts für die Analyse ganz gleichgültig, ob sie z. B. aus Maschinen bestand oder aus Korn oder aus Spiegeln. Es war dies immer Beispiel, und jeder beliebige Produktionszweig konnte gleichmäßig zur Illustration dienen. Womit wir es zu tun hatten, war der unmittelbare Produktionsprozeß selbst, der auf jedem Punkt als Prozeß eines individuellen Kapitals sich darstellt. Soweit die Reproduktion des Kapitals in Betracht kam, genügte es zu unterstellen, daß innerhalb der Zirkulationssphäre der Teil des Warenprodukts, welcher Kapitalwert darstellt, die Gelegenheit findet, sich in seine Produktionselemente und daher in seine Gestalt als produktives Kapital rückzuverwandeln; ganz wie es genügte zu unterstellen, daß Arbeiter und Kapitalist auf dem Markte die Waren vorfinden, worin sie Arbeitslohn und Mehrwert verausgaben. Diese nur formelle Manier der Darstellung genügt nicht mehr bei Betrachtung des gesellschaftlichen Gesamtkapitals und seines Produktenwerts. Die Rückverwandlung eines Teils des Produktenwerts in Kapital, das Eingehn eines andern Teils in die individuelle Konsumtion der Kapitalisten- wie der Arbeiterklasse bildet eine Bewegung innerhalb des Produktenwerts selbst, worin das Gesamtkapital resultiert hat; und diese Bewegung ist nicht nur Wertersatz, sondern Stoffersatz, und ist daher ebensosehr bedingt durch das gegenseitige Verhältnis der Wertbestandteile des gesellschaftlichen Produkts wie durch ihren Gebrauchswert, ihre stoffliche Gestalt." (II, 393)

Genauer gesprochen beschäftigt sich Marx mit der Frage, wie "Wertersatz" und "Stoffersatz" zustande kommen und die "individuellen Kapitale" dabei ineinander greifen. Wir wollen ihm darin kurz folgen.

Bei der Betrachtung des "gesellschaftlichen Gesamtkapitals" macht Marx folgende Unterschiede:

"Das Gesamtprodukt, also auch die Gesamtproduktion, der Gesellschaft zerfällt in zwei große Abteilungen:
I. *Produktionsmittel*, Waren, welche eine Form besitzen, worin sie in die produktive Konsumtion eingehn müssen, oder wenigstens eingehn können.

---

[60] Vgl. dazu (Rünzi, 1977, S. 40ff.)

II. *Konsumtionsmittel*, Waren, welche eine Form besitzen, worin sie in die individuelle Konsumtion der Kapitalisten- und Arbeiterklasse eingehn.
In jeder dieser Abteilungen bilden sämtliche verschiedne ihr angehörige Produktionszweige einen einzigen großen Produktionszweig, die einen den der Produktionsmittel, die andern den der Konsumtionsmittel. Das in jedem der beiden Produktionszweige angewandte gesamte Kapital bildet eine besondre große Abteilung des gesellschaftlichen Kapitals." (II, 394)

Zunächst teilt er den gesellschaftlichen Produktenwert in Produktions- und Konsumtionsmittel, die er als die Produkte zweier "großer Abteilungen des gesellschaftlichen Kapitals" betrachtet. Dann richtet er sein Augenmerk auf die Bestandteile dieser Bereiche:

"Der Wert des mit Hilfe dieses Kapitals, in jeder der beiden Abteilungen erzeugten gesamten Jahresproduktion zerfällt in einen Wertteil, der das in der Produktion aufgezehrte und seinem Wert nach auf das Produkt nur übertragne konstante Kapital c darstellt, und in den durch die gesamte Jahresarbeit zugesetzten Wertteil. Dieser letzte zerfällt wieder in den Ersatz des vorgeschoßnen Kapitals v und in den Überschuß darüber, der den Mehrwert m bildet. Wie der Wert jeder einzelnen Ware, so zerfällt also auch der des gesamten Jahresprodukts jeder Abteilung in c + v + m." (II, 395)

Sie bestehen jeweils aus "c", das das wiedererscheinende konstante Kapital meint, "v", das den Wertteil bezeichnet, der einen "Ersatz" für die Löhne der verbrauchten Arbeitskräfte darstellt, und schließlich "m", hinter dem sich der Mehrwert verbirgt. Insgesamt zerfällt also das gesellschaftliche Produkt in sechs verschiedene Sparten.

Auf der so bestimmten Grundlage betrachtet Marx zuerst die "einfache Reproduktion" (vgl. II, 391ff.), die dadurch gekennzeichnet ist, dass der gesamte Mehrwert von den Kapitalisten individuell konsumiert wird und die daher eine auf Basis kapitalistischer Verhältnisse "befremdliche Annahme" (vgl. II, 394) darstellt. In ihrem Rahmen gibt es im Wesentlichen folgende drei Umsätze: 1. der Austausch zwischen den Produktionsmitteln I (v + m) und den Konsumtionsmitteln II c, 2. die Zirkulation innerhalb der Konsumtionsmittelmasse II (v + m) und 3. die Zirkulation innerhalb der Produktionsmittelmasse I c. (vgl. II, 396ff.)

Danach thematisiert er die "erweiterte Reproduktion" (vgl. II, 485ff.), in deren Rahmen Akkumulation stattfindet. Geht man davon aus, dass sie sich auf den gesamten Mehrwert erstreckt, dann gibt es anstatt des oben genannten 3. Umsatzes folgende Zirkulationsvorgänge: 1. ein Umsatz innerhalb von I m, der sich auf die zusätzlichen Produktionsmittel für die Produktionsmittelindustrie erstreckt, 2. ein Umsatz innerhalb von II m, der sich auf die Konsumtionsmittel für die zusätzlichen Arbeitskräfte der Konsumtionsmittelindustrie bezieht und 3. ein Austausch

448

zwischen den restlichen Konsumtionsmitteln II m, die für die zusätzlichen Arbeitskräfte der Produktionsmittelindustrie bestimmt sind, und den übrigen Produktionsmittel I m, die für die Akkumulation innerhalb der Konsumtionsmittelindustrie da sind. Auf Basis der Reproduktion auf erweiterter Stufenleiter unterscheidet
Marx somit fünf verschiedene Umsätze, die sowohl stofflich wie wertmäßig zusammenstimmen. Marx wählt die jeweiligen Zahlenverhältnisse schlicht so, dass
das der Fall ist. (vgl. II, 396ff. und 501ff.) Von den zufälligen Beispielen abgesehen, ist ihm darin sicherlich zu folgen, denn ein funktionierender Gesamtzusammenhang liegt schon in der Voraussetzung des Werts. (vgl. S. 90ff.)

Anlass zur Verwunderung gibt jedoch, dass innerhalb der Marxschen Reproduktionsschemata die Zirkulationskosten nicht mehr vorkommen. Bezogen auf ihren
konstanten Bestandteil ist dies ganz eindeutig, gehören sie doch weder zu den
"Produktionsmitteln", die in die "produktive Konsumtion" eingehen, noch zu ihrem Teil "c", der den Wert des "nur übertragnen konstanten Kapitals" darstellt.
Weniger klar ist das dagegen bei ihrem variablen Teil, weil die "Konsumtionsmittel" sowohl auch diejenigen beinhalten könnten, die von den unproduktiven Zirkulationsarbeitern konsumiert werden, als auch mit "v" der Wertteil gemeint sein
könnte, der die Löhne der Zirkulationsarbeiter ersetzt. Da Marx jedoch schon den
einen Teil vernachlässigt, muss man annehmen, dass er auch den anderen nicht
berücksichtigt. Es stellt sich somit die Frage nach der Berechtigung dieses Vorgehens.

Meines Erachtens ist der Ausschluss der Zirkulationskosten ein logischer Fehler,
dessen Grund aber nicht darin liegt, dass Marx ein Moment, das es empirisch gibt,
nicht berücksichtigt. Ein solcher Fehler stellt diese Vernachlässigung vielmehr nur
deshalb dar, weil es die Zirkulation und damit konsequenterweise auch ihre Kosten
innerhalb der Marxschen Darstellung gibt. Schließlich hat er sie selbst erwähnt.
(vgl. S. 434ff.) Deshalb ist es logisch gesehen völlig uneinsichtig, dass sie jetzt
nicht mehr vorkommen. Dagegen bräuchte sich Marx von einer Kritik, die nur in
dem Hinweis auf Punkte besteht, die er noch nicht berücksichtigt, obwohl es sie
empirisch gibt, nicht getroffen fühlen. Dies wäre nämlich kein Widerspruch innerhalb seiner Darstellung. Und nur um diese logische Überprüfung kann es hier, wo
wir uns immer noch auf der Werteebene bewegen, gehen. Wenn Marx schon nicht
von den Zirkulationskosten reden will, dann dürfte er auch nicht von der Zirkulation reden, denn eine Zirkulation ohne Zirkulationskosten ist ein Ding der Unmöglichkeit.

Dass Marx die Zirkulation immer noch thematisiert und deshalb auch von den
Zirkulationskosten reden müsste, zeigt sich auch daran, dass er besonderes Augenmerk auf die Geldvermittlung der jeweiligen Umsätze richtet. Dabei interes-

siert er sich vor allem dafür, wer das für die Zirkulation notwendige Geld vorschießt. Weil das für die Besprechung des III. Bandes des 'Kapital' ohne Bedeutung ist, möchte ich mich darauf nicht weiter einlassen und nur noch auf zwei Punkte kurz eingehen: die Zirkulation des fixen Kapitals und des Mehrwerts. Beide werfen nämlich dasselbe Problem auf. Sowohl die vorübergehende Aufschatzung des zurückgeflossenen fixen Kapitals als auch die zeitweilige Brachlegung des in Geld verwandelten Mehrwerts bedeuten, dass während einer bestimmten Zeit mehr verkauft als gekauft wird. Wie ist das möglich? Die Antworten von Marx laufen auf dasselbe hinaus und beinhalten, dass die Umsätze nur normal verlaufen können, wenn den Kapitalisten, die nur verkaufen, ohne zu kaufen, andere gegenüberstehen, die nur kaufen, ohne zu verkaufen. Bezogen auf das fixe Kapital besagt dies das folgende Zitat:

"Die Vorbedingung ist hier offenbar, daß dieser fixe Bestandteil des konstanten Kapitals II, der seinem ganzen Wert nach in Geld rückverwandelt und daher jedes Jahr in natura zu erneuern ist (Teil I), gleich sei dem Jahresverschleiß des andern fixen Bestandteils des konstanten Kapitals II, der noch in seiner alten Naturalform fortfungiert, und dessen Verschleiß, der Wertverlust, den es auf die Waren überträgt, in deren Produktion er wirkt, zunächst in Geld zu ersetzen ist." (II, 461)

Und in Bezug auf die Geldakkumulation lesen wir:

"Ebenso ist hier [bei Betrachtung der Akkumulation von Produktionsmitteln innerhalb der Abteilung I – H. R.] vorauszusetzen, daß der bloße Verkauf des schatzbildenden Teils A, A', A" von I_m im Gleichgewicht stehe mit dem bloßen Kauf des Teils B, B', B" in I_m, der seinen Schatz in Elemente von zusätzlichem produktivem Kapital verwandelt." (II, 490)

Dass innerhalb der Marxschen Reproduktionsschemata diese Bedingungen eingehalten sein müssen, liegt im Übrigen wieder in der Voraussetzung des Werts.

Dass der Ausschluss der Zirkulationskosten im obigen Sinne zu kritisieren ist, ist jedoch nur die eine Seite. Auf der anderen Seite kommt genau darin nämlich die Erkenntnis zum Ausdruck, dass es die Zirkulationskosten in der Tat nicht gibt, wenn von einem wirklichen Gesamtkapital gesprochen wird. Denn auf seiner Ebene gibt es noch gar keine Zirkulation und damit natürlich auch keine Zirkulationskosten. Dort geht es nur um den gesellschaftlichen Stoffwechsel, der von der Zirkulation zu unterscheiden ist. Mithin zeigt sich, dass sich die Unklarheiten zwischen dem einen Gesamtkapital und den vielen Einzelkapitalen auch hier auswirken.

4. Zusammenfassende Bemerkungen

Mit diesen wenigen Bemerkungen sind meines Erachtens die wesentlichen Inhalte des II. Bandes zusammengefasst oder zumindest angesprochen worden. Das ist insbesondere der Fall, wenn man darunter die Punkte versteht, die im Hinblick auf den III. Band von Bedeutung sind. Nicht eingegangen wurde lediglich auf nicht so relevante Teile wie die ausführliche Thematisierung der verschiedenen Kreisläufe des Geldkapitals (vgl. II, 31ff.), des produktiven Kapitals (vgl. II, 69ff.) und des Warenkapitals (vgl. II, 91ff.), deren Darstellung mir in dieser Weise weder notwendig noch den nicht sehr bedeutungsvollen Inhalten angemessen zu sein scheint. Außerdem wurden die Punkte außenvor gelassen, die Marx' eigenen Voraussetzungen widersprechen. Dazu gehören beispielsweise die über den gesamten Band verstreuten Bemerkungen zur Krise und die "Luxusmittel". (II, 401) Erstere kann es nicht geben, weil mit dem als abstrakte Identität vorausgesetzten Wert von vornherein ein funktionierender Gesamtzusammenhang gegeben ist. Letztere widersprechen dem auch im II. Band ausschlaggebenden (vgl. II, 83/84) schrankenlosen Kapitalzweck. Mit beiden Punkten setzt Marx Fehler fort, die sich schon bei der Besprechung des I. Bandes gezeigt haben. (vgl. S. 427 und 430) Sie bestehen allgemein gesprochen in der Übertragung von Phänomenen, die ihren Platz auf der Ebene des Seins haben, auf die Wesensebene.

Die vorangegangenen Erörterungen haben im Wesentlichen den Charakter einer Aufzählung der verschiedenen Inhalte. Wenn wir uns nach ihrer Notwendigkeit fragen, ist mithin klar, dass es dabei nicht um ihre Reihenfolge gehen kann, sondern nur darum, ob es sich überhaupt geben muss. Beantworten wir diese Frage auf der Basis dessen, dass Marx vor allem von Einzelkapitalen redet, dann ist - von den bereits angeführten Kritiken abgesehen - die so verstandene Notwendigkeit zu befürworten. Genauso wie die Existenz der variablen und konstanten Zirkulationskosten zuzugeben ist, genauso überzeugend ist die Differenz zwischen dem zirkulierenden und fixen Kapital, die sich einem produktionstechnischen und insofern quasi natürlichen Unterschied verdankt. Dasselbe gilt für die Existenz des Zuschusskapitals, des Geldakkumulationsfonds, des sich dem rückfließenden fixen Kapital verdankenden Geldreservefond usw..

In Bezug auf die variablen und konstanten Zirkulationskosten ist dieses Urteil insofern zu ergänzen, als es diese Kosten zum einen auch dann gibt, wenn die Zirkulation vom Kapitalisten selbst erledigt wird. Zum anderen ist zu kritisieren, dass diese Kosten mit dem variablen und konstanten Kapital gleichgesetzt werden. Das ist nämlich deswegen falsch, weil es auf der Basis der Zirkulation keine Wertbildung und damit weder die Verausgabung von lebendiger noch die Übertragung von toter Arbeit gibt. Auf diesen Unterschied ist zumindest dann aufmerksam zu machen, wenn es um die Wesensebene geht. Wenn wir es dagegen mit dem Schein zu tun hätten, würde er verschwinden. Dann wäre sowohl im Hinblick auf die Übertragung von Altwert noch die Schaffung von Neuwert kein Unterschied mehr zwischen der Produktion und der Zirkulation auszumachen. Und genau dies kann als Hinweis darauf verstanden werden, dass die Thematisierung der Zirkulation in den Bereich des Scheins gehört und es daher ein Fehler ist, dass Marx diese Thematisierung auf die Ebene des Wesens verlegt.

Zum anderen ist gerade auf dieser Grundlage darauf hinzuweisen, dass sich das obige Urteil nur ergibt, wenn man sich auf die Ebene des Einzelkapitals einlässt und die Zirkulation deshalb notwendig ist. Beurteilt man die angesprochenen Inhalte dagegen vom Standpunkt des Heißhungers nach Mehrarbeit als einheitlichem Prinzip, gibt es keinen Anlass für irgendwelche Zirkulationsfunktionen und deshalb auch keine darauf beruhenden Existenzen. (vgl. S. 292ff.) Es gäbe zwar den Transport und die Lagerhaltung, aber keine Zirkulationstätigkeiten, weil diese weder Mehrwert bilden noch eine notwendige Voraussetzung der Mehrwertbildung darstellen. Die Zirkulationskosten stellen in diesem Sinne überflüssige Kosten dar, was dem entspricht, dass Marx sie als "faux frais" bezeichnet. Falsche Kosten sind diese Kosten, weil sie im Gegensatz zu den Produktionskosten weder als Altwert übertragen werden noch ihnen ein Neuwert gegenübersteht. Sie stellen vielmehr einen reinen Abzug vom Mehrwert dar.

Auf diesem Hintergrund ist zum dritten näher auf Marx' Rede vom "gesellschaftlichen Gesamtkapital" einzugehen. Wenn man dies wesentlich versteht und damit als Heißhunger nach Mehrarbeit übersetzt, gibt es gar keine Zirkulation. Wenn man dagegen ein Kapital thematisiert, das dem Schein zuzuordnen ist, dann gibt es – wie wir schon wissen – nur zwischen Arbeitskräften und Konsumtionsmittel die Notwendigkeit eines Zirkulationsaktes. Auf dieser Grundlage fällt auf, dass Marx mehr Zirkulationsvorgänge thematisiert. Genauer gesprochen sind bei ihn trotz seiner Rede vom Gesamtkapital bereits alle Produkte Waren. Es stellt sich deshalb die Frage nach dem Grund dafür. Auf der Suche nach einer Antwort fällt weiter auf, dass Marx eigentlich gar nicht von einem gesellschaftlichen Totalkapital redet, sondern betrachtet, wie sich die vielen Einzelkapitale zu einer Gesamtheit oder einem Ganzen zusammensetzen. Auf dieser Grundlage ist zwar das Vorkommen der allgemeinen Zirkulation und mit ihr auch das des Geldes gerechtfertigt. Andererseits ist jedoch darauf hinzuweisen, dass sie sich gar nicht in der von Marx behaupteten Form vollziehen muss. Die von Marx angesprochenen Umsätze machen allenfalls klar, was im Endeffekt vor sich gegangen sein muss. Es ist jedoch durchaus möglich, dass die von Marx unterschiedenen Vorgänge nicht für sich ablaufen, sondern ineinandergreifen und sich überschneiden, sodass ein viel komplizierteres Bild entsteht.

Über die bereits bezogen auf Marx' Ablehnung der Notwendigkeit eines zusätzlichen Kapitalvorschusses für die als Zirkulationsarbeiter fungierenden industriellen Kapitalisten hinaus gemachten Bemerkungen sei zum vierten noch erwähnt, dass als Konsequenz der Marxschen Haltung die individuelle Reproduktion des Kapitalisten nicht möglich wäre. Wie wir wissen, erfordert die im Kapital enthaltene Schrankenlosigkeit die Reinvestierung des gesamten Mehrwerts. Aus diesem Grund verbliebe den Kapitalisten nichts mehr, würden sie sich die Zirkulationsarbeiten nicht selbst entlohnen. Ähnliches gilt selbstverständlich für die Kapitalisten, sofern sie auch produktive Funktionen übernehmen. Und anders herum kann festgestellt werden, dass es auf der bisherigen Ebene für Kapitalisten, die weder produktiv noch zirkulativ tätig sind, keine Existenzberechtigung gibt.

In Bezug auf die empirische Relevanz der besprochenen Inhalte ist festzustellen, dass Marx der Empirie noch in keiner Weise näher gekommen ist. Seine Darstellung bewegt sich weiterhin auf einer allerdings falsch gefassten Wesensebene. Dafür spricht der vorausgesetzte Austausch der Waren zum Wert. Dafür spricht auch der Umstand, dass die Zirkulationskosten nicht in die Preise der Waren eingehen. Und schließlich sind die Kapitalisten immer noch als Charaktermasken gefasst, auch wenn Marx hierbei nicht immer konsequent ist. Im III. Band des 'Kapital' zu dem wir im Folgenden übergehen werden, wird sich all das ändern. Wie wir sehen werden, thematisiert Marx dort Verhältnisse, innerhalb deren auch die Zirkulationskosten in den Preis der Waren eingehen. Andererseits werden die Kapitalisten von Charaktermasken zu Subjekten.

Zum Schluss sei noch auf die ständigen Wechsel eingegangen, die Marx zwischen dem Einzelkapital und dem Gesamtkapital vollzieht. Das Gesamtkapital ist bei ihm nichts anderes als die Zusammensetzung der Einzelkapitale. Richtig wäre das umgekehrte Verhältnis. Erst gibt es das Gesamtkapital. Dann zerfällt dieses in Teile. Dass dieses Verhältnis auch bei Marx eine Rolle spielt, werden wir bei der Betrachtung des III. Bandes ebenfalls sehen.

XIII. Die Verwandlung des Mehrwerts in Profit

In den bisherigen Teilen haben wir alle wesentlichen Inhalte des I. und II. Bandes des 'Kapital' besprochen. Dabei haben wir vier verschiedene Argumentationslinien kennen gelernt. Zum einen hat Marx bei der Behandlung von Ware, Wert und Geld und der Ableitung des ersten Begriffs des Kapitals versucht, den Weg vom unmittelbaren Sein zum Wesen zu beschreiten. Zum anderen hat er bei der Darstellung dessen, wie sich der im Kapital enthaltene Wertvermehrungszweck verwirklicht, das Wesen beschrieben. Dabei ist er nach dem Muster der logischen Geltung vorgegangen. Zum dritten haben wir es auch schon ein Stück weit mit der teleologischen Genesis zu tun bekommen haben. Dabei geht es um den Nachweis dessen, wie sich die logisch erforderlichen Dinge im bewussten Handeln der Subjekte und damit auf der Ebene der Erscheinungen durchsetzen. Diese Argumentation ist jedoch nicht so ausgeprägt wie die beiden anderen. Noch weniger entwickelt ist zum vierten die Argumentation, die die Verbindung zwischen der zweiten und der dritten Argumentation herstellt und damit den Weg vom Wesen zu den Erscheinungen beschreibt. Im Hinblick auf diese Argumentation, die in gewisser Hinsicht das Gegenstück der ersten Argumentation darstellt, haben wir bislang nur Ansätze kennen gelernt, die als solche kaum zu erkennen waren und daher auch oft übersehen werden. Sie haben mit dem zweiten Kapitalbegriff des sich selbst verwertenden Werts zu tun, der dem Schein zuzuweisen ist und daher als scheinendes begriffliches Kapital bezeichnet werden kann.

Dieser Hinweis sei hier vorgebracht, weil genau diese vierte Argumentation im III. Band, auf den wir uns bislang nur gelegentlich bezogen haben und der im Folgenden eingehender behandelt werden soll, das hauptsächliche Thema darstellen wird. Wie uns Marx gleich zu seinem Beginn mitteilt, geht es in ihm nämlich um Folgendes:

"Es gilt vielmehr, die konkreten Formen aufzufinden und darzustellen, welche aus dem *Bewegungsprozeß des Kapitals, als Ganzes betrachtet*, hervorwachsen. In ihrer wirklichen Bewegung treten sich die Kapitale in solchen konkreten Formen gegenüber, für die die Gestalt des Kapitals im unmittelbaren Produktionsprozeß, wie seine Gestalt im Zirkulationsprozeß, nur als besondere Momente erscheinen. Die Gestaltungen des Kapitals, wie wir sie in diesem Buch entwickeln, nähern sich also schrittweise der Form, worin sie auf der Oberfläche der Gesellschaft, in der Aktion der verschiedenen Kapitale aufeinander, der Konkurrenz, und im gewöhnlichen Bewußtsein der Produktionsagenten selbst auftreten." (III, 33)

Im III. Band will Marx mithin die bislang noch offen gebliebene Lücke zwischen den wesentlichen Erörterungen und den empirischen Erfahrungen schließen, wodurch erst bewiesen wird, dass jene Erörterungen zum Begreifen der Phänomene beitragen, die im "gewöhnlichen Bewußtsein der Produktionsagenten" enthalten sind. Wie sich zeigen wird, geht dieser höchst bedeutungsvolle Übergang mit einer zunehmenden Mystifizierung der wesentlichen Aussagen einher. Auf dem Weg zur "Oberfläche der Gesellschaft" betreten wir damit die Ebene des "falschen Scheins" (III, 37), die zwischen dem Wesen und den Erscheinungen angesiedelt ist bzw. die Vermittlung zwischen diesen beiden Ebenen darstellt. Wir werden zu überprüfen haben, ob das notwendig ist.

Im X. Kapitel hat sich zum einen gezeigt, dass wir das wesentliche zweckhafte Kapital mit der Folge ausscheiden können, dass nur noch das wesentliche begriffliche Kapital übrig bleibt. Da man deswegen der Auffassung sein könnte, dass Marx es auch im vorliegenden Zusammenhang nur mit dem wesentlichen begrifflichen Kapital bzw. vom Streben nach maßloser Wertvermehrung zu tun haben kann, sei darauf hingewiesen, dass dem nicht so ist. Da es hier um den Übergang vom Wesen zu den Erscheinungen und damit um den Schein geht, werden wir es im Folgenden mit dem scheinenden begrifflichen Kapital zu tun bekommen, das sich erst wirklich als Kapital darstellt. Aber auch das sieht Marx nicht klar. Wie sich zeigen wird, verwechselt er dieses Kapital mit dem wesentlichen begrifflichen bzw. mit dem erscheinenden begrifflichen Kapital.

Im X. und XI. Kapitel hat sich zum anderen gezeigt, dass Marx zwar der Meinung ist, er rede von Einzelkapitalen. Dem konnte aber deswegen nicht zugestimmt werden, weil diese Einzelkapitale tatsächlich keine wirklichen Einzelkapitale dargestellt haben, sondern als bloße Teile des Gesamtkapitals zu verstehen waren, die an dessen Stimmigkeit nichts ändern und deswegen als unselbständige Teile[61] bezeichnet werden können. Daran sei hier erinnert, weil das zum Anlass dafür genommen werden muss, die Verwandlung des Mehrwerts in Profit nicht nur auf der Basis eines Einzelkapitals, sondern auch des Gesamtkapitals zu betrachten. Das empfiehlt sich, weil sich zeigen wird, dass das scheinende begriffliche Gesamtkapital die einzige Ebene ist, auf der es die quantitative Gleichheit zwischen Mehrwert und Profit gibt, auf die Marx in diesem Kapitel zu sprechen kommt.

1. Vom Mehrwert zum Profit

Die Überlegungen zur Verwandlung des Mehrwerts in Profit, mit denen wir in den III. Band eintreten, beginnt Marx mit den folgenden Worten:

---

[61] Mit selbständigen Teilen, die nicht Resultate des Zerfalls eines in sich stimmigen Ganzen darstellen, sondern Ausgangspunkte bei der Konstitution eines erst zu erstellenden Ganzen darstellen, werden wir es erst im Rahmen der Erscheinungen zu tun bekommen. In diesem Rahmen kann nicht mehr von einem in sich stimmigen Ganzen ausgegangen werden. Im Gegenteil ist in ihm das Zusammenpassen der Teile fraglich.

"Der Wert jeder kapitalistisch produzierten Ware W stellt sich dar in der Formel: W = c + v + m. Ziehn wir von diesem Produktenwert den Mehrwert m ab, so bleibt ein bloßes Äquivalent oder ein Ersatzwert in Ware für den in den Produktionselementen verausgabten Kapitalwert c + v." (III, 34)

Damit greift er die bereits bekannten Kategorien konstantes und variables Kapital wieder auf. Während sie zunächst nur auf den Kapitalvorschuss bezogen waren (vgl. S. 368), wendet Marx diesen Unterschied jetzt jedoch auf die produzierten Waren an, deren Wert er dementsprechend als "c + v + m" bestimmt. Damit folgt er einem Beispiel, das wir schon bei der Betrachtung der Zirkulation des gesellschaftlichen Gesamtkapitals kennen gelernt haben. (vgl. S. 446ff.) Das bezieht sich im Übrigen auch darauf, dass Marx aufgrund dessen, dass er von den „Produktionselementen" spricht, die Zirkulationskosten wieder außenvor lässt und damit von Verhältnissen ausgeht, in denen es die Zirkulation noch gar nicht wirklich gibt.

Im Gegensatz zum Mehrwert "m" stellt "c + v" einen "Ersatzwert" für die vorgeschossenen Kapitalteile dar, den Marx auch als "Kostpreis" bezeichnet:

"Dieser Wertteil der Ware, der den Preis der verzehrten Produktionsmittel und den Preis der angewandten Arbeitskraft ersetzt, ersetzt nur, was die Ware dem Kapitalisten selbst kostet, und bildet daher für ihn den Kostpreis der Ware." (III, 34)

Da es richtig ist, dass jede kapitalistisch produzierte Ware einen Wertteil enthält, der den Wert ihrer Produktionselemente "ersetzt", und auch nichts dagegen eingewendet werden kann, dass dieser Teil "Kostpreis" getauft wird, müssen diese Bemerkungen akzeptiert werden. Bei dieser ihrer Harmlosigkeit bleibt es jedoch nicht, was schon im unmittelbaren Anschluss anklingt:

"Was die Ware dem Kapitalisten kostet, und was die Produktion der Ware selbst kostet, sind allerdings zwei ganz verschiedne Größen. Der aus Mehrwert bestehende Teil des Warenwerts kostet dem Kapitalisten nichts, eben weil er dem Arbeiter unbezahlte Arbeit kostet. Da jedoch auf Grundlage der kapitalistischen Produktion der Arbeiter selbst, nach seinem Eintritt in den Produktionsprozeß, ein Ingrediens des in Funktion begriffenen und dem Kapitalisten zugehörigen produktiven Kapitals bildet, der Kapitalist also der wirkliche Warenproduzent ist, so erscheint notwendig der Kostpreis der Ware für ihn als die wirkliche Kost der Ware selbst. Nennen wir den Kostpreis k, so verwandelt sich die Formel: W = c + v + m in die Formel: W = k + m, oder Warenwert = Kostpreis + Mehrwert." (III, 34),

und drei Seiten später weiter ausgeführt wird:

"Dagegen hat die Kategorie des Kostpreises in keiner Weise zu tun mit der Wertbildung der Ware oder mit dem Verwertungsprozeß des Kapitals. Wenn ich weiß, daß $5/6$ des Warenwerts, von 600 Pfd. St., oder 500 Pfd. St. nur ein Äquivalent, einen Ersatzwert des verausgabten Kapitals von 500 Pfd. St. bilden, und daher nur hinreichen, die stofflichen Elemente dieses Kapitals rückzukaufen, so weiß ich damit weder, wie diese $^5/_6$ des Werts der Ware, die ihren Kostpreis bilden, noch wie das letzte Sechstel, das ihren Mehrwert bildet, produziert worden sind. Die Untersuchung wird jedoch zeigen, daß der Kostpreis in der Kapitalwirtschaft den falschen Schein einer Kategorie der Wertproduktion selbst erhält." (III, 37)

Seine Bedeutung besteht also darin, dass sich aus dem Kostpreis ein "falscher Schein" ergeben soll, der die wirkliche Wertbildung verdeckt und verschleiert. Sehen wir deshalb, was das genau bedeutet.

Aus den früheren Ausführungen (vgl. S. 364ff.) wissen wir, dass die in den Produktionsmitteln steckende Arbeit und die Arbeit, die in dem Geld bzw. den Konsumtionsmitteln enthalten ist, mit dem oder denen die Arbeitskräfte entlohnt werden, innerhalb des Prozesses der wirklichen Produktion unterschiedliche Rollen spielen. Erstere wird auf das neue Produkt übertragen. Letztere geht dagegen verloren und an ihre Stelle setzt sich die lebendige Arbeit. (vgl. III, 38) Somit stellt der von Marx c getaufte Teil des Kostpreises übertragener Altwert und der v genannte Teil frisch geschaffener Neuwert dar. Genau diese Differenz wird nun ausgelöscht und der notwendig sein sollende falsche Schein besteht darin, dass beide Teile auf dieselbe Weise entstanden sind:

"Der ganze Kostpreis von 500 Pfd. St. erhält jetzt den Doppelsinn, daß er erstens der Bestandteil des Warenwerts von 600 Pfd. St. ist, der das in der Produktion der Ware verausgabte Kapital von 500 Pfd. St. ersetzt; und daß zweitens dieser Bestandteil der Ware selbst nur existiert, weil er vorher als Kostpreis der angewandten Produktionselemente, der Produktionsmittel und Arbeit, d. h. als Kapitalvorschuß existierte. Der Kapitalwert kehrt als Kostpreis der Ware wieder, weil und sofern er als Kapitalwert verausgabt worden ist." (III, 42)

Dass auf diese Weise der Anteil v am hergestellten Gesamtwert auf dieselbe Weise übertragen zu werden scheint, wie der Anteil c, und seine wirkliche Entstehung damit verwischt wird, ist aber nicht alles. Neben dieser Mystifikation gibt es vielmehr noch einen zweiten Schein:

"Wir haben bisher nur ein Element des Warenwerts betrachtet, den Kostpreis. Wir müssen uns jetzt auch nach dem andern Bestandteil des Warenwerts umsehn, dem Überschuß über den Kostpreis oder dem Mehrwert. Zunächst ist der Mehrwert also ein Überschuß des Werts der Ware über ihren Kostpreis. Da aber der Kostpreis gleich dem Wert des verausgabten Kapitals, in dessen stoffliche Elemente er auch beständig rückverwandelt wird, so ist dieser Wertüberschuß ein Wertzuwachs des in der Produktion der Ware verausgabten und aus ihrer Zirkulation zurückkehrenden Kapitals." (III, 44)

Wie beim Kostpreis beginnt Marx wieder mit einer richtigen, aber an sich unbe-deutenden Feststellung. Dabei bleibt es diesmal jedoch genausowenig, wie schon die Rede vom "Wertzuwachs" andeutet:

"Es ist dem Kapitalisten nun klar, daß dieser Wertzuwachs aus den produktiven Vorgängen entspringt, die mit dem Kapital vorgenommen werden, daß er also aus dem Kapital selbst entspringt; denn nach dem Produktionsprozeß ist er da, und vor dem Produktionsprozeß war er nicht da. Was zunächst das in der Pro-duktion verausgabte Kapital betrifft, so scheint der Mehrwert gleichmäßig aus dessen verschiednen, in Produktionsmitteln und Arbeit bestehenden Wertele-menten zu entspringen. Denn diese Elemente gehn gleichmäßig in die Bildung des Kostpreises ein. Sie setzen gleichmäßig ihre als Kapitalvorschüsse vorhand-nen Werte dem Produktenwert zu und unterscheiden sich nicht als konstante und variable Wertgrößen." (III, 45)

Die zweite Mystifikation besteht darin, dass der Mehrwert als Wertzuwachs er-scheint, der „gleichmäßig aus dessen verschiednen, in Produktionsmitteln und Ar-beit bestehenden Wertelementen" entspringt.

"Als solcher vorgestellter Abkömmling des vorgeschoßnen Gesamtkapitals erhält der Mehrwert die verwandelte Form des *Profits*. Eine Wertsumme ist daher Kapi-tal, weil sie ausgelegt wird, um einen Profit zu erzeugen, oder der Profit kommt heraus, weil eine Wertsumme als Kapital angewandt wird. Nennen wir den Profit p, so verwandelt sich die Formel W = c + v + m in die Formel W = k + p oder *Warenwert = Kostpreis + Profit*." (III, 46)

Das Ergebnis des zweiten falschen Scheins, der mit dem ersten freilich eng zu-sammenhängt, ist also eine "mystifizierte Form" des Mehrwerts, eine Form, die als seinen Grund nicht mehr die von der Arbeitskraft geleistete lebendige Mehrar-beit angibt, sondern den vorgeschossenen Kapitalwert:

"Der Profit, wie wir ihn hier zunächst vor uns haben, ist also dasselbe, was der Mehrwert ist, nur in einer mystifizierten Form, die jedoch mit Notwendigkeit aus der kapitalistischen Produktionsweise herauswächst. Weil in der scheinbaren Bil-dung des Kostpreises kein Unterschied zwischen konstantem und variablem Ka-pital zu erkennen ist, muß der Ursprung der Wertveränderung, die während des Produktionsprozesses sich ereignet, von dem variablen Kapitalteil in das Gesamt-kapital verlegt werden. Weil auf dem einen Pol der Preis der Arbeitskraft in der verwandelten Form von Arbeitslohn, erscheint auf dem Gegenpol der Mehrwert in der verwandelten Form von Profit." (III, 46)

Zusammengefasstes Resultat der Mystifikation ist also zum einen ein Begriff des Kapitals, der dadurch gekennzeichnet ist, dass es sich beim ihm nur um einen Wert handelt, der insofern im aktiven Sinne am Anfang der Verwertungsbewegung steht, als er die Wertvermehrung aus sich selbst hervortreibt. In seinem Rahmen tritt das Kapital daher als ein Subjekt in Erscheinung, das sich selbst bewegen kann. Das zeigt sich daran, dass der Mehrwert als „Profit" nicht mehr als Resultat der Mehrarbeit in Erscheinung tritt, sondern sich als ein Produkt des Kapitals darstellt.

Zum anderen kann darauf hingewiesen werden, dass dieser Kapitalbegriff sich zwar von dem unterscheidet, was auf Basis des ersten Kapitalbegriffs bislang als Kapital bezeichnet worden ist. Denn dabei handelte es sich um einen Wert, der mit dem Zweck der maßlosen Wertvermehrung vorgeschossen wurde und damit nur im passiven Sinne am Anfang der Verwertungsbewegung stand. Anders sieht es bezogen auf den zweiten Kapitalbegriff aus, den wir im I. Band ebenfalls schon kennen gelernt haben. Obwohl in seinem Rahmen noch nicht vom Profit gesprochen worden ist, ist das sich selbst verwertende Kapital nämlich mit dem Profit erzeugenden Kapital identisch. Denn dieser Umstand ändert nichts daran, dass der Mehrwert auch auf der Grundlage des zweiten Kapitalbegriffs schon als Resultat der Selbstverwertung des vorgeschossenen Werts in Erscheinung getreten ist. (vgl. S. 279ff.)

Auf der Basis dessen, dass Marx seinen zweiten Kapitalbegriff nach langer Zeit erneut zum Thema macht, kann zum dritten darauf hingewiesen werden, dass gegen diesen Schritt hier nicht mehr das vorgebracht werden kann, was oben auf der Seite 284 eingewendet worden ist. Genauer gesprochen kann nicht mehr der Vorwurf erhoben werden, dass der dem Schein zuzuordnende Kapitalbegriff des sich selbst verwertenden Werts deshalb zur Unzeit hereingebracht wird, weil das Wesen, das durch ihn verdeckt wird, noch gar nicht behandelt worden ist. Denn im Unterschied zum Zeitpunkt der ersten Thematisierung wissen wir mittlerweile, wie das Wesen aussieht und was durch den Schein verdunkelt wird. Während oben der Schein in seiner mystifizierenden Bedeutung noch gar nicht klar gemacht werden konnte, ist das hier anders. Das kann auch dem folgenden Zitat entnommen werden:

"Die Bildung dieses Kostpreises, wodurch der Wert des verausgabten Kapitals als Wertbestandteil des Produkts wiedererscheint, ist aber der einzige uns bekannte Vorgang in der Bildung dieses Warenwerts. Wie sein Mehrwertbestandteil von 100 Pfd. St. entspringt, wissen wir nicht (...) In beiden Fällen wissen wir, daß der Mehrwert aus einem gegebnen Wert entspringt, weil dieser Wert in der Form von produktivem Kapital vorgeschossen wurde, gleichgültig ob in der Form von Arbeit oder in der Form von Produktionsmitteln." (III, 45)

Wenn man sie nicht auf der Basis des Scheins lesen würde, dem das Wesen vorausgeht, müssten diese Bemerkungen nämlich unverständlich bleiben, weil das nicht Wissen und dann doch Wissen sich unmittelbar widersprechen würden. Bezieht man ersteres jedoch auf das verschwundene Wesen und letzteres auf den vorhandenen Schein, dann bietet das Verständnis keine Schwierigkeiten. Dann ist vielmehr klar, dass ein früheres Wissen nicht mehr zum Ausdruck kommt und dadurch ein neues Wissen konstituiert wird. Was wir also noch wissen, ist das, was uns der Schein sagt. Und das hat zum Inhalt, dass auch der Mehrwert direkt dem vorgeschossenen Wert entspringt und sich daher als Profit darstellt.

Bei seiner ersten Thematisierung ist das scheinende begriffliche Kapital als ein im wörtlichen Sinne zu verstehendes Subjekt aufgetreten, das sich selbst bewegen kann und im Unterschied zum Heißhunger nach Mehrwert daher zu seiner Bewegung keines Menschen bedarf, der es als Charaktermaske ausführt. Auf dieser Grundlage ist zum vierten darauf hinzuweisen, dass das auch hier gilt. Denn die Menschen kommen erst wieder ins Spiel, wenn der Schein fertig entwickelt ist und wir es daher mit der Ebene der Erscheinungen zu tun haben. Und dann treten die Menschen nicht mehr als Charaktermasken, sondern als Subjekte in Erscheinung. Als solche führen sie nicht mehr bewusstlos einen Inhalt aus, der ihnen vorausgesetzt ist, sondern verfolgen bewusst die Zwecke, die sie sich selbst setzen.

Auf der anderen Seite ist jedoch hier wie schon oben (vgl. S. 360) zuzugestehen, dass Marx diese Zusammenhänge nicht deutlich zum Ausdruck bringt. Denn er spricht von Anfang an von den „Kapitalisten", die das Kapital verwirklichen. Dabei bleibt einigermaßen unklar, ob er diese Kapitalisten als Charaktermasken oder als Subjekte versteht. Das ändert jedoch nichts daran, dass der Schein eine Ebene ist, in der die Menschen weder als Charaktermasken noch als Subjekte vorkommen. Daher können wir hier festhalten, dass Marx auch den Schein nicht in adäquater Weise darstellt, sondern ihn mit dem Wesen bzw. den Erscheinungen vermengt, wenn er ihn mit den Menschen in Zusammenhang bringt, die als Charaktermasken bzw. Subjekte agieren.

2. Die hinter der Verwandlung von Mehrwert in Profit stehende Logik

Wenn wir uns auf der Basis dessen, dass Marx den zweiten Kapitalbegriff bei seiner ersten Thematisierung ohne jede Begründung unmittelbar hereingebracht hat, nun nach dem Grund für sein neuerliche Thematisierung und den mit ihm zusammenhängenden Schein fragen, könnte man auf Basis der auf Seite 457 zitierten Stelle, in der Marx davon spricht, dass es für den "Kapitalisten" klar ist, dass der Mehrwert aus dem vorgeschossenen Kapital entspringt und somit Profit darstellt, der Meinung sein, dass Marx gar keine objektive Begründung vorbringen will, sondern mit aufgegriffenen menschlichen Zwecksetzung argumentiert. Wie aus dem folgenden Zitat entnommen werden kann, ist dies jedoch nicht der Fall:

"Die Deduktion kann noch sehr abgekürzt werden, wenn man mit Malthus ebenso derb wie einfach sagt:
"Der Kapitalist erwartet gleichen Vorteil auf alle Teile des Kapitals, die er vorstreckt."" (III, 46)

Malthus begnügte sich offensichtlich mit der Konstatierung der Erwartungen und Absichten der empirischen Kapitalisten. Marx macht sich dagegen über diese allzu simple Vorgehensweise lustig, weil sie in der Tat nicht die Erfordernisse einer "Deduktion" erfüllt. Damit gibt er zu erkennen, dass es ihm auf eine objektive Erklärung der Gleichverwertung des Werts ankommt oder auf eine Erklärung per logischer Geltung. Er begnügt sich nicht einfach mit dem Verweis auf die entsprechende Zwecke verfolgende menschliche Subjektivität, sondern will – wie sich noch genauer zeigen wird – diese Subjektivität umgekehrt als Resultat sehen lassen. Konkreter gesprochen will er die Formen, in denen die Menschen ihr Leben fristen und die sich deshalb in ihren Zwecksetzungen widerspiegeln, auf eine objektive, von der Zwecksetzung der menschlichen Subjekte unabhängigen Weise ableiten.

Aus diesem Grund kann allerdings auch das folgende Zitat nicht überzeugen:

"Was den einzelnen Kapitalisten angeht, so ist klar, daß das einzige, was ihn interessiert, das Verhältnis des Mehrwerts oder des Wertüberschusses, wozu er seine Waren verkauft, zu dem für die Produktion der Ware vorgeschoßnen Gesamtkapital ist; während ihn das bestimmte Verhältnis dieses Überschusses zu, und sein innerer Zusammenhang mit den besondren Bestandteilen des Kapitals nicht nur nicht interessiert, sondern es sein Interesse ist, sich blauen Dunst über dies bestimmte Verhältnis und diesen innern Zusammenhang vorzublasen." (III, 53)

Sollte Marx mit diesen Worten zum Ausdruck bringen wollen, dass der Grund des sich selbst verwertenden Kapitals das positive und negative Interesse des "einzelnen Kapitalisten" ist, dann wäre auch ihm entgegenzuhalten, dass dieses Argument die Erfordernisse einer Ableitung nicht erfüllt. Denn es ist weit davon entfernt, die menschliche Subjektivität auf objektive Weise zu begründen, sondern greift das, was es auf ihrer Ebene gibt, ebenfalls unmittelbar auf.

Wenn wir uns auf diesem Hintergrund fragen, wie Marx den Schein des sich selbst verwertenden Kapitals auf eine andere, ohne die Bezugnahme auf subjektive Zwecksetzungen auskommende Weise als objektive Notwendigkeit begründet, stoßen wir auf zwei voneinander unterscheidbare Ansätze. Zunächst bezieht er sich auf die Kategorie "Wert resp. Preis der Arbeit". Danach betrachtet er eine Form, aus der der wirkliche Produktionsprozess ausgeschlossen ist. Beginnen wir mit der Betrachtung der erstgenannten Variante:

"Die kapitalistische Produktionsweise unterscheidet sich von der auf Sklaverei gegründeten Produktionsweise unter anderm dadurch, daß der Wert, resp. Preis der Arbeitskraft, sich darstellt als Wert, resp. Preis der Arbeit selbst oder als Arbeitslohn. (Buch I, Kap. XVII.) Der variable Wertteil des Kapitalvorschusses erscheint daher als in Arbeitslohn verausgabtes Kapital, als ein Kapitalwert, der den Wert, resp. Preis, aller in der Produktion verausgabten Arbeit zahlt." (II, 41)

Der zweite Ansatz stellt für Marx eine direkte Folge des ersten dar. Er ist jedoch davon trennbar und soll deshalb als eigener Erklärungsversuch behandelt werden. Er kommt im folgenden Zitat zum Ausdruck:

"Vergleichen wir nun Kapitalvorschuß auf der einen Seite und Warenwert auf der andern, so haben wir:
I. Kapitalvorschuß von 500 Pfd. St. = 400 Pfd. St. in Produktionsmitteln verausgabtes Kapital (Preis der Produktionsmittel) + 100 Pfd. St. in Arbeit verausgabtes Kapital (Preis von $666^2/3$ Arbeitstagen oder Arbeitslohn für selbe).
II. Warenwert von 600 Pfd. St. = Kostpreis von 500 Pfd. St. (400 Pfd. St. Preis der verausgabten Produktionsmittel + 100 Pfd. St. Preis der verausgabten $666^2/3$ Arbeitstage) + 100 Pfd. St. Mehrwert.
In dieser Formel unterscheidet sich der in Arbeit ausgelegte Kapitalteil von dem in Produktionsmitteln, z. B. Baumwolle oder Kohlen ausgelegten Kapitalteil nur dadurch, daß er zur Zahlung eines stofflich verschiednen Produktionselements dient, aber in keiner Weise dadurch, daß er im Wertbildungsprozeß der Ware und daher auch im Verwertungsprozeß des Kapitals eine funktionell verschiedne Rolle spielt. Im Kostpreis der Ware kehrt der Preis der Produktionsmittel wieder, wie er bereits im Kapitalvorschuß figurierte, und zwar weil diese Produktionsmittel zweckgemäß vernutzt worden sind. Ganz ebenso kehrt im Kostpreis der Ware der Preis oder Arbeitslohn für die zu ihrer Produktion verbrauchten $666^2/3$ Arbeitstage wieder, wie er bereits im Kapitalvorschuß figurierte, und zwar ebenfalls weil diese Masse Arbeit in zweckgemäßer Form verausgabt wurde. Wir sehn nur fertige, vorhandene Werte – die Wertteile des vorgeschoßnen Kapitals, die in die Bildung des Produktenwerts eingehn – aber kein Neuwert schaffendes Element." (III, 41/42)

Diese Stelle zeigt nämlich, dass sich die Marxschen Überlegungen auf der Grundlage einer "Formel" abspielen, aus der der wirkliche Produktionsprozess, d. h die Vermittlung zwischen I. und II. ausgeschlossen ist. Weil er sich auf diese Basis beschränkt, weiß er nur das, was sie ihm sagt. Weil keine weiteren Vermittlungsschritte zum Ausdruck kommen, scheint der "Kapitalvorschuß von 500 Pfd. St." der unmittelbare Grund des "Warenwerts von 600 Pfd. St." zu sein oder dieser die direkte Folge von jenem. Auf der Basis dieses Scheins kommt Marx zu dem Schluss, dass sich beide Teile des Kapitalvorschusses gleich verhalten. Und das gilt nicht nur für die Wertübertragung, sondern auch für den Wertzuwachs.

Wenn wir uns nun der Frage zuwenden, ob Marx die Notwendigkeit, die er auch in dem auf der Seite 457 zitierten Stelle beansprucht, wirklich aufzeigen kann und uns in diesem Zusammenhang zunächst der ersten Begründung zuwenden, in der auf den Begriff des Arbeitslohns Bezug genommen wird, können wir feststellen, dass der zweite Kapitalbegriff des sich selbst verwertenden Werts notwendig wäre, wenn es Marx gelungen wäre, den Begriff des Arbeitslohnes abzuleiten, der nicht nur damit einhergeht, dass alle Arbeit als bezahlt erscheint, sondern auch zum Inhalt hat, dass die Arbeiter nur den Wert zu schaffen können scheinen, den sie für die Arbeit bezahlt bekommen und wir es auch bei der Arbeitskraft sozusagen nur mit der Übertragung toter Arbeit zu tun haben. Wenn er auf eine so bestimmte Kategorie "Wert der Arbeit" zurückgreifen könnte, wäre der oben genannte Schein in der Tat notwendig, weil es ihn bereits gäbe und er deshalb gar nicht mehr abgeleitet werden müsste. Allein haben wir schon gesehen, dass ein solcher Rückgriff nicht möglich ist. Denn Marx kann auf der Basis dessen, dass sich bei ihm die Warenform der Arbeitskraft nicht mit einem Schein verbindet, nicht zeigen, warum es einen solchen Schein bei der Warenform der Arbeit geben soll. (vgl. S. 353ff.)

Wie sieht es nun mit der von Marx benutzten „Formel" aus, aus der der wirkliche Produktionsprozess ausgeschlossen ist? Nach meinem Dafürhalten ist der Schein des sich selbst verwertenden Kapitals auf ihrer Grundlage notwendig. Der Grund dafür liegt in dem beschränkten Informationsgehalt, den die Formel nur noch enthält. Weil der wirkliche Vermittlungsvorgang ausgeblendet ist und wir nurmehr wissen, dass ein bestimmter als Kapital vorgeschossener Wert unmittelbar von einem größeren, Mehrwert beinhaltenden Wert abgelöst wird, scheint letzterer ein direkter Abkömmling des ersteren zu sein, der ohne weitere Vermittlung erzeugt worden ist. Die von Marx benutzte Formel besagt eben nur das, was sie besagt. Sie ist in diesem Sinne der Schein selbst.

Auf dieser Grundlage ist allerdings festzustellen, dass sich die Frage nach der Notwendigkeit nur verschiebt. Wenn die Ursache der Mystifikationen eine entsprechend eingeschränkte Erfahrungsbasis ist, dann müssen wir uns jetzt fragen, wie es dazu kommt. Oder anders gefragt: Wodurch ist diese Erfahrungsbasis begründet? Wieso schrumpft der Wertvermehrungsprozess auf ein Szenarium zusammen, in dem der Ausgangswert ohne Mittelglieder zu einem größeren Endwert führt? Wenn wir bei Marx nach Antworten auf diese Fragen suchen, finden wir wenig. Neben der bereits zitierten Stelle aus der Seite 34 des III. Bandes (vgl. S. 455), ist einzig noch das folgende Zitat erwähnenswert:

"Die Art, wie mittelst des Übergangs durch die Profitrate der Mehrwert in die Form des Profits verwandelt wird, ist jedoch nur die Weiterentwicklung der schon während des Produktionsprozesses vorgehenden Verkehrung von Subjekt und Objekt. Schon hier sahen wir sämtliche subjektiven Produktivkräfte der Arbeit sich als Produktivkräfte des Kapitals darstellen. Einerseits wird der Wert, die vergangne Arbeit, die die lebendige beherrscht, im Kapitalisten personifiziert; andrerseits erscheint umgekehrt der Arbeiter als bloß gegenständliche Arbeitskraft, als Ware. Aus diesem verkehrten Verhältnis entspringt notwendig schon im einfachen Produktionsverhältnis selbst die entsprechende verkehrte Vorstellung, ein transponiertes Bewußtsein, das durch die Verwandlungen und Modifikationen des eigentlichen Zirkulationsprozesses weiterentwickelt wird." (III, 55)

Abgesehen von der Bemerkung zum Zirkulationsprozess, bezieht sich Marx darauf, dass die Arbeiter, die bezogen auf die wirkliche Wertvermehrung das subjektive Moment des Produktionsprozesses darstellen, als "Objekt" erscheinen, weil ihre Arbeitskraft als Ware käuflich ist. Dem kann einerseits zugestimmt werden. Andererseits fragt sich jedoch immer noch, wie das mit dem Verschwinden der wirklichen Produktion zusammenhängt. Weil uns Marx darüber keinerlei Aufklärung gibt, bleibt die Notwendigkeit auch an dieser Stelle eine bloße Versicherung, der insbesondere deshalb nicht gefolgt werden kann, weil bei Marx die Arbeitskraft doch schon die ganze Zeit als Ware und damit als Objekt auftrat, ohne dass das "einfache Produktionsverhältnis" deswegen mystifiziert worden wäre. Wenn das "transponierte Bewußtsein" wirklich schon früher "notwendig" gewesen sein sollte, erhebt sich aus diesem Grund einesteils die Frage, warum die entsprechenden Konsequenzen erst hier gezogen werden. Und wenn die Tatsache, dass es diese "Weiterentwicklung" der bereits vorhandenen "Verkehrung von Subjekt und Objekt" bisher nicht gegeben hat, als Ausdruck dessen zu werten ist, dass sie früher nicht erforderlich war, dann ist andernteils unklar, warum das jetzt anders sein soll.

Obwohl sich bei Marx keine diesbezüglichen Antworten finden, ist es jedoch möglich, die hier feststellbare Argumentationslücke zu schließen. Grundlage dafür ist das, was oben (vgl. S. 348ff.) schon einmal erwähnt worden ist, nämlich der Umstand, dass die Bewegungsform des industriellen $G - {}^{Pm}/_{Ak} \ldots P \ldots W' - G'$ im Hinblick darauf ein Fehler enthält, dass der Kauf der Arbeitskraft $G - Ak$ vom Produktionsprozess ${}^{Pm}/_{Ak} \ldots P \ldots W'$ getrennt ist. Wenn dieser Fehler berichtigt wird, kommt man zu der Form ${}^{G - Pm}/_{G - W'} - G'$ und damit einer Produktion ${}^{Pm}/_{G - W'}$, bei der der Ausgangswert direkt in einen größeren Endwert übergeht. Mit anderen Worten kommt man genau zu der „Formel", die Marx bemüht.

Allerdings erfüllen auch diese Ausführungen immer noch nicht die Erfordernisse einer gelungenen Ableitung. Denn auch sie führen lediglich dazu, dass sich das Problem verschiebt. Jetzt stellt sich nämlich die Frage, warum die Arbeitskraft als Ware in Erscheinung tritt. Weil diese Frage nicht mit dem Verweis auf die Empirie beantwortet werden kann, sondern an dieser Stelle eine Erklärung vonnöten ist, die von den Ergebnissen des Wesens ausgeht, gibt es bei Marx auch dazu keinerlei

Antwort. Das ist schon der Fall, weil bei ihm die Arbeitskraft von Anfang an und damit auch schon auf der Basis des Wesens als Ware auftritt.

Als Endergebnis können wir daher feststellen, dass Marx die Notwendigkeit des sich selbst verwertenden Werts nicht begründen kann. Das ist nicht nur der Fall, weil er einesteils mit seinem Verweis auf den Wert der Arbeit oder den Arbeitslohn scheitert und anderteils nicht zeigen kann, wie es zu der Formel kommt, aus der der wirkliche Wertvermehrungsprozess ausgeschlossen ist. Das ist vielmehr vor allem so, weil Marx schon auf der Ebene des Wesens von der Warenform der Arbeitskraft spricht und deswegen nicht zeigen kann, wie es auf ihrer Grundlage zu dieser Warenform kommt. Weil er das, was mittelbar zu erschließen ist, schon die ganze Zeit unmittelbar hat, kann er es nicht mehr erschließen.

3. Zusammenfassende Bemerkungen

In den vorangegangenen Erörterungen haben wir mit dem Moment der Selbstverwertung einen Aspekt des Kapitalbegriffs kennen gelernt, den Marx im I. Band des 'Kapital' wohl schon erwähnt hat, ohne dass er damals systematische Bedeutung gehabt hätte oder hätte haben können. Durch seine Berücksichtigung hört das Kapital auf, bloß ein Wert zu sein, der zum Zweck der schrankenlosen Schaffung von Mehrwert vorgeschossen wird. Als Kapital scheint der Wert diesen Mehrwert vielmehr aus sich selbst hervorzutreiben, wodurch er die Form des Profits erhält. Als sich selbst verwertender Wert wird das Kapital zu einem den Verwertungsprozess übergreifenden Subjekt. Wenn ich in Zukunft vom Kapital rede, dann verbinde ich damit diese neue Bedeutung. Das ist vor allem auch deshalb der Fall, weil wir ja schon gesehen haben, dass der erste Kapitalbegriff eigentlich als Heißhunger nach Mehrarbeit zu fassen ist.

Im I. Band des ,Kapital' konnte das sich selbst verwertende Kapital deswegen noch keine systematische Bedeutung haben, weil es vor der Explikation des Wesens eingeführt wurde. Es konnte damals nämlich noch gar nicht gezeigt werden, welche Bedeutung der Schein hat. Denn dass mit ihm die wesentlichen Verhältnisse zugedeckt werden, ist nur einsichtig zu machen, wenn man diese Verhältnisse zuvor zum Thema gemacht hat. Diese Voraussetzung ist aber nicht im zu Beginn des I. Bandes, sondern erst im III. Band gegeben.

Während Marx im I. Band den zweiten Kapitalbegriff des sich selbst verwertenden Werts unmittelbar einführt, ohne ihn in irgendeiner Weise zu begründen (vgl. S. 279ff.), versucht er im III. Band die Notwendigkeit dieses Kapitalbegriffes und der damit einhergehenden Mystifikationen auf eine Weise zu erklären, die deswegen objektiv genannt werden kann, weil sie sich nicht auf Zwecksetzungen der menschlichen Subjekte bezieht. Wie sich gezeigt hat, bleiben diese Bemühungen erfolglos. Das ist zum einen der Fall, weil Marx nicht auf dem Wert der Arbeit aufbauen kann, der den Schein schon enthält. Zum anderen kann er nicht zeigen, wie es zu der Formel kommt, aus der der wirkliche Wertvermehrungsprozess ausgeschlossen ist. Diesbezüglich kann man zwar darauf hinweisen, dass die Warenform der Arbeitskraft zur Folge hat, dass der wirkliche Produktionsprozess in einem Tauschakt verschwindet. Dies bleibt aber unbefriedigend, weil die Arbeitskraft zum einen schon die ganze Zeit Warenform hatte, ohne dass das zum Anlass für die Thematisierung des Scheins genommen worden ist. Zum anderen bleibt gerade deswegen offen, warum die Arbeitskraft überhaupt als Ware auftritt.

Bei der ersten Thematisierung des sich als Kapital selbst verwertenden Werts wurde darauf hingewiesen, dass dieser zweite Kapitalbegriff in Unterschied zum ersten wirklich als automatisches Subjekt auftritt, das sich selbst bewegt und daher zu seiner Verwirklichung keine menschlichen Agenten benötigt. Auf dieser Grundlage stößt man sich daran, dass Marx bei seiner zweiten Thematisierung die Menschen als diejenigen ins Spiel bringt, die die Selbstverwertung umsetzen. Dabei scheint er die Menschen als Charaktermasken im Auge zu haben. Das kann zumindest daraus entnommen werden, dass er auf eine objektive Begründung der Selbstverwertung aus ist. Da das aber nicht durchgehend der Fall ist, kann man nicht ganz ausschließen, dass Marx die Menschen als Subjekte versteht.

Weil das Kapital als selbsttätiges Subjekt nicht mit den menschlichen Agenten zusammenpasst, haben wir es hier mit einem Widerspruch innerhalb der Marxschen Darstellung zu tun. Auf seiner Grundlage stellt sich die Frage, was richtig ist. Ist der sich selbst verwertende Wert nun ein Subjekt, das sich ohne menschliches Dazutun verwirklichen kann, oder stellt er nur ein Begriff bzw. Zweck dar, der von Menschen als Charaktermasken oder Subjekten umgesetzt werden muss? Wie auf der Seite 281 schon erwähnt worden ist und wie wir auf der Seite 468 noch genauer sehen werden, ist diese Frage damit zu beantworten, dass das sich selbst verwertende Kapital als Subjekt zu verstehen und das Hereinbringen der menschlichen Agenten daher verkehrt ist. Denn auf der Ebene des Scheins, auf der wir uns hier befinden, braucht es die Menschen nicht. Und das gilt sowohl für sie als Subjekte, als auch für sie als Charaktermasken.

Wenn man aufgrund der Tatsache, dass es ein automatisches Kapitalsubjekt, das sich ohne Menschen selbst bewegen kann, weder auf der Ebene des unmittelbaren noch des mittelbaren Seins gibt, trotzdem der Meinung ist, die menschlichen Agenten ins Spiel bringen zu müssen, dann bekommen wir es nur mit menschlichen Agenten auf der Ebene des Scheins zu tun. Diese sind als solche gemessen am mittelbaren und unmittelbaren Sein genauso unwirklich wie das sich selbst bewegende Kapital. Denn es bleibt dabei, dass der Schein sowohl vom mittelbaren als auch vom unmittelbaren Sein verschieden ist. Das Hereinbringen der Menschen als Charaktermasken oder Subjekte bringt daher nicht mehr Wirklichkeit mit sich und ist deswegen schlicht und einfach überflüssig.

Dass Marx die menschlichen Agenten trotzdem hereinbringt, zeigt nicht nur, dass er den Charakter des Scheins nicht richtig versteht. Das führt vielmehr auch zu einer Vermischung zwischen den theoretischen Ebenen. Wenn Marx die Menschen als Charaktermasken ins Spiel bringt, dann kommt es genauer gesprochen zu einer Vermengung des Scheins mit dem Wesen. Und wenn die Menschen als Subjekte bemüht werden, haben wir es mit einer Verdunkelung des Unterschieds zwischen dem Wesen und den Erscheinungen zu tun.

Trotzdem soll im Folgenden zum einen akzeptiert werden, dass Marx im Zusammenhang mit dem Kapitalsubjekt von menschlichen Agenten spricht. Denn nur aus dieser Grundlage können wir der weiteren Argumentation innerlich werden. Zum anderen steht dabei deren Verständnis als Charaktermasken im Vordergrund. Denn das ist bei Marx deswegen die Hauptsache, weil er sich bemüht, die Selbstverwertung objektiv zu begründen.

Das obige Ergebnis, wonach Marx an der Begründung seines zweiten Kapitalbegriffs nicht zuletzt deshalb scheitert, weil er nicht zeigen kann, wie es zur Warenform der Arbeitskraft oder der Arbeit kommt, bedeutet aber nicht, dass es überhaupt keine Möglichkeit gibt, den Schein zu begründen. Auf die Frage danach, warum die Arbeitskraft als Ware auftritt, gibt es vielmehr eine Antwort, mit der man allerdings noch mehr über die Marxschen Überlegungen hinausgehen muss, als das oben bei der Identifizierung der fehlerhaften Bewegungsform des industriellen Kapitals der Fall gewesen ist. Obwohl das mit dem Nachteil verbunden ist, dass ich mich auf Verhältnisse beziehen muss, die ohne Begründung hereingebracht werden und deswegen vom Leser an dieser Stelle nur geglaubt werden können, sei diese Antwort im Folgenden kurz skizziert:

Auf der Ebene des Wesens, das vom Heißhunger nach Mehrarbeit ausgehend gedacht und entfaltet wird, kommen wir zu folgenden Verhältnissen, die wir auf der Seite 324 schon einmal angeführt haben:

$$Pm/_{Ak} \quad P \quad Pm'/_{Km'} \quad Ak' \quad P' \quad Pm''/_{Km''} \quad Ak'' \quad P'' \quad \text{usw.}$$

$$Km/_{N\text{-}Ak} \quad K \quad Ak' \quad Km'/_{N\text{-}Ak'} \dots K' \dots Ak'' \quad Km''/_{N\text{-}Ak''} \dots K'' \text{ usw.}$$

Die Verhältnisse, in denen sich dieser Heißhunger verwirklicht, zerfallen damit in die zwei großen Bereiche der Produktion P und der Konsumtion K, die sich ständig nicht nur zu P' und K', sondern auch zu P'' und K'' usw. erweitern. In der Produktion geht es um die Schaffung von Wert und Mehrwert in der Form von Produktionsmitteln (Pm) und Konsumtionsmitteln (Km). In der Konsumtion ist es um die erweiterte Reproduktion der Arbeitskraft (Ak) zu tun. Diese ist nur möglich, wenn auch die Nicht-Arbeitskraft (Nicht-Ak) erweitert wird, womit die Fähigkeiten zu den Tätigkeiten angesprochen werden, die zwar notwendig sind, aber keine wertbildende Arbeit darstellen. Zwischen diesen beiden Bereichen kommt es zu einem Stellenwechsel, an dem einesteils die Konsumtionsmittel beteiligt sind, die vom Produktionsbereich in den Konsumtionsbereich hinüberwechseln, und anderteils die Arbeitskräfte teilnehmen, die die umgekehrte Bewegung vollziehen. Dieser Stellenwechsel ist eigentlich kein Tausch. Wenn man die Verhältnisse aber als fertige Verhältnisse betrachtet, scheint es sich bei ihm um einen Tausch zu handeln. Sobald das der Fall ist, haben wir es mit dem Beginn des Scheins zu tun, der in der Folge eben dazu führt, dass der Bereich der Produktion sich als Bewegung $\mathrm{Km}/\mathrm{Pm} - \mathrm{Km'}/\mathrm{Pm'}$ und damit in einer Form darstellt, aus der die wirkliche Produktion verschwunden ist.

Auf der Basis dessen, dass diese Darstellung, die hier natürlich nur eine Versicherung darstellt, akzeptiert wird, wird zum einen nicht nur deutlich, dass Marx eine richtige Ahnung bewiesen hat, als er mit dem Objektcharakter der Arbeitskraft argumentiert und diesen mit der Warenform der Arbeitskraft in Verbindung gebracht hat. Darüber hinaus erhellt, warum Marx aus dieser Ahnung nicht mehr machen konnte, als etwas ihm selbst nicht recht verständliches Inneres. Denn das hat seine Ursache darin, dass die Arbeitskraft bei Marx schon die ganze Zeit als Ware aufgetreten ist, ohne dass er das zum Grund für den falschen Schein genommen hat. Weil es bei Marx die Möglichkeit gibt, von der Warenform der Arbeitskraft zu reden, ohne dass das zu Mystifizierungen führt, ist es für ihn nicht möglich, die Warenform der Arbeitskraft als den entscheidenden Grund für den Schein zu identifizieren.

Da bei Marx das sich selbst verwertende zweite Kapital genauso als Einzelkapital auftritt wie das erste Kapital, ist zum anderen darauf hinzuweisen, dass das ebenfalls verkehrt ist. Auch das scheinende Kapital tritt nämlich zunächst als Gesamtkapital auf. Das können wir einerseits schon dem Umstand entnehmen, dass sich der Schein auf der Basis des Wesens und damit ausgehend von Verhältnissen entwickelt, die das Ganze dessen umfassen, was zur Befriedigung des Heißhungers nach Mehrarbeit erforderlich ist. Andererseits werden wir im Folgenden sehen, dass es erst noch zum Zerfall des scheinenden Gesamtkapitals kommt, was natürlich nur möglich ist, wenn von diesem Gesamtkapital ausgegangen wird.

Zum dritten kann gerade auf der Ebene des Gesamtkapitals auf begründetere Weise als oben klar gemacht werden, dass es keiner menschlichen Agenten bedarf und man dann, wenn man sie trotzdem erwähnt, der Wirklichkeit in keiner Weise näher kommt. Die Verwirklichung des sich selbst verwertenden Werts besteht auf der Gesamtebene nämlich einesteils in nichts anderem als der obigen Figur. Anderteils wird diese Figur im Hinblick auf den Maßstab des mittelbaren und unmittelbaren Seins nicht realer, wenn man einen menschlichen Gesamtkapitalisten bemüht, der sie umsetzt. So etwas gibt es nämlich weder im Rahmen des mittelbaren noch des unmittelbaren Seins.

Zum vierten sei schließlich noch bemerkt, dass die Verwandlung des Stellenwechsels zwischen Konsumtionsmitteln und Arbeitskräften in einen Tausch dazu führt, dass die Gesamtverhältnisse nicht mehr in zwei unselbständige Bereiche zerfallen, sondern sich umgekehrt aus zwei selbständigen Teilen zusammenzusetzen scheinen, die als das Reich des Kapitals und den Bereich der Lohnarbeiter beschrieben werden können. Obwohl wir erst hier die Grundlage für die Rede von einem Gegensatz zwischen Kapital und Arbeit haben, kann dieser Unterschied noch nicht als Klassengegensatz bezeichnet werden, weil beide Seiten auf der Ebene des Scheins einander ergänzen und sich daher in keiner Weise widersprechen sind. Es ist deshalb doppelt falsch, dass Marx schon innerhalb der wesentlichen Erörterungen vom Klassengegensatz gesprochen hat. Wie wir sehen werden, gibt es einen solchen Gegensatz erst auf der Ebene der Erscheinungen, auf der nicht mehr davon gesprochen werden kann, dass die Klassen einander harmonisch ergänzen. (vgl. S. 525ff.)

Bezogen auf den ersten Kapitalbegriff haben wir uns oben immer wieder die Frage gestellt, wie die jeweiligen Ausführungen empirisch zu beurteilen sind. Auf dieser Grundlage könnte man meinen, dass diese Frage auch bezogen auf den zweiten Kapitalbegriff von Bedeutung ist. Daher sei darauf hingewiesen, dass das nicht der Fall ist. Weil der Schein, auf dem dieses Kapital beruht, ein empirisches Korrelat weder im Rahmen des unmittelbaren noch des mittelbaren Seins hat, fehlt es nämlich an dem Maßstab, der für einen empirischen Test erforderlich ist. Aus diesem Grund kann sich der empirische Test nicht auf den Schein selbst beziehen, sondern nur auf seinen Anfang und sein Ende. Der erstere muss nämlich nicht nur etwas sein, was sich aus dem wesentlichen Prinzip ableitet, sondern auch etwas, das es im Rahmen des mittelbaren Seins gibt. Und letzterer darf nicht nur etwas darstellen, was als Ausgangspunkt bei der Entfaltung der Erscheinungen dient, sondern auch etwas, was in den Gegebenheiten des unmittelbaren Seins enthalten ist.

Wenn wir uns diesem empirischen Test zuwenden, kann zunächst darauf hingewiesen werden, dass es im vorliegenden Zusammenhang nur um den ersten Aspekt gehen kann. Denn der zweite Aspekt kann an dieser Stelle noch nicht zum Thema gemacht werden. Der Grund dafür liegt auf der Basis dessen, dass sein empirischer Test die Resultate voraussetzt, zu denen der fertige Schein führt, darin, dass wir mit der Thematisierung der Ebene des Scheins erst begonnen haben. Damit sind wir dem unmittelbaren Sein zwar ein Stück weit näher gekommen. Wir sind jedoch noch weit davon entfernt, es erreicht zu haben. Folge davon ist, dass wir noch gar nicht die Verhältnisse kennen, die es als Anfang der Ebene der Erscheinungen zu überprüfen gilt.

Im Hinblick auf den empirischen Test des ersten Aspekts kann zwischen der oben skizzierten Ableitung und dem unterschieden werden, wie sich der Übergang zum Schein bei Marx darstellt. Bezogen auf die obige Ableitung kommen wir zu einem positiven empirischen Ergebnis. Denn es gibt im mittelbaren Sein den Stellenwechsel zwischen den Arbeitskräften und den Konsumtionsmitteln, der dann zur Grundlage des Scheins wird, wenn er als Tausch verstanden wird. Wenn wir uns dagegen den Marxschen Übergang vornehmen, sieht es anders aus. Dann können wir den empirischen Test gar nicht durchführen, weil es bei Marx nirgends einen Tatbestand gibt, der mit dem Stellenwechsel vergleichbar ist. Es fehlt bei Marx mit anderen Worten an einer Entität, die an sich noch kein Tausch ist, aber als solcher Tausch wahrgenommen werden kann. Marx hat es vielmehr von Anfang an mit dem Kauf der Arbeitskraft und damit schon mit dem Schein zu tun. Die Verhältnisse, die diesem Schein zugrunde liegen, sind dagegen nicht zu erkennen.

XIV. Die Verwandlung des Profits in Durchschnittsprofit

Im vorherigen Kapitel haben wir Ausführungen kennen gelernt, die zum Inhalt haben, dass vom jeweiligen Kapital ein Profit erzielt wird, der dem Mehrwert gleichkommt, der im Rahmen dieses Kapitals geschaffen wird. Genau dies wird sich im Folgenden ändern, wodurch sich der falsche Schein verdichten wird.

Während das im vorigen Kapitel noch nicht der Fall war, wird sich in diesem Kapitel zeigen, wie verhängnisvoll es sich auswirkt, dass Marx der Meinung ist, schon von einem Einzelkapital zu sprechen. Dass er übersieht, es noch mit dem Gesamtkapital zu tun zu haben, ist nämlich der Grund dafür, dass ihm entgeht, dass der folgende Übergang als erster Schritt hin zum Einzelkapital verstanden werden kann. Denn er führt zum Branchenkapital, aus dessen Zerfall sich das Einzelkapital ergeben wird.

1. Die unterschiedlichen Profitraten

Beginnen wir mit dem, was der im Folgenden zu besprechenden Darstellung von Marx zugrunde liegt:

"In diesem Kapitel wird nun vorausgesetzt, daß der Exploitationsgrad der Arbeit und daher die Rate des Mehrwerts und die Länge des Arbeitstags in allen Produktionssphären, worin sich die gesellschaftliche Arbeit in einem gegebnen Lande spaltet, von gleicher Größe, gleich hoch ist." (III, 151; vgl. auch 164 und 184)

Diese beiden Voraussetzungen können akzeptiert werden, entsprechen sie doch der bisherigen Darstellung. In Bezug auf die gleiche "Rate des Mehrwerts" knüpft Marx am Begriff der komplizierten Arbeit an. (vgl. III, 151) Wie wir gesehen haben (vgl. S. 90), ist Marx schon bei seiner Bestimmung von einem einheitlichen Verhältnis zwischen notwendiger Arbeit und Mehrarbeit oder einem "gleichen Exploitationsgrad der Arbeit" (III, 179) ausgegangen. Und mit Bezug auf die gleiche "Länge des Arbeitstags" ist darauf hinzuweisen, dass sie aus dem Heißhunger nach Mehrarbeit ergibt, der sich an alle Arbeiter gleichermaßen richtet, und deshalb auch aus dem Kapital abgeleitet werden kann. (vgl. S. 401ff.)

Marx ist sich bewusst, dass diese Voraussetzungen nicht unbedingt der empirischen Wirklichkeit entsprechen, geht jedoch von folgender generellen These aus:

"In solchen allgemeinen Untersuchungen wird überhaupt immer vorausgesetzt, daß die wirklichen Verhältnisse ihrem Begriff entsprechen, oder was dasselbe, werden die wirklichen Verhältnisse nur dargestellt, soweit sie ihren allgemeinen Typus ausdrücken." (III, 152)

Er will mit anderen Worten einerseits nur den "allgemeinen Typus" der Verhältnisse erklären. Da das heißt, dass er nachwievor von empirischen Verhältnissen spricht, gibt er damit nur zu erkennen, dass dieser nicht in jedem Einzelfall gegeben ist, sondern nur im allgemeinen Fall. Andererseits spricht er von den Verhältnissen nur insoweit, als sie "ihrem Begriff entsprechen". Dies könnte als eine Abkehr von der Empirie verstanden werden. Deshalb sei auf dem Hintergrund dessen, was auf den Seiten 273, 340 und 426 schon angeführt worden ist, angefügt, dass das nicht der Fall ist, sondern unfertige Verhältnisse angesprochen werden, die so, wie sie sind, nicht bleiben werden. Nur zufällige, vorübergehende Existenzen können jedoch keinen tragfähigen empirischen Maßstab abgeben. Umgekehrt muss die Empirie sich jedoch in Richtung auf die begrifflichen Verhältnisse bewegen, denn nur dann ist der Begriff der Begriff der empirischen Verhältnisse.

Aus diesem Grund trifft auch unsere bisherige Annahme wieder zu:

"Es findet das Entwickelte statt unter der Voraussetzung, daß die Waren zu ihren Werten verkauft werden." (III, 159; vgl. auch 162)

Marx geht also auch von einem funktionierenden Gesamtzusammenhang aus, in dem das Angebot immer dem Bedarf entspricht.

Auf der so bestimmten Grundlage thematisiert Marx nun folgendes:

"Wir werden hierbei zu untersuchen haben: 1. die Verschiedenheit in der organischen Zusammensetzung der Kapitale, 2. die Verschiedenheit ihrer Umschlagszeit." (III, 153)

Er will mit anderen Worten den Einfluss untersuchen, den die unterschiedlichen Verhältnisse zwischen konstantem und variablem Kapital (vgl. S. 368ff.) und die unterschiedlichen Umschlagszeiten der Kapitale (vgl. S. 439ff.) auf die Profitrate haben, also auf das Verhältnis zwischen Kapitalvorschuss und pro Zeiteinheit erzieltem Profit.

Dabei ist besonders hervorzuheben, dass die Unterschiede zwischen den organischen Zusammensetzungen und Umschlagszeiten der Kapitale nicht zufälliger Natur sind:

"Die Voraussetzung bei dieser ganzen Untersuchung ist selbstverständlich die, daß, wenn wir von Zusammensetzung oder Umschlag des Kapitals in einem bestimmten Produktionszweig sprechen, immer das durchschnittliche Normalverhältnis des in diesem Produktionszweig angelegten Kapitals gemeint, überhaupt von dem Durchschnitt des in der bestimmten Sphäre angelegten Gesamtkapitals, nicht von den zufälligen Unterschieden der in dieser Sphäre angelegten Einzelkapitale die Rede ist." (III, 153)

Ihre Ursache ist vielmehr die Verschiedenheit der "Produktionszweige" oder Branchen. Sie sind daher letztlich durch die unterschiedlichen Gebrauchswerte der jeweiligen Produkte bedingt und in diesem Sinne unvermeidbar und notwendig.

Dieses herauszustreichen, ist insbesondere deshalb wichtig, weil beide Unterschiede zu folgender Konsequenz führen:

"Wenn ein Kapital, das prozentig aus 90c + 10v besteht, bei gleichem Exploitationsgrad der Arbeit ebensoviel Mehrwert oder Profit erzeugte wie ein Kapital, das aus 10c + 90v besteht, dann wäre sonnenklar, daß der Mehrwert und daher der Wert überhaupt eine ganz andre Quelle haben müßte als die Arbeit und daß damit jede rationelle Grundlage der politischen Ökonomie wegfiele. Setzen wir fortwährend 1 Pfd. St. gleich dem Wochenlohn eines Arbeiters für 60 Arbeitsstunden und die Mehrwertrate = 100 %, so ist klar, daß das Gesamtwertprodukt, das ein Arbeiter in einer Woche liefern kann = 2 Pfd. St.; 10 Arbeiter können also nicht mehr liefern als 20 Pfd. St.; und da von diesen 20 Pfd. St. 10 Pfd. St. den Arbeitslohn ersetzen, so könnten die 10 keinen größern Mehrwert schaffen als 10 Pfd. St.; während die 90, deren Gesamtprodukt = 180 Pfd. St., und deren Arbeitslohn = 90 Pfd. St., einen Mehrwert von 90 Pfd. St. schüfen. Die Profitrate wäre also im einen Fall 10 %, im andern 90 %. Sollte es anders sein, so müßten Wert und Mehrwert etwas andres sein als vergegenständlichte Arbeit. Da also Kapitale in verschiednen Produktionssphären, prozentig betrachtet - oder gleich große Kapitale -, sich ungleich einteilen in konstantes und variables Element, ungleich viel lebendige Arbeit in Bewegung setzen und daher ungleich viel Mehrwert, also Profit erzeugen, so ist die Rate des Profits, die eben in der prozentigen Berechnung des Mehrwerts auf das Gesamtkapital besteht, in ihnen verschieden." (III, 158/159)

Auf Basis der gleichen Mehrwertrate ergeben die Unterschiede in der organischen Zusammensetzung der Kapitale nämlich unterschiedliche Profitraten. Dasselbe gilt für die Differenzen in der Umschlagszeit:

"Außer der verschiednen organischen Zusammensetzung der Kapitale, also außer den verschiednen Massen von Arbeit und damit auch, bei sonst gleichen Umständen, von Mehrarbeit, die Kapitale von gleicher Größe in verschiednen Produktionssphären in Bewegung setzen, besteht noch eine andre Quelle der Ungleichheit der Profitraten: die Verschiedenheit in der Länge des Umschlags des Kapitals in den verschiednen Produktionssphären. Wir haben im IV. Kapitel gesehn, daß bei gleicher Zusammensetzung der Kapitale und bei sonst gleichen Umständen die Profitraten sich umgekehrt verhalten wie die Umschlagszeiten, und ebenso, daß dasselbe variable Kapital, wenn es in verschiednen Zeiträumen umschlägt, ungleiche Massen von jährlichem Mehrwert zuwege bringt. Die Verschiedenheit der Umschlagszeiten ist also ein andrer Grund, warum gleich große Kapitale in verschiednen Produktionssphären nicht gleich große Profite in gleichen Zeiträumen produzieren und warum daher die Profitraten in diesen verschiednen Sphären verschieden sind." (III, 160)

Weil in diesem Fall von "gleicher Zusammensetzung der Kapitale" ausgegangen wird, besteht der Unterschied nur darin, dass sich die unterschiedlichen Profitraten jetzt nur bezogen auf eine bestimmte Zeiteinheit zeigen. Insofern kann Marx fest-halten:

"Wir haben also gezeigt: daß in verschiednen Industriezweigen, entsprechend der verschiednen organischen Zusammensetzung der Kapitale, und innerhalb der angegebnen Grenzen auch entsprechend ihren verschiednen Umschlagszei-ten, ungleiche Profitraten herrschen und daß daher auch bei gleicher Mehrwert-rate nur für Kapitale von gleicher organischer Zusammensetzung – gleiche Um-schlagszeiten vorausgesetzt – das Gesetz (der allgemeinen Tendenz nach) gilt, daß die Profite sich verhalten wie die Größen der Kapitale und daher gleich große Kapitale in gleichen Zeiträumen gleich große Profite abwerfen. Das Entwickelte gilt auf der Basis, welche überhaupt bisher die Basis unsrer Entwicklung war: daß die Waren zu ihren Werten verkauft werden." (III, 162)

Diesem Resultat kann als solchem sicherlich zugestimmt werden. Wie die unmit-telbare Fortsetzung des letztgenannten Zitats zeigt, widerspricht es jedoch der em-pirischen Wirklichkeit:

"Andrerseits unterliegt es keinem Zweifel, daß in der Wirklichkeit, von unwesent-lichen, zufälligen und sich ausgleichenden Unterschieden abgesehn, die Ver-schiedenheit der durchschnittlichen Profitraten für die verschiednen Industrie-zweige nicht existiert und nicht existieren könnte, ohne das ganze System der kapitalistischen Produktion aufzuheben. Es scheint also, daß die Werttheorie hier unvereinbar ist, mit der wirklichen Bewegung, unvereinbar mit den tatsächlichen Erscheinungen der Produktion und daß daher überhaupt darauf verzichtet wer-den muß, die letztren zu begreifen." (III, 162)

Die "tatsächlichen Erscheinungen der Produktion" sind offensichtlich mit der "Verschiedenheit der durchschnittlichen Profitraten für die verschiednen Indu-striezweige" nicht vereinbar, sodass es in der Tat so scheint, als besäße die "Wert-theorie" keinerlei Erklärungskraft. Es versteht sich jedoch von selbst, dass Marx diesen Schluss nicht zieht. Wie wir gleich sehen werden, möchte er vielmehr auf-zeigen, dass der Wert trotz der erwähnten Differenz den Preisen zugrunde liegt. Damit betreten wir den dritten Argumentationstypus (vgl. S. 106), in dessen Rah-men der Wert als Wesenskategorie auftritt. Wie wir wissen, kann der Wert nur-mehr in diesem Sinne theoretische Bedeutung besitzen, was natürlich auch für den Mehrwert gilt.

2. Vom Profit zum Durchschnittsprofit

Wenn wir uns nach dem Grund der Entwicklung über die Wertebene und die auf ihrer Grundlage unterschiedlichen Profitraten hinaus fragen, finden wir bei Marx folgendes:

"Infolge der verschiednen organischen Zusammensetzung der in verschiednen Produktionszweigen angelegten Kapitale; infolge daher des Umstandes, daß je

474

nach dem verschiednen Prozentsatz, den der variable Teil in einem Gesamtkapital von gegebner Größe hat, sehr verschiedne Quanta Arbeit von Kapitalen gleicher Größe in Bewegung gesetzt werden, werden auch sehr verschiedne Massen Mehrwert von ihnen produziert. Demgemäß sind die Profitraten, die in verschiednen Produktionszweigen herrschen, ursprünglich sehr verschieden. Diese verschiednen Profitraten werden durch die Konkurrenz zu einer allgemeinen Profitrate ausgeglichen, welche der Durchschnitt aller dieser verschiednen Profitraten ist. Der Profit, der entsprechend dieser allgemeinen Profitrate auf ein Kapital von gegebner Größe fällt, welches immer seine organische Zusammensetzung, heißt der Durchschnittsprofit. Der Preis einer Ware, welcher gleich ist ihrem Kostpreis plus dem im Verhältnis ihrer Umschlagsbedingungen auf sie fallenden Teil des jährlichen Durchschnittsprofits auf das in ihrer Produktion angewandte (nicht bloß das in ihrer Produktion konsumierte) Kapital, ist ihr Produktionspreis." (III, 167/168)

In diesem Zitat bringt Marx zum Ausdruck, dass der Grund für die Abkehr von den "ursprünglich sehr verschiednen" Profitraten und damit für die Durchsetzung der "Durchschnittsprofitrate", die für alle Produktionszweige gleich ist, die "Konkurrenz" ist, die zur Herausbildung einer "allgemeinen Profitrate" und damit dazu führt, dass die Preise der einzelnen Waren zu "Produktionspreisen" werden und damit aufhören, ein Ausdruck ihrer Werte zu sein.

Dazu sind zwei Anmerkungen zu machen: Auf der Basis dessen, dass im obigen Zitat von den Unterschieden der organischen Zusammensetzung der Kapitale und nur am Rande von den verschiedenen Umschlagszeiten die Rede ist, ist zum einen darauf hinzuweisen, dass die Konkurrenz nach Marx auch die pro Zeiteinheit unterschiedlichen Profitraten ausgleicht, auch wenn er das nicht explizit sagt. Dieser Ausgleich bringt eine Modifikation der oben erwähnten Durchschnittsprofitrate mit sich. Um zu erreichen, dass sich Kapitale mit unterschiedlichen Umschlagszeiten pro Zeiteinheit gleich verwerten, muss die pro Produktionsperiode in Anschlag gebrachte Profitrate umso höher sein, je länger diese Periode ist. Dabei ist selbstverständlich von der fertig bestimmten, dass fixe Kapital berücksichtigenden Umschlagszeit auszugehen. (vgl. S. 442) Aus diesem Grund ist zu kritisieren, dass Marx sich im letzten Satz des obigen Zitats auf das "angewandte" Kapital bezieht, das auch den noch nicht verschlissenen Teil des fixen Kapitals beinhaltet. Richtig ist dagegen, dass die den Durchschnittsprofit ergebende Rate nur auf das "konsumierte" Kapital zu berechnen ist, eben weil die längere Dauer des fixen Kapitals schon in die Berechnung der Umschlagszeit und damit auch in die hinzuzuschlagende Profitrate eingegangen ist.

Zum anderen führt die Konkurrenz nur zum erwähnten Resultat, weil ihr ein bestimmter Gleichverwertungsanspruch zugrunde liegt.

"Das punctum saliens wird zumeist heraustreten, wenn wir die Sache so fassen: Unterstelle, die Arbeiter selbst seinen im Besitz ihrer respektiven Produktionsmittel und tauschten ihre Waren miteinander aus. Diese Waren wären dann nicht Produkte des Kapitals. (...) Die Verschiedenheit der Profitrate wäre unter dieser Voraussetzung also ein gleichgültiger Umstand, ganz wie es heute für den Lohnarbeiter ein gleichgültiger Umstand ist, in welcher Profitrate das ihm abgepreßte Quantum Mehrwert sich ausdrückt, und ganz wie im internationalen Handel die Verschiedenheit der Profitraten bei den verschiednen Nationen für ihren Warenaustausch ein gleichgültiger Umstand ist." (III, 185/186)

Wie dieses Zitat zeigt, würde es diesen Gleichverwertungsanspruch nicht geben, wenn die Arbeiter die Waren nach ihren Kriterien austauschen würden und diese daher als Produkte der Arbeit bzw. als Werte gelten würden. Diesen Anspruch gibt es vielmehr nur, weil die Waren "Produkte des Kapitals" darstellen. Noch deutlicher kommt dies im folgenden Zitat zum Ausdruck:

"Die ganze Schwierigkeit kommt dadurch hinein, daß die Waren nicht einfach als Waren ausgetauscht werden, sondern als Produkte von Kapitalen, die im Verhältnis zu ihrer Größe, oder bei gleicher Größe, gleiche Teilnahme an der Gesamtmasse des Mehrwerts beanspruchen. Und der Gesamtpreis der von einem gegebnen Kapital in einer gegebnen Zeitfrist produzierten Waren soll diese Forderung befriedigen. Der Gesamtpreis dieser Waren ist aber bloß die Summe der Preise der einzelnen Waren, die das Produkt des Kapitals bilden." (III, 184/185)

Wenn Marx hier von "Waren" redet, meint er ganz offensichtlich Werte, denn die Warenform hat mit dem in Frage stehenden Übergang unmittelbar nichts zu tun. Der Wechsel hin zu den Produkten "als Produkte von Kapitalen" beinhaltet vielmehr nur eine Abkehr von den Produkten als Produkte der Arbeit, weil letztere die "Forderung" nach pro Zeiteinheit gleicher Verwertung offensichtlich nicht erfüllen.

Wenn wir uns auf dieser Grundlage die Frage stellen, wie der durch die Konkurrenz vermittelte Übergang zu der pro Zeiteinheit berechneten Durchschnittsprofitrate genau vor sich geht, ist festzuhalten, dass Marx versucht, diese Frage in zwei Schritten zu beantworten. Ausgehend von dem folgenden Zitat:

"Die eigentlich schwierige Frage ist hier die: wie diese Ausgleichung der Profite zur allgemeinen Profitrate vorgeht, da sie offenbar ein Resultat ist und nicht ein Ausgangspunkt sein kann.
Es ist zunächst klar, daß eine Schätzung der Warenwerte, z. B. in Geld, nur das Resultat ihres Austausches sein kann und daß, wenn wir daher solche Schätzung voraussetzen, wir sie als das Ergebnis wirklicher Austausche von Warenwert gegen Warenwert zu betrachten haben. Aber wie soll dieser Austausch der Waren zu ihren wirklichen Werten zustande gekommen sein?" (III, 183/184),

thematisiert er zunächst die Durchsetzung des Werts, um erst danach die des Produktionspreises zu betrachten.

"Damit die Preise, wozu Waren sich gegeneinander austauschen, ihren Werten annähernd entsprechen, ist nichts nötig, als daß 1. der Austausch der verschiednen Waren aufhört, ein rein zufälliger oder nur gelegentlicher zu sein; 2. daß, soweit wir den direkten Warenaustausch betrachten, diese Waren beiderseits in den annähernd dem wechselseitigen Bedürfnis entsprechenden Verhältnismengen produziert werden, was die wechselseitige Erfahrung des Absatzes mitbringt und was so als Resultat aus dem fortgesetzten Austausch selbst herauswächst; und 3., soweit wir vom Verkauf sprechen, daß kein natürliches oder künstliches Monopol eine der kontrahierenden Seiten befähige, über den Wert zu verkaufen, oder sie zwinge, unter ihm loszuschlagen. Unter zufälligem Monopol verstehn wir das Monopol, das dem Käufer oder Verkäufer erwächst aus dem zufälligen Stand von Nachfrage und Angebot." (III, 187)

Allgemeine Grundlage des ersten Schrittes hin zu Preisen, die den Werten entsprechen, ist also die freie Marktwirtschaft, in der nur Angebot und Nachfrage zählen. Durch das freie Spiel dieser Kräfte setzt sich der Wert laut Marx als Gravitationszentrum der Preise durch:

"Die Annahme, daß die Waren der verschiednen Produktionssphären sich zu ihren Werten verkaufen, bedeutet natürlich nur, daß ihr Wert der Gravitationspunkt ist, um den ihre Preise sich drehn und zu dem ihre beständigen Hebungen und Senkungen sich ausgleichen. Es wird dann außerdem immer ein Marktwert - worüber später - zu unterscheiden sein von dem individuellen Wert der einzelnen Waren, die von den verschiednen Produzenten produziert werden. Der individuelle Wert einiger dieser Waren wird unter dem Marktwert stehn (d. h. es ist weniger Arbeitszeit für ihre Produktion erheischt als der Marktwert ausdrückt), der andre darüber. Der Marktwert wird einerseits zu betrachten sein als der Durchschnittswert der in einer Sphäre produzierten Waren, andrerseits als der individuelle Wert der Waren, die unter den durchschnittlichen Bedingungen der Sphäre produziert werden und die die große Masse der Produkte derselben bilden." (III, 187/188)

Dabei werden die "individuellen Werte" zum "Marktwert" (vgl. S. 92) ausgeglichen, der mit dem Durchschnittswert der individuellen Werte identisch ist.

Trotz dieser klaren Aussage, setzt Marx das letzte Zitat die Andeutung seines letzten Satzes aufgreifend folgendermaßen fort:

"Es sind nur außerordentliche Kombinationen, unter denen die unter den schlechtesten Bedingungen oder die unter den bevorzugtesten Bedingungen produzierten Waren den Marktwert regeln, der seinerseits das Schwankungszentrum bildet für die Marktpreise - die aber dieselben sind für die Waren derselben Art." (III, 188), um danach auf Fälle einzugehen, in denen unter- oder überdurchschnittliche individuelle Werte den Marktwert bestimmen:

"Nimm dagegen an, die Gesamtmenge der auf den Markt gebrachten fraglichen Ware bleibe dieselbe, aber der Wert der unter den schlechtern Bedingungen produzierten Waren gleiche sich nicht aus mit dem Wert der unter den bessern Bedingungen produzierten, so daß der unter den schlechtern Bedingungen produzierte Massenteil eine relativ bedeutende Größe bilde, sowohl gegen die mittlere Masse wie gegen das andre Extrem: dann regelt die unter den schlechtern Bedingungen produzierte Masse den Marktwert oder den gesellschaftlichen Wert. Nimm endlich an, die unter bessern als den mittlern Bedingungen produzierte Warenmasse übertreffe die unter den schlechtern Bedingungen produzierte und bilde selbst eine bedeutende Größe gegen die unter mittlern Verhältnissen produzierte; dann reguliert der unter den besten Bedingungen produzierte Teil den Marktwert. Es wird hier abgesehn von Überführung des Marktes, wo immer der unter den besten Bedingungen produzierte Teil den Marktpreis regelt; aber hier haben wir es nicht mit dem Marktpreis zu tun, soweit er verschieden von dem Marktwert, sondern mit den verschiednen Bestimmungen des Marktwerts selbst." (III, 192/193)

Diese Abschweifungen sind jedoch schon deshalb zu kritisieren, weil sie Marx' eigener Bestimmung des Werts widersprechen (vgl. S. 79ff.), was sich darin zeigt, dass er ihnen sogleich wieder mit den Worten entgegentritt:

"Strenggenommen wäre der Durchschnittspreis oder der Marktwert jeder einzelnen Ware oder jedes aliquoten Teils der Gesamtmasse nun bestimmt durch den Gesamtwert der Masse, der durch Addition der Werte der unter den verschiednen Bedingungen produzierten Waren herauskäme, und durch den aliquoten Teil, der von diesem Gesamtwert auf die einzelne Ware fiele." (III, 193)

Bevor zu einer generellen Würdigung der vorgeführten Argumentation übergegangen werden soll, möchte ich nun noch auf den zweiten Schritt eingehen, der den Übergang zum Durchschnittsprofit erklären soll:

"Bei der kapitalistischen Produktion handelt es sich nicht nur darum, für die in Warenform in die Zirkulation geworfne Wertmasse, eine gleiche Wertmasse in andrer Form – sei es des Geldes oder einer andern Ware – herauszuziehn, sondern es handelt sich darum für das der Produktion vorgeschoßne Kapital denselben Mehrwert oder Profit herauszuziehn wie jedes andre Kapital von derselben Größe, oder pro rata seiner Größe, in welchem Produktionszweig es auch angewandt sei; es handelt sich also darum, wenigstens als Minimum, die Waren zu Preisen zu verkaufen, die den Durchschnittsprofit liefern, d. h. zu Produktionspreisen." (III, 205)

Anlass für ihn ist der in diesem Zitat erwähnte Anspruch, "für das der Produktion vorgeschoßne Kapital denselben Mehrwert oder Profit herauszuziehn, wie jedes andre Kapital derselben Größe", gleichgültig in welchem Produktionszweig es engagiert ist. Seine Verwirklichung denkt sich Marx folgendermaßen:

"Werden die Waren aber zu ihren Werten verkauft, so entstehn, wie entwickelt, sehr verschiedne Profitraten in den verschiednen Produktionssphären, ja nach der verschiednen organischen Zusammensetzung der darin angelegten Kapitalmassen. Das Kapital entzieht sich aber einer Sphäre mit niedriger Profitrate und wirft sich auf die andre, die höheren Profit abwirft. Durch diese beständige Aus- und Einwandrung, mit einem Wort, durch seine Verteilung zwischen den verschiednen Sphären, je nachdem dort die Profitrate sinkt, hier steigt, bewirkt es solches Verhältnis der Zufuhr zur Nachfrage, daß der Durchschnittsprofit in den verschiednen Produktionssphären derselbe wird und daher die Werte sich in Produktionspreise verwandeln." (III, 205/206)

Kapital wandert also aus den Sphären, in denen sein Profit unterdurchschnittlich ist, in solche, in denen überdurchschnittlicher Profit gemacht wird. Die daraus resultierenden Veränderungen der Verhältnisse zwischen der Nachfrage und dem Angebot bewirken, dass in ersteren die Preise steigen und in letzteren fallen und führen auf diese Weise letztlich dazu, dass überall Durchschnittsprofit erzielt wird und die Werte sich in Produktionspreise verwandeln.

Besonders hervorzuheben ist dabei, dass auf diese Weise nur die Mehrwerte umverteilt werden. (vgl. III, 164ff.) Obwohl also die Preise der einzelnen Waren im Allgemeinen aufhören, ein Ausdruck ihrer Werte darzustellen, bleiben doch die vergegenständlichte Arbeit und Mehrarbeit die allgemeine Substanz des Werts und Mehrwerts:

"Indes löst sich dies immer dahin auf, daß, was in der einen Ware zuviel, in der andren zuwenig für Mehrwert eingeht, und daß daher auch die Abweichungen vom Wert, die in den Produktionspreisen der Waren stecken, sich gegeneinander aufheben. Es ist überhaupt bei der ganzen kapitalistischen Produktion immer nur in einer sehr verwickelten und annähernden Weise, als nie festzustellender Durchschnitt ewiger Schwankungen, daß sich das allgemeine Gesetz als die beherrschende Tendenz durchsetzt." (III, 171)

Dieses "allgemeine Gesetz" besteht also darin, dass die Summe der Werte gleich der Summe der Produktionspreise und die Summe der Mehrwerte gleich der Summe der Profite. (vgl. auch III, 169) Gerade, weil es nur als „Durchschnitt ewiger Schwankungen" zum Ausdruck kommt, ist darauf hinzuweisen, dass Marx' Aussage, wonach der Durchschnitt "nie festzustellen" ist, nicht wörtlich zu verstehen ist und somit nicht bedeutet, dass die empirische Falsifizierbarkeit aufgegeben wird. Vielmehr bleibt es dabei, dass die beiden Äquivalenzen empirische Behauptungen darstellen, auch wenn ihre Überprüfung einige Umstände erfordern mag. (vgl. S. 104)[cxli]

Die Existenz dieser beiden Gleichungen klärt zum einen über den "innern Zusammenhang" zwischen der vergegenständlichten Arbeit und den Preisen auf:

"Der Umstand, daß hier zum erstenmal dieser innere Zusammenhang enthüllt ist; daß, wie man aus dem Folgenden und aus Buch IV sehn wird, die bisherige Ökonomie entweder gewaltsam von den Unterschieden zwischen Mehrwert und Profit, Mehrwertrate und Profitrate abstrahierte, um die Wertbestimmung als Grundlage festhalten zu können, oder aber mit dieser Wertbestimmung allen Grund und Boden wissenschaftlichen Verhaltens aufgab, um an jenen in der Erscheinung auffälligen Unterschieden festzuhalten - diese Verwirrung der Theoretiker zeigt am besten, wie der im Konkurrenzkampf befangne, seine Erscheinungen in keiner Art durchdringende praktische Kapitalist durchaus unfähig sein muß, durch den Schein hindurch das innere Wesen und die innere Gestalt dieses Prozesses zu erkennen." (III, 178)

Zum andern zeigt sich jedoch auch, dass auf ihrer Grundlage die "innere Gestalt" des Verwertungsprozesses nicht mehr direkt erfahrbar ist. Somit kann festgestellt werden, dass die Mystifikationen durch die Herausbildung des Produktionspreises noch undurchsichtiger geworden sind:

"Der wirkliche Größenunterschied zwischen Profit und Mehrwert - nicht nur zwischen Profitrate und Mehrwertrate - in den besondren Produktionssphären versteckt nun völlig die wahre Natur und den Ursprung des Profits, nicht nur für den Kapitalisten, der hier ein besondres Interesse hat, sich zu täuschen, sondern auch für den Arbeiter. Mit der Verwandlung der Werte in Produktionspreise wird die Grundlage der Wertbestimmung selbst dem Auge entrückt." (III, 177/178)

Der "Größenunterschied zwischen Profit und Mehrwert" scheint nämlich ein Beweis dafür zu sein, dass die Substanz von ersterem nicht die von den Arbeitern geleistete Mehrarbeit sein kann.

Nach diesem ausführlichen Nachvollzug der Marxschen Argumentation sei nun zu ihrer Beurteilung übergegangen. Zu diesem Zweck sei zunächst klargestellt, dass es hier nicht um ihr historisches Verständnis geht. Wie das folgende Zitat:

"Abgesehn von der Beherrschung der Preise und der Preisbewegung durch das Wertgesetz, ist es also durchaus sachgemäß, die Werte der Waren nicht nur theoretisch, sondern historisch als das prius der Produktionspreise zu betrachten." (III, 186),

zeigt, haben die Darlegungen für Marx neben der logischen zwar auch eine historische Seite. Diese letztere ist jedoch für die Aufgabe, die es hier zu lösen gilt, untauglich. Darauf wurde zum einen schon auf der Seite 111 hingewiesen. Zum anderen soll das anhand der folgenden Stelle noch kurz demonstriert werden:

"Mit einem Wort: das Marxsche Wertgesetz gilt allgemein, soweit überhaupt ökonomische Gesetze gelten, für die ganze Periode der einfachen Warenproduktion, also bis zur Zeit, wo diese durch den Eintritt der kapitalistischen Produktionsform eine Modifikation erfährt." (III, 909)

Wie diese Worte aus dem Anhang zum III. Band deutlich machen, verlegt sich Engels bei seinem Versuch, das Marxsche "Wertgesetz" gegen seine Kritiker zu verteidigen, ganz auf das historische Verständnis der Marxschen Argumentation. Damit übersieht er, dass er mit der Verlegung seiner Gültigkeit in frühere Zeiten seinen Gegnern gerade Recht gibt, haben diese doch zurückgewiesen, dass es den Wert als Bestandteil der entwickelten bürgerlichen Gesellschaft gibt. Engels mag zwar dem Irrtum jeder historischen Erklärung erlegen sein, die der Meinung ist, etwas über ihren Gegenstand auszusagen, wenn sie ihn aus einem vergangenen Zustand erklärt. Demgegenüber ist jedoch zu betonen, dass ein Grund uns nur dann etwas über seine Folge mitteilt, wenn er in ihr nicht untergegangen ist. Demzufolge ist erstens klar, dass der Wert nurmehr als "theoretisches prius" von Bedeutung sein kann und Engels der Vorwurf zu machen ist, sich ganz auf die unwichtige historische Seite verlegt zu haben. Zweitens steht fest, dass das Engelsche Verständnis des "Wertgesetzes", das er Marx' Darstellung im I. Abschnitt des I. Bandes entnommen hat, unangebracht ist. Als direkten Grund der Austauschrelationen zwischen den Waren gibt es den Wert in der bürgerlichen Gesellschaft in der Tat nicht. Die Bedeutung dieses Gesetzes kann vielmehr nur noch in dem liegen, was in der jetzt zu prüfenden Argumentation von Marx enthalten ist, nämlich darin, dass die Werte die allgemeine Substanz der Preise darstellen. Ihr wird Engels durch seine Rede von einer "Modifikation" nicht gerecht.

Mehrere Punkte sind gegen die logisch verstandene Marxsche Argumentation vorzubringen: Zunächst fällt auf, dass der Teil, der die Durchsetzung des Werts behandelt, gar nicht zu den bisherigen Voraussetzungen passt. Wie wir gesehen haben, war bislang schon Grundlage, dass die Waren zum Wert verkauft und deshalb auch in einer passenden Zusammensetzung produziert werden. Daher sind die diesbezüglichen Marxschen Argumente zum einen überflüssig. Zum anderen widersprechen sie auch den bisherigen Bestimmungen, was sich vor allem am Begriff des "individuellen Werts" zeigt. Er negiert, dass der Wert von vornherein als gesellschaftliche Größe eingeführt worden ist.

Aber auch wenn wir uns auf den Übergang vom Wert zum Produktionspreis beschränken, ist Kritik vorzubringen. Auf der Basis dessen, dass für diesen Übergang einerseits der Anspruch ausschlaggebend ist, "die Waren zu Preisen zu verkaufen, die den Durchschnittsprofit liefern" und dieses Ziel nach Marx andererseits in der Konkurrenz dadurch verwirklicht wird, dass es zu veränderten Warenangeboten kommt, kann festgestellt werden, dass sich das auf beide Seiten bezieht. Wenn wir uns zuerst dem zweiten Punkt zuwenden, ist darauf hinzuweisen, dass der Verkauf der Waren zu ihrem Wert erfordert, dass die gesellschaftliche Arbeit gerade richtig alloziert ist und sich Angebot und Nachfrage überall entsprechen. Auf dieser Grundlage ist zu bezweifeln, dass mittels der von Marx erwähnten "Aus- und Einwandrung" von Kapital der Produktionspreis zu verwirklichen ist. Diese Bewegungen haben zunächst sicherlich die von Marx genannten Wirkungen, weil dort, wo das Angebot ab- oder zunimmt, die Preise tatsächlich steigen oder fallen werden. Dabei darf jedoch nicht übersehen werden, dass diese Veränderungen zu einer Störung im System der verschiedenen Produkte deswegen führen, weil wir ja von einer funktionierenden Verteilung ausgegangen sind. Zwar ändert sich mit steigenden oder fallenden Preisen die Nachfrage nach Gütern. Dies ist jedoch von einer Veränderung des Systems der Gebrauchswerte zu unterscheiden. Mit anderen Worten bieten die obigen Aus- und Einwanderungen, mit denen sich der Produktionspreis zunächst Geltung verschafft, keinerlei Gewähr dafür, dass die Struktur der Bedürfnisse sich gerade so verändert, dass in Zukunft von den Waren, deren Preise gestiegen sind, dauerhaft entsprechend weniger gebraucht werden, und von denen, die billiger geworden sind, entsprechend mehr. Wenn sich ein solcher Wandel nicht einstellt, wird sich mithin zeigen, dass von diesen Warensorten zuviel und von jenen zuwenig hergestellt werden. Auf längere Frist gesehen werden die einen trotz der gefallenen Preise deshalb nicht absetzbar sein, weshalb die Preise noch weiter sinken werden. Und von den anderen werden trotz der gestiegenen Preise mehr verlangt werden, was zu einer zusätzlichen Verteuerung führen wird. Folglich gibt es für die Kapitalisten Anlass zu entgegengesetzten Wanderbewegungen, bis der alte Zustand wiederhergestellt ist. Dann werden wieder die ursprünglich nachgefragten Mengen hergestellt und angeboten. Und da die Veränderungen aufgehoben sind, müssen auch wieder die alten Preisverhältnisse gelten. Als Endergebnis zeigt sich also, dass der Durchschnittsprofit auf die von Marx beschriebene Weise nicht zu verwirklichen ist, was seinen Grund darin hat, dass sie zu einer Störung in im System der Gebrauchswerte führt. Marx hat das übersehen, weil er sich nur um die Angebotsseite gekümmert und die Nachfrageseite vernachlässigt hat. Das Mengenverhältnis zwischen den nachgefragten Gütern ist jedoch nicht beliebig, sondern hat durchaus seine objektiven Ursachen.[cxlii]

Die oben beschriebene Transformation der Werte in Produktionspreise funktioniert nicht, weil die gleiche Verwertung nur über Veränderungen des Angebots und in diesem Sinne mittelbar angestrebt wird. Anders sähe es aus, wenn Marx auf diese Vermittlung verzichtet hätte und direkt mit seinem Gleichverwertungsanspruch argumentiert hätte. Denn dann können die obigen Einwände nicht mehr vorgebracht werden. Stattdessen kann auf dieser Grundlage festgestellt werden, dass der Übergang vom Wert zum Produktionspreis notwendig wäre, wenn Marx auf einem Gleichverwertungsanspruch aufbauen könnte, der deswegen geeignet ist, weil er sich auf das Ganze der Produktion bezieht und deshalb mit den unterschiedlichen Branchenprofitraten unvereinbar ist. Es sei deshalb geprüft, ob der von Marx verwendete Gleichverwertungsanspruch, den er als Folge der im vorhergehenden Abschnitt dargelegten Überlegungen hat, diese Bedingungen erfüllt.

Der Kapitalbegriff, den wir im letzten Kapitel kennen gelernt haben, beinhaltet den sich selbst verwertenden Wert. Weil es in dieser Beziehung keinen Unterschied zwischen solchen Wertteilen gibt, die in Arbeitskräfte, und solchen, die in Produktionsmittel ausgelegt werden, ist klar, dass das subjekthafte Kapital einen Gleichverwertungsanspruch enthält. Als Kapital verwertet sich der Wert, weil er Wert ist. (vgl. S. 453ff.) Da alle vorgeschossenen Kapitalteile gleichermaßen Wert sind, müssen sie sich deshalb auch gleichermaßen verwerten. Somit könnte der Eindruck entstehen, dass die von Marx benutzte Forderung gegeben und seine Schlussfolgerung damit notwendig ist. Bei genauerer Prüfung zeigt sich jedoch, dass das Kapital bei Marx als Einzelkapital vorausgesetzt ist. Der in ihm beinhaltete Gleichverwertungsanspruch beschränkt sich daher von vornherein auf dessen Innenverhältnis und hat mit dem Verhältnis zwischen verschiedenen Einzelkapitalen unmittelbar nichts zu tun. Er ist deshalb durch die erste Verwandlung des Mehrwerts in Profit bereits verwirklicht und wird von den damit einhergehenden Profitratenunterschieden nicht angefochten. Insofern muss festgehalten werden, dass die Marxsche Argumentation eine Lücke aufweist. Für seinen Schluss auf den Durchschnittsprofit benötigte er einen Gleichverwertungsanspruch, der sich auf alle Produktionszweige gleichermaßen oder auf das Kapital im Allgemeinen bezieht. Voraussetzen kann Marx jedoch nur eine Vielzahl von einzelnen Gleichverwertungsansprüchen, die sich jeweils nur auf Teilbereiche erstrecken.

Aus der letztgenannten Kritik ergibt sich umgekehrt, dass der Schritt hin zum Durchschnittsprofit notwendig gewesen wäre, wenn Marx auf einem einheitlichen Kapitalbegriff hätte aufbauen können. Dem widersprechen auch nicht die beiden zuvor genannten Kritikpunkte. Einerseits haben wir bereits gesehen, dass systematisch gesprochen nur solche Produkte produziert werden, die in neue Verwertungsbewegungen eingehen. Andererseits ist die Argumentation mit der Konkurrenz nur fehlgeschlagen, weil der Schritt hin zum Produktionspreis mit Veränderungen des Angebots einhergegangen ist. Auf Basis des vorausgesetzten Kapitalbegriffs, gibt es jedoch für solche Ein- und Auswanderungen von Kapital keinerlei Anlass. Der Wechsel vom Profit zum Durchschnittsprofit kann vielmehr ohne ihre Zuhilfenahme begründet werden, d. h. als unmittelbarer Übergang vom Wert zum Produktionspreis, der das System der Gebrauchswerte nicht beeinträchtigt und somit klar macht, dass die Waren Werte bleiben, wenn sie Produktionspreise annehmen.

3. Das Transformationsproblem

Die obigen Ausführungen beinhalten, dass der Übergang vom Wert zum Produktionspreis überzeugend wäre, wenn Marx vom scheinenden begrifflichen Gesamtkapital ausgegangen wäre und auf direkte Weise mit dem in ihm enthaltenen Gleichverwertungsanspruch argumentiert hätte. Dagegen könnte die Kritik vorgebracht werden, die zum sogenannten Transformationsproblem geäußert worden ist. Daher sei auf diese Einwände noch kurz eingegangen.

Die oben beschriebene Transformation der Werte in Produktionspreise hat die Kostpreise unverändert gelassen und demzufolge nur eine Umverteilung der Mehrwerte zum Inhalt. Insofern ist klar, dass die in den einzelnen Produktionszweigen erzielten Profite den dort erzeugten Mehrwerten nicht mehr entsprechen und es pro Branche auch eine Differenz zwischen Gesamtwert und Gesamtproduktionspreis gibt. Insgesamt gesehen ist es jedoch bei der Identität zwischen dem gesellschaftlichen Mehrwert und dem gesellschaftlichen Profit und der Summe der Werte und der Summe der Produktionspreise geblieben, sodass Arbeit und Mehrarbeit weiterhin als die allgemeine Substanz der Werte und Mehrwerte gelten können. Daran ändert sich nach Marx' Auffassung auch dann nichts, wenn die Transformation auf die Kostpreise bezogen und damit vervollständigt wird:

"Diesem Satz [der Behauptung, daß die Gesamtsumme der Produktionspreise der Gesamtsumme der Werte entspricht – H. R.] scheint die Tatsache zu widersprechen, daß in der kapitalistischen Produktion die Elemente des produktiven Kapitals in der Regel auf dem Markt gekauft sind, ihre Preise also einen bereits realisierten Profit enthalten und hiernach der Produktionspreis eines Industriezweigs samt dem in ihm enthaltnen Profit, daß also der Profit des einen Industriezweigs in den Kostpreis des andern eingeht. Aber wenn wir die Summe der Kostpreise der Waren des ganzen Landes auf die eine Seite und die Summe der Profite oder Mehrwerte auf die andre stellen, so ist klar, daß die Rechnung sich richtig stellen muß." (III, 169)

Genau dieser Umstand wird in der Literatur bezweifelt. Bei mehreren Versuchen, die die Kostpreise einbeziehende Transformation durchzuführen, hat sich nämlich gezeigt, dass der Durchschnittsprofit im Allgemeinen nur erreicht werden kann, wenn eines der genannten Invarianzpostulate aufgeben wird. Daraus wurde der Schluss gezogen, dass der Wert ohne theoretischen Belang oder seine Bedeutung zumindest stark zu relativieren ist.[cxliii]

Zu dieser Kritik ist zu sagen, dass sie zutrifft, wenn auf der Ebene, auf der die Transformation stattfindet, Produkte vorkommen, die nicht wieder als Ausgangsgrößen in einen neuen Verwertungsprozess eingehen. Denn, wenn es diese Produkte gibt und sie nicht zufälligerweise unter der Bedingung mittlerer organischer

Zusammensetzung und durchschnittlicher Umschlagszeit hergestellt werden, haben sie zur Folge, dass bezüglich der verbleibenden Produkte die Gesamtsumme der Werte und die der Produktionspreise voneinander abweichen. Wenn es dagegen keine solchen Produkte gibt, dann ist sie falsch. Dann bleibt es nämlich bei den beiden oben genannten Invarianzpostulaten.

Wenn wir uns auf dieser Grundlage der Frage zuwenden, ob es die besagten Produkte gibt oder nicht, ist festzustellen, dass bezogen auf die Empirie ersteres der Fall ist. Das ist hier aber gar nicht entscheidend. Vielmehr ist ausschlaggebend, ob es sie auf der Basis des Scheins gibt. Wenn wir sie auf dieser Grundlage beantworten, kommen wir zu einem anderen Resultat. Dann ist nämlich aufgrund des schrankenlosen Strebens nach Mehrwert gesetzt, dass es nur solche Produkte gibt, die wieder in eine neue Verwertungsbewegung eingehen. Das bedeutet aber, dass es bei den Invarianzpostulaten bleibt und das Transformationsproblem daher nicht existiert.[cxliv]

4. Zusammenfassende Bemerkungen

In diesem Kapitel haben wir einen im Rahmen der Marxschen Gesamtdarstellung höchst bedeutungsvollen Übergang kennen gelernt, dessen Ergebnis der Produktionspreis ist, der sich dadurch auszeichnet, dass sich das Kapital unabhängig von seiner organischen Zusammensetzung oder Umschlagszeit pro Zeiteinheit gleich verwertet. Mit diesem Übergang hören die Preise der einzelnen Waren im Allgemeinen auf, ein Ausdruck ihrer Werte zu sein. Andererseits ändert sich jedoch nichts daran, dass die Arbeit und Mehrarbeit die allgemeine Substanz des Werts und Mehrwerts ist. Es gilt nämlich weiterhin, dass der gesellschaftliche Gesamtwert gleich dem Gesamtproduktionspreis und der gesellschaftliche Gesamtmehrwert gleich dem Gesamtprofit.

Marx bemüht sich zwar um den Nachweis, dass der Schritt vom Wert zum Produktionspreis notwendig ist. Wir mussten jedoch feststellen, dass er auch in diesem Zusammenhang nicht erfolgreich ist. Der Grund dafür ist jedoch nicht die Kritik, die am sogenannten Transformationsproblem geübt worden ist. Denn sie wäre nur stichhaltig, wenn es einen Unterschied zwischen dem Output und dem Input in dem Sinne gäbe, dass ersterer nicht vollständig in letzteren eingeht. Das ist aber auf der Basis gar nicht der Fall, auf der wir uns hier bewegen.

Der Grund ist vielmehr zum einen darin zu sehen, dass Marx mit der Konkurrenz argumentiert. Das ist nicht zielführend, weil Marx nicht beachtet, dass die von ihm bemühten Aus- und Einwanderungen von Kapital zu einer Störung des in sich stimmigen Systems der Bedürfnisse führen. Außerdem ist darauf hinzuweisen, dass Marx erneut theoretische Ebenen miteinander verwechselt, wenn er die vom subjekthaften Kapital ausgehende logische Argumentation mit Überlegungen zur

Konkurrenz vermengt, die ihren Stellenwert allenfalls auf der Ebene der Erscheinungen haben, auf der die Menschen als Subjekte agieren. Während wir es bislang vor allem mit Verwechslungen zwischen dem Wesen und den Erscheinungen zu tun hatten, liegt hier eine Vermengung zwischen dem Schein und den Erscheinungen vor. Eines seiner Merkmale ist, dass Marx so tut als wäre der Übergang vom Wesen zu den Erscheinungen ein zeitlicher Vorgang. Dies ist eindeutig falsch. Richtig ist dagegen, dass dieser Übergang kein Vorgang in der Zeit darstellt, sondern einen rein logischen Charakter hat, was zu übersehen, insbesondere Engels vorgeworfen werden kann.

Das historische Verständnis des Übergangs ist falsch, weil auf der Ebene des Scheins genauso wie auf der Ebene des Wesens per logischer Geltung argumentiert wird. Marx verwechselt diese Argumentation dann mit der teleologischen Genesis, wenn er die Erhöhung oder die Senkung des Angebots einer bestimmten Warenart ins Spiel bringt. Dies kommt einer Vermischung zwischen Schein und Erscheinungen gleich.

Zum anderen scheitert Marx' Argumentation daran, dass er gar nicht auf den Anspruch zurückgreifen kann, auf der er zurückgreifen können müsste, um zwingend ableiten zu können. Der Grund dafür besteht darin, dass er das sich als Wert selbst verwertende Kapital von Anfang an als Einzelkapital behandelt. So verstanden, bezieht sich der in ihm wohl enthaltene Gleichverwertungsanspruch nicht auf die Gesamtheit der gesellschaftlichen Produktion, weshalb aus ihm auch kein gesamtgesellschaftlicher Durchschnittsprofit gefolgert werden kann.

Diese Kritik bedeutet nicht, dass der Übergang vom Wert zum Produktionspreis überhaupt nicht auf überzeugende Weise begründet werden kann. Vielmehr ist eine zwingende Argumentation denkbar. Sie basiert einerseits darauf, dass es der Veränderungen der Warenangebote gar nicht bedarf, sondern der Gleichverwertungsanspruch sich direkt und unmittelbar Geltung verschaffen kann. Andererseits wäre der erforderliche Anspruch vorhanden, wenn Marx von einem Gesamtkapital ausgegangen wäre. Denn auf seiner Grundlage ist der Gleichverwertungsanspruch auf das Ganze und damit auch auf das Verhältnis zwischen den verschiedenen Produktionsbereichen bezogen.

Auf der einen Seite ist festzustellen, dass Marx nicht von dem Schein angehörenden Gesamtkapital, sondern von dem Schein angehörenden Einzelkapital spricht. Auf der anderen Seite kann konstatiert werden, dass das nur bezogen darauf uneingeschränkt gilt, wie Marx das selbst sieht, was er tut, aber nicht bezogen darauf, was er tut. Wenn er von einem Kapital des Scheins spricht, das sich unter der Bedingung der Gleichheit von Mehrwert und Profit verwertet, dann kann er nämlich nur vom Gesamtkapital sprechen. Denn nur bei ihm gibt es diese Bedingung. Marx meint also nur, vom Einzelkapital zu sprechen. Tatsächlich hat er es dagegen mit einer verballhornten Fassung des Gesamtkapitals zu tun.

Dass Marx auf der Basis seines eigenen Bewusstseins von Einzelkapitalen und damit nicht von einem Gesamtkapital ausgegangen ist, ist auch der Grund dafür, dass er übersehen hat, dass der obige Übergang als Zerfall dieses Kapitals in viele Branchenkapitale gefasst werden kann. Durch die Herausbildung des Produktionspreises hat sich der sich selbst verwertende Wert, den es zunächst nur auf der Ebene der Allgemeinheit gibt, auf der der einzelnen Produktionszweige durchgesetzt. Die innerhalb dieser vorgeschossenen Werte verwerten sich jetzt gleich und haben sich auf diese Weise Geltung als Kapital verschafft.

Dass wir auf diese Weise beim Branchenkapital oder Kapital im Besonderen angekommen sind, findet sogar noch seinen Ausdruck in der ganz anders angelegten Marxschen Darstellung. Zum Beweis sei darauf verwiesen, dass Marx die ganze Zeit von den verschiedenen "Produktionssphären" oder "Produktionszweigen" spricht (vgl. z. B. S. 476) und sowohl von der branchendurchschnittlichen organischen Zusammensetzung als auch der branchendurchschnittlichen Umschlagszeit ausgeht. Auf den Schluss, deshalb gleich von Branchenkapitalen zu reden, kommt er jedoch nicht, eben weil er der Meinung ist, es schon mit dem Einzelkapital zu tun zu haben. Dass davon keine Rede sein kann, werden wir im übernächsten Kapitel noch genauer sehen. Wenn zum Kapital die durchgesetzte Gleichverwertung gehört, dann zeigt sich im Nachhinein, dass wir vor dem Branchenkapital noch gar nicht beim Einzelkapital waren und jetzt noch gar nicht bei ihm sind. Durchgesetzt ist der Gleichverwertungsanspruch nämlich bisher nur auf der Basis der Produktionszweige.

Schließlich sei zum einen noch erwähnt, dass die Ebene der Branchenkapitale die Grundlage ist, auf der die Entstehung von ungegenständlichen Produkten verständlich gemacht werden kann. Da sich die Produktion des relativen Mehrwerts auf der Basis der Herstellung von gegenständlichen Konsumtions- und/oder Produktionsmitteln abspielt, kommt es zu diesen Produkten nicht deswegen, weil es wirklich Produktionsschritte gibt, die keine gegenständliche Auswirkung haben. Zu dieser Produktion kommt es vielmehr nur dann, wenn die Gegenstände, in die die produktiven Aktivitäten der betreffenden Branchenkapitale eingehen, anderen Branchenkapitalen zugeordnet sind. Denn auf dieser Grundlage kann das Produkt der erstgenannten Branchenkapitale nur die Veränderung sein, die am Gegenstand bewirkt worden ist. Mithin können wir festhalten, dass wir es hier nicht mit wirklichen, sondern nur mit scheinbaren ungegenständlichen Produkten zu tun bekommen. Aus diesem Grund müssen wir an der obigen Bestimmung der wertbildenden

Arbeit (vgl. S. 374ff.) nichts zurücknehmen. Es bleibt dabei, das wertbildende Arbeit nur die Arbeit ist, die Mehrwert schafft, und von Mehrwertschaffung nur dort gesprochen werden kann, wo Arbeit vergegenständlicht wird.

Zum anderen sind die Branchenkapitale die Ebene, auf der die Zirkulation zum Thema zu machen wäre. Der Zerfall des Gesamtkapitals in viele Branchenkapitale hat nämlich zur Folge, dass es nicht nur einen Austausch zwischen zwei Polen gibt, sondern eine Zirkulation, an der viele Seiten beteiligt sind. Das führt zum Problem der mangelnden Wechselseitigkeit und damit zur Notwendigkeit einer selbständigen Geldware. Diese braucht es, obwohl hier gesetzt ist, dass alle Waren im richtigen Verhältnis hergestellt worden sind und ihre Austauschbarkeit daher gegeben ist.

Zum dritten ist wieder zu kritisieren, dass Marx schon von Kapitalisten redet. Das ist auf der einen Seite überflüssig, weil die Verwirklichung des Kapitals im Besonderen darin liegt, dass die Werte zum Produktionspreisen werden. Auf der anderen Seite kommt man der Wirklichkeit, wie es sie auf der Ebene des mittelbaren und unmittelbaren Seins gibt, nicht näher, wenn wir Branchenkapitalisten bemühen, die es weder auf der einen noch der anderen Ebene gibt. Wenn man diese als Charaktermasken versteht, verwischt man damit nur den Unterschied zum Wesen. Und wenn man sie als Subjekte versteht, wird die Differenz zu den Erscheinungen verdunkelt.

Zum vierten ist im Hinblick auf die empirische Seite darauf hinzuweisen, dass Marx mit der Verwandlung des Mehrwerts in Profit und des Werts in Produktionspreis der Oberfläche der bürgerlichen Gesellschaft zwar näher gekommen. Es kann jedoch noch keine Rede davon sein, dass er schon bei erfahrbaren Verhältnissen angelangt ist. Das zeigt sich nicht nur daran, dass in die Produktionspreise noch keine Zirkulationskosten eingehen, sondern auch daran, dass der Boden noch nicht vorkommt. Der empirische Test des zweiten Aspekts kann deshalb immer noch nicht durchgeführt werden.

XV. Das kaufmännische Kapital

Im vorletzten Kapitel haben wir den I. Abschnitt des III. Bandes des ‚Kapital' und im letzten Kapitel seinen II. Abschnitt behandelt. Daher könnte man der Meinung sein, dass jetzt der III. Abschnitt zum Zuge kommt, in dem Marx das sogenannte "Gesetz des tendenziellen Falls der Profitrate" behandelt. (vgl. III, 221ff.) Deswegen sei darauf hingewiesen, dass ich diesen Teil im Folgenden auslassen werde. Dies hat seinen Grund vor allem darin, dass der III. Abschnitt bei genauerer Betrachtung keinen weiteren Schritt hin zur Oberfläche der bürgerlichen Gesellschaft beinhaltet. Stattdessen führt er mit der im Zuge des Produktivitätsfortschritts fallenden Profitrate nur eine Konsequenz der bisherigen Erörterungen aus, die bei weitem nicht so bedeutungsvoll ist, wie oft geglaubt wird. Insbesondere ist der tendenzielle Fall der Profitrate kein Beweis des notwendigen Zusammenbruchs der kapitalistischen Gesellschaft. Denn die Profitmasse nimmt trotz abnehmender Rate im Verlaufe der Akkumulation weiter zu. Und solange das der Fall ist, führt sich der Kapitalismus nicht selbst ad absurdum.

Anstatt den III. Abschnitt zum Thema zu machen, soll im Folgenden direkt zum IV. Abschnitt übergegangen werden, in dem ein weiterer Schritt hin zur Oberfläche vollzogen wird. In seinem Rahmen wird nämlich die Zirkulation wieder aufgenommen, die bei Berechnung des Durchschnittsprofits bislang trotz der "zusätzliche Kapitalauslagen", die sie erforderlich macht (vgl. S. 434ff.), keine Rolle gespielt hat. Diese Zirkulation ist zwar von Anfang an im Kreislauf des Kapitals enthalten und im II. Band auch schon eigens thematisiert worden. Mittlerweile ist sie von Marx aber wieder fallen gelassen worden und muss daher von ihm erneut eingeführt werden.

1. Darstellung der Marxschen Argumentation

Der IV. Abschnitt des III. Bandes des ‚Kapital' beginnt mit folgenden Worten:

"Das kaufmännische oder Handelskapital zerfällt in zwei Formen oder Unterarten, Warenhandlungskapital und Geldhandlungskapital, die wir jetzt näher charakterisieren werden, soweit es zu Analyse des Kapitals in seiner Kernstruktur nötig ist. Und es ist um so nötiger, als die moderne Ökonomie, selbst in ihren besten Repräsentanten, das Handelskapital direkt mit dem industriellen Kapital zusammenwirft und seine charakteristischen Eigentümlichkeiten in der Tat ganz übersieht." (III, 278)

Sie zeigen, dass Marx nicht mit den Zirkulationstätigkeiten industrieller Kapitale beginnt, sondern sofort zu den selbständigen Formen des kaufmännischen Kapitals übergeht. Denn das "Warenhandlungskapital" und "Geldhandlungskapital" beschäftigen sich im Gegensatz zum "industriellen Kapital" ausschließlich mit Zirkulationsfunktionen. Bei letzterem sind dies eher die Aufgaben, die mit dem

Geldkapital zu tun haben und z. B. aus "Einkassieren, Zahlen und Buchhalten, Aufbewahrung des Schatzes" bestehen. (vgl. III, 328) Bei ersterem geht es dagegen mehr um das Warenkapital und damit mehr um die Tätigkeiten, die mit dem Kauf und Verkauf einhergehen. (vgl. III, 300) Wie Marx werden wir uns im Folgenden vor allem mit dem Warenhandlungskapital beschäftigen.

Was die Zirkulationsfunktionen eigentlich sind und dass sie von den Tätigkeiten des Transports, der Verpackung usw. zu unterscheiden sind, haben wir bereits gesehen. (vgl. S. 434) Diese Bestimmungen gelten auch hier:

"Es ist (Buch II, Kap. VI, die Zirkulationskosten, 2 und 3) auseinandergesetzt worden, wieweit Transportindustrie, Aufbewahrung und Verteilung der Waren in einer distributablen Form als Produktionsprozesse zu betrachten sind, die innerhalb des Zirkulationsprozesses fortdauern. Diese Zwischenfälle der Zirkulation des Warenkapitals werden zum Teil verwechselt mit den eigentümlichen Funktionen des kaufmännischen oder Warenhandlungskapitals; zum Teil finden sie sich mit dessen eigentümlichen spezifischen Funktionen in der Praxis verbunden, obgleich mit der Entwicklung der gesellschaftlichen Teilung der Arbeit die Funktion des Kaufmannskapitals sich auch rein herausarbeitet, d. h. geschieden von jenen realen Funktionen und selbständig gegen sie. Für unsern Zweck, wo es gilt, die spezifische Differenz dieser besondren Gestalt des Kapitals zu bestimmen, ist von jenen Funktionen zu abstrahieren. Soweit das bloß im Zirkulationsprozeß fungierende Kapital, speziell das Warenhandlungskapital, zum Teil jene Funktionen mit den seinen verbindet, tritt es nicht in seiner reinen Form hervor. Nach Abstreifung und Entfernung jener Funktionen haben wir die reine Form desselben." (III, 278/279; vgl. auch 293)

Marx beschränkt sich im Wesentlichen wieder auf die Behandlung der "reinen Form" des Warenhandlungskapitals. Er hat es damit nur mit Tätigkeiten zu tun, die keine produktive Arbeit darstellen:

"Man hat in Buch II gesehn, daß die reinen Funktionen des Kapitals, in der Zirkulationssphäre – die Operationen, die der industrielle Kapitalist vornehmen muß, um erstens den Wert seiner Waren zu realisieren und zweitens diesen Wert in die Produktionselemente der Ware rückzuverwandeln, die Operationen zur Vermittlung der Metamorphosen des Warenkapitals W' - G - W, also die Akte des Verkaufens und Kaufens – weder Wert noch Mehrwert erzeugen." (III, 292; vgl. auch 290/291 und 293)

Trotzdem ist das Handelskapital nur Kapital, weil es sich genauso verwertet wie das industrielle Kapital:

"Dennoch, da die Zirkulationsphase des industriellen Kapitals ebensosehr eine Phase des Reproduktionsprozesses bildet wie die Produktion, muß das im Zirkulationsprozeß selbständig fungierende Kapital ebensosehr den jährlichen Durchschnittsprofit abwerfen, wie das in den verschiednen Zweigen der Produktion fungierende Kapital." (III, 293; vgl. auch 283/284)

Es erhebt sich somit die Frage, wie das möglich ist:

"Da das Kaufmannskapital selbst keinen Mehrwert erzeugt, so ist klar, daß der Mehrwert, der in der Form des Durchschnittsprofits auf es fällt, einen Teil des von dem gesamten produktiven Kapital erzeugten Mehrwerts bildet. Aber die Frage ist nun die: Wie zieht das Kaufmannskapital den ihm zufallenden Teil des vom produktiven Kapital erzeugten Mehrwerts oder Profits an sich?" (III, 293)

Auf diese Frage gibt Marx zunächst folgende Antwort:

"Dies scheint nur dadurch möglich zu sein, daß er die ihm vom industriellen Kapitalisten zu ihren Produktionspreisen, oder wenn wir das gesamte Warenkapital betrachten, zu ihren Werten verkauften Waren über ihren Produktionspreisen verkauft, einen nominellen Zuschlag zu ihren Preisen macht, also, das gesamte Warenkapital betrachtet, es über seinem Wert verkauft und diesen Überschuß ihres Nominalwerts über ihren Realwert einkassiert, in einem Wort, sie teurer verkauft, als sie sind." (III, 294),

die er jedoch sofort wieder zurücknimmt:

"Näher betrachtet zeigt sich jedoch bald, daß dies bloßer Schein ist. Und daß, die kapitalistische Produktionsweise als die herrschende vorausgesetzt, der kommerzielle Profit sich nicht in dieser Weise realisiert. (Es handelt sich hier immer nur um den Durchschnitt, nicht um einzelne Fälle.)" (III, 295),

um stattdessen folgende Auskunft zu erteilen:

"Aber dennoch verkauft er [der Kaufmann – H. R.] die Waren nicht über ihrem Wert oder über ihrem Produktionspreis, eben weil er sie unter ihrem Wert oder unter ihrem Produktionspreis von den industriellen Kapitalisten gekauft hat." (III, 296)

Das Warenhandlungskapital verwertet sich nach Marx also dadurch, dass es den industriellen Kapitalen die Waren zu Preisen abkauft, die um seinen Profit niedriger sind als die Produktionspreise und damit auch niedriger als deren Gesamtwert. Auf diese Preise schlägt es seinen, die durchschnittliche Verwertung beinhaltenden Profit auf, um die Waren dann wieder zu Preisen zu verkaufen, deren Gesamtsumme jetzt dem Gesamtwert entspricht.

Durch das Handelskapital wird also nur die Grundsumme, auf die der gesellschaftliche Mehrwert als Durchschnittsprofit berechnet wird, größer, was zur Folge hat, dass sich die Durchschnittsprofitrate verringert:

"In die Bildung der allgemeinen Profitrate geht also das Kaufmannskapital bestimmend ein pro rata des Teils, den es vom Gesamtkapital bildet. Wenn also im angegebnen Fall gesagt wird: die Durchschnittsprofitrate ist = 18 %, so wäre sie = 20 %, wenn nicht $1/_{10}$ des Gesamtkapitals Kaufmannskapital wäre und dadurch die allgemeine Profitrate um $1/_{10}$ herabgesetzt worden. Es tritt daher eine nähere, einschränkende Bestimmung des Produktionspreises ein. Unter Produktionspreis ist nach wie vor zu verstehn der Preis der Ware = ihren Kosten (dem Wert des in ihr enthaltnen konstanten + variablen Kapitals) + dem Durchschnittsprofit darauf. Aber dieser Durchschnittsprofit ist jetzt anders bestimmt. Er ist bestimmt durch den Gesamtprofit, den das totale produktive Kapital erzeugt; aber nicht berechnet auf dies produktive Totalkapital, so daß, wenn dies wie oben = 900 und der Profit = 180, die Durchschnittsprofitrate = $^{180}/_{900}$ = 20 % wäre, sondern berechnet auf das totale produktive + Handelskapital, so daß, wenn 900 produktives und 100 Handelskapital, die Durchschnittsprofitrate = $^{18}/_{1000}$ = 18 % ist. Der Produktionspreis ist also k (den Kosten) + 18, statt = k + 20." (III, 296/297)

Bislang wurde die Sache so betrachtet, als gäbe es keine Zirkulationskosten, als würde als Warenhandlungskapital nur das Geld vorgeschossen, mit dem die Waren gekauft werden. Deshalb geht Marx im Folgenden auf die Zirkulationskosten ein:

"Welcher Art immer diese Zirkulationskosten sein mögen; ob sie aus dem rein kaufmännischen Geschäft als solchem entspringen, also zu den spezifischen Zirkulationskosten des Kaufmanns gehören; oder ob sie Posten vorstellen, die aus nachträglichen, innerhalb des Zirkulationsprozesses hinzukommenden Produktionsprozessen, wie Spedition, Transport, Aufbewahrung etc. entspringen: sie unterstellen auf Seite des Kaufmanns, außer dem im Warenkauf vorgeschoßnen Geldkapital, stets ein zusätzliches Kapital, das in Ankauf und Zahlung dieser Zirkulationsmittel vorgeschossen war. Soweit dies Kostenelement aus zirkulierendem Kapital besteht, geht es ganz, soweit aus fixem Kapital, geht es nach Maßgabe seines Verschleißes als Zusatzelement in den Verkaufspreis der Waren ein; aber als ein Element, das einen nominellen Wert bildet, selbst wenn es keinen wirklichen Wertzusatz der Ware bildet, wie die rein kaufmännischen Zirkulationskosten. Ob aber zirkulierend oder fix, dies ganze zusätzliche Kapital geht ein in die Bildung der allgemeinen Profitrate." (III, 299)

Obwohl sie als faux frais "keinen wirklichen Wertzusatz der Ware" bilden, sondern einfach verloren gehen, gehen sie hier einerseits in den "nominellen Wert" der Waren ein, d. h. scheinen nach Maßgabe ihres Verschleißes auf die Verkaufspreise genauso übertragen zu werden wie die Produktionskosten. (vgl. S. 365) Andererseits wird auf sie ebenfalls der übliche Profit berechnet, sodass sie überhaupt nicht mehr von den anderen Kosten zu unterscheiden sind. Vielmehr stellen sie jetzt tatsächlich ein "zusätzliches Kapital" dar, weil diese Kosten jetzt nicht nur verausgabt, sondern im Unterschied zu früher (vgl. S. 434ff.) mit dem Zweck vorgeschossen werden, es zu verwerten. Dabei ist in Bezug auf den letzten Satz des obigen Zitats wieder zu bemerken, dass nur auf den konsumierten Teil des fixen Kapitals Profit berechnet wird, weil in dessen Rate die längere Umschlagzeit des fixen Kapitals bereits berücksichtigt ist. (vgl. S. 439)

Im obigen Zitat hat Marx mit "Spedition, Transport, Aufbewahrung etc." auch Tätigkeiten erwähnt, die einen produktiven Charakter haben. Im Folgenden beschränkt er sich jedoch wieder auf die "rein kaufmännischen Zirkulationskosten":

"Die Kosten, die wir hier betrachten, sind die des Kaufens und die des Verkaufens. Es ist schon früher bemerkt worden, daß sie sich auflösen in Rechnen, Buchführen, Markten, Korrespondenz etc. Das konstante Kapital, das dazu erforderlich ist, besteht in Kontor, Papier, Porto etc. Die andren Kosten lösen sich auf in variables Kapital, das in Anwendung merkantiler Lohnarbeiter vorgeschossen wird. (Speditionsspesen, Transportkosten, Vorschüsse von Zöllen etc. können z. T. so betrachtet werden, daß der Kaufmann sie im Ankauf der Waren vorschießt und daß sie für ihn daher in den Kaufpreis eingehn.)" (III, 300)

Dabei zeigt sich, dass Marx ein aufgrund des vorletzten Zitats überraschendes Problem hat. Während Marx mit dem konstanten Teil der Zirkulationskosten einigermaßen klar kommt (vgl. III, 307/308), bereitet ihm nämlich der variable, in kommerzielle Lohnarbeiter ausgelegte Teil große Schwierigkeiten:

"Die Schwierigkeit ist diese: Da die Arbeitszeit und Arbeit des Kaufmanns selbst keine wertschaffende Arbeit ist, obgleich sie ihm Anteil an bereits erzeugtem Mehrwert schafft, wie verhält es sich mit dem variablen Kapital, das er auslegt im Ankauf von kommerzieller Arbeitskraft? Ist dies variable Kapital als Kostenauslage zuzurechnen zum vorgeschoßnen Kaufmannskapital? Wenn nicht, scheint dies zu widersprechen dem Gesetz der Ausgleichung der Profitrate; welcher Kapitalist würde 150 vorschießen, wenn er nur 100 als vorgeschoßnes Kapital berechnen könnte? Wenn doch, so scheint es dem Wesen des Handelskapitals zu widersprechen, da diese Kapitalsorte nicht dadurch als Kapital fungiert, daß sie, wie das industrielle Kapital, fremde Arbeit in Bewegung setzt, sondern dadurch, daß sie selbst arbeitet, d. h. die Funktionen des Kaufens und Verkaufens vollzieht, und gerade nur dafür und dadurch einen Teil des vom industriellen Kapital erzeugten Mehrwerts auf sich überträgt." (III, 305; vgl. auch 301 und 307)

Marx' Problem besteht darin, dass er im Unterschied zu den konstanten Zirkulationskosten, die als zusätzliches Element in den Kostpreis eingehen (vgl. III, 308), bei den Löhnen für die "kommerzielle Arbeitskraft" nicht recht weiß, ob dasselbe gilt. Einerseits sieht er zwar, dass bei ihrer Nichtberücksichtigung die Profitrate sich nicht ausgleichen könnte. Andererseits ist er jedoch der Meinung, dass das Warenhandlungskapital seinem "Wesen" nach keine "fremde Arbeit in Bewegung setzt", sondern "selbst arbeitet", womit er wohl zum Ausdruck bringen will, dass seine Personifikation, also der "Kaufmann", eigentlich die "Funktionen des Kaufens und Verkaufens" alleine verrichten müsste. Und da ferner gelten soll:

"Wodurch er [der allein arbeitende kaufmännische Kapitalist – H. R.] bezahlt wird, ist der Teil des Profits, der ihm aus der Differenz zwischen dem Kaufpreis der Waren und dem wirklichen Produktionspreis erwächst." (II, 301),

kommt Marx zu der Auffassung, dass es eigentlich keine variablen Zirkulationskosten geben kann bzw. diese aus dem Profit zu bezahlen sind. Mit diesem Ergebnis ist er jedoch auch nicht ganz zufrieden, was sich daran zeigt, dass er das Problem über mehrere Seiten hinweg weiterwälzt (vgl. III, 305 - 312), ohne jedoch zu einer ihn endgültig befriedigenden Lösung zu kommen.

Wie insbesondere das letzte Zitat zeigt, spiegeln Marx' Schwierigkeiten einen Fehler wider, den wir bereits kennen. Schon früher wollte er Kapitalisten auch dann keinen Lohn zugestehen, wenn sie dieselben Funktionen wahrnahmen wie Zirkulationsarbeiter. (vgl. S. 437) Während dieser Punkt damals noch relativ belanglos blieb, weil klar war, dass die variablen Zirkulationskosten faux frais darstellen und deshalb in jedem Fall aus dem Profit zu tragen sind, wird er hier wichtig, weil an ihm die gleiche Verwertung des Warenhandlungskapitals hängt. Über die früher geäußerte Kritik hinausgehend sei deshalb betont, dass das Warenhandlungskapital in der Tat nur ein Kapital ist, wenn es sich genauso verwertet wie das industrielle Kapital. Das heißt jedoch nicht nur, dass die Löhne der Zirkulationsarbeiter als Grundsumme in die Berechnung des Profits eingehen müssen, weil nur in diesem Fall durchschnittliche Verwertung erreicht werden kann. Dies bedeutet auch, dass das Warenhandlungskapital genauso fremde Arbeit in Gang setzt wie das industrielle Kapital, auch wenn es sich dabei nur um unproduktive Arbeit handelt. Nur in diesem Fall wird auch das Warenhandlungskapital zu einem sich selbst verwertenden Wert, weil nur in diesem Fall die vermittelnden Zirkulationstätigkeiten verschwinden. (vgl. S. 459)

Aus diesem Grund obliegt die Ausführung der Funktionen des Kaufs und Verkaufs der Waren Zirkulationsarbeitern und die Tätigkeiten, die der Kaufmann als Personifikation des Warenhandlungskapitals zu vollbringen hat, beschränken sich eben auf das In-Gang-Setzen selbst, das im Wesentlichen aus dem ersten Kauf von Arbeitskräften besteht. Nur für diese Aktivitäten wird kein Lohn berechnet. Führt der Kaufmann dagegen weitergehende Aufgaben aus, dann ist er genauso ein unproduktiver Arbeiter wie der industrielle Kapitalist, der den Produktionsprozess koordiniert, ein produktiver Arbeiter ist. (vgl. S. 377) Gemäß dem Gleichverwertungsanspruchs des Kapitals muss er deshalb dafür Lohn berechnen, auch wenn er ihn für sich selbst berechnet. Im Übrigen gilt hier immer noch, dass von den Personifikationen des Kapitals eigentlich gar nicht gesprochen werden müsste, weil es diese auf der Ebene des Scheins nicht gibt. (vgl. S. 280)

Oben haben wir gesehen, dass es trotz der Hereinnahme des Warenhandlungskapitals dabei bleibt, dass die Gesamtsumme der Preise gleich der der Werte und die Gesamtsumme der Profite gleich der der Mehrwerte. Im Folgenden soll deshalb geprüft werden, ob sich durch die Berücksichtigung der Zirkulationskosten daran etwas ändert. Auf den ersten Blick könnte es scheinen, dass aufgrund der weiter gewachsenen Grundsumme, auf die der Mehrwert als Profit zu verteilen ist, zwar die Profitrate weiter sinkt, es jedoch bei der Gleichung zwischen dem Gesamtprofit und dem Gesamtmehrwert bleibt. Dagegen scheint die zweite Gleichung nicht mehr gegeben zu sein, weil mit den Zirkulationskosten jetzt ein Bestandteil in die Preise eingeht, der in den Werten nicht enthalten ist. Obwohl er in diesem Punkt nicht sehr klar ist, scheint das auch Marx' Auffassung zu sein. Zwar findet sich im Hinblick auf letzteres kaum etwas, was explizit dafür spricht. (vgl. III, 307) Es ist jedoch eine unmittelbare Folge von ersterem, dem Marx mit dem folgenden Zitat zustimmt:

"Die Auslage für dieselben [kommerzielle Lohnarbeiter – H. R.], obgleich in Form von Arbeitslohn gemacht, unterscheidet sich von dem variablen Kapital, das im Ankauf der produktiven Arbeit ausgelegt ist. Es vermehrt die Auslagen des industriellen Kapitalisten, die Masse des vorzuschießenden Kapitals, ohne direkt den Mehrwert zu vermehren. Denn es ist Auslage, bezahlt für Arbeit, die nur in der Realisierung schon geschaffner Werte verwandt wird. Wie jede andre Auslage dieser Art, vermindert auch diese die Rate des Profits, weil das vorgeschoßne Kapital wächst, aber nicht der Mehrwert. Wenn der Mehrwert m konstant bleibt, das vorgeschoßne Kapital C aber auf C + ΔC wächst, so tritt an Stelle der Profitrate $^m/_C$ die kleinere Profitrate $^m/_{C\,+\,\Delta C}$." (III, 310; vgl. auch 308)

Trotzdem sind beide Aussagen zurückzuweisen. Zum einen ist zu betonen, dass sich die Profitrate durch die Hereinnahme der Zirkulationskosten nicht nur deshalb erniedrigt, weil die Grundsumme, auf die der Mehrwert zu beziehen ist, wächst, sondern auch, weil dieser Mehrwert selbst sinkt. Dies wird am deutlichsten, wenn wir die Sache von einem gesamtgesellschaftlichen Gesichtspunkt aus betrachten. Von der Gesamtheit der produktiven Arbeiter aus gesehen ist klar, dass alle Arbeit, die bei der Herstellung der Zirkulationsmittel und der Konsumtionsmittel für die Zirkulationsarbeiter und ihrem Anhang aufgewendet werden muss, Mehrarbeit darstellt, unabhängig davon, ob damit nur verschlissene Produkte ersetzt werden oder nicht. Indem sich nun diese verschlissenen Werte genauso zu übertragen scheinen wie die bei der Produktion verbrauchten Werte, scheinen die sie ersetzenden Zirkulationsmittel und die für die Zirkulationsarbeiter bestimmten Konsumtionsmittel gar nicht mehr zum Mehrprodukt zu gehören, sondern ins Altprodukt zu fallen. Das, was nurmehr Profit werden kann, ist also kleiner als der Mehrwert, weil eben ein Teil des Mehrwerts als bloß übertragener Altwert erscheint. Auf dieser Grundlage dürfte zugleich klar sein, dass die Gesamtsumme der Preise nicht größer als die der Werte ist, obwohl sie jetzt Zirkulationskosten beinhaltet, denn diese Zirkulationskosten stellen nur mystifizierten Mehrwert dar. Als Gesamtergebnis ist somit festzuhalten, dass die Gesamtsumme dessen, was jetzt noch als Profit erscheint, kleiner ist als die Gesamtsumme des Mehrwerts und dass die Summe der Preise nachwievor gleich der Summe der Werte ist. Die vergegenständlichte Arbeit ist also weiterhin die bestimmende Grundlage, was selbstverständlich auch Marx' Auffassung ist, trotz seiner ungenügenden Darstellung dieses Sachverhalts.

Auf der anderen Seite ist der falsche Schein durch das merkantile Kapital weiter verdichtet worden. Während bislang neben dem Wert des konstanten Kapitals nur der durch die notwendige Arbeit geschaffene Wert dem Verwertungsprozess vorausgesetzt schien (vgl. S. 456), scheint es jetzt auch einen Teil des durch die Mehrarbeit geschaffenen Werts schon vor seinem Beginn zu geben. Insofern ist auch nicht verwunderlich, dass die wesentlichen Verhältnisse den empirischen Agenten vollkommen unbekannt sind:

"Wenn, wie der Leser zu seinem Leidwesen erkannt hat, die Analyse der wirklichen, innern Zusammenhänge des kapitalistischen Produktionsprozesses ein sehr verwickeltes Ding und eine sehr ausführliche Arbeit ist; wenn es ein Werk der Wissenschaft ist, die sichtbare, bloß erscheinende Bewegung auf die innere wirkliche Bewegung zu reduzieren, so versteht es sich ganz von selbst, daß in den Köpfen der kapitalistischen Produktions- und Zirkulationsagenten sich Vorstellungen über die Produktionsgesetze bilden müssen, die von diesen Gesetzen ganz abweichen, und nur der bewußte Ausdruck der scheinbaren Bewegung sind." (III, 324)

2. Zur Logik des Handelskapitals

Bislang haben wir anhand des Begriffs des Warenhandlungskapitals nur dargestellt, dass sich selbständige Formen des Handelskapitals herausbilden, und wie deren Verwertung auf Basis des Werts vorsichgeht. Im Folgenden soll geprüft werden, warum das der Fall ist. Warum wird die Zirkulation neben der Produktion zu einem profitablen Bereich? Warum gibt es selbständige Handelskapitale? Gemäß der Marxschen Darstellung möchte ich mit letzterem beginnen.

Auf der Basis dessen, dass die Zirkulation eine profitträchtige Funktion ist, könnte es so scheinen, dass sich die industriellen Kapitale diese Operation im Interesse ihrer möglichst guten Verwertung selbst vorbehalten, sodass ihre Verselbständigung einer eigenen Begründung bedarf. Marx versucht sie mit folgenden Worten zu liefern:

"Falls das Kaufmannskapital nicht seine notwendigen Proportionen überschreitet, ist anzunehmen:

496

1. daß infolge der Teilung der Arbeit das Kapital, das sich ausschließlich mit Kaufen und Verkaufen beschäftigt (und es gehört hierzu außer dem Geld zum Ankauf von Waren das Geld, das ausgelegt werden muß in der zum Betrieb des kaufmännischen Geschäfts notwendigen Arbeit, im konstanten Kapital des Kaufmanns, Lagergebäude, Transport etc.), kleiner ist, als es wäre, wenn der industrielle Kapitalist den ganzen kaufmännischen Teil seines Geschäfts selbst betreiben müßte;

2. daß, weil der Kaufmann ausschließlich mit diesem Geschäft befasst, nicht nur für den Produzenten seine Ware früher in Geld verwandelt wird, sondern das Warenkapital selbst rascher seine Metamorphose durchmacht, als es in der Hand des Produzenten tun würde;

3. daß, das gesamte Kaufmannskapital im Verhältnis zum industriellen Kapital betrachtet, ein Umschlag des Kaufmannskapitals nicht nur die Umschläge vieler Kapitale in einer Produktionssphäre, sondern die Umschläge einer Anzahl von Kapitalen in verschiednen Produktionssphären vorstellen kann." (III, 286/287; vgl. auch 290 und 308)

Kurz gesagt ist er der Meinung, dass durch die Herausbildung selbständiger Handelskapitale die mit der Zirkulation im Zusammenhang stehenden Aufwendungen sinken. Einerseits nehmen die Zirkulationskosten ab, wobei davon abgesehen werden soll, dass Marx auch von uneigentlichen Zirkulationskosten redet, wenn er "Lagergebäude, Transport" erwähnt. (vgl. III, 303) Andererseits verringert sich das zur Kontinuierlichmachung der Produktion erforderliche Zuschusskapital (vgl. S. 445), was dem folgenden Zitat noch klarer entnommen werden kann:

"Müßte der Leinwandproduzent warten, bis seine Leinwand wirklich aufgehört hat, Ware zu sein, bis sie an den letzten Käufer, den produktiven oder individuellen Konsumenten übergegangen ist, so wäre sein Reproduktionsprozeß unterbrochen. Oder um ihn nicht zu unterbrechen, hätte er seine Operationen einschränken müssen, einen geringern Teil seiner Leinwand in Garn, Kohlen, Arbeit etc., kurz in die Elemente des produktiven Kapitals verwandeln und einen größern Teil davon als Geldreserve bei sich behalten müssen, damit, während ein Teil seines Kapitals sich als Ware auf dem Markt befindet, ein andrer Teil den Produktionsprozeß fortsetzen könne, so daß, wenn dieser als Ware auf den Markt tritt, jener in Geldform zurückfließt. Diese Teilung seines Kapitals wird durch die Dazwischenkunft des Kaufmanns nicht beseitigt. Aber ohne letzte müßte der in Form von Geldreserve vorhandene Teil des Zirkulationskapitals stets größer sein im Verhältnis zu dem in Form von produktivem Kapital beschäftigten Teil und dementsprechend die Stufenleiter der Reproduktion beschränkt werden. Stattdessen kann der Produzent nun einen größern Teil seines Kapitals beständig im eigentlichen Produktionsprozeß anwenden, einen geringern als Geldreserve." (III, 286)

Beiden Seiten ist meines Erachtens zuzustimmen. Dass die Zirkulationskosten durch die Herausbildung selbständiger Handelskapitale, die verschiedenen Kapitalen einen Teil ihrer Zirkulationsaufgaben abnehmen, die Zirkulationskosten verringert werden, erkennt man schon, wenn man bedenkt, was es bedeuten würde, wenn alle Hersteller bis zum Endverbraucher hin ihre eignen Verkaufsstrukturen besäßen.[62] Und dass das Zuschusskapital gesellschaftlich gesehen minimiert wird, erhellt, wenn man berücksichtigt, dass es die Kaufleute jeweils nur für die Zirkulationszeit vorschießen, während es die industriellen Kapitalisten für die ganze Umschlagsperiode verausgaben müssen, auch wenn sich nach Abschluss der ersten Zirkulationszeit ein dem Zuschusskapital entsprechender Teil des dann zurückgeflossenen Geldes brachlegen sollte. (vgl. S. 445) Das bedeutet aber, dass eine bestimmte von industriellen Kapitalisten vorgeschossene Menge Zuschusskapital pro Zeiteinheit weniger Zirkulationsaufgaben erfüllen kann als dieselbe von Kaufleuten vorgeschossene Menge und die gesellschaftliche Produktion daher mit weniger Vorschuss kontinuierlich erhalten werden kann, wenn ein Teil des Zuschusskapitals von Kaufleuten im Ankauf der Waren vorgeschossen wird.

Das Sinken der Zirkulationskosten ist also begründet. Inwiefern ergibt sich daraus aber die Notwendigkeit der Verselbständigung des Handelskapitals? Als Antwort auf diese Frage findet sich bei Marx folgendes:

"Soweit das Kaufmannskapitals auf die Grenzen beschränkt bleibt, in denen es notwendig ist, ist der Unterschied nur der, daß durch diese Teilung der Funktion des Kapitals weniger Zeit ausschließlich auf den Zirkulationsprozeß verwendet, weniger Zusatzkapital dafür vorgeschossen wird und der Verlust am Gesamtprofit, der sich in der Gestalt des merkantilen Profits zeigt, kleiner ist, als er sonst wäre." (III, 302)

Einerseits weist Marx richtigerweise darauf hin, dass die Verselbständigung "indirekt produktiv" (III, 293) ist, weil sie über die Senkung der Aufwendungen für die Zirkulation zu einem kleineren "merkantilen Profit" und damit zu einer weniger sinkenden Profitrate führt:

"Soweit diese mit dem Zirkulationsgeschäft selbst verbundnen Zusatzkosten dem industriellen Kapitalisten nun abgenommen werden vom kaufmännischen, findet diese Verminderung der Profitrate auch statt, nur in geringerm Grade und auf anderm Wege." (III, 303)

Andererseits sieht er darin offensichtlich den Grund für die Verselbständigung, bezeichnet er doch das Kaufmannskapital, das mit dem genannten Effekt einhergeht als "notwendig". Mit anderen Worten geht Marx offensichtlich davon aus,

---

[62] Dieser Effekt ist mit der im Rahmen der Produktion des relativen Mehrwerts möglichen Zerlegung eines Endprodukts in selbständige Zwischenprodukte vergleichbar. (vgl. S. 280)

dass die Zirkulationskosten der kommerziellen Kapitale nicht nur in die Durch-schnittsprofitabilität einzuarbeiten sind, sondern diese Rate so hoch wie möglich zu sein hat. Soweit auch dieses Moment, das als Überbleibsel des schrankenlosen Wertvermehrungszwecks verstanden werden kann, im neuen Kapitalbegriff als Forderung enthalten ist, ist die Herausbildung selbständiger Handelskapitale zwin-gend.

Voraussetzung dieser Feststellung ist allerdings, dass die Zirkulationsfunktionen auch profitabel wären, wenn sie bei den industriellen Kapitalen verbleiben würden und die Zirkulation deshalb überhaupt ein profitables Geschäft darstellt. Wie sieht es damit aus?

"Dennoch, da die Zirkulationsphase des industriellen Kapitals ebensosehr eine Phase des Reproduktionsprozesses bildet wie die Produktion, muß das im Zirku-lationsprozeß selbständig fungierende Kapital ebensosehr den jährlichen Durch-schnittsprofit abwerfen wie das in den verschiednen Zweigen der Produktion fun-gierende Kapital." (III, 293)

Zwar redet Marx in diesem Zitat wieder von den verselbständigten Handelskapi-talen. Sein Inhalt kann jedoch auch auf die Zirkulationsfunktionen als solche an-gewendet werden. In diesem Sinne liegt die Notwendigkeit der auf die Kosten der Zirkulation bezogenen Durchschnittsprofitabilität für Marx einfach darin, dass sie eine "Phase des Reproduktionsprozesses" darstellen. Da das industrielle Kapital auch im Zusammenhang mit der Zirkulation Geld vorschießen muss, will es dieses auch als Kapital vorschießen, ist doch die gleichmäßige Verwertung des Werts sein eigentlicher Zweck.

In Anbetracht dessen, dass das Kapital sich als ein sich selbst und damit auch gleich verwertender Wert darstellt, ist dem einerseits zuzustimmen. Mit diesem Kapitalbegriff ist es nämlich unvereinbar, dass mit den Zirkulationskosten ein Geldbetrag vorgeschossen wird, der sich nicht verwertet. Andererseits fragt sich, warum Marx diese Folgerungen erst an dieser Stelle zieht. Hören wir dazu Marx:

"Wir gingen notwendig von dieser Voraussetzung [dass das Handelskapital nicht in die allgemeine Profitrate eingeht – H. R.] aus bei der Darstellung der allgemei-nen Profitrate, erstens, weil das merkantile Kapital als solches damals für uns noch nicht existierte; und zweitens, weil der Durchschnittsprofit, und daher die allgemeine Profitrate, zunächst notwendig zu entwickeln war als Ausgleichung der Profite oder Mehrwerte, die von den industriellen Kapitalen der verschiednen Produktionssphären wirklich produziert werden." (III, 295)

Wenn er in diesem Zitat erstens darauf hinweist, dass es das selbständige "mer-kantile Kapital" früher noch nicht gab, dann kann das den früheren Ausschluss der Zirkulationskosten schon deshalb nicht begründen, weil es ja auch um die Nicht-berücksichtigung der Zirkulationsfunktionen geht, die dem industriellen Kapital vorbehalten bleiben. Diese gab es schon die ganze Zeit. Aber auch das zweite Argument führt nicht weiter, stellt es doch nichts anderes als eine bloße Versicherung dar, die uns nicht sagt, worin die behauptete Notwendigkeit der Beschränkung auf die industriellen Kapitale liegt. Da Marx keine weiteren Argumente für sein Vorgehen nennt, ist festzuhalten, dass die Hereinnahme des sich ausschließlich oder nicht ausschließlich in der Zirkulation verwertenden Kapitals zu diesem Zeitpunkt uneinsichtig ist.

3. Zusammenfassende Bemerkungen

Im vorangegangenen Kapitel haben wir gesehen, dass die Zirkulation entweder als Betätigungsfeld selbständiger Handelskapitale oder als Nebenbeschäftigung industrieller Kapitale zu einem Prozess der Verwertung von Kapital wird und wie dies auf Basis des Werts möglich ist. Dabei waren zwei Mängel festzustellen. Einerseits kam Marx nicht mit den variablen Zirkulationskosten zurecht. Andererseits hat er zumindest nicht klar genug dargestellt, warum die gesamte Preissumme trotz der in ihr als zusätzliches Element enthaltenen Zirkulationskosten nicht höher als die Gesamtsumme der Werte ist.

Was nun die Notwendigkeit dieser neuen Inhalte anbetrifft, ist zunächst darauf hinzuweisen, dass Marx seine Argumentation gewissermaßen vom Schwanz her aufzäumt. Er beginnt mit den selbständigen kommerziellen Kapitalen, wo diese doch nur auf Basis dessen sinnvollerweise thematisiert werden können, dass die Zirkulationsfunktionen der produktiven Kapitale in die Selbstverwertung des Werts eingearbeitet werden. Auf dieser Grundlage sind vor allem zwei wunde Punkte sichtbar geworden. Einesteils kann Marx nicht begründen, warum er die Zirkulation erst an dieser Stelle wieder hereinbringt, wo es sie und ihre Kosten in seiner Darstellung doch schon vorher gegeben hat. Andernteils kann er den Kapitalbegriff, den er zur Ableitung der Verselbständigung des Handelskapitals braucht, nicht voraussetzen. Dies wird deutlich, wenn man sich vor Augen hält, dass in dem sich als Schein aus den früheren Überlegungen zur Produktion von möglichst viel Mehrwert ergebenden Kapitalbegriff wohl enthalten ist, dass ein bestimmter Profit mit möglichst wenig Kosten erzeugt werden soll und insofern die Profitrate möglichst hoch zu sein hat. Dies stellt jedoch kein unbedingtes Ziel dar, weil aufgrund der Produktion des relativen Mehrwerts eine niedrigere Profitrate im Interesse einer größeren Profitmasse durchaus in Kauf genommen wird.

Wegen dieser Bedingtheit wäre zur Ableitung des selbständigen Handelskapitals ein Kapitalbegriff notwendig, der die Gesamtheit der gesellschaftlichen Produktion umfasst. Auf seiner Grundlage wäre klar, dass es nicht darum gehen kann, die Profitmasse zu erhöhen, sodass die in ihm enthaltene Schrankenlosigkeit nurmehr das Feld der Maximierung der Profitrate hätte. Bei Marx tritt dagegen auch das

Kapital des Scheins von Anfang an als Einzelkapital auf, das seine Profitmasse bei sinkender Rate durchaus erhöhen könnte, wenn es sich die Zirkulationsaufgaben selbst vorbehalten würde. Somit können wir hier eine ähnliche Lücke innerhalb der Argumentation feststellen wie im letzten Kapitel. (vgl. S. 482)

Wie gesehen ist die Marxsche Behauptung, die Zirkulation sei erst nach der Herausbildung des Produktionspreises als Verwertungsprozess thematisierbar, eine bloße Versicherung. Andererseits sei nicht verschwiegen, dass auch sie als ein Ausdruck richtiger Ahnungen verstanden werden kann. Es gibt nämlich durchaus die von Marx behauptete Notwendigkeit. Dies wird deutlich, wenn man sich daran erinnert, dass diese Herausbildung als Zerfall des Kapitals im Allgemeinen in eine Vielzahl von Branchenkapitalen beschrieben werden kann, und berücksichtigt, dass erst dadurch eine Zirkulation erforderlich wird, die über den bloßen Austausch zwischen Konsumtionsmitteln und Arbeitskraft hinausgeht. Im Gegensatz zum Gesamtkapital stellen nämlich die einzelnen Branchenkapitale, die Produkte, die sie als Gebrauchs- oder Tauschwerte zur Fortsetzung ihres Geschäfts benötigen nicht selbst her, sodass sie sich diese erst durch die Zirkulation beschaffen müssen. Erst an dieser Stelle haben wir deshalb Anlass, diesen Prozess und die durch ihn verursachten Kosten anzusprechen.

Während der Austausch zwischen den Konsumtionsmitteln und der Arbeitskraft, den es auf der Basis des Gesamtkapitals einzig gibt, sich jeweils nur zwischen zwei Polen abspielt, nehmen an der Zirkulation, die alle Produkte umfasst, viele Seiten teil. Damit kann die Wechselseitigkeit der Bedürfnisse nicht mehr vorausgesetzt werden. Mithin zeigt sich, dass erst die Branchenkapitale die Grundlage für die Ableitung des Geldes als selbständige Existenz des Tauschwerts (vgl. S. 150ff.) abgeben können. Dies hat Marx genausowenig gesehen, wie die weitere Möglichkeit der zwingenden Begründung der Wertform. Wie wir gesehen haben, war es Marx nicht möglich, diese Aufgabe zu erfüllen, weil es auf Basis der einfachen Warenzirkulation keine notwendige Differenz zwischen Wert und Preis gab. Die einzelnen Differenzen waren vielmehr zufälliger Natur und glichen sich im Auf und Ab der Preise immer wieder aus. (vgl. S. 179ff.) Hier dagegen haben wir es mit einem notwendigen Unterschied zwischen Wert und Produktionspreis zu tun, der ausschließt, dass die Arbeitszeit als Denomination der Preise auftreten kann. Andererseits ist aufgrund der Gleichheit zwischen den Gesamtsummen der Werte und Preise klar, dass die Preise Werte ausdrücken und ihre Denomination daher eine Erscheinungsform des Werts oder Wertform ist. Erst hier ist also die wertbildende Arbeit das Bestimmende und Nichtbestimmende zugleich.

Zum Schluss sei zum einen noch kurz auf den Umstand eingegangen, dass die Zirkulationstätigkeiten von unproduktiven Lohnarbeitern vollzogen werden: Wie sich gezeigt hat (vgl. S. 492f.), ist Marx sich in diesem Punkt sehr unsicher. Er neigt dazu, diese Tätigkeiten vom Kapital bzw. seiner Personifikation selbst vollziehen zu lassen. Auf dieser Grundlage würde das kaufmännische Kapital jedoch gar kein Kapital im Sinne eines sich selbst verwertenden Werts darstellen, weil das für die Zirkulation vorgeschossene Geld nicht unmittelbar zu einem erhöhten Geldbetrag führen würde. Umgekehrt kann also gerade aus dem sich selbst verwertenden Wert bzw. seiner Durchsetzung geschlossen werden, dass die Zirkulation von bezahlten Arbeitskräften zu vollziehen ist und beim Kapital nurmehr der Kauf der produktiven oder kommerziellen Lohnarbeiter verbleibt. Und auch das gilt nicht für alle Arbeitskräfte, sondern im Prinzip nur für den obersten Arbeiter, der dann alles Weitere im Rahmen der Äußerung seiner Arbeitskraft erledigt bzw. erledigen lässt.

Zum anderen sei erwähnt, dass die Logik, die hinter der Herausbildung von selbständigen kommerziellen Kapitalen steht, der Logik entspricht, mit der die Entstehung neuer Produktionsmittel und damit auch neuer Branchenkapitale begründet werden kann. Der Unterschied, den es diesbezüglich gibt, besteht nur darin, dass die erstgenannte Logik es mit unproduktiven Aktivitäten zu tun hat, und die letztgenannte Logik auf produktive Aktivitäten bezogen ist.

Zum dritten ist bezogen auf die empirische Seite noch festzustellen, dass man mit den Branchenkapitalen, die neben Produktionsakten auch Zirkulationsakte beinhalten bzw. mit den kommerziellen Kapitalen dem unmittelbaren Sein zwar noch näher gekommen ist. Davon, dass es erreicht wurde, kann aber immer noch nicht gesprochen werden. Denn es fehlt z. B. weiterhin am Boden. Daher kann der empirische Test des zweiten Aspekts immer noch nicht durchgeführt werden.

XVI. Die Verwandlung des Surplusprofits in Grundrente

Zwischen der Behandlung des Handelskapitals und der Grundrente liegt im III.
Band des 'Kapital' der V. Abschnitt, der das zinstragende Kapital zum Thema hat.
(vgl. III, 350 bis 626) Es könnte deshalb Anstoß erregen, dass wir gleich zum VI.
Abschnitt übergehen. Dies hat jedoch seinen Grund darin, dass seine Voraussetzungen mit den Resultaten der bislang thematisierten Teile besser zusammenpassen als das, wovon der V. Abschnitt ausgeht. Wir werden nämlich sehen, dass es
hier um die Ableitung des Einzelkapitals zu tun ist, die vom Branchenkapital ausgeht. Darüber hinaus wird sich zeigen, dass das Einzelkapital die viel angemesse-
nere Grundlage für die Thematisierung des zinstragenden Kapitals abgibt als das
Branchenkapital, das ihm bei Marx vorausgeht.

1. Die Differentialrente I

"Bei Analyse der Bodenrente wollen wir zunächst von der Voraussetzung aus-
gehn, daß Produkte, die eine solche Rente zahlen, bei denen ein Teil des Mehrwerts, also auch ein Teil des Gesamtpreises sich in Rente auflöst – für unsern
Zweck reicht es hin, Ackerbauprodukte oder auch Bergwerksprodukte zu berücksichtigen –, daß also Boden- oder Bergwerksprodukte, wie alle andren Waren, zu
ihren Produktionspreisen verkauft werden. D. h. ihre Verkaufspreise sind gleich
ihren Kostelementen (dem Wert des aufgezehrten konstanten und variablen Kapitals) plus einem Profit, bestimmt durch die allgemeine Profitrate, berechnet auf
das vorgeschoßne Gesamtkapital, verbrauchtes und nicht verbrauchtes. Wir nehmen also an, daß die durchschnittlichen Verkaufspreise dieser Produkte gleich
ihren Produktionspreisen sind. Es fragt sich dann, wie unter dieser Voraussetzung sich eine Grundrente entwickeln, d. h. ein Teil des Profits sich in Grundrente
verwandeln, daher ein Teil des Warenpreises dem Grundeigentümer anheimfallen kann." (III, 653)

Voraussetzung des folgenden Kapitels ist also der Produktionspreis, wobei Marx
nicht ganz klar macht, ob er die Fassung anspricht, die die Zirkulationskosten beinhaltet, oder die, die das nicht tut. Auf der anderen Seite hat die Grundrente auch
Bedeutung für das Handelskapital. Wie bei den Ackerbau- und Bergwerksproduk-
ten gibt es bei ihnen Standortunterschiede, die für die Beantwortung der Marxschen Frage von entscheidender Bedeutung sind und zu dem führen, was Marx
"Baustellenrente" (vgl. III, 781) nennt. Es stellt deshalb kein Schaden dar, wenn
wir die Zirkulationskosten in unser Verständnis einschließen.

Auf dieser Grundlage macht Marx nun Unterschiede zwischen einzelnen Betrieben derselben Branche zum Thema, Unterschiede, die zu ungleichen Kostpreisen
und damit zu "Surplusprofiten" führen:

"Dieser Surplusprofit also ist ebenfalls gleich der Differenz zwischen dem individuellen Produktionspreis dieser begünstigten Produzenten und dem allgemeinen

gesellschaftlichen, den Markt regulierenden Produktionspreis dieser ganzen Produktionssphäre. Diese Differenz ist gleich dem Überschuß des allgemeinen Produktionspreises der Ware über ihren individuellen Produktionspreis. Die zwei regulierenden Grenzen dieses Überschusses sind auf der einen Seite der individuelle Kostpreis und daher der individuelle Produktionspreis, auf der andern der allgemeine Produktionspreis." (III, 654)

Von entscheidender Bedeutung ist nun der Grund dieser Unterschiede:

"Die Ursache des Surplusprofits entspringt hier also aus dem Kapital selbst (worin die davon in Bewegung gesetzte Arbeit einbegriffen); sei es aus einem Größenunterschied des angewandten Kapitals, sei es aus zweckmäßiger Anwendung desselben; und an und für sich steht nichts im Wege, daß alles Kapital in derselben Produktionssphäre in derselben Weise angelegt wird. Die Konkurrenz zwischen den Kapitalen strebt im Gegenteil, diese Unterschiede mehr und mehr auszugleichen; die Bestimmung des Werts durch die gesellschaftlich notwendige Arbeitszeit setzt sich durch in der Verwohlfeilerung der Waren und dem Zwang, die Waren unter denselben günstigen Verhältnissen herzustellen." (III, 657)

In diesem Zitat spricht Marx zunächst Unterschiede zwischen den jeweiligen Produktionsweisen an, die in dem Sinne subjektiv und zufällig sind, dass ihrer Ausgleichung "an und für sich nichts im Wege steht". Die fortgeschrittenere Produktionsweise ist mit anderen Worten an anderer Stelle reproduzierbar, sodass die Unterschiede vorübergehender oder verschwindender Natur sind. Auf solche Verhältnisse hat er es im vorliegenden Zusammenhang aber gerade nicht abgesehen:

"Es verhält sich aber anders mit dem Surplusprofit des Fabrikanten, der den Wasserfall anwendet. Die gesteigerte Produktivkraft der von ihm angewandten Arbeit entspringt weder aus dem Kapital und der Arbeit selbst, noch aus bloßer Anwendung einer von Kapital und Arbeit unterschiednen, aber dem Kapital einverleibten Naturkraft. Sie entspringt aus der größren naturwüchsigen Produktivkraft der Arbeit, gebunden an die Benutzung einer Naturkraft, aber nicht einer Naturkraft, die allem Kapital in derselben Produktionssphäre zur Verfügung steht, wie z. B. die Elastizität des Dampfs; deren Anwendung sich also nicht von selbst versteht, sobald überhaupt Kapital in dieser Sphäre angelegt wird. Sondern einer monopolisierbaren Naturkraft, die wie der Wasserfall nur denen zur Verfügung steht, die über besondre Stücke des Erdbodens und seine Appartenentien zu verfügen haben. Es hängt durchaus nicht vom Kapital ab, diese Naturbedingungen größrer Produktivkraft der Arbeit ins Leben zu rufen, in der Art, wie jedes Kapital Wasser in Dampf verwandeln kann. Sie findet sich nur lokal in der Natur vor und ist da, wo sie sich nicht vorfindet, nicht herstellbar durch bestimmte Auslage von Kapital. Sie ist nicht gebunden an durch Arbeit herstellbare Produkte wie Maschinen, Kohlen etc., sondern an bestimmte Naturverhältnisse bestimmter Teile des Bodens." (III, 657/658)

Vielmehr geht es Marx, wie das von ihm verwendete Beispiel "Wasserfall" zeigt, um Kostpreisdifferenzen, die deshalb nicht so einfach weggeschafft werden können, weil sie sich einer "Naturkraft" verdanken, die an "besondre Stücke des Erdbodens" gebunden ist. Zwar kann es sein – und hier ist Marx etwas zu korrigieren –, dass die natürlichen Vorteile durch eine "bestimmte Auslage von Kapital" ausgleichbar sind. Diese Ausgaben ziehen jedoch eine Kostpreissteigerung nach sich, sodass es bei den Kostpreisdifferenzen bleibt. Diese Differenzen sind daher von viel objektiverer Natur als die erstgenannten Unterschiede und können durch die Konkurrenz nicht ausgeglichen werden.

Nichtsdestoweniger werden diese Unterschiede in gewisser Weise beseitigt. Sie werden nämlich dadurch, dass sie in "Grundrente" verwandelt werden, als Profite weggeschafft. Wenn wir uns nach dem Grund der Verwandlung des so bedingten Surplusprofits in Grundrente fragen, finden wir bei Marx zwei voneinander unterscheidbare Antworten:

"Denken wir uns nun die Wasserfälle, mit dem Boden, zu dem sie gehören, in der Hand von Subjekten, die als Inhaber dieser Teile des Erdballs gelten, als Grundeigentümer, so schließen sie die Anlage des Kapitals am Wasserfall und seine Benutzung durch das Kapital aus. Sie können die Benutzung erlauben oder versagen. Aber das Kapital aus sich kann den Wasserfall nicht schaffen. Der Surplusprofit, der aus dieser Benutzung des Wasserfalls entspringt, entspringt daher nicht aus dem Kapital, sondern aus der Anwendung einer monopolisierbaren und monopolisierten Naturkraft durch das Kapital. Unter diesen Umständen verwandelt sich der Surplusprofit in Grundrente, d. h. er fällt dem Eigentümer des Wasserfalls zu." (III, 658/659)

Zunächst äußert er die Auffassung, diese Verwandlung, mit der der Surplusprofit von einer Frucht des Kapitals zu einer Frucht des Bodens wird, sei durch die Konkurrenz zwischen dem Grundeigentümer und dem Kapitalisten bedingt. Ersterer nutzt sein Eigentumsrecht, indem er nur gegen Bezahlung bereit ist, letzterem sein Grundstück zur Verfügung zu stellen. Und der Kapitalist wird angesichts der Konkurrenz mit anderen bereit sein, eine Rente bis zur Höhe des Surplusprofits zu zahlen, weil ihm dann immer noch derselbe Profit bleibt, der im Durchschnitt eingestrichen wird. Das sind offensichtlich die Überlegungen, die hinter dem obigen Zitat stehen.

Die andere Variante kommt in der folgenden, nicht viel später vorfindlichen Stelle zum Ausdruck:

"Es würde nichts an der Sache ändern, wenn der Kapitalist selbst den Wasserfall eignete. Er würde nach wie vor den Surplusprofit von 10 Pfd. St. nicht als Kapitalist, sondern als Eigentümer des Wasserfalls beziehn, und eben weil dieser Überschuß nicht aus seinem Kapital als solchem, sondern aus der Verfügung über

eine von seinem Kapital trennbare, monopolisierbare, in ihrem Umfang beschränkte Naturkraft entspringt, verwandelt er sich in Grundrente." (III, 659; vgl.
auch 662)

In ihr scheint die Konkurrenz keine Rolle mehr zu spielen. Stattdessen leitet Marx
die "Grundrente" aus dem Schein (vgl. III, 559/560) ab, wonach der Surplusprofit
aus dem Boden "entspringt".

Wie sieht es nun mit der Notwendigkeit dieser Argumente aus? In Bezug auf die
Argumentation mit dem Grundeigentum und der Konkurrenz kann zwar zugestanden werden, dass sich auf der Oberfläche der bürgerlichen Gesellschaft die Grundrente, wenn überhaupt, dann nur auf die beschriebene Weise durchsetzt. Diese
kann jedoch noch nicht bedeuten, dass ihre diesbezügliche Ableitung notwendig
ist. Der Grund dafür liegt darin, dass wir ja noch gar nicht auf der Oberfläche
angekommen sind, sondern uns erst auf dem Weg dorthin befinden. Deshalb stellte
es ein Vorgriff dar, wenn Marx mit dem Grundeigentum und dem Konkurrenzver-
halten des Grundeigentümers argumentiert. Diese Elemente haben innerhalb der
bisherigen Darstellung nicht nur keine Rolle gespielt. Es hat sie darüber hinaus gar
nicht gegeben. Mithin ist klar, dass Marx springt, wenn er mit ihnen argumentiert,
und die darauf beruhende Verwandlung des Surplusprofits in Grundrente nichts
ist, was sich aus der Sache selbst ergibt. Wenn er die Konkurrenz ins Spiel bringt,
dann hat es Marx mit der Argumentation per teleologische Genesis zu tun. Hier
auf der Ebene des Scheins braucht es aber eine Argumentation per logischer Geltung. Daher kann festgestellt werden, dass Marx den Schein wieder mit den Erscheinungen vermengt.

Die zweite Variante führt meines Erachtens weiter. Wenn Marx behauptet, dass
der Surplusprofit zur Grundrente wird, weil er als Frucht des Bodens erscheint, ist
allerdings weiter zu fragen, wodurch sich dieser Schein begründet:

"Surplusprofit, wenn normal und nicht durch zufällige Begebenheiten im Zirkulationsprozeß erzeugt, wird immer produziert als Differenz zwischen dem Produkt
von zwei gleichen Mengen Kapital und Arbeit, und dieser Surplusprofit verwandelt
sich in Bodenrente, wenn zwei gleiche Mengen Kapital und Arbeit auf gleichen
Bodenflächen mit ungleichen Resultaten beschäftigt werden." (III, 662)

Wie dieses Zitat zeigt, ist Marx der Ansicht, dass der Surplusprofit dann zu Grundrente wird, wenn "zwei gleiche Mengen Kapital und Arbeit", womit er wohl zwei
an und für sich gleich produktive Kapitale meint, "auf gleichen Bodenflächen",
was wohl gleich große Bodenflächen heißen soll, sich ungleich verwerten. Auf
den ersten Blick mögen diese Ausführungen einleuchten. Bei näherer Betrachtung
zeigt sich jedoch, dass ihnen vorausgesetzt ist, dass das Kapital unter den genannten Bedingungen eigentlich gleich viel abwerfen müsste. Nur wenn es mit anderen

Worten ein Kriterium gilt, das ungleiche Verwertung ausschließt, ist der Schein zwingend, der die Verwandlung des Surplusprofits in Grundrente beinhaltet.

Allerdings muss auf die beiden folgenden Präzisierungen hingewiesen werden:

"Es ist klar, daß diese Rente immer Differentialrente ist, denn sie geht nicht bestimmend ein in den allgemeinen Produktionspreis der Ware, sondern setzt ihn voraus. Sie entspringt stets aus der Differenz zwischen dem individuellen Produktionspreis des Einzelkapitals, dem die monopolisierte Naturkraft zur Verfügung steht, und dem allgemeinen Produktionspreis des in der fraglichen Produktionssphäre überhaupt angelegten Kapitals." (III, 659)

Während Marx, wie dieses Zitat zeigt, im 38. Kapitel des III. Bandes von der Differenz zwischen dem "individuellen Produktionspreis" und dem "allgemeinen Produktionspreis" spricht, wobei er mit letzterem den Durchschnittsproduktionspreis der fraglichen Produktionssphäre meint, bestimmt er den sich in Differentialrente verwandelnden Surplusprofit im 39. Kapitel folgendermaßen:

"Unterstelle 4 Bodenarten, A, B, C, D. Unterstelle ferner den Preis eines Quarters Weizen = 3 Pfd. St. oder 60 sh. Da die Rente bloße Differentialrente ist, ist dieser Preis von 60 sh. per Quarter für den schlechtesten Boden gleich den Produktionskosten, d. h. gleich Kapital plus Durchschnittsprofit." (III, 665; vgl. auch 671)

Im Unterschied zu früher redet er hier von der Differenz zwischen den mehr oder weniger begünstigten Kapitalen zum nicht begünstigten, mit den schlechtesten Naturbedingungen arbeitenden Kapital. Dies führt dazu, dass der Produktionspreis diesem Kapital jetzt Durchschnittsprofit lässt, während die unterdurchschnittlich begünstigten Kapitale sich auf Basis der erstgenannten Bestimmung nur unterdurchschnittlich verwerten können. Mithin ist klar, dass die letztere Variante die richtige ist, weil die Verwandlung der Surplusprofite in Grundrente nur auf ihrer Grundlage zu einer bezogen auf alle Betriebe einer Branche gleichen Verwertung führt.

Zweitens sei darauf hingewiesen, dass allein durch die Umwidmung des Surplusprofits in Rente die gleichmäßige Verwertung noch nicht erreicht werden kann. Nötig ist vielmehr auch, dass die Rente als ein weiteres Element in den Kostpreis der begünstigten Kapitale eingeht. Erst dadurch werden die Unterschiede in den Kostpreisen ausgeglichen und die Durchschnittsprofitrate hergestellt.[63]

---

[63] Gerade auf dieser Grundlage führt das zweite Verständnis zu einem Folgeproblem, das in gewisser Weise für die erste Variante spricht. Auf der Basis dessen, dass es zwischen den Branchen unterschiedlich große Bodeneinflüsse und damit Renten geben kann, kann es nämlich dazu kommen, dass der verbleibende restliche Durchschnittsprofit zwischen den Branchen Unterschiede aufweist. Wenn das der Fall ist, muss es unter Einschluss der Rente zu einer zweiten Runde der Verwandlung von Mehrwert in Profit kommen.

Schließlich sei noch erwähnt, dass durch die beschriebene Durchsetzung der Grundrente der falsche Schein natürlich noch dichter geworden ist. Das zeigt sich unter anderem daran, dass durch das Eingehen der Grundrente in den Kostpreis der Waren ein weiterer Teil des Profits dem Produktionspreis vorausgesetzt zu sein scheint. Im Übrigen wird dadurch, dass die Grundrente eine Frucht des Bodens zu sein scheint, die wirkliche Quelle des Profits noch mehr verdunkelt.

2. Die Differentialrente II, die absolute Rente und der Bodenpreis

Im VI. Abschnitt des III. Bandes von ‚Das Kapital' geht Marx noch auf andere Punkte ein. Es sind dies die "Differentialrente II" (vgl. III, 686ff.), die "absolute Grundrente" (vgl. III, 756ff.) und der "Bodenpreis" (vgl. III, 636/637 und 784ff.). Daher sollen im Folgenden diese Dinge ebenfalls kurz angesprochen werden.

Die zweite Form der Differentialrente entwickelt Marx in Beantwortung der folgenden Frage:

"Kann es nun einen Unterschied machen, wenn Kapitalmassen mit verschiedner Produktivität nacheinander auf demselben Bodenstück und wenn sie nebeneinander auf verschiednen Bodenstücken angelegt werden, vorausgesetzt nur, daß die Resultate dieselben sind?" (III, 686)

Während Marx bislang Unterschiede in der Produktivität einzelner Kapitale betrachtete, die durch besondere, an einem bestimmten Stück Erde haftende Eigenschaften bedingt sind, behandelt er unter dem Titel "Differentialrente II" hier solche Verschiedenheiten, die mit dem Boden nichts zu tun haben, weil sie sich auch "nacheinander auf demselben Bodenstück" einstellen. Sie sind vielmehr durch von der Natur unabhängige Unterschiede in der Produktionsweise verursacht und in diesem Sinne zufälliger, vorübergehender und grundsätzlich aufhebbarer Natur. Es stellt sich somit sofort die Frage nach der Berechtigung dieses Ausgangspunktes.

Im Hinblick auf die erscheinende Oberfläche ist klar, dass in der empirischen Konkurrenz die Möglichkeit der Differentialrente II beständig gegeben ist. In ihr gibt es zwar eine Tendenz, bestehende Differenzen in der Weise, eine Ware zu produzieren, beständig auszugleichen. Ihr steht jedoch die Richtung entgegen, die auf die beständige Reproduktion dieser Unterschiede hinausläuft. Bezogen auf den systematischen Ort, auf dem wir uns bewegen, ist jedoch das Gegenteil zu konstatieren. Die Verhältnisse, in denen wir uns immer noch befinden, sind Resultate des Heißhungers nach Mehrwert oder Mehrarbeit. Aus ihnen ist zwar abzuleiten, dass sich die Produktivkraft ständig zu verbessern hat. Dies gilt jedoch allgemein, d. h. für alle betrieblichen Einheiten gleichermaßen, sodass daraus keine Unterschiede in der Produktionsweise erwachsen bzw. nur solche, die durch die Natur bedingt sind. Somit ist festzustellen, dass die Grundlage, auf der die Differentialrente II

508

aufruht, nicht notwendig ist. Sie stellt vielmehr ein bloßes Phänomen der oberflächlichen Konkurrenz dar, weshalb Marx der Vorwurf zu machen ist, dass er sie zur Unzeit zum Thema macht. Wir können uns deshalb ersparen, auf sie an dieser Stelle näher einzugehen.

Dasselbe Ergebnis erhalten wir mit Bezug auf die absolute Grundrente:

"Jedenfalls kann der kapitalistische Pächter die Bodenklasse A unter diesen Verhältnissen bebauen, soweit er als Kapitalist zu entscheiden hat. Die Bedingung für die normale Verwertung von Kapital auf der Bodenart A ist nun vorhanden. Aus der Prämisse aber, daß das Kapital jetzt vom Pächter, den durchschnittlichen Verwertungsverhältnissen des Kapitals gemäß, auf Bodenart A angelegt werden könnte, wenn er auch keine Rente zu zahlen hätte, folgt keineswegs der Schluß, daß dieser zur Klasse A gehörige Boden nun dem Pächter ohne weiteres zur Verfügung steht. Der Umstand, daß der Pächter sein Kapital zum gewöhnlichen Profit verwerten könnte, wenn er keine Rente zahlt, ist durchaus kein Grund für den Grundeigentümer, daß er seinen Boden dem Pächter umsonst leiht und diesem Geschäftsfreund gegenüber so philantropisch ist, den crédit gratuit einzuführen." (III, 758/759)

In diesem Zitat erinnert Marx zum einen daran, dass auf Basis der Differentialrente I die schlechteste "Bodenklasse A" keine Rente trägt. Auf Basis des eigenständigen Grundeigentums würde dies jedoch zum anderen bedeuten, dass der Grundeigentümer den Boden dem Kapitalisten umsonst überlassen müsste, was Marx als unrealistisch erscheint. Er geht deshalb davon aus, dass erstere in jedem Fall eine Rente verlangen wird. Da letztere jedoch nicht auf ihren Durchschnittsprofit verzichten werden, treibt dies zur "absoluten Grundrente", die deswegen so genannt wird, weil sie sich keinem eigentlichen Surplusprofit verdankt, sondern alleinige Folge des Bodenmonopols ist:

"Dagegen, wenn die schlechteste Bodenart A nicht bebaut werden kann – obgleich ihre Bebauung den Produktionspreis abwerfen würde –, bis sie einen Überschuß über diesen Produktionspreis, eine Rente abwirft, so ist das Grundeigentum der schöpferische Grund dieser Preissteigerung. Das Grundeigentum selbst hat Rente erzeugt." (III, 763)

Diese wenigen Bemerkungen machen schon deutlich, dass die "absolute Rente" genauso ein reines Phänomen der oberflächlichen Konkurrenz ist wie die "Differentialrente II". Sie kann erhoben werden, wenn der bebaubare Boden im Verhältnis zum Bedarf knapp ist. Diese Bedingung mag bezogen auf die Empirie absolut gerechtfertigt sein. Trotzdem ist sie aus den Verhältnissen fernzuhalten, in denen es ausschließlich um die Durchsetzung des sich gleichmäßig verwertenden Werts geht. Ich werde deshalb nicht weiter auf die absolute Rente eingehen. Denn sie kann nicht aus dem sich gleichverwertenden Kapitalbegriff abgeleitet werden.

Schließlich noch kurz zum Preis des Bodens:

"Die Grundrente kann in einer andern Form mit dem Zins verwechselt und so ihr spezifischer Charakter verkannt werden. Die Grundrente stellt sich dar in einer bestimmten Geldsumme, die der Grundeigentümer jährlich aus der Verpachtung eines Stücks des Erdballs bezieht. Wir haben gesehn, wie jede bestimmte Geld-einnahme kapitalisiert werden, d. h. als der Zins eines imaginären Kapitals be-trachtet werden kann. Ist z. B. der mittlere Zinsfuß 5 %, so kann also auch eine jährliche Grundrente von 200 Pfd. St. als Zins eines Kapitals von 4000 Pfd. St. betrachtet werden. Es ist die so kapitalisierte Grundrente, die den Kaufpreis oder Wert des Bodens bildet, eine Kategorie, die prima facie, ganz wie der Preis der Arbeit irrationell ist, da die Erde nicht das Produkt der Arbeit ist, also auch keinen Wert hat." (III, 636)

Wie dieses Zitat zeigt, ist eine eingehendere Thematisierung der Kategorie des Bodenpreises an dieser Stelle schon deshalb nicht am Platz, weil ihr der "Zins" vorausgesetzt ist. Diese Kategorie werden wir erst im folgenden Kapitel kennen lernen.

3. Zusammenfassende Bemerkungen

In den vorangegangenen Erörterungen haben wir mit der Verwandlung des Sur-plusprofits in Grundrente einen weiteren Schritt hin zur Oberfläche der bürgerli-chen Gesellschaft kennen gelernt, der zugleich eine weitere Mystifikation beinhal-tet. Marx versucht ihn auf zweierlei Weise zu begründen. Auf der einen Seite ar-gumentiert er mit der erscheinenden Konkurrenz. Auf der anderen geht er logisch vor und versucht, die Grundrente aus dem Selbstverwertungsanspruch des Kapi-tals zu entwickeln.

Die Konkurrenz ist sicherlich das Medium, in dem sich sowohl die Differential-rente I als auch die anderen Formen der Rente als Folgen des freien menschlichen Handelns nur durchsetzen können. Trotzdem kann mit ihrer Hilfe die Grundrente nicht zwingend abgeleitet werden, weil wir eben noch nicht auf der Oberfläche sind, sondern uns erst auf dem Weg dahin befinden. Wenn Marx zum freien Kon-kurrieren der Menschen übergeht, weist seiner Argumentation deshalb einen Sprung auf. Wenn er mit dem Grundeigentum argumentiert, benützt er etwas, was selbst erst zu begründen wäre. Davon abgesehen, ist dieses Vorgehen allenfalls in der Lage, die verschiedenen Ebenen der Argumentation, d. h. die des Scheins und die der Erscheinungen, zu verwischen und auf diese Weise zu Missverständnissen Anlass zu geben. Wir haben somit einen ähnlichen Fehler festzuhalten wie im XIII. Kapitel. (vgl. S. 473ff.)

Vielversprechender ist deshalb die andere Variante von Marx. Aus ihr kann die Differentialrente I mit Notwendigkeit abgeleitet werden, wenn dabei auf einen Kapitalbegriff gebaut werden kann, der mit der aufgrund von Standorteinflüssen verschiedenen Verwertung unvereinbar ist. Es stellt sich deshalb die Frage, ob Marx so etwas voraussetzen kann. Diese Frage scheint zunächst zu bejahen zu sein. Bei genauerem Hinsehen zeigt sich jedoch wieder, wie nachteilig es ist, dass Marx je schon von Einzelkapitalen redet. Während sich dessen Gleichverwertungsanspruch nur auf die einzelne betriebliche Einheit bezieht, geht es hier um das Verhältnis zwischen verschiedenen Betrieben derselben Branche. Es wäre deshalb ein Gleichverwertungsanspruch vonnöten, der sich auf den gesamten Produktionszweig oder eine Branche erstreckt.

Dass Marx immer schon von Einzelkapitalen spricht, ist zum einen auch der Grund dafür, dass er die Möglichkeit übersieht, die im Schritt zur Grundrente liegt. Er ist nämlich als Zerfall des Branchenkapitals und Ableitung des Einzelkapitals interpretierbar, setzt sich mit ihm doch der Gleichverwertungsanspruch auf der Ebene des einzelnen Betriebs durch. Zum anderen kann festgestellt werden, dass es bezogen auf die Branchen, wo es keinen Surplusprofit gibt, das Branchenkapital mit dem Einzelkapital zusammen fällt. Und das ist sowohl der Fall, wenn es in diesen Branchen nur einen einzigen Betrieb geben sollte, als auch dann, wenn es zwar mehrere gibt, davon aber keiner auf einen besonderen Vorteil bauen kann.

Bezogen auf die empirische Seite kann nicht mehr kritisiert werden, dass Marx von einem Einzelkapital spricht. Denn das, was in einem vierten Schritt aus dem mittelbaren Sein des Wesens erwächst, ist tatsächlich ein Einzelkapital. Angesichts dessen, dass Marx schon die ganze Zeit vom "Grundeigentümer" gesprochen hat, kann aber kritisiert werden, dass die Rede vom menschlichen Subjekt auch an dieser Stelle verfrüht ist. Und das gilt nicht nur für das Subjekt, das hinter dem Boden steht, sondern auch für den Einzelkapitalisten. Als Charaktermasken gibt es die Menschen nur auf der Ebene des Wesens und als Subjekte nur auf der der Erscheinungen. Auf der Ebene des Scheins dagegen gibt es keine Menschen. Dort gibt es nur Dinge, weil auch die als Ware Arbeitskraft auftretenden Menschen als Dinge erscheinen.

Gerade weil wir mit dem Zerfall des Branchenkapitals in Einzelkapitale einen weiteren Schritt in Richtung Oberfläche kennen gelernt haben, sei schließlich noch erwähnt, dass der empirische Test des Endpunkts des Scheins immer noch nicht durchgeführt werden kann. Denn wir haben diesen Endpunkt immer noch nicht erreicht.

XVII. Das zinstragende Kapital

"Bei der ersten Betrachtung der allgemeinen oder Durchschnittsprofitrate (Abschnitt II dieses Buchs) hatten wir diese letzte noch nicht in ihrer fertigen Gestalt vor uns, indem die Ausgleichung noch bloß als Ausgleichung der in verschiednen Sphären angelegten industriellen Kapitale erschien. Dies wurde ergänzt im vorigen Abschnitt, wo die Teilnahme des Handelskapitals an dieser Ausgleichung und der merkantile Profit erörtert ward. Die allgemeine Profitrate und der Durchschnittsprofit stellten sich jetzt innerhalb engerer Grenzen dar als vorher. Im Fortgang der Entwicklung ist im Auge zu halten, daß, wenn wir fernerhin von allgemeiner Profitrate oder Durchschnittsprofitrate sprechen, dies in der letztren Fassung geschieht, also bloß mit Bezug auf die fertige Gestalt der Durchschnittsrate. Da diese nunmehr für das industrielle und merkantile Kapital dieselbe ist, ist es auch nicht weiter nötig, soweit es sich nur um diesen Durchschnittsprofit handelt, einen Unterschied zwischen industriellem und kommerziellem Profit zu machen. Ob das Kapital innerhalb der Produktionssphäre industriell oder in der Zirkulationssphäre merkantil angelegt, es wirft pro rata seiner Größe denselben jährlichen Durchschnittsprofit ab." (III, 350)

In diesem Zitat bestimmt Marx die Ebene, die der Entwicklung des zinstragenden Kapitals vorausgesetzt ist. Sie ist dadurch gekennzeichnet, dass das Kapital "pro rata seiner Größe denselben jährlichen Durchschnittsprofit" abwirft, gleichgültig ob es industriell oder merkantil angelegt wurde. Marx meint, dass diese Bedingung durch die zweite Fassung des Produktionspreises erreicht worden ist. Wie wir im vorangegangenen Kapitel gesehen haben, ist dies in Bezug auf Einzelkapitale jedoch noch nicht der Fall, weil die durch den Boden bedingten Unterschiede der Profitrate in ihr noch nicht ausgeglichen worden sind. Es zeigt sich somit, dass es angemessener gewesen wäre, wenn Marx das zinstragende Kapital nach der Thematik des VI. Abschnitts behandelt hätte, geht dieses doch mit einem Zerfall des Einzelkapitals einher. Im Folgenden wollen wir deshalb die Sache so betrachten, als hätte Marx das getan.

1. Die Ableitung des zinstragenden Kapitals

"Geld – hier genommen als selbständiger Ausdruck einer Wertsumme, ob sie tatsächlich in Geld oder Waren existiere – kann auf Grundlage der kapitalistischen Produktion in Kapital verwandelt werden und wird durch diese Verwandlung aus einem gegebnen Wert zu einem sich selbst verwertenden, sich vermehrenden Wert. Es produziert Profit, d. h. es befähigt den Kapitalisten, ein bestimmtes Quantum unbezahlter Arbeit, Mehrprodukt und Mehrwert, aus den Arbeitern herauszuziehn und sich anzueignen. Damit erhält es, außer dem Gebrauchswert, den es als Geld besitzt, einen zusätzlichen Gebrauchswert, nämlich den, als Kapital zu fungieren. Sein Gebrauchswert besteht hier eben in dem Profit, den es, in Kapital verwandelt, produziert. In dieser Eigenschaft als mögliches Kapital, als

Mittel zur Produktion des Profits, wird es Ware, aber eine Ware sui generis. Oder was auf dasselbe hinauskommt, Kapital als Kapital wird zu Ware." (III, 350/351)

Auf der Grundlage dessen, dass jedes als Kapital vorgeschossene Geldstück pro Größe und Zeiteinheit denselben Profit abwirft, wächst dem Geld nach Marx einen neue "Eigenschaft" zu. Da es die Möglichkeit der Durchschnittsprofitabilität beinhaltet, ist es eben nicht bloß Geld, sondern "Mittel zur Produktion des Profits". Als solches wird es zu einer "Ware sui generis", deren Charakteristik darin besteht, dass nur dieser Gebrauchswert des Geldes verkauft, das Geld selbst aber nur für eine bestimmte Zeit verliehen wird:

"Anders aber verhält es sich mit dem zinstragenden Kapital, und grade dies bildet seinen spezifischen Charakter. Der Geldbesitzer, der sein Geld als zinstragendes Kapital verwerten will, veräußert es an einen dritten, wirft es in Zirkulation, macht es zur Ware als Kapital; nicht nur als Kapital für ihn selbst, sondern auch für andre; es ist nicht bloß Kapital für den, der es veräußert, sondern es wird dem dritten von vornherein als Kapital ausgehändigt, als Wert, der den Gebrauchswert besitzt, Mehrwert, Profit zu schaffen; als ein Wert, der sich in der Bewegung forterhält und zu seinem ursprünglichen Ausgeber, hier dem Geldbesitzer, nachdem er fungiert hat, zurückkehrt; also sich nur für eine Zeitlang von ihm entfernt, aus dem Besitz seines Eigentümers nur zeitweilig in den Besitz des fungierenden Kapitalisten tritt, also weder weggezahlt noch verkauft, sondern nur ausgeliehen wird; nur entäußert wird, unter der Bedingung, nach einer bestimmten Zeitfrist erstens zu seinem Ausgangspunkt zurückzukehren, zweitens aber als realisiertes Kapital zurückzukehren, so daß es seinen Gebrauchswert, Mehrwert zu produzieren, realisiert hat." (III, 355/356)

Es wird damit zu "zinstragendem Kapital", womit schon zum Ausdruck kommt, dass der Preis dieser besonderen Ware der "Zins" ist:

"Der Verleiher gibt sein Geld als Kapital aus; die Wertsumme, die er an einen andern veräußert, ist Kapital und fließt daher zu ihm zurück. Die bloße Rückkehr zu ihm wäre aber nicht Rückfluß der verliehenen Wertsumme als Kapital, sondern bloße Rückerstattung einer verliehenen Wertsumme. Um als Kapital zurückzufließen, muß die vorgeschoßne Wertsumme sich in der Bewegung nicht nur erhalten, sondern sich verwerten, ihre Wertgröße vermehrt haben, also mit einem Mehrwert, als G + ΔG zurückkehren, und dieses ΔG ist hier der Zins oder der Teil des Durchschnittsprofits, der nicht in der Hand des fungierenden Kapitalisten bleibt, sondern dem Geldkapitalisten zufällt." (III, 363)

Dieser Zins stellt nur ein "Teil des Durchschnittsprofits" dar, weil sich die Transaktion auch für den Entleiher lohnen muss:

"Aber als *realisiertes* Kapital hat der Borger es zurückzuzahlen, also als Wert plus Mehrwert (Zins); und der letzte kann nur ein Teil des von ihm realisierten Profits sein. Nur ein Teil, nicht das Ganze. Denn der Gebrauchswert für den Borger ist, daß es ihm Profit produziert. Sonst hätte keine Veräußerung des Gebrauchswerts von seiten des Verleihers stattgefunden. Andrerseits kann nicht der ganze Profit dem Borger zufallen. Er zahlte sonst nichts für die Veräußerung des Gebrauchswerts, und gäbe das vorgeschoßne Geld an den Verleiher nur als einfaches Geld zurück, nicht als Kapital, als realisiertes Kapital, denn realisiertes Kapital ist es nur als G + ΔG." (III, 365)

Das Verhältnis nun, in dem sich der Durchschnittsprofit in Zins und Restprofit teilt, kann nicht objektiv bestimmt werden:

"Die in einem Lande herrschende Durchschnittsrate des Zinses – im Unterschied von den beständig schwankenden Marktraten – ist durchaus durch kein Gesetz bestimmbar. Es gibt in dieser Art keine natürliche Rate des Zinses in dem Sinne, wie die Ökonomen von einer natürlichen Profitrate und einer natürlichen Rate des Arbeitslohns sprechen." (III, 374; vgl. auch 377)

Sie ist nach Marx vielmehr zufällig und wird allein durch die Konkurrenz bestimmt:

"Anders aber mit dem Zins vom Geldkapital. Die Konkurrenz bestimmt hier nicht die Abweichungen vom Gesetz, sondern es existiert kein Gesetz der Teilung außer dem von der Konkurrenz diktierten, weil, wie wir noch weiter sehn werden, keine "natürliche" Rate des Zinsfußes existiert. Unter der natürlichen Rate des Zinsfußes versteht man vielmehr die durch die freie Konkurrenz festgesetzte Rate." (III, 369)

Wenn wir uns nach dieser Darstellung von Marx' Argumenten für die Entwicklung des zinstragenden Kapitals nach ihrer Notwendigkeit fragen, fällt auf, dass die Existenz der Ware sui generis zinstragendes Kapital einfach behauptet wird. Auf der Grundlage dessen, dass Geld mögliches Kapital ist, wird Kapital als Kapital zur Ware, ohne dass wir erfahren, warum das so sein muss. Allenfalls kann das folgende Zitat:

"Es ist klar, daß der Besitz der 100 Pfd. St. ihrem Eigner die Macht gibt, den Zins, einen gewissen Teil des durch sein Kapital produzierten Profits, an sich zu ziehn. Gäbe er dem andern die 100 Pfd. St. nicht, so könnte dieser den Profit nicht produzieren, überhaupt nicht mit Beziehung auf diese 100 Pfd. St. als Kapitalist fungieren." (III, 351),

als Hinweis darauf verstanden werden, dass Marx wieder mit dem Eigentum argumentiert. Dies wäre jedoch genauso wenig überzeugend, wie im Falle der Grundrente. (vgl. S. 509) Gerade weil Marx den ganzen "Profit" als den Gebrauchswert bezeichnet, den das in Kapital verwandelbare Geld besitzt (vgl. S. 511), bleibt u. a. unklar, warum der "Eigner" sein Geld nicht selbst als Kapital anwendet und sich so mit dem Zins statt mit dem Durchschnittsprofit zufrieden gibt. Man könnte daher zu der Auffassung gelangen, Marx wolle das zinstragende Kapital nur aus der Empirie aufgreifen. Andererseits macht das folgende Zitat:

"Mit Gilbart (siehe Note) von natürlicher Gerechtigkeit hier zu reden, ist Unsinn. Die Gerechtigkeit der Transaktionen, die zwischen den Produktionsagenten vorgehn, beruht darauf, daß diese Transaktionen aus den Produktionsverhältnissen als natürliche Konsequenz entspringen. Die juristischen Formen, worin diese ökonomischen Transaktionen als Willenshandlungen der Beteiligten, als Äußerungen ihres gemeinsamen Willens und als der Einzelpartei gegenüber von Staats wegen erzwingbare Kontrakte erscheinen, können als bloße Formen diesen Inhalt selbst nicht bestimmen. Sie drücken ihn nur aus. Dieser Inhalt ist gerecht, sobald er der Produktionsweise entspricht, ihr adäquat ist. Er ist ungerecht, sobald er ihr widerspricht. Sklaverei, auf Basis der kapitalistischen Produktionsweise, ist ungerecht; ebenso der Betrug auf die Qualität der Ware." (III, 351/352),

deutlich, dass sich Marx nicht einfach mit der Konstatierung des empirisch Gegebenen zufrieden geben, sondern zeigen möchte, dass das zinstragende Kapital aus den Produktionsverhältnissen entspringt und der Produktionsweise adäquat ist. Es ist jedoch zu fragen, wie er das tut.

Einer Antwort auf diese Frage kommen wir näher, wenn wir uns daran erinnern, dass es innerhalb des Umschlags des Kapitals eine Reihe von Gründen für die vorübergehende Brachlegung von Geld gibt. (vgl. S. 443f.) Am Beispiel des Geldakkumulationsfonds zeigt dies die folgende im II. Band beiläufig erwähnte Stelle:

"Wenn das Mehrprodukt, direkt produziert und angeeignet durch die Kapitalisten A, A', A" (I), die reale Basis der Kapitalakkumulation, d. h. der erweiterten Reproduktion ist, obgleich es aktuell erst in dieser Eigenschaft fungiert in den Händen von B, B', B" etc. (I) – so ist es dagegen in seiner Geldverpuppung – als Schatz und bloß sich nach und nach bildendes virtuelles Geldkapital – absolut unproduktiv, läuft dem Produktionsprozeß in dieser Form parallel, liegt aber außerhalb desselben. Es ist ein Bleigewicht (dead weight) der kapitalistischen Produktion. Die Sucht, diesen als virtuelles Geldkapital sich aufschatzenden Mehrwert sowohl zum Profit wie zur Revenue brauchbar zu machen, findet im Kreditsystem und in den "Papierchens" das Ziel ihres Strebens." (II, 494; vgl. auch 489)

Marx thematisiert hier den Umstand, dass das in Geld verwandelte Mehrprodukt so lang in Geldform aufgeschatzt werden muss, so lang es noch keine die Erweiterung des Geschäfts ermöglichende Größe hat. In dieser Form als brachliegendes Geldkapital ist es "absolut unproduktiv" und stellt ein "Bleigewicht der kapitalistischen Produktion" dar. Andererseits gibt es seiner Meinung nach eine "Sucht" dieses Geld nutzbar zu machen, die sich im "Kreditsystem" verwirklicht. Zumal wir wissen, dass es noch andere Gründe für die zeitweilige Aufschatzung von Geld gibt, die gleichfalls zum normalen Gang eines Umschlags gehören und deshalb ebenfalls keine Störungen darstellen, erhebt sich somit die Frage: Kann das zins-tragende Kapital daraus abgeleitet werden, dass die unproduktive Brachlegung von Geld innerhalb des Kreislaufprozesses des Kapitals verhindert werden soll?

Bei ihrer Beantwortung ist zunächst darauf hinzuweisen, dass Marx' Rede vom "absolut unproduktiven" Charakter der Brachlegungen zu relativieren ist. Marx übersieht nämlich, dass auch die Zeiten der "Geldverpuppung" in die Berechnung der Umschlagszeit des Kapitals eingegangen sein müssen. (vgl. S. 442) Damit ist aber bereits gewährleistet, dass auch die zum normalen Gang eines Geschäfts ge-hörenden Schätze Durchschnittsprofit abwerfen. Nichtsdestoweniger berührt er mit der Rede vom "Bleigewicht" einen richtigen Punkt. Obwohl die Durch-schnittsprofitabilität schon für alle Kapitalteile gegeben ist, gibt es den Unter-schied zwischen den Kapitalteilen, die aktuell benötigt werden, und jenen, die ge-rade unbenutzt in Geldform brachliegen. Damit gibt es auch die von Marx ange-sprochene Möglichkeit der Effektivierung des Verwertungsprozesses. Denn trotz der vorhandenen Durchschnittsprofitabilität, würde der absolut erzielbare Profit nicht sinken, wenn die Brachen vermieden werden könnten. Vielmehr würde nur die Grundsumme abnehmen, auf die dieser Profit berechnet wird. Folge wäre so-mit eine Erhöhung der Durchschnittsprofitrate. Wenn ein Kapitalbegriff voraus-gesetzt werden kann, der auch in der Hinsicht schrankenlos ist, dass er mit der Vernachlässigung dieser Chance unvereinbar ist, gibt es also die von Marx kon-statierte "Sucht" tatsächlich und damit auch die Notwendigkeit, die Brachlegungen zu vermeiden. In dieser Hinsicht ist Marx deshalb zuzustimmen. Allerdings ist noch zu zeigen, wie dieses Streben zum zinstragenden Kapital führt.

Weil die Gelder zu einem normal verlaufenden Umschlag des Kapitals gehören, kann die Verhinderung ihrer Brachlegung nun nicht bedeuten, dass sie einfach im eigenen Geschäft investiert werden. Sie können vielmehr nur im Rahmen eines anderen Einzelkapitals vorgeschossen werden, jedoch nur für die Zeit ihrer Brach-legung. Ihre Nutzbarmachung kann daher nur über den Verleih geschehen. Er be-deutet, dass die Gelder innerhalb des anderen Geschäfts Durchschnittsprofit ab-werfen. Dieses andere Kapital macht also mehr Profit, als es mit eigenen Mitteln machen könnte. Insofern hat sich die Sache für es gelohnt. Andererseits kann das nicht der ganze Zweck der Übung sein. Auf der Basis einer Vielheit von Einzel-kapitalen ist nur das eine Verbesserung der Verwertung, was den eigenen Surplus erhöht. Es könnte deswegen zunächst so scheinen, dass der gesamte Profit über-tragen werden muss. Dem steht jedoch entgegen, dass sich die Transaktion auch für den Entleiher auszahlen muss. Es ist somit eine Teilung des Durchschnittspro-fits angesagt, die die Verwertung von beiden Seiten verbessert. Das verleihende Kapital bekommt als zusätzlichen Surplus den Zins. Und das entleihende Kapital erhält den Restprofit, den es nicht machen könnte, wenn es sich auf seine eigenen

516

Mittel beschränkte. Es zeigt sich somit, dass wir zu den gleichen Ergebnissen kommen wie Marx. Dies bezieht sich auch darauf, dass über das genauere Teilungsverhältnis des Profits zwischen Zins und Restprofit nichts gesagt werden kann.

Aus diesem Grund ist es zu bedauern, dass Marx seine zugkräftigeren Argumente nicht an angemessener Stelle vorbringt und stattdessen im III. Band das zinstragende Kapital als "Ware sui generis" wie aus der Pistole geschossen hereinbringt. Im Rückblick auf diesen Beginn kann nämlich wiederholt werden, dass er auf eine schlichte Behauptung hinausläuft, in der keinerlei Argument liegt. Es sei jedoch nicht verschwiegen, dass sich auch innerhalb des V. Abschnittes des III. Bandes einige weiterführende Hinweise finden. So steht unter anderem im 27. Kapitel unter dem Stichwort "Verringerung der Zirkulationskosten" (III, 451) Folgendes:

"2. Beschleunigung, durch den Kredit, der einzelnen Phasen der Zirkulation oder der Warenmetamorphose, weiter der Metamorphose des Kapitals und damit Beschleunigung des Reproduktionsprozesses überhaupt. (...) Kontraktion der Reservefonds, was doppelt betrachtet werden kann: einerseits als Verminderung des zirkulierenden Mediums, andrerseits als Beschränkung des Teils des Kapitals, der stets in Geldform existieren muß." (III, 452; vgl. auch 419)

In der Tat bedeutet die Herausbildung des zinstragenden Kapitals, dass dieselben Geschäfte jetzt mit einem insgesamt geringeren Geldvorschuss betrieben werden können.

2. Zins und Unternehmergewinn

Mit dem zinstragenden Kapital haben wir nun etwas erhalten, was sich allein schon dadurch verwertet, dass es für bestimmte Zeit vorgeschossen, verliehen wird:

"Die bloße Form des Kapitals – Geld, das als Summe A ausgegeben wird und als Summe A + $\frac{1}{x}$ A zurückkehrt, in einem gewissen Zeitraum, ohne irgendeine andre Vermittlung, außer diesem zeitlichen Zwischenraum – ist nur die begriffslose Form der wirklichen Kapitalbewegung." (III, 361)

Nichts, keine "andre Vermittlung" ist nötig, um vermehrt zurückzufließen. Es gilt vielmehr:

"Das zinstragende Kapital bewährt sich nur als solches, soweit das verliehene Geld wirklich in Kapital verwandelt und ein Überschuß produziert wird, wovon der Zins ein Teil. Allein dies hebt nicht auf, daß ihm, unabhängig vom Produktionsprozeß, das Zinstragen als Eigenschaft eingewachsen." (III, 394)

Weil das so ist, lernen wir mit dem zinstragenden Kapital somit eine weitere Verdichtung des falschen Scheins kennen. Es stellt nämlich die "fetischartigste Form" des Kapital (vgl. III, 404) dar, in deren Rahmen es zu einem "Ding" geworden ist:

"Im zinstragenden Kapital ist die Bewegung des Kapitals ins Kurze zusammen-gezogen; der vermittelnde Prozeß ist weggelassen, und so ist ein Kapital = 1000 fixiert als ein Ding, das an sich = 1000 ist und in einer gewissen Periode sich in 1100 verwandelt, wie der Wein im Keller nach einer gewissen Zeit auch seinen Gebrauchswert verbessert. Das Kapital ist jetzt Ding, aber als Ding Kapital. Das Geld hat jetzt Lieb' im Leibe. Sobald es verliehen ist oder auch im Reproduktions-prozeß angelegt (insofern es dem fungierenden Kapitalisten als seinem Eigentü-mer Zins abwirft, getrennt vom Unternehmergewinn), wächst ihm der Zins an, es mag schlafen oder wachen, sich zu Hause oder auf Reisen befinden, bei Tag und bei Nacht." (III, 406)

Mit dieser Bezeichnung will Marx also zum Ausdruck bringen, dass das zinstra-gende Kapital ein Kapital ist, das sich getrennt vom wirklichen Umgang mit ihm vermehren kann. Dies unterscheidet es auch von den oben erwähnten brachliegen-den und trotzdem Durchschnittsprofit abwerfenden Geldern, denen diese Fähig-keit ja nur als notwendiger Teil des angewandten Gesamtkapitals zukam.

Der "Zins" ist der Preis für das Verleihen des Geldes als solchem, gleichgültig, was mit ihm angefangen wird. Deshalb erscheint er dem Unternehmer auch als Kostenfaktor. Dies stellt jedoch nur die eine Seite dar:

"Im Gegensatz zum Zins, den er aus dem Bruttoprofit an den Verleiher wegzu-zahlen hat, nimmt der ihm [dem industriellen oder kommerziellen Kapitalisten – H. R.] zufallende noch übrige Teil des Profits also notwendig die Form des indust-riellen resp. kommerziellen Profits an, oder, um ihn mit einem deutschen Aus-druck zu bezeichnen, der beides einschließt, die Gestalt des Unternehmerge-winns." (III, 386)

In der Gestalt des "Unternehmergewinns" wird auch der andere Teil des Durch-schnittsprofits verdunkelt. Er erscheint nämlich als Frucht der mit dem Kapital vorgenommenen Operationen:

"Der eine Teil des Profits erscheint nun als an und für sich zukommende Frucht des Kapitals in einer Bestimmung, als Zins; der andre Teil erscheint als spezifi-sche Frucht des Kapitals in einer entgegengesetzten Bestimmung und daher als Unternehmergewinn; der eine als bloße Frucht des Kapitaleigentums, der andre als Frucht des bloßen Fungierens mit dem Kapital, als Frucht des Kapitals als prozessierendem oder der Funktionen, die der aktive Kapitalist ausübt." (III, 388; vgl. auch 392)

Was "Frucht des bloßen Fungierens" heißt, ist nun nicht zuletzt deswegen präziser zu fassen, weil es für Marx der Anlass ist, auf einen weiteren Schein einzugehen, in dessen Rahmen der Unternehmergewinn auch als Unternehmerlohn in Erschei-nung tritt:

518

"Andrerseits gibt diese Form des Zinses dem andern Teil des Profits die qualitative Form des Unternehmergewinns, weiter des Aufsichtslohns. Die besondren Funktionen, die der Kapitalist als solcher zu verrichten hat, und die ihm gerade im Unterschied von und Gegensatz zu den Arbeitern zukommen, werden als bloße Arbeitsfunktionen dargestellt. Er schafft Mehrwert, nicht weil er als Kapitalist arbeitet, sondern weil er, abgesehn von seiner Eigenschaft als Kapitalist, auch arbeitet. Dieser Teil des Mehrwerts ist also gar nicht mehr Mehrwert, sondern sein Gegenteil, Äquivalent für vollbrachte Arbeit." (III, 396; vgl. auch 395)

Dies ist einerseits zwar richtig. Andererseits sind jedoch die "besondren Funktionen" des fungierenden Kapitalisten von den Tätigkeiten der Oberaufsicht und Leitung zu unterscheiden. In dem Maße, in dem sie zur produktiven Arbeit gehören (vgl. S. 377) und in entsprechender Hinsicht auch innerhalb des merkantilen Bereichs notwendig sind, können sie von wirklichen Lohnarbeitern erledigt werden. In diesem Fall kann der Unternehmergewinn nicht ihnen zugeschrieben werden, weil sie ja schon durch den Lohn entgolten worden sind. Die Funktionen des fungierenden Kapitalisten sind deshalb von diesen Tätigkeiten zu unterscheiden. Im Kern beinhalten sie nur die ersten und grundlegenden Entscheidungen, deren Ausführung anderen obliegt. Insofern erscheint der Unternehmergewinn als Frucht der Rolle des Unternehmers als primus motor bzw. seiner anfänglichen Initiative. Der Unternehmer ist in diesem Sinne jemand, der selbst nichts tut, sondern lediglich dafür sorgt, dass in seinem Namen alles von anderen getan wird.

Die Trennung des Profits in Zins und Unternehmergewinn stellt sich zunächst nur für die Kapitalteile ein, bei denen derjenige, der vorschießt, und derjenige, der anwendet, nicht identisch sind. Marx ist jedoch der Auffassung, dass diese Scheidung allgemeine Bedeutung erhält:

"Und diese Verknöcherung und Verselbständigung der beiden Teile des Rohprofits gegeneinander, als wenn sie aus zwei wesentlich verschiednen Quellen herrührten, muß sich nun für die gesamte Kapitalistenklasse und für das Gesamtkapital festsetzen. Und zwar einerlei, ob das vom aktiven Kapitalisten angewandte Kapital geborgt sei oder nicht oder ob das dem Geldkapitalisten gehörende Kapital von ihm selbst angewandt werde oder nicht." (III, 388)

Es ist jedoch zu fragen, worin die Notwendigkeit dieser Weiterentwicklung liegt. Marx nennt dafür verschiedene Gründe (vgl. III, 389ff.), auf die ich jedoch nicht näher eingehen möchte. Stattdessen soll genügen, darauf hinzuweisen, dass die Momente Vorschuss und Anwendung in Bezug auf jedes Kapital voneinander unterschieden werden können. Deshalb ist klar, dass jeder Profit sich aus diesen beiden Quellen speist. Eine davon verschiedene dritte Ursache des Profits kann dagegen nirgends ausgemacht werden.

3. Die sonstigen Inhalte des V. Abschnitts

Innerhalb der obigen Überlegungen kam bislang nur die Grundform des zinstragenden Kapitals zur Sprache. Innerhalb des V. Abschnitts des III. Bandes finden sich jedoch noch viele andere Punkte. Die wichtigsten sollen im Folgenden zumindest erwähnt werden.

Die bislang thematisierte Form des Kredits besteht aus der Verleihung von Geld. Diese Form verbindet sich vor allem mit den Geldhandlungskapitalen, weil sich das brachliegende Geld bei ihnen sowieso schon ansammelt. (vgl. S. 489) Sie sind deshalb die hauptsächlichen Kreditgeber, werden aber auch zu den wichtigsten Kreditnehmern, weil sie den Depositeuren für die bei ihnen eingelegten Gelder selbst einen Zins zahlen müssen. Indem sie ihren Gewinn hauptsächlich aus der Differenz zwischen den Entleiher- und Verleiherzinsen beziehen, werden die Geldhandlungskapitale zu Banken. (vgl. III, 415/416)

Neben dem Bankierskredit geht Marx noch auf den "kommerziellen Kredit" ein, "den die in der Reproduktion beschäftigten Kapitalisten einander geben". (III, 496ff.) Er bildet seiner Meinung nach die Basis des Kreditsystems und kann auch in Warenform gegeben werden, zumal es ja immer bestimmte Gebrauchswerte sind, die zur Fortsetzung der einzelnen Geschäfte benötigt werden.

Desweiteren erwähnt Marx das "Kreditgeld"(III, 532), das sowohl aus dem Bankierskredit als auch dem kommerziellen Kredit erwächst. (vgl. III, 532ff.) Es entsteht, wenn Schuldscheine selbst wieder als Zirkulationsmittel fungieren und auf diese Weise von Hand zu Hand weitergegeben werden. Eine Form davon ist der "Wechsel" (III, 496), eine andere die "Banknote". (III, 417) Insoweit solche Schuldscheine zirkulieren, wird wirkliches Geld ersetzt. Als Folge davon beschränkt sich die Rolle des wirklichen Geldes auf die Begleichung der jeweiligen Salden.

Eine weitere Folge des zinstragenden Kapitals ist das "fiktive Kapital" (III, 483), das durch das Kapitalisieren eines regelmäßigen Geldeinkommens entsteht. (vgl. III, 482ff.) Darunter versteht Marx die Behandlung des Einkommens als Zins und die Berechnung des diesem Zins vorgestelltermaßen zugrundeliegenden Kapitals. Eine Form des fiktiven Kapitals ist der Bodenpreis, der auf Basis der Rente errechnet wird. Eine andere Form ist der Unternehmenspreis, der sich aus dem kapitalisierten Unternehmergewinn ergibt. Eine dritte Form ist das sogenannte Humankapital. Während die ersten beiden immerhin insofern real sind, als der Boden und das Unternehmen zum errechneten Preis verkauft werden können, ist letztere vollkommen illusorisch, weil der Arbeiter als solcher nicht verkäuflich ist.

520

In diesem Zusammenhang sei schließlich noch kurz auf die Börse hingewiesen. Auch die Kurse der Aktien sind zum Teil ein Ergebnis von Kapitalisierungen, wobei in diesem Fall auch die erwarteten Erträge eine Rolle spielen. (vgl. III, 494/495)

Desweiteren finden sich seitenlange Bemerkungen zur Geldpolitik der Nationalbanken (vgl. III, 413ff.), die hier immer noch fehl am Platz sind, weil wir es noch nicht damit zu tun haben, wie das Geld im freien Handeln der empirischen Subjekte durchgesetzt wird. Vielmehr befinden wir uns noch auf dem Weg zu der Ebene, auf der diese Subjekte nur handeln, auch wenn wir ihr schon sehr nahe gekommen sind.

Genauso deplaziert sind die häufigen Bemerkungen zu Störungen und Krisen, mit denen sich Marx ebenfalls schon auf die Erscheinungen bezieht. Hier haben wir es jedoch noch mit dem Schein zu tun, der sich aus grundsätzlich zusammenstimmenden Verhältnissen ergibt.

4. Zusammenfassende Bemerkungen

Mit der Herausbildung des zinstragenden Kapitals und dem damit zusammenhängenden Zerfall des Profits in Zins und Unternehmergewinn haben wir einen weiteren und – wie sich zeigen wird – letzten Schritt hin zur Oberfläche der bürgerlichen Gesellschaft kennen gelernt, der gleichfalls wieder mit zusätzlichen Mystifikationen einhergeht. Soweit ein Kapitalbegriff vorausgesetzt werden kann, der aufgrund seiner Schrankenlosigkeit auch nicht mit den vorübergehenden Brachlegungen von Geld, die zum normalen Gang eines Umschlags gehören, vereinbar ist, ist er notwendig.

Gibt es jedoch einen solchen Begriff? Nach meinem Dafürhalten ist diese Frage zu bejahen. Einerseits kann Marx die Schrankenlosigkeit des subjekthaften Kapitalbegriffs als Folge des schrankenlosen Heißhungers nach Mehrwert als Schein voraussetzen. Die hier zum Zuge kommenden Argumente entsprechen nur denen, die wir schon bei der Herausbildung der selbständigen Geld- und Warenhandlungskapitale kennen gelernt haben. Andererseits ist an dieser Stelle auch nicht mehr von Nachteil, dass Marx je schon vom Einzelkapital redet, haben wir es doch hier mit dem Zerfall des Einzelkapitals zu tun. Somit kann festgehalten werden, dass die Marxsche Darstellung an diesem Punkt überzeugend ist. Dieses Urteil setzt jedoch voraus, dass von dem Umstand abgesehen wird, dass Marx die entscheidenden Argumente im II. Band erwähnt, also nicht an den Stellen, an denen sie eigentlich angebracht wären.

Hingewiesen sei außerdem noch darauf, dass die Ableitung des zinstragenden Kapitals logisch gesehen zum Ergebnis hat, dass es keine Aufschatzungen von Geld im ursprünglichen Sinne mehr gibt. Alles Geld, das sich aufgrund der Bedingungen des jeweiligen Umschlags brachlegen würde, muss nämlich als zinstragendes Kapital verliehen werden. Als Konsequenz dessen darf jetzt auf die Gelder, die trotzdem unbenützt brachliegen sollten, weil sie nicht verliehen werden, kein Durchschnittsprofit mehr berechnet werden. Dieses Ergebnis ist möglicherweise der Grund dafür, dass Marx übersieht, dass auch auf diese Gelder über die Einbeziehung der Brachezeiten in den Umschlag ursprünglich Durchschnittsprofit berechnet wird und sie deshalb nicht "absolut unproduktiv" sind.

Bezogen auf das fiktive Kapital kann ferner bemerkt werden, dass seine Herausbildung als weiterer und endgültiger Schritt auf der Ebene des Scheins dargestellt werden kann, mit dem sich die Mystifikationen vervollständigen. Die Grundlage für diesen Schritt besteht darin, dass mit dem zinstragenden Kapital das Kapital als sich selbst verwertender Wert einerseits vollendet ist. Andererseits ist aber festzustellen, dass der Zins sich nur noch auf einen Teil dessen bezieht, was wir als Mehrwert kennen gelernt haben. Die Lösung dieses Widerspruchs ist das fiktive Kapital. Denn es hat zum Inhalt, dass nicht nur der Zins als Produkt eines zinstragenden Kapitals erscheint, sondern auch der Boden und der Unternehmergewinn. Damit stellt sich der gesamte Mehrwert als Zinserlös des zinstragenden Kapitals dar.

Zum Schluss sei zum einen nochmals bemerkt, dass auch die Erwähnung des zinstragenden Kapitalisten durch Marx vorzeitig erfolgte. Allerdings ist dieser Fehler hier nicht sehr groß, weil wir im nächsten Kapital auf die Menschen zu sprechen kommen werden, die keine Personifikationen mehr darstellen, sondern als Subjekte auftreten. Zum anderen sind wir der Ebene, auf der es den empirischen Test des zweiten Aspekts bzw. Endpunkt des Scheins geben kann, sehr nahe gekommen. Endgültig erreichen wir sie aber erst im nächsten Kapitel.

XVIII. Die Revenuen und ihre Quellen

1. Die trinitarische Formel

Der VII. Abschnitt, mit dem der III. Band des 'Kapital' bekanntlich endet, beginnt mit der folgenden "trinitarischen Form":

"Kapital – Profit (Unternehmergewinn plus Zins), Boden – Grundrente, Arbeit – Arbeitslohn, dies ist die trinitarische Form, die alle Geheimnisse des gesellschaftlichen Produktionsprozesses einbegreift.
Da ferner, wie früher gezeigt, der Zins als das eigentliche, charakteristische Produkt des Kapitals und der Unternehmergewinn im Gegensatz dazu als vom Kapital unabhängiger Arbeitslohn erscheint, reduziert sich jene trinitarische Form näher auf diese:
Kapital – Zins, Boden – Grundrente, Arbeit – Arbeitslohn, wo der Profit, die die kapitalistische Produktionsweise spezifisch charakterisierende Form des Mehrwerts, glücklich beseitigt ist." (III, 822; vgl. auch 824ff.)

Sie stellt gewissermaßen eine Zusammenfassung der vergangenen Argumentation dar, deren Inhalt darin besteht, dass das, was früher "Neuwert" genannt wurde und auf die lebendige Arbeit zurückzuführen ist (vgl. S. 368), sich jetzt als Abkömmling dreier verschiedener Quellen darstellt. Diese sind die Produktionsfaktoren "Kapital", "Boden" und "Arbeit", die gewissermaßen als Entgelt für ihre jeweiligen Beiträge den "Profit" bzw. "Zins", die "Rente" und den "Arbeitslohn" erhalten. Diese periodischen Früchte nennt Marx auch "Revenuen". Als solche treten sie nicht nur als Wertteile in Erscheinung, die ihren jeweiligen Quellen nachträglich zugeordnet werden:

"Grundeigentum, Kapital und Lohnarbeit verwandeln sich daher aus Quellen der Revenue in dem Sinn, daß das Kapital dem Kapitalisten einen Teil des Mehrwerts, den er aus der Arbeit extrahiert, in der Form des Profits, das Monopol an der Erde dem Grundeigentümer einen andern Teil in der Form der Rente attrahiert und die Arbeit dem Arbeiter den letzten noch disponiblen Wertteil in der Form des Arbeitslohns zuschlägt, aus Quellen, vermittelst deren ein Teil des Werts in die Form des Profits, ein zweiter in die Form der Rente und ein dritter in die Form des Arbeitslohns sich verwandelt – in wirkliche Quellen, aus denen diese Wertteile und die bezüglichen Teile des Produkts, worin sie existieren oder wogegen sie umsetzbar sind, selbst entspringen und aus denen als letzter Quelle daher der Wert des Produkts selbst entspringt." (III, 834; vgl. auch 854)

Anstatt in diesem Sinne als bloße Kategorien der Verteilung zu erscheinen, scheinen die Revenuen umgekehrt aus den einzelnen Produktionsfaktoren zu entspringen. Sie scheinen deshalb schon zu Beginn der Verwertungsbewegung genauso festzustehen wie der aus den Produktionsmitteln auf das Produkt nur übertragen werdende Altwert und mit diesem zusammen die Bestandteile darzustellen, aus denen sich die Preise der Waren zusammensetzen:

"Die Zersetzung der Werte der Waren, nach Abzug des Werts der in ihrer Produktion verbrauchten Produktionsmittel, die Zersetzung dieser gegebnen, durch das im Warenprodukt vergegenständlichte Quantum Arbeit bestimmten Wertmasse in drei Bestandteile, die als Arbeitslohn, Profit und Grundrente die Gestalt selbständiger und voneinander unabhängiger Revenueformen annehmen – diese Zersetzung stellt sich auf der zutage liegenden Oberfläche der kapitalistischen Produktion und daher in der Vorstellung der in ihr befangnen Agenten verkehrt dar.
Der Gesamtwert einer beliebigen Ware sei = 300, davon 200 der Wert der in ihrer Produktion verbrauchten Produktionsmittel oder Elemente des konstanten Kapitals. Bleiben also 100 als Summe des dieser Ware in ihrem Produktionsprozeß zugesetzten Neuwerts. Dieser Neuwert von 100 ist alles, was verfügbar ist zur Teilung in die drei Revenuenformen. Setzen wir den Arbeitslohn = x, den Profit = y, die Grundrente = z, so wird die Summe von x + y + z in unserm Fall immer = 100 sein. In der Vorstellung der Industriellen, Kaufleute und Bankiers, sowie in der der Vulgärökonomen geht dies aber ganz anders zu. Für sie ist nicht der Wert der Ware, nach Abzug des Werts der in ihr verbrauchten Produktionsmittel, gegeben = 100, welche 100 dann in x, y, z, zerteilt werden. Sondern der Preis der Ware setzt sich einfach zusammen aus den von ihrem Wert und voneinander unabhängig bestimmten Wertgrößen des Arbeitslohns, des Profits und der Rente, so daß x, y, z jedes für sich selbständig gegeben und bestimmt ist, und aus der Summe dieser Größen, die kleiner und größer als 100 sein kann, erst die Wertgröße der Ware selbst, als aus der Addition dieser ihrer Wertbildner resultierte." (III, 874/875)

Aus diesem Grund ist mit der "trinitarischen Formel" zum einen der falsche Schein vollendet, indem jede Erinnerung an die wirklichen Verhältnisse getilgt ist:

"Im Kapital – Profit, oder noch besser Kapital – Zins, Boden – Grundrente, Arbeit – Arbeitslohn, in dieser ökonomischen Trinität als dem Zusammenhang der Bestandteile des Werts und des Reichtums überhaupt mit seinen Quellen ist die Mystifikation der kapitalistischen Produktionsweise, die Verdinglichung der gesellschaftlichen Verhältnisse, das unmittelbare Zusammenwachsen der stofflichen Produktionsverhältnisse mit ihrer geschichtlich-sozialen Bestimmtheit vollendet; die verzauberte, verkehrte und auf den Kopf gestellte Welt, wo Monsieur le Capital und Madame la Terre als soziale Charaktere und zugleich unmittelbar als bloße Dinge ihren Spuk treiben." (III, 838)

Zum andern haben wir die Oberfläche der bürgerlichen Gesellschaft erreicht, so wie sie in den "Alltagsvorstellungen der wirklichen Produktionsagenten" vorkommt und dementsprechend auch von der sogenannten "Vulgärökonomie" verarbeitet wird:

"Es ist dagegen andrerseits ebenso natürlich, daß die wirklichen Produktionsagenten in diesen entfremdeten und irrationalen Formen von Kapital – Zins, Boden – Rente, Arbeit – Arbeitslohn sich völlig zu Hause fühlen, denn es sind eben
die Gestaltungen des Scheins, in welchem sie sich bewegen und womit sie täglich
zu tun haben. Es ist daher ebenso natürlich, daß die Vulgärökonomie, die nichts
als eine didaktische, mehr oder minder doktrinäre Übersetzung der Alltagsvorstellungen der wirklichen Produktionsagenten ist und eine gewisse verständige
Ordnung unter sie bringt, grade in dieser Trinität, worin der ganze innere Zusammenhang ausgelöscht ist, die naturgemäße und über allen Zweifel erhabene Basis ihrer seichten Wichtigtuerei findet." (III, 838/839)

Wenn wir uns fragen, ob das richtig ist, fällt bei der Betrachtung der "trinitarischen
Formel" zweierlei auf: Zunächst sei auf die Eigentümlichkeit hingewiesen, dass
Marx die "Arbeit" als Quelle des Lohns erwähnt, während diese Position beim
Zins vom "Kapital" und bei der Rente vom "Boden" eingenommen wird. Bemer-
kenswert an dieser Redeweise ist, dass Marx in den beiden letzten Fällen jeweils
den gegenständlichen Produktionsfaktor nennt, während er im ersten Fall nur von
dem Beitrag redet, den der Arbeiter leistet. Einerseits nennt er das, was verkauft
wird. Andererseits bezieht er sich lediglich das, was verliehen wird. Somit ist eine
Asymmetrie festzustellen, die als solche nicht notwendig ist. Genausogut wie der
Arbeiter als ein Produktionsfaktor bezeichnet werden kann, der verliehen wird,
genausogut können im Fall des Kapitals und Bodens Dinge identifiziert werden,
die als Waren verkauft werden. Bei ersterem ist das die zeitweilige Benutzung der
im Geld beinhalteten Kaufkraft[64], die den Kontrahenten der Zins wert ist, und bei
letzterem die zeitweilige Benutzung der besonderen, dem Boden inhärenten Vorteile.

Wichtiger ist jedoch der zweite Punkt. Schon auf den ersten Blick fällt nämlich
die Unsicherheit bezüglich der Zuordnung des "Unternehmergewinns" auf. Einerseits rechnet Marx ihn zusammen mit dem Zins zum Profit und wertet ihn damit
als Abkömmling des Kapitals. Andererseits vereint er ihn mit dem Arbeitslohn
und bestimmt ihn damit als eine der Arbeit entspringende Revenue. Beides kann
nicht überzeugen. Der Unternehmergewinn stellt vielmehr eine Revenue eigener
Art dar, als deren Quelle der Unternehmer bestimmt werden kann bzw. der Bei-

---

[64] Dies steht im Übrigen im Widerspruch zu Marx' Rede vom zinstragenden Kapital. Wenn
Marx die Durchschnittsprofitabilität als die Ware bezeichnet, die beim Verleihen von Kapital verkauft wird, dann ist das nach meinem Urteil unbefriedigend. Der Grund dafür besteht darin, dass der Verleiher des zinstragenden Kapitals gar nicht über diese Fähigkeit
verfügt, sondern eben nur über die Eigenschaft des Geldes, Waren kaufen zu können.
Nur diese Eigenschaft veräußert er, wobei er als Preis den Zins erhält.

trag, den er leistet und der im Kern als erste Initiative und letzte Kontrolle bezeichnet werden kann. (vgl. S. 518) Marx hätte deshalb besser daran getan, statt von einer Dreifaltigkeitsformel von einer Vierfaltigkeitsformel zu sprechen.[cxlv]

Ansonsten ist den Marxschen Ausführungen jedoch zuzustimmen. Dass Revenuen nicht nur als Zerfallsprodukte, sondern umgekehrt als konstituierende Elemente der Preise erscheinen, zeigt sich schon darin, dass der Lohn, die Rente und der Zins in die unternehmerischen Kostpreise eingehen. Diese Charakteristik gilt jedoch auch für den Unternehmergewinn, der als Entgelt für den unternehmerischen Beitrag ebenfalls von Beginn an feststeht, auch wenn ihn der Unternehmer sozusagen nur mit sich selbst abgemacht hat.

Insofern kann auch zugestimmt werden, wenn Marx sagt, dass der falsche Schein jetzt vollendet ist. Einerseits ist jede Erinnerung der wirklichen Verhältnisse und der wirklichen Quelle der periodisch entspringenden Revenuen ausgelöscht. Andererseits hat sich der sich selbst verwertende Wert nunmehr vollends verwirklicht. Kein weiterer Schritt ist aus ihm ableitbar. Und schließlich kann auch akzeptiert werden, dass wir auf der Oberfläche der bürgerlichen Gesellschaft angelangt sind. Die genannten vier Produktionsfaktoren gelten sowohl den empirischen Agenten wie der bürgerlichen Wirtschaftswissenschaft als die grundlegenden Quellen der periodischen Wertzuwächse. Und die aus ihnen periodisch entspringenden Revenuen sind – wie wir gleich sehen werden – das, worum die empirischen Agenten konkurrieren.

2. Die Konkurrenz der Subjekte

Unter "Revenuen" haben wir bislang nur vier verschiedene Früchte verstanden, die die periodischen Ergebnisse vier verschiedener Quellen darstellen. Damit ist die Bedeutung dieses Begriffes jedoch noch nicht erschöpft:

"So disparat diese Verhältnisse nun sonst erscheinen mögen, sie haben alle eins gemein: Das Kapital wirft jahraus, jahrein dem Kapitalisten Profit ab, der Boden dem Grundeigentümer Grundrente und die Arbeitskraft – unter normalen Verhältnissen, und solange sie eine brauchbare Arbeitskraft bleibt – dem Arbeiter Arbeitslohn. Diese drei Wertteile des jährlich produzierten Gesamtprodukts können – wir sehen hier zunächst von der Akkumulation ab – von ihren respektiven Besitzern jährlich verzehrt werden, ohne daß die Quelle ihrer Reproduktion versiegt. Sie erscheinen als jährlich zu verzehrende Früchte eines perennierenden Baums oder vielmehr dreier Bäume, sie bilden das jährliche Einkommen dreier Klassen, des Kapitalisten, des Grundeigentümers und des Arbeiters, Revenuen, die der fungierende Kapitalist als der unmittelbare Auspumper der Mehrarbeit und Anwender der Arbeit überhaupt verteilt." (III, 829/830)

Denn dieses Zitat zeigt, dass Marx unter "Revenuen" andererseits Gelder versteht, die von ihren respektiven Besitzern jährlich verzehrt werden können. (vgl. auch I, 618, Note 33) Mit anderen Worten stellen sie zugleich Mittel für den Zweck der individuellen Reproduktion dar.

Mit den Revenuen und ihren Quellen ist Marx somit auf einer Ebene angelangt, auf der es im Rahmen der gegebenen Strukturen ausschließlich um den Menschen und seine Bedürfnisse geht. Der ganze Neuwert hat sich ja in Revenuen verwandelt. Und vorderhand ist nicht einzusehen, warum er nicht gänzlich als solche verbraucht werden sollte. Das würde jedoch scharf mit der sich aus dem Heißhunger nach Mehrwert ergebenden schrankenlosen Kapitalakkumulation kontrastieren, auf deren Grundlage die menschlichen Bedürfnisse gerade nicht Zweck sind, sondern die Produktion um der Produktion willen geschieht. (vgl. S. 430) Wenn das früher Gesagte überhaupt noch Bedeutung haben soll, ist deshalb zu begründen, warum die Revenue nicht individuell verzehrt, sondern als zusätzliches Kapital akkumuliert wird.

Bei der Suche nach einer Lösung für diese Aufgabe finden wir bei Marx Folgendes:

"Und nun nehme man den Profit. Diese bestimmte Form des Mehrwerts ist die Voraussetzung dafür, daß die Neubildung der Produktionsmittel in der Form der kapitalistischen Produktion vorgeht; also ein die Reproduktion beherrschendes Verhältnis, obgleich es dem einzelnen Kapitalisten scheint, er könne eigentlich den ganzen Profit als Revenue aufessen. Indessen findet er dabei Schranken, die ihm schon in der Form von Assekuranz- und Reservefonds, Gesetz der Konkurrenz usw. entgegentreten und ihm praktisch beweisen, daß der Profit keine bloße Verteilungskategorie des individuell konsumierbaren Produkts ist." (III, 889)

Wie dieses Zitat zeigt, ist Marx der Meinung, dass der "ganze Profit", worunter wir die Zusammenfassung von Zins und Unternehmergewinn verstehen wollen, von seinem Besitzer nur scheinbar als Revenue verzehrt werden kann, weil "Assekuranz- und Reservefonds" gebildet werden müssen und es das "Gesetz der Konkurrenz" gibt. Bezogen auf ersteres ist zu sagen, dass dies nur eine vorübergehende Notwendigkeit darstellt. Bedeutungsvoller ist deshalb der zweite Punkt. Allerdings fragt sich, was mit diesem Gesetz gemeint ist und wie durch es bewerkstelligt wird, dass die schrankenlose Kapitalakkumulation, die es aufgrund des Heißhungers nach Mehrwert geben müsste, tatsächlich stattfindet.

Wenn wir bei Marx eine diesbezügliche Antwort suchen, treffen wir zunächst auf folgende Schwierigkeit:

"In der Darstellung der Versachlichung der Produktionsverhältnisse und ihrer Verselbständigung gegenüber den Produktionsagenten gehn wir nicht ein auf die Art und Weise, wie die Zusammenhänge durch den Weltmarkt, seine Konjunkturen, die Bewegung der Marktpreise, die Perioden des Kredits, die Zyklen der Industrie und des Handels, die Abwechslung der Prosperität und Krise, ihnen als übermächtige, sie willenlos beherrschende Naturgesetze erscheinen und sich ihnen gegenüber als blinde Notwendigkeit geltend machen. Deswegen nicht, weil die wirkliche Bewegung der Konkurrenz außerhalb unsers Plans liegt und wir nur die innere Organisation der kapitalistischen Produktionsweise, sozusagen in ihrem idealen Durchschnitt, darzustellen haben." (III, 839; vgl. auch 120 und 370, sowie I, 335 und 571)

Sie besteht darin, dass Marx uns hier lapidar mitteilt, dass er die Konkurrenz gar nicht behandeln möchte. Insofern scheinen wir vergebens zu suchen und das folgende Zitat:

"Nur als Personifikation des Kapitals ist der Kapitalist respektabel. Als solche teilt er mit dem Schatzbildner den absoluten Bereicherungstrieb. Was aber bei diesem als individuelle Manie erscheint, ist beim Kapitalisten Wirkung des gesellschaftlichen Mechanismus, worin er nur ein Triebrad ist. Außerdem macht die Entwicklung der kapitalistischen Produktion eine fortwährende Steigerung des in einem industriellen Unternehmen angelegten Kapitals zur Notwendigkeit, und die Konkurrenz herrscht jedem individuellen Kapitalisten die immanenten Gesetze der kapitalistischen Produktionsweise als äußere Zwangsgesetze auf. Sie zwingt ihn, sein Kapital fortwährend auszudehnen, um es zu erhalten, und ausdehnen kann er es nur vermittelst progressiver Akkumulation." (I, 618; vgl. auch 286 und 335, sowie III, 887),

in dem Marx zum Ausdruck bringt, dass der "individuelle Kapitalist" gezwungen ist, "progressive Akkumulation" zu betreiben, erscheint als bloße Behauptung. Unmittelbar einleuchtend ist zwar, dass die anderen Konkurrenten das mit der Steigerung der Produktivkraft einhergehende Kapitalwachstum nachmachen müssen, wenn ein Konkurrent damit begonnen hat und sie nicht Bankrott gehen wollen. Unklar bleibt jedoch, worin die Notwendigkeit liegt, die diesen Prozess in Gang setzt bzw. ihn auf jeder Ebene neu reproduziert. Indem Marx sich von der "individuellen Manie" des Schatzbildners absetzt, gibt er zwar zu erkennen, dass es ihm auf einen objektiven, nicht in der subjektiven Willkür liegenden Grund ankommt. Worin dieser Grund bestehen soll, bleibt jedoch offen.

Es gibt bei Marx jedoch noch beiläufig erwähnte andere Stellen, die uns in der genannten Hinsicht weiterhelfen:

"Während, auf Basis der kapitalistischen Produktion, der Masse der unmittelbaren Produzenten der gesellschaftliche Charakter ihrer Produktion in der Form streng regelnder Autorität und eines als vollständige Hierarchie gegliederten, gesellschaftlichen Mechanismus des Arbeitsprozesses gegenübertritt – welche Autorität ihren Trägern aber nur als Personifizierung der Arbeitsbedingungen gegenüber der Arbeit, nicht wie in früheren Produktionsformen als politischen oder theokratischen Herrschern zukommt –, herrscht unter den Trägern dieser Autorität, den Kapitalisten selbst, die sich nur als Warenbesitzer gegenübertreten, die vollständigste Anarchie, innerhalb deren der gesellschaftliche Zusammenhang der Produktion sich nur als übermächtiges Naturgesetz der individuellen Willkür gegenüber geltend macht." (III, 888; vgl. auch 836, sowie I, 89 und 376/377)

Im obigen Zitat bezieht sich Marx auf die "Anarchie" der kapitalistischen Warenproduktion, die ihren Grund darin hat, dass die einzelnen Warenproduzenten nicht aufgrund eines gesamtgesellschaftlichen Planes produzieren, sondern bei der Betreibung ihres Geschäfts von ihren eigenen Wünschen und Vorstellungen ausgehen. Auf ihrer Grundlage können deshalb die einzelnen Agenten nie sicher sein, ob sie ihre Waren zum angestrebten Preis verkaufen können. Die Kapitalisten sind vielmehr mit der beständigen Möglichkeit des Scheiterns konfrontiert, eben weil ihnen die Kontrolle über den gesellschaftlichen Reproduktionszusammenhang fehlt. Die Gefahr, der sie ausgesetzt sind, besteht konkreter gesprochen darin, dass die Preise ihrer Waren im Extremfall bis gegen Null fallen. Um ihr zu begegnen, müssen sie daher danach trachten, ihre Kosten zu senken, damit sie ein Sinken der Preise möglichst lange überleben können. Auf diese Weise wird der Produktivitätsfortschritt in Gang gesetzt, dem sich bei Strafe des Untergangs keiner entziehen kann und der zu keiner absoluten, endgültigen Sicherheit führt, gerade weil ihn alle mitmachen und die grundlegende Unsicherheit der Marktverhältnisse erhalten bleibt. Die größtmögliche Sicherheit, die innerhalb dieser Verhältnisse möglich ist, haben in der Tat die Kapitalisten, die ihr "Kapital fortwährend ausdehnen, um es zu erhalten" und diesen Prozess der Akkumulation möglichst rasch vorantreiben.

Mit diesen Überlegungen wird die oben konstatierte Lücke zum einen geschlossen und geklärt, wie die zunächst nur an Revenue interessierten Unternehmer aus eigenen Stücken dazu kommen, endlos Kapital zu akkumulieren und in diesem Sinne zu Kapitalisten zu werden. Wie schon auf der Seite 98 angedeutet, tun sie dies, weil sie die gesellschaftliche Produktion in der Tat nicht beherrschen, sondern vor ihr „bemeistert" werden. Zum anderen ist zu betonen, dass von der Umwidmung der Revenue zu einem Mittel der Akkumulation nicht nur der Unternehmergewinn betroffen ist. Um die Produktionskosten möglichst rasch senken zu können, werden die Unternehmer nämlich dann, wenn sie mit Eigenkapital und auf eigenem Grund und Boden arbeiten, auch die darauf bezogenen Revenuen mit einbeziehen. Oder wenn das nicht der Fall ist, werden sie danach trachten, die Eigentümer dieser Produktionsfaktoren zu werden. Somit ist im Großen und Ganzen gewährleistet, dass der gesamte Mehrwert zur Produktion von noch mehr Mehrwert eingesetzt wird. Andererseits kann natürlich nicht ausgeschlossen werden, dass bestimmte Unternehmer, Rentiers und Zinskapitalisten einen mehr oder weniger großen Teil ihrer Revenuen nicht nur für ihre normale individuelle Reproduktion, sondern darüber hinaus für Luxus verwenden. Dies können sich vor allem jene leisten, die einerseits im Moment über genügend Revenue verfügen und andererseits ihre Revenuequelle aus irgendwelchen Gründen sicher wähnen. Letzteres könnte insbesondere für bestimmte Grundbesitzer aber auch für bestimmte Geldverleiher zutreffen.

Gerade auf dieser Grundlage ist darauf hinzuweisen, dass vom Heißhunger nach Mehrarbeit nur dann gesprochen werden kann, wenn der Teil des jährlichen Profits, der auf diese Weise der individuellen Konsumtion anheimfällt, verglichen mit dem Teil, der akkumuliert wird, als akzidentiell eingestuft werden kann und damit zu vernachlässigen ist. Würde der konsumierte Teil dagegen das Übergewicht haben, könnte offensichtlich davon nicht mehr gesprochen werden, dass Mehrarbeit nur geschaffen wird, um in Zukunft noch mehr Mehrarbeit zu erwirtschaften. Der Endzweck des gesellschaftlichen Stoffwechsels wäre dann nicht die "Produktion um der Produktion willen", sondern auch objektiv gesehen die Befriedigung individueller Bedürfnisse, auch wenn es sich dabei nur um die Bedürfnisse einer bestimmten Klasse handeln sollte, die außerdem noch eine Minderheit darstellt.

Dasselbe Resultat hätten wir festzuhalten, wenn die bürgerliche Ökonomie damit Recht hätte, dass sie die Akkumulation von Kapital als eine Erweiterung der Mittel betrachtet, die die zukünftige Verbesserung des allgemeinen Lebensstandards gewährleisten. Wenn die Kapitalakkumulation mit anderen Worten wirklich zur Folge hätte, dass der berühmte zur Verteilung anstehende Kuchen ständig wächst, d. h. pro Person ständig mehr Konsumtionsmittel zur Verfügung ständen, dann könnte offensichtlich nicht davon gesprochen werden, dass die Menschen innerhalb der bürgerlichen Gesellschaft im Allgemeinen nur ein Mittel und nicht Zweck sind. Bezogen auf die Arbeiter könnte dann nicht behauptet werden, dass sie im Durchschnitt nur das bekommen, was sie zur Verewigung ihrer Klasse brauchen. (vgl. S. 331)

Hier zeigt sich also, zu welchen Ergebnissen die Konkurrenz führen muss, damit der Kreis wirklich geschlossen und unser Ausgangspunkt, d. h. der Heißhunger nach Mehrarbeit, bestätigt wird. Dabei kommt es hier natürlich nur auf das allgemeine Ergebnis an. Der Heißhunger nach Mehrarbeit ist mit anderen Worten dann noch nicht widerlegt, wenn die Produktion nur zu gewissen Zeiten nicht um der Produktion willen betrieben wird. Gleichermaßen wird der Heißhunger nach Mehrarbeit nicht schon dadurch aufgehoben, wenn es Leute gibt, die in noch so großem Luxus schwelgen können. Das ist zumindest der Fall, wenn es sich dabei um Ausnahmen handelt. Denn diese bestätigen auch im vorliegenden Zusammenhang die Regel. Und was Ausnahme und Regel ist, muss sich über alle Veränderungen hinweg in Raum und Zeit zeigen.

Es sei schließlich noch darauf hingewiesen, dass die Menschen im oben betrachteten Übergang aufgehört haben, bloße Charaktermasken zu sein. Anstatt unmittelbar eine ökonomische Kategorie zu personifizieren, sind die Revenuequelleneigentümer jetzt an ihrem eigenen Fortkommen interessiert und in diesem Sinne zu Subjekten geworden. Im Unterschied zu den Charaktermasken handeln die Subjekte aus eigenen Stücken oder subjektivem Antrieb und damit auch bewusst. Sie sind deshalb frei und bei der Verfolgung ihrer Zwecke nur den Formen verpflichtet, die sich als Resultat der Durchsetzung des sich als Wert verwertenden Kapitals ergeben haben.

Außerdem sei zum einen noch erwähnt, dass hier die Ebene wäre, auf der all die Bemerkungen zur Konkurrenz, die Marx schon auf früheren Ebenen hineingebracht hat, angebracht wären. Dies gilt u. a. für den Kampf um den Normalarbeitstag (vgl. S. 401ff.), das Streben nach Extraprofit (vgl. S. 416ff.), die Erörterungen zum Populationsgesetz (vgl. S. 422), sowie alle Bemerkungen zum willentlichen Handeln, zu Konjunkturen, Krisen usw..

Zum anderen wird deutlich, dass der Begriff, von dem in Gestalt des Heißhungers nach Mehrarbeit auszugehen ist, im Allgemeinen eine objektive Ausformung annimmt. Zwar kann es durchaus Kapitalisten geben, für die ΔG subjektiver Endzweck ist. Sie sind jedoch nur die Ausnahme.

Zum dritten sind wir hier endlich in der Lage, den empirischen Test des zweiten Aspekts in Bezug auf das durchzuführen, was auf der Ebene des Scheins den Endpunkt der Argumentation markiert. Das Ende der Entwicklung auf der Ebene des Scheins repräsentieren nämlich die vier Revenuen und ihre Quellen. Wenn man sich fragt, ob es dieses Resultat im Rahmen des unmittelbaren Seins gibt, ergibt sich die Antwort sozusagen von selbst. Denn es ist klar, dass sie die Revenueverhältnisse die Formen darstellen, in denen die Menschen auf der Ebene der Erscheinungen als Subjekte agieren.

3. Zusammenfassende Bemerkungen

Das vorangegangene Kapitel beinhaltet einerseits das abschließende Resultat der Argumentation im III. Band des 'Kapital', die uns sowohl zur Oberfläche der bürgerlichen Gesellschaft hingeführt hat als auch mit einer immer undurchsichtiger werdenden Mystifizierung der wesentlichen Verhältnisse einherging. Ihm kann grundsätzlich zugestimmt werden. Allerdings wäre es besser gewesen, wenn Marx von einer vierfältigen oder quatriarischen Formel gesprochen hätte, die neben den Paaren Kapital – Zins, Boden – Rente, Arbeiter – Lohn auch das Gespann Unternehmer – Gewinn enthält. Dies würde sowohl der vom sich selbst verwertenden Wert ausgehenden Argumentation als auch den empirischen Erfahrungen besser entsprechen.

Marx ist jedoch nicht nur auf der Oberfläche angekommen. Dadurch, dass er die von den vier Produktionsfaktoren abgeworfenen Früchte als Revenuen bezeichnet, hat er andererseits auch ansatzweise begonnen, diese Oberfläche der Erscheinungen selbst zu thematisieren. Das ist der Fall, weil Marx unter Revenuen Mittel versteht, die der individuellen Bedürfnisbefriedigung des Menschen zur Verfügung stehen. Mit dieser Bezeichnung geht deshalb einher, dass die Menschen, die abgesehen von Inkonsequentheiten und davon, dass sie auf der Ebene des Scheins überhaupt keine Rolle spielen, bislang nur als Charaktermasken in Erscheinung traten, was auch für den zinstragenden Kapitalisten, den Rentier und den Unternehmer galt, jetzt als freie Subjekte auftreten, deren Hauptzweck die möglichst gute Befriedigung ihrer selbstbestimmten Bedürfnisse ist.

Diesen Subjekten ist die schrankenlose Kapitalakkumulation deshalb kein unmittelbarer Selbstzweck mehr. Marx hat mithin die Aufgabe, zu zeigen, wie es trotzdem zu diesem im Hinblick auf die Bedürfnisbefriedigung sinnlosen Inhalt kommt. Ihre Lösung fällt in die Konkurrenz, die Marx jedoch gar nicht behandeln will. Trotzdem finden sich einige wichtige Andeutungen, aus denen ersehen werden kann, dass die Unsicherheit der Marktverhältnisse für Marx offensichtlich von ausschlaggebender Bedeutung ist. Sie bringt für die Unternehmer und damit auch alle anderen Revenuequellenbesitzer die beständige Gefahr des Scheiterns mit sich, der nur durch möglichst effektive Produktion begegnet werden kann. In ihrem Rahmen ist deshalb auch die immer weiter gehende Kapitalakkumulation ein Erfordernis.

Trotz der Tatsache, dass diese Entwicklung innerhalb der Marxschen Darstellung nur sehr rudimentär enthalten ist und die Sphäre der ökonomischen Konkurrenz durch die Behandlung der Privatsphäre und des Staates zu ergänzen wäre, ist sie nach meinem Dafürhalten durchaus einleuchtend. Es bleibt jedoch die Frage, ob ihr Ausgangspunkt notwendig ist. Wodurch ist gerechtfertigt, dass Marx an dieser Stelle beginnt, die Menschen als freie Subjekte zu thematisieren?

Die Antwort auf diese Frage liegt meines Erachtens einfach darin, dass Marx auf der Oberfläche der bürgerlichen Gesellschaft angekommen ist, auf der die Menschen bewusst und selbstbestimmt handeln. Dieses bewusste und selbstbestimmte Handeln ist vor allem dadurch gekennzeichnet, dass die Menschen sich in ihm selbst Zweck sind. In seinem Rahmen verfolgen sie Inhalte, die sie sich selbst gesetzt haben und die in diesem Sinne frei gewählt sind. Warum das so ist, sagt Marx mit keinem Wort. Er geht nur davon aus, dass es so ist und greift – wenn man so will – ein Stück empirisches Wissen auf. Die Notwendigkeit liegt also in der Bestätigung durch die Erfahrungen, was an dieser Stelle meines Erachtens Notwendigkeit genug darstellt. Eine andere Notwendigkeit als die, dass sich die Menschen so verhalten, gibt es in diesem Zusammenhang schlicht nicht.

Wie wir gesehen haben, hat Marx in dem auf der Seite 525 erwähnten Zitat die "Klassen" angeführt. Dies und die Tatsache, dass das letzte, unvollendete Kapitel des III. Bandes von 'Das Kapital' mit "Die Klassen" überschrieben ist, sei zum Anlass genommen, noch kurz darauf einzugehen. In der Tat ist erst hier, wo die Menschen zu Subjekten geworden sind und damit der Möglichkeit nach sich auch solche Zwecke setzen, die nicht mit dem, was systematisch notwendig ist, zusammenstimmen, die Ebene erreicht, wo wirklich von einem Klassengegensatz gesprochen werden kann. Wie bereits erwähnt (vgl. S. 468), kommt es zu ihm dann, wenn die Vertreter der jeweiligen Kategorien etwas wollen, was sich mit dem, was die anderen wollen, nicht zu einem in sich stimmigen Ganzen zusammenfügt, wie das z. B. auch bei jeder Luxuskonsumtion der Fall ist. Es zeigt dies, dass der Klassengegensatz tatsächlich nur ein oberflächliches Kennzeichen der bürgerlichen Gesellschaft darstellt. Dasselbe gilt für den Klassenkampf in der Form, in der er nichts anderes als ein Kampf um Lohnarbeiterrechte darstellt. Und was den Klassenkampf in der weitergehenden Bedeutung eines Kampfes gegen die Totalität der bürgerlichen Gesellschaft anbelangt, sei schließlich noch darauf hingewiesen, dass er in diesem Zusammenhang nur sehr bedingt als Klassenkampf bezeichnet werden kann, geht es dabei doch nicht nur um die Befreiung einer Klasse auf Kosten der anderen, sondern vor allem um die Abschaffung eines die Menschen insgesamt beherrschenden Prinzips. Auf der Basis dessen, dass die Auswirkungen dieses Prinzips sich für die einzelnen Klassen unterschiedlich darstellen und manche dabei besser wegkommen als andere, ist nichtsdestoweniger wahrscheinlich, dass dieser antibürgerliche Kampf die Form eines innerbürgerlichen Klassenkampfs annimmt.

XIX. Fazit

In den vorangegangenen 18 Kapiteln haben wir alle die Inhalte der drei Bände des Marxschen 'Kapital', die theoretisch wichtig sind, in einer Ausführlichkeit besprochen, die in der einschlägigen Literatur ansonsten nicht zu finden ist. In diesem letzten Kapitel soll es nun darum gehen, aus Marx' Darstellung als Ganzer ein abschließendes Fazit zu ziehen. Zu diesem Zweck seien die erreichten Ergebnisse kurz in Erinnerung gerufen:

Im I. Kapitel haben wir gesehen, dass man dann, wenn man den Warentausch als einseitige Transaktion versteht, zwar akzeptieren kann, dass Marx mit dem Tausch von Ware mit Ware beginnt und damit die Menschen nicht als Subjekte, sondern formal bestimmte Charaktermasken thematisiert. Er ist aber erstens nicht in der Lage, aus der Ware und ihren einseitigen Austauschverhältnissen mit anderen Waren den Wert mit Notwendigkeit abzuleiten. Der Wert ist daher eine bloße Behauptung. Zweitens ist der Versuch von Marx zu kritisieren, die den Wert bildende Arbeit in einer Weise zu bestimmen, in der sie sich von der gebrauchswertbildenden Arbeit in der einen oder anderen Form unterscheidet. Das ist nämlich nicht nur in der Form der Nicht-Gemeinsamkeit oder der abstrakten Gemeinsamkeit zurückzuweisen, die auf eine Arbeit abzielt, die neben der gebrauchswertbildenden Arbeit vorgestellt wird, bzw. eine die Besonderheiten ausschließende Allgemeinheit meint. Das macht auch in der Form der abstraktifizierten konkreten Gemeinsamkeit keinen Sinn. Drittens ist auch auf Basis einer als konkrete Allgemeinheit verstandenen wertbildenden Arbeit die in Marx' Ableitungsversuch implizierte empirische These zu kritisieren, der Wert sei der direkte Grund der Austauschproportionen. Denn diese Feststellung ist nicht nur empirisch falsch. Sie wird vielmehr auch von ihm später zugunsten eines indirekten Begründungsverhältnisses zurückgenommen, in dem der Wert als Wesenskategorie in Erscheinung tritt.

Im II. Kapitel ist Marx bei dem Versuch gescheitert, die Wertform als eine Ausdrucksweise oder Erscheinungsform des Werts bzw. Tauschwerts zu begründen, in der er gerade nicht als das erscheint, was er an sich ist. Etwas besser sieht es dagegen bei der Ableitung des Geldes als selbständige Existenz des Tauschwerts aus. Einerseits verwechselt Marx dieses Moment zwar mit der Wertform und versucht es aus seiner verkehrten Fassung der wertbildenden Arbeit abzuleiten, die sich entweder auf eine Nicht-Gemeinsamkeit, eine abstrakte Gemeinsamkeit oder eine abstraktifizierte Gemeinsamkeit bezieht. Das dokumentiert aber nur, dass Marx selbst auf den falschen Schein des Geldes hereingefallen ist. Andererseits finden sich mit dem Verweis auf die Schwierigkeiten des unmittelbaren Austauschs jedoch die entscheidenden Argumente. Sowohl vom empirischen wie vom logischen Standpunkt aus gesehen unhaltbar ist jedoch wieder die im III. Kapitel aufgestellte Behauptung, dass Geld seinem Begriff nach Gold und damit selbst Wert sein muss.

Im IV. Kapitel scheitert Marx mit dem Versuch, das Kapital aus der Zirkulationsform G - W - G abzuleiten. Das Kapital, bei dem es sich um einen Wert handelt, der mit dem Zweck seiner schrankenlosen Vermehrung in Geldform verausgabt wird, bringt er damit genauso unmittelbar herein wie den Wert. Es stellt keine Folge, sondern einen neuen Anfang dar. Darüber hinaus bleibt unklar, wie dieses Kapital zu verstehen ist. Von den beiden grundsätzlichen Möglichkeiten des begrifflichen und des zweckhaften Kapitals kommt zum einen eigentlich nur noch das erstere in Frage, das sich in die drei Bereiche des Wesens, des Scheins und der Erscheinungen und damit in das wesentliche begriffliche Kapital, das scheinende begriffliche Kapital und das erscheinende begriffliche Kapital zerfällt. Da Marx aber so tut, als wäre der Wert der direkte Grund des Tauschwerts, kann auch das zweite Kapital nicht ganz ausgeschlossen werden, dass in die Bereiche Wesen und Erscheinungen und damit in das wesentliche zweckhafte und das erscheinende zweckhafte Kapital zerfällt. Zum anderen kann Marx eigentlich nur mit dem wesentlichen begrifflichen Kapital bzw. dem wesentlichen zweckhaften Kapital beginnen. Es hat sich aber gezeigt, dass er diese beiden Kapitalarten mit scheinenden begrifflichen und dem erscheinenden begrifflichen Kapital bzw. mit dem erscheinenden zweckhaften Kapital vermengt. Zum dritten hat das Auswirkungen auf die Art der Argumentation und die Form, in der die Menschen zum Thema gemacht werden. Eigentlich kann es nur um die Argumentation per logischer Geltung gehen, in der die Menschen, was das Wesen anbetrifft, als Charaktermasken vorkommen oder, was sich auf den Schein bezieht, überhaupt keine Rolle spielen. Marx bringt aber auch die Argumentation per teleologischer Genesis herein, in deren Rahmen die Menschen als Subjekte vorkommen.

Im V. Kapitel hat sich gezeigt, dass es von Anfang an noch einen zweiten Kapitalbegriff gibt, den Marx im I. Band genauso wenig ableitet, wie den ersten Kapitalbegriff. Da der zweite Kapitalbegriff dadurch gekennzeichnet ist, dass er einen Wert darstellt, der sich selbst verwertet und den Mehrwert daher selbst erzeugt oder aus sich hervortreibt, wird deutlich, dass es sich bei ihm um eine Kategorie handelt, die dem Schein zuzuordnen und damit nur als scheinendes begriffliches Kapital verstanden werden kann. Auf dieser Grundlage ist einesteils zu kritisieren, dass Marx diesen Schein vor der Entfaltung des Wesens und damit zur Unzeit hereinbringt. Andernteils ist zu bemängeln, dass Marx den Unterschied zwischen den beiden Kapitalbegriffen eher verwischt. Damit trägt er auf eine weitere Art dazu bei, dass unklar bleibt, von welchem Kapital er eigentlich spricht. Das wir es nur mit einem Kapital auf der Scheinebene zu tun haben können, wird nämlich mit der Folge verdunkelt, dass es auch um ein Kapital auf der Wesensebene oder sogar der Erscheinungsebene gehen kann.

Dass es bei Marx zu Vermengungen einerseits zwischen dem begrifflichen und dem zweckhaften Kapital und andererseits den verschiedenen theoretischen Ebenen kommt, aus denen sich diese Kapitale zusammensetzen, gilt auch für die industrielle Grundform des Kapitals, die Marx im VI. Kapitel gleichfalls nicht aus seinem ersten Kapitalbegriff heraus ableiten kann. Zwar kann Marx zeigen, dass die Wertvermehrung nur in der Produktion vollzogen werden kann. Gerade auf dieser Grundlage stößt man sich aber daran, dass das industrielle Kapital nicht nur die Produktion enthält, sondern auch schon die Zirkulation, die nichts zur Wertvermehrung beiträgt, sondern diese im Gegenteil sogar beschränkt. Denn der schrankenlosen Wertvermehrung würde es besser entsprechen, wenn Marx ein Kapital zum Thema gemacht hätte, das nur die Produktion enthält und damit als Gesamtkapital verstanden werden muss. Das ist vor allem der Fall, weil Marx das industrielle Kapital als auch Grundform des Kapitals versteht und damit zu erkennen gibt, dass es sich bei ihm tatsächlich um eine Wesenskategorie handelt, auch wenn diese Kategorie sich bezogen auf das, was aus ihr auf mittelbare Weise als Erscheinungen begründet werden kann, sich zunächst nur auf das Warenhandlungskapital und das zinstragende Kapital mit der Folge bezieht, dass das industrielle Kapital noch außer Acht gelassen wird. Denn auch diese Einschränkung nimmt er später zurück.

Im VII. Kapitel, in dem es um den Übergang von der Form G - W …P … W' - G' zu der Bewegung G - $^{Ak}/_{Pm}$ … P … W' - G' ging, hat sich zum einen gezeigt, dass Marx nur von produktiver Arbeitskraft spricht und die zirkulative Arbeitskraft außenvor lässt. Das wäre vom Gesamtkapital aus gesehen richtig, widerspricht aber Marx' Einzelkapital. Zum anderen war festzustellen, dass Marx die Form der Arbeitskraft nicht ableitet, sondern nur aus der Empirie des unmittelbaren Seins aufgreift. Das könnte akzeptiert werden, wenn wir es mit dem zweckhaften Kapital bzw. dem erscheinenden begrifflichen Kapital zu tun hätten. Das ist aber zu kritisieren, wenn es um das wesentliche begriffliche Kapital geht. Da dieses Kapital einen inhaltlichen Unterschied zum unmittelbaren Sein aufweist, ist es nämlich unzulässig, Anleihen aus dem unmittelbaren Sein zu machen. Zum dritten ist zur Warenform der Arbeitskraft zu sagen, dass sie sich zwar ergibt, wenn man die allgemeine Formel des Kapitals als Ausgangspunkt akzeptiert. Wenn man aber vom schrankenlosen Wertvermehrungszweck als solchem ausgeht, dann werden die Arbeitskräfte unmittelbar in den Vermehrungsprozess einbezogen. Dann sind sie keine Waren, sondern die Charaktermasken, die diesen Zweck ausführen. Ähnliches gilt auch für die Produktionsmittel. Dass sie als Waren beschafft werden, ist nämlich auch nur zu akzeptieren, wenn die allgemeine Formel des Kapitals zugrunde gelegt wird. Wenn dagegen vom einheitlichen Wertvermehrungszweck ausgegangen wird, werden die Produktionsmittel per Eigenherstellung beschafft.

Besser sieht es im VIII. Kapitel bezogen auf den sogenannten Wert der Ware Arbeitskraft aus, mit dem eine Bezahlung gemeint ist, die die erweiterte Reproduktion der Arbeitskraft ermöglicht. Zwar zeigt sich zum einen, dass Marx diesen Wert unvollständig bestimmt und er zum zweiten gar kein wirklicher Wert ist, sondern eher ein notwendiger Tauschwert. Es ist aber richtig, dass Marx diesen Wert oder Tauschwert nicht mit einer Bezugnahme auf die empirische Konkurrenz begründet, sondern dabei logisch vorgeht. Dabei ist allerdings festzustellen, dass die logische Ableitung nur funktioniert, wenn man von einem Gesamtprinzip ausgeht. Denn nur unter dieser Bedingung ist klar, dass eine Unterbezahlung negative Folgen hat. Bei einem Teilprinzip ist das nämlich deswegen nicht der Fall, weil es möglich bleibt, dass die Lücke anderweitig geschlossen wird

Im IX. Kapitel wurde kein weiterer Schritt von Marx zum Thema gemacht. Stattdessen wurde nur auf einen bislang unbeachtet gebliebenen Fehler hingewiesen, der in der Bewegung $G - {}^{Ak}/_{Pm} \ldots P \ldots W' - G'$ enthalten ist. Dabei geht es um den Unterschied zwischen $G - Ak$ und ${}^{Ak}/_{Pm} \ldots P \ldots W'$. Während dieser Unterschied bezogen auf die gegenständlichen Produktionsmittel nicht zu beanstanden ist, ist er bezogen auf die Arbeitskräfte deswegen falsch, weil die Arbeitskraft nicht vor der Produktion, sondern nur in deren Rahmen geäußert werden kann. Damit bewirkt die Warenform der Arbeitskraft, dass die wirkliche Produktion verschwindet und wir es mit dem Schein zu tun bekommen. Dieser Punkt macht sich auch bei Marx insofern bemerkbar, als die Warenform der Arbeit bei ihm zu einem Schein führt. Warum das so ist, bleibt jedoch gerade deswegen uneinsichtig, weil es bei der Warenform der Arbeitskraft noch keinen Schein gibt. Für diesen Unterschied zwischen der Warenform der Arbeitskraft und der der Arbeit gibt es nämlich deshalb keine Basis, weil die Wirklichkeit einer Kraft nur in ihrer Äußerung liegt.

Im X. Kapitel kann Marx zum einen zeigen, wie die Wertvermehrung zustande kommt und der Mehrwert geschaffen wird. Das ist aber nur der Fall, wenn man nicht nur davon absieht, dass der Kauf der Arbeitskraft schon zum Schein führt, sondern auch wahrnimmt, dass Marx gar nicht wirklich von einem Einzelkapital, sondern einem unselbständigen Teil eines Gesamtkapitals redet. Zum anderen macht er auch bezogen auf das industrielle Kapital deutlich, dass er sich tatsächlich auf der Ebene eines Wesens bewegt, das wegen des inhaltlichen Unterschieds zum unmittelbaren Sein als inhaltlich mittelbares Sein zu bestimmen ist. Trotzdem bleibt die Vermischung zwischen den verschiedenen Kapitalverständnissen auch hier virulent. Einerseits tut Marx so, als würden die Prozesse der Wertvermehrung bewusst und willentlich vollzogen. Andererseits vermengt er seine wesentlichen Erörterungen ständig mit Reflexionen auf die Erscheinungen. Indem er nicht sieht, dass mit direkt in den Menschen eingehenden Tätigkeiten kein Mehrwert geschaffen werden kann, bestimmt er darüber hinaus die produktive Arbeit auf eine in sich widersprüchliche und damit unzulängliche Weise.

Im XI. Kapitel, in dem es um die Produktion von mehr Mehrwert geht, haben wir zum einen gesehen, dass Marx zeigen kann, wie es zum absoluten und relativen Mehrwert kommt. Diesbezüglich mussten wir nur kritisieren, dass Marx die Produktion des absoluten Mehrwerts zum einen mit der Herausbildung des Normalarbeitstags in Verbindung bringt. Zum zweiten war zu bemängeln, dass Marx den Normalarbeitstag als etwas darstellt, das dem Kapital widerspricht und deshalb nur gegen es durchgesetzt werden kann. Das ist falsch, weil der Normalarbeitstag dieselbe Funktion hat wie der Wert der Arbeitskraft. Zum dritten war auch in diesem Zusammenhang auf Unklarheiten bezüglich des Unterschieds zwischen der Ableitung per logischer Geltung und der Begründung per teleologischer Genesis hinzuweisen. Zum vierten hat es Marx auch hier entgegen seiner eigenen Auffassung nicht mit einem Einzelkapital, sondern nur mit dem Teil eines Gesamtkapitals zu tun.

Im XII. Kapitel holt Marx die Thematisierung der Zirkulation nach, die es bei ihm eigentlich schon von Anfang an gibt, die aber zunächst unbeachtet geblieben ist. Dabei war zum einen eine als solche zu kritisierende Tendenz festzustellen, deren Inhalt darin besteht, dass Marx die Zirkulation nicht von Lohnarbeitern, sondern den Kapitalisten selbst erledigen ließ. Zum anderen war als unverständlich zurückzuweisen, dass Marx im Rahmen seiner Reproduktionsschemata die durch die Zirkulation verursachten Kosten gleich wieder vergisst und außenvor lässt.

Dieser Fehler setzt sich im XIII. Kapitel fort, in dem der dem Schein angehörende Kapitalbegriff erst wieder relevant wird, der die Selbstverwertung zum Inhalt hat. Marx kann ihn jedoch auch an dieser Stelle nicht ableiten, weil er die hierfür ausschlaggebende Warenform der Arbeitskraft schon früher eingeführt hat. Darüber hinaus erkennt er nicht, dass es auf der Ebene des Scheins weder Charaktermasken noch Subjekte gibt. In dem er immer wieder Menschen zum Thema macht, die in diesen Gestalten auftreten, trägt er zur Vermengung des Scheins mit Bestandteilen bei, die dem Wesen oder den Erscheinungen zuzuordnen sind.

Im XIV. Kapitel kann Marx den Übergang vom Profit zum Durchschnittsprofit nicht begründen, weil er auch das dem Schein angehörende Kapital von Anfang an als Einzelkapital thematisiert. Außerdem macht er diesen logischen Übergang zu einem zeitlich-historischen, wenn er ihn in die Konkurrenz verlagert.

Obwohl er sie schon vorher entwickelt hat, thematisiert Marx die Zirkulation mit ihren Kosten erst wieder im XV. Kapitel. Er ist jedoch nicht in der Lage, auf eine überzeugende Weise darzustellen, wie sich die selbständigen kommerziellen Kapitale verwerten. Insbesondere sieht er nicht klar genug, dass die kommerziellen Kapitale nur dann dem Schein gemäße Kapitale darstellen, wenn sie die Zirkulation von Lohnarbeitern betreiben lassen.

Wiederum aufgrund seiner vorgängigen Rede von Einzelkapitalen scheitert Marx im XVI. Kapitel an der Ableitung der Grundrente. Er sieht auch nicht, dass diese Ableitung mit der Begründung des Einzelkapitals zusammen fällt. Außerdem ist seine Argumentation wieder mit Momenten vermengt, die ihre Berechtigung nur auf der Ebene der Erscheinungen haben.

Dies ist auch der Grund dafür, dass Marx im XVII. Kapitel das zinstragende Kapital nicht auf eine überzeugende Weise ableiten kann und an der Begründung des Zerfalls des Profits in Zins und Unternehmergewinn scheitert, den er als Unternehmerlohn zudem noch mit dem Arbeitslohn vermengt.

Darauf aufbauend fasst Marx schließlich im XVIII. Kapitel die Ergebnisse der fertigen Argumentation auf der Ebene des Scheins nicht richtig zusammen. Das zeigt sich insbesondere daran, dass es auf der Ebene der Revenuen und ihren Quellen keine Dreifaltigkeit, sondern eine Vierfaltigkeit gibt. Obwohl Marx die Konkurrenz aus seiner Betrachtung ausschließt, deutet er jedoch die korrekte Tatsache zumindest an, dass die Revenuen der Ort sind, an dem die Ebene der Erscheinungen beginnt, weil die Menschen als Subjekte zu thematisieren sind.

Wenn man bedenkt, dass wir mit den weitaus meisten von Marx' Schritten nicht einverstanden sein konnten, könnte sich als erster Eindruck das Fazit ergeben, dass die Marxsche Theorie vollkommen missraten und deshalb schleunigst auf den Müllhaufen der Wissenschaftsgeschichte zu werfen ist. Bei näherer Betrachtung der obigen Ergebnisse zeigt sich jedoch, dass das nicht der Fall ist. Statt durch und durch verkehrt zu sein, ist der Fehler von Marx' Darstellung weniger einer ihrer Inhalte als vor allem einer der Form, in der sie präsentiert werden. Dies soll im Folgenden erläutert werden:

Aus den obigen Ausführungen ist deutlich geworden, dass die Theorie der bürgerlichen Gesellschaft mit dem Heißhunger nach Mehrarbeit zu beginnen hat. Denn er ist das, was sich in ihr im Wesentlichen tut. Dieser Heißhunger, aus dem sich das Wesen der bürgerlichen Gesellschaft ergibt, ist weder ein subjektiver noch ein objektiver Zweck, sondern ein Begriff. Von ihm ausgehend ist daher per logischer Geltung auf das zu schließen, was zu seiner Verwirklichung nötig ist. Das sind in erster Linie Menschen, die als Arbeitskräfte bestimmbar sind und den Heißhunger nach Mehrarbeit auf vollkommen unbewusste Weise ausführen und damit als inhaltlich bestimmte Charaktermasken auftreten. Weil die Schrankenlosigkeit des Heißhungers es erforderlich macht, dass die Arbeitskräfte auf Dauer existieren und vermehrt werden können, kann darüber hinaus das abgeleitet werden, was Marx als Wert der Arbeitskraft und als Normalarbeitstag bezeichnet. Außerdem sind die Überlegungen fällig, die Marx zur Produktion von Mehrwert und von mehr Mehrwert ausführt. Da die Arbeitskräfte bei der Ausführung des Heißhungers alle erforderlichen Konsumtions- und Produktionsmittel so herstellen, dass sich ein in sich stimmiges Ganzes ergibt, und bei der Herstellung dieser Dinge nur die Arbeit aufgewendet wird, die notwendig ist, kommt es zur Herausbildung von dem, was Marx Wert nennt.

Im Endergebnis führt der Heißhunger nach Mehrarbeit damit zu dem, was wir oben schon zweimal erwähnt haben.

$$\frac{Pm}{Ak} \quad P \quad \frac{Pm'}{Km'} \quad Ak' \quad P' \quad \frac{Pm''}{Km''} \quad Ak'' \quad P'' \quad \text{usw.}$$

$$\frac{Km}{N\text{-}Ak} \quad K \quad Ak' \quad \frac{Km'}{N\text{-}Ak'} \dots K' \dots Ak'' \quad \frac{Km''}{N\text{-}Ak''} \dots K'' \quad \text{usw.}$$

Weiter geht die Entwicklung auf dieser Grundlage damit, dass der Stellenwechsel zwischen Konsumtionsmitteln und Arbeitskräften ein Tausch zu sein scheint. Weil das dazu führt, dass die Produktion sich als $\frac{Km}{Pm} - \frac{Km'}{Pm'}$ darstellt, beginnt damit der Schein. Auf seiner Ebene geht die Bewegung vom sich selbst verwertenden Wert aus. Dieser verwirklicht sich als Kapital im Allgemeinen zunächst auf der Gesamtebene. Dann verwirklicht er sich als Kapital im Besonderen auf der Ebene der verschiedenen Branchen. Das führt dazu, dass die Produkte nicht mehr als Werte gelten, sondern zu Produktionswerten werden, die Durchschnittsprofit enthalten. Die Herausbildung von Branchenkapitalen führt ferner dazu, dass wir es mit einer Zirkulation zu tun bekommen, die sich zwischen mehr als zwei Polen abspielt. Daher gibt es zum einen erst hier das, was wir Waren nennen können. Zum anderen entsteht erst hier die Notwendigkeit des Geldes, der der Umstand zugrunde liegt, dass die Waren trotz des in sich stimmigen Ganzen nicht direkt miteinander austauschbar sind. Darüber hinaus kann hier die Wertform begründet werden. Da der Wert als Produktionspreis erscheint, ist die vergegenständlichte Arbeit wirklich das Bestimmende und Nicht-Bestimmende. Daher kann sie nicht als Denomination der Preise auftreten.

Als nächster Schritt führt der im sich selbst verwertenden Wert enthaltene Gleichverwertungsanspruch zum Zerfall des Kapitals im Besonderen und damit zur Herausbildung des Kapitals im Einzelnen oder des Einzelkapitals. Diese geschieht dadurch, dass der Surplusprofit, der dem Boden zuzurechnen ist, zum einen als

Profit verschwindet und zur Rente wird. Zum anderen wird diese Rente dem vorgeschossenen Kapital zugeschlagen, sodass auch die begünstigten Einzelkapitale nur noch Durchschnittsprofit machen. Dann kommt es zuerst zum Zerfall dieses Durchschnittsprofits in Unternehmergewinn und Zins. Danach werden auch die aus dem ursprünglichen Profit ausgegliederten Bestandteile Rente und Gewinn dadurch zu Zinserträgen, dass es zur Herausbildung des fiktiven Kapitals kommt. Im Endeffekt stellt sich damit der gesamte Mehrwert als Zins dar, womit der Schein vollendet ist.

Auf der Grundlage, dass der gesamte Neuwert in Revenuen zerfällt, die als Lohn, Rente, Gewinn und Zins von den vier Produktionsfaktoren Arbeitskraft, Boden, Geldkapital und Initiativkraft abgeworfen werden, geht die Entwicklung auf der Ebene der Erscheinungen dadurch weiter, dass die Menschen als Subjekte zum Thema werden, die an ihrem Wohl interessiert sind. Um dieses Ziel zu verwirklichen brauchen sie Gebrauchswerte, die nur als Waren erhältlich sind und daher Geld erforderlich machen. Dieses Geld können die Subjekte nur erwerben, wenn sie eine der vier Produktionsfaktoren zum Einsatz bringen. Im Rahmen ihrer Möglichkeiten wählen sie diejenigen, die ihnen am meisten entsprechen. So kommt es dazu, dass die Subjekte zu Lohnarbeitern, Rentiers, Geldkapitalisten und Unternehmern werden und im Rahmen dieser Rollen die allseitige Produktion und Zirkulation in Gang setzen.

Da es keinen gesellschaftlichen Plan gibt, ist der Erfolg unsicher. Das zeigt sich in erster Linie bei den Unternehmern. Um der Unsicherheit des Marktes zu begegnen, müssen die Unternehmer anfangen, Kapital zu akkumulieren. Damit werden sie insbesondere deswegen zu Kapitalisten, weil sie die angestrebte Sicherheit nie wirklich erreichen. Denn das hat zur Folge hat, dass sie mit der Kapitalakkumulation nie aufhören können. So kommt es dazu, dass trotz der Tatsache, dass alle ihr Wohl verfolgen, der Heißhunger nach Mehrarbeit in Gang gesetzt wird und damit der Ausgangspunkt der Theorie gerechtfertigt wird.

Wenn man die obige Skizze betrachtet, zeigt sich, dass die Theorie der bürgerlichen Gesellschaft aus dem Wesen besteht, das sich aus dem Heißhunger nach Mehrarbeit ergibt, aus dem Schein, dem der sich selbst verwertende Wert zugrunde liegt, und aus den Erscheinungen, die vom Wohl ausgehend zu entwickeln sind. Hinzu kommt zum einen noch der Übergang vom Wesen zum Schein, der dadurch verursacht wird, dass der Stellenwechsel zwischen Ak und Km, der sich als Resultat des Heißhungers ergibt, als Tausch wahrgenommen wird. Denn das führt zur Figur des sich selbst verwertenden Kapitals. Zum anderen ist der Übergang vom Schein zu den Erscheinungen zu nennen, der schlicht und einfach darin besteht, dass im Rahmen der Verhältnisse, die sich aus dem durchgesetzten Schein ergeben, die Menschen in der Form zum Thema gemacht werden, in der sie als

Subjekte ihr Wohl verfolgen. Mithin besteht die gesamte Theorie aus den gerade genannten fünf Teilen.

Wenn man die Marxsche Darstellung mit der obigen Skizze vergleicht, zeigt sich, dass die drei Bereiche des Wesens, des Scheins und der Erscheinungen in ihr ebenfalls zu finden sind. Allerdings ist festzustellen, dass der letztgenannte Bereich der Erscheinungen im Vergleich mit den beiden zuvor genannten Bereichen des Wesens und des Scheins unterentwickelt ist. Ähnliches kann bezogen auf die zwei Übergänge bemerkt werden. Auch sie sind in der Marxschen Darstellung enthalten, kommen aber nur in einer noch rudimentäreren Form vor als die Erscheinungen. Als größte Differenz fällt jedoch auf, dass es bei Marx mit dem Übergang vom unmittelbaren Sein in das Wesen noch einen weiteren sechsten Theorieteil gibt.

Zunächst könnte man meinen, dass ein solcher Übergang in meiner obigen Skizze überhaupt nicht vorkommt. Bei näherer Betrachtung zeigt sich, dass das insofern nicht ganz richtig ist, als es einen solchen Übergang auch innerhalb der obigen Skizze gibt. Denn im Rahmen der Erscheinungen wird gezeigt, wie es aufgrund der Unsicherheit der Marktverhältnisse zum Heißhunger nach Mehrarbeit kommt. Daher besteht der Unterschied weniger darin, dass es bei Marx einen Übergang von den Erscheinungen zum Wesen gibt und bei mir nicht. Der Unterschied besteht vielmehr vor allem darin, dass Marx diesen Übergang aus der Darstellung der Erscheinungen herauslöst und ihn an die erste Stelle setzt. Das tut er, wenn er mit der Ware und ihren Austauschverhältnissen beginnt, um zunächst auf den Wert und später auf das auf seiner Grundlage beruhende Kapital überzugehen.

Während wir im I. Kapitel Marx' Ausgangspunkt bei der Ware akzeptieren mussten, weil ein Anfang als Anfang nie vorgängig begründet werden, sondern sich nur im Nachhinein als richtig herausstellen kann, können wir jetzt feststellen, dass dieser Umstand als der entscheidende Fehler von Marx identifiziert werden kann. Er ist dafür verantwortlich, dass Marx im ersten Abschnitt des ‚Kapital', in dem es um Ware und Geld geht, den Wert zum einen nicht ableiten kann und ihn daher unmittelbar einführen muss. Zum anderen bleibt seine Definition insofern unklar, als man die Rede von der gesellschaftlich notwendigen Arbeit nur als Durchschnittsgröße verstehen und damit übersehen kann, dass es um eine Arbeit geht, die möglichst umfänglich und effektiv zu verausgaben ist. Zum dritten kann Marx auch die Wertform nicht begründen. Er kann allenfalls das Geld ableiten, übersieht dabei aber zum vierten, dass es ein reines Wertzeichen sein muss.

Zum fünften wird Marx mit seiner Rede vom Wert dem Wesen auch deswegen nicht gerecht, weil er den Wert als eine Größe sehen lässt, mit der die Menschen als Subjekte zu tun haben. Weil nicht klar wird, dass es im Hinblick auf den Wert nur um die Menschen als Charaktermasken gehen kann, vermengt er das Wesen vielmehr mit den Erscheinungen. Zum sechsten hat diese Vermengung zur Folge, dass auch die Erscheinungen falsch gefasst werden. Denn es wird so getan, als wäre der Wert eine Größe, die auf der Ebene direkt zum Ausdruck kommt, auf der die Menschen tatsächlich als Subjekte agieren.

Marx' Anfang beim unmittelbaren Sein und sein Übergang zum Wesen sind jedoch nicht nur bezogen auf die Teile als entscheidender Fehler identifizierbar, bei denen es um Ware, Tauschwert, Wert, Wertform und Geld geht. Dieser Umstand zeigt sich auch bei seinem Übergang zum Kapital. Dieser Übergang ist nämlich nicht nur nicht notwendig. Auf seiner Grundlage bekommt Marx vielmehr auch das Prinzip des Wesens nicht richtig zu fassen. Weil er dabei vom Wert und dem auf seiner Grundlage entwickelten Geld ausgeht, kommt dieses Prinzip nicht als Heißhunger nach Mehrarbeit in den Blick, sondern nur noch als das maßlose Streben nach Mehrwert, das von Anfang an an den in Geldform vorgeschossenen Wert gebunden ist, der deshalb von Marx als Kapital bezeichnet wird. Darüber hinaus tritt dieses Kapital von vornherein als Einzelkapital auf, weshalb es nicht um ein Gesamtprinzip geht, sondern nur um ein Teilprinzip, das als eins von vielen auftritt.

Dieser Unterschied ist verantwortlich für alle weiteren Fehler von Marx. Das ist nicht zuletzt deshalb der Fall, weil sich beim Kapital zum einen derselbe Fehler bemerkbar macht wie beim Wert und es zu einer Vermengung zwischen Wesen und Erscheinungen kommt. Auf der Seite des Wesens zeigt sich diese Vermengung einesteils daran, dass das Streben nach Mehrwert als etwas dargestellt wird, was von den Menschen nicht als Charaktermasken, sondern als Subjekte verfolgt wird. Andernteils ist es der Fall, wenn auf eine Weise argumentiert wird, die über die Argumentation per logischer Geltung hinausgeht und als Argumentation per teleologischer Genesis zu bezeichnen ist. Auf der Seite der Erscheinungen wird die Vermengung mit dem Wesen deutlich, wenn so getan wird, als würden die auf seiner Ebene bewusst agierenden Menschen den Mehrwert verfolgen und dies auch noch auf eine Art, in der er genauso als Selbstzweck auftritt, wie das bezogen auf die Charaktermasken bei der Mehrarbeit der Fall ist.

Zum anderen sind die Vermischungen zwischen den verschiedenen theoretischen Ebenen beim Kapital nicht auf eine Vermengung zwischen dem Wesen und Erscheinungen beschränkt, sondern erstrecken sich auch auf das Verhältnis zwischen dem Wesen und dem Schein. Bezogen auf das Wesen zeigt sich dies gerade an der Bezeichnung Kapital. Weil sie erst angemessen ist, wenn es um den sich selbst verwertenden Wert geht, gehört sie eigentlich zum Schein und wird auf der Ebene des Wesens nur missbräuchlich verwendet. Bezogen auf den Schein kann als Vermengung identifiziert werden, dass Marx die Menschen auch auf seiner Ebene als

Charaktermasken vorkommen lässt, obwohl sich der Wert doch selbst verwertet und damit ohne menschliches Dazutun auskommt.

Zum dritten sei noch erwähnt, dass es auch noch von einer Vermengung zwischen dem Schein und den Erscheinungen gesprochen werden kann. Auf der Seite des Scheins liegt sie vor, wenn Marx die Menschen auf seiner Ebene als Subjekt agieren lässt. Auf der Seite der Erscheinungen bekommen wir es mit ihr zu tun, wenn im Zusammenhang mit den bewusst agierenden Subjekten davon gesprochen wird, dass es immer noch um den sich selbst verwertenden Wert geht.

Dass der Unterschied zwischen dem Heißhunger nach Mehrarbeit und Marx' Einzelkapital für alle weiteren Fehler verantwortlich ist, zeigt sich erstens an dem Umstand, dass Marx entgeht, dass er aus dem Heißhunger nach Mehrarbeit den Wert ableiten könnte. Dass er den Wert aufgreift oder besser unmittelbar einführt, ist also nicht unumgänglich, sondern ein wissenschaftliches Defizit. Zweitens entgeht Marx, dass auf der Ebene des Wesens auch die Form der Arbeitskraft und als Übergang zum Schein auch die Grundlage dafür abgeleitet werden könnte, dass sie als Ware auftritt. Auch diesbezüglich ist das Aufgreifen, das Marx praktiziert, nicht unausweichlich, sondern als wissenschaftlicher Fehler zu identifizieren.

Drittens kann bezogen auf den sogenannten Wert der Arbeitskraft bzw. die Konsumtionsmittel, die der Arbeitskraft für ihre Erhaltung und Erweiterung notwendigerweise gegeben werden müssen, festgestellt werden, dass Marx zwar eine Ableitung per logischer Geltung versucht. Diese fällt aber wegen dem Ausgehen von einem Teilprinzip mangelhaft aus. Viertens ist bezogen auf Normalarbeitstag darauf hinzuweisen, dass es wegen der Verwechslung des Wesens mit den Erscheinungen keinen entsprechenden Ableitungsversuch per logischer Geltung gibt, sondern nur eine Ableitung per teleologischer Genesis vorkommt. Obwohl diese Ableitung als solche durchaus ihren Wert hat, ist die Beschränkung auf sie, auch als ein wissenschaftlicher Mangel zu bezeichnen.

Weil bei Marx die Arbeitskraft schon im I. Band des 'Kapital' und damit auf einer Ebene als Ware auftritt, auf der es um das Wesen geht, ist fünftens darauf hinzuweisen, dass er die Warenform der Arbeitskraft im III. Band, auf der sie deswegen erst wirklich relevant wird, weil es um den Schein zu tun ist, noch einmal aufnehmen muss. Weil er die Warenform der Arbeitskraft jedoch schon hatte, kann Marx sie nicht mehr in dieser Form aufnehmen, sondern ist zum anderen gezwungen, einen Unterschied zu machen und von der Warenform der Arbeit zu reden. Diese Unterscheidung ist jedoch zurückzuweisen, weil die Wirklichkeit einer Kraft nur in ihrer Äußerung liegt.

Sechstens hat die immer schon vorhandene Warenform der Arbeitskraft zur Folge, dass Marx das Kapital als sich selbst verwertender Wert nicht ableiten kann. Das ist der Fall, weil ihm entgeht, dass der Kauf der Arbeitskraft ein Prozess ist, der den Produktionsprozess umfasst. Weil er die wesentlichen Verhältnisse darstellen will, tut er vielmehr fälschlicherweise so, als könne der Kauf der ungegenständlichen Arbeitskraft wie der der gegenständlichen Produktionsmittel ein Prozess sein, der der Produktion zeitlich vorausgeht. Damit übersieht er, dass es eigentlich zu einem unmittelbaren Übergang von einem kleineren zu einem größeren Wert kommen müsste und damit zum Schein des sich selbst verwertenden Werts.

Siebtens kann Marx auch nicht zeigen, wie aus der Durchsetzung des sich selbst verwertenden Werts das Einzelkapital erklärt werden kann. Trotz der diesbezüglichen Andeutungen, die selbst noch innerhalb der ganz anders strukturierten Marxschen Darstellung spürbar sind, übersieht er, dass es den Schein des sich selbstverwertenden Werts zunächst auf der Ebene der Allgemeinheit gibt und dass sich erst als Folge der Durchsetzung dieses Scheins auf der Ebene der Besonderheit und Einzelheit das Branchenkapital bzw. Einzelkapital ergibt. Anders gesagt entgeht ihm, dass ein Kapital, das sich auf Basis von Werten verwertet, kein Einzelkapital sein kann, weil schon die Verwertung des Branchenkapitals die Produktionspreise voraussetzt.

Achtens hängt mit dem Zerfall des Kapitals im Allgemeinen in die Kapitale im Besonderen die Notwendigkeit der allgemeinen über die Arbeitskraft hinausgehenden Warenform zusammen. Auch dieser Punkt macht sich noch innerhalb der anders aufgebauten Marxschen Darstellung dadurch bemerkbar, dass er erst im III. Band auf die kommerziellen Kapitale zu sprechen kommt. Andererseits hat er jedoch die verallgemeinerte Warenform schon die ganze Zeit, was zur Folge hat, dass Marx sie zum einen nicht mehr am angemessenen Ort richtig ableiten kann. Zum anderen kommt es so zu dem die ganze Marxsche Darstellung durchziehenden Widerspruch, dass zuerst von der wertbasierten Zirkulation der Waren gesprochen und erst danach richtiggestellt wird, dass die Zirkulation sich auf der Basis von Produktionspreisen abspielt. Und zum dritten ist dieser Umstand dafür verantwortlich, dass es Marx beim Versuch scheitert, die Wertform abzuleiten. Dass der Wert nicht als das erscheinen kann, was er ist, kann nur begründet werden, wenn die Zirkulation nicht mehr auf Werten, sondern Produktionspreisen beruht.

Schließlich sei neuntens noch darauf hingewiesen, dass Vermengungen zwischen dem Wesen, dem Schein und den Erscheinungen sich nicht nur in der Form am Wesen negativ bemerkbar machen, dass auf seiner Ebene u. a. von ungeplanten Marktverhältnissen, Krisen oder von selbstzerstörerisch agierenden Menschen gesprochen wird. Diese Vermengungen machen sich vielmehr auch an den Erscheinungen bemerkbar. Weil die Wertvermehrung im Rahmen des Wesens ein Ziel ist, das von den Menschen als Charaktermasken als solches verfolgt wird, stellt Marx die Sache gelegentlich so dar, als würden auch die Menschen als Subjekte die Verwertung als Selbstzweck verfolgen. Das kann zwar ausnahmsweise vorkommen, ist aber in der Regel falsch, weil die Menschen ihr Wohl verfolgen, das die Wertvermehrung nicht enthält.

Zusammenfassend kann festgehalten werden, dass der Umstand, dass Marx nicht unmittelbar mit dem Wesen beginnt, sondern meint, das Wesen als etwas thematisieren zu müssen, das sich ausgehend von den Erscheinungen ergibt, tatsächlich der grundlegende Fehler darstellt, der seine ganze Theorie der bürgerlichen Gesellschaft verhunzt. Das ändert aber nichts daran, dass erkennbar bleibt, dass sich bei Marx die Bruchstücke finden, die in der Form der oben skizzierten alternativen Darstellung zu einem in sich stimmigen Ganzen zusammengesetzt werden können.

Wenn wir uns angesichts dessen, dass der Anfang mit den Waren Marx' Hauptfehler darstellt, zum Schluss noch die Frage vorlegen, warum Marx so begonnen hat, wie er begonnen hat, können vier verschiedene Antworten gegeben werden. Erstens könnte darauf hingewiesen werden, dass Marx den historischen Gang nachzeichnen wollte, in dessen Rahmen es zuerst die Waren und danach das Kapital gegeben hat. Angesichts dieser These ist zum einen darauf hinzuweisen, dass die Waren, die es vor dem Kapital gegeben hat, noch gar nicht zum Gegenstandsbereich der Marxschen Theorie gehören. Denn dieser ist der fertig entwickelte Kapitalismus. Zum anderen zeigt das folgende Zitat:

"Es wäre also untubar und falsch, die ökonomischen Kategorien in der Folge aufeinanderfolgen zu lassen, in der sie historisch die bestimmenden waren." (GR 28),

dass die historische Reihenfolge nach Marx' eigener Auffassung nichts ist, woran sich die logische zu halten hat.

Allerdings gibt es auch innerhalb der zur systematischen Theorie gehörenden Argumentation auf der Ebene der Erscheinungen einen Übergang zum Kapital, der von der Unsicherheit der Warenzirkulation ausgeht und in diesem Sinne auf die Waren zurückgeführt werden kann. Da dieser Übergang vom Unternehmer zum Kapitalisten ebenfalls einen zeitlichen Charakter hat, könnte man einwenden, dass Marx ihn nachzeichnen wollte. Dem ist jedoch entgegenzuhalten, dass Marx bei seinem im IV. Kapitel besprochenen Übergang zum Kapital gar nicht so argumentiert. Insbesondere spielen die Unkontrolliertheit und Ungeplantheit der Warenproduktion keine Rolle. Mithin bleibt nurmehr, dass die historische Argumentation in ihren beiden erwähnten Gestalten das ist, was Marx bei seinem logisch verstandenen Übergang zum Kapital auf eine implizite Weise inspiriert haben mag, was die Sache jedoch in keiner Weise besser macht.

Zweitens könnte Marx mit der Analyse der Ware begonnen haben, weil er die, wie sich gezeigt hat, falsche Auffassung teilte, der Wert bzw. die ihn bildende abstrakt allgemeine Arbeit liege dem Kapital als logische Ursache zugrunde. Für diese Position gibt es sicherlich einige Hinweise. Genauer gesprochen spricht einesteils dafür, dass Marx versucht hat, das Geld als eine dem Wert adäquate Ausdrucksform abzuleiten. Andernteils gibt es auch zwischen dem Geld und dem Kapital gewisse Ableitungsschritte. Erinnert sei hier an die Ausführungen zum Geld als Geld und zur Schatzbildung und den bei der Zirkulationsform G - W - G ansetzenden Argumentationsversuch, mit denen der Übergang vom Geld zum Kapital einsichtig gemacht werden soll. Allerdings ist der diesbezügliche Ableitungsanspruch bei weitem nicht so klar wie im zuvor erwähnten Fall. Das zeigt sich am deutlichsten an der Tatsache, dass Marx die Zirkulationsform G - W - G einfach aufgreift, womit er zu erkennen gibt, dass die behauptete Kausalität zwischen Geld und Kapital lückenhaft ist.

Auf dieser Grundlage scheint die dritte These wichtiger zu sein, die besagt, dass der Wert und die Zirkulationsformen Ware und Geld zwar nicht die hinreichenden Bedingungen und damit Gründe des Kapitals sind, Marx sie aber trotzdem vorab behandeln muss, weil das Kapital ohne ihre Verwendung nicht beschrieben werden kann. Diese Formen könnten mit anderen Worten als die notwendigen Bedingungen des Kapitals betrachtet werden. Nach meinem Dafürhalten kann Marx' diese Behauptung mit größerem Recht zugeschrieben werden. Sie kann sich u. a. auf seine Vorstellung stützen, die vom Einfachen zum Komplizierten aufsteigende Synthese sei im Vergleich mit der in der umgekehrten Richtung verlaufenden Analyse "offenbar die wissenschaftlich richtige Methode". (vgl. GR, 21 und 159) Ferner spricht für sie das folgende Zitat:

"Wenn gesagt wird, daß das Kapital "aufgehäufte (realisierte) Arbeit (eigentlich **vergegenständlichte** Arbeit) ist, die als Mittel zu neuer Arbeit (Produktion) dient", so wird die einfache Materie des Kapitals betrachtet, abgesehn von der Formbestimmung, ohne die es nicht Kapital ist." (GR, 168/169),

in dem Marx zum Ausdruck bringt, dass die Formen von Wert und Tauschwert dem Kapital wesentlich sind. Dieser Behauptung ist auch im Hinblick auf die Zirkulationsformen Ware und Geld zu entgegnen, dass sie in Bezug auf das Einzelkapital sicherlich zutreffend ist. Es ist jedoch daran zu erinnern, dass Marx entgegen seiner eigenen diesbezüglichen Angaben gar nicht zu einem solchen Einzelkapital übergeht. Richtig verstanden, kommt er vielmehr auf den Heißhunger nach Mehrarbeit zu sprechen, der im Interesse der Vermeidung von Missverständnissen überhaupt nicht mit der Bezeichnung Kapital in Zusammenhang gebracht werden sollte. Nur auf der Grundlage dieses Prinzips kann nämlich die Produktion von Mehrwert beinhaltenden Werten abgeleitet werden. Je nachdem, ob man unter dem Einzelkapital den sich auf der Ebene des einzelnen Betriebes verwertenden Wert oder aber das Kapital eines Einzelkapitalisten versteht, gelten die Produkte auf seiner Grundlage dagegen als Produktionspreise bzw. dem einzelnen Kapitalisten geht es sogar darum, sie zu den höchst möglichen Preisen zu verkaufen.

Wie wir gesehen haben, umfasst der Heißhunger nach Mehrarbeit im Unterschied dazu das Ganze der gesellschaftlichen Produktion. Auf seiner Grundlage brauchen die Produkte daher nicht zirkuliert zu werden. Es gibt deshalb weder Waren noch Geld. Und auch der Wert ist keine notwendige Voraussetzung seiner Beschreibung, sondern im Gegenteil eine seiner Folgen. Mithin können wir als Ergebnis festhalten, dass der Marxsche Anfang auch nicht von diesem zweiten Gesichtspunkt aus gerechtfertigt werden kann. Genausowenig wie der Wert, der Tauschwert, die Ware und das Geld als hinreichende Bedingungen des Heißhungers nach Mehrarbeit betrachtet werden können, genausowenig stellen sie seine notwendigen Bedingungen dar.

Auf Basis dieses Ergebnisses kann viertens darauf hingewiesen werden, dass Marx wohl der Auffassung war, einen unvermittelten Beginn mit dem Wesen seinen Lesern nicht zumuten zu können. Für diese These sind mir zwar keine expliziten Hinweise bekannt. Der Eindruck, dass sie trotzdem zutrifft, drängt sich jedoch auf, weil die anderen Erklärungen unbefriedigend bleiben. Diese Erwartung von Marx kann durchaus insofern richtig sein, als er weniger Leser gefunden hätte, wenn er unmittelbar mit dem Wesen angefangen hätte. Diesem Vorteil steht jedoch der Nachteil entgegen, dass Marx fehlerhaft beginnt und seine Darstellung daher falsch und unverständlich ist.

548

Endnoten

[i] Das sieht Michael Heinrich auch so. (Heinrich, 2008, S. 53) Bei Wolfgang Fritz Haug ist das dagegen insofern anders, als er der Auffassung ist, es müsse der Verständlichkeit für den Normalmenschen wegen mit etwas begonnen werden, was allgemein bekannt ist. (Haug, 1974, S. 30) Denn allgemein bekannt ist am ehesten das, was massenweise vorkommt und damit ständig erfahren werden kann. Dazu ist zu sagen, dass die Verständlichkeit für den Normalmenschen das eine und die Richtigkeit des Anfangs etwas ganz Anderes ist. Diese hat ihren Grund nicht darin, dass der Anfang für alle möglichst leicht zugänglich ist, sondern liegt nur vor, wenn von ihm ausgehend überzeugende Folgerungen gezogen werden können, die in ihrer Gesamtheit die kapitalistische Gesellschaft richtig erklären.

[ii] Dass eine vorgängige Begründung eines Grundes nichts dazu beiträgt, dass aus ihm notwendige Konsequenzen gezogen werden können, wird von denen offenbar nicht gesehen, die sich ausführlich darum bemühen, Marx' Anfang mit der Ware dadurch im Voraus verständlich zu machen, dass sie ihn als Ergebnis von verschiedenen Abstraktionen darstellen. Zu nennen ist in diesem Zusammenhang u. a. Michael Heinrich (Heinrich, 2008, S. 50ff.).

[iii] Heinrich ist hier anderer Auffassung. Er meint, dass sich Marx nicht auf die gegenständlichen Waren beschränkt, weil seine diesbezüglichen Aussagen auch auf die ungegenständlichen Waren übertragen werden können. (Heinrich, 2008, S. 82 - 84) Gerade, weil Heinrich nicht zwischen produktiven Diensten unterscheidet, die bei der Herstellung von gegenständlichen Konsumtions- und Produktionsmitteln geleistet werden, und konsumtiven Diensten, die in Menschen eingehen, liegt er damit falsch. Das erkennt man, wenn man hier schon berücksichtigt und ernst nimmt, dass Marx den Wert als vergegenständlichte Arbeit bestimmen wird. Denn in einer konsumtiven Dienstleistung, die dadurch gekennzeichnet ist, dass bei ihr „Produktion und Konsumtion zeitlich zusammenfallen", kann gerade aus diesem Grund keine Arbeit vergegenständlicht werden.

Haug bleibt in diesem Zusammenhang unbestimmt. Er zitiert zwar die Rede vom „äußeren Gegenstand". (Haug, 1974, S. 46) Ob er den Ausschluss der konsumtiven Dienstleistungen wahrnimmt, bleibt jedoch unklar. Anders ist das bei Hartmann. Das zeigt sich daran, dass er bezogen auf die Gebrauchswerte schreibt: „In jedem Fall denkt Marx an ‚Greifbares' und nicht an Dienstleistungen ..." (Hartmann, 1970, S. 260)

[iv] Dass Marx nur die Waren zum Thema macht, die wegen ihrer Gebrauchswerte zu den wesentlichen Verhältnissen gehören, entgeht sowohl Haug als auch Heinrich. Eine gewisse Ahnung davon scheint dagegen Hartmann zu haben, wenn er davon spricht, dass Marx im Rahmen seiner theoretischen Bemühungen von „Abstraktionen" oder von „erklärenden Allgemeinheiten" ausgeht. (Hartmann, 1970, S. 244 und 247)

[v] Während Marx den Gebrauchswert oder exakter den Gebrauchsgegenstand als Träger des Tauschwerts bezeichnet, bezieht Heinrich zum einen die Trägerschaft beim Tauschwert nicht auf den Gebrauchswert der Ware, sondern auf die Ware selbst bezieht. (Heinrich, 2008, S. 57) und (Heinrich, 2017, S. 199) Damit wird der Tauschwert nicht nur zu etwas, was dem Gebrauchswert äußerlich ist, sondern darüber hinaus zu etwas, was auch der einzelnen Ware nicht als solcher zukommen kann. Das ist klar zurückzuweisen. Der Tauschwert ist nämlich etwas, was der einzelnen Ware eigen ist, weil die Ware aufhört, eine Ware zu sein, der die Bestimmung des Tauschwerts nicht zukommt.

Während Marx den Gebrauchswert als Träger des eigenen Tauschwerts der Ware bestimmt, redet Heinrich zum anderen davon, dass der Gebrauchswert der einen, eigenen Ware Träger des Tauschwerts der anderen, fremden Ware ist. (Heinrich, 2008, S. 59) Auch das ist als Missverständnis zurückzuweisen. Denn damit bringt Heinrich die anfängliche Marxsche Rede schon mit späteren Ausführungen in Verbindung, die den falschen Schein zum Inhalt haben, der sich daraus ergibt, dass im Austauschverhältnis der Tauschwert der einen Ware in der Gebrauchsgestalt der anderen Ware zum Ausdruck kommt.

[vi] Genau diesen Eindruck hat Heinrich: „Ein Ding ist Gebrauchswert aufgrund seiner stofflichen Eigenschaften, es ist aber nicht in derselben Weise Tauschwert." (Heinrich, 2008, S. 57) Denn diese Stelle besagt, dass dem Tauschwert der Bezug auf die „stofflichen Eigenschaften" fehlt, der den Gebrauchswert zur gegenständlichen Eigenschaft macht.

[vii] Wenn Heinrich schreibt, dass vom Tauschwert nur „unter bestimmten gesellschaftlichen Verhältnissen" gesprochen werden kann, aber ein Diamant seine Härte „immer" besitzt (Heinrich, 2008, S. 57), bekommt man den Eindruck, dass der Gebrauchswert bei ihm keine vom Menschen herkommende Bestimmung darstellt, sondern den Dingen als solchen eigen ist. Diese Aussage, die auch in Heinrichs Einführung in die ‚Kritik der politischen Ökonomie' zum Ausdruck kommt (Heinrich, 2005, S. 38), ist falsch. Die Dinge sind nicht als solche Gebrauchswerte, sondern nur, weil sie der Mensch als nützlich erkannt hat. Den Gebrauchswert gibt es nicht von Natur aus, sondern nur der Menschen wegen.

[viii] Dieser Hinweis ist zu machen, weil Heinrich anderer Meinung ist. Bei ihm verbindet sich die Feststellung, dass es sich beim Tauschwert nur um eine ungegenständliche Eigenschaft des Warendings handelt, nämlich mit dem Umstand, dass jede Verankerung in einer stofflichen Eigenschaft ausscheidet. Wie wir noch genauer sehen werden, lehnt Heinrich ab, dass es einen Grund für den Tauschwert gibt, der vor dem Tausch schon vorhanden ist. Bei ihm ist der Tauschwert vielmehr etwas, das nicht nur der Form, sondern auch dem Inhalt nach erst mit dem Vollzug des Tauschs entsteht. In Heinrichs Verständnis ist der Tauschwert in der in den Austausch eingehenden Ware noch in keiner Weise vorhanden. Zu einem Tauschwert muss sie vielmehr erst durch den Tausch werden. Es gibt also keine in der einzelnen Ware bereits vorhandene Anlage zum Tauschwert, die sich als Tauschwert nur noch verwirklichen muss. Es geht beim Tausch vielmehr um einen salto mortale oder die Entstehung von etwas ganz Neuem, das es noch in keiner Weise gibt.

[ix] Heinrich wundert sich über die zitierte Aussage von Marx, wo sie sich doch so gerade nicht wörtlich finden lässt. (Heinrich, 2013, S. 135) Daran wird zum einen deutlich, dass Heinrich übersieht, dass Marx' Rede von der Trägerschaft nicht auf etwas hinausläuft, was der einzelnen Ware gar nicht mehr als Eigenschaft zugeschrieben werden kann, sondern lediglich zum Inhalt hat, dass wir es mit einer ungegenständlichen Eigenschaft zu tun bekommen. Zum anderen zeigt sich, dass Heinrich auch entgeht, dass diese ungegenständliche Eigenschaft in etwas verankert ist, was der einzelnen Ware direkt zukommt und daher als ihre gegenständliche Eigenschaft bezeichnet werden kann.

[x] Wenn Elbe eine „relationale" Eigenschaft anspricht (Elbe, 2010, S. 218), dann scheint auch ihm genau diese Verwechslung zu unterlaufen. Bei ihm geht es bei dieser Eigenschaft nicht nur um eine ungegenständliche Eigenschaft, sondern um eine ungegenständliche Eigenschaft, die zudem dadurch gekennzeichnet ist, dass ihr jede Verankerung in der Stofflichkeit abgeht. Und dass er seine Bezeichnung nicht auf den Tauschwert, sondern schon auf den Wert bezieht, macht die Sache nur noch schlimmer.

[xi] Viele Marx-Interpreten übergehen diesen Punkt. Sie tun damit so, als wäre die Thematisierung des Tauschs etwas, was unseren Erfahrungen voll und ganz entspricht. Bei Michael Heinrich ist das anders. Er sieht die Diskrepanz zum unmittelbaren Sein. (Heinrich, 2008, S. 57)

Da Wolfgang Fritz Haug der Auffassung ist, man müsse mit etwas beginnen, das die Alltagsmenschen in aller Regel kennen und von sich aus wahrnehmen, könnte man erwarten, dass er sich am Tauschwert stößt. Das ist aber seltsamerweise nicht der Fall. Indem er vom Blickwinkel des „Käuferpublikums" spricht, das sich die in Schaufenster ausgestellten Waren mit „Käuferaugen" anschaut (Haug, 1974, S. 42 und 44), tut er stattdessen so, als würde der Tauschwert genauso die von ihm gesetzten Anforderungen erfüllen wie der Gebrauchswert. Das ist aber ganz offensichtlich nicht der Fall. Waren mit Tauschwert sind etwas, was nicht allgemein bekannt ist. Das mag in früheren Zeiten anders gewesen sein, in denen es noch den unmittelbaren Warentausch als allgemeine Regel gab. Diese Zeiten liegen jedoch längst hinter uns. Die uns vorliegenden Waren sind nämlich keine Tauschmittel mehr, sondern nur noch Verkaufsmittel.

[xii] Heinrich vertritt diesbezüglich eine andere Position: „Jetzt ist Marx dagegen klar, dass wissenschaftliche Erkenntnis einer *nicht-empirischen Theorieebene* bedarf, dass sie mit Begriffen operieren muss, die kein unmittelbar empirisches Korrelat haben, dass sie von einem Abstrakten ausgehen muss und reale Abstraktionen zum Thema hat." (Heinrich, 2017, S. 157) Aus dieser Stelle kann nämlich entnommen werden, dass Heinrich offenbar der Meinung ist, dass nicht-empirische Gegenstände, „die kein unmittelbares empirisches Korrelat haben", im Rahmen der Wissenschaft dann von Bedeutung sind, wenn aus ihnen empirische Gegenstände erklärt werden können. Denn das macht deutlich, dass es ein mittelbares Korrelat gibt, das die nicht empirischen Gegenstände rechtfertigen kann. Dazu kann nur gesagt werden, dass aus Inexistentem Existentes nur erklärt werden könnte, wenn man der Logik die Potenz eines göttlichen Schöpfungsaktes zusprechen würde. Da das natürlich Unfug wäre, ist festzustellen, das nicht-empirische Theoriebestandteile entgegen der Annahme von Heinrich (Heinrich, 2017, S. 82 und 310) kein Zeichen besonderer wissenschaftlicher Qualität sind, sondern im Gegenteil belegen, dass es um die Wissenschaftlichkeit schlecht bestellt ist. Das ist zumindest solange der Fall, solange es bei der nicht-empirischen Theorieebene um die Erfassung des Wesens und der Erscheinungen geht. Denn beim Schein sieht die Sache – wie wir noch genauer sehen werden – etwas anders aus.

Während für Heinrich nicht empirische Dinge trotz der Tatsache, dass sie unsichtbar sind, theoretisch bedeutsam sein können, ist Haug diesbezüglich viel zurückhaltender. Das geht aber nicht so weit, dass er unsichtbare Gegenstände definitiv aus der Wissenschaft ausscheidet. Dem stehen nämlich diverse Aussagen von Marx entgegen, denen Haug offenbar nicht entgegentreten will. (Haug, 2006, S. 32 - 40)

[xiii] Diese Erkenntnis ist bekanntlich schon bei Hegel zu finden, der darauf hinweist, dass die geschichtliche Erklärung „bewußtlos das Gegenteil dessen tut, was sie beabsichtigt". (Hegel, 1976, S. 37)

[xiv] Weil nicht empirische Gegenstände für ihn wissenschaftlich bedeutsam sein können, kann in Bezug auf Heinrich festgestellt werden, dass er bei seiner Interpretation von ‚Das Kapital' den dritten vollkommen falschen Weg beschreitet, der dadurch gekennzeichnet ist, dass er den wechselseitigen Tausch zu einem nicht-empirischen Modell macht. Das ist dem Umstand zu entnehmen, dass er das Austauschverhältnis W - W als eine „begriffliche Konstruktion" (Heinrich, 2017, S. 200) bezeichnet.

Demgegenüber könnte man bezogen auf Haug zunächst meinen, dass er bei seiner ‚Kapital'-Interpretation den zweiten ebenfalls falschen historischen Weg geht. Bei genauerem Hinsehen zeigt sich jedoch, dass das nicht so klar ist. Insofern er kontrafaktisch den Tausch als ein Bestandteil der gegenwärtigen Gesellschaft versteht, hat er es bei seiner „genetischen Rekonstruktion" (Haug, 2013, S. 110) nämlich weniger mit der äußeren als der inneren Geschichte zu tun. Das ändert aber nichts daran, dass Haug genauso zu kritisieren ist wie Heinrich. Denn den wechselseitigen Tausch gibt es empirisch einfach nicht. Und weil das so ist, bekommt Haugs genetische Vorgehensweise trotz seiner Beteuerungen, es nur mit der inneren Geschichte zu tun zu haben, doch den Anstrich einer historischen Argumentation.

[xv] Heinrichs Rede vom nicht-empirischen Charakter der Marxschen Theorie wäre zu akzeptieren, wenn er von diesem Charakter nur auf dem Hintergrund des unmittelbaren Seins sprechen würde. Das ist aber gar nicht der Fall. Wie sich noch genauer zeigen wird, ist das Empirische bei ihm nämlich nicht ein Synonym für das, was die Alltagssubjekte von sich aus wahrnehmen, was zur Folge hätte, dass das Nicht-Empirische ein Ausdruck für das ist, was sie nur

nach entsprechenden Hinweisen in Erfahrung bringen können. Ihm geht es mit dem Nicht-Empirischen nicht um einen anderen Teil der empirischen Gegebenheiten oder des Seins. Weil er den Unterschied zwischen dem unmittelbaren und dem mittelbaren Sein gar nicht in den Blick bekommt, geht es bei ihm vielmehr um etwas, was überhaupt nicht erfahren werden kann. Da es weder zum unmittelbaren noch zum mittelbaren Sein gehört, geht es bei Heinrichs Nicht-Empirischen damit um etwas, was überhaupt kein Bestandteil der empirischen Gegebenheiten mehr darstellt.

Haugs Rede davon, dass der Anfang verständlich zu sein hat, ist insofern zu akzeptieren, als der Anfang eine empirische Gegebenheit zu sein hat. Falsch wird sie nur, weil sie diese empirische Gegebenheit auf das unmittelbare Sein beschränkt und das mittelbare Sein ausschließt. Richtig ist zwar, dass ersteres viel leichter zu verstehen ist als letzteres. Das schließt aber noch nicht aus, dass mit einer Gegebenheit aus dem mittelbaren Sein begonnen werden kann.

[xvi] Ich akzeptiere den Ausgangspunkt bei der Ware nur, weil es diese empirisch gibt. Das gilt auch für die Ware, die Tauschwert besitzt. Denn auch sie ist für mich nur akzeptabel, weil es sich auch bei ihr trotz des Umstands um eine empirische Gegebenheit handelt, dass es diese Gegebenheit nur auf der Ebene des mittelbaren Seins gibt. Zunächst könnte man meinen, dass Heinrich in vergleichbarer Weise vorgeht. Denn er schreibt nicht nur, dass Marx die Ware „als ein in der Erfahrung gegebenen Gegenstand" (Heinrich, 2008, S. 54) zum Thema macht, sondern stellt auch fest: „Was Marx betrachtet, ist keine willkürliche Abstraktion, sondern das *Resultat* des geldvermittelten Tausches." (Heinrich, 2008, S. 59) Deswegen könnte man trotz der obigen Bemerkungen meinen, dass er es nicht mit der dritten, sondern der ersten Variante zu tun hat. Schaut man genauer hin, wird man jedoch eines Schlechteren belehrt. Das zeigt zum einen die folgende Stelle: „Der Untersuchungsgegenstand „Ware" wird der Erfahrung nicht einfach *entnommen*, sondern er wird erst vermittels der Abstraktionskraft aus dem empirisch gegebenen *konstruiert*. (Heinrich, 2008, S. 58) Denn mit der Konstruktion scheint bei Heinrich ein Modell verbunden zu sein, das es empirisch gerade nicht gibt. Dafür spricht nicht zuletzt die Betonung, die Heinrich auf den nicht-empirischen Ausgangspunkt legt. Zum anderen sieht Heinrich nicht klar, dass es Marx nur um einen einseitigen Tausch gehen kann. Trotz seiner Rede vom Resultat des geldvermittelten Tauschs verwechselt er diesen Tausch vielmehr mit dem wechselseitigen Tausch. Während der erste Punkt in dieser Beziehung noch nicht so eindeutig ist, macht der zweite Punkt endgültig klar, dass wir es mit der dritten Variante mit der Folge zu tun bekommen, dass Heinrich tatsächlich von Dingen spricht, die es empirisch gar nicht gibt und die daher als fiktiv zu bezeichnen sind. Und das kann er nur tun, weil er fälschlicherweise glaubt, auch diese Dinge könnten zur Erklärung der gegebenen Wirklichkeit beitragen.

[xvii] Die Rede von den sich tauschenden Waren wird von mir nur hingenommen, weil sie als Kurzform der Rede von den Waren verstanden werden kann, die von den Menschen als Charaktermasken getauscht werden. Bei Heinrich ist das anders: „Soweit wir den Text des „Kapital" verfolgt haben, war nicht von den Waren*besitzern* und ihren *Vorstellungen* und *Motiven* beim Austausch die Rede, sondern lediglich von *Waren*, die sich in einem Austauschverhältnis gegenüberstehen. Marx abstrahiert offensichtlich zunächst einmal von den Warenbesitzern und ihren Absichten." (Heinrich, 2008, S. 66) Heinrich ist nämlich der Meinung, dass Marx die Menschen erst im zweiten Kapitel hereinbringt und davor von einem Warentausch redet, der ganz ohne Menschen auskommt. Heinrich tut damit so, als würde Marx vertreten, dass es zu dem Umstand, dass die Waren einander „in einem Austauschverhältnis gegenüberstehen", tatsächlich ohne jede Beteiligung von Menschen kommt. Da es dabei nicht nur um eine bewusste, sondern auch um eine unbewusste Beteiligung geht, ist er allen Ernstes der Meinung, Marx würde in einer Weise argumentieren, die impliziert, dass die Waren sich selbst gegenübertreten können. (Heinrich, 2005, S. 71) Das ist natürlich vollkommener Humbug. Denn sich selbst tauschende

Waren gibt es einfach nicht. Wenn man Marx so interpretiert, dass er trotzdem von diesen Warensubjekten redet, dann macht man ihn zu einer wissenschaftlichen Witzfigur.

Gerade, weil für Heinrich die Abstraktion eine wichtige wissenschaftliche Methode (Heinrich, 2008, S. 39) ist, sei bei dieser Gelegenheit noch auf Folgendes verwiesen: Bei der Erklärung irgendwelcher empirischer Gegebenheiten ist es zwar durchaus möglich, diese per Abstraktion dadurch zu vereinfachen, dass man bestimmte Aspekte von ihnen weglässt. Auf diese Weise kann man aber nur zu verbleibenden Aspekten kommen, die es tatsächlich empirisch gibt. Wenn man dagegen zu Gegebenheiten kommen würde, die es nicht gibt, dann hätten wir es nicht mit einer wissenschaftlich zulässigen, sondern einer verkehrten Abstraktion zu tun, die nicht zu einer Vereinfachung, sondern einer Verfälschung der Gegebenheiten führt.

Die Abstraktion von den Warenbesitzern, die ich oben als eine Abstraktion befürwortet habe, die sich nur auf die Menschen als Subjekte bezieht, hat mit dem Unterschied zwischen der geldvermittelten Warenzirkulation und dem nicht geldvermittelten einseitigen Warentausch zu tun. Die Abstraktion von den Warenbesitzern, die Heinrich bei Marx im Spiel sieht, hat dagegen einen anderen Grund: „Unter kapitalistischen Bedingungen existiert eine *Objektivität* der Austauschverhältnisse, welche das Marxsche Vorgehen, zunächst von den Warenbesitzern und ihrem Verhältnis zu den Gebrauchswerten zu abstrahieren, ermöglicht. (Erst das zweite Kapitel „Der Austauschprozess" handelt explizit von den Waren*besitzern*; dort geht es dann auch um das Verhältnis der Warenbesitzer zum Gebrauchswert der eigenen wie der fremden Ware.)" (Heinrich, 2008, S. 66) Wie dieses Zitat zeigt, beruht das Absehen von den die Waren tauschenden Menschen bei Heinrich nämlich darauf, dass es „eine Objektivität der Austauschverhältnisse" gibt, die zum Inhalt hat, dass diese Verhältnisse für die Menschen als Gegebenheiten erscheinen, die von dem, was sie wissen und wollen, unabhängig sind und von ihnen daher nur äußerlich aufgenommen werden können.

Wenn man diese Objektivität der Austauschverhältnisse zunächst einmal akzeptiert, ist zu diesen Überlegungen zum einen zu sagen, dass sie das anfängliche Absehen von den Menschen dann nicht rechtfertigen könnten, wenn die Austauschverhältnisse sich nur dem Zufall verdanken würden. Denn auf dieser Grundlage wäre nicht einzusehen, warum man die Menschen nicht gleich ins Spiel bringen kann. Auf der Basis dessen, dass die Austauschverhältnisse sich – wie wir noch genauer sehen werden – nicht dem bloßen Zufall verdanken, sondern bestimmten Regeln folgen, kann zum zweiten zugestanden werden, dass die Warenbesitzer unter der Bedingung, dass ihnen diese Regeln gar nicht bekannt wären, deswegen nicht gleich hereingebracht werden könnten, weil zuerst diese Regeln zu thematisieren wären. In diesem Zusammenhang ist jedoch nicht einzusehen, warum nach Heinrich von den Menschen als solchen abgesehen wird. Denn, wenn die Menschen ihre Waren nach diesen Regeln des Warenaustausches austauschen, ohne sich dessen bewusst zu sein, könnte man von ihnen nur als Subjekte absehen.

Zum dritten ist gerade auf dieser Grundlage darauf hinzuweisen, dass der Umstand, dass die Menschen beim Austausch ihrer Waren Regeln Geltung verschaffen, die ihnen gar nicht bewusst sind, entweder auf ein unerklärliches Wunder hinausläuft. Oder man greift auf einen Instinkt zurück, dem die Menschen in Bezug auf diese Regeln unterworfen sind. Beides ist klar zurückzuweisen. Das dürfte beim Wunder, das das Unerklärliche als Erklärung ausgibt und deshalb in der Wissenschaft nichts zu suchen hat, unmittelbar einsichtig sein. Das gilt aber auch für die zweite Möglichkeit. Zwar kann es durchaus sein, dass die Menschen nicht durchgehend als freie Subjekte agieren, die als solche v. a. dadurch gekennzeichnet sind, dass sie nicht nur für selbstgesetzte Zwecke tätig sind, sondern auch von bestimmten ihnen unbewusst bleibenden Instinkten geleitet werden. Auf der Basis dessen, dass wir als Austauschkriterium den Wert kennen lernen werden, kann aber festgestellt werden, dass es einen Wertinstinkt mit Sicherheit nicht gibt. Daher ist es die Rede von Austauschkriterien, die von den Warenbesitzern unbewusst in Kraft gesetzt werden, als vollkommen unsinnig und unwissenschaftlich zu kritisieren.

Diese Überlegungen haben zum vierten zur Folge, dass die von Heinrich in Spiel gebrachte „Objektivität der Austauschverhältnisse" nicht akzeptiert werden kann, sondern im Gegenteil klar zurückzuweisen ist. Wie wir sehen werden, sind die Austauschverhältnisse zwar nicht durch den einzelnen Warenbesitzer bestimmbar. Sie stellen jedoch Resultate dar, die von den Menschen insgesamt bei ihren mit- und gegeneinander vollzogenen Handlungen verursacht werden. Deswegen ist es falsch, so zu tun, als wären die Austauschverhältnisse Entitäten, die von den Menschen nicht gesetzt werden, sondern ihnen vorausgesetzt sind.

[xviii] Charaktermasken sind für mich Menschen, die Inhalte ausführen, die sie sich in keiner Weise selbst gegeben haben. Da auch die Übernahme eines vorgegebenen oder sogar aufgezwungenen Inhalts mit einer bewussten Zwecksetzung einhergeht, hat das zur Folge, dass es dabei nur um Inhalte gehen kann, die die Menschen bewusstlos ausführen. Als Charaktermaske oder Personifikation ist der Mensch daher etwas ganz Anderes als als Subjekt. Diese Merkmale fangen dort an, wo das Subjekt aufhört, und stellen in diesem Sinne sein Gegenteil dar.

Bei Heinrich ist das anders: „Unter Charaktermaske (…) versteht Marx offensichtlich eine bestimmte ökonomische Rolle, die die Individuen einnehmen, deren Logik aus den jeweiligen Verhältnissen entspringt. Der Warenbesitzer ist eine solche Rolle. Das Handeln der Warenbesitzer ist zwar ein von ihrem Willen bestimmtes Handeln, wenn sie aber als Warenbesitzer handeln, dann ist der Inhalt dieses willentlichen Handelns durch das ökonomische Verhältnis gegeben: Die Person agiert als „Charaktermaske", die Person ist dann „Personifikation" der ökonomischen Verhältnisse", worauf Marx bereits im Vorwort verwiesen hat." (Heinrich, 2008, S. 219) Wie diese Stelle zeigt, verbindet sich die Charaktermaske bei Heinrich nicht mit unbewusstem Handeln. Stattdessen hat sie es eher mit einem Handeln zu tun, das zwar bewusst vollzogen wird, aber durch „ökonomische Verhältnisse" vorgegeben ist. Da es um Menschen geht, die die Vorgaben nicht nur dann bewusst und willentlich akzeptieren, wenn sie das vollkommen freiwillig tun, sondern auch dann, wenn sie sich dazu gezwungen sehen, sind die Menschen damit nicht dort Charaktermasken, wo sie aufhören, eigene Entscheidungen zu treffen und damit Subjekte zu sein. Stattdessen handelt es sich bei den Charaktermasken um Subjekte einer bestimmten Art oder genauer um vorbestimmte Subjekte. In diesem Sinne kann schon der Autofahrer als Charaktermaske bezeichnet werden, der vor der roten Ampel anhält.

[xix] Im Unterschied zu Heinrich nimmt Haug das Auftreten der Ware als Subjekt gar nicht ernst. Er redet einerseits zwar von der Selbstbewegung des Gegenstandes (Haug, 1974, S. 78), was an das Warensubjekt denken lässt. Andererseits hat er es aber mit dem subjektiven Handeln der Menschen zu tun, in dessen Rahmen sich der Gegenstand gerade nicht selbst bewegt, sondern bewegt wird. Da letzteres überwiegt, kann davon ausgegangen werden, dass ihm entgeht, dass die Selbstbewegung der Sache keine wirkliche Selbstbewegung ist, sondern eine Bewegung, die von den Menschen unbewusst und daher als Charaktermasken vollzogen wird. Auf dieser Grundlage ist klar, dass Haug bei seiner Rede von Charaktermasken die Sache genausowenig trifft wie Heinrich. Auch bei Haug ist die Charaktermaske ungefähr dasselbe wie ein vorbestimmtes Subjekt, auch wenn die eigenen Entscheidungen bei der Übernahme von bestimmten Mitteln bei ihm eine größere Rolle spielen als bei Heinrich. (Haug, 2006, S. 57ff.) vgl. auch (Haug, 1994, S. 435 - 451)

[xx] Weil sich bei Heinrich die Waren selbst austauschen und die Menschen noch gar nicht vorkommen, kann es bei dem, was er „begriffliche Entwicklung" (Heinrich, 2017, S. 227) nennt, nicht um eine Argumentation per teleologischer Genesis, sondern nur um eine Argumentation per logischer Geltung gehen. Gerade auf dieser Grundlage ist darauf hinzuweisen, dass Heinrich nicht in der Lage ist, seine Argumentation per logischer Geltung mit der Argumentation per teleologischer Genesis zu vermitteln. Das zeigt das folgende Zitat: „Das Kapitel über den Austauschprozeß ist daher keine Fortsetzung der *Formanalyse*, Marx untersucht dort (auf der Grundlage der gewonnenen Formbestimmungen) die logische Struktur des Handlungsproblems der Warenbesitzer, die ihre Waren austauschen wollen. Die Betrachtung der wirklichen Beziehung

der Waren führt so zu einer Handlungstheorie: die Personen müssen in ihren Handlungen, sofern sie sich zu ihren Arbeitsprodukten als Waren verhalten, die Gesetze der Warenwelt exekutieren." (Heinrich, 2017, S. 230/231) Die Vermittlung, die Heinrich hier ins Spiel bringt, ist nämlich keine wirkliche Vermittlung. Denn sie besteht in nichts anderem als der unmittelbaren Unterwerfung des freien menschlichen Willens unter die „Gesetze der Warenwelt". Die Menschen müssen in ihrem bewussten Verhalten unmittelbar das tun, was ihnen die Waren in einer Weise vorgeben, die gar nicht über ihre eigenen Überlegungen vermittelt ist. Es ist so, als würden die Menschen als freie Subjekte so agieren, als ob sie Marionetten wären oder an Bewusstseinsaussetzern leiden würden. Beide Seiten fallen unmittelbar in eins, weshalb man bei Heinrich vergebens danach sucht, wie sich das logisch Erschlossene in das Handeln der Menschen hinein vermittelt.

Auf der einen Seite sieht Haug richtig, dass Heinrich den Zusammenhang zwischen Struktur und Handlung nicht vermitteln kann, sondern unvermittelt von der Struktur zur Handlung übergeht. (Haug, 2013, S. 122) vgl. auch (Haug, 2013, S. 214) Auf der anderen Seite findet sich aber auch bei Haug keine wirkliche Vermittlung zwischen logischer Geltung und teleologischer Genesis. Der Grund dafür besteht darin, dass es bei ihm aufgrund seiner logisch-historischen oder genetischen Vorgehensweise nur die teleologische oder – wie er sagt – praxeologische Perspektive gibt und die logische Geltung fehlt. Da sich die Notwendigkeit im strengen Sinne nur mit der logischen Argumentation verbindet, geht sie bei Haug verloren. Mit anderen Worten überwiegen bei Haug die Handlungen, weshalb das zu kurz kommt, wozu in ihnen übergegangen wird und werden muss. (Haug, 2006, S. 57ff.)

[xxi] Bei Heinrich kommt derselbe Punkt zum Ausdruck, allerdings in schräger Form. Er stellt nämlich fest, dass das Geld nicht zum Thema gemacht werden kann, weil es als Kategorie noch gar nicht eingeführt worden ist. (Heinrich, 2008, S. 57) Und warum führt Marx es nicht einfach als Kategorie ein? Das ist nur dann ausgeschlossen, wenn man es nicht als Kategorie unvermittelt einführen, sondern begründen oder ableiten will. Und dass es darum geht, scheint auch Heinrich anzudeuten, wenn er schreibt, das Geld „als *theoretischer* Gegenstand erst noch produziert werden" (Heinrich, 2017, S. 200) muss.

[xxii] Obwohl Heinrich in den entsprechenden Stellen nicht nur vom Tauschwert, sondern schon vom Wert redet, bleibt ihm genau diese Erkenntnis verborgen. Zwar gibt es bei ihm auch Äußerungen, die zum Inhalt haben, dass vom Wert der einzelnen Ware deswegen überhaupt nicht gesprochen werden kann, weil der Wert ein gesellschaftliches Verhältnis darstellt. (Heinrich, 2005, S. 51) Das hindert Heinrich aber nicht daran, Folgendes festzustellen: „Die Wertgröße einer Ware ist nicht einfach ein Verhältnis zwischen der *individuellen* Arbeit eines Produzenten und dem Produkt (darauf läuft die „substanzialistische" Auffassung des Werts letztlich hinaus), sondern ein Verhältnis zwischen der *individuellen* Arbeit des Produzenten und der *gesellschaftlichen* Gesamtarbeit." (Heinrich, 2005, S. 53) Wie diese Stelle zeigt, sieht Heinrich gerade nicht, dass es keinen Sinn macht, der einzelnen Ware ein Verhältnis als Eigenschaft zuzuordnen, von dem sie nur Teil ist. Stattdessen glaubt er, am Beispiel der „Wertgröße" gerade diese Zuschreibung vornehmen zu können. Das führt zu einem vollkommen unsinnigen Ergebnis. Von der Quantität einer Sache zu reden, die gar nicht an einer bestimmten Qualität dieser Sache festgemacht wird, also weder an einer gegenständlichen noch einer ungegenständlichen Eigenschaft von ihr, sondern an dem Verhältnis der Sache zu einer anderen Sache ist nämlich ausgesprochener Unfug. Das ist so als würde man die Größe einer Person nicht an ihr selbst, sondern durch das Verhältnis bestimmen wollen, in dem sie zu anderen Menschen steht. Sinn macht die Rede von der Wertgröße nur, wenn sie entweder an einer gegenständlichen oder einer ungegenständlichen Eigenschaft festgemacht wird.

Das angeführte Zitat ist aber auch aus anderen Gründen als missraten zu kritisieren: Zum einen ist es vollkommen schief, die Wertgröße einer Ware durch ein Verhältnis zu anderen Waren zu bestimmen, das in quantitativer Hinsicht vollkommen unbestimmt bleibt. Denn auf dieser

Grundlage kommt man abgesehen vom obigen Einwand nur zu einer unbestimmten Wertgröße. Zum anderen ist auch Heinrichs „substanzialistische" Fassung des Werts und seiner Größe deswegen äußerst kurios, weil auch sie zu einem Verhältnis gemacht wird. Das ist gleichfalls zurückzuweisen. Denn das „Verhältnis zwischen der *individuellen* Arbeit eines Produzenten und dem Produkt" gibt es nicht. Bei der individuellen Arbeit, die in ein bestimmtes Produkt eingeht, haben wir es nämlich mit keinem Verhältnis, sondern einer Eigenschaft dieses Produkts zu tun.

[xxiii] Heinrich zitiert ebenfalls die auf der Seite 13 erwähnte Stelle. (Heinrich, 2008, S. 59) Er realisiert auf der einen Seite aber gar nicht, dass in ihr von einem Tauschwertverhältnis die Rede ist, das gerade nicht als Tauschwerteigenschaft betrachtet werden kann. Das zeigt sich daran, dass er im unmittelbaren Anschluss vom „Tauschwert einer Ware" spricht und diesen Tauschwert als die andere Ware bestimmt, mit der sich die eine austauscht. Dieses Übersehen ist auf der einen Seite insofern verständlich, als die Erwähnung des Tauschwertverhältnisses eine Eintagsfliege bleibt, weil Marx gleich wieder zur Tauschwerteigenschaft zurückkehrt. Auf der anderen Seite sei schon erwähnt, dass es auch als äußerst merkwürdig bezeichnet werden kann. Das wird aufgrund des folgenden Zitats deutlich: „Der Wert ist aber nicht ein Ding wie ein Brötchen, sondern ein gesellschaftliches Verhältnis, das als dingliche Eigenschaft erscheint." (Heinrich, 2005, S. 53) vgl. auch (Heinrich, 2017, S. 214) Denn es zeigt, dass Heinrich bezogen auf den Wert, den wir bei Marx als das kennen lernen werden, was dem Tauschwert zugrunde liegt, große Bedeutung darauf legt, dass er kein „Ding", sondern ein „gesellschaftliches Verhältnis" darstellt. Gerade auf dem Hintergrund dessen, dass wir sehen werden, dass dieses Verständnis des Werts nicht viel mit Marx zu tun hat, wundert man sich daher darüber, dass Heinrich sich die Rede vom Tauschwertverhältnis hat entgehen lassen, obwohl sie doch ein scheinbarer Beleg für die Richtigkeit seiner Interpretation darstellt. Und das gilt insbesondere deswegen, weil sich zeigen wird, dass Heinrich in einer Weise vom Wert redet, die im Großen und Ganzen der Art entspricht, in der Marx vom Tauschwert spricht.

[xxiv] Dass Marx auf etwas Innerliches abzielt, das den einzelnen Waren entnommen werden kann und der ungegenständlichen Eigenschaft des Tauschwerts zugrunde liegt, ist ein Merkmal das Heinrich von Anfang an nicht gelten lässt: "Wenn der Tauschwert wirklich etwas Äußerliches und Zufälliges ist, dann ist das Adjektiv „immanent" ein Widerspruch dazu." (Heinrich, 2008, S. 60) Für ihn ist offenbar nicht das Relative das, was keine richtige Realität hat und daher im Rahmen der wissenschaftlichen Erklärung überwunden werden muss, sondern das Immanente. In der Sicht von Heinrich will Marx dann, wenn er vom „innerlichen, immanenten Tauschwert" redet, nicht auf etwas hinaus, was sich an den einzelnen Waren selbst zeigt und ihnen in diesem Sinne eigen ist. Stattdessen will er im Gegenteil die Feststellung treffen, dass es unsinnig ist, den Tauschwert auf etwas Innerliches zurückführen zu wollen. Dieses Verständnis ist schon sehr seltsam. Weil Heinrich sich auf Marx' Versuch, den Tauschwert als gegenständliche Eigenschaft zu belegen, gar nicht einlässt, sondern ihn ohne jede vorherige Prüfung von vornherein kategorisch ablehnt, läuft es auf eine sich selbst erfüllende Prophezeiung hinaus.

Bei Haug ist das anders: „Marx konstatiert hier einen ersten Widerspruch (eine „contradictio in adjecto"). Wir haben hier den Widerspruch (…), dass der der Ware „innewohnende" Tauschwert ein „äußerliches", „mit Zeit und Ort" beständig wechselndes Verhältnis sein soll." (Haug, 1974, S. 79) Er bestreitet nicht, dass Marx mit dem „immanenten Tauschwert" etwas anstrebt, was den Waren innerlich ist. Er ist vielmehr nur der Meinung, dass dieser innerliche Tauschwert nichts ist, was erst noch erschlossen werden soll, sondern etwas darstellt, von dem bereits ausgegangen werden kann.

[xxv] Auf diese Zusammenhänge ist nicht zuletzt mit Blick auf Heinrich hinzuweisen. Mit dem Unterschied, dass er nicht nur vom Tauschwert, sondern bereits vom Wert redet, wird sich nämlich zum einen zeigen, dass er sich nicht nur für das Tauschwertverhältnis ausspricht, sondern dieses auch als tatsächlicher Austausch fasst. (Heinrich, 2005, S. 53) Denn wegen der Unsicherheit der

Tauschverhältnisse, die für ihn eine auch im Rahmen der wissenschaftlichen Erklärung unhintergehbare Tatsache darstellt, besagt der bloße Tauschwertausdruck noch gar nichts. (Heinrich, 2008, S. 175/176) Aus diesem Grund ist der Wert bei Heinrich eigentlich nur eine punktuelle verschwindende Existenz und damit etwas, was es gar nicht richtig gibt. Zum anderen wird deutlich werden, dass es dabei nicht bleibt. Denn spätestens in der Gestalt des Geldes kann der von Heinrich Wert genannte Tauschwert das Verhältnis des aktuellen Tausches überleben. Dabei geht es aber nicht mehr um den Wert als Wertverhältnis, sondern nur noch um den Wert als Werteigenschaft. Das ist zu betonen, weil sich zeigen wird, dass Heinrich beides durcheinander wirft.

[xxvi] Oben haben wir schon gesehen, dass Heinrich Marx' Distanzierung von dem Schein nicht mitmacht, beim Tauschwert handele es sich um etwas „rein Relatives". Anders sieht es bei dem Schein aus, wonach es sich beim Tauschwert um „etwas Zufälliges" handelt. Denn die Absetzung davon scheint Heinrich zu akzeptieren. (Heinrich, 2008, S. 60) Sieht man genauer hin, zeigt sich jedoch, dass das gar nicht der Fall ist. Die die Zufälligkeit ausschließende Erklärbarkeit, die es bei Heinrich gibt, hat nämlich nur damit zu tun, dass die verschiedenen Tauschwerte einer Ware, die Marx zum Thema macht, deswegen ein Äquivalenzsystem darstellen, weil sie transitiv sind und es auf ihrer Grundlage daher nicht möglich ist, durch eine geeignete Aneinanderreihung bloßer Tauschakte ein Mehr an Tauschwert zu erzielen. Sie hat damit rein gar nichts mit der Erklärung des einzelnen Tauschverhältnisses zu schaffen, auf die Marx aus ist. Diesem Bestreben entzieht Heinrich ganz im Gegenteil dadurch von vornherein jeden Boden, dass er den Tauschwert als gegenständliche Eigenschaft ablehnt. Da die Erklärung eines Verhältnisses nur aufgrund der Dinge möglich ist, die in es eingehen, wird eine solche Erklärung nämlich von Anfang an dadurch verunmöglicht, dass dieses Zurückgehen zu den beteiligten Dingen von vornherein ausgeschlossen wird.

Bei Haug ist das anders. Er lehnt die Begründung des Tauschwerts durch den Wert nicht ab. Da er – wie oben gesehen – nicht bestreitet, dass Marx mit dem „immanenten Tauschwert" etwas anstrebt, was den Waren innerlich ist, verbleibt er im Unterschied zu Heinrich auf einer Basis, auf der von einer Erklärung der Tauschverhältnisse weiterhin gesprochen werden kann. (Haug, 1974, S. 79) Diesbezüglich ist nur kritisch einzuwenden, dass diese Erklärung für Haug schon feststeht. Und das bevor überhaupt klar ist, wie der innerliche Tauschwert bestimmt ist, und bevor geprüft worden ist, ob er durch die erfahrbaren Tauschverhältnisse empirisch bestätigt wird oder nicht.

[xxvii] Haug sieht diese Kritik nicht. Wenn er schreibt, dass sich der Tauschwert der Ware Weizen als viele Tauschwerte „betätigt" (Haug, 1974, S. 81), dann geht er zum einen schlicht und einfach davon aus, dass es den Tauschwert als eine der Ware zukommende Eigenschaft nur in der Einzahl gibt. Zum anderen scheint er aus dieser unterstellten Gegebenheit zu schließen, dass es den Tauschwert auch nur in der Einzahl geben kann. Beides ist klar zurückzuweisen. Zum einen kann die empirische Richtigkeit an dieser Stelle noch gar nicht beurteilt werden. Denn wir wissen noch nicht, wie der innerliche Tauschwert gekennzeichnet ist. Wenn Haug sie trotzdem befürwortet, dann haben wir es mit einem Glaubensbekenntnis zu tun. Zum anderen wäre der genannte Schluss auch dann nicht zwingend, wenn es den unterstellten Tauschwert in der Einzahl geben sollte. Denn aus einem bloßen Faktum folgt nicht, dass dieses Faktum notwendig ist. Gerade, weil man den Eindruck bekommt, dass für Haug die empirische Gegebenheit des Tauschwerts gleichbedeutend ist mit einem logisch zwingenden Grund, ist darauf hinzuweisen, dass das logisch notwendige Begründen nicht mit dem empirisch richtigen Behaupten zusammengeworfen werden darf. Ob ein Grund zwingend ist oder nicht, zeigt sich nicht daran, dass es das begründete Faktum gibt, sondern nur daran, dass es mit logischer Notwendigkeit erschlossen worden ist.

[xxviii] Bei Heinrich findet sich bezogen auf die verschiedenen Tauschwerte des Weizens folgende Aussage: „Sie sollen nun aber auch „einander gleich große" Tauschwerte sein, d. h. y Seide soll auch der Tauschwert von x Stiefelwichse und x Stiefelwichse soll auch der Tauschwert

von y Seide sein." (Heinrich, 2008, S. 60/61) Sie macht deutlich, dass Heinrich das eigentliche Argument von Marx, das besagt, dass die dem Weizen gegenüberstehenden Waren deswegen gleich groß sind, weil alle Tauschwerte des Weizens sind, gar nicht in den Blick bekommt. Stattdessen verwechselt er dieses Argument mit der transitiven Austauschbarkeit der dem Weizen gegenüberstehenden Waren untereinander, die vielleicht bei Marx mitschwingt, aber nicht sein eigentliches Thema ist. (Heinrich, 2017, S. 199) Von daher ist klar, dass bei Heinrich auch die Kritikpunkte nicht zu finden sind, die gegen die Marxsche Argumentation sprechen. Ferner fällt auf, dass Heinrich die erste Folgerung falsch rezipiert. Während Marx nur darauf schließen will, dass die gültigen Tauschwerte des Weizens durcheinander ersetzbar oder einander gleich groß sind, spricht Heinrich schon davon, dass es auch im Vergleich mit dem Weizen ein Gleiches gibt. (Heinrich, 2008, S. 62) Das ist aber ein Punkt, auf den Marx erst in seinen weiteren Folgerungen zu sprechen kommt.

[xxix] Dass die Kritik, die an Marx' erstem Schritt zu üben ist, sich weder bei Heinrich noch bei Haug findet, habe ich oben schon festgestellt. Auf dem Hintergrund dessen, dass mir überhaupt niemand bekannt ist, der die genannte Kritik in expliziter Form vorbringt, kann dasselbe Urteil aber auch bezogen auf Nanninga und Böhm-Bawerk gefällt werden. Das soll im Folgenden kurz erläutert werden:

Auf der Basis dessen, dass er den einseitigen Tausch als wechselseitigen missversteht, interpretiert Nanninga die erste Folgerung von Marx zum einen nicht als Folgerung, dass die verschiedenen Tauschwerte des Weizens einander gleich sind, sondern als die Behauptung, dass die verschiedenen Tauschwerte des Weizens, also x Stiefelwichse, y Seide und z Gold, auch untereinander austauschbar sind. Zum anderen ist er auf dieser Grundlage der Auffassung, dass die Gleichheit der verschiedenen Tauschwerte des Weizens insofern hinzunehmen ist, als von der Tauschwertgleichheit die Rede ist, die mit dem Tausch einhergeht. (Nanninga, Tauschwert und Wert, 1975, S. 26/27) Auf dieser Grundlage hat es Nanninga in der Folge nur noch mit der Frage zu tun, welchen Inhalt man dieser Tauschwertgleichheit geben kann. Und dieser Frage beantwortet er damit, dass von Tauschwertgleichheit nur geredet werden kann, wenn Stiefelwichse, Seide und Gold nicht nur untereinander, sondern auch mit derselben Menge einer oder mehrerer dritter Waren tauschbar sind. Und diese Bedingung ist insofern gegeben, als x Stiefelwichse, y Seide und z Gold mit einem Quarter Weizen austauschbar sind. Daran zeigt sich, dass Nanninga sich auf die Marxschen Ausführungen gar nicht wirklich einlässt. Während dieser auf eine Gleichheit zwischen Stiefelwichse, Seide und Gold abzielt, die nichts mit der Austauschbarkeit dieser Waren untereinander, sondern nur damit zu tun hat, dass alle diese Dinge Tauschwerte des Weizens sind, geht es Nanninga nur um diese Austauschbarkeit und die Tauschwertgleichheit, die auf die beschriebene Weise mit ihr einhergeht. Dabei wechselt er das Thema, was sich auch daran zeigt, dass es bei ihm nicht mehr um die Tauschwerte des Weizens, sondern um die der Stiefelwichse, der Seide und des Goldes geht.

Nanningas Position kann aber auch innerlich kritisiert werden. Das wird deutlich, wenn man berücksichtigt, dass er es einesteils mit einer Tauschwertgleichheit zu tun hat, die mit dem Tausch zwischen zwei Waren einhergeht, und diese Tauschwertgleichheit andererseits mit der gleichen Austauschbarkeit gegenüber irgendwelchen Drittwaren erläutert. Das ist vollkommen inkongruent. Wenn zwei sich tauschende Waren tauschwertgleich sind, dann muss das an den beiden Waren gezeigt werden und nicht an Verhältnissen, die es außerdem geben mag. Ferner kann die Tauschwertgleichheit nicht an der Form festgemacht werden, in der die Tauschwerte zunächst erscheinen. Denn das ergibt keine Gleichheit, sondern deswegen einen Unterschied, weil der Tauschwert der einen Ware eben die andere Ware ist und umgekehrt. Um von einer Gleichheit reden zu können, muss man hinter diese Form zurückgehen.

Wie weit Nanninga an Marx vorbeigeht, zeigt sich im Übrigen auch an seiner Meinung, dass die Asymmetrie des Tauschwertverhältnisses, die es bei Marx gibt, der seiner Auffassung nach entscheidende Fehler darstellt. (Nanninga, 1975, S. 28) Dass es keine Asymmetrie geben darf, mag vielleicht im Hinblick auf die von Lorenzen vorgelegte Theorie der Gleichheit und Abstraktion Geltung haben, auf die sich Nanninga stützt. (Nanninga, 1979, S. 445) Marx geht dagegen davon aus, wie der Tauschwert der Waren zunächst erscheint. Und das tut er eben in der Form von soundsoviel anderer Ware, was auch Nanninga zugeben muss. (Nanninga, 1975, S. 121)

Böhm-Bawerk geht gar nicht auf die erste Folgerung von Marx ein. Da das auch für die zweite Folgerung zutrifft, bei der auf einen unterscheidbaren Gehalt geschlossen wird, soll auf ihn erst im Zusammenhang mit der dritten Folgerung von Marx eingegangen werden, die es mit dem gemeinsamen Dritten zu tun hat, das aus dem Tauschverhältnis eine Gleichung macht.

[xxx] Auf der Basis dessen, dass Haug die beiden bisher betrachteten Folgerungen nicht für sich betrachtet, sondern sie miteinander vermengt, verwundert es nicht, dass für ihn der zweite Schluss genauso überzeugend ist wie der erste. (Haug, 1974, S. 83) Der Grund für diese Haltung besteht darin, dass er nicht nur vom innerlichen Tauschwert als empirischer Tatsache ausgeht, sondern aufgrund seiner Rede vom „logischem Postulat" auch schon akzeptiert, dass der unterscheidbare Gehalt logisch zwingend ist. Daher kann hier auf die Kritik verwiesen werden, die oben schon angeführt worden ist. Insbesondere ist wieder darauf zu verweisen, dass die logisch zwingende Begründung nicht mit der empirisch richtigen Behauptung vermengt werden darf. Auch wenn der unterscheidbare Gehalt ein empirisch richtiges Faktum darstellen sollte, hat das noch nicht zur Folge, dass der Übergang zu diesem Faktum logisch notwendig ist.

Auch Heinrich hat gegen den logischen Übergang hin zum „unterscheidbaren Gehalt", der in der Ware Weizen enthalten ist, nichts einzuwenden. Er macht diesen Schritt vielmehr einerseits mit, was nicht nur deswegen verwunderlich ist, weil es ihm an Notwendigkeit gebricht, sondern vor allem auch deswegen, weil das gar nicht zu seiner Ablehnung des Tauschwerts als gegenständliche Eigenschaft passt. Bei dem in der links stehenden Ware enthaltenen „unterscheidbare Gehalt" handelt es sich nämlich um eine gegenständliche Eigenschaft, was Heinrich auch dadurch bestätigt, dass er bezogen auf die „abstrakt menschliche Arbeit", die wir als eine konkretere Fassung dieses unterscheidbaren Gehalts kennen lernen werden, schreibt, dass sie als „etwas „Gegenständliches"" zu verstehen ist, das als solches „vorhanden" (Heinrich, 2008, S. 69 und 70) ist. Da das von einer ungegenständlichen Eigenschaft nicht gesagt werden kann, ist festzustellen, dass Heinrich sich in einen Widerspruch zu sich selbst begibt. Denn hier gesteht er nicht nur implizit, sondern auch explizit den gegenständlichen Charakter der Tauschwerteigenschaft zu, den er an ansonsten ablehnt. Und daran ändert auch der Umstand nichts, dass er eine „Gegenständlichkeit" zugesteht, die „nicht mehr sinnlich zu fassen" ist. Denn auch bei einer nicht fassbaren Gegenständlichkeit handelt es sich um eine gegenständliche Eigenschaft.

Andererseits zeigt gerade diese mangelnde Fassbarkeit, dass Heinrich den Schritt zum „unterscheidbaren Gehalt" nur auf der Basis dessen mitmacht, dass er ihn uminterpretiert. Während es Marx – wie wir noch genauer sehen werden – auf einen Gehalt abgesehen hat, der ein inhaltlich noch zu bestimmender Bestandteil der empirischen Gegebenheiten darstellt und als solcher selbstverständlich auch grundsätzlich wahrnehmbar ist, geht es nach Heinrich um einen Gehalt, der „unmittelbar nicht sichtbar ist, der sich vielmehr in etwas Anderem ausdrückt." (Heinrich, 2008, S. 63) Das geht klar an Marx vorbei, zumal der Grund für die mangelnde Fassbarkeit nicht ein eingeschränktes Blickfeld der Betrachter zu sein, sondern darin zu liegen scheint, dass der Gehalt selbst nicht inhaltlich bestimmt werden kann. Denn bei Marx ist nicht nur der äußere Ausdruck des unterscheidbaren Gehalts bestimm- und sichtbar. Dasselbe gilt vielmehr auch für den unterscheidbaren Gehalt selbst.

Wenn Heinrich von einem unterscheidbaren Gehalt redet, den es zwar gibt, der aber unsichtbar ist, stellt sich die Frage, woher er eigentlich weiß, dass eine solche Entität vorkommt. Auf dieser Frage dürfte Heinrich vermutlich mit dem Hinweis auf seine Ausdrucksform antworten. Demzufolge gibt es den inneren Gehalt, weil es seinen äußeren Ausdruck gibt. Diese Antwort kann aber noch nicht befriedigen. Denn sie wirft nur die weitergehende Frage auf, woher Heinrich eigentlich weiß, dass die äußerliche Entität Ausdruck von etwas Innerem ist. Wieso kann das Äußerliche nicht für sich stehen? Auf diese Frage dürfte Heinrich vermutlich entgegnen, dass das Äußere deswegen nicht für sich steht, weil es sich bei ihm eben um etwas handelt, was Folge darstellt oder Begründetes ist. Dem ist zu entgegnen, dass das durch einen Schluss vom Inneren auf das Äußere nachgewiesen werden müsste. Zu einem solchen Schluss, bei dem das Innere Grund und das Äußere Folge ist, ist Heinrich aber nicht in der Lage. Das hat seinen Grund schon darin, dass er nur auf der Basis dessen vollziehbar wäre, dass das Innere nicht nur existent, sondern auch unabhängig vom Äußeren bestimmbar wäre. Denn nur in diesem Fall könnte es Ausgangspunkt einer Argumentation sein, die zu einer bestimmten Folge führt. Nur aus einem bestimmten Grund kann nämlich eine bestimmte Folge gezogen werden. Umgekehrt bleibt die vorgebliche Begründung einer äußerlichen Entität durch einen innerlichen Grund so lange vollkommen nichtssagend, so lange dieser Grund selbst nicht bestimmt ist.

Diese Überlegungen zeigen, dass ein wirklich unsichtbarer Gehalt etwas darstellt, was ohne jede wissenschaftliche Bedeutung ist. Das ist hier zu betonen, weil Heinrich anderer Meinung zu sein scheint. Für ihn scheint die mangelnde sinnliche Fassbarkeit kein die wissenschaftliche Bedeutung ausschließendes Gegenargument, sondern erstaunlicherweise gerade ein Ausdruck für eine besondere wissenschaftliche Leistung und damit etwas Positives zu sein. Darüber hinaus scheint sich der Mangel bei ihm nicht nur auf die sinnliche Fassbarkeit zu beschränken, sondern sich auch auf die gedankliche Bestimmbarkeit zu beziehen. Weil der unterscheidbare Gehalt, der sich zur abstrakt menschlichen Arbeit weiterentwickeln wird, sinnlich nicht erfasst werden kann, kann er auch nicht in bestimmter Weise gedacht werden, sondern stellt etwas dar, über das nur ausgesagt werden kann, dass es so etwas wie die Unbekannte X ist. Aber auch das scheint für Heinrich nicht negativ zu sein, sondern eine ernstzunehmende wissenschaftliche Aussage darzustellen.

Heinrichs Interpretation, wonach der unterscheidbare Gehalt unsichtbar ist, wäre akzeptabel, wenn in ihrem Zusammenhang lediglich vom unmittelbaren Sein gesprochen würde und damit klar wäre, dass der unterscheidbare Gehalt im Rahmen des mittelbaren Seins wahrgenommen werden kann und deshalb etwas darstellt, was insgesamt wahrnehmbar ist. Das ist aber gar nicht der Fall. Da Heinrich den Unterschied zwischen dem unmittelbaren und dem mittelbaren Sein nicht kennt, ist er nämlich der Meinung, dass der Gehalt insgesamt unsichtbar ist. Diese Interpretation kann unabhängig davon nur zurückgewiesen werden, ob die Unsichtbarkeit für etwas steht, was es gar nicht gibt, oder ob sie sich auf etwas bezieht, was es zwar gibt, aber nicht bestimmbar ist. Zwar ist es richtig, dass die Rede von der Erscheinungsform auf einen Unterschied zwischen dem verweist, was ausgedrückt wird, und dem, wie es ausgedrückt wird. Das hat aber nichts damit zu tun, dass nur letzteres sichtbar und damit auch existent und bestimmbar ist, ersteres aber nicht. Ganz im Gegenteil kann nur davon gesprochen werden, dass ersteres in letzterem zum Ausdruck kommt und damit in Erscheinung tritt, wenn ersteres schon als etwas Bestimmtes in einer Weise existiert, die durch entsprechende Erfahrungen nachgewiesen werden kann. Wenn man das nicht beachtet, wird es vollkommen abstrus. Dann wird nämlich vom Ausdrucksverhältnis in einer Weise gesprochen, die es als Ausdrucksverhältnis unmittelbar dementiert.

Wenn das, was ausgedrückt wird, nicht als solches festgehalten werden kann, dann haben wir es im Übrigen nicht mehr mit einem Ausdrucksverhältnis oder einem Ausdrucksvorgang, sondern einem Prozess der Bestimmung von etwas zunächst Unbestimmten zu tun. Das ist zumindest der Fall, wenn der Gehalt trotz seiner Unsichtbarkeit als etwas Existierendes vorgestellt wird. Wenn er dagegen als etwas Inexistentes genommen wird, dann bekommen wir es mit einem Verwirklichungsvorgang oder dem Prozess der Entstehung einer Entität zu tun, die es zunächst nicht gegeben hat. Während beim Ausdrucksverhältnis die kausale Bewegung von dem als Grund ausgeht, was ausgedrückt wird, und zu dem als Folge hinführt, was als Ausdruck fungiert, ist das zum einen bei dem Bestimmungsverhältnis anders, das bei Heinrich im Vordergrund stehen dürfte. Dort geht die Bewegung nämlich von der Ware aus, die die Bestimmung liefert. Denn erst sie gibt der Unbekannten X, als die sich der unterscheidbare Gehalt der bestimmt werdenden Ware darstellt, einen bestimmten Inhalt. Es ist daher vollkommen unsinnig, von einem unsichtbaren Gehalt zu reden und trotzdem so zu tun, als wäre die am Anfang stehende Ware Grund und die am Ende stehende Ware Folge. Im Gegenteil stellt sich auf dieser Grundlage die Frage, warum man es nicht bei der am Ende stehenden Ware belässt und damit aufhört, sie in vollkommen untauglicher Form als Ausdruck von etwas Anderem zu behandeln. Beim Entstehungsverhältnis, das bei Heinrich auch eine Rolle spielen dürfte, ist zum anderen noch klarer, dass die Bewegung nicht von dem inexistenten Gehalt der Anfangsware ausgehen kann. Denn erst mit der Endware haben wir im Hinblick auf diesen Gehalt eine existierende Entität erreicht. Darüber hinaus macht es überhaupt keinen Sinn so zu tun, als wäre das Inexistente der Grund für das Existente. Stattdessen ist einfach festzustellen, dass etwas Realität geworden ist, was es zuvor nicht gegeben hat.

An der Fehlerhaftigkeit von Heinrichs Interpretation ändert auch der Umstand nichts, dass Marx an einer Stelle bezogen auf den Wert, den wir als konkrete Fassung des „unterscheidbaren Gehalts" kennen lernen werden, auch von „unsichtbar" (I, 110) redet. Denn das geht – wie wir noch genauer sehen werden – nicht damit einher, dass er den Wert als solchen als etwas bestimmt, was unsichtbar ist. Und das trifft unabhängig davon zu, ob diese Unsichtbarkeit daher rührt, dass es den Wert gar nicht gibt, oder ob sie nur damit zu tun hat, dass es ihn zwar gibt, er als solcher aber unbestimmbar ist. Denn der Wert stellt bei Marx eine Gegebenheit mit einem bestimmten Inhalt dar.

[xxxi] Zum zweiten Schritt von Marx kann dasselbe wie zum ersten bemerkt werden. Er wird nicht nur von Heinrich und Haug nicht richtig kritisiert. Die hier einschlägige Kritik sucht man auch bei Nanninga und Böhm-Bawerk vergebens. Nanninga nimmt den zweiten Schritt gar nicht als solchen wahr, sondern wirft ihn mit den dritten Schritt zusammen. Auf dieser Grundlage kritisiert er ihn mit dem Argument, dass Marx mit seiner Suche nach einem gemeinsamen Dritten, das von der Tauschwertgleichheit verschieden ist, deswegen ein „sinnloses Unterfangen" betreibt, weil wir dieses Dritte mit der Tauschwertgleichheit schon haben. (Nanninga, 1979, S. 449/450) Nanninga kritisiert Marx damit nicht innerlich. Er wirft ihm nur vor, dass er nicht so vorgeht, wie er auf Basis von Nanningas oben erläuterten Missverständnisses hätte vorgehen müssen. Wie bereits erwähnt, geht Böhm-Bawerk auch auf die zweite Folgerung von Marx gar nicht ein, weshalb er im Zusammenhang mit der dritten Folgerung zum Thema gemacht werden soll.

[xxxii] Wenn wir uns fragen, wie Haug mit dieser dritten Schlussfolgerung umgeht, die damit einhergeht, dass aus dem Austauschverhältnis ein Gleichheitsverhältnis oder eine Gleichung wird, ist darauf hinzuweisen, dass er keine Kritik vorzubringen hat. Haug tut stattdessen so, als wäre es das Selbstverständlichste auf der Welt, dass das einzelne Austauschverhältnis als „Gleichung" dargestellt werden kann, aus der sich das „logische Postulat" des gemeinsamen Dritten ergibt. (Haug, 1974, S. 85) Er sieht nicht, dass es zwischen dem „unterscheidbaren Gehalt", der zunächst nur der einen, links stehenden Ware zukommt, und dem „gemeinsamen Dritten", der beiden Waren eigen ist, erstens einen Unterschied gibt und zweitens alles andere als ausgemacht ist, dass aus dem ersten das zweite folgt. Ihm entgeht, dass es sich dabei nur um eine Behauptung handelt, die als solche richtig sein kann, was aber nicht bedeutet, dass aus ihr deswegen eine überzeugende Folgerung wird.

Heinrich hat gegen den dritten Schluss ebenfalls nichts einzuwenden. Denn auf der Basis dessen, dass er den Tausch zwischen 1 Quarter Weizen und a Ztr. Eisen als „Tauschgleichung" bezeichnet, schreibt er: „Hat diese Gleichsetzung eine über die reine Zufälligkeit hinausgehende Bedeutung (und die hat sie in einer auf Tausch beruhenden Gesellschaft), dann müssen die beiden gleichgesetzten Dinge als Tauschwert etwas qualitativ „Gemeinsames" besitzen, ein gemeinsame

Qualität, die sie überhaupt vergleichbar macht, und dieses „Gemeinsame" müssen beide in derselben Quantität besitzen, damit man von Gleichheit sprechen kann." (Heinrich, 2008, S. 63/64) Während Marx auf logische Weise begründen will, dass aus dem bloßen Faktum des Tausches ein innerer Gehalt mit kausaler Notwendigkeit abgeleitet werden kann, der in beiden Waren enthalten ist und damit den Tausch zu einer Gleichung macht, geht Heinrich in diesem Zitat von Anfang an davon aus, dass der Tausch eine Gleichung mit der Folge darstellt, dass es einen solchen Gehalt oder ein gemeinsames Drittes geben muss. Daher versteht sich von selbst, dass man vergebens nach Einwänden gegen Marx' logischen Übergang sucht. Daran ändert auch der Umstand nichts, dass eine gewisse Distanziertheit auffällt, wenn Heinrich in Bezug auf die Marxschen Ausführungen von „bemüht sich" (Heinrich, 2008, S. 60) und von „versucht" (Heinrich, 2008, S. 63) redet. Denn solche Andeutungen sind noch keine Kritik.

Da Heinrich von Anfang an ablehnt, dass es sich beim Tauschwert um eine gegenständliche Eigenschaft der Waren handelt, wundert man sich allerdings wieder darüber, dass er den Schritt zum gemeinsamen Dritten mitmacht, obwohl er doch gar nicht zu seiner Ablehnung des Tauschwerts als innere oder innerlich verankerte Eigenschaft passt. Denn eigentlich müsste er einwenden, dass die Suche nach einem gemeinsamen Gehalt, der in beiden Waren in gleicher Menge vorhanden ist, von vornherein verfehlt ist, weil der Tauschwert nur eine ungegenständliche Eigenschaft darstellt, die sich als solche nur aus einem äußeren Verhältnis ergibt. Dass Heinrich meint, diesen Einspruch unterlassen zu können, ohne dadurch in einen Widerspruch zu sich selbst zu geraten, hat zum einen auch hier wohl wieder damit zu tun, dass das „Gemeinsame" für ihn genauso unsichtbar ist wie der „unterscheidbare Gehalt". Zum anderen ist hier Folgendes von Bedeutung:

„Marx betont außerdem, dass den Waren diese gesellschaftliche Substanz „gemeinschaftlich" zukommt. Diese Aussage ist bereits rein sprachlich doppeldeutig. Meint „gemeinschaftlich", beide der ausgetauschten Produkte beinhalten *jedes für sich* diese Substanz (und sind dementsprechend auch jedes für sich Wertgegenstand), und wenn wir beide nebeneinander legen, können wir sagen, sie haben da etwas gemeinsam (etwa in dem Sinn, wie man von zwei Personen sagen kann, beide besitzen – jeder für sich – ein Auto, ihre Gemeinsamkeit besteht darin, dass sie beide Autobesitzer sind)? Oder meint „gemeinschaftlich", dass beide Produkte nur *in Gemeinschaft*, d. h. *in ihrer Beziehung zueinander* Anteil an dieser Substanz haben (so wie zwei Personen gemeinsam ein Auto besitzen können, keiner hat das Auto für sich allein)?

Rekapitulieren wir den Argumentationsgang: es wurde vom Austauschverhältnis zweier Waren ausgegangen, dann die im Austauschverhältnis stattfindende Abstraktion von den Gebrauchswerten sowie die in dieser Abstraktion eingeschlossene Reduktion der verschiedenen nützlichen Arbeiten auf gleiche menschliche oder abstrakt menschliche Arbeit festgehalten. Abstrakt menschliche Arbeit als Substanz der Warenwerte wurde nicht an der *einzelnen* Ware bestimmt, sondern nur aufgrund ihres Austauschverhältnisses mit anderer Ware. Dies legt nahe, dass die „Gemeinschaftlichkeit" der Substanz im zweiten Sinn zu verstehen ist: abstrakt menschliche Arbeit ist nicht Wertsubstanz eines *einzelnen* Produkts, sondern nur wenn die Produkte in einer bestimmten Beziehung zueinander stehen, nämlich im Austauschverhältnis, sind sie Waren und Wertgegenstände und dann ist abstrakt menschliche Arbeit ihre „gemeinschaftliche" Substanz." (Heinrich, 2008, S. 73)

Dieses Zitat ist im vorliegenden Zusammenhang von Bedeutung, weil es deutlich macht, dass Heinrich Marx' Übergang zum gemeinsamen Dritten, das unabhängig vom Austauschverhältnis als eine gegenständliche Eigenschaft feststellbar ist, die in beiden Waren in gleicher Menge enthalten ist, und gerade deswegen zur Folge hat, dass dieses Verhältnis eine Gleichung darstellt, trotz seiner obigen Rede von der „gemeinsamen Qualität", die „beide in derselben Quantität besitzen", gar nicht wirklich mitmacht. Das „Gemeinsame von derselben Größe", das als „Drittes" in beiden Waren unabhängig vom Tausch enthalten ist und deswegen als innerlich gemeinsamer

Gehalt bezeichnet werden kann, macht er nämlich zu einem „gemeinschaftlichen Gehalt" oder einer „gemeinschaftlichen gesellschaftlichen Substanz" und damit zu etwas, was unabhängig davon, wie es positiv zu verstehen ist, in jeden Fall vom Tauschverhältnis abhängig ist und gerade deswegen den beteiligten Waren nicht jeweils für sich innerlich zukommt. Damit wird deutlich, dass Heinrich Marx' drittem Schluss nur auf der Basis dessen zustimmt, dass er ihn in krasser Weise uminterpretiert.

Dass Heinrich durch sein Verständnis des gemeinsamen Gehalts als gemeinschaftlichen Gehalt Marx nicht gerecht wird, kann zum einen seiner Rekapitulation entnommen werden, die mit Marx' tatsächlichen Vorgehen nicht viel zu tun hat. Auf Basis der „ungeheuren Warensammlung" beginnt Marx nämlich zum einen ganz klar mit der Betrachtung einer einzelnen herausgegriffenen Ware, die er als Gebrauchswert und Tauschwert bestimmt. Im Hinblick darauf, wie dieser Tauschwert zunächst erscheint, geht er danach zwar zur Betrachtung des Austauschverhältnisses zwischen den zwei sich einseitig austauschenden Waren über. Dann wechselt er aber zum anderen gleich wieder zu der Analyse der beiden einzelnen Waren, die in dieses Verhältnis eingehen. Deswegen sagt er mit den Ergebnissen dieser Analyse, die mit dem gemeinsamen Gehalt beginnen und schließlich zu der den Wert bildenden abstrakt menschlichen Arbeit führen, etwas über das aus, was den einzelnen Waren als solchen innerlich oder gegenständlich zukommt.

Wie sehr Heinrichs Ablehnung des gemeinsamen Gehalts oder gemeinsamen Dritten an den wirklichen Ausführungen von Marx vorbeigeht, zeigt sich zum anderen insbesondere auch daran, dass Heinrich mit ihr einen Weg beschreitet, der Marx' Streben nach einer objektiven Erklärung der Austauschbeziehungen von vornherein den Boden entzieht. Und daran ändert der Umstand nichts, dass Heinrich damit, dass er von einem Tauschverhältnis spricht, das eine „über die reine Zufälligkeit hinausgehende Bedeutung" hat, so tut, als hätte er es immer noch mit einer Art Erklärung zu tun. Denn eine wirkliche Erklärung setzt die Existenz einer inneren Gemeinsamkeit voraus, die vom Tauschverhältnis unabhängig ist. Sie ist daher mit der Heinrichschen Ablehnung dieser inneren Gemeinsamkeit vollkommen unvereinbar. Während Marx gemeinsamer Gehalt als Grund der Tauschverhältnisse fungiert, ist Heinrichs gemeinschaftlicher Gehalt seine Folge. Auf dieser Grundlage stellt sich die Frage, was das Übergehen zum gemeinschaftlichen Gehalt eigentlich soll?

Wenn wir uns nun der Frage zuwenden, wie Heinrichs „gemeinschaftlicher Gehalt" positiv zu verstehen ist, ist auf folgendes Zitat einzugehen: „Die Wertsubstanz ist zwei Waren nicht in derselben Weise gemeinsam wie beispielsweise ein Feuerwehrauto und ein Apfel die Farbe Rot gemeinsam haben (jedes für sich ist rot und wenn sie nebeneinander stehen, stellen wir fest: Die haben etwas Gemeinsames). Wertsubstanz und damit auch Wertgegenständlichkeit kommt den Dingen hingegen nur zu, wenn sie sich im Austausch aufeinander beziehen. Also etwa so, als wären Feuerwehrauto und Apfel nur dann rot, wenn sie tatsächlich nebeneinander vorhanden sind, während sie in ihrer Vereinzelung (das Feuerwehrauto in der Feuerwache, der Apfel am Baum) keine Farbe hätten." (Heinrich, 2005, S. 51)

Ihm zufolge drängt sich als positiver Inhalt des gemeinschaftlichen Gehalts etwas auf, was zwischen einer gegenständlichen und einer ungegenständlichen Eigenschaft angesiedelt ist. Die Ungegenständlichkeit dieser Eigenschaft kommt daher, dass sie Folge des Tauschverhältnisses ist. Die Gegenständlichkeit hat damit zu tun, dass diese Folge nicht nur äußerlich bleibt, sondern insofern zu inneren Konsequenzen führt, als es zu bislang – siehe das Rotwerden der an sich farblosen Dinge – nicht vorhandenen gegenständlichen Eigenschaften kommt.

Das Problem mit dieser Antwort besteht einesteils darin, dass sie mit dem nicht viel zu tun hat, was Marx in den Ausführungen vertritt, die wir bisher zum Thema gemacht haben. Denn Marx geht es um einen gemeinsamen und nicht um einen gemeinschaftlichen Gehalt. Und daran ändert auch der Umstand nichts, dass Heinrich bezogen auf die ‚Veränderungen und Ergänzungen' (Marx, 1987, S. 1 - 54) auf Stellen verweisen kann, in denen Marx selbst von einem gemeinschaftlichen

Gehalt oder einer „gemeinsamen Gegenständlichkeit" spricht. (Heinrich, 2008, S. 265ff.) Diese Ausführungen sind zum einen nicht ernst zu nehmen, weil es sich bei den `Veränderungen und Ergänzungen' nur um ein Überarbeitungsmanuskript handelt, dessen Inhalte Marx gerade nicht in spätere Ausgaben des ersten Bandes eingearbeitet hat. Zum anderen werden wir im 7. Punkt des II. Kapitels sehen, dass hinter diesen Ausführungen eine verkehrte Vermengung der Relativität steckt, die der wertbildenden Arbeit als Durchschnittsarbeit zukommt, und der Relativität, die es mit äußerlichen Verhältnissen zu tun hat.

Anderteils gibt es das noch größere Problem, dass es einen gemeinschaftlichen Gehalt in der Form, die oben erläutert worden ist, nicht gibt und auch nicht geben kann. Das Tauschverhältnis ist nämlich nicht in der Lage, die in es eingehenden Waren bezogen auf ihre gegenständlichen Eigenschaften zu etwas Anderem zu machen, als das, was sie sind. Es kann ihnen keine neuen gegenständlichen Eigenschaften zueignen, weil dazu Zauberkunststücke erforderlich wären, dessen es nicht fähig ist. Daran ändert auch der Umstand nicht das Geringste, dass Marx in den `Veränderungen und Ergänzungen' selbst von einem gemeinschaftlichen Gehalt spricht, der auf die oben beschriebene Weise zu verstehen ist. Denn auch diese Marxschen Aussagen ändern nichts daran, dass es einen solchen gemeinschaftlichen Gehalt nicht gibt und nicht geben kann.

Gerade auf dieser Grundlage ist auf die unmittelbare Fortsetzung des obigen Zitats einzugehen: „Normalerweise kommen gegenständliche Eigenschaften den Dingen als solchen zu, unabhängig von ihren Beziehungen zu anderen Dingen. Eigenschaften, die nur innerhalb von bestimmten Beziehungen vorhanden sind, betrachten wir gerade nicht als gegenständliche, dem einzelnen Ding zukommende Eigenschaft, sondern als Verhältnis. Wird Soldat A vom Feldwebel B herumkommandiert, dann ist A Untergebener, B Vorgesetzter. Die Eigenschaften Untergebener bzw. Vorgesetzter zu sein, resultieren aus dem spezifischen *Verhältnis* von A und B innerhalb einer militärischen Hierarchie, kommen ihnen aber nicht als Personen außerhalb der Hierarchie zu.

Bei der Wertgegenständlichkeit *scheint* nun aber eine Eigenschaft, die nur innerhalb einer Beziehung existiert, eine gegenständliche Eigenschaft der Dinge zu sein, die ihnen auch außerhalb dieser Beziehung zukommt. Suchen wir außerhalb der Tauschbeziehung nach dieser Gegenständlichkeit, dann wissen wir nicht, wo wir sie fassen sollen; Wertgegenständlichkeit ist eine in durchaus wörtlichem Sinne „gespenstische" Gegenständlichkeit." (Heinrich, 2005, S. 52)

Zu dieser Stelle ist zum einen zu sagen, dass „Eigenschaften, die nur innerhalb von bestimmten Beziehungen vorhanden sind" entgegen der Aussage von Heinrich nicht als „Verhältnis", sondern nur als ungegenständliche Eigenschaften betrachtet werden können. Denn ein Verhältnis übersteigt immer schon das, was einer an ihm beteiligten Sache als Eigenschaft zugeschrieben werden kann. Trotz dieser Ungenauigkeit macht diese Stelle zum anderen deutlich, dass Heinrich mit seinem gemeinschaftlichen Gehalt, den er im obigen Zitat schon in einer zur „Wertgegenständlichkeit" weiterentwickelten Form betrachtet, gar keine wirkliche Gegenständlichkeit ansprechen will, die es tatsächlich gibt und daher den Waren auch angesehen werden kann. Stattdessen geht es ihm nur um eine scheinbare Gegenständlichkeit oder einen scheinbaren Gehalt, die bzw. der den Waren gerade nicht entnommen werden kann. Dieser Gehalt kommt offenbar daher, dass der Tausch, der nach Auffassung von Heinrich eigentlich ein Verhältnis zwischen voneinander verschiedenen und damit unvergleichbaren Dingen darstellt, als eine Gleichung gefasst wird, in der sich einander gleiche Dinge gegenüberstehen. Denn das hat als weiterer Schein zur Folge, dass diese vollkommen bestimmungslos bleibende Gleichheit, die eigentlich nur Folge des Austauschs ist und deswegen nur eine ungegenständliche Eigenschaft darstellt, eine gegenständliche Eigenschaft zu sein scheint, die als solche genauso bestimmungslos bleibt wie die zugrunde liegende ungegenständliche Eigenschaft.

Gegen den so verstandenen gemeinschaftlichen Gehalt kann zum einen nicht mehr eingewendet werden, dass er ein Ding der Unmöglichkeit darstellt. Denn es wird ja gar nicht mehr behauptet, dass äußere Verhältnisse den Gehalt der beteiligten Gegenstände wirklich verändern können.

Stattdessen wird nur noch die These aufgestellt, dass sie zu scheinbaren Gegenständlichkeiten führen. Diese These ist nämlich etwas, dem man deswegen nicht mehr entgegen halten kann, dass es sie nicht gibt und nicht geben kann, weil es – wie wir noch genauer sehen werden – durchaus dazu kommen kann, dass Eigenschaften, die aus einem Verhältnis entstehen und daher eigentlich ungegenständlicher Natur sind, als gegenständliche Eigenschaften auftreten. Zum anderen ist zuzugestehen, dass in einem scheinbaren Gehalt resultierende Überlegungen viel besser zur Ablehnung des Tauschwerts als gegenständliche Eigenschaft passen, als der obige unsichtbare Gehalt. Denn mit dem scheinbaren Gehalt verbindet sich gar keine wirklich vorhandene gegenständliche Eigenschaft mehr, die als solche im Widerspruch zur Ablehnung des Tauschwerts als gegenständliche Eigenschaft stehen würde.

Beides bedeutet aber nicht, dass das Verständnis des gemeinschaftlichen Gehalts zu akzeptieren ist, wonach es sich bei ihm um einen den einzelnen Waren jeweils zukommenden scheinbaren Gehalt handelt. Vielmehr ist das Gegenteil der Fall. Der Grund dafür besteht darin, dass es die von Heinrich in Anschlag gebrachte unmittelbare Wahrnehmung, die dazu führt, dass einander gleiche ungegenständliche Eigenschaften gegenständliche Eigenschaften zu sein scheinen, schlicht und einfach nicht gibt. Die unmittelbare Wahrnehmung kann sich nämlich nur auf das Äußere der Waren beziehen, das gerade nicht durch Gleichheit zwischen den Waren, sondern durch Unterschiede charakterisiert ist. Das zeigt sich bezogen auf den Austausch der Ware A mit der Ware B daran, dass die Ware A die Ware B zu ihrem Tauschwert erklärt und die Ware B daher die Eigenschaft der unmittelbaren Austauschbarkeit mit der Ware A bekommt. Bei den gleichen Eigenschaften, die Heinrich anspricht, handelt es sich dagegen um etwas den Waren Innerliches, das als solches keiner unmittelbaren Wahrnehmung unterliegt und an dem sich deshalb auch kein falscher Schein festmachen kann. Nicht umsonst sind die Ökonomen, die sich auf den unmittelbaren Anschein beschränken und von Marx daher als Vulgärökonomen bezeichnet werden, der Meinung, dass es so etwas wie einen inneren Tauschwert nicht geben kann.

Der als scheinbare Gegenständlichkeit verstandene gemeinschaftliche Gehalt ist aber nicht nur inhaltlich unhaltbar. Er hat auch rein gar nichts mit dem zu schaffen, was Marx mit seinem gemeinsamen Gehalt anspricht. Während es Marx diesbezüglich um einen Schritt hin zur wahren Wirklichkeit der Waren geht, ist es Heinrich um einen Schritt zum falschen Schein zu tun. Während Marx etwas anstrebt, was als Grund für die Erklärung der Tauschverhältnisse geeignet ist, hat es Heinrich mit einer Entität zu tun, die als ein solcher Grund schon deshalb nicht in Frage kommt, weil sie Folge der Tauschverhältnisse ist.

Da sich im Folgenden zeigen wird, dass es auch bei Marx einen falschen Schein gibt, sei ferner darauf hingewiesen, dass Heinrichs Ausführungen auch damit nichts zu tun haben. Wie wir noch genauer sehen werden, bezieht sich Marx' Schein nämlich nicht auf das, was den einzelnen Waren innerlich ist oder innerlich zu sein scheint, sondern nur auf den äußeren Ausdruck eines innerlichen Gehalts. Zum falschen Schein kommt es mit anderen Worten bei Marx dann, wenn wir eine Wahrnehmung haben, die sich auf den äußeren Ausdruck beschränkt und deshalb zu der Auffassung führt, dass es sich bei ihm nicht nur um einen äußeren Ausdruck für einen davon verschiedenen Inhalt, sondern um das Ausgedrückte selbst handelt. Das ist wie gesehen bei Heinrich ganz anders. Denn er thematisiert einen falschen Schein, der nicht auf der Ebene des äußeren Ausdrucks, sondern des auszudrückenden Innerlichen ins Spiel kommt. Während dieses Innerliche bei Marx ein wirklicher gemeinsamer Gehalt darstellt, laufen Heinrichs Ausführungen darauf hinaus, dass dieses Innerliche bloßer Schein ist. Falscher kann man Marx in dem Zusammenhang, um den es hier geht, nun wirklich nicht verstehen.

Es gibt noch ein weiteres Zitat, auf das im Hinblick auf das Verständnis des gemeinschaftlichen Gehalts als scheinbarer Gehalt einzugehen ist: „Für die Wertgegenständlichkeit gilt nämlich das Gleiche, was Marx für die Äquivalentform ausführte: es handelt sich um eine Eigenschaft, die einem Ding in einem bestimmten Verhältnis zu einem anderen Ding zukommt und da die

Eigenschaften der Dinge normalerweise nicht aus ihren Verhältnissen zu anderen Dingen entspringen, sondern schon vorher da sind, *scheinen* sie ihre Eigenschaften unabhängig von diesem Verhältnis zu besitzen. (vgl. MEW 23, S.72) Daß den Waren ihre Wertgegenständlichkeit auch einzeln, unabhängig von dem gesellschaftlichen Zusammenhang zukommt, ist gerade der Schein, durch den eine gesellschaftliche Eigenschaft in eine natürliche verwandelt wird. Der Wert „entsteht" daher nicht irgendwo und ist dann „da", der Wert ist vielmehr die *gegenständliche Reflexion* eines bestimmten gesellschaftlichen Verhältnisses." (Heinrich, 1999, S. 2/3)

Wie dieses Zitat zeigt, weiß Heinrich einerseits, dass Marx vom Schein nur bezogen auf den äußeren Ausdruck des Werts spricht. Andererseits tut er so, als könne er sich trotzdem auf Marx berufen, wenn er den Schein auf das Innerliche bezieht, das ausgedrückt wird. Das ist vollkommen falsch. Denn der Wert kommt im Unterschied zum äußeren Ausdruck der „Äquivalentform" bei Marx den Dingen als solchen zu. Er ist den einzelnen Dingen eigen. Das gilt aber selbstverständlich nur auf der Basis, auf der Marx von den Waren spricht. Es gilt nur auf Basis der bürgerlichen Gesellschaft, die eben durch die ungeheure Warensammlung gekennzeichnet ist. Die einzelne Ware, von der Marx spricht, ist daher nicht ein einzelnes Ding, das alleine vorkommt. Sie ist vielmehr ein Teil dieser umfänglichen Warensammlung.

Wenn Heinrich davon redet, dass im Rahmen des Scheins eine „gesellschaftliche Eigenschaft" in eine „natürliche" verwandelt wird, dann ist im Übrigen darauf hinzuweisen, dass das unpräzise ist. Der Schein hat nicht zum Inhalt, dass etwas Gesellschaftliches als etwas Natürliches auftritt. Auf der Basis dessen, dass es von vornherein nur um Gesellschaftliches geht, besagt er vielmehr nur, dass eine ungegenständliche Eigenschaft als gegenständliche Eigenschaft in Erscheinung tritt. Von daher geht die Unterstellung, man würde den Wert zu einer natürlichen Eigenschaft machen, wenn man bezogen auf die einzelne Ware von ihm redet, schon aus diesem Grund an dem vorbei, was Marx wirklich vertritt.

Im letzten Zitat redet Heinrich auch davon, dass der Wert „die gegenständliche Reflexion eines bestimmten gesellschaftlichen Verhältnisses" ist. Daraus kann zum einen entnommen werden, dass er unter dieser „gegenständlichen Reflexion" offenbar so etwas wie die Herausbildung eines falschen Scheins oder die Verwandlung einer eigentlich ungegenständlichen Eigenschaft in eine scheinbar gegenständliche Eigenschaft meint. Diese Redeweise, die sich auch an anderer Stelle (Heinrich, 2017, S. 214/215) findet, muss als solche hingenommen werden. Anders ist es dagegen mit der Erklärung, die mit ihr verbunden ist und zum Inhalt hat, dass die scheinbar gegenständliche Eigenschaft aus dem gesellschaftlichen Verhältnis des Tausches folgt. Das ist nämlich zu kritisieren. Weil sich aus dem Austauschverhältnis nur ungegenständliche Eigenschaften ergeben, kann der von Heinrich in Anspruch genommene falsche Schein gegenständlicher Eigenschaften keine Folge dieses Austauschverhältnisses als solchem darstellen. Stattdessen hat er seinen Grund in einer bestimmten eingeschränkten Wahrnehmung des Austauschverhältnisses. Und daran ändert auch der Umstand nichts, dass es die von Heinrich in Anspruch genommene unmittelbare Wahrnehmung gar nicht gibt.

Im Übrigen sei darauf hingewiesen, dass Heinrichs Erklärung auch dann nicht viel taugt, wenn man von diesen Punkten absieht und akzeptiert, dass das Austauschverhältnis als Grund der gegenständlichen Reflexion fungiert. Auch dann hat man es nämlich mit einer Aussage zu tun, die ziemlich leer bleibt. Da nur festgestellt wird, dass aus den jeweiligen Tauschverhältnissen per gegenständlicher Reflexion eine Wertgegenständlichkeit erwächst, die im Vergleich zwischen den Waren gleich ist, wird nämlich eine Aussage getroffen, die nicht zuletzt deswegen unbefriedigend bleibt, weil sie uns nichts über den Inhalt und damit auch über die Größe dieser Wertgegenständlichkeit mitteilt.

Im obigen Zitat bezeichnet Heinrich die gegenständliche Reflexion oder genauer ihr Resultat als Wertgegenständlichkeit. Darauf ist vor allem deswegen aufmerksam zu machen, weil er an anderer Stelle Aussagen trifft, die den Wert anders bestimmen: „Der Wert „entsteht" nicht

566

irgendwo und ist dann „da". Beim Brötchen lässt sich (auch wenn die Antwort eindeutig ist) die Frage wenigstens noch stellen, wo es entstanden ist, ob in der Backstube oder beim Verkauf auf der Ladentheke. Der Wert ist aber nicht ein Ding wie ein Brötchen, sondern ein gesellschaftliches Verhältnis, das als dingliche Eigenschaft erscheint." (Heinrich, 2005, S. 53)

Hier ist der Wert nicht mehr die scheinbare gegenständliche Eigenschaft, zu dem die vom gesellschaftlichen Verhältnis des Tausches ausgehende gegenständliche Reflexion führt. Stattdessen fällt der Wert an dieser Stelle mit diesem gesellschaftlichen Verhältnis zusammen. Einerseits ist dieses Changieren für Heinrich insofern typisch, als er die ungegenständlichen Eigenschaften, die sich aus einem Verhältnis ergeben, auch an anderer Stelle mit diesem Verhältnis gleichsetzt. Gerade deswegen ist es zu kritisieren, weil es zu Missverständnissen Anlass gibt. Denn das gesellschaftliche Verhältnis des Austauschs ist etwas Anderes als das Ergebnis seiner gegenständlichen Reflexion. Andererseits verbindet sich mit dem Verständnis des Werts als äußeres Austauschverhältnis noch weitere Möglichkeiten der Interpretation des gemeinschaftlichen Gehalts. Zu ihnen gehört erstens ein Verständnis, das weder einen wirklichen noch einen nur scheinbaren Gehalt beinhaltet, sondern das Verhältnis zwischen zwei sich austauschenden Waren meint. Dazu ist zum einen zu sagen, dass auch diese Variante mit Marx nichts zu tun hat. Denn die Verwandlung von Marx gemeinsamen Gehalt in ein äußerliches Verhältnis zwischen den sich tauschenden Waren besagt nichts Anderes, als dass man einfach zu dem Tauschverhältnis zurückkehrt, von dem Marx ausgegangen ist. Zum anderen läuft diese Verständnismöglichkeit auf die Verwendung einer Privatsprache hinaus. Da man nach den Regeln der normalen deutschen Sprache unter den Bezeichnungen „Gehalt" und „Substanz" normalerweise Merkmale versteht, die zum Inneren der thematisierten Gegenstände gehören, liegt diese Privatsprache vor, wenn Heinrich damit äußere Verhältnisse anspricht, die die Gegenstände zueinander eingehen.

Weil Heinrichs gemeinschaftlicher Gehalt etwas darstellt, das an sich nicht nur nicht wahrnehmbar, sondern auch nicht fass- und bestimmbar ist, sei ferner sei noch darauf hingewiesen, dass das auf den Wert gerade nicht zutrifft, der ein „bestimmtes gesellschaftliches Verhältnis" zwischen den Waren darstellt. Denn in dieser Form ist der Wert sehrwohl fassbar. Und daran ändert auch der Umstand nichts, dass das für Heinrich maßgebende Verhältnis, das nicht die bloße Austauschbarkeit, sondern den aktuellen Tausch beinhaltet, deshalb nur eine punktuelle und damit verschwindende Existenz hat, als es nur einen logischen Augenblick lang existiert. Diese Bestimmbarkeit ist zu betonen, weil Heinrich das gesellschaftliche Verhältnis trotz seiner Rede vom „bestimmten" Verhältnis vollkommen unbestimmt lässt. Denn damit scheint sich die Auffassung zu verbinden, dass die Unbestimmbarkeit auch für diese Gestalt des Werts als Warenverhältnis gilt.

Im fünftletzten Zitat spricht Heinrich bezogen auf den gemeinschaftlichen Gehalt auch davon, dass die beiden Waren „Anteil an dieser Substanz haben". Da diese Redeweise nur sinnvoll ist, wenn man einen größeren Zusammenhang im Auge hat, von dem der Tausch zwischen zwei Waren nur Teil ist, geht sie zweitens mit einer Verständnismöglichkeit des gemeinschaftlichen Gehalts einher, die dadurch gekennzeichnet ist, dass das gesellschaftliche Verhältnis sich nicht nur auf die Relation von einer Ware zu einer anderen beschränkt, sondern die Relation einer Ware zur Warenwelt beinhaltet. (Heinrich, 2008, S. 77) Dazu ist zum einen zu sagen, dass es dieses Gesamtverhältnis auf Basis des Warentauschs gar nicht gibt. Wie wir unten sehen werden, tauschen sich die einzelnen Waren nicht nur nie mit allen anderen Waren, sondern immer nur mit bestimmten anderen Waren aus. Dasselbe gilt auch für die bloße Austauschbarkeit. Auch diesbezüglich gibt es die Beschränkung auf bestimmte andere Waren. Und daran ändert auch der Umstand nichts, dass diese Beschränkung – wie wir noch genauer sehen werden – nicht den Waren selbst entnommen werden kann, sondern sich den Warenbesitzern verdankt.

Wenn wir das Heinrichsche Gesamtverhältnis trotzdem als Gegebenheit akzeptieren, ist zum einen darauf hinzuweisen, dass dieses Verständnis des gemeinschaftlichen Gehalts ebenfalls auf die Verwendung einer Privatsprache hinausläuft. Denn ein Gehalt ist eben auch von einem alle Waren umfassenden Verhältnis zu unterscheiden. Zum anderen ändert der Übergang von zwei Waren zu allen Waren nichts daran, dass dieses Verhältnis trotz des Umstandes grundsätzlich bestimm- und fassbar ist, dass es nur verschwindend ist und daher nur eine punktuelle Existenz besitzt. Zwar ist die Bestimmung in diesem Zusammenhang ein viel ausführlicheres Geschäft als bei nur zwei Waren. Das bedeutet aber nicht, dass sie unmöglich ist. Zum dritten geht dieses Verständnis des gemeinschaftlichen Gehalts gleichfalls an Marx vorbei. Denn dieser hat es bislang nur mit einem Tausch zu tun hat, in dem zwar alle möglichen Waren involviert sein können, der sich aber auf jeweils zwei oder in Einzelfällen auch auf wenig mehr Waren beschränkt.

Da es ein Verhältnis zwischen einer einzelnen Ware und der ganzen übrigen Warenwelt im Rahmen des Warentausches gar nicht gibt und eine solche Beziehung – wie wir noch genauer sehen werden – nur vermittelst des Geldes zustande kommt, gibt es schließlich drittens noch die Möglichkeit, dass mit dem gemeinschaftlichen Gehalt zum einen kein Verhältnis zwischen Waren gemeint ist, sondern damit entweder das Verhältnis einer Ware zum Geld angesprochen wird, über das sich ihr Verhältnis zu allen anderen Waren vermittelt. Oder mit dem gemeinschaftlichen Gehalt wird schlicht und einfach auf das Geld abgezielt, mit dem sich die einzelnen Waren bei ihrem Verkauf austauschen können. Auch dieses Verständnis, demzufolge der gemeinschaftliche Gehalt ein äußerlich gemeinsames Drittes darstellt und die einzelnen Waren in dem Ausmaß Anteil am großen Ganzen der Warenwelt nehmen, in dem sie für Geld verkaufbar sind, kommt im fünftletzten Zitat schon insofern zum Ausdruck, als Heinrich von einem „Auto" spricht, das von zwei Personen „nur in Gemeinschaft" besessen wird. Damit scheint er nämlich ein äußerlich gemeinsames Drittes anzusprechen, das als solches schon auf das Geld verweist und als dessen Vorform zu verstehen ist.

Zu dieser gedoppelten Möglichkeit ist zu sagen, dass wir die erstgenannte Variante außer Acht lassen können und nur die zweitgenannte weiter betrachten müssen. Der Grund dafür besteht darin, dass der Wert als aktuell vollzogenes Tausch- oder besser Verkaufsverhältnis nur eine augenblickliche oder verschwindende Existenz besitzt, die als solche nicht festgehalten werden kann und daher mangelhaft ist. Weil der Wert als Verhältnis nicht festgehalten werden kann, verwandelt er sich von selbst in einen Wert, der eine Wertgegenständlichkeit darstellt. Denn in dieser Form ist er nicht mehr etwas Punktuelles und Verschwindendes, sondern hat eine bleibende Existenz. Denn in der Form des Geldes kann man den Wert festhalten und in seiner Tasche davontragen.

Zum Verständnis des gemeinschaftlichen Gehalts als äußere Gemeinsamkeit oder Geld ist zu sagen, dass mit ihm ebenfalls über Marx hinausgegangen wird. Das zeigt sich schon daran, dass Marx es in den hier zu besprechenden Ausführungen noch gar nicht mit dem Geld zu tun hat. Dieses kommt bei Marx vielmehr erst weiter unten im Zusammenhang mit seinem Versuch herein, das Geld als notwendige Erscheinungsform des Werts abzuleiten. Auf dieser Grundlage sei darauf hingewiesen, dass Heinrichs letztes Verständnis des gemeinschaftlichen Gehalts auch damit nichts zu tun hat. Denn von einer Ableitung des Geldes kann bei ihm in diesem Zusammenhang keine Rede sein. Anstatt das Geld als Folge abzuleiten, greift Heinrich es nämlich einfach als fertige Gegebenheit auf.

Die „gegenständliche Reflexion", die bei Heinrich eine Standardaussage darstellt, auf die er besonderes Gewicht legt, bezog sich oben auf das Tauschverhältnis zwischen zwei Waren und hatte zum Inhalt, dass die ungegenständliche Werteigenschaft, die als solche nur durch die Gleichheit gekennzeichnet ist und daher keinen bestimmten Inhalt hat, als gegenständliche Werteigenschaft wahrgenommen wird. Man könnte die gegenständliche Reflexion jedoch auch auf das Verhältnis zwischen allen Waren beziehen, und auf dieser Grundlage der Auffassung sein, dass es bei Heinrich doch eine Begründung des Geldes gibt. Daher sei noch darauf hingewiesen, dass davon keine Rede sein kann. Allenfalls kann diese Rede von der gegenständlichen Reflexion als die Behauptung einer Begründung verstanden werden, die als solche aber gar nicht ausgeführt wird. Denn es wird nur gesagt, dass es das Geld als Resultat einer gegenständlichen Reflexion gibt, und nicht ausgeführt, warum es zu dieser gegenständlichen Reflexion kommt.

Bezogen auf die Feststellung, dass das Geld der Ausdruck des Wertverhältnisses zwischen Waren ist, sei im Übrigen darauf hingewiesen, dass sie von vornherein unsinnig ist. Denn das Geld kann als einzelner Gegenstand ein Verhältnis zwischen mehreren anderen Dingen nie und nimmer zum Ausdruck bringen. Im Geld ist dieses Verhältnis vielmehr untergegangen und nicht mehr zu erkennen. Anstatt als Ausdruck des Verhältnisses zwischen Waren kann das Geld allenfalls als die vermittelnde Mitte dieses Verhältnisses oder als die leere Kopula bestimmt werden. Damit geht aber gleichfalls einher, dass der Inhalt des Verhältnisses von diesen Bestimmungen nicht ausgedrückt wird, sondern jenseits von ihnen zu suchen ist.

Unten werden wir nicht nur Ausführungen kennen lernen, mit denen Marx das Geld als notwendige Erscheinungsform des Werts ableiten will. Wir werden es vielmehr auch mit Darlegungen zu tun bekommen, die mit dem falschen Schein zu tun haben, der sich bei Marx gerade mit dem Geld verbindet. Auch mit diesen Ausführungen hat Heinrichs letztgenanntes Verständnis des gemeinschaftlichen Gehalts nichts zu schaffen. Während sich zeigen wird, dass Marx nur auf dem Hintergrund dessen von einem falschen Schein des Geldes reden kann, dass der Wert, der im Geld ausgedrückt wird, eine für sich bestimmte und bestimmbare Größe darstellt, kann davon bei Heinrich keine Rede sein. Im Gegenteil verliert das Geld bei ihm dadurch seinen Charakter als falscher Schein, dass es sozusagen als falsche Erscheinungsform der nur scheinbar gegenständlichen Werteigenschaft und damit als doppelt falsche Ausdrucksform in Erscheinung tritt. Einen falschen Schein gibt es nämlich nur auf dem Hintergrund einer von ihm verschiedenen anderen wahren Wirklichkeit. Wenn es diese aber nicht gibt, sondern das, was im Geld ausgedrückt wird, etwas ist, das als solches gar nicht festgehalten werden kann, dann hört der falsche Schein auf, falsch zu sein, und wird auch dann zur einzig vorhandenen wahren Wirklichkeit, wenn man weiterhin vom falschen Schein redet. Als Fazit kann festgehalten werden: Gerade die Erscheinungsform des Werts in Geld, die bei Marx deswegen bloßer Schein ist, weil der Wert sich eigentlich auf einen Gehalt bezieht, der allen Waren innerlich ist, ist bei Heinrich ungeachtet dessen der wirkliche Wert, dass das Geld sich bei ihm gewissermaßen als doppelter Schein oder als äußere Ausdrucksweise des Scheins ergibt. Und umgekehrt ist die Wertgegenständlichkeit der einzelnen Waren, die bei Marx wesentlich ist, bei Heinrich bloßer falscher Schein.

[xxxiii] Dass sich bei Nanninga die Kritik, die gegen den dritten Schritt von Marx vorzubringen ist, nicht findet, haben wir oben schon erwähnt. Daher sei an dieser Stelle nur noch darauf hingewiesen, dass Nanninga bezogen auf das Marxsche Beispiel „1 Quarter Weizen = a Ztr. Eisen" bemerkt: „Hier muß man fragen, wieso ist das Tauschverhältnis zweier Waren als Gleichung darstellbar? Eisen und Weizen sind, in welchen Proportionen sie auch immer auftreten mögen, zu unterscheiden, also ungleich. Als Tauschwerte sind beide Waren in bestimmten Mengen aber gleich. Das Austauschverhältnis ist also nicht als Gleichung schlechthin, sondern als Tauschwertgleichung ‚darstellbar'." (Nanninga, 1975, S. 30) Und da er die Frage danach, was diese Gleichung besagt, wieder mit der Tauschbarkeit untereinander und mit gleichen Mengen von irgendwelchen Drittwaren beantwortet, zeigt sich auch hier, dass Nanninga sich gar nicht auf Marx einlässt, sondern es immer nur mit seinem Missverständnis zu tun hat. Daher ist er nicht in der Lage, die Andeutung der richtigen Kritik am Übergang zum Gleichungsverständnis auszuarbeiten, die im obigen Zitat spürbar ist.

Böhm-Bawerk wendet gegen den Übergang zum gemeinsamen Dritten, der aus dem Tauschverhältnis eine Gleichung macht, nicht nur ein, dass ihm das „sehr unmodern", sondern auch, dass ihm das „unrichtig gedacht" vorkommt. (Böhm-Bawerk, 1974 [1896], S. 93) Damit sagt er aber nichts gegen den logischen Schluss, sondern weist nur auf Folgendes hin: „Wo Gleichheit und genaues Gleichgewicht herrscht, pflegt ja keine Veränderung der Ruhelage einzutreten." (ebenda) Zu diesem Argument ist zu sagen, dass es auf einem schlichten Missverständnis beruht. Wenn Marx das Gleichheitszeichen verwendet und schreibt, dass „1 Quarter Weizen = a Ztr. Eisen", dann will er natürlich nicht sagen, dass beide Waren miteinander in allen Aspekten identisch sind. Dann gibt er vielmehr nur die Auskunft, dass ungeachtet der unterschiedlichen Gebrauchswerte in beiden Waren der gleiche Gehalt steckt.

[xxxiv] Auf der Basis dessen, dass Heinrich den innerlichen Tauschwert ablehnt, der eine gegenständliche Eigenschaft darstellt, die als solche als Grundlage für eine Erklärung der Tauschverhältnisse grundsätzlich tauglich ist, ist er auch der Auffassung, dass Marx es nie auf einen „Beweis der Arbeitswerttheorie" abgesehen hat. (Heinrich, 2008, S. 86ff.) sowie (Heinrich, 2005, S. 42ff.) und (Heinrich, 2017, S. 202) Diese These, wonach es Marx nie darum gegangen ist, zu beweisen, dass sich die Waren im Durchschnitt nach der Maßgabe des gemeinsamen Gehalts austauschen, der in ihnen enthalten ist, begründet Heinrich mit dem Hinweis, dass Marx an späteren Stellen selbst zum Ausdruck bringt, dass die Waren sich nicht zum Wert, sondern zum Produktionspreis tauschen, der vom Wert verschieden ist. Dazu ist zu sagen, dass es solche Aussagen von Marx zwar gibt. Sie ändern aber nicht das Geringste daran, dass Marx zunächst nicht nur so tut, als wäre der gemeinsame Gehalt der direkte empirische Grund der Tauschverhältnisse, sondern diesen gemeinsamen Gehalt auch logisch als notwendig begründen will. Und daran ändert auch die Tatsache nichts, dass dieser Begründungsversuch zurückzuweisen ist. Denn ein unzulänglicher Beweis ist nicht dasselbe wie ein gar nicht angestrebter Beweis.

[xxxv] Dass Marx die Tauschverhältnisse mit der Arbeitswerttheorie erklären will, zeigt das folgende Zitat sehr klar: „Es wird offenbar, daß nicht der Austausch die Wertgröße der Ware, sondern umgekehrt die Wertgröße der Ware ihre Austauschverhältnisse reguliert." (I, 78) Darauf ist hinzuweisen, weil Heinrich das anders sieht. Denn bezogen auf diejenigen, die diese Stelle als Beweis dafür nehmen, dass bei Marx die vergegenständlichte Arbeit Grund der Tauschverhältnisse ist, bemerkt er Folgendes: „Dabei wird übersehen, dass es in diesem Satz um ein Regulationsverhältnis und nicht um ein Zeitverhältnis (erst ist der Wert da, dann wird getauscht) geht." (Heinrich, 2005, S. 53 Anm. 12) Zu diesem Argument ist zunächst zu sagen, dass es bei Marx ganz selbstverständlich das „Zeitverhältnis" gibt, das zum Inhalt hat, dass zuerst der gemeinsame Gehalt da ist, der sich als vergegenständlichte Arbeit und damit als Wert erweisen wird, und danach getauscht wird. Und daran ändert auch der Umstand nichts, dass dieser gemeinsame Gehalt erst zusammen mit dem Tausch und damit dem Eintritt seiner Folge zum logischen Grund wird. Heinrichs Hinweis auf des offenbar zeitlos zu verstehende „Regulationsverhältnis" geht daher an der Sache vorbei. Darüber hinaus ist darauf hinzuweisen, dass Heinrich nicht nur das Begründungsverhältnis ablehnt, dass zeitlich zu verstehen ist, aber das rein logisch zu verstehende Verhältnis befürwortet. Dadurch, dass er den innerlichen gegenständlichen Tauschwert ablehnt, wendet er sich natürlich auch gegen das rein logische Begründungsverhältnis. In diesem Zusammenhang ist das obige Zitat besonders kurios. Denn er spricht sich mit einem Argument gegen das logische Begründungsverhältnis aus, das sich nur auf ein zeitlich zu verstehendes Verhältnis bezieht.

[xxxvi] Obwohl Heinrich in diesem Zusammenhang nicht von Reduktion, sondern von „Abstraktion" spricht, hat er es bei seinem Nachvollzug der Marxschen Argumentation ebenfalls mit Dingen zu tun, die „übrig geblieben" sind. (Heinrich, 2008, S. 70/71) Weil das Übrigbleiben nur Sinn macht, wenn man von dem ausgeht, was die Waren als solche darstellen, kehrt er damit wieder zu einer Darstellung zurück, gemäß der es um einen gemeinsamen Gehalt geht, der etwas in beiden Waren innerlich Enthaltenes darstellt, das von einem bloßen Verhältnis zu unterscheiden ist. Denn nur auf der Grundlage eines beiderseitigen Gehalts kann von Dingen gesprochen werden, die übrig bleiben. Auf der Basis der verschiedenen Verständnismöglichkeiten von Heinrichs

gemeinschaftlichen Gehalts ist das nämlich nicht der Fall. Bezogen auf das Verständnis als wirklich gegebene oder nur scheinbar vorkommende gemeinschaftliche Gegenständlichkeit müsste nämlich eingewandt werden, dass von übrig bleibenden Dingen von vornherein keine Rede sein kann, weil es in beiden Fällen um etwas geht, was zunächst nicht vorhanden ist und daher erst entsteht. Und bezogen auf die Verständnismöglichkeiten als Verhältnis zwischen zwei oder allen Waren gilt dasselbe. Wir haben hier somit ein weiteres Beispiel für die inkonsistente Gedankenführung von Heinrich. Einmal geht es beim Tauschwert nicht um einen inneren Gehalt, sondern irgendetwas Anderes. Dann wird wieder zum innerlichen Gehalt zurückgegangen. Zu diesen Inkonsequenzen kommt es, weil Heinrich einerseits von Zusammenhängen redet, die den Marxschen Ausführungen widersprechen. Andererseits bezieht er sich immer wieder auf die Marxschen Darlegungen und tut damit so, als hätte er es immer noch mit den Bedeutungen zu tun, die es zwar bei Marx gibt, bei ihm aber fehl am Platz sind.

[xxxvii] Dass der Gebrauchswert auf Basis des Vorgehens der Reduktion nicht aus den Gemeinsamkeiten ausgeschlossen werden kann, ist eine Erkenntnis, die man weder bei Haug noch bei Heinrich findet. Heinrich ist im Gegenteil der Meinung, dass das Absehen vom Gebrauchswert richtig ist. Das begründet er mit einer Reihe von Argumentationen, die alle an den Marxschen Ausführungen vorbeigehen. Zu ihnen gehört erstens Folgendes: „Dass das Dasein der ausgetauschten Dinge als Gebrauchswerte Voraussetzung des Tauschs ist, weiß auch Marx. Seine Analyse begann ja gerade mit der Feststellung, dass jede Ware Gebrauchswert ist. Die Frage ist allerdings, ob diese allgemeine Voraussetzung hinreicht, um den Wert zu bestimmen. Meistens sagen die allgemeinen Voraussetzungen nichts über den spezifischen Fall aus." (Heinrich, 2008, S. 67) Gerade, weil Heinrich dem zustimmt, dass der Gebrauchswert eine Gemeinsamkeit der Waren darstellt, ist zu dieser Argumentation zu sagen, dass der Umstand, dass der Gebrauchswert nicht die alleinige Ursache des Tauschwerts ist, auch dann, wenn er richtig sein sollte, nicht dazu berechtigt, den Gebrauchswert ganz als Ursache des Tauschwerts auszuschließen. Daher kann hier schon aus diesem Grund nicht von einer überzeugenden Argumentation gesprochen werden.

Zweitens ist nach Auffassung von Heinrich vom Gebrauchswert abzusehen, weil Marx von den Warenbesitzern absieht, denen es um den Gebrauchswert geht. (Heinrich, 2008, S. 68) Wenn er das nicht tun würde, könnte Marx – so die Argumentation von Heinrich – deswegen nicht vom Gebrauchswert abstrahieren, weil die Warenbesitzer nur wegen ihm tauschen. Bei dem Tausch, der ohne das Dazutun der Warenbesitzer zustande kommt, ist das aber anders. Denn die Waren, die sich selbst tauschen, tun das aus anderen Gründen. Zu dieser Vorstellung ist zum einen zu sagen, dass die sich selbst tauschenden Waren nichts als eine Fiktion sind und deswegen der daraus folgende Ausschluss des Gebrauchswerts auch dann nicht überzeugend wäre, wenn die sich selbst tauschenden Waren dadurch charakterisiert wären, dass der Gebrauchswert bei ihrem Tausch tatsächlich keine Rolle spielt. Zum anderen ist vollkommen unklar, warum das so sein und der Gebrauchswert für die als Subjekte auftretenden Waren keine Rolle spielen sollte. Weil man es sowieso nur mit einer Fiktion zu tun hat, ist nicht abzusehen, warum sie dieses Merkmal enthalten muss.

Drittens weist Heinrich darauf hin, dass das Absehen von den die Waren tauschenden Menschen und ihren Absichten zwar falsch wäre, wenn es um einen Tausch zwischen Wasser und Diamanten ginge, der in der Wüste stattfindet. Bezogen auf normale bürgerliche Verhältnisse geht es jedoch in Ordnung. Denn sie sind durch eine „Objektivität der Austauschverhältnisse" gekennzeichnet, zu der es kommt, weil „die einzelnen Warenbesitzer" „in der Regel die quantitativen Austauschverhältnisse vorfinden, ganz unabhängig davon wie ihre eigenen Einschätzungen des Nutzens der verschiedenen Gebrauchswerte aussehen". (Heinrich, 2008, S. 66) Deshalb sei darauf hingewiesen, dass die genannte Objektivität zum einen deswegen in Frage gestellt werden kann, weil sie bei neuen Waren nicht vorkommt. Zum anderen ist auch dann, wenn man sie als gegeben akzeptiert, darauf hinzuweisen, dass sie nicht belegt, dass der Gebrauchswert keine tauschwertbildende Bedeutung hat. Denn diese Objektivität kann durchaus auch damit in Verbindung gebracht werden, dass es hier nicht nur um den Nutzen des einzelnen Subjekts geht, sondern um den aggregierten Nutzen aller Subjekte zu tun ist.

Viertens gibt Heinrich zu, dass der Gebrauchswert nicht als Gemeinsamkeit ausgeschlossen werden kann, wenn man eine einzelne Tauschgleichung betrachtet. (Heinrich, 2008, S. 68) Diese Konsequenz ergibt sich bei Marx nur, weil er eine bestimmte „Strategie" verfolgt. Er will nicht die Menschen als Schöpfer der gesellschaftlichen Verhältnisse darstellen, sondern sie umgekehrt als deren Geschöpfe sehen lassen. Auch diese Position kann selbstverständlich nicht überzeugen. Stattdessen mutet sie geradezu grotesk an. Normalerweise stellt nämlich der Hinweis, dass man zu einem erwünschten Ergebnis nur kommt, weil man die Gegebenheiten aus strategischen Gründen in einer Weise zum Thema macht, die ihnen gar nicht entspricht, keine Rechtfertigung, sondern eine Kritik dar. Denn nur die Methode kann richtig sein, die ihrem Gegenstand angemessen ist. Bei Heinrich ist das aber anders. Er findet offenbar auch falsche Argumente oder ein falsches methodisches Vorgehen dann überzeugend, wenn sie oder es einem von ihm befürworteten Zweck dienen. Es ist so, als würde Heinrich die Auffassung vertreten, dass Zweck die Mittel auch in der Wissenschaft heiligen kann.

[xxxviii] Heinrich kommt weder das Argument in den Sinn, dass der Gebrauchswert als solcher an sich keine quantitative Bestimmtheit aufweist, noch bemerkt er, dass dem auch nicht durch den Nutzen Abhilfe geschaffen werden kann. Er erwähnt zwar die Vertreter der „neoklassischen Ökonomie" die von den „rein subjektiven Schätzungen" des Nutzens und des Grenznutzens ausgehen. Dagegen hat er jedoch nur einzuwenden, dass für sie und ihre Überlegungen „der einzelne Warenbesitzer und seine Motive der selbstverständliche und nicht weiter in Frage gestellte Ausgangspunkt" (Heinrich, 2008, S. 67/68) darstellen. Er moniert damit nur, dass sie anders vorgehen als Marx, ohne zu sagen, warum ihr Vorgehen falsch ist. Andererseits liegt der Grund dafür, dass Heinrich das Argument der mangelnden unabhängigen Bestimmbarkeit des Nutzens nicht vorbringt, natürlich nahe. Er kann dieses Argument schon deswegen nicht verwenden, weil es auch auf seine Interpretation von Marx anwendbar ist. Wir werden nämlich sehen, dass der „gemeinschaftliche Gehalt" bei ihm genauso wenig auf eine von den Tauschverhältnissen unabhängige Weise bestimmbar ist wie der Nutzen.

[xxxix] Auf der einen Seite wird das, was Nanninga zum Ausschluss des Gebrauchswerts zu sagen hat, von seinem falschen Verständnis beeinträchtigt, wonach das von Marx avisierte Gemeinsame eigentlich der äußerliche Tauschwert sein müsste. Das zeigt sich daran, dass der Ausschluss des Gebrauchswerts für ihn tautologisch ist. (Nanninga, 1975, S. 33) Für ihn braucht diese Selbstverständlichkeit daher gar nicht mehr begründet werden. Auf der anderen Seite redet Nanninga davon, dass die Gebrauchswerte im Unterschied zu den Tauschwerten nicht miteinander quantitativ verglichen werden können. (Nanninga, 1979, S. 444) Auf dieser Grundlage kann gesagt werden, dass er die mangelnde Quantifizierbarkeit der Gebrauchswerte zumindest ahnt.

Böhm-Bawerk wirft Marx im Zusammenhang mit dem Absehen vom Gebrauchswert vor, die Abstraktion von den speziellen Modalitäten eines Umstandes mit der Abstraktion von diesem Umstand selbst zu verwechseln. (Böhm-Bawerk, 1974 [1896], S. 98) Dass ein Gebrauchswert dem anderen gleich ist, heißt eben nur, dass von seiner Besonderheit, aber nicht von ihm als solchem abgesehen werden kann. Diese Kritik könnte akzeptiert werden, wenn es im Hinblick auf die Frage, ob der Gebrauchswert eine Gemeinsamkeit darstellt, nur um die qualitative Seite ginge. Es geht aber auch um die quantitative Seite der Gebrauchswerte. Und dass es diesbezüglich an der objektiven Bestimmbarkeit fehlt, ist ein Punkt, der Böhm-Bawerk vollständig entgeht. Das zeigt sich auch daran, dass Böhm-Bawerk gegen den Ausschluss des Gebrauchswerts als tauschwertbestimmendes Moment mit dem Hinweis argumentiert, dass Marx die Arbeitsprodukteigenschaft nicht ausschließt, obwohl man bezogen auf sie auch feststellen könnte, dass alle Arbeiten gleich viel zählen, wenn sie nur in der richtigen Menge vorhanden sind. (Böhm-

572

Bawerk, 1974 [1896], S. 99f.) Dabei übersieht er, dass die Arbeit an sich eine quantitative Bestimmung hat, die dem Gebrauchswert abgeht.

[xl] Haug bekommt die spezielle Art und Weise nicht mit, in der Marx vom Gebrauchswert absieht. Denn er äußert sich zu Marx' Abstraktion von den Gebrauchswerten wie folgt: „Warum aber haben die Gebrauchswerte aufs Austauschverhältnis zweier Waren keinen Einfluß? Begründung: Wo immer getauscht wird, werden Dinge gleichgesetzt, d. h. ein Gebrauchswert gilt an sich so viel wie ein anderer, nur in der jeweiligen Bezugsmenge, in ihrer Proportion, markieren sich Unterschiede. Ergo: Wo immer getauscht wird, „ist es grade die Abstraktion von ihren Gebrauchswerten, was das Austauschverhältnis augenscheinlich charakterisiert"." (Haug, 1974, S. 87) An diesem Zitat fällt zum einen auf, dass bei Haug die einschränkende Bedingung von Marx, auf die dieser sich mit der „gehörigen Proportion" bezieht, gar nicht erwähnt wird. Haug entgeht damit, dass der Gebrauchswert bei Marx nur dann keine tauschwertbestimmende Bedeutung hat, wenn Nachfrage und Zufuhr ausgeglichen sind. Zum anderen stellt sich angesichts des angeführten Zitats die Frage, was uns Haug mit dem Hinweis sagen will, dass ein Gebrauchswert „an sich" so viel wie jeder andere gilt und sich Unterschiede nur in Bezug auf die Proportion ergeben. Soll damit gesagt werden, dass in qualitativer Hinsicht ein Gebrauchswert so gut wie jeder andere als Tauschwert zählt und es dabei nur quantitative Unterschiede z. B. deshalb gibt, weil ein Auto nicht einem, sondern vielen Äpfeln gleichgilt? Wenn das der Fall sein sollte, wäre zu entgegnen, dass sich ein Einfluss des Gebrauchswerts auf den Tauschwert doch nur an der Tauschproportion zeigen kann. Es ist daher nicht absehbar, warum Haug meint, einen solchen Einfluss mit dem Hinweis auf die „jeweilige Bezugsmenge" ausschließen zu können.

Heinrich bekommt die spezielle Art und Weise des Marxschen Ausschlusses des Gebrauchswerts genausowenig mit wie Haug. Denn er übersieht wie dieser, dass Marx nur deswegen vom Gebrauchswert abstrahiert und abstrahieren kann, weil er es mit Verhältnissen zu tun hat, die durch eine Ausgeglichenheit zwischen Nachfrage und Zufuhr gekennzeichnet sind. Das zeigt sich an folgender Stelle: „Da im Austauschverhältnis jeder Gebrauchswert ersetzbar ist – so die Überlegung von Marx – kann es nicht auf irgendwelche Eigenschaften eines bestimmten Gebrauchswerts ankommen." (Heinrich, 2008, S. 65) Zum einen fällt auf, dass in ihr ebenfalls nicht von der Marxschen Bedingung die Rede ist, sondern so getan wird, als würde Marx generell vom Gebrauchswert absehen. Zum anderen fragt sich, was von Heinrichs Hinweis zu halten ist, wonach der Gebrauchswert keine Rolle für den Tauschwert spielen kann, weil in das Austauschverhältnis sowohl auf der einen als auch auf der anderen Seite die unterschiedlichsten Gebrauchswerte eingehen können. Dieser Hinweis würde nur dann den generellen Ausschluss des Gebrauchswerts rechtfertigen, wenn das Austauschverhältnis trotz der genannten Variationen immer gleich bliebe und z. B. eine Relation von 1 zu 2 aufweisen würde. Denn das würde zeigen, dass die Gebrauchswerte keinen Einfluss auf den Tauschwert haben. Von einem solchen Gleichgelten kann aber gar nicht gesprochen werden. Denn die quantitativen Austauschverhältnisse ändern sich selbstverständlich mit den Waren, die auf der einen oder anderen Seite in sie eingehen. Auf dieser Grundlage bleibt es Heinrichs Geheimnis, wieso man aus den Tauschverhältnissen, die sich in Abhängigkeit von den in sie eingehenden Gebrauchswerten ständig verändern, eine Abstraktion vom Gebrauchswert erschließen können soll, die sich nicht nur auf den Zustand der Ausgeglichenheit von Nachfrage und Zufuhr beschränkt.

[xli] Marx ist der Auffassung, dass Nachfrage und Zufuhr dann aufhören zu wirken, wenn sie ausgeglichen sind. Denn in diesem Fall heben sie sich in ihrer Wirkung gegenseitig auf. Daher muss das Tauschverhältnis, das es bei einem ausgeglichenen Nachfrage-Zufuhr-Verhältnis oder – was dasselbe ist – bezogen auf das Schwankungszentrum gibt, anders als durch Nachfrage und Zufuhr erklärt werden. (vgl. III, 199) Für Böhm-Bawerk ist das eine „seltsame Theorie", die „vollkommen falsch ist". (Böhm-Bawerk, 1974 [1896], S. 113) Zur Begründung verweist er u. a. auf das Beispiel eines gasgefüllten Ballons, der bis zu den Luftschichten nach oben steigt, die durch

eine Dichte gekennzeichnet sind, die der des im Ballon enthaltenen Gases gleicht. (Böhm-Bawerk, 1974 [1896], S. 114/115) Dieser Beweis ist überaus merkwürdig. Denn das gewählte Beispiel gibt eigentlich nicht Böhm-Bawerk, sondern Marx Recht. Das wird deutlich, wenn man bedenkt, dass der Ballon nicht nur steigend, sondern auch fallend zu seinem Ziel kommen kann. Es gibt also zwei Tendenzen, eine zu steigen und eine andere zu fallen. Und dort, wo sich diese Tendenzen aufheben, bleibt der Ballon stehen. Dieser Punkt kann aber nicht durch die beiden Tendenzen erklärt werden, denen der Ballon unterworfen ist. Er findet seine Erklärung vielmehr, in der gleichen Dichte und damit in einer Eigenschaft, die von den beiden Tendenzen verschieden ist.

[xlii] Da Heinrich die spezielle Art und Weise übersieht, in der Marx von der Abstraktion vom Gebrauchswert spricht, entgeht ihm auch die spezielle empirische Grundlage, von der Marx bei seinen Überlegungen ausgeht. Anstatt zu realisieren, dass Marx durchschnittliche Tauschverhältnisse zum Thema macht, die erstens Teil eines in sich stimmigen Ganzen und zweitens dadurch charakterisiert sind, dass in ihnen die ständigen Oszillationen quasi stillgestellt werden, ist Heinrich der Meinung, Marx würde trotz der Abstraktion vom Gebrauchswert weiterhin von irgendwelchen beliebigen, sich unvorhersehbar verändernden Tauschverhältnissen reden. Die Folgen davon sind gravierend. Während Marx von einem Gehalt redet, der gerade deswegen die Tauschverhältnisse begründet, weil die Gebrauchswerte keine tauschwertbezogene Wirkung entfalten, betrachtet Heinrich Verhältnisse, in den die Gebrauchswerte eine solche Wirkung haben. Da von ihnen aber abgesehen wird, hat das erstens zur Folge, dass der Einfluss des Gebrauchswerts von Heinrich nicht mehr als ein solcher Einfluss betrachtet, sondern dem gemeinsamen Dritten zugerechnet wird, obwohl dieses sich gerade dadurch auszeichnet, dass es den Gebrauchswert ausschließt. Folge davon ist, dass aus dem gemeinsamen Gehalt ein gemeinschaftlicher Gehalt wird. Zweitens führt das dazu, dass dieser Einfluss nicht mehr etwas ist, das dem gemeinsamen Dritten als solchem auch schon vor dem Tausch entnommen werden kann. Stattdessen wird er zu einer Größe, die sich erst als Folge des Tausches herausstellt. Der gemeinsame Gehalt bzw. sein Einfluss auf das Tauschverhältnis hört damit auf etwas zu sein, was als Grund der Tauschverhältnisse charakterisiert werden kann. Stattdessen wird er in Gestalt des gemeinschaftlichen Gehalts zu seiner Folge.

[xliii] Daran, dass Marx das gemeinsame Dritte, das er zum Wert weiterentwickeln wird, auf der Grundlage eines in sich stimmigen Systems der Gebrauchswerte hereinbringt, wird deutlich, dass der Wert in der Tat nicht nur das ist, was den beiden sich tauschenden Waren gemeinsam ist, sondern auf ein größeres Ganzes verweist. Obwohl das folgende Zitat: „Abstrakte Arbeit ist ein im Tausch konstituiertes *Geltungsverhältnis*: Im Tausch gilt die verausgabte konkrete Arbeit als ein bestimmtes Quantum Wert bildender abstrakter Arbeit und damit auch als Bestandteil der gesellschaftlichen Gesamtarbeit." (Heinrich, 2005, S. 49 vgl. auch 53) zeigt, dass sich bei Heinrich Stellen finden, in denen er ebenfalls ein größeres Ganzes anspricht, entgeht ihm die Bedeutung, die dieses Ganze bei Marx hat. Bei Heinrich ist das Ganze nichts Anderes als ein großer in sich vollkommen unbestimmter Haufen.

[xliv] Während Heinrich die Naturgegenständlichkeit nicht erwähnt, sieht er diesen Punkt. (Heinrich, 2008, S. 69) Das unterscheidet ihn von Haug. Denn für diesen ist der Umstand, dass nur noch die Eigenschaft des Arbeitsprodukts bleibt, ein überzeugender „Fund". (Haug, 1974, S. 88) Dass es auch Waren gibt, die keine Arbeitsprodukte sind, kommt Haug offensichtlich nicht in den Sinn.

Gegen Heinrich ist allerdings eine andere Kritik vorzubringen. Die Akzeptierung der Arbeitsprodukteigenschaft passt nämlich zum einen nicht zu seiner Ablehnung von gegenständlichen Eigenschaften. Denn bei der Arbeitsprodukteigenschaft handelt es sich zweifellos um eine gegenständliche Eigenschaft, die jeder Ware für sich zukommt. Und daran ändert auch der Umstand nichts, dass man sie zumindest ihrem Ausmaß nach dem fertigen Produkt nicht ansehen, sondern nur ermitteln kann, wenn man den Produktionsprozess kennt. Zum anderen

574

ist diese Akzeptierung auch nicht mit den verschiedenen Verständnismöglichkeiten des gemeinschaftlichen Gehalts vereinbar, die wir oben (vgl. Endnote xxxii) kennen gelernt haben. Das ist der Fall, weil die Arbeitsprodukteigenschaft natürlich vor dem Tausch vorhanden ist. Sie ist daher nichts, was in der einen oder anderen Form erst durch den Tausch zustande kommt. Das gilt auch für das Verständnis als scheinbarer Gehalt. Denn die Arbeitsprodukteigenschaft ist keine eigentlich ungegenständliche Eigenschaft, die nur dem Schein nach als gegenständliche Eigenschaft auftritt. Sie ist eine wirklich gegenständliche Eigenschaft, die als solche vom Tauschverhältnis unabhängig ist.

Angesichts dieser Überlegungen müsste Heinrich eigentlich Einspruch gegen den Schritt zum Arbeitsproduktsein erheben, weil diese Eigenschaft ja etwas ist, was den einzelnen Waren eigen ist und schon vor dem Tausch existiert. Das tut er aber auch an dieser Stelle nicht. Obwohl zu ihr eigentlich nur der gemeinsame Gehalt passt, behandelt er sie nach dem Muster des gemeinschaftlichen Gehalts und macht aus der Arbeitsprodukteigenschaft damit etwas, was nicht als Grund der Tauschverhältnisse fungiert, sondern sich erst als deren Folge einstellt. (Heinrich, 2008, S. 79, 84/85 und 107) Genauer gesprochen zeigt sich Heinrich zufolge erst im Austausch, in welchem Ausmaß die unterschiedlichen Arbeitsprodukte tauschwertbezogene Bedeutung besitzen. Das tun sie in dem Maße, in dem sie in abstrakte Arbeit verwandelt werden, bei der es sich zunächst nur um eine gleiche ungegenständliche Eigenschaft handelt. Diese ungegenständliche Eigenschaft scheint aber in einem weiteren Schritt eine gegenständliche Eigenschaft zu sein. Weil das aber nur Schein ist, ändert dieser Wechsel aber nichts daran, dass die abstrakte Arbeit „überhaupt keine sachliche Grundlage in den Dingen selbst besitzt". (Heinrich, 1994, S. 59/60)

Gegen diese Position kann zum einen wieder das eingewendet werden, was oben zum gemeinschaftlichen Gehalt gesagt worden ist. Weil die ungegenständlichen Eigenschaften, die die Waren als Arbeitsprodukte einander gleich machen, nichts Äußeres, sondern etwas den Waren Innerliches darstellen, gibt es keine unmittelbare Wahrnehmung, die zum Schein von gegenständlichen Eigenschaften führen könnte. Eine solche Wahrnehmung kann es nur auf der Basis des den Waren Äußerlichen geben. Dort haben wir es aber mit ungegenständlichen Eigenschaften zu tun, die unterschiedliche Inhalte haben, sodass es zum einem auf gleiche Inhalte bezogenen falschen Schein nicht kommen kann.

Zum anderen ist zu Heinrichs Position nicht nur zu sagen, dass sie mit Marx nichts zu tun hat. Das wird an dieser Stelle auch viel deutlicher als oben. Während Heinrichs Verständnis des gemeinsamen Gehalts als gemeinschaftlicher Gehalt oben deswegen noch möglich war, weil Marx die Verankerung in der Stofflichkeit noch nicht aufgezeigt und damit noch keinen Beleg für die Gegenständlichkeit der gegenständlichen Eigenschaft erbracht hatte, ist das hier anders. Da Marx hier anfängt, diese Verankerung zu thematisieren, ist es umso unverständlicher, dass Heinrich bei seiner Ablehnung der gegenständlichen Eigenschaft bleibt.

Zum dritten ist darauf hinzuweisen, dass zwar Marx' Verständnis der Arbeitsprodukteigenschaft als gemeinsamer Gehalt auf eine grundsätzlich sinnvolle Aussage hinausläuft, deren Bedeutung darin liegt, dass die Tauschverhältnisse durch diese Eigenschaft begründet werden sollen. Von Heinrichs gemeinschaftlichem Gehalt kann das aber nicht gesagt werden. Die Aussage, dass erst die Tauschverhältnisse zeigen, in welchem Ausmaß die Arbeitsgegenständlichkeit gesellschaftlich gültig ist, ist nämlich eine These, die von vornherein sinnlos ist, weil sie keinen bestimmten Inhalt und damit auch keinen empirischen Gehalt hat. Da es unmöglich ist, ein Tauschverhältnis zu finden, das ihr widerspricht, kann sie zwar nicht widerlegt werden. Da sie aber auch nicht belegt werden kann, ist das kein Vorteil, sondern ein ganz entscheidender Nachteil, der mit dem Verlust jeder wissenschaftlichen Bedeutsamkeit einhergeht.

Man könnte einwenden, dass von Heinrich immerhin die Aussage beibehalten wird, dass die Arbeit die allgemeine Substanz der Tauschwerte darstellt. Aber auch dies ist so klar nicht. Zum anderen kann bezogen auf den Fall, dass das man diese Aussage akzeptiert und es bei der allgemeinen Substanz der Arbeitsprodukteigenschaft bleibt, eingewandt werden, dass wir es mit einer sehr mageren und wenig aussagekräftigen These zu tun haben. Das zeigt sich daran, dass man an die Stelle der Arbeitsprodukteigenschaft auch andere Dinge setzen könnte. So könnte man z. B. das Atomgewicht nehmen und mit gleichem Recht davon reden, dass erst der Tausch darüber entscheidet, in welchem Ausmaß dieses Gewicht den Tauschwert bzw. Wert bestimmt. Diese These wäre so gut wie das, was Heinrich uns auftischt. Und daran würde sich erst dann etwas ändern, wenn man bezogen auf die Arbeitsprodukteigenschaft einen Beweis dafür vorlegen könnte, dass sie als allgemeine Substanz fungiert. Da ein solcher Beweis vom Arbeitsproduktsein ausgehen müsste, ist Heinrich dazu aber nicht in der Lage. Denn für ihn sind die Tauschverhältnisse das Erste, das theoretisch nicht hintergangen werden kann.

Auf dieser Grundlage stellt sich die Frage, warum Heinrich es nicht bei der Erkenntnis belässt, dass der von ihm Wert genannte Tauschwert nichts Anderes als das ist, was beim Austausch der Ware herauskommt. Warum ist er der Meinung, hinter diese Erkenntnis dadurch zurückgehen zu müssen, dass er sie nur als Erscheinungsform oder Ausdruck von etwas Anderem nimmt? Diese Frage würde sich nicht stellen, wenn Heinrich dieses Andere bestimmen und festhalten könnte. Dazu ist er aber deswegen nicht in der Lage, weil nach seinem Verständnis das Andere oder in genauerer Fassung die abstrakt menschliche Arbeit etwas ist, was an sich vollkommen unbestimmbar ist und seine Bestimmung erst durch den Vollzug des Tausches erfährt. Das hat nämlich nicht nur zur Folge, dass das zugrunde liegende Andere nichts anderes als ein bloßes Wort ohne irgendeine bestimmte Bedeutung ist. Darüber hinaus führt das auch zu dem Resultat, dass die Betrachtung der eintauschbaren Ware als Erscheinungsform vollkommen bedeutungslos ist. Weil die dem Augenschein nach angestrebte apriorische Begründung auf eine aposteriorische Erklärung hinausläuft, ist es so, als würde Heinrich davon reden, dass der Wert nicht anderes als seine Erscheinungsform ist und diese daher aufhört, eine bloße Erscheinungsform zu sein.

Dieser Kritik könnte entgegengehalten werden, dass ein Unterschied zwischen einer qualitativen und einer quantitativen Seite gemacht werden muss, und auf dieser Grundlage darauf hinzuweisen ist, dass der obige Einwand sich zwar auf die quantitative Seite bezieht, die Heinrich sowieso nicht auf seinem Plan hat. Gegen die qualitative Seite, auf die Heinrich Wert legt, besagt der Einwand dagegen nichts. In diesem Sinne kann weiterhin davon geredet werden, dass die andere eintauschbare Ware nur Erscheinungsform ist. Dazu ist zu sagen, dass das Auseinanderreißen der Wirklichkeit in zwei Seiten, die entweder nur quantitativ oder nur qualitativ sind, blanker Unsinn ist. Das zeigt sich daran, dass ein die Tauschverhältnisse nur qualitativ begründender Grund natürlich deswegen kein wirklicher Grund ist, weil zur Begründung immer die quantitative Seite dazugehört.

Dass Heinrich der Meinung ist, dass Marx keinen „Beweis der Arbeitswerttheorie" (Heinrich, 2005, S. 42ff.) in dem Sinne liefern wollte, dass er den Arbeitswert als Grund des Tauschwerts aufzeigen will, haben wir oben in der Endnote xxxiv schon gesehen und kritisiert. Noch nicht eingegangen wurde dagegen darauf, dass Heinrich das mit Folgendem verbindet: „Die Werttheorie soll also nicht „beweisen", dass das einzelne Austauschverhältnis durch die zur Produktion benötigten Arbeitsmengen bestimmt ist. Sie soll vielmehr den *spezifisch gesellschaftlichen Charakter* Waren produzierender Arbeit erklären ..." (Heinrich, 2005, S. 45) Und das tut er dadurch, dass er die konkrete Arbeitsprodukteigenschaft auf die abstrakte Arbeit zurückführt. (Heinrich, 1994, S. 1) Abgesehen von der falschen Aufteilung der Wirklichkeit in eine rein quantitative und eine bloß qualitative Seite ist dagegen zu sagen, dass mit dem „spezifisch gesellschaftlichen Charakter" nur dann eine sinnvolle Aussage getroffen werden könnte, wenn man eine bestimmte Beziehung von der abstrakten Arbeit zur konkreten Arbeit aufmachen und damit sage könnte, was es für die letztere bedeutet, dass sie auf erstere reduziert wird. Eine solche Beziehung kann Heinrich jedoch nicht aufzeigen. Daher kann festgestellt werden, dass vollkommen offen bleibt, welche Auswirkungen es auf die konkrete Arbeit gibt. Denn trotz seiner

Rede von einer „gewaltsam" genannten Reduktion (Heinrich, 2017, S. 219) kann Heinrich nicht einmal zeigen, dass die Auswirkungen für diejenigen negativ sind, die die konkrete Arbeit zu erbringen haben. Der Aufweis des spezifisch gesellschaftlichen Charakters der Waren produzierenden Arbeit ist damit eine reine Luftnummer ohne jede Bedeutung. Und daran ändert der bombastische Ton, mit dem entsprechende Ansprüche erhoben werden, rein gar nichts.

[xlv] Nanninga hat gegen den Übergang zur vergegenständlichten Arbeit nichts einzuwenden. Für Böhm-Bawerk gilt einesteils dasselbe. Anderernteils wirft er Marx vor, dass er nicht eigens darauf hinweist, dass er nur Arbeitsprodukte in seine Betrachtung einbezieht. (Böhm-Bawerk, 1974 [1896], S. 94f.) Damit hat er einesteils Recht. Insofern er aber der Auffassung ist, dass der Marxsche Schritt schon deswegen für Nicht-Arbeitsprodukte ohne jede Bedeutung ist, kann ihm anderernteils nicht gefolgt werden. Dass Marx zunächst nur etwas über die Tauschverhältnisse von Arbeitsproduktwaren aussagt, schließt nicht aus, dass sich im Nachhinein zeigen kann, dass diese Aussagen auch für die sonstigen Waren bedeutungsvoll sind. Dieser Zusammenhang entgeht Böhm-Bawerk vollkommen.

[xlvi] Kritik daran, dass Marx die Naturgegenständlichkeit aus den den Tauschwert bestimmenden Faktoren ausschließt, hat bekanntlich schon Böhm-Bawerk vorgebracht. (Böhm-Bawerk, 1974 [1896], S. 99) Da er aber gar nicht auf die qualitativen und quantitativen Gründe für das Absehen von den natürlichen Eigenschaften eingeht, kann diese Kritik nicht überzeugen.

[xlvii] Haug macht diese Beschränkung auf das Ansichsein der sich tauschenden Waren oder ihre Innerlichkeit mit. Bei Heinrich ist das nicht so klar. Das zeigt sich an seiner das innerlich gemeinsame Dritte uminterpretierenden Rede von einem äußerlich gemeinsamen Dritten. Denn damit geht Heinrich über das Ansichsein der Waren hinaus und bezieht sich auch auf ihr Sein-für-Anderes.

Böhm-Bawerk geht klarerweise über das Ansichsein der Waren hinaus, wenn er weitere Gemeinsamkeiten der Waren mit den Fragen ins Spiel bringt: „Bleibt den tauschwerten Gütern nicht z. B. auch die Eigenschaft gemeinsam, daß sie im Verhältnis zum Bedarfe selten sind? Oder daß sie Gegenstand des Begehrs und des Angebotes sind? Oder daß sie appropriiert sind?" (Böhm-Bawerk, 1974 [1896], S. 99)

Nanninga bringt diesbezüglich natürlich den Tauschwert ins Spiel. Denn er übersieht ja von Anfang an, dass es Marx um eine innere Gemeinsamkeit geht. Darüber hinaus ist Nanninga der Ansicht, dass das von Marx gewählte Vorgehen der Reduktion grundsätzlich verkehrt ist. Es stellt nämlich eine „naive Methode des Weglassens" (Nanninga, 1975, S. 33/34) dar, die vollkommen ungeeignet ist, weil man durch Weglassen nie und nimmer einen Überblick über die noch verbleibenden Möglichkeiten bekommt. Zu diesem Argument ist zu sagen, dass es doch sehr akademisch oder elfenbeinern anmutet. Die Dinge sind nämlich in der Realität nicht so unübersichtlich und ungreifbar wie Nanninga unterstellt.

[xlviii] Dass der durch die Arbeitsprodukteigenschaften definierte gemeinsame Gehalt, der im Folgenden zum Wert weiterentwickelt wird, ein reines Resultat der Produktion ist, akzeptiert Heinrich nicht. Da er der Meinung ist, Marx würde nicht von ganz bestimmten Tauschverhältnissen reden, bei denen Angebot und Nachfrage ausgeglichen sind, sondern von irgendwelchen Tauschverhältnissen, bei denen das gerade nicht gewährleistet ist, spricht er sich stattdessen dafür aus, dass im Hinblick auf den Wert auch die Zirkulation eine Rolle spielt: „Das gesellschaftliche Verhältnis, das sich in Wert und Wertgröße ausdrückt, konstituiert sich gerade in Produktion *und* Zirkulation, so dass die „Entweder-oder-Frage" keinen Sinn macht." (Heinrich, 2005, S. 53) Diese Position hat zum einen nichts mit Marx zu tun. Denn wir werden sehen, dass der Wert bei ihm nur durch die Produktion verursacht wird und es in der Zirkulation daher nur noch um die Realisierung des Werts als Tauschwert geht. Zum anderen ist sie auch in sich zu kritisieren. Denn, wenn der Wert wirklich ein gesellschaftliches Verhältnis darstellt, dann wäre er nämlich als ein reines

Resultat der Zirkulation zu bezeichnen. Denn das gesellschaftliche Verhältnis des Tausches kommt nur in der Zirkulation zustande.

Da man dagegen einwenden könnte, dass die Waren, die in das gesellschaftliche Verhältnis des Tausches eingehen, nichtsdestoweniger Resultate der Produktion sind, sei darauf hingewiesen, dass auch das am genannten Urteil nichts ändert. Dass die Produkte Voraussetzung ihres Tausches sind, ändert nämlich nichts daran, dass das Verhältnis, in das sie eingehen, erst im Rahmen der Zirkulation zustande kommt. Es ist hier wie bei einem Schriftsteller, der sein Gedicht zwar auf ein leeres Blatt Papier schreibt, deswegen seine Position als Dichter aber nicht mit dem Papier oder gar dessen Hersteller teilen muss.

Bezogen auf die Frage, ob der Wert Resultat der Produktion oder der Zirkulation ist, bleibt Heinrich in ähnlicher Weise ambivalent, wie bei der Frage, ob er eine gegenständliche oder ungegenständliche Eigenschaft darstellt. Das zeigt sich besonders gut an folgender Stelle: „Alle diese gesellschaftlichen Bestimmungen sind nicht allein mit der privaten Produktion festgelegt, sondern erst im Verhältnis von Produktion und Tausch: Der Wert wird zwar nicht im Tausch *geschaffen*, aber er *existiert* nur im Tausch." (Heinrich, 2013, S. 119) Wenn der Wert nur im Tausch existiert, dann muss er auch mit ihm entstehen oder in ihm geschaffen werden. Wenn er dagegen nicht in ihm geschaffen wird, sondern irgendwo anders, dann kann es nicht sein, dass er nur in ihm Existenz hat. Heinrich müsste sich also entscheiden: Entweder gilt das eine oder das andere. Beides zusammen zu vertreten, ist unsinnig, weil wir es dabei mit einer Behauptung zu tun bekommen, die sich unmittelbar aufhebt.

Woher das Schwanken kommt, das Heinrich bezogen auf die Frage nach dem Entstehungsort des gemeinsamen Gehalts bzw. des Werts an den Tag legt, liegt natürlich auf der Hand. Es dürfte seinen Grund darin haben, dass Heinrich sich nicht mit der Konsequenz zufrieden geben will, die aus seiner Ablehnung der gegenständlichen Eigenschaft eigentlich folgt. Obwohl sich daraus ergibt, dass der Wert ein reines Resultat der Zirkulation ist, will er wohl angesichts des Umstandes, dass das auch ihm als zu substanzlos vorkommt, trotzdem irgendwie daran festzuhalten, dass er keine reine Folge des Tausches darstellt. Diesem Versuch ist klar zu widersprechen. Wenn der Wert das Verhältnis zwischen der individuellen Arbeit und der Gesamtarbeit ist und dieses Verhältnis nur durch den Tausch vermittelt wird, dann ist entgegen der Heinrichschen Aussage, dass die Produktion ebenfalls eine Bedeutung im Hinblick auf den Tauschwert besitzt, nämlich festzuhalten, dass allein der Tausch den Wert erzeugt. Denn einen dem Tausch vorausgehenden Grund für den Tauschwert gibt es deswegen nicht, weil das vorgängige Verhältnis zwischen den Arbeiten eben als solches nicht bestimmt werden kann.

Dass Heinrich die Bedeutung der Produktion nicht ganz aufgeben will, kann im Übrigen auch als ein Versuch gewertet werden, an Marx' These festzuhalten, wonach die Arbeit der allgemeine Grund des Tauschwerts darstellt. Daher noch der Hinweis, dass diese These bei Marx darauf beruht, dass der Tauschwert eine gegenständliche Eigenschaft darstellt, die ihrerseits auf dem gemeinsamen Gehalt beruht, der durch die Arbeitsprodukteigenschaft repräsentiert wird. Da in diesem Zusammenhang ihr Beweis zu finden ist, kann Heinrichs Versuch, an der genannten Marxschen These festzuhalten, nur abstrus genannt werden. Dieser Versuch wäre nämlich nur dann ernst zu nehmen, wenn ein entsprechender Beweis nicht zuletzt dadurch erbracht würde, dass man bei seiner Darlegung von der Arbeit ausgeht. Aber genau dem tritt Heinrich von vornherein entgegen, wenn er Marx gemeinsamen Gehalt zu einem gemeinschaftlichen Gehalt macht.

[xlix] Genau dieser Ebenenwechsel wird bei Heinrich eingeebnet. Zwar redet er zum einen davon, dass Marx etwas sucht, „was in gewisser Weise „hinter" den Austauschverhältnissen steht". (Heinrich, 2008, S. 62) Zum anderen bezeichnet er den „Wert" als den „Gehalt, der vom Tauschwert nur ausgedrückt wird". (Heinrich, 2008, S. 64) Den hiermit verbundenen Übergang zu einer anderen Ebene negiert er aber dadurch, dass er den Wert als Verhältnis bestimmt. Das macht z. B. das folgende Zitat deutlich: „Mehr noch: Wertgegenständlichkeit ist überhaupt keine

Eigenschaft, die ein Ding einzeln, für sich besitzen kann. Die Wertsubstanz, die diese Gegenständlichkeit begründet, kommt den Waren nicht einzeln zu, sondern nur gemeinsam im Austausch." (Heinrich, 2005, S. 51) Es zeigt darüber hinaus, dass das, was im Austausch verwirklicht wird, für Heinrich nicht nur der Tauschwert, sondern auch der Wert ist. Anstatt Wert und Tauschwert auseinander zu halten, macht Heinrich von Anfang an den Fehler, den Wert mit dem Tauschwert gleichzusetzen.

[l] Für Heinrich ist offensichtlich überzeugend, dass das Absehen vom Gebrauchswert zur Abstraktion von der gebrauchswertbildenden Arbeit führt. Denn bevor er den letzten Satz des letztgenannten Zitats anführt, schreibt er: "Diese Abstraktion vom Gebrauchswert hat auch Folgen für die Waren produzierende Arbeit:" (Heinrich, 2008, S. 69) Dass das Absehen vom Gebrauchswert das Eine ist und das Absehen von der gebrauchswertbildenden Arbeit etwas vollkommen Anderes, wird ihm nicht bewusst. Er fällt damit der Analogie zum Opfer.

Bei Haug kommt Marx' Schluss vom Absehen vom Gebrauchswert zum Absehen von der gebrauchswertbildenden Arbeit nur im Zusammenhang mit dem Übergang auf die abstrakt menschliche Arbeit vor. (Haug, 1974, S. 97) Das ändert aber nichts daran, dass er nichts gegen ihn einzuwenden hat. Das ist schon deshalb der Fall, weil Haug das Absehen von der gebrauchswertbildenden Arbeit gar nicht ernst nimmt. Er versteht Marx nicht so, dass er zu einer Arbeit übergehen will, die neben der gebrauchswertbildenden Arbeit existiert, sondern bleibt bei der gebrauchswertbildenden Arbeit.

[li] Dass sich Heinrich genau diesen Fehler zuschulden kommen lässt, haben wir oben (vgl. Endnote xvii) schon gesehen. Denn eine Objektivität der Tauschverhältnisse zu behaupten, die sich im Bewusstsein der Subjekte nicht widerspiegelt, läuft auf die These hinaus, dass die Menschen der genannten Objektivität wie Schlafwandler gerecht werden.

[lii] Bei Heinrich ist die genannte Kritik an der Realabstraktion nicht zu finden: „Von dieser Reduktion (die zur abstrakt menschlichen Arbeit führt) behauptet Marx *an keiner Stelle*, sie werde von den Warenbesitzern *bewusst* vorgenommen. Wie schon weiter oben bemerkt, geht es hier noch überhaupt nicht um die Warenbesitzer, sondern nur um das Austauschverhältnis der Waren. Es geht also um eine Reduktion (und Abstraktion), die *ohne Wissen* der Austauschenden *faktisch* im Austauschverhältnis erfolgt, und die erst durch die wissenschaftliche Analyse sichtbar gemacht wird." (Heinrich, 2008, S. 70) Zumal er an sie die Fußnote 5 anhängt, in der explizit von „Realabstraktion" die Rede ist, zeigt diese Stelle, dass Heinrich die Realabstraktion auch dann befürwortet, wenn sie in einer Weise verstanden wird, die keiner Ergänzung um eine Argumentation per teleologischer Genesis bedarf. Auf der Basis dessen, dass er für die Notwendigkeit einer solchen Ergänzung keinerlei Sinn hat, tut Heinrich allen Ernstes so, als könne man mit der Realabstraktion begründen, wie die Menschen dazu kommen, ihre Waren zum Wert zu tauschen. Er sieht nicht, dass das auf die eine oder andere Weise auf vollkommenen Unsinn hinausläuft.

Zu Heinrichs Rede von der „wissenschaftlichen Analyse" ist im Übrigen zu bemerken, dass auch sie an der Sache vorbeigeht. Das ist zumindest so, wenn mit diesem Ausdruck irgendeine Art von Begründung beansprucht wird. Eine solche liegt nämlich deswegen nicht vor, weil es bei der Realabstraktion um eine bloße Behauptung geht.

Im Gegensatz zu Heinrich ist Wolf ein Kritiker der Realabstraktion. Das heißt aber nicht, dass sich bei ihm die oben genannte Kritik schon findet. Gegen die Realabstraktion hat er vielmehr nur einzuwenden, dass es sie „ohnehin nicht gibt". (Wolf, 2018, S. 16) Und das ist nicht der Fall, weil Wolf, der Auffassung ist, dass es nicht sein kann, dass die Menschen ihre Waren nach Maßgabe des Werts austauschen, ohne dass ihnen diese Größe irgendwie bewusst ist. Da er selbst in Bezug auf die „den Austausch bewerkstelligenden Wirtschaftssubjekte" von dem spricht, „was sich unbewusst für sie in den gesellschaftlichen Beziehungen der Arbeitsprodukte zueinander hinsichtlich des Werts und der Entwicklung seiner Erscheinungsformen abspielt", bemängelt er vielmehr etwas Anderes. (Wolf, 2018, S. 17 und 18) Er scheint sich nämlich daran zu stoßen, dass mit der Realabstraktion ein Prozess der Abstraktion behauptet wird, der in der äußeren Wirklichkeit zu seinen abstrakten Ergebnissen so führen soll, wie das die Nominalabstraktion im Kopf tut. Damit, dass es so etwas nicht gibt, hat er zwar Recht. Dabei macht er aber ein ganz anderes Verständnis von Realabstraktion zum Thema.

[liii] Eine solchermaßen unbestimmte Größe stellt die abstrakt menschliche Arbeit bei Heinrich deswegen dar, weil sie ein Verhältnis meint, dass nicht auf seinen Bestandteilen beruht, sondern diese erst zu dem macht, was sie als Bestandteile sind.

[liv] Wenn wir uns angesichts dieser drei Möglichkeiten fragen, wie die abstrakt menschliche Arbeit oder die „gleiche menschliche Arbeit" und ihre drei Verständnismöglichkeiten bei Haug vorkommen, ist darauf hinzuweisen, dass er nicht nur keinen Sinn für die Differenzierung zwischen einer Nicht-Gemeinsamkeit, einer abstrakten Gemeinsamkeit und einer abstraktifizierten Gemeinsamkeit hat, sondern auch die Rede von einer abstrakten Arbeit, die sich als solche von der konkreten Arbeit unterscheidet, gar nicht ernst nimmt. Deswegen kann zum einen vermutet werden, dass er die abstrakt menschliche Arbeit eher als konkrete Gemeinsamkeit versteht, wofür zumindest seine Rede von der „Arbeit schlechthin" bzw. der „Arbeit sans phrase" (Haug, 1974, S. 97 und 109) spricht. Zum anderen kann bezogen auf die drei abstrakten Varianten geschlossen werden, dass er der abstraktifizierten Gemeinsamkeit am nächsten kommt. Denn diese stellt ja eine konkrete Gemeinsamkeit dar, der die Besonderheiten genommen worden sind.

Wenn wir uns mit der genannten Frage Heinrich zuwenden, ist als Antwort zum einen darauf hinzuweisen, dass er im Unterschied zu Haug die abstrakt menschliche Arbeit nicht als konkrete Gemeinsamkeit versteht. Trotz des großen Aufhebens, das er um die „gespenstige Gegenständlichkeit" bzw. die „bloße Gallerte" macht, geht das aber nicht damit einher, dass Heinrich ein Bewusstsein für die drei Verständnismöglichkeiten hat und auf dieser Grundlage der dritten Variante der abstraktifizierten Gemeinsamkeit zuneigt. Denn das genannte Aufhebens hat bei Heinrich gar nichts mit dieser Variante zu tun, sondern hängt mit dem falschen Schein zusammen, zu dem es kommt, weil eine ungegenständliche Eigenschaft dem Schein nach als gegenständliche Eigenschaft auftritt. (vgl. Endnote xxxii)

Obwohl das gar nicht zu Marx' Ausführungen passt, vertritt Heinrich stattdessen eine vierte Variante des Verständnisses dieser abstrakten Arbeit, die in zwei Varianten vorkommt. Wie wir oben schon gesehen haben, meint die abstrakte Arbeit zum einen eine beiden sich tauschenden Waren gleichermaßen zukommende ungegenständliche Eigenschaft, die als gegenständliche Eigenschaft auftritt und damit zu einer gespenstischen Gegenständlichkeit führt. Was von dieser Variante zu halten ist, haben wir oben schon deutlich gemacht. Zum anderen gibt es auch noch ein Verständnis der abstrakten Arbeit, die diese zu einem Verhältnis macht. Diese Variante kommt im folgenden Zitat zum Ausdruck: „Wird abstrakte Arbeit aber als ein bestimmtes gesellschaftliches Verhältnis der Privatarbeiten zu einander gefaßt, so ist es unmöglich die Dauer der Verausgabung der Arbeitskraft umstandslos zum Maß der Menge abstrakter Arbeit zu erklären. Abstrakte Arbeit als *gesellschaftliches Verhältnis* kann überhaupt nicht „verausgabt" werden." (Heinrich, 2017, S. 218) Ihr zufolge ist die abstrakt menschliche Arbeit ein Verhältnis zwischen den Privatarbeiten.

Angesichts dieser Variante von Heinrichs Verständnis der abstrakt menschlichen Arbeit, die er kurz abstrakte Arbeit nennt, wundert man sich zum einen über den Unterschied zur erstgenannten Variante. Da Heinrich so tut, als würde beides auf dasselbe hinauslaufen, ist zu betonen, dass das nicht der Fall ist. Vielmehr geht es um zwei unterschiedliche Bedeutungen von abstrakter Arbeit, wenn einerseits von einer scheinbaren Gegenständlichkeit und andererseits einem Verhältnis die Rede ist. Und daran ändert auch der Umstand nichts, dass in Heinrichs Denken die eine scheinbar gegenständliche Eigenschaft darstellende abstrakte Arbeit Folge der ein Verhältnis darstellenden abstrakten Arbeit ist.

580

Zum anderen ist zu sagen, dass Heinrichs Verständnis der abstrakten Arbeit mit Marx nichts zu tun hat. Das gilt sowohl für die scheinbare Gegenständlichkeit als auch das Verhältnis. Bei Marx ist die abstrakte Arbeit auch in ihrer abstraktifizierten Variante nämlich immer etwas Gegenständliches, das den Dingen wirklich zukommt. Sie tritt damit weder als nur scheinbare Gegenständlichkeit noch als Verhältnis auf. Marx redet zwar einmal von einer „gemeinschaftlichen, gesellschaftlichen Substanz". (Marx, 1987, S. 4) Das tut er aber nur in einem Überarbeitungsmanuskript, das in dieser Beziehung folgenlos geblieben ist.

Im Übrigen sei daran erinnert, dass es eine gemeinschaftliche Gegenständlichkeit als etwas den Waren Inneres, das durch das äußerliche Verhältnis erzeugt wird, auch nicht geben kann. Etwas, was als gemeinschaftliche Gegenständlichkeit bezeichnet werden kann, gibt es allenfalls als etwas allen Waren Äußeres. Genauer gesprochen kann man in dieser Weise – wie wir noch klarer sehen werden – das Geld ansprechen.

Wenn Heinrich die abstrakte Arbeit zu einem Verhältnis macht, bekommen wir es zum dritten wieder mit einem Beispiel für Heinrichs Neusprech zu tun. Unter Arbeit verstehen wir normalerweise das, was bei der Herstellung von Produkten aufgewendet werden muss. Daher stößt man sich daran, dass Heinrich die abstrakte Arbeit zu einem Verhältnis zwischen Arbeitsprodukten macht. Wie auch seine Rede davon zeigt, dass abstrakte Arbeit „überhaupt nicht „verausgabt" werden" kann, spricht er damit von der Arbeit in einer Weise, die mit dem, was wir als Arbeit kennen, schon gar nichts mehr zu tun hat. (Junge Linke, 2010, S. 2)

Auf dieser Grundlage stellt sich die Frage, warum Heinrich überhaupt noch von Arbeit redet. Warum gibt er diese Redeweise angesichts seiner These nicht auf, dass nicht die Arbeitsprodukteigenschaft das Tauschverhältnis, sondern das Tauschverhältnis die Arbeitsprodukteigenschaft bestimmt? Die Antwort auf dieser Frage dürfte damit zu tun haben, dass er vermutlich der Meinung ist, dass die umgekehrte Kausalität nichts daran ändert, dass die Arbeit die allgemeine Substanz der Tauschwerte darstellt. Daher sei darauf hingewiesen, dass das zu zeigen wäre. Dazu ist Heinrich aber nicht in der Lage, weil dies nur auf der Basis dessen möglich wäre, dass man von der Arbeit als Grund ausgeht. Genau diese Position als Ausgangspunkt ist aber etwas, was Heinrich in Bezug auf die Arbeit ablehnt.

Auf der Basis dessen, dass die abstrakte Arbeit als Verhältnis etwas ist, was nicht verausgabt werden kann, muss im Übrigen betont werden, dass sie aus demselben Grund etwas darstellt, was auch nicht in den Produkten vergegenständlicht oder materialisiert werden kann. Darauf sei an dieser Stelle schon hingewiesen, weil wir im Verlauf der weiteren Argumentation Stellen kennen lernen werden, in denen Marx von vergegenständlichter Arbeit redet. (vgl. u. a. S. 59)

[lv] Dieser Unterschied entgeht Heinrich: „Abstrakte Arbeit ist nicht sichtbar, sichtbar ist immer nur eine bestimmte konkrete Arbeit. Genauso wenig ist „Baum" sichtbar, sehen kann ich immer nur ein konkretes Gewächs." (Heinrich, 2008, S. 47) Denn in diesem Zitat stellt Heinrich die These auf, dass Gattungsbegriffe sinnlich genauso wenig fassbar sind wie abstraktifizierte Gegenständlichkeiten. Diese These ist einerseits zurückzuweisen. Denn ein Baum kann durchaus in Erfahrung gebracht werden. Das mag zwar auf der Basis der sinnlichen Gewissheit nicht der Fall sein, die nur Einzelnes erfahren kann. Das gilt aber auf der Basis der Wahrnehmung, die ja die Wahrheit der sinnlichen Gewissheit darstellt. Andererseits zeigt Heinrichs Aussage, dass ihm der Unterschied zwischen einem Gattungsbegriff, der wahrgenommen werden kann, und einer abstraktifizierten Gegenständlichkeit, bei der es keine Wahrnehmbarkeit gibt, offenbar entgeht. Statt mit diesem Unterschied hat es Heinrich bei seinen Überlegungen nur mit dem Unterschied zwischen Realabstraktion und Nominalabstraktion zu tun.

[lvi] Vom „Gedankending", das keine Entsprechung in der äußeren Realität hat und daher eine reine Kopfgeburt darstellt, rede ich hier, weil die abstraktifizierte Fassung der konkreten Gemeinsamkeit eine falsche Form dieser Gemeinsamkeit darstellt. Darauf ist aufmerksam zu machen, weil andere Interpreten von Marx die Rede vom „Gedankending" auf völlig andere Weise

verstehen. Das gilt z. B. für Heinrich, der im Zusammenhang mit der abstrakt menschlichen Arbeit ebenfalls von einem „Gedankending" redet. (Heinrich, 2017, S. 216) Dies hat seinen Grund aber nicht darin, dass mit dieser Arbeit die Realität in einer Weise angesprochen wird, die zwar klar ist, aber von dieser Realität der Form nach abweicht. Stattdessen spricht Heinrich mit dem Gedankending etwas an, was uneindeutig ist und keine klare Bestimmtheit hat. Während sich bei Marx das Gedankending auf einen bestimmbaren Inhalt bezieht, hat es Heinrich mit einem unklaren Inhalt zu tun. Bei ihm ist das Gedankending deshalb ein Ausdruck für die unbestimmte Größe X.

In diesem Zusammenhang kann auch auf Reichelt verwiesen werden, der den Wert insofern zu einem Gedankending macht, als er ihn „als Abstraktionsprodukt" bezeichnet, „das im Kopf existiert". (Reichelt, 2001, S. 4) Damit scheint sich nicht nur zu verbinden, dass der Wert ein Gedankending darstellt, weil er im Kopf der Form nach falsch als abstraktifizierte konkrete Gemeinsamkeit gefasst wird. Mit dem Wert als „Abstraktionsprodukt" scheint vielmehr etwas gemeint zu sein, was auch dem Inhalt nach nicht aus der äußerlichen Welt, sondern nur aus dem Kopf stammt. Darauf deutet u. a. hin, dass Reichelt den substanzialistisch verstandenen Wert als „quasi-ontologische Kategorie" kritisiert. (Reichelt, 2001, S. 6) Insofern dieses Verständnis zutreffend ist, wird das Gedankending des Werts zu einer fixen Idee, ohne jede die äußere Wirklichkeit erklärende Bedeutung. Und daran ändert auch der Umstand nichts, dass das Gedankending sich im Nachhinein in die äußere Wirklichkeit übertragen soll. Deshalb kann nur mit Kopfschütteln quittiert werden, dass Reichelt offenbar der Meinung ist, mit seinem Gedankending etwas mit besonderer wissenschaftlicher Bedeutung zum Ausdruck zu bringen.

[lvii] Reichelt ist hier anderer Meinung. Denn er spricht sich nicht nur dafür aus, dass es sich beim Wert um ein Abstraktionsprodukt handelt. Bezogen auf die zu diesem Produkt führende Abstraktion findet sich vielmehr auch folgende Aussage: „Es kann sich also durchaus um einen Akt im Kopf handeln, der nicht bewußt ist, ein logisch unbewußter Prozeß." (Reichelt, 2001, S. 9) Reichelt ist also allen Ernstes der Meinung, in wissenschaftlich sinnvoller Weise von unbewussten Gedanken oder einem unbewussten Bewusstsein sprechen zu können. Das ist reiner Humbug. Da den Gedanken das Bewusstsein wesentlich ist und Gedanken aufhören, Gedanken zu sein, wenn ihnen dieses abgeht, ist die Rede von unbewussten Gedanken vollkommen sinnlos. Daran würde sich im Übrigen auch dann nichts ändern, wenn man bezogen auf den Austausch zum Wert einen Instinkt zulassen würde. Denn dieser Instinkt könnte nur dann als Gedanke bezeichnet werden, wenn er seinem Träger bewusst werden würde. Wenn er dagegen unbewusst bliebe, handelte es sich bei ihm um keinen Gedanken.

Angesichts dieser Feststellungen sei einerseits noch darauf hingewiesen, dass Elbe Recht hat, wenn er Reichelt die „Ausgangsthese des Werts als unbewusst im Kopf der Warenbesitzer existierendes Abstraktionsprodukt" (Elbe, 2010, S. 300) in kritisierender Absicht zuschreibt. Andererseits fällt auf, dass er daran nur kritisiert, dass der Wert als reines Kopfprodukt dargestellt wird. Auf die Absurdität eines Gedankens, der unbewusst im Kopf seines Trägers existieren soll, geht er dagegen nicht ein. Das dürfte darauf hindeuten, dass Elbe der Meinung ist, dass es durchaus unbewusste Gedanken geben kann.

[lviii] Da weder Haug noch Heinrich ein Bewusstsein für die genannten drei Möglichkeiten haben und deswegen auch die Variante der abstraktifizierten Gemeinsamkeit nicht in den Blick bekommen, verwundert es nicht, dass man bei ihnen auch die Kritik vergeblich sucht, die gegen diese Variante vorgebracht werden kann.

[lix] Haug führt das obige Zitat zwar ebenfalls an. (Haug, 1974, S. 101) Er realisiert aber nicht das, was darin enthalten ist. Er sieht nicht, dass Marx von einem Aspekt der Arbeit spricht, der dem gebrauchswertbildenden Aspekt „entgegengesetzt" ist. Er bleibt vielmehr bei seinem Verständnis der abstrakten Arbeit als konkrete Allgemeinheit, die mit diesem Entgegengesetztsein gar nicht vereinbar ist.

Bei Heinrich ist das Zitat gleichfalls zu finden. (Heinrich, 2008, S. 102) Ihm ist aber weniger der Vorwurf zu machen, dass er nicht liest, was da geschrieben ist, sondern eher, dass ihm entgeht, dass es in der Arbeit keinen abstrakten Aspekt geben kann, der neben dem konkreten Aspekt vorkommt. Aber auch das kann ihm deswegen nicht wirklich angekreidet werden, weil er die abstrakte Arbeit ja nicht als wirklich gegenständliche Eigenschaft, sondern nur als scheinbar gegenständliche Eigenschaft oder als Verhältnis versteht.

[lx] Darauf ist hinzuweisen, weil Heinrich eine Vorstellung von Realabstraktion zu haben scheint, die durchaus mit in der äußeren Wirklichkeit auftretenden objektiven Veränderungen einhergehen kann. Diesen Eindruck bekommt man zumindest aufgrund des folgenden Zitats: „Diese Gesamtarbeit ist keine Summe gleichartiger Quantitäten, sondern eine bloße Menge unvergleichbarer Größen, die (...) im Tausch „gewaltsam" verglichen werden. (Heinrich, 2017, S. 219) Denn das Gewaltsame der Gleichsetzung hängt offenbar damit zusammen, dass die Waren durch den Tausch tatsächlich zu etwas gemacht werden, was sie zunächst nicht sind. Bei Heinrich liegt damit das Verständnis von Realabstraktion vor, das Wolf zurecht kritisiert. (vgl. Endnote lii)

[lxi] Dieter Wolf äußert sich zwar wort- und wiederholungsreich zur abstrakt allgemeinen Arbeit. (Wolf, 2003-2006) Trotzdem bleibt einigermaßen unklar, wie er diese Arbeit versteht. Auf der einen Seite bekommt man dann, wenn er von „Arbeit schlechthin" redet den Eindruck, dass er die abstrakt menschliche Arbeit trotz dem Adjektiv „abstrakt" als konkrete Gemeinsamkeit oder als Gattungsbegriff nimmt. Auf der anderen Seite passt dazu nicht, dass die abstrakte Arbeit im Unterschied zur konkreten erstens zu keinen stofflichen Resultaten führt, zweitens als solche nicht sichtbar ist und drittens auch nicht verausgabt werden kann. Auf Basis dieser Bestimmungen wird die abstrakte Arbeit bei Wolf zu einer unbestimmten und unbestimmbaren Größe X, die als solche zwar schon vor dem Tausch vorhanden ist, die ihre Bestimmung aber „einzig und allein" (Wolf, 2004, S. 7) erst im und durch den Tausch erfährt. Und das ist wohl der Grund dafür, dass Wolf sie auch als gesellschaftliches Verhältnis oder als gesellschaftliche Beziehung bezeichnet. Das Absetzen von der konkreten Gemeinsamkeit führt bei Wolf also nicht dazu, dass er die abstrakt menschliche Arbeit in einer Weise versteht, die auf eine der drei genannten Möglichkeiten hinausläuft. Stattdessen hat er es mit einer vierten Variante der abstrakt allgemeinen Arbeit zu tun, die durch ihre Unbestimmtheit gekennzeichnet ist. Wie er auf dieser Grundlage meinen kann, wissenschaftlich sinnvolle Aussagen zu treffen, bleibt sein Geheimnis.

Die eben ausgeführte Kritik an Wolf trifft auch auf Heinrich zu. Auch bei ihm ist die abstrakte Arbeit nicht nur eine unbestimmte Größe, sondern auch eine Entität, die als solche vor dem Tausch gar nicht bestimmbar ist. Der Unterschied zwischen Wolf und Heinrich besteht in diesem Zusammenhang deshalb nur darin, dass Heinrich dazu tendiert, den Wert als etwas darzustellen, was sowohl dem Inhalt als auch der Form nach erst durch den Tausch zustande kommt. Demgegenüber betont Wolf, dass es die abstrakte Arbeit als überhistorische Eigenschaft schon vor dem Tausch gibt. Das ist aber insofern ein unbedeutender Streit um des Kaisers Bart, als das, was es vor dem Tausch gibt, auch bei Wolf nur eine unbestimmte Größe darstellt.

[lxii] Haug hat mit der zeitlichen Messbarkeit kein Problem. Gerade, weil er die wertbildende Arbeit als konkrete Allgemeinheit der gebrauchswertbildenden Arbeiten versteht, stellt dieser Punkt für ihn eine Selbstverständlichkeit dar, die nicht in Frage gestellt werden kann. Das zeigt sich schon daran, dass er in seinen ,Vorlesungen zur Einführung ins „Kapital"' gar nicht auf die gesellschaftlich notwendige Arbeit eingeht.

Heinrich ist dagegen der Auffassung, dass die Größe der wertbildenden Arbeit nicht durch die Zeit bestimmt werden kann. Denn er schreibt: „Wie aber nun abstrakt menschliche Arbeit gemessen werden soll, wissen wir nicht." (Heinrich, 2008, S. 75) Wenn man prüfen will, was von dieser Position, die auch an anderer Stelle (Heinrich, 2017, S. 219 Anm. 36) zum Ausdruck kommt, zu halten ist, muss klar sein, von welchem Wertbegriff Heinrich ausgeht. Diesbezüglich gibt es drei Möglichkeiten, bei denen der Wert einmal als Wertverhältnis und ein andermal als

Wertgegenständlichkeit auftritt: Im ersten Fall versteht Heinrich unter der abstrakt allgemeinen Arbeit keine gegenständliche Eigenschaft der Waren, sondern das Verhältnis zwischen den Waren bzw. den in ihnen enthaltenen Privatarbeiten, das durch den Tausch zustande kommt. Im zweiten Fall meint der Wert den falschen Schein, zu dem es kommt, wenn die ungegenständlichen Eigenschaften, die den sich tauschenden Waren aufgrund des Austausches zuwachsen, als gegenständliche Eigenschaften wahrgenommen werden, die ihnen auch unabhängig vom Austausch zukommen. (vgl. Endnote xxxii) Im dritten Fall meint der Wert einfach das Geld, das den Waren als gemeinschaftlicher Gehalt gegenüber steht.

Wenn wir uns zunächst der ersten Möglichkeit zuwenden, könnte man zunächst meinen, dass Heinrichs Ablehnung der zeitlichen Messbarkeit in Frage zu stellen ist. Da sowohl die in der Ware A als auch die in der Ware B enthaltene Privatarbeit selbstverständlich in Stunden gemessen werden kann, könnte man nämlich der Meinung sein, dass auf diese zweischrittige Weise auch das Verhältnis zwischen diesen beiden Arbeiten gemessen werden kann. Daher sei darauf hingewiesen, dass das zwar richtig ist. Die zeitliche Messbarkeit, die von Heinrich abgelehnt wird, bezieht sich aber nicht auf diese Messbarkeit in zwei Schritten. Sie hat es stattdessen mit einer Messbarkeit des Wertverhältnisses in einem Schritt zu tun, die es bei Marx deshalb gibt, weil aufgrund des gemeinsamen Gehalts klar ist, dass sich die Waren immer im Verhältnis 1 zu 1 Arbeitsstunden tauschen. Genauer gesprochen lehnt Heinrich ab, dass wir mit dem Messen der Arbeit, die in der Ware A enthalten ist, auch schon die Arbeitszeit ermitteln, die in der Ware B steckt, mit der die Ware A sich austauscht.

Dazu ist einesteils zu sagen, dass das insofern durchaus verständlich ist, als Heinrich gerade nicht von Verhältnissen ausgeht, in denen sich Angebot und Nachfrage entsprechen. Denn das hat zur Folge, dass sich erst im Vollzug des Austausches zeigt, in welchem Ausmaß eine Stunde der in der Ware A enthaltenen Arbeit einer Stunde der in der Ware B enthaltenen Arbeit gleichkommt. Um die in der Ware B enthaltene Arbeit zu ermitteln, bedarf es daher einer zweiten Messung. Anderteils ist darauf hinzuweisen, dass Marx es nicht mit solchen Verhältnissen zu tun hat. Denn bei ihm ist die Arbeit gerade richtig alloziert. Daher weist Heinrich eine Feststellung zurück, die es bei Marx in dieser Form gar nicht gibt. Und das, was Marx aussagt, bekommt er gar nicht in den Blick.

Wenn wir nun zum Wert als scheinbare Wertgegenständlichkeit kommen, ist Heinrichs Ablehnung der zeitlichen Messbarkeit gleichfalls verständlich. Obwohl laut Heinrich ungegenständliche Eigenschaften als gegenständliche Eigenschaften wahrgenommen werden, bleibt es nämlich dabei, dass diesen gegenständlichen Eigenschaften die stoffliche Verankerung fehlt. Weil wir es nur mit einem falschen Schein zu tun haben, bezeichnen diese Eigenschaften nicht etwas, was in der einzelnen Ware erkennbar vorhanden ist und ihr entnommen werden kann. Stattdessen ist diese Eigenschaft ein leerer Anspruch, den es deswegen noch in keiner Weise in der einzelnen Ware A gibt, weil er auch nicht als eine Anlage angesprochen werden kann, die als solche schon vorhanden ist und daher nur noch verwirklicht werden muss. Genau aus diesem Grund ist nicht absehbar, warum es möglich sein soll, diese Leerstelle oder dieses X durch die Zeit zu messen. Und daran ändert auch der Umstand nichts, dass die im leeren Anspruch enthaltene andere Ware B als Arbeitsprodukt durch die Zeit gemessen werden kann. Denn es geht hier ja um die zeitliche Messbarkeit der Wertgegenständlichkeit, die der einen Ware A an sich zukommt.

Auch dieses Ergebnis bedeutet aber nicht, dass wir unsere Befürwortung der zeitlichen Messbarkeit zurücknehmen müssen. Da bei unserem Urteil weder der Wert als nicht von einer Seite aus bestimmbares Verhältnis zwischen den in den beiden sich tauschenden Waren vergegenständlichten Arbeiten noch als ungegenständliche und damit leere Gegenständlichkeit als Maßstab fungiert hat, sondern ihm der Wert als inhaltlich bestimmte Wertgegenständlichkeit oder als die in der einzelnen Ware enthaltene Durchschnittsarbeit zugrunde lag, haben wir dazu keinen Anlass. Umgekehrt sollte die von Marx behauptete zeitliche Messbarkeit für Heinrich Grund sein, sich zu fragen, ob seine Interpretation des Marxschen Wertbegriffs richtig ist. Das tut er aber nicht, sondern hält trotz der nicht zu ihr passenden zeitlichen Messbarkeit an seiner von Marx abweichenden Wertbestimmung fest.

Wenn wir schließlich zu dem Verständnis kommen, bei dem der Wert nichts anderes als das Geld ist, ist die Ablehnung der zeitlichen Messbarkeit natürlich ebenfalls verständlich. Das ist zumindest auf der Basis dessen der Fall, dass das Geld kein Arbeitszeitgeld ist, dessen Denomination Zeiteinheiten sind. Denn dieses Geld wird dann, wenn es sich um Goldgeld handelt, nach seinem Gewicht gemessen. Und wenn wir es mit Papiergeld zu tun haben, dann wird es mit den Einheiten gemessen, die auf ihm aufgedruckt sind. Aber auch dieses Ergebnis ändert nichts an unserem obigen Urteil. Denn Marx redet beim Wert nicht von der äußerlichen Gemeinsamkeit des Geldes, sondern der inneren Gemeinsamkeit der wertbildenden Arbeit. Daher haben nicht wir Anlass, uns zu revidieren. Umgekehrt hätte eigentlich Heinrich Anlass, sein Wertverständnis zu hinterfragen.

Im Übrigen sei auf Folgendes verwiesen: Obwohl Heinrich die in einem Zug erfolgende zeitliche Messbarkeit des Werts im Hinblick auf den Wert als Wertverhältnis ablehnt, ist er doch der Meinung, im Zusammenhang mit dem Wertverhältnis nicht nur von einer „Wertgröße", sondern auch der „Wertgröße einer Ware" sprechen zu können: „Die Wertgröße einer Ware ist nicht einfach ein Verhältnis zwischen der *individuellen* Arbeit eines Produzenten und dem Produkt (darauf läuft die „substanzialistische" Auffassung des Werts letztlich hinaus), sondern ein Verhältnis zwischen der *individuellen* Arbeit des Produzenten und der *gesellschaftlichen* Gesamtarbeit. Der Tausch produziert nicht etwa den Wert, er vermittelt vielmehr dieses Verhältnis zur gesellschaftlichen Gesamtarbeit. Allerdings kann diese Vermittlung in einer auf Privatproduktion beruhenden Gesellschaft *nur im Tausch* und nirgendwo sonst geschehen." (Heinrich, 2005, S. 53)

Denn er bestimmt die „Wertgröße einer Ware" hier als das „Verhältnis zwischen der individuellen Arbeit des Produzenten und der gesellschaftlichen Gesamtarbeit". Dieses Vorgehen könnte hingenommen werden, wenn lediglich von einer „Wertgröße" gesprochen würde und mit diesem Ausdruck nur die quantitative Ausformung des Wertverhältnisses gemeint wäre. Wenn es dagegen um die „Wertgröße einer Ware" und damit um eine Größe geht, die etwas ist, was einer Ware für sich zukommt und daher eine Gegenständlichkeit darstellt, dann ist Kritik zu erheben. Denn zu einer solchen Größe passt die Bestimmung als Verhältnis gerade nicht. Diese würde bezogen auf das Beispiel, wonach sich 20 Ellen Leinwand mit 1 Rock austauschen, nämlich auf die widersinnige Aussage hinauslaufen: der Wert von 20 Ellen Leinwand = das Verhältnis zwischen 20 Ellen Leinwand und 1 Rock. Wenn man an der Wertgröße einer Ware festhält, dann ist zu konstatieren, dass diese nur durch eine Quantität bestimmt werden kann, die dieser Ware in einem Schritt entnommen werden kann. Damit scheidet ein Verhältnis aus, das zu seiner Ermittlung eben mehr als die Bezugnahme auf eine Ware erfordert. Wenn man an der Wertgröße des Wertverhältnisses festhält, dann kann umgekehrt nicht von der Wertgröße einer Ware gesprochen werden, weil sich diese Wertgröße eben gar nicht nur auf die eine Ware bezieht, sondern eine darüber hinausgehende Bedeutung hat.

Auf Basis dieser Überlegungen kann festgestellt werden, dass Heinrich zwei unterschiedliche Sachen miteinander vermengt, wenn er die Wertgröße des Wertverhältnisses zu einer Wertgröße der Wertgegenständlichkeit macht. Da Heinrich nicht nur von der „Wertgröße", sondern von der „Wertgröße einer Ware" spricht, kann er es eigentlich nicht mit dem Wert als Verhältnis, sondern nur mit dem Wert als Gegenständlichkeit zu tun haben. Denn nur diese ist etwas, was der einzelnen Ware zugerechnet werden kann. Das realisiert Heinrich aber nicht. Er ist stattdessen der Auffassung im Hinblick auf eine Ware weiterhin von der Wertgröße seines Wertverhältnisses sprechen zu können, obwohl diese nur in einer Weise gemessen werden kann, die mehr als einen Schritt erfordert und sich daher gerade nicht nur auf die eine Ware beziehen kann.

Dieser Fehler könnte damit zu tun haben, dass nicht nur Heinrichs Wertverhältnis damit einhergeht, dass es nicht der einzelnen Ware A entnommen werden kann, sondern dieses Merkmal auch auf seine Wertgegenständlichkeit zutrifft. Daher sei darauf hingewiesen, dass es diesbezüglich zwar eine gewisse Ähnlichkeit gibt. Sie rechtfertigt die Vermengung zwischen Wertverhältnis und Wertgegenständlichkeit aber schon deswegen nicht, weil es sich bei ihr eben nur um eine Ähnlichkeit und keine Gleichheit handelt. Das zeigt sich daran, dass die Unmöglichkeit den Wert der einzelnen Ware A zu entnehmen, in Bezug auf den Wert als Wertverhältnis von ganz grundsätzlicher Natur ist. Demgegenüber kommt diese Unmöglichkeit bezogen auf den Wert als Wertgegenständlichkeit nur daher, dass es die Gegenständlichkeit nur dem Schein nach gibt und ihr daher an Verankerung in der Stofflichkeit der Ware A abgeht. Während die Unmöglichkeit im ersten Fall einen kategorischen Charakter hat, weil eben ein Verhältnis nie und nimmer einem seiner Bestandteile entnommen werden kann, ist sie im zweiten Fall nur durch einen besonderen Umstand bedingt.

Dass Heinrich von der Wertgröße einer Ware spricht, passt auch im Übrigen nicht dazu, dass er bezogen auf die vom Schein verschiedenen wahrhaften Gegebenheiten an anderer Stelle (Heinrich, 2005, S. 51) und (Heinrich, 2017, S. 215) verneint, dass von einem Wert der einzelnen Ware gesprochen werden kann. Denn, wenn die einzelne Ware nicht als Wert bezeichnet werden kann, dann kann ihr natürlich auch keine Wertgröße zugeordnet werden. Von einer Quantität kann nämlich nur bezogen auf eine bestimmte Qualität gesprochen werden. Quantität ohne Qualität gibt es nicht.

Schließlich seien zum letztgenannten Zitat noch folgende Bemerkungen gemacht: Erstens macht Heinrich einen Fehler, wenn er im obigen Zitat auch die Bestimmung des Werts als eine der einzelnen Ware nicht nur dem Schein nach, sondern wirklich zukommende Gegenständlichkeit, die er als „substanzialistische" Auffassung des Werts bezeichnet, als „ein Verhältnis zwischen der *individuellen* Arbeit eines Produzenten und dem Produkt" charakterisiert, in dem diese Arbeit steckt. Denn zwischen dem Gegenstand und der in ihm vergegenständlichten Arbeit gibt es kein äußerliches Verhältnis, sondern einen innerlichen Zusammenhang, der als solcher gerade nicht zu einem Verhältnis, sondern zu einer Gegenständlichkeit führt.

Zweitens sei bezogen auf die Behauptung, dass der „Tausch" das Verhältnis der in einer Ware enthaltenen Arbeit zur „gesellschaftlichen Gesamtarbeit" vermittelt, bemerkt, dass sie als falsch zurückzuweisen ist. Denn der Tausch vermittelt nur das Verhältnis zu der Arbeit, die in einer anderen Ware enthalten ist. Einen Bezug zur gesellschaftlichen Gesamtarbeit stellt er jedoch nicht her. Diesen Bezug gibt es – wie wir noch genauer sehen werden – überhaupt nicht in der Form des Tausches, sondern nur der der geldvermittelten Zirkulation.

Drittens ist auf Heinrichs Versuch einzugehen, den Wert als etwas darzustellen, was nicht nur dem Tausch oder der Zirkulation, sondern auch der Produktion entspringt. Dieser Versuch kommt in der folgenden Stelle noch klarer zum Ausdruck: „Der Wert ist aber nicht ein Ding wie ein Brötchen, sondern ein gesellschaftliches Verhältnis, das als *dingliche Eigenschaft erscheint*. Das gesellschaftliche Verhältnis, das sich in Wert und Wertgröße ausdrückt, konstituiert sich gerade in Produktion und Zirkulation, so dass die Entweder-oder-Frage keinen Sinn macht." (Heinrich, 2005, S. 53)

Es wäre in Hinblick auf den Einbezug der Produktion zu akzeptieren, wenn Heinrich so vom Wert reden würde wie Marx. Denn bei Marx ist der Wert ein reines Produkt der Produktion. Für den Tauschwert gilt das dagegen nicht. Denn er ist mit dem Wert noch nicht fertig vorhanden, sondern muss sich erst noch als solcher verwirklichen. Und daran ändert auch der Umstand nichts, dass diese Verwirklichung keine offene Frage mehr ist, sondern von Anfang an feststeht, dass sie umgesetzt werden kann. Da Heinrich aber in einer anderen Form von Wert redet, die vor allem dadurch gekennzeichnet ist, dass es den Wert als Wert gar nicht gibt, sondern dieser nur als Tauschwert vorkommt, ist Heinrichs Versuch zurückzuweisen, auch der Produktion eine bestimmte wertbildende Rolle zuzusprechen. Denn sowohl aufgrund seiner Bestimmung des Werts als Wertverhältnis bzw. als Wertgegenständlichkeit, die erst durch den Tausch einen bestimmten Inhalt annimmt, ist der Wert bei Heinrich etwas, was erst im Tausch oder durch die Zirkulation zustande kommt. In beiden Fällen wird nämlich deutlich, dass das, was es nach Beendigung der Produktion und vor der dem Vollzug der Zirkulation gibt, etwas vollkommen Nichtiges, Leeres und Unsicheres darstellt, und ein bestimmter, sicher feststehender Inhalt erst durch die Zirkulation zustande kommt. Und genau das zeigt, dass allen gegenteiligen Beteuerungen zum Trotz festzuhalten ist, dass im Hinblick auf Heinrichs Wertbegriff die Zirkulation doch als der alleinige Schöpfer des Werts fungiert.

Dagegen könnte eingewendet werden, dass zwar richtig ist, dass erst der Tausch zeigt, in welchem Ausmaß die in der Ware A enthaltene Arbeit wertbildend ist. Das ändert aber nichts daran, dass nur die individuelle Arbeit, die ein Produkt der Produktion ist, wertbildend sein kann. Die Produktion liefert also den Stoff, der in der Zirkulation bewertet wird und ist auf diese Weise selbst wertbildend. Was ist davon zu halten? Die Antwort kann nur lauten: Nichts! Denn hier wird eine Setzung mit einer Voraussetzung dieser Setzung vermengt. Dass das nicht angeht, kann vielleicht am Beispiel eines Dichters gezeigt werden, der ein leeres Blatt Papier beschreibt. Obwohl das Papier natürlich Voraussetzung des Gedichts ist, kann man nicht sagen, dass der Papiermacher das Gedicht mitproduziert hat.

Weil bei Marx der Umstand, dass der Wert voll und ganz und der Tauschwert seiner Größe nach der Produktion entspringt, mit der Erklärung der Wert- und Tauschwertgröße verbunden ist, ist die Bestrebung, auch der Produktion eine Bedeutung zu geben, wohl als Versuch zu verstehen, irgendwie an Marx' inhaltlicher Erklärung zu partizipieren. Deshalb sein darauf hingewiesen, das zwar bei Marx von einer Begründung gesprochen werden kann. Denn mit der gesellschaftlichen Durchschnittsarbeit, die den Wert ausmacht und im Durchschnitt der Fälle den Tauschwert begründet, stellt Marx eine empirisch gehaltvolle und daher als richtig oder falsch überprüfbare Behauptung auf. Bei Heinrich ist das aber nicht der Fall. Seine Darstellung des Werts als das Verhältnis zwischen den in den sich tauschenden Waren enthaltenen individuellen Arbeiten hat nämlich im Hinblick auf die Wertgröße dieser Waren keinerlei Erklärungsgehalt. Vielmehr läuft sie nur auf die Feststellung hinaus, dass der Wert einer Ware eben das ist, was sie im Tausch einbringt. Damit wird eine Aussage getroffen, die nichts erklärt, sondern das Unerklärte einfach nur festhält. Aus diesem Grund fragt man sich, warum Heinrich überhaupt noch von einem Verhältnis zwischen individuellen Arbeiten und nicht z. B. von einem Verhältnis der in den einzelnen Waren enthaltenen Atomgewichte spricht. Denn das würde den Wert der Waren genauso gut oder – besser – schlecht erklären.

Diesen Überlegungen könnte Heinrich mit dem Hinweis begegnen, dass es sowieso nicht seine Absicht war, eine quantitative Begründung des Werts bzw. Tauschwerts zu liefern, weil es ihm eben nur darum ging, qualitative Erklärungen zu liefern. Daher sei darauf hingewiesen, dass der Mangel an empirisch gehaltvollen und deswegen überprüfbaren Aussagen dazu führt, dass auch diesbezüglich Fehlanzeige zu vermelden ist. Denn der spezifische Charakter der warenproduzierenden Arbeit ist – wie wir oben (vgl. Endnote xlv) schon gesehen haben – nichts anderes als bedeutungsloses Wortgeklimpere.

[lxiii] Haug hat weder etwas gegen die Messbarkeit der abstrakt menschlichen Arbeit durch die Zeit noch gegen die Bestimmung der wertbildenden Arbeit als durchschnittlich notwendige Arbeit einzuwenden. Das ist der Fall, weil er die abstrakte Arbeit gar nicht als abstrakte, sondern als konkrete Gemeinsamkeit versteht.

Auch Heinrich scheint die quantitative Bestimmung der wertbildenden Arbeit als gesellschaftlich notwendige Durchschnittsarbeit einesteils mitzumachen, obwohl sie den Umstand, dass die wertbildende Arbeit durch die Zeit gemessen werden kann, nicht – wie er vorstellig machen will – widerlegt, sondern im Gegenteil bestätigt. Anderteils wehrt er sich dagegen, „dass die Wertgröße bereits in der Produktion und damit auch vor dem Tausch bestimmt ist." (Heinrich, 2008, S. 78) Das kann seiner Meinung nach nicht stimmen. Denn er schreibt: „So hängt die gesellschaftlich notwendige Arbeitszeit zwar von den Produktionsbedingungen ab, aber erst im Tausch existiert jener Durchschnitt, der die gesellschaftlich notwendige Arbeitszeit bestimmt; erst im Tausch der Produkte kann die individuell verausgabte Arbeitszeit tatsächlich auf wertbildende, gesellschaftlich notwendige Arbeitszeit reduziert werden." (Heinrich, 2008, S. 78/79)

Die Frage ist hier, was „gesellschaftlich notwendige Arbeitszeit" heißt. Wenn es bei der Bestimmung von Marx als Durchschnittsarbeitszeit bleibt, dann ist der Hinweis belanglos. Denn diesen Durchschnitt, der als solcher festgestellt werden kann, gibt es unabhängig davon vor dem Tausch, dass selbstverständlich klar sein muss, welche Waren in den Tausch und damit in die Durchschnittsberechnung eingehen. Wenn Heinrich dennoch darauf besteht, dass er sich erst im Tausch ergibt, dann verbirgt sich dahinter eine Umdefinition der gesellschaftlich notwendigen Arbeitszeit. Dann hört sie auf, ein Durchschnitt zu sein, der schon in den in den Tausch eingehenden Waren enthalten ist. Dann wird sie zu etwas Anderem, das sich erst im Tausch ergibt und davor nicht bestimmt werden kann. Von einem Grund des Tausches wird die gesellschaftlich notwendige Arbeitszeit damit zu einer Folge des Tausches. Und als solche ist sie deswegen total leer, nichtssagend und sinnlos, weil es eben keinen bestimmten Grund gibt, aus dem eine bestimmte Folge gezogen werden kann.

[lxiv] Haug hat gegen die physiologische Arbeit genausowenig einzuwenden wie gegen die gesellschaftlich notwendige Arbeit. Denn er versteht die abstrakte Arbeit als konkrete Gemeinsamkeit.

Für Heinrich ist die Bestimmung der wertbildenden Arbeit als physiologische Arbeit dagegen problematisch. „Die hier vorgenommene Reduktion von Arbeit auf die Verausgabung von Hirn, Muskel etc. trifft aber für jede Art von Arbeit zu, egal ob sie sich in Waren darstellt oder nicht." (Heinrich, 2008, S. 95) „Problematisch ist, dass Marx eine solche überhistorische Eigenschaft von Arbeit zur Charakterisierung abstrakt menschlicher Arbeit heranzieht." (Heinrich, 2008, S. 101) Heinrich wirft also Marx nicht vor, die wertbildende Arbeit durch das Hereinbringen der physiologischen Arbeit in einer Weise zu bestimmen, die entweder logisch mangelhaft ist oder den empirischen Verhältnissen in der bürgerlichen Gesellschaft nicht entspricht. Stattdessen wendet er nur ein, dass Marx den Charakter der wertbildenden Arbeit nicht gesellschaftlich spezifisch bestimmt, wenn er sie mit einem Attribut in Zusammenhang bringt, das es auch jenseits der Warenproduktion gibt. Denn damit – so Heinrichs Position – stellt er zumindest implizit die Behauptung auf, dass es den Wert auch dann gibt, wenn gar keine Waren hergestellt werden. Zu diesem Argument ist zu sagen, dass es schlicht und einfach an der Sache total vorbei geht. Denn Marx stellt nur bezogen auf die in der bürgerlichen Gesellschaft vorkommenden Waren die These auf, dass die Arbeit entsprechend des mit ihr einhergehenden physiologischen Aufwands Wert bildet. Er behauptet also nicht, dass der Grund des wertbildenden Charakters der Arbeit in der bürgerlichen Gesellschaft ihr physiologischer Charakter ist, was tatsächlich den Gedanken nahelegen würde, dass es den Wert auch jenseits der bürgerlichen Verhältnisse gibt. Er ist vielmehr nur der Auffassung, dass der spezifisch gesellschaftliche Charakter der Arbeit innerhalb der bürgerlichen Gesellschaft gerade darin besteht, dass diese Arbeit in dem Maße wertbildend ist, in dem sie physiologische Arbeit und damit Verbrauch von Herz, Muskel, Hirn usw. darstellt. Und über den Grund, warum das der Fall ist, sagt er an dieser Stelle gar nichts.

Außerdem spricht sich Heinrich gegen den physiologischen Charakter der wertbildenden Arbeit nicht nur deswegen aus, weil er sie als Grund der Wertbildung missversteht. Auch als bloßes Merkmal der Waren produzierenden Arbeit gefällt ihm die physiologische Arbeit deswegen nicht, weil er die abstrakt menschliche Arbeit eben nicht als eine irgendwie zu fassenden Form der konkreten gebrauchswertbildenden Arbeiten fasst, sondern sie als Verhältnis zwischen diesen konkreten Arbeiten bestimmt. Auf dieser Grundlage ist nicht nur die zeitliche Messbarkeit oder die Durchschnittsbildung, sondern auch die physiologische Arbeit nicht einzusehen. Und dasselbe trifft zu, wenn man statt des Verhältnisses die scheinbare Wertgegenständlichkeit oder die äußerliche Gemeinsamkeit des Geldes zugrunde legt. Denn erstere hat als eigentlich ungegenständliche Eigenschaft auch nichts mit der physiologischen Arbeit zu tun. Und auf letztere trifft dasselbe zu. Auch das muss aber für uns kein Anlass sein, den Übergang zu dieser Arbeit zu kassieren. Denn es zeigt nur ein weiteres Mal, wie wenige Heinrichs Ausführungen mit Marx zu tun haben.

Während Marx der abstrakt menschlichen Arbeit mit der physiologischen Arbeit einen empirisch gehaltvollen und für die Arbeiter wichtigen Inhalt gibt, der im Hinblick auf die von ihm ausgehende Begründung des Tauschwerts zudem richtig oder falsch sein kann, kann bei Heinrich weder vom einen noch vom anderen gesprochen werden. Bei ihm bleibt die abstrakte Arbeit vielmehr ein bloßes Wort, das nichts wirklich Bestimmtes bezeichnet und bezeichnen kann. Daher ist nicht abzusehen, welche Bedeutung der Aufweis des spezifisch gesellschaftlichen Charakters der Waren produzierenden Arbeit haben soll, auf den Heinrich so großen Wert legt. (vgl. Endnote xliv) Dieser Charakter wäre nämlich nur dann aussagekräftig, wenn die abstrakte Arbeit in bestimmter Weise mit der konkreten verbunden ist und mit ihr daher etwas über sie ausgesagt werden kann. Das ist bei Heinrich aber gerade nicht der Fall.

[lxv] Die quantitative Seite der physiologischen Arbeit bekommt Heinrich überhaupt nicht in den Blick. Die genannten Stellen im „Kapital" entgehen ihm. Das ist deswegen nicht verwunderlich, weil er ja sowieso gegen die Rede von der physiologischen Arbeit ist. Haug ist nicht gegen diese Rede. Doch auch er nimmt den quantitativen Aspekt der physiologischen Arbeit nicht wahr.

[lxvi] Der sich auf die Reduktion der komplizierten Arbeit auf einfache Arbeit beziehende Zirkelvorwurf ist schon von Böhm-Bawerk erhoben worden. (Böhm-Bawerk, 1974 [1896], S. 105) Er sieht klar, dass es wissenschaftlich gesehen unmöglich ist, einerseits die Tauschverhältnisse aus der wertbildenden Arbeit zu erklären und andererseits diese Arbeit von den Tauschverhältnissen abhängig zu machen.

Bei Heinrich ist das vollkommen anders. Es überrascht nicht, dass er gegen den Verweis auf die Erfahrungen nichts einzuwenden hat. Denn er ist ja sowieso der Meinung, dass sich der Wert erst im Tausch zeigt. (Heinrich, 2008, S. 98) Erwähnenswert ist jedoch, wie Heinrich auf eine Kritik von Böhm-Bawerk reagiert: „Kritiker wie der oben erwähnte Böhm-Bawerk warfen Marx vor, dass er zu keiner genaueren Bestimmung dieser Proportionen in der Lage sei. Es ist allerdings zweifelhaft, ob sich diese Proportionen auf der allgemeinen Ebene, auf der Marx argumentiert (vgl. dazu den Kommentar zum Vorwort, Punkt b)), überhaupt bestimmen lassen." (Heinrich, 2008, S. 97) Anstatt das Argument von Böhm-Bawerk, das ja in dem Hinweis besteht, dass das Vorhaben der Begründung des Tauschwerts durch den Wert ad absurdum geführt wird, wenn die Proportionen nicht vor dem Tausch bestimmbar sind, zu widerlegen, wird nur festgestellt, dass es gar nicht widerlegt werden kann. Und das soll gegen Böhm-Bawerk und für Marx sprechen?!

[lxvii] Obwohl Heinrich diese Stelle kennt (Heinrich, 2008, S. 98), entgeht ihm diese Lösung des von Böhm-Bawerk aufgeworfenen Problems. Er sieht nicht die in ihr enthaltene Bestimmung dessen, wie die komplizierte Arbeit auf die einfache Arbeit zurückgeführt werden kann. Haug geht auf den Unterschied zwischen einfacher und komplizierter Arbeit überhaupt nicht ein. Von daher ist klar, dass er nicht realisiert, wie die zweite auf die erste reduziert werden kann.

[lxviii] Dass der Zirkel durch die Einbeziehung der Ausbildungskosten vermieden werden kann, entgeht auch Böhm-Bawerk. (Böhm-Bawerk, 1974 [1896], S. 106) Er redet zwar von einer gleichen Mehrwertrate. (Böhm-Bawerk, 1974 [1896], S. 56f.) Er merkt aber nicht, dass es diese nur geben kann, wenn man die höhere wertbildende Potenz der komplizierten Arbeit über die Ausbildungskosten bestimmt.

[lxix] Diese fehlerhafte Wertbestimmung, bei der der Wert aufhört, etwas vom Tauschwert Unabhängiges zu sein, findet sich auch bei Heinrich. (Heinrich, 2008, S. 84), (Heinrich, 2017, S. 241) sowie (Heinrich, 2005, S. 49) Er sieht auch an dieser Stelle nicht, dass sie dann, wenn sie korrekt wäre, zur Folge hätte, dass Marx als ernstzunehmender Wissenschaftler ausgehebelt wird. Im Gegenteil argumentiert er auch hier auf eine Weise, die darauf hinausläuft, dass er diese Aushebelung selbst vornimmt. Für Heinrich scheint daher die eigentliche wissenschaftliche Leistung von Marx gerade dort zu liegen, wo jeder Wissenschaftlichkeit der Boden entzogen wird.

Nanninga hat demgegenüber richtig gesehen, dass ein Zirkel vorliegt, wenn einerseits das Tauschverhältnis aus dem Wert begründet und andererseits der Wert vom Tauschverhältnis abhängig gemacht wird. (Nanninga, 1975, S. 91f.) Er spricht sich deshalb klar gegen diese Variante aus.

[lxx] Obwohl wir sehen werden (vgl. Endnote cxliv), dass Heinrich eine andere Differenz zwischen Wert und Preis kennt, kann es diese Differenz zwischen Wert und Preis bei ihm deshalb nicht geben, weil er den Wert als Folge der tatsächlichen Tauschverhältnisse darstellt. Insofern ist es verwunderlich, dass Heinrich doch vom Preis redet, der vom Wert verschieden ist. (Heinrich, 2017, S. 244) Das meint er tun zu können, weil zwischen dem Fall des Werts unterschieden werden kann, der vorliegt, wenn der Preis „allein" durch das Verhältnis zwischen „der individuell verausgabten Arbeit zur gesellschaftlichen Gesamtarbeit" bestimmt ist, und dem Fall des Preises, mit dem wir es z. B. zu tun bekommen, wenn die „zufällige Lage eines einzelnen Warenbesitzers" vorliegt, „der gezwungen sein mag, billig zu verkaufen." (ebenda) Dieser Begründung kann aber nicht gefolgt werden, weil der Unterschied, den Heinrich macht, gar nicht gemacht werden kann. Die genannte Lage des einzelnen Warenbesitzers ist nämlich nicht etwas, was aus dem normalen Verhältnis zwischen individueller Arbeit und Gesamtarbeit herausgenommen werden kann. Sie stellt vielmehr eine der vielen Möglichkeiten dar, die in diesem Verhältnis beinhaltet sein können.

[lxxi] Diese Erkenntnis ist zwar bei Nanninga beinhaltet. (Nanninga, 1975, S. 112) Und sofern er den Wert als „Substrat" festhält, das vom Ausmaß der „Verausgabung von Lebenskraft" (Haug, 2013, S. 141) abhängt, gilt dasselbe auch für Haug. Denn auf dieser Grundlage kann auch er zwischen Wert und Preis unterscheiden. Bei Heinrich ist das dagegen anders. Weil er keinen von den Tauschverhältnissen unabhängigen Wert kennt, nennt er auch das Wert, was tatsächlich ein vom Wert abweichender Preis darstellt. (Heinrich, 2008, S. 84)

[lxxii] Obwohl Haug im Unterschied zu Heinrich den Wert als Wert festhält, stimmt er ihm darin zu, dass der Wert „als „gesellschaftliches Verhältnis" zu begreifen ist" (Haug, 2013, S. 141) oder dass die wertbildende abstrakte Arbeit „ein gesellschaftliches Geltungsverhältnis ausdrückt". (Haug, 2013, S. 142) Dieses Entgegenkommen ist zurückzuweisen. Wenn der Wert ein in den einzelnen Waren enthaltenes Substrat ist, dann gibt sich aus ihm zwar ein bestimmtes Verhältnis zwischen diesen Waren. Das bedeutet aber nicht, dass der Wert dieses Verhältnis ist. Nicht der Wert ist ein gesellschaftliches Verhältnis. Als Verhältnis kann allenfalls der Tauschwert bezeichnet werden, weil er eben über die einzelne Ware hinaus auf das verweist, womit sie sich austauschen will.

Heinrich ist der Auffassung, dass Marx Ausführungen nicht als „eine quantitative Arbeitsmengentheorie" aufgefasst werden können, sondern er sich die „viel fundamentalere Frage" stellt, „in welcher Weise in einer Gesellschaft von Privatproduzenten ein kohärenter gesellschaftlicher Zusammenhang hergestellt wird". (Heinrich, 2017, S. 208) Dazu kann einerseits bemerkt werden, dass der Wert tatsächlich als Antwort auf die Frage nach der Kohärenz verstanden werden kann. Das ist der Fall, weil sich aus ihm, wie oben gesehen, ein in sich stimmiges Ganzes ergibt. Diese Antwort hat aber mit der „quantitativen Arbeitsmengentheorie" zu tun, die Heinrich ablehnt. Deshalb ist andererseits darauf hinzuweisen, dass Heinrichs kohärenter Zusammenhang einfach dadurch zustande kommt, dass die einzelnen Waren austauschbar sind oder – genauer gesprochen – zu bestimmten Geldpreisen verkauft werden können. Gerade weil in ihr der wirkliche kohärente Zusammenhang gar nicht mehr zum Ausdruck kommt, ist das aber ein Antwort, die gar nicht zunächst Unbekanntes aufdeckt, sondern lediglich das sagt, was jeder sowieso schon weiß. Nach Heinrich kommt also die grundlegendste Entdeckung von Marx der Wiedergabe eines Gemeinplatzes gleich.

[lxxiii] Auch die Erkenntnis, dass Marx zwar den Doppelcharakter der Arbeit als Spezifikum der bürgerlichen Gesellschaft behauptet, jedoch nicht zeigen kann, wie es zu diesem Charakter kommt, sucht man bei Heinrich vergebens. Dass das Argument mit der Warenform bestenfalls nur zu einer rein formellen Begründung führen kann, sieht Heinrich nicht. Er ist stattdessen der Auffassung, dass die Warenform auch inhaltlich überzeugend ist, weil er die abstrakte Arbeit in einer Weise versteht, in der diese einem „gesellschaftlichen Verhältnis" (Heinrich, 2017, S. 218) gleichkommt. Denn dieses Verhältnis kommt offenbar durch die Warenform zustande.

[lxxiv] Dass Marx selbst bemerkt, dass die Waren sich auch im Durchschnitt nicht zum Wert tauschen, ist für Heinrich ein Beleg dafür, dass das genannte negativ empirische Urteil an der Sache deshalb vorbeigeht, weil Marx gar keine Aussage über die empirischen Tauschverhältnisse machen wollte. Statt von diesen Verhältnissen, redet er laut Heinrich von Gegebenheiten, die von ihm entweder zusammenkonstruiert worden sind. Das zeigt vor allem die „Abstraktion vom Kapital" (Heinrich, 2008, S. 54), die zum Inhalt hat, dass es die vom Wert abweichenden Durchschnittspreise noch nicht gibt. Oder er redet von Gegebenheiten, die schlicht und einfach unterstellt worden sind. (Heinrich, 2008, S. 87/88) Und da sich diese konstruierten oder unterstellten Verhältnisse eben dadurch auszeichnen, dass die Waren sich in ihnen zumindest bezogen auf den durchschnittlichen Fall zum Wert tauschen, kommt es nicht zur genannten empirischen Widerlegung.

Zu diesen Überlegungen von Heinrich ist Folgendes zu sagen: Zum einen ist darauf hinzuweisen, dass es die Aussagen von Marx, die den Wert als durchschnittlichen Tauschwert negieren, zwar gibt. Sie können aber nichts daran ändern, dass sie nachträglich erfolgen und Marx zunächst so tut, als würde er von den empirischen Tauschverhältnissen ausgehen. Denn nur auf dieser Grundlage macht sein Schluss auf das gemeinsame Dritte, als das sich der Wert herausstellen wird, einen Sinn. Andernfalls würde dieses Vorgehen auf eine ärgerliche Spiegelfechterei hinauslaufen. Weil man eine solche Marx wohl nicht unterstellen kann, behält das negative empirische Urteil damit seine Berechtigung.

Eine ähnliche Kritik kann bezogen auf Heinrichs These vorgebracht werden, dass es gar nicht Marx' Absicht war, einen „Beweis" für seine Arbeitswerttheorie vorzubringen. (Heinrich, 2017, S. 204f.), (Heinrich, 2008, S. 86f.) sowie (Heinrich, 2005, S. 42f.) Diese These belegt Heinrich nicht damit, dass er zeigt, wie die Aussagen von Marx, die wir oben als Versuche des logischen und des empirischen Beweises des Werts verstanden haben, anders zu verstehen sind. Stattdessen argumentiert er mit einer Stelle aus einem Brief von Marx an Kugelmann. (Heinrich, 2017, S. 203) Selbst wenn man akzeptiert, dass aus der genannten Stelle die Heinrichsche Konsequenz gezogen werden kann, ist diese Argumentation unzulänglich. Denn sie ändert nicht das Geringste an der Art und Weise, wie Marx im I. Band vorgegangen ist.

Zum anderen ist dann, wenn man akzeptiert, dass Marx nicht von der empirischen Wirklichkeit, sondern nur von einer abstrakten Fassung dieser Wirklichkeit oder einem Modell bzw. einer Unterstellung spricht, zu bemerken, dass der genannte empirische Einwand zwar nicht mehr erhoben werden kann. Da es uns hier nicht um Modellbastelei oder die Konstruktion fiktiver Verhältnisse geht, sondern um die Erklärung der uns vorliegenden empirischen Wirklichkeit, stellt sich aber die Frage, was dieses Vorgehen zur Erkenntnis der empirischen Wirklichkeit beiträgt. Das ist vor allem deswegen der Fall, weil die im Modell enthaltene Aussage, dass die Waren sich um Durchschnitt zum Wert tauschen, offensichtlich nichts zur Erkenntnis beiträgt, sondern falsch und irrelevant ist. Da Heinrich der Meinung sein dürfte, er würde Marx mit seinem Hinweis auf das fiktive Modell verteidigen, ist auf dieser Grundlage darauf hinzuweisen, dass diese Art der

Verteidigung für Marx nicht hilfreich, sondern geradezu desaströs ist. Denn er wird dadurch als Wissenschaftler vollkommen desavouiert.

Zum dritten sei noch erwähnt, dass gerade der Umstand, dass Marx im Wissen darum, dass das den empirischen Tauschverhältnissen nicht entspricht, von einem Wert redet, der auch von den Durchschnittspreisen verschieden ist, nichts ist, worauf Heinrich sich bei seiner Interpretation von Marx stützen kann. Ganz im Gegenteil beweist dieser Umstand, dass Marx gerade keine monetäre, sondern eine prämonetäre Werttheorie vertritt. Das zeigt sich daran, dass er den Wert offensichtlich in einer Weise bestimmt, die vom Durchschnittspreis verschieden ist. Denn nur auf dieser Grundlage kann er von einem Unterschied zwischen Wert und Durchschnittspreis reden. Wenn Marx eine monetäre Werttheorie vertreten würde, dann könnte es diesen Unterschied dagegen gar nicht geben. Denn der Wert wäre nicht unabhängig vom Durchschnittspreis bestimmbar, sondern würde mit diesem zusammenfallen.

Wenn Heinrich konsequent wäre, dann müsste sein affirmativer Bezug auf den Unterschied zwischen Wert und Durchschnittspreis dazu führen, dass er seine monetäre Interpretation der Marxschen Werttheorie aufgibt und zu einer prämonetären Interpretation übergeht. Da er nicht konsequent ist, sondern an seiner monetären Interpretation festhält, gibt es bei ihm auch Aussagen, die gerade negieren, dass Marx sich auf Verhältnisse bezieht, die von der Empirie auch in ihrem Durchschnitt verschieden sind. Diese Aussagen liegen zum einen dann vor, wenn Heinrich den Wert als gesellschaftliches Verhältnis definiert, das vor seiner Realisierung als Tauschwert gar nicht quantitativ bestimmbar ist, sondern seine Größe erst durch den verwirklichten Tauschwert erhält. Denn auf dieser Grundlage kann es keinen Unterschied zwischen Wert und Tauschwert geben. Zum anderen finden sich dieselben Hinweise im Zusammenhang mit dem sogenannten Transformationsproblem, das es mit dem Übergang vom Wert zu dem vom Wert verschiedenen Durchschnittspreis zu tun hat. Dieses Problem gibt es bei Heinrich nämlich deswegen nicht, weil bei ihm Wert und Preis zusammenfallen.

[lxxv] Wie verhängnisvoll Heinrichs Verteidigung von Marx ist, zeigt sich auch daran, dass man auch diesen dritten Aspekt vergessen könnte, wenn Heinrich Recht hätte. Auch zur indirekten Begründung der Tauschverhältnisse taugt nur ein Wert, der zum einen für sich bestimmt werden kann und zum anderen eine empirische Größe darstellt. In dem Heinrich einen solchen Wert negiert, entzieht er auch der indirekten Begründung die Basis, auf der sie sinnvollerweise durchgeführt werden kann.

[lxxvi] Dieses Zitat ist für Heinrich der Beweis, dass Marx gar keine empirische Behauptung aufstellen wollte, sondern von einer Unterstellung ausgegangen ist. (Heinrich, 2008, S. 87) Das ist schon ein starkes Stück. Denn Heinrich tut allen Ernstes so, als wären einige sich in Fußnoten findende Nebenbemerkungen in der Lage, das, was Marx über viele viele Seiten ausführt, ungeschehen zu machen. Wenn man rückwirkend die Marxschen Ausführungen auf der Basis dessen beurteilt, dass ihnen eine Unterstellung zugrunde liegt, können sie nur als absurd bezeichnet werden. Es ist nämlich widersinnig, einerseits davon auszugehen, dass die Waren sich zum Wert tauschen, und andererseits so zu tun, als würde man den Wert erschließen. Das wäre nichts anderes als eine ärgerliche Spiegelfechterei.

Das heißt aber nicht, dass es bei Marx keine Unterstellungen gibt. Denn Unterstellungen kommen zum einen in der Form vor, dass Marx von Waren ausgeht, die im Hinblick darauf, wie sie produziert worden sind, Durchschnittswaren darstellen. Zum anderen nimmt er an, dass sich Angebot und Zufuhr gerade entsprechen. Von diesen beiden Unterstellungen, die als solche und im Unterschied zur Heinrichschen Unterstellung nicht auf eine unempirische Fiktion hinauslaufen, sondern mit der Empirie vereinbart werden können, will Heinrich nichts wissen. Denn sie haben nicht nur zur Folge, dass vom Wert schon vor dem Tausch gesprochen werden kann, sondern auch, dass ganz klar ist, dass der Wert nicht mit dem Tauschwert zusammenfällt. Sie würden also zu Konsequenzen führen, die es nach Heinrich nicht geben darf.

[lxxvii] Hier kann man besser als oben (vgl. Endnote i) beurteilen, wie falsch Haug liegt, wenn er einen Ausgangspunkt fordert, der allgemein bekannt ist. Gerade, weil Marx dieser Forderung augenscheinlich nachkommen wollte, hat er uns eine Theorie hinterlassen, die von Anfang an falsch aufgebaut ist. Andererseits besagt das nichts darüber, wie verständlich eine mit dem inhaltlich mittelbaren Sein beginnende Theorie für die Leser ist. So kann nicht ausgeschlossen werden, es mit einer Theorie zu tun zu bekommen, die zwar in sich richtig und stimmig ist, als solche aber nicht verstanden wird.

[lxxviii] Im vorliegenden Zusammenhang wird davon ausgegangen, dass der Wert etwas darstellt, was seinem Ausdruck logisch vorausgeht. Der Wert ist Grund und die Wertform Folge. Da Heinrich das vorletzte Zitat (Heinrich, 2008, S. 135) selbst zustimmend anführt, könnte man meinen, das das bei ihm auch so ist. Weil er sich in diesem Zusammenhang nur davon absetzt, dass das Verhältnis zwischen Wert und Wertform als „zeitliches nacheinander" (Heinrich, 2008, S. 136) interpretiert wird, könnte man nämlich meinen, dass er an der logischen Abfolge festhält. Sieht man genauer hin zeigt sich jedoch, dass Heinrich eine andere Position vertritt. Das wird zum einen daran deutlich, dass seiner Meinung nach „der Wert an der einzelnen Ware nicht zu fassen ist" (Heinrich, 2008, S. 135) und daher nur über seinen Ausdruck greifbar wird. Zum anderen schreibt Heinrich bezogen auf das Marxsche Beispiel „20 Ellen Leinwand sind 1 Rock wert" Folgendes: „Nur weil der Wert die Form eines Rockes annimmt, erhält der Wert der Leinwand eine *gegenständliche* Form, ihr Wert wird fassbar, sichtbar, messbar als eine bestimmte Menge Rock." (Heinrich, 2005, S. 57) Dass der Wert der Leinwand erst über den Rock fassbar wird, ist nämlich eine Haltung, die entgegen dem Anschein, den Heinrich erwecken will, nicht zur logischen Priorität des Werts gegenüber der Wertform passt. Ganz im Gegenteil zeigt der Umstand, dass der Wert der Leinwand nur über seinen Ausdruck „fassbar, sichtbar, messbar" wird, dass die Wertform Grund und der Wert Folge ist. Das kann auch anhand einer mathematischen Formel mit der Unbekannten X demonstriert werden. Wenn man diese Form löst, dann ist die Unbekannte X nämlich nicht Grund der Lösung, sondern ihre Folge. Denn Grund sind die anderen, von X verschiedenen Bestandteile der Formel. Genau daran wird deutlich, dass wir es auch hier wieder mit einem ärgerlichen Fall von Heinrichs Neusprech zu tun haben. Einerseits tut er so, als ginge er mit Marx konform. Andererseits vertritt er aber eine Position, die genau auf das Gegenteil von dem hinausläuft, wofür sich Marx ausspricht.

Dass Heinrich Marx verfehlt, zeigt sich im Übrigen auch daran, dass Marx bei der Frage nach dem Wertausdruck immer nur vom bloßen Wertausdruck und nicht vom wirklichen Austausch spricht. Dem liegt zugrunde, dass die Verwirklichung des Wertausdrucks im Tausch für ihn deswegen keinerlei Problem, sondern eine schlichte Folge des Wertausdrucks darstellt, weil er ja von ausgeglichenen Verhältnissen zwischen Nachfrage und Zufuhr ausgeht. Heinrich redet demgegenüber nicht nur vom bloßen Wertausdruck, sondern vom wirklichen Austausch. Denn für ihn ist der bloße Wertausdruck eine Größe, die noch gar nichts besagt. Weil er die Marxsche Voraussetzung nicht mitmacht, zählt stattdessen nur der aktuelle Austausch. Daher müsste er in dieser Hinsicht Marx eigentlich kritisieren. Das macht er aber nicht. Stattdessen tut er so, als würde auch Marx nicht nur von einem Wertausdruck reden, sondern auch schon vom wirklichen Austausch. Wie falsch das ist, wird sich spätestens bei der totalen Wertform zeigen.

[lxxix] Die Position, dass wir es bei der Frage nach der Wertform mit einem neuen Anfang zu tun haben, ist davon zu unterscheiden, dass Marx wegen des neuen Anfangs nicht zeigen kann, warum die Wertform nötig ist. Genau dies wird aber von Backhaus vertreten, der allein die von Marx „ohne Aufweis einer inneren Notwendigkeit" aufgeworfene Frage als Beweis dafür wertet, dass auf sie keine überzeugende Antwort gegeben werden kann. (Backhaus, 1997, S. 43) Diese Haltung ist zurückzuweisen. Ob eine Frage überzeugend beantwortet werden kann oder nicht, kann man nicht dem Umstand entnehmen, ob diese Frage selbst begründet worden ist oder nicht. Das kann man vielmehr nur überprüfen, wenn man sich die Antwort auf die Frage anschaut. Das macht

Backhaus aber gar nicht. Er kommt zu seinem Urteil, ohne die Antwort auch nur zu untersuchen. Sein Urteil bleibt den Marxschen Ausführungen damit äußerlich. Und daran ändert auch der Umstand nichts, dass sich im Folgenden zeigen wird, dass Marx seine Frage tatsächlich nicht überzeugend beantworten kann.

Die Position, dass ein neuer Anfang vorliegt, wird von Haug auf der einen Seite zugegeben, wenn er von einem „Neuanfang" (Haug, 1974, S. 120) spricht. Das geht aber nicht mit der Auffassung einher, dass deswegen ein theoretischer Fehler vorliegt. Denn aufgrund seiner Ablehnung der genetischen Vorgehensweise sind Neuanfänge für Haug unbedenklich. Auf der anderen Seite wird ein Neuanfang aber auch bestritten. (Haug, 2006, S. 45) Denn Haug ist der Meinung, dass Marx mit der Frage nach dem Wertausdruck etwas zum Thema macht, was dem Warentausch vorausgeht und daher in ihm impliziert ist. Wenn es diese Implikation gäbe, könnte Haug gefolgt werden. Wie wir sehen werden, ist das aber gar nicht der Fall. Haug entgeht, dass Marx nicht nur von den Wertausdrücken redet, die im Tausch enthalten und in diesem Sinne wirklich sind, sondern darüber hinaus auch die nur denkmöglichen Wertausdrücke zum Thema macht.

Heinrich ist der Auffassung, dass von einem neuen Anfang nur gesprochen werden könnte, wenn man den Wert als etwas betrachtet, das der einzelnen Ware zukommt. Wenn man dagegen „die Wertgegenständlichkeit der Waren als gemeinsame Gegenständlichkeit" auffasst, dann gibt es keinen Bruch. (Heinrich, 2017, S. 223) Diese Position ist deswegen überaus merkwürdig, weil es bei der Wertform gerade nicht um die „gemeinsame Gegenständlichkeit" oder den Wert als Verhältnis zwischen Waren geht, sondern um den Ausdruck des Werts der einen Ware A in Form der anderen Ware B. (Heinrich, 2005, S. 56) Da es keinen Sinn macht, bezogen auf den als Verhältnis verstandenen Wert davon zu reden, dass er der Ware A zukommt und in der Ware B zum Ausdruck gebracht wird, kann es sich bei diesem Wert der Ware A nur um etwas handeln, was ihr als solcher zukommt. Mit anderen Worten hat es Heinrich hier gerade nicht mit dem Wert als Verhältnis, sondern dem Wert als Eigenschaft der einzelnen Ware zu tun. Er fängt also an, etwas Neues zum Thema zu machen, und ist unverständlicher Weise trotzdem der Meinung, keinen Bruch zu vollziehen.

Nun könnte man dagegen halten, dass das Neue deswegen nichts Neues darstellt, weil Heinrich den Übergang zu ihm durch den falschen Schein begründet, zu dem es kommt, wenn die ungegenständlichen Eigenschaften, die den am Tausch beteiligten Waren aufgrund ihres Verhältnisses zueinander zuwachsen, als gegenständliche Eigenschaften wahrgenommen werden. Denn um den Ausdruck einer solchen Werteigenschaft oder Wertgegenständlichkeit geht es hier. Daher ist darauf hinzuweisen, dass das nur akzeptiert werden könnte, wenn der besagte Schein selbst notwendig wäre. Weil Heinrich diesen Schein nur behauptet und ihn in keiner Weise begründet (siehe Endnote xxxii), kann davon aber keine Rede sein. Daher bleibt es dabei, dass wir es mit einem neuen Anfang zu tun haben.

Auf der Basis dessen, dass man zusammen mit Heinrichs Schein auch akzeptiert, dass es um die Frage geht, wie sich die scheinbare Wertgegenständlichkeit ausdrückt, ist im Übrigen noch darauf hinzuweisen, dass wir es mit einer Thematik zu tun bekommen, die nicht mehr als Ausdrucksverhältnis, sondern nur noch als Bestimmungs- oder Entstehungsverhältnis bezeichnet werden kann. Weil der innerliche Wert etwas darstellt, was es entweder gar nicht oder zumindest nicht in bestimmter Form gibt, kann er in seiner äußerlichen Erscheinung nicht zum Ausdruck kommen. Stattdessen erfährt er in ihr seine Bestimmung oder seine Entstehung.

[lxxx] Bezogen auf den Band I redet Marx im obigen Zitat zum ersten Mal von „Wertgegenständlichkeit". Obwohl er es ansonsten in dieser Beziehung (Heinrich, 2008, S. 104) sehr genau nimmt, weist Heinrich darauf nicht hin. (Heinrich, 2008, S. 106) Darüber hinaus geht er überhaupt nicht auf diese Bezeichnung ein. Das ist insofern verwunderlich, als die Wertgegenständlichkeit gar nicht zu dem Wertbegriff passt, den Heinrich als Wertverhältnis teilt.

594

Umgekehrt legt die Wertgegenständlichkeit nahe, dass es Marx beim Wert mit einer gegenständlichen Eigenschaft zu tun hat, die es nicht nur dem Schein nach, sondern wirklich gibt.

[lxxxi] Haug will nicht logisch, sondern praxeologisch argumentieren. Daher ist klar, dass er auf die erste Argumentation setzt. Gemäß seiner Interpretation lädt uns Marx zum einen zu einem Gedankenexperiment dadurch ein, dass er uns fragt, ob wir uns den Wert einer einzelnen Ware vorstellen können. Zum anderen hält er dieses Experiment für überzeugend. Denn es ist „phänomenologische Erfahrung", dass wir uns den Wert nicht vorstellen können. (Haug, 1974, S. 124) und (Haug, 2013, S. 118) Wenn man bedenkt, dass Haug gleichzeitig feststellt, dass der Wert als „gesellschaftlich notwendige Arbeit" (Haug, 1974, S. 125) bestimmt worden ist, wird deutlich, wie bizarr diese These ist. Denn daraus folgt, dass wir uns den Wert einer Ware durchaus vorstellen können. Dazu müssen wir nur in Erfahrung bringen, wie viel Arbeit durchschnittlich in ihre Produktion gesteckt werden muss. Wenn der Wert für Haug trotzdem nicht vorstellbar ist, dann redet er offensichtlich nicht von einem Publikum, das – wie wir – das Marxsche ‚Kapital' gelesen hat oder liest, sondern von Leuten, die Marx noch nie gelesen haben und daher auch nicht wissen, dass es so etwas wie den Wert gibt und was er ist. Für diesen Personenkreis gilt aber, dass es den Wert nicht nur nicht als Wert, sondern überhaupt nicht ausdrücken kann.

[lxxxii] Heinrich geht auch auf das obige Zitat ein, kommt aber zu einem ganz anderen Ergebnis. (Heinrich, 2008, S. 107) Denn für ihn stellt der Umstand eine Selbstverständlichkeit dar, dass eine einzelne Ware nicht als Wert in Erscheinung treten kann. Das kommt im folgenden Zitat zum Ausdruck: „Aber warum ist die Wertgegenständlichkeit an der einzelnen Ware nicht zu fassen? Dies liegt an dem im ersten Unterabschnitt herausgestellten „gemeinschaftlichen" Charakter der Wertsubstanz: die Wertsubstanz abstrakte Arbeit kommt nicht einer einzelnen Ware zu, sondern ist nur gemeinschaftliche Substanz zweier, sich austauschenden Waren." (Heinrich, 2008, S. 106/107)

In ihm argumentiert er mit dem Wert als Wertverhältnis und stellt fest, dass dieser Wert der einzelnen Ware nicht entnommen werden kann, weil er nur im sich aktuell vollziehenden Tausch vorliegt. Dazu ist einesteils zu sagen, dass das zwar absolut richtig ist. Denn ein Wert, der einem im Tausch vollzogenen Wertverhältnis gleichkommt, kann selbstverständlich nicht als Wert in Form einer Wertgegenständlichkeit ausgedrückt werden. Andernteils ist darauf hinzuweisen, dass es bei der Frage nach einem Wertausdruck gar nicht um den Wert als Wertverhältnis gehen kann, sondern nur um den Wert als Wertgegenständlichkeit gehen muss. Denn nur auf seiner Grundlage gibt es den Unterschied zwischen ausgedrücktem Inhalt und ausdrückender Form, der die Voraussetzung dafür ist, dass die Frage nach dem Wertausdruck gestellt werden kann. Wenn der Wert dagegen das ganze Wertverhältnis beinhaltet, kann sich diese Frage gar nicht stellen, weil der Wert dann eben nur das ist, was er nun einmal ist. Daher ist festzustellen, dass Heinrich auf die Thematik des Wertausdrucks mit Argumenten eingeht, die mit dieser Thematik gar nichts zu tun haben. Er trifft eine Aussage, die gar nicht als Antwort auf die Frage verstanden werden kann, die tatsächlich gestellt worden ist. Heinrich macht den Fehler, die Frage nach dem Wertausdruck mit einer Thematik zu vermengen, die mit dieser Frage rein gar nichts zu tun hat. Es ist, als würde man bei einem Wort mit zwei voneinander vollkommen unabhängigen Wortbedeutungen gegen einen Zusammenhang, den es nur auf Basis der einen Bedeutung gibt, mit einem Hinweis auf die andere Bedeutung argumentieren.

Für Heinrichs Ablehnung dessen, dass der Wert als das zum Ausdruck kommen kann, was er ist, gibt es aber noch eine andere Begründung. Sie ist dadurch gekennzeichnet, dass es nicht beim Wertverhältnis bleibt, sondern die Wertgegenständlichkeit in der Form hereinspielt, in der es sie bei Heinrich als falscher Schein oder als ungegenständliche Eigenschaft gibt, die dem Schein nach als gegenständliche Eigenschaft auftritt. Auf dieser Grundlage ist sein Argument, dass die Wertgegenständlichkeit deswegen nicht als das erscheinen kann, was sie ist, weil sie als solche vollkommen unbestimmt und leer bleibt. Dazu ist zum einen zu sagen, dass etwas Unbestimmtes durchaus als das auftreten kann, was es ist. Denn man kann von der Unbekannten X sprechen. Zum anderen ist darauf hinzuweisen, dass das nur ausgeschlossen wäre, wenn es die Voraussetzung gäbe, dass es sich beim Wertausdruck immer nur um einen bestimmten Ausdruck handeln kann. Denn auf dieser Grundlage steht in der Tat fest, dass etwas Unbestimmtes nicht als etwas Bestimmtes auftreten kann. Das ist so klar, dass die entsprechende Frage hier zwar nicht mehr so unsinnig ist, wie im vorhergehenden Fall. Sie zu stellen erscheint aber weiterhin als ziemlich überflüssige Übung, weil die Antwort von vornherein ganz klar ist.

Ferner sei darauf hingewiesen, dass es auch im eben angesprochenen Fall nicht wirklich um das Ausdrucksverhältnis zu tun ist, das von Marx zum Thema gemacht wird. Stattdessen ist bei Heinrich eher von einem Bestimmungs- oder Entstehungsverhältnis die Rede. Ersteres ist der Fall, wenn es das, was auszudrücken ist, nur als unbestimmtes Etwas gibt. Denn dann geht es nicht um ein Ausdrucksverhältnis, in dem ein bestimmter Inhalt anders zum Ausdruck gebracht wird, sondern einem Bestimmungsverhältnis, bei dem ein unbestimmter Inhalt bestimmt wird. Mit dem Zweiten bekommen wir es zu tun, wenn es das, was auszudrücken ist, gar nicht gibt. Denn dann bekommen wir es mit einem Entstehungsverhältnis zu tun, bei dem etwas in die Existenz tritt, was anfangs nicht existiert.

[lxxxiii] Die obigen Einwände werden auch nicht vom Marx-Kritiker Becker vorgebracht. Dass der Übergang vom Wert, der die vergegenständlichte Arbeit meint, zu seinem Ausdruck in der Form von anderem Gebrauchswert nicht notwendig ist, kann er schon deshalb nicht zeigen, weil es für ihn zwischen den beiden Seiten von vornherein kein Verhältnis des Sowohl/Als auch, sondern nur ein Verhältnis des Entweder/Oder gibt. (Becker, 1972, S. 63f.) Deswegen versteht er Marx' Hinweise auf das Entweder/Oder als die Behauptung, das Entweder sei mit dem Oder identisch. Als Folge davon ist er der Auffassung, Marx würde einen logischen Fehler begehen und für diesen darüber hinaus nicht sein Denken, sondern die Wirklichkeit verantwortlich machen. (Becker, 1972, S. 71)

[lxxxiv] Dass die Frage nach der Wertform zum einen als Frage danach zu verstehen ist, warum der Wert nicht als das erscheint, was er ist, sondern in einer anderen Form zum Ausdruck kommt, versteht Heinrich genauso wenig wie den Umstand, dass diese Frage nur sinnvoll ist, wenn der Wert als solcher bestimmt ist. Das zeigt die folgende Stelle, in der sich Heinrich auf die Aussage bezieht, dass die Wertgegenständlichkeit nur im gesellschaftlichen Verhältnis von Ware zu Ware erscheinen kann: „Isoliert betrachtet könnte man diesen Satz auch so verstehen, dass die Wertgegenständlichkeit der Ware zwar schon vor und außerhalb des Tausches vorhanden ist und lediglich innerhalb des Tausches „erscheint", im Sinne von sichtbar wird. Aber dies ist offensichtlich nicht gemeint. In dem Marx hervorhebt, dass Wertgegenständlichkeit „rein gesellschaftlich" sei, hatte er gerade betont, dass es sich um keine Eigenschaft des *einzelnen* Dings handeln kann." (Heinrich, 2008, S. 107)

Dieses Zitat zeigt, wie grundlegend Heinrich das verfehlt, was Marx im Zusammenhang mit der Wertform anspricht. Während Marx bei der Frage nach dem Wertausdruck ganz selbstverständlich davon ausgeht, dass die einzelnen Waren Werte sind, redet Heinrich von Waren, die erst durch den Tausch zu Werten werden. Auf dieser Grundlage stellt sich die Marxsche Frage aber gar nicht. Wenn das einzelne Ding wirklich nicht als Wert bestimmt werden kann, weil der Wert ein im aktuellen Tausch vorhandenes Verhältnis darstellt, dann stellt sich die Frage danach gar nicht, warum der Wert nicht als solcher erscheint. Dann ist diese Frage nämlich von Anfang an sinnlos, weil von vornherein klar ist, dass der Wert sich nur innerhalb der Beziehung der einen Ware auf die andere zeigen kann. Festzustellen, dass sich die Frage danach nicht stellt, warum der Wert nicht als das erscheint, was er ist, ist aber etwas vollkommen anderes als diese Frage überzeugend zu beantworten.

Der Grund für Heinrichs Unverständnis dürfte darin liegen, dass für ihn vollkommen klar ist, dass die einzelne Ware nicht als Wert bestimmt werden kann. Denn der Kapitalismus ist durch seine Ungeplantheit gekennzeichnet. Diese hat zur Folge, dass man im Vorhinein nicht mit Sicherheit sagen kann, welchen Preis die Ware erzielen wird. Das ist zwar richtig, hat aber mit dem, was Marx abhandelt, nichts zu tun. Wie wir gesehen haben, geht Marx zum einen von Waren aus, die Durchschnittsexemplare ihrer Art darstellen. Zum anderen geht er von der Annahme aus, dass Nachfrage und Zufuhr sich entsprechen. Auf dieser Grundlage ist nicht nur klar, welchen Wert die einzelne Ware hat, sondern auch, dass dieser Wert als Tauschwert realisiert werden kann.

Auf dieser Grundlage könnte Heinrich zwar einwenden, dass dieser Ausgangspunkt verkehrt ist, weil er nicht zur Ungeplantheit der bürgerlichen Verhältnisse passt. Wie sich zeigen wird, ist das zum einen falsch. Denn ausgehend vom Wert kann die Ungeplantheit durchaus eingeholt werden. (vgl. S. 413ff.) Zum anderen ist darauf hinzuweisen, dass Heinrich auch dann, wenn er Recht hätte, sich auf die Marxsche Grundlage einlassen müsste, um dessen Ausführungen angemessen beurteilen zu können. Denn der Hinweis, dass sich auf Heinrichs Grundlage die Frage danach, warum der Wert nicht als Wert erscheint, gar nicht stellt, hilft hier deswegen nicht weiter, weil Heinrichs Grundlage sich eben von der Marxschen unterscheidet.

[lxxxv] Der Wert stellt bei Haug etwas dar, was „durch die gesellschaftlich notwendige Arbeit" gebildet wird und damit jeder Ware „immanent" ist. (Haug, 1974, S. 125) Trotzdem ist er der Meinung, dass der Wert deswegen nicht als das in Erscheinung treten kann, was er ist, weil folgendes gilt: „Man stelle sich irgendein Ding als Ware vor und versuche, sich den Wert dieser Ware vorzustellen. Dabei stößt man auf einen ganz eigentümlichen Sachverhalt: Obwohl man landläufig meint, es sei klar, was der Wert einer Ware sei, wird es unmöglich sein, die Vorstellung des Werts der Ware an der Ware selbst in irgendeiner Form festzumachen." (Haug, 1974, S. 124) Abgesehen davon, dass hier nicht vom Wert ausgegangen wird, sondern den Vorstellungen, die wir uns vom Wert machen, ist zu diesem Argument zu sagen, dass ich mir sehr wohl vorstellen kann, wie man den Wert an der einzelnen Ware festmachen kann, nämlich einfach als soundsoviel gesellschaftlich notwendige Arbeit. Auf diese Selbstverständlichkeit kommt Haug wohl deshalb nicht, weil für ihn die Feststellungen nicht falsch sein können, die Marx trifft.

[lxxxvi] Dass es zwischen dem Ausdruck des Werts als Wert und dem Ausdruck des Werts als Tauschwert einen Unterschied gibt, kommt bei Heinrich nicht vor. Das ist schon deswegen der Fall, weil er den Wert genauso bestimmt wie den Tauschwert. Den reinen Wertausdruck gibt es bei ihm daher gar nicht. Das macht auch die Art und Weise deutlich, in der er den Wert als Etwas rein Gesellschaftliches versteht. Denn darunter versteht er nicht nur eine Bestimmung, die vom Menschen herkommt, sondern ein Ausdruck für den gesellschaftlichen Verkehr zwischen Menschen.

Bei Haug gibt es einen Unterschied zwischen Wert und Tauschwert. Das bedeutet jedoch nicht, dass er zwischen dem Ausdruck des Werts als Wert und des Werts als Tauschwert einen Unterschied macht. Dazu ist er aufgrund seiner praxeologischen Herangehensweise schon deswegen nicht in der Lage, weil der Wertausdruck bei ihm immer nur auf die Anbahnung eines Tausches bezogen ist. (vgl. dazu Endnote lxxix)

[lxxxvii] Heinrich erwähnt zwar alle drei Stellen. (Heinrich, 2008, S. 123ff.) Dass auf ihrer Grundlage verwunderlich ist, warum die in der Äquivalentware vergegenständlichte konkrete und private Arbeit nicht genauso zum Ausdruck kommt wie ihr Gebrauchswert, sieht er jedoch nicht.

[lxxxviii] Dieses Verständnis (vgl. Endnote lxxix) hat als Folge seiner praxeologischen Herangehensweise auch Haug.

[lxxxix] Oben (vgl. Endnote lxxxiv) haben wir gesehen, dass Heinrich betont hat, dass die einfache Wertform als wirklicher Austauschakt verstanden werden muss. Denn nur dann ist der Wert wirklich gegeben. Auf dieser Grundlage müsste er bei der entfalteten Wertform eigentlich entweder darauf hinweisen, dass es sie nicht geben kann. Denn ein und dieselben 20 Ellen Leinwand können sich nur mit einer der anderen Waren tauschen. Oder er müsste merken, dass es sich bei seinem über den bloßen Wertausdruck hinausgehenden Verständnis der einfachen

Wertform um ein Missverständnis handelt. Denn die totale Wertform kann es in gleichzeitiger Form nur als Wertausdruck geben. Beides sucht man allerdings vergebens. Stattdessen tut Heinrich so, als könne es sich auch bei der totalen Wertform um einen wirklichen Austauschakt mit der Folge handeln, dass er es bei seinem Verständnis belassen kann.

[xc] Heinrich spricht das Argument der erforderlichen Unterscheidung vom Gebrauchswert an, ohne etwas dagegen einzuwenden. (Heinrich, 2008, S. 138) Er bemerkt nicht, dass dieses Argument schon deshalb fehl am Platz ist, weil es die totale Wertform dabei belässt, dass der Wert nur vom Gebrauchswert der Leinwand unterschieden wird.

[xci] Obwohl Haug aufgrund seiner praxeologischen Perspektive die Frage nach dem Wertausdruck als Einleitung zum Warentausch versteht (vgl. Endnote lxxix), entgeht ihm, dass die entfaltete Wertform dazu gar nicht passt.

[xcii] Heinrich sieht das anders: „Die einfache Wertform drückt zwar den Wert der Ware A gegenständlich aus, macht ihn fassbar und messbar, sie ist aber trotzdem noch unzulänglich, denn sie setzt die Ware A nur zu einer einzigen Ware, der Ware B, in Beziehung, aber noch längst nicht zu allen anderen Waren." (Heinrich, 2005, S. 58) sowie (Heinrich, 2017, S. 225) Er stimmt der Unangemessenheit zwischen dem einfachen Wertausdruck des "Werts der Ware A" und dem zu, was dieser Wert an sich ist. Dabei dient ihm als Grundlage aber nicht der Wert als Wertgegenständlichkeit, sondern der Wert als Wertverhältnis. Und dieses Verhältnis ist nicht eines, das es zwischen zwei Waren gibt. Stattdessen bezieht sich Heinrich offensichtlich auf das Verhältnis der einen Ware zu allen anderen. Weil dieses Verhältnis für ihn das ist, was als Wert zu bezeichnen ist, ist die einfache Wertform für ihn unzulänglich. Zu dieser Argumentation ist zum einen zu sagen, dass sie an der Sache vorbeigeht. Wenn wir es mit der Frage nach dem Wertausdruck zu tun haben, dann beziehen wir uns im Hinblick auf die links stehende Ware auf ihre Wertgegenständlichkeit. Denn nur auf dieser Grundlage stellt sich die genannte Frage. Als Gegenargument gegen die einfache Wertform bringt Heinrich aber den Wert als Wertverhältnis ins Spiel. Damit gibt er auf die Frage, die sich nur auf Basis der Wertgegenständlichkeit stellt, eine Antwort, die damit einhergeht, dass sich die Frage gar nicht stellen kann. Zum anderen ist darauf hinzuweisen, dass es die totale Wertform oder ein Verhältnis einer Ware zu allen anderen Waren allenfalls auf Basis der denkmöglichen Austauschbarkeit theoretisch gibt. Als Ausdruck wirklicher Austauschbarkeit oder praktisch gibt es diese Wertform dagegen nicht. Denn eine Ware ist nie mit allen anderen austauschbar. Und als wirklicher Tauschakt gibt es die totale Wertform schon gar nicht. Daher ist auch in diesem Zusammenhang zu kritisieren, dass Heinrich diese Wertform zum Maßstab für einen angemessenen Wertausdruck macht.

[xciii] Heinrich ist auf der einen Seite der Auffassung, dass Marx die weitergehende Forderung erfolgreich aus dem Wert ableiten kann. Denn bei ihm findet sich Folgendes: „Die einfache Wertform liefert zwar einen gegenständlichen Ausdruck, nämlich den Warenkörper der Ware B. Allerdings drückt diese Wertform *nicht alles* aus, was den Wert der Ware A ausmacht: es wird nicht ausgedrückt, dass die Ware A als Wertgegenstand mit allen andern Waren qualitativ gleich ist. Insofern handelt es sich bei der einfachen Wertform um einen „unzulänglichen" Ausdruck des Werts der Ware A." (Heinrich, 2008, S. 138/139) Insofern in diesem Zitat die Behauptung enthalten ist, die Forderung nach qualitativer Gleichheit mit allen anderen Waren sei deshalb eine notwendige Folge des Werts selbst, weil dieser sich in einer Form ausdrücken will, die all das enthält, was er ist, ist ihm zu widersprechen. Das ist zum einen schon deswegen der Fall, weil in der entfalteten Wertform gar nicht alles zum Ausdruck kommt. Es wird nämlich nicht deutlich, dass der Wert vergegenständlichte Durchschnittsarbeit darstellt. Zum anderen kann aus dem Wert als solchem keine bestimmte Art und Weise des Wertausdrucks abgeleitet werden. Eine solche Art und Weise kann sich vielmehr nur aus Forderungen ergeben, die dem Wert beigelegt werden.

Auf der anderen Seite bringt Heinrich eine weitere Unzulänglichkeit ins Spiel. Sie bezieht sich darauf, dass die einzelne Äquivalentform einen Mangel aufweist, weil sie nur gegenüber der einen

Ware A „die Form der unmittelbaren Austauschbarkeit" hat. (Heinrich, 1999, S. 138) Denn er ist der Auffassung, dass zu einer angemessenen Äquivalentform auch gehört, dass die Form unmittelbarer Austauschbarkeit sich auf mehr als eine Ware bezieht. Dazu ist zum einen zu sagen, dass Marx dieses Argument in vorliegenden Zusammenhang gar nicht erwähnt. Zum anderen spielt es beim Übergang zur entfalteten Wertform überhaupt keine Rolle. Denn diese ändert ja gar nichts an der beschränkten unmittelbaren Austauschbarkeit der Äquivalentwaren. Zum dritten stellt sich auch von diesen beiden Punkten abgesehen die Frage, woher die Forderung nach einer unmittelbaren Austauschbarkeit gegenüber mehr als einer Ware kommt. Während das bezogen auf die Marxschen Forderungen nicht der Fall war, drängt sich diese Frage bezogen auf seine Forderung offenbar auch Heinrich selbst als etwas auf, das nicht befriedigend beantwortet werden kann. Denn er ist einerseits der Auffassung, dass wir die Unzulänglichkeit der einfachen Äquivalentform „strenggenommen noch gar nicht beurteilen" können. (Heinrich, 2008, S. 139) Andererseits vermutet er, „dass die einfache Äquivalentform unzulänglich ist, wenn wir an die aus dem Alltag bekannten Geldform denken". (ebenda) Damit gibt er zu erkennen, dass ihm eine Argumentation vorschwebt, die von vornherein deswegen nicht zwingend sein kann, weil sie sich nicht aus ihrem Grund heraus ergibt, sondern im Gegenteil nur daraus, dass sie auf ein bestimmtes, unabhängig von ihr gegebenen Ziel ausgerichtet ist, das sie schrittweise anstrebt.

[xciv] Heinrich kommt zu einem viel besseren Urteil, ohne dafür allerdings überzeugende Gründe vorbringen zu können: Er erwähnt erstens das Argument mit dem „unfertigen" oder „unabgeschlossenen" Wertausdruck, ohne im Mindesten darauf einzugehen, warum die einzelne Wertform unfertig oder der Umstand, dass mit jeder neuen Ware ein weiterer Wertausdruck hinzukommt, ein Mangel sein soll. Zweitens hat er auch nichts gegen das Argument einzuwenden, dass wir es mit einem „Mosaik" „verschiedener Wertausdrücke" zu tun haben, was umso erstaunlicher ist, als er doch zuvor genau das mit Marx gefordert hat. Drittens bringt er auch das Argument vor, dass die entfalteten Wertformen verschiedener Waren unterschiedlich sind, ohne zu realisieren, dass es schon deswegen nichts bringen kann, weil wir es hier nur mit einer entfalteten Wertform zu tun haben. Als Erklärung dafür, dass er keine Einwendungen vorzubringen hat, findet sich bei Heinrich Folgendes: „Warum handelt es sich bei den aufgezählten Eigenschaften um Mängel? Marx diskutiert dies hier nicht weiter. Offensichtlich ist er der Auffassung, dass die Hinweise ausreichen, die er am Ende der Erörterung der einfachen Wertform gab. Dort wurden die Mängel der einfachen Wertform letztlich darin gesehen, dass sie den Wert der Ware A nicht adäquat ausdrückt. Dies trifft auch auf die entfaltete Wertform zu. Zwar wird die einzelne Ware A jetzt in eine Beziehung zur gesamten Warenwelt gestellt. Dass sämtliche Waren als Werte qualitativ gleich sind, kommt in den unabgeschlossenen und verschiedenartigen Wertausdrücken, welche die entfaltete Wertform liefert, aber nicht zum Vorschein. Statt eines einheitlichen Ausdrucks des Werts der Ware A gibt es nur viele besondere Ausdrücke. Insofern drückt die entfaltete Wertform den Wert der Ware A nur mangelhaft aus." (Heinrich, 2008, S. 145)

Heinrich tut hier zum einen so, als würde die Zusatzforderung des vierten Anfangs genauso schon im zweiten Anfang und damit im Wertausdruck als solchen liegen wie die die Zusatzforderung des dritten Anfangs und deswegen wie diese gar keine wirkliche Zusatzforderung darstellen. Das ist falsch. Die Inadäquatheit der entfalteten Wertform ergibt sich nicht aus den Ansprüchen an den Wertausdruck, die es zuvor schon gegeben hat. Diese Inadäquatheit kommt vielmehr nur zustande, weil es zu einer weitergehenden Forderung bzw. zu einem vierten Anfang kommt. Zum anderen ist gegen Heinrich einzuwenden, dass dieser vierte Anfang entgegen dem Eindruck, den er erweckt, nicht Forderungen enthält, die zu denen des dritten Anfangs nur hinzukommen. Die Forderungen des vierten Anfangs sind vielmehr solche, die die des dritten Anfangs ersetzen. Das sich der Wert eine Ware A adäquat ausdrückt, dafür ist jetzt nicht mehr erforderlich, dass sie aktiv zeigt, dass sie mit allen anderen Waren gleich ist. Das hängt jetzt davon ab, dass sie ihren Wert aktiv in einer einzelnen Ware ausdrückt, in der alle anderen Waren ebenfalls ihren Wert ausdrücken. Heinrich ist daher nicht nur der Vorwurf zu machen, dass er die zusätzliche Anforderung, die Marx in seinem vierten Anlauf an die Wertform richtet, in einer Weise akzeptiert, als wären es keine zusätzlichen Anforderungen, sondern Dinge, die schon in der ersten Frage nach dem Wertausdruck enthalten sind. Darüber hinaus ist auch zu konstatieren, dass er im vorliegenden Zusammenhang ein äußerst kurzes Gedächtnis hat und daher nicht sieht, dass sich die zweite Forderung der ersten widerspricht.

[xcv] Wie das folgende Zitat deutlich macht, sieht Heinrich diesen Punkt nicht. „In den ersten beiden Absätzen behandelt Marx den Unterschied zwischen den Wertformen: beim Übergang von der ersten zur zweiten und von der zweiten zur dritten gab es tatsächliche *Form*veränderungen, der Form nach unterscheidet sich die Geldform aber überhaupt nicht von der allgemeinen Wertform. Der Fortschritt besteht nur darin, dass die Äquivalentform jetzt mit der Naturalform einer bestimmten Ware „verwachsen" ist." (Heinrich, 2008, S. 158) Dieses Zitat zeigt nämlich, dass Heinrich der eigentliche Inhalt entgeht, um den es beim Schritt von der allgemeinen Wertform zur Geldform zu tun ist. Er bemerkt gar nicht, dass die Ware Gold aufhört, Ware zu sein, wenn sie zu Geld wird. Genauer gesprochen entgeht ihm, dass Gold als Geld nicht mehr als Gebrauchsmittel von Interesse ist, sondern nur noch als Tauschmittel. Dieser Fehler ist aber nicht nur Heinrich zuzuschreiben. Er hat auch damit zu tun, dass der eigentliche Punkt auch von Marx nicht richtig zum Ausdruck gebracht wird.

[xcvi] In diesem Zusammenhang ist auch Heinrich zu kritisieren, wenn er schreibt: „Geld wird nicht einmal mit bewusster Überlegung eingeführt ..." (Heinrich, 2005, S. 63) Denn diese Behauptung ist empirisch eindeutig falsch. Um das zu sehen, muss man sich nur vergegenwärtigen, wie es zum Euro gekommen ist.

[xcvii] Obwohl Haug sich an anderen Stellen dagegen verwahrt, im eigentlichen Sinne historisch zu argumentieren, interpretiert er den Übergang von der einfachen Wertform über die entfaltete und die allgemeine Wertform zur Geldform historisch im Sinne einer äußeren Geschichte. Das zeigt sich daran, dass er die einfache Wertform zu etwas macht, was es in Verhältnissen gegeben hat, in denen der Tausch „noch nicht die Regel ist, sondern noch etwas zufällig Zustandegekommenes". (Haug, 1974, S. 136) Diese These kann zum einen als Interpretation der Marxschen Ausführungen nicht überzeugen. Denn das Einzige, worauf sich Haug stützen kann, ist, dass Marx die einfache Wertform auch als „zufällige Wertform" bezeichnet. Damit dürfte er sich jedoch nicht darauf beziehen, dass der Tausch gar nicht die Regel ist, sondern nur darauf, dass es zufällig ist, dass Marx gerade von der Leinwand und dem Rock spricht. Zum anderen dürfte klar sein, dass Haugs Position auch nicht als Erklärung der wirklichen Geschichte taugt. Denn die totale Wertform hat es genauso nie gegeben wie die allgemeine Wertform.

[xcviii] Becker lehnt die Rede vom Widerspruch zwischen Gebrauchswert und Wert als unwissenschaftlich ab. (Becker, 1972, S. 71) Insofern von dem Widerspruch in dieser Form in der Tat nicht gesprochen werden kann, ist einerseits festzustellen, dass er damit nicht ganz falsch liegt. Und daran ändert auch der Umstand nichts, dass seiner Zurückführung dieses Widerspruchs auf die zwei unterschiedlichen Aussagen zum Tauschverhältnis (vgl. Endnote lxxxiii) nicht gefolgt werden kann. Andererseits entgeht Becker die Art und Weise, in der tatsächlich auf wissenschaftlich sinnvolle Weise von einem Widerspruch in der Ware gesprochen werden kann.

[xcix] Hier ist die Stelle, an der besser beurteilt werden kann, wie falsch Heinrich Marx mit dem folgenden Zitat interpretiert, dass wir oben (vgl. Endnote xxxii) schon einmal angeführt haben:

„Normalerweise kommen gegenständliche Eigenschaften den Dingen als solchen zu, unabhängig von ihren Beziehungen zu anderen Dingen. Eigenschaften, die nur innerhalb von bestimmten Beziehungen vorhanden sind, betrachten wir gerade nicht als gegenständliche, dem einzelnen Ding zukommende Eigenschaft, sondern als Verhältnis. Wird Soldat A vom Feldwebel B herumkommandiert, dann ist A Untergebener, B Vorgesetzter. Die Eigenschaften Untergebener bzw. Vorgesetzter zu sein, resultieren aus dem spezifischen *Verhältnis* von A und B innerhalb einer militärischen Hierarchie, kommen ihnen aber nicht als Personen außerhalb der Hierarchie zu.

Bei der Wertgegenständlichkeit *scheint* nun aber eine Eigenschaft, die nur innerhalb einer Beziehung existiert, eine gegenständliche Eigenschaft der Dinge zu sein, die ihnen auch außerhalb dieser Beziehung zukommt. Suchen wir außerhalb der Tauschbeziehung nach dieser Gegenständlichkeit, dann wissen wir nicht, wo wir sie fassen sollen; Wertgegenständlichkeit ist eine in durchaus wörtlichem Sinne „gespenstische" Gegenständlichkeit." (Heinrich, 2005, S. 51/52)

Während bei Marx der Wert, der als „Wertgegenständlichkeit" jeder Ware für sich zukommt, etwas darstellt, was zu der wahren Wirklichkeit gehört, die ausgehend von den anfänglichen Erscheinungen erst erschlossen werden muss, ist genau dieser Wert bei Heinrich Bestandteil der falschen Wirklichkeit des Scheins. Während sich bei Marx der falsche Schein auf das Äußerliche bezieht, das direkt wahrgenommen werden kann und daher nicht erschlossen werden muss, redet Heinrich von einem falschen Schein, der sich auf das Innerliche erstreckt, das als solches eben nicht direkt wahrnehmbar ist, sondern erst erschlossen werden muss. Dieser innerliche Schein hat mit Marx rein gar nichts zu tun. Er ist eine durch und durch Heinrichsche Erfindung.

Umgekehrt kommt das, was bei Marx bloßer Schein ist und dann in fertiger Form auftritt, wenn wir es mit dem allgemeinen Äquivalent des Geldes zu tun haben, dem nahe, was bei Heinrich wahre Wirklichkeit ist. Zwar ist der Wert nach Heinrich eigentlich ein bestimmtes Verhältnis zwischen Waren. Als solches ist kann es aber nicht in Form einer bestimmten Sache festgehalten werden. Festgehalten werden kann dagegen die gegenständliche Reflexion dieses gesellschaftlichen Verhältnisses, die sich in fertiger Form auf das Geld bezieht. Das führt dazu, dass sich das Geld nicht nur als äußerer Ausdruck von etwas Innerlichem etabliert. Da dieses Innerliche einem zwischen den Händen zerrinnt, wird der Wert stattdessen in einer Weise zu Geld, die eben nicht nur scheinbar ist, sondern dem entspricht, dass das Geld die einzige Wirklichkeit des Werts ist.

[c] Dieser Fehler kommt auch bei Heinrich vor: „Diese gesellschaftlich notwendige Arbeitszeit ist eine „Durchschnittsgröße", die davon abhängt, was jeweils „normale" Produktionsbedingungen sind. Was der normale Stand von Technik und Qualifikation ist, wird aber erst beim Tausch auf dem Markt bestimmt. Was „normal" ist hängt davon ab, welche Produzenten tatsächlich auf dem Markt erscheinen. Garn mit der Hand spinnen ist nur so lange eine „normale" Produktionsbedingung, wie das meiste Garn, das auf dem Markt angeboten wird, mit der Hand gesponnen wird. Wird jedoch das meiste angebotene Garn mit der Maschine gesponnen, dann ist die Handspinnerei keine normale Produktionsbedingung mehr. So hängt die gesellschaftlich notwendige Arbeit zwar von den Produktionsbedingungen ab, aber erst im Tausch *existiert* jener Durchschnitt, der die gesellschaftlich notwendige Arbeit bestimmt; erst im Tausch der Produkte kann die individuelle verausgabte Arbeitszeit *tatsächlich* auf wertbildende, gesellschaftlich notwendige Arbeitszeit reduziert werden." (Heinrich, 2008, S. 78/79) Zu diesem Zitat ist zum einen zu sagen, dass ein Durchschnitt natürlich von den Ausgangsgrößen abhängt, die in seine Berechnung eingehen, und dies selbstverständlich auch für die Waren gilt, die bezogen auf einen bestimmten Zeitraum auf dem Markt erscheinen. Zum anderen ist jedoch zu betonen, dass das nicht bedeutet, dass der Durchschnitt der in den Waren vergegenständlichten Arbeiten deswegen nur als Folge des Tauschs ermittelt werden kann. Er kann vielmehr vor dem Tausch berechnet werden. Daher ist festzustellen, dass es bei Heinrich eine Verwechslung gibt. Denn er tut so, als wäre eine auf Waren bezogene Durchschnittsberechnung dasselbe wie ihr Verkauf.

[ci] Diese Hinweise sind insbesondere deshalb zu machen, weil die ,Veränderungen und Ergänzungen' die zentrale Stelle darstellen, auf die sich Heinrich immer wieder beruft, um seine Ausführungen als korrekte Interpretation der Marxschen Darlegungen zu rechtfertigen. Das ist schon ein starkes, weil Chuzpe beinhaltendes Stück. Denn damit stützt sich Heinrich auf

Überlegungen, die Marx gar nicht in die von ihm bewerkstelligte zweite Ausgabe des ersten Bandes eingearbeitet hat.

[cii] Genau dieser Auffassung ist Heinrich. Er ist der Meinung, dass Marx einen Wertbegriff befürwortet, der Folge des Tauschs ist. (Heinrich, 2005, S. 62)

[ciii] Auf solche Banalitäten muss man hinweisen, weil Heinrich offenbar anderer Ansicht ist: „In jeder arbeitsteiligen gesellschaftlichen Produktion stehen die Menschen in bestimmten gesellschaftlichen Beziehungen zueinander. In der Warenproduktion erscheint dieses gesellschaftliche *Verhältnis der Menschen* als *Verhältnis von Dingen*: Es sind nicht die Menschen, die in einer Beziehung zueinander stehen, sondern die Waren. Ihre gesellschaftlichen Beziehungen erscheinen den Menschen daher als „*gesellschaftliche Natureigenschaft der Produkte*"." (Heinrich, 2005, S. 71)

Weil diese Sätze das starke Verständnis vom Fetischcharakter offen lassen, sei darauf hingewiesen, dass sich die Warenproduktion nur dadurch auszeichnet, dass das Verhältnis zwischen den Menschen nicht unmittelbar, sondern nur vermittelt über die Waren zustande kommt. Das ist aber etwas Anderes als ein „Verhältnis von Dingen", das durch diese selbst geschaffen wird.

[civ] „Auf diesen ersten beiden Seiten (85/86) hat Marx lediglich umrissen, was er unter „Warenfetischismus" versteht: gesellschaftliche Beziehungen der Warenproduzenten werden als gegenständliche Eigenschaften der Arbeitsprodukte zurückgespiegelt." (Heinrich, 2008, S. 171) Dieses Zitat zeigt, dass Heinrich ein Verständnis des Fetischcharakters hat, bei dem die Unkontrollierbarkeit der Verkaufspreise gerade nicht im Vordergrund steht. Stattdessen hat er es zum einen eher mit dem falschen Schein der Wertform oder genauer damit zu tun, dass die ungegenständlichen Eigenschaften der Äquivalentform als gegenständliche Eigenschaften des Äquivalents erscheinen. Zum anderen spielt auch sein falsches Verständnis dieser Verkehrung eine Rolle, die sich auf die in relativer Wertform stehende Ware bezieht und zum Inhalt hat, dass ihre gegenständliche Werteigenschaft in Wirklichkeit eine ungegenständliche Eigenschaft ist, die als solche unbestimmt und unbestimmbar bleibt. (Heinrich, 2008, S. 165)

[cv] Diese Kritik sucht man bei Heinrich schon deshalb vergebens, weil sein Verständnis vom Warenfetischismus gar nicht darauf fokussiert ist, dass gesellschaftliche Verhältnisse in dem Sinne als sachliche Verhältnisse erscheinen, dass die Verkaufspreise unkontrollierbar sind. Weil er dieses Moment mit dem falschen Schein der Wertform vermengt, bekommt er diesen Marxschen Begründungsversuch gar nicht in den Blick.

[cvi] Heinrich akzeptiert, dass aus der ungeplanten Privatproduktion der Fetischcharakter der Waren entspringt. Da er dabei vor allem den falschen Schein der Wertform im Blick hat, ist das aber auch dann zurückzuweisen, wenn man von der Unangemessenheit des Aufgreifens absieht. (Heinrich, 2008, S. 174)

[cvii] Heinrich macht den Fehler, das Sowohl/Als auch als Entweder/Oder zu verstehen. Genauer gesprochen sieht er nicht, dass die auf der Oberfläche ihren Ort habenden Überlegungen nicht den Überlegungen widersprechen, die erst zur Oberfläche hinführen. Er ist vielmehr der Meinung, dass er die erstgenannten Überlegungen gegen die zweitgenannten ins Feld führen muss.

[cviii] Dass als Wertmaß oder Wertausdruck nur etwas in Frage kommen kann, was selbst Wert ist, wird auch von Heinrich zurückgewiesen. Das ist zumindest in seiner ‚Wissenschaft vom Wert' der Fall. (Heinrich, 2017, S. 234/235) Im zweiten Teil seiner Leseanleitung und Kommentars wird dieser Punkt aber nicht mehr erwähnt. Haug hält demgegenüber an dieser falschen These insofern fest, als er sich für die Notwendigkeit der Golddeckung des Staatspapiergeldes ausspricht. (Haug, 2006, S. 55/56)

[cix] Auf die Forderung nach einem veränderlichen Wert geht Heinrich im 2. Teil seines Kommentars mit keinem Wort ein. Für Haug gilt das Gleiche.

[cx] Im zweiten Teil seines Kommentars zum I. Band bezieht sich Heinrich ebenfalls auf die zitierte Stelle. Im Hinblick auf die „gelingende Verwandlung von Ware in Geld" (Heinrich, 2013, S. 45) übergeht er dabei aber den Punkt, dass sie mit einem bloßen Wertformwechsel einhergeht. Der Grund dafür ist natürlich leicht zu ermitteln. Heinrich darf nicht von diesem Wertformwechsel reden, weil er damit zugeben musste, dass der Wert vor seiner Geldwerdung vorhanden ist. Er muss ihn übergehen, um an seiner These festhalten zu können, dass der auch quantitativ bestimmte Wert erst mit dem Geld vorliegt. Heinrich ist der Meinung, dass er in diesem Zusammenhang eine Position vertritt, die auch von Marx geteilt wird. Als Grund dafür verweist er darauf, dass Marx auf die selbstgestellte Frage: „Aber womit tauscht sich die Ware aus?" zur Antwort gibt: „Mit *ihrer eignen, allgemeinen* Wertgestalt." (Heinrich, 2013, S. 46) Wenn wir uns diesen Grund genauer ansehen, wird schnell deutlich, dass er nicht überzeugend ist. Zwar mag hier Marx' fehlgeschlagener Versuch mitschwingen, das Geld als notwendige Wertform darzustellen. Das darf aber nicht so verstanden werden, dass die Ware erst durch ihre Geldwerdung ihre Wertwerdung erfährt. Denn auf dieser Grundlage wäre die Rede vom Formwechsel oder der Wertform vollkommen deplaziert, weil es eben nicht nur um das Werden einer Form ginge, sondern mit der Form zugleich der Inhalte entstünde.

[cxi] Der Vorwurf der Verwechslung von logischer Geltung und teleologischer Genesis kann auch Haug insofern gemacht werden, als er Heinrich dessen „Eliminierung der „Geldware"" vorwirft. (Haug, 2013, S. 136) Denn das Hauptargument, das er in diesem Zusammenhang vorbringt, besteht in der „Fragilität" der Verhältnisse, in denen es keine Geldware gibt. (Haug, 2013, S. 137)

[cxii] Dass die Wertaufbewahrungsfunktion des Geldes bei einem Geld mit Eigenwert nicht gewährleistet ist, ist eine Erkenntnis, die man sowohl bei Heinrich als auch bei Haug vergeblich sucht. Das mag damit zusammenhängen, dass sie sich bei ihren Besprechungen der diesbezüglichen Thematik gar nicht auf ‚Zur Kritik', sondern nur auf Marx' Ausführungen im Band I des ‚Kapital' beziehen, in denen dieser Punkt gar nicht erwähnt wird. (Heinrich, 2013, S. 77ff.) und (Haug, 2006, S. 72ff.)

[cxiii] Weil Marx G - W - G aufgreift, sieht Heinrich hier einen „Bruch in der dialektischen Darstellung". (Heinrich, 2017, S. 257) Wenn damit das Fehlen einer Begründung gemeint ist, kann dem zwar zugestimmt werden. Diese Zustimmung ist aber um den Hinweis zu ergänzen, dass das ein äußerliches Argument ist. Denn es wird das Fehlen eines Schrittes bemängelt, den Marx gar nicht machen will. Im 2. Band seines Kommentars findet sich dieser Vorwurf übrigens nicht mehr. (Heinrich, 2013, S. 103) Es bleibt aber unklar, ob damit der frühere Vorwurf zurückgenommen wird.

[cxiv] Heinrich stellt sich bezogen auf G - W - G nur die Frage, ob dieser Ausgangspunkt begründet ist oder nicht. Die Frage, ob es G - W - G empirisch gibt, stellt er sich dagegen nicht. Daraus kann man wohl entnehmen, dass er der festen Meinung ist, diese Frage wäre zu bejahen. Auf der einen Seite ist das insofern verständlich, als Heinrich nicht von dem Wert redet, mit dem es Marx zu tun hat, sondern von einem Wert, der als Marktpreis mit dem Produktionspreis zusammenfällt. Auf der anderen Seite ist das unverständlich, weil Marx von einem G redet, das Goldgeld ist. Ferner lässt Heinrich vollkommen außer Acht, dass das End-G nur im Falle des Scheiterns und daher nur ausnahmsweise gleich groß ist wie das Anfangs-G.

[cxv] Haug scheint die Bewegung G - W - G aus ähnlichen Gründen zu akzeptieren wie ich das getan habe. Denn seiner Meinung nach können die beiden Zirkulationsakte des Verkaufs und Kaufs „sich, rein formal betrachtet, in umgekehrter Reihenfolge anordnen." (Haug, 2006, S. 97) Dass er es damit mit einem unempirischen Modell zu tun bekommt, entgeht ihm allerdings. Denn er ist fälschlicherweise der Ansicht, dass sich die Marxschen Gegebenheiten gar nicht von den empirischen Gegebenheiten unterscheiden.

[cxvi] Wenn man berücksichtigt, dass Heinrich vom begrifflichen im Gegensatz zum historischen Vorgehen bzw. vom kategorialen Denken (Heinrich, 2013, S. 100ff.) sowie davon redet, dass es hier noch nicht um die „Personen als handelnde Akteure geht" (Heinrich, 2013, S. 105), könnte man meinen, dass von ihm die intern-logische oder objektivistische Argumentation, die ohne zusätzliches Aufgreifen auskommt, eher in den Blick genommen wird. Sieht man genauer hin, zeigt sich jedoch, dass Heinrich nicht in der Lage ist, die intern-logische Argumentation klar genug von der extern-logischen zu unterscheiden. Denn er schreibt bezogen auf den Kreislauf G - W - G, in dem es keinen quantitativen Unterschied zwischen dem Anfangs-G und dem End-G gibt: „Ohne einen solchen Unterschied ist dieser Kreislauf sinnlos." (Heinrich, 2013, S. 106) Daran zeigt sich, dass er gerade nicht nur von diesem Kreislauf ausgeht, sondern einen zusätzlichen Sinn bemüht, der in ihm nicht erfüllt wird. Das merkt Heinrich aber gar nicht. Er ist stattdessen der Meinung, lediglich von der Bewegung G - W - G auszugehen und auf dieser Grundlage nachzuvollziehen, dass der Übergang zu G - W - G' notwendig ist. Für ihn beweist sich G - W - G also ausgerechnet dort als notwendiger Grund, wo gar nicht mit ihm argumentiert wird.

Dass Heinrich der Meinung sein dürfte, er würde nichts Zusätzliches aufgreifen, sondern nur von der Bewegung G - W - G ausgehen, zeigt sich im Übrigen auch daran, dass er an dieser Stelle nicht von einem „Bruch in der dialektischen Darstellung" spricht. Da er oben beim Aufgreifen der Figur G - W - G von einem solchen Bruch gesprochen hat, müsste er auch hier davon reden. Denn es wird ebenfalls etwas aufgegriffen. Dass er das nicht tut, macht deutlich, dass er sich dessen offensichtlich gar nicht bewusst ist.

Obwohl Haug so tut, als würde er mit Marx den Weg „einer vergleichenden Analyse der beiden Handlungsfolgen gehen, deren jede eine bestimmte Zirkulationsform ausfüllt" (Haug, 2006, S. 97), bekommt auch er die intern-logische Seite der Marxschen Argumentation, die mit einer Argumentation per logischer Geltung einhergeht, gar nicht in den Blick. Er hat es vielmehr nur mit der extern-logischen Begründung zu tun, die sich mit einer Argumentation per teleologischer Genesis verbindet. Deshalb wird in ihrem Rahmen gerade nicht nur von der Form G - W - G ausgegangen, sondern zusätzlich mit menschlichen Zwecksetzungen argumentiert. Der Unterschied zu Heinrich besteht daher nur darin, dass Haug sich nicht einbildet, es nur mit der Form G - W - G zu tun zu haben.

[cxvii] Obwohl Heinrich vorgibt, es nicht mit den Menschen als „handelnde Akteure" zu tun zu haben, hat der Sinn, den er ins Spiel bringt, allem Anschein nach ebenfalls mit dem zu tun, was die Menschen als ihren subjektiven Endzweck anstreben. Genauer gesprochen dürfte es auch Heinrich bei seinem Sinn um das Wohl in einer menschlichen Fassung gehen, die dadurch gekennzeichnet ist, dass sie die Geldvermehrung gerade nicht enthält. Diesen Eindruck gewinnt man auch dann, wenn Heinrich bezogen auf die Bewegungen G - W - G und G - W - G' zum Ausdruck bringt, dass nur die zweite einen „Vorteil" (Heinrich, 2005, S. 83) liefert. Da er von diesem Vorteil auf der Basis dessen redet, dass er zuvor die Bedürfnisbefriedigung thematisiert hat, um die es in W - G - W geht, scheint er damit nämlich gleichfalls das menschliche Wohl ins Spiel zu bringen.

Trotzdem ist er sowohl in seiner Einführung als auch dem 2. Teil seiner Leseanleitung der Meinung, der Übergang zu G - W - G' sei trotz des Umstandes notwendig, dass ∆G in ihr als Selbstzweck fungiert. Er sieht also nicht, dass ein solches ∆G vom menschlichen Wohl aus gesehen genauso sinnlos ist wie die Bewegung G - W - G. Daher kann festgehalten werden, dass von Heinrich gerade der Bruch in der Marxschen Darstellung, der hier deswegen tatsächlich vorliegt, weil wir es mit einer unzulänglichen Argumentation zu tun haben, nicht wahrgenommen wird. Hier, wo dieser Vorwurf gerechtfertigt wäre, wird er von Heinrich nicht vorgebracht. Genau das dürfte auch damit zusammenhängen, dass Heinrich offensichtlich der Meinung ist, er würde nichts Zusätzliches aufgreifen, sondern nur von der Bewegung G - W - G ausgehen. Denn auf dieser

Grundlage kann das Wohl schon deswegen nicht als unzureichender Grund erkannt werden, weil mit ihm gar nicht argumentiert wird.

Obwohl sich Haug im Rahmen der extern-logischen Argumentation, die er in der Form der teleologischen Argumentation allein kennt, dann, wenn er von „Lebenserhaltung" (Haug, 2006, S. 97) spricht oder das „Bedürfnis" (Haug, 2006, S. 98) als treibendes Motiv erwähnt, auch auf die Subjekte bezieht, deren Endzweck das menschlich verstandene Wohl ist, ist für ihn der Übergang zu G - W - G' ebenfalls überzeugend. Auch ihm entgeht vollkommen, dass das von Marx angesprochene ΔG gar nicht als Mittel zum Kauf von Konsumtionsmittel dient und diese Bewegung daher gar nicht auf die Lebenserhaltung, das Bedürfnis oder das Wohl ausgerichtet ist. Auch er sieht nicht, dass die Bewegung im Gegenteil auf eine „Entselbstung" (Haug, 2006, S. 102) der ihr Wohl verfolgenden Menschen hinausläuft. Haugs Position läuft damit also darauf hinaus, dass eine Folge gerade deswegen nötig sein soll, weil sie den Grund negiert, der ihre Notwendigkeit ausmacht.

[cxviii] Heinrich und Haug unterscheiden nicht nur nicht zwischen der intern- und der extern-logischen Begründungsvariante. Bezogen auf die zweite Variante entgeht ihnen auch der Unterschied zwischen einem Wohl, das die Geldvermehrung nicht als Selbstzweck enthält, und einem anderen Wohl das genau mit diesem Inhalt zusammenfällt. Sie reden von einem Wohl oder einem Endzweck, bei dem dieser Unterschied gerade nicht zum Ausdruck kommt. Deswegen entgeht ihnen, dass der Marxsche Schluss von G - W - G auf G - W - G' zwar nicht auf Basis des menschlichen Wohls, aber auf Basis eines übermenschlichen Wohls notwendig ist, das die Geldvermehrung enthält. Die Notwendigkeit, die es nur beim übermenschlichen Wohl gibt, übertragen sie auf das menschliche Wohl. Ferner sehen sie nicht, dass der Schluss nur dort notwendig ist, wo er einen tautologischen Charakter deswegen annimmt, weil das, was begründet wird, gar nicht über das hinausgeht, was aufgegriffen wird.

[cxix] Bei Heinrich sucht man vergebens, dass es zum Übergang von G - W - G' zu G - W - G' - W' - G'' … und damit zur maßlosen Vermehrung des Geldes nur kommt, wenn man einen solchen Inhalt als maßgebliches Motiv von Anfang an voraussetzt. Das ist schon deswegen der Fall, weil Heinrich den genannten Übergang mit dem Übergang von G - W - G zu G - W - G' mit der Folge zusammenwirft, dass er für ihn genauso überzeugend ist wie dieser. Ihm entgeht daher erstens, dass die maßlose Geldvermehrung schon gar nicht aus dem Streben nach einem Wohl zu erklären ist, dass die Befriedigung normaler und auch maßvoller Bedürfnisse beinhaltet. Denn diesem Zweck dient sie gar nicht. Aber auch maßlose normale Bedürfnisse führen zweitens nicht weiter. Denn für sie gilt genau dasselbe. Drittens reicht auch das Streben nach Geldvermehrung als Selbstzweck dann noch nicht aus, wenn es nicht von vornherein maßlos ist. Denn es wäre auch mit der Aufschatzung von ΔG vereinbar. Notwendig wird der Übergang damit erst dann, wenn man von der maßlosen Geldvermehrung ausgeht. In diesem Fall ist das Streben nach maßloser Geldvermehrung aber nicht Folge oder Zweitens, sondern Grund oder Erstes.

[cxx] Auch Haug macht sich nicht die Mühe zwischen dem Übergang zu G - W - G' und dem zu G - W - G' - W' - G'' … zu unterscheiden. Auf der Basis dessen, was für die ihr Wohl verfolgenden Menschen „Sinn und Verstand" (Haug, 2006, S. 98) hat, ist für ihn daher nicht nur der erste, sondern auch der zweite Übergang überzeugend, obwohl in ihm endgültig klar wird, dass die Geldvermehrung gerade nicht zugunsten des eigenen Wohls erfolgt. Dass es dabei nicht ganz mit rechten Dingen zugehen kann, scheint ihm andererseits nicht ganz verborgen geblieben zu sein. Denn Haug schreibt: „Kapitalist zu sein, ist ein Realisandum oder eine Bestimmung, die es nötig hat, verwirklicht zu werden". (Haug, 2006, S. 102) Einerseits gibt es schon die Entselbstung. Andererseits gibt es sie aber noch gar nicht wirklich. Denn wirklich kommt es zur ihr erst als Folge des äußeren Zwangs der Konkurrenz. Ohne das selbst zu merken, gibt Haug damit zu, dass die von ihm als notwendig erachtete Analyse deshalb gar nicht notwendig ist, weil sie zu keinem richtigen oder wirklichen Ergebnis führt. Wenn das so ist, fragt sich, was diese Analyse dann noch für eine

Bedeutung hat. Kann man es nicht bei der zweiten „Determinationsgewalt" (Haug, 2006, S. 103) der Konkurrenz belassen? Diese Frage stellt sich, weil Haug entgeht, dass die teleologische Genesis zwar noch aussteht, wir auf Basis der logischen Geltung aber schon ein feststehendes Resultat haben. Obwohl sie notwendig sein soll, gibt es für Haug keine Argumentation per logischer Geltung und damit auch keine Charaktermasken. Er kennt vielmehr nur die Argumentation per teleologischer Genesis und die darauf fußenden Subjekte. Und das bezieht sich auch auf seine Betrachtung einer Argumentation, in deren Rahmen Marx in der Tat noch nicht auf die teleologische Genesis eingeht, sondern per logischer Geltung argumentiert.

[cxxi] Diese Kritik kann auch auf Heinrich bezogen werden. Er ist nämlich ebenfalls der Meinung, dass aus der qualitativen Schrankenlosigkeit des Geldes als allgemeines Äquivalent auch seine quantitative Schrankenlosigkeit folgt und es daher einen Widerspruch gibt, wenn das Geld nur in bestimmter Menge vorhanden ist. (Heinrich, 2017, S. 256 Fußnote 5)

[cxxii] Heinrich bezieht sich zwar gleichfalls auf die ‚Grundrisse' und den ‚Urtext'. Im Hinblick auf die Ableitung von G - W - G macht er aber eine Argumentation zum Thema, die sich nicht mit der oben referierten deckt. Während oben mit der Dauerhaftigkeit und Erfülltheit des Werts oder Tauschwerts argumentiert wurde, spricht Heinrich von seiner Dauerhaftigkeit und Selbständigkeit. Gerade weil er der Meinung ist, diese Argumentation sei überzeugend, soll auf sie noch kurz eingegangen werden: „Innerhalb der einfachen Zirkulation ist Geld zwar selbstständige und dauerhafte Gestalt des Werts; diese Selbstständigkeit und Dauerhaftigkeit ist aber nirgends zu fassen, innerhalb der einfachen Zirkulation kann sie gar nicht wirklich existieren." (Heinrich, 2005, S. 83)

Einerseits gibt es die Dauerhaftigkeit und Selbständigkeit, auf die es offensichtlich ankommt, schon mit dem Geld. Denn das Geld ist eine selbständige Existenz des Werts neben den Waren. Andererseits gibt es sie in dieser Form „nicht wirklich". Dass es einunddieselbe Sache gibt und nicht gibt, ist ein schlichter Widerspruch. Dieser Widerspruch löst sich jedoch dann auf, wenn von zwei unterschiedlichen Arten der Dauerhaftigkeit und Selbständigkeit gesprochen wird. Die eine ist die, die im Geld verwirklicht ist. Die andere ist die, deren Verwirklichung noch aussteht.

„Soll Geld tatsächlich selbstständiger und dauerhafter Ausdruck des Werts sein, dann darf es nicht getrennt von der Zirkulation existieren, sondern muss in sie eingehen – aber ohne dass dabei der Wert seine Selbstständigkeit und Dauerhaftigkeit verliert, wie das bei einem einfachen Kaufakt G - W mit anschließender Konsumtion der Ware W der Fall wäre. Selbstständigkeit und Dauerhaftigkeit des Werts ist nur gewährleistet, wenn das Geld die Bewegung G - W - G vollzieht." (Heinrich, 2005, S. 82)

Wie dieses Zitat zeigt, hat die zweite Art der Selbständigkeit und Dauerhaftigkeit einen Inhalt, der zu der Bewegung G - W - G führt. Auf dieser Grundlage stellt sich das Problem, woher dieser zusätzliche Inhalt kommt. Da man sie nicht aus der Warenzirkulation und dem Geld ableiten kann, muss Heinrich sie zusätzlich zur ersten Variante hereinbringen. Von daher ist klar, dass von einer Notwendigkeit nur insofern die Rede sein kann, als man dann zu der genannten Bewegung des sich noch nicht vermehrenden Kapitals kommt, wenn man eine darauf abzielende Selbständigkeit und Dauerhaftigkeit ansetzt. Von einer weitergehenden Notwendigkeit, die sich auch auf dieses Ansetzen bezieht, kann aber nicht gesprochen werden.

„Allerdings bringt diese Bewegung – eine Ware für eine bestimmte Geldsumme zu kaufen, um sie anschließend wieder für dieselbe Geldsumme zu verkaufen – keinen Vorteil. Einen Vorteil liefert erst die Bewegung G - W - G', wobei G' größer ist als G. In dieser Bewegung (Marx bezeichnet sie als „allgemeine Formel des Kapitals") behält der Wert nicht nur seine selbständige Gestalt, er vermehrt sich und wird damit erst wirklich zum Zweck des ganzen Prozesses. Erst im Kapital findet somit die selbstständige Gestalt des Werts ihren adäquaten und angemessenen Ausdruck, oder anders formuliert: die dauerhafte und die ganze Ökonomie umfassende Existenz des Werts ist nur möglich, wenn der Wert die Kapitalbewegung G - W - G' ausführt." (Heinrich, 2005, S. 82)

Wie dieses Zitat zeigt, kommt der Umstand, dass es etwas gibt und nicht gibt, ein zweites Mal vor. Einerseits ist in G - W - G die Dauerhaftigkeit und Selbständigkeit verwirklicht. Andererseits ist sie noch nicht verwirklich, weil sie noch nicht G - W - G' ist. Wir bekommen es also mit einer dritten Bedeutung von Dauerhaftigkeit und Selbständigkeit zu tun, weshalb zu fragen ist, woher Heinrich diesen Inhalt hat. Da er weder in den beiden erstgenannten Bedeutungen enthalten ist, noch aus ihnen abgeleitet werden kann, muss er ihn ebenfalls zusätzlich hereinbringen. Daher ist klar, dass es auch hier keine Notwendigkeit gibt. Überzeugend ist zwar, dass es zur Kapitalbewegung G - W - G' kommen muss, wenn man einen Inhalt ansetzt, der sich in dieser Bewegung verwirklicht. Nicht zwingend ist dagegen, dass man einen solchen Inhalt ansetzen muss.

Zusammenfassend können wir festhalten, dass man zwar den ersten Inhalt von Dauerhaftigkeit und Selbständigkeit aus der Ware und ihrer Zirkulation ableiten kann. Denn aufgrund dessen, dass die Bedürfnisse in aller Regel nicht gegenseitig sind, bedarf es einesteils des Geldes als einer neben den Waren vorkommenden Existenz des Tauschwerts. Andernteils folgt aus der Warenzirkulation, dass das Geld seinen Tauschwert während seiner Aufschatzung behalten soll. Bei den anderen beiden Bedeutungen von Dauerhaftigkeit und Selbständigkeit sieht es dagegen anders aus. Denn sie können nicht aus der Ware und ihrer Zirkulation abgeleitet werden. Genau diese Differenz versucht Heinrich offensichtlich dadurch zu verdecken, dass er die drei Bedeutungsarten übergeht und so tut, als gäbe es von Anfang an nur eine sich gleichbleibende Dauerhaftigkeit und Selbständigkeit. Dieses Vorgehen ist zwar in diesem Sinne verständlich, stellt aber gerade deswegen etwas dar, was alles andere als überzeugend ist.

[cxxiii] Von den vier genannten Möglichkeiten, in der die Menschen thematisiert werden können, die die Wertvermehrung bewerkstelligen, kommen bei Heinrich die beiden letzten nicht vor. Das hat seinen Grund darin, dass er den Unterschied zwischen Wert und Produktionspreis einebnet. Die inhaltliche Differenz zwischen Wert und Produktionspreis, der Voraussetzung für diese beiden Varianten ist, gibt es daher nicht. Die beiden ersten Möglichkeiten sind bei Heinrich dagegen vorhanden. Das gilt weniger für die erste Variante, bei der die Menschen die maßlose Verwertung als bewussten Endzweck verfolgen. Denn Heinrich weiß, dass das nur als Ausnahme vorkommt. Das gilt aber vor allem für die zweite Möglichkeit, bei der die Menschen die maßlose Wertvermehrung nicht als subjektiver, sondern nur als objektiver Endzweck verfolgen. (Heinrich, 2013, S. 109/110) Ein klares Bewusstsein für das, was diese beiden Varianten auszeichnet und unterscheidet, hat Heinrich aber nicht.

[cxxiv] Wie Heinrich fehlt auch Haug nicht nur die Übersicht über die vier Arten, die Rolle zu verstehen, die Kapitalisten spielen, sondern auch die Einsicht in die zwei grundsätzlichen Varianten, die sich aus ihnen ergeben. Wenn wir uns trotzdem fragen, wie er vom Kapital redet, kann aufgrund seiner praxeologischen Orientierung festgestellt werden, dass sich bei ihm vor allem das zweckhafte Kapital bemerkbar macht, das als subjektiver Endzweck verfolgt wird. Der objektive Endzweck kommt dagegen weniger vor, weil er mit einer Argumentation per logischer Geltung einhergeht. Und für das begriffliche Kapital gilt dasselbe in einem noch größeren Maß. (Haug, 2006, S. 91ff.)

[cxxv] Dass der Unterschied zwischen den beiden Kapitalbegriffen übersehen wird, ist ein Mangel, den es bei allen mir bekannten Interpreten von ‚Das Kapital' gibt. Das gilt auch für Haug, der in seinen ‚Neuen Vorlesungen zur Einführung ins „Kapital"' zwar „das übergreifende Subjekt" erwähnt, das sich selbst verwertet. (Haug, 2006, S. 123) Er realisiert aber nicht, dass es dieses Subjekt nur im Rahmen des zweiten Kapitalbegriffs gibt.

Das gilt auch für Heinrich. Er konfundiert den Kapitalbegriff, bei dem es die Selbstverwertung noch nicht gibt, gleichfalls von Anfang an mit dem Kapitalbegriff, bei dem es diese Selbstverwertung gibt. Das ist der Fall, weil er diesen Unterschied und seine Bedeutung gar nicht wahrnimmt. Er merkt nicht, dass nur auf Basis des ersten Kapitalbegriffs, der die Selbstverwertung noch nicht beinhaltet, dargestellt werden kann, wie der Mehrwert zustande kommt. Ihm entgeht, dass auf Basis des zweiten Kapitalbegriffs, der die Selbstverwertung umfasst, diese Aufgabe gar nicht mehr ausgeführt werden kann, weil die Wertvermehrung als Selbstverwertung auftritt und damit ihren Grund schon enthält. Heinrich hat keine Ahnung davon, dass der erste sich noch nicht selbstverwertende Kapitalbegriff dem Wesen zukommt und der zweite sich selbstverwertenden Kapitalbegriff dem Schein. (Heinrich, 2013, S. 110ff.)

[cxxvi] Auch diesen Punkt versteht Heinrich nicht. Zusätzlich zu seiner monetären Werttheorie vertritt er nämlich eine „monetäre Kapitaltheorie". (Heinrich, 2013, S. 113) Ihr zufolge ist es für das Kapital wesentlich, dass es mit Geld beginnt und endet. Wie falsch er damit liegt, werden wir im X. und XI. Kapitel sehen.

[cxxvii] In den Ausführungen, die in diesem Kapitel thematisiert werden, macht Marx sozusagen auf Schritt und Tritt und damit auf besonders eindeutige Weise klar, dass er keine monetäre Werttheorie vertritt, sondern von einem Wert redet, der schon in der Ware fertig vorhanden ist und bei ihrem Verkauf nur seine Form wechselt. Aus dem Wert in Warenform wird ein Wert in Geldform, der seiner Größe nach dem Wert in Warenform entspricht. Da Heinrich natürlich bei seiner prämonetären Werttheorie bleibt, müsste er daher ständig Widerspruch einlegen und z. B. feststellen, dass Marx' auf die Warenzirkulation bezogene Rede von einem Äquivalententausch zurückzuweisen ist, weil die Waren vor ihrer Geldwerdung keine Werte sind, sondern erst in dem Maße zu einem Wert werden, in dem sie in Geld verwandelt oder verkauft werden können. Ferner müsste er darauf hinweisen, dass die Entstehung des Mehrwerts auf dieser Grundlage keinerlei Problem ist. Zu ihm kommt es schlicht und einfach dann, wenn Waren teurer verkauft werden können, als sie einst gekauft worden sind. Sein Grund ist daher die jeweilige Verkaufsarbeit. Es ist daher sehr verwunderlich, dass Heinrich diesen Weg nicht geht, sondern den Marxschen Argumentationsgang stattdessen zustimmend verfolgt. Es stellt sich daher die Frage, wie er es schafft, die klaren prämonetären Aussagen von Marx zu umschiffen. In diesem Zusammenhang ist von Interesse, was Heinrich zu der Aussage von Marx: „Der Wert der Waren ist in ihren Preisen dargestellt, bevor sie in die Zirkulation treten, also Voraussetzung und nicht Resultat derselben." (I, 172) zu bemerken hat:

„Wird aber hier nicht ausgesagt, dass der Warenwert schon *vor dem Tausch* feststeht und damit *unabhängig vom Tausch existiert?* Die früheren Bemerkungen zielten auf das grundsätzliche Verhältnis zweier Ebenen, der Ebene der Produktion und der Ebene des Tausches. Der Wert als gesellschaftliche Größe wird nicht allein auf der Ebene der privaten Produktion bestimmt. Erst wenn private Arbeiten und ihre Produkte eine gesellschaftliche Anerkennung erhalten, zeigt sich, welches die gesellschaftliche notwendige Arbeitszeit ist (in beiden Bedeutungen, der von S. 53 und der von S. 122) und erst dann wird komplizierte Arbeit tatsächlich auf einfache Arbeit reduziert. Alle diese gesellschaftlichen Bestimmungen sind nicht allein mit der privaten Produktion festgelegt, sondern erst im Verhältnis von Produktion und Tausch: Der Wert wird zwar nicht im Tausch geschaffen, aber er existiert nur im Tausch. An dieser Stelle der Marxschen Argumentation geht es aber nicht um dieses grundsätzliche Verhältnis zwischen Produktion und Tausch, sondern um den *einzelnen* Tauschakt, und diesem sind die angeführten Bestimmungen immer schon vorausgesetzt. Für die Tauschenden erscheint der Wert immer schon als etwas Gegebenes, ihrem Einfluss Entzogenes. Es sind zwar auch ihre Handlungen, die den Wert – ein gesellschaftliches Verhältnis – beeinflussen, doch ist der Effekt, der von der *einzelnen* Handlung ausgeht, in den meisten Fällen so gering, dass er gar nicht sichtbar ist. Der einzelne Verkäufer *antizipiert* den Wert im Preis, wobei er mit seiner Antizipation richtig oder falsch liegen kann. Marx sieht nun von allen Schwierigkeiten des Tausches ab (die er auf S. 121f. herausgestellt hatte) und unterstellt im angeführten Zitat, dass die Preise die Werte adäquat ausdrücken." (Heinrich, 2013, S. 118/119)

Wie dieses Zitat zeigt, umschifft Heinrich Marx' prämonetäre Aussagen nicht mehr dadurch, dass er sie einfach uminterpretiert oder übergeht. Stattdessen besteht die Methode, die er hier anwendet, darin, dass er den Unterschied zwischen einem „grundsätzlichen Verhältnis zwischen Produktion und Tausch" einerseits und dem „einzelnen Tauschakt" andererseits macht. Während im Rahmen des ersteren feststeht, dass der Verkauf W - G mit der Entstehung des Werts der Ware zusammenfällt, soll sich auf der Ebene des letzteren die Sache angeblich so darstellen, dass der Wert der Ware bei ihrem Verkauf W - G deswegen nur seine Form wechselt, weil er vorher schon vorhanden ist. Dafür soll einesteils verantwortlich sein, dass die Preise objektive Daten darstellen, die die Tauschenden nicht oder allenfalls minimal beeinflussen können und daher äußerlich aufnehmen müssen. Andernteils nimmt Marx Heinrich zufolge einfach an, dass die so aufgenommenen Preise realisiert werden können. Drittenteils soll das mit der Unterstellung zusammenfallen, dass die Preise die Werte adäquat ausdrücken.

An dieser Argumentation ist alles schief. Zum einen ist zu kritisieren, dass Heinrich zum grundsätzlichen Verhältnis gerade das macht, was – siehe u. a. die von Marx so genannten Vulgärökonomen, die der Meinung sind, dass der Wert eines Dinges das ist, was es beim Verkauf einbringt. – oberflächliche Erfahrung ist. Und umgekehrt wird der offenbar zu den Erscheinungen zu zählende einzelne Tauschakt in einer Weise charakterisiert, die ihn als Bestandteil des Wesens ausweist. Beides ist als in empirischer Hinsicht vollkommen haltlos zurückzuweisen. Der Wert ist nicht die Größe, die sich dem Normalbürger bei der Betrachtung der Warenzirkulation zunächst in der Form des per Verkauf erzielbaren Geldbetrages aufdrängt. Der Wert ist vielmehr eine Entität, zu der man nur kommt, wenn man hinter die unmittelbaren Erfahrungen zurückgeht und in diesem Sinne Wesensschau betreibt. Es zeigt sich hier dieselbe Umdrehung oder Verwechslung, der wir schon in der Endnote xxxii begegnet sind

Zum anderen ist schief, woran Heinrich die seiner Meinung nach oberflächliche, in Wirklichkeit aber grundsätzliche Wahrnehmung des Wertformwechsels fest macht. Diese kommt nämlich nicht daher, dass der Wert in der Form der durchschnittlich notwendigen Arbeit als Folge der Produktion wahrgenommen wird. Stattdessen wird er äußerlich aus den Marktverhältnissen aufgenommen. Damit geht der Zusammenhang zur Produktion gerade verloren. Die Preise, die den Werten adäquat sind, sind nicht mehr durch ihre Verbindung zur Produktion gekennzeichnet, sondern stellen immer schon Folgen der Zirkulation dar. Werte sind schlicht und einfach die erzielbaren Preise, sodass es inadäquate Preise gar nicht geben kann.

Wie krude die Heinrichsche Argumentation ist, zeigt sich ferner auch an der Feststellung: „Der Wert wird zwar nicht im Tausch *geschaffen*, aber er *existiert* nur im Tausch." Denn diese ist als unsinnig zurückzuweisen, weil sie zur Folge hat, dass der Wert dort existiert, wo er nicht geschaffen wird, und dort geschaffen wird, wo er nicht existiert. Wie diese absurde Aussage zu verstehen ist, bleibt Heinrichs Geheimnis.

Schließlich sei noch darauf aufmerksam gemacht, dass Heinrich den Wert wieder als „ein gesellschaftliches Verhältnis" charakterisiert, obwohl das erzielbare Geld gar kein Ausdruck eines Wertverhältnisses oder der Beziehung zwischen Ware und Geld ist, sondern eine sich auf die Ware beziehende Wertgegenständlichkeit zur Darstellung bringt. Und daran ändert sich auch dann nichts, wenn es diesbezüglich nicht um eine wirklich gegenständliche, sondern nur um eine ungegenständliche Eigenschaft gehen sollte, die nur eine gegenständliche Eigenschaft zu sein scheint.

[cxxviii] Dass Marx hier nicht mit dem ersten Kapitalbegriff argumentiert, bei dem es nur um die maßlose Wertvermehrung geht, der Ergebnis der Produktion ist, sondern den zweiten Kapitalbegriff ins Spiel bringt, der eine bestimmte Form dieser Wertvermehrung beinhaltet, die auch auf die Zirkulation verweist, sieht Heinrich nicht. Da er zwischen den beiden Kapitalbegriffen gar keinen Unterschied macht, ist er wohl der Auffassung, dass schon die maßlose

Wertvermehrung ohne Zirkulation nicht zu haben ist, weil sie von der maßlosen Wertverwertung gar nicht zu unterscheiden ist. (Heinrich, 2013, S. 124/125)

[cxxix] Heinrich bemerkt zwar, dass Marx von „der Grundform des Kapitals" (Heinrich, 2013, S. 122) spricht. Dass diese Grundform deswegen ein anderes Wort für das Kapital auf der Wesensebene ist, weil sich aus ihr die unmittelbar wahrnehmbaren Kapitalformen nur indirekt ergeben, bemerkt er jedoch nicht. Das steht in Verbindung damit, dass er den Wesensbegriff sowieso als etwas betrachtet, von dem Marx angeblich die Finger lassen will. (Heinrich, 2008, S. 63)

[cxxx] Bei Heinrich findet sich diese Kritik nicht. (Heinrich, 2013, S. 128f.) Obwohl er andernorts schnell dabei ist, von Brüchen in der dialektischen Darstellung zu sprechen, ist er hier anscheinend mit dem Aufgreifen der Arbeitskraft zufrieden, obwohl dieses Aufgreifen uns gerade nicht über den logischen Zusammenhang zwischen dem Streben nach maßloser Wertvermehrung und der Form der Arbeitskraft aufklärt.

[cxxxi] Die obige Kritik ist etwas, was man in der Sekundärliteratur vergeblich sucht. Mir ist auf jeden Fall niemand bekannt, der den Widerspruch in der fertigen Formel des industriellen Kapitals sieht.

[cxxxii] Diese Erkenntnis kann man bei Heinrich nicht finden. Das zeigt sich daran, dass er mit Marx der Meinung ist, dass das, was als Ware auftritt und vom Lohnarbeiter verkauft wird, nicht seine Arbeit, sondern nur seine Arbeitskraft sein kann. (Heinrich, 2013, S. 174) Dass die Wirklichkeit der Arbeitskraft in nichts Anderem als in der Arbeit besteht, entgeht ihm offensichtlich.

[cxxxiii] Dass der Unterschied unverständlich ist, den Marx zwischen dem Wert der Arbeitskraft und dem Wert der Arbeit in der Form macht, dass ersterer die Bezahlung der notwendigen Konsumtionsmittel und letzterer die Bezahlung der Arbeit zum Ausdruck bringt, wird von Heinrich nicht erkannt. Er betet vielmehr brav die Marxschen Ausführungen nach, ohne sich auch nur die Frage zu stellen, warum Marx diesen Unterschied zwischen der Arbeitskraft und der Äußerung dieser Kraft macht bzw. machen kann. (Heinrich, 2005, S. 94-96)

Für Haug gilt Ähnliches. Das zeigt sich daran, dass er die „kapitalistische Realfiktion" erwähnt, „dass Arbeit und nicht Arbeitskraft bezahlt wird." (Haug, 2006, S. 141 Fußnote 102) Dass der Verkauf von Arbeitskraft vom Verkauf der Arbeit gar nicht auf sinnvolle Weise unterschieden werden kann, entgeht ihm.

[cxxxiv] Dass die gleiche Mehrwertrate das Kriterium ist, mit dem die komplizierte Arbeit oder ihre höhere wertbildende Potenz unabhängig vom Tausch erklärt werden kann, entgeht Heinrich. Er redet nur davon, dass die komplizierte Arbeit „in höherem Ausmaß wertbildend ist". (Heinrich, 2013, S. 170) Dass dieses höhere Ausmaß so bestimmt ist, dass überall die gleiche Mehrwertrate herauskommt, merkt er jedoch nicht. (vgl. auch Endnote lxvii)

[cxxxv] Heinrich ist dieses Zitat ebenfalls bekannt. (Heinrich, 2017, S. 268 Fußnote 27) Die Konsequenz daraus, dass der Wert nur als Bestandteil des Wesens vorkommen kann und als solcher in den Austauschverhältnissen nur mittelbar erscheint, zieht er jedoch nicht. Stattdessen hält er am unmittelbaren Zusammenhang zwischen dem Wert und dem Austausch fest. Das geschieht zum einen dadurch, dass er den Austausch zum Wert zu einem fiktiven Modell macht. (Heinrich, 2005, S. 147) In seinem Rahmen ist der Wert in dem Sinne ein Resultat der vergegenständlichten Arbeit, dass er im Tausch nur seine Form wechselt. Zum anderen macht er den Wert dadurch zu einem Resultat des Austauschprozesses, dass er mit diesem Ausdruck das bezeichnet, was in der Form des Geldes erzielt werden kann. Im Vordergrund steht bei Heinrich klar die zweite Variante, bei der der Unterschied zwischen Wert und Produktionspreis, der im Rahmen der ersten Variante erhalten bleibt, verloren geht.

[cxxxvi] Heinrich fühlt sich zum einen bemüßigt, Marx' Rede von der „vergegenständlichten Arbeit" wie folgt zu kommentieren: „Bisher war schon häufig davon die Rede, dass Arbeit

„vergegenständlicht" sei, doch bezog sich dies immer auf den Wert, so dass es sich bei der vergegenständlichten Arbeit um *abstrakt menschliche Arbeit* handelte." (Heinrich, 2013, S. 157) Zum zweiten meint er Marx Aussage, „daß der Wert jeder Ware bestimmt ist durch das Quantum der in ihrem Gebrauchswert materialisierten Arbeit, durch die zu ihrer Produktion gesellschaftlich notwendige Arbeitszeit" (I, 201) dadurch berichtigen zu müssen, dass er schreibt: „Präziser müsste es heißen „abstrakter Arbeit"." (Heinrich, 2013, S. 163) Zum dritten bemerkt er zu Marx Unterscheidung zwischen Arbeitsprozess und Wertbildungsprozess folgendes: „Während es bei der Betrachtung des Arbeitsprozesses um Arbeit als konkrete Gebrauchswerte produzierende Arbeit ging, geht es hier, bei der Betrachtung des Wertbildungsprozesses um abstrakte, wertbildende Arbeit." (Heinrich, 2013, S. 164) All dies dokumentiert Heinrichs Versuch, an der Bestimmung von abstrakter Arbeit festzuhalten, wonach diese Arbeit nicht nur etwas von der konkreten Arbeit Verschiedenes ist, sondern diese Verschiedenheit auch über den Unterschied zwischen individueller Arbeit und gesellschaftlich notwendiger Durchschnittsarbeit hinausgeht. Dieser Versuch taugt nichts. Denn die hier zu betrachtenden Aussagen von Marx sind nicht deswegen unpräzise, weil in ihnen die abstrakte Arbeit nicht mehr vorkommt. Diesem Umstand kann vielmehr entnommen werden, dass die abstrakte Arbeit keine Rolle mehr spielt und Marx stattdessen klarmacht, dass die als Durchschnitt gefasste konkrete Arbeit die wert- und mehrwertbildende Arbeit ist und sich als solche auch in der Zirkulation Geltung verschafft, weil er eben nicht nur von Waren ausgeht, die Durchschnittsexemplare ihrer Art sind, sondern auch von Verhältnissen redet, bei denen Nachfrage und Zufuhr sich entsprechen.

Wenn Marx vom Arbeitsprozess, in dem es um konkrete gebrauchswertbildende Arbeit geht, zum Wertbildungsprozess übergeht, in dem es um wertbildende Arbeit geht, dann geht er nicht von der einen Arbeit zu einer ganz anderen über, sondern zeigt nur, dass zur konkreten gebrauchswertbildenden Arbeit etwas hinzukommt. Wenn Heinrich auf eine Marx präzisierende Weise davon redet, dass in den Waren nur abstrakte Arbeit materialisiert oder vergegenständlicht ist, dann passt das im Übrigen gar nicht zu seiner Bestimmung der abstrakten Arbeit als Verhältnis. Eine solche abstrakte Arbeit kann nämlich nie und nimmer in einer Ware materialisiert oder vergegenständlicht sein, weil sie ja etwas darstellt, was über die einzelne Ware hinausreicht.

[cxxxvii] Auch in dieser Beziehung bleibt die Sekundärliteratur stumm. Mir ist jedenfalls niemand bekannt, der erkannt hat, dass man mit konsumtiven Dienstleistungen keine Mehrarbeit leisten kann.

[cxxxviii] Dass Marx im Zusammenhang mit dem sogenannten Wert der Arbeitskraft vor allem per logischer Geltung und im Zusammenhang mit dem Normalarbeitstag überwiegend per teleologischer Genesis argumentiert, ist ein Unterschied, den Heinrich entweder gar nicht oder nur als eine Selbstverständlichkeit wahrnimmt, die nicht weiter zu erörtern ist. (Heinrich, 2005, S. 90ff. und 97ff.) Er findet es also nicht verwunderlich, dass der Wert der Arbeitskraft dem Kapital logisch entspricht und der Normalarbeitstag nicht. Das dürfte damit einhergehen, dass er den Unterschied zwischen den beiden Argumentationsweisen gar nicht richtig realisiert.

[cxxxix] Dass absoluter Mehrwert auf Basis des Normalarbeitstages nur noch durch die Vermehrung der Arbeiterzahl erreicht werden kann, entgeht Heinrich. Stattdessen spricht er von einer besseren Ausnutzung der Arbeitszeit und intensiverer Arbeit. (Heinrich, 2005, S. 102/103) Diese beiden Punkte kann es aber gar nicht mehr geben, weil sie entweder dem Normalarbeitstag und dem Wert der Arbeitskraft widersprechen.

[cxl] Für Haug ist ‚Das Kapital' „vom ersten Kapitel an eine Theorie der Krisenhaftigkeit". (Haug, 2006, S. 111) Wenn er das nur auf die Ebene der Erscheinungen beziehen würde, auf der per teleologischer Genesis zu argumentieren ist, wäre ihm Recht zu geben. Da für ihn die Krisenhaftigkeit so tief im Kapitalismus verankert ist, dass von ihr auch das Wesen betroffen ist, auf dessen Basis die Argumentation per logischer Geltung am Platz ist, ist ihm dagegen zu widersprechen, weil das Wesen in einer Weise zu fassen ist, die in sich stimmig ist. Dass es Haug

611

nicht nur mit den Erscheinungen, sondern auch mit dem Wesen zu tun hat, zeigt sich daran, dass er die Krisenhaftigkeit nicht nur auf die „Genesis" (Haug, 2006, S. 116) bezieht, mit der Haug offenbar so etwas wie die Argumentation per teleologischer Genesis anspricht. Stattdessen bezieht er sie auch auf die „Struktur", die so etwas wie die wesentlichen Gegebenheiten meint. Das zeigt jedenfalls das folgende Zitat: „Für die Struktur privater Warenproduktion ist die Krisenhaftigkeit keine Zutat, sondern konstitutiv." (Haug, 2006, S. 119) Es macht darüber hinaus klar, dass Haug die „Warenproduktion" zum Wesen zählt, obwohl zu ihr doch nur die Wert- und Mehrwertproduktion gehört.

Heinrich vertritt zur Krisenhaftigkeit des Kapitalismus eine ähnliche Position wie Haug. Das hat seinen Grund schon darin, dass er die theoretischen Ebenen des Wesens und des Scheins, auf denen die Argumentation per logischer Geltung ihren Platz hat, gar nicht richtig in den Blick bekommt. Stattdessen hat er es überwiegend mit der Ebene der Erscheinungen, auf der die Ungeplantheit der gesellschaftlichen Produktion in der Tat eine ganz wichtige Rolle spielt. Diese gerät Heinrich zum Ganzen der kapitalistischen Gesellschaft, was sich vielleicht am Besten an seinem Wertbegriff zeigt. Denn die Wertgegenständlichkeit ist bei Heinrich nur mit dem Geld vorhanden.

[cxli] Heinrich dürfte hier anderer Meinung sein, weil er ja ohnehin der Auffassung ist, dass der Wert nicht erfahrbar ist. (vgl. u. a. Endnote xxx) Dass das auf die Negation von Marx als ernstzunehmender Wissenschaftler hinausläuft, wurde oben schon gezeigt.

[cxlii] Bei Heinrich findet sich Folgendes: „Aufgrund der Konkurrenz der Kapitalisten wird einerseits das zunehmende Angebot in den Branchen mit ursprünglich hohen Profitraten zu sinkenden Verkaufspreisen führen, während andererseits das abnehmende Angebot in den Branchen mit ursprünglich niedrigen Profitraten dort zum Steigen der Preise und schließlich zu steigenden Profitraten führt; die unterschiedlichen Profitraten gleichen sich so zu einer *durchschnittlichen* oder *allgemeinen* Profitrate aus." (Heinrich, 2005, S. 145) Er gibt damit brav die Marxsche Position wider und sieht nicht, dass mit Aus- und Einwanderungen von Kapital der Übergang vom Wert zum Produktionspreis deswegen niemals begründet werden kann, weil die Mengen, die von bestimmten Gebrauchswerten gebraucht werden, nicht nur beliebig sind, sondern auch vom System der Gebrauchswerte abhängen.

An anderer Stelle setzt sich Heinrich allerdings von der Argumentation mit der Konkurrenz ab: „Daß es die Konkurrenz der Kapitalien ist, die die Werte in Produktionspreis verwandelt, impliziert, daß es die Einzelkapitale zunächst mit Werten zu tun hätten. In der Konkurrenz haben es die Kapitalisten aber nie mit einem Wertsystem zu tun, sondern immer schon mit einem gegebenen Produktionspreissystem." (Heinrich, 2017, S. 283) Diese richtige Einsicht geht aber leider mit der Aufgabe dessen einher, was bei Marx als Wert bezeichnet wird.

[cxliii] Diese Kritik ging von Bortkiewicz aus. (Bortkiewicz, 1976) und stammt aus dem Jahr 1907. Auf Basis von Piero Sraffas Werk ‚Warenproduktion mittels Waren', das 1960 in englischer Sprache und 1969 in deutscher Übersetzung erschien, wurde sie in neuerer Zeit von Ökonomen neoricardianische Provenienz in formal ausgefeilterer Form wiederholt. Dabei hat sich laut Heinrich als folgenreichster Punkt gezeigt, dass die Werttheorie deswegen redundant ist, weil man Preise, die Durchschnittsprofit beinhalten, auch errechnen kann, wenn man von einem stofflichen Gleichungssystem ausgeht und damit auf den Wert gar keinen Bezug nimmt. (Heinrich, 2017, S. 272ff.) Diese Position, der sich Heinrich vorbehaltlos anschließt, ist überaus merkwürdig. Denn von einer Redundanz des Wertes kann man nur dann sprechen, wenn man davon absieht, dass mit dem Wert eine Erklärung des Durchschnittsprofits gegeben ist, die beim Gleichungssystem gerade fehlt. Wie man diesen entscheidenden Punkt übersehen kann, ist überaus erstaunlich.

[cxliv] Heinrich hat mit dem Transformationsproblem ebenfalls keine Schwierigkeiten. (Heinrich, 2017, S. 277ff.) Denn den Übergang vom Wert zum Produktionspreis gibt es bei ihm gar nicht. Zwar unterscheidet er zwischen dem Wert, der vorliegt, wenn bezogen auf den Austausch

nur das Verhältnis zwischen der individuellen Arbeit und der gesellschaftlichen Gesamtarbeit zählt, und dem Produktionspreis, mit dem wir es zu tun bekommen, wenn auch noch das Verhältnis zwischen Einzelkapital und gesellschaftlichem Gesamtkapital von Bedeutung ist. Ein Transformationsproblem zwischen dem Wert und dem Produktionspreis gibt es deswegen aber noch nicht, weil einesteils sowohl der Wert als auch der Produktionspreis nur über das per Verkauf erwerbbare Geld ihre quantitative Bestimmtheit erfahren und es diesen Beleg anderenteils in der Empirie nur bezogen auf den Produktionspreis gibt. Die Transformation ist daher überflüssig, weil es eben den Wert als bestimmte Größe gar nicht gibt und nur der Produktionspreis in dieser Form vorkommt.

Diese für Heinrich angenehme Folge der monetären Werttheorie, dem Transformationsproblem ausweichen zu können, kann zum einen als der eigentliche Grund dafür gewertet werden, dass er die monetäre Werttheorie überhaupt entwickelt. Da das alleine noch keine Kritik ist, sei zum anderen darauf hingewiesen, dass sie das Bekenntnis beinhaltet, dass Werttheorie, die es als solche mit dem Wert und nicht dem Produktionspreis zu tun hat, als solche überflüssig ist. Während Marx die Werttheorie als Grundlage für die Erklärung der Produktionspreise erhalten möchte, gibt es bei Heinrich nichts mehr, was überlebt. Das gilt zumindest für das Überleben als bestimmte Größe. Daher ist vollkommen offen, was die Werttheorie überhaupt noch soll. Heinrich redet bezogen auf den Mehrwert zwar von einer „nicht-empirischen Kategorie, die den Begriffsbildungen Profit, Zins und Rente zugrunde liegt". (Heinrich, 2017, S. 282) Da es den Mehrwert als nicht-empirische Kategorie gar nicht gibt, bleibt aber vollkommen unbestimmt, was das heißen soll. Denn eine Entität, die es nicht gibt und die darüber hinaus nicht bestimmt ist, kann nie und nimmer der Grund für etwas sein, was es gibt. Genauso wenig kann diese Entität uns irgendetwas über das sagen, was es gibt.

[cxlv] Obwohl für die Unterscheidung der Rollen, die die Lohnarbeiter und Unternehmer spielen, nur erforderlich ist, dass man die Beiträge dieser Subjekte auseinanderhalten kann, ist mir aus der Sekundärliteratur kein Autor bekannt, der auf die Unzulänglichkeit der trinitarischen Formel hinweist.

Literaturverzeichnis:

Backhaus, H. G. (1997). Zur Dialektik der Wertform. Freiburg: Ça ira Verlag.

Becker, W. (1972). Kritik der Marxschen Wertlehre. Hamburg: Hoffmann und Campe.

Böhm-Bawerk, E. (1974 [1896]). Zum Abschluß des Marxschen Systems. In: Die Marx-Kritik der Österreichischen Schule der Nationalökonomie. Giessen: Verlag Andreas Aschenbach.

Bortkiewicz, L. v. (1976). Zur Berichtigung der grundlegenden theoretischen Konstruktion von Marx im dritten Band des "Kapital". In: L. v. Bortkiewicz, Wertrechnung und Preisrechnung im Marxschen System. Lollar/Gießen.

Elbe, I. (2010). Marx im Westen. Berlin: Akademie Verlag GmbH.

Hartmann, K. (1970). Die Marxsche Theorie. Berlin: Walter de Gruyter & Co.

Haug, W. F. (1974). Vorlesungen zur Einführung ins "Kapital". Köln: Pahl-Rugenstein Verlag.

Haug, W. F. (1994). Stichwort: Charaktermaske. In: Historisch-Kritisches Wörterbuch des Marxismus Band 2. Berlin: Argument Verlag.

Haug, W. F. (2006). Neue Vorlesungen zur Einführung ins "Kapital". Argument Verlag.

Haug, W. F. (2013). Das "Kapital" lesen - aber wie? Hamburg: Argument Verlag.

Hegel, G. W. (1975). Phänomenologie des Geistes. Frankfurt: Suhrkamp.

Hegel, G. W. (1976). Grundlinien der Philosophie des Rechts. Frankfurt am Main: Suhrkamp Verlag.

Heinrich, M. (1994). Stichwort: abstrakte Arbeit. In: Historisch-Kritisches Wörterbuch des Marxismus Band 1. Berlin: Argument Verlag.

Heinrich, M. (1. Februar 1999). Untergang des Kapitalismus. Streifzüge.

Heinrich, M. (2005). Kritik der politischen Ökonomie. Stuttgart: Schmetterling Verlag.

Heinrich, M. (2008). Wie das Marxsche Kapital lesen? Stuttgart: Schmetterling Verlag.

Heinrich, M. (2013). Wie das Marxsche "Kapital" lesen? Stuttgart: Schmetterling Verlag.

Heinrich, M. (2017). Die Wissenschaft vom Wert. Münster: Verlag Westfälisches Dampfboot.

Hoff, J. (2009). Marx global. Berlin: Akademie Verlag GmbH.

Junge Linke. (September 2010). Kritik an der Kapitalrezeption von Michael Heinrich anhand des ersten Kapitels im Kapital. scharf links onlinezeitung.

Marx, K. (1969). Resultate des unmittelbaren Produktionsprozesses. Archiv sozialistischer Literatur 17.

Marx, K. (1972). Das Kapital Dritter Band (MEW Band 25 Ausg.). Berlin: Dietz Verlag.

Marx, K. (1972). Das Kapital Erster Band (MEW Band 24 Ausg.). Berlin: Dietz Verlag.

Marx, K. (1972). Das Kapital Zweiter Band (MEW Band 23 Ausg.). Frankfurt am Main: Verlag Marxistische Blätter GmbH.

Marx, K. (1973). Theorien über den Mehrwert Dritter Teil (MEW Band 26.3 Ausg.).

614

Berlin: Dietz Verlag.

Marx, K. (1973). Theorien über den Mehrwert Erster Teil (MEW Band 26.1 Ausg.). Berlin: Dietz Verlag.

Marx, K. (1973). Theorien über den Mehrwert Zweiter Teil (MEW Band 26.2 Ausg.). Berlin: Dietz Verlag.

Marx, K. (1974). Zur Kritik der Politischen Ökonomie (MEW Band 13 Ausg.). Berlin: Dietz Verlag.

Marx, K. (1980). Das Kapital Erster Band Urausgabe. Hildesheim: Gerstenberg Verlag.

Marx, K. (1987). Veränderungen und Ergänzungen zum ersten Band des Kapital. In K. M. Engels, Das Kapital und Vorarbeiten MEGA II. Abteilung Band 6 (S. 1 bis 54). Berlin: Dietz Verlag.

Marx, K. (ohne Jahr). Grundrisse der Kritik der politischen Ökonomie. Frankfurt: Europäische Verlagsanstalt.

Marx, K. (kein Datum). Randglossen zu Adolph Wagners "Lehrbuch der politischen Ökonomie". In: MEW 19.

Nanninga, J. (1975). Tauschwert und Wert. Hamburg: Ohne Verlag.

Nanninga, J. (1979). Mit Marx auf der Suche nach dem Dritten. In: J. Mittelstraß, Methodenprobleme der Wissenschaften vom gesellschaftlichen Handeln (S. 439-453). Frankfurt am Main: Suhrkamp Taschenbuch Verlag.

Reichelt, H. (2001). Die Marxsche Kritik ökonomischer Kategorien. Von www.marx-gesellschaft.de. abgerufen

Rünzi, H. (1977). Kredit - Kreditgeld - zinstragendes Kapital. Konstanz: selbstverlegte Magisterarbeit.

Sohn-Rethel, A. (1989). Geistige und körperliche Arbeit. Weinheim: VCH Verlagsgesellschaft.

Sraffa, P. (2014). Warenproduktion mittels Waren. Marburg: Metropolis Verlag.

Wolf, D. (2003-2006). Abstrakte Arbeit und das Problem ihrer universalhistorischen Fehldeutung. Von dieterwolf.net. abgerufen

Wolf, D. (2004). Kritische Theorie und Kritik der politischen Ökonomie. Von www.Marx-Gesellschaft.de. abgerufen

Wolf, D. (2018). Die „Bewegungsformen" des „absoluten Geistes" als Lösungsbewegungen des dialektischen Widerspruchs zwischen „Natur" und „Geist" und die „Bewegungsformen" des Kapitals als Lösungsbewegungen des dialektischen Widerspruchs zwischen Gebrauchswert und Wert. Von www.freiland-potsdam.de. abgerufen